Tim B. Müller

Krieger und Gelehrte

Herbert Marcuse und die
Denksysteme im Kalten Krieg

Hamburger Edition

Hamburger Edition HIS Verlagsges. mbH
Mittelweg 36
20148 Hamburg
www.Hamburger-Edition.de

© 2010 by Hamburger Edition

Umschlaggestaltung: Wilfried Gandras
Typografie und Herstellung: Jan und Elke Enns
Satz aus der Garamond von Dörlemann Satz, Lemförde
Druck und Bindung: CPI – Clausen & Bosse, Leck
Printed in Germany
ISBN 978-3-86854-222-6
1. Auflage September 2010

Inhalt

Einleitung 7

I Im Geheimdienst 31
1. Die Geburt des Geheimdienstes 33
2. Im Zentrum des geheimen Staatsapparats 39
3. Die Ordnung des geheimen Wissens 49
4. Zwischen Krieg und Freundschaft:
   Washington 1945–1948 59
5. Soviet Connection: Russische Spione und Spitzel des FBI 68
6. Der Weg in den Kalten Krieg 79
7. Die Geburt der psychologischen Kriegführung
   aus dem Geist des Marshallplans 89
8. Die Suche nach der psychologischen Superwaffe:
   Fortschritt und Herrschaft 102
9. Im Reich des Bösen:
   Die Dialektik der Kommunismusaufklärung 120
10. Wandel durch Aufklärung: Marcuse kommandiert
    die Kommunismusforschung 144
11. Marcuse und die strategischen Planer 169

II Philanthropie im Kalten Krieg:
Die Welt der Stiftungen 187
1. Das teuerste aller Geschichtsbücher: Die Stiftung
   und die Grundlegung des »national security discourse« 191
2. Die Rockefeller Foundation am Anfang
   des Kalten Krieges 208
3. Das Russische Institut: Gegnerforschung im Kalten Krieg 219

III Die Stiftung und ihre Feinde: Wissenschaft,
Politik und Freiheit im Zeitalter des McCarthyismus 245
1. Der politisch-philanthropische Komplex 251
2. Die nationale Sicherheit
   und die Freiheit der Wissenschaft 272
3. Was heißt subversiv?
   Die Stiftung vor dem Untersuchungsausschuss 293

IV Die Rockefeller-Revolution I: Die Wiedergeburt der Ideengeschichte — 315
1. Franz Neumann und die Stiftung der Ideengeschichte — 317
2. Die politische Theorie und ihre Gegner — 339
3. Die Wiedergeburt der Ideengeschichte aus dem Kreis der Krieger — 349
4. »Intellectual history« zwischen Weimar und Amerika — 366
5. Ordnung und Chaos: Eine ideengeschichtliche Bilanz — 397

V Die Rockefeller-Revolution II: Marcuse und die Marxismusforschung — 405
1. Rockefellers Pater in der Schweiz — 407
2. Karriereberatung und Utopie — 415
3. Berlin und Stalin — 424
4. In den Netzen der Sowjetforschung — 432
5. Ein Manifest der Entspannungspolitik: »Soviet Marxism« — 448
6. Rockefeller-Marxismus — 489
7. Marx, Marcuse, Landshut — 505
8. Das Dispositiv der Entspannung — 513
9. Die Internationale der Marxismusforscher — 522
10. Warten auf die Revolution — 539

VI Intellektuelle in der Schlacht — 551
1. Die Fortsetzung des Krieges mit anderen Mitteln — 553
2. Das Ende der Ideologie — 567
3. Die Erfindung einer liberalen Tradition: Intellektuelle Selbstfindung im Zeitalter des Konformismus — 576
4. Die »akademische Unterwelt« — 586
5. Eine Friedensbewegung in Zeiten des Krieges — 615
6. Entzweiung und Freundschaft: Der Protest erreicht die Universität — 627
7. Gegenkultur, Vernunft und Praxis — 640

VII Epilog — 651

Schluss — 663

Bibliographie — 678
Dank — 723
Register — 728

Einleitung

> Außerdem ist es nicht meine Schuld daß sich Alles mit Allem berührt.
>
> Jacob Burckhardt

> This is a very complicated case, Maude. You know, a lotta ins, a lotta outs, a lotta what-have-yous. And uh, lotta strands to keep in my head, man.
>
> Jeffrey Lebowski

> The context itself is a text of sorts.
>
> Dominick LaCapra

Der Kalte Krieg ist beendet. Über vier Jahrzehnte lang hielt dieser globale Konflikt die Menschheit in Atem. Der Kalte Krieg machte Amerika und die Sowjetunion zu den entscheidenden weltpolitischen Akteuren. Er prägte die politische Kultur, die Institutionen und die Gesellschaften des Ostens und des Westens. Die Spaltung Europas, die Teilung Deutschlands und Konflikte in der Dritten Welt waren eine Folge des Kalten Krieges. Das Wettrüsten beherrschte die Staatsfinanzen. Gewaltige Rüstungsindustrien wurden geschaffen. Die Welt stand permanent am Rande der nuklearen Selbstvernichtung.

Auf einmal war alles vorbei. Vor zwanzig Jahren zerfiel in einer dramatischen Abfolge von Ereignissen das sowjetische Imperium. Das Geschehen des Jahres 1989 hatte in Moskau selbst begonnen. Michail Gorbatschow, seit 1985 an der Macht, hatte ein neues Denken und eine neue Politik eingeleitet. Abrüstung, innere Liberalisierung, ein Ende der Repression und schließlich politische Freiheit für die Nationen Ostmitteleuropas gingen dem Fall der Berliner Mauer voraus. Eine Epoche wurde Geschichte. Nach 1989 eröffneten sich neue Welten für Historiker des Kalten Krieges. Eine bis heute anhaltende Hochphase geschichtswissenschaftlicher Produktivität setzte ein. Gewaltige Archivbestände wurden zugänglich, im Westen und teilweise auch im Osten. Zuvor bestehende Gewissheiten wurden über den Haufen geworfen. Historiker lernten, den Kalten Krieg mit neuen Augen zu sehen.

Sie betrachteten ihn nun aus der historischen Distanz. Die politischen Auseinandersetzungen waren abgekühlt. Mit nüchterner Sorgfalt rollten Historiker eine vergangene Epoche Schritt für Schritt auf. Bei allem Streit um Einzelheiten sind sie sich dabei in Grundsatzfragen näher gekommen. Die erbitterte Kontroverse um den Ausbruch des Kalten Krieges ist einer Rekonstruktion gewichen, die kaum noch vom politischen Standort des Betrachters abhängt. Einstige Kontrahenten sind heute kaum voneinander zu unterscheiden. Das »Vetorecht« der Quellen, von dem Reinhart Koselleck sprach, hätte seine Wirkungsmacht kaum deutlicher unter Beweis stellen können. Aus politischen Differenzen wurden historiographische Probleme. Die gravierenden Distinktionen sind heute Fragen des Ansatzes, der Methode, der geographischen Perspektive.[1]

Was für die politische Geschichte des Kalten Krieges gilt, lässt sich für die Geschichte der Ideen und Intellektuellen im Kalten Krieg noch nicht behaupten. Die Debatten um »1968« oder die so unterschiedlichen Reaktionen, die einer der Protagonisten dieser Arbeit immer noch auslöst, Herbert Marcuse, legen Zeugnis davon ab. Von einer Abkühlung ist hier nicht viel zu spüren. Alte ideologische Kämpfe werden immer noch ausgefochten. Die vorliegende Arbeit löst sich aus den Frontstellungen. Sie strebt für die Ideen- und Intellektuellengeschichte des Kalten Krieges an, was die politische Geschichte für ihr Feld bereits geleistet hat. Dieses Ziel wird durch konsequente Historisierung verfolgt. Es handelt sich um eine Ideengeschichte, die sich für die politischen und institutionellen Kontexte, für die materiellen und epistemologischen Bedingungen von Ideen und Intellektuellen interessiert.

Im Mittelpunkt steht eine Gruppe von Intellektuellen, die am Ende des Zweiten Weltkrieges in dieser Konstellation zusammenfanden und dauerhaft Freundschaft schlossen. Der Ort, an dem ihre gemeinsame Geschichte begann, war der amerikanische Kriegsgeheimdienst, das Office of Strategic Services (OSS). Alle Hauptpersonen dieser Arbeit

---

1 Vgl. etwa den konzisen Überblick über verschiedene neuere Deutungen und Ansätze: *Westad* (Hg.), Reviewing the Cold War; oder die jüngste souveräne Forschungssynthese, die unterschiedlichste Perspektiven und Positionen diskutiert und integriert: *Leffler*, For the Soul of Mankind. – Forschungsliteratur, zum Kalten Krieg und anderen Fragen wird im weiteren Verlauf dieser Arbeit an der jeweils relevanten Stelle eingeführt und erörtert. In dieser Einleitung beschränke ich mich auf einige wenige Beiträge von grundsätzlicher Bedeutung für die gesamte Arbeit.

gehörten der Forschungs- und Analyseabteilung des OSS an. Deutsch-jüdische Emigranten und jüngere amerikanische Gelehrte begegneten sich. Neue Zusammenhänge wurden gestiftet, als dort die intellektuellen Emigranten Herbert Marcuse (1898–1979), Franz Neumann (1900–1954), Otto Kirchheimer (1905–1965), Felix Gilbert (1905–1991) und Hans Meyerhoff (1914–1965) auf ihre amerikanischen Kollegen trafen, auf die Historiker Carl Schorske (geboren 1915), Stuart Hughes (1916–1999) und Leonard Krieger (1918–1990), den Soziologen Barrington Moore (1913–2005) und den Literaturwissenschaftler Norman O. Brown (1913–2002).[2]

Die Geschichte des OSS und die Geschichte dieser intellektuellen Gruppe im OSS ist wiederholt erzählt worden. Meilensteine der Forschung haben Christof Mauch, Petra Marquardt-Bigman und Barry Katz gesetzt.[3] Grundlagen legte zuvor bereits Alfons Söllner.[4] In jüngster Zeit sind hilfreiche Quelleneditionen aus dem Nachlass Marcuses erschienen, die die betreffenden Jahre berühren.[5] Ohne die Bücher und Editionen von Söllner und Katz wäre die vorliegende Arbeit nicht entstanden. Sie setzt jedoch da ein, wo die beiden enden – am Anfang des Kalten Krieges.[6] Über Marcuse bemerkt Söllner treffend: »Im folgenden soll eine These vertreten werden, die den Philosophiehistoriker ärgern und den Politikwissenschaftler verwundern wird: dass nämlich das Jahrzehnt zwischen 1942 und 1952, in dem Marcuse außer einer Rezension über Sartres ›L'Etre et le Néant‹ bekanntlich nichts veröffentlicht hat, zu seinen interessantesten Perioden gehört.«[7]

---

2 Veteranen des OSS, aber am intellektuellen Austausch innerhalb dieser Gruppe nur am Rande beteiligt, waren auch der emigrierte Historiker Hajo Holborn und die amerikanischen Historiker Gordon A. Craig, Franklin Ford und Arthur M. Schlesinger. Eine erste Skizze der Geschichte dieser Gruppe versucht *Müller*, Die gelehrten Krieger und die Rockefeller-Revolution.
3 Vgl. *Katz*, Foreign Intelligence; *Marquardt-Bigman*, Amerikanische Geheimdienstanalysen; zur Geschichte des OSS insgesamt *Mauch*, Schattenkrieg gegen Hitler.
4 Vgl. *Söllner* (Hg.), Zur Archäologie der Demokratie in Deutschland, 2 Bde.
5 Vgl. vor allem *Marcuse*, Collected Papers, Bd. 1; *ders.*, Nachgelassene Schriften, Bd. 5. – Mit Marcuses Phase im OSS habe ich mich in früheren Arbeiten auseinandergesetzt; vgl. *Müller*, Bearing Witness to the Liquidation of Western Dasein; *ders.*, Herbert Marcuse, die Frankfurter Schule und der Holocaust; *ders.*, Die geheime Geschichte des Herbert Marcuse.
6 Die Ideengeschichte des Kalten Krieges steht jedoch im Mittelpunkt späterer wichtiger Arbeiten: *Söllner*, Fluchtpunkte; *ders./Ralf Walkenhaus/Karin Wieland* (Hg.), Totalitarismus.
7 *Söllner*, Deutsche Politikwissenschaftler in der Emigration, S. 200.

Diese These könnte den Ausgangspunkt meiner Untersuchung umschreiben. Allerdings ergeben sich daraus weitreichende Konsequenzen. Denn wer die Spuren des »unbekannten« Marcuse immer genauer verfolgt, muss bald die nach wie vor übliche Trennung von intellektueller Emigration und amerikanischer Umgebung außer Kraft setzen: Dass Marcuse und seine emigrierten Freunde damals zu amerikanischen Intellektuellen wurden, machte diese Jahre zu einer der interessantesten Perioden ihres Denkens. Die Unterscheidung von intellektueller Emigration und der Ideengeschichte Amerikas ist für diese Gruppe von 1945 an hinfällig.

Von Marcuse und seinen Freunden im frühen Kalten Krieg ist wenig bekannt. Was in Umlauf ist, entspricht nicht immer den Tatsachen, wie die Kapitel dieser Arbeit zeigen. Dabei geht es um die Denker ebenso sehr wie um ihre Produktionsbedingungen. Anders lässt sich diese Geschichte nicht erfassen. Marcuse war ein Jahrzehnt lang im amerikanischen Geheimdienst. Nachdem er den Staatsdienst verlassen hatte, löste er keineswegs die Verbindungen zu den liberalen Eliten Amerikas, die er im Geheimdienst geknüpft hatte. Bis zum Anfang der sechziger Jahre bewegte er sich gewandt im amerikanischen Establishment. Vom Geheimdienst ging es in die Welt der philanthropischen Stiftungen, der Rockefeller Foundation in seinem Fall, wie der Geheimdienst ein Inbegriff des amerikanischen Establishments.[8]

Die Geschichte von Marcuses Freunden, ob aus Deutschland emigriert oder in Amerika geboren, verlief auf ähnliche Weise. Schon das ist erklärungsbedürftig. Erst recht gilt das für den enormen Einfluss, den der Geheimdienst und das liberale Establishment auf das Werk und auf die Karriere der linksintellektuellen Protagonisten hatten. Das betrifft nicht allein die Geschichte einer Gruppe von Intellektuellen, sondern auch die Vorgeschichte von »1968«: Herbert Marcuse und Stuart Hughes gehörten – der eine auf eine eher theoretische, der andere auf eine eher politisch-praktische Weise – zu den Vorbildern des studentischen Protests und der Neuen Linken in den sechziger Jahren. Viele dieser Linksintellektuellen standen in den sechziger Jahren nicht weit entfernt vom Zentrum des Geschehens.

---

8 »The New York financial and legal community«, schrieb Arthur Schlesinger später, »was the heart of the American Establishment. Its household deities were Henry L. Stimson and Elihu Root; its present leaders, Robert A. Lovett and John J. McCloy; its front organizations, the Rockefeller, Ford, and Carnegie foundations and the Council on Foreign Relations.« *Schlesinger*, A Thousand Days, S. 128.

Zwischen dem Eintritt in den Geheimdienst und dem prominenten Auftritt in der Öffentlichkeit lagen zwei weitgehend unbekannte Jahrzehnte – eine vergessene formative Phase für die Karriere und das Erkenntnisinteresse dieser Linksintellektuellen. Zwei Jahrzehnte verbrachten sie im Schatten der Geheimdienste und im Schutze des liberalen Establishments der Vereinigten Staaten. In Marcuses Fall erwies sich dieser Kontext als die entscheidende Verbindung zwischen einem »obskuren« Exilmarxisten in den dreißiger Jahren und dem »Guru« der amerikanischen Neuen Linken in den späten sechziger Jahren. Marcuse und seine Intellektuellenfreunde gehörten für viele Jahre einem diskursiven und institutionellen Zusammenhang an, der von ihren liberalen Kollegen und Fürsprechern in der Regierung, den Stiftungen und der akademischen Welt dominiert wurde. Marcuse, Hughes und ihre Freunde waren Teil der intellektuellen Kultur des Kalten Krieges. Sie vertraten eine in dieses politisch-intellektuelle Feld integrierte Position, bevor sich in den sechziger Jahren die linke und die liberale intellektuelle Sphäre voneinander entfernten. Der Anlass dafür waren politische Differenzen über die Interventionspolitik der liberalen Kennedy-Regierung in Kuba und Vietnam. Zugleich boten sich nach dem Ende des McCarthyismus neue Möglichkeiten des politischen Engagements links von der Demokratischen Partei.

Immer wieder wird auf den folgenden Seiten die politische Grundlage zum Vorschein kommen, auf der sich die emigrierten Linksintellektuellen, ihre amerikanischen Kriegskameraden und die liberalen Eliten verständigen konnten. Die liberale Tradition Amerikas und ihre politische Ausgestaltung im »New Deal« der dreißiger und vierziger Jahre erwiesen sich als das entscheidende Verbindungsstück. Der ideenpolitische Kern des »New Deal« war die Versöhnung von Freiheit und Gleichheit, von individueller Selbstbestimmung und sozialer Gerechtigkeit. Die Wurzeln dieses Liberalismus reichten zur amerikanischen Tradition des Progressivismus. Ein umfassendes Reformprogramm, die Einhegung des Kapitalismus und staatliche Interventionen in die Wirtschaft kennzeichneten den amerikanischen »New Deal«-Liberalismus. Zwischen den Ansichten radikaler »New Dealer«, die eine progressive Umgestaltung der Gesellschaft bewirken wollten, und dem demokratischen Sozialismus der Emigranten bestanden kaum Unterschiede. Die Zerschlagung von Industriekartellen, »Trusts« und Monopolen oder eine Politik der sozialen Absicherung waren nur einige der politischen Maßnahmen, über die beide Seiten sich in Übereinstimmung befanden. Eine besondere Rolle spielten dabei in den

USA wissenschaftliche Berater, die von der Regierung in zuvor ungekanntem Ausmaß rekrutiert wurden. Im Zeitalter des »New Deal« eröffneten sich für Intellektuelle und Experten neue Betätigungsfelder in der amerikanischen Politik.

Als nach der Rezession von 1937 die liberalen Eliten den »New Deal« transformierten und eine wohlfahrtsstaatliche Stabilisierung des Kapitalismus betrieben, blieb der »New Deal« dennoch für europäische Intellektuelle attraktiv, die zuvor dem linken Flügel der Sozialdemokratie nahegestanden hatten. Auf die radikaleren Anfänge des »New Deal« folgte eine konservativere Politik, die sich auf indirekte finanzpolitische Eingriffe in die Wirtschaft beschränkte, das System der sozialen Absicherung ausbaute und den »New Deal« an die im Entstehen begriffene Konsumgesellschaft anpasste. Der amerikanische Liberalismus verlor sein radikales Gesicht. Für beide Flügel des Liberalismus, den radikalen wie den konservativeren, sprach jedoch Isaiah Berlin, als er den »New Deal« der Ära Roosevelt »diese große liberale Unternehmung« nannte, »diesen mit Sicherheit konstruktivsten Kompromiss zwischen individueller Freiheit und wirtschaftlicher Gleichheit, den unser Zeitalter erlebt hat«.[9]

Der Zusammenhang zwischen Marcuse und seinen Freunden und den liberalen Eliten im frühen Kalten Krieg ist in Vergessenheit geraten und von späteren Überlieferungen und Selbstinszenierungen verschüttet worden. Der Versuch, Licht ins Dunkel zu bringen, nimmt Züge einer geistesarchäologischen Operation an. Eine intellektuelle Archäologie des Kalten Krieges sucht Überreste, legt sie sorgsam frei, stellt eine Ordnung unter ihnen her. Im Weg stehen dabei die Stilisierungen und Selbstinszenierungen, die etwa von Marcuse verbreitet und von seinen besten Biographen perpetuiert wurden. Marcuse verbrachte nicht notgedrungen eine fruchtlose Zeit in den strategischen Staatsapparaten, um bei erster Gelegenheit die Flucht in die akademi-

---

9 *Berlin*, Liberty, S. 84; siehe dazu unten, Kap. V.3. und Kap. VII. Vgl. zur Ideengeschichte des »New Deal«, zu den Ursprüngen und zur Transformation des amerikanischen Liberalismus und zur besonderen Rolle von Intellektuellen *Brinkley*, The End of Reform, zum Programm der Zerschlagung von Monopolen ebenda, S. 106–136; zur Geschichte des »New Deal« insgesamt die große Forschungssynthese von *Kennedy*, Freedom from Fear; eine ideengeschichtliche Würdigung und politische Verteidigung der amerikanischen Tradition des Liberalismus bietet *Wolfe*, The Future of Liberalism; zu den wirtschaftspolitischen Gemeinsamkeiten vgl. etwa *Gramer*, Reconstructing Germany; *dies.*, Von der Entflechtung zur Rekonzentration.

sche Welt anzutreten.[10] Aus diesem narrativen Schema werden die folgenden Seiten ausbrechen.

Marcuse leistete der Legende, er habe einige Jahre in der Höhle des Löwen überwintern müssen, schon früh Vorschub. Nur was er »außerdienstlich« verfasst habe, ließ er Max Horkheimer bereits 1946 wissen, sei von Belang für sein Werk.[11] Das Gegenteil trifft zu: Was Marcuse »dienstlich« produzierte, sollte sich als Grundlage des späteren Werks erweisen. Nicht anders verhielt es sich bei seinen Freunden. Um diesen Sachverhalt zu verstehen, muss man retrospektive Teleologisierungen hinter sich lassen, sowohl die von den Protagonisten selbst in Umlauf gesetzten als auch die der Forschung. Verzichtet wird auf die narrativen Muster einer »Erfolgsgeschichte«[12] oder eines Gründungsmythos,[13] ganz gleich ob negativ oder positiv gedeutet. Historisierung und Distanznahme lauten die Parolen, denen die folgenden Seiten verpflichtet sind. Was die Anhänger oder Gegner Marcuses und seiner Freunde vorbringen, ist dabei von geringem Interesse.

Das Fundament dieser Arbeit ist die intensive Erforschung von Quellenbeständen in unterschiedlichen Archiven in mehreren Ländern. Gelehrtennachlässe wurden ebenso eingesehen und ausgewertet wie die Archive der Institutionen, in deren Sog die Karriere von Marcuse und seinen Freunden verlief. Die Archive der Rockefeller Foundation und des Department of State haben besonders reichhaltig zum Verständnis des größeren Ganzen beigetragen, in dem sich Intellektuelle wie Hughes oder Marcuse bewegten. Von Interviews habe ich dabei nur spärlichen Gebrauch gemacht, sie als Hintergrundinformation genutzt, jedoch nicht zum Beleg meiner Thesen und Ergebnisse herangezogen. Die vorliegende Arbeit wandelt für sich Wittgensteins berühmtes Diktum zu dem Satz ab: Die Welt des Historikers ist alles, was in den Akten der Fall ist. Eine Ausnahme stellt der letzte noch lebende Protagonist dar. Carl Schorske hat mir geholfen, die richtigen

---

10 Vgl. *Katz*, Herbert Marcuse and the Art of Liberation, S. 130–135, 143–161; *Kellner*, Herbert Marcuse and the Crisis of Marxism, S. 148–153.
11 *Wiggershaus*, Die Frankfurter Schule, S. 430; zur Geschichte der Frankfurter Schule, mit der Marcuse, Neumann und Kirchheimer verbunden waren, vgl. auch das ältere Standardwerk von *Jay*, The Dialectical Imagination.
12 Wie sie etwa zum Ausdruck kommt in der teleologischen Verbindungslinie von Horkheimer bis zu Habermas und Honneth in dem ansonsten Maßstäbe setzenden Standardwerk von *Wiggershaus*, Die Frankfurter Schule.
13 So etwa prononciert in der gegenüber der Frankfurter Schule kritischen Darstellung von *Clemens Albrecht u.a.*, Die intellektuelle Gründung der Bundesrepublik.

Fährten zu verfolgen und die personellen und intellektuellen Konstellationen zu erkennen.

Die Neuinterpretation der bekannten Werke steht nicht im Zentrum der folgenden Seiten, auch wenn ich hoffe, dass neue Schichten in den Texten und Verbindungslinien zwischen den Texten sichtbar werden. In den Vordergrund treten das Geschäft des Denkers, die materielle Dimension allen Denkens, die intellektuellen Kommunikationsgefüge, die erst erkennen lassen, in welchem Umfeld die betreffenden Texte geschaffen und gedeutet wurden. Oft standen sie mit ganz anderen Personen, Texten, Ereignissen in Verbindung, als heute angenommen wird, wenn sie überhaupt noch mit irgendjemand anders als einem historisch losgelösten Autor in Verbindung gebracht werden. Die Vielschichtigkeit von Marcuses Buch »Soviet Marxism«, um das am ausführlichsten behandelte Beispiel herauszugreifen, wird nur im Zusammenhang mit der Geheimdienstarbeit und den zeitgenössischen intellektuellen und wissenschaftlichen Debatten in Amerika sichtbar. Der Weg über die Materialität des Denkens eröffnet erst die Komplexität des Textes.

Diese Arbeit bewegt sich darum im Maschinenraum statt auf dem Promenadendeck des Denkens. Sie leistet Wühlarbeit in den symptomatischen Textschichten, in denen sich die Kontexte reproduzieren. Die Materialität des Denkens und die Diskurse der Denker werden rekonstruiert. Auf das Postulat einer Autonomie der Ideen wird verzichtet. Dennoch treten immer wieder »kritische« diskursive Elemente in Erscheinung, die ihren Kontext und ihre Zeit überschreiten.[14] Mit einem methodischen Eklektizismus werden diese Probleme untersucht.[15] Eine strukturgeschichtlich informierte Ideengeschichte trägt dazu bei, die gesellschaftliche, ökonomische und politische Bedingtheit von Ideen und Intellektuellen zu erkennen und Ideengeschichte als Teil der politischen und sozialen Geschichte zu begreifen.[16]

---

14 Zur Unterscheidung von symptomatischen und kritischen oder signifikanten Texten und Textschichten vgl. *Müller*, Der »linguistic turn« ins Jenseits der Sprache, bes. S. 116–122.
15 Vgl. zu unterschiedlichen Ansätzen der neueren Ideengeschichte *Raphael/ Tenorth* (Hg.), Ideen als gesellschaftliche Gestaltungskraft im Europa der Neuzeit.
16 Vgl. etwa *Chartier*, Intellektuelle Geschichte und Geschichte der Mentalitäten; ein gutes Beispiel ist *Wood*, Citizens to Lords; als Einführung in unterschiedliche kultur- und ideengeschichtliche Ansätze vgl. *Hardtwig/Wehler* (Hg.), Kulturgeschichte heute.

Mit Quentin Skinner wiederum wird der Blick für Texte als agonale »Sprechakte«, als Interventionen in politisch-intellektuellen Debatten geschärft. Skinner zeigt, wie erfrischend eine radikale Historisierung und die Verweigerung einer unhistorischen Perspektive sind, die einzelne Texte von ihrem Umfeld isoliert. Auch im vorliegenden Fall muss man die Kollektivität des Prozesses verstehen, die Schriften der Freunde und Gegner kennen, um die spezifische Position von Texten zu bestimmen. So werden etwa die antikommunistische Totalitarismustheorie, die Modernisierungstheorie oder der sozialwissenschaftliche Behavioralismus als zeitgenössische intellektuelle Bezugspunkte sichtbar, auf die reagiert und gegen die polemisiert wurde. Das gemeinsame intellektuelle Projekt des intellektuellen Freundeskreises tritt in diesen Debatten hervor. Skinner erklärte jüngst, er nähere sich der politischen Theorie von Thomas Hobbes »nicht einfach wie einem allgemeinen Ideensystem, sondern wie einer polemischen Einmischung in die ideologischen Konflikte seiner Zeit. […] Meine leitende Annahme ist, dass selbst die abstraktesten Werke der politischen Theorie nie über dem Kampfgeschehen stehen; sie sind stets Teil des Kampfes selbst. Im Bewusstsein dieser Erkenntnis versuche ich, Hobbes aus philosophischen Höhen auf den Boden zu holen, seine Anspielungen auszubuchstabieren, seine Verbündeten und Widersacher beim Namen zu nennen und zu zeigen, wo er im Spektrum der politischen Debatte steht.«[17]

Skinners Anspruch, alle Aktionen und Reaktionen zu rekonstruieren und alle Anspielungen zu entschlüsseln, kann angesichts der Masse des Materials kaum erfüllt werden. Doch wie bei Skinner sollen im Folgenden Hierarchien umgestürzt werden, allerdings nicht nur die horizontalen, zeitlichen Hierarchien, die einen Text von den Texten anderer zeitgenössischer Autoren trennen, sondern auch vertikale, werkimmanente Hierarchien. Die »kleinen« Texte, die Aufsätze, Entwürfe, Gesprächsprotokolle und geheimdienstlichen Memoranden, werden gleichberechtigt in das Werk integriert – zu dem sie oft den Schlüssel liefern. Damit kommt zuletzt eine »diskursanalytische« Perspektive ins Spiel, die nach den Zusammenhängen von Anonymität und Autonomie, von System und Autorschaft, von Machtstrukturen und Texten, von Kontext und Kritik fragt. Um dieses Erkenntnisinteresse nicht nur zu postulieren, ist eine sorgfältige Lektüre noch

---

17 *Skinner*, Freiheit und Pflicht, S. 15f.; vgl. aus der deutschen Forschung *Nolte*, Die Ordnung der deutschen Gesellschaft.

scheinbar unbedeutender Dokumente erforderlich, die nach strukturellen Mustern ebenso wie nach Zwischentönen und unterschiedlichen Tendenzen Ausschau hält und die zwischen unterschiedlichen Text- und Zeitschichten differenziert.[18]

Auf dieser Ebene erst kommen die Produktionsbedingungen in den Blick, die Mechanismen der Wissensproduktion, die Ordnung des Denkens, die materiellen und epistemologischen Grundlagen, auf denen die intellektuellen Erzeugnisse der Beteiligten entstanden – die »Denksysteme« aus dem Titel dieses Buches. Um dieses Ziel zu erreichen, musste eine Balance gefunden werden zwischen der Synthese großer Quellenbestände einerseits und der detaillierten Interpretation einzelner Dokumente andererseits. Mit dem Abstand zu den Quellen nimmt zwangsläufig die Unschärfe zu, doch werden auf diese Weise die historischen Strukturen erhellt. Gerade auf die mikroskopische Untersuchung einzelner Dokumente kommt es jedoch mitunter an, um den größeren Zusammenhang in neuem Licht zu sehen. Eine differenzierte Analyse erfordert allerdings ausreichenden Raum, damit der Leser die mitunter komplexen Zwischenschritte eines Arguments nachvollziehen kann.

Bisweilen kommt es dabei zu thematischen Überschneidungen. Es finden sich zahlreiche Querverweise innerhalb der Arbeit in den Fußnoten. Wesentliche Hauptgedanken für das Verständnis werden jedoch wiederholt, um dem Leser die Lektüre zu erleichtern. Einer geschichtstheoretischen Forderung Dominick LaCapras wird nachgekommen, indem ausgiebig aus den Quellen zitiert wird. Dem Leser wird damit die Grundlage für eine »Gegenlektüre« geboten, und die Stimme des »Anderen« wird nicht in der historiographischen Synthese

---

18 Wesentliche Anregungen dazu verdanken sich dem Werk von Michel Foucault, Reinhart Koselleck und Dominick LaCapra; vgl. *Foucault*, Archäologie des Wissens; *ders.*, Überwachen und Strafen; *ders.*, In Verteidigung der Gesellschaft, bes. S. 7–98; *Koselleck*, Vergangene Zukunft; *ders.*, Zeitschichten; *ders.*, Hinweise auf die temporalen Strukturen begriffsgeschichtlichen Wandels; *LaCapra*, Rethinking Intellectual History; *ders.*, History & Criticism; *ders.*, Representing the Holocaust; *ders.*, History and Reading; *ders.*, History in Transit; *ders./Steven L. Kaplan* (Hg.), Modern European Intellectual History. – Diskurs- und Textanalyse stehen dabei keineswegs im Widerspruch zueinander, wie bei allen drei Geschichtsdenkern deutlich wird. Auch in dieser Untersuchung wird ein Ansatz verfolgt, der die strukturelle Analyse von Diskursformationen mit der Interpretation von Texten verknüpft, in denen die diskursiven Strukturen kenntlich und zugleich punktuell überschritten werden.

erstickt.[19] Die Zitate aus den Quellen erhöhen nicht nur die Lebendigkeit der Darstellung. Sie sollen einer untergegangenen, nur noch in Quellenfragmenten existenten intellektuellen Welt Gerechtigkeit widerfahren lassen.

Die Handelnden selbst kommen zu Wort, nicht in retrospektiven Selbstdeutungen, sondern in den jeweils konkreten historischen Situationen im Verlauf mehrerer Jahrzehnte. Dabei sind Verzerrungen nicht ausgeschlossen. Gerade die ungehörten Zwischentöne sollen wahrgenommen werden, die in keine der vorfabrizierten Erzählungen passen. Das kann gelegentlich zu Übertreibungen führen, die notwendig sind, um sich von Klischees zu befreien.[20] Doch angestrebt ist eine nüchterne Rekonstruktion des Geschehens. Historische Neugier ist das Motiv. Der zeitliche Schwerpunkt der Darstellung liegt auf den späten vierziger und auf den fünfziger Jahren, auf einer Epoche, die bislang eine *terra incognita* in der Geschichtsschreibung dieser Intellektuellengruppe war. In knapperer Form werden die Anfänge im Zweiten Weltkrieg und die spätere Entwicklung des intellektuellen Freundeskreises in den sechziger und siebziger Jahren beleuchtet.

Eine Gesamtdarstellung ist unmöglich. Der Gegenstand ist potentiell endlos. Ich habe mich auf den Kern eines intellektuellen Kommunikationsgefüges konzentriert, das viel weiter reichte, als hier dargestellt werden kann. Die Ränder verschoben sich, fransten zunehmend aus und bleiben auch im Folgenden notwendig unbestimmt. Diese Arbeit erzählt keinesfalls die einzig mögliche Geschichte dieser Intellektuellen im Kalten Krieg. Aber sie untersucht einen wesentlichen Ausschnitt aus ihrer Geschichte. Gleichzeitig nimmt sie ein größeres Feld in den Blick. Versucht wird, Schneisen durch die politisch immer noch aufgeladene Ideengeschichte des Kalten Krieges zu schlagen. Das Vorgehen nimmt sich unter den Geschichten des Kalten Krieges ein Beispiel an Volker Berghahns Studie »Transatlantische Kulturkriege«, in der die Karriere Shepard Stones als »Prisma« genutzt wird, als Fens-

---

19 Zur geschichtstheoretischen Begründung dieser Praxis vgl. *LaCapra*, History and Reading, S. 67; *ders.*, Rethinking Intellectual History, S. 64; zur ethischen Dimension vgl. *ders.*, History and Memory after Auschwitz, S. 180–210.
20 Vgl. *LaCapra*, History and Memory after Auschwitz, S. 180; *ders.*, Rethinking Intellectual History, S. 345f.; *ders.*, History & Criticism, S. 142; *ders.*, Soundings in Critical Theory, S. 28f., 209; vgl. dazu *Müller*, Der »linguistic turn« ins Jenseits der Sprache, S. 121f.

ter, das die Sicht freigibt auf die transnationale politische Kulturgeschichte des Kalten Krieges.[21]

Es handelt sich um die Kollektivbiographie einer Intellektuellengruppe in symptomatischer Absicht, problemorientiert und auf zentrale Themenkomplexe fokussiert.[22] Die Intellektuellengeschichte einer kleinen Gemeinschaft soll als Fenster zu den Lebensbedingungen des Geistes im frühen Kalten Krieg dienen. Es geht dabei ebenso sehr um politische Institutionen wie das OSS und das State Department, um philanthropische Stiftungen wie die Rockefeller Foundation, um Universitäten und akademische Einrichtungen, um Phänomene der politischen Kultur wie den Antikommunismus und den McCarthyismus wie um die Intellektuellen selbst. Eine Gruppe von Intellektuellen wird im Folgenden nicht als Grund aller Dinge gesehen, sondern genutzt, um über ihre Geschichte die Koordinaten einer Ideen- und Intellektuellengeschichte des frühen Kalten Krieges zu bestimmen.

Die vorliegende Arbeit führt darum über die Geschichte der Intellektuellengruppe hinaus, um überhaupt die Geschichte dieser Gruppe erfassen und angemessen darstellen zu können. Über weite Strecken wird im Folgenden das Erkenntnisinteresse der Wissenschaftsgeschichte verfolgt. Der Zusammenhang von Wissen, Politik und Philanthropie ist die entscheidende Fragestellung dieser Arbeit: Sie untersucht, welchen Einfluss die institutionellen und epistemischen Bedingungen des Kalten Krieges auf Leben und Werk dieser Intellektuellen hatten. Sie soll nicht wie die gerade erschienene eindrucksvolle Studie von Thomas Wheatland einen Beitrag zur Emigrationsgeschichte der Frankfurter Schule leisten,[23] sondern vielmehr zur Wis-

---

21 Vgl. *Berghahn*, Transatlantische Kulturkriege, S. 9; zur politischen Kulturgeschichte des Kalten Krieges, deren transnationale Dimension durch das Handeln von nichtstaatlichen Akteuren in einem zwischenstaatlichen Raum bestimmt ist, vgl. auch *Daum*, Kennedy in Berlin; *Geppert*, Cultural Aspects of the Cold War; *Hochgeschwender*, Freiheit in der Offensive?; vgl. auch die einschlägigen Beiträge in: *Junker* (Hg.), Die USA und Deutschland im Zeitalter des Kalten Krieges, 2 Bde.; zum Begriff des Transnationalen vgl. *Conrad*, Doppelte Marginalisierung; *Osterhammel*, Geschichtswissenschaft jenseits des Nationalstaats.
22 Die Maßstäbe für eine symptomatischen (Kollektiv-)Biographie haben bahnbrechende Arbeiten zu den intellektuellen Führungseliten des Nationalsozialismus gesetzt: *Herbert*, Best; *Wildt*, Generation des Unbedingten.
23 Vgl. *Wheatland*, The Frankfurt School in Exile; auch *Ziege*, Antisemitismus und Gesellschaftstheorie. Beide Publikationen sind zu spät erschienen, um hier umfassend Berücksichtigung zu finden. Punktuell konnte jedoch noch nach-

senschafts- und Philanthropiegeschichte des Kalten Krieges. Angeknüpft wird an ähnlich gelagerte Arbeiten von David Engerman, Nils Gilman, Rebecca Lowen, Ron Robin und Corinna Unger.[24]

Die »Gegnerforschung« – auf den folgenden Seiten in Gestalt der Marxismus- und Kommunismusforschung – und der Kriegseinsatz der Wissenschaften, ob in einem »heißen« oder »Kalten« Krieg, stehen auch in dieser Arbeit im Mittelpunkt.[25] Dabei begegnet uns ein fundamentaler Prozess der Wissenschaftsgeschichte im 20. Jahrhundert: Wissenschaft und Politik entfalteten »als Ressourcen füreinander« Wirkung, wie es in der üblich gewordenen Sprache der Forschung heißt. Wissenschaft und Politik waren untrennbar miteinander verflochten; die wechselseitige Mobilisierung und Formierung finanzieller, apparativer, kognitiver, personeller, institutioneller und rhetorischer Ressourcen fand auch in diesem Zusammenhang statt.[26] Die Verwissenschaftlichung des Sozialen und des Politischen, die simultanen Prozesse der »Politisierung der Wissenschaft« und der »Verwissenschaftlichung der Politik« haben in den letzten Jahren vermehrt Aufmerksamkeit gefunden.[27]

Diese Tendenzen traten im gesamten 20. Jahrhundert hervor. Ihre größte Entfaltung und Beschleunigung erfuhren sie jedoch im Kalten Krieg. Die Mobilisierung von Wissen zu politischen und militärischen Zwecken erreichte im Zeitalter des Kalten Krieges ihren Höhe-

---

träglich besonders auf Wheatlands wichtige und in mancher Hinsicht ein paralleles Anliegen verfolgende Arbeit Bezug genommen werden.

24 Vgl. *Engerman*, The Ironies of the Iron Curtain; und jetzt *ders.*, Know Your Enemy; *Gilman*, Mandarins of the Future; *Lowen*, Creating the Cold War University; *Robin*, The Making of the Cold War Enemy; *ders.*, Wie das Denken in die Fabrik kam; *Unger*, Ostforschung in Westdeutschland; *dies.*, Cold War Science. *Hachtmann*, Wissenschaftsmanagement im »Dritten Reich«, 2 Bde., geht für einen früheren Zeitraum einem verwandten Erkenntnisinteresse nach.

25 Der Begriff der »Gegnerforschung« ist in Untersuchungen zur wissenschaftlichen Mobilisierung im nationalsozialistischen Deutschland seit längerem verbreitet; vgl. etwa *Botsch*, »Politische Wissenschaft« im Zweiten Weltkrieg; *Burleigh*, Germany Turns Eastwards; *Dietz/Gabel/Tiedau* (Hg.), Griff nach dem Westen, 2 Bde.; *Hachmeister*, Der Gegnerforscher; *Hausmann*, »Auch im Krieg schweigen die Musen nicht«; *ders.* (Hg.), Die Rolle der Geisteswissenschaften im Dritten Reich; *Hettling* (Hg.), Volksgeschichten im Europa der Zwischenkriegszeit; *Lehmann/Oexle* (Hg.), Nationalsozialismus in den Kulturwissenschaften, 2 Bde.

26 Vgl. *Ash*, Wissenschaft und Politik als Ressourcen für einander, bes. S. 32.

27 Vgl. etwa *Raphael*, Die Verwissenschaftlichung des Sozialen; *ders.*, Radikales Ordnungsdenken; *Szöllösi-Janze*, Politisierung der Wissenschaften – Verwissenschaftlichung der Politik.

punkt.²⁸ Auch Marcuse und seine gelehrten-intellektuellen Kriegskameraden hatten teil an der Erzeugung von Expertenwissen, das jedoch nicht in seinem Status als politisch nutzbare Handlungsanleitung aufging, sondern darüber hinaus wissenschaftliche Folgen zeitigte. Wegweisende Forschungen zum Expertenwissen haben jüngst Gabriele Metzler und Alexander Nützenadel vorgelegt.²⁹ Marcuse und seine intellektuellen Freunde gehörten einer »epistemic community« an, in der strategisches Expertenwissen erzeugt wurde. Die Geheimdienste, in denen Marcuse, Hughes oder Neumann ihre Expertenrolle zuerst ausübten, waren nur ein Element dieser epistemischen Gemeinschaft, die sich an Universitäten und Forschungsinstituten, in Stiftungen und Think Tanks fortsetzte. Überhaupt sind moderne Geheimdienste vor allem als Apparate der Wissensproduktion und damit als genuine Gegenstände der Wissenschaftsgeschichte zu begreifen. Im Mittelpunkt der vorliegenden Untersuchung steht darum, auch wo Geheimdienste in den Blick genommen werden, eine »epistemische Gemeinschaft«, eine Gemeinschaft des Wissens, die auf der Grundlage einer »politischen Epistemologie« operierte.³⁰

Die Intellektuellengruppe um Hughes, Marcuse und Neumann erlaubt es zudem, eine weitere wissenschaftsgeschichtliche Entwicklung zu betrachten – die Geschichte der Ideengeschichte im 20. Jahrhundert. Gesellschaftlich war dieser Prozess fraglos von geringerer Wirkung als die politische Mobilisierung der Wissenschaft im Kalten Krieg. Doch in der historiographiegeschichtlichen Ausstrahlung dieser Gruppe werden zentrale ideenpolitische Konstellationen des »Zeitalters der Extreme« sichtbar, eines Jahrhunderts ideologischer und intellektueller Konflikte von tödlicher Intensität.³¹ Unter den Protagonisten be-

---

28 Vgl. *Geyer*, The Militarization of Europe, hier S. 65. Den empirischen Nachweis treten zahlreiche Arbeiten an, etwa die in Anm. 24 genannten; siehe auch: *Engerman*, Rethinking Cold War Universities; *Hixson*, Parting the Curtain; *Kuklick*, Blind Oracles; *Leslie*, The Cold War and American Science; *Simpson*, Science of Coercion.
29 Vgl. *Metzler*, Konzeptionen politischen Handelns von Adenauer bis Brandt; *Nützenadel*, Stunde der Ökonomen; auch *Engerman*, American Knowledge and Global Power.
30 Vgl. *Fry/Hochstein*, Epistemic Communities; *Katz*, *Foreign Intelligence*, S. 13–21. – Eine Skizze zur Wissenschaftsgeschichte dieser Gruppe in der Geheimdienstforschung bietet: *Müller*, Wandel durch Einfühlung.
31 *Hobsbawm*, Das Zeitalter der Extreme; vgl. auch die ansonsten so unterschiedlichen Jahrhundertdeutungen von *Bracher*, Zeit der Ideologien; *Furet*, Das Ende der Illusion; *Traverso*, Im Bann der Gewalt.

fanden sich die wichtigsten Erneuerer der »modern European intellectual history« in Amerika nach dem Zweiten Weltkrieg.[32] Schon die Biographien der Beteiligten lassen dabei erkennen, dass es einen Übertritt aus der politischen Kultur der europäischen Zwischenkriegszeit in die politische Kulturgeschichte des Kalten Krieges geben konnte. Auf das Erkenntnisinteresse des Historikers trifft dies ebenso zu. Die fein ausdifferenzierte, methodisch reflektierte und theoretisch informierte Kulturgeschichte der Weimarer Republik und der Zwischenkriegszeit muss der politischen Kulturgeschichte des Kalten Krieges, die dieses Niveau längst noch nicht erreicht hat, als anregendes Vorbild dienen.[33]

Ein Einwand aber liegt auf der Hand, wenn hier von Intellektuellen die Rede ist: Handelt es sich überhaupt noch um Intellektuellengeschichte, wenn es um gelehrte Krieger in Geheimdienstapparaten und um Forscher in akademisch-philanthropischen Kontexten geht? Zum einen wird im Verlauf dieser Arbeit offensichtlich werden, dass Marcuse, Hughes und ihre Freunde immer wieder den Kategorien entsprochen haben, die in der Intellektuellensoziologie von Pierre Bourdieu oder M. Rainer Lepsius formuliert wurden. Die Autorität des kritischen politischen Engagements dieser Intellektuellen fußte auf ihrer intellektuellen Autonomie und ihrer fachlichen Reputation.[34] Zum anderen hat sich die Intellektuellengeschichte längst von der normativen Schematisierung dieser großen Stichwortgeber gelöst: In der historischen Realität sind Intellektuelle stets hybride Wesen. Die starren Kategorien, die auf die Protagonisten dieser Arbeit zumindest phasenweise zutreffen, sind von der neueren Intellektuellengeschichte verfeinert und erweitert worden. Sie unterscheidet etwa rechte und linke Intellektuelle, gouvernementale, revolutionäre und spezifische Intellektuelle.[35]

---

32 Die wichtigste Vorarbeit hat auf diesem Gebiet *Katz*, Foreign Intelligence, S. 165–195, geleistet. Zur Entstehung einer politischen Kulturgeschichte, an der auch einige der Protagonisten der »intellectual history« Anteil hatten, vgl. jetzt auch *Aschheim*, Beyond the Border, S. 45–80.
33 Einen luziden Überblick über die Tendenzen, Verdienste und Probleme der neueren Kulturgeschichte der Zwischenkriegszeit bietet *Hardtwig*, Einleitung: Politische Kulturgeschichte der Zwischenkriegszeit.
34 Vgl. *Lepsius*, Kritik als Beruf; *Bourdieu*, Der Korporativismus des Universellen; *Schumpeter*, Kapitalismus, Sozialismus und Demokratie, S. 235–251; die Bedeutung von Bourdieus Kategorien für die Intellektuellengeschichte verdeutlicht *Gilcher-Holtey* (Hg.), Zwischen den Fronten.
35 Vgl. etwa *Charle*, Vordenker der Moderne; *Dosse*, La marche des idées; *Noiriel*, Le fils maudits de la République; *Winock*, Das Jahrhundert der Intellektuellen.

Der historischen Figur, die im Folgenden die Hauptrolle spielt, hat Gangolf Hübinger den passenden Namen des »Gelehrten-Intellektuellen« verliehen. Der Gelehrten-Intellektuelle stellt sich »bewusst in die Spannung von Wissenschaft als Beruf und Politik als zivilbürgerliche Verpflichtung«.[36] Er ist nicht permanent präsent in der Welt des politischen Kampfes. Er kann – wie Marcuse und seine Freunde – zwischen den gesellschaftlichen Rollen der »gouvernementalen« politischen Beratung, der akademischen Zurückgezogenheit und des öffentlichen Einsatzes als kritischer Intellektueller wechseln. Das kann in unterschiedlichen Phasen geschehen, manchmal jedoch auch gleichzeitig. Die historische Komplexität nimmt auf eine fein säuberliche Trennung von Kategorien selten Rücksicht. Damit erhöht sich die Reichweite der Intellektuellengeschichte. Wenn sie sich auf die Spuren von Gelehrten-Intellektuellen begibt, interessiert sie sich nicht nur für deren politisch-intellektuelle Erzeugnisse, sondern sie untersucht auch Institutionen und Kommunikationsnetze, Lebensformen, Biographien und Karrierewege sowie die konkreten Anlässe des öffentlichen Engagements.[37]

Ein Ergebnis wird dabei deutlich hervortreten: Dieser linksintellektuelle Erörterungszusammenhang war ein Diskurs des Kalten Krieges, ein Element in den Denksystemen des Kalten Krieges. Das gilt nicht nur in der abstrakten Hinsicht, dass jede Intervention dieser Gruppe einen Einfluss auf das intellektuelle Kräftefeld des Kalten Krieges hatte. Diese Intellektuellen standen mitunter im Zentrum und zumeist an den Rändern, doch sie waren Teil des Ganzen. Die »epistemische Gemeinschaft«, der sie lange Zeit angehörten, umfasste nicht nur wissenschaftliche Experten; sie wurde von politischen Eliten gelenkt. Im Geheimdienst und in der regierungsnahen Wissenschaft flossen Politik und Forschung, Krieg und Wissen zusammen. Die Geschichtsschreibung des Kalten Krieges kann schon darum ohne die Ideen- und Intellektuellengeschichte nicht auskommen. Die Politiker und strategischen Denker selbst fassten den Kalten Krieg als einen Krieg der Ideen auf, einen Kampf der Weltanschauungen, eine Konfrontation des Wissens. Sie mobilisierten wissenschaftliche Ressourcen und schufen gewaltige Wissensapparate, die ihnen die nötigen Kenntnisse liefern sollten, um den Gegner im Kalten Krieg in Schach zu halten oder zu besiegen. Ein aus amerikanischer Wahrnehmung rätselhafter Feind

---

36 *Hübinger*, Gelehrte, Politik und Öffentlichkeit, S. 13.
37 Vgl. ebenda, S. 10–24; *ders./Hertfelder* (Hg.), Kritik und Mandat.

musste erforscht, entschlüsselt, gedeutet werden, um die Politik zum Handeln zu befähigen. Für kaum eine andere historische Epoche können die Ideengeschichte und die Wissenschaftsgeschichte so viel zum Verständnis zentraler politischer Probleme beitragen wie für die Geschichte des Kalten Krieges. Wissen wurde auf eine zuvor nie dagewesene Weise zur entscheidenden Ressource des politischen Überlebens. Unwissen konnte zum Atomkrieg führen.

Die Karrieren und die Texte der Beteiligten offenbaren die Engführung von Wissen, Krieg und Politik. Was als Expertenwissen begann, wurde mitunter zum Fundament eines wissenschaftlichen Werkes. Um diesen konkreten Zusammenhang zu belegen und nicht nur zu behaupten, sind ausführliche Erörterungen des Quellenmaterials notwendig. So kann etwa gezeigt werden, dass sich die Perspektive der psychologischen Kriegführung – ein Begriff, der in den späten vierziger Jahren im institutionellen Umfeld dieser Intellektuellengruppe seine Bedeutung annahm und alle nicht-militärischen, wissensintensiven Maßnahmen zur Bekämpfung des Gegners bezeichnete[38] – in Marcuses späterer »immanenter« Deutung des internationalen Kommunismus und des sowjetischen Marxismus widerspiegelte. Angesichts ihrer politischen und strategischen Implikationen, ihrer prognostischen Absicht und ihres sozialwissenschaftlichen Vorgehens war diese immanente Kritik lediglich dem Namen nach eine Fortsetzung früherer Unternehmungen am Institut für Sozialforschung.[39] Anders als der wissenschaftsgeschichtliche Ansatz ist selbst immanent verfahrende Theoriegeschichte nicht in der Lage, diesen Zusammenhang aufzudecken.

Funktion und Intention müssen dabei unterschieden werden. Es gab eine in beide Richtungen offene Dialektik der Gegnerforschung – eine Dialektik der Aufklärung, um die nachrichtendienstliche Sprache aufzugreifen: Einerseits konnte sich das Expertenwissen gegen die Intentionen seiner Erzeuger wenden und für Geheimoperationen eingesetzt werden. Andererseits floss das Expertenwissen in ein Wissens-

---

38 Vgl. dazu unten, Kap. I.7. und I.8.
39 Zu früheren Formen immanenter Kritik bei Marcuse, die in den dreißiger Jahren im Erörterungszusammenhang des Instituts für Sozialforschung entstanden waren, vgl. etwa *Marcuse*, Der Kampf gegen den Liberalismus in der totalitären Staatsauffassung; *ders.*, Über den affirmativen Charakter der Kultur; beides wieder in *ders.*, Schriften, Bd. 3, S. 7–44, 186–226; *Wiggershaus*, Die Frankfurter Schule, S. 246–250; *Kellner*, Herbert Marcuse and the Crisis of Marxism, S. 116–125.

reservoir, das zur Transformierung des strategischen Denkens und zur Formulierung der Entspannungspolitik beitrug. In Marcuses Fall führte das geheimdienstliche Vertrautwerden mit dem Feind womöglich auch zur Verfeindung mit dem Vertrauten. Nach einer Phase des Arrangements mit der liberalen Ordnung begann Marcuse in den sechziger Jahren, im Vertrauten, in der amerikanischen Gesellschaft, eine Nähe zu den totalitären Gesellschaften zu erkennen, die er als Deutschland- und Kommunismusanalytiker des amerikanischen Geheimdienstes erforscht hatte.

Wie man diese Prozesse beurteilt, hängt vom Standort des Beobachters ab. Der eine mag ein System erkennen, das alles erfasste und kolonisierte, das allein nach Selbsterhaltung durch permanente Reform, durch kulturelle Hegemonie, durch die Einverleibung von Kritik, durch epistemischen Imperialismus strebte. Der andere kann darin eine gouvernementale Ordnung sehen, die auf liberalen Grundlagen errichtet war und abweichendes Wissen nicht nur zur Selbsterhaltung von Machtstrukturen zuließ. Kritik und Macht gingen vielmehr ein komplexes, mitunter widersprüchliches, in beide Richtungen offenes Verhältnis ein. Das gouvernementale System der vierziger und fünfziger Jahre bot unkontrollierte Freiheitsräume, die auch im Zeitalter der McCarthyismus nicht geschlossen wurden. Das ökonomische Modell der kapitalistischen Eliten sah zu diesem Zeitpunkt die sozialdemokratische, wohlfahrtsstaatliche Stabilisierung der politischen Ordnung vor. Experten waren gefragt. Das strategische Regime des Kalten Krieges förderte intellektuelle Offenheit. Die von den Linksintellektuellen geforderte Politik der Entspannung wurde von den liberalen Eliten in ihrem eigenen Interesse vorangetrieben. Dass sich die amerikanische Gesellschaft immer weiter vom Modell des »New Deal« entfernte und die liberalen, internationalistischen Eliten in einem nicht zuletzt als Modernisierungsmaßnahme geplanten Krieg in Vietnam aufrieben, führte zu einer fundamentalen Verschiebung der politischen Konstellationen in den sechziger Jahren. Ein Dispositiv liberaler Gouvernementalität, das aus einem übergeordneten strategischen und ökonomischen Interesse die unterschiedlichsten Wissensformationen, politischen Ansichten, Institutionen und Personen einzubinden verstand, existierte in dieser Form nicht länger. Zusammenhänge zerbrachen, Sphären trennten sich.[40]

---

40 Zum Konzept der liberalen Gouvernementalität und zu den – keineswegs notwendig intentionalen – Kopplungseffekten von Dispositiven vgl. *Foucault*, Ge-

Zusammenfassung

In die Geheimdienstgeschichte führt Kapitel I. Wie zwei jüngst erschienene Studien räumt diese Arbeit Geheimdienstanalytikern den ihnen gebührenden Platz in der Geschichte der Geheimdienste ein. Der intellektuellen- und wissenschaftsgeschichtliche Ansatz und die ungleich breitere Quellengrundlage ermöglichen es jedoch, die Arbeitsweise und Epistemologie von Geheimdiensten genauer zu erfassen, als es der literaturwissenschaftlichen Untersuchung von Eva Horn gelingt. Wie sich zeigen wird, treffen die epistemologischen Annahmen, die Horn aus der literarischen Fiktion schöpft, auf die tatsächliche Wissensproduktion der Geheimdienste nicht zu.[41] Was im ersten Kapitel sichtbar wird, ist keine paranoische Epistemologie, die nach Bestätigung politischer Vorannahmen suchte, sondern ein hochkomplexes Wissenssystem, das ein wissenschaftliches Erkenntnisinteresse verfolgte und nach permanenter Selbstkorrektur strebte. Spannungen und Differenzen im Geheimdienstapparat – etwa zwischen Marcuses Organisation im State Department und der CIA – werden nicht übersehen. Doch Marcuse und seine Freunde leisteten in einer intellektuell produktiven Umgebung einen wichtigen Beitrag zum strategischen Wissen in den amerikanischen Staatsapparaten. Marcuse stand in seinem letzten Jahr im Staatsdienst der Kommunismusaufklärung des Außenministeriums vor. Er und seine Mitarbeiter waren daran beteiligt, innerhalb der Apparate das Bild eines kommunistischen Monolithen zu dekonstruieren. Damit stehen die Ergebnisse des ersten Kapitels im Einklang mit der nach Abschluss meiner Arbeit erschienenen Studie von Marc Selverstone zum Kommunismusbild in den amerikanischen und britischen Regierungsapparaten am Anfang des Kalten Krieges. Selverstones politik- und diplomatiegeschichtliche Perspektive ist allerdings auf die politisch-bürokratischen Führungsspitzen konzentriert und nicht an den Mechanismen und Subtilitäten der geheimdienstlichen Wissensproduktion interessiert. Die einzelnen Dokumente werden keiner eingehenden Analyse unterzogen, die Bedeutung dissidentischer Stimmen bleibt offen, und am Ende steht doch der Befund der fortschreitenden Verfertigung eines monolithischen

---

schichte der Gouvernementalität, 2 Bde., bes. Bd. 2, S. 13–80, 112–147, 260–274; *ders.*, Dispositive der Macht, bes. S. 118–175; vgl. dazu *Lemke*, Eine Kritik der politischen Vernunft.

41 Vgl. *Horn*, Der geheime Krieg, bes. S. 126–129, 135–147, 317, 320f.

Kommunismusbildes – gewissermaßen wider besseres Wissen und im Widerspruch zur »Keil-Strategie«, die kommunistische Staaten von der Sowjetunion lösen sollte.[42]

Die praktischen Folgen des in den amerikanischen Staatsapparaten erzeugten strategischen Wissens waren – im Sinne der Dialektik der Aufklärung – für den Einzelnen nicht abzusehen. Doch langfristig und funktional betrachtet, trug es zur Etablierung der Entspannungspolitik bei. In den strategischen Diskussionen innerhalb der amerikanischen Regierung nutzten die Befürworter einer Entspannung zwischen den Blöcken das Expertenwissen des Geheimdienstapparats. Die Perspektive der psychologischen Kriegführung, die die Geheimdienstforschung dominierte, suchte nach Schwachstellen im gegnerischen System und entwarf, ihrer Eigenlogik folgend, ein zunehmend differenziertes Bild der Sowjetunion und des Kommunismus. Die Hoffnung auf einen langfristigen Wandel des Ostblocks konnte auf dieses Expertenwissen gestützt werden. Einige von Marcuses hellsichtigsten politischen Schriften stammen aus dieser Periode.

Kapitel II eröffnet die philanthropiegeschichtlichen Untersuchungen, die das materielle und institutionelle Umfeld abstecken, in dem sich Marcuse und seine Freunde im Anschluss an ihren Einsatz im Geheimdienst bewegten. Die Ideale der philanthropischen Autonomie und der wissenschaftlichen Objektivität, denen die Förderungen verpflichtet waren, erwiesen sich dabei als politisch kontaminiert. Die Rockefeller Foundation hatte teil an der Errichtung des »national security state« im Kalten Krieg, und sie förderte die Gegnerforschung am Russian Institute der Columbia University, wo auch Marcuse unterkam. Dennoch war die Praxis der Stiftung viel liberaler, als der politische Hintergrund vermuten lassen könnte. Wissenschaft und nicht Politik stand im Vordergrund der Stiftungsaktivität. Die Stiftung war an abweichendem Wissen und an unkonventionellen Ansichten interessiert. Allerdings wurden unorthodoxe Wissenschaftler, die zu politisch heiklen Fragen arbeiteten, nur dann gefördert, wenn das Netzwerk der Stiftung für sie eintrat. Marcuse und seine Freunde verdankten ihren Kontakten aus dem Geheimdienst die philanthropische Protektion in den fünfziger Jahren.

Kapitel III untersucht die Politik der Stiftung. Die Ausgangsfrage lautet: Wie konnten Linksintellektuelle und Marxisten wie Marcuse oder Neumann in der Ära des McCarthyismus vom amerikanischen

---

42 Vgl. *Selverstone*, Constructing the Monolith.

Establishment gefördert werden? Die Quellen zeigen, dass im Kalten Krieg enge Verbindungen zwischen der Rockefeller Foundation und staatlichen Stellen existierten – ein politisch-philanthropischer Komplex hatte sich formiert. Die Stiftung fühlte sich zugleich dem nationalen Interesse der USA und der Idee einer internationalen Philanthropie verpflichtet. Sie versuchte eine Balance zwischen beiden Ansprüchen zu halten. Im Konfliktfall entschied sie sich in den McCarthy-Jahren zugunsten der nationalen Sicherheit. Die Gründe dafür lagen sowohl im institutionellen Eigeninteresse der Stiftung als auch in der politisch-ideologischen Wahrnehmung ihrer Mitarbeiter. Die Rockefeller Foundation verzichtete allerdings nicht darauf, die sich wandelnden Erfordernisse der nationalen Sicherheit permanent auszuloten und nach neuen Möglichkeiten Ausschau zu halten, um etwa Förderungen hinter dem »Eisernen Vorhang« wieder aufzunehmen. Der Angriff des McCarthyismus selbst hatte – im Gegensatz zu der in der Forschung bislang verbreiteten Ansicht – hingegen zur Folge, dass die Stiftung ihre politische Zurückhaltung aufgab und nach einer Phase der Einschüchterung zur Gegenoffensive überging. Die Rockefeller Foundation verteidigte 1954 die Freiheit der Wissenschaft und entzog sich in den folgenden Jahren immer stärker politischen Einschränkungen, denen sie sich am Anfang der fünfziger Jahre unterworfen hatte.

Ungeachtet dessen ging die Förderung von Linksintellektuellen, die aus dem Geheimdienst mit Rockefeller-Verantwortlichen bekannt waren, auch in der Hochphase des McCarthyismus ungehindert vonstatten, wie die beiden folgenden Kapitel zeigen. Kapitel IV ist der Wiedergeburt der Ideengeschichte gewidmet, die mit Unterstützung der Rockefeller Foundation von den Gelehrten-Intellektuellen um Marcuse und Hughes betrieben wurde. Neumann spielte anfangs eine große Rolle, Hughes, Krieger und Schorske wurden zu wichtigen akademischen Lehrern der »intellectual history« in Amerika. In der Untersuchung dieser Gruppe zeichnet sich die politische Fundierung der Ideengeschichte ab, ein Aufklärungsimpuls, der zuerst auf die Reflexion der »deutschen Katastrophe« zurückging. Zugleich richtete sich das Projekt der Ideengeschichte gegen die in Amerika vorherrschenden Diskurse des Kalten Krieges, die als Behavioralismus, »Ende der Ideologie« und »Konsensgeschichte« in der wissenschaftlichen Debatte firmierten. Der Geschichte der Ideengeschichte, ihren Intentionen und Gegnern, ihrer Gründung und Etablierung, wird in diesem Kapitel ebenso Beachtung geschenkt wie dem wissenschaftsgeschichtlichen Sachverhalt, dass eine Stiftung, die gerade die »behavioral revolution« in den Sozialwissenschaften mit enormen Mitteln förderte, gleichzeitig eine ideengeschichtliche »Konterrevolution« finanziell ausstattete.

Um eine Revolution geht es auch in Kapitel V. Dort ist zu sehen, wie Marcuse als Gelehrter unmittelbar an die Geheimdienstforschung anknüpfte. Mit Unterstützung der Rockefeller Foundation wurde er zum Gründervater eines internationalen Netzwerks der Marxismusforschung, das sich auf akademischer Ebene den Fragestellungen der psychologischen Kriegführung widmete. In diesem Zusammenhang entstand Marcuses Buch »Soviet Marxism«, an das wiederum einige seiner »revolutionären« Texte der sechziger Jahre ansetzten. Wissenschaftsgeschichtlich sticht dabei hervor, dass in der regierungsnahen, stiftungsgeförderten Forschung – wie schon in der Geheimdienstforschung zuvor – das Totalitarismusmodell obsolet war, noch bevor es seine akademische und intellektuelle Dominanz in den fünfziger Jahren entfaltete. Die Marxismusforschung der Rockefeller-Stiftung trug wesentlich zu dem Paradigmenwechsel bei, der in den sechziger Jahren weite Teile der sowjetologischen Forschung an den Universitäten und auch der öffentlichen Debatte erfasste. Die Resultate des ideologisch weitgefächerten Forschungsverbundes der Rockefeller Foundation deuteten zudem darauf hin, dass im Ostblock ein Prozess der Liberalisierung eingesetzt hatte. Wie im Geheimdienst zeigte sich auch in der Rockefeller-Marxismusforschung, dass linke Gelehrten-Intellektuelle als Experten und Produzenten von abweichendem Wissen eine wichtige Funktion erfüllten. Sie operierten innerhalb eines Dispositivs der Entspannung. Die liberalen Eliten, die zu diesem Zeitpunkt die Stiftungen und die strategischen Staatsapparate dominierten, setzten auf eine Politik des Interessenausgleichs mit der Sowjetunion und warteten auf den langsamen inneren Wandel des Gegners. In diesem Zusammenhang waren Erkenntnisse willkommen, die zur feineren Erfassung des Gegners und zur Begründung der Entspannungspolitik herangezogen werden konnten.

In Kapitel VI kommt die Intellektuellengeschichte im eigentlichen Sinne zum Zug. Die Geschichte der linksintellektuellen Gruppe wird als Geschichte des öffentlichen Streits und des politischen Engagements über mehrere Jahrzehnte verfolgt. Die Interventionen der Freunde, die intellektuellen Gegner und die auslösenden Ereignisse werden behandelt. Am Anfang stand eine Hochphase politischen Engagements in den vierziger Jahren, als die politische Option noch möglich schien, sich dem Ausbruch des Kalten Krieges entgegenzustemmen – was zum Einsatz im Wahlkampf des linken Präsidentschaftskandidaten Henry Wallace führte. Darauf folgte eine Phase der politischen Zurückhaltung in den McCarthy-Jahren. In der zweiten Hälfte der fünfziger Jahre formierte sich, was politische Gegner eine »akademische Unterwelt« nannten. Die Grundlagen für den Aktivismus des kommenden Jahrzehnts wurden gelegt. Marcuses Radikalisierung stand mit seiner neuen Rollen als Campus-Intellektueller in Verbindung: Jahrelang waren die Studenten sein exklusives politisches Publikum. Hughes hingegen engagierte sich in der Anti-Atomkriegsbewegung und im Umkreis der Demokratischen Partei. Er wurde zum festen Bestandteil der amerikanischen intellektuellen Debatte. Neue politische Aktionsmöglichkeiten jenseits der etablierten Strukturen eröffneten sich. In den sechziger Jahren betraten Hughes und Marcuse, häufig unterstützt von ihren Freunden, dann die große öffentliche Bühne. Sie gelangten zu nationaler Bedeutung und internationaler Berühmtheit. Hughes kandidierte für den amerikanischen Senat und prägte die Friedensbewegung, Marcuse wurde zum intellektuellen Bezugspunkt einer globalen Protestbewegung. Der Vietnamkrieg wurde zum wichtigsten Anlass des intellektuellen Engagements. Dieser Krieg trennte sie jedoch auch dauerhaft von dem liberalen Establishment, das Amerika in den Vietnamkrieg geführt hatte. Über das Verhältnis von Politik und Universität kam es am Ende des Jahrzehnts zu Spannungen unter den Freunden; Hughes verteidigte die Universität gegen Einflussnahmen von rechts wie von links, während Marcuse zum Widerstand gegen die »repressive Toleranz« aufrief. Die Differenzen wurden jedoch ausgeräumt. Stellte für Hughes ähnlich wie für Adorno, auf den kurz eingegangen wird, das rabiate politische Vorgehen der Studenten ein Problem dar, nahm Marcuse wiederum am politischen Eskapismus und an der intellektuellen Ignoranz von Teilen der Gegenkultur Anstoß.

Als Epilog widmet sich Kapitel VII dem Lebensabend der Protagonisten. Sie waren als demokratische Sozialisten angetreten und erkannten nun, dass sie zu Gralshütern des zunehmend marginalisierten amerikanischen Liberalismus geworden waren, der linksliberal-sozialdemokratischen Versöhnung von sozialer Gerechtigkeit und individueller Freiheit, die mit der politisch einflusslos gewordenen Tradition des »New Deal« verbunden wurde. In den Dissidenten des Ostblocks entdeckten die amerikanischen Linksintellektuellen verwandte Geister. Es kam zu narrativen Überlagerungen. Hughes erzählte rückblickend die Geschichte des Freundeskreises, die in den strategischen Staatsapparaten begonnen hatte, in bewusster Anlehnung an die Geschichte der osteuropäischen Dissidentenbewegung. Der kurze Augenblick der Freude 1989/90 wich aber schon bald politischer Resignation unter den letzten Überlebenden. Sie hatten die Wissenschaft verändert und intellektuelle Debatten geprägt. Ihre politischen Hoffnungen erfüllten sich nicht.

I Im Geheimdienst

> If one corrects for the fact that nobody had coerced us into serving the government, our labors bore an uncanny resemblance to those of the phony research institute, or *sharashka*, described by Solzhenitsyn in »The First Circle«.
> **Stuart Hughes**

> Ich bin noch 1950 von meinen sehr linken Freunden dringend gebeten worden, das State Department nicht zu verlassen, weil meine Arbeit dort für die Sache äußerst wichtig sei.
> **Herbert Marcuse**

> What is needed is a channel for informal ideas, for the posing of questions, for detecting the unexpected approach or element that might otherwise slip by.
> **Allan Evans**

1. Die Geburt des Geheimdienstes

Spionage ist so alt wie die Menschheit. Die Geburt des modernen Geheimdienstapparats könnte man auf den Tag genau datieren. Am 11. Juli 1941 verfügte der amerikanische Präsident Franklin Delano Roosevelt die Gründung einer Behörde namens Coordinator of Information (COI). Binnen eines Jahres entstand daraus das Office of Strategic Services (OSS). Der Geheimdienst als gigantische, filigran ausdifferenzierte, nach wissenschaftlichen Kriterien operierende Maschine der Wissensproduktion im Dienste der Staatsmacht erblickte das Licht der Welt.[1] Dieser erste und ungewöhnlichste moderne Geheimdienst war der Ort, an dem die Geschichte von Herbert Marcuse und seinen amerikanischen Freunden begann.

Die Geschichte des OSS ist ein Klassiker der Geheimdienstgeschichte. Obwohl dieser erste zentrale Nachrichtendienst der USA nur für wenige Jahre bestand, 1945 aufgelöst und 1947 von der Central Intelligence Agency (CIA) beerbt wurde, hat er bis heute nicht an Faszinationskraft eingebüßt. Beleg dafür sind zahlreiche wissenschaftliche Studien,[2] nicht zu reden vom mythischen Nachleben in einer un-

---

[1] Zur Einführung in die uferlose Literatur zur Geschichte der Geheimdienste vgl. etwa *Laqueur*, A World of Secrets; *Krieger* (Hg.), Geheimdienste in der Weltgeschichte; jetzt auch *ders.*, Geschichte der Geheimdienste; zur Sonderstellung des OSS aufgrund der wissenschaftlichen Kapazität von R&A vgl. ebenda, S. 221–224. – Natürlich darf nicht unterschlagen werden, dass die britischen Geheimdienste den Amerikanern als Vorbild dienten und dem OSS auf die Beine halfen, wie auch im Folgenden zu sehen sein wird. Die wissenschaftliche Analyse so stark auszuweiten und zum Kern des Apparats zu machen, war jedoch eine Erfindung der Amerikaner. Selbst der britische Geheimdienstkoordinator für Nordamerika, William S. Stephenson, anerkannte neidlos, im OSS sei »das brillanteste Team von Analytikern in der Geschichte der Geheimdienste« zusammengestellt worden (*Marquardt-Bigman*, Amerikanische Geheimdienstanalysen, S. 7); zur Geschichte der britischen Geheimdienste vgl. etwa *Andrew*, Secret Service; *ders.*, The Defence of the Realm.
[2] Zwei ältere Darstellungen, die immer noch von Interesse sind, aber aufgrund der damals schlechteren Quellenlage auf Detailaufnahmen verzichten mussten: *R. Harris Smith*, OSS; *Bradley F. Smith*, The Shadow Warriors; eine ursprünglich für den CIA-internen Gebrauch vorgesehene Studie, die besonders zu administrativen Aspekten aufschlussreich ist und einen umfangreichen Dokumentenanhang enthält: *Troy*, Donovan and the CIA. Eine für ein breiteres Publikum geschriebene Gesamtdarstellung der amerikanischen Geheimdienstaktivitäten im Krieg: *Persico*, Roosevelt's Secret War. Zugang zur neueren Forschungsliteratur bieten *Constantinides*, The OSS; *Marquardt-Bigman*, Amerikanische Geheimdienstanalysen; *Mauch*, Schattenkrieg gegen Hitler.

überschaubaren Memoirenliteratur und in einigen Hollywood-Filmen.³ Selbst in das literarische Werk von Thomas Pynchon fand das OSS Eingang.⁴ Im OSS, so heißt es, verschmolzen die dunklen Seiten eines Geheimdienstes und der liberale Geist des »New Deal«. Zurückgeführt wird diese Besonderheit auf das unermüdliche Engagement von William J. Donovan, eines Weltkriegshelden und erfolgreichen Wall-Street-Anwalts, der dem Ostküsten-Establishment der Republikaner angehörte und mit dem demokratischen Präsidenten Roosevelt befreundet war. Donovan war offen für neue Ideen. Im OSS herrschte ein vergleichsweise unhierarchischer Geist.

Der konservative Interventionist Donovan war bestrebt, im Kampf gegen das nationalsozialistische Deutschland und dessen japanische und italienische Verbündete jeden fähigen Kopf heranzuziehen. Gebürtige Amerikaner stellte er ebenso ein wie Emigranten aus feindlichen Staaten; konservative und antikommunistische Militärs, Beamte, Diplomaten, Industriebosse, Anwälte und Professoren ebenso wie liberale, linke und kommunistische Intellektuelle, Künstler und Wissenschaftler. Berühmt ist Donovans Spruch: »Ich würde Stalin auf die Gehaltsliste des OSS setzen, wenn ich der Ansicht wäre, das würde uns helfen, Hitler zu besiegen.«⁵ Wiederholt gerieten darum OSS und FBI in Konflikt, weil das FBI sogenannte »enemy aliens«, die aus Feindstaaten stammten, einer Sicherheitsüberprüfung unterziehen musste. Zudem hatte das FBI mit der Überwachung von Personen begonnen, die kommunistischer Sympathien verdächtigt wurden.⁶ Wie

---

3 Vgl. *Mauch*, Schattenkrieg gegen Hitler, S. 291–302.
4 Das OSS findet wiederholt Erwähnung bei *Pynchon*, Die Enden der Parabel. An einer Stelle wird auf die auch im Folgenden angedeuteten Differenzen zwischen OSS und OWI angespielt. Es wird von Mitarbeitern britischer Behörden erzählt, »die ihre kleinen grünen Antennen auf die nutzbaren Emanationen der Macht ausgerichtet haben, sich in der amerikanischen Innenpolitik auskennen (wo sie genau zwischen den New-Deal-Anhängern im Office of War Information und den betuchten Ostküstenrepublikanern beim Office of Strategic Services zu unterscheiden wissen«, ebenda, S. 126.
5 *Smith*, OSS, S. 10. Ein ehemaliger Mitarbeiter des OSS wird mit der Aussage zitiert, Donovan habe »jeden ein[gestellt], von dem er glaubte, dass er zur Kriegführung auf eine Art und Weise beitragen werde, die sich von der der Militärs unterschied« (*Mauch*, Schattenkrieg gegen Hitler, S. 43).
6 *Mauch*, Schattenkrieg gegen Hitler, S. 43, zufolge war das FBI der Ansicht, Donovan habe Mitarbeiterlisten vernichten lassen, damit die Presse nichts von der Einstellung von Kommunisten und anderen »fragwürdigen Gestalten« erfahre. In der McCarthy-Ära waren manche ehemalige Mitarbeiter des OSS Repressalien ausgesetzt, der gesamte Dienst galt als kommunistisch unterwandert.

sehr Donovan bemüht war, im Krieg auch wirklich jede Möglichkeit auszuschöpfen, unterstreicht seine Psychoanalytic Field Unit, geleitet von dem Psychoanalytiker Walter C. Langer, die unter anderem Einblick in die Psyche Hitlers verschaffen sollte. Allen W. Dulles, Leiter der OSS-Mission in Bern und später Direktor der CIA, griff gelegentlich auf die Dienste des Tiefenpsychologen C. G. Jung zurück.[7]

Traditionellerweise herrschte in den USA Misstrauen gegenüber Geheimdiensten. Ein administratives Schattenreich galt als nicht vereinbar mit den Grundsätzen einer liberalen Demokratie. Während Nachrichtendienste in den USA bei Bedarf in Kriegszeiten eingerichtet wurden, um anschließend wieder aufgelöst zu werden, markierte die Gründung des OSS einen Wendepunkt.[8] Seit Beginn des Zweiten Weltkrieges 1939 sind Überlegungen dokumentiert, eine zentrale Geheimdienstbehörde einzurichten. Die treibende Kraft hinter diesen Plänen wurde bald – mit tatkräftiger britischer Unterstützung – Bill Donovan.[9] Im Auftrag des Präsidenten reiste er nach England und in den Nahen Osten, um sich einen Überblick über die Lage zu verschaffen. Donovan kam zu dem Schluss, dass es für die Vereinigten Staaten keine Alternative zum Kriegseintritt gab. Hitler und seine Verbündeten konnten allein militärisch niedergerungen werden.

Donovans Mission schloss ein, sich über Geheimdiensttechniken zu informieren. Darin traf sich seine persönliche Leidenschaft für Spionage mit den militärischen Notwendigkeiten einer Nation, die noch nicht über einen eigenen übergeordneten Nachrichtendienst verfügte, sondern ausschließlich über kleine Geheimdienststäbe in den Streitkräften und Ministerien, deren Aufgaben begrenzt waren und die nicht selten unprofessionell operierten. Auf seinen Reisen traf Donovan deshalb mit Vertretern der britischen Geheimdienste zusammen, die ihn umfassend über die eigene Tätigkeit informierten und ihm als Vertreter des amerikanischen Präsidenten, auf dessen Unterstützung

---

7 Vgl. *Mauch*, Schattenkrieg gegen Hitler, S. 89f., 155f.; *Grose*, Allen Dulles, S. 162–167, 202.
8 Zur Vorgeschichte des amerikanischen Geheimdienstwesens vgl. *Marquardt-Bigman*, Amerikanische Geheimdienstanalysen, S. 15f.; *Mauch*, Schattenkrieg gegen Hitler, S. 19–21; *Troy*, Donovan and the CIA, S. 3–21.
9 Die treibende Kraft hinter Donovan wiederum war William S. Stephenson, der britische Geheimdienstkoordinator für Nordamerika in New York. Zum engen Verhältnis von Donovan und Stephenson sowie zur Bedeutung des Beitrags des britischen Nachrichtendienstes zu Donovans Reisen, zur amerikanischen Unterstützung Englands im Krieg und zur Einrichtung eines amerikanischen Geheimdienstes vgl. *Troy*, Wild Bill and Intrepid.

im Krieg London hoffte, kaum ein Geheimnis vorenthielten. Die Offenheit gegenüber Donovan war Teil der britischen Anstrengungen, Amerika zum Kriegseintritt zu bewegen.[10] Begleitet wurde diese Strategie von einem massiven Propagandaunternehmen in den USA. Der junge Isaiah Berlin spielte eine Rolle dabei, die öffentliche Meinung für Großbritannien zu gewinnen.[11]

Von den Möglichkeiten und Notwendigkeiten des modernen Geheimdienstkrieges überzeugt, kehrte Donovan nach Washington zurück. Er hoffte, mit Aufklärungs- und Propagandaarbeit, Spionage, Sabotage und Subversion neue Formen des Kampfes in Amerika einzuführen, die einen Krieg entscheiden oder abkürzen könnten. Donovan wollte außerdem den Feind mit dessen eigenen Waffen schlagen.[12] Für seine Idee, einen modernen Geheimdienstapparat aufzubauen, setzte er sich nachdrücklich in Washington ein. Gegen die Widerstände der anderen Geheimdienststellen und vieler Politiker konnte er Roosevelt überzeugen. Der erste zentrale Nachrichtendienst in der Geschichte der USA wurde geschaffen.[13]

Im Juli 1941 unterzeichnete Präsident Roosevelt den Befehl, der die Gründung des COI vorsah und Donovan an dessen Spitze setzte. Die Aufgabenbereiche des COI blieben noch vage formuliert, doch war dessen Anspruch als Koordinationsstelle für geheimdienstliche Tätigkeiten deutlich zu erkennen.[14] Der COI etablierte sich und wuchs schnell an Mitarbeitern, doch interne Streitigkeiten führten bald zu seinem Ende. Die liberale Propagandaabteilung Foreign Information Service (FIS) unter Leitung des Dramatikers, Pulitzerpreisträgers und Roosevelt-Vertrauten Robert E. Sherwood wollte lediglich Informationsarbeit leisten, weil ihrer Ansicht nach Propaganda und Täuschung den Idealen des »New Deal« widersprachen und unamerikanisch waren. Roosevelt löste den Streit, indem er am 13. Juni 1942 die

---

10 Das einzige Geheimnis, das ihm vorenthalten worden zu sein scheint, war ULTRA, die Entzifferung des deutschen Codes durch die britischen Geheimdienste; zu den Reisen vgl. *Marquardt-Bigman*, Amerikanische Geheimdienstanalysen, S. 16–20; *Mauch*, Schattenkrieg gegen Hitler, S. 21f., 33–42, 300.
11 Vgl. *Cull*, Selling War; *Brewer*, To Win the Peace; zu Isaiah Berlin vgl. unten, Kap. V.3.
12 Zum Szenario einer deutschen »fünften Kolonne« vgl. *Mauch*, Schattenkrieg gegen Hitler, S. 33–42.
13 Vgl. *Marquardt-Bigman*, Amerikanische Geheimdienstanalysen, S. 20–23; *Mauch*, Schattenkrieg gegen Hitler, S. 40–42; *Smith*, The Shadow Warriors, S. 55–68; *Troy*, Donovan and the CIA, S. 43–65.
14 Der Wortlaut ist abgedruckt bei *Troy*, Donovan and the CIA, S. 423.

Einrichtung zweier neuer Institutionen verfügte, des Office of War Information (OWI) mit Propaganda- und Informationsauftrag und des Office of Strategic Services (OSS).[15]

Donovan wurde zum Direktor des OSS bestellt. Für den neuen Dienst war die Beschaffung und Auswertung von Nachrichten und die Durchführung militärisch notwendiger Geheimoperationen vorgesehen. Das OSS wurde den Joint Chiefs of Staff (JCS), dem amerikanischen Generalstab, unterstellt und war damit eine militärische Dienststelle. Donovan durfte zunächst wie im Ersten Weltkrieg die Rangbezeichnung Colonel (Oberst) führen. Er wurde 1943 zum Brigadegeneral befördert und stieg 1944 in den Rang eines Generalmajors auf. Zivile und militärische Mitarbeiter waren gleichermaßen im OSS beschäftigt.[16] Der militärische Befehl vom 22. Dezember 1942 etablierte das OSS endgültig im schwankenden Gefüge der rivalisierenden Washingtoner Behörden, indem er die zentrale Rolle des OSS unter den Nachrichtendiensten festschrieb und die Bandbreite der Aufgaben deutlich formulierte.[17]

Was Donovans Institution so einzigartig machte, war die Ausdifferenzierung des Apparats. Von Anfang an setzte Donovan auf moderne Methoden des Managements und der Wissensproduktion. Die komplexe Struktur des OSS sah vier zentrale Bereiche vor. Die Koordination der Amtsgeschäfte übertrug Donovan seinem Stellvertreter, Assistant Director Edward Buxton. Ein zweiter Assistant Director stand zahlreichen Sonderabteilungen vor und hielt die Verbindung zu den Außenstellen des OSS und zu anderen Behörden aufrecht. Drei Deputy Directors leiteten die drei Hauptabteilungen: Strategic Services Operations (Propaganda, Sonder- und Sabotageoperationen), Administrative Services (Verwaltung und Finanzen), Intelligence

---

15 Der Wortlaut ist abgedruckt bei *Troy*, Donovan and the CIA, S. 424–427; vgl. auch ebenda, S. 117–153; *Mauch*, Schattenkrieg gegen Hitler, S. 86–92; zum mit der institutionellen Trennung nicht endenden Konflikt zwischen OWI und OSS und zur Arbeit des OWI insgesamt vgl. *Clayton D. Laurie*, The Propaganda Warriors.
16 Auch Mitarbeiter der wissenschaftlichen Forschungsabteilung R&A wie Carl Schorske, H. Stuart Hughes und Leonard Krieger bekleideten militärische Ränge, Hughes stieg bis zum Lieutenant Colonel (Oberstleutnant) auf; zur Karriere der drei vgl. *Katz*, Foreign Intelligence, S. 169–186.
17 Der Wortlaut ist abgedruckt bei *Troy*, Donovan and the CIA, S. 431–434; weitere Verordnungen waren nötig, um diese Stellung auszubauen; vgl. dazu ebenda, S. 179–229; *Marquardt-Bigman*, Amerikanische Geheimdienstanalysen, S. 56–58.

(Spionage, Gegenspionage und Nachrichtenauswertung).[18] Außenstellen richtete das OSS nicht nur in den USA ein, sondern bald auch in allen strategisch wichtigen Regionen in Ostasien, im Nahen Osten, in Nordafrika und in Europa. Der größte Außenposten befand sich in London mit etwa 2000 Mitarbeitern im letzten Kriegsjahr.[19]

Dem Deputy Director of Intelligence waren fünf Abteilungen unterstellt, darunter zwei, die mit Spionage oder Sabotage im populären Sinne wenig gemein hatten. Der Foreign Nationalities Branch (FNB) war die Aufgabe zugewiesen, von Emigrantengruppen, den »foreign nationality groups«, in Amerika Nachrichten über deren Herkunftsländer zu beschaffen sowie als Anlaufstelle für politische Emigrantenkreise zu dienen und deren Einbeziehung in den Propagandakrieg zu planen. Thomas Mann an die Spitze einer deutschen Exilvertretung zu stellen, war einer der vielen Pläne der FNB.[20] Im Zentrum des Apparats stand jedoch die Research and Analysis Branch (R&A), die Forschungs- und Analyseabteilung des OSS, das Herz der geheimdienstlichen Aufklärung, bestückt mit den klügsten Köpfen Amerikas. R&A konnte sich mit den besten Universitäten messen, verfügte am Anfang über die meisten Mitarbeiter innerhalb des OSS und blieb mit einer Personalstärke von fast 2000 stets eine der größten Stellen im nachrichtendienstlichen Apparat mit seinen 12000 Mitarbeitern. Selbst die Spione und technischen Experten im OSS bezeichneten R&A als »das Herz und die Seele« des Geheimdienstes.[21]

---

18 Vgl. *Katz*, Foreign Intelligence, S. 241; *Mauch*, Schattenkrieg gegen Hitler, S. 23-32.
19 Zu London vgl. *Gilbert*, A European Past, S. 175–190; *Katz*, Foreign Intelligence, S. 23f., 78–84, 103–128; *Marquardt-Bigman*, Amerikanische Geheimdienstanalysen, S. 54, 63f.; *Rostow*, The London Operation; *Schlesinger*, The London Operation; *Troy*, Donovan and the CIA, S. 115, 117. Die Vielfalt der Außenstellen wird deutlich durch regelmäßige Wechsel des Schauplatzes bei *Smith*, The Shadow Warriors.
20 Vgl. *Mauch*, Schattenkrieg gegen Hitler, S. 27f., 67–74, 115–124. Anfang der fünfziger Jahre erinnerte George F. Kennan an die Verdienste der FNB und plädierte dafür, eine derartige Abteilung im Kampf gegen die Sowjets erneut einzurichten; vgl. ebenda, S. 294 Anm. 16.
21 *Winks*, Cloak & Gown, S. 113f.; *McDonald*, The OSS and Its Records; *Mauch*, Schattenkrieg gegen Hitler, S. 26f.; *Smith*, Shadow Warriors, S. 69–78, 360–389. Umfassend befassen sich mit der Arbeit von R&A: *Katz*, Foreign Intelligence; *Marquardt-Bigman*, Amerikanische Geheimdienstanalysen; *Söllner* (Hg.) Zur Archäologie der Demokratie in Deutschland, Bd. 1; die Erinnerungsliteratur ist zahlreich, von den im vorliegenden Fall hilfreichen Beiträgen vgl. *Erd* (Hg.), Reform und Resignation, S. 151–182; *Gilbert*, A European Past, S. 175–220.

2. Im Zentrum des geheimen Staatsapparats

Seiner Vorliebe für geheime Aktionen zum Trotz war sich OSS-Direktor Donovan von Anfang an im Klaren darüber, dass R&A das Rückgrat seiner Behörde bilden würde. R&A war die Stätte, an der sich akademische Gelehrsamkeit und die militärischen Anforderungen des Krieges verbanden. Alle »rohen«, unausgewerteten Informationen kamen hier zusammen und wurden zu nutzbarem Wissen weiterverarbeitet – R&A erst produzierte »intelligence«. Donovan rekrutierte führende Wissenschaftler und ließ ihnen – Historikern, Ökonomen, Geographen, Ethnologen und Vertretern einiger weiterer Disziplinen – freie Hand, ein System des Wissens zu schaffen, das dem modernen Geheimdienstkrieg gerecht werden konnte. Die Herkunft vieler seiner wissenschaftlichen Experten war mit Harvard und Yale unschwer zu lokalisieren.[22]

Nach Vorarbeiten von Archibald MacLeish, dem Leiter der Library of Congress, übernahm anfangs James P. Baxter, Historiker und Präsident des Williams College, die Leitung von R&A. Unterstützt wurde Baxter von William L. Langer, einem der großen amerikanischen Diplomatiehistoriker und Professor für Geschichte in Harvard. Er wurde bald Direktor von R&A und leitete die Abteilung bis zum Ende des Krieges. Langer wurde zum Vater der wissenschaftlichen Geheimdienstaufklärung. Dieser Mann von eher konservativen Neigungen stand seit längerem im Lager der Internationalisten. Die außenpolitische Elite Amerikas versicherte sich seiner Dienste, Roosevelts demokratischer Außenminister Cordell Hull ebenso wie die republikanischen Dulles-Brüder. Langer gehörte zu den wichtigsten Experten des außenpolitischen Establishments. Seiner ideologisch und akademisch bunt gemischten Truppe in R&A stand er mit Vergnügen vor. Die Marxisten im Apparat waren ihm kein Dorn im Auge.[23]

---

22 Vgl. *Katz*, Foreign Intelligence, S. 5–13; *ders.*, The OSS and the Development of the Research and Analysis Branch; die Rekrutierungsbasis Yale steht im Mittelpunkt von *Winks*, Cloak & Gown, S. 60–115.
23 Vgl. *Marquardt-Bigman*, Amerikanische Geheimdienstanalysen, S. 25–33, 59; *Katz*, Foreign Intelligence, S. 3–8. Laut ebenda, S. 20, nannte Langer eine fünfzigbändige Ausgabe der Werke Rankes, die er während der deutschen Inflation für einen Liedvortrag in Leipzig erstanden hatte, sein kostbarstes Eigentum. In seiner Autobiographie geht Langer ausführlich auf seinen Einsatz im OSS ein: *Langer*, In and Out the Ivory Tower.

Später gehörte Langer, der akademische Lehrer von Stuart Hughes, Carl Schorske und weiteren jungen R&A-Historikern, zu den stets verlässlichen Förderern von Marcuse, Hughes und ihren Freunden. Marcuse und Neumann waren beileibe nicht die ersten oder auch nur die bekanntesten Marxisten, denen er begegnet war. Langer hatte 1939 in Mexiko mit Leo Trotzki vereinbart, das Archiv des von Stalin verfolgten und bald darauf ermordeten bolschewistischen Revolutionsführers nach Harvard zu holen. Von der Aura des großen Mannes ergriffen, schrieb er Trotzki, welches Ereignis es für ihn als Historiker gewesen sei, in Mexico City der leibhaftigen Geschichte begegnet zu sein, einem Mann, »der eine große Rolle darin gespielt hatte, das Schicksal der Menschheit zu gestalten«.[24]

Die Aufgabe von Langers R&A bestand darin, Nachrichten zu sammeln, auszuwerten und den politischen Entscheidungsträgern zugänglich zu machen. Drei Formen von »Endprodukten« wurden in R&A vor allem erstellt: Umfassende Regionalstudien, die das amerikanische Wissen über die Einsatzgebiete kodifizierten; Studien zu speziellen regionalen Problemen, die im Verlauf des Krieges aufgetreten waren oder auftreten konnten; und von der politischen und militärischen Führung in Auftrag gegebene Papiere, die gezielt außenpolitischen oder kriegswichtigen Zwecken dienten.[25] Ihre Informationen bezog die Forschungsabteilung aus unterschiedlichsten Quellen, von Kriegsgefangenenbefragungen bis zu Erkenntnissen, die durch Spionage gewonnen waren. Zumeist allerdings – und vor allem bei ihrer regionalwissenschaftlichen Erfassung der militärisch existenten Weltmacht – machte R&A eine Erfahrung, die zur Grundregel der modernen Geheimdienstanalyse geworden ist: Die wissenschaftliche Untersuchung öffentlich verfügbarer Informationen erwies sich am effektivsten. 80 bis 90 Prozent des Materials bezog R&A aus Bibliotheken und Archiven.[26]

---

24 Langer an Trotzki, 26. 10. 1939; Trotzki an Langer, 6. 11. 1939 (Zitat); Langer an Trotzki, 10. 11. 1939; Trotzki an Langer, 13. 11. 1939; Secretary to Leon Trotsky (Charles Cornell) an Langer, 11. 10. 1939; Harvard University Library, Houghton Library, Trotsky Papers, Exile Papers, Series I, Correspondence, 2601–2602, 8797–8798, 11971.
25 Vgl. *Katz*, Foreign Intelligence, S. 13–21; *Marquardt-Bigman*, Amerikanische Geheimdienstanalysen, S. 58–66; 165–168, 270–272; *Mauch*, Schattenkrieg gegen Hitler, S. 26f.; *Smith*, The Shadow Warriors, S. 373–386.
26 Vgl. *McDonald*, The OSS and Its Records, S. 89; *Katz*, Foreign Intelligence, S. 17, 34f., 244f.; *Marquardt-Bigman*, Amerikanische Geheimdienstanalysen, S. 60f.

Nach einer Übergangszeit war R&A in vier regionale Abteilungen gegliedert, Europe-Africa Division, USSR Division, Far East Division und Latin America Division. Sonderbeauftragte hielten Verbindung zu den R&A-Büros in den Außenstellen des OSS, zu anderen Behörden und zu militärischen Stellen. Ein Komitee kümmerte sich um die Beschaffung auswärtiger Periodika, die Map Division war berühmt für ihren Reichtum an Landkarten, der Current Intelligence Staff verfasste auf aktuellem Stand Nachrichtenzusammenfassungen, die über die Grenzen des OSS hinaus in Washington zirkulierten. Die Central Information Division schließlich verwaltete das Wissen – Bücher, Periodika und Millionen von Karteikarten. R&A war eine gigantische Maschine der Speicherung und Produktion von Wissen.[27]

Die Europe-Africa Division unterstand Sherman Kent, einem Geschichtsprofessor aus Yale, der nach dem Krieg das einflussreichste Buch überhaupt zur wissenschaftlichen Organisation des Geheimdienstwissens schrieb und danach mit Langer zusammen die Analyseabteilung der CIA aufbaute.[28] Ihm waren die politische, die geographische und die ökonomische Unterabteilung unterstellt: die Political Subdivision der Europe-Africa Division teilte sich in sieben regionale Sektionen, diese wiederum in einzelne Länderreferate. In der Central European Section (CES), einer interdisziplinär arbeitenden Truppe unter Leitung des Historikers Eugene N. Anderson, versahen Otto Kirchheimer, Herbert Marcuse, Franz Neumann und – nach seiner Anfangszeit in der USSR Division – Barrington Moore ihren Dienst im Krieg gegen das nationalsozialistische Deutschland.[29]

---

27 Vgl. *Katz*, Foreign Intelligence, S. 17, 21–27, 242f.; *Marquardt-Bigman*, Amerikanische Geheimdienstanalysen, S. 24–33, 53–66; *Smith*, The Shadow Warriors, S. 371. Die angegebene Gliederung ist »idealtypisch«, während des gesamten Krieges kam es immer wieder zu kleineren oder größeren organisatorischen Veränderungen innerhalb des Apparats. Ein Bild vom materiellen Umfang der in R&A geleisteten Arbeit vermittelt *Marquardt-Bigman*, Amerikanische Geheimdienstanalysen, S. 64. Demnach wurden bis Kriegsende etwa 3000 Studien erstellt, von wenigen Seiten umfassenden Papieren bis zu Handbüchern von 1500 Seiten. Die Materialsammlung umfasste 3 Millionen Karteikarten, 300000 Photos, 300000 »intelligence documents«, eine Million Landkarten, 350000 Exemplare ausländischer Periodika, 50000 Bücher und Zigtausende von Postkarten und biographischen Akten.
28 Vgl. *Kent*, Strategic Intelligence for American World Policy. Zu Kent vgl. weiter unten, Kap. I.9.
29 Vgl. *Katz*, Foreign Intelligence, S. 21–27, 29–61, 141, 158–160, 163f.; *Marquardt-Bigman*, Amerikanische Geheimdienstanalysen, S. 29, 67–73; Barrington Moore, Wartime Washington 1941–1945. As seen from the bottom looking up,

In den Worten des Princetoner Militärhistorikers Edward Mead Earle verlangte der Krieg die »total academic mobilization«, die Totalmobilisierung der Wissenschaften.[30] Offensichtlich befolgte Langer diese Maxime. Allerdings gilt es im Sinn zu behalten, dass nicht allein in den Personen Donovans und Langers der Grund für die massenhafte Rekrutierung von akademischen Experten zu suchen ist. Die wissenschaftliche Vielfalt und politische Liberalität ihrer Personalpolitik entsprach dem Verständnis der beiden Führungsfiguren von den Aufgaben ihres Apparats. Die USA waren jedoch zuvor bereits ins Zeitalter der »Verwissenschaftlichung der Politik« eingetreten. Unter den Bedingungen der militärischen Mobilisierung erreichte dieser Prozess einen neuen Höhepunkt, doch der Bedarf an Experten hatte seit Jahren das politische System des »New Deal« gekennzeichnet.[31]

Langer rief zuerst ein »old boys' network« von führenden Professoren – wie seinen Historikerkollegen Crane Brinton aus Harvard – zu den Waffen, die in der Anfangszeit das zentrale Board of Analysts bildeten und dann Verantwortung für einzelne Abteilungen übernahmen.[32] Diese konservativen Granden sorgten dafür, dass R&A zur Fortführung der Ivy League und anderer bedeutender Universitäten in Zeiten des Krieges wurde, indem sie die mittlere Führungsebene mit eigenen Schülern besetzten. Etwa 40 Historiker fanden auf diese Weise ihren Weg in den Nachrichtendienst der USA, darunter auch nach dem Krieg so wichtige Vertreter der Zunft wie Gordon A. Craig, John K. Fairbank, Franklin Ford, H. Stuart Hughes, Leonard Krieger, Arthur Schlesinger und Carl Schorske. Insgesamt acht künftige Präsidenten der American Historical Association gingen aus R&A hervor, unter den Wirtschaftswissenschaftlern waren fünf künftige Präsidenten der American Economic Association, mit Wassily Leontief ein Nobelpreisträger. Und mit Ralph Bunche, der nach dem Krieg stell-

---

unveröffentlichtes Manuskript, Harvard University Archives (HUA), Barrington Moore Papers; ich danke Judy Vichniac dafür, mir diesen Text zugänglich gemacht zu haben; vgl. allgemeiner zu R&A *Mauch*, Schattenkrieg gegen Hitler, S. 124–134; *Smith*, The Shadow Warriors, S. 360–389.

30 Zitiert von *Katz*, Foreign Intelligence, S. 6. Edward Mead Earle war denn auch eine der Wissenschaftsgrößen, die die Einrichtung von R&A energisch unterstützten; vgl. ebenda, S. 5.

31 Vgl. etwa *Brinkley*, The End of Reform; *Kennedy*, Freedom from Fear.

32 *Smith*, The Shadow Warriors, S. 362; *Marquardt-Bigman*, Amerikanische Geheimdienstanalysen, S. 24–33; *Katz*, Foreign Intelligence, S. 2–9.

vertretender UN-Generalsekretär wurde, befand sich ein künftiger Friedensnobelpreisträger in R&A.[33]

Eine dritte Welle der Rekrutierung erfasste schließlich emigrierte Gelehrte.[34] Unter ihnen waren die drei ehemaligen Mitarbeiter des Instituts für Sozialforschung. Neumann ging voran. Ihm eilte seit dem Erscheinen seines Buches »Behemoth« der Ruf des führenden Experten für das nationalsozialistische Deutschland voraus. Führende amerikanische Intellektuelle priesen in ihren Rezensionen diese Strukturanalyse des nationalsozialistischen Herrschaftssystems, die bis heute ein Referenzpunkt der NS-Forschung ist.[35] Marcuse und Kirchheimer folgten Neumann ins OSS. Weitere Emigranten in der Mitteleuropasektion waren der ehemalige Institutsmitarbeiter Arkadij Gurland, der Kunsthistoriker Richard Krautheimer und der Historiker Felix Gilbert. Gilbert wurde später zum Professor am Institute for Advanced Study in Princeton berufen, der prestigeträchtigsten amerikanischen Wissenschaftsinstitution. Wie Gilbert war auch Hajo Holborn, ein weiterer Emigrant in Diensten des OSS, Schüler des Berliner Historikers Friedrich Meinecke. Holborn, mittlerweile Professor in Yale, koordinierte als Sonderbeauftragter des Direktors die Zusammenarbeit der Abteilung mit den Streitkräften.[36] Alle im OSS beschäftigten Emigranten waren amerikanische Staatsbürger oder hatten zumindest die Staatsbürgerschaft beantragt.[37]

Das OSS und noch mehr R&A waren von großer politischer Offenheit gekennzeichnet. R&A galt innerhalb des OSS als eine »Brutstätte des akademischen Radikalismus«, was auf die überwiegend demokratisch-sozialistischen Sympathien sowohl der Emigranten wie auch der

---

33 Vgl. *Katz*, Foreign Intelligence, S. 9f.; ebenda, S. xii, spricht zwar von sieben künftigen Präsidenten der American Historical Association, S. 9 Anm. 15 führt jedoch acht namentlich auf.
34 *Katz*, Foreign Intelligence, S. 10–13; *Marquardt-Bigman*, Amerikanische Deutschlandanalysen, S. 67–73; *Smith*, The Shadow Warriors, S. 379.
35 Vgl. *Intelmann*, Franz L. Neumann, S. 45–47; *Katz*, Foreign Intelligence, S. 33f., 35f.; *Marquardt-Bigman*, Amerikanische Geheimdienstanalysen, S. 70f.; *Schäfer*, Franz Neumanns Behemoth und die heutige Faschismusdiskussion, bes. S. 665; *Söllner*, Deutsche Politikwissenschaftler in der Emigration, S. 118–132, bes. S. 125f.; *Erd*, Reform und Resignation, S. 99–131; *Kershaw*, Der NS-Staat, S. 47, 70, 98, 121f., 258; unter den zeitgenössischen Rezensionen vg. etwa *Mills*, Locating the Enemy; *Macdonald*, Political Notes.
36 Vgl. das Gilbert und Holborn gewidmete Kapitel bei *Katz*, Foreign Intelligence, S. 62–96; *Gilbert*, A European Past, S. 175–220.
37 Vgl. *Marquardt-Bigman*, Amerikanische Geheimdienstanalysen, S. 67.

meisten gebürtigen Amerikaner in R&A anspielte.[38] In wichtigen deutschlandpolitischen Fragen waren sich die linken Emigranten und ihre amerikanischen Kollegen einig.[39] Einen jungen Wirtschaftswissenschaftler, der vom FBI als Kommunist verdächtigt wurde – Paul Sweezy, Marxist und Lieblingsschüler von Joseph Schumpeter in Harvard –, stellte Donovan persönlich ein. »R&A umspannte eine politische Bandbreite«, bemerkt Barry Katz, »die buchstäblich vom Stalinismus bis zum blaublütigen Republikanismus reichte.«[40] In diesem Umfeld erfuhren Marcuse und Neumann ihre amerikanische »Akkulturation«.[41] Sie wurden in eine antifaschistische Agentur aufgenommen, die der Praxis der Befreiung diente – der Befreiung der Welt von den Nazis und ihren Verbündeten.

Die geballte wissenschaftliche Kapazität von R&A sollte jedoch nicht die politische Relevanz dieser Wissensmaschinerie in den Hintergrund drängen. Gerade die ideengeschichtliche Perspektive neigt dazu, die politische Wirkung zu vernachlässigen.[42] Es besteht kein Zweifel an dem gewaltigen Einfluss, den R&A auf die Neuorientierung der Geistes- und Sozialwissenschaften an den amerikanischen Universitäten nach dem Zweiten Weltkrieg ausübte.[43] Davon wird in späteren Kapiteln noch die Rede sein. Um die Bedeutung von R&A angemessen zu würdigen, muss man sich jedoch auch die politische Seite der R&A-Arbeit genauer anschauen. So schwierig es ist, im Einzelfall ein Urteil darüber zu fällen, welche militärischen oder politischen Entscheidungen von R&A-Wissen grundiert waren, so steht doch fest, dass die überragende wissenschaftsgeschichtliche Bedeutung der Abteilung nur ein unbeabsichtigtes Nebenprodukt war.[44]

---

38 *Katz*, Foreign Intelligence, S. 180.
39 Vgl. *Marquardt-Bigman*, Amerikanische Geheimdienstanalysen, S. 11, 99, 111, 117.
40 *Katz*, Foreign Intelligence, S. 14. Vgl. zu den politischen Haltungen und zur Zusammenarbeit in R&A insgesamt ebenda, S. 8–12, 14, 26, 32, 43, 58–61, 75f., 125–127, 170–186, 188; *Marquardt-Bigman*, Amerikanische Geheimdienstanalysen, S. 24–33, 67–73, 94f., 114–117, 183–196; *Mauch*, S. 86–88, 124–134.
41 Dieses Konzept verwendet *Söllner*, Deutsche Politikwissenschaftler in der Emigration, S. 118–132.
42 Vgl. *Katz*, Foreign Intelligence, S. xi, xiii, 28f., 34f., 137, 196.
43 Vgl. ebenda, S. 137–164, 165–198; *Söllner*, Deutsche Politikwissenschaftler in der Emigration, S. 128–131.
44 Vgl. *Marquardt-Bigman*, Amerikanische Geheimdienstanalysen, S. 65, 165–168, 270; *Smith*, The Shadow Warriors, S. 373–386.

Unter den Bedingungen des Krieges bearbeitete in einer von ehemaligen Wall-Street-Anwälten, Offizieren und Diplomaten geleiteten Behörde eine Gemeinschaft von Wissenschaftlern Fragen, die vorgesetzte Stellen ihnen zuwiesen oder von denen anzunehmen war, dass sie diese Stellen interessieren könnten. Raum für eigene politische Initiativen bestand dabei nur begrenzt. Die Mitarbeiter von R&A hatten sich direkter politischer Empfehlungen ausdrücklich zu enthalten.[45] Die Konzentration galt dem Tagesgeschäft. Eintreffende Informationen waren zu sichten und in ausgewerteter Form Vorgesetzten und anderen Behörden zuzuführen. R&A war eine Dienstleistungsbehörde. In diesem Rahmen leistete sie »einen Beitrag zu der in Washington geführten deutschlandpolitischen Diskussion«.[46] Die politische Bedeutung stieg, je weniger politisch motiviert und je gründlicher und wissenschaftlicher die Analysen gearbeitet waren. Hatten sich Ergebnisse von R&A als richtig herausgestellt, wurden sie auch von politischen und militärischen Entscheidungsträgern vermehrt berücksichtigt. Auch das sollte sich als ein Grundgesetz der Geheimdienstarbeit etablieren, solange der politischen Führung an Erkenntnissen und nicht an Bestätigung der eigenen Weltsicht gelegen war. Im System Geheimdienst erhöhte gerade die wissenschaftliche Qualität der Analysen ihre politische Wirkung. Diesen Sachverhalt, der die Arbeit von R&A ständig begleitete, demonstrierten zwei Fälle besonders deutlich.[47]

Von Anfang an war das Bild, das man sich im OSS »von der Struktur und Stärke des Deutschen Reiches machte, [...] bei weitem differenzierter und realistischer als das Deutschlandbild des State Department«, von anderen Behörden ganz zu schweigen.[48] Das steigerte das Ansehen von R&A. Folge war eine vermehrte Nachfrage nach

---

45 Vgl. *Katz*, Foreign Intelligence, S. 14; *Marquardt-Bigman*, Amerikanische Geheimdienstanalysen, S. 56f., 73, 148f. Der weitgehende Verzicht auf politische Einflussnahme war ausweislich dieser Stellen eine Überlebensnotwendigkeit im Behördendschungel. William Langer betonte gegenüber seinen Mitarbeitern, als »pressure group« habe man keine Zukunft.
46 *Marquardt-Bigman*, Amerikanische Geheimdienstanalysen, S. 168, 271, 57, 8.
47 Die politische Relevanz der beiden im Folgenden erörterten Beiträge von R&A – nämlich dem Anteil am Civil Affairs-Programm und die Planung für den Bombenkrieg – anerkennt auch *Katz*, Foreign Intelligence, S. 45, 103–136.
48 *Mauch*, Schattenkrieg gegen Hitler, S. 99.

R&A-Studien und eine Erweiterung des Abnehmerkreises.[49] Grund für das enorme deutschlandpolitische Expertenwissen von R&A war die Tatsache, dass hier amerikanische Deutschlandexperten und deutsche Emigranten wirkten, die ihre Sachkenntnis einbringen konnten. An erster Stelle zu nennen ist Franz Neumann. Er war in den Worten seines Vorgesetzten als »intellektueller Führer« der Mitteleuropasektion anerkannt.[50] Auch im OSS genoss Neumanns »Behemoth« den Ruf, die beste und gründlichste verfügbare Analyse des nationalsozialistischen Deutschland zu sein. Neumann selbst galt als die »größte lebende Autorität über Nazi-Deutschland«.[51] In R&A bildete der »Behemoth« das Grundgerüst, auf dem alle Untersuchungen aufbauten. Felix Gilbert beschrieb den Status des »Behemoth« innerhalb von R&A als »eine Art Bibel«.[52] Das Buch lieferte den Deutschlandanalytikern einen Kommunikationscode, seine Strukturanalyse des nationalsozialistischen Systems übernahmen fast alle R&A-Papiere, selbst der Wortlaut beeinflusste zahlreiche R&A-Studien.[53] Auf dieser Grundlage konnten sich amerikanische und emigrierte OSS-Mitarbeiter verständigen, zumal die Schlussfolgerungen des »Behemoth« mit Ansichten übereinstimmten, die in Washington, besonders im State Department, verbreitet waren.[54] Das »deutschlandpolitische ›Grund-

---

49 Vgl. *Marquardt-Bigman*, Amerikanische Geheimdienstanalysen, S. 65 mit Anm. 74, 93, 165–168, 270. Dort wird aber auch klar, dass der Einfluss der einzelnen R&A-Studien auf andere Washingtoner Behörden nicht exakt bemessen werden kann.
50 *Katz*, Foreign Intelligence, S. 34, 208 Anm. 14; *Marquardt-Bigman*, Amerikanische Geheimdienstanalysen, S. 70f. Vgl. auch *Erd*, Reform und Resignation, S. 153; zum Beitrag Neumanns in R&A ebenda, 151–182; *Stoffregen*, Franz L. Neumann als Politikberater.
51 H. Stuart Hughes an seine Eltern, 17. 8. 1945, Henry Stuart Hughes Papers (HSHP), Manuscripts and Archives, Yale University Library, Series IV, Personal Papers, b. 17, f. 32; *Neumann*, Behemoth. The Structure and Practice of National Socialism, New York 1942, zit. nach der deutschen Ausgabe, Behemoth; vgl. *Intelmann*, Franz L. Neumann, S. 45–47; *Katz*, Foreign Intelligence, S. 33f., 35f.; *Marquardt-Bigman*, Amerikanische Geheimdienstanalysen, S. 11, 70f.; *Schäfer*, Franz Neumanns Behemoth, S. 665; *Söllner*, Deutsche Politikwissenschaftler in der Emigration, S. 125; *Erd*, Reform und Resignation, S. 99–131.
52 *Katz*, Foreign Intelligence, S. 69.
53 Vgl. *Erd*, Reform und Resignation, S. 158–161; *Katz*, Foreign Intelligence, S. 36f., 67, 69; *Marquardt-Bigman*, Amerikanische Geheimdienstanalysen, S. 71, 94f.; *Mauch*, Schattenkrieg gegen Hitler, S. 132f., 296.
54 Ähnliche Vorstellungen hegte beispielsweise der einflussreiche New Yorker Council on Foreign Relations, der das State Department beriet. Es gab sogar

satzprogramm‹ der R&A-Branch« war bereits auf den Seiten des »Behemoth« prägnant formuliert.⁵⁵

Als unmittelbares Resultat dieser weithin anerkannten und unter Beweis gestellten wissenschaftlichen Kompetenz erhielt R&A im Sommer 1943 einen Großauftrag von der Civil Affairs Division (CAD) des Kriegsministeriums. Vor allem der Mitteleuropasektion fiel die gewaltige Aufgabe zu, im Rahmen eines umfassenden Programms für die künftige Militärregierung in Deutschland Hintergrundinformationen und praktische Ratschläge zu erarbeiten.⁵⁶ Beinahe die gesamte Arbeitsleistung der Abteilung war davon in Anspruch genommen. Umfassende Handbücher und etwa 80 Civil Affairs Guides, die den Offizieren vor Ort Empfehlungen geben sollten, waren zu erstellen.⁵⁷ Es war dieser Anteil von R&A an den Planungen für die künftige Militärregierung, der die Morgenthau-Kontroverse auslöste.⁵⁸

---

personelle Überschneidungen mit R&A; vgl. *Wala*, Winning the Peace, S. 48–66, siehe auch die Mitarbeiterlisten ebenda, S. 282–298.

55 *Marquardt-Bigman*, Nachdenken über ein demokratisches Deutschland, S. 127. Auch *Erd*, Reform und Resignation, S. 76, 114, 124, 154, betont die direkte Linie, die sich von den Forderungen des »Behemoth« zu Neumanns aktivem Kampf gegen den Nationalsozialismus mit seinem Eintritt ins OSS ziehen lässt. Vgl. dazu auch *Müller*, Herbert Marcuse, die Frankfurter Schule und der Holocaust, Exkurs 1, S. 123f.

56 Vgl. zum gesamten Programm die einschlägigen Kapitel bei *Holborn*, American Military Government; *Katz*, Foreign Intelligence, S. 45–49, 70–77; *Marquardt-Bigman*, Amerikanische Geheimdienstanalysen, S. 119–145; *Smith*, The Shadow Warriors, S. 376f.

57 Vgl. *Katz*, Foreign Intelligence, S. 70; *Marquardt-Bigman*, Amerikanische Geheimdienstanalysen, S. 60, 63, 120f., 145. Die Arbeit an beiden im Folgenden vorgestellten Projekten, am »Civil Affairs Handbook Germany« und an den Civil Affairs Guides, beschreibt ein im Herbert-Marcuse-Archiv erhaltenes privates Dokument Marcuses mit dem Titel »Description of Three Major Projects«, das auch seinen eigenen Anteil an der Arbeit erwähnt; Herbert-Marcuse-Archiv (HMA), Werkmanuskripte, 0132.1–4. Das offensichtlich 1947 verfasste Dokument ist abgedruckt in: *Marcuse*, Collected Papers, Bd. 1, S. 193–195.

58 Nach der Lektüre der sogenannten »SHAEF-Bible«, des »Handbook for Military Government in Germany«, das aus den siebzehn Bänden des »Civil Affairs Handbook Germany« hervorgegangen war, intervenierte der Finanzminister beim Präsidenten. Er legte seinen Morgenthau-Plan vor, der Deutschland teilen und in einen Agrarstaat verwandeln sollte, um ein für alle Mal die von dort ausgehende Kriegsgefahr zu bannen. Die Empfehlungen des Handbuchs hielt Morgenthau für viel zu konstruktiv und darum gefährlich. Allerdings kam Morgenthaus Plan kaum politische Bedeutung zu. Vgl. *Katz*, Foreign Intelligence, S. 73, 79; *Krieger*, Die amerikanische Deutschlandplanung, bes. S. 31; *Marquardt-Bigman*, Amerikanische Geheimdienstanalysen, S. 138–145; *Smith*,

Während das Handbuch für die Militärregierung daraufhin einer Revision unterzogen wurde, blieben die Civil Affairs Guides ununterbrochen gültig.[59] Diese jeweils etwa zwanzigseitigen Broschüren nahmen sich beinahe jedes Problems an, dem ein Military Government Officer im besetzten Deutschland begegnen konnte. Zwar waren die Guides ausdrücklich auf die Funktion beschränkt, Hintergrundinformationen zur besseren Entscheidungsfindung zu liefern,[60] doch handelte es sich faktisch um politisch relevante Dokumente, die den Horizont und das Verhalten der Besatzungsoffiziere prägten und so den deutschlandpolitischen Konzeptionen von R&A auf einer praktischen Ebene der Besatzungspolitik Wirkung verschafften.[61]

Von höchster kriegswichtiger Bedeutung war die Arbeit einiger R&A-Wirtschaftswissenschaftler. Unter Leitung von Charles Kindleberger entwickelte in der Londoner Außenstelle des OSS eine halbautonome R&A-Gruppe, die eng mit der United States Strategic Air Force zusammenwirkte, eine Methode zur wissenschaftlichen Analyse von Bombenzielen. Zu den Spezialitäten dieser Enemy Objectives Unit (EOU) gehörte es, die strategische Notwendigkeit gezielter

---

The Shadow Warriors, S. 374–376; zum Morgenthau-Plan besonders *Greiner*, Die Morgenthau-Legende; auch *Kimball*, Swords or Ploughshares. Hajo Holborn, der in seiner Funktion als Repräsentant von R&A bei den Streitkräften auch den Anteil von R&A am Civil Affairs-Programm koordinierte, bemerkte nach Kriegsende nicht ohne Stolz: »It is probably correct to say that much of the thinking that Secretary Morgenthau objected to originated with the OSS« (zit. nach *Katz*, Foreign Intelligence, S. 79; *Marquardt-Bigman*, Amerikanische Geheimdienstanalysen, S. 141 Anm. 71).

59 Auch auf die Formulierung des entscheidenden militärischen Befehls JCS 1067 konnte Morgenthau Einfluss nehmen – allerdings nicht wegen grundsätzlicher Übereinstimmung der Perspektiven von Morgenthau und War Department, sondern weil sich die Streitkräfte nicht auf eine konstruktive Besatzungspolitik festlegen lassen wollten, bevor sie die Lage vor Ort erkundet hatten. Das Interesse der Streitkräfte bestand zunächst allein in der militärischen Niederwerfung Deutschlands. Vgl. *Krieger*, Die amerikanische Deutschlandplanung, S. 27; *Marquardt-Bigman*, Amerikanische Geheimdienstanalysen, S. 142–145.

60 Darum waren jedem Guide die Worte vorangestellt: »In no sense a Guide is to be taken as an order«; *Marquardt-Bigman*, Amerikanische Geheimdienstanalysen, S. 287; vgl. ebenda, S. 121.

61 Vgl. *Marquardt-Bigman*, Amerikanische Geheimdienstanalysen, S. 138, 143. Damit soll nicht gesagt sein, die Civil Affairs Guides seien eins zu eins umgesetzt worden; vgl. ebenda, S. 139f. Marcuse selbst schätzte die Rolle der Guides nach Kriegsende wie folgt ein: »The Handbook and the Guides were to be used for determining and implementing occupation policy in Germany, and for background information for Civil Affairs Officers« (*Marcuse*, Collected Papers, Bd. 1, S. 193).

Bombardierungen anstelle von Flächenbombardements nachzuweisen, aufgrund ökonomischer Daten die wirksamsten Ziele auszumachen und die Effizienz eines Angriffs präzise zu berechnen.[62] Kindleberger wird noch einmal im Zusammenhang mit dem Marshallplan auftauchen, ebenso seine rechte Hand Walt W. Rostow, der später als Nationaler Sicherheitsberater von Präsident Lyndon B. Johnson zum Architekten des Bombenkrieges in Vietnam wurde.

3. Die Ordnung des geheimen Wissens

Geheimdienste verfügen über eine eigene Epistemologie. Allerdings unterstellt man diesen Systemen des Wissens allzu schnell eine »Epistemologie der Feindschaft«, von Verdacht und Paranoia getragen und politischen Vorgaben unterworfen.[63] Ein Blick auf die epistemologischen Strukturen in R&A, dem Paradigma der wissenschaftlichen Geheimdienstanalyse, vermittelt ein komplexeres Bild. Zuallererst zielte dieses System auf wissenschaftliches Wissen. Darin bestand sein eigenstes Interesse, um nicht an Boden bei den Entscheidungsträgern zu verlieren und von rivalisierenden Bürokratien ausgespielt zu werden. Die Geschichte von R&A ist die Geschichte geheimdienstlicher Wissensproduktion und berührt die Politik-, Sozial und Ideengeschichte gleichermaßen.[64] Wie bereits zu sehen war, steigerte die Qualität der wissenschaftlichen Erkenntnisse die politische Wirkung. Wer dieses System ernstlich verstehen will, muss die von der literarischen Fiktion suggerierte Hermeneutik des Verdachts als Hypothese vorerst ruhen lassen und zunächst einmal quellengesättigte »Wissenschaftsgeschichte als politische Kulturgeschichte« betreiben.[65]

R&A war eine »epistemische Gemeinschaft«, eine Gemeinschaft des Wissens, die auf der Grundlage einer »politischen Epistemologie« operierte.[66] Das hieß zunächst: Politische Erwartungen und wissenschaftliche Erkenntnisse ließen sich nicht säuberlich voneinander

---

62 Vgl. *Katz*, Foreign Intelligence, S. 97–136; *Mauch*, Schattenkrieg gegen Hitler, S. 134–151; *Rostow*, The London Operation.
63 Vgl. *Horn*, Der geheime Krieg, S. 126–129, 135–147, 317, 320f.
64 Vgl. *Ferris*, Coming in from the Cold War, bes. S. 565f., 589f., 595f.
65 *Raulff*, Ein Historiker im 20. Jahrhundert, S. 15–30.
66 *Fry/Hochstein*, Epistemic Communities, S. 14f.; *Katz*, Foreign Intelligence, S. 13–21, unter der passenden Überschrift »The Epistemology of Intelligence«.

trennen. Ein genauer Blick in die Quellen erst offenbart, welches Interesse dominierte. Um zu verstehen, in was für einem Staatsapparat Linksintellektuelle wie Marcuse ihren Dienst taten, muss man diese Produktionsbedingungen kennen, die sich in R&A und dem Nachfolgeapparat von R&A im frühen Kalten Krieg glichen. Bevor R&A-Studien ihre Empfänger erreichten, gingen sie durch einen institutionellen Filter, das Projects Committee, das über die Einhaltung der Standards wachte und jedes Dokument inspizierte. Vorgeschrieben war strikte »Objektivität«.[67] Politische Empfehlungen, ob offen oder subtil, waren untersagt.[68] Dem wurde im Rahmen des Civil Affairs-Programms strikt Rechnung getragen, dessen Abnehmer, die Streitkräfte, für die Besatzungsoffiziere vor Ort verständliche Unterlagen erwarteten.

Die Vorschriften betrafen selbst stilistische Fragen. An die akademische Arbeitsweise gewöhnte Wissenschaftler mussten lernen, auf bruchstückhafter und provisorischer Datenbasis Einschätzungen vorzunehmen. Entscheidungen mussten getroffen werden, auch wenn nicht alle Informationen vorlagen. Darum verlangte das Projects Committee eine kurze und klare Darstellung, damit politische oder militärische Entscheidungsträger mit wenig Zeit und kaum Sinn für philologische Feinheiten sich darauf stützen konnten. Renommierte Gelehrte sahen sich auf »humbling manuals« und »style sheets« verwiesen, auf die demütigende Lektüre von Handbüchern und Merkblättern, die ihnen einen knappen und präzisen Stil beibringen sollten.[69] Dem Projects Committee als letzter Instanz blieb die Über-

---

67 Vgl. *Katz*, Foreign Intelligence, S. 15, 20, 43f., 50 mit Anm. 60; *Marquardt-Bigman*, Amerikanische Geheimdienstanalysen, S. 62, 95, 148f.; *Smith*, The Shadow Warriors, S. 362–365.
68 Vgl. *Katz*, Foreign Intelligence, S. 13. Katz meint hier und ebenda, S. 15, auf der »epistemologischen Ebene« seien oftmals verborgene politische Kämpfe zwischen der eher konservativen R&A-Leitung und den eher linken Mitarbeitern ausgetragen worden. Bei Katz selbst ist jedoch nur ein einziger solcher Fall belegt. Betroffen ist eine Studie Herbert Marcuses über die SPD, deren »objectivity and maturity in political research« in Frage gestellt wurde; vgl. ebenda, S. 43; *Marquardt-Bigman*, Amerikanische Geheimdienstanalysen, S. 138, 186–188.
69 *Katz*, Foreign Intelligence, S. 50, 15f., 20. Der Zweck der Civil Affairs Guides bestand nach Auskunft von deren Standardeinleitung in Folgendem: »They are rather designed to point the factual information toward the making and executing of plans by those civil affairs officers assigned to work in the theaters of operation.« (*Marquardt-Bigman*, Amerikanische Geheimdienstanalysen, S. 287; vgl. auch *Katz*, Foreign Intelligence, S. 45.) Somit liegt es nahe, hinter

arbeitung aller Dokumente vorbehalten. Bereits im interdisziplinären Arbeitsprozess ging jede Analyse durch mehrere Hände. Das diente nicht nur der Zusammenführung von Expertenwissen, sondern gewährleistete auch die gegenseitige Einhaltung der Objektivitätsstandards im Kollektiv.[70] Kollektiv bedeutete jedoch nicht Anonymität.[71] In der Regel waren die Aufgaben kleinen Teams von Bearbeitern zugeteilt. Üblicherweise war einer von ihnen federführend.[72]

Diese Grundsätze galten genauso in den Nachkriegsjahren, als R&A zum Nachrichtendienst des State Department umgebaut wurde. Die politische Epistemologie blieb weiterhin in Kraft; politische Absicht und wissenschaftlicher Objektivitätsanspruch gingen dabei Hand in Hand. Abweichendes Wissen wurde nicht unterdrückt. Es war vielmehr gefragt, solange es den strategischen Zielen dienen konnte. Der Geheimdienst war ein autokorrektives System, das seine blinden Flecken durch die größtmögliche Vielfalt an Meinungen im Innern auszuschalten suchte. Im Kampf gegen den Nationalsozialismus zeigte sich dies nur gelegentlich – wie in der deutschlandpolitischen Debatte, in der am Ende R&A triumphierte –, weil grundsätz-

---

den Bemühungen des Projects Committee um Knappheit und Präzision vorrangig weder einen wissenschaftstheoretischen Kampf um eine objektivistisch-positivistische Weltdeutung noch verborgene politische Auseinandersetzungen (vgl. *Katz*, Foreign Intelligence, S. 15, 19f. bzw. ebenda, S. 13, 15, 43), sondern die praktischen Notwendigkeiten einer dem Militär unterstellten Dienstleistungsbehörde zu erkennen.

70 Zum praktischen Zusammenhang von Objektivität und Kollektiv vgl. *Katz*, Foreign Intelligence, S. 44, 49f., 66f.; *Marquardt-Bigman*, Amerikanische Geheimdienstanalysen, S. 56f., 60, 72, 119–124.

71 Dass der Autorstatus aufgrund späterer Überarbeitung in diesen Fällen ein anderer war als in den wissenschaftlichen Publikationen, versteht sich von selbst, obwohl auch einige dieser Publikationen wie im Falle der Mitarbeiter des Instituts für Sozialforschung in intellektueller Kooperation entstanden. Vgl. *Katz*, Foreign Intelligence, S. 16, 20f., 35f., 49f.

72 *Marcuse*, Collected Papers, Bd. 1, S. 193–196, dokumentiert den Arbeitsprozess in R&A auf diese Weise. Informationen wurden kollektiv gesammelt, die Auswertung der Daten erfolgte von verschiedenen, für eigene Bereiche verantwortlichen Mitarbeitern. Vor der abschließenden Redaktion durch die Vorgesetzten nennt Marcuse aber als Hauptteil des Arbeitsvorgangs: »The parts of the projects assigned to me were written by me. Final editing was done by the branch editor« bzw. in einem anderen Fall: »I was responsible for drawing conclusions, which were then discussed with the staff. […] I wrote the entire report. Final editing was done by the branch editor.« Zu den Quellen vgl. auch *Katz*, Foreign Intelligence, S. 200; zur Quellenlage für das OSS insgesamt *Breitman*, Research in OSS Records; *Smith*, The OSS and Record Group 226; *McDonald*, The OSS and Its Records; *Mauch*, Schattenkrieg gegen Hitler, S. 12.

liche Einigkeit über das Ziel bestand. Viel deutlicher wurde dieser autokorrektive Zug dann, wie sich zeigen wird, in den ersten Jahren des Kalten Krieges, als der neue Feind Sowjetkommunismus hieß und im Apparat scharf voneinander abweichende Interpretationen existierten. Marcuse, Neumann und ihre intellektuellen Freunde spielten dabei eine wichtige Rolle.

Unter diesen Bedingungen begann die politische Karriere dieser Linksintellektuellen als Gruppe. Sie waren Kriegskameraden. Einige blieben in Washington, andere wurden in die Außenstelle London oder hinter die Frontlinien beordert. Sie alle verfassten in dieser Zeit Hunderte von Studien, Berichten und Memoranden zu kriegsrelevanten Themen und stellten hinter der Frontlinie Dokumente der Achsenmächte sicher. Bis 1944 diente ihre Arbeit vorrangig der Deutschlandaufklärung und Planungen für die Militärregierung in Deutschland. Diese Intellektuellen konnten in R&A immer wieder dezidiert linken antifaschistischen Positionen Ausdruck verleihen.[73] Ihr leidenschaftliches Engagement galt einer umfassenden Entnazifizierung, die auf einer Umgestaltung des gesellschaftlichen und wirtschaftlichen Systems beruhen und weit über die später durchgeführten Maßnahmen hinausgehen sollte.[74]

Von Herbst 1944 an bereitete die Mitteleuropasektion von R&A Prozesse gegen Kriegsverbrecher vor. Das geschah im höchsten Auftrag. Vor kurzem hat Michael Salter erstmals umfassend die entscheidende Rolle gewürdigt, die Neumann als Leiter der War Crimes Unit des OSS und seine Mitarbeiter bei der Beweismittelzusammenstellung und bei der juristischen Konzeption der Nürnberger Hauptkriegsverbrecherprozesse spielten. OSS-Direktor Donovan war als der zweite amerikanische Anklagevertreter neben Robert H. Jackson

---

[73] Am deutlichsten kam diese Perspektive in ihren sozialistisch eingefärbten Darstellungen der deutschen Zeitgeschichte zum Ausdruck; National Archives (NA), College Park, Record Group (RG) 59, General Records of the Department of State, Reports of the Research and Analysis Branch, 1941–1961, M-1221 (im Folgenden werden die Reports immer abgekürzt als R&A mit der entsprechenden Nummer), R&A 2789, Pre-Fascist Groups in Germany, 1918–1933, 4. 4. 1945; R&A 1934, The Problem of the Nazi Underground, 12. 8. 1944; R&A 1934.1, The Clandestine Nazi Movement in Post-War Germany, 13. 10. 1944; R&A 1934.2, The Pattern of Illegal, Anti-Democratic Activity in Germany after the Last War: The Free Corps, 13. 10. 1944; R&A 2866, A day to day history of Munich, 1918–19, 9. 2. 1945.
[74] Vgl. *Katz*, Foreign Intelligence, S. 29–61; *Marquardt-Bigman*, Amerikanische Geheimdienstanalysen, S. 73–96, 119–145.

in Nürnberg vorgesehen. Differenzen mit Jackson führten schließlich zu Donovans Rückzug. Donovans Team leistete den Löwenanteil an der amerikanischen Prozessvorbereitung für das International Military Tribunal.[75] Neumann war Donovans rechte Hand. Donovan stellte sich immer wieder persönlich hinter die Vorschläge Neumanns und seiner Einheit. Neumann koordinierte die Forschung und Planung und hatte direkten Zugang zu General Donovan. Kirchheimer, Marcuse und etliche der jüngeren Amerikaner wie Schorske und Krieger wirkten unter Neumanns Leitung in Deutschland oder von Washington aus an den Prozessvorbereitungen mit.[76] 1945 berichteten R&A-Gelehrte wie Gilbert, Hughes, Krieger und Schorske dann in einer Reihe von Feldstudien aus dem besetzten Deutschland über Parteien, Politiker, Kultur und öffentliche Meinung. Nachdem Hughes von Algier aus R&A auf dem Kriegsschauplatz im Mittelmeer geleitet hatte, stieg er zum Leiter der R&A-Mission im besetzten Deutschland auf. Der Kreis der Freunde schloss sich in diesen Tagen der engen Zusammenarbeit.[77]

---

75 Vgl. *Salter*, Nazi War Crimes, passim, bes. S. 246–276, 299–306, 307–444; über den Quellenpositivismus dieser akribischen Darstellung sollte der Leser hinwegsehen; siehe auch *Perels*, Franz L. Neumanns Beitrag zur Konzipierung der Nürnberger Prozesse. Die entscheidende Bedeutung sowohl Donovans als auch der R&A-Truppe um Neumann für die Prozessvorbereitungen wurde zuvor nur teilweise erfasst durch *Aronson*, Preparations for the Nuremberg Trial; *Katz*, Foreign Intelligence, S. 49–57; *Katz*, The Holocaust and American Intelligence; *Marquardt-Bigman*, Amerikanische Geheimdienstanalysen, S. 196–203.
76 Neben dem in Fülle bei *Salter*, Nazi War Crimes (zu Neumann bes. S. 6, 8, 262–269, 299–306, 315–321, 329–346, 369–374, 384–393, 401), ausgebreiteten Material siehe zur zentralen Rolle Neumanns: War Crimes Outline, Planning Memorandum, Draft, 15.5.1945, NA, RG 226, Records of the Office of Strategic Services, Entry (E.) 190, b. 283, wonach bei Neumann alle Fäden im OSS zusammenlaufen sollten, was die Prozessvorbereitung betraf; Memo Neumann an Donovan, 4.5.1945; Memo Donovan, War Crimes, 15.12.1944; NA, RG 226, M-1642, Roll 121; Schaubild »Preparation of Prosecution«, NA, RG 226, E. 190, b. 720, f. 1360. – Aus Platzgründen benutze ich für den häufigen Begriff des Memorandums im Folgenden immer die in den Quellen übliche Kurzform »Memo«.
77 Vgl. *Katz*, Foreign Intelligence, S. 84–96, 175, 178f., 185–192; *Marquardt-Bigman*, Amerikanische Geheimdienstanalysen, S. 169–196; *Gilbert*, The European Past, S. 207–216. Zu den von Gilbert, Hughes, Krieger und Schorske verfassten Field Intelligence Studies (FIS) gehörten FIS 21, The Liberal Universities of Baden, I. Freiburg, 20.9.1945; FIS 35, Policies and Plans of the New Bavarian Ministries, 21.10.1945; FIS 39, Statewide Tendencies of the New Bavarian Political Parties, 8.11.1945; FIS 41, The Liberal Universities of Baden, II. Heidelberg, 13.11.1945; Hoover Institution Library and Archives, Stanford University, Palo Alto, Daniel Lerner Collection, b. 49, f. 3; weitere FIS, deren Urheberschaft nicht eindeutig geklärt ist, finden sich dort in b. 48, f. 12–13.

Die Frage, die aus heutiger Sicht dabei stets im Raum steht, lautet: Was wussten sie von Auschwitz? Erst am Ende des Krieges begann die Gruppe um Neumann, das Ausmaß der nationalsozialistischen Vernichtungspolitik zu begreifen.[78] Wie die meisten ihrer Zeitgenossen, ob Juden oder Nichtjuden, konnten diese Gelehrten und Intellektuellen im Geheimdienst lange Zeit nicht die erschreckenden Nachrichten aus Europa zu einem Gesamtbild zusammensetzen, in dem die gewaltige Dimension des Holocaust sichtbar geworden wäre; »dass die vielen Aktionen Teil eines Gesamtvorhabens mit dem Ziel der totalen Ausrottung der Juden sein könnten, lag jenseits des Erfahrungshorizonts westlicher Gesellschaften«.[79] Man hat Marcuse und Neumann ideologische Verblendung vorgeworfen, weil sie als Marxisten den Völkermord an den europäischen Juden funktional zu deuten versuchten, als – in Neumanns berühmter Formulierung – »Speerspitze« eines systemerhaltenden Terrors.[80] Wie konnten sie als Juden und Geheimdienstexperten Auschwitz so geringe Beachtung schenken? Warum haben sie nicht begriffen, dass vor ihren Augen das größte Menschheitsverbrechen begangen wurde, ein Morden um des Mordens willen, ohne rationale Verkleidung? Wer, wenn nicht sie, in den Apparaten des geheimen Staatswissens hätte darüber Bescheid wissen können?[81] Die

---

78 Ich folge *LaCapra*, Representing the Holocaust, S. 45 Anm. 5, der mit guten Argumenten dafür plädiert, synonym und gleichzeitig verschiedene Begriffe wie Holocaust, Schoah oder Auschwitz zu verwenden. *Claussen*, Die Banalisierung des Bösen, bes. S. 16 f., hingegen spricht sich für die Verwendung von Auschwitz und gegen den Begriff Holocaust aus. Die neuere deutsche Forschung wählt häufig auch den Begriff Vernichtungspolitik; vgl. *Herbert* (Hg.), Nationalsozialistische Vernichtungspolitik; *Longerich*, Politik der Vernichtung. Zu den Problemen des hebräischen Begriffs Schoah und des Begriffs Holocaust vgl. *Gutman*, Vorwort des Hauptherausgebers; *Jäckel*, Vorwort zur deutschen Ausgabe.
79 *Schubert*, Der Fleck auf Uncle Sams weißer Weste, S. 155; vgl. zu dieser Debatte *Gilbert*, Auschwitz and the Allies; *Walter Laqueur*, The Terrible Secret; *ders./Breitman*, Der Mann, der das Schweigen brach; *Neufeld/Berenbaum* (Hg.), The Bombing of Auschwitz; *Penkower*, The Jews were Expandable; *Wyman*, Das unerwünschte Volk; *ders.* (Hg.), The World Reacts to the Holocaust.
80 *Neumann*, Behemoth, S. 581–583; demnach stellte »die Ausrottung der Juden in dieser antisemitischen Ideologie und Praxis nur ein Mittel dar, das schließliche Ziel zu erreichen, nämlich die Zerstörung freiheitlicher Institutionen, Meinungen und Gruppen. Dies könnte man als Speerspitzentheorie des Antisemitismus bezeichnen«.
81 *Jay*, Frankfurter Schule und Judentum, begegnet der marxistischen Verzerrung bei der Frankfurter Schule im Allgemeinen mit Nachsicht; *Aronson*, Preparations for the Nuremberg Trial, S. 260–264, 274, 276, und in seinem Gefolge

Vorwürfe sind so verständlich, wie sie ungerecht und unzutreffend sind; ungerecht, weil die Schreckensmeldungen den Horizont der meisten Zeitgenossen überstiegen und es dazu keines marxistischen Weltbildes bedurfte; unzutreffend, weil die Sachlage nicht korrekt ermittelt wurde.

Marcuse und Neumann etwa begannen in privaten Zeugnissen und wissenschaftlichen Texten eine Ahnung für das Ausmaß der Verbrechen zu entwickeln. Dieser schmerzliche Erkenntnisprozess ging schrittweise vonstatten. Marcuse begriff 1943 die irrationale, mörderische, nur auf Vernichtung zielende Natur des nationalsozialistischen Antisemitismus.[82] Unmittelbar nach Kriegsende, nachdem er auf einer Deutschlandreise im Dienste der amerikanischen Regierung auch Martin Heidegger wiedergesehen hatte, schrieb Marcuse seinem alten Lehrer »über ein Regime, das Millionen von Juden umgebracht hat – bloß weil sie Juden waren, das den Terror zum Normalzustand gemacht hat und alles, was je wirklich mit dem Begriff Geist und Freiheit verbunden war, in sein blutiges Gegenteil verkehrt hat«. Der Nationalsozialismus bedeutete »die Liquidierung des abendländischen Daseins«.[83] Mit anderen Worten: Der Nationalsozialismus hatte in Auschwitz die Fundamente Europas zerstört und kulminierte für Marcuse im »Zivilisationsbruch«.[84] Auch Neumann löste sich von den Deutungen des »Behemoth«, die am Anfang des Krieges entstanden waren: »Im Nazi-System«, schrieb er 1946 zur Frage des Diktaturvergleichs, »haben wir eine Ausbildung und eine Praxis des Terrors allein um des Terrors willen erlebt. [...] Dieser Terror unterscheidet den Na-

---

Breitman, Staatsgeheimnisse, S. 317 f., attackieren Marcuse und Neumann persönlich; auf dokumentarischer Ebene bleiben *Katz*, Foreign Intelligence, S. 55–57; *Marquardt-Bigman*, Amerikanische Geheimdienstanalysen, S. 77–79, 199, 201; *Katz*, The Holocaust and American Intelligence. Dieser Frage gewidmet ist *Müller*, Herbert Marcuse, die Frankfurter Schule und der Holocaust; *ders.*, Die geheime Geschichte des Herbert Marcuse.

82 Marcuse an Horkheimer, 28. 7. 1943, in: *Horkheimer*, Gesammelte Schriften, Bd. 17, S. 466–469; *Marcuse*, Collected Papers, Bd. 1, S. 244–246; vgl. *Müller*, Herbert Marcuse, die Frankfurter Schule und der Holocaust, S. 93–103.
83 Marcuse an Heidegger, 28. 8. 1947, 13. 5. 1948, HMA. Geringfügig fehlerhaft ist der Originalwortlaut wiedergegeben in: *Jansen* (Hg.), Befreiung denken, S. 111–115; eine englische Übersetzung von Richard Wolin in: *Marcuse*, Collected Papers, Bd. 1, S. 261–267; vgl. *Müller*, Herbert Marcuse, die Frankfurter Schule und der Holocaust, S. 103–109.
84 Zu diesem Begriff vgl. *Diner* (Hg.), Zivilisationsbruch.

tionalsozialismus von allen anderen Formen der Diktatur. Sein Ziel war die Vernichtung ganzer Nationen.«[85]

Man muss nicht außerhalb des OSS suchen, um auf solche Einschätzungen zu stoßen. Doch man muss für ein abwägendes Urteil im Sinn behalten: Im strategischen Staatsapparat dienten Marcuse und Neumann einem klar definierten strategischen Zweck – dem militärischen Sieg über Deutschland.[86] Die Dokumentation des Holocaust fiel nicht in ihren Aufgabenbereich. Nicht einmal in Nürnberg war als Anklagepunkt Völkermord vorgesehen.[87] Dennoch unternahmen sie erhebliche Anstrengungen, über die nationalsozialistische Terrorpolitik zu berichten. Dabei bedienten sie sich anfangs eines funktionalen Interpretationsrahmens – der Deutung, die ihnen zur Verfügung stand, um das Unbegreifliche zu erklären.[88] Bei der Vorbereitung der Kriegsverbrecherprozesse hatten sie und ihre Mitarbeiter – Emigranten und Amerikaner, Juden und Nichtjuden – bereits ein vollständigeres Bild der Vernichtungspolitik gewonnen. Die funktionalen Erklärungen waren aus den Memoranden verschwunden.[89]

Schon zuvor gab es immer wieder Hinweise auf Auschwitz, in denen die erschreckende Dimension des Geschehens erfasst wurde. Allerdings finden sich diese nicht in den Akten zu Deutschland, sondern in den R&A-Studien zum besetzten Europa, wo die nationalsozialistische Vernichtungspolitik ihren grausigen Höhepunkt erreichte. Darum werden diese Dokumente zumeist übersehen. Über Ungarn hieß

---

85 *Neumann*, Rez. von Ernst Kohn-Bramstedt, »Dictatorships and Political Police. The Technology of Control by Fear«, S. 452f.
86 Vgl. *Katz*, The Holocaust and American Intelligence, S. 305.
87 Vgl. *Marrus*, The Nuremberg War Crimes Trial.
88 Siehe etwa R&A 1113.9, Psychological Warfare: Weekly Roundup, 18.–24. 5. 1943; R&A 933, German Morale After Tunisia, 25. 6. 1943; R&A 1113.29, Psychological Warfare: Weekly Roundup, 5.–11. 10. 1943; R&A 878.3, German Military Government over Europe, 1939–1943: Methods and Organization of Nazi Controls: General Government (Poland), 11. 11. 1943; vgl. *Müller*, Herbert Marcuse, die Frankfurter Schule und der Holocaust, S. 74–80.
89 Siehe etwa R&A 2500.22, German Military Government over Europe: The SS and Police in Occupied Europe, 1. 1. 1945; R&A 3110, Leadership Principle and Criminal Responsibility, 18. 7. 1945; R&A 3114, Nazi Plans for Dominating Germany and Europe, 7. 8. 1945; R&A 3114.3, Nazi Plans for Dominating Germany and Europe: The Criminal Conspiracy Against the Jews (Draft for the War Crimes Staff), 13. 8. 1945; das letztgenannte Dokument war bereits im Stil einer Anklageschrift gehalten und bezifferte die Zahl der ermordeten Juden auf 5 700 000; vgl. auch *Müller*, Herbert Marcuse, die Frankfurter Schule und der Holocaust, S. 80–93.

es bereits im Oktober 1944, nach der Enteignung der Juden, ihrer Ghettoisierung und Massendeportation habe nun die systematische Ermordung begonnen: »die Vollendung des Programms – die Deportation und anschließende Vernichtung der europäischen Juden«. Von diesem Vernichtungsprogramm hatte R&A mittlerweile aus unterschiedlichen Quellen detaillierte Kenntnis erlangt:

»Wie berichtet wird, entladen überfüllte Güterwagen ihre menschliche Fracht an verschiedenen Vernichtungszentren. Anfangs wurde diesen Berichte von Quellen aus dem polnischen und jüdischen Untergrund im Allgemeinen keine Beachtung geschenkt […]. Das gesamte Ausmaß beginnt nun jedoch durch detaillierte Berichte deutlich zu werden, die von offiziellen Vertretern der Schweiz und Schwedens stammen, die vor kurzem Ungarn verlassen haben, von Vertretern des Roten Kreuzes in Ungarn, von Mitgliedern der polnischen, slowakischen und jüdischen Widerstandsbewegungen, und von anderen verlässlichen geheimen Quellen.

[…] vierhunderttausend ungarische Juden wurden deportiert […] Es besteht kaum Zweifel daran, dass die Mehrheit der ungarischen Juden in die Vernichtungszentren von Birkenau und Auschwitz sowie in ähnliche Einrichtungen im Osten Polens transportiert wurde. Es gibt deutliche Hinweise darauf, dass sie an diesen Stätten angekommen sind und anschließend eine große Zahl von ihnen vernichtet wurde. […]

Zum Zeitpunkt der ersten Deportation ungarischer Juden waren zwei Millionen polnischer Juden bereits vernichtet worden; die Juden Deutschlands, Österreichs, der Tschechoslowakei, Griechenlands und Jugoslawiens waren ausgelöscht worden; und fast die gesamte Bevölkerung Hollands, Belgiens und Frankreichs war in die ›Todeslager‹ Osteuropas geschickt worden. Das Schicksal all dieser Millionen von Juden hat kaum Aufmerksamkeit erregt in einer Welt, die an den größeren Fragen des Krieges interessiert ist.«[90]

Die letzten Sätze waren nicht als Anklage gegen die amerikanische Politik zu verstehen. Den Mitarbeitern von R&A war bewusst, wie sie am Ende dieses Zeugnisses festhielten, dass Amerika so schnell wie möglich den Krieg gewinnen musste: »Das Schicksal all derer, die vielleicht noch am Leben sind, […] hängt davon ab, wie schnell Deutsch-

---

90 R&A 2027, The Jews in Hungary, 19. 10. 1944, im Original: »the culmination of the program – the deportation and subsequent extermination of European Jewry« (S. 19f.).

land besiegt wird und wie nahe der Zusammenbruch des Nationalsozialismus bevorsteht.«[91]

Kurz darauf begann die Planung der Kriegsverbrecherprozesse. Die Nürnberger Prozesse entwickelten sich zu einer der umfänglichsten Prozessserien in der europäischen Rechtsgeschichte. Franz Neumann begründete mit entscheidenden Argumenten die Rechtmäßigkeit dieser Prozesse, und er zog bald juristische und wissenschaftliche Schlüsse aus ihnen.[92] Neumanns Freund und Mitarbeiter Otto Kirchheimer urteilte später in seinem Werk »Political Justice« bei aller Skepsis in Verfahrensfragen über die Nürnberger Prozesse, sie seien eine »moralisch und historisch notwendige Operation« gewesen.[93] Die Eröffnung des ersten Prozesses, der vor dem alliierten Internationalen Militärgerichtshof in Nürnberg verhandelt wurde, fand am 20. November 1945 statt. Zu diesem Zeitpunkt gab es das OSS bereits nicht mehr.

Im Zuge einer Verkleinerung des amerikanischen Kriegsapparats wurde das OSS im September 1945 liquidiert. Zum 1. Oktober 1945

---

91 R&A 2027, The Jews in Hungary, 19. 10. 1944, S. 30.
92 Vgl. *Neumann*, The War Crimes Trials; vgl. *Marquardt-Bigman*, Amerikanische Geheimdienstanalysen, S. 202f. Anm. 85, 87; *Perels*, Franz L. Neumanns Beitrag, S. 84–88. Neumann betonte außerdem die Auswirkungen der Nürnberger Prozesse auf die Entwicklung des internationalen Rechts. Dabei ging er auf die Frage eines permanenten internationalen Strafgerichtshofs ein, dessen Einrichtung er aus den Nürnberger Prinzipien ableitete. Neumann vermutete jedoch, dass angesichts der bipolaren Spaltung der Welt eine »enforcing agency« fehlen würde, um den Urteilen eines solchen Gerichtshofes Geltung zu verschaffen; vgl. *Neumann*, The War Crimes Trials, S. 137–143, 145. *Perels*, Franz L. Neumanns Beitrag, S. 83–88, 91f., zufolge ist Neumanns Konzeption einer Ahndung nationalsozialistischer Staatsverbrechen bereits im »Behemoth« angelegt. Neumanns Vorarbeiten entwickelten mit der Theorie normativer Rechtskriterien, vor denen das Rückwirkungsverbot keine Geltung findet, den Kerngedanken des später vor Gericht zentralen Tatbestands des Verbrechens gegen die Menschlichkeit. Das Statut des Internationalen Strafgerichtshofes von 1998 lehnte sich eng an das alliierte Kontrollratsgesetz Nr. 10 von 1945 und damit an Neumanns Völkerrechtskonzeption an, die eine Intervention bei Nichteinhaltung rechtlicher Grundnormen auch innerhalb eines souveränen Staates vorsahen; vgl. ebenda, S. 88; *Hilberg*, Die bleibende Bedeutung des »Behemoth«, bes. S. 80f. Anm 1. Neben der grundsätzlichen juristischen Konzeption der Prozesse beeinflusste Neumann durch die Herrschaftsanalyse des »Behemoth« die Strukturierung der Prozesse, insbesondere der Nachfolgeprozesse; vgl. *Perels*, Franz L. Neumanns Beitrag, S. 85–88; *Hilberg*, Die bleibende Bedeutung des »Behemoth«, S. 81f.; *ders.*, Unerbetene Erinnerung, S. 54–58, 61–72, 74, 78f.
93 *Kirchheimer*, Political Justice, S. 423.

wurden die bis dahin nicht zerschlagenen Abteilungen anderen Behörden eingegliedert. Die Reste der operativen Stellen fielen ans War Department und wurden zur Keimzelle der 1947 gegründeten CIA. Die Research and Analysis Branch des OSS, Heimstatt der Gelehrten und Intellektuellen im geheimen Staatsapparat, fiel an das State Department. Im Außenministerium firmierte R&A zunächst als Interim Research and Intelligence Service (IRIS), ab 1946 als Office of Research and Intelligence (ORI), das bald im Office of Intelligence Coordination and Liaison (OCL) aufging und schließlich 1947 als Office of Intelligence Research (OIR) wiederbegründet wurde.[94]

4. Zwischen Krieg und Freundschaft: Washington 1945–1948

Als das OSS aufgelöst wurde, kehrten viele R&A-Mitarbeiter, unter ihnen Brown, Krieger, Moore und Schorske, zurück in die akademische Welt. Geheimdienstwissen konnte dabei in wissenschaftliches Kapital umgemünzt werden: Einige von ihnen nutzten ihre R&A-Reports für akademische Publikationen.[95] Gilbert, Hughes, Kirchheimer, Marcuse, Meyerhoff und Neumann blieben für einige Jahre in den Diensten des State Department und waren daran beteiligt, aus den Überresten von R&A den Geheimdienst des Außenministeriums aufzubauen. Dieser Prozess ging nicht ohne bürokratische Hindernisse vonstatten. Den Diplomaten und »area desks« (regionalen Abteilungen) im State Department war die neue Forschungsabteilung mit ihrer Geheimdienstaura suspekt. Erst mit dem Amtsantritt von Außenminister George Marshall wurde die Stellung von OIR im Gefüge des State Department gesichert. Sein Stellvertreter Dean Acheson hatte bereits 1945 hinter der Übernahme von R&A ins State Department ge-

---

94 Nach der Auflösung des ORI im April 1946 waren die Mitarbeiter der zuvor eigenständigen Forschungsabteilung kurzzeitig den »area desks«, d.h. den regionalen Abteilungen im State Department, zugeordnet, das OCL fungierte in dieser Phase als Koordinierungsstelle.
95 Vgl. etwa *Moore*, Some Readjustments in Communist Theory; *ders.*, The Present Purge in the USSR; *Ford*, The Twentieth of July in the History of the German Resistance. Ford konnte sich dabei auf Material von R&A, der Spionageabwehr und der Spionageabteilung stützen; siehe Progress Report, R&A Germany, 1. 9. 1945, NA, RG 226, E. 1, b. 24, f. 3.

standen. Marshall und Acheson waren davon überzeugt, dass ohne professionelle »intelligence« das Außenministerium seinen globalen Aufgaben nach dem Zweiten Weltkrieg nicht mehr gerecht werden könne. Die personelle Dezimierung verhinderten sie nicht. Budgetkürzungen und Sparzwang erreichten auch OIR.[96]

Die Regierungsarchitektur der Vereinigten Staaten befand sich zu diesem Zeitpunkt in einem tiefen Wandlungsprozess. Der »national security state«, der nationale Sicherheitsstaat entstand.[97] Als Teil davon formierten sich die Geheimdienste als »intelligence community«.[98] Für das State Department brachten diese bürokratischen Geburtswehen ein einschneidendes Ergebnis mit sich. Von den fast 1000 Mitarbeitern, die aus R&A übernommen worden waren, blieben 1948 noch 520 übrig. Der Organisation wurde eine neue Struktur gegeben. An der Spitze des neuen Nachrichtendienstes stand, im Rang eines stellvertretenden Außenministers (Assistant Secretary of State), der Special Assistant to the Secretary of State for Intelligence and Research. Alfred McCormack leitete kurz den neuen Apparat, der in der Kurzsprache der Washingtoner Behörden zuerst »SA/E« genannt und dann mit dem Kürzel »R« bezeichnet wurde. Die Akronyme meinten den Mann an der Spitze ebenso wie die Organisation. William Langer ließ sich 1946 noch einmal reaktivieren, um den stürmischen Übergang zu koordinieren. Auf ihn folgte kurzzeitig Sherman Kent. 1950 bauten die beiden dann das Office of National Estimates (ONE) auf, eine Art R&A in der CIA. Nach Kent kam als Geheimdienstchef im State Department Colonel William A. Eddy, der zuvor für Roosevelt und Truman als Emissär den Nahen Osten bereist hatte, ab Ende der vierziger Jahre hieß »R« dann W. Park Armstrong.

Dem stellvertretenden Außenminister stand ein Stab von etwa 60 Mitarbeitern zur Verfügung. Ihm unterstellt waren, nach einer Phase sich ständig wandelnder Strukturen, Namen und Abkürzungen, schließlich zwei Büros: Neben dem erwähnten OIR das Office of Intelligence Collection and Dissemination (OCD). Das mehrfach umbe-

---

96 Vgl. *Marquardt-Bigman*, Amerikanische Geheimdienstanalysen, S. 205–219; plädiert für eine Stärkung des OIR hatte auch *Kent*, Strategic Intelligence, S. 104–115.
97 Grundlegend dazu etwa *Hogan*, A Cross of Iron.
98 Die wichtigsten Schritte sind mittlerweile leicht zugänglich dokumentiert: FRUS 1945–1950, The Emergence of the Intelligence Establishment, zur Gründung des Geheimdienstes im State Department vgl. ebenda, Nr. 72–94; FRUS 1950–1955, The Intelligence Community.

nannte OCD mit seinen 140 Mitarbeitern fungierte als das Archiv des Wissens. Dort wurde »intelligence« gesammelt, verwaltet, katalogisiert, systematisiert. Im State Department wurde es als Gedächtnisspeicher, als »Memory« des Apparats bezeichnet. Die 325 Mitarbeiter in OIR produzierten das geheimdienstliche Wissen. »R« war die Verbindung der anderen amerikanischen Nachrichtendienste zum State Department, der militärischen Stellen ebenso wie der neuen CIA. Im Auftrag des National Security Council (NSC) produzierten diese Geheimdienste von 1950 an gemeinsam die National Intelligence Estimates, deren Schlussredaktion der CIA oblag. An diesem Prozess war auch Herbert Marcuse beteiligt.

OIR unterstand einem Direktor, in der Zeit von Marcuse und seinen Freunden Allan Evans – wie sie ein R&A-Veteran. Im Krieg hatte Evans zuletzt die Londoner Außenstelle geleitet. OIR war nach den rationalen Prinzipien der Wissenschaftsorganisation aufgebaut. Es gab vier regionale Abteilungen – »Divisions« – für Europa, den Fernen Osten, Afrika und den Nahen Osten sowie Lateinamerika. Die Europa-Abteilung Division of Research for Europe (DRE) wurde 1950 in eine Division für die Sowjetunion und Osteuropa (DRS) einerseits und eine für Westeuropa (DRW) andererseits aufgespalten. Eine fünfte Abteilung war für globale, systematische Untersuchungen zuständig, für »functional intelligence« (DFI), worunter Energieressourcen oder ökonomische Verflechtungen ebenso fielen wie internationale Organisationen und politische Bewegungen. Auch die geographisch gegliederten Divisionen waren intern nach systematischen Kriterien ausdifferenziert. Die Sowjetabteilung DRS teilte sich 1951 in einen politischen, wirtschaftlichen und soziologischen Zweig (»Branch«). Vom Herbst 1946 bis zum Frühjahr 1948, als er nach Harvard zurückkehrte, war Stuart Hughes Chief von DRE. In den ersten Jahren des Kalten Krieges, als die Truman-Doktrin verkündet und der Marshallplan geschmiedet wurde, war Hughes damit im Nachrichtendienst des State Department die oberste Instanz für West-, Mittel- und Osteuropa. Neumann leitete bis 1947 die Deutschlandsektion, mit Gilbert, Kirchheimer und Marcuse an seiner Seite; Marcuse übernahm 1948 von Hughes die Verantwortung für Mitteleuropa (Central European Branch). Ihm unterstellt war die von Otto Kirchheimer geleitete Deutschlandsektion. Hans Meyerhoff betreute Österreich und die Tschechoslowakei.[99]

---

99 Official Register of the United States, Washington 1947, 1948, 1950; Register of the Department of State, Washington 1946, 1948; NA, RG 226, E. 1, b. 19, f. 7;

Für Marcuse und seine Freunde bedeutete die neue Struktur die nächste Stufe in der bürokratischen Karriereleiter und direkteren politischen Einfluss. Das war nicht von Anfang an abzusehen. Zunächst ging ihre Arbeit nahtlos weiter. Sie betrieben Deutschlandaufklärung, wie schon zuvor. Der Gegenstand hatte an militärischer Brisanz verloren, doch auch die Besatzungsmacht war auf die Erkenntnisse ihrer Geheimdienste angewiesen. Zahlreiche Papiere über die Lage in Deutschland entstanden in den Nachkriegsjahren unter der Leitung von Hughes, Neumann, Marcuse und Kirchheimer.[100] Ihre Memoranden berichteten über den Fortschritt von Entnazifizierung, Demokratisierung und »re-education« in Deutschland. Sie schlugen zunehmend einen kritischen Ton an. Der gesellschaftliche Wandel und die demokratische Umerziehung der Deutschen schritten langsamer voran als erhofft. Mit stillschweigender Billigung der amerikanischen Besatzungsmacht schien dieser Prozess am Ende der vierziger Jahre sogar zum Stillstand zu kommen. Die Warnung vor dem Erstarken des Neofaschismus in Deutschland, vor autoritären Denkmustern und versteckten Militarismus war ein häufiger Topos der OIR-Reports.[101]

Allerdings ließ sich in diesen Memoranden und Studien auch der Wandel der internationalen Konstellation erkennen. Es ging um

---

NA, RG 59, E. 1561, b. 1, f. National War College; Survey Report on Intelligence Organizations in the Department of State, 27. 4. 1948, b. 10, f. 3; b. 9, The Administration of Intelligence in the Department of State, 15. 5. 1952, 2 Bde.; b. 19, ff. The Birth of the Intelligence Organization in the State Department 1945, 1946, 1947–1949; Memo John F. Killea an Park Armstrong, Briefing Paper for the Secretary, 16. 12. 1052, b. 26, f. Special Assistant (1956 and prior); b. 31, f. OSBORN Report on Library 1947; vgl. *Marquardt-Bigman*, Amerikanische Geheimdienstanalysen, S. 205–219; *Langer*, In an Out the Ivory Tower, S. 200, 221; *Lippman*, Arabian Knight; *Steury*, Producing National Intelligence Estimates.

100 Ausführlicher zu den OIR-Deutschlandanalysen der Nachkriegszeit und den federführenden Autoren der Reports vgl. *Marquardt-Bigman*, Amerikanische Geheimdienstanalysen, S. 221–268; *Schale*, Zwischen Engagement und Skepsis, S. 197–218.

101 So etwa R&A 3200, Revival of Political Life in Germany, 11. 1. 1946; R&A 3736, The Political Situation in Germany a Year after Defeat, 25. 6. 1946; R&A 4237 R (PV), The Progress of Reeducation in Germany, 10. 11. 1947; R&A 4286, Implementation of the Potsdam Declaration: Democratization and Denazification, 5. 3. 1947; R&A 4626, The Present Status of Denazification in Western Germany and Berlin, 15. 4. 1948; R&A 4929, The Present Strategy and Strength of German Nationalism, 15. 6. 1949; R&A 4997, The Denazification Program in the U.S. Zone of Germany, 27. 12. 1949; R&A 5576, Neofascist Movements in Democratic Western Europe, 15. 8. 1951.

Deutschland dabei, aber es ging schon bald nicht mehr nur um Deutschland, ungeachtet formaler Zuständigkeiten, vor denen die Überlegungen dieser Gruppe nicht haltmachten. Die Dokumente, mit denen die Linksintellektuellen um Hughes, Neumann und Marcuse die oberen Ränge des State Department eindeckten, drehten sich zunehmend um den globalen Konflikt zwischen den Vereinigten Staaten und der Sowjetunion. In ihren Augen bot Deutschland für die Siegermächte die Möglichkeit, an einem konkreten Gegenstand gegenseitiges Verständnis und Mechanismen der Zusammenarbeit zu entwickeln. Die Spannungen zwischen den Alliierten im besetzten Deutschland waren den Geheimdienstanalytikern nicht entgangen; ihr eigener Apparat transformierte sich von einer antifaschistischen Agentur in ein Instrument des Kalten Krieges. Die Differenzen zwischen Amerika und der UdSSR in Deutschland waren der Lesart Neumanns, Marcuses und ihrer Freunde zufolge allerdings nicht auf böse Absichten zurückzuführen, sondern auf unterschiedliche Wahrnehmungen. Damit entdeckten sie einen Faktor, der nach fast einhelliger Meinung der heutigen Forschung wesentlich zur Auslösung des Kalten Krieges beitrug.[102]

Der alliierte Gegensatz im besetzten Deutschland leitete sich, wie sie argumentierten, aus abweichenden Vorstellungen von Demokratie und unterschiedlichen Diskursen und Praktiken der Entnazifizierung ab. Die selbst gewählte Funktion der Linksintellektuellen im strategischen Staatsapparat war nun die von ideenpolitischen Übersetzern. Ihr Programm bestand darin, durch eine Aufklärung ideologischer Differenzen die Voraussetzungen dafür zu schaffen, die Situation zu entschärfen und die Kooperation in Deutschland wiederzubeleben. Den Kern der »Differenzen im Grundansatz zwischen den westlichen Mächten und der UdSSR« erkannten die DRE-Analytiker im sowjetischen Sicherheitsbedürfnis gegenüber Deutschland:

»Deutschland ist der Schlüssel zu Mitteleuropa, und nur ein freundliches Deutschland kann auf lange Sicht die Sicherheit der sowjetischen Westgrenze garantieren. Das Ziel der sowjetischen Besatzungspolitik besteht darin, in der östlichen Zone ein Muster zu schaffen, das schließlich auf den Rest Deutschlands übertragen werden könnte und das allermindestens die Elemente, die traditionell dem Kommunismus und der UdSSR feindlich gesinnt sind, wirksam ausbremsen

---

102 Vgl. etwa *Leffler*, For the Soul of Mankind, S. 11–83; *Westad*, The Global Cold War, S. 8–72; *ders.* (Hg.), Reviewing the Cold War; *Stöver*, Der Kalte Krieg, bes. S. 11–27; *Larson*, Anatomy of Mistrust.

soll. [...] Die sowjetische Definition von Demokratisierung verlangt danach, marxistischen Kräften volle Unterstützung zukommen zu lassen und die gegenwärtige Gelegenheit zu nutzen, ein für alle Mal die traditionellen konservativen Elemente auszuschalten, die der sowjetischen Sicht zufolge der Ursprung des deutschen Faschismus und der deutschen Aggression waren.«[103]

Die Verknüpfung von offensichtlicher Deutschlandaufklärung mit einer verdeckten Entspannungsmission am Anfang des Kalten Krieges kehrte in den ersten Publikationen wieder, die aus diesem Kreis die Öffentlichkeit erreichten – teils noch während ihrer Dienstzeit im Außenministerium und oft in der Stoßrichtung und sogar im Wortlaut mit den Memoranden verwandt.[104] Intellektuelles Engagement und politischer Einsatz gingen ineinander über. Die politischen Sorgen dieser Gelehrten-Intellektuellen kreisten fortan nicht mehr um Deutschland, sondern um den Kalten Krieg. Damit waren sie wieder im Spiel. Von der Begleitung der amerikanischen Deutschlandpolitik mit ihrem Expertenwissen kehrten sie zurück in die Welt der Feindaufklärung. Hughes stand ohnehin als Verantwortlicher für ganz Europa in der Pflicht, doch auch Marcuse fand zunehmend Gefallen an der Kommunismusaufklärung.

In diesen Anfangsjahren des Kalten Krieges festigten sich Freundschaften. Mit Kriegs- und Studienkameraden wie Carl Schorske und Leonard Krieger traf Hughes sich in Cambridge und New York, auf Martha's Vineyard und Cape Cod, in den Ferien und auf Tagungen. In Washington suchte er häufiger die Begegnung mit seinen neuen Freunden als Aufnahme in die Gesellschaft, die ihm als Enkel eines Außenministers und Vorsitzenden Richters am Supreme Court offenstand. Drinks und Dinner mit Neumann und Marcuse, Gilbert und Meyerhoff gehörten zum Wochenablauf. »Trois Mousquetaires« und »Maxime's« waren die Namen seiner Lieblingsrestaurants. Washington war eine Stadt im Umbruch. Die verschlafene Hauptstadt am Rande der Südstaaten wurde rasant zur Regierungszentrale für die globale amerikanische Macht ausgebaut. Hughes und seine Freunde genossen diese Zeit, die Mischung aus kleinstädtischer Ruhe und weltpolitischer Bedeutung. Squash am Nachmittag, ein Essen mit den Freunden am frühen Abend, danach ein Konzertbesuch oder eine Abendgesellschaft

---

103 R&A 3736, The Political Situation in Germany a Year after Defeat, 25. 6. 1946, S. i, 20f. Die in der voranstehenden Anmerkung genannten Papiere folgten ebenfalls diesem Argumentationsmuster.
104 Vgl. unten, Kap. VI.1.

bei Colonel Eddy, dem stellvertretenden Außenminister – so sah Hughes' Tagesablauf aus, wenn die Ereignisse nicht höheren Arbeitseinsatz verlangten. Neumann wechselte 1947 an die Columbia University. In Washington wurden Hughes, Gilbert, Marcuse und Meyerhoff zu engsten Gefährten.[105] Sie teilten nicht nur ihren politischen Blick auf die Welt. Hughes und Meyerhoff lebten unter einem Dach in Washington, 1607 22 St, NW. War Hughes einmal verreist, hielt ihn der grandiose Briefschreiber Meyerhoff auf dem Laufenden, über politische Sorgen, psychoanalytische Erfahrungen und sexuelle Nöte. Das setzte sich fort, nachdem Hughes im April 1948 nach Harvard ging und Meyerhoff im Spätsommer desselben Jahres ein Angebot seiner Alma Mater, der University of California in Los Angeles, annahm. Henry Wallace, der von Truman ausgebootete ehemalige Vizepräsident und Kandidat einer neuen Linkspartei, der Progressive Party,[106] war ihr Mann in der Politik. In der Liebe überschnitt sich ihr Geschmack gelegentlich auch. Auch das waren die ersten Nachkriegsjahre in Washington, einer Oase der erotischen Offenheit, vielleicht ein Urbild jener vom Lustprinzip regierten Welt, die Marcuses »Eros and Civilization« in den fünfziger Jahren verhieß. Kolleginnen, deren Männer noch in Übersee im Einsatz waren, zeigten sich für die Avancen der Analytiker aufgeschlossen. Meyerhoffs erotische Energie war unter den Freunden legendär. Seine Briefe berichten von einer Affäre mit Max Reinhardts Schwiegertochter – und als er in den Ferien die Villa der Reinhardts in Bel Air mit Pool und dreißig Zimmern hütete, feierte er dort Gelage. Aber keine Frau zog ihn immer wieder so an wie die »kleine mexikanisch-indianische Kellnerin« der »Parrot«-Bar, bei der er seinen »sexuellen Regungen regelmäßig freien Lauf lassen« konnte. »Ich glaube, wir unterscheiden uns in dem Ausmaß, in dem wir zu ›unverbindlichen‹ sexuellen Erlebnissen fähig sind«, ließ er Hughes wissen, dem damals eher an Kurzzeitbeziehungen gelegen war: »Ich ›schleppe‹ Kellnerinnen ›ab‹, was Du schwierig findest.«[107]

---

105 Die Frequenz der Begegnungen ist festgehalten in Hughes' Notizkalendern, Daybooks 1946, 1947, 1948, HSHP, Accession 2000-M-086, b. 2, f. 24; vgl. *Hughes*, Gentleman Rebel, S. 183–194; *Brinkley*, Washington Goes to War.
106 Vgl. zu Wallace unten, Kap. VI.1.
107 Meyerhoff an Hughes, 22. 8. 1947, 22. 9. 1947, 23. 2. 1948, 6. 3. 1948, 30. 3. 1948, 25. 4. 1948, 7. 5. 1948, 16. 6. 1948 (Zitat), 12. 7. 1948, 11. 8. 1948 (Zitat), 19. 10. 1948, 10./11. 2. 1949, 22. 10. 1949, 24. 1. 1950, 18. 4. 1950; HSHP, Series I, Correspondence, b. 5, f. 112; vgl. *Hughes*, Gentleman Rebel, S. 190f.

Von Meyerhoffs womöglich größtem Meisterwerk finden sich nur Spuren in den Briefen. In keinem Archiv und keinem Nachlass hat sich die Festschrift auftreiben lassen, die er Marcuse zum 50. Geburtstag im State Department widmen wollte: »Der einzige ›konstruktive‹ Text, den ich erwähnen könnte, ist die Festschrift, die ich zu Herberts fünfzigstem Geburtstag verfasst habe. Es ist eine pornographische Satire in 8 Szenen über das Büro und beruht hauptsächlich auf den Notizen, die ich über die Leute und Ereignisse im Büro angefertigt hatte. Ich finde es ziemlich lustig.«[108] Marcuse teilte diese Einschätzung offensichtlich nicht, wie Meyerhoff über die Feier im Amt berichten musste:

»Sein Geburtstag war übrigens ein voller Erfolg; und der Unterzeichner darf in aller Bescheidenheit beanspruchen, einen erheblichen Anteil an diesem Erfolg gehabt zu haben. Es gab eine private Party in seinem Haus; und wir haben eine eher ›öffentliche Angelegenheit‹ im Büro veranstaltet. Er war hoch erfreut über die dreizehn Bände Baudelaire, die mit Bebes Hilfe in Paris aufgetrieben werden konnten. Dennoch bin ich gezwungen zu berichten, dass meine persönliche Festschrift – die pornographische Satire über einen Tag im Büro – eine etwas zu starke Dosis für den großen Mann war. Also habe ich sie zurückgezogen, sie ist nicht länger in Umlauf und wird womöglich zu seinem Sechzigsten noch einmal eingereicht. Ich gebe zu, es ist ein recht wüstes, boshaftes Stück and vielleicht ein etwas zu starkes Gift für diejenigen, die noch an ihre Arbeit an der Regierung gekettet sind. Felix [Gilbert], dem ich es gezeigt habe, scheint sich hingegen sehr darüber amüsiert zu haben. Ich werde versuchen, Dir demnächst eine Kopie zukommen zu lassen.«[109]

Von Meyerhoff wissen wir auch, dass Thomas Manns »Doktor Faustus« das wichtigste literarische Ereignis jener Jahre im Kreis der Freunde war. Auf der zweiwöchigen Autofahrt von Washington nach Kalifornien diskutierte Meyerhoff mit »Don Felice« Gilbert den »Doktor Faustus«. Meyerhoff war bei Thomas Mann zum Tee zu Gast und besprach das Buch für »Partisan Review«.[110] Zu den politischen Lieblingsbüchern der Freunde gehörten in den späten vierziger Jahren Maurice Merleau-Pontys »Humanismus und Terror« und Isaac Deut-

---

108 Meyerhoff an Hughes, 16. 6. 1948, HSHP, Series I, b. 5, f. 112.
109 Meyerhoff an Hughes, 11. 8. 1948, HSHP, Series I, b. 5, f. 112.
110 Meyerhoff an Hughes, 12. 7. 1948, 11. 8. 1948, 10./11. 2. 1949; HSHP, Series I, b. 5, f. 112; zu Meyerhoffs publizistischen Beiträgen vgl. unten, Kap. VI.1.

schers Stalin-Biographie.[111] Meyerhoff hielt die politische Stimmung unter den Freunden fest. Er berichtete vom Parteitag der Wallace-Partei, deren Wahlprogramm seiner Ansicht nach »straight CP« war – direkt auf der Linie der Kommunistischen Partei. Für Meyerhoff und seine Freunde war allerdings weniger die Politik als die Verpackung das Problem: Mit einem Wahlkampf, der so offensichtlich die prokommunistischen und prosowjetischen Sympathien der Partei kundtat, war in Amerika nichts zu gewinnen.[112]

Kurz vor seiner Abreise nach Kalifornien, mitten in der Berlin-Krise, berichtete Meyerhoff von einem Abend unter Washingtoner Freunden und Kollegen und verkniff sich den Spott über Marcuse nicht:

»Meine eigene Haltung zur Frage eines Krieges ist, dass wir nun durch den Marshallplan eine Gnadenfrist von etwa vier Jahren haben werden. Felix neigt dazu, die unmittelbare Gefahr ernster zu nehmen und weniger optimistisch zu sehen (sofern eine solche Gnadenfrist als Ausdruck des Optimismus betrachtet werden kann). Herbert war in einer seiner revolutionären Stimmungen (er erläuterte überaus einleuchtend die leninistische Weiterentwicklung des Marxismus) – doch in solchen Augenblicken fällt mir immer die tragikomische Diskrepanz zwischen seiner revolutionären Sprache und seinen revolutionären Ideen einerseits und seinem bourgeoisen Lebensstil und Auftreten andererseits auf. Ich will damit nicht sagen, er müsste ein Held, ein Mann der Tat sein; aber ich kann nicht nicht ganz mit dem abfinden, was ich in Ermangelung eines besseren Ausdrucks ›Lebensstil und Auftreten‹ nenne und was in so völligem Gegensatz zu seiner Ideologie steht.«[113]

Sie tranken den Champagner, solange er noch da war. Diese Runde hatte nun vor, wieder in das Spiel der Feindaufklärung einzusteigen und auf diesem Wege den Kalten Krieg aufzuhalten – selbst wenn der schier hoffnungslose Versuch, »den unendlichen Bewusstseinsstrom, der aus dem Kirchheimer-Herz-Verbund fließt, zu redigieren«, mitunter Meyerhoffs Zeit und Sprachtalent und Marcuses Verantwortung

---

111 Meyerhoff an Hughes, 10./11. 2. 1949, 22. 10. 1949; HSHP, Series I, b. 5, f. 112; zum Einfluss von Merleau-Ponty auf Hughes' erstes Buch »An Essay for Our Times« (1950) und weitere Beiträge vgl. unten, Kap. VI.1 und VI.2.
112 Meyerhoff an Hughes, 23. 2. 1948, 6. 3. 1948, 30. 3. 1948, 16. 6. 1948, 12. 7. 1948, 11. 8. 1948 (Zitat), HSHP, Series I, b. 5, f. 112.
113 Meyerhoff an Hughes, 11. 8. 1948, HSHP, Series I, b. 5, f. 112.

als »fähiger Verwaltungsleiter« aufs äußerste strapazierte.[114] An die Universität von Kalifornien gelangt, vermisste Meyerhoff die Gelegenheit, die großen Fragen und die kleinen Geheimnisse mit den Freunden zu besprechen. Dort gab es nicht einmal jemanden, wie es so viele im Regierungsapparat gegeben hätte, schrieb er, mit dem man auf hohem Niveau über den Marxismus oder die Außenpolitik diskutieren könne; »i miss having people like you or herbert or felix around«, hämmerte er in Los Angeles in seine neue Schreibmaschine.[115] Seine sieben Jahre auf dem intellektuellen Zauberberg von Washington waren für Meyerhoff zu Ende gegangen.[116]

5. Soviet Connection: Russische Spione und Spitzel des FBI

Spionage war nicht die Aufgabe dieser Gruppe von Experten. Von Spionen aber hörten die Freunde kurz nach Kriegsende. Elizabeth Bentley, ehemalige Kommunistin und Geliebte eines führenden sowjetischen Agenten in den USA, wurde berühmt, indem sie echte und vermeintliche kommunistische Spione im Regierungsapparat enttarnte. Für Hans Meyerhoff war sie nur eine »hysterische, neurotische ehemalige Vassar-Absolventin um die vierzig«.[117] Die Frage, ob es im OSS sowjetische Spione gegeben hatte, sollte den Kreis um Hughes und Marcuse Jahre später noch einmal beschäftigen. Der Name Franz Neumann fiel dabei nie. Erst in den neunziger Jahren, nachdem in Russland selektive Einblicke in die sowjetischen Geheimdienstarchive gewährt worden waren und die USA ihr »Venona«-Projekt öffentlich gemacht hatten, tauchte Neumann auf Listen sowjetischer Spione auf. »Venona« war eine gewaltige Operation, die noch während des Krie-

---

114 Meyerhoff an Hughes, 6. 3. 1948, HSHP, Series I, b. 5, f. 112.
115 Meyerhoff an Hughes, 19. 10. 1948, HSHP, Series I, b. 5, f. 112.
116 Mit einem Zauberberg in »Foggy Bottom«, dem Amtssitz des State Department, verglich Hughes Jahre später ihre Zeit im OIR; vgl. *Hughes*, Marcuse's Lessons, in: Guardian, 5. 11. 1979.
117 Meyerhoff an Hughes, 11. 8. 1948, HSHP, Series I, b. 5, f. 112; zu Bentley vgl. *Weinstein/Vassiliev*, The Haunted Wood, S. 84–109; *Haynes/Klehr*, Venona, S. 97 f.; zur sowjetischen Spionage in den USA vgl. neben den beiden voranstehend genannten Studien auch *Klehr/Haynes/Firsov*, The Secret World of American Communism.

ges von militärischen Vorläufern der 1952 gegründeten National Security Agency (NSA) begonnen worden war. Den amerikanischen Kryptologen gelang es unter enormem Aufwand, Hunderte von abgefangenen Nachrichten der sowjetischen Geheimdienste zu entschlüsseln. Über Jahrzehnte war »Venona« eines der bestgehüteten Geheimnisse des Kalten Krieges.[118]

Als Mitte der neunziger Jahre »Venona« und die russischen Archive zugänglich wurden, passten lückenhafte Informationen plötzlich zusammen. Ein gewisser »Ruff«, der in den »Venona«-Telegrammen erwähnt wurde, und Franz Neumann waren identisch. Die Person hinter dem Decknamen trat hervor.[119] Ist das der große Spionageroman der Emigrationsgeschichte? Müssen wir das Register der Wissenschaftsgeschichte verlassen, das Erkenntnisinteresse der Epistemologie aufgeben und der Tatsache ins Auge sehen, dass Neumanns Einsatz im Wissensapparat des OSS nur eine Tarnung war, die den wahren Zweck seiner Aktivität verbarg? Neumann, ein Agent im Dienste der Weltrevolution? Populäre Sachbücher haben keine Scheu, Neumann als sowjetischen Spion zu führen.[120] Doch die Geschichte klingt zu abenteuerlich, als dass man sie ungeprüft für bare Münze nehmen könnte.

Zwei Probleme lassen sich nicht lösen: Allen Weinstein und Alexander Vassiliev, deren Buch die überzeugendsten Belege für Neumanns Spionagetätigkeit liefert, genossen exklusiven Zugang zu sowjetischen Quellen.[121] Eine unabhängige Überprüfung ist nicht möglich. Man kann jedoch davon ausgehen, dass der ehemalige Direktor des amerikanischen Nationalarchivs mit wissenschaftlicher Akkuratesse vorgegangen ist.[122] Schwerer wiegt das zweite Problem. Weinstein und

---

118 Vgl. *Haynes/Klehr*, Venona, S. 1–22.
119 Vgl. *Weinstein/Vassiliev*, The Haunted Wood, S. 249–251, 254.
120 Vgl. *West*, Venona, S. 339. Diese Liste nennt ohne weitere Angaben sogar Namen, die nicht einmal in den beiden maßgeblichen Untersuchungen – *Haynes/Klehr*, Venona, und *Weinstein/Vassiliev*, The Haunted Wood – auftauchen, wie etwa den Philip Moselys, des liberalen Impresarios der Kommunismusforschung und führenden Experten des außenpolitischen Establishments, von dem noch häufig die Rede sein wird; vgl. zu Mosely unten, Kap. II.3 und Kap. V.
121 Vgl. *Weinstein/Vassiliev*, The Haunted Wood, S. xif., xv–xix.
122 Schon zwei Jahrzehnte zuvor hatte Weinstein, der später die Leitung der National Archives der USA übernahm, eine vielfach gelobte Untersuchung zu einem der berühmtesten Spionagefälle des frühen Kalten Krieges vorgelegt; vgl. *Weinstein*, Perjury.

sein russischer Mitarbeiter Vassiliev, ein ehemaliger KGB-Agent, haben minutiös das Ausmaß sowjetischer Spionage in der amerikanischen Regierung rekonstruiert. Doch sie lassen dabei die quellenkritische Sorgfalt vermissen. Sie präsentieren Quellen über Quellen, Hinweise über Hinweise. Aber sie ermitteln nicht den Kontext. Sie sehen jede Information ausschließlich im Lichte ihrer Spionagehypothese. Andere mögliche Erklärungen werden nicht einmal erörtert. Dass die vorliegenden fragmentarischen Informationen in manchen Fällen auch zu einer alternativen Erzählung zusammengefügt werden könnten, wird von den Autoren weder erwogen noch widerlegt.

Ohne jeden Zweifel gab es in den Reihen des OSS eine größere Zahl sowjetischer Spione und Informanten. Um den Verdacht gegen Neumann zu erhärten, müssten jedoch zunächst einige offene Fragen geklärt werden. Was genau hat Neumann getan? Gesichert scheint zu sein, dass Hede Massing (die zuvor bereits zweimal mit Kommunisten verheiratet war – mit Gerhart Eisler und mit Julian Gumperz – und die weiterhin auch als Hede oder Hedda Gumperz auftrat) und Paul Massing 1943 von Neumann OSS-Dokumente erhielten. Die Massings leiteten diese Dokumente an den NKGB weiter und stellten einen kurzzeitigen Kontakt Neumanns zu einer russischen Agentin her. Neumann lieferte der NKGB-Agentin Informationen über Geheimverhandlungen des deutschen Widerstands mit den Amerikanern. Im Juli 1944 brach er den Kontakt ab. Selbst Weinstein und Vassiliev können nicht umhin, Neumann als eine »problematische und ambivalente Quelle« der Sowjets zu bezeichnen.[123]

Geht man den offenen Fragen nach, erscheint selbst dieses abgeschwächte Urteil noch zu stark. Wer waren die Beteiligten? Die Massings war persönliche Freunde, Mitemigranten, Linksintellektuelle. Hede Massing war eine bekannte Weimarer Kommunistin gewesen. Im amerikanischen Exil stand sie eine Weile als Agentenführerin im geheimen Dienst der Sowjetunion. Sie bewies großes Geschick darin, linksliberale »New Dealer« als sowjetische Quellen zu rekrutieren. Allerdings fiel diese Tätigkeit in die dreißiger Jahre, als viele amerikanische Intellektuelle noch vom gesellschaftlichen Experiment der Sowjetunion fasziniert waren. Hede Massing brach 1938 mit dem kommunistischen Parteiapparat. Sie kooperierte mit dem FBI, trat nach dem Krieg als prominente Antikommunistin hervor und schloss Freundschaft mit Whittaker Chambers, dem berühmtesten kommu-

---

123 Vgl. *Weinstein/Vassiliev*, The Haunted Wood, S. 249–251, 254, 261 (Zitat).

nistischen Überläufer in den USA.¹²⁴ Paul Massing, wie seine Frau als antifaschistischer Emigrant für sowjetische Geheimdienste aktiv, hatte als Kommunist 1933 im Konzentrationslager gesessen und später im Exil am Institut für Sozialforschung gearbeitet. In der Antisemitismusforschung des Instituts spielte er eine wichtige Rolle. Massing publizierte in den angesehensten amerikanischen Zeitschriften und wandte sich nach dem Krieg in »Commentary« gegen den Vorwurf einer deutschen Kollektivschuld. Auch er trat als antikommunistischer Zeuge vor amerikanischen Untersuchungsausschüssen auf.¹²⁵

Eine quellenkritische Frage liegt auf der Hand. Gleichwohl ist der Widerspruch den einschlägigen Autoren nicht aufgefallen: Wie konnten die Massings, obwohl sie sich schon 1938 aus den sowjetischen Geheimdienstnetzen gelöst und die Zusammenarbeit mit dem FBI gesucht hatten, noch 1943 Neumann anwerben? Es ist nicht belegt, dass es in Neumanns Fall überhaupt um Geheimnisverrat und Spionage für die Sowjetunion ging. Ein situatives Motiv ist wahrscheinlicher: Offensichtlich knüpften die Massings an ihre alten und abgebrochenen Kontakte wieder an – oder die sowjetischen Dienste an ihre einstigen Kontakte zu den Massings –, um in der Situation des Krieges einer verbündeten Nation, einem Alliierten, der die Hauptlast des Krieges trug, Informationen zukommen zu lassen. Ob sich Neumann der direkten Verbindung der beiden Freunde und ihrer russischen Kontaktperson zum sowjetischen Geheimdienst bewusst war, ist nicht bekannt. Ob er einfach unter Freunden den Massings eigene Arbeiten gezeigt hatte, die dann weitergereicht wurden, ebenso wenig. OSS-Analytiker nahmen ihre Studien und Memoranden oft mit nach Hause.¹²⁶ Sobald die Massings ihn mit einer Russin bekannt gemacht hatten, musste Neu-

---

124 Vgl. *Haynes/Klehr*, Venona, S. 75, 202f.; *Weinstein/Vassiliev*, The Haunted Wood, S. 4–10, 13, 35, 44, 48, 249–251, 298; *Massing*, This Deception; *Tanenhaus*, Whittaker Chambers, S. 327–329, 340, 399f., 412f., 419f., 511, 519; zur Faszinationskraft der Sowjetunion vgl. *Engerman*, Modernization from the Other Shore; zu Whittaker Chambers vgl. auch unten, Kap. II.1.
125 Vgl. *Weinstein/Vassiliev*, The Haunted Wood, S. 8, 10, 35, 249–251; *Jay*, The Dialectical Imagination, S. 143, 170–172, 224–226, 235; *Wiggershaus*, Die Frankfurter Schule, S. 399–412, 422f., 454–456; *Tanenhaus*, Whittaker Chambers, S. 456; vgl. etwa *Massing*, Is Every German Guilty?; *ders.*, Rehearsal for Destruction; zur Antisemitismusforschung des Instituts für Sozialforschung in Amerika jetzt auch *Ziege*, Antisemitismus und Gesellschaftstheorie; *Wheatland*, The Frankfurt School in Exile, S. 227–263.
126 Vgl. *Gilbert*, A European Past, S. 180.

mann jedoch damit rechnen, dass seine Unterlagen bei sowjetischen Stellen landeten.

Vor einem abschließenden Urteil müsste auch in Betracht gezogen werden, welche Informationen Neumann weitergab – den Massings bereitwillig, der russischen Agentin nach einer ersten kooperativen Begegnung bald schon (womöglich nachdem er die offizielle Funktion seiner Gesprächspartnerin begriffen hatte) unwillig und ausweichend, wie Weinstein und Vassiliev berichten. Sie führen drei Themenkomplexe auf: Informationen über den deutschen Widerstand und seine Aussichten, Hitler zu beseitigen und damit den Krieg vorzeitig zu beenden; Hinweise auf amerikanische Bemühungen, den Vatikan zu einer dezidiert proalliierten Haltung zu bewegen; und schließlich Nachrichten über die Rekrutierung von deutschen Emigranten durch das OSS. Ganz abgesehen davon, dass Neumann den Kontakt im Juli 1944 abbrach, noch bevor die Spannungen zwischen den Alliierten öffentlich sichtbar wurden, ist es mehr als fraglich, ob die weitergegebenen Dokumente geeignet waren, den Interessen der Vereinigten Staaten zu schaden. Der wissenschaftlich-akademische Charakter der R&A-Studien darf nicht außer Acht gelassen werden. Die R&A-Studien waren die ersten Akten des OSS, die von den USA später freigegeben wurden. Während des Krieges fand zudem auf offizieller Ebene ein reger Austausch von Geheimdienstinformationen unter den Alliierten statt.[127]

Angesichts dieser Mischung von persönlicher Freundschaft, wissenschaftlichem Selbstbewusstsein und der politischen Stimmung einer antifaschistischen Front mit der Sowjetunion gibt es auf dem bisherigen Erkenntnisstand keine eindeutigen Antworten. Womöglich wollte Neumann die Sowjets mit geheimen amerikanischen Informationen beliefern. Womöglich aber war ein komplexeres Geflecht von Motiven und Umständen im Spiel, als Neumann zeitweilig wissenschaftliche Papiere der Geheimdienstforschung an einen Verbündeten der USA übergab, die diesen über die Kriegsdauer auf dem Laufenden hielten. Die Frage bleibt offen. Es ist nicht ausgeschlossen, dass Neumann für kurze Zeit als sowjetischer »Spion« tätig war. Doch solange

---

[127] Zur Geschichte des Aktenzugangs vgl. *Katz*, Foreign Intelligence, S. 200; *McDonald*, The OSS and Its Records; *Marquardt-Bigman*, Amerikanische Geheimdienstanalysen, S. 10f.; *Mauch*, Schattenkrieg gegen Hitler, S. 12; zum Informationsaustausch zwischen amerikanischen, britischen und sowjetischen Geheimdiensten *Smith*, Sharing Secrets with Stalin.

die Quellen nur lückenhafte Hinweise enthalten und der Zugang zu den Archiven versperrt bleibt, wecken fundamentale quellenkritische Erwägungen ernsthafte Zweifel an der Geschichte, wie sie bislang erzählt wurde.[128] Etliche Jahre nachdem sie aus dem Geheimdienst ausgeschieden waren, wurde für Marcuse und seine Freunde die Frage akut, ob die Sowjets im Zweiten Weltkrieg den OSS-Apparat unterwandert hatten. Unter den sowjetischen Spionen und Spitzeln im OSS gab es zwei, für die Hughes und Marcuse sich 1961 einsetzten. In beiden miteinander in Verbindung stehenden Fällen konnten Hughes und Marcuse sich nicht vorstellen, dass die Beschuldigten tatsächlich für sowjetische Geheimdienste gearbeitet hatten. Vor allem waren sie davon überzeugt, dass die unter Spionageverdacht Stehenden keinen Zugang zu irgendwelchen Staatsgeheimnissen gehabt hatten. Der eine war Hans Hirschfeld, mittlerweile Pressechef Willy Brandts in Berlin. Marcuse, Hughes und Ernst Fraenkel – Neumanns einstiger Rechtsanwaltspartner, der mittlerweile aus dem Exil auf eine Professur an der Freien Universität Berlin zurückgekehrt war – versuchten, Licht in das Dunkel zu bringen und Hirschfeld beizustehen. Hirschfeld weigerte sich, zu einer offiziellen Aussage in die USA zu kommen.[129] Danach verlieren sich die Spuren. Hirschfeld wurde strafrechtlich nicht verfolgt, aber er bekannte sich gegenüber amerikanischen Agenten in Deutschland teilweise schuldig und verschwand aus dem politischen Umfeld Willy Brandts.[130]

Über Hirschfeld waren Hughes und Marcuse im OSS, ohne es zu ahnen, einem leibhaftigen sowjetischen Spion begegnet, zu dessen Gunsten Hughes 1961 sogar vor Gericht auftrat. Inge Marcuse vor allem spornte Hughes dazu an. Ihr hatten in der Biographical Records Section – einer biographischen Registratur ohne Mitwirkung an der

---

128 Ein prominenter Kriegskamerad Neumanns konnte die Enthüllungen kaum glauben, akzeptierte sie schließlich aber doch angesichts der wissenschaftlichen Autorität Weinsteins, obwohl sie im Gegensatz zu seinen Erinnerungen an Neumann standen, der mitunter dezidiert antisowjetische Positionen vertrat; vgl. *Schlesinger*, A Life in the Twentieth Century, S. 305–307, 355.
129 Inge und Herbert Marcuse an Hughes, 9. 8. 1961, 19. 8. 1961, 26. 8. 1961, 3. 9. 1961, 12. 9. 1961, 2. 10. 1961, 11. 11. 1961; Hughes an Herbert und Inge Marcuse, 29. 6. 1961, 18. 10. 1961; Marcuse an Hirschfeld, 12. 9. 1961; Ernst Fraenkel an Marcuse, 30. 9. 1961; HSHP, Series I, b. 5, f. 109.
130 Vgl. *Haynes/Klehr*, Venona, S. 274. Der Biograph weiß nichts davon und vermutet, Rivalitäten mit Egon Bahr hätten zu Hirschfelds Demission geführt; vgl. *Merseburger*, Willy Brandt, S. 307, 348, 384.

Geheimdienstforschung – in R&A die Kontaktleute des Spions unterstanden, unter ihnen Hirschfeld, der sich so hartnäckig weigerte, als Entlastungszeuge vor Gericht auszusagen. Hughes hingegen bestätigte, dass von den inkriminierten R&A-Mitarbeitern keinesfalls »militärische Geheimnisse« abgeschöpft worden sein konnten.[131] Der Mann auf der Anklagebank hieß Robert Soblen. Er stammte aus einer litauisch-jüdischen Familie. Gemeinsam mit seinem Bruder, der als Jack Soble bekannt wurde, betrieb er in Amerika einen sowjetischen Spionagering. Das Ziel dieser Gruppe bestand allerdings nicht darin, amerikanische Staatsgeheimnisse zu entwenden.

Die Soble-Gruppe hatte den Auftrag, die Anhängerschaft Trotzkis zu infiltrieren und Trotzkisten aufzuspüren. Jack Soble, getarnt als russischer Student in Berlin, war 1931 sogar als Trotzkist aus der Kommunistischen Partei ausgeschlossen worden, um Zugang zu Trotzkisten zu gewinnen. 1957 wurden Jack und seine Frau Myra dank abgefangener »Venona«-Nachrichten gefasst und wegen Spionage angeklagt. Beim Prozess gegen Robert Soblen 1961 traten Jack und Myra Soble als Zeugen der Anklage auf. Soblen wurde zu lebenslanger Haft verurteilt. Weil er an Leukämie litt, wurde er auf Kaution bis zur Berufung auf freien Fuß gesetzt. Soblen nutzte die Gelegenheit und floh nach Israel. In einem völkerrechtlichen Präzedenzfall lieferte Israel Soblen an Amerika aus. Er versuchte sich auf dem Flug in die USA das Leben zu nehmen. Die Maschine musste in London landen. Als die britische Regierung ihm das Asyl verweigerte, setzte Soblen 1962 seinem Leben ein Ende.[132] Hans Meyerhoff, obgleich von Soblens Unschuld nicht hundertprozentig überzeugt, war schockiert, dass die israelische Regierung einen Juden an eine auswärtige Regierung ausgeliefert hatte.[133]

Nach Marcuses Tod wurde diese Geschichte in den achtziger Jahren noch einmal prominent aufgewärmt. Auf den Seiten des »Times

---

131 Hughes an Leo Cherne, Research Institute of America, 12. 9. 1961, HSHP, Series I, b. 1, f. 21; Inge Marcuse an Hughes, 26. 8. 1961; Hughes an Herbert und Inge Marcuse, 29. 6. 1961, 18. 10. 1961; Marcuse an Hughes, 11. 11. 1961; HSHP, Series I, b. 5, f. 109; Ephraim London, ACLU, an Herbert und Inge Marcuse, Hughes, Arno Mayer und Robert S. Cohen, 6. 10. 1961, HSHP, Series I, b. 4, f. 96; Hughes an Michael Neumann, 4. 6. 1983; Michael Neumann an Times Literary Supplement, 26. 5. 1983; HSHP, Series I, b. 5, f. 122.
132 Vgl. *Haynes/Klehr*, Venona, S. 11f., 250–276; *dies.*, Early Cold War Spies, S. 208–229.
133 Meyerhoff an Max und Rita Lawrence, 8. 7. 1962, Briefwechsel Meyerhoff–Lawrence, Hans Meyerhoff Papers, Private Papers.

Literary Supplement« berichtete Christopher Hitchens, ein junger britischer Autor mit trotzkistischer Vergangenheit, von einer Attacke gegen Hughes und Marcuse: Ein amerikanischer Soziologe, ein Ex-Kommunist, der mittlerweile ins Lager der Neokonservativen gewechselt war, hatte Marcuse als intellektuellen Mentor des Soble-Spionagerings und geistigen Stalinisten verunglimpft und das exilierte Institut für Sozialforschung als kommunistische Tarnorganisation auf amerikanischem Boden gebrandmarkt. Der Hughes-Schüler und Historiker der Frankfurter Schule Martin Jay widerlegte die Vorwürfe. Hitchens selbst nahm sie kaum ernst: Stalinisten hätten über die Frankfurter Schule nur gespottet. Dennoch räumte er den Spionageverdacht nicht aus: »Die Verbindung zwischen Herbert Marcuse und dem sinistren Dr. Soblen, Marcuses eigene spätere Tätigkeit im amerikanischen Geheimdienst und die geistige Atmosphäre des Fellow Traveling im Allgemeinen«, also der kommunistischen Sympathisanten und Weggefährten, so schloss der Artikel, »könnte nur von einer unparteilichen Kommission beurteilt werden.«[134] Hitchens, der Verfasser dieser Zeilen, ist seit vielen Jahren einer der bekanntesten Journalisten der USA. Unter großem öffentlichen Aufsehen überwarf er sich nach dem 11. September 2001 mit vielen seiner linken Freunde und wurde zu einem der wichtigsten intellektuellen Fürsprecher des Irakkrieges.

Eine Frage drängt sich geradezu auf. Standen Marcuse und seine Freunde unter Überwachung durch das FBI? Ihre linken politischen Ansichten, ihr Wirken in den als linken Hochburgen attackierten Institutionen OSS und State Department und ihre Kontakte zu Kommunisten machten sie zum geradezu idealtypischen Gegenstand von FBI-Ermittlungen im Zeitalter des McCarthyismus.[135] Otto Kirchheimer wurde in der Tat in den fünfziger Jahren als Mitarbeiter des State

---

[134] *Hitchens*, American Notes, in: Times Literary Supplement, 13. 5. 1983; Michael Neumann an Hughes, 26. 5. 1983: Neumann an Times Literary Supplement, 26. 5. 1983; Hughes an Neumann, 4. 6. 1983; HSHP, Series I, b. 5, f. 122. Hitchens bezog sich dabei auf die Anschuldigungen von *Feuer*, The Frankfurt Marxists and the Columbia Liberals; *ders.*, The Social Role of the Frankfurt Marxists; siehe die Reaktion von *Jay*, Misrepresentations of the Frankfurt School; vgl. dazu *Wheatland*, The Frankfurt School in Exile, S. 35–37, 134.

[135] Zur Rolle des FBI in den McCarthy-Jahren vgl. *Theoharis/Cox*, The Boss; *Theoharis* (Hg.), Beyond the Hiss Case; *Gentry*, J. Edgar Hoover; *Powers*, Secrecy and Power; *O'Reilly*, Hoover and the Un-Americans; *Schrecker*, Many Are the Crimes, S. 203–239; *Jeffreys-Jones*, The FBI, S. 137–173.

Department von FBI-Agenten verhört. Die FBI-Akten sind jedoch nur eingeschränkt zugänglich. Zwar räumt der amerikanische Freedom of Information Act (FOIA) ein sehr weitgehendes Einsichtsrecht in Regierungsakten ein. Doch oft müssen dafür langwierige Prozesse ausgefochten werden. Anders als das State Department oder die CIA gibt das FBI nicht automatisch nach einer gewissen Frist Archivbestände frei. Jede einzelne Akte muss beantragt werden. Selbst wenn kein Rechtsstreit erforderlich wird, kann dieser Vorgang mehrere Jahre in Anspruch nehmen.[136] Einmal freigegebene FBI-Akten sind jedem zugänglich. Marcuses Akte liegt seit Jahren vor. Wurde er observiert? Setzte das FBI ihm zu? Wie konnte er so lange unbehelligt im amerikanischen Geheimdienstapparat überdauern?

Das FBI kam Marcuse sogar einmal zu Hilfe. Marcuses Akte beginnt mit wüsten Morddrohungen, die der Ku-Klux-Klan und andere rechtsextreme Gruppen dem linken Denker 1968 entgegenschleuderten. Das FBI ermittelte, während Marcuse für eine Weile untertauchte.[137] Auf der anderen Seite überprüfte das FBI Marcuse vor seinem Eintritt in eine Regierungsbehörde, der Marcuse dann doch das OSS vorzog – bezeichnenderweise forderte das OSS keine Überprüfung durch das FBI an. Das FBI konnte nichts ernsthaft Belastendes finden. Die Akten aus dem Jahr 1943 lesen sich mitunter amüsant. »Source A suspicious of purpose for which MARCUSE used Library at U.C.L.A.«, fasste der Bericht der FBI-Außenstelle in Los Angeles zusammen. Marcuse hatte geheimnisvolle deutsche Bücher ausgeliehen, was einer Bibliothekarin verdächtig vorkam. »Source B« und »Source C« wiederum rieten davon ab, Marcuse in eine Stellung einzusetzen, in der er andere beeinflussen könne, denn ihm fehle »ein echtes Verständnis der Demokratie«. Woran sich dieser Mangel festmachen ließ, war für die Informanten leicht zu erkennen:

»Der Meinung von Quelle B zufolge glaubt Marcuse, dass es dieses Land besser hätte, wenn die Regierung festlegen würde, was ein Mann anbauen oder wo er arbeiten oder wie viel er anbauen darf; auch dass

---

136 Vgl. *Stephan*, Im Visier des FBI, S. 515–529; *Schrecker*, Many Are the Crimes, S. 421 f.; *dies.*, Archival Sources for the Study of McCarthyism. Marcuses FBI-Akte wurde mir dankenswerterweise vom Historiker des FBI, John Fox, am 3. Dezember 2007 in Washington übergeben. FBI-Akten anderer Protagonisten dieser Arbeit sind nicht zugänglich. Eine Einsichtnahme würde ein langwieriges Freigabeverfahren im Rahmen von FOIA erfordern.

137 FBI, FOIA, Akte 9–48255, Herbert Marcuse.

jeder besser dran wäre, wenn jeder zwei Anzüge und ein Schlafzimmer hätte und nicht einige wenige sechzehn Anzüge und ein Haus mit zehn Zimmern hätten, während der Rest der Bevölkerung zu wenig selbst am Lebensnotwendigen hätte.«

Das FBI rechnete diese Haltung einem Glauben an eine »starke Planwirtschaft, an Kollektivismus oder Staatssozialismus« zu. Marcuse, fuhr die Quelle »A« fort, »ist zu gelehrt, was die Philosophie von Männern aus der Vergangenheit betrifft, aber er ist sich nicht der Realitäten bewusst, wie sie in gegenwärtigen Regierungssystemen auftreten«. »Source C« hielt Marcuse schlicht für gefährlich. Nach Los Angeles sei das antidemokratische Institut für Sozialforschung nur gekommen, um das Geld Hollywoods abzuschöpfen. Es gab jedoch weitere Quellen. Ein akademischer Kollege, »Reference« genannt, schätzte die Hegel-Deutung Marcuses und empfahl Marcuse »als loyalen, fähigen Bürger voller Wertschätzung für die demokratische Freiheit«. Und es gab ein weiteres schlagendes Argument: Marcuses »credit record« war makellos: Er hatte keine Schulden.[138] Man vermerkte, dass Marcuse keiner Organisation angehörte, die auf der Liste des House Committee on Un-American Activities stand. FBI-Agenten befragten Marcuses Nachbarn, die nur Gutes zu berichten wussten: Marcuse war »ordentlich«, »fleißig«, »durch und durch patriotisch« und »zu 100 % loyal gegenüber Amerika«. Er freute sich, wenn man ihn für einen Franzosen hielt. Aus seiner Wohnung kamen keine »ungewöhnlichen Geräusche«.[139]

Als das State Department 1950 unter Beschuss geriet, hatte auch Marcuse als leitender Mitarbeiter einen Fragebogen des FBI zu beantworten. Marcuse stand jedoch nicht unter Verdacht. Vielmehr sprach er sich für einen Mitarbeiter aus, gegen den eine Untersuchung, eine sogenannte »loyalty investigation«, angestrengt worden war. Marcuse nannte ihn einen »loyalen Amerikaner« und Trotzkisten. Den FBI-Agenten erklärte Marcuse, Trotzkisten seien »überall auf der Welt die schärfsten Gegner Stalins und des Stalinismus«. Obwohl das FBI die Akten des Jahres 1943 wiederentdeckte, wollte man nicht gegen Marcuse selbst ermitteln.[140] Erst eine Aussage von Karl August Wittfogel warf einen Verdacht auf Marcuse. Der einstige Institutsmitarbeiter

---

138 FBI, FOIA, Akte 77–27880, Herbert Marcuse, FBI Los Angeles, 20. 4. 1943.
139 FBI, FOIA, Akte 77–27880, Herbert Marcuse, FBI Washington, 28. 4. 1943.
140 FBI, FOIA, Akte 121–24128, Herbert Marcuse, FBI Washington, Special Agent in Charge, 9. 8. 1950, 21. 8. 1950.

Wittfogel behauptete, das Institut für Sozialforschung sei in Frankfurt ein »Sammelplatz für deutsche Kommunisten« gewesen.[141] Ermittlungen unter seinen amerikanischen Kollegen, darunter bekennenden Konservativen, ergaben, dass Marcuse ein loyaler Staatsdiener war, in der Theorie wohl ein Marxist, aber in der praktischen Politik weit entfernt von jeglicher umstürzlerischer Aktivität. Er habe stets die amerikanischen Interessen verfolgt.[142] Dem FBI fiel auch eine interne Überprüfung des State Department in die Hände, die zu dem eindeutigen Ergebnis gelangt war, dass Marcuse antikommunistisch und loyal gegenüber den USA sei.[143]

Eine umfassende »loyalty investigation« durch das FBI stieß auf viele Fürsprecher Marcuses in der Wissenschaft und im Regierungsapparat. Marcuses amerikanische Freunde schützten ihn vor jeglicher Belästigung durch das FBI. Seine Vorgesetzten lobten Marcuse als führenden Experten für Europa und den internationalen Kommunismus. Marcuse sei durch und durch ein loyaler amerikanischer Staatsbürger und »definitiv ein Antikommunist«. Die Namen sind geschwärzt. Doch aus den FBI-Akten geht hervor, dass sich auch OIR-Direktor Allan Evans für Marcuse einsetzte. Er schätzte Marcuses Sachkenntnis und hatte keinen Zweifel an seiner politischen Haltung. Marcuse war »einer der erfahrensten und fähigsten Analytiker« des State Department.

Evans, der Marcuse wenige Monate später zum Vorsitzenden der Kommunismusaufklärung im State Department beförderte, erklärte gegenüber dem FBI, Marcuse sei nach amerikanischen Standards ein Liberaler und kein Radikaler. In Deutschland habe er den Sozialdemokraten nahegestanden. Marcuse sei kein Anhänger der Marktwirtschaft, er sei ein Befürworter staatlicher Eingriffe in die Wirtschaft, doch er stehe auch für individuelle Freiheit. Der Bericht fasste Evans'

---

141 FBI, FOIA, Akte 121–24128, Herbert Marcuse, FBI New York an Washington, 29. 8. 1950. Obwohl der Name der Quelle geschwärzt ist, besteht kein Zweifel daran, dass es sich um Wittfogel handelte: Er wird als ehemaliger Weimarer Kommunist und Institutsmitarbeiter vorgestellt, seine Befragung fand an seinem Wirkungsort Seattle statt, die Länge des geschwärzten Namens passt genau, und das »L« am Ende ist noch zu lesen. Zu Wittfogels antikommunistischem Einsatz zugunsten der »China Lobby« vgl. unten, Kap. III.3.
142 FBI, FOIA, Akte 121–24128, Herbert Marcuse, Special Agent in Charge, New York, an Direktor, FBI, 6. 9. 1950.
143 FBI, FOIA, Akte 121–24128, Herbert Marcuse, Special Agent in Charge, Washington, an Direktor, FBI, 14. 9. 1950.

Aussage zum heikelsten politischen Thema jener Jahre zusammen: »Er erklärte, das er sich zusammen mit MARCUSE mit dem Thema des Kommunismus befasst habe und dass die Einstellung des Angestellten zu 100 % so sei, wie man es sich wünsche. Damit meinte er, dass MARCUSE die Gefahren des Kommunismus genau verstehe und tiefe Einsicht in das habe, was der Kommunismus darstellt.«[144] Das waren die Qualitäten, denen Marcuse seine bemerkenswerte Geheimdienstkarriere im Kalten Krieg verdankte.[145]

6. Der Weg in den Kalten Krieg

Der Anfang des Kalten Krieges gibt Rätsel auf. Erbittert haben Historiker über die Ursprünge des Kalten Krieges gestritten. Eine unangefochtene Erklärung dafür, wie aus den Verbündeten des Zweiten Weltkrieges die Gegner in einem globalen Konflikt werden konnten, ist nicht in Sicht. Der Öffnung russischer Archive in den neunziger Jahren ist es zu verdanken, wenn sich zumindest eine mehrheitsfähige Meinung gebildet hat, die anfangs »postrevisionistisch« genannt wurde. Die Frage danach, wer »Schuld« trägt am Ausbruch des Kalten Krieges, ist von den meisten Historikern als untauglich verabschiedet worden. Die Quellen lassen vielmehr eine Eigendynamik gegenseitiger Fehlwahrnehmungen erkennen, deren Folge die Eskalation der Spannungen war. Mit der Verkündung der Truman-Doktrin und ihrem

---

144 FBI, FOIA, Akte 121–24128, Herbert Marcuse, FBI, Results of Investigation, 13. 12. 1950; aus der Funktionsbeschreibung geht hervor, dass die obigen Zitate von OIR-Direktor Allan Evans stammten; zur Kommunismusaufklärung im State Department vgl. unten, Kap. I.10.
145 Als Marcuses Sohn Peter 1952 als Student in Yale eine Friedenskundgebung unterstützte, erhielt Marcuses FBI-Akte einen weiteren Eintrag. Marcuse, mittlerweile als Mitarbeiter des Russian Institute an der Columbia University in New York vom Staatsdienst beurlaubt, wurde noch als Mitarbeiter des State Department geführt. Erst 1961 wurde das FBI wieder auf Marcuse aufmerksam, als er und Hughes zugunsten von Robert Soblen aussagten. Ermittlungen wurden darum jedoch nicht angestellt. Die Hälfte des Materials in der mehr als 500-seitigen FBI-Akte ist Marcuses Rolle als intellektuellem Bezugspunkt der Studentenproteste Ende der sechziger Jahre gewidmet. Marcuse stand unter intensiver Beobachtung, seine öffentlichen Auftritte wurden festgehalten, seine Bücher wurden exzerpiert. FBI, FOIA, Akte 121–24128, Herbert Marcuse.

sowjetischen Gegenstück, der »Zwei Lager«-Theorie, verhärteten sich 1947 die Fronten.[146]

Die amerikanische Außenpolitik unterschätzte demnach in den ersten Nachkriegsjahren, dass es auf sowjetischer Seite ein alles andere überragendes Bedürfnis gab – das Verlangen, ein für alle Mal vor einem deutschen Angriff sicher zu sein. Amerika selbst verfolgte mit höchster Priorität das Ziel, den Zusammenbruch der politischen Ordnung Westeuropas und den Kollaps des Weltwirtschaftssystems zu verhindern. Die amerikanische Politik des Wiederaufbaus und die sowjetische Politik der Absicherung gegen Deutschland führten zur Kollision. Dass Stalins Vorgehen in seinem neuen osteuropäischen »Glacis« von Repressionen gekennzeichnet war, trug nicht zur Verbesserung der Beziehungen bei. Dennoch stand die Einführung totalitärer Einparteienregimes nach dem Vorbild der Sowjetunion in Ostmitteleuropa nicht zwangsläufig fest. Unmittelbar nach Kriegsende waren Koalitionsregierungen in der Tradition der Volksfront im Sinne des Kremlherrschers, sofern das Sicherheitsbedürfnis der Sowjetunion durch militärische Kontrolle und wirtschaftliche Ausbeutung gestillt wurde. Mit der Eskalation des Kalten Krieges verkamen die Reste bürgerlicher Demokratie zur reinen Fassade, wenn sie nicht gänzlich beseitigt wurden.[147]

---

146 Vgl. *Leffler*, For the Sould of Mankind, S. 11–83; *Westad* (Hg.), Reviewing the Cold War; *Stöver*, Der Kalte Krieg, S. 67–88; *Larson*, Anatomy of Mistrust, S. 39–71; *Gaddis*, The Emerging Post-Revisionist Synthesis; *Hogan* (Hg.), America in the World; *Leffler/Painter* (Hg.), Origins of the Cold War; *Leffler*, The Specter of Communism.

147 Schon lange bevor die sowjetischen Quellen zugänglich wurden, bezeichneten die in mehrfachen Auflagen vorliegenden Arbeiten von *Hillgruber*, Der Zweite Weltkrieg, S. 140–144, 166–170; *ders.*, Deutsche Geschichte 1945–1986, bes. S. 23f., zutreffend mit den sicherheitsfokussierten Begriffen des »Glacis«, der Einflusssphären und »Pufferzonen« Stalins Ziele in Osteuropa. Auch wenn die neuere Forschung die Rolle der Ideologie (und damit ein potentiell expansives Motiv Stalins) unterschiedlich beurteilt, stehen das defensive Sicherheitsbedürnis der Sowjetunion und das geopolitische Denken Stalins im Vordergrund; vgl. etwa *Leffler*, For the Soul of Mankind, S. 20–37, 48–57, 75–83; *Mastny*, The Cold War and Soviet Insecurity; *ders./Schmidt*, Konfrontationsmuster des Kalten Krieges; *Zubok/Pleshakov*, Inside the Kremlin's Cold War; *Zubok*, A Failed Empire, bes. S. 29–93; *Naimark*, Die Russen in Deutschland, bes. S. 584–589; *ders./Gibianskii* (Hg.), The Establishment of Communist Regimes in Eastern Europe; *Mark*, Revolution by Degrees; *Creuzberger/ Görtemaker* (Hg.), Gleichschaltung unter Stalin?; *Gori/Pons* (Hg.), The Soviet Union and Europe in the Cold War; *Westad/Holsmark/Neumann* (Hg.), The Soviet Union in Eastern Europe. Pointierte Urteile auf der Grundlage der

Diese Entwicklung in Osteuropa war der Punkt, an dem Hughes und seine Freunde im State Department ansetzten. Man kann die Präzision nur bewundern, mit der sie die sowjetischen Motive deuteten. In vielen Punkten stimmen ihre Analysen mit der jüngsten Forschung überein. Sie hatten bereits in ihren deutschlandpolitischen Papieren das Sicherheitsbedürfnis der Sowjetunion zutreffend eingeschätzt und versucht, der Spirale gegenseitiger Missverständnisse Einhalt zu gebieten. Noch deutlicher kam dieser Versuch in den Geheimdienstdokumenten zu Ostmitteleuropa zum Ausdruck. Man kann darin die konzertierte Anstrengung erkennen, das längst nicht für unvermeidlich Gehaltene aufzuhalten.

Der Apparat des State Department bot den linksintellektuellen Experten auch im heraufziehenden politischen Klima des Antikommunismus Nischen für abweichende Positionen. Marcuse beharrte noch auf dem Höhepunkt der Studentenbewegung rückblickend darauf, in Washington »für die Sache« gekämpft zu haben, über die zwischen ihm seinen »linken Freunden« Einigkeit bestanden habe. Ihr Ziel habe sich »in der wirklich unbeirrbaren Anstrengung« gezeigt, »immer wieder auf die globalen Folgen der Truman-Acheson-Politik hinzuweisen, gegen die Remilitarisierung Deutschlands, die Renazifizierung, gegen den blinden Antikommunismus vorstellig zu werden«.[148]

Die Dinge lagen etwas komplizierter, als Marcuse in der Rückschau glaubte. Das Wirken dieser Intellektuellen in den strategischen Staatsapparaten erschöpfte sich nicht im Entwurf von Alternativen zum Kalten Krieg. Dennoch gewinnt diese Selbstdeutung im Lichte des Quellenmaterials eine gewisse Plausibilität. Differenzierter fiel die retrospektive Einschätzung von Stuart Hughes über seine Zeit als Chief der Division of Research for Europe am Anfang des Kalten Krieges aus. Wie der ranghöchste Linksintellektuelle im State Department zu Protokoll gab, wollten er und seine Freunde sich nicht mit der Unvermeidlichkeit des Kalten Krieges abfinden. Sie hielten einen »mittleren Kurs zwischen bewaffneter Feindschaft und freundschaftlichem *mo-*

---

jüngsten Forschung bieten *Sassoon*, Seeing Red; *Loth*, Die Teilung der Welt, S. 361: »Die neuesten Quellen unterstreichen aber auch, dass die Errichtung kommunistischer Regime selbst in jenen Teilen Mittel- und Südosteuropas nicht zu Stalins politischen Nahzielen gehörte, die die Sowjetunion als ihre künftige Sicherheitssphäre betrachtete.«
148 Marcuse an Ernst Fischer, 1. 8. 1969, in: *Marcuse*, Nachgelassene Schriften, Bd. 4, S. 196.

dus vivendi« im Ost-West-Konflikt für möglich.[149] Ihre außenpolitischen Entwürfe sollten der Welt die falsche »Alternative eines Albtraums der Zerstörung oder eines Albtraums der Kontrolle« ersparen, die Hughes bald darauf beklagte.[150] Ihre Interpretation der Lage in Ostmitteleuropa ist ein Zeugnis dieses Versuchs, alternative Denkräume zu öffnen.

Sie schrieben ihre Memoranden aus einer gezielt realpolitischen Perspektive, um zur Entspannung anzuregen. Sie plädierten dafür, das Konzept von Einflusssphären anzuerkennen. Das strategische Denken im State Department sollte nachvollziehen, was de facto die Realität in Osteuropa war. Dieser Ansatz ging erneut davon aus, dass die Verständigung leichter würde, wenn erst einmal die begrifflichen und faktischen Voraussetzungen des Gesprächs geklärt wären. Die machtpolitischen Gegebenheiten – die Lage der Sowjetunion, ihr Sicherheitsbedürfnis, der Vormarsch der Roten Armee – konnten nicht länger ignoriert werden. Bereits 1944 warnten R&A-Memoranden: »Eine Fortdauer der friedlichen Zusammenarbeit zwischen den Vereinigten Staaten, Großbritannien und der Sowjetunion ist unmöglich ohne genau abgegrenzte Einflussregionen.« Ungarn galt als Testfall dafür, wo die Linien zu ziehen wären, um den Frieden nach dem Krieg zu sichern.[151] Daran hielt man in der Nachkriegszeit fest.[152] Unrealistisch war dieser Ansatz nicht. Obwohl die offizielle Rhetorik einen sowjetischen Einflussbereich nie anerkannte, verfolgte die Spitze der amerikanischen Politik anfangs – bevor Fragen der wirtschaftlichen und politischen Stabilisierung Westeuropas in den Vordergrund rückten – genau diesen Kurs. Die USA waren am Ende des Krieges bereit, der

---

149 *Hughes*, The Second Year of the Cold War, S. 29.
150 *Hughes*, An Essay for Our Times, S. 67.
151 R&A 2417, American Policy Toward Hungary, 23. 10. 1944. Da es noch keine »klare regionale Demarkationslinie« gebe, fuhr der Report fort, könnte eine »entschlosse Behauptung amerikanischer Interessen un Ungarn« möglicherweise bewirken, dass die »Region auschließlichen Einflusses des Sowjetunion an der ungarisch-rumänischen Grenze ende«. Doch man rechnete in R&A bereits mit einer Ausdehnung des sowjetischen Machtbereichs bis zur österreichischen Grenze.
152 Siehe etwa Hughes an Colonel Merritt B. Booth, SA-E, 11. 6. 1947, HSHP, Series IV, b. 20, f. 65; R&A 3015, The New Czech Government, 3. 4. 1945; R&A 3522.8, Analysis of the Political Situation in Hungary, 28. 3. 1947; R&A 4693, Spheres of Influence Arrangements among the European Powers, 1871–1945, 30. 6. 1948, wo sich bereits ein gewisse Skepsis gegenüber diesem Ansatz bemerkbar machte; R&A 4475, Czechoslovakia's Postwar Relations with other Eastern European Countries, 19. 8. 1948.

Sowjetunion eine Sicherheitszone in Osteuropa zuzugestehen. Als die Konsequenzen dieser »American Non-Policy towards Eastern Europe« kenntlich wurden, hatte der Westen bereits jeglichen Einfluss auf Ostmitteleuropa verloren.[153]

Bei aller kritischen Aufmerksamkeit, die DRE auf das zunehmend repressive Vorgehen der Sowjetunion in Ostmitteleuropa richtete, legte man der sowjetischen Politik rationale Motive zugrunde. In Ungarn habe es tatsächlich Elemente einer »rechten Verschwörung« gegeben, die von den Sowjets ausgeschaltet wurden, erläuterte ein Papier 1947. Die Kommunistische Partei habe jedoch die Gelegenheit genutzt, um die Verfassung außer Kraft zu setzen.[154] Noch der kommunistische Putsch in der Tschechoslowakei 1948 wurde in dieses Interpretationsmuster eingeordnet. Dem sowjetischen Sicherheitsbedürfnis entsprang eine Politik der »Konsolidierung Osteuropas«. Die Sowjetunion sicherte ihren Einflussbereich gegen eine mögliche Einmischung aus der westlichen Welt, die mittlerweile als Gegner wahrgenommen wurde. Die bürgerlichen Parteien galten diesem Sicherheitsdenken als das natürliche Einfallstor Amerikas, wie DRE betonte. Das Ende der Demokratie in Ostmitteleuropa war die traurige Konsequenz des Kalten Krieges. Eine Rolle spielte dabei auch der Konflikt mit Tito. Die Sowjetunion reagierte darauf mit einer Politik der Homogenisierung im eigenen Block.[155] Nicht alle im State Department wollten den DRE-Analytikern folgen. Nachdem in Prag die Kommunisten die Macht übernommen hatten, wurde außerhalb des Geheimdienstes Kritik laut. DRE schien die kommunistische Gefahr in der Tschechoslowakei unterschätzt zu haben.[156]

---

153 Vgl. *Lundestad*, The American Non-Policy towards Eastern Europe.
154 R&A 4306, New Light on the Hungarian Crisis, 19. 2. 1947; R&A 4420.1 (PV), The Record of Soviet Interference in Hungarian Affairs, Part I: Political, Part II: Economic, 10. 6. 1947.
155 R&A 4475, Czechoslovakia's Postwar Relations with Other Eastern European Countries, 19. 8. 1948.
156 Memo N. E. Halsby an Park Armstrong, 15. 3. 1948, OIR Output Concerning the Political Situation in Czechoslovakia Prior to the Recent Communist Coup, NA, RG 59, E. 1561, b. 19, f. 3. Die Kritik nahm Bezug auf die OIR-Serie R&A 1113, Situation Report: Central Europe. Nach einer langen Reihe von entwarnenden Einschätzungen 1947/48 wie R&A 1113.169, Reversal of the Decision to Attend the Paris Conference, 22. 7. 1947 (»The USSR will clearly demonstrate its control over Czechoslovakia, but will not resort to the drastic measures used in Hungary«) folgte dann post factum R&A 1113.178, The Communist Coup: Background and Analysis, 5. 3. 1948.

Hans Meyerhoff, der mit seinem Kollegen Paul Zinner die Tschechoslowakei beobachtete, bekräftigte seine amtliche Deutung in einem Brief an Hughes, der das State Department kurz zuvor verlassen hatte. Meyerhoff führte dabei die dialektische Form der Geheimdienstaufklärung vor, die typisch war für die Papiere der Gruppe:

»Auf den ersten Blick scheint es, als widerspreche die neue Linie, sofern man sie ernst nimmt, der Linie des Appeasement, auf die die Sowjets vor kurzem eingeschwenkt sind – weil sie [die neue Linie] erneut die revolutionäre, avantgardistische Natur der Kommunistischen Partei und Ideologie hervorhebt. Doch vielleicht handelt es sich lediglich um einen scheinbaren Widerspruch. Die neue Linie (und die tschechischen Ereignisse erhalten hierbei neue Bedeutung: die Revolution in Prag fand Mitte Februar statt; der erste Brief des Kominform kam am 20. März) kann noch immer den Versuch darstellen, die kommunistischen Kräfte *innerhalb* der Sphäre zu konsolidieren, in der sie an die Macht gekommen sind, ohne dass damit aggressive Pläne gegenüber der Außenwelt verbunden wären. Stalin änderte seine Außenpolitik nicht, als er die ›trotzkistische‹ Linie der Vernichtung der Kulaken übernahm. Daraus, wie es zur Krise kam und wie diese noch nicht zur Zufriedenheit des Kreml gelöst wurde, schließe ich zudem (wie Churchill), dass das Politbüro in dieser Frage gespalten ist, und ich wäre nicht überrascht, wenn die Frage nach der Nachfolge Stalins in diese ganze Reihe von Problemen hineinspielen würde (Konflikt zwischen Schdanow und Molotow, Wiederholung des Nachfolgekrieges nach 1923).«

Im selben Brief berichtete Meyerhoff die Position der von Hughes im Stich gelassenen Freunde in DRE zur Berlinkrise. Die Bewahrung des Friedens ging ihnen über die Unterstützung West-Berlins. Meyerhoff erklärte, »›unsere‹ Linie lautet, dass wir in Berlin nichts mehr zu suchen haben, sobald wir einen unabhängigen Staat in Westdeutschland errichtet haben«. Die offizielle Haltung der Regierung nannte er »prestigebewussten Imperialismus«. Und doch, so gestand er ein, war es vielleicht besser, dass die amerikanische Politik in diesem Fall unter Umgehung von DRE formuliert wurde.[157]

Hinter dem Versuch dieser linken Geheimdienstanalytiker, für das Sicherheitsbedürfnis der Sowjetunion und die Anerkennung von Einflusssphären zu werben, stand ein aus ihrer Sicht bezwingender Gedanke: Waren die Voraussetzungen einmal geklärt, so würden auch die

---

157 Meyerhoff an Hughes, 12. 7. 1948, HSHP, Series I, b. 5, f. 112.

beiden globalen Antagonisten Opposition und Widerspruch innerhalb ihrer Sphären tolerieren können. Anerkennung der sowjetischen Interessen hieß demnach, der Demokratie in Ostmitteleuropa eine Chance zu geben. Mit dieser Schlussfolgerung erfuhr die machtpolitische Prämisse der Einflusssphären eine »semiutopische« linke Interpretation.[158] Eine »dritte Gruppe« von sozialistischen Staaten in Ost- und Westeuropa sollte als »Vermittler oder ›Brücke‹« zwischen den USA und der Sowjetunion dienen.[159] Für die amerikanische Seite folgte daraus, ihre Toleranzbereitschaft an der Beteiligung von Kommunisten in den französischen und italienischen Regierungen zu beweisen.[160] Diese Implikation für den Westen überstieg den Handlungshorizont der amerikanischen Regierung, die den kommunistischen Einfluss in Westeuropa weiter zurückdrängen, nicht tolerieren wollte.[161]

Im Kalkül von Hughes und seinen Freunden stellten Ungarn und die Tschechoslowakei die Testfälle auf der sowjetischen Seite dar. Sie gaben den Koalitionsregierungen in diesen Ländern eine große Überlebenschance, solange sich die Konfrontation zwischen Ost und West nicht dramatisch zuspitzte.[162] Auch nachdem die ungarischen

---

158 Mit diesem Begriff bezeichnete Hughes später Aktionen der Friedensbewegung, an denen er selbst beteiligt war; Hughes an Schorske, 28. 4. 1960, HSHP, Series I, b. 7, f. 166.
159 Bereits mit einer Dosis Resignation versetzt, bringt ein umfangreiches Papier, in dessen Mittelpunkt der Marshallplan stand, diese Erwartung am deutlichsten zum Ausdruck, R&A 4476, Communist-Socialist Relations in Europe, 15. 10. 1947, S. 5.
160 Vgl. *Hughes*, The Second Year of the Cold War, S. 29. Zwanzig Jahre danach fand Hughes seine Auffassungen historisch bestätigt, als er an derselben Stelle hinzufügte: Nachdem die Sowjets anhand des amerikanischen Verhaltens in der ungarischen Revolution 1956 verstanden hätten, dass »the Americans would not step over the line into what they had always considered their own sphere of influence, a thaw in the cold war, the beginnings of liberalization in Eastern Europe, and the inauguration of East-West cultural contacts finally became possible«.
161 Vgl. *Leffler*, For the Soul of Mankind, S. 64–70, 74f., 79–83; *Ninkovich*, Modernity and Power, S. 133–202; *Osgood*, Total Cold War, S. 32–45; *Del Pero*, The United States and »Psychological Warfare« in Italy; *Pisani*, The CIA and the Marshall Plan, S. 40–42, 45–47, 57, 63, 78, 81–84, 87–91, 96f., 106–113.
162 Siehe etwa R&A 2797, The Soviet-Sponsored Hungarian Government, 28. 12. 1944; R&A 3015, The New Czech Government, 3. 4. 1945; R&A 3140, The Czechoslovak Party System, 1. 9. 1945; R&A 3439, Czechoslovak Decrees on Nationalization: An Analysis, 25. 1. 1946; R&A 3522.8, Analysis of the Political Situation in Hungary, 28. 3. 1947; R&A 4181, Domestic and Foreign Politics of Czechoslovakia Since the Liberation, 22. 4. 1947.

Kommunisten nicht diesem prognostizierten Verhaltensmuster gefolgt waren, blieb das Konzept aus entspannungspolitischen Gründen in Gebrauch.[163] Hughes, der Leiter der Europa-Division im OIR, griff darauf zurück, als er dem Büro des stellvertretenden Außenministers die Lage in Ungarn nach dem kommunistischen Putsch von 1947 erschloss:

»Es ist die Sicht dieser Abteilung, dass der kommunistische Putsch in Ungarn nicht als ›entscheidender Vorgang im Kampf zwischen Kommunismus und westlicher Demokratie um die Kontrolle Europas‹ zu verstehen ist, sondern vielmehr als voraussehbarer Routineschritt der UdSSR, um eine offensichtliche Lücke in ihrem Sicherheitssystem zu schließen. Dass Ungarn ein Teil dieses Sicherheitssystems bildet, wurde von Großbritannien und den Vereinigten Staaten stillschweigend anerkannt, als sie zustimmten, dass die Sowjetunion den permanenten Vorsitz der Alliierten Kontrollkommission für Ungarn führte.

Zwei Bedingungen waren die Voraussetzung für den jüngsten Putsch: a) Ungarn war Teil der sowjetischen Einflusssphäre; b) Ungarn war von der Roten Armee besetzt. [...]

Sowohl in Frankreich als auch in Italien versuchen die kommunistischen Parteien offensichtlich, einen Showdown zu vermeiden und einen möglichst gemäßigten Kurs zu verfolgen, soweit sich damit vereinbaren lässt, die Loyalität der revolutionären einfachen Parteimit-

---

163 Siehe etwa R&A 1113, Situation Report: Central Europe, eine Serie aktueller Papiere: R&A 1113.167, The Constitutional Deadlock, 17. 6. 1947: »The USSR presumably intends to retain Czechoslovakia as a point of contact with the West, and therefore would not welcome a radical change in the present domestic situation.« R&A 1113.169, Reversal of the Decision to Attend the Paris Conference, 22. 7. 1947: »The USSR will clearly demonstrate its control over Czechoslovakia, but will not resort to the drastic measures used in Hungary.« R&A 1113.170, Aftermath of the Rejection of the Paris Bid, 12. 8. 1947; R&A 1113.171, Attacks on the Slovak Democratic Part, 3. 9. 1947: »In this campaign the Communists will probably not use force.« R&A 1113.172, Political Crisis, 23. 9. 1947: »It does not appear that the Government coalition will be dissolved [...]. Experience has shown that the Communist Party can best exercise its influence through a united front, which accounts for the party's efforts to reestablish the socialist bloc of Communists, Social Democrats, and National Socialists.« R&A 113.173, Communist Attack on Slovak Democrats, 28. 10. 1947; R&A 1113.175, Aftermath of the Social Democratic Congress, 11. 12. 1947: »Under the present circumstances, and barring unforeseen, drastic changes on the Czechoslovak political scene, the Social Democrats may look forward to a period of successful party work, and possibly to a growth which would later give them increased power in the government.«

glieder zu erhalten. Gegenwärtig sind die Sowjetunion und die kommunistischen Parteien bestrebt, Konflikte mit den Vereinigten Staaten außerhalb der sowjetischen Sphäre zu vermeiden, während sie ihre Kontrolle innerhalb dieser Sphäre konsolidieren.«[164]

Die Entwicklung verlief auf beiden Seiten jedoch anders, als die DRE-Intellektuellen erwartet hatten. So scharfsinnig ihre Analysen waren, ihre prognostische Weitsicht war von politischen Hoffnungen getrübt.[165] Später traten Selbstzweifel auf. Hatte man in den Memoranden die Menschen Osteuropas vorschnell auf dem Altar der Entspannungspolitik geopfert? Womit besonders Hughes sich quälte, war eine Frage allein der persönlichen und intellektuellen Redlichkeit, denn auf die amerikanische Politik in Osteuropa hatte diese Gruppe kaum Einfluss. Es kam ihnen vielmehr oft so vor, als »feuerten« sie ihre Memoranden ins Nichts.[166]

Dabei führte Hughes mit Bedauern das tragische Schicksal von Nikola Petkov in Bulgarien an.[167] Seine Erinnerung trog ihn nicht. Eines der erstaunlichsten Dokumente in den Archivbeständen des State Department ist ein DRE-Dokument mit dem Titel »Nikola D. Petkov, His Career and Ideals«. Dieses Papier war nur dem Namen nach eine Geheimdienstanalyse. Es handelte sich um einen Epitaph auf Petkov, den Führer der bulgarischen Bauernpartei, hingerichtet von den Kommunisten im September 1947. »Justizmord« nannte die DRE-Gruppe das Urteil. Im Gewand eines Memorandums wurde hier, emotional im Ton, Wehklage gehalten, um Petkov selbst, den Amerika den Sowjets geopfert zu haben schien, ebenso wie um die politischen Ideale einer Generation, die an die Möglichkeit der Volksfront und des Antifaschismus geglaubt hatte, auch und gerade unter sowjetischer Vorherrschaft.

---

164 Hughes an Colonel Merritt B. Booth, SA-E, via A. Sidney Buford, 11. 6. 1947, HSHP, Series IV, b. 20, f. 65.
165 Siehe etwa das Schwanken zwischen sicherheitspolitischer Interpretation und Dokumentation der kommunistischen Repression in Papieren wie R&A 4306, New Light on the Hungarian Political Crisis, 19. 2. 1947; R&A 4332, The Reorganized Hungarian Cabinet of March 1947, 2. 4. 1947; R&A 4475, Czechoslovakia's Postwar Relations with other Eastern European Countries, 19. 8. 1948; ähnlich gespalten ist Hans Meyerhoff to Hughes, 6. 3. 1948, 12. 7. 1948, 11. 8. 1948, HSHP, Series I, b. 5, f. 112.
166 *Hughes*, The Second Year of the Cold War, S. 27, 30–32.
167 Zur sowjetischen Politik in Bulgarien vgl. *Dimitrov*, Stalin's Cold War; *Weber*, Geschichte und Macht.

Zu diesen enttäuschten Gläubigen zählten Hughes, Marcuse und Meyerhoff. »Die öffentliche Meinung in der ganzen nichtkommunistischen Welt wurde durch dieses Urteil wachgerüttelt und schockiert«, hielt das Papier einleitend fest, »viele linke Sympathisanten wurden ihrer Illusionen beraubt, und sogar Kommunisten gerieten in die Defensive durch die völlige Missachtung vorurteilsloser Gerechtigkeit und durch die Schwere des Strafmaßes.« Petkov wurde zur osteuropäischen Verkörperung des »New Deal« verklärt. Wie die Kommunisten und ihre Verbündeten war er »für eine Republik und tiefgreifende gesellschaftliche Reformen, doch nicht um den Preis der Bürgerrechte und der individuellen Freiheiten«. Von der angeblichen Volksfront wurde er als »reaktionärer Faschist« und »Werkzeug des reaktionären Imperialismus in Europa und Amerika«, als er auf die Einhaltung der Vereinbarungen von Jalta und auf freie Wahlen pochte. Petkov protestierte gegen die »Herrschaft des Terrors und die brutale Unterdrückung elementarer Menschenrechte« durch kommunistische Milizen. Doch Amerika und Großbritannien ließen ihn im Stich, als er ihrer Hilfe bedurft hätte. Die Westalliierten respektierten den sowjetischen Einflussbereich und gingen das Risiko eines Krieges nicht ein. Die Folgen waren dennoch schrecklich. Das strategische Dilemma war nicht zu lösen, allein das menschliche Leid zu beklagen.

»Ohne wirksame Hilfe von außen war die Sache der Demokratie bereits besiegt, bevor die die Schlacht geschlagen war. Selbst wenn die nichtkommunistischen Parteien sich vereint hinter Petkov gestellt hätten, wäre das Ergebnis lediglich verzögert worden. Doch aufgrund von Belangen, die viel größer waren als die bulgarischen, wurde keine Hilfe von außen geleistet und konnte vielleicht auch keine geleistet werden.«[168] Darin war eine Selbstbezichtigung enthalten. An der Definition der »größeren Belange« hatten« Hughes und seine Freunde Anteil gehabt. Die Welt des frühen Kalten Krieges funktionierte nicht so, wie sie es sich vorgestellt hatten. Ihr Spiel mit der Realpolitik war nicht aufgegangen. Sie mussten erkennen, dass die Zeit ihrer politischen Ideale abgelaufen war. Ihre noch im Antifaschismus wurzelnden Konzepte waren nicht mehr zu verwirklichen. In dieser Hinsicht blieben ihre Memoranden und Konzepte ohne jeden Einfluss. Die Intellektuellengruppe im OIR verstand sich zunehmend als ein »bürokratischer Untergrund«, der erfolglos mit subversiven Memoranden der

---

168 R&A 4541 (PV), Nikola Petkov, His Career and Ideals, 6. 1. 1948, S. 1, 13, 19, 32.

Führung des State Department alternative Deutungen und Handlungsoptionen zu eröffnen suchte.[169] Aber es existierten noch zwei weitere Felder, auf denen sie aus dem strategischen Staatsapparat heraus intervenierten, die psychologische Kriegführung und die Kommunismusaufklärung. In diesen Fällen war ihnen nachhaltige Wirkung beschieden – ob immer in ihrem Sinne, steht freilich auf einem anderen Blatt.

7. Die Geburt der psychologischen Kriegführung aus dem Geist des Marshallplans

Am 5. Juni 1947 setzte der amerikanische Außenminister George C. Marshall die vielleicht gewaltigste Operation der psychologischen Kriegführung in Gang. In einer Rede an der Harvard University kündigte er massive amerikanische Hilfe für den Wiederaufbau Europas an. In den folgenden Wochen und Monaten entwickelte sich diese Initiative zum berühmten Marshallplan, dem European Recovery Program (ERP). Über die Ursachen, Ziele und Folgen des Marshallplans besteht unter Historikern Uneinigkeit. Auf das Motiv der Stabilisierung können sich jedoch die meisten einigen. Der Marshallplan zielte auf den wirtschaftlichen Wiederaufbau und die finanzielle Stabilisierung Westeuropas und der deutschen Westzonen.

Damit einher ging die Absicht der politischen Stabilisierung. Neben der Lage in Deutschland waren die politischen Krisen in Frankreich und Italien ein Auslöser des Programms. Die gründlichste Untersuchung der amerikanischen Motivation kommt zu dem Schluss, dass mit dem Marshallplan eine umfassende Stabilisierung Europas angestrebt war, um über Hilfsmaßnahmen hinaus die dauerhafte wirtschaftliche und politische Zusammenarbeit Westeuropas mit den USA zu sichern. Der Marshallplan stand dabei in der Tradition des auf Planung und Interessenausgleich beruhenden amerikanischen »corporate neo-capitalism« und diente als globaler Baustein bei der Errichtung des interventionistischen »national security state« des Kalten Krieges.[170]

---

169 *Hughes*, The Second Year of the Cold War, S. 27.
170 Vgl. *Hogan*, The Marshall Plan; *ders.*, A Cross of Iron; *Leffler*, A Preponderance of Power, S. 141–219; *Martin Schain* (Hg.), The Marshall Plan. Fifty

Der Marshallplan wurde zum letzten Glied der Kette, die die Mechanismen des Kalten Krieges in Gang setzte. Obwohl das Angebot Marshalls für ganz Europa galt, hatte niemand in der amerikanischen Regierung, von einigen idealistischen Planern abgesehen, eine Teilnahme der Sowjetunion ernsthaft erwogen. In Moskau wurden dennoch Möglichkeiten erkundet, amerikanische Hilfe in Anspruch zu nehmen. Schon nach kurzer Zeit deutete Stalin den Marshallplan jedoch als ein Instrument der amerikanischen Aggression, als einen Schritt zur Einkreisung der Sowjetunion. Er untersagte Polen und der Tschechoslowakei die Teilnahme am European Recovery Program. Sein Gefolgsmann Schdanow teilte die Welt in »zwei Lager«.

Die Einbeziehung der westdeutschen Besatzungszonen in das Programm gab den Ausschlag in Stalins Wahrnehmung. Für Stalin zeigte sich darin, dass sich die Kapitalisten wie Kapitalisten verhielten und den Westalliierten folglich nicht mehr an einer Kooperation mit der Sowjetunion gelegen war: Um ihr Wirtschaftssystem zu retten, ignorierten sie die sowjetischen Sicherheitsbedürfnisse und riskierten die Teilung Deutschlands. Bolschewistische Ideologie und sicherheitspolitisches Denken verstärkten sich gegenseitig zum Bedrohungsszenario. Auf der amerikanischen Seite gewann die Wahrnehmung der wirtschaftlichen und politischen Krise Europas die Oberhand. Die Zusammenarbeit mit der Sowjetunion trat in den Hintergrund. Furcht vor den politischen Folgen der Anarchie im internationalen System trieb die Politik Trumans an. Die kommunistischen Parteien galten als die potentiellen Gewinner einer lang anhaltenden Krise. Ideologische und strukturelle Faktoren lagen auf beiden Seiten einer Politik zugrunde, die unaufhaltsam auf die Konfrontation zusteuerte.[171]

Im Marshallplan auch eine Operation der psychologischen Kriegführung zu sehen liegt nahe angesichts seines Ziels, Europa politisch zu stabilisieren und den kommunistischen Einfluss zurückzudrängen. Nicht allein für marxistisch geschulte westliche Historiker war das Resultat des Marshallplans »der völlige Umschwung in der gesamtge-

---

Years After, New York 2001; *Gimbel*, The Origins of the Marshall Plan; zu den europäischen Ausformungen der von den USA angestrebten wirtschaftlichen und politischen Stabilisierung (was vor allem in Frankreich und Italien eine stark antikommunistische Komponente einschloss) vgl. etwa *Maier/Bischof* (Hg.), Deutschland und der Marshallplan.
171 Vgl. *Leffler*, For the Soul of Mankind, S. 64–70, 74f., 79–83; *Hogan*, The Marshall Plan, S. 35f., 41, 43–35, 51–53; zur amerikanischen Politik in Deutschland vgl. *Eisenberg*, Drawing the Line, bes. S. 71–276, 318–362.

sellschaftlichen Machtverteilung und kulturellen Hegemonie, der totale Zusammenbruch der linken Aufbruchstimmung in den Wochen der Befreiung vom Faschismus«.[172] Gerade mit Blick auf Westdeutschland heben auch neuere Studien die psychologischen Effekte des Marshallplans hervor. Am Ende dieses massiven wirtschaftlichen Hilfsprogramms und seiner politischen Absicherung, einer Abkürzung auf dem langen Weg nach Westen, standen die politisch-kulturelle Westbindung, das »empire by invitation« oder »empire by integration« und die konsensuale amerikanische Hegemonie.[173] Auf dieser Grundlage konnte die »Westernisierung« der Bundesrepublik betrieben werden, der transatlantische Transfer liberaler gesellschaftlicher Ordnungsentwürfe, was die »Fundamentalliberalisierung« der westdeutschen Gesellschaft beschleunigte.[174]

In der historiographischen Debatte wird häufig übersehen, dass die politische Transformation Westeuropas zuerst in einem Plan ins Auge gefasst wurde, der in derselben »linken Aufbruchstimmung« geschmiedet worden war, die der Marshallplan in Europa erstickt haben soll. Den entscheidenden konzeptionellen Schritt, der über einzelne wirtschaftliche Hilfsmaßnahmen hinausging und zum ersten Mal einen Gesamtplan für den Wiederaufbau Europas entwarf, unternahmen in Washington junge Intellektuelle und Wirtschaftsexperten, die dem Geist des »New Deal« und demokratisch-sozialistischen Idealen verpflichtet waren. Wie sich später die politische Praxis des Marshallplans entwickelte, ist eine andere Geschichte. Die Konzeption, die an seinem Anfang stand, knüpfte die wirtschaftliche Genesung des Kontinents an die supranationale Integration der europäischen Ökono-

---

172 *Haberl/Niethammer*, Einleitung der Herausgeber, S. 18.
173 Vgl. *Lundestad*, »Empire« by Integration; *ders.*, Empire by Invitation?; *Maier*, »Es geht um die Zukunft Deutschlands und damit um die Zukunft Europas«, bes. S. 44–52; *ders.*, Alliance and Autonomy; *Schumacher*, Kalter Krieg und Propaganda; *Schwartz*, Die Atlantik-Brücke; *Rupieper*, Der besetzte Verbündete.
174 Zur »Westernisierung« und den Agenturen der »Westernisierung«, die mit der amerikanischen Politik in Verbindung standen, vgl. neben der vielfach zitierten und im vorliegenden Fall relevantesten Arbeit von *Hochgeschwender*, Freiheit in der Offensive?, etwa auch *Doering-Manteuffel*, Wie westlich sind die Deutschen?; *Schildt*, Zwischen Abendland und Europa; *Sauer*, Westorientierung im deutschen Protestantismus?; *Angster*, Konsenskapitalismus und Demokratie; zur Rolle intellektueller Remigranten auch *Söllner*, Normative Verwestlichung; zum Paradigma der Fundamentalliberalisierung vgl. *Herbert* (Hg.), Wandlungsprozesse in Westdeutschland.

mien, an die Kontrolle Deutschlands, an die Eindämmung des Kommunismus in Westeuropa und an den Ausgleich mit der Sowjetunion. Dieser Plan zielte auf eine integrative Umgestaltung Europas. »Im Gegensatz zur herrschenden Meinung«, bemerkt Michael J. Hogan in seinem Standardwerk zum Marshallplan, »stammte diese Strategie nicht von der Führungsriege im State Department. Sie ging zuerst aus Diskussionen unter jüngeren Beamten auf der mittleren Ebene hervor.« Die Wirtschaftswissenschaftler Charles Kindleberger und Walt Rostow (die beiden Veteranen der R&A-Bombenanalyse leiteten mittlerweile die German and Austrian Economic Division des State Department), Harold Van Buren Cleveland und Ben T. Moore gehörten zu diesen jungen amerikanischen Linksliberalen, aus deren Diskussionen in der Tradition des radikaleren »New Deal« der Gedanke eines großen Wurfs, eines Masterplans für den Wiederaufbau und die politische Integration Europas erwuchs.[175]

Selbst Hogan ist allerdings die Rolle entgangen, die Stuart Hughes und seine DRE-Gruppe in diesem Prozess der allmählichen Verfertigung des Marshallplans spielten. Ihr Einfluss lässt sich aus einer Kette von Indizien rekonstruieren. Damit gerieten sie ins Zentrum des politischen Geschehens, nicht nur als einflussreiche Deutschland- oder Kommunismusanalytiker im Geheimdienstapparat, sondern als Vordenker einer Politik, die schließlich auf allerhöchster Ebene verfolgt wurde – wenn auch nicht mehr zu den Bedingungen, die sie im Sinn gehabt hatten. DRE gehörte zu den Stellen im State Department, die im kritischen Jahr 1946/47 dafür warben, Amerikas wirtschaftliche Macht einzusetzen, um in Europa eine Brücke zwischen Ost und West zu schlagen. Im Frühjahr 1947 kreuzten sich ihre Pläne mit denen der Ökonomen.

Soweit die Literatur mit mikroskopischer Präzision die Genese des Marshallplans verfolgt, steht fest, dass zwei Ideenstränge zur Ankündigung des ERP führten. Marshalls Berater, der Diplomat und Russlandkenner Charles Bohlen, verfasste die Rede des Ministers auf der Grundlage von Memoranden, die einerseits von George F. Kennan und seinem im Mai 1947 eingerichteten Policy Planning Staff stammten und andererseits von William L. Clayton, dem für Wirtschaftsfragen zuständigen stellvertretenden Außenminister. Einigkeit be-

---

175 *Hogan*, The Marshall Plan, S. 35–39, Zitat S. 35; zu den radikalen und den stabilisierungspolitischen Ideen des »New Deal« vgl. *Brinkley*, The End of Reform.

steht ebenfalls darüber, dass die beiden zu Marshall führenden Ideenkanäle sich einen Entwurf zunutze machten, der in den Worten von Joseph M. Jones das »idea pattern«, das Ideenmuster, im State Department überhaupt erst ausbildete. Jones war einer der engsten Mitarbeiter Dean Achesons und Teil des kleinen Kreises, der in diesen Tagen unter Hochdruck an Reden für Marshall und Acheson schrieb. Ein Memorandum mit dem Titel »A United States Program for Europe« entwarf zum ersten Mal einen kohärenten und integrativen Gesamtplan. Verfasst wurde das Papier von den Ökonomen Harold Cleveland, Ben Moore und Charles Kindleberger. Obwohl es erst später vervielfältigt und unter dem Datum des 12. Juni 1947 verbreitet wurde, zirkulierte es seit Anfang Mai im State Department. Als Diskussionsgrundlage wurde es auf höchster Ebene zur Kenntnis genommen.[176]

Dieses 86-seitige Memorandum ist das ideengeschichtliche Schlüsseldokument in der Entstehung des Marshallplans. Bereits die Einleitung des Papiers verweist darauf, dass es nicht allein von den drei aus der Geschichte des Marshallplans bekannten Namen verfasste wurde, sondern aus der Zusammenarbeit von vier Stellen im State Department hervorging: der Division of Investment and Economic Development unter Cleveland; der Division of Commercial Policy unter Moore; der Division of German and Austrian Economic Affairs unter Kindle-

---

[176] Vgl. *Hogan*, The Marshall Plan, S. 26–53, bes. S. 35–37, 40–45; *Jones*, The Fifteen Weeks, S. 211, 231f., 241–244, 246–255, Zitat S. 244; Assistant Chief, Divison of Commercial Policy (Ben Moore), an Director, Office of International Trade Policy (Clair Wilcox), in: FRUS 1947, Bd. 3, S. 239–241 verwies auf seine Vorarbeiten als Grundlage für die Diskussionen im interministeriellen SWNCC (State-War-Navy Coordinating Committee), das seit April 1947 die Lage in Europa analysierte. Der Vorsitzende des SWNCC war Colonel Eddy, Special Assistant to the Secretary of State for Intelligence and Research und Vorgesetzter von Hughes; vgl. *Hogan*, the Marshall Plan, S. 40f. Charles Kindleberger bestätigte die Bedeutung des Dokuments, spielte seine persönliche Beteiligung jedoch herunter und identifizierte Clayton als wichtigsten Kanal für diese Ideen nach oben; Memorandum for the Files: Origins of the Marshall Plan, 22. 7. 1948, in: FRUS 1947, Bd. 3, S. 241–247. Kennan dachte noch Mitte Mai in einem begrenzten Rahmen, der nicht nur – wie später geschehen – die Sowjetunion ausschloss, sondern auch an politische Bedingungen geknüpft und stark antikommunistisch formuliert war und eher auf koordinierte Wirtschaftshilfe als auf eine wirtschaftliche Neugestaltung Europas zielte; Memorandum by the Director of the Policy Planning Staff, 16. 5. 1947, in: ebenda, S. 220–223; Kennan an Acheson, 23. 5. 1947, in: ebenda, S. 223–230.

berger sowie – im Geheimdienstarm des State Department – der Division of Research for Europe unter Hughes.[177] In der entscheidenden Phase, am 14. Mai 1947, wurden Hughes und seine dezidiert linksintellektuellen Europaexperten von Cleveland konsultiert. Auf der Grundlage des Gesprächs verfasste Hughes am 16. Mai ein Memorandum. Seine Empfehlungen hinterließen deutliche Spuren im endgültigen Plan von Cleveland, Moore und Kindleberger.[178]
Der Entwurf eines umfassenden Hilfsprogramms, den Hughes vorgelegt hatte, stand im Zeichen globaler Entspannungspolitik. Mit ökonomischen Details war er nicht befasst. Seine Kernforderung war die bedingungslose Einbeziehung der sowjetischen Satellitenstaaten. Wenn er auf die »indirekte politische Auswirkung eines verbesserten Lebensstandards« vertraute, waren psychologische Kriegführung und linke Prämissen nicht mehr zu unterscheiden. Hughes schärfte den Ökonomen die politische Bedeutung des Unternehmens ein. Auffällig ist seine kritische Beurteilung des amerikanischen Ansehens in Europa, die in ähnlichen Formulierungen dann auch in das Memorandum von Cleveland, Moore und Kindleberger einfloss:

»Die USA sind nicht in der Lage, die ideologische Führung in Europa zu übernehmen. Die kapitalistisch-demokratische Struktur der USA ist ein Überrest des 19. Jahrhunderts, sie eignet sich eindeutig nicht zum Export. Unter ihrer gegenwärtigen politischen Führung können die USA kaum mehr als fromme demokratische Verallgemeinerungen oder Laissez-faire-kapitalistische Verkündigungen anbieten, die in Europa albern klingen würden. Eine Mehrheit der Europäer sind vermutlich Sozialisten auf die eine oder andere Weise. Die Frage ist, welche Form eines sozialistischen Regierunssystems sie haben werden. Diese Frage müssen die Europäer für sich selbst klären. Alles, was die USA tun können, ist, zu helfen, die ökonomischen Bedingungen herbeizuführen, die es ermöglichen, dass diese Frage der Sache angemessen und nicht in einer Atmosphäre der Krise gelöst wird. [...] Schlechterdings die einzige Hoffnung für die Demokratie in Europa – zugegebenermaßen eine Spekulation – ist der Aufbau einer ›dritten

---

177 Memorandum »A United States Program for Europe«, 12. 6. 1947, mit handschriftlichem Zusatz von Kindleberger, S. 1, NA, RG 59, E. 1547, Lot 123, Historical Collection Relating to the Formulation of the European Recovery Program 1947–1950, b. 45, f. Intradepartmental Committees, REP D-4.
178 Hughes an Cleveland, Assistant Chief, ED (Division of Investment and Economic Development), 16. 5. 1947, HSHP, Series IV, b. 20, f. 65.

Gruppe‹ von sozialistischen Staaten, die weder der UdSSR noch den USA verpflichtet sind.«[179]

Das amerikanische Programm für Europa trug der »linken Aufbruchstimmung« in Europa Rechnung, die später als Opfer des Marshallplans dargestellt wurde. Allerdings klang die Forderung nach einem neutralen Europa, die kurz darauf in »A United States Plan for Europe« widerhallte, radikaler, als sie gemeint war. Hughes, Neumann und Marcuse waren keine Parteigänger der Sowjetunion, sondern Advokaten einer Westbindung Europas unter demokratisch-sozialistischen Vorzeichen: Die Richtung zu einem sozialistischen, vereinigten Europa, so fuhr Hughes' Memorandum fort, gaben die britischen und skandinavischen sozialistischen Parteien vor. Im Osten diente ihm die zu diesem Zeitpunkt noch nicht vollständig einer kommunistischen Staatsordnung unterworfene Tschechoslowakei als Musterstaat. Die politische Zielrichtung stand fest: Das neutrale Europa des dritten Weges sollte von einer »Kombination aus einer kapitalistischen und einer sozialistischen Wirtschaft sowie aus der westlichen demokratischen Tradition« gekennzeichnet sein.[180]

Amerikas Partner waren dabei die sozialistischen Parteien. Das gesamte Programm, dessen politische Konturen Hughes schärfte, verfolgte die Absicht, die Sozialisten zu stärken, um die Kommunisten zu schwächen. Die Wirtschaftshilfe diente diesem Ziel. Auf politischer Ebene sollte Amerikas Toleranz gegenüber den Neutralitätshoffnungen des »durchschnittlichen europäischen Sozialisten oder der linken Mitte Zugehörigen« letztlich die Sache des Westens fördern. Das amerikanische Hilfsprogramm sollte so angelegt sein, dass eine neutrale, vermittelnde und am Ende doch dem Westen zugewandte Position Europas möglich wurde. Die Stärkung der Sozialisten sollte allerdings nicht allein dazu dienen, den Kommunisten Wählerpotential zu entziehen, sondern auch zur Entspannung des amerikanisch-sowjetischen Gegensatzes. Mit einem sozialistischen, formal neutralen Europa würde sich die Sowjetunion leichter arrangieren können als mit einem

---

179 Hughes an Cleveland, 16. 5. 1947, HSHP, Series IV, b. 20, f. 65.
180 Hughes an Cleveland, 16. 5. 1947, HSHP, Series IV, b. 20, f. 65; das Ziel dieser Strategie der politisch-kulturellen Westbindung unterschied sich demnach von den »konsensliberalen« und strikt antineutralistischen Ordnungsvorstellungen, die in den fünfziger Jahren durch die Agenturen der »Westernisierung« vermittelt wurden; vgl. dazu *Hochgeschwender*, Freiheit in der Offensive?, S. 175–198, 253–264, 346–374, 466–479.

kapitalistischen Westblock. Für den Erfolg der Operation war es zwingend erforderlich, wie Hughes betonte, das Programm keinesfalls an Bedingungen für die sowjetische Seite zu knüpfen. Nicht nur der Entspannungsimpuls, auch der psychologische Sieg im sozialistisch gestimmten Europa würde ansonsten verspielt.[181]

In der Endfassung von »A United States Program for Europe« wurden viele dieser Anregungen ausgeführt. Dabei erwies sich dieses Papier, wie so viele OIR-Dokumente auch, als ein Meisterwerk dialektischer Argumentation. Aus machtpolitischen Prämissen und Bedrohungsszenarien wurden konsequent Schlüsse gezogen, die auf noch mehr materielle Hilfe und noch stärkere Einbindung der Sowjetunion hinausliefen. Kooperation mit der Sowjetunion wurde zur unabdingbaren Voraussetzung der künftigen Politik erklärt. Deutlich formulierte das Programm langfristige strategische Ziele. Der wirtschaftliche Wiederaufbau war demnach erstens das Mittel zu dem Zweck, die »politische Orientierung« Europas im Sinne der USA zu beeinflussen: »prowestlich oder wenigstens neutral«. Zweitens zielte das Programm auf Entspannung im Konflikt mit der Sowjetunion. Europa galt als das Experimentierfeld für die »Entwicklung einer Verhandlungspraxis« mit der UdSSR, wovon langfristig sowohl die Verhinderung eines Krieges mit der Sowjetunion als auch die Durchsetzung amerikanischer Interessen in Europa abhingen.[182] Ohne die Sowjetunion ging es nicht. Die beiden Ziele waren auf zwei eng miteinander verbundenen Wegen in Angriff zu nehmen:

»Wir müssen (a) dabei helfen, das nichtkommunistische Europa mit einer effektiven nichtkommunistischen Führerschaft auszustatten, die auf Unterstützung durch die Massen beruht, sowie mit positiven Zielen, um die derzeit weitgehend ungebundenen Energien und Loyalitäten der westeuropäischen und deutschen Massen einzufangen; und (b) wir müssen dabei helfen, schnell den Lebensstandard der Massen anzuheben, besonders der städtischen Bevölkerungsgruppen mit geringem Einkommen. Keines dieser beiden Ziele kann ohne ein durch die Vereinigten Staaten finanziertes Europäisches Wiederaufbauprogramm erreicht werden – ein Plan, der dazu dienen soll, Produktion und Konsum in Europa zu steigern, die europäische Wirtschaft zu vereinigen und Europa in die Lage zu versetzen, sich innerhalb einer re-

---

181 Hughes an Cleveland, 16. 5. 1947, HSHP, Series IV, b. 20, f. 65.
182 A United States Program for Europe, S. 2f., 22f., NA, RG 59, E. 1547, Lot 123, b. 45.

lativ kurzen Zeit auf hohem Produktions- und Konsumniveau selbst zu versorgen.«[183]

Die antikommunistische Stoßrichtung stand ebenso fest wie die sozialistische Präferenz:

»Ob Frankreich, Italien und Deutschland dem Kommunismus widerstehen, hängt von einer Führung und einem Programm ab, die bei den entscheidenden Wählergruppen links der Mitte Anklang finden. Deren wechselnde Loyalität wird bestimmen, ob die Kommunisten an Stärke gewinnen oder abnehmen. Unsere Politik muss ihre Anziehungskraft direkt auf diese entscheidende Gruppe richten [...] Das verlangt, die Führung der linken Mitte zu stärken, ganz besonders die regenerierten sozialistischen Parteien. Eine vorwiegend sozialistische Führung in Westeuropa hat die besten Aussichten darauf, ein Anwachsen der Unterstützung für die Kommunisten in Schach zu halten, denn sie findet mehr Anklang bei den entscheidenden Wählergruppen links der Mitte, und sie wird mit größerer Wahrscheinlichkeit die wirksamen Wirtschaftsmaßnahmen im Innern umsetzen, die unerlässlich sind, um den Kommunisten die Schau zu stehlen und schneller den Lebensstandard der Massen zu verbessern. Demzufolge *sollten die Vereinigten Staaten in Italien, Frankreich und Deutschland die Bildung von Mitte-links-Koalitionsregierungen bevorzugen sowie die Umsetzung von energischen Wirtschaftsmaßnahmen im Innern, die dem Zweck dienen, bei den sich auf der Grenze stehenden kommunistischen und linken Wählern Anklang zu finden.*«[184]

Die strategisch notwendige wirtschaftliche Einigung Europas unter demokratisch-sozialistischen Vorzeichen, ob direkt oder indirekt im westlichen Lager, machte den Einsatz von psychologischen Instrumenten notwendig. Das gesamte Wiederaufbauprogramm sollte einen psychologischen Effekt auf die europäische Bevölkerung ausüben, durch Wirtschaftshilfe die politisch-kulturelle Westbindung beflügeln. Die gezielte Unterstützung von sozialistischen Regierungen wiederum sollte in Form von verdeckten Propagandaoperationen stattfin-

---

183 A United States Program for Europe, S. 4f., NA, RG 59, E. 1547, Lot 123, b. 45.
184 A United States Program for Europe, S. 5f., NA, RG 59, E. 1547, Lot 123, b. 45. Bei der »Grenze« handelt es sich um diejenige zwischen der Unterstützung des Kommunismus einerseits und nichtkommunistischen demokratischen Regierungen andererseits.

den. Offene ideologische Schützenhilfe durch die USA, die in Europa als Hort von »Konservativismus oder Reaktion« gälten, sei hingegen kontraproduktiv. Für einen »antikommunistischen Kreuzzug«, wie ihn die Truman-Doktrin ausgerufen habe, ließen sich die Europäer nicht mobilisieren.[185] Die »typisch amerikanischen Sprüche von freiem Unternehmertum, Kleinbetrieben, häufigen Wahlen etc.« halfen dort nicht weiter. Die Kräfte und Ideen, die in Europa objektiv der amerikanischen Sache dienten, waren vielmehr »Gewerkschaften, Vergesellschaftung, antifaschistische Volksfronten und ähnliche Symbole und politische Ziele sozialistischer Art«. Der Plan, über die notwendige wirtschaftliche Integration hinaus einen neuen einheitsstiftenden Gedanken zu fördern, wurde in diesen psychologischen Kontext gefasst. Die Europaidee wurde dabei nicht nur als Antwort auf den Kommunismus, sondern – im Hinblick auf Westdeutschland – auch als möglicher Ersatz für die nationalsozialistische Ideologie gesehen, über deren latente Virulenz man sich noch im Unklaren war: »Es besteht die Möglichkeit, dass das supranationale Ideal einer europäischen Einheit eine enorme emotionale Dynamik entwickeln könnte. Wir sollten nicht vergessen, dass dieses Ideal ein wesentliches Element der zwei erfolgreichsten und dynamischsten aktuellen europäischen Ideologien gebildet hat: des deutschen paneuropäischen Faschismus und des Kommunismus selbst.« Worauf es ankam – das alles überragende strategische Ziel – war die Schaffung eines wirtschaftlich geeinten, politisch reformistischen, offiziell eventuell neutralen, aber politisch-kulturell fest im Westen verankerten Europa.[186]

---

185 A United States Program for Europe, S. 6f., NA, RG 59, E. 1547, Lot 123, b. 45. Die Forderung nach einer verdeckten Unterstützung linker demokratischer Kräfte war eine direkte Konsequenz dieser Argumentation, die von der Hughes-Gruppe und den anderen drei Stellen gemeinsam verantwortet wurde. Unterstützung war notwendig, konnte jedoch nicht offen erfolgen, wenn der Kontakt zu Amerika politische Kräfte in Europa diskreditierte. Hughes hielt somit seine zuvor vorgenommene Einschränkung nicht mehr aufrecht: »No effort to give overt or tacit support to any particular political group or parties«, Hughes an Cleveland, 16. 5. 1947, HSHP, Series IV, b. 20, f. 65. Doch schon hier wollte Hughes nicht die verdeckte Hilfe für linke Gruppen verhindern, sondern vielmehr der von seiner Abteilung befürchteten Unterstützung von »rightist and potentially authoritarian forces in Western and Central Europe« vorbeugen.
186 A United States Program for Europe, S. 28–40, Zitate S. 33, 36, NA, RG 59, E. 1547, Lot 123, b. 45.

Das war knapp und zum ersten Mal auf den Punkt gebracht der Kern der psychologischen Strategie, die Amerika in den ersten Jahren des Kalten Krieges in Europa verfolgte. Antikommunistische, gemäßigt linke Reformkräfte zu stärken, ob Intellektuelle oder Parteien, war ein Schlüsselelement im Kalten Krieg der Ideen. Der Congress for Cultural Freedom (CCF), der sich 1950 als führende antikommunistische Intellektuellenorganisation formierte, ist nur das bekannteste Beispiel dieses Einsatzes von »psychological warfare« im Kalten Krieg. Der Begriff der »psychological« oder »political warfare«, der psychologischen oder politischen Kriegführung, nahm in diesen Jahren seine umfassende Bedeutung an. In den regierungsinternen Debatten bezeichnete er alle politischen Instrumente, die jenseits der klassischen Formen der militärischen und wirtschaftlichen Kriegführung und der Diplomatie dem Erreichen der strategischen Ziele Amerikas dienten.[187]

In den ersten Jahren steuerte George Kennan die psychologischen Offensiven der amerikanischen Regierung. Selbst paramilitärische Emigrantengruppen kamen dabei zum Einsatz. Doch im Zentrum stand in Europa stets die Unterstützung der antikommunistischen Linken und der Kräfte der Mitte gegen die kommunistische Subversion – auf der Grundlage von Prämissen und Analysen, die Hughes und andere Linke und Linksliberale in der Regierung formuliert hatten. Kennan und sein Policy Planning Staff, dem die Experten des OIR zuarbeiteten, verfolgten eine aggressive Eindämmungsstrategie, die das 1948 gegründete Office of Policy Coordination (OPC) in die Tat umsetzte. 1952 ging das OPC als Directorate of Plans in der CIA auf.[188] Das OPC stand hinter der Einrichtung von Radio Free Europe und Radio Liberty in München, die als Stimmen privater Opposition gegen die Sowjetherrschaft getarnt hinter den »Eisernen Vorhang« sendeten. Das OPC und danach die CIA finanzierten auch den CCF und setzten Agenten in Schlüsselstellungen ein.[189] Die mit dem CCF

---

187 Vgl. *Osgood*, Total Cold War, S. 7–9; *Simpson*, Science of Coercion, bes. S. 85.
188 Vgl. *Grose*, Operation Rollback, S. 87–118; *Mitrovich*, Undermining the Kremlin, S. 18–23; *Stöver*, Die Befreiung vom Kommunismus, S. 54–72, 209–215.
189 Vgl. *Grose*, Operation Rollback, S. 121–143; *Berghahn*, Transatlantische Kulturkriege, S. 143–182, 270–313; *Hochgeschwender*, Freiheit in der Offensive?, bes. S. 169, 218–229, 559–571, 589–592; *Saunders*, The Cultural Cold War; *Stöver*, Die Befreiung vom Kommunismus, S. 121–160, 180–215, 283–370, 413–444.

verbundenen Intellektuellen spielten als Träger der »Westernisierung« wiederum in den fünfziger Jahren eine Rolle dabei, dass sich die sozialistischen Parteien und Gewerkschaften Westeuropas, einschließlich der SPD und des DGB, liberalisierten, vom Marxismus abwandten und auf den »konsensliberalen« Kurs des Reformismus begaben. Neutralismus und Westbindung galten dann allerdings bereits als Gegensätze.[190]

Die linksliberalen Erfinder des Marshallplans stießen bei der politischen Führung auf offene Ohren, weil ihr Ansatz sich in das strategische Denken der Truman-Regierung einfügen ließ. Der Präsident und seine wichtigsten Berater fürchteten nicht sowjetische Panzer. Die USA befanden sich bis 1949 im Alleinbesitz der Atombombe. Für die Truman-Regierung resultierte politische Vorherrschaft vielmehr aus wirtschaftlicher Dominanz. Die amerikanische Strategie wurde darum »über die Kontrolle von industrieller Infrastruktur, Rohstoffen und ausgebildeten Arbeitskräften« definiert. Daraus ergab sich auch die Konsequenz, den Kalten Krieg als Krieg der Ideen aufzufassen und ihn als umfassenden psychologischen Krieg zu führen. Denn in der Wahrnehmung der Truman-Regierung stellten vor allem die sowjetische Ideologie, Propaganda und Subversion eine Gefahr für die amerikanische Kontrolle über das ökonomische Potential Westeuropas und für das Weltwirtschaftssystem dar. Die Verkündung des Marshallplans und die Einrichtung von Agenturen der psychologischen Kriegführung fußten auf dieser strategischen Grundannahme.[191]

Was auf den Gedanken der linksliberalen Erfinder des Marshallplans folgte – die Wirtschaftshilfe politisch-psychologisch abzusichern –, war eine logische Konsequenz aus der bereits ganz am Anfang dieses Prozesses formulierten Forderung nach einer subtilen Unterstützung der europäischen Sozialisten. Während Amerikas offizielle Propagandakanäle ihre psychologisch wirkungslose antikommunistische Botschaft verbreiteten,[192] stärkte das OPC auf verdecktem Wege

---

190 Vgl. *Hochgeschwender*, Freiheit in der Offensive?, S. 383–389, 466–479; *Angster*, Konsenskapitalismus und Sozialdemokratie, betont die Bedeutung deutscher Verbindungen zur amerikanischen Gewerkschaftsbewegungen für diesen Prozess.
191 Vgl. *Leffler*, A Preponderance of Power, S. 210 (Zitat), 359; *Lucas*, Freedom's War, S. 18, 43; *Osgood*, Total Cold War, S. 32–37; *Mitrovich*, Undermining the Kremlin.
192 Vgl. *Hixson*, Parting the Curtain, S. 11; *Krugler*, The Voice of America and the Domestic Propaganda Battles.

den Kräften der Mitte und der gemäßigten Linken den Rücken. In Frankreich unterstützten die amerikanischen Geheimdienste 1948 eine Spaltung der Gewerkschaftsbewegung, um den kommunistischen Einfluss zurückzudrängen, in Italien wurden Millionen von US-Dollar für Bestechung, Wahlkampfhilfe zugunsten der Christdemokraten und Beeinflussung der Presse ausgegeben. Aus den Mitteln des Marshallplans wurden enorme Summen für verdeckte Operationen abgezweigt, die in Westeuropa auf subtile Weise die öffentliche Meinung manipulieren und linke Reformkräfte stärken sollten.[193]

Hughes und seinen Freunden blieben die unter strikter Geheimhaltung durchgeführten Operationen nicht völlig verborgen.[194] Im Oktober 1947 wiederholten sie gleichwohl ihre Argumente in einem Papier, dem Dean Achesons führender Russlandexperte Llewellyn Thompson, der stellvertretende Direktor des Europa-Büros im State Department, hohe Anerkennung zollte.[195] Der Ton der Gruppe verschärfte sich. Die Mission Amerikas lautete, das demokratisch-sozialistische Europa gegen die kommunistische und gegen die autoritär-neofaschistische Gefahr zu retten. Die Sozialisten waren das Bollwerk sowohl gegen rechts als auch gegen links. Deutlich zeigte sich, wie sehr die linken DRE-Analytiker den Marshallplan und die Ost-West-Entspannung zusammendachten. Ein sozialistisches Europa, das »eine marxistische Wirtschaft mit individueller Freiheit« vereinbare, wurde immer noch wie selbstverständlich für identisch mit den strategischen Zielen der USA gehalten. Um den Aufstieg des linken und rechten Autoritarismus aufzuhalten, der die Notlage Europas ausbeutete, mussten zwei Schritte miteinander gekoppelt werden: »eine Entspannung in den sowjetisch-amerikanischen Beziehungen« linderte den internationalen Druck auf die demokratischen Sozialisten; »ein dramatischer wirtschaftlicher Wiederaufbau, begleitet von der gleichzeitigen Durchsetzung eines wirklichen Sozialisierungsprogramms«, führte zur innenpolitischen Stabilisierung. Die Marshallplan-Hilfe durfte nicht an politische Bedingungen geknüpft werden, und sie

---

193 Vgl. *Leffler*, Preponderance of Power, S. 194–198; *Pisani*, The CIA and the Marshall Plan, S. 80–121; *Barnes*, The Secret Cold War; *Miller*, Taking Off the Gloves; *Del Pero*, The United States and »Psychological Warfare« in Italy; *Mitrovich*, Undermining the Kremlin, S. 16–18.
194 Obwohl erst Jahrzehnte später die Aktivitäten des OPC und der CIA in Italien bekannt wurden, finden sich – in der Retrospektive deutliche – Anspielungen darauf bei *Hughes*, The United States and Italy, S. 156–158.
195 Memo R. B. Freund an Armstrong, 26. 2. 1948, NA, RG 59, E. 1561, b. 6.

musste politisch die Sozialisten stärken. Als Hughes und seine Freunde ein analytisch gebotenes »oder« zwischen die beiden empfohlenen Schritte setzten, aber keinen Zweifel an ihrer Überzeugung ließen, dass die besten Effekte aus der Kombination beider Zielvorgaben erfolgten, ahnten sie kaum, wie schnell es zur Politik des Entweder-oder kommen würde.[196]

8. Die Suche nach der psychologischen Superwaffe: Fortschritt und Herrschaft

In zweifacher Hinsicht konnte der Marshallplan als eine erfolgreiche psychologische Operation gelten. Er veränderte das politische Bewusstsein in Westeuropa erstens durch direkte Wirtschaftshilfe und zweitens durch verdeckte psychologische Maßnahmen. Dieser Erfolg ist nicht von seiner linksliberalen Ausgangsbasis zu trennen. Das Fundament des »New Deal« teilten die jungen politischen Planer mit dem konservativeren ausführenden Personal. Michael Hogan stellt den Marshallplan in die stabilisierungspolitische Tradition des »New Deal«. Die Verknüpfung von Kapitalismus und nationalem Sicherheitsstaat mit dem Ausbau des Wohlfahrtsstaates und gesellschaftlichen Reformen kennzeichnete die Fortführung des »New Deal« durch die Truman-Regierung.[197] Hughes, Cleveland, Moore oder der Ministerberater Jones zogen ihre demokratisch-sozialistische Inspiration aus der Roosevelt-Ära und waren glühende Verfechter eines Ausgleichs mit der Sowjetunion und der Idee einer europäischen Union. Zugleich war für sie der Marshallplan ein Werkzeug, um die Attraktivität des Kommunismus zu brechen und das Ansehen Amerikas zu steigern.

---

196 R&A 4476, Communist-Socialist Relations in Europe, 15. 10. 1947, S. 5, 8, 20.
197 Die »New Deal«-Wurzeln von Marshallplan-Verwaltern wie Richard Bissell zeigt *Pisani*, The CIA and the Marshall Plan, bes. S. 24–27, 121, 135f.; zur Einordnung des Marshallplans in einen stabilisierungspolitisch ausgelegten »New Deal«, in den amerikanischen »corporate neo-capitalism« als einer im Interesse der Eliten betriebenen Versöhnung von Wohlfahrtsstaat und Kapitalismus, vgl. *Hogan*, The Marshall Plan, S. 1–25, 55, 101, 238, 293f., 341, 356, 382, 414, 427f., 435f.; *ders.*, A Cross of Iron, S. 8, 26–28, 142f., 464; *Brinkley*, The End of Reform, differenziert zwischen den radikaleren Anfängen des »New Deal« in der Tradition des Progressivismus einerseits und einer konservativeren Stabilisierungspolitik andererseits, die in Roosevelts späteren Amtsjahren zur vorherrschenden Praxis des »New Deal« wurde.

Jones hielt den Marshallplan für die endgültige Widerlegung des Marxismus: Das Programm bewies, dass der sozialdemokratisch gebändigte Kapitalismus in der Lage war, selbstlos zu handeln. Die Doktrin von den inneren Widersprüchen des Kapitalismus konnte somit, erklärte Jones, auf dem Schutthaufen der Geschichte entsorgt werden.[198] Rostow, in den sechziger Jahren der Falke der Falken, stand hinter diesem Programm. Der Ausgleich mit der Sowjetunion und der Wiederaufbau Europas waren für ihn zwei Seiten derselben Medaille. »Eine Politik der Bildung eines westlichen Blocks wird bereits im Ansatz scheitern«, erklärte er 1947 gegenüber Acheson. Der Wirtschaftshistoriker rechnete mit dem langfristigen Erfolg der Vereinigten Staaten, die sich mit einem neutralen, sozialistischen Europa arrangieren könnten. Rostow war danach auch mit der Umsetzung des Plans in Europa befasst.[199] Er zog in den folgenden Jahren seine strategischen Schlüsse aus dem Marshallplan und wurde zu Amerikas führendem Vordenker der Entwicklungshilfe. Das Center for International Studies am Massachusetts Institute for Technology (MIT), wo Rostow in den fünfziger Jahren wirkte, verschrieb sich dem Zweck, Wirtschaftshilfe als Instrument der Außenpolitik zu propagieren. Noch als Architekt des Vietnamkrieges glaubte er sich im Einklang mit den linksliberalen Idealen der wirtschaftlichen Modernisierung.[200] Der Marshallplan galt als Musterfall der gelungenen wirtschaftlichen und politischen Modernisierung einer ganzen Region. Er wurde zu einem Paradigma der amerikanischen Außenpolitik. Für die Dritte Welt leiteten Modernisierungstheoretiker wie Rostow daraus eine robuste Entwicklungspolitik ab: Technokratische Eliten sollten mit Amerikas Hilfe ihre Staaten im Schnelldurchgang modernisieren und damit für den Westen gewinnen. Den Höhepunkt erreichte diese Politik unter der Kennedy-Regierung.[201]

---

198 A United States Program for Europe, S. 3–8, 32f., 34f., NA, RG 59, E. 1547, Lot 123, b. 45; *Jones*, The Fifteen Weeks, S. 231f., 241–244, 259–266; vgl. *Hogan*, The Marshall Plan, S. 40–42.
199 Rostow an Acheson, 10. 6. 1947, NA, RG 59, E. 1547, Lot 123, b. 33, REP D-4/1.
200 Vgl. *Milne*, America's Rasputin, S. 36–40, 44, 254–257; *Gilman*, Mandarins of the Future, S. 190–202, 249f.
201 Vgl. *Gaddis*, Strategies of Containment, S. 35–52, 83, 222; *Gilman*, Mandarins of the Future, S. 36–41, 155–202, 249f.; *Packenham*, Liberal America and the Third World; *Latham*, Modernization as Ideology; *Pearce*, Rostow, Kennedy, and the Rhetoric of Foreign Aid; *Wood*, From Marshall Plan to Debt Crisis; *Baumann*, John F. Kennedy und »foreign aid«.

Im Schatten der wirtschaftlichen Erfolge schufen der Marshallplan und sein erfolgreiches psychologisches Begleitprogramm gleichzeitig ein Vorbild für die psychologische Kriegführung. »Wir müssen anerkennen, dass Propaganda eine entscheidende Waffe der Politik ist, in taktischer ebenso wie in strategischer Hinsicht, und wir müssen beginnen, sie auf moderne und realistische Weise einzusetzen«, formulierte 1948 Kennan, der zu diesem Zeitpunkt das strategische Denken der amerikanischen Regierung dominierte, nachdem die Marshallplan-Maßnahmen angeschlagen hatten: »Wir können es uns nicht leisten, unsere Ressourcen nicht für verdeckte politische Kriegführung zu mobilisieren.«[202] Der für den Einsatz in Westeuropa geschaffene geheime Apparat der psychologischen Kriegführung wurde kontinuierlich vergrößert. Die psychologische Kriegführung wurde zum Kern der amerikanischen Strategie gegen die Sowjetunion. Westeuropa, wo mit dem Marshallplan die Schlacht erfolgreich geschlagen war, spielte bald nur noch eine sekundäre Rolle. Mit NSC 10/2, einem von Kennan formulierten strategischen Schlüsseldokument des frühen Kalten Krieges, genehmigte Präsident Truman im Juni 1948 den totalen psychologischen Krieg. Dessen Mittel waren:

»Propaganda, wirtschaftliche Kriegführung; präventive ›direct action‹, einschließlich Sabotage, Sabotagebekämpfung, Maßnahmen der Zerstörung und Evakuierung; Subversion gegen feindliche Staaten, einschließlich der Hilfe für Widerstandsbewegungen im Untergrund, Guerillas und Flüchtlingsbefreiungsgruppen; sowie die Unterstützung einheimischer antikommunistischer Elemente in den bedrohten Ländern der freien Welt«.[203]

Was hier bereits zum Ausdruck kam, wurde in der strategischen Diskussion der folgenden Wochen und Monate präzisiert. Die psychologische Kriegführung gab der offiziellen Politik der Eindämmung der Sowjetunion eine offensive Stoßrichtung im Verborgenen. Die Doktrin der »plausible deniability« sollte garantieren, dass verdeckte Ope-

---

202 Policy Planning Staff Memorandum, 4. 5. 1948, in: FRUS 1945–1950, The Emergence of the Intelligence Establishment, Nr. 269; *Lucas*, Freedom's War, S. 63.
203 NSC 10/2, National Security Council Directive on Office of Special Projects, 18. 6. 1948, in: FRUS 1945–1950, The Emergence of the Intelligence Establishment, Nr. 292. Zur von Kennan geleiteten Diskussion der führenden Planer in der Truman-Regierung, die zu NSC 10/2 führte, vgl. *Mitrovich*, Undermining the Kremlin, S. 15–23; *Stöver*, Die Befreiung vom Kommunismus, S. 121–216.

rationen nicht zum militärischen Konflikt zwischen der Sowjetunion und den Vereinigten Staaten führten. Eine direkte Verbindung zwischen den Operationen und der amerikanischen Regierung durfte nicht hergestellt werden. Unter dieser Maßgabe diente die psychologische Kriegführung des frühen Kalten Krieges dem Ziel, die Macht der Sowjetunion nicht nur einzudämmen, sondern zu erschüttern. In weitgehender Übereinstimmung ist die Forschung der letzten Jahre zu diesem Schluss gelangt: Die rhetorisch defensive Strategie des »Containment«, der Eindämmung, verfügte mit der psychologischen Kriegführung über eine starke offensive Komponente. »Containment«, »Liberation« und »Roll-back« ließen sich kaum voneinander unterscheiden. Sie waren Teil ein und derselben Strategie der Truman-Regierung, die Ende 1948 in die dauerhafte Form von NSC 20/4 gegossen wurde, dem wichtigsten strategischen Papier des frühen Kalten Krieges. Die psychologische Kriegführung war das wichtigste Instrument dieser Politik.[204] Das berühmte Dokument NSC 68 vom April 1950 bekräftigte dann diese Strategie für den Sieg im Kalten Krieg und zog daraus die finanziellen Konsequenzen.[205]

So kam es, dass im Rahmen der psychologischen Offensivstrategie nicht nur linke Intellektuelle und Regierungen in Westeuropa unterstützt, Rundfunkstationen wie Radio Free Europe gegründet oder Emigrantenverbände organisiert wurden. Immer wieder wurde auch direkte Subversion betrieben, wenn paramilitärisch ausgebildete Emigrantengruppen im sowjetischen Machtbereich abgesetzt wurden. Diese Versuche, die kommunistische Macht in ihrem Innern zu er-

---

204 NSC 20/4, United States Objectives with Respect to the U.S.S.R. to Counter Soviet Threats to National Security, 23. 11. 1948, in: FRUS 1948, Bd. 1: General. United Nations, Washington 1975, S. 662–669; vgl. *Leffler*, A Preponderance of Power, S. 264f.; *Gaddis*, Strategies of Containment, S. 56, 69; *Mitrovich*, Undermining the Kremlin, S. 23–36; *Grose*, Operation Rollback, S. 87–118; *Stöver*, Die Befreiung vom Kommunismus, S. 54–71, 180–216; die neuere Literatur resümiert *Osgood*, Hearts and Minds.
205 NSC 68, United States Objectives and Programs for National Security, 14. 4. 1950, in: FRUS 1950, Bd. 1: National Security Affairs. Foreign Economic Policy, Washington 1976, S. 234–292; vgl. *Mitrovich*, Undermining the Kremlin, S. 47–59; *Leffler*, A Preponderance of Power, S. 355–360; *Hogan*, A Cross of Iron, S. 295–312; diese Autoren stehen gegen die mittlerweile vereinzelte Meinung von *Gaddis*, Strategies of Containment, S. 87–124, bes. S. 93–104, der Kennans Konzeptionen in scharfem Gegensatz zu denen seines Nachfolgers Nitze und zu NSC 68 sieht; zur Debatte vgl. *May* (Hg.), American Cold War Strategy.

schüttern, schlugen allesamt fehl.[206] Mitte der fünfziger Jahre setzte dann ein strategisches Umdenken im Rahmen der Entspannungspolitik ein. Die psychologische Kriegführung verlor im Zeitalter der friedlichen Koexistenz ihre zentrale strategische Position. Statt den Umsturz der Sowjetunion zu betreiben, wartete Amerika im Schatten des nuklearen Gleichgewichts fortan auf die langfristige Evolution des Gegners. Die linken Vordenker des Marshallplans, aus deren Überlegungen die psychologische Offensive in Westeuropa abgeleitet werden konnte, hatten an diesem strategischen Paradigmenwechsel erneut Anteil, allerdings nicht mehr innerhalb der strategischen Staatsapparate, sondern im wissenschaftlichen Begleitprogramm.[207]

Als der Kreis um Hughes und die Ökonomen Cleveland und Moore im State Department 1947 ein Wiederaufbauprogramm für Europa entwarf, das durch Maßnahmen der psychologischen Kriegführung abgesichert werden sollte, konnten sie die Folgen nicht ahnen, die sich daraus ergaben. Ohnehin waren sie längst nicht die einzigen, die in diesen Kategorien dachten. Man darf ihren Beitrag nicht überschätzen. Einfluss auf die Gestaltung des Marshallplans übten sie fraglos aus. Ihr psychologisches Programm war dabei ganz auf Westeuropa zugeschnitten und suchte den Ausgleich mit der UdSSR. Dass sich auf dieser Grundlage auch eine verdeckte offensive Strategie gegen die Sowjetunion entwickeln ließ, wäre ihnen wohl kaum in den Sinn gekommen. Die Dialektik der Aufklärung erfasste sie, manchmal wissentlich und öfter unwissentlich: Wie die Erkenntnisse und Vorschläge im Geheimdienstapparat schließlich verwendet wurden, hatte der Verfasser von Memoranden nicht in der Hand. Eine für die politische und ideologische Stabilisierung Westeuropas im Zeichen des demokratischen Sozialismus geplante psychologische Kampagne konnte in ein Instrument der Subversion gegen den Ostblock umschlagen.

Die Strategie gegen die Sowjetunion hing wesentlich davon ab, dass der Marshallplan funktionierte. Die Konzepte von Linksintellektuellen wie Hughes gaben dazu lediglich den theoretischen Anstoß. Auf eine sehr viel konkretere Weise floss ihr Ansatz in die Planung der psy-

---

206 Vgl. *Grose*, Operation Rollback, S. 144–189; *Stöver*, Die Befreiung vom Kommunismus, S. 493–552; *Mitrovich*, Undermining the Kremlin, S. 36–46, 78–80; *Heuser*, Westliche »Roll-back«-Strategien im Kalten Krieg; *Winks*, Cloak & Gown, S. 393–400.
207 Zum Strategiewechsel vgl. *Mitrovich*, Undermining the Kremlin, S. 122–176; zur wissenschaftlich begleitenden Rolle der Linksintellektuellen vgl. unten, Kap. V.

chologischen Kriegführung in den kommenden Jahren ein. Ihre Vorschläge hatten nichts mit den in jenen Jahren so populären Techniken der Propaganda und Kommunikation gemein. Im Koreakrieg etwa kam ein solcher Ansatz zur Anwendung, bei dem ausgefeilte kommunikationswissenschaftliche Methoden einem Verzicht auf differenzierte politische Inhalte gegenüberstanden. Der Feind funktionierte dieser Schule der psychologischen Kriegführung zufolge immer und überall nach den gleichen psychologischen Mustern.[208]

Zuerst in Westeuropa und dann gegenüber Osteuropa und der Sowjetunion setzte die amerikanische Strategie jedoch auf eine gänzlich andere Variante der psychologischen Kriegführung. Was Hughes und seine Freunde dazu beisteuerten, lässt sich nicht genau beziffern. Doch das sensible Gespür für die Mentalitäten anderer Nationen, für linke, antiamerikanische oder marxistische Befindlichkeiten, auf die behutsam reagiert werden musste, war das Markenzeichen dieser Strategie. Statt auf psychologischen Thesen fußte sie auf gründlicher Erforschung der Gesellschaft und Gedankenwelt des Gegners. Keine amerikanische Regierungsstelle stand seit dem Zweiten Weltkrieg so sehr für diesen Ansatz wie R&A. Dessen Nachfolger OIR war in den ersten Jahren des Kalten Krieges der Teil des Regierungsapparats, der vor allen anderen mit der Erforschung des Kommunismus beauftragt war. Kennans Policy Planning Staff, die Kommandozentrale der psychologischen Kriegführung Ende der vierziger Jahre, nutzte das Expertenwissen des OIR. Zwischen den beiden Stellen im State Department bestand eine enge Arbeitsbeziehung. Bis die CIA Anfang der fünfziger Jahre dem OIR die Kommunismusforschung streitig machte, befand sich dort das wissenschaftliche Zentrum der Feindaufklärung.[209]

Die psychologische Kriegführung in den strategisch wichtigsten Regionen – in Europa und der Sowjetunion – beruhte auf regionalwissenschaftlicher Forschung. Die amerikanischen Experten mussten sich in den Gegner hineinversetzen, sein System und Denken verstehen, seine Schwächen und Stärken kennen. Wie Hughes und seine Freunde im Vorfeld des Marshallplans warben die psychologischen Krieger um Verständnis für den Gegner. Die Grenzen zwischen Feindaufklärung und Wissenschaft lösten sich dabei auf. Wie tief die im OIR zuerst

---

208 Vgl. *Robin*, The Making of the Cold War Enemy, passim, bes. S. 75–181; *Simpson*, The Science of Coercion, bes. S. 31–51, 63–93; zum Behavioralismus vgl. auch unten, Kap. II.2.
209 Vgl. zu diesem Absatz unten, Kap. I.9 und I.10.

praktizierten Prinzipien die amerikanische Planung prägten, zeigte sich im Herbst 1950, als die psychologische Kriegführung gegen die Sowjetunion auf eine systematische Grundlage gestellt werden sollte. Der Codename der Operation war »Project Troy« (Projekt Troja). Sie war als sozialwissenschaftliche Variante des »Manhattan-Projekts« angelegt. Gesucht wurde die »strategische psychologische Superwaffe«.[210]

Der Schauplatz war eine Außenstelle des MIT. Unter höchster Geheimhaltungsstufe kamen im Auftrag des State Department einundzwanzig der führenden Experten Amerikas zusammen. Der MIT-Psychologe Alex Bavelas, der Physiker Lloyd V. Berkner, der Harvard-Psychologe Jerome S. Bruner, der Harvard-Anthropologe Clyde Kluckhohn, der MIT-Ökonom Max Millikan, der kurz darauf stellvertretender CIA-Direktor wurde, der emigrierte Politikwissenschaftler Hans Speier, Leiter der sozialwissenschaftlichen Abteilung der RAND Corporation, und der Harvard-Historiker Robert L. Wolff waren nur einige der Beteiligten. McGeorge Bundy, George Kennan und Robert K. Merton standen »Project Troy« als Berater zur Verfügung, genauso wie, neben etlichen weiteren klingenden Namen, Richard Bissell, den seine Karriere von der Marshallplan-Behörde an die Spitze des für verdeckte Operationen zuständigen Directorate of Plans der CIA führte, Kennans rechte Hand John Davies und Paul Nitze, Kennans Nachfolger als Direktor des Politischen Planungsstabes.

Der konkrete Anlass für »Troy« war ein technisches Problem, die wachsende Fähigkeit der Sowjets, amerikanische Sender im Kurzwellenbereich zu stören. Weit darüber hinausgehend, schuf »Project Troy« eine »intellektuelle Grundlage, um den totalen Kalten Krieg zu führen«.[211] Unter Historikern besteht Einigkeit darüber, dass »Project Troy« den ersten und wichtigsten systematischen Plan für die psychologische Kriegführung im Kalten Krieg vorlegte. »Troy« war der Archetyp des »militärisch-intellektuellen Komplexes«, es schuf das Modell, nach dem führende Wissenschaftler und die Institutionen des »national security state« fortan im gesamten Kalten Krieg miteinander verzahnt waren. Der wichtigsten bürokratischen Forderung von »Project Troy« kam Präsident Truman im April 1951 mit der Einrichtung des Psychological Strategy Board (PSB) nach, das unter nominel-

---

210 *Robin*, The Making of the Cold War Enemy, S. 44.
211 *Hixson*, Parting the Curtain, S. 17.

ler Aufsicht des State Department als Kommandozentrale der Regierung für den psychologischen Kalten Krieg dienen sollte. Der Abschlussbericht von »Project Troy« regte auch die Schaffung eines akademischen Forschungszentrums an, das nach dem Vorbild der »Troy«-Gruppe die psychologische Kriegführung auf permanenter Basis wissenschaftlich beraten sollte. Das Resultat war die Gründung des Center for International Studies am MIT unter der Leitung von Max Millikan, der zu diesem Zweck von der CIA zurückgekehrt war. Sein umtriebigster Mitarbeiter wurde Walt Rostow. Die Finanzierung des Center übernahmen die CIA und die Ford Foundation.[212]

Auf der Ebene der strategischen Diskussion innerhalb der Staatsapparate initiierte »Project Troy« die wichtigsten psychologischen Ansätze der fünfziger Jahre. »Troy« formulierte das Grundprinzip der psychologischen Kriegführung in äußerster Klarheit: Psychologische Kriegführung war der einzige Weg, einen Sieg im Kalten Krieg zu erringen, ohne einen Atomkrieg zu führen. Die Vermeidung des Atomkrieges war ein entscheidender Impetus der wissenschaftlichen Experten für den psychologischen Kalten Krieg. Das war in ihren Augen gerade, was den Kalten Krieg zum *kalten* Krieg machte. Psychologische Kriegführung war die einzige Möglichkeit, Beweglichkeit zu erhalten und Vorteile zu erkämpfen. Die militärische Alternative lautete Atomkrieg. Hierin lässt sich ebenfalls eine Form der Dialektik der Aufklärung erkennen, die in beide Richtungen offen war. In der psychologischen Kriegführung schlug eine Offensivstrategie um in den systematischen Ansatz, einen Nuklearkrieg zu vermeiden und die militärische Logik des Alles oder Nichts auszuhebeln.[213]

---

212 Vgl. *Gilman*, Mandarins of the Future, S. 156–160; *Hixson*, Parting the Curtain, S. 16–18, 36; *Needham*, »Truth is Our Weapon«; *ders.*, Project Troy and the Cold War Annexation of the Social Sciences; *ders.*, Science, Cold War, and the American State, S. 155–180; *Robin*, The Making of the Cold War Enemy, S. 44–46; *Milne*, America's Rasputin, S. 44f.; zum PSB, das als die Koordinationsstelle für den Kalten Krieg geplant war, aber an der Rivalität der beteiligten Behörden litt, vgl. *Lucas*, Campaigns of Truth; *Lilly*, The Psychological Strategy Board and Its Predecessors.
213 Project Troy Report to the Secretary of State, 1. 2. 1951, Bd. 1: Main Report, S. 4; Bd. 2: Annex 1–8, Annex 8, Political Warfare – United States vs. Russia, S. 5; NA, RG 59, E. 1561, Lot 58 D 776, b. 14; vgl. *Needham*, »Truth is Our Weapon«, S. 400; *ders.*, Project Troy and the Cold War Annexation of the Social Sciences, S. 4f. Dieses Denken war ein Kennzeichen der psychologischen Kriegführung; vgl. *Robin*, The Making of the Cold War Enemy, S. 199f.

»Troy« gab den Anstoß für eine systematische und wissenschaftliche Erforschung der Dynamik und der Schwachstellen der sowjetischen Gesellschaft. Das daraus folgende »Soviet Vulnerabilities Project« leitete Rostow am MIT in Verbindung mit Bundy und Kluckhohn in Harvard und Philip Mosely an der Columbia University. Marcuses Freund und R&A-Kamerad Barrington Moore war daran beteiligt, Kluckhohn und Mosely waren Marcuses akademische Förderer und nahmen ihn nach seinem Ausscheiden aus dem State Department kurze Zeit später an ihren Institutionen auf. Zweitens führte »Troy« den Gedanken von »Overload and Delay« als Kernelement in die psychologische Strategie ein: Aus einer Analyse der komplexen bürokratischen Strukturen der Sowjetunion resultierte der Plan, das sowjetische System durch Überforderung auf unterster Ebene – der Ansturm auf die lokalen Behörden und Gremien sollte etwa durch die Verbreitung von Gerüchten angeheizt werden – Schritt für Schritt nach oben so zu verlangsamen, dass die Industrie gelähmt und Kriegsvorbereitungen blockiert würden. Drittens bekräftigte »Project Troy« den Ansatz, Überläufer und Emigranten systematischer für die psychologische Kriegführung heranzuziehen. Das schloss ein – darin bestand der Kern der Strategie –, Spannungen innerhalb der sowjetischen Führung zu nutzen, Misstrauen zu säen und zum Überlaufen aufzufordern. Das Wissen von Überläufern und Emigranten wurde unter Kluckhohns Leitung durch das Russian Research Center der Harvard University in einem von der amerikanischen Luftwaffe geförderten Großunternehmen abgeschöpft und erforscht; Moore und weitere R&A-Veteranen wirkten dabei mit.[214]

Im Februar 1951 präsentierte »Project Troy« seine Empfehlungen dem State Department. Einleitend betonten die Experten, nach welchem Vorbild die umfassende psychologische Strategie gestaltet sein müsste, die »Project Troy« entworfen hatte: Sie verwiesen auf den Marshallplan als die erfolgreichste psychologische Operation. Daran knüpfte ihre psychologische Gesamtstrategie an, die allerdings das »defensiv« genannte Modell des Marshallplans um die Komponente einer psychologischen Offensive ergänzte. »Troy« beanspruchte selbst, ein »aggressives, integriertes und umfassendes Programm der politischen Kriegführung« vorzulegen. Die psychologische oder poli-

---

214 Vgl. *Mitrovich*, Undermining the Kremlin, S. 6f., 73–82, 126–132; *Needell*, »Truth is Our Weapon«, S. 416f.; *ders.*, Project Troy and the Cold War Annexation of the Social Sciences, S. 23f.

tische Kriegführung – die beiden Begriffe wurden synonym verwendet – verfolgte die zwei fundamentalen Ziele,

»die Macht Sowjetrusslands zu vermindern und die Energie und die Überzeugung des Rests der Welt zu stärken. Diese Ziele sind miteinander verbunden. [...] Indem wir die aggressive Macht der UdSSR schwächen, stärken wir die Anziehungskraft der freien Welt auf unsere Verbündeten, auf die [in ihrer Loyalität] schwankenden Nationen, auf die sowjetischen Satelliten und langfristig auch auf die *Völker* der UdSSR. Unser endgültiger Sieg kann nur daran gemessen werden, ob Menschen und Nationen davon überzeugt sind, dass wir den besseren Weg haben, die Welt zu organisieren.«[215]

Das waren begrenzte und für kreative Lösungen offene Ziele, die mit denen am Anfang des Marshallplans übereinstimmten. Die Forderung nach einer umfassenden und integrierten psychologischen Strategie war jedoch nicht gleichbedeutend mit der Suche nach einer Einheitsstrategie. Im Gegenteil, »Project Troy« verabschiedete sich von der Idee, es könnte eine strategische psychologische Superwaffe geben, die sich auf alle Länder gleichermaßen anwenden ließe. Gefordert wurde die intime und detaillierte Kenntnis des psychologischen Zielobjekts. Jedes Ziel verlangte eine andere Methode, die jeweils auf der Kenntnis der kulturellen und politischen Besonderheiten beruhte.[216] »Project Troy« schenkte Fragen der Organisation und der Anwendung wissenschaftlicher Forschung ausführliche Aufmerksamkeit. Die Strategie war auf die enge Kooperation von Staatsapparaten, Stiftungen und Universitäten angewiesen – auf den militärisch-intellektuellen Komplex also.[217]

Im Einklang mit den Prinzipien am Anfang des Marshallplans formulierte »Troy« als Ziel in Westeuropa, wo die Option Neutralismus mittlerweile obsolet geworden war: »die europäischen Länder mit uns auf eine Linie zu bringen als eine wirksame Kraft in der Gegnerschaft zur UdSSR«. Ein solches Programm musste die »hisotrische, rassische und politische Heterogenität Europas« in Betracht ziehen.

---

215 Project Troy Report to the Secretary of State, 1. 2. 1951, Bd. 1, S. 3f.; den Begriff der psychologischen Kriegführung erläutert Bd. 2, Annex 1, Political Warfare, S. 1–5; NA, RG 59, E. 1561, Lot 58 D 776, b. 14.
216 Vgl. *Robin*, The Making of the Cold War Enemy, S. 44–46.
217 Project Troy Report to the Secretary of State, 1. 2. 1951, Bd. 3: Annex 9–18, Annex 11, Research in Support of Political Warfare, S. 1–14, NA, RG 59, E. 1561, Lot 58 D 776, b. 14.

Das Hauptziel der psychologischen Kriegführung in Westeuropa war dennoch überall »die wesentliche Einheit Europas«.[218] In direkter Fortsetzung der ursprünglichen Ziele des Marshallplans wurde dabei die Notwendigkeit von wirtschaftlichen und gesellschaftlichen Reformen betont, denen verdeckter amerikanischer Druck nachhelfen sollte. Dazu gehörten Maßnahmen wie eine progressive Einkommenssteuer, um den Lebensstandard der Bevölkerung Westeuropas weiter anzuheben. Christdemokraten wie Konrad Adenauer und Alcide de Gasperi war ein Preis für amerikanische Hilfe abzuverlangen: »wir sollten sie drängen, fiskalische und soziale Reformen durchzuführen. Wenn sie das nicht tun, sollten wir Politiker finden, die diese Reformen vornehmen werden.«[219]

In einer weiteren Hinsicht stimmte »Project Troy« mit den linksintellektuellen Geheimdienstanalytikern im State Department überein. Es gab keine monolithische kommunistische Weltverschwörung, die von Moskau aus gesteuert wurde – mit dieser Feststellung gelangte »Troy« ebenso wie die Kommunismusaufklärung im OIR und der CIA zu einem Maß an Differenziertheit, zu dem die akademische Forschung erst ein Jahrzehnt später fähig war.[220] Über den Kommunismus in Asien bemerkte der »Project Troy«-Report mit bemerkenswerter Hellsichtigkeit:

»Der Kommunismus in China und Südostasien stellt nicht einfach eine Ausweitung der sowjetischen Macht dar. Mao in China und Ho in Vietnam sind nicht automatische Werkzeuge des Kreml, sondern Männer mit Hoffnungen für ihr eigenes Land, die sich die kommunistische Doktrin als eine Formel zu eigen gemacht haben, um den Fort-

---

218 Project Troy Report to the Secretary of State, 1. 2. 1951, Bd. 1, S. 51, siehe auch Bd. 3, Annex 11, S. 12 f. (wo Forschungen über die Nützlichkeit der Idee eines »United Europa« angeregt werden), NA, RG 59, E. 1561, Lot 58 D 776, b. 14.
219 Project Troy Report to the Secretary of State, 1. 2. 1951, Bd. 1, S. 55, NA, RG 59, E. 1561, Lot 58 D 776, b. 14.
220 Zur Kommunismusaufklärung im OIR vgl. das folgende Teilkapitel I.10., zur regierungsnahen Forschung als Avantgarde in der Kommunismusforschung vgl. unten, Kap. V. Bestätigt wird diese Sicht einer differenzierten Wahrnehmung des Kommunismus im amerikanischen zumindest für den Anfang des Kalten Krieges auch durch *Selverstone*, Constructing the Monolith. Jedoch werden die von ihm untersuchten Positionen in der politischen und bürokratischen Führungsebene zu wenig differenziert und kontextualisiert; weder das »Project Troy« überhaupt noch das Programm für die psychologische Kriegführung gegen die Sowjetunion finden dabei Erwähnung.

schritt in ihre Ländern zu bringen und die für ideologische und politische Unterstützung auf Moskau vertrauen.«[221]

Von auffälliger Übereinstimmung mit den Positionen der Kommunismusaufklärung im OIR – die zu dieser Zeit unter der Leitung von Herbert Marcuse stand – war das Programm für die psychologische Kriegführung in der Sowjetunion. Diesen Teil des »Project Troy«-Reports sowie den Abschnitt zu den sowjetischen Überläufern hatte Clyde Kluckhohn verfasst, der Direktor des Russian Research Center, wo Moore und später auch Marcuse tätig waren.[222] Die amerikanischen Ziele gegenüber der Sowjetunion wurden begrenzt. Kennans Konzept einer Subversionsstrategie, die Russland von innen zum Einsturz bringen sollte, wurde damit zu den Akten gelegt:

»Selbst mit der besten politischen Kriegführung, die man sich vorstellen kann, werden wir keine Revolution in der UdSSR auslösen. Wir können jedoch so wichtige Ziele erreichen wie die Einschränkung der Industrie- und Waffenproduktion, die Behinderung einer funktionierenden Verwaltung, sowie das Ziel, der Führung hinreichend Grund zu geben, so sehr um Probleme der Stimmung in den Streitkräften und in der Zivilbevölkerung besorgt zu sein, dass sie zögert, einen Kriegskurs einzuschlagen. Wir können auch die Grundlagen für eine Enttäuschung legen, die sich in ferner Zukunft – wenn sich die situativen Faktoren ändern – zuspitzen könnte zur Ablösung des gegenwärtigen Regimes durch eines, mit dem wir besser zurechtkommen könnten.«[223]

Kluckhohns Plan für die psychologische Kriegführung schärfte allen beteiligten Stellen ein, dass die Sowjetunion ein komplexes System war. Kluckhohn verwies die Vorstellung eines totalitären sowjetischen »Monolithen« ins Reich des Mythos. Bei all ihrer Stärke war die UdSSR von vielfältigen inneren Spannungen durchzogen. Diese Spannungen waren der einzig sinnvolle Ansatzpunkt für eine psychologische Offensive. Zweifel an der eigenen Stärke zu säen und »Clique gegen Clique, Führer gegen Führer« auszuspielen, würde mittelfristig

---

221 Project Troy Report to the Secretary of State, 1. 2. 1951, Bd. 1, S. 65, NA, RG 59, E. 1561, Lot 58 D 776, b. 14.
222 Project Troy Report to the Secretary of State, 1. 2. 1951, Bd. 2, Annex 8, S. 1–16; Bd. 3, Annex 12, Defectors, S. 1–19; NA, RG 59, E. 1561, Lot 58 D 776, b. 14.
223 Project Troy Report to the Secretary of State, 1. 2. 1951, Bd. 2, Annex 8, S. 1, NA, RG 59, E. 1561, Lot 58 D 776, b. 14.

das reibungslose Funktionieren des Systems stören. In anderen Worten: Die Strategie, einen Keil zwischen die kommunistischen Gegner zu treiben, wie es bei Tito und Stalin gelungen war, funktionierte demzufolge auch in der Sowjetunion selbst. Auf Propaganda hingegen musste verzichtet werden: »Es ist nutzlos – wenn nicht schlimmer – zu versuchen, unsere Variante der Demokratie den Völkern der UdSSR zu verkaufen.« Das erinnerte an Hughes und die Erfinder des Marshallplans. Amerikas Ziel war »Troy« zufolge erstens, durch psychologische Destabilisierung einen Krieg zu verhindern, und zweitens den langfristigen Wandel des Gegners vorzubereiten, indem Grundlagen gelegt wurden »für künftige Verhandlungen, die die Lage für eine ausreichend lange Zeit stabilisieren würden, um eine innere Evolution der beiden Systeme und schließlich eine friedliche Annäherung zu ermöglichen«. Demnach blieben Reformen innerhalb des Westens ein Kernelement des psychologischen Krieges gegen die Sowjetunion. Taten und Worte mussten in einer erfolgreichen psychologischen Strategie aufeinander abgestimmt sein.[224]

Kluckhohn definierte den Kalten Krieg als Krieg der Ideen, der auf psychologischer Ebene ausgetragen werden musste: »In einem Kampf, der in letzter Konsequenz ein Wettstreit der Ideen und Ideale ist, können es sich die Vereinigten Staaten nicht leisten, an der Propagandafront untätig zu bleiben […]. Die UdSSR setzt gegen uns mit voller Feuerkraft jede ideologische Waffe ein, die sich in ihrem Arsenal befindet.« Die USA mussten nun zurückschlagen in diesem »Krieg der Ideen. Entscheidend in diesem Kampf sind die Qualität der Ideen und die Effizienz, mit der sie in ihrer wirksamsten Form entwickelt, aufeinander abgestimmt und verwirklicht werden – als nationale Politik, wirtschaftliche Aktionen, Ideologien, ›physische‹ Waffen etc.«[225] Die psychologische Gegenoffensive musste mit der Analyse des Gegners

---

224 Project Troy Report to the Secretary of State, 1. 2. 1951, Bd. 2, Annex 8, S. 4, 1f., NA, RG 59, E. 1561, Lot 58 D 776, b. 14. Diese Subtilität der »wedge strategy« mit ihren weitreichenden entspannungspolitischen Konsequenzen entgeht *Selverstone*, Constructing the Monolith, S. 116–144; zum politischen Umgang mit dem jugoslawischen Fall finden sich ebenda, S. 96–115, jedoch erhellende Beobachtungen. – Eine Strategie der Subversion und der Anstachelung von Widerstandsaktionen, wie Kennan sie Ende der vierziger Jahre konzipiert hatte, hielt Kluckhohn sowohl für verfehlt als auch für aussichtslos. Auch Aufrufe zum Widerstand durch Rundfunksender, wie sie 1956 noch gesendet wurden, hielt er für falsch und gefährlich; siehe ebenda, S. 7.
225 Project Troy Report to the Secretary of State, 1. 2. 1951, Bd. 2, Annex 8, S. 2f., NA, RG 59, E. 1561, Lot 58 D 776, b. 14.

beginnen. Die amerikanische Aufklärung sollte dem Gegner auf Augenhöhe begegnen, sich in ihn hineinversetzen, ihn aus sich selbst heraus verstehen. Erforderlich war, »dass wir Verständnis für die Philosophie und die Ziele zeigen«, denen die Mehrheit der sowjetischen Bürger folgte. Selbst über »echte Kennerschaft des stalinistischen Denkens« mussten psychologische Planer verfügen.[226] Was Kluckhohn entwarf, war die »immanente Kritik«, die Marcuses Buch »Soviet Marxism« einige Jahre später mit Kluckhohns Segen vornahm: »Entscheidend ist, dass wir das Zielobjekt aus sich selbst kennen und uns nicht ein Bild machen, das eine Projektion unserer Ängste ist. Unsere Programme für einen [psychologischen] Angriff müssen aus den Eigenheiten des Zielobjekts abgeleitet werden.« Eine effektive psychologische Kriegführung setzte beim Denken des Gegners ein. Die immanente Interpretation wurde zum Ausgangspunkt aller psychologischen Kriegführung erklärt.[227]

Kluckhohns soziologische Analyse machte als die besten Angriffspunkte in der differenzierten sowjetischen Gesellschaft »die mittlere Elite von Armee, Partei und Bürokratie; die Intelligenzija und die Künstler; die Bevölkerung bestimmter Städte, besonders Leningrad und Kiew; verschiedene ethnische Gruppen und Minderheiten« aus. Kluckhohn warnte jedoch davor, den letztgenannten Weg zu beschreiten: Nationalismus und Separatismus waren unkontrollierbare Kräfte, die sich am Ende gegen jene wenden könnten, die sie freisetzten.[228] Nachdem er die Zielobjekte identifiziert hatte, erhöhte Kluckhohn die Präzision der psychologischen Angriffswaffen. Drohungen waren kontraproduktiv, nicht einmal der klassische Weg, die materielle Überlegenheit des Westens propagandistisch herauszustellen, schien Kluckhohn sinnvoll. Vielmehr sollten die Gemeinsamkeiten mit dem Westen – vor allem die technische Rationalität der Planung, für die

---

226 Project Troy Report to the Secretary of State, 1. 2. 1951, Bd. 1, S. 43 f., 47, NA, RG 59, E. 1561, Lot 58 D 776, b. 14.
227 Project Troy Report to the Secretary of State, 1. 2. 1951, Bd. 2, Annex 8, S. 2 f., NA, RG 59, E. 1561, Lot 58 D 776, b. 14. Kluckhohn setzte diese Forderung um, indem er die rationalen Ursachen der sowjetischen Einkreisungsangst betonte, die aus den militärischen Interventionen westlicher Nationen im russischen Bürgerkrieg herrührte; siehe ebenda, S. 4. Die wissenschaftliche Analyse als Ausgangspunkt bekräftigte er noch einmal: »It is much better to study and analyze the hostile attitudes and capitalize on them in your own communication, than it is to try to change the hostility to friendship« (S. 7).
228 Project Troy Report to the Secretary of State, 1. 2. 1951, Bd. 2, Annex 8, S. 8, 11, NA, RG 59, E. 1561, Lot 58 D 776, b. 14.

Amerika und die Sowjetunion vor allen anderen Nationen der Welt standen, »ihre Bereitschaft zum kühnen Experimentieren, ihre Überzeugung, dass die physikalische und biologische Natur von der Wissenschaft kontrolliert werden können, und ihre Indifferenz gegenüber dem Traditionalismus«[229] – betont werden. Der Königsweg des psychologischen Kalten Krieges war Kluckhohn zufolge, sich in den marxistischen Erwartungshorizont der sowjetischen Bürger hineinzuversetzen. Der amerikanische Ansatz in der psychologischen Kriegführung durfte nicht

»die sowjetischen Errungenschaften ignorieren, herunterspielen oder bloßstellen. Oft wird der schwere Fehler gemacht anzunehmen, die sowjetischen Bürger würden auch alle Leistungen und Institutionen ablehnen, weil sie das sowjetische Regime abzulehnen scheinen. Nichts könnte weiter von der Wahrheit entfernt sein. Die Arbeit mit Überläufern zeigt, dass selbst diejenigen, die am stärksten enttäuscht sind, sich persönlich, sogar emotional sehr mit vielen Aspekten der Gesellschaft identifizieren, die sich unter der sowjetischen Herrschaft entwickelt hat. Die Flüchtlinge unterscheiden die Errungenschaften der Gesellschaft von der Sowjetherrschaft. […]

Ebenso sollten wir überaus vorsichtig sein, wie wir das sowjetische System angreifen, so dass nicht der Eindruck entsteht, wir wollten alle grundlegenden Institutionen der gegenwärtigen sowjetischen Gesellschaft wegfegen und durch aus dem Westen importierte Institutionen ersetzen. Im Kern besteht unsere Anziehungskraft in der Verheißung, dass die repressiven, zwanghaften Aspekte des sowjetischen Regimes ein Ende finden werden. Wir würden jedoch nur Bestürzung auslösen, wenn wir andeuten würden, die Nationalisierung der Industrie sollte abgeschafft werden. Selbst in dem institutionellen Bereich, in dem die sowjetischen Bürger am empfindlichsten sind, bei den landwirtschaftlichen Kollektiven, ist man überrascht, wie viele vom Regime Enttäuschte dennoch darauf bestehen, dass die Maschinen-Traktoren-Stationen eine gute Einrichtung sind.«[230]

---

229 Project Troy Report to the Secretary of State, 1. 2. 1951, Bd. 1, S. 46, NA, RG 59, E. 1561, Lot 58 D 776, b. 14. Wie fasziniert amerikanische Intellektuelle vom sowjetischen Modell der rationalen Planung waren, zeigt *Engerman*, Modernization from the Other Shore.
230 Project Troy Report to the Secretary of State, 1. 2. 1951, Bd. 2, Annex 8, S. 15, NA, RG 59, E. 1561, Lot 58 D 776, b. 14.

Die Offensive gegen die Sowjetunion, die von den führenden amerikanischen Experten entworfen und im »Project Troy«-Report, dem wichtigsten systematischen Papier der psychologischen Kriegführung, festgehalten wurde, fußte auf einer einfachen, geradezu marxistisch anmutenden Prämisse: Die sowjetische Realität sollte an den Verheißungen der sowjetischen Ideologie gemessen werden. »Wir sollten, ob offen oder implizit ausgedrückt, die Position vermeiden, dass der Kommunismus schlecht sei oder dass wir den Kommunismus verachteten«, fasste der Bericht an den Außenminister zusammen. »Unsere Linie sollte vielmehr sein, dass der Stalinismus Ideale des Marxismus verraten hat, die im Westen hingegen eine friedliche Entwicklung erfahren haben.« Der psychologische Angriff zielte gerade nicht auf die »geistigen Grundlagen der sowjetischen Gesellschaft«. Im Gegenteil, gegen das sowjetische Regime sollten seine eigenen ideologischen Grundlagen in Stellung gebracht werden. Auf der praktischen Ebene drehte sich bei der psychologischen Strategie alles darum, die sowjetischen Eliten gegeneinander auszuspielen. Auf der konzeptionellen Ebene baute alles darauf auf, Marx, Engels und sogar Lenin gegen den real existierenden Stalinismus auszuspielen. Die Instrumente der psychologischen Kriegführung sollten den Sowjets zugestehen, »dass die Lehren von Marx, Engels und Lenin eine große historische Bedeutung haben. Doch das stalinistische System hat sich nicht im Einklang mit dem neuen Wissen entwickelt, so wie es Marx und Engels sich gewünscht hätten.«[231]

Das war die Botschaft, die Amerika über seine verdeckten, inoffiziellen, mit der Regierung scheinbar nicht verbundenen Kanäle in die Köpfe der Russen einpflanzen sollte – eine Botschaft, die auf der Grundlage systematischer Forschung beruhte und lediglich die bereits vorhandenen Zweifel der Bevölkerung zu nutzen und zu verstärken beabsichtigte. Nicht das sowjetische System, sondern seine Praxis der Repression und der Verletzung von Menschenrechten war zu attackieren:

---

231 Project Troy Report to the Secretary of State, 1. 2. 1951, Bd. 1, S. 44, 46, NA, RG 59, E. 1561, Lot 58 D 776, b. 14. Dazu sollte auch der Hinweis auf die sowjetische Verfassung von 1937 dienen, deren demokratische Prinzipien nur auf dem Papier existierten; vgl. ebenda, S. 48; vgl. dazu *Schlögel*, Terror und Traum.

»Es gibt zwei eng miteinander verwandte Themen, die die dargelegten Anforderungen [für die psychologische Kriegführung] erfüllen. Erstens kann betont werden, dass das sowjetische Regime unpersönlich, unnachsichtig, unberechenbar ist, dass es wenig oder gar keinen Respekt für die menschliche Würde zeigt oder für die Grundrechte, den Anspruch auf Recht und Gerechtigkeit eines hart arbeitenden, anständigen, geduldigen Volkes. Zweitens kann betont werden, dass das sowjetische Volk enorme Opfer gebracht und außergewöhnliche Härten und Leiden ertragen hat, um in der Sowjetunion eine große und mächtige Industrie und vielversprechende landwirtschaftliche Betriebe aufzubauen, doch werden ihm die Früchte seiner Arbeit und die gerechte Belohnung für sein Leiden – das niemals hätte so groß oder so lang anhaltend sein müssen – von einem Regime vorenthalten, dass die einfachen Leute ausnutzt, die Bauern, die Arbeiter und die Intelligenz gleichermaßen, aus Gründen, die nichts mit der Wohlfahrt des Volkes zu tun haben.«[232]

Selbst ohne die genaueren Entstehungsumstände zu kennen, lässt sich vor diesem Hintergrund Marcuses Buch »Soviet Marxism«, das Kluckhohns Programm umsetzte, kaum als eine Fortführung der immanenten Kritik im Stil der Frankfurter Schule lesen. In erster Linie handelte es sich um einen Traktat der psychologischen Kriegführung, um Grundlagenforschung im Dienste der psychologischen Kriegführung. Wurde psychologische Kriegführung mit dem differenzierten Verständnis von Kluckhohn und anderen führenden Regierungsberatern betrieben, so geriet jegliche Marxismusforschung, die nicht einfach antitotalitäre Stereotype reproduzierte, in den Sog der psychologischen Kriegführung. Es gab keine geheimdienstliche Aufklärung ohne wissenschaftliche Aufklärung. Das Expertenwissen in den strategischen Staatsapparaten war jedoch wesentlich präziser und für unerwartete Ergebnisse aufgeschlossener als weite Teile der damaligen Forschung an Universitäten. Noch bevor die Totalitarismustheorie ihre beherrschende Stellung in der akademischen und intellektuellen Diskussion errungen hatte, war sie in den Geheimdiensten für obsolet erklärt worden. Das Wissen der strategischen Staatsapparate war der akademischen Wissenschaft um mehr als ein Jahrzehnt voraus. Der wissenschaftliche Paradigmenwechsel in der Sowjetologie der sechzi-

---

232 Project Troy Report to the Secretary of State, 1. 2. 1951, Bd. 2, Annex 8, S. 16, NA, RG 59, E. 1561, Lot 58 D 776, b. 14.

ger Jahre ging von der regierungsnahen Forschung aus. Das Modell des Totalitarismus war strategisch untauglich. Wo hätte eine Strategie auch ansetzen sollen, wenn es den monolithischen Block im Osten gegeben hätte? Die Eigenlogik der psychologischen Kriegführung führte zur Erforschung der Komplexität und Differenziertheit des Zielobjekts.
Marcuses Kommunismusanalysen lagen ganz auf dieser Linie. Ob Marcuse und Kluckhohn, die mit Moore einen gemeinsamen Freund hatten, sich schon zu diesem Zeitpunkt im Rahmen ihrer faktischen Fastzusammenarbeit gegenseitig zur Kenntnis nahmen, ist nicht bekannt. Doch das State Department hatte das »Project Troy« in Auftrag gegeben. Marcuses unmittelbare Vorgesetzte diskutierten dessen Empfehlungen, mit denen sie nicht immer übereinstimmten. In seiner Position hatte Marcuse eine Freigabe für die Sicherheitsstufe »Top Secret«.[233] Sein Arbeitsgebiet der Kommunismusaufklärung war unmittelbar betroffen. Er war 1951 die führende Autorität auf diesem Gebiet im State Department. Alles spricht dafür, dass Marcuse den »Project Troy«-Report kannte. Bei den internen Diskussionen im Geheimdienst des State Department dürfte Marcuse im Gegensatz zu Park Armstrong, dem stellvertretenden Außenminister, einer Meinung mit Kluckhohn gewesen sein. Dass die Ergebnisse von »Project Troy« nicht auf ungeteilte Begeisterung im State Department stießen, hatte vorwiegend bürokratische Gründe. Immerhin lautete eine der Empfehlungen, die von Präsident Truman beherzigt wurde, eine Kommandozentrale für den psychologischen Kalten Krieg zu schaffen und damit den Zuständigkeitsbereich des Außenministeriums zu beschneiden.[234]
In der Hierarchie des Außenministeriums stand Marcuse in diesen Monaten nur zwei Stufen unterhalb von Armstrong, dem Herrn

---

233 Das ergibt sich etwa aus seiner »Top Secret«-Mitarbeit an den National Intelligence Estimates, über die im folgenden Teilkapitel I.10. berichtet wird, oder aus der Tatsache, dass für Sektionschefs wie Kirchheimer generell eine Freigabe für »Top Secret« galt; Marcuses bürokratische Position war höher, seine Stellung im Apparat wesentlich wichtiger; siehe National War College Administrative Memorandum Nr. 41, 9. 5. 1952, NA, RG 59, E. 1561, b. 1, f. National War College.
234 Memo Armstrong an Edward W. Barrett, Assistant Secretary of State for Public Affairs, 26. 3. 1951, 27. 3. 1951; Memo William Trueheart an Allan Evans, 26. 4. 1951; NA, RG 59, E. 1561, Lot 58 D 776, b. 14, f. 5; vgl. *Needler*, »Truth is Our Weapon«, S. 403 f., 413–417; *ders.*, Project Troy and the Cold War Annexation of the Social Sciences, S. 6 f., 19–22, 24.

über den Nachrichtendienstapparat. Als Leiter des Committee on World Communism (CWC) war Marcuse direkt Allan Evans unterstellt, dem Direktor des OIR. Die Welt der Kommunismusaufklärung hatte Marcuse schon früher betreten, und die Spuren seiner Tätigkeit waren auch Jahre später nicht verwischt. Was auch immer Armstrong gegen den Ansatz der immanenten Feindaufklärung einzuwenden hatte, Marcuse praktizierte diesen mit Erfolg im OIR. In einer kritischen Situation verdankte der Geheimdienstapparat des State Department seinen Kommunismusexperten sogar das bürokratische Überleben.

9. Im Reich des Bösen: Die Dialektik der Kommunismusaufklärung

»Operation Totem Pole« hieß der Vorgang, den der Geheimdienst des amerikanischen Außenministeriums im Sommer 1953 einleitete. Ein Jahr später folgte die »Operation Nutcracker«. Es ging um Leben oder Tod. Der Direktor des OIR schätzte die Lage so ein: »Die Tatsache, dass die Analyse des Kommunismus untrennbar mit der Kenntnis eines Landes und mit der politischen und soziologischen Analyse eines Landes verbunden ist, macht diese Angelegenheit zu einer Frage von Leben oder Tod für R.« Das institutionelle Überleben des Geheimdienstapparats im State Department stand auf dem Spiel. Ein Angriff der CIA, »der unmittelbar die Rolle von State im Geheimdienstsystem bedroht«, musste zurückgeschlagen werden.[235] »Wir blicken einer totalen Entscheidung ins Auge«, erläuterte Evans der Führung des State Department: Notfalls musste der Minister selbst dieses bürokratische Massaker verhindern, »die Zerstörung eines einzigartigen und wertvollen nationalen Schatzes – einer Gruppe unersetzlicher, ausgebildeter Geheimdienstforscher, die als Experten erfahren sind in der erfolgreichen Anwendung der Sozialwissenschaften zur Klärung außenpolitischer

---

235 Memo Allan Evans an Fisher Howe (Deputy Assistant to the Secretary of State for Intelligence and Research), Operation nutcracker (Who's the nut?), 27. 7. 1954; NA, RG 59, E. 1561, b. 8, f. 4, World Communism (Responsibility for Research on); NA, RG 59, E. 1561, b. 8, f. Plan to strengthen R's role in the Dept. (Totem Pole).

Probleme, und deren Qualität kein Leser unserer Papiere leugnen kann.«[236]

In den ersten Jahren des Kalten Krieges war der Nachrichtendienst des State Department das Zentrum der Geheimdienstforschung in der Tradition von R&A geblieben. Die wissenschaftliche Aufklärung des Gegners fand im OIR statt. Nach einigen Jahren regten sich bürokratische Begehrlichkeiten der CIA. Der schnell wachsende Apparat der CIA strebte nach permanenter Ausweitung seiner Zuständigkeiten.[237] Kurz zuvor hatte das OIR endgültig die strategisch zentrale, für die Einschätzung des gegnerischen Kriegspotentials entscheidende Aufklärung der sowjetischen Wirtschaft an die CIA abgeben müssen. Das State Department blieb auf Direktive des Nationalen Sicherheitsrats weiterhin für die »geheimdienstlichen Endprodukte zu politischen und soziologischen Angelegenheiten« zuständig.[238] Wer die adminis-

---

236 Memo [Evans] an Howe, Nutcracker, 23. 7. 1954, NA, RG 59, E. 1561, b. 8, f. 4. Die politische Spitze des State Department wurde umfassend in Kenntnis gesetzt durch das Memo Armstrong an Under Secretary, Studies on »World Communism«, 8. 10. 1954, NA, RG 59, E. (A1) 5161, b. 74, f. U 1952–1954.
237 Aus der großen Zahl von mehr oder minder verlässlichen Darstellungen der CIA seien drei wissenschaftlich solide Arbeiten genannt: *Weiner*, Legacy of Ashes; *Ranelagh*, The Agency; *Jeffreys-Jones*, The CIA and American Democracy.
238 Memo Howe, Intelligence Production in International Communism, 16. 9. 1954, RA, RG 59, E. 1561, b. 8, f. 4; Director of Central Intelligence Directive 15/1, Responsibility for Production of Economic Intelligence, Entwurf, 17. 8. 1953; C. P. Caball, CIA, an Evans, 18. 9. 1953; Evans, Draft Memo, Procedures for ORE-OIR Collaboration in NIE Production, 24. 11. 1953; zwei Jahre zuvor suchte die CIA noch den ökonomischen Rat des OIR; Evans an Max Millikan, CIA, 27. 9. 1951; NA, RG 59, E. 1498, b. 5, f. AE [Allan Evans]; Director of Central Intelligence Directive 15/1, Responsibility for Production of Economic Intelligence: Soviet Bloc, 5. 2. 1954; Armstrong an Allen Dulles, 28. 4. 1954; Philip Trezise Memorandum of Meeting on NIS, Soviet Bloc Economic Chapter VI, 7. 6. 1954; NA, RG 59, E. (A1) 5161, b. 73, f. CIA/NIS 1954. Die Aufgabenverteilung wurde durch National Security Council Intelligence Directives (NSCID) und Direktiven des Director of Central Intelligence (DCI) geregelt. Dabei ergab sich eine Verschiebung zugunsten der CIA, bis ihr 1954 die wirtschaftliche Aufklärung ganz zufiel; siehe NSCID 3, Coordination of Intelligence Production, 13. 1. 1948, in: FRUS 1945–1950, Emergence of the Intelligence Establishment, Nr. 426; DCI Directive 15/1, Responsibility for Production of Economic Intelligence: Soviet Bloc, 4. 2. 1954, in: FRUS 1950–1955, The Intelligence Community, Nr. 169; DCI Directive 15/1, Production and Coordination of Foreign Economic Intelligence, 14. 9. 1954, in: ebenda, Nr. 191; NSCID 15, Coordination and Production of Foreign Economic Intelligence, 13. 1. 1951, in: ebenda, Nr. 254; NSCID 1, Duties and Responsibilities, 28. 3. 1952, in: ebenda, Nr. 256.

trativen Codes zu lesen wusste, dem entging allerdings nicht, dass die CIA im nächsten Schritt darauf abzielte, entweder sich die Konkurrenz im State Department einzuverleiben oder diese bis zur Bedeutungslosigkeit zu verstümmeln. »Empire building« der »monströsen CIA-Bürokratie« nannte man im OIR dieses Vorgehen, einen »typischen bürokratischen Stunt«.[239]

Die Operationen »Totempfahl« und »Nussknacker« waren eine Abwehrschlacht des OIR gegen diesen feindlichen Übernahmeversuch. Die Stellung, die es zu verteidigen galt, betraf die wichtigste Funktion des Geheimdienstes im State Department: »Die Beziehungen zwischen R und den politischen Entscheidungsträgern im State Department sind am engsten in Fragen, die den kommunistischen Block betreffen«, resümierte »Totem Pole« die Verdienste. »R hat durchgehend am umfangreichsten zu den National Intelligence Estimates über die Absichten und Fähigkeiten des Blocks beigetragen, die sich großer Nachfrage sowohl durch den NSC als auch durch das Department erfreuen.« Auf keinem anderen Feld war die Reputation so groß, in keinem anderen Bereich waren die Analytiker so eng an der Formulierung der Politik beteiligt. Die Einschätzung der Absichten und Fähigkeiten, von »intentions« und »capabilities«, war der Kernbereich dieser Geheimwissenschaft des Kalten Krieges. Nicht nur der Kommunismus im Ostblock, sondern der gesamte »Weltkommunismus« war die Spezialität der »R« genannten Geheimdienststellen im State Department. Ohne die Kommunismusaufklärung waren sie erledigt.[240] Schon zuvor hatte eine auf Veranlassung des Kongresses eingeleitete Untersuchung ergeben, dass die Russland- und Kommunismusforschung sowie die Ostasienforschung im OIR den größten Einfluss auf die politischen Abteilungen des State Department ausübten.[241]

In diesem Akt der bürokratischen Selbstbehauptung kam das Selbstverständnis des OIR deutlich zum Ausdruck. Wer wissen will, wie der Apparat funktionierte, in dem Marcuse und seine Freunde im Kalten Krieg Feindaufklärung betrieben, findet Aufschluss in diesem Konflikt, der die darin verwickelten Maschinerien des Wissens

---

239 Memo Edward Doherty und Bernard Morris, DFI, an Evans, 9. 3. 1955, NA, RG 59, E. 1498, b. 3, f. Bissell-Reber Reports.
240 Memo, Effects of Transferring R to CIA, 13. 4. 1954, NA, RG 59, E. 1561, b. 8, f. Plan to strengthen R's role in the Dept. (Totem Pole).
241 Memo R. B. Freund an Armstrong, Survey of Geographic Areas Regarding Research and Intelligence Service, 26. 2. 1948, NA, RG 59, E. 1561, b. 6.

zur Selbstreflexion zwang. Sowohl das OIR als auch die CIA beanspruchten dabei, das Kreativzentrum der strategischen Staatsapparate zu sein, eine Art Institute for Advanced Study jenseits des hektischen operativen Geschäfts. Beide Seiten priesen ihre Fähigkeit zur analytischen Tiefenschärfe. Der wesentliche Unterschied bestand darin, dass im State Department der Apparat bereits existierte, den die CIA aufzubauen plante. Außerdem unterschieden sich die Konzeptionen des kommunistischen Gegners, denen die Führungsebenen der beiden Geheimdienste anhingen, auf fundamentale Weise.

Der Geheimdienst des State Department operierte getreu der Theorie von Sherman Kent. Der Apparat produzierte »sowohl konstruktives Wissen, auf dessen Grundlage man auf Frieden und Freiheit in der ganzen Welt hinwirken kann, als auch das Wissen, das zur Verteidigung unseres Landes und unserer Ideale notwendig ist«, wie der führende Geheimdiensttheoretiker auf seinem Weg zwischen R&A und CIA formuliert hatte. »Ein Teil dieses Wissens kann auf verdecktem Wege beschafft werden, doch der Großteil wird durch unromantische, offene und ehrliche Beobachtung und Forschung erworben«, wusste Kent aus Erfahrung. Er unterschied zwei Grundoperation der »intelligence«, zum einen »surveillance«, die systematische Beobachtung der Welt, zum anderen »research«, die wissenschaftliche Forschung mit dem Ziel, in der Flut der Informationen »sinnvolle Muster zu ermitteln«.[242] Die Politik musste die Entscheidungen treffen, die Geheimdienste lieferten Analysen und Prognosen von wissenschaftlicher Präzision – das war der Kern von Kents Theorie. »Intelligence is Knowledge«, »Intelligence is Organization«, »Intelligence is Activity«, lauteten die Prinzipien der Geheimdienstpraxis, die sich die Bedeutungsvielfalt des englischen Begriffs zunutze machten – Wissen, Organisation und Operation. Ohne systematische Forschung gab es keine »intelligence« und keinen modernen Geheimdienst.[243] Das OIR

---

242 *Kent*, Strategic Intelligence, S. 3f.; vgl. *Winks*, Cloak & Gown, S. 450f. Alle nachfolgenden Geheimdiensttheorien in offizieller oder beratender Funktion gingen von Kent aus, zuerst die von Kents späterem Nachfolger als Leiter des Geheimdienstapparats im State Department, *Hilsman*, Strategic Intelligence and National Decisions; vgl. auch *Berkowitz/Goodman*, Strategic Intelligence for American National Security; *Ford*, Estimative Intelligence; *Godson* (Hg.), Intelligence Requirements for the 1980s; *ders.* (Hg.), Intelligence Requirements for the 1990s; *Herman*, Intelligence Power in Peace and War; *Shulsky/Schmitt*, Silent Warfare.
243 Vgl. *Kent*, Strategic Intelligence, S. 3–65, 69–147, 151–206.

war das Zentrum der Geheimdienstforschung in Washington. Den Diplomaten des State Department, die dem OIR als Eindringling anfangs feindselig begegnet waren, warf Kent die altertümliche Verkennung der Forschung vor, den ignoranten Glauben, selbst »intelligence« zu produzieren: »Würde ein Heer auf ähnliche Weise argumentieren und seine Operationen darauf stützen, dann hätte es wohl die Landung in der Normandie mit Rittern in Rüstungen versucht.«[244]

Im Konflikt mit der CIA berief sich das OIR auch auf Kents Theorie.[245] Demnach gab es eine notwendige Arbeitsteilung zwischen »departmental intelligence«, dem auf Forschung beruhende Geheimdienstwissen der zuständigen Apparate, und »central intelligence«, der Koordination des Wissens.[246] Die CIA »sollte von einem vorrangigen Prinzip geleitet werden – sie soll sich *aus grundlegender und substantieller Arbeit heraushalten*«. Statt den bereits existierenden Stellen die Forschungskapazitäten und das Expertenwissen streitig zu machen, bestand die zentrale Funktion der CIA darin, »die professionelle Kompetenz der Stellen in den Ministerien zu kontrollieren«. Ihre Aufgabe war nicht die Produktion von »deskriptiven Studien und Einschätzungen« und anderen Formen von »kreativer, substantieller Arbeit«. Vielmehr genügte ein kleiner Stab führender Wissenschaftler und begabter jüngerer Mitarbeiter, um die Steuerung des Wissens in den strategischen Staatsapparaten zu übernehmen. In Kents metaphernreich vorgetragener Theorie nahm die CIA die Rolle des Literaturkritikers ein, der kraft seines Urteilsvermögens die Bücher von anderen besprach, ohne mit deren Fachwissen konkurrieren zu wollen.« Kritik und Lenkung, nicht Beobachtung und Forschung«, lautete die Mission der Wissenssteuerung durch die CIA.[247]

Kents Theorie wurde in die Praxis umgesetzt, als er kurz nach der Niederschrift von »Strategic Intelligence« gemeinsam mit William Langer die zuvor ineffektive Analysefunktion der CIA aufbaute. Lan-

---

244 *Kent*, Strategic Intelligence, S. 114.
245 Memo Howe an Evans, 7. 11. 1949; Memo Evans an Howe, Staff Study: National Intelligence, 22. 12. 1949; NA, RG 59, E. 1561, b. 5, f. 1.
246 *Kent*, Strategic Intelligence, S. 78–103, 104–115.
247 *Kent*, Strategic Intelligence, S. 94–96; dass er dabei paradigmatisch auch an das Urteilsvermögen von Historikern dachte, zeigte sein Hinweis an dieser Stelle: »The kind of critic I have in mind is the elder statesman of his profession, the man who has been through the mill of detailed duty or original work and who, therefore, has a high ability to discern the good and bad in another's work [...] by doing the ripe and reflective work of full career.«

ger und Kent schufen 1950 im Auftrag des CIA-Direktors Walter Bedell Smith ein achtköpfiges Board of National Estimates von führenden externen Experten und ein damit verbundenes Office of National Estimates (ONE) innerhalb der CIA, das anfangs zwanzig und später nicht mehr als sechzig Mitarbeiter umfasste. Langer und nach ihm, von 1952 bis 1967, Kent lenkten im Rang von stellvertretenden CIA-Direktoren diesen Apparat der Wissenssteuerung. William Bundy, der Schwiegersohn Dean Achesons und Bruder des Harvard-Dekans und späteren Nationalen Sicherheitsberaters McGeorge Bundy, koordinierte die Arbeit der jungen Experten im ONE. Deren wichtigste Aufgabe lautete, die Kenntnisse der nachrichtendienstlichen Forschungsapparate zu sichten, Forschungen in Auftrag zu geben und das koordinierte Wissen aller Apparate für die Erstellung der National Intelligence Estimates (NIEs) heranzuziehen. Die NIEs brachten und bringen bis heute die Einschätzungen und Prognosen aller Geheimdienste zu zentralen strategischen Fragen in eine einheitliche und verbindliche Form. Kein Produzent von Geheimwissen entwickelte dabei eine so enge Form der Zusammenarbeit mit dem ONE wie der Geheimdienstarm des State Department.[248]

Im Einklang mit dem von Kent zu Papier gebrachten Programm der Professionalisierung bewegte sich das OIR. Seine Bedeutung hing von zwei »grundlegenden Prinzipien« ab, wie die Verantwortlichen im Außenministerium erkannten: Erstens davon, dass der Geheimdienst organisatorisch und institutionell unabhängig war, unmittelbar dem Minister verantwortlich und nicht dem bürokratischen Eigeninteresse der unterschiedlichen Abteilungen im State Department ausgeliefert. Das war die Voraussetzung, um nur der »Wahrheit« verpflichtet sein und »objektive« Forschung betreiben zu können. Darin bestand das zweite Grundprinzip. Der Geheimdienst des State Department wurde als Ort intellektueller Offenheit und systematischer Forschung definiert: »Forschung ist eine intellektuelle Leistung, die bei einem Problem tiefer gräbt, alle Belege und Faktoren in Betracht zieht und schließlich ein Bild oder eine Einschätzung präsentiert, die zu Ende gedacht und hervorragend begründet sind.« Ohne Forschung konnte

---

248 Vgl. *Winks*, Cloak & Gown, S. 449–469; *Bird*, The Color of Truth, S. 156–179; *Ford*, Estimative Intelligence; *Garthoff*, A Journey through the Cold War, S. 39–60; *Koch*, Selected Estimates on the Soviet Union; *Kuhns*, The Beginning of Intelligence Analysis in CIA; *Steury*, Producing National Intelligence Estimates; ders. (Hg.), Sherman Kent and the Board of National Estimates.

diese Institution ihren Aufgaben nicht gerecht werden: »Diese Forschung, die tiefer reicht als die vertraute Kenntnis einer Region, macht den eigentlichen Kern der Arbeit aus und ist eine absolut notwendige Voraussetzung für die objektive, in vollem Umfang stattfindende Teilnahme an den interministeriellen National Estimates, an der täglichen Deutung der Ereignisse und an den mündlichen Briefings des Ministers.« Man vertrat das State Department in allen Geheimdienstgremien und arbeitete mit den anderen Diensten zusammen. Neben der Führung des State Department und dem Policy Planning Staff im eigenen Haus belieferte man als »Hauptkunden« den Nationalen Sicherheitsrat (NSC) des Präsidenten, die Agenturen der psychologischen Kriegführung (die Eisenhower-Regierung hatte das Psychological Strategy Board in Operations Coordinating Board umgetauft), das Militär und die CIA. Allerdings beschränkte sich das OIR dabei nicht auf den wissenschaftlichen Austausch mit den Experten des ONE. »Operations Support« für das Directorate of Plans der CIA gehörte zu den Aufgaben des OIR. Man lieferte der CIA Wissen, das zur Durchführung von Geheimoperationen benötigt wurde: Ortskenntnisse etwa, ökonomische und biographische Daten oder Informationen über Organisationen und politische Bewegungen.[249]

Die Bedrohung für die Geheimdienstanalytiker im Außenministerium kam aus dieser Richtung. Während OIR und ONE miteinander kooperierten, fühlten sich die operativen Abteilungen nicht länger an die bürokratisch etablierte und theoretisch kodifizierte Arbeitsteilung gebunden. Ihr Argument lautete, zielgenau durchgeführte Geheimoperationen gegen den Hauptgegner verlangten einen geheimen Forschungsapparat. Die wissenschaftliche Kommunismusaufklärung sollte aus diesem Grund in der CIA konzentriert werden. Die Fortführung der Kommunismusforschung im State Department betrachtete die CIA-Führung als Sicherheitsrisiko und als Geldverschwendung. Vor diesem Hintergrund muss man sich jedoch daran erinnern, dass die Reputation des OIR gerade an die Kommunismusforschung geknüpft war. Budget und Geheimhaltung waren vorgeschobene Argumente, die darauf zielten, dem OIR seinen Rang als wichtigstes

---

249 Memo, Philosophy of Intelligence in the Department, 11. 6. 1953, NA, RG 59, E. 1561, b. 8, f. Plan to strengthen R's role in the Dept. (Totem Pole); siehe auch das historisch-analytische Papier von Allan Evans, Introduction to OIR, 19. 5. 1957, NA, RG 59, E. 1498, b. 3, f. Bissell-Reber-Reports; vgl. *Lucas*, Campaigns of Truth, S. 294–302.

Zentrum der Geheimdienstforschung zu nehmen, wie für OIR-Direktor Allan Evans und seinen Stab leicht zu durchschauen war.[250] Nach einigen weniger energischen Versuchen machte CIA-Direktor Allen Dulles im Juli 1954 Ernst.[251] Ein scheinbarer Rückschlag in der psychologischen Kriegführung wurde als Anlass für den Angriff auf das State Department genutzt.[252] Dulles setzte seinen neuen Assistenten Richard Bissell darauf an. Bissell, der zuvor in den Diensten der Marshallplan-Behörde in Europa und der Ford Foundation gestanden hatte, entwickelte bald auch ein persönliches Interesse an der Frage. Noch Ende 1954 betraute Dulles ihn damit, die Entwicklung des Spionageflugzeugs U-2 zu beaufsichtigen. Bissells Bedarf an Wissen über den Kommunismus und die Sowjetunion wuchs gewaltig an.[253] Dieses Wissen lieferten bis dahin vor allem die landeskundlichen, militärgeographisch aufgebauten National Intelligence Surveys (NIS), die im Auftrag der Joint Chiefs of Staff und der CIA von den Geheimdienstexperten des State Department erstellt wurden. Die »Kunden« steuerten auf diesem Wege einen nicht unerheblichen Anteil an deren Budget bei.[254] Dulles führte Bissell im State Department mit einem Pauken-

---

250 Memo [Evans] an Howe, Nutcracker, 23. 7. 1954; Memo Evans an Howe, Operation nutcracker (Who's the nut?), 27. 7. 1954; NA, RG 59, E. 1561, b. 8, f. 4; Memo Doherty und Morris, an Evans, 9. 3. 1955, NA, RG 59, E. 1498, b. 3, f. Bissell-Reber Reports.
251 Siehe etwa C. P. Caball, Deputy Director, CIA, an Armstrong, 18. 9. 1953; Evans, Draft Memo, Procedures for ORE-OIR Collaboration in NIE Production, 24. 11. 1953; RA, RG 69, E. 1498, b. 5, f. Allan Evans; Robert A. Schow, Assistant Director, CIA, an Acting Assistant Director, Intelligence Coordination, NA, RG 59, E. 1498, b. 6; CIA-Memo, Location of Primary Responsibility for Research in International Communism, 3. 9. 1954, NA, RG 59, E. 1561, b. 8, f. 4.
252 Memo Bissell an Dulles, Production of Intelligence on International Communism, 9. 11. 1954; Bissell an Armstrong, 28. 2. 1955; Memo Bissell an Dulles, Organizational Proposal for the Organization of Intelligence on International Communism, 4. 8. 1955; NA, RG 59, E. 1561, b. 8, f. 4.
253 Vgl. *Bissell*, Reflections of a Cold Warrior, S. 92–140; *Beschloss*, Mayday.
254 Dabei ging es um 1,7 Millionen US-Dollar im Jahr, allein bei den kommunismusrelevanten NIS um etwa 250000 US-Dollar jährlich; Memorandum of Meeting on NIS, 7. 6. 1954, NA, RG 59, E. (A1) 5161, b. 73, f. CIA/NIS 1954; Memo Bissell an Dulles, Production of Intelligence on International Communism, 9. 11. 1954, S. 24f.; Memo Bissell an Dulles, Organizational Proposal for the Production of Intelligence on International Communism, 4. 8. 1955; Armstrong an Dulles, 10. 8. 1955; Howe an Armstrong, 22. 3. 1955; Memo Howe, 25. 3. 1955; NA, RG 59, E. 1561, b. 8, f. 4; Evans, Introduction to OIR, 19. 5. 1957, NA, RG 59, E. 1498, b. 3, f. Bissell-Reber-Reports; die NSC-Direktiven und OIR-Grundsatzpapiere zu den National Intelligence

schlag ein: Bissell habe von ihm den Auftrag erhalten, zu erkunden, ob die »Produktion von geheimdienstlichem Wissen über den internationalen Kommunismus« nicht besser von der CIA durchgeführt werden sollte.[255] Damit war der ominöse Begriff des »internationalen Kommunismus« gefallen, der die folgende Debatte beherrschte.[256] In diesem Punkt kreuzten sich bürokratische Strategien und epistemologische Konflikte. Dem OIR zunächst nur die Forschung zum internationalen Kommunismus zu entreißen war ein geschickter Schachzug. Während es sich scheinbar nur um einen Teilbereich handelte, wäre damit tatsächlich die gesamte Forschung im OIR gelähmt worden. Regionalwissenschaftliche Forschung und globale Fragen waren im Apparat des OIR strukturell miteinander verknüpft.[257] Dass die CIA dem State Department ihren Reformplan mit mehr als dreimonatiger Verzögerung zustellen ließ und dann eine sofortige Reaktion erwartete, unterstrich den Zug des Unternehmens als bürokratische Intrige.[258] Zugleich trat das fundamentale konzeptionelle Problem zutage, welches Bild man sich vom Gegner machte.

In den Augen von Bissell und denen, für die er namentlich sprach – Direktor Dulles selbst, das Directorate of Plans und die Abteilungen für Auslandsaufklärung und Gegenspionage im Directorate of Intelligence, jedoch nicht die CIA-internen Gelehrten im ONE –, handelte es sich beim Kommunismus um eine »säkulare Religion«. Der Kommunismus umfasste »die kommunistische Weltbewegung, die von dieser Religion angetrieben wird, die Netzwerke der Organisationen, die die institutionelle Verkörperung des Weltkommunismus darstellen, und die Regierungen, die von ihm beherrscht werden«. Der Schluss, den Bissell zog, war nur konsequent. Er bezeichnete den kommunis-

---

Surveys in NA, RG 59, E. 1595, b. 9; NIS 26, eine immer wieder revidierte Serie über die UdSSR findet sich – mit Ausnahme der weiterhin unter Verschluss gehaltenen Teile – in NA, RG 59, E. 5513, b. 1–5.
255 Dulles an Armstrong, 23. 7. 1954; CIA-Memo, Location of Primary Responsibility for Research in International Communism, 3. 9. 1954; NA, RG 59, E. 1561, b. 8, f. 4.
256 Zur Ausbreitung eines monolithischen Kommunismusbildes in Teilen der amerikanischen Staatsapparate unter dem Eindruck von McCarthyismus und Koreakrieg vgl. Selverstone, Constructing the Monolith, S. 145–194.
257 Memo [Evans] an Howe, Nutcracker, 23. 7. 1954; Memo Evans an Howe, Operation nutcracker (Who's the nut?), 27. 7. 1954; NA, RG 59, E. 1561, b. 8, f. 4.
258 Bissell an Armstrong, 28. 2. 1955; NA, RG 59, E. 1561, b. 8, f. 4.

tischen Komplex als »internationale Bewegung oder Verschwörung« und als »weltweite kommunistische Verschwörung« (»worldwide communist conspiracy«).[259] Zur Erforschung dieser weltumspannenden politischen Verschwörung bedurfte es eines Forschungsapparats neuen Inhalts und neuer Form. Gegen die Geheimdienstanalytiker des State Department wurden allerdings nicht nur die erwartbaren Geheimhaltungsargumente in Stellung gebracht. Bissell versuchte, ihre professionelle Integrität in Zweifel zu ziehen. Beim OIR sollte allein die »Hauptverantwortung für geheimdienstliche Endprodukte« verbleiben, »die eher allgemein gehalten sind und sich auf einzelne Länder richten, einschließlich der Forschung über nationale kommunistische Bewegungen, wenn der Fokus eindeutig auf dem jeweiligen Land liegt und nicht auf dem Kommunismus als einer Weltbewegung«.[260]

Aus ihrer politischen Deutung des Kommunismus als Weltverschwörung folgte für die CIA-Führung die Überzeugung, dass objektive Kommunismusforschung nur solche Forschung sein konnte, die den Kommunismus als Weltverschwörung untersuchte. Weil dies im OIR – wo der Kommunismus gleichzeitig als internationales und als lokales Phänomen erforscht wurde – offensichtlich nicht der Fall war, musste der neue, bessere Apparat geschaffen werden. Im Umkehrschluss enthielt der Bissell-Plan zahlreiche Spitzen gegen das OIR, die vermutlich nur eine Folge von Bissells politisch verzerrter Wahrnehmung waren.[261] Der Untersuchungsgegenstand der neuen Forscher war gewaltig:

»Die Bandbreite der Forschung sollte möglichst groß sein, sie sollte kommunistisches Denken, Strategie, Taktik, Fähigkeiten, Organisation und führende Persönlichkeiten abdecken. Eingeschlossen wären intellektuelle Aktivitäten wie die Formulierung und das Testen von Hypothesen zu gegenwärtigen und wahrscheinlichen künftigen Entwicklungsverläufen, was die kommunistische Ziele und Methoden so-

---

259 Memo Bissell an Dulles, Production of Intelligence on International Communism, 9. 11. 1954, S. 5, 9, 18, NA, RG 59, E. 1561, b. 8, f. 4.
260 Memo Bissell an Dulles, Production of Intelligence on International Communism, 9. 11. 1954, S. 20, 23, NA, RG 59, E. 1561, b. 8, f. 4.
261 Die Spitzen wurden deutlich registriert: Memo Evans an Armstrong, Bissell draft on intelligence on communism, 11. 3. 1955; State Department Comments on CIA-Report: Producion of Intelligence on International Communism, 24. 3. 1955; NA, RG 59, E. 1561, b. 8, f. 4; Memo Evans an seine Abteilungsleiter (Division Chiefs) Scammon, Burgin, Fried, Ogburn, Harvey, 9. 3. 1955, S. 7 f., NA, RG 59, E. 1498, b. 3, f. Bissell-Reber Reports.

wie den kommunistischen Apparat betrifft; die vergleichende Untersuchung von kommunistischer Strategie und Taktik in verschiedenen Ländern und in unterschiedlichen historischen Phasen; die Reflexion über die Stärken und Schwächen der kommunistischen Ideologie, ihre Übereinstimmung mit der kommunistischen Praxis, ihre Anziehungskraft, sowie über Methoden, wie man mit dieser Ideologie auf intellektueller Ebene wirkungsvoll konkurriert; und ähnliche Untersuchungen zur Philosophie, zum Charakter und zum Verhalten des Feindes. Die Forschung sollte auch die Einschätzung der Anfälligkeit von Gesellschaften für den Kommunismus einschließen, die Überprüfung der Politik und Haltung der USA und anderer nichtkommunistischer Länder gegenüber dem Kommunismus, und sie sollte zwangsläufig Vorschläge für die Operationen und die Politik der USA produzieren.«[262]

Auffällig daran war zweierlei: Erstens ließ sich argumentieren, dass genau dieses Forschungsprogramm bereits umgesetzt wurde – und zwar im State Department.[263] Zweitens ging Bissells Ansatz, den Kommunismus als Verschwörung zu betrachten, mit einer Privilegierung von Fragen der Ideologie und des Zusammenhangs von kommunistischer Theorie und Praxis als Forschungsgegenstand einher. Dieser Zuschnitt seines Programms sollte sich als bürokratischer Bumerang erweisen.

Bissells Entwurf für die neue Forschungsorganisation innerhalb der CIA stellte die Theorie von Sherman Kent auf den Kopf. Statt institutioneller Differenzierung, wie der hauseigene Theoretiker sie forderte, lief Bissells von Dulles gedeckter Plan auf eine Entdifferenzierung hinaus. Die von Kent als Professionalisierungsschub gepriesene Aufspaltung in »departmentale« und »zentrale« Aufklärung, operatives und strategisches Wissen, Forschung und Aktion wurde von Bissell wieder über den Haufen geworfen. Zwar unterschied Bissell zwischen »einem Stab zur Unterstützung von Operationen mit Wissen, einem Stab zur Planung von Operationen, und einem Forschungs- und Planungsstab mit erfahrenen Forschern« in der geplanten Kommunismusaufklä-

---

262 Memo Bissell an Dulles, Production of Intelligence on International Communism, 9. 11. 1954, S. 5, NA, RG 59, E. 1561, b. 8, f. 4.
263 Siehe etwa Memo Doherty an Trezise, Research in International Communism, 16. 9. 1954; Memo Evans an Armstrong, Bissell draft on intelligence on communism, 11. 3. 1955; State Department Comments on CIA-Report: Production of Intelligence on International Communism, 24. 3. 1955; NA, RG 59, E. 1561, b. 8, f. 4.

rung. Aber die Grenzen lösten sich auf. Räumlich und organisatorisch waren in Bissells Plan alle drei Ebenen miteinander verbunden. Selbst die am weitesten von laufenden Geheimoperationen entfernte »senior«-Forschergruppe zeichnete sich durch eine hybride Stellung aus.[264] Diese ausgewiesenen Kommunismusexperten versah Bissells Vorstellung mit dem Selbstbewusstsein von Gründervätern eines neuen akademischen Feldes – als wissenschaftliche Elite einer universalen »cold war science«, die sich nicht mehr über geographische Regionen oder akademische Disziplinen definierte und von allen traditionellen Schranken losgelöst war. Ihre Wirkung verdankte diese imaginierte Gruppe ihrem »Prestige und intellektuellen Einfluss«. Sie lockte den besten akademischen Nachwuchs an. Sie entfaltete eine freischwebende »Kreativität«, »Objektivität« und »Originalität«, erfasste den Feind, getrieben von einem enzyklopädischen Willen zum Wissen, in jedem erdenklichen Detail, öffnete ihren Geist zum Zweck der »spekulativen Erkundung«. Ihre Deutungen waren »autoritativ für das gesamte Phänomen des Kommunismus« im ganzen Regierungsapparat. Zugleich jedoch sollten diese Spitzenforscher unmittelbar in den Geheimdienstkrieg gegen den Kommunismus eingebunden sein, über Gegenmittel und Strategien nachdenken, die Rolle des »›Roten Teams‹ in der Kriegssimulation, das versucht, die Gedanken des Gegners nachzubilden«, spielen. Denn die von Bissell geforderte Forscherelite stellte gerade nicht eine Erweiterung des ONE dar. Sie sollte dem Directorate of Plans unterstellt und »zuerst auf Operationen abgestellt« sein.[265]

Bissells Sprache war die eines Wissenschaftsmanagers, der das Loblied der Interdisziplinarität sang und das Modell des Labors auf die Geisteswissenschaften übertrug. Seine Kommunismusforscher sollten »in einer stimulierenden intellektuellen Umgebung« wirken, in der »ein fruchtbarer Austausch von Ideen und eine wechselseitige Fruchtbarmachung durch Individuen mit unterschiedlichen Begabungen, intellektuellen Hintergründen und Interessen« stattfand. Zugleich mili-

---

264 Memo Bissell an Dulles, Production of Intelligence on International Communism, 9. 11. 1954, S. 16–18, 20–24, NA, RG 59, E. 1561, b. 8, f. 4.
265 Memo Bissell an Dulles, Production of Intelligence on International Communism, 9. 11. 1954, S. 6–9, 16f., 18f., 22; Memo Bissell an Dulles, Organizational Proposal for the Production of Intelligence on International Communism, 4. 8. 1955; NA, RG 59, E. 1561, b. 8, f. 4; zum Begriff und den vielfältigen Realisierungsformen der »cold war science« vgl. den instruktiven Überblick von *Unger*, Cold War Science.

tarisierte und paranoisierte sich Bissells Sprache. Kriegsspiele und psychologische Strategie, Verschwörung und Subversion prägten die Tätigkeit in Bissells Kommunismuslabor. Er wollte dabei nicht nur einen Think Tank in der CIA schaffen, sondern suchte auch die enge Anbindung seiner CIA-Truppe an die regierungsnahen, unabhängigen Denkfabriken. Auf diese Weise konnten auch »›kontroverse‹ Figuren« an sein Labor angeschlossen werden: Kommunismusforscher aus der Welt der Universitäten und Think Tanks, denen die bürokratischen Mechanismen die für den Regierungsapparat notwendige Sicherheitsfreigabe verweigern würden. Das Wissen dieser »kontroversen« Forscher sollte für das geheime Staatswissen nutzbar gemacht werden. Es schien, als seien Bissell an dieser Stelle die blinden Flecke seiner Epistemologie bewusst geworden. Doch es ging dabei nicht um abweichendes Wissen. Das Expertenwissen der »kontroversen« Forscher erkannte er nur dann an, wenn sie seine Prämisse der kommunistischen Weltverschwörung teilten.[266]

Bissell beraubte sich in jeder Hinsicht des grundsätzlichen Korrektivs, das der Erforschung des internationalen Kommunismus zur Verfügung stand – die regionalwissenschaftliche Untersuchung lokaler Bedingungen. Auf diese Wissenskontrolle verzichtete Bissells Plan vollständig. In Bissells System korrigierte und orientierte nicht das Wissen die Politik, sondern politische Konzeptionen lagen einer Wissenschaft zugrunde, deren Erkenntnisse wiederum die politischen Prämissen bestätigen mussten. Was außerhalb stand, fiel nicht unter seine Definition der Kommunismusforschung und war folglich ungültig. Bissells Plan fußte auf einer Epistemologie selbstgewählter Blindheit, auf einer Hermeneutik des Verdachts, die einen Kreislauf der Paranoia in Gang setzen musste, der nicht mehr stillzustellen gewesen wäre.[267] Wäre Bissells Plan vollauf umgesetzt worden – soweit die Quellen erkennen lassen, kam innerhalb des Directorate of Plans der CIA später lediglich eine abgeschwächte Variante zum Einsatz[268] –,

---

266 Memo Bissell an Dulles, Production of Intelligence on International Communism, 9. 11. 1954, S. 18f., NA, RG 59, E. 1561, b. 8, f. 4.
267 Vgl. zu dieser Form geheimdienstlicher Hermeneutik *Horn*, Der geheime Krieg, S. 126–129, 135–147, 317, 320f.
268 Das finale Memo Bissell an Dulles, Organizational Proposal for the Production of Intelligence on International Communism, 4. 8. 1955, NA, RG 59, E. 1561, b. 8, f. 4, regte an, innerhalb der CIA die »international Communist Branch in DDP/Cl«, der Stelle für die »Clandestine Services«, zur Unterstützung von verdeckten Operationen, Auslandsaufklärung und Gegenspionage

hätte er zur Folge gehabt, dass seine paranoische Epistemologie in den gesamten Forschungsapparat der amerikanischen Regierung eingesickert wäre. Denn als »Hauptquelle detaillierten und spezifischen geheimdienstlichen Wissens über den Kommunismus« sollte das von Bissell erdachte Labor die Funktion einer Agentur der Wissenszirkulation übernehmen, von der die anderen Behörden ihre Kenntnisse über den Kommunismus empfingen.[269] Bissell wollte, wie die Geheimdienstanalytiker des State Department spotteten, seine CIA-Gruppe als Washingtons offizielles »Orakel« zum Weltkommunismus etablieren.[270] Dass es dazu nicht kam, verdankte sich der entschlossenen Gegenwehr des State Department. Das hermetische System des geheimen Wissens, das Bissell entworfen hatte, war eben nur ein Plan. Angesichts der Rückendeckung durch Dulles bestand zwar die realistische Aussicht auf eine Realisierung des Plans. Doch die Gegnerforschung in den amerikanischen Geheimdienstapparaten funktionierte weiterhin und überwiegend nach den Prinzipien wissenschaftlicher Arbeitsteilung und intellektueller Offenheit, nach Sherman Kents Modell des Geheimdienstanalytikers als Sozialwissenschaftler. Die Fähigkeit zur Selbstkorrektur war in diesen Apparat eingebaut. Allan Evans, der Anfang der fünfziger Jahre Marcuse als Leiter der Kommunismusaufklärung eingesetzt hatte, kommandierte im Namen des stellvertretenden Außenministers den erfolgreichen Versuch, Bissells Angriff zurückzuschlagen.

Evans attackierte die hybride Stellung von Bissells Experten, die zerrissen waren zwischen Kontemplation und Aktion, eine bürokratisch instabile Position, die auf Dauer in die eine oder die andere Richtung kippen würde. Tiefenforschung – im Gegensatz zu einer die Details von Operationen vorbereitenden Forschung – und »operation« ließen sich nicht von ein und derselben Gruppe betreiben.[271] Evans kritisierte die Einseitigkeit einer Forschungsorganisation, die schon in

---

von 23 auf bis zu 75 Mitarbeiter zu erweitern, während zwei oder drei »senior officers« unter den Auspizien des DDI (Directorate of Intelligence) »speculative study« betreiben sollten.
269 Memo Bissell an Dulles, Production of Intelligence on International Communism, 9. 11. 1954, S. 21f., NA, RG 59, E. 1561, b. 8, f. 4.
270 Memo Doherty und Morris an Evans, 9. 3. 1955, NA, RG 59, E. 1498, b. 3, f. Bissell-Reber Reports.
271 Memo Evans an Scammon, Burgin, Fried, Ogburn, Harvey, 9. 3. 1955, S. 7f., NA, RG 59, E. 1498, b. 3, f. Bissell-Reber Reports; Memo Evans an Armstrong, Bissell draft on intelligence on communism, 11. 3. 1955, NA, RG 59, E. 1561, b. 8, f. 4.

ihrer Anlage wesentliche Elemente des Untersuchungsgegenstandes übersah. Sein Schlüsselargument lautete: »Nur durch den Vergleich lokaler Erscheinungsformen können wir die Art und die Absicht der internationalen Führung einschätzen [...] Im Kern geht es darum, dass wir, wenn wir den Kommunismus in einem Land wie Frankreich verstehen und seine Fähigkeiten einschätzen wollen, das gesamte politische und gesellschaftliche Milieu Frankreichs verstehen müssen.« Nicht Verschwörungstheorien, sondern sozialwissenschaftliche Forschung bildete das Rückgrat der geheimdienstlichen Kommunismusforschung: »Wir haben die Akten, die regionalwissenschaftlichen Spezialisten, das Forschungs-Know-how und die geheimdienstliche Tradition, um solche Fragen zu bearbeiten [...]. Niemand anders verfügt darüber.«[272]

Wissenschaftlichkeit, Interdisziplinarität, systematische Forschung und »Quellenvielfalt« galten schon zuvor als die Grundpfeiler der Geheimdienstarbeit im State Department. Das professionelle Leitbild kam auch in der Aufgabe der Prognose, des »forecasting«, zum Ausdruck: Die OIR-Mitarbeiter waren »ausgebildet in der Kunst der Vorhersage, die ein wesentliches Element im Denken eines jeden guten Sozialwissenschaftlers ist«. Zum Selbstbild des OIR gehörte auch das autokorrektive Prinzip der »Checks and Balances«, der wechselseitigen Kontrolle. Die methodische Rhetorik im Apparat trug einen kalten, sachlichen Zug. Der Geheimdienst des State Department sah sich selbst in der privilegierten Lage, allein im Dienste der Wahrheit die Fülle seines Wissens, seiner Ansätze und Experten auszuschöpfen und seine Schlüsse ziehen zu können, ohne Rücksicht darauf, was politisch »pleasant or unpleasant« war. Die Forscher des OIR pflegten den Habitus, jeder Wahrheit unerschrocken gegenüberzutreten.[273]

Zwei Systeme des Wissens prallten aufeinander. Der Diskurs des State Department untergrub den Diskurs Bissells und der operativen CIA-Einheiten. Es ging dabei nicht allein um unterschiedliche politische Weltbilder. Fundamental divergente Epistemologien der Feind-

---

272 Memo Evans an Armstrong, Location of Responsibility for Research in International Communism, o. D. [März 1955], NA, RG 59, E. 1561, b. 8, f. 4; Memo Evans an Scammon, Burgin, Fried, Ogburn, Harvey, 9. 3. 1955, NA, RG 59, E. 1498, b. 3, f. Bissell-Reber Reports.
273 Memo Killea an Armstrong, Briefing Paper for the Secretary, 16. 12. 1952, NA, RG 59, E. 1561, b. 26, f. Special Assistant (1956 and prior).

schaft traten hervor. Bissells Gegner war der Fremde, der nach dem Muster der Schattenwelt von Spionage und Subversion strukturiert war, die Bissell selbst bewohnte. Für die Analytiker des State Department war der Gegner ein Objekt der Forschung wie jedes andere auch. Evans formulierte explizit, zu welchem Zweck sein geographisch und systematisch differenzierter Apparat aufgebaut worden war: »Notwendig ist ein Kanal für informelle Ideen, für das Stellen von Fragen, für das Aufspüren eines unerwarteten Ansatzes oder Faktors, die sonst übersehen würden.« Fortgesetzte wissenschaftliche Selbstkorrektur – die erwähnten »checks and balances« – war für Evans die Pflicht eines Apparats der Geheimdienstforschung. Nachdem er Bissells Konzeption einer hochspekulativen Kommunismusforschung, die sich von den Beschwerden der Faktenforschung lösen und ganz ihrer Kreativität hingeben durfte, in sarkastischem Tonfall zerpflückt hatte, bemerkte Evans: »Niemand kann leugnen, dass viel ›Faktenforschung‹ geleistet wird und werden muss.« Und die Fakten zeigten: »Die Forschung zum Kommunismus kann nicht einfach von der allgemeinen politischen und gesellschaftlichen Geheimdienstforschung abgetrennt werden.«[274]

Der Geheimdienstarm des State Department beschränkte sich allerdings nicht darauf, die epistemologischen und forschungsorganisatorischen Schwächen des Bissell-Plans herauszustellen. Evans und seine Mitarbeiter setzten den Konflikt der Diskurse und Weltanschauungen auf der Ebene der von Bissell geschmähten Fakten fort, um ihre Position institutionell abzusichern. Sie zeigten, dass Bissells grandios auftretender Plan nicht nur auf Annahmen beruhte, die dem Forschungsgegenstand unangemessen waren – dieser Streit war durch Argumente allein kaum auszuräumen –, sondern auch die Aktivitäten des OIR falsch dargestellt hatte. Es war dieser von außen nachprüfbare Punkt, der Bissell schließlich zum Einlenken zwang. Neben sozialwissenschaftlicher Regionalforschung wurde im OIR auch die Aufklärung des internationalen Kommunismus betrieben.

Der Geheimdienstapparat des State Department konnte »spekulatives, ideenreiches« und »intellektuelles Denken höchster Güte« über den Weltkommunismus vorweisen. »Das OIR hat eine komplexe Struktur von Arbeitsbeziehungen und internen Abläufen genau zu dem Zweck aufgebaut, die nach Ländern gegliederte Organisation zu

---

274 Memo Evans an Armstrong, Bissell draft on intelligence on communism, 11. 3. 1955, S. 13, 15, NA, RG 59, E. 1561, b. 8, f. 4.

ergänzen«, betonte Evans. Seiner Organisation waren die Prinzipien der Kritik und der Selbstkorrektur – des »Feedback« in der zeitgenössischen Sprache der Kybernetik – konstitutiv eingeschrieben.[275] Zwei kreative Bereiche, nach den Prinzipien »inter-area« und »inter-discipline« organisiert, dienten diesem Zweck: Das Committee on World Communism (CWC) war das Zentrum, in dem die Fäden der Kommunismusforschung zusammenliefen, und die Estimates Group (EG) versammelte die Abteilungsleiter und bei Bedarf hinzugezogene Experten zum spekulativen und prognostischen Austausch und zur Vorbereitung von National Intelligence Estimates. Ein Mitglied der Estimates Group wurde in den Policy Planning Staff entsandt und diente als Verbindungsstelle zwischen den politischen Strategen und den Geheimdienstanalytikern.[276]

Führende Intellektuelle bedachten das CWC mit höchster Anerkennung.[277] Das CWC wurde von einem »erstklassigen Spezialisten für kommunistische Theorie« geleitet und brachte die besten Experten aus allen Abteilungen zum »hochfliegenden Denken« zusammen. Es galt als die Verkörperung der »Qualitäten von Grundlagenforschung und durchschauender Einsicht«. Regionalspezialisten und die von Bissell angeforderten internationalen Ideologieforscher tauschten dort ihre unterschiedlichen Perspektiven und Interpretationen aus. 1955 wurde das CWC von der Division of Functional Intelligence aus koordiniert, vom Leiter des Political Activities Staff und Vorsitzenden

---

275 Memo Evans an Scammon, Burgin, Fried, Ogburn, Harvey, 9. 3. 1955, S. 2, NA, RG 59, E. 1498, b. 3, f. Bissell-Reber-Reports; zu Kybernetik und Systemtheorie im Nachkriegsamerika vgl. *Brick*, Age of Contradiction, S. 125–131, sowie unten, Kap. V.10.
276 OIR-Memo, Comments on CIA-Report: Producion of Intelligence on International Communism, 24. 3. 1955; State Department Comments on CIA-Report: Producion of Intelligence on International Communism, 24. 3. 1955; NA, RG 59, E. 1561, b. 8, f. 4; Memo Evans an Scammon, Burgin, Fried, Ogburn, Harvey, 9. 3. 1955, S. 2f.; Evans, Introduction to OIR, 19. 5. 1957, NA, RG 59, E. 1498, b. 3, f. Bissell-Reber-Reports; Memo Armstrong an Kennan, 31. 5. 1949, NA, RG 59, E. 1561, b. 19, f. 2.
277 Ohne mit allen Einzelheiten vertraut zu sein, erblickte *Daniel Bell*, Hard Times for Intellectuals, in: New Republic, 17. 8. 1953, im CWC eine führende Stelle der Kommunismusforschung in Amerika und beklagte, dass sie unter Beschuss durch den McCarthyismus geraten sei. Allerdings nannte er nicht den korrekten Namen des Komitees und machte auch sonst einige Fehler in seinem Artikel, wie das Memo Evans an Howard Cook, 21. 8. 1953, NA, RG 59, E. (A1) 5165, b. 66, f. Chronological June–December 1953, festhielt.

des Weltkommunismuskomitees, Bernard Morris.[278] Unter Sparzwängen personell erheblich geschrumpft, setzte das CWC seine Mission als Zentrale der Kommunismusaufklärung im amerikanischen Regierungsapparat fort. Das CWC hatte einen »einzigartigen« Schatz von Informationen angehäuft, »die umfangreichste Sammlung von einschlägigen Unterlagen in der freien Welt zur internationalen kommunistischen Bewegung nach dem Krieg«. Hunderttausende Dokumente, darunter umfassende Bestände kommunistischer Presseerzeugnisse und über kommunistische Organisationen, waren zusammengetragen worden. Alles in allem verfügte das CWC über mehr als »1,5 Millionen Einzelstücke, systematisch geordnet und verschlagwortet, zugänglich ohne mühsames Suchen«. Und der wichtigste »Kunde« dieser gewaltigen Speicher- und Produktionsstätte des Wissens war nachweislich die CIA. Noch im Mai 1954 hatten CIA-Stellen dem OIR einen Großauftrag für eine Forschungsreihe über kommunistische Tarnorganisationen erteilt.[279]

Morris' Kenntnisse als »erstklassiger Spezialist für kommunistische Theorie« wurden in der Erwiderung auf Bissell herausgestellt. Morris war »ausgebildet in marxistischer Theorie und kommunistischer Parteigeschichte«, »durchdrungen [...] von seiner langen und ausgezeichneten Erfahrung in der Erforschung der Fakten und Subtilitäten und organisatorischen Feinheiten des Kommunismus als eines internationalen Phänomens«.[280] Das war, ohne den Namen zu nennen, ein Lobgesang der Oberen des State Department auf die Marcuse-Schule im eigenen Haus. Herbert Marcuse war Morris' Lehrmeister in der Kommunismusaufklärung gewesen, und Morris folgte Marcuse im Vorsitz

---

278 Memo Doherty an Trezise, Research in International Communism, 16. 9. 1954; Memo Evans an Armstrong, Bissell draft on intelligence on communism, 11. 3. 1955; OIR-Memo, Comments on CIA-Report: Producion of Intelligence on International Communism, 24. 3. 1955; State Department Comments on CIA-Report: Producion of Intelligence on International Communism, 24. 3. 1955; NA, RG 59, E. 1561, b. 8, f. 4.
279 OIR-Memo, Intelligence Coverage of International Communism, Department of State, 14. 5. 1954; Memo Evans an Armstrong, Priority Personnel Needs, 5. 5. 1954; Memo Evans an Howe, DDP and Bernie Morris, 22. 4. 1954; NA, RG 59, E. (A1) 5161, b. 67; OIR Provisional Programs for the Period August 1–December 31, 1953, NA, RG 59, E. (A1) 5161, b. 68; Memo Morris an Trezise, Statement of Requirements on Objectives, Tactics, Capabilities, Assets of International Communism in the Free World, Preliminary Draft, 24. 4. 1953; NA, RG 59, E. (A1) 5161, b. 73, f. DFI 1954.
280 Memo Doherty an Trezise, Research in International Communism, 16. 9. 1954, NA, RG 59, E. 1561, b. 8, f. 4.

des CWC nach.[281] Nach seinem Abschied aus dem State Department wurde Morris Professor für Politikwissenschaften an der Indiana University und schrieb sowjetologische Klassiker wie »International Communism and American Policy« oder »Imperialism and Revolution«.[282] Gegen Bissell wurde zudem ein Unternehmen ins Feld geführt, das sich unmittelbar zu Marcuse zurückverfolgen lässt: »unseren Report über die ›Stärken und Schwächen‹ des Weltkommunismus (leider zuletzt 1950 auf den neuesten Stand gebracht!), der so deutlich Länderstudien mit globaler Analyse verbindet«, ein Muster an »enormer geographischer Bandbreite, tiefreichender Gesellschaftsanalyse und kühner spekulativer Prognose«.[283] Es handelte sich dabei um eine umfangreiche Forschungsreihe mit dem Titel »The Potentials of World Communism«,[284] die im Mai 1949 erstellt und 1950 aktualisiert worden war, unter der Leitung von Marcuse, dem unmittelbar dem Direktor des OIR unterstellten Vorsitzenden des Committee on World Communism.[285]

Das war die Form von Kommunismusaufklärung, nach der Bissell Ausschau gehalten hatte, eine Kommunismusforschung, die aus der Analyse von Ideologie und Theorie Rückschlüsse auf die politische Praxis zog und auf dieser Grundlage prognostische Spekulationen wagte. Bissell zog seinen Plan zurück.[286] Was von der perfekt einge-

---

281 Vgl. *Katz*, Herbert Marcuse and the Art of Liberation, S. 132–134.
282 Vgl. *Morris*, International Communism and American Foreign Policy; *ders.*, Imperialism and Revolution.
283 Memo Evans an Armstrong, Bissell draft on intelligence on communism, 11. 3. 1955, S. 7, NA, RG 59, E. 1561, b. 8, f. 4.
284 R&A 4909.1–6, The Potentials of World Communism, 1. 8. 1949. Diese Serie von Länderreports wurde eingeleitet von einem »Summary Report« vom selben Datum, R&A 4909. Ein vollständiger Satz dieser Studie findet sich in NA, RG 59, E. 5514, b. 9.
285 Marcuses Rolle als *spiritus rector* des Unternehmens und Verfasser des einleitenden »Summary Report« zeigt das Memo Marcuse an CWC Divisional Representatives, 25. 1. 1950, NA, RG 59, E. 1561, b. 18, f. 9; vgl. auch *Katz*, Herbert Marcuse and the Art of Liberation, S. 132–134, der sich auf ein Interview mit Bernard Morris stützt. Marcuses Aufgabenbereich als Acting Chairman des »interdivisionalen« CWC ist dokumentiert in NA, RG 59, E. 1561, b. 20, f. CWC 1951.
286 Das finale und offizielle Memo Bissell, Special Assistant to the Director for Planning and Coordination, an Dulles, Director of Central Intelligence, Organizational Proposal for the Production of Intelligence on International Communism, 4. 8. 1955, berücksichtigte die Einwände des State Department auf ganzer Linie, wie auch Armstrong an Dulles, 10. 8. 1955, bestätigte; NA, RG 59, E. 1561, b. 8, f. 4.

fädelten bürokratischen Intrige übrig blieb, war lediglich ein neues Komitee, in dem sich die CIA, die Streitkräfte und das State Department über die globale kommunistische Strategie austauschten. Den Vorsitz hatte dabei das Außenminsterium inne, vertreten von einem Repräsentanten des Ministers und Bernard Morris.[287] Der State-Geheimdienst fertigte im Auftrag und im Sold der CIA auch weiterhin die landeskundlichen National Intelligence Surveys an.[288] In diesem Augenblick verdankte der Geheimdienstapparat des State Department sein institutionelles Überleben nicht zuletzt dem Werk und der Wirkung Marcuses. Intime Kenntnisse der marxistischen Theorie und tiefe Einsichten in die Subtilitäten der kommunistischen Ideologie und Strategie hatten sich als unerlässliche Werkzeuge der geheimdienstlichen Kommunismusaufklärung bewährt.

Bissells Wissensbedarf, insoweit er von Stellen außerhalb der CIA gedeckt wurde, war gestillt. Er beaufsichtigte weiterhin die Entwicklung der U-2, die über sowjetischem Territorium zum Einsatz kam. Eines der Aufklärungsflugzeuge wurde 1960 über der Sowjetunion abgeschossen, was die Spannungen zwischen den Supermächten verschärfte.[289] 1958 trat Bissell als stellvertretender Direktor der CIA die Leitung des Directorate of Plans an. Seine ideologischen Konzeptionen des Gegners schlugen in den zahlreichen Geheimoperationen durch, die Bissell befehligte. Lokale Faktoren blendete er weiterhin aus. Die Invasion in der Schweinebucht 1961 war sein Werk und kostete ihm und seinem interventionsfreudigen Direktor Dulles den Job, den beiden Männern also, die 1954 und 1955 versucht hatten, dem State Department die Kommunismusaufklärung zu entreißen.

---

287 Sitzungsprotokoll, Committee on International Communism, 26. 10. 1955; Memo Philip Trezise an Committee on International Communism, 31. 10. 1955; Memo Bissell an Dulles, Organizational Proposal for the Production of Intelligence on International Communism, 4. 8. 1955; NA, RG 59, E. 1561, b. 8, f. 4.
288 Memo Bissell an Dulles, Organizational Proposal for the Production of Intelligence on International Communism, 4. 8. 1955; Armstrong an Dulles, 10. 8. 1955; Memo Howe, 25. 3. 1955; NA, RG 59, E. 1561, b. 8, f. 4; Evans, Introduction to OIR, 19. 5. 1957, NA, RG 59, E. 1498, b. 3, f. Bissell-Reber-Reports.
289 Vgl. Beschloss, Mayday; Bissell, Reflections of a Cold Warrior, S. 121–130; Wiener, Legacy of Ashes, S. 129f., 183–185. In einem immer noch den Diskursen der geheimdienstlichen Kommunismusaufklärung verbundenen Buch rügte Marcuse später den Flug der U-2 als Provokation; vgl. Marcuse, Soviet Marxism, S. viii. Vgl. dazu unten, Kap. V.5.

Wie eingehend Bissell von dem Wissen Gebrauch machte, das ihm vom State Department geliefert wurde, lässt sich nicht klären. Während die Tendenz der OIR-Interpretationen ihm gegen den Strich gegangen sein muss, kann dies von dem davon unabhängigen Detailwissen nicht zwangsläufig behauptet werden. Fakt ist, dass nur ein einziger Schritt Marcuses Arbeit und seinen Nachfolger im Weltkommunismuskomitee von Bissell trennte, jenem Geheimdienstmann, der wie kaum ein anderer die »dunkle Seite« der CIA verkörperte, jene Welt von Sabotage und Subversion, von Interventionen und politischen Morden, die diesen amerikanischen Geheimdienst dauerhaft in Verruf brachte.[290] Zwischen Bissell und Marcuse oder Morris stand nur noch Marcuses Vorgesetzter Allan Evans, der seine Forscher von epistemologisch fragwürdigen Ansprüchen der »dunklen Seite« der CIA abschirmte. Mit der anderen Seite der CIA stand das OIR und darin Marcuse während seiner Zeit im State Department ohnehin in permanenter Verbindung.

Auch wenn nicht genauer bestimmt werden kann, auf welches Wissen Bissell im Einzelnen zurückgriff, sticht doch erneut die Dialektik der Aufklärung hervor. Wo und in welcher Weise Wissen, womöglich gegen die Intentionen seiner Urheber, im Geheimdienstapparat zum Einsatz kam, war dem Einfluss der Forscher und Analytiker entzogen. Die geheimdienstliche Aufklärung zeigte auf unerwartete Weise ihr dialektisches Doppelgesicht. Die Erkenntnisse des Spionageflugzeugs U-2 und anschließend der Satellitenaufklärung lieferten unhintergehbare Argumente für eine Entspannungspolitik. Die Bilder der U-2 und der Satelliten offenbarten seit den späten fünfziger Jahre eine Sowjetunion, deren militärisches Potential viel schwächer war, als die militärischen Nachrichtendienste und die Vertreter des »militärisch-industriellen Komplexes« in Washington angenommen hatten. Die von der CIA gewonnenen Bilder erledigten die Legenden zuerst eines »bomber gap« und dann eines »missile gap«, einer Bomber- und Raketenlücke. Amerika, nicht die Sowjetunion, hatte einen strategischen Vorsprung.[291]

---

290 Vgl. etwa *Wiener*, Legacy of Ashes, S. 106–132, 179–217; *Kinzer*, Overthrow; *Jeffreys-Jones*, The CIA and American Democracy.
291 Vgl. zusammenfassend *Krieger*, Geschichte der Geheimdienste, S. 318f.; oder einige der Beiträge in: *Haines/Leggett* (Hg.), Watching the Bear; allgemein zur Überschätzung der sowjetischen Stärke vgl. *Freedman*, U.S. Intelligence and the Soviet Strategic Threat.

Nach dem Rücktritt von Dulles und Bissell wurde wieder die Rolle von Sherman Kent und seinem ONE als Gehirn des CIA-Apparats gestärkt. Kent, dessen Billigung die Operationen Bissells niemals gefunden hatten, war es auch, den Präsident Kennedy 1962 als Vertreter der CIA dazu bestimmte, gemeinsam mit Dean Acheson und Charles Bohlen den französischen Präsidenten Charles de Gaulle und die europäische Öffentlichkeit über die Kubakrise ins Bild zu setzen.[292] Dennoch konnte sich das aufgewertete ONE nicht dauerhafter Wertschätzung der Regierung erfreuen. Schon wenige Jahre später, im Vietnamkrieg, blendeten Präsident Johnson und sein Nationaler Sicherheitsberater Walt Rostow systematisch die Erkenntnisse sowohl der CIA als auch des Geheimdienstes im State Department aus.[293]

Die Episode von Marcuses indirekter Verwicklung in die Geschäfte der »dunklen Seite« der Geheimdienstmacht kann nicht abgeschlossen werden, ohne auf eine Begegnung zu verweisen, die in Marcuses Dienstzeit fiel. So sehr wie Richard Bissell personifizierte nur noch James Jesus Angleton die Schattenseite der frühen CIA. In Robert De Niros Film »The Good Shepherd« (2006) fließen beide in der von Matt Damon gespielten Hauptfigur zusammen. Der OSS-Veteran Angleton wurde zum legendären Theoretiker und Leiter der amerikanischen Gegenspionage. War Bissells Epistemologie nicht frei von paranoischen Zügen, so endete Angletons Leben im Verfolgungswahn. Ursprünglich auf die Täuschungsmanöver der sowjetischen Geheimdienste war sein berühmtes Wort von einer »Wildnis aus Spiegeln« gemünzt, die den Blick auf die Wirklichkeit verstellte, eine Welt von Spiegelungen und Gegenspiegelungen, aus der Angleton selbst nicht mehr herausfand, bis er schließlich eine große Zahl von CIA-Mitarbeitern der Spionage für die Sowjetunion verdächtigte.[294]

Im Februar 1951 trafen Evans und Angleton zusammen. Schon hier ging es um die Zuständigkeiten in der Kommunismusaufklärung. Allerdings bewies Angleton, der sein Geschäft als intellektuelle Herausforderung verstand, ein feineres Gespür für die Notwendigkeiten der Gegnerforschung als Bissell einige Jahre später. Angletons Theorie der

---

292 Vgl. *Winks*, Cloak & Gown, S. 324f., 449–463.
293 Vgl. *Milne*, America's Rasputin, S. 166f., 203f., 209, 219f., 229f.; *Ford*, CIA and the Vietnam Policy Makers; *ders.*, Estimative Intelligence, S. 72, 77f.; *Bird*, The Color of Truth, S. 172, 175–179; *Smith*, OSS, S. 360–382.
294 Vgl. *Winks*, Cloak & Gown, S. 322–438; *Martin*, Wilderness of Mirrors; *Mangold*, Cold Warrior; zur Geschichte der OSS-Gegenspionageabteilung X-2 vgl. *Naftali*, X-2 and the Apprenticeship of American Counterespionage.

Gegenspionage war eine Epistemologie des Verdachts eingeschrieben, die so radikal war, dass sie zur Selbstaufklärung führen konnte. Seine Theorie und Methodologie stellten jede Erkenntnis in Frage und hielten zur permanenten und unendlichen Überprüfung selbst des für Gewissheit Gehaltenen an, und zwar anhand voneinander unabhängiger Quellen.[295] Das Direktorat für Auslandsaufklärung hieß, als Angleton und Evans zusammenkamen, noch Office of Special Operations (OSO), die verdeckten Auslandsoperationen unternahm zu dieser Zeit noch das OPC, das 1952 im Directorate of Plans aufging. Evans wurde von seinem Stellvertreter Charles Stelle begleitet, der bald in den Policy Planning Staff berufen wurde, Angleton von James Reber, der später gemeinsam mit Bissell an der Entwicklung der U-2 beteiligt war. Angleton und Evans legten die Karten auf den Tisch. Sie besprachen, wie das OIR seine Arbeit besser auf die Operationen von OSO und OPC abstimmen könnte.

Über die Ausgangslage bestand Einigkeit: »Ein adäquates Verständnis des Internationalen Kommunismus« war »notwendig zur Durchführung verdeckter und offener Operationen von allgemeiner Bedeutung durch die operativen Stellen [action agencies] der Regierung«.[296] Zwei Probleme wurden erörtert, »detaillierte regionalwissenschaftliche Forschung, die für das Briefing von O/SO-Agenten notwendig ist«, und Forschung über die »Verbindung zwischen dem, was überlicherweise Internationaler Kommunismus genannt wird, einerseits und dem kommunistischen Parteiapparat andererseits«. Angleton bevorzugte aus Gründen der Geheimhaltung eine Hauptrolle der CIA in der Kommunismusforschung, aber er verirrte sich, anders als später Bissell, nicht in einer hermetischen »Wildnis aus Spiegeln«, in die abweichendes Wissen nicht durchdringen konnte. Er stimmte dem Geheimdienst des State Department zu, dass »internationaler Kommunismus und der sogenannte KP-Apparat untrennbar waren«. Forschungen über einzelne kommunistische Parteien und über den Kom-

---

295 Vgl. *Winks*, Cloak & Gown, S. 322–438, bes. S. 342–350.
296 CIA-Memo, Views Regarding a National Approach to the Problem of International Communist Movement and its National Components outside the USSR, 6. 2. 1951, NA, RG 59, E. 1498, b. 6; CIA-Memo, Location of Primary Responsibility for Research in International Communism, 3. 9. 1954, NA, RG 59, E. 1561, b. 8, f. 4; zu Reber vgl. *Bissell*, Reflections of a Cold Warrior, S. 104f.; zu Stelle Estimates Group Sitzungsprotokoll, 7. 9. 1951, NA, RG 59, E. (A1) 5161, b. 66, f. Estimates Group Fortnightly Summary 1951; *Mitrovich*, Underming the Kremlin, S. 102–105, 111.

munismus als internationale Bewegung waren getrennt voneinander nicht zu bewerkstelligen.

Evans und Stelle waren, wie das Gesprächsprotokoll festhielt, »von Mr. Angletons Ansicht beeindruckt, dass eine aggressive Analyse des internationalen Kommunismus und des KP-Apparats von großer Bedeutung waren«.[297] Die Praktiker von Spionage und verdeckten Operationen formulierten ohne Umschweife einen kausalen Nexus von Wissen, wie das OIR es produzierte, und ihren Geheimdienstoperationen: »Eine zentralisierte Dokumentation ist von entscheidender Bedeutung für die Produktion von Studien, die notwendig sind zur Durchführung von politischer Spionage, Operationen, and anderen Programmen gegen den Kommunismus im Ausland.« Die CIA entwickelte einen wachsenden Bedarf an dieser Art von Erkenntnissen, die bei der Unterwanderung kommunistischer Parteien und selbst beim Sturz ausländischer Regierungen zum Einsatz kamen: »Das Versagen der operativen Stellen bei dem Versuch, wirksam die kommunistische Hierarchie zu unterwandern, ist weitgehend auf das Fehlen von unterstützenden Studien und Dokumentationen zurückzuführen, die Zielobjekte, Einschätzungen, Prioritäten, auf Probleme zugespitzte Anweisungen, biographische Daten von kommunistischem Personal und weitere ähnliche notwendige Forschung zur Verfügung stellen.«[298] Es ist in den Quellen nicht überliefert, wie der Mann darauf reagierte, der mehr als jeder andere an der Erzeugung dieses

---

297 Memo Reber an Evans, Intelligence Support for O/SO, 5. 2. 1951, NA, RG 59, E. 1498, b. 6.
298 CIA-Memo, Views Regarding a National Approach to the Problem of International Communist Movement and its National Components outside the USSR, 6. 2. 1951, NA, RG 59, E. 1498, b. 6; eine spätere Zusammenfassung des Gesprächs zwischen Angleton und Evans enthielt den Hinweis, dass CIA-interne »research on international communism« beim kurz zuvor erfolgten Sturz der Regierung in Guatemala zum Einsatz kam; CIA-Memo, Location of Primary Responsibility for Research in International Communism, 3. 9. 1954, NA, RG 59, E. 1561, b. 8, f. 4. Das Committee on World Communism, das dem für die Begleitung von Operationen zuständigen Office of Current Intelligence der CIA wichtige Informationen lieferte, arbeitete bereits Ende 1951 an einer Einschätzung von »communist capabilities in Guatemala and Chile«; Memo Bernard Morris an Miron Burgin, 14. 12. 1951; Morris und Watnick, Memorandum of Conversation, 29. 8. 1951; NA, RG 59, E. 1561, b. 20, f. CWC 1951. Ob dieses Wissen bei der Geheimoperation der CIA zum Einsatz kam, lässt sich aufgrund des restriktiven Quellenzugangs nicht ermitteln. Zur CIA in Guatemala vgl. *Cullather*, Secret History; *Gleijeses*, Shattered Hope; *Rabe*, Eisenhower and Latin America, S. 42–63.

Wissens teilhatte, Evans' rechte Hand in der Kommunismusforschung, der Vorsitzende des Committee on World Communism, Herbert Marcuse.[299]

10. Wandel durch Aufklärung: Marcuse kommandiert die Kommunismusforschung

Die nur lückenhaft zugänglichen Quellen lassen kein präzises Urteil zu, in welchem Maße sich Bissell oder Angleton für ihre Operationen bei dem Wissen der Geheimdienstanalytiker im State Department bedienten. Unabhängig davon war das CWC wie die anderen Bereiche des State-Geheimdienstes auch in die Planung der psychologischen Kriegführung eingebunden. Bereits vertraute Zusammenhänge tauchen hierbei erneut auf. Die Führung des Apparats legte einen »Bezugsrahmen« für die Geheimdienstforschung vor. Demnach gehörte die Anwendung der Forschungsergebnisse in der »zur Bekämpfung der UdSSR und des Weltkommunismus entworfenen psychologischen Kriegführung« zu den Zielvorgaben der Analytiker. Die Stärken und Schwächen (»strengths and vulnerabilities«) der Kommunisten waren darum zu untersuchen – dieses Thema wurde folglich zum Leitmotiv von Marcuses Wirken. Ausdrücklich sollten dabei aus dem Marshallplan – aus dem Erfolg der psychologischen Operationen in Frankreich und Italien – Lehren gezogen werden. Mit Tito tauchte zu-

---

299 Marcuses enger Freund und Kriegskamerad Stuart Hughes arbeitete als R&A-Chef in Italien und im besetzten Deutschland sowohl mit James Jesus Angleton zusammen, der vor Ort die Spionageabwehr des OSS, X-2, leitete, als auch mit Frank Wisner, einer anderen Spionagelegende, der in Deutschland der Abteilung Secret Intelligence (SI) des OSS vorstand und 1948 zum Direktor des OPC ernannt wurde, der Sabotage- und Subversionsagentur des frühen Kalten Krieges. Wisner bat Hughes sogar darum, ihm Analytiker zu empfehlen, die unter Wisners Kommando in Deutschland bleiben sollten. Hughes nannte die drei besten, wie er sagte: seinen Historikerkollegen Henry Roberts, später Direktor des Russian Institute an der Columbia University, sowie Herbert Marcuse und Hans Meyerhoff; Memo Lt. Col. Hughes an Commander Wisner, 13. 10. 1945, NA, RG 226, E. 1, b. 24, f. 4; siehe auch Branch Order Nr. 2, Organization of R&A Germany, 22. 6. 1945, NA, RG 226, E. 1, b. 24, f. 2; R&A, SI, X-2 Germany, Meeting, 26. 6. 1945, NA, RG 226, E. 1, b. 24, f. 3; R&A Italy, NA, RG 226, E. 1, b. 29, f. 1; vgl. *Hughes*, Gentleman Rebel, S. 171–175, 188.

dem eine neue »Geheimwaffe« auf. Ließ sich sein Vorbild nutzen, um »Uneinigkeit und Lossagung innerhalb der UdSSR« und im sowjetischen Herrschaftsbereich anzustoßen? Zugleich blieb das State Department stets offen für die Chancen eines »echten Ost-West-Ausgleichs«, die ebenfalls von den Geheimdienstanalytikern erkundet werden sollten.[300] Das Psychological Strategy Board der Truman-Regierung nutzte die Memoranden des CWC als eine seiner wichtigsten Informationsquellen.[301]

Diesen Hintergrund gilt es nicht außer Acht zu lassen, um den Denker Marcuse nicht von seinen Bedingungen zu lösen. Der Rahmen stand fest, innerhalb dessen Marcuse seine individuellen Akzente im CWC setzte. Er konnte Einfluss nehmen, aber er war an Denkstrukturen und institutionelle Prozesse gebunden. Das Committee on World Communism konstituierte sich im November 1948. Am Ausbruch des Kalten Krieges bestand kein Zweifel mehr. Das CWC war als Instrument der Gegnerforschung angelegt, aber bereits seine Grundkonzeption isolierte den Kommunismus nicht als Weltverschwörung, sondern dachte den globalen Gegner in seinen lokalen Bedingungen. Das CWC arbeitete unmittelbar mit der CIA zusammen. Ex officio hatte der Leiter der für internationale politische Bewegungen zuständigen Abteilung in der Division of Functional Intelligence den Vorsitz inne, die geographischen Divisionen entsandten ihre Kommunismusexperten. Nur ein einziges Mal wurde diese bürokratische Routine unterbrochen, als Marcuse – nominell Europaforscher, längst global orientierter Kommunismusaufklärer – den Vorsitz übernahm. Marcuse gehörte von Anfang an zum Lenkungsgremium des CWC, dem Editorial Committee, das die Wissensproduktion des CWC koordinierte.[302]

---

300 Memo Glenn McClelland, Revision of Part of OIR Program Guide, 8. 8. 1950; Revised Draft of Part C of OIR Program Guide, 8. 8. 1950; Program Guide, 22. 3. 1950; NA, RG 59, E. 1561, b. 17, f. 18.
301 Memo of Conversation, Provision of Intelligence Materials in Support of the Program of the Psychological Strategy Board, 23. 8. 1951, NA, RG 59, E. 1561, b. 20, f. Psychological Strategy Board 1951.
302 The Charter of the Committee on World Communism and Other International Political Movements, 11. 11. 1948; Memo Carroll J. Hawkins an Rositzke und Maury, CIA, Fenimore, Navy, Chandler und Belongia, Army, Resources within OIR, Department of State, devoted to the study of International Communism and projected projects, 28. 10. 1948; Memo Evans, Divisional Senior Analyst Participation in CWC, 23. 11. 1948; Memo Hollis W. Peter an Evans, Editorial Committee of the CWC, 6. 10. 1949; NA, RG 59, E. 1561, b. 20, f. OIR 1949–1950.

Im März 1951 wurde Marcuse zum »Acting Chairman in Charge of Operations« des CWC bestimmt. Sein letztes Jahr im State Department verbrachte er an der Spitze der Kommunismusaufklärung. In seiner Funktion übernahm er auch den »Austausch von Informationen und Ansichten über diesem Gegenstand« mit den anderen Geheimdiensten.[303] Was er dabei austauschte, waren wissenschaftliche Erkenntnisse im Dienste der psychologischen Kriegführung. Die Schwerpunkte seiner Arbeit hinterließen tiefe Spuren in Marcuses späterem Werk. Unter seiner Leitung widmete sich das CWC drei Aufklärungsaufträgen: *Erstens* wurden die Stärken und Schwächen der kommunistischen Systeme, Parteien und Organisationen erkundet. *Zweitens* untersuchten Marcuse und seine Mitarbeiter die Formen und Möglichkeiten von Widerspruch, Abweichung, Vielfalt, Opposition und Lossagung im kommunistischen Lager, nicht nur am Beispiel Titos, sondern global. Beide Erkenntnisinteressen entsprachen der Perspektive der psychologischen Kriegführung. Sie lieferten detailliertes Wissen über die Zielobjekte und loteten die Wirksamkeit der amerikanischen Strategie aus. Zugleich waren diese beiden Erkenntnishaltungen die epistemische Grundlage, auf der die Totalitarismustheorie abgelehnt und einer differenzierten Analyse der Weg bereitet wurde, die zur wissenschaftlichen Fundierung der Entspannungspolitik beitrug. Marcuse hatte daran unmittelbar Anteil. *Drittens* entdeckte Marcuse im CWC die Dritte Welt. Obwohl Imperialismuskritik zum marxistischen Repertoire gehörte, war Marcuse zuvor nicht durch ein ausgeprägtes Interesse an der kolonialen und postkolonialen Welt aufgefallen, wie er es dann seit den fünfziger Jahren öffentlich an den Tag legte.[304]

---

303 Memo Evans an OIR Division Chiefs, Committee on World Communism, 1. 3. 1951; Memo Marcuse an CWC Representatives, OIR Report on Defections from the Communist Party, 9. 3. 1951; Minutes of CWC Meeting, 12. 3. 1951; NA, RG 59, E. 1561, b. 20, f. CWC 1951. Marcuse verließ im Herbst 1951 das State Department (siehe etwa Sitzungsprotokoll Estimates Group, 31. 12. 1951–11. 1. 1951, NA, RG 59, E. (A1) 5161, b. Estimates Group Fortnightly Summary 1951, wonach Marcuse kurz zuvor das OIR verlassen hatte), schied aber erst zwei Jahre später endgültig aus dessen Diensten aus. Für seine akademischen Stellungen 1951–1953 war er also vom State Department beurlaubt; vgl. *Marcuse*, Nachgelassene Schriften, Bd. 1: Das Schicksal der bürgerlichen Demokratie, S. 29f.

304 Allerdings widmeten sich auch die marxistischen Ökonomen und R&A-Kollegen Paul Sweezy und Paul Baran intensiv der Dritten Welt, auch in der von ihnen nach dem Krieg gegründeten Zeitschrift »Monthly Review«; vgl.

Im Januar 1949 begann das CWC, den »Impact of Titoism and Other Deviations on Post-War International Communism« in den Mittelpunkt seiner Arbeit zu stellen. Die Erkundung dieser »Geheimwaffe« der psychologischen Kriegführung setzte Marcuse bis zum Ende seiner Dienstzeit fort. Schon die ersten Skizzen, als Forschungsprogramm entworfen unter der Leitung von Marcuse und Louis Nemzer, später Politikprofessor in Ohio, begriffen den Gegner als ein äußerst heterogenes Phänomen. Die Geschichte des Kommunismus war eine Geschichte der Spaltungen, Spannungen, Abweichungen, Lossagungen und Gegensätze. Eine monolithische weltkommunistische Bewegung unter totaler Kontrolle Moskaus hatte es nie gegeben. Mit Tito kam ein neues Element in das vertraute Bild: Der Sowjetunion gelang es in diesem Fall trotz gewaltigen Kraftaufwands nicht mehr, die Einhaltung ihrer Linie wiederherzustellen. Um das Potential für Spaltungen im Sinne der psychologischen Strategie vorausschauend einzuschätzen, sollten sowohl individuelle Biographien als auch der ethnische, nationale und historische Hintergrund erforscht werden.[305] Lokalen Faktoren bestimmten den Verlauf der Spannungen im kommunistischen Lager, bekräftigte die CWC-Leitung, nachdem die Forschung weiter vorangeschritten waren. Der nationale Eigensinn der kommunistischen Parteien stand über ihrer Loyalität zu Moskau. Nutzten die USA geschickt diesen Gegensatz, konnte folglich wie in Jugoslawien die sowjetische Macht untergraben werden, ohne den Kommunismus selbst zu attackieren. Moskaus Auftreten in Jugoslawien und in der postkolonialen Welt wurde als Zeichen seiner schwindenden Kontrolle über den internationalen Kommunismus gedeutet.[306]

Diese Fragen genossen »hohe Priorität«, wie der OIR-Direktor seinen Kommunismexperten einschärfte, und wurden auf der Füh-

---

Gilman, Mandarins of the Future, S. 234–240. Ob Marcuse über Sweezy und Baran mit Fragen der Entwicklung der Dritten Welt in Berührung kam, ist unbekannt.
305 CWC Draft, The Impact of Titoism and Other Deviations on Post-War International Communism, 6. 1. 1949, NA, RG 59, E. 1561, b. 20, f. OIR 1949–1950. Das CWC wäre zu den zahlreichen Kritikern eines monolithischen Kommunismusbildes hinzuzufügen, von denen *Selverstone*, Constructing the Monolith, berichtet. Im Unterschied zu diesen blieb das OIR jedoch seinen differenzierten Positionen treu, wie im Folgenden und auch in der Kontroverse mit der CIA 1954/55 (siehe dazu oben, Kap. I.9.) deutlich zu sehen ist.
306 Plan for OIR Project on Post-War Deviations and Dissensions in World Communism, 24. 3. 1950, NA, RG 59, E. 1561, b. 20, f. OIR 1949–1950.

rungsebene der Geheimdienste zur Kenntnis genommen.[307] Dass die Erforschung ideologischer und politischer Differenzen in der kommunistischen Welt mit höchster Dringlichkeitsstufe verfolgt würde, verlangte Marcuse selbst von seinen Mitarbeitern, denn, so betonte Marcuse, »der P-Bereich und CIA« waren zwingend darauf angewiesen. Er erinnerte sie an den psychologischen Rahmen: »Der Report soll weniger ein historischer Überblick sein als vielmehr eine Einschätzung des gegenwärtigen Umfangs und der Grundlage für Lossagungen [defections].« Ein Muster, nach dem sich Loslösungsprozesse von Moskau vollzogen, sollte ermittelt werden. Besondere Aufmerksamkeit war den »Aussichten auf künftige Lossagungen« zu widmen. Westeuropa, China, Südostasien, Indien und Israel standen auf Marcuses Agenda.[308]

In zwei Stufen wurde dieses Großunternehmen der Geheimdienstforschung in die Tat umgesetzt. Zunächst wurde das Potential politischer Spannungen und ideologischer Abweichungen im Herrschaftsbereich Moskaus untersucht.[309] Wo Moskau gewaltsam »rigide Orthodoxie« erzwingen konnte, herrschten andere Gesetze als im Rest der Welt. Abweichung gab es kaum, sie musste von Moskau erst erfunden werden: »Abweichlertum [deviationism] in den Satellitenstaaten ist heute weitgehend eine Schimäre, die den Kreml verfolgt. Dessen vorrangiges Ziel in seiner Sphäre besteht darin, die Reihen zu schließen und künftige Insubordination gegenüber Moskau zu verhindern.« Der Vorwurf der Abweichung war gleichermaßen die Folge einer Bedrohungslogik und ein Instrument der Disziplinierung und Machtdurchsetzung. Soweit »reales und potentielles Abweichlertum in den Satelliten« existierte, führten die CWC-Experten diese Tendenzen hellsichtig zurück auf die »wesentliche Nichtübereinstimmung zwischen den Zielen des sowjetischen Imperialismus und den nationalen Interessen und Bestrebungen der osteuropäischen Völker, was

---

307 Memo Evans an OIR Divisions, CWC Project on Deviations (OIR 5219), 27. 3. 1950, NA, RG 59, E. 1561, b. 20, f. OIR 1949–1950.
308 Memo Marcuse an CWC Representatives, OIR Report on Defections from the Communist Party, 9. 3. 1951; Minutes of CWC Meeting, 12. 3. 1951; Memo Marcuse an CWC Representatives, 10. 4. 1951; NA, RG 59, E. 1561, b. 20, f. CWC 1951. »P-Bereich« (»P area«) bezeichnete den Amtsbereich des Assistant Secretary of State for Public Affairs, bei dem die offiziellen Informations- und Propagandaaktivitäten der USA angesiedelt waren, wie etwa die Voice of America.
309 OIR 5219, Deviation: Satellites, Mai 1950, NA, RG 59, E. 5514, b. 12. Diese Studie findet sich nicht in den R&A Reports, NA, RG 59, M-1221.

keine lokale kommunistische Führung, die sich auch nur eines Mindestmaßes an öffentlicher Zustimmung erfreuen will, ungestraft missachten kann«.

Marcuses Truppe demonstrierte diesen Gegensatz nicht nur an Grenzstreitigkeiten unter den Satellitenstaaten oder an der wirtschaftlichen Ausbeutung Osteuropas durch die Sowjetunion. Sie vermerkten auch als imperialistische Untat Stalins, den ostmitteleuropäischen Staaten die »Segnungen des Marshallplans« vorenthalten zu haben. Im Hintergrund der ideologischen Differenzen waren nationale Interessen und lokale Traditionen zu erkennen. Die Konflikte verliefen nach dem Muster »lokale Autonomie gegen sowjetische Hegemonie«. Der Streit zwischen Orthodoxie und Häresie war zweitrangig, wie das CWC etwa an Gomulkas Polen vor Augen führte. Säuberungen dienten Stalin als Machtinstrument. Diese Methode der Herrschaftsdurchsetzung könnte sich allerdings auf lange Dauer als kontraproduktiv erweisen und überhaupt erst die Opposition schaffen, die er nur erfunden hatte, um eigensinnige Parteiführer auszuschalten: »Echte Abweichungen könnten enstehen als Folge des *Unvermögens* loyaler Kommunisten, der schnell wechselnden Parteilinie in all ihren verschlungenen Windungen folgen zu können.«[310]

Die systematische Analyse der präventiven »Anti-Abweichler-Inquisition« – mit ihren Säuberungen und ihren Ritualen der Selbstkritik und Geständnisse – als Maßnahme der ideologischen Abschreckung konzentrierte sich auf die Ebene der Partei- und Staatsführungen. Nur in Ungarn wurde mit Georg Lukács ein einzelner Denker hervorgehoben, der in der Zwischenkriegszeit zu den großen Vorbildern von Linksintellektuellen wie Marcuse gezählt hatte. Nach einer Reihe von Einzelstudien zum sowjetischen Vorgehen in Osteuropa gelangte die Kommunismusaufklärung des State Department zu dem Schluss: »Der Weltkommunismus trägt in sich selbst die Samen der Uneinigkeit.« Ein baldiges Ende der sowjetischen Vorherrschaft über Ostmitteleuropa ging damit nicht einher. Doch langfristige Perspektiven eröffneten sich.[311] Die Botschaft für die psychologischen Kriegsplaner

---

310 OIR 5219, Deviation: Satellites, Mai 1950, NA, RG 59, E. 5514, b. 12. Die dialektischen Schwünge von Rechts- und Linksabweichung entdeckte zur selben Zeit Isaiah Berlin als stalinistisches Herrschaftsinstrument; vgl. unten, Kap. V.3.
311 OIR 5219, Deviation: Satellites, Mai 1950, NA, RG 59, E. 5514, b. 12; zu Marcuse und Lukács vgl. *Katz*, Herbert Marcuse and the Art of Liberation, S. 46–54, 62–64; *Kellner*, Herbert Marcuse and the Crisis of Marxism, S. 19, 31f., 39f., 58–72, 86–88, 124–129, 146–148.

war eindeutig: Auf lange Sicht war dem sowjetischen System sein eigener Zerfall eingeschrieben. Wer das komplexe, spannungsgeladene Zusammenspiel von nationalen Kommunismen und sowjetischer Politik verstand, konnte einen Ansatzpunkt für subtile psychologische Offerten entdecken, um diesen langsamen Auflösungsprozess ein wenig zu beschleunigen – die nationalen Traditionen und Interessen der Satellitenstaaten.

Die von der CIA und den Propagandastellen des State Department als dringlich angeforderte Beobachtung der nichtsowjetischen Welt hielt Marcuses CWC in einem umfangreichen Report vom Juni 1951 fest.[312] Frankreich, Italien, Westdeutschland, Großbritannien, Belgien, die Niederlande, die skandinavischen Länder, China, Indochina, Burma, Indonesien, Indien und Israel wurden erfasst. Nüchtern und präzise wurden die Optionen von Spaltungen und Opposition in kommunistischen Parteien und Bewegungen erwogen. Die Tito-Begeisterung war erloschen. Die strategische Schlüsselposition Jugoslawiens wurde weiterhin hervorgehoben, doch an Titos Vorbild Hoffnungen auf eine Liberalisierung des internationalen Kommunismus zu knüpfen schien mittlerweile verfehlt. Eine innere Reform des jugoslawischen Systems hatte nur insoweit stattgefunden, als Tito auf westliche Wirtschaftshilfe angewiesen war. Am Charakter seiner Herrschaft als »bürokratisches kollektivistisches System« hatte sich nichts geändert. Der Topos der bürokratischen Herrschaft, in die der Kommunismus umgeschlagen war – Mitte der fünfziger Jahre von Titos einstigem Gefolgsmann Milovan Djilas und auch von Marcuse in »Soviet Marxism« auf den Punkt gebracht –, tauchte damit bereits in einem von Marcuse verantworteten Papier von 1951 auf.[313]

---

312 OIR 5483, Communist Defections and Dissensions in the Postwar Period, 22. 6. 1951, NA, RG 59, E. 5514, b. 12; Memo Marcuse an CWC Representatives, OIR Report on Defections from the Communist Party, 9. 3. 1951, NA, RG 59, E. 1561, b. 20, f. CWC 1951; in den R&A Reports, NA, RG 59, M-1221, findet sich unter R&A 5219 mit dem Hinweis, dass die Nichtsatellitenstaaten in einem eigenen Bericht behandelt wurden, lediglich dieser zweite Report R&A 5483.
313 OIR 5483, Communist Defections and Dissensions in the Postwar Period, 22. 6. 1951, NA, RG 59, E. 5514, b. 12; siehe auch OIR 5863, Yugoslavs Tighten Communist Party Discipline, 31. 3. 1952, NA, RG 59, E. 5514, b. 15; OIR 6236, Implications of the Djilas Affair in Yugoslavia, 28. 1. 1954, NA, RG 59, E. 5514, b. 17; zu Marcuse, Djilas und der kommunistischen Bürokratie vgl. unten, Kap. V.5.

Titos Jugoslawien war »nicht allzu verschieden vom stalinistischen Kommunismus« und hatte darum – unabhängig von seiner geostrategischen Bedeutung – »darin versagt, die kommunistischen Dissidenten hinter sich zu sammeln«. Dem nationalen Interessengegensatz zwischen der Sowjetunion und Jugoslawien war der ideologische Streit lediglich als »Rationalisierung *ex post facto*« übergestülpt worden. Der Wert Titos für die psychologische Kriegführung fiel, wie die Untersuchung der weltweiten kommunistischen Bewegung zeigte, deutlich geringer aus als erwartet. Um die Chancen eines unabhängigen sozialistischen Lagers stand es in der bipolaren Welt nicht gut. Der Neutralismus unter sozialistischen Vorzeichen bei verdeckter Westbindung hatte in Marcuses Expertenzirkel schon einmal höher im Kurs gestanden. Diese Option hatte sich erschöpft: »Der Hauptgrund für den begrenzten Umfang von Lossagungen und Überläufern besteht darin, dass die politische Bühne auf nationaler und internationaler Ebene keinen Platz lässt für eine unabhängige kommunistische Organisation.« Dissidentischen Kommunisten blieb in Westeuropa nur die Alternative, sich dem sozialistischen Lager anzuschließen.

Die Aussichten darauf waren 1951 noch begrenzt, doch entwarf die Kommunismusaufklärung unter Leitung von Marcuse damit ein Szenario, wonach mit einer internationalen Entspannung die Bildung kommunistischer Parteien einhergehen könnte, die von Moskau völlig unabhängig und objektiv gesehen vom reformistischen Sozialismus nicht zu unterscheiden wären. Jahrzehnte später, als dieses Szenario eingetreten war, bürgerte sich dafür der Begriff des »Eurokommunismus« ein. Vor allem die Analyse der Lage in Frankreich und Italien, die bis in die Details der Intellektuellengeschichte hinabtauchte und eine intime Kenntnis der intellektuellen Sympathisanten des Kommunismus verriet, legte nahe, die Entwicklung der »rechtsoppositionellen« kommunistischen Kräfte zu fördern. Nebenbei hatten Marcuse und seine Truppe ein Argument für eine Entspannungspolitik geliefert: »Détente« war die Bedingung für eine langfristig erfolgreiche psychologische Strategie.[314]

---

[314] OIR 5483, Communist Defections and Dissensions in the Postwar Period, 22. 6. 1951, NA, RG 59, E. 5514, b. 12; zu kommunistischen Intellektuellen in Westeuropa vgl. *Kroll*, Kommunistische Intellektuelle in Westeuropa; zum Eurokommunismus vgl. aus jüngster Sicht die Beiträge von *Bernd Rother*, *Laura Fasanaro*, *Duccio Basosi* und *Giovanni Bernardini*, in: *Nuti* (Hg.), The Crisis of Détente in Europe.

In Ost- und Südasien war die Ausgangslage grundverschieden. Dort war der Kommunismus eine Symbiose mit den antikolonialen und nationalistischen Bewegungen eingegangen. Darum konnte ideologischer Widerspruch von den Kräften des Nationalismus zwar leichter erstickt werden. Zugleich standen aber die Interessen der Sowjetunion hinter dem Nationalismus der lokalen Bewegungen zurück.[315] Das CWC unter Marcuse beschränkte sich nicht auf eine von psychologischen Implikationen durchsetzte Analyse, sondern entwarf eine Strategie, »Conditions Engendering Defections« betitelt, um den moskautreuen Kommunismus in Westeuropa zu marginalisieren und die Unabhängigkeit der Kommunisten in der Dritten Welt von der Sowjetunion zu vergrößern. Dabei blieb Marcuses Gruppe in jeder Hinsicht dem Marshallplan-Paradigma verpflichtet. Die Kommunismusforschung des State Department ging weiterhin mit dialektischer Raffinesse vor. An dem Befund, dass die Loslösungsbestrebungen gegenüber Moskau im Jahr 1951 zum Stillstand gekommen waren, ließ sich nicht rütteln. Die CWC-Analytiker holten die Kalten Krieger unter ihren Lesern an Bord: Der Kommunismus war heterogen, aber mächtig. So bereiteten sie Hardliner auf die psychologischen Empfehlungen vor: Eine kluge Politik des Westens könnte ein »für Lossagungen günstiges Klima« schaffen.[316]

Marcuses Komitee regte ein multidimensionales Vorgehen im Geiste des Marshallplans an. Erstens ging es nicht darum, auf kontraproduktive Weise Moskaus Macht direkt zu schwächen, sondern darum, die Spannungen zwischen Moskau und den nationalen Parteien zu nutzen und dadurch den Einfluss der sowjetischen Zentrale zu untergraben. Das war eine entspannungspolitische Prämisse, die einen Verzicht auf die aggressive Eindämmungsstrategie des frühen Kalten Krieges suggerierte. Zweitens musste die gesellschaftliche Reform in Westeuropa voranschreiten, um die Attraktivität des westlich-sozialdemokratischen Modells zu steigern: »Eine kämpferische Politik der nichtkommunistischen Parteien und Gewerkschaften, die spürbar dazu führt, dass die Löhne steigen und die Preise kontrolliert werden, würde weitere Teile der organisierten Arbeiterschaft dazu bringen, die

---

315 OIR 5483, Communist Defections and Dissensions in the Postwar Period, 22. 6. 1951, NA, RG 59, E. 5514, b. 12; vgl. dazu *Manela*, The Wilsonian Moment.
316 OIR 5483, Communist Defections and Dissensions in the Postwar Period, 22. 6. 1951, NA, RG 59, E. 5514, b. 12.

von Kommunisten dominierten Gewerkschaften zu verlassen.« Das CWC war sich sicher: »In diesem Fall würden die Überläufer sich eher den Sozialisten anschließen als dissidentischen kommunistischen Gruppen.« Das Geheimnis einer linken Kraft, die in der Lage war, die Kommunisten an den Rand zu drängen, bestand darin, die Wähler der Kommunisten von der »Aufrichtigkeit des Kampfes für ihre Wohlfahrt« und der »Fähigkeit, dabei auch einen gewissen Erfolg zu haben«, zu überzeugen. Das ging nur durch eine energische Reformpolitik – der die Amerikaner nachhelfen konnten und sollten. Das Modell schlechthin stellte unverändert die »erfolgreiche Politik der sozialdemokratischen Parteien Skandinaviens« mit ihren »seit langem bekannten Leistungen bei der gesellschaftlichen Reform und der Verteidigung der Interessen der Arbeiterklasse« dar. Kommunisten hatten dort keine Chance.

Drittens sollten sich die USA in Asien, in Vietnam etwa, auf die Seite der Kräfte der Entkolonialisierung stellen und durch massive Entwicklungshilfe zur Verbesserung der sozialen und wirtschaftlichen Bedingungen beitragen. Viertens mussten »dissidentische kommunistische Gruppen« finanzielle Unterstützung erfahren. Der Report warnte allerdings, dass offene amerikanische Finanzierungen das Ansehen solcher Gruppen im kommunistischen Lager kompromittieren und so die Aussichten auf weitere Spaltungen mindern könnten. Damit lag der nicht explizit gezogene Schluss auf der Hand, wie am Anfang des Marshallplans die Mittel über verdeckte Kanäle fließen zu lassen.[317] Eine progressive politische Agenda und eine psychologische Strategie wurden damit deckungsgleich. Dabei ist nicht zu übersehen, dass es sich um ein offizielles, von der CIA angefordertes Dokument handelte, das nicht allein von Marcuse erstellt wurde. Seine Positionen wurden von anderen Regierungsexperten geteilt. Man kann darin nicht einfach den Versuch sehen, die amerikanische Politik von innen zu untergraben.[318]

Linke, antistalinistische, gegebenenfalls reformkommunistische, vorzugsweise sozialistische Kräfte auf der ganzen Welt zu fördern, re-

---

317 OIR 5483, Communist Defections and Dissensions in the Postwar Period, 22. 6. 1951, NA, RG 59, E. 5514, b. 12.
318 Vgl. *Katz*, Herbert Marcuse and the Art of Liberation, S. 134, der diesen Schluss für das im Folgenden diskutierte Papier OIR/R&A 4909 zieht, allerdings auf dem Kenntnisstand der späten siebziger Jahre, d.h. noch in Unkenntnis der verdeckten amerikanischen Politik am Anfang des Kalten Krieges.

sultierte diesen Prämissen zufolge in einer Stärkung der internationalen Position Amerikas. An dieser Stelle kam der strategische Nutzen Titos ins Spiel, auch wenn dieser als Modell einer Liberalisierung nicht taugte. Statt den innenpolitischen »Stalinisten« Tito außenpolitisch immer enger ins westliche Lager einzubinden, sollten die USA mit dem Pfund der Blockfreiheit Titos wuchern. Jugoslawien könnte so die weltweit, gerade unter Intellektuellen, immer noch verbreitete neutralistische Stimmung absorbieren und zeigen, dass weltpolitische Unabhängigkeit bei Kooperation mit dem Westen aufrechtzuerhalten war. Ohne sie »völlig ins prowestliche Lager« drängen zu wollen, zöge Amerikas Wohlwollen gegenüber neutralistischen Bestrebungen die antikapitalistischen und antistalinistischen Kräfte politisch-kulturell in den Westen. Die Studie schärfte ihren Lesern ein, dass Antikapitalismus nicht Kommunismus bedeutete.[319]

Wohlgemerkt plädierten Marcuse und seine Mitarbeiter hier nicht mehr für eine Neutralisierung Europas wie noch wenige Jahre zuvor. Sie trugen vielmehr Sorge, dass neutralistische Tendenzen innerhalb Westeuropas durch Amerikas geschickten Umgang mit Jugoslawien und anderen blockfreien Nationen nicht den Sowjets, sondern dem Westen in die Hände spielten. Folgte man den Nuancen dieser umfangreichen Studie, ergab sich aus der Mischung von progressiver Politik und verdeckter Unterstützung von Sozialisten und antistalinistischen Organisationen links der Sozialisten ein strategischer Vorteil für die USA. Das war, in ihrer reinsten Essenz, die Dialektik der Kommunismusaufklärung – für alle Seiten. Weder Marcuse noch die CIA konnten die langfristigen Konsequenzen dieser Vorschläge kontrollieren.

Ein deutliches Interesse bekundete die CIA auch an dem zweiten Schwerpunkt der CWC-Produktion unter Marcuse. Die Analyse der Potentiale des Weltkommunismus, seiner Stärken und Schwächen, war von unmittelbarer Relevanz für die Operationen der CIA. Vor allem an umfassenden Informationen über die kommunistischen Parteien und die internationalen kommunistischen Organisationen als Zielobjekten der nachrichtendienstlichen Penetration war der CIA gelegen. Marcuses CWC arbeitete nicht mit den CIA-Gelehrten im ONE zusammen, sondern unmittelbar mit dem Office of Current Intelligence (OCI) der CIA, das auf tagesaktueller Basis die Informa-

---

319 OIR 5483, Communist Defections and Dissensions in the Postwar Period, 22. 6. 1951, NA, RG 59, E. 5514, b. 12.

tionen für Geheimdienstoperationen lieferte. Im OCI saß jedoch nur »eine relativ unerfahrene Person, die sich mit dem internationalen Kommunismus befasst«. Das OCI war 1951 in der Kommunismusaufklärung voll und ganz auf Marcuses CWC angewiesen.[320] Dennoch bestand 1951 bereits eine methodische und epistemologische Trennlinie zwischen der CIA und dem CWC. Die CIA-Vertreter drängten darauf, die Papiere kürzer zu halten und sich ausschließlich auf kommunistische Organisationen und Tarnorganisationen sowie die internationalen Strategien und Taktiken der Kommunisten zu konzentrieren. Schon hier deutete sich der Gegensatz in der Wahrnehmung an, der sich dann im Konflikt mit Bissell und Dulles verschärfte. In Marcuses Komitee wurden auch »nationale und lokale kommunistische Parteien und Aktivitäten« als Teil des internationalen Kommunismus behandelt. »Die CIA scheint als Kunde die Tendenz aufzuweisen«, warnte OIR-Direktor Evans seinen Chef der Kommunismusaufklärung, »zu sagen, was sie nicht brauchen, soll auch nicht in unserer Publikation enthalten sein. Ich will offiziell festhalten, dass es sich dabei nicht um eine Verfahrensweise handelt, der wir folgen sollten.« Den Prinzipien sozialwissenschaftlicher Geheimdienstaufklärung verpflichtet, hatte das OIR alle Erkenntnisse zu berücksichtigen, nicht nur die politisch oder konzeptionell erwünschten.[321] Evans selbst legte eine erstaunliche analytische Präzision an den Tag, in deren Spuren seine Kommunismusaufklärung folgte. Den Zweck der Forschung sprach er klar aus: »die Ursache des kommunistischen Wachstums erforschen, um Mittel zum Angriff zu finden«.[322]

Die Arbeiten an der großen Gesamtschau des Weltkommunismus außerhalb der Sowjetunion begannen im Februar 1949.[323] Marcuse war der *spiritus rector* des Unternehmens. Mit großer Energie trieb er

---

320 Memorandum of Conversation, Morris, Watnick, Gans (CIA/OCI), 29. 8. 1951; CWC Minutes, 4. 9. 1951; Memo Evans an Marcuse, Communist Monthly, 10. 9. 1951; Memo Evans an Marcuse, Marcuse and Morris Memo to Mr. Evans dated 9–10–51, 11. 9. 1951; Memo Glen McClelland, OIR/PCS, an Evans, 21. 12. 1951; NA, RG 59, E. 1561, b. 20, f. CWC 1951.
321 Memo Evans an Marcuse, Communist Monthly, 10. 9. 1951; Memorandum of Conversation, Morris, Watnick, Gans (CIA/OCI), 29. 8. 1951; CWC Minutes, 4. 9. 1951; NA, RG 59, E. 1561, b. 20, f. CWC 1951.
322 Memo Evans, Why Communists?, 30. 10. 1951, NA, RG 59, E. 1561, b. 18, f. 10.
323 Memo Evans an OIR Division Chiefs, Revision of OIR 4489 (The World Strength of Communist Party Organizations), 23. 8. 1949, NA, RG 59, E. 1561, b. 20, f. OIR 1949–1950.

dann als Vorsitzender des CWC die Aktualisierung des viele hundert Seiten umfassenden Projekts voran.[324] Er gründete 1951 gemeinsam mit Bernard Morris auch eine geheime Zeitschrift, »Communist Monthly«, deren Zweck es war, die strategischen Staatsapparate über die Stärken und Schwächen des Weltkommunismus und über die Fortentwicklung der kommunistischen Theorie und Strategie auf dem Laufenden zu halten.[325] Die gewaltige Forschungsoperation mit ihrem nüchternen, professionellen, »eiskalten« Zugang, ohne jegliche Scheu vor dem Feind, stand im Widerspruch zu dem in der Öffentlichkeit vorherrschenden Antikommunismus.[326] In den Geheimdienstapparaten hatten sich die schlichteren Varianten des Antikommunismus ohnehin bis dahin nicht verbreiten können. Dennoch war der Kommunismus der Gegner, dessen Einfluss auch Marcuse und das CWC zurückdrängen wollten.

Den einleitenden »Summary Report« des 532-seitigen Meisterwerks der Kommunismusaufklärung – jenes Unternehmens, das später Bissells Attacke zu Fall brachte – verantwortete Marcuse allein.[327] Er eröffnete die Untersuchung mit methodischen und theoretischen Fragen. Er versetzte sich in das Denken des Gegners, operierte mit marxistischen Kategorien und entschlüsselte die Stellung der Ideologie: Selbst Stalin, merkte Marcuse mit einem epistemologischen und linguistischen Scharfsinn an, der aus seinen Analysen des Nationalsozialismus vertraut ist, selbst der Kreml »kann nicht umhin, von der

---

[324] Memo Marcuse an CWC Divisional Representatives, 25. 1. 1950, NA, RG 59, E. 1561, b. 18, f. 9; vgl. *Katz*, Herbert Marcuse and the Art of Liberation, S. 132–134.

[325] Memo Evans an Marcuse, CWC Format, 17. 3. 1951; Minutes of CWC Meeting, 12. 3. 1951; Memo Marcuse an OIR Division Chiefs, Meeting of Committee Working on New Monthly Survey, 12. 7. 1951; Memo Marcuse an CWC Representatives, 13. 6. 1951; Memorandum of Conversation, Morris, Watnick, Gans (CIA/OCI), 29. 8. 1951; CWC Minutes, 4. 9. 1951; Memo Evans an Marcuse, Communist Monthly, 10. 9. 1951; Memo Evans an Marcuse, Marcuse and Morris Memo to Mr. Evans dated 9–10–51, 11. 9. 1951; Minutes of CWC, 24. 9. 1951; Memo Morris an Miron Burgin, Suggested Topics for Communist Monthly, 12. 12. 1951; NA, RG 59, E. 1561, b. 20, f. CWC 1951.

[326] Zum Klima und zum Weltbild des Antikommunismus in den USA vgl. etwa *Whitfield*, The Culture of the Cold War; *Oshinsky*, A Conspiracy So Immense; *Powers*, Not Without Honor; *Broadwater*, Eisenhower and the Anti-Communist Crusade; *Paterson*, Meeting the Communist Threat.

[327] Memo Marcuse an CWC Divisional Representatives, 25. 1. 1950, NA, RG 59, E. 1561, b. 18, f. 9.

kommunistischen Doktrin beeinflusst zu sein, die die grundlegende Sprache konstitutiert, in der er denkt«. Es galt grundsätzlich zu unterscheiden zwischen »der Macht und den Sicherheitsinteressen der UdSSR, den lokalen Ansprüchen der nationalen kommunistischen Parteien andernorts und dem weiten Einfluss der allgemeinen Doktrin und Tradition, wie sie sowohl die UdSSR als auch andere kommunistische Kräfte berührt«.[328]
Es folgte eine kurze Geschichte des Kommunismus. Marcuse hob die großen Ideale hervor, an denen der Kommunismus zu messen war. Er erläuterte die Bedingungen, unter denen die autoritäre Industrialisierung stattgefunden hatte. Durch den Krieg hatte die internationale Attraktivität des Kommunismus wieder zugenommen: Im Widerstand gegen die Nationalsozialisten und in der asiatischen Variante der Résistance, im antikolonialen Befreiungskampf zuerst gegen die Japaner und dann gegen die zurückgekehrten Kolonialherren, spielten Kommunisten eine entscheidende Rolle. In Osteuropa wurden die kommunistischen Parteien bald wieder zu Instrumenten der Interessendurchsetzung Moskaus degradiert. Die Doktrin der Einflusszonen lebte wieder auf.[329] Zugleich legte Marcuse eine feine Differenzierung zwischen nationalen Erscheinungsformen des Kommunismus und dem sowjetisch gesteuerten Kommunismus vor.[330] Das galt selbst für Osteuropa. Um Vergleichswerte zu ermitteln, untersuchte die CWC-Reihe mit der Tschechoslowakei auch ein Land innerhalb des sowjetischen Blocks. Der totalitäre Terror hatte dort die differenzierte Gesellschaft nicht zertrümmern können. Totale Kontrolle Moskaus gab es nicht. Die Analytiker rechneten damit, dass langfristig die Spannungen zwischen der Bevölkerung und dem von der Sowjetunion abhängigen Parteiapparat zunehmen würden.[331]

---

328 R&A 4909, The Potentials of World Communism: Summary Report, S. 2, 1. 8. 1949. Ein vollständiger Satz, nach dem ich zitiere, findet sich als OIR 4909 in NA, RG 59, E. 5514, b. 9; zu Marcuses Analyse der Verbindung von Sprache und Ideologie im Nationalsozialismus vgl. *Marcuse*, The New German Mentality, in: *ders.*, Collected Papers, Bd. 1, S. 141–173; zur Weiterentwicklung dieser Konzeption zuerst in der Kritik der Sowjetunion und dann der westlichen Gesellschaften vgl. unten, Kap. V.5.
329 OIR 4909, The Potentials of World Communism: Summary Report, 1. 8. 1949, S. 3–7, NA, RG 59, E. 5514, b. 9.
330 OIR 4909, The Potentials of World Communism: Summary Report, 1. 8. 1949, S. 17f., NA, RG 59, E. 5514, b. 9.
331 OIR 4909.3, The Potentials of World Communism: Satellite Countries, 1. 8. 1949, Part I: Czechslovakia, NA, RG 59, E. 5514, b. 9.

Marcuse blickte hinter die Maske des Gegners: »Entkleidet man die kommunistische Charakterisierung der westlichen Mächste als ›aggressiv‹ ihrer propagandistischen Untertöne, so zeigt sie die Anerkennung der Tatsache an, dass Initiative und Stärke in Europa heute in den Händen des Westens liegen.« Die entspannungspolitischen Implikationen seiner Analyse legte Marcuse in einer Aufdeckung des »Communist plan« dar:

1. »Die Hauptanstrengung auf das Gleichziehen mit der Macht des Westens zu richten, indem der östliche Block industriell in eine hochintegrierte wirtschaftliche Einheit umgestaltet wird. Das setzt die Vermeidung eines weltweiten militärischen Konflikts voraus [...].
2. Die kommunistische Macht in Asien auszudehnen, soweit damit nicht die unmittelbare Gefahr eines größeren Krieges verbunden ist.
3. Sicherzustellen, dass der westliche Kommunismus als eine interne Oppositionskraft fungiert, die einem Programm der Behinderung der wirtschaftlichen und politischen Stabilisierung des Kapitalismus verpflichtet ist.«[332]

Strategische Priorität genoss für die Sowjetunion in Europa die Stabilisierung ihres Blocks, nicht eine weitere Ausdehnung ihres Einflusses. Marcuse wies auch auf die Erzfeinde der Kommunisten hin, die Sozialdemokraten, die verlässlichsten europäischen Partner der USA. Sie hätten stets die von Marcuse entworfene Politik unterstützt, gleichzeitig die kommunistischen Destabilisierungsversuche einzudämmen und die Beziehungen zwischen Ost und West zu entschärfen. Das übergeordnete gouvernementale Dispositiv der Entspannungspolitik und die subtilen Techniken der psychologischen Kriegführung erwiesen sich als die beiden Seiten einer Medaille.

Statt auf ideologische Verblendung oder finstere Weltherrschaftspläne führte Marcuse die Anziehungskraft des Kommunismus auf konkrete und realpolitisch nachvollziehbare Ursachen zurück: »Die hauptsächliche Anziehungskraft des Kommunismus resultiert aus der widersprüchlichen Situation, in der gewaltiger gesellschaftlicher Reichtum, die technologische Beherrschung der Produktivkräfte und umfassender Mangel, Mühsal und Ungerechtigkeit koexistieren.« Die rabiaten Modernisierungmethoden der Kommunisten gaben ihrem

---

332 OIR 4909, The Potentials of World Communism: Summary Report, 1. 8. 1949, S. 8–12, NA, RG 59, E. 5514, b. 9.

Apparat »das maschinenhafte Auftreten der Effizienz«. Den Topos der effizienten Maschinenmenschen hatte Marcuse im Krieg bereits auf die deutsche Wehrmacht übertragen. Doch die kommunistische Maschine weckte nicht nur Hoffnungen, sie löste auch Schrecken aus. Ausbeutung, Terror und Zwang warteten hinter den Versprechungen. Wenn aber die Menschen in Asien Befreiung, Modernisierung und bessere Lebensbedingungen suchten, dann lag das Gegenmittel gegen kommunistischen Einfluss auf der Hand. Marcuse sprach sogar von einem »deterrent«, einer Abschreckungswaffe – nämlich der konsequenten Umsetzung des Marshallplan-Paradigmas, also einer im Vergleich zu den Kommunisten sanften Variante der Modernisierung und der gesellschaftlichen Reform:

»Am verwundbarsten ist der Kommunismus dadurch, dass die westliche Welt eine lebensfähige soziale Organisation bleibt, die von den Ressourcen und der Macht der Vereinigten Staaten gestützt wird. Inwieweit der Westen durch nichtkommunistische Methoden Antworten auf weitverbreitete Bedürfnisse findet, darin besteht eine Abschreckungswaffe gegenüber kommunistischen Aktivitäten im Innern und eine Bedrohung für die kommunistischen Regimes.«[333]

Den Marshallplan als globales Modell der amerikanischen Politik bestätigten auch die Einzelstudien zu Westeuropa. Zu Deutschland stellten Marcuse und seine Mitarbeiter in einem durch und durch reformmarxistisch formulierten Papier fest, angesichts der »materiellen Leistungen des ERP« übe der bürokratisch versteinerte und durch die sowjetische Militärmacht gesicherte Staatskommunismus Ostdeutschlands keinerlei Faszination im Westen aus.[334] »Die Stärke oder Schwäche des Kommunismus steht in direkter Beziehung zur wirtschaftlichen Situation im Westen und verändert sich unmittelbar durch das Bestehen wirkungsvoller sozialdemokratischer Arbeiterparteien oder einer wirkungsvollen nichtkommunistischen Gewerk-

---

333 OIR 4909, The Potentials of World Communism: Summary Report, 1. 8. 1949, S. 12–14, 20f., NA, RG 59, E. 5514, b. 9. Die Deutung der Wehrmacht als effiziente Mordmaschine findet sich in *Marcuse*, Collected Papers, Bd. 1, S. 161, 182f.; zum Topos der Maschinenmenschen und weiteren Formen der »kalten persona« in der Weimarer Kultur vgl. *Lethen*, Verhaltenslehren der Kälte.
334 OIR 4909.2, The Potentials of World Communism: Western and Central Europe, 1. 8. 1949, Part IV: Germany, S. 13, 15–17, 20f., NA, RG 59, E. 5514, b. 9.

schaftsführung«, schloss Marcuse. Seine Zusammenfassung für die politische Führungsebene gab Entwarnung im Westen.[335] Der Marshallplan und die Politik des Containment und der Koexistenz hatten dem Kommunismus den Boden entzogen: »Der Erfolg der westlichen Bemühungen um einen substantiellen und anhaltenden Wiederaufbau hat viel dafür getan, die Wirkung der kommunistischen Propaganda abzuleiten und den Kommunisten die Unterstützung zu entziehen, die sie außerhalb der Reihen ihrer militanten Anhänger gefunden haben.«[336] Ein funktionierender Sozialstaat und eine starke nichtkommunistische Arbeiterbewegung waren die beste Strategie. Die Stabilisierung des Westens wurde in den einzelnen Teilen der Forschungsreihe durchweg aus der Reformpolitik abgeleitet, die sich dem Marshallplan verdankte.[337] Mit anderen Worten: Im Westen reduzierte sich der Kommunismus auf eine nützliche Funktion. Seine immer marginalere Existenz erinnerte an die Notwendigkeit, die Reform von Wirtschaft und Gesellschaft voranzutreiben.[338]

Eine globale Entwicklungspolitik und die Unterstützung der antikolonialen Kräfte und Befreiungsbewegungen der Dritten Welt waren das Äquivalent des Marshallplans in anderen Weltregionen.[339] Das galt auch für Kuba, wo die Kommunisten bislang von der Politik des »Gangsterism« profitiert hatten, die das korrupte Regime praktizierte. Gesellschaftliche Reform und wirtschaftlicher Aufschwung waren auch hier die Mittel, um die Kommunisten in Schach zu halten. Fidel Castro war zu dieser Zeit noch nicht in Sicht.[340] Ho Chi Minh hingegen war eine bedeutende Figur. Marcuse und seine Mitarbeiter standen in der antikolonialistischen Tradition Amerikas, wenn sie in Ho Chi

---

335 OIR 4909, The Potentials of World Communism: Summary Report, 1. 8. 1949, S. 21, NA, RG 59, E. 5514, b. 9.
336 OIR 4909, The Potentials of World Communism: Summary Report, 1. 8. 1949, S. 22, NA, RG 59, E. 5514, b. 9.
337 OIR 4909.2, The Potentials of World Communism: Western and Central Europe, 1. 8. 1949, Part I: United Kingdom, Part II: France, Part III: Austria, Part IV: Germany, NA, RG 59, E. 5514, b. 9.
338 Sehr deutlich kommt diese Tendenz auch in einem im Jahr darauf entstandenen Papier zum Ausdruck, R&A 5217 R, Estimate of Current Strenghts and Prospects of Western European Communists, 4. 12. 1950.
339 OIR 4909.5, The Potentials of World Communism: Far East, 1. 8. 1949, Part I: Japan, Part II: Indonesia, Part III: Indochina, Part IV: China; OIR 4909.4, The Potentials of World Communism: Middle and Near East, 1. 8. 1949, Part I: The Arab League States, Part II: India; NA, RG 59, E. 5514, b. 9.
340 OIR 4909.5, The Potentials of World Communism: Latin America, 1. 8. 1949, Part I: Cuba, NA, RG 59, E. 5514, b. 9

Minh einen potentiellen Freund Amerikas sahen. Die USA arbeiteten im Zweiten Weltkrieg eng mit den vietnamesischen Kommunisten zusammen. Das OSS unterstützte Ho Chi Minhs militärischen Widerstand gegen die Japaner. Noch lange nach Kriegsende rieten führende Stimmen in Amerika davon ab, das Erbe des französischen Kolonialismus anzutreten. Der Weg in den Vietnamkrieg verlief alles andere als geradlinig.[341]

Die antikoloniale Tradition, der das OIR auch am Anfang des Kalten Krieges die Treue hielt, geriet zum ersten Mal 1948 unter Beschuss. Aus Furcht vor einer Untersuchung des Kongresses und der Gefahr von Budgetkürzungen strengte das State Department eine interne Überprüfung des OIR an. Die Effizienz des Geheimdienstapparats war demnach über jeden Zweifel erhaben. Der Bericht hob etwa lobend hervor, dass zwischen den Chinaforschern des OIR und den für China Verantwortlichen im State Department »äußerst enge Arbeitskontakte und persönliche Beziehungen« bestanden – ein zweischneidiges Lob angesichts dessen, dass zwei Jahre später der Angriff des McCarthyismus auf das State Department mit der Attacke auf die Chinapolitik unter der Formel »loss of China« (»Verlust Chinas«) eröffnet wurde.[342]

Lediglich die Südostasienforscher fielen ein wenig aus der Reihe. Dabei überschnitten sich offensichtlich die konservativen und die sexistischen Ressentiments des Prüfungsausschusses, sorgsam verpackt in die Ansprüche der Objektivität. Gegen keine andere Stelle im OIR wurde scharfe Kritik erhoben, nur gegen die Abteilungen, die unter der Leitung von Frauen standen, darunter der bedeutenden Anthropologin Cora DuBois. »Die Southern Areas Branch von DRF produziert geheimdienstliches Wissen, das so einseitig zugunsten der Kolonien ist«, dass es dem State Department schaden könnte. »An Meinungsunterschieden ist nichts auszusetzen, solange die Meinungen auf Fakten beruhen und als Meinungen ausgewiesen werden«, fuhr der Untersuchungsbericht fort. Ob politisch unzuverlässig oder

---

341 Vgl. *Bartholomew-Feis*, The OSS and Ho Chi Minh; zum Wandel der amerikanischen Südostasienpolitik vgl. *Frey*, Dekolonisierung in Südostasien; zur Geschichte des Vietnamkrieges und seiner internationalen Implikationen *Greiner*, Krieg ohne Fronten; *Westad*, The Global Cold War, S. 180–206; *Lawrence*, Assuming the Burden.
342 Memo R. B. Freund an Armstrong, Survey of Geographic Areas Regarding Research and Intelligence Service, 26. 2. 1948, NA, RG 59, E. 1561, b. 6; zum politischen Schlachtruf des »loss of China« vgl. unten, Kap. III.3.

einfach zu emotional – der Bericht ließ seine Vorwürfe in der Schwebe –, die Ostasienforscherinnen hätten diese Linie überschritten: »Claire Holt von DRF neigt besonders zu einseitigen Berichten, in geringerem Maße auch Cora DuBois.«[343] Später wurde beanstandet, dass Ho Chi Minhs Parteigänger voller Sympathie als »Widerstandsregierung« bezeichnet worden waren. Die Sprache, nicht der Inhalt einer Studie geriet innerhalb des State Department in die Kritik. Das Papier musste zurückgezogen werden.[344] Marcuses CWC folgte der antikolonialen Tradition innerhalb des OIR. Die Indochina-Studie im Rahmen von »Potentials of World Communism« zeigte mit äußerster Klarheit, dass die vietnamesischen Kommunisten vor allem Nationalisten waren. Der Kommunismus diente nur als Vehikel des antikolonialen Kampfes. Die Kolonialherrschaft der Franzosen wurde von den CWC-Analytikern scharf attackiert. Ho Chi Minh war der »herausragende kommunistische Führer des vietnamesischen Nationalismus«. Seine Unabhängigkeit gegenüber Moskau hatte Ho Chi Minh außerdem bewiesen, indem er weder Tito noch den Marshallplan verurteilt hatte. Mit dieser »beinahe legendären patriotischen Gestalt« eröffnete sich ein von Amerika nicht genutztes Potential im Kalten Krieg gegen die Sowjetunion. Ho brauchte Unterstützung. Wenn Amerika nicht auf ihn zukam, bliebe ihm nichts anderes übrig, als die Nähe der chinesischen Kommunisten zu suchen.[345] Diese Studie fügt dem wohlbelegten Befund eine weitere Facette hinzu: Die Geschichte des Vietnamkrieges war von Anfang an davon gekennzeichnet, dass die amerikanische Regierung Erkenntnisse ihrer Geheimdienste konsequent missachtete.[346]

Mit Vietnam und den anderen kolonialen und postkolonialen Regionen tauchte der dritte Schwerpunkt auf, dem sich Marcuse als Leiter der Kommunismusaufklärung im State Department zu widmen hatte. Marcuses Interesse an der Dritten Welt, das Mitte der sechziger

---

343 Memo R. B. Freund an Armstrong, Survey of Geographic Areas Regarding Research and Intelligence Service, 26. 2. 1948, NA, RG 59, E. 1561, b. 6. Die Rockefeller Foundation suchte hingegen immer wieder den Rat von Cora DuBois; vgl. unten, Kapitel III.1.
344 Memo Achilles an Lacy, 3. 4. 1950, NA, RG 59, E. 1561, b. 6.
345 OIR 4909.5, The Potentials of World Communism: Far East, 1. 8. 1949, Part III: Indochina, S. 13f., 18, NA, RG 59, E. 5514, b. 9.
346 Vgl. *Milne*, America's Rasputin, S. 166f., 203f., 209, 219f., 229f.; *Ford*, CIA and the Vietnam Policy Makers; *Bird*, The Color of Truth, S. 172, 175–179; *Smith*, OSS, S. 360–382.

Jahre seinen Höhepunkt erreichte, prägte sich hier zum ersten Mal aus. Die nationalen Befreiungsbewegungen, denen er als Geheimdienstanalytiker Aufmerksamkeit gewidmet hatte, ernannte er später zum neuen revolutionären Subjekt. Seine Forschergruppe führte vor Augen, dass die Kommunisten ihre Ziele und Strategien auf den Grad der »historischen, ökonomischen und politischen Entwicklung« einer Region abstimmten.[347] Die Frage nach dem »Ausmaß, in dem kommunistische Parteien lokale Fragen ausnutzen«, stand deutlich im Hintergrund des nachrichtendienstlichen Erkenntnisinteresses. »Top priority« genossen neben den Spannungen im kommunistischen Lager und den internationalen Stärken und Schwächen des Kommunismus auch die »kommunistische Kolonialtheorie« und die »Communist Strategy in Colonial and Underdeveloped Areas«. Dabei standen nicht allein die Moskauer Theorien des Kolonialismus oder die Doktrin und die Strategien der nationalen Befreiungsbewegungen auf der Tagesordnung. Es ging um den Kriegsschauplatz der Zukunft.[348]

In der Dritten Welt lauerte eine neue Gefahr für die USA. Die Gegenstrategien, die im OIR kursierten, das Marshallplan-Paradigma vor allen anderen, stellten auch hier die ökonomische Entwicklung in den Mittelpunkt. Diese Vorschläge waren in einem früheren Entwicklungsdiskurs verwurzelt, der noch kein starres Modell des Westens als Ziel der Modernisierung festsetzte. Die teleologische Modernisierungstheorie von Kalten Kriegern wie Walt Rostow wurde erst in den folgenden Jahren entworfen. Die Geheimdienstanalytiker des State Department griffen mit ihrem Schwerpunkt einem Bedrohungsszenario vor, das seit den fünfziger Jahren Amerikas Verhältnis zur Dritten Welt bestimmte. Schon in der Eisenhower-Regierung war die amerikanische Wahrnehmung ausgeprägt, Kommunisten würden die nationalen Befreiungskriege, den Nationalismus und den Antikolonialismus in der »unterentwickelten« Welt ausbeuten, um unbemerkt das strategische Gleichgewicht zugunsten Moskaus zu verschieben. Die Logik der Putsche und Stellvertreterkriege leitete sich aus dieser Vorstellung ab, und auch beim Weg in den Vietnamkrieg spielte sie

---

347 CWC Project, Capabilities of World Communism Outside the Soviet Union, Februar 1949, NA, RG 59, E. 1561, b. 20, f. OIR 1949–1950.
348 Memo Evans an OIR Division Chiefs, 1. 3. 1951; Minutes of CWC Meeting, 12. 3. 1951; Memo Marcuse an CWC Representatives, Agenda of Meeting of CWC, 10. 4. 1951; Memo Marcuse an CWC Representatives, Agenda for Meeting of CWC, 13. 6. 1951; NA, RG 59, E. 1561, b. 20, f. CWC 1951.

eine Rolle.[349] Ganz am Anfang dieses Prozesses war allerdings in den OIR-Analysen zu erfahren, dass die wachsende Macht kommunistischer Parteien in der postkolonialen Welt nicht notwendigerweise mit einem Einflussgewinn der Sowjetunion einherging. Alle drei Schwerpunkte der Kommunismusaufklärung überlagerten sich in Marcuses Großunternehmen über die Potentiale des internationalen Kommunismus, »The Potentials of World Communism«. Natürlich lieferte dieses Unternehmen auch die von der CIA gewünschten Informationen über internationale kommunistische Organisationen.[350] Doch auch die zur Infiltration nutzbaren Detailkenntnisse über die Struktur des internationalen Kommunismus wurden in den Rahmen einer sachlichen, entdämonisierenden Interpretation gestellt. Die Darstellung des Kommunistischen Informationsbüros (Kominform) stach durch äußerste Nüchternheit hervor – im Gegensatz zu hysterischen Kommunismusdeutungen, die angesichts der Gründung dieser vermeintlichen Neuauflage der 1943 aufgelösten Komintern um sich griffen.[351] Schon ein in weiten Teilen deckungsgleiches Papier vom Oktober 1947 hatte sich durch kalte Professionalität ausgezeichnet. Mit dialektischer Raffinesse beanspruchte es, unter die »oberflächlichen Eigenschaften«, die Oberfläche der kommunistischen Propaganda, vorzudringen und auf tiefenhermeneutischem Wege die verborgene Wahrheit ans Tageslicht zu befördern. Eine komparative Untersuchung von Komintern und Kominform zeigte, dass Stalins neues Instrument geradezu die defensive, sicherheitsfixierte Natur der sowjetischen Politik offenbarte.[352]

»The Potentials of World Communism« war in seiner wissenschaftlichen Akribie geeignet, die blinden Flecken der Geheimdienstepiste-

---

349 Vgl. *Leffler*, For the Soul of Mankind, S. 129f., 135, 144f., 174–179, 207–213, 219–224, 273–288; *Gilman*, Mandarins of the Future, S. 192–202.
350 OIR 4909.1, The Potentials of World Communism: International Agencies, 1. 8. 1949, Part I: The Cominform, Part II: The World Federation of Trade Unions, Part III: The World Federation of Democratic Youth, Part IV: Women's International Democratic Federation, NA, RG 59, E. 5514, b. 9.
351 Vgl. dazu *Selverstone*, Constructing the Monolith, S. 73–95.
352 OIR 4527 PV, The Establishment of a Communist Information Bureau, 8. 10. 1947, NA, RG 59, E. 5514, b. 6; OIR 4909.1, The Potentials of World Communism: International Agencies, 1. 8. 1949, Part I: The Cominform, NA, RG 59, E. 5514, b. 9; zum 1947 gegründeten Kominform, dessen im Wesentlichen eher defensive Ausrichtung die neuere Forschung bestätigt, vgl. etwa *Abedikov*, Das Kominform und Stalins Neuordnung Europas; *Gori/Pons* (Hg.), Dagli archivi di Mosca.

mologie aufzulösen. In seiner Verbindung von progressiver Politik und strategischen Plänen, in seiner nüchternen sozialwissenschaftlichen Analyse und in seiner strukturellen Verknüpfung von lokalen und internationalen Faktoren zeigte sich zudem die unvermeidliche entspannungspolitische Implikation einer Geheimdienstforschung, die streng ihren Prinzipien der Objektivität und Selbstkorrektur folgte. Marcuse und sein Komitee für Weltkommunismus leiteten ein Abkühlungsverfahren in der heißen Phase des Kalten Krieges ein. Sie standen ebenso sehr im Dienste der amerikanischen Strategie, wie sie der Verschiebung der amerikanischen Strategie in Richtung Entspannung Vorschub leisteten. Das war nicht die Folge politischer Überzeugungen. Die Politik der Beteiligten war von großen Unterschieden geprägt. Was sie verband, war ihre Epistemologie. Dass abweichendes Wissen produziert werden konnte und immer wieder Beachtung fand, verdankte sich in letzter Konsequenz allerdings einer liberalen politischen Führung, die bei aller konfrontativen Härte und Befreiungsrhetorik zunehmend eine Politik des Interessenausgleichs gegenüber der Sowjetunion verfolgte.

Um die Proportionen von Marcuses Rolle zurechtzurücken, muss man sich auch die vielen Kommunismusanalysen vor Augen führen, die sich nicht bis in sein kleines Reich der Kommunismusaufklärung zurückverfolgen lassen. Dazu gehören Papiere, die von der Osteuropaforschung der Division of Research for Europe unter Hughes' Leitung angefertigt wurden.[353] Eine Beteiligung Marcuses daran ist zumindest vorstellbar, in einigen wenigen Fällen sogar zu vermuten. Das gilt nicht für die vielen Papiere der Osteuropaforscher nach 1948, die schließlich administrativ von den West- und Mitteleuropaforschern getrennt wurden und 1951 in die neue Division of Research for the USSR and Eastern Europe übersiedelten. Die unterschiedlichsten Stellen und Personen stimmten in der fundamentalen Beurteilung der Lage überein. Das war die Folge einer Überlagerung des Wissens. Alle

---

353 Hughes' direkter Einfluss als Divisionschef auch auf die ihm unterstellte Sowjetforschung ist im Fall eines pikanten Dokuments belegt, bei dem es um die Frage ging, ob die Sowjets ähnlich wie die Amerikaner in der Lage waren, das militärische Wissen der Deutschen, ob freiwillig oder unter Zwang, für sich und gegen die USA zu nutzen. Das Kriegsministerium hatte um diese Studie gebeten, und George Kennan meldete Interesse daran an; OIR 4353, German Military Groups in the USSR, 29. 4. 1947; Evans an Hughes, 12. 11. 1947; William B. Ballis an Hughes, 11. 9. 1947; Evans an Hughes, 7. 4. 1947; NA, RG 59, E. 5514, b. 5.

verfügbaren Erkenntnisse deuteten in dieselbe Richtung, ob sie nun von einem Kalten Krieger oder einem radikalen Intellektuellen interpretiert wurden. Das grundlegendste Urteil lautete: Die Sowjetunion befand sich nicht auf Kriegskurs. Die Geheimdienstanalytiker des State Department stellten stets die Sicherheitsinteressen der Sowjetunion in den Vordergrund. Die strenge Anwendung der sozialwissenschaftlichen Methoden offenbarte, dass die Sowjets keine expansiven Absichten verfolgten. Das Bedürfnis nach »Koexistenz« gewann zunehmend die Oberhand über das Ziel der »Weltrevolution«. Diese Einschätzung stand im Gegensatz zur öffentlichen Diskussion.[354] Im OIR versetzte man sich in den Gegner hinein. Seine Geschichte und seine von Einkreisungsängsten beherrschte Wahrnehmung wurden ernst genommen. Zugleich wurde die Sowjetunion als politisch und sozial differenziertes System, nicht als totalitärer Monolith behandelt.[355] Von den Deutungsmustern der Totalitarismustheorie machten die OIR-Analysen nur dann Gebrauch, wenn die intellektuelle Sphäre betroffen war, die Rede- und Pressefreiheit, der Zugang zu Informationen, der ungehinderte Aus-

---

354 Vgl. *Gleason*, Totalitarianism, S. 72–128; *Powers*, Not Without Honor; Intellektuelle wie Franz Borkenau und Arthur Koestler forderten gar, die USA sollten gegen den sowjetischen Totalitarismus militärisch vorgehen und den (bis 1949) exklusiven Besitz der Atombombe zur Vernichtung des totalitären Gegners nutzen; vgl. *Hochgeschwender*, Freiheit in der Offensive?, S. 205f.
355 Siehe etwa OIR 4264, Probable Effects of Stalin's Death, 18. 4. 1947; OIR 4340.1, Stability and Efficiency of the Government of the USSR, 18. 6. 1947; NA, RG 59, E. 5514, b. 4; OIR 4340.3, Soviet Domestic Affairs as Affecting National Welfare and Stability, 18. 6. 1947; OIR 4340.4, Soviet Foreign Affairs, 3. 7. 1947; NA, RG 59, E. 5514, b. 5; die DRE-EER-WP-Serie (Eastern European Research, Working Papers): 1, Estimate of Soviet Intentions, 12. 3. 1948; 3, Soviet Intentions in Berlin, 27. 4. 1948; 7, Pattern of Recent Soviet Moves, 6. 2. 1950; 8, Recent Soviet Moves: Conclusions, 8. 2. 1950; 9, Soviet Intentions and Capabilities, 16. 2. 1950; NA, RG 59, E. 5514, b. 10; DRE Divisional Report 67, Stalin Revives Fear of Capitalist Encirclement, 3. 8. 1950, NA, RG 59, E. 5512, b. 1; OIR 5333, Communist Land Policies, 28. 11. 1950; OIR 5582, Extent and Stability of Soviet Control over European Satellites, 3. 8. 1951; OIR 5751.2, The USSR in 1951, 14. 3. 1952; NA, RG 59, E. 5514, b. 14; OIR 6164, Soviet Sensitivities, 9. 2. 1953, NA, RG 59, E. 5514, b. 16; OIR 6389, List of Conciliatory Soviet Block Gestures in Foreign Affairs, 14. 8. 1952, NA, RG 59, E. 5514, b. 17; R&A 7156, Communist Intentions and Capabilities in Berlin, 25. 1. 1956. Diese differenzierten Analysen finden bei *Selverstone*, Constructing the Monolith, keine Beachtung.

tausch von Ideen.³⁵⁶ Großes Einfühlungsvermögen und bewundernswerte Kennerschaft bewiesen die Beobachter der intellektuellen Entwicklung in der Sowjetunion. Sie verfassten Memoranden, die eines Isaiah Berlin würdig gewesen wären. Boris Pasternak und Anna Achmatowa hatten auch hier ihren Auftritt.³⁵⁷ Mit großer Sorgfalt und Aufmerksamkeit für subtile philosophische Details widmeten sich die Kommunismusanalytiker des OIR immer wieder der theoretischen Entwicklung des Sowjetmarxismus. Diese »immanente« Ideologieaufklärung war nicht nur methodisch mit Marcuses späterem Vorgehen in »Soviet Marxism« verwandt. Auch inhaltlich wurden Fragen behandelt, die sich dann in »Soviet Marxism« wiederfanden, wie der Kampf zwischen Schdanow und Alexandrow um die ideologische Deutungshoheit im Schatten Stalins oder die Kontroverse um den Ökonomen Varga.³⁵⁸ Die letztgenannte

---

356 Siehe etwa OIR 4340.2, Soviet Political and Civil Rights as Affecting Governmental Stability, 18. 6. 1947; NA, RG 59, E. 5514, b. 5; OIR 4612, Information Control and Propaganda in Hungary, Rumania, Yugoslavia, and Bulgaria, 11. 3. 1946, NA, RG 59, E. 5514, b. 6; OIR 4629, Information Control and Propaganda in the USSR, 24. 2. 1948, NA, RG 59, E. 5514, b. 7; OIR 4865, The Militarization of the Judiciary in the USSR, 10. 1. 1949, NA, RG 59, E. 5514, b. 9; CS-5.9, Communist Offenses Against the Integrity of Education, Science, and Culture, 15. 6. 1951, NA, RG 59, E. 5514, b. 11; OIR 5172, Political Control and Organization of Science in the USSR, 21. 6. 1951, NA, RG 59, E. 5514, b. 12; OIR 6144, Barriers to Freedom of Information in the USSR and the Soviet Bloc, 13. 2. 1953, NA, RG 59, E. 5514, b. 16.
357 Siehe etwa OIR 4207, The »Purge« on the Intellectual Front in the USSR, 13. 11. 1946, NA, RG 59, E. 5514, b. 4; OIR 4549, A New Development in the »Purge« on the Intellectual Front in the U.S.S.R., 1. 11. 1947, NA, RG 59, E. 5514, b. 6; zu Isaiah Berlin und der russischen Intelligenzija vgl. unten, Kap. V.3.
358 Siehe etwa R&A 3063, The Current Emphasis on Marxist Indoctrination in the USSR, 1. 6. 1945; OIR 4549, A New Development in the »Purge« on the Intellectual Front in the U.S.S.R., 1. 11. 1947, NA, RG 59, E. 5514, b. 6; R&A 4572, Zhdanov's New Development in Soviet Marxist Theory, 2. 1. 1948; OIR 4939, The Varga Controversy, 25. 4. 1949, NA, RG 59, E. 5514, b. 9; DRE Division Report EER-74, Stalin Alters Soviet Doctrine, 26. 6. 1950, NA, RG 59, E. 1595, b. 20; DRS Information Paper 28, Lenin and Stalin on Coexistence of Socialist and Capitalist States and the Inevitability of War between the Two, 10. 8. 1951, NA, RG 59, E. 1595, b. 20. Das an vorletzter Stelle genannte Dokument, das wie viele andere mit Sicherheit nicht von Marcuse stammt, ging in jeder Hinsicht wie dieser vor: Es versenkte sich in das sowjetische Denken, analysierte feinste und komplexe Details in ideologischen Schwankungen (selbst in der Linguistik) und erkannte Anzeichen einer politischen Deeskalation. Zu Marcuses Vorgehen in »Soviet Marxism« vgl. unten, Kap. V.

Auseinandersetzung in der Sowjetunion wies, zumindest in der OIR-Darstellung, eine auffällige Ähnlichkeit zu den Debatten um »Staatskapitalismus« und »Monopolkapitalismus« am Institut für Sozialforschung in den dreißiger Jahren auf.[359] Die Varga-Kontroverse ist ein gutes Beispiel für die auch von Marcuse in »Soviet Marxism« praktizierte Form der Sowjetforschung. Aus winzigen ideologischen Zeichen und theoretischen Differenzen wurden strategische Schlussfolgerungen gezogen. Wenn der sowjetische Marxismus sich auf eine Stabilisierung des Kapitalismus einstellte – was keinesfalls offensichtlich war, sondern in komplizierten dialektischen Operationen erschlossen wurde –, dann folgte daraus eine Politik der Koexistenz. Das Papier bekräftigte die Bedeutung der Ideologiekritik und Ideengeschichte für die Gegnerforschung. Feinste Unterschiede in der Denkordnung konnten in einem System, das wie die UdSSR auf einer Ideologie errichtet war, von größter politischer Tragweite sein. Im Fall Vargas reflektierte der namentlich unbekannte OIR-Analytiker, der in seiner Studie Marx' elfte Feuerbachthese zitierte und mit Marcuse identisch sein dürfte, auch die sowjetische Variante der Dialektik der Aufklärung. Varga war der führende ökonomische Gegnerforscher der Sowjetunion. Das war eine ambivalente und nicht ungefährliche Position: »Als ›Doktor der Weltwirtschaft‹ (d. h. der kapitalistischen Wirtschaft) in einer Gruppe, die sich der Zerstörung des Kapitalismus widmet, hat Varga einen diagnostischen Beruf gewählt, der, wenn er erfolgreich praktiziert, zur Auslöschung des Berufs führt, und der, wenn er erfolglos praktiziert, zur Auslöschung des Professors führen könnte.«[360]

Eine Urheberschaft oder Beteiligung Marcuses an diesen Papieren erscheint plausibel, lässt sich jedoch nicht belegen. Doch darauf kommt es nicht an. Von Interesse sind vielmehr der gemeinsame Wissenshorizont und die gemeinsame Methode all dieser Dokumente. Nicht einmal der dialektische Stil war allein Marcuses Markenzeichen. Der überwiegende Teil der OIR-Analysen machte Zugeständnisse an die Rhetorik des Kalten Krieges. Am Ende ließen all diese Analysen jedoch keinen Zweifel daran zu, dass aus dem mit wissenschaftlicher Sorgfalt zusammengetragenen und ausgewerteten Material die politi-

---

359 Vgl. Horkheimer u.a., Wirtschaft, Staat und Recht im Nationalsozialismus; *Jay*, The Dialectical Imagination, S. 143–172; *Wiggershaus*, Die Frankfurter Schule, S. 321–327; *Jones*, The Lost Debate, S. 129–158.
360 OIR 4939, The Varga Controversy, 25. 4. 1949, NA, RG 59, E. 5514, b. 9.

schen Schlussfolgerungen der Deeskalation und der Entspannung zu ziehen waren. Die epistemische Gemeinschaft, die immer wieder zu diesen Resultaten gelangte, reichte weit über die Hunderte von OIR-Analytikern hinaus. In den fünfziger Jahren glichen die Einschätzungen der CIA-Experten im ONE denen des OIR im Ergebnis, in der Methode und sogar im dialektischen Stil.[361] Die »intelligence community« zeigte deutlich, dass sie eine »epistemic community« war.

11. Marcuse und die strategischen Planer

Marcuses kleiner »Shop« im State Department war nicht sein einziges Betätigungsfeld in den geheimen Staatsapparaten des Kalten Krieges. Über Marcuse als Leiter der Kommunismusaufklärung ist bislang nur wenig ans Licht der Öffentlichkeit gelangt.[362] Vollends unbekannt ist, dass Marcuse der Geheimdienstführung mit Rat und Tat zur Seite stand und National Intelligence Estimates der Vereinigten Staaten von Amerika verfasste. Den Schauplatz seiner Auftritte bot die Estimates Group, die Versammlung der Divisionschef, die sich dem kreativen Denken und der intellektuellen Spekulation verschrieben hatte, um in die Zukunft des Gegners zu schauen. Die prognostischen Fähigkeiten und die intellektuelle Kapazität seiner Führungsspitze rühmte OIR-Direktor Allan Evans im Kampf mit Richard Bissell und der CIA.[363] Die Gruppe koordinierte die Auftragsforschung des State Department an Instituten wie dem MIT-Center for International Studies, und sie nahm an den Arbeitstreffen der wissenschaftlichen CIA-Berater in Princeton teil.[364]

---

361 Das galt sowohl für die Analyse der Sowjetunion wie die des Kommunismus in der Dritten Welt; vgl. *Bird*, The Color of Truth, S. 172–179; *Haines/Leggett* (Hg.), Watching the Bear; *Haines/Leggett* (Hg.), CIA's Analysis of the Soviet Union; *Ford*, CIA and the Vietnam Policymakers.
362 Mit Ausnahme der Erwähnung von »The Potentials of World Communism« durch *Katz*, Herbert Marcuse and the Art of Liberation, S. 132–134, finden sich keine Hinweise darauf in der Literatur.
363 Memo Evans an Scammon, Burgin, Fried, Ogburn, Harvey, 9. 3. 1955, S. 2, NA, RG 59, E. 1498, b. 3, f. Bissell-Reber-Reports; zu dieser Auseinandersetzung siehe oben, Kap. I.9.
364 Der koordinierte Gebrauch von Auftragsforschung setzte 1950 ein; Memo George R. Pope an Office Directors und Division Chiefs, OIR und OLI, Contracts for Research Projects, 9. 5. 1950; Memo Pope an William Little,

Über die Estimates Group führten die Wege des Wissens, das bis zur politischen Führungsebene durchdrang. Gelegentlich erreichte dieses Wissen sogar direkt den Präsidenten. Charles Bohlen fungierte als Verbindungsstelle.[365] Bohlen war neben seinem Freund George Kennan der wichtigste strategische Denker in der Truman-Regierung. Sie hatten gemeinsam die diplomatische Laufbahn eingeschlagen und wurden zu den führenden Russlandexperten in Washington. Beide krönten ihre Karriere als Botschafter in Moskau.[366] Während Kennans große Stunde als strategischer Denker in die ersten Jahre des Kalten Krieges fiel, als er Trumans Eindämmungspolitik und ihre verdeckte Seite, die Subversionsstrategie gegen die Sowjetunion, entwarf, stellte Bohlen seit Anfang der fünfziger Jahre als strategischer Vordenker die

---

Proposed Research Contracts – R, 6. 6. 1950; NA, RG 59, E. 1561, b. 16, f. Contracts for Research Projects. Im Mittelpunkt stand dabei stets die psychologische Kriegführung. Die Forschungen am Center for International Studies (CENIS) waren der OIR-Führung allerdings zu sehr auf die politische Anwendung ausgerichtet, um noch objektiv genug zu sein: »The policy blend hurts the research«, erklärte Evans in einem Memo an Armstrong, Visits to CENIS, April 1 and 2, 6. 4. 1954; siehe auch Memo Howe an Brigadegeneral W. C. Bullock, Chief of Psychological Warfare, U.S. Army, o.D. [Juli 1954]; Memo A. S. Chase an Evans, Confidential CIA Views Concerning the CENIS Project, 25. 6. 1955; NA, RG 59, E. (A1) 5161, b. 72, f. CENIS 1954. Bei den Kontakten zum CIA-finanzierten CENIS war zu beachten: »The relationship between CIA and CENIS is classified Secret.« Memo Claude E. Hawley, CIA, an Evans, Reports on Research on China, 19. 4. 1954, NA, RG 59, E. (A1) 5161, b. 73, f. CIA 1954; siehe auch NA, RG 59, E. (A1) 5161, b. 74, f. CENIS 1952. Auf der Suche nach auswärtigen Partnern für die Auftragsforschung kam es auch zu einer Begegnung mit Theodor W. Adorno am Frankfurter Institut für Sozialforschung; Memo Arnold H. Price an Armstrong, Trip Report DRW Nr. 1, 15. 6. 1954, NA, RG 59, E. (A1) 5161, b. 73, f. DRW 1954. Zur Kritik am CENIS und zu den CIA-Treffen in Princeton siehe Estimates Group, Summary of Actions, 18. 1. 1854, 22. 1. 1954, NA, RG 59, E. (A1) 5161, b. 66, f. Estimates Group Fortnightly Summary 1953. Die Gruppe stellte hier zur strategisch zentralen Frage nach den Auswirkungen der wachsenden sowjetischen Nuklearmacht auf die Weltpolitik fest, »that the CIA pundits (William Langer, Max Millikan, Hamilton Fish Armstrong, Philip Mosely et al.) had reached conclusions not unlike those initially presented by the OIR division«. Die meisten der genannten Experten der CIA tauchten immer wieder als Förderer von Linksintellektuellen wie Marcuse auf.

365 Memo Armstrong an Bohlen, National Intelligence Digest, 4. 11. 1952; Memo Armstrong an Bohlen, Special Intelligence Papers for the NSC, 2. 12. 1952; Memo Bohlen an Armstrong, 4. 12. 1952; NA, RG 59, E. 1561, b. 2, f. CIA Estimates, Reports.

366 Zur Karriere und Freundschaft von Bohlen und Kennan vgl. *Isaacson/Thomas*, The Wise Men, S. 140–178 und passim.

Weichen auf Entspannungspolitik. Kennan folgte Bohlen auf diesem Weg, doch es war Bohlen, der die Doktrin der »rational hope«, der rationalen Hoffnung, durchsetzte – das Warten auf eine langfristige Evolution der Sowjetunion. Der Kern der amerikanischen Strategie für den Kalten Krieg war damit definiert. Im Schatten des nuklearen Gleichgewichts seit Mitte der fünfziger Jahre folgte auch die Eisenhower-Regierung Bohlens Argumenten. Subversion und aggressive psychologische Offensiven gegen die Sowjetunion und ihre Satelliten wurden aus dem strategischen Arsenal verabschiedet.[367]

Am Anfang dieses strategischen Wandels stand Bohlens Überzeugung, dass die Sowjetunion nicht nach endloser Expansion oder gar Weltherrschaft strebte. Obwohl er das sowjetische Regime für totalitär und gefährlich hielt, erfasste Bohlen das defensive Motiv der sowjetischen Politik.[368] Seine Beobachtungsgabe und das Expertenwissen der Geheimdienstanalytiker im State Department verstärkten sich wechselseitig. Paul Nitze, Kennans Nachfolger als Direktor des Policy Planning Staff, versuchte 1951 den Geheimdienstanalytikern zu untersagen, Bohlens Einwände bei der Überarbeitung von NSC 68 zu berücksichtigen. Dennoch gewann Bohlen über die Verfechter einer aggressiven Politik gegenüber der Sowjetunion die Oberhand.[369] NSC 68 gilt als das markanteste strategische Dokument des frühen Kalten Krieges, obgleich es vor allem wiederholte, was Kennans Papiere zuvor für die Truman-Regierung formuliert hatten.[370] An der Revision dieses Schlüsseldokuments, an Bohlens erfolgreichem Versuch, die aggressiv-revolutionäre Kennan-Nitze-Linie zugunsten einer evolutionären Strategie zurückzunehmen, war die Estimates Group – deren

---

367 Vgl. *Mitrovich*, Undermining the Kremlin, S. 15–46, 84–114, 122–176; *Hixson*, George F. Kennan, S. 47–98; *Leffler*, A Preponderance of Power, bes. S. 100–114, 199–265, 312–360, 446–493; *ders.*, For the Soul of Mankind, S. 145f.; *Gaddis*, Strategies of Containment, S. 18–86.
368 Bohlen an Nitze, 28. 7. 1951, in: FRUS 1951, Bd. 1, S. 106–109; auch in den OIR-Unterlagen, NA, RG 59, E. (A1) 5161, b. 70, f. NSC 68/1. Bohlen artikulierte seine Kritik bereits im Jahr zuvor, Memo Bohlen an Nitze, 5. 4. 1950, in: FRUS 1950, Bd. 1, S. 221–224; vgl. *Mitrovich*, Undermining the Kremlin, S. 85–95; *Leffler*, A Preponderance of Power, S. 355–360, 442, 487f., 499; *ders.*, For the Soul of Mankind, S. 145f.
369 Evans, Memorandum for the Record, 30. 7. 1951, NA, RG 59, E. (A1) 5161, b. 70, f. NSC 68/1; vgl. *Mitrovich*, Undermining the Kremlin, S. 95–114, 160–176; *Leffler*, A Preponderance of Power, S. 485–493.
370 Vgl. *Leffler*, A Preponderance of Power, S. 355–360; *Hogan*, A Cross of Iron, S. 295–312; *Mitrovich*, Undermining the Kremlin, S. 47–59.

ehemaliges Mitglied Charles Stelle nun auch im Policy Planning Staff saß und dort Bohlen sekundierte – unmittelbar beteiligt.[371] Die Estimates Group war der direkte Zugang des OIR zur strategischen Diskussion auf höchster Ebene. Kennans strategische Kommandozentrale des frühen Kalten Krieges griff vielfach auf das Wissen der Geheimdienstanalytiker zurück. In diesen Jahren entstanden in Kennans Stab die Erstfassungen aller Memoranden, die dann über den National Security Council dem Präsidenten vorgelegt wurden. Ein Mitglied der Estimates Group saß dabei stets mit am Tisch. Kennans rechte Hand John Davies nannte den State-Geheimdienst den »Lebensretter« des Policy Planning Staff.[372] Auf den Sitzungen des Planungsstabes wurden dabei Strategien diskutiert, die dem State Department kurz darauf die Angriffe der »China Lobby« und der McCarthyisten eintrugen.[373]

Im Oktober 1949 etwa kam Außenminister Acheson mit seinen führenden Beratern, darunter Davies, über die Chinapolitik überein: »unsere Hauptanstrengung sollte darauf gerichtet sein, Abweichungen innerhalb der kommunistischen Führung zu fördern; den nationalistischen Überresten sollte keine Unterstützung zukommen«. Selbst die diplomatische Anerkennung des kommunistischen China wurde von Acheson erwogen: »Anerkennung ist keine dringende Frage, obwohl unsere Regierung aller Wahrscheinlichkeit nach letztendlich das gegenwärtige Regime anerkennen müsste – vermutlich nicht, bevor die Haltung des Kongresses ›unterhöhlt‹ worden ist.« Während die chinesischen Kommunisten nur auf psychologische Weise attackiert werden

---

371 Evans an Division Chiefs, Comment on NSC 68/1, 28. 11. 1950, NA, RG 59, E. (A1) 5161, b. 70, f. NSC 68/1; OIR-Memo, S/P Draft for NSC-114 discussed in EG, »United States Program for National Security«, 3. 9. 1951; Memo Nitze an Bohlen, Armstrong u.a., Reappraisal of United States Objectives and Strategy for National Security, 14. 7. 1952; Memo Howe, NSC 114 – Meeting of July 14, 15. 7. 1952; Memo Evans an Howe, July 16 Draft of NSC 114 Statement on Policy, 23. 7. 1952; Memo Howe an Bohlen, 23. 7. 1952; NA, RG 59, E. (A1) 5161, b. 70, f. NSC 114 (1951/52); vgl. *Mitrovich*, Undermining the Kremlin, S. 84–100, 102–105, 111.
372 S/P Liaison Memo Nr. 1, 23. 9. 1949; Nr. 4, 18. 10. 1949; Nr. 23, 20. 1. 1950; NA, RG 59, E. 1561, b. 18, f. DRW Daily S/P Liaison Report II.
373 Zur »China Lobby« vgl. unten, Kap. III.3. Ohne seinen Freund Kennan überlebte Davies, Vordenker einer aggressiven psychologischen Kriegführung gegen die Sowjetunion, nicht lange im Apparat. Der Chinaexperte geriet in die Mühlen der »China Lobby« und des McCarthyismus und wurde 1954 entlassen; vgl. *Stöver*, Die Befreiung vom Kommunismus, S. 101f.; *Davies*, Foreign and Other Affairs, S. 11.

sollten, stieß das korrupte Regime Chiang Kai-sheks auf Taiwan im State Department kaum auf Sympathie: »die allgemeine Ansicht lautet, dass Formosa an China fallen sollte, selbst an ein kommunistisches China«. Nicht angeblich kommunistische Spione im State Department, wie die »China Lobby« behauptete, legten diesen Schluss nahe. Die Analyse der militärischen Lage in China schien keinen anderen Ausweg zuzulassen.[374] Die enge Arbeitsbeziehung der OIR-Chinaexperten und der Chinapolitiker des State Department war an dieser Deutung wohl nicht unbeteiligt.[375]

Für die strategische Diskussion wurde auch die Geheimdienstforschung über die Sowjetunion und den Kommunismus herangezogen. Acheson selbst war dabei mitunter zugegen.[376] Bohlen wies bereits Anfang 1950 im Policy Planning Staff, ganz im Einklang mit dem Wissen der Geheimdienstexperten, auf die defensive Natur der sowjetischen Politik und das exzessive Sicherheitsbedürfnis Stalins hin.[377] Sowohl Nitze als auch Kennan verwendeten Material des OIR für ihre strategische Planung. Einschätzungen psychologischer Potentiale – der Chance von »defections«, der Lossagung von Moskau und des Überwechselns ins westliche Lager – kamen dabei ebenso zum Einsatz wie OIR-Analysen über das wirtschaftliche und militärische Potential der Sowjetunion. Kennan interessierte sich besonders für die ideologische Aufklärung des Kommunismus.[378] Nitze sprach den Aufgabenbereich des Committee on World Communism an, als er den Geheimdienstoberen des State Department erklärte, sie könnten einen »wirklichen Beitrag« zur amerikanischen Politik leisten, »indem sie ausbeutbare Schwächen in der UdSSR aufzeigen, Zielobjekte unterschiedlicher Art (Minderheiten, Intellektuelle, Wissenschaftler, Künstler und dergleichen) innerhalb der UdSSR und unter ihren Sym-

---

374 S/P Liaison Memo Nr. 7, 27. 10. 1949, NA, RG 59, E. 1561, b. 18, f. DRW Daily S/P Liaison Report II. – Um ein weiteres Beispiel aus dem liberalen Establishment anzuführen: In der Rockefeller Foundation sah man die Lage in China ganz ähnlich; vgl. unten, Kap. III.3.
375 Memo R. B. Freund an Armstrong, Survey of Geographic Areas Regarding Research and Intelligence Service, 26. 2. 1948, NA, RG 59, E. 1561, b. 6.
376 S/P Liaison Memo Nr. 16, 19. 12. 1949, NA, RG 59, E. 1561, b. 18, f. DRW Daily S/P Liaison Report II.
377 S/P Liaison Memo Nr. 22, 19. 1. 1950, NA, RG 59, E. 1561, b. 18, f. DRW Daily S/P Liaison Report II.
378 S/P Liaison Memo Nr. 4, 18. 10. 1949; Nr. 13, 25. 11. 1949; Nr. 16, 19. 12. 1949; Nr. 20, 11. 1. 1950; Nr. 24, 1. 2. 1950; Nr. 25, 14. 3. 1950; Nr. 28, 11. 4. 1950; NA, RG 59, E. 1561, b. 18, f. DRW Daily S/P Liaison Report II.

pathisanten außerhalb des sowjetischen Territoriums, für die besonders auf sie zugeschnittene Ansätze der Propaganda entwickelt werden könnten.«[379] Die entsprechenden Papiere der Kommunismusaufklärung unter Marcuse lagen kurz darauf vor.[380] Marcuse war ein führender Experte, dessen Wissen geschätzt und intensiv genutzt wurde. An der strategischen Diskussion der höheren Ebenen im State Department nahm er zunächst jedoch nicht teil.

Im März 1950 bekundete der mittlerweile von Nitze geleitete Policy Planning Staff ausdrückliches Interesse an einem Memorandum der Estimates Group zum Thema sozialer Revolution, »Communism and Social Revolution«.[381] An diesem Punkt kam Marcuse persönlich ins Spiel. Marcuse war der Kopf, der hinter diesem Dokument stand, das keine im Kollektiv durchgeführte Forschungsreihe, sondern ein politisches Papier aus seiner Feder war. Die Estimates Group verschaffte Marcuse erste Auftritte auf der Bühne der großen Politik, wenn auch hinter dem Vorhang der Geheimhaltung, der die strategischen Planer von den Blicken der Öffentlichkeit abschirmte.

Was Marcuse produzierte, wurde im konkreten Sinne strategisch relevant. Auf seine Memoranden und Analysen waren die OIR-Führung und der Policy Planning Staff angewiesen. Zuerst forderten beide das Papier zum Verhältnis von Kommunismus und gesellschaftlicher Revolution an. Wenn es um die Frage der Revolution ging, führte an Marcuse kein Weg vorbei. Er war der Experte, den die strategischen Planer des State Department auf solche Fragen ansetzten. Marcuse wählte dabei eine globale Perspektive. Der Chef der OIR-Asienforschung unterstützte ihn.[382] Ein zweites Memorandum Marcuses für die Strategen untersuchte das »Verhältnis von kommunistischem Erfolg und Lebensstandard«. Dieses Papier wurde noch mehr als ein Jahr später verwendet, um die Abstimmung von wirtschaftlichen Hilfsprogrammen auf die Ziele der amerikanischen Außenpolitik zu

---

379 S/P Liaison Memo Nr. 25, 14. 3. 1950; NA, RG 59, E. 1561, b. 18, f. DRW Daily S/P Liaison Report II.
380 OIR 5219, Deviation: Satellites, Mai 1950; OIR 5483, Communist Defections and Dissensions in the Postwar Period, 22. 6. 1951; NA, RG 59, E. 5514, b. 12.
381 S/P Liaison Memo Nr. 25, 14. 3. 1950, NA, RG 59, E. 1561, b. 18, f. DRW Daily S/P Liaison Report II.
382 Sitzungsprotokoll Estimates Group (EG), 14. 3. 1950, 13. 4. 1950; NA, RG 59, E. (A1) 5161, b. 66, f. Weekly Summary – EG, 1950. Leider war das Dokument selbst nicht zu finden, auch wenn das spätere Sitzungsprotokoll vermerkt, Marcuses Papier sei abgeschlossen worden.

verfeinern. Das Marshallplan-Paradigma wurde auf den Rest der Welt ausgeweitet. Der Zusammenhang von »wirtschaftlichen Bedingungen und politischer Stabilität« wurde zur strategischen Schlüsselfrage. Sowohl das Revolutions-Papier als auch die Lebensstandard-Analyse dienten dem eindeutigen Zweck, »das allgemeine Problem von wirtschaftlichen oder gesellschaftlichen Bedingungen, die die Ausbreitung des Kommunismus aufhalten, weiter zu erhellen«.[383]

Diesem Ziel war auch das strategische Konzentrat verpflichtet, das Marcuse aus seinen Forschungsreihen über die Stärken und Schwächen des Weltkommunismus zog. Den Auftrag der strategischen Planer erfüllte Marcuse gemeinsam mit seinem Kollegen Charles Stelle, der wie erwähnt im Jahr darauf selbst in den Policy Planning Staff wechselte.[384] Als die Estimates Group dieses Papier als eines ihrer »Intelligence Estimates« verabschiedete, klang es weitaus aggressiver als Marcuses Vorlage. In der Führungsebene wurde die Rhetorik des Kalten Krieges viel ausgeprägter gepflegt als in den Forschungsapparaten. An der Konsequenz änderte sich nichts. Was davon Marcuses Entwurf entstammte und was dem Zusatz der Oberen, lässt sich nicht ermitteln. Doch all den sprachlichen Verschärfungen zum Trotz zeigte dieses Papier, dass der mächtige Gegner, der zuerst in seiner ganzen Fürchterlichkeit beschworen wurde, am Ende doch an seinen inneren Schwächen litt – am Gegensatz zwischen Ideologie und Realität, vor allem an der Spannung zwischen dem lokalen Eigensinn der kommunistischen Parteien und dem nationalen Interesse der Sowjetunion.[385] Mit redaktionellen Retuschen erreichten Marcuses Empfehlungen die Spitzen des State Department.

Marcuses kombiniertes Expertenwissen als herausragender Deutschland- und Kommunismuskenner führte schließlich dazu, dass er persönlich an der strategischen Diskussion teilnahm. Mehrfach erteilte er über die Absichten der Sowjetunion in Deutschland Auskunft. Schon im November 1949 hatte OIR-Direktor Evans sich Marcuses Position zu eigen gemacht. Für das State Department übermittelte Evans der

---

383 Sitzungsprotokoll EG, 13. 4. 1950, NA, RG 59, E. (A1) 5161, b. 66, f. Weekly Summary – EG, 1950; Sitzungsprotokoll EG, 9. 1. 1952, NA, RG 59, E. (A1) 5161, b. 66, f. EG Fortnightly Summary, 1952.
384 Sitzungsprotokoll EG, 1. 5. 1950, NA, RG 59, E. (A1) 5161, b. 66, f. Weekly Summary – EG, 1950.
385 EG, Intelligence Estimate Nr. 13, Strengths and Weaknesses of the World Communist Movement outside the Soviet Union, 7. 11. 1950, NA, RG 59, E. (A1) 5161, b. 64.

CIA die offizielle Ablehnung eines »Special Estimate« über Deutschland. Marcuse hatte dem CIA-Papier eine verfehlte Grundkonzeption vorgehalten.[386] Im Mai 1950 legte Evans' Führungsgruppe eine wichtige Aufgabe in die Hände von Marcuse und Mose Harvey, dem Leiter der Geheimdienstforschung über die Sowjetunion. Sie sollten eine Einschätzung der Rolle der Stadt Berlin im Kalten Krieg abliefern.[387] Die beiden kamen zu dem Schluss, dass sich die Besonderheit Berlins aus der symbolischen und nicht aus der strategischen Bedeutung der Stadt ergab. Berlin war das »materielle Symbol« des Willens der Westalliierten, der sowjetischen Expansion Grenzen zu ziehen. Daneben unterhielt der Westen über Berlin »Kommunikationswege und die Möglichkeit zum Überlaufen« in Richtung Ostmitteleuropa. Darum war Berlin eine »andauernde Quelle von Irritationen« für die Sowjetunion, die das Problem immer wieder durch Wiedervereinigungsangebote zu lösen hoffte. Berlin war für den Westen zu halten, folgerten Marcuse und Harvey. Nur eine militärische Intervention könnte daran etwas ändern. Doch diese Absicht verfolgten die Sowjets nicht. Einen Weltkrieg würde die Sowjetunion nicht riskieren. So lautete die Botschaft der Deeskalation, auf die das Papier zusteuerte. Die offenkundigen Sympathien für die Westberliner beruhten auf ihrer politischen Haltung. Anders als der Rest der weiterhin faschismusanfälligen, zur Demokratie nur widerwillig bekehrten Deutschen zeichneten sich die Berliner durch »starke prodemokratische und antisowjetische Gefühle« aus.[388]

Seine im Geheimdienstapparat einzigartige Verbindung von Deutschlandexpertise und Kommunismusaufklärung führte auch dazu, dass Marcuse zwei National Intelligence Estimates verfasste. So kam es, dass das Siegel der CIA, der offiziellen Herausgeberin der NIEs, auf zwei Dokumenten prangte, deren Ursprung sich zu Marcuse zurückverfolgen lässt. Selbst wenn sich der Entstehungsprozess nicht rekonstruieren ließe, würde dennoch alles auf die Urheberschaft

---

386 Memo Evans an Armstrong, Scammon, Marcuse, Dissent on SE-20 – Germany, 4. 11. 1949; Memo Evans an Assistant Director, Reports and Estimates, CIA, 14. 11. 1949; NA, RG 59, E. (A1) 5161, b. 72, f. CIA Dissents. Marcuse in den Verteiler aufzunehmen, war die übliche bürokratische Form, seine Autorschaft des »Dissent« anzuerkennen. Auch die Handschrift ist die Marcuses.
387 Sitzungsprotokoll EG, 3. 5. 1950, NA, RG 59, E. (A1) 5161, b. 66, f. Weekly Summary – EG, 1950.
388 EG, Intelligence Estimate Nr. 6, Is the Allied position in Berlin tenable?, 24. 5. 1950, NA, RG 59, E. (A1) 5161, b. 64.

Marcuses hinweisen, so deutlich zeichnete sich seine Handschrift ab. Sein erster Einsatz fiel in das traditionelle Territorium der OIR-Europaanalytiker. Die Wiederaufrüstung Deutschlands stand zur Debatte. Stein um Stein errichtete Marcuse ein argumentatives Gebäude, das in seiner logischen Präzision und in seinem nüchternen Tonfall am Ende doch nur einen Schluss zuließ: Deutschlands Wiederbewaffnung lag nicht im amerikanischen Interesse.

Marcuse erlegte sich rhetorische Zurückhaltung auf. Die Argumente, die er zunächst nur im State Department vortrug, sprachen für sich: Meinungsumfragen in Westdeutschland zeigten, dass von einer Wiederbewaffnung die staatliche Souveränität erwartet wurde. Die Strukturanalyse der deutschen Nachkriegsgesellschaft offenbarte die Defizite von »re-education« und Entnazifizierung. Rechte Gruppen würden profitieren, der »Zusammenhalt der antikommunistischen Front in Westdeutschland« wäre geschwächt. Das Weimar-Syndrom warnte vor unkontrollierbaren Entwicklungen, wenn den Deutschen erst einmal die militärische Selbstbestimmung gestattet würde. Die Sowjetunion, die selbst Vertragsbruch beging und die »Remilitarisierung Ostdeutschlands« betrieb, könnte gleichwohl die amerikanischen Motive missverstehen, sie als Verweigerung sowjetischer Sicherheitsbedürfnisse deuten und in einer Verkettung von Fehlwahrnehmungen dem Wiedererstehen einer deutschen Gefahr durch kriegerische Handlungen zuvorkommen wollen. Zuletzt bestanden in der NATO erhebliche Vorbehalte gegen die deutsche Wiederbewaffnung. Eine Spaltung der Allianz über dieser Frage war nicht auszuschließen.[389]

Noch Monate später hielten Marcuses Vorgesetzte seine messerscharfe Argumentation für »lobenswert«. Sie schlossen sich seiner Position an und leiteten seine Stellungnahme als Grundlage für ein National Intelligence Estimate an die CIA weiter.[390] Das im Namen

---

389 OIR Draft, Implications of a Remilitarization of Germany, 8. 8. 1950, NA, RG 59, E. 1561, b. 18, f. DRW II. Zum Weimar-Syndrom der Nachkriegszeit in den Westzonen und der Bundesrepublik vgl. Ullrich, Der Weimar-Komplex.
390 Das Memo Richard Scammon an Armstrong, Howe, Evans, Stelle, 12. 3. 1951, identifizierte Marcuse als Autor, kennzeichnete das Papier als OIR-»contribution to CIA« im Rahmen des NIE-Prozesses und bekräftigte, dass der State-Geheimdienst darin weiterhin die offizielle Linie des Hauses erkannte; NA, RG 59, E. 1561, b. 18, f. DRW II. Schon bald wollte Marcuse seinen CIA-Beitrag »in the light of more recent developments« überarbeiten; Sitzungsprotokoll EG, 6. 12. 1950, NA, RG 59, E. (A1) 5161, b. 66, f. Weekly Summary – EG, 1950.

des CIA-Direktors in Umlauf gebrachte NIE stellte den strategisch heikelsten Aspekt in den Mittelpunkt: »Probable Soviet Reactions to a Remilitarization of Western Germany« lautete der Titel, »Wahrscheinliche sowjetische Reaktionen auf eine Remilitarisierung Westdeutschlands«. Dieses Dokument belegte die hohe Kunst der Dialektik als Geheimdiensttechnik. Da der CIA die Schlussredaktion oblag, muss man – auch wenn Marcuses Entwurf deutlich zu erkennen ist – von einem Autorenkollektiv sprechen, das virtuos mit den Begriffen und den Denkmustern des Kalten Krieges spielte.

Das NIE beschwor erstens die Gefahr, dass die Sowjetunion die westdeutsche Wiederbewaffnung als Teil eines umfassenden amerikanischen Plans auffassen könnte, die Sowjetunion zu umzingeln und schließlich anzugreifen. Zweitens fürchteten sich die Sowjets zutiefst vor Deutschland. Unruhige Zeiten standen darum bevor. Die Sowjetunion würde alles unternehmen, um eine Aufrüstung Deutschlands zu verhindern. Die Verschärfung des Ost-West-Konflikts, Wiedervereinigungsofferten, Propagandakampagnen und der Versuch, die NATO-Partner gegeneinander auszuspielen, waren zu erwarten. Allerdings würde die UdSSR nicht bis zum Äußersten gehen. Vermutlich nicht einmal für ihr vordringlichstes Sicherheitsbedürfnis würden die Sowjets einen Krieg riskieren. Das mitunter zu einer drastischen, martialischen Sprache neigende NIE, das eine Kriegsgefahr nicht völlig ausschloss, legte eine Politik der Entspannung nahe. Der Verzicht auf eine Wiederbewaffnung als beste Option und die vollständige westalliierte Kontrolle über ein defensiv ausgerichtetes westdeutsches Militärprogramm als zweitbeste Lösung waren die beiden Konsequenzen, die sich aus dem NIE ergaben.[391]

---

391 NIE 17, Probable Soviet Reactions to a Remilitarization of Germany, 27. 12. 1950, NA, RG 59, E. 1373, b. 1; auch enthalten in: *Koch* (Hg.), Selected Estimates on the Soviet Union, S. 111–116; zum Director of Central Intelligence als Herausgeber des NIEs vgl. *Steury*, Producing National Intelligence Estimates, S. xiv Anm. 8. – Über enge Arbeitskontakte zur CIA, der er mitunter – von dieser streng reglementierte – Vorlagen für NIEs lieferte, berichtete mehr als drei Jahre später Otto Kirchheimer bei einer internen Erhebung im State Department. Mit der CIA und dem militärischen Nachrichtendienst G-2 arbeitete er lieber zusammen als mit der deutschlandpolitischen Abteilung (GER) im State Department: »[Kirchheimer] says CIA or G-2 will read his reports more carefully than GER because the latter is so busy; GER is interested if he can provide it with quick, factual information, as people there are ›not free to be thinkers‹, being so busy.« Survey, Mai 1954, NA, RG 59, E. (A1) 5161, b. 73, f. CIA/NIS 1954.

Während das National Intelligence Estimate kurz vor dem Abschluss stand, verfolgte die Estimates Group das Problem weiter. Marcuse, der kurz darauf die Leitung der Kommunismusaufklärung antrat, nahm nun regelmäßig an den Sitzungen der Gruppe teil, wozu allein sein Rang ihn nicht berechtigt hätte. Er trat dort als Spezialist für die sowjetischen Absichten und Fähigkeiten, die »intentions« und »capabilities«, in Deutschland auf. Seine Aufgabe bestand darin, die Gedanken des Gegners zu lesen. Waren die sowjetischen Wiedervereinigungsangebote ernst zu nehmen? Was waren die »kommunistischen Absichten in Bezug auf Deutschland als Ganzes«?

»Mr. Marcuse präsentierte die jüngste Fakten- und Datenlage zu den Fähigkeiten der ostdeutschen paramilitärischen Kräfte und zeigte dabei, dass es unwahrscheinlich sei, dass diese Kräfte die Fähigkeit hätten, ohne offene sowjetische Unterstützung eine zwangsweise Vereinigung Deutschlands herbeizuführen. Er zeigte, dass sich hinter dem Anstieg von Propagandaaktivitäten für eine deutsche Vereinigung vermutlich die folgenden Absichten der UdSSR verbergen:
(a) die Remilitarisierung Westdeutschlands zu verhindern und
(b) die Position der Westmächte in Deutschland, wenn möglich, zu untergraben.«[392]

Nachdem er seine Künste in der Wiederbewaffnungsfrage unter Beweis gestellt hatte, wurde Marcuse zur Vorbereitung eines weiteren NIE hinzugezogen. Ein Treffen der Außenminister der Besatzungsmächte stand bevor. Die amerikanische Regierung suchte weiterhin Aufschluss darüber, ob mit sowjetischen Wiedervereinigungsofferten zu rechnen war und wie sie damit umgehen sollte. Über mehrere Wochen entspann sich darüber eine Kontroverse zwischen Marcuse und Mose Harvey, dem führenden Sowjetunionexperten im OIR und – als Chief der Division für die UdSSR und Osteuropa – im Unterschied zu Marcuse einem regulären Mitglied der Estimates Group. Beide waren die Hauptbeteiligten an NIE 28, das die sowjetische Verhandlungstaktik voraussagen sollte.

In Marcuses Prognose war die Sowjetunion auf der Außenministerkonferenz zu großen Konzessionen bereit, um eine westdeutsche Wiederbewaffnung zu verhindern. Selbst die Option eines »vereinten und neutralen Deutschland«, das vollständig sowjetischem Einfluss entzo-

---

392 Sitzungsprotokoll EG, 5. 12. 1950, NA, RG 59, E. (A1) 5161, b. 66, f. Weekly Summary – EG, 1950.

gen wäre, war damit wieder auf dem Tisch. Marcuse empfahl den westlichen Beteiligten eine entschlossene Verhandlungstaktik. Würde der Westen »Stärke« an den Tag legen, könnte den Sowjets vielleicht der Rückzug aus Deutschland abgerungen werden. Die sowjetische Führung sehe jetzt ihre letzte Chance, um ein wiederbewaffnetes Deutschland zu verhindern, erklärte Marcuse. Harvey hingegen bezweifelte, dass sich die Sowjetunion zum Rückzug bringen ließe.[393] In der nächsten Runde konnte Marcuse einen Teilsieg erringen. Er deutete jüngste ostdeutsche Aussagen so, dass die Sowjetunion doch die Möglichkeit eines »neutralen, freien und vereinten Deutschland« erwog, wenn sich nur auf diese Weise die Wiederbewaffnung vermeiden ließe. Nachdem Marcuse seine Interpretation vorgetragen hatte, glaubte Harvey zwar immer noch nicht an ein ernsthaftes Angebot der Wiedervereinigung. Dennoch stimmte er Marcuse darin zu, der sowjetischen Wahrnehmung ein größeres Gewicht beizumessen. In die NIE-Vorlage wurde der verdüsterten Weltsicht der sowjetischen Führung Rechnung getragen. »Einige zusätzliche Formulierungen betreffend die Möglichkeit, dass die Sowjets kaum an künftige [...] Gelegenheiten glauben, eine Wiederbewaffnung Deutschlands zu verhindern«, wurde in das NIE aufgenommen.[394] Bemerkenswert ist, dass für die Estimates Group außer Frage stand, dass ein neutrales und freies Deutschland den amerikanischen Interessen entsprach und sich nach Westen orientieren würde. Wenn sich auf diesem Wege ein sowjetischer Rückzug aus Mitteleuropa hätte erreichen lassen, hätten die strategischen Planer dieser Option sogar den Vorzug vor einem wiederbewaffneten westdeutschen Teilstaat gegeben. Umstritten war allein die Frage, ob die Sowjetunion zu einem so weitgehenden Zugeständnis bereit war. Eine Mehrheit in der OIR-Führung bezweifelte, dass die UdSSR so leicht ihren Einfluss auf Deutschland preisgeben würde.

Bei seiner letzten aktenkundigen Aktion im State Department trat Marcuse vollends als »Kremlinologist« auf, als Kreml-Astrologe. Es ging nun nicht mehr um Deutschland, sondern um die ganze Welt. In einer Sitzung unmittelbar zuvor hatte sich die Estimates Group über die Grundlagen der psychologischen Kriegführung verständigt. Ein

---

393 Sitzungsprotokoll EG, 21. 2. 1951, 23. 2. 1951, NA, RG 59, E. (A1) 5161, b. 66, f. Weekly Summary – EG, 1950.
394 Sitzungsprotokoll EG, 1. 3. 1951, 2. 3. 1951, NA, RG 59, E. (A1) 5161, b. 66, f. Weekly Summary – EG, 1950. Während die Diskussion um NIE 28 ausführlich dokumentiert ist, befindet sich das Dokument selbst leider nicht in den bislang von der CIA freigegebenen Archivbeständen.

Austausch mit dem Vorsitzenden des Psychological Strategy Board, Gordon Gray, war vorausgegangen. Der State-Geheimdienst bekräftigte seine Aufgabe, die »Hoffnungen und Ängste sowohl unserer Freunde als auch unserer Feinde« aufzuklären. Das OIR identifizierte die Ansatzpunkte für die psychologische Kriegführung. Sich mit den Methoden der Beeinflussung von »Gedanken und Gefühlen« (»minds and emotions«) zu befassen, lehnte man hingegen ab.[395] Geheimdienstliche Grundlagenforschung war das Markenzeichen des OIR. Das Wissen des OIR kam darum auch bei der erwähnten Überarbeitung von NSC 68 zum Einsatz. Die Frage war zu klären, ob die amerikanische Wahrnehmung des Gegners zutraf oder auf falschen Prämissen fußte. Wie würde die Sowjetunion auf die in NSC 68 kodifizierte amerikanische Politik reagieren, »die militärische Stärke des Westens auszubauen«? Darauf konzentrierte sich die »Unterstützung durch geheimdienstliches Wissen des OIR für NSC 68 (jetzt NSC 114)«. Vor diesem Hintergrund wurden die zwei führenden Kommunismusexperten des State Department zu Rate gezogen, um den »sowjetischen Blick auf die Absichten der USA« zu erhellen. Marcuse und Bernard Morris waren an der Revision von NSC 68 beteiligt.[396]

In den Akten der Estimates Group existiert kein Sitzungsbericht von vergleichbarem Ausmaß. Sogar der Protokollant bat um Nachsicht für die Überlänge.[397] Bedauerlicherweise verzichtete er jedoch darauf, den einzelnen Wortmeldungen Namen zuzuordnen. Dennoch führte er Marcuse und Morris als Redner ein. Darum wird man ihnen die diskutierten Positionen zurechnen dürfen. Das Protokoll hielt keine grundsätzlichen Differenzen fest. Die beteiligten strategischen Denker und Kommunismusaufklärer waren sich in den Grundfragen einig. Einmal mehr offenbarte sich eine »epistemische Gemeinschaft«. Marcuses letzter Auftritt in den strategischen Staatsapparaten wies in seine eigene Zukunft voraus. Das Protokoll eröffnet Einblicke in das sowjetologische Denken, das die akademische Karriere von Marcuse und seinen Freunden in den folgenden Jahren begleitete.

Sieben sowjetologische Kernprobleme wurden entwickelt. Erstens: Was genau kennzeichnete das vielbeschworene »marxistisch-leninisti-

---

395 Sitzungsprotokoll EG, 28. 8. 1951, NA, RG 59, E. (A1) 5161, b. 66, f. EG Fortnightly Summary 1951.
396 Sitzungsprotokoll EG, 6. 9. 1951, NA, RG 59, E. (A1) 5161, b. 66, f. EG Fortnightly Summary 1951.
397 Memo Henry Owen an Recipients of Summary of EG Actions, 20. 9. 1951, NA, RG 59, E. (A1) 5161, b. 66, f. EG Fortnightly Summary 1951.

sche Dogma«? Bei der Überarbeitung von NSC 68 hatte man diesen Begriff gebraucht, der einen in sich widersprüchlichen Komplex verbarg. »In diesem Papier ist Marxismus-Leninismus eigentlich Marxismus, Leninismus und Stalinismus. In der Theorie bezeichnet es, was Stalin sagt, und in der Praxis, was Stalin tut«, erklärte einer der Teilnehmer. Die Verbindung von Ideologie und Politik in der Sowjetunion entzog sich üblichen Generalisierungen. Eine Ideologie, die dialektischem Wandel und willkürlichen Entscheidungen unterworfen war, versperrte sich eindeutiger Analyse. Sie stellte im Kern ein epistemologisches Problem dar: »ein Teil dieser Schwierigkeiten«, urteilte die Gruppe, »könnte epistemologisch sein (um einen Lieblingsbegriff eines EG-Mitglieds zu zitieren)«. Daraus ergab sich das zweite fundamentale Problem: Wie konnte man verlässlich aus der sowjetmarxistischen Ideologie die sowjetische Politik ableiten? »Man stimmte darin überein, dass aus der Sicht des Kreml die USA unerbittlich in ihrer Feindschaft gegenüber der Sowjetunion waren«, betonte der Sitzungsbericht. Doch folgte dieses Verhalten aus strikter Einhaltung der marxistisch-leninistischen Doktrin? Oder spielten die Sowjets einfach nach den »traditionellen Prinzipien der Großmachtpolitik«?

Drittens musste man die »Rolle der sowjetischen Erfahrung bei der Konditionierung der sowjetischen Überzeugungen« berücksichtigen. Die alliierten Invasionen von 1919 und der deutsche Überfall auf die Sowjetunion hatten das exzessive Sicherheitsbedürfnis des Kreml ausgelöst und auf die Spitze getrieben. Ob Moskau in den zwanziger und dreißiger Jahren nicht erfahren hätte, dass »anhaltende Koexistenz« mit dem Westen möglich war, wollte ein Beteiligter wissen. Unter allgemeiner Zustimmung erläuterte ihm ein Kenner des sowjetischen Denkens, dass die sowjetische Führung den Frieden der Zwischenkriegszeit auf scharfe Gegensätze im kapitalistischen Lager zurückführte. Und am Ende dieser Phase der Koexistenz stand der deutsche Angriff, der »beinahe tödlich« für die Sowjetunion war. Nach dem Krieg hatten sich die Bedingungen gewandelt. Mit den USA war eine Führungsmacht aufgetreten, die die kapitalistische Welt vereinte. Daran schloss sich das vierte Problem an: Unterschied der Kreml zwischen den USA und ihren Verbündeten? Oder waren alle nur Teil desselben Lagers?

Die fünfte Frage stand damit in Verbindung: Glaubte Moskau, zwischen die »feindlichen kapitalistischen Regierungen« und die »friedensliebenden Massen« des Westens einen Keil treiben zu können, um die »Vollendung der westlichen Mobilisierung durch Mittel unterhalb der Kriegsschwelle« zu verhindern? Damit war eine Einschätzung der sowjetischen Fähigkeit zur psychologischen Kriegführung gefragt.

Das sechste Problem stellte die Notwendigkeit in den Mittelpunkt, sich nicht nur in das Denken, sondern auch in die Emotionen der Sowjets einzufühlen. Die sowjetische Führung trat mit einem emotionalen Selbstbewusstsein auf, wie es den »Erben einer Revolution und den Anhängern einer Lehre« anstand, »die sich für ausersehen halten, deren letztendlichen weltweiten Triumph herbeizuführen«.

Die Frage aller Fragen stand an siebter Stelle: Standen die Zeichen auf Krieg oder auf Frieden? Wer die sowjetische Wahrnehmung verstand, konnte diese Frage beantworten. Das war die grundlegendste Prämisse der Sowjetologie. »Eine Antwort auf die Frage, ob der Kreml glaubt, er könnte mit einem militärisch überlegenen Westen koexistieren«, darin waren sich Marcuse, Morris und die OIR-Führung einig, »war [...] entscheidend, um zu bestimmen, ob der Kreml – sollte er mit einem fortschreitenden Verlust seiner gegenwärtigen militärischen Übermacht konfrontiert sein – es schließlich in Betracht ziehen würden, einen Präventivkrieg zu führen.« Es war noch nicht ausgemacht, wie die Sowjetunion auf die nicht erst mit NSC 68 eingeschlagene westliche Politik der Aufrüstung, der Mobilisierung militärischer Potentiale, reagieren würde: »Glaubt der Kreml, er habe nach einer solchen Mobilisierung noch eine ausreichende Zeitspanne, in der er versuchen kann, einen Wandel der Absichten der USA durch begrenzte taktische Rückzugsmanöver zu bewirken, oder glaubt er, nach einer solchen Mobilisierung würden die USA es schnell zur Machtprobe über grundlegende Fragen kommen lassen?«

Die Frage, um die sich alles drehte, lautete, ob die beiden Supermächte sich auf Dauer in einem Kalten Krieg einrichten könnten, in einem globalen Stellungskrieg mit nur minimalen Frontverschiebungen. Die Antwort war von der sowjetischen Wahrnehmung ebenso abhängig wie vom Auftreten der USA. Amerika war der Handelnde, die Sowjetunion der Reagierende. Eine aggressive amerikanische Politik, die auf eine schnelle Entscheidung im Kalten Krieg drängte, riskierte den Weltkrieg. Das war auch der Kernpunkt von Charles Bohlens Argumentation Ende Juli 1951, die zur Revision von NSC 68 führte. Bohlen plädierte für das lange Warten auf den Wandel. Aus ihrer intimen Kenntnis des Gegners, wofür nicht zuletzt Marcuse zuständig war, legte auch die Geheimdienstführung des State Department eine Politik der Zurückhaltung gegenüber dem stets misstrauischen Kreml nahe: Glaubte Moskau,

»dass eine Politik des Rückzugs angesichts der militärisch überlegenen Vereinigten Staaten innerhalb sicherer Grenzen gehalten werden könnte, so dass eine einigermaßen lange andauernde Koexistenz (in der die Stärke der Sowjetunion ausgebaut werden kann) um einen begrenzten Preis erkauft werden könnte, oder glaubt Moskau, dass die USA unerbittlich ihren Vorteil ausnutzen würden, bis zu dem Punkt, an dem die Existenz des gegenwärtigen sowjetischen Regimes auf dem Spiel stünde?«[398]

Vorausgesetzt, ein Weltkrieg war keine Handlungsoption, lief die Logik der geheimdienstlichen Gegnerforschung auf eine Entspannungslösung hinaus.[399] Die Kommunismusaufklärung und die sowjetologischen Experten entschlüsselten die Motive der Sowjetunion. Intime Kenntnis verwandelte den Gegner in einen weitgehend rationalen Akteur, dessen irrational anmutende Motive sich der ideologischen Tiefenanalyse erschlossen. Trafen die Geheimdiensterkenntnisse zu, so war an der defensiven Natur der sowjetischen Politik nicht zu zweifeln. Ob der Kalte Krieg ein kalter Krieg blieb oder zum heißen Krieg führte, der das Überleben der Menschheit aufs Spiel setzte, hing dann vor allem vom Verhalten der Vereinigten Staaten von Amerika ab. An einem seiner letzten Arbeitstage im State Department trug Marcuse dazu bei, dieses Bewusstsein zu schärfen.

Marcuses Jahrzehnt im Geheimdienst ging damit zu Ende. Er und seine Freunde hatten einen kleinen, aber nicht unbedeutenden Beitrag zur deutschlandpolitischen Debatte, zum Verständnis des Kommunismus und zur strategischen Diskussion im amerikanischen Regierungsapparat geleistet. Aus der Dialektik der Aufklärung gab es dabei kein Entkommen. Ihre Erkenntnisse wurden für Geheimdienstoperationen benutzt. Doch im Kern plädierten all ihre Analysen für eine Politik der Entspannung. Das war allerdings nicht die Essenz marginaler dis-

---

398 Sitzungsprotokoll EG, 6. 9. 1951, NA, RG 59, E. (A1) 5161, b. 66, f. EG Fortnightly Summary 1951.
399 Um das Offensichtliche auszusprechen: Ein Weltkrieg war keine Option. In der Debatte mit Nitze trug Bohlen gerade darum den Sieg davon, weil er überzeugend argumentieren konnte, dass ein schneller Regimewechsel in der Sowjetunion nur durch einen Krieg zu bewerkstelligen war. Ein Krieg war jedoch für Präsident Truman ausgeschlossen, und so setzte sich die neue Doktrin der »rational hope« durch; vgl. etwa *Leffler*, A Preponderance of Power, bes. S. 100–114, 199–265, 312–360, 446–493; *ders.*, For the Soul of Mankind, S. 145f.; *Mitrovich*, Undermining the Kremlin, S. 15–46, 84–114, 122–176.

sidentischer Papiere, die völlig aus dem institutionellen und epistemischen Rahmen fielen.

Im Gegenteil, Marcuse, Hughes und ihre Freunde bewegten sich im Zentrum eines Apparats, der nach wissenschaftlichen Prinzipien der Selbstkorrektur funktionierte und abweichendes Wissen geradezu begrüßte. Darüber sollte die retrospektive Selbstinszenierung der Linksintellektuellen als »bürokratischer Untergrund« nicht hinwegtäuschen. Entscheidend aber ist, dass dieser Apparat – bei all seiner Fähigkeit zu Subversion und psychologischer Kriegführung – innerhalb eines liberalen Dispositivs operierte, das auf Entspannung zusteuerte. Spätestens Mitte der fünfziger Jahre zeigte sich öffentlich, was in den Geheimdienstapparaten des State Department oder der CIA schon zuvor selbstverständlich war: Das westliche System bevorzugte eine Politik der Entspannung und der Koexistenz. Die amerikanischen Interessen ließen sich in einer stabilen internationalen Konstellation besser durchsetzen. Diese Systemlogik hatte schon beim Marshallplan Pate gestanden.

Marcuse und seine Freunde prägten den Apparat in bescheidenem Maße. Der Einfluss des Geheimdienstes auf ihr Denken und Leben fiel ungleich größer aus. Sie arbeiteten fortan im Schatten des Geheimdienstes, keineswegs zu ihrem Nachteil. Ihre Themen und Methoden, ihre Kontakte und Karrieren lassen sich in vielen Fällen auf ihren Einsatz in den strategischen Staatsapparaten zurückführen. Auf seiner Reise durch die führenden sowjetologischen Institute Amerikas blieb Marcuse der Logik der Geheimdienstforschung verpflichtet. Seine akademische Karriere fand nicht nur auf epistemologischer Ebene im Sog der Geheimdienste statt. Marcuse, Neumann, Kirchheimer und viele ihrer amerikanischen Freunde und Kriegskameraden knüpften als Gelehrte unmittelbar an ihre Geheimdienstarbeit an. Die persönlichen Beziehungen aus dieser Zeit kamen ihnen dabei zupass.

Das liberale Establishment sorgte für den nahtlosen Übergang von den strategischen Staatsapparaten an die Universitäten. Die liberale Elite trat nun zwar in der institutionellen Gestalt von Stiftungen auf, doch das beteiligte Personal war mitunter identisch mit den Vorgesetzten der Linksintellektuellen im Geheimdienst. Philanthropische Stiftungen finanzierten den Neustart von wissenschaftlichen Karrieren. Die fünfziger Jahre, die nun anbrachen, waren in der amerikanischen Wissenschaftsgeschichte das Jahrzehnt der großen Stiftungen. Marcuse und seine Freunde verdankten ihren akademischen Neuanfang der Rockefeller Foundation. Im Herbst 1951 nahm Marcuse ein Angebot des Russian Institute in New York an, eines Prestigeprojekts der Rockefeller-Stiftung an der Columbia University. Die sichtbare Geschichte seines Aufstiegs zum intellektuellen Weltruhm begann. Damit werden sich die folgenden Kapitel befassen. Die verborgenen Grundlagen dieser Geschichte waren im Geheimdienst gelegt worden.

II Philanthropie im Kalten Krieg: Die Welt der Stiftungen

> Recapture the pathos of the labor movement for the democratic side.
>
> **Philip Mosely**

Der Weg vom State Department zum akademischen Ruhm führte bei Marcuse und seinen Freunden über die philanthropischen Stiftungen. Der Übergang von der Welt der Geheimdienste in die Welt der Stiftungen und Universitäten vollzog sich fließend. Die Rahmenbedingungen änderten sich, das Personal blieb. Die Stiftungen erleichterten einigen der Protagonisten den Eintritt oder Wiedereintritt in die akademische Welt. Die Karriere dieser Gelehrten-Intellektuellen ruhte auf einem soliden materiellen Fundament. Philanthropische Stiftungen waren seit langem ein wichtiger Teil der amerikanischen politischen Kultur.[1] Die bedeutendste Rolle unter den Stiftungen spielte im vorliegenden Fall die 1913 gegründete Rockefeller Foundation, die der Ölmagnat John D. Rockefeller mit einem Teil seines Vermögens ausgestattet hatte.[2]

Die Programme der Rockefeller-Stiftung waren im Fall der emigrierten Linksintellektuellen die wichtigste Transmissionsstelle zwischen staatlichen Behörden und wissenschaftlichen Institutionen. Gezielte Förderungen und Freistellungen ermöglichten die Erstellung wissenschaftlicher Werke in einem akademischen Umfeld. Diese auf Englisch verfassten, in einem amerikanischen Universitätsmilieu entstandenen Publikationen dienten dem Nachweis der erfolgreichen wissenschaftlichen Integration der Emigranten. Mit ihnen begann in der Regel die amerikanische Karriere. Sie sind die in Papierform fassbare Transformation von Wissenschaftskulturen. Dieser Initiationsritus war die Schlüsselphase in der akademischen Akkulturation emigrierter Gelehrten-Intellektueller. Die Akten der Stiftung öffnen ein Fenster zur Geschichte der Intellektuellen im Kalten Krieg. Die Debatten in der Gelehrtenrepublik hatten eine materiell erfassbare Dimension. Der Raum des Geistes war auch ein Raum des Geldes, Pa-

---

1 Die Philanthropieforschung hat mittlerweile enorme Ausmaße angenommen. Einen Überblick bieten die Grundlagenwerke von *Nielsen*, The Big Foundations; *ders.*, Inside American Philanthropy; *Burlingame* (Hg.), Philanthropy in America, 3 Bde.; *Friedman/McGarvie* (Hg.), Charity, Philanthropy, and Civility; *Lagemann* (Hg.), Philanthropic Foundations; *McCarthy*, American Creed.
2 Zur Geschichte der Rockefeller Foundation vgl. etwa *Fosdick*, The Story of the Rockefeller Foundation; *Nielsen*, The Big Foundations, S. 47–69; *Unger*, Ostforschung in Westdeutschland, S. 358–363.

radigmenwechsel und Methodendiskussionen gehorchten auch institutionellen Absichten und politischen Strategien.

Man nähert sich dieser erstaunlichen Kooperation am besten über ein frühes Nachkriegsprojekt der Rockefeller Foundation. Dabei entstand nicht nur das vermutlich teuerste geschichtswissenschaftliche Werk des 20. Jahrhunderts, gemessen an der Zahl der Beteiligten. Es wird auch geradezu beispielhaft die Verzahnung von Geheimdiensten und Stiftungen sichtbar, der Institutionen, denen sich die Unterstützung der linksintellektuellen Emigranten verdankte. In diesem politisch-diskursiven Umfeld war ihre Ausgangsbasis in Amerika angesiedelt. Ohne die Strukturen, die in diesem Fall zum Vorschein kamen, hätte es nicht zur erstaunlichen Karriere der Linksintellektuellen kommen können. Die Geschichte dieses Unternehmens wird im Folgenden erzählt, bevor die institutionellen Strukturen, die politischen Herausforderungen und einzelne Förderprogramme der Rockefeller-Stiftung untersucht werden. Diese Geschichte handelt davon, wie die »Gemeinschaft der Diplomatiehistoriker [...] von ganzem Herzen zur direkten Unterstützung und Verteidigung der amerikanischen Sache im Kalten Krieg« schritt, wie Peter Novick in seiner meisterlichen Darstellung des gescheiterten Objektivitätsanspruchs und der politischen Vereinnahmung der amerikanischen Geschichtswissenschaft schreibt.[3]

Die Nahaufnahme zeigt noch mehr. Diese Geschichte gewährt einen Einblick in die allmähliche und keineswegs unwidersprochene Verfertigung eines Diskurses, bei dem sich epistemische Bedingungen und politische Interessen überlagerten, und in die Entstehung eines strategisch-intellektuellen Apparats, der von der Philanthropie bis in die Spitzen der Politik reichte. Von einer einseitigen Rollenverteilung zwischen dienstwilligen Historikern und lenkenden Politikern wird dabei nicht die Rede sein. Beide Seiten trugen zur Formierung von Diskurs und Apparat bei.

---

3 *Novick*, That Noble Dream, S. 305.

1. Das teuerste aller Geschichtsbücher: Die Stiftung und die Grundlegung des »national security discourse«

Der Council on Foreign Relations (CFR) in New York gilt als die ehrwürdigste und einflussreichste Versammlung der außenpolitischen Elite Amerikas.[4] Kurz nach Kriegsende, im September 1945, dachte man im CFR über eine öffentlichkeitswirksame und wissenschaftlich verbindliche Darstellung des Zweiten Weltkrieges nach. Bei der Finanzierung dieser Geschichte kam die Rockefeller Foundation ins Spiel, mit der man vielfach vernetzt war und zuletzt gemeinsam eine Forschungs- und Diskussionsreihe zur Nachkriegsplanung durchgeführt hatte. Walter H. Mallory, der geschäftsführende Direktor des CFR, legte den Plan Anfang November 1945 dem Direktor der sozialwissenschaftlichen Abteilung der Stiftung vor, Joseph H. Willits. Der CFR hatte auch bereits einen Verfasser dieser halboffiziellen Weltkriegsgeschichte vorgesehen, ein idealer Autor mit besten Kontakten und überragenden Fähigkeiten, wie Mallory betonte. Es handelte sich um William L. Langer.[5]

Zu diesem Zeitpunkt beaufsichtigte Langer noch die Eingliederung von R&A ins Außenministerium. Die Rückkehr auf seine Professur in Harvard stand bevor. Doch die Demobilisierung des Oberkommandierenden der Gelehrtenkrieger zögerte sich aufgrund politischer Verpflichtungen hinaus, und das halboffizielle Projekt der Weltkriegsgeschichte, das in enger Abstimmung mit dem State Department verfolgt wurde, bot die Aussicht, heimzukehren und doch noch nicht ganz zu Hause sein zu müssen – von Lehr- und Verwaltungspflichten sollte Langer ausdrücklich weitgehend entbunden sein, während er an dieser Geschichte forschte und schrieb. Außerdem orientierte sich die Förderung durch die Rockefeller-Stiftung auf Langers Wunsch an seinen Bezügen als stellvertretender Außen-

---

4 Grundlegend zum CFR bleibt *Wala*, Winning the Peace; vgl. auch *Bundy*, The Council on Foreign Relations; *Grose*, Continuing the Inquiry; *Schulzinger*, The Wise Men of Foreign Affairs.
5 Gesprächsnotiz Willits, 1. 11. 1945; Langer, A Project for the Preparation of a History of American Foreign Relations during the War Period (For consideration of the Committee of Studies, Council on Foreign Relations), 8. 10. 1945; RFA, RG 1.2, Series 100 S, b. 58, f. 444.

minister und nicht an den niedrigeren Einkünften als Professor in Harvard.⁶

Dem Unternehmen diente eine britische Weltkriegsgeschichte als Vorbild, die unter der Leitung von Arnold J. Toynbee und in enger Zusammenarbeit mit dem britischen Außenministerium entstehen sollte. Die Rockefeller Foundation trug auch hier zur Förderung bei und zeigte sich Toynbee gegenüber, einem der intellektuellen Stars jener Zeit, generell großzügig.⁷ Allerdings stand bei dem amerikanischen Partnerprojekt politisch viel mehr auf dem Spiel, und es genoss eine viel höhere Priorität in der Stiftung. Im Gegensatz zu Toynbees Arbeitsgruppe war Langer als einziger Autor vorgesehen. Er sollte eine Darstellung aus einem Guss schaffen. Langer selbst – der in R&A erfolgreich kollektive Forschung eingeführt und geleitet hatte – lehnte Gruppenarbeit auf dem Feld der Geschichtsschreibung strikt ab. Noch bevor die Rockefeller Foundation eingeschaltet wurde, hatte Langer auch die offizielle Unterstützung sichergestellt: Der ehemalige Außenminister Cordell Hull, mit dem Langer zuvor bereits an einer Geschichte der amerikanischen Beziehungen zum Vichy-Regime zusammengearbeitet hatte und der einer der wichtigsten Gesprächspartner Langers war, stellte sich nachdrücklich hinter das Projekt. Auch Freeman Matthews, der Leiter des Office of European Affairs, und andere Mitglieder der Führungsebene im State Department sagten Langer jede erdenkliche Unterstützung zu. Der CFR konnte sich als verlängerter Arm des State Department verstehen, als er an die Rockefeller-Stiftung herantrat. Ausdrücklich ging es darum, nicht noch einmal wie nach dem Ersten Weltkrieg den Kritikern der amerikanischen Außenpolitik das Feld zu überlassen und dem Isolationismus damit Tür und Tor zu öffnen. Dieses Mal wollte das außenpolitische Establishment selbst in die öffentliche Diskussion eingreifen mit einem Werk, das unhintergehbare wissenschaftliche Maßstäbe setzte und zugleich die amerikanische Politik verteidigte.⁸

---

6 Gesprächsnotiz Willits, 1. 11. 1945; 17. 12. 1945; Langer, The United States in the Second World War, 1. 10. 1945; Memo Stevens an Willits, 7. 11. 1945; Paul H. Buck an Langer, 3. 12. 1945; RFA, RG 1.2, Series 100 S, b. 58, f. 444.
7 Rockefeller Foundation, Annual Report 1945, New York 1946, S. 13, 197f.; Annual Report 1946, New York 1947, S. 33, 188f.; Annual Report 1947, New York 1948, S. 7, 41, 211, 218f. Zu Toynbee vgl. *McNeill*, Arnold J. Toynbee.
8 Gesprächsnotiz Willits, 1. 11. 1945; 17. 12. 1945; Langer, A Project for the Preparation of a History of American Foreign Relations during the War Period (For consideration of the Committee of Studies, Council on Foreign Rela-

Langer selbst verband dieses explizite politische Ziel seiner Auftraggeber mit einer historiographischen Absicht. Er führte beide Motive auf der Ebene der politischen Epistemologie zusammen.[9] Langer trat von Anfang an mit dem Anspruch auf, eine »umfassende, maßgebliche Geschichte der Vereinigten Staaten in diesen Jahren des Aufruhrs« zu schreiben, wie sie nur ein »reifer und erfahrener Gelehrter« in nicht weniger als fünf Jahren zu verfassen in der Lage sei. Das Argument, die Ereignisse lägen noch zu nahe, um ein solches Unternehmen voranzutreiben, nahm Langer vorweg, um es mit Verweis auf Thukydides auszuheben: »einige der größten Geschichtswerke der Welt [...] haben beinahe zeitgenössische Ereignisse behandelt«. Zudem gebe es bereits wenige Monate nach Kriegsende mehr Quellen zum Zweiten Weltkrieg, als es zum Peloponnesischen Krieg je gegeben hätte. Sein politisch-historiographisches Objektivitätsideal unterzog er dabei einer zaghaften historistischen Relativierung, als er einräumte, dass sich historische Perspektiven beständig wandeln. Und doch könne ein Werk eines Zeitgenossen den Geist des Augenblicks einfangen und damit nicht nur die eigene Gegenwart prägen, sondern auch noch späteren Historikern von Nutzen sein:

»Es ist in gewisser Hinsicht bestimmt richtig, dass in einem Jahrhundert eine bessere Geschichte des Zweiten Weltkrieges geschrieben werden könnte, doch genauso richtig ist es, dass keine gute Geschichte dieser aufwühlenden Epoche je geschrieben wird, wenn nicht ein Zeitgenosse die Perspektiven der Teilnehmer einfangen und ihre Motivationen festhalten kann.«

Damit hatte Langer im Zeichen eines geschmälerten Objektivitätsanspruchs geschickt die politischen und die historiographischen Motive untrennbar miteinander verknüpft. Denn die Sicht der Zeitgenossen, die er historiographisch bewahren wollte, war die Sicht von Männern aus dem außenpolitischen Establishment, die für einen liberalen Internationalismus und eine interventionistische Politik plädiert

---

tions), 8. 10. 1945; Langer, The United States in the Second World War, 1. 10. 1945; Langer an Mallory, 8. 10. 1945; Mallory an Langer, 23. 10. 1945; Langer an Mallory, 29. 10. 1945; RFA, RG 1.2, Series 100 S, b. 58, f. 444.
9 Zur politischen Grundlage des epistemologischen Objektivitätsbegriffs in der amerikanischen Historiographiegeschichte vgl. *Novick*, That Noble Dream. Von einer politisch fundierten »Epistemology of Intelligence« spricht *Katz*, Foreign Intelligence, S. 13–21; vgl. auch *Horn*, Der geheime Krieg, S. 126–129, 135–147, 317, 320f.

und den amerikanischen Isolationismus bekämpft hatten. Von dieser politischen Epistemologie wich Langer auch in den folgenden Jahren nicht ab. Die Positionierung in den amerikanischen Ideenkämpfen war es auch, die dem Unternehmen schon bald anhaltende öffentliche Kritik bescherte.

Langer vergaß auch nicht, auf einen zweiten geschichtspolitischen Gegner hinzuweisen, obwohl der Krieg an dieser intellektuellen Front offiziell noch nicht eröffnet war. Es sei auch mit sowjetischen Darstellungen des jüngsten Krieges zu rechnen, so erläuterte Langer, doch seien diese sicherlich »aus Sicht der kommunistischen Philosophie abgefasst« und darum, ungeachtet ihrer historiographischen Qualität, nicht »angemessen oder geeignet für ein amerikanisches Publikum«. Es finden sich keine Angriffe auf die Sowjetunion in Langers Entwurf, doch die Zeit der amerikanisch-sowjetischen Freundschaft der Kriegsjahre war für ihn offensichtlich abgelaufen. Und es gab noch eine dritte politische Perspektive, von der Langer sein Vorhaben absetzte. Während seine Distanz zur sowjetischen Deutung bereits auf den Kalten Krieg vorauswies, wehte durch Langers Ablehnung britischer Interpretationen noch der Geist der zu Ende gegangenen Roosevelt-Ära. Es ist jedoch unklar, ob Langer Toynbees Parallelprojekt im Sinn hatte, als er britischen Historikern des Krieges eine »imperiale Sichtweise« unterstellte, »die für einen amerikanischen Leser sehr irreführend wäre«. Vielmehr wollte Langer eine amerikanische Geschichte schreiben, »aus amerikanischen Augen gesehen und zur Bildung von Amerikanern präsentiert«.[10] Damit schloss sich der Kreis zur politischen Absicht seiner Auftraggeber, ein Werk zu schaffen, dass gerade durch seine wissenschaftliche Vorbildlichkeit und narrative Eleganz Kritik an der Regierungspolitik entkräften sollte.

Das Unternehmen stieß sofort auf Zustimmung bei den Rockefeller-Verantwortlichen, auch beim Direktor der geisteswissenschaftlichen Abteilung, David H. Stevens. Grund dafür war nicht zuletzt Langers politische Epistemologie, seine Verknüpfung von historiographischen und politischen Motiven. Die Stiftung teilte die politische Sicht des CFR und des State Department, doch sie bestand auch auf Langers wissenschaftlicher Unabhängigkeit, damit das Weltkriegsprojekt einen wichtigen Beitrag zur »freien Diskussion über die Zeitge-

---

10 Langer, The United States in the Second World War, 1. 10. 1945, S. 1–4; RFA, RG 1.2, Series 100 S, b. 58, f. 444.

schichte« leisten könnte.[11] Damit beharrte sie auf einem Anspruch, der in der öffentlichen Debatte immer wieder in Frage gestellt wurde. In kurzer Zeit wurden die finanziellen und organisatorischen Fragen geklärt. Langer benannte einen Assistenten, der ihm bei der Recherche beistehen und auch in der Lage sein sollte einzuspringen, sofern Langer das Projekt nicht mehr fortführen könnte. Seine Wahl fiel auf S. Everett Gleason, der vor dem Krieg Geschichte am Amherst College gelehrt und im OSS an Langers Seite unter anderem als Verbindungsmann von R&A zu den militärischen Nachrichtendiensten amtiert hatte.[12]

Am 27. Dezember 1945 stellte der CFR den Antrag bei Rockefeller. Für Langer, Gleason, Schreibkräfte und Nebenkosten wurden 139 000 US-Dollar auf vier Jahre veranschlagt – eine enorm hohe Summe, die nach heutigen Verhältnissen mehr als das Zehnfache beträgt. Der CFR hielt sich an die Eckpunkte der politisch-epistemologischen Vorgabe Langers, doch wurde das ideenpolitische Profil des Projekts geschärft. Der Antrag polemisierte gegen den zu erwartenden »Impressionismus« von Memoiren und journalistischen Büchern über den Krieg, gegen »Enthüllungs- und Beschuldigungsbücher«. Dagegen stellte er Langers »systematische, umfassende und zuverlässige Geschichtsdarstellung«. In Übernahme von Langers historistisch abgefedertem Objektivitätsanspruch erinnerte man daran, dass dieses Werk zwar keine endgültige Darstellung sein könne, »doch in diesem Sinne ist keine Geschichte je definitiv«. Deutlich wurden konkurrierende geschichtspolitische Perspektiven benannt, die nicht »im Einklang mit amerikanischen Idealen oder Zielen« stünden: die kommunistische sowie die – »zweifellos weniger anstößige« – britische. Letztere wurde vom CFR in einer Zuspitzung von Langers Formulierung nun als »imperialistisch« bezeichnet. Bezeichnend für das Interesse des CFR sind jedoch die Stellen, die keinen Vorläufer in Langers ursprünglichem Entwurf haben, vor allem die folgende:

»Es ist [...] eine Frage des nationalen Interesses, dass eine solche Geschichte geschrieben wird. Im Hinblick auf den Ersten Weltkrieg dauerte es ein ganzes Jahrzehnt, bis eine produktive Diskussion der amerikanische Beteiligung an diesem Konflikt zustande kam, und auch

---

11 Gesprächsnotiz Willits, 1. 11. 1945; 17. 12. 1945; Memo Stevens an Willits, 7. 11. 1945; RFA, RG 1.2, Series 100 S, b. 58, f. 444.
12 Gesprächsnotiz Willits, 17. 12. 1945; Langer an Willits, 25. 2. 1946; RFA, RG 1.2, Series 100 S, b. 58, f. 444.

dann übernahmen noch Journalisten die Führung. Das Ergebnis war eine sehr wirksame Enthüllungskampagne, die nach Ansicht vieler Leute zur Enttäuschung und allgemeinen Ernüchterung beitrug, was die Beteiligung und Verantwortung Amerikas in der internationalen Politik betraf. Nicht nur die amerikanische Öffentlichkeit, sondern insbesondere die amerikanische Jugend wurde davon erfasst. Es ist dringend notwendig, dass sich eine solche Situation nicht wiederholt, und es ist überaus wünschenswert, dass die gebildete amerikanische Öffentlichkeit Zugang zu einer sehr ausgewogenen und zuverlässigen Darstellung der Ziele und Handlungen dieser Nation im Zweiten Weltkrieg erhält.«[13]

Das gehörte nicht zur üblichen Rhetorik bei Anträgen, sondern war eine deutliche politische Stellungnahme. Die Wendung »das nationale Interesse« war nicht nur eine politisch-pädagogische Absichtserklärung. Sie ist auch ein deutliches Indiz dafür, dass in den Augen des außenpolitischen Establishments ein bloßes Geschichtsbuch mit der Errichtung des »national security state« verbunden war, die von der internationalistischen Elite der Truman-Jahre betrieben wurde. Denn nicht nur die Sicherheitsarchitektur der USA befand sich ab 1945 in einem tiefgreifenden Wandel. Auch auf dem Feld der Ideenpolitik und des politischen Diskurses mussten die »national security managers« und ihre Vordenker Widerstände von links und rechts ausschalten. Henry Wallace und Senator Robert A. Taft waren prominente Sprecher der beiden Lager. Allerdings war die konservative Opposition ein ungleich stärkerer Machtfaktor. Teile der Republikanischen Partei und konservative Demokraten hingen älteren politischen Traditionen an, die im Gegensatz zu außenpolitischen Interventionen und zu jeglichem Machtzuwachs der Bundesregierung standen.

Innerhalb weniger Jahre setzte sich der neue Diskurs der nationalen Sicherheit durch. Konservative wurden allerdings eher durch die Mobilisierung der Furcht vor dem Kommunismus im Inneren als durch außenpolitische Bedrohungsszenarien eingebunden. Erleichtert wurde die partielle Versöhnung zwischen Truman-Lager und Konservativen dadurch, dass der Diskurs der nationalen Sicherheit und die konservativen Traditionen trotz ihrer Gegensätze oft dieselbe politi-

---

13 CFR an Rockefeller Foundation, Proposal for a History of the United States in the Second World War, 21. 12. 1945, S. 1–5. Zur Überarbeitung von Langers Entwurf vgl. Langer an Mallory, 8. 10. 1945; Mallory an Langer, 23. 10. 1945; Langer an Mallory, 29. 10. 1945; RFA, RG 1.2, Series 100 S, b. 58, f. 444.

sche Sprache sprachen und über ein gemeinsames Arsenal von politischen Symbolen und historischen Autoritäten verfügten. Der hegemoniale »national security discourse«, die Ideologie des nationalen Interesses, ihre Dominanz in der öffentlichen Debatte und politischen Kultur waren ein wesentliches Element des »national security state«.[14] Unter den Auftraggebern der Weltkriegsgeschichte waren prominente Architekten des »national security state«, der gerade zu diesem Zeitpunkt Anfang 1946 seine kritische Gründungsphase erreichte. Ihre Wahrnehmungen und Interessen flossen in die Erwartungen ein, die sie an Langers Unternehmen richteten.

Bereits am 18. Januar 1946 genehmigte der Vorstand der Rockefeller-Stiftung, das Executive Committee, dem unter anderem Eisenhowers künftiger Außenminister John Foster Dulles angehörte, die volle Summe für das auf drei Bände angelegte Buchprojekt.[15] Langer traf Vereinbarungen mit dem Außen- und dem Kriegsministerium, die ihm umfassenden Zugang zu Dokumenten einräumten. Doch mit der geplanten Freistellung zum 1. März 1946 wurde es nichts. Das »nationale Interesse« hielt Langer im State Department fest, so dass Gleason ohne ihn mit den Forschungen beginnen musste. Die Stiftung, noch nicht auf der Höhe des neuen Diskurses der nationalen Sicherheit, registrierte beifällig Langers »patriotische Pflichterfüllung«. In der zweiten Jahreshälfte 1946 nahm die Arbeit unter Beteiligung Langers dann offenbar Fahrt auf.[16]

Allerdings stand das gesamte Projekt bald im Mittelpunkt einer öffentlichen Kontroverse, die mehrere Jahre lang immer wieder aufflackerte. Gegenkräfte meldeten sich zu Wort. Der Diskurs der nationalen Sicherheit konnte nicht alle Kritiker einbinden. Zu den Gegnern der Weltkriegsgeschichte gehörten linke ebenso wie rechte Isolationisten, manche verfolgten eher politische, andere eher wissenschaftliche Interessen. Insofern gestattet dieses Projekt auch einen Blick auf die vielfältige amerikanische politische Diskussion der unmittelbaren

---

14 Vgl. *Hogan*, A Cross of Iron, bes. S. 1–22; *ders.*, The Marshall Plan, S. 1–25; *May*, The U.S. Government, a Legacy of the Cold War; *ders.*, Cold War and Defense; *Leffler*, A Preponderance of Power, bes. S. 101–140; zum innenpolitischen Hintergrund vgl. *Horowitz*, Beyond Left and Right, S. 214–283.
15 Rockefeller Foundation an Mallory, 18. 1. 1946; RFA, RG 1.2, Series 100 S, b. 58, f. 444; Rockefeller Foundation, Annual Report 1946, S. 33, 188 f.
16 Langer an Willits, 6. 2. 1946; Langer an Willits, 25. 2. 1946; Langer an Willits, 24. 4. 1946; Gesprächsnotiz Evans, 6. 5. 1946; Langer an Willits, 16. 5. 1946; RFA, RG 1.2, Series 100 S, b. 58, f. 444.

Nachkriegszeit. Diese Debatten zeigen vor allem auch, in welchem politischen Fahrwasser die emigrierten Linksintellektuellen bald darauf ihre stiftungsgeförderte akademische Karriere begannen. Es waren die liberalen Protagonisten des »national security discourse«, die linksintellektuellen Emigranten seit den späten vierziger Jahren den Weg ins akademische Establishment öffneten.

Heraufbeschworen hatte den Sturm der Entrüstung ein Routinevorgang der Stiftung. Im Jahresbericht für 1946 wurde die Förderung des CFR-Projektes gemeldet. Dabei wagte sich die Rockefeller Foundation ein wenig aus der politischen Deckung, als sie für die kurze Notiz aus der Sprache des Antrags schöpfte: Das Committee on Studies des Council on Foreign Relations sei

»darauf bedacht, dass sich eine Enthüllungskampagne wie nach dem Ersten Weltkrieg nicht wiederholt, und ist davon überzeugt, dass die amerikanische Öffentlichkeit eine klare und kompetente Darstellung unserer grundlegenden Ziele und Handlungen während des Zweiten Weltkrieges verdient. Was dabei in Erwägung gezogen wird, ist keine nationalistische Aufbereitung, sondern vielmehr ein historisches Werk, in dem ein amerikanischer Historiker die Fragen und Probleme für ein amerikanisches Publikum darstellt.«

Außerdem hob der Jahresbericht noch die besondere Qualifikation des Autors hervor. Langer sei ein führender Historiker und verfüge als ehemaliger Leiter von R&A über »außergewöhnlichen Zugang zum Material«.[17] Zwei Punkte lösten die Entrüstung der politischen und intellektuellen Widersacher aus: Von einer journalistischen Enthüllungskampagne zu reden, schien den politischen Gegnern von links wie rechts der Verunglimpfung und Ausschaltung abweichender Meinungen zu dienen. Wenn zum anderen Langers privilegierter Quellenzugang betont wurde, so erblickten darin etliche Kommentare eine Gefahr für die Freiheit der Forschung. Von »Hofgeschichtsschreibung« war die Rede. Sobald 1947 der Jahresbericht für 1946 veröffentlicht wurde, eröffnete die konservative *Chicago Tribune*, seit langem eine Stimme des Isolationismus und von Gegnern des »New Deal«, den Angriff. Langers Vorhaben wurde die Absicht vorgeworfen, die Regierungspolitik im Zweiten Weltkrieg zu verklären und die Interessen der »Wall Street« zu verteidigen, für die der Name Rockefeller und

---

17 Rockefeller Foundation, Annual Report 1946, S. 188f.

der CFR aus Chicagoer Sicht standen.¹⁸ Die *Tribune* war eine der großen amerikanischen Tageszeitungen, doch an der Ostküste nicht respektabel genug, um ernst genommen zu werden.¹⁹

Im Oktober rollte eine zweite Welle der Kritik an, die dieses Mal von Charles Beard angeführt wurde, einem der einflussreichsten Historiker der USA im 20. Jahrhundert. Beard war ein Haupt der progressiven Schule der amerikanischen Historiographie. Als Linksliberaler unterstützte er den »New Deal«, aber als Nichtinterventionist an der Grenze zum Isolationismus lehnte er die Außenpolitik Roosevelts ab.²⁰ Es war zu erwarten, dass Langers Unternehmen den Zorn des Großhistorikers Beard heraufbeschwören würde. Die Weltkriegsgeschichte musste in Beards Augen als Verherrlichung einer Politik erscheinen, die er zutiefst verachtete, verfasst von einem der angesehensten Diplomatiehistoriker der USA. Beards Kritik wurde landauf, landab in zahlreichen Blättern nachgedruckt oder aufgegriffen. Linke und Rechte, Lokalredakteure und prominente Kolumnisten referierten Beards Anklage sachlich oder verschärften sie im eigenen Interesse.²¹

Auf der Grundlage der Rockefeller-Verlautbarung hielt Beard dem Unternehmen zweierlei Fehlverhalten vor: Zum einen erkannte er darin den Versuch, die Kriegspolitik Roosevelts vor der kritischen

---

18 Walter Trohan, »Rockefeller Group Finances History of War«, *Chicago Tribune*, 8. 6. 1947.
19 Mallory an Willits, 9. 7. 1947; Willits an Mallory, 14. 7. 1947; Memo Willits an Fosdick, 14. 7. 1947; RFA, RG 1.2, Series 100 S, b. 58, f. 444.
20 Zu Beard vgl. u. a. Hofstadter, The Progressive Historians; *Gunnell*, The Descent of Political Theory, S. 84–86, 136f.; *Barrow*, More Than a Historian; *Kennedy*, Charles A. Beard and American Foreign Policy; *Nore*, Charles A. Beard.
21 Im Folgenden eine kleine Auswahl von Nachdrucken oder Paraphrasen, die von der Stiftung aufbewahrt wurden: »Who's to Write the History of the War?«, *Morristown Gazette & Mail* (Tennessee), 6. 10. 1947; »Open the Archives«, *Washington Post*, 10. 10. 1947; George E. Sokolsky, »Historical Monopoly«, *New York Sun*, 10. 10. 1947 (eine in viele kleinere Zeitungen übernommene Kolumne, z.B. Benton Harbor News Palladium [Michigan], 10. 10. 1947; *Buffalo News*, 10. 10. 1947); »White Wash. Misusing Public Records«, *Detroit Free Press*, 10. 10. 1947; »Corrupters of History«, *Chicago Tribune*, 12. 10. 1947; »American People Have Right To Facts«, *New York Times*, 13. 10. 1947; »Heffernan Says: Must History Be Subsidized?«, *Brooklyn Eagle*, 14. 10. 1947; »State Department Giving Monopoly«, *Crookston Times* (Minnesota), 18. 10. 1947; RFA, RG 1.2, Series 100 S, b. 58, f. 444. Der vielgelesene konservative Kolumnist Sokolsky überdrehte Beards Argumente so weit, dass er den CFR »a stuffed-shirt affair of highbrow internationalists« nannte und das Projekt selbst »monopolistic scholarship, the sort of thing Hitler did and Stalin does«.

Analyse und Bloßstellung zu bewahren, die nach dem Ersten Weltkrieg Woodrow Wilsons Politik erfahren hatte. Zum anderen lehnte er kategorisch ab, Historikern, die der Regierung wohlgesinnt waren, einen exklusiven Zugang zu Quellen einzuräumen. Beard sah damit die Freiheit der Forschung ernsthaft gefährdet. Wenn Langers Beispiel Schule machte, könnte man mit weiteren Zugangsbeschränkungen zu Dokumenten rechnen, während von Interessengruppen subventionierte Historiker die Geschichte zugunsten ihrer Auftraggeber entstellten. Beard konnte als belastendes Beweisstück auf Langers Buch »Our Vichy Gamble« verweisen, das gerade erschienen war und im Auftrag von Außenminister Hull die amerikanische Politik verteidigte. Was von CFR und Stiftung nicht lange zuvor noch als Vorteil gewertet worden war, die Vertrautheit Langers mit dem Führungspersonal der Republik, verkehrte Beard ins Gegenteil. Pathetisch schloss Beard, der im Jahr darauf starb, seinen Angriff:

»Die amtlichen Archive müssen für alle Bürger zu gleichen Bedingungen offenstehen, für niemand darf es besondere Vorrechte geben; die Forschung muss in die Breite und die Tiefe gehen und darf nicht zensiert werden; und der Wettstreit der Ideen vor dem Forum der öffentlichen Meinung muss frei von politischen Interessen oder Einschränkungen sein.

Kurzum, die Frage ist also einfach: Wer soll die Geschichte des Zweiten Weltkrieges schreiben? Eine oder mehrere Personen, die hoch subventioniert werden und sich unter der Schirmherrschaft der Regierung des Zugangs zu Geheimarchiven erfreuen?«[22]

Das war die letzte intellektuelle Abwehrreaktion der außenpolitisch antiinterventionistischen und innenpolitisch progressiven Tradition, bevor diese später in der historischen Schule von Wisconsin wiederbelebt wurde, die gegen das Heraufziehen des »national security state« und seine diskursive Hoheit über die Geschichtsschreibung anschrieb.[23] Beards Kritik ließ dem Unternehmen keine Ruhe mehr. Nicht nur die umfangreiche Sammlung von Artikeln aus dem ganzen

---

22 *Charles A. Beard*, »Who's to Write the History of the War?«, *Saturday Evening Post*, 4. 10. 1947; *Langer*, Our Vichy Gamble; zur Debatte um dieses Buch vgl. *Gottschalk*, Our Vichy Fumble; *Novick*, That Noble Dream, S. 305 Anm. 42.
23 Vgl. zu William Appleman Williams und der Schule von Wisconsin, von der in Anknüpfung an die progressive Tradition Beards der erste außenpolitische Revisionismus des Kalten Krieges ausging, *Mattson*, Intellectuals in Action, S. 145–186.

Land belegt die Nervosität der Stiftung. Im Inneren der Rockefeller Foundation breitete sich Unruhe aus. Man war sich nicht einig über den richtigen Umgang mit dieser Herausforderung – Ignorieren oder Reagieren, Fehlerkorrektur oder Frontalangriff. Man diskutierte sowohl Beards Vorwürfe als auch wissenschaftspolitische Grundsatzfragen untereinander und mit auswärtigen Ratgebern wie dem Präsidenten der Princeton University, Harold W. Dodds. Dabei kam immer wieder zum Vorschein, dass Beard bei all seinen Übertreibungen und Entstellungen einen wunden Punkt berührt hatte: Es ging um den Anspruch der Stiftung, freie und unabhängige Forschung zu fördern. Dieser Anspruch kollidierte mit der engen Zusammenarbeit mit der Regierung.[24]

Willits, der Direktor der sozialwissenschaftlichen Abteilung, musste bereits wenige Tage später dem Vorstand der Stiftung Rede und Antwort stehen. Fein säuberlich listete er Beards sachliche Fehler auf. Er wies auf Beards Versäumnis hin, offenzulegen, selbst schon einmal eine »subventionierte« Geschichte geschrieben zu haben. Doch dann kam Willits auf das zu sprechen, was er die »wirklichen Fragen für die Rockefeller Foundation« nannte: Erstens die Frage der politischen Epistemologie. Ob überhaupt jemand in der Lage sei, eine objektive Geschichte zu schreiben und von seinen Werturteilen abzusehen, überlegte Willits, um das Problem wie folgt zu klären: Forscher sollten »ihre Voreingenommenheit im Vorwort zu ihren Veröffentlichungen offenlegen«, eine Lösung, die auch die Historische Sozialwissenschaft zufriedengestellt hätte. Zweitens ging er auf den unterschiedlichen Zugang zu Quellen ein, was jedoch so alt sei wie die Geschichtsschreibung selbst. Das dritte Problem allerdings betraf das Selbstverständnis der Stiftung. Willits warf selbstkritisch die Frage auf: »Arbeiten wir zu eng mit der Regierung zusammen?« Zunächst rechtfertigte er das eigene Vorgehen. Gerade im Krieg sei Zusammenarbeit auch auf dem Feld der Sozialwissenschaften erforderlich gewesen. Damit habe man sich dem »Vorwurf der nationalistischen Voreingenommenheit« ausgesetzt. Dieses Risiko habe man bereitwillig in Kauf genommen.

---

24 Mallory an Willits, 1. 10. 1947; Langer an Mallory, 6. 10. 1947; Memo Thomas B. Appleget an Fosdick, 7. 10. 1947; Isaiah Bowman an Mallory, 7. 10. 1947; Harold W. Dodds an Fosdick, 8. 10. 1947; Fosdick an Dodds, 15. 10. 1947; Dodds an Fosdick, 22. 10. 1947; John R. Strayer an Dodds, 24. 10. 1947; Dodds an Fosdick, 29. 10. 1947; Willits an Dodds, 28. 10. 1947; RFA, RG 1.2, Series 100 S, b. 58, f. 444.

Dennoch stand am Ende von Wilits Rechenschaftsbericht das Eingeständnis:

»Doch die Rockefeller Foundation steht auch für etwas Vorrangiges, das über jedem Dienst für die Regierung steht, selbst in diesem wichtigen Bereich, und dabei handelt es sich um das Ansehen und die Unabhängigkeit der Wissenschaft. Wenn wir eine wirklich freie Gesellschaft haben wollen, ist das von grundsätzlicher Bedeutung. Die Verantwortlichen [der Stiftung] haben versucht, beide Werte im Sinn zu behalten, sie gleichermaßen zu beachten ist jedoch nicht immer einfach.«[25]

Das klang nicht so, als sei zu diesem Zeitpunkt der Diskurs der nationalen Sicherheit von den leitenden Mitarbeitern der Stiftung bereits verinnerlicht worden. Willits nahm seine Verantwortung für die Förderung der Forschung ernst. Die Interessen der Regierung wurden gewahrt, aber nicht über alles andere gestellt. Kein Mitarbeiter oder Berater der Stiftung vertrat in der internen Diskussion die Meinung, das nationale Interesse rechtfertige eine Einflussnahme auf die Forschung. Allerdings glaubten alle in einer zweckdienlichen politisch-epistemologischen Naivität, verantwortungsbewusste Wissenschaftler könnten trotz ihrer politischen Verwicklungen mit dieser Spannung zurechtkommen und sich objektiv den Fakten nähern.

Nach außen wurde Beards Attacke vehement abgewehrt. Ohnehin unterstellte man Beard unlautere Motive. Langer vermutete einen politischen Grund: »Beard muss voller Angst sein, dass wir den Isolationismus in die Luft jagen, darum will er das Ding verbrennen, noch bevor es erschienen ist.«[26] Für den stellvertretenden Präsidenten der Stiftung sprach aus Beards Kritik die Enttäuschung, von der Rockefeller Foundation nicht als »Vater der amerikanischen Geschichtswissenschaft« gewürdigt worden zu sein.[27] Ein Vertreter der außenpolitischen Elite hielt einen Angriff des Isolationisten Beard gerade für einen Beleg dafür, auf dem richtigen Kurs zu sein.[28] Langer riet zwar zunächst von einer Gegenoffensive ab, doch schließlich versuchte man

---

25 Remarks by Joseph H. Willits, Executive Committee Meeting, 17. 10. 1947; RFA, RG 1.2, Series 100 S, b. 58, f. 444.
26 Langer an Mallory, 6. 10. 1947; RFA, RG 1.2, Series 100 S, b. 58, f. 444.
27 Memo Appleget an Fosdick, 7. 10. 1947; RFA, RG 1.2, Series 100 S, b. 58, f. 444.
28 Bowman an Mallory, 7. 10. 1947; RFA, RG 1.2, Series 100 S, b. 58, f. 444. Bowman hatte zu den Beratern Wilsons gehört und war zu diesem Zeitpunkt Vizepräsident und einer der Direktoren des CFR.

erfolglos, einen Gegenartikel zu lancieren. Die Beard-Variante hatte sich bereits in den Köpfen festgesetzt, wie die Entgegnung der *Saturday Evening Post*-Redakteure zeigte: »Immerhin wäre es doch ziemlich schwierig, ein Semimonopol in der historischen Forschung zu verteidigen.«[29] Am Ende veröffentliche Langer einen Leserbrief in der *Washington Post*. Dort widerlegte er Beard in einzelnen Punkten. Und er konnte mit einer Nachricht aufwarten, die Beard entgangen war: Das State Department hatte den Kreis der Zugangsberechtigten mittlerweile erweitert; im Prinzip konnte nun jeder Forscher Einsicht in die Quellen beantragen, die Langer vorlagen.[30] Es konnten nicht alle Vorwürfe entkräftet werden. Dass Langer trotz allem in einer privilegierten Position war und seine Auftraggeber ein politisches Interesse vertraten, das glücklicherweise mit Langers historischer Interpretation übereinstimmte, war nicht völlig von der Hand zu weisen. Doch die Entrüstung flaute damit für eine Weile ab.[31]

Das eigentliche Problem dieser Kriegsgeschichte entging jedoch allen Kritikern. Dafür beschäftigte es zunehmend die Stiftung, insbesondere Willits und den neuen Berater Philip E. Mosely – Langer-Schüler, Berater und Dolmetscher des Außenministers auf den Kriegskonferenzen, seit 1946 Professor an der Columbia University, von 1951 bis 1955 Direktor des dortigen Russian Institute, das von der Rockefeller Foundation finanziert wurde, und danach Forschungsdirektor des CFR. Mosely war bei Rockefeller zur wichtigsten Stimme in Fragen der internationalen Beziehungen aufgestiegen.[32] Langers Projekt wurde zum Sorgenkind. Denn sein Anspruch überforderte ihn und seinen Mitarbeiter Gleason. Ein Jahr nach der Kontroverse kam es darum zu einer Sondersitzung des CFR im kleinen Kreis, an der Allen W. Dulles teilnahm, Bruder des Rockefeller-Vorstands und künftigen Außenministers John Foster Dulles, selbst ehemaliger OSS-Chef in der Schweiz und künftiger CIA-Direktor. Langer warnte Dulles, dass

---

29 Langer an Ben Hibbs, 16. 10. 1947; Bowman an Frederick C. Nelson, 17. 10. 1947; Nelson an Langer, 20. 10. 1947; Nelson an Bowman, 21. 10. 1947 (Zitat); Langer an Nelson, 23. 10. 1947; Nelson an Langer, 27. 10. 1947; Langer an Nelson, 30. 10. 1947; RFA, RG 1.2, Series 100 S, b. 58, f. 444.
30 *William L. Langer*, »›Open the Archives‹«, *Washington Post*, 9. 11. 1947; Langer bezog sich darin auf das Department of State Bulletin, 25. 5. 1947.
31 Evans an Mallory, 10. 12. 1947; RFA, RG 1.2, Series 100 S, b. 58, f. 444.
32 Willits an Geroid T. Robinson, 18. 6. 1948, Columbia University Library (CUL), Rare Books and Manuscripts Library (RBML), Geroid T. Robinson Collection, b. 6, f. Correspondence R (1).

er und Gleason sich vielleicht mehr vorgenommen hätten, als sie einhalten konnten. Anzeichen der Erschöpfung machten sich bemerkbar. Hatten die beiden Autoren 1946 noch das Projekt als Chance gesehen, anderen Verpflichtungen auszuweichen, suchten sie jetzt geradezu nach Aufgaben, die sie vom Abschluss des Unternehmens befreien würden. In der vorgesehenen Zeit könnten sie nicht fertig werden, erläuterte Langer. Doch eine Verlängerung kam für ihn nicht in Frage. Er verwies auf die zu lange schon vernachlässigten Pflichten in Harvard. Immerhin war das Projekt so weit gediehen, dass man hoffte, bis zum März 1950, dem offiziellen Abschlusstermin der vierjährigen Arbeitszeit, eine Rohfassung der ersten beiden Bände vorlegen zu können. Der zweite Band endete mit Pearl Harbor.[33]

Diese hochsubventionierte Kriegsgeschichte kam nie über den Anfang des Krieges hinaus. Zwei renommierte Historiker scheiterten an der Fülle des Materials. Sie gerieten zeitlich ins Hintertreffen. Mittlerweile sprachen sie von insgesamt sechs statt der ursprünglich geplanten drei Bände. Zwischenzeitlich wurde vom CFR eine weitere große Förderung erwogen. Die Stiftung zeigte sich geduldig, versperrte sich schließlich aber einem größeren neuen Engagement.[34] Für Langer und Gleason war es nun an der Zeit, an die Universität zurückzukehren, wie beide im Januar 1950 beteuerten. In Wahrheit hofften sie wohl vor allem darauf, sich ihrer erdrückenden Aufgabe mit Abschluss des zweiten Bandes entledigen zu können. Denn statt wieder den vollen Lehrbetrieb in Harvard aufzunehmen, nahm Langer noch im selben Jahr den Auftrag der CIA an, das Office of National Estimates (ONE) aufzubauen. ONE war für die National Intelligence Estimates verantwortlich, an deren Ausarbeitung Marcuses Geheimdienststelle im State Department einen Anteil hatte. Langer stand erst 1952 Harvard wieder voll zur Verfügung. Gleason wiederum kehrte überhaupt niemals an die Universität zurück. Er wurde nur wenige Wochen später

---

33 Mallory an Willits, 14. 12. 1948; Committee on Studies Meeting, CFR, 29. 11. 1948; RFA, RG 1.2, Series 100 S, b. 58, f. 444.
34 Mallory an Willits, 16. 3. 1949; Memo Philip Mosely an Willits, 22. 3. 1949; Gesprächsnotiz Evans, 13. 4. 1949, anwesend waren neben Langer selbst und Evans, Willits und Mosely als Vertretern der Stiftung aus der Führungsebene des CFR Isaiah Bowman, Walter Mallory, Grayson Kirk und Percy Bidwell; Memo Mosely an Willits und Evans, 26. 4. 1949; Memo Willits an Chester I. Barnard, 28. 4. 1949; Bidwell an Willits, 15. 9. 1949; Memo Mosely an Norman S. Buchanan, 23. 9. 1949; Mallory an Willits, 23. 1. 1950; Willits an Mallory, 2. 2. 1950; RFA, RG 1.2, Series 100 S, b. 58, f. 445.

stellvertretender Sekretär des Nationalen Sicherheitsrates (NSC) und beendete seine Karriere nach diplomatischen Zwischenstationen als Historiker des State Department.[35]

Immerhin konnte der Abschluss des ersten Bandes noch 1950 gemeldet werden. George Kennan, der vor der Veröffentlichung das Manuskript begutachtete, war begeistert. Er nannte das Werk einen großen Beitrag zur Geschichte der amerikanischen Außenpolitik und des Zweiten Weltkrieges, »eine unglaubliche Leistung historischer Analyse« und stilistisch überaus gelungen. Es sei das bisher bedeutendste Buch, das über Krieg erschienen sei. Außerdem habe er nichts finden können, was »unfair« oder »peinlich« für die Regierung sei. Dabei ging es um die Freigabe des Buches durch das State Department, doch jenseits der Formalität wird erneut der politisch-epistemologische Komplex sichtbar: Langer war es gelungen, ein gleichermaßen historiographische und politische Interessen befriedigendes Werk der Geschichtsschreibung zu verfassen.[36] Dieses positive Urteil spiegelte sich auch in den meisten Rezensionen wider, als der erste Band Anfang 1952 erschien.[37] Auch wenn ein ehemaliger Kollege Langers, der revisionistische Historiker Harry Elmer Barnes, noch einmal alle Vorwürfe des zwischenzeitlich verstorbenen Charles Beard gegen die beiden »Hofgeschichtsschreiber« in Stellung (und seine Kritik auch als umfangreiche Broschüre in Umlauf) brachte, überwog die Zustimmung in der Presse. Langer und Gleason hatten ein Standardwerk geschaffen, einen »Meilenstein« der Geschichtsschreibung gesetzt, so lautete das weitgehend einhellige Urteil. Die beiden Autoren schafften

---

35 Mallory an Willits, 23. 1. 1950; Gleason an Willits, 30. 11. 1950; Tagebuch Willits, 29. 11. 1951; RFA, RG 1.2, Series 100 S, b. 58, f. 445. Allen Dulles an Gleason, 9. 3. 1950; Papers of S. Everett Gleason, Harry S. Truman Library, Independence, Missouri, b. 1, f. 1950–51/1; Spuren seines Wirkens im NSC finden sich auch in den National Security Council Staff, Papers, 1948–61, White House Office, Dwight D. Eisenhower Library, Abilene, Kansas. Zum CIA-Auftrag vgl., mit Blick auf William Bundy, Langers wichtigstem Mitarbeiter in ONE, *Bird*, The Color of Truth, S. 157–161. Vgl. zu Gleasons Positionen im NSC *Mitrovich*, Undermining the Kremlin, S. 95; zu Gleasons biographischem Hintergrund vgl. das zweite Kapitel, »Wartime Washington«, der in Kürze erscheinenden Erinnerungen von Gleasons Sohn, des Historikers *Abbott Gleason*, A Liberal Education; zu Langers Karriere vgl. *Langer*, In and Out the Ivory Tower.
36 Gleason an Willits, 30. 11. 1950; Kennan an Freeman Matthews, Deputy Under Secretary of State, 29. 9. 1950; Willits an Gleason, 11. 12. 1950; Mallory an Willits, 28.1951; RFA, RG 1.2, Series 100 S, b. 58, f. 445.
37 *Langer/Gleason*, The World Crisis and American Foreign Policy, Bd. 1.

es sogar auf das Titelbild der *Saturday Review*. Und was Roosevelts Politik betraf, so kamen die Rezensenten zu dem Schluss, dass diese gerechtfertigt war.[38] Ähnlich verhielt es sich, als im Herbst 1953 der zweite, fast tausendseitige Band erschien, der allerdings weniger Aufmerksamkeit erregte.[39] Auch wenn das Werk da endete, wo es hätte beginnen sollen: Die politisch-historiographische Mission war erfüllt.

Diesem Urteil schloss sich auch der neue Präsident der Rockefeller Foundation an, ein weiterer Exponent des außenpolitischen Establishments. Dean Rusk hatte 1952 das State Department verlassen, um sein neues Amt in New York anzutreten. 1961 kehrte er nach Washington zurück, als Außenminister zuerst unter Kennedy und danach unter Johnson.[40] Einen Hauch von Glamour verströmte ein weiterer Leser der Kriegsgeschichte. Whittaker Chambers war die schillerndste intellektuelle Figur auf der politischen Rechten in jenen Jahren, der Lehrmeister von William F. Buckley und bis heute einer der wichtigsten intellektuellen Bezugspunkte für amerikanische Konservative. Chambers hatte in seinem Leben die ideologischen Extreme ausgekostet. Einer seiner Studienfreunde an der Columbia University war Lionel Trilling. Chambers brach das Studium ab, hielt sich damit über Wasser, »Bambi« ins Englische zu übersetzen, trat 1925 in die Kommunistische Partei ein und war bald einer ihrer wichtigsten Autoren. Dann ging er in den Untergrund, auf Geheiß der Parteiführung und des sowjetischen Geheimdienstes GRU. Er verlegte Straßenbahnschienen in Baltimore und baute in Washington einen Spionagering auf. Er wusste die sozialistischen Sympathien junger, aufstrebender »New Dealer« in der Re-

---

38 Adolph A. Berle, »International Commitments«, *Saturday Review*, 19. 1. 1952; Geoffrey Bruun, »Panorama of Three Fateful Years of Our Foreign Policy«, *New York Herald Tribune Book Review*, 20. 1. 1952 (Zitat); Samuel Flagg Bemis, »Was Hitler Really a Threat to US?«, *New York Times*, 20. 1. 1952. Die Gegenstimmen beschränkten sich nun auf die Beard-Schule und auf rechte Kolumnisten, die die Vorwürfe übernahmen und das fast 800-seitige Werk als »Roosevelt propaganda piece« diffamierten; Harry Elmer Barnes, »The Court Historians Versus Revisionism«, o.O., o.J. [1952]; eine Kurzfassung erschien zuvor in: *Chicago Tribune*, 10. 2. 1952; John O'Donnell, »Capitol Stuff«, *New York Daily News*, 13. 5. 1952 (Zitat).
39 Langer/Gleason, The World Crisis and American Foreign Relations, Bd. 2; A. J. P. Taylor, »America's Entry into War, 1940–1«, *Manchester Guardian Weekly*, 3. 12. 1953; eine Sammlung von Rezensionen findet sich auch in S. Everett Gleason Papers, Truman Library, b. 1., f. 1952/1–2.
40 Mallory an Rusk, 26. 8. 1953; Rusk an Mallory, 14. 9. 1953; Langer an Rusk, 6. 1. 1954; Rusk an Langer, 11. 1. 1954; Langer an Rusk, 26. 1. 1954; RFA, RG 1.2, Series 100 S, b. 58, f. 445.

gierung zu nutzen. Nach dem Großen Terror in Moskau brach er mit der Partei. Chambers lebte in Angst und baute sich eine neue Existenz als Redakteur im konservativen *Time*-Medienimperium von Henry Luce auf. 1948 enttarnte er seinen einstigen Freund Alger Hiss, Roosevelts Mann bei der Gründung der UN und Präsident des Carnegie Endowment for International Peace. Der Spionageprozess hielt Amerika in Atem und erregt bis heute die Gemüter. Chambers verschaffte damit Richard Nixon seinen ersten großen öffentlichen Auftritt. McCarthy hingegen verachtete er; er hielt ihn für gefährlich, imstande, die konservative Bewegung zu diskreditieren. Neben Buckley war Arthur Koestler ein enger Gefährte in Chambers' letzten Lebensjahren.[41]

Chambers hatte die intellektuelle Größe, die Verdienste von Langers und Gleasons Kriegsgeschichte vorbehaltlos anzuerkennen. Ihre politisch-epistemologischen Implikationen schien er zu teilen. Er war Kalter Krieger aus Überzeugung und frei von isolationistischen Anflügen. Er ignorierte, dass rechte Publikationen das Werk als »New Deal«-Propaganda diffamierten. Ihn störte nicht, dass der Konservativen verhasste Roosevelt darin eine gute Figur machte. In einem Artikel im Magazin *Look* Ende Dezember 1953 rief er Langer und Gleason als Zeugen auf. Es ging um Harry Dexter White, einen der führenden Ökonomen der Roosevelt-Regierung und Vertrauten Henry Morgenthaus. White hatte bei Kriegsende gemeinsam mit John Maynard Keynes das Bretton-Woods-System geschaffen und war kurz vor seinem Tod 1948, unter anderem von Chambers selbst, ebenfalls der Spionage für die Sowjetunion bezichtigt worden. Chambers bezog sich auf den zweiten Band der Kriegsgeschichte, »The Undeclared

---

41 Vgl. *Tanenhaus*, Whittaker Chambers; *Kimmage*, The Conservative Turn; *Chambers*, Witness; zur sowjetischen Spionage in den USA *Weinstein/Vassiliev*, The Haunted Wood; *Klehr/Haynes/Firsov*, The Secret World of American Communism; *Klehr/Haynes*, Venona. Allerdings sind die Schlussfolgerungen, die vor allem auf sowjetischem Aktenmaterial und amerikanischen Überwachungsprotokollen beruhen, alles andere als eindeutig. Eine abwägende, überzeugendere und weniger dramatische Deutung vertritt *Schrecker*, Many Are the Crimes, S. 3–41, 86–115. Einig sind sich jedoch alle genannten Historiker, dass die sowjetische Spionagegefahr – wie groß auch immer sie in den Jahren zuvor gewesen war – nicht mehr akut war, als Joseph McCarthy 1950 zu seinem Kreuzzug antrat; vgl. auch *Oshinsky*, A Conspiracy So Immense, S. x. Ronald Reagan verlieh Chambers 1984 posthum die »Presidential Medal of Freedom«. 2001 versammelten sich die Bush-Regierung und konservative Intellektuelle, um Chambers' 100. Geburtstag zu begehen; vgl. *William F. Buckley*, »Witness and Friends. Remembering Whittaker Chambers on the Centennial of his Birth«, *National Review*, 6. 5. 2001.

War«, und stellte die beiden Autoren als über jeden Zweifel erhaben vor: »Zwei Zeugen, deren Gelehrsamkeit unbestritten ist«. Gleason ließ es sich nicht nehmen, ironisch und stolz zugleich Rusk auf dieses unerwartete Lob hinzuweisen, das »Juwel« in seiner Sammlung von Besprechungen.[42] Damit ist noch eine weitere Facette hinzugefügt, die zeigt, wie sehr sich in der Geschichte dieses Projekts die ideenpolitischen Auseinandersetzungen und unterschiedlichen Diskurse am Anfang des Kalten Krieges spiegeln. Diese kleine Fußnote zu einem großen Unternehmen ist zudem einer von vielen Belegen dafür, dass sich der große konservative Intellektuelle Chambers in seinem letzten Lebensjahrzehnt der politischen Mitte annäherte und mit dem »New Deal« aussöhnte.[43]

2. Die Rockefeller Foundation am Anfang des Kalten Krieges

Die Weltkriegsgeschichte war nicht das einzige Großunternehmen, mit dem die Stiftung sich neuen Herausforderungen stellte.[44] Die Rockefeller Foundation befand sich am Ende des Zweiten Weltkrieges im Umbruch. Sie suchte nach einem neuen Profil für ein Zeitalter, dem der Name »Kalter Krieg« noch nicht gegeben worden war. Und dennoch waren es gerade die Grundkoordinaten der neuen Zeit, die eine Neuorientierung beschleunigten – die Atombombe und der heraufziehende Konflikt mit der Sowjetunion. Das galt vor allem für das Programm in den Sozial- und Geisteswissenschaften, aber auch für einige Naturwissenschaften. Viel weniger betroffen waren die umfangreichen Mittel, die in Medizin, Landwirtschaft und Bildung flossen. Anders als die sozial- oder gar die geisteswissenschaftlichen Unternehmen der Stiftung haben die großen naturwissenschaftlichen Förderungen ausführliche Beachtung durch die Forschung erfahren.[45]

---

42 Gleason an Rusk, 3. 2. 1954; RFA, RG 1.2, Series 100 S, b. 58, f. 445.
43 Vgl. *Tanenhaus*, Whittaker Chambers, S. 472–514.
44 Zu den europäischen Förderungen der Zwischenkriegszeit vgl. *Rausch*, US-amerikanische »Scientific Philanthropy«.
45 Vgl. als Einführung *Gemelli* (Hg.), American Foundations and Large Scale Research; *Schneider* (Hg.), Rockefeller Philanthropy and Modern Biomedicine; *Page/Valone* (Hg.), Philanthropic Foundations and the Globalization of Scientific Medicine and Public Health.

Die Rockefeller Foundation stand damals an erster Stelle der philanthropischen Stiftungen, bevor die Ford Foundation Ende der vierziger Jahre mit einem höheren Stiftungsvermögen ausgestattet wurde und sich international zu engagieren begann.[46] Die Rockefeller-Stiftung förderte weltweit mit erheblichen Summen Gesundheits- und Bildungsprojekte, zugleich nahm der Anteil sozial- und geisteswissenschaftlicher Förderungen zu. Der Stiftungsförderung war der Sieg über das Gelbfieber zu verdanken. Sie setzte gerade zu dieser Zeit die »Grüne Revolution« in der Landwirtschaft in Gang, und sie hatte seit langem die Gleichberechtigung und Ausbildung von Afroamerikanern in den Südstaaten unterstützt.[47]

Auf dem Feld der Sozial- und Geisteswissenschaften war der Erfolg philanthropischer Förderungen schwieriger zu bemessen. Allzu leicht begab man sich dabei auf das politisch kontaminierte Gelände, das die offizielle Neutralität der Stiftung zu meiden suchte, und allzu oft lief man dabei Gefahr, wissenschaftlichen Moden zu folgen. Dennoch musste sich die Stiftung der Realität einer politisch zerfurchten Welt stellen, ohne sich in naive Objektivitätsträume zu flüchten. Die Selbstdarstellung schlug einen neuen Ton an. Kurz vor Ende des Krieges erklärte die Stiftung pathetisch: »Eine nach Freiheit dürstende Welt

---

46 Zur Geschichte der Ford Foundation vgl. *Nielsen*, The Big Foundations, S. 78–97; *Berghahn*, Transatlantische Kulturkriege, S. 183–313.
47 Vgl. *Nielsen*, The Big Foundations, S. 47–69; *Fosdick*, The Story of the Rockefeller Foundation. Die Fördersummen gehen aus den jeweiligen »Annual Reports« der Stiftung hervor; um die Jahre 1945–1947 herauszugreifen: 1945 brachte die Rockefeller Foundation Fördermittel in Höhe von fast 11,4 Millionen US-Dollar auf, davon entfielen auf medizinische Projekte und gesundheitliche Vorsorge 5,25 Millionen US-Dollar, auf die Naturwissenschaften knapp 2 Millionen US-Dollar, auf die Sozialwissenschaften 1,94 Millionen US-Dollar und auf die Geisteswissenschaften 1,16 Millionen US-Dollar. 1946 wurden knapp 19,5 Millionen US-Dollar wie folgt eingesetzt: 7,5 Millionen für das General Education Board (eine Stiftung, die ebenfalls von der Rockefeller-Familie 1903 gegründet worden war und sich vor allem für die Entwicklung der amerikanischen Südstaaten durch Schulbildung, bessere Universitäten und modernere landwirtschaftliche Methoden engagierte und sich dabei besonders um die Verbesserung der Lebensbedingungen von Afroamerikanern bemühte; vgl. *Fosdick*, Adventures in Giving), mehr als 3,8 Millionen für medizinische und gesundheitliche Projekte, 2,5 Millionen für die Naturwissenschaften, 2,6 Millionen für die Sozialwissenschaften, 1,3 Millionen für die Geisteswissenschaften. 1947 entfielen 23,4 Millionen US-Dollar an Fördermitteln auf medizinische und gesundheitsfördernde Projekte (zusammen 13,75 Millionen), die Naturwissenschaften (1,7 Millionen), die Sozialwissenschaften (3 Millionen), die Geisteswissenschaften (1,5 Millionen) und das General Education Board (1,5 Millionen).

kann nicht für immer in Ketten gehalten werden«, und zog daraus eine Folgerung für die eigene Arbeit: »Letzten Endes sind weder Ungerechtigkeit noch Napoleon, noch Hitler die Bezwinger der Welt, sondern Vernunft und Wahrheit.«[48] Doch das flammende Bekenntnis zu Vernunft, Wahrheit und Fortschritt wurde gedämpft, als die neuen Waffen zum Einsatz kamen, die den Weltkrieg beendeten und zugleich das kommende Zeitalter des Kalten Krieges überschatteten.

In einer Art Schadensbericht protokollierte der damalige Präsident der Stiftung, Raymond B. Fosdick, nicht nur die intellektuelle Kriegsversehrung der Welt. Er stellte sich zuerst der Frage, die wie keine andere das philanthropische Fundament der eigenen Arbeit bedrohte. Die Stiftung hatte Kranke geheilt, Hungrige gespeist, Flüchtlinge aufgenommen – und zugleich sollte sie dazu beigetragen haben, die zerstörerischste Waffe zu schaffen, die Menschen je ersonnen hatten, eine Waffe, die das Überleben der Menschheit selbst in Frage stellte? Die Atombombe hatte alle Gewissheiten erschüttert. Und die Rockefeller Foundation hatte, wie Fosdick bekannte, »unwissentlich« Anteil an der Entstehung der Bombe. Die Stiftung hatte 23 der führenden Forscher unterstützt, die an der Entwicklung der Atombombe beteiligt waren, von Forschungsstipendien für Robert Oppenheimer, Ernest Lawrence oder Enrico Fermi bis zur direkten Finanzierung der Arbeitsgruppen von Niels Bohr und Harold Urey oder des Teilchenbeschleunigers der University of California. Die Grundlagenforschung hatte plötzlich eine unerwartet schreckliche unmittelbare Anwendung hervorgebracht. Den Teilchenbeschleuniger etwa habe man 1940 noch gefeiert als ein »machtvolles Symbol, ein Wahrzeichen für den Hunger des Menschen nach Wissen, ein Sinnbild der unerschütterlichen Suche nach Wahrheit, der edelsten Ausprägung des menschlichen Geistes«. Nun müsse die Stiftung bekennen:

»Doch ist es dieselbe Suche nach Wahrheit, die unsere Zivilisation heute an den Rand des Abgrunds geführt hat, und der Mensch sieht sich der tragischen Ironie gegenüber, dass er gerade dann, als er am erfolgreichsten die Grenzen des Wissens erweitert hat, auch das menschliche Leben auf diesem Planeten in Gefahr gebracht hat. Das Streben nach Wahrheit hat uns die Werkzeuge in die Hand gegeben, mit denen wir unsere eigenen Institutionen und die Hoffnungen der Menschheit zerstören können. Was sollen wir nun in dieser Situation tun – die

---

48 Rockefeller Foundation, Annual Report 1944, New York 1945, S. 6.

Wissenschaft einschränken oder am Streben nach Wahrheit festhalten und uns damit auch dem Risiko aussetzen, unsere Gesellschaft in die Barbarei zurückzuschicken?«[49]

Der Gedanke einer Dialektik der Aufklärung, einer Ambivalenz des wissenschaftlichen Fortschritts lag nach dem Einsatz der Atombombe in der Luft. Das Vokabular des Präsidenten der Rockefeller Foundation zeigte in diesem Augenblick eine auffällige Ähnlichkeit mit der Sprache von Exilmarxisten wie Adorno und Horkheimer. Die Bedrohung einer neuen Barbarei beschworen nicht nur diese beiden emigrierten Denker in ihrer »Dialektik der Aufklärung«. Zu diesem Zeitpunkt war eine solche Deutung alles andere als originell, sie war zwingend. Dabei darf man nicht aus heutiger Perspektive bei dem Begriff der Barbarei nur an den nationalsozialistischen Judenmord denken: Die Schrecken des gerade beendeten Krieges, die Verbrechen des Nationalsozialismus ebenso wie die Atombombe, verstörten die zeitgenössischen Beobachter in den USA. Anders als für die deutsch-jüdischen Emigranten überschattete für Fosdick Hiroshima aber Auschwitz. Fosdick hielt auch ein Entkommen aus dem dialektischen Weg in die Barbarei noch für möglich, während die beiden deutsch-jüdischen Denker in Pessimismus verharrten.[50]

Fosdick fragte als Stiftungspräsident nach den Konsequenzen dieses Dilemmas für die Wissenschaftsförderung. Sollte man die Freiheit der Forschung einschränken, Forschern einen »menschlichen und konstruktiven Zweck« abverlangen? Durfte man überhaupt Forschung fördern, ohne ihre möglichen Folgen zu kennen? Dann könnten Stiftungen wie Rockefeller ihre Arbeit einstellen, erwiderte Fosdick. Zwar verurteilte er die Weigerung von Wissenschaftlern, sich den gesellschaftlichen Konsequenzen ihrer Arbeit zu stellen, als unverantwortlich. Doch er betonte, es sei unmöglich, alle Folgen vorauszusehen, und hielt daran fest, Wissenschaft zu fördern, trotz aller ihr innewohnenden Gefahren: »Das Gute und das Böse als Resultat wissenschaftlicher Forschung sind am Anfangspunkt fast nie zu unterscheiden.« Es kam darum letztlich auf die »menschlichen Beweggründe und Leidenschaften« an, mit denen Wissenschaft betrieben wurde.

---

49 Rockefeller Foundation, Annual Report 1945, New York 1946, S. 6f.
50 Vgl. *Adorno*, Gesammelte Schriften, Bd. 3: *Adorno/Horkheimer*, Dialektik der Aufklärung; *Bronner*, Of Critical Theory and Its Theorists, S. 77–95, 137–155; *Rabinbach*, In the Shadow of Catastrophe, S. 166–198; ders., »The Abyss that opened up before us«.

Damit bot Fosdick einen Ausweg aus den Ambivalenzen des wissenschaftlichen Fortschritts an, der statt der systemimmanenten Prozesse der Wissenschaft die menschlichen Bedingungen zum Ausgangspunkt machte. Nicht die Wissenschaft war böse, sondern der Mensch, der sie für üble Zwecke einsetzte – mit dieser simplen Schlussfolgerung, die auf einem ungebrochen liberal-individualistischen Bild des Menschen beruhte, war die Wissenschaft an sich von jeder Schuld befreit. Hingegen wurde dem einzelnen Wissenschaftler und noch mehr dem politischen System, in dem er wirkte, die Verantwortung übertragen. So stand auch das Engagement der Stiftung wieder auf sicheren Füßen:

»[…] die Gabe der Wissenschaft kann von bösen Menschen zum Böses tun noch viel auffälliger und dramatischer genutzt werden als von des Menschen guten Willens, um Gutes zu tun.

Der Ausweg aus diesem Dilemma ist nicht so einfach, wie die Fragen, die heute gestellt werden, anzudeuten scheinen. Auf lange Sicht gibt es vermutlich keine Methode, um das Schlechte vom Guten in der wissenschaftlichen Forschung zu trennen. Der alles überragende Feind des Menschen ist nicht die Technik, sondern die Irrationalität, nicht die Wissenschaft, sondern der Krieg. Die Wissenschaft spiegelt lediglich die gesellschaftlichen Kräfte wider, von denen sie umgeben ist. Im Frieden ist die Wissenschaft konstruktiv; im Krieg wird die Wissenschaft zu zerstörerischen Zwecken pervertiert. Die Waffen, die die Wissenschaft hervorbringt, erzeugen nicht notwendig Krieg; sie machen den Krieg immer schrecklicher, der uns jetzt an die Schwelle des Untergangs geführt hat.

Die zwingende Notwendigkeit unserer Zeit lautet darum nicht, die Wissenschaft einzuschränken, sondern den Krieg abzuschaffen – oder, um es anders auszudrücken, die Bedingungen zu schaffen, unter denen Frieden blüht. An dieser Aufgabe müssen alle teilhaben, einschließlich der Wissenschaftler. Die Bombe von Hiroshima war ein Weckruf, wir haben vielleicht nur noch sehr wenig Zeit.«

Das war nicht einfach eine geschickte Absolution der eigenen Arbeit, sondern vielmehr der Versuch, eine Handlungsgrundlage für das philanthropische Engagement im Schatten von Hiroshima zurückzugewinnen. Wenn der wissenschaftliche Prozess nicht mehr zu kontrollieren war, dann musste man für politische Rahmenbedingungen sorgen, die den einzelnen Menschen und seine Forschungen nicht missbrauchten. Der Clou dieser Argumentation bestand darin, dass der Blick auf die politisch-gesellschaftlichen Kontexte der Wissenschaft zugleich die Arbeit der Stiftung auf den Gebieten der Kunst und der Geistes- und Sozialwissenschaften mit neuer Dringlichkeit legitimierte. Die direkte Verbindung vom größten Weltproblem zu den Geisteswissenschaften war damit hergestellt. Denn die »humanistic and social studies«, die Geistes- und Sozialwissenschaften, hätten die Aufgabe, Antworten auf die komplexen moralischen und politischen Fragen der Zeit zu finden. Auch wenn sie damit überfordert waren, mussten sie um des Überlebens der Menschheit willen diesen Anspruch aufrechterhalten. Im Schatten der Atombombe, die allen menschlichen Tätigkeiten den Sinn zu entziehen drohte, ging es offenbar nicht eine Nummer kleiner. Geistes- und Sozialwissenschaften waren nicht sinnlos, wenn man einmal die konkreten, menschlich fassbaren Probleme hinter den Ambivalenzen des wissenschaftlichen Fortschritts erkannt hatte, wie Fosdick erläuterte: »der Kern des Problems ist Ignoranz und Vorurteil und moralische Unzulänglichkeit, dagegen gibt es keine schnellen und einfachen Lösungen«.[51] Mit diesem Selbstverständnis ausgestattet, lag eine große Aufgabe vor den Geistes- und Sozialwissenschaften im Zeitalter des Kalten Krieges – und ebenso vor der Rockefeller Foundation, die ihre Stiftungsaktivitäten auf diesem Feld nun erheblich ausbaute.

Die letzten Kriegsjahre und die unmittelbare Nachkriegszeit waren von einer intensiven Diskussion der Ziele und Prinzipien der Stiftung unter der Leitung Fosdicks gekennzeichnet.[52] Ein Schwerpunkt der Stiftung hatte zuvor bereits auf den Sozialwissenschaften gelegen, während der Umfang der geisteswissenschaftlichen Förderungen geringer ausgefallen war und zudem literarische oder künstlerische

---

51 Rockefeller Foundation, Annual Report 1945, S. 8–11.
52 Vgl. Pro-36: Selected Resolutions and Agreements of the Trustees supplementing the Constitution and By-Laws, 15. 5. 1945; Pro-37: Agreements and Announcements Concerning Policy and Program of The Rockefeller Foundation, 12. 3. 1946; Pro-40: Plans for Future Work of The Rockefeller Foundation, November 1944, used as basis for discussion at Trustees' meeting, 4. 4. 1945; Pro-41a: Report of the Special Committee on Program and Policy, 3./4. 12. 1946; Pro 41a-c, Special Committee on Program and Policy, Reports, 1946–1947; Pro-41: General Program and Policy, Working Papers 1946; RFA, RG 3.1, Series 900, b. 23–24, f. 173–179; Dean Rusk, Notes on Rockefeller Foundation Program, 1. 12. 1953; RFA, RG. 3.2, Series 900, b. 29, f. 158. Die Grundlagen der neuen Vergabepolitik wurden der Öffentlichkeit am Ende von Fosdicks Amtszeit vorgestellt; vgl. Rockefeller Foundation, Annual Report 1948, New York 1949, S. 8–11.

Projekte ebenso eingeschlossen hatte wie die Finanzierung von Bibliotheken. Das Engagement in den Sozialwissenschaften nahm in diesen Jahren noch erheblich zu. Dabei war es vor allem deren behavioristische Variante, die von vermehrten Zuwendungen profitierte. Der Behaviorismus – in seiner politikwissenschaftlichen Spielart auch Behavioralismus genannt – war das vorherrschende sozialwissenschaftliche Paradigma der späten vierziger und frühen fünfziger Jahre. Das gilt ungeachtet aller Differenzen zwischen den einzelnen Positionen. Der Behavioralismus war der hegemoniale Diskurs; er fügte sich in das modernisierungstheoretische Dispositiv ein, von dem noch die Rede sein wird.[53] Die Etablierung des Behavioralismus ging auf Forscher wie Charles Merriam und Harold Lasswell zurück, aber auch Talcott Parsons und seine Gesellschaftstheorie bildeten einen Bezugspunkt. Trotz erheblicher Unterschiede im Detail verband die verschiedenen behavioralistischen Ansätze die Suche nach einer allumfassenden, systematischen, auf quantifizierenden Methoden beruhenden Theorie des menschlichen Verhaltens. Dabei griffen die Behavioralisten auf universalisierende psychologische und psychoanalytische Deutungen zurück. Historische oder ideologische, an konkreten Differenzen interessierte, qualitativ-hermeneutisch verfahrende Erklärungsmuster wurden verworfen. Es verwundert nicht, dass der Behavioralismus in den Anfangsjahren des Kalten Krieges seinen Aufschwung erlebte. Die Strategien der Stiftungen bevorzugten den Behavioralismus nicht nur aus wissenschaftlichen Motiven: Seine Blütezeit als Paradigma fiel mit der Hochphase des McCarthyismus zusammen. Der Behavioralismus bot psychologische statt historische Erklärungen. Psychologie und nicht Politik war die Wurzel aller Dinge. Fragen wie Klassenstrukturen und Macht spielten keine Rolle. Was zählte, waren universale Themen der Kindheitspsychologie und quantifizierende Methoden. Alle politisch umstrittenen Fragen wurden als irrelevant verabschiedet. Mit dem Behavioralismus gingen weder Forscher noch Förderer ein politisches Risiko ein. Er war die Konsens-Sozialwissenschaft des frühen Kalten Krieges.[54] Die Förderungen der Rockefeller-

---

53 Vgl. dazu unten, Kap. V. und Kap. VI.2.
54 Vgl. die beiden grundlegenden Werke zum Behaviorismus als dominantem sozialwissenschaftlichen Paradigma in den USA im frühen Kalten Krieg: *Herman*, The Romance of American Psychology; *Robin*, The Making of the Cold War Enemy. Talcott Parsons' Department of Social Relations behandelt *Gilman*, Mandarins of the Future, S. 72–112. Zu den alles andere als trennscharfen Definitionen des Behavioralismus und seiner Selbstdistanzierung vom Beha-

Stiftung auf diesem Gebiet erfolgten sowohl auf direktem Wege als auch über den Social Science Research Council (SSRC), zu dessen Gründern Merriam gehört hatte.[55] Ihren Höhepunkt erreichten die behavioralistischen Förderungen zu Anfang der fünfziger Jahre. Für kurze Zeit versuchte die Stiftung sogar, das gesamte sozialwissenschaftliche Programm unter das »Behavior«-Paradigma zu fassen.[56]

viorismus der Verhaltensforscher, die vor allem aus kosmetischen Gründen vorgenommen wurde, vgl. ebenda, S. 115f.; *Herman*, The Romance of American Psychology, S. 319 Anm. 5; *Robin*, Making the Cold War Enemy, S. 24f., 35f. Die Verknüpfung des Aufstiegs des quantifizierend-psychologischen Behaviorialismus mit den ideologischen Paradigmen des frühen Kalten Krieges und dem McCarthyismus unterstreichen auch *Herman*, The Career of Cold War Psychology; *Schrecker*, Many Are the Crimes, S. 404, 407f.; *Seybold*, The Ford Foundation and the Triumph of Behavioralism.

55 Der SSRC wurde von der Rockefeller Foundation seit 1923 mit 2 Millionen US-Dollar, im Jahr 1951 dann mit einem Eigenkapital von 1,5 Millionen US-Dollar und einer Zuwendung von 270 000 Dollar ausgestattet; vgl. Rockefeller Foundation Annual Report 1951, New York 1952, S. 59f.; RAC, Social Science Research Council Archives, RG 1, Series 1–9; RG 2, Series 1–5. Zur Rolle des SSRC bei der Etablierung des behavioralistischen Paradigmas und einer behavioristisch fundierten Modernisierungstheorie vgl. *Gilman*, Mandarins of the Future, S. 113–154.

56 Vgl. die dezidiert behaviorismusfreundliche Programmpolitik der Stiftung: Pro-40: Carl I. Hovland, Some Suggested Research Opportunities in Social Psychology, Sociology, and Anthropology, 13. 5. 1946; Pro-39: Willits, Social Sciences and Social Studies, 25. 4. 1952; Buchanan, Notes on Rockefeller Foundation Program in the Social Sciences, August 1955; RFA, RG 3.1, Series 910, b. 3, f. 19; Social Relations Conference, 1952–1953; RFA, RG 3.1, Series 910, b. 10, f. 96–100.

Die einzelnen Förderungen sind in den »Annual Reports« der Rockefeller Foundation ausgewiesen und lassen deutlich Aufstieg und Niedergang des behavioralistischen Paradigmas erkennen: 1949 (New York 1950, S. 22f., 57–60, 263–273) wurde erstmals eine behavioralistische »Synthese« aller sozialwissenschaftlichen Disziplinen gefordert, doch die tatsächlich aufgewendeten Fördermittel hielten sich in Grenzen, ebenso noch 1950 (New York 1951, S. 193f., 203f., 216–218). Der große Durchbruch erfolgte 1951 (New York 1952, S. 58–70, 330–388), als der Präsident der Stiftung in seinem Jahresüberblick das Zeitalter des Behavioralismus ausrief und alle sozialwissenschaftlichen Programme in das »Behavior«-Paradigma gepresst wurden. Dieser Versuch wurde im folgenden Jahr 1952 (New York 1953, S. 232–241) bereits zurückgenommen, doch die Fördersummen und Schwerpunktprogramme blieben auch 1953 (New York 1954, S. 248–256) und 1954 (New York 1955, S. 36f., 207–209) prominent. Ab 1955 (New York 1956, S. 126f.) tauchte der Begriff »Behavior« zwar auch bei den Sozialwissenschaften auf, er war aber mehrheitlich wieder zur Biologie und anderen Naturwissenschaften zurückgewandert. Für andere Stiftungen, die teilweise noch umfangreicher den Behavioralismus förderten, vgl. *Lagemann*, The Politics of Knowledge, S. 175–179; *Seybold*, The Ford Foundation and the Triumph of Behavioralism.

Doch trotz der eindeutigen politischen Vorteile investierte die Rockefeller Foundation nicht einseitig. Der Großförderung von behavioristisch ausgerichteten Projekten stand die Unterstützung von hermeneutisch operierenden sozial- und geisteswissenschaftlichen Vorhaben gegenüber, die zugleich politisch riskanter waren. Die Stiftung ergänzte die sozialwissenschaftliche Hauptströmung von Anfang an um eine antizyklische Gegenbewegung. Die Geisteswissenschaften wurden einer Reorganisation unterzogen. Aus vereinzelten Förderungen wurden gezielte Interventionen auf dem weiten Feld der »Humanities«. Dem Einfluss von philanthropischen Stiftungen auf die Geisteswissenschaften ist bislang nur selten Beachtung geschenkt worden.[57] Es kam nicht nur zur Förderung individueller Gelehrter. Auch in den Geisteswissenschaften wurden in einem kollektiven Aushandlungsprozess zwischen stiftungsinternen Absichten, wissenschaftlichen Beratern sowie Antragstellern und Geförderten neue strategische Akzente gesetzt. Die Vertreter der Rockefeller-Stiftung, oft selbst ausgewiesene Wissenschaftler, begriffen sich dezidiert als forschungspolitische Anstoßgeber. Die Verantwortlichen in den Geisteswissenschaften erörterten seit Kriegsende ihre grundsätzlichen Ziele und Prinzipien.[58] Wie neuere Studien zeigen, war die intensive und unverzichtbare Rolle amerikanischer Stiftungen und ihrer Mitarbeiter bei der Planung von Projekten und der Formulierung von Wissenschaftsstrategien nicht vergleichbar mit der weniger zielgerichteten Förderungspraxis im deutschen Kontext, wo am umfangreichsten die Deutsche Forschungsgemeinschaft geistes- und sozialwissenschaftliche Vorhaben finanzierte.[59]

---

57 Vgl. aber für die Ostforschung, die auch geisteswissenschaftliche Disziplinen einschloss, *Unger*, Ostforschung in Westdeutschland.
58 Vgl. u.a. Pro-16: Report to the Trustees' Committee on Humanities in American Institutions, 15. 2. 1943; Pro-17: The Humanities Program of the Rockefeller Foundation, 15. 4. 1948, S. 1–116; Pro-18: Humanities. Excerpt from Plans for the Future Work of the Rockefeller Foundation, November 1944, basis for discussion at Trustees' meeting, 4. 4. 1945, S. 61–76; Pro-19: Humanities. Summary of Current Operations, 1. 4. 1949; Pro-20: Stevens, Time in the Humanities Program, September 1949; John Marshall, The Arts in the Humanities Program, 17./30. 1. 1950; Charles Burton Fahs, The Program in the Humanities. Excerpt from Trustees' Confidential Report, Februar 1951, S. 21–33; RFA, RG 3.1, Series 911, b. 2–3, f. 14–25b.
59 Vgl. *Unger*, Ostforschung in Westdeutschland, S. 362, 380; *Schrecker*, Many Are the Crimes, S. 408; zur Lage der Stiftungen im Nachkriegsdeutschland vgl. *Strachwitz*, Stiftungen nach der Stunde Null.

Die Investitionen der Rockefeller Foundation auf dem geisteswissenschaftlichen Markt der Ideen gewinnen weiter an Bedeutung, wenn man auch den Grenzbereich von geistes- und sozialwissenschaftlicher Förderung in den Blick nimmt. Selbst wenn dabei am Ende oft die finanziell besser ausgestattete Division of Social Sciences die Verantwortung trug, ist in diesem Bereich die enge Abstimmung mit der Division of Humanities umfassend dokumentiert. Um einige Beispiele solcher abteilungsübergreifenden wissenschaftsstrategischen Initiativen zu nennen, die im Folgenden noch eine Rolle spielen werden: Neben dem Großengagement der Rockefeller Foundation bei der Gründung und Ausstattung des Russian Institute an der Columbia University[60] fällt besonders die Einrichtung des Program in Legal and Political Philosophy[61] sowie eines Programms für Internationale Beziehungen auf, begleitet von einer Konferenz, die für die Etablierung des Fachs International Relations bedeutsam war und von den wichtigsten Gründervätern der Disziplin besucht wurde.[62] In beiden Fällen zeichnete die Division of Social Sciences verantwortlich. Die Division of Humanities der Stiftung plante und finanzierte einen interdisziplinären und transnationalen Forschungskomplex zum Marxismus-Leninismus, was im vorliegenden Fall von großer Bedeutung war.[63] In den genannten und weiteren Fällen verlief die Zusammenarbeit zwischen geistes- und sozialwissenschaftlicher Abteilung reibungslos. Die disziplinären Profile waren nicht scharf voneinander abgegrenzt, und der Kreis der Geförderten überschnitt sich.

Ein ausgeprägtes Interesse bekundete die Stiftung am Aufbau der »area studies«. Die Idee der Regionalwissenschaften sah vor, unter einem Dach die verschiedenen wissenschaftlichen Disziplinen zu vereinen, die sich mit einer bestimmten geographischen Region befassten. Im Vordergrund standen sozialwissenschaftliche Methoden, aber auch andere Ansätze waren vertreten. Ursprünglich oblag der geisteswissenschaftlichen Abteilung die Formulierung der Stiftungspolitik auf diesem Feld, und auch später hatte sie einen erheblichen Anteil daran, in Amerika und Übersee durch Anschubfinanzierungen Zentren der

---

60 RFA, RG 1.1, Series 200, b. 321–322; vgl. dazu unten, Kap. II.3.
61 RFA, RG 3.1, Series 910, b. 8–9; RG 3.2, Series 910, b. 2; vgl. dazu unten, Kap. IV.
62 RFA, RG 3.1, Series 910, b. 7–8; vgl. dazu unten, Kap. IV.1.
63 RFA, RG 1.2, Series 200, b. 344, f. 3137–3138; Series 650, b. 7, f. 76–77; Series 717, b. 7, f. 82–85, b. 8, f. 86–87; Series 803, b. 5, f. 54–55; vgl. dazu unten, Kap. V.

»area studies« zu errichten.⁶⁴ Die Idee der Regionalwissenschaften ist älter. Doch die amerikanische Geburt der »area studies« erfolgte aus dem Geist des Krieges. Der Zweite Weltkrieg hatte im OSS und in anderen Kriegsbehörden einen neuen interdisziplinären Zugang zu geographischen Räumen erfordert. Der rasante Aufstieg der »area studies« verdankte sich dem Kalten Krieg. Eine globale Strategie verlangte ein globales Wissen. Längst nicht jede regionalwissenschaftliche Institution verstrickte sich dabei in ein so enges Geflecht mit Regierung und Geheimdiensten, wie manche Autoren annehmen.⁶⁵ Dennoch war sich auch die Stiftung immer der Ursprünge der »area studies« im Zweiten Weltkrieg und des gesteigerten regionalwissenschaftlichen Wissensbedarfs im Kalten Krieg bewusst.⁶⁶ Die erste und prominenteste Förderung der Rockefeller-Stiftung auf dem Gebiet der »area studies« führte diese Ambivalenzen in aller Deutlichkeit vor Augen. Dabei ging es um eine Leitwissenschaft des Kalten Krieges, die Sowjetologie. Am Russian Institute der Columbia University trat das konstitutive Wechselspiel von Gegnerforschung und politisch autonomer Regionalwissenschaft immer wieder zutage.

---

64 Memo Fahs, Area Studies: An Outline of Humanities Concern, 3. 12. 1948; Memo Fahs an Marshall, D'Arms, Gilpatric, 10. 6. 1949, wo die Stiftung ihr Konzept von »area studies« definiert; Memo Marshall an Fahs u. a., 27. 6. 1950; Memo Fahs an Rusk, 5. 4. 1954; Area Studies in America, 31. 8. 1961; RFA, RG 3.2, Series 900, b. 31, f. 165; Memo Fahs, A Reexamination of Rockefeller Foundation Program in Area Studies, 24. 10. 1954; Board of Trustees, Sitzungsprotokoll, 30. 11.–1. 12. 1954, Appendix II, Widening our Cultural Relations; RFA, RG 3.2, Series 900, b. 31, f. 166; Wallace an Willits, 14. 10. 1950, RFA, RG 1.1, Series 200, b. 321, f. 3825; Pro-22: Marshall, The Near East, 13. 11. 1951, RFA, RG 3.1, Series 911, b. 2, f. 15. Dem Interesse der Stiftung am Aufbau der »area studies« verdankte sich auch eine Deutschlandreise Carl Schorskes, Diary of Trip to Germany, 15. 2.–23. 3. 1950, RFA, RG 1.1, Series 717, b. 7, f. 41.
65 Vgl. zum Aufstieg der »area studies« *McCaughey*, International Studies and Academic Enterprise; *Unger*, Ostforschung in Westdeutschland, S. 366–369; zum Zusammenhang von »area studies«, US-Regierung und strategischen Interessen im Kalten Krieg, wenn auch die Schlüsse mitunter zu generalisierend sind, vgl. *Cumings*, Boundary Displacement; *Wallerstein*, The Unintended Consequences of Cold War Area Studies.
66 Besonders deutlich in: Memo Fahs, A Reexamination of Rockefeller Foundation Program in Area Studies, 24. 10. 1954; Board of Trustees, Sitzungsprotokoll, 30. 11.–1. 12. 1954, Appendix II, Widening our Cultural Relations; RFA, RG 3.2, Series 900, b. 31, f. 166;

3. Das Russische Institut: Gegnerforschung im Kalten Krieg

Als der Stiftungspräsident seinen Schadensbericht nach dem Abwurf der Atombombe vorlegte und daraus die besondere Bedeutung der Geisteswissenschaften in einem Zeitalter politisch-moralischer Ungewissheit ableitete, kündigte er auch die Gründung des Russian Institute an. Die Gründung des Instituts war geradezu eine logische Konsequenz aus seiner Argumentation. Am Großauftrag, die Sowjetunion zu verstehen, hatte sich der von Fosdick formulierte Anspruch der Geistes- und Sozialwissenschaften zu bewähren. Man muss noch einmal in seine Sprache eintauchen, um das internationalistische, völkerverbindende Selbstbild der Stiftung zu verstehen, das hinter der Gründung des Russian Institute stand. Der Kalte Krieg hatte für die Stiftung zu diesem Zeitpunkt noch nicht begonnen. Man fühlt sich in die Hoffnungen der Roosevelt-Ära zurückversetzt, wenn man Fosdick liest. Selbst Erinnerungen an die Sprache von Neumann, Hughes und ihren Mitstreitern werden geweckt, an ihre am Ende erfolglosen Versuche, unterschiedliche Wahrnehmungen und Begriffe in Ost und West durch Aufklärung und Übersetzung miteinander zu versöhnen:

»Zwei gewaltige kontinentale Systeme sind aus dem Krieg hervorgegangen – Russland und die Vereinigten Staaten. Sie stehen sich auf beiden Seiten des Pazifiks gegenüber. Ihre Ideologie und Praxis entstammen völlig unterschiedlichen Kulturen und Traditionen. Obwohl sie oft dieselben Wörter benutzen, ›Freiheit‹ und ›Demokratie‹ etwa, vermitteln diese Wörter gegensätzliche Ideen. Jedes Land glaubt an sein eigenes System mit leidenschaftlicher Überzeugung; jedes glaubt, dass seine Werte viel entscheidender zum kulturellen und wirtschaftlichen Fortschritt beitragen werden.

Hier in den Vereinigten Staaten ist häufig zu hören, die russische Regierungsform und die westliche Demokratie seien unvereinbar. Wenn diese Aussage bedeutet, dass die beiden Regierungsformen durch eine ideologische Kluft getrennt sind, so würden die meisten von uns dieser Deutung zustimmen. Doch wenn damit unterstellt werden soll, dass die beiden Nationen keine gemeinsame Grundlage hätten, auf der sie in beide betreffenden Fragen kooperieren können, dann ist diese Behauptung ein Ausdruck der Verzweiflung, die die Zukunft der Welt bedroht. [...]

Unsere Beziehungen zu Russland sind von zu großer Bedeutung, zu befrachtet mit den unterschiedlichsten Möglichkeiten, um dem uninformierten Gefühl ausgeliefert zu sein, ob es ekstatisch oder anklagend ist. Was dringend benötigt wird, ist die Entschlossenheit, genau informiert zu sein und die Dinge zu sehen, wie sie sind. Vielleicht ist es unmöglich, die ideologische Kluft zu überbücken, aber wenn wir uns ein umfassenderes und tieferes Wissen über russische Ideen und Motivationen aneignen und wenn die sowjetische Regierung eine ähnliche Haltung an den Tag legt, dann wird dadurch sicher eine Grundlage gegenseitigen Verständnisses geschaffen, so dass die beiden Nationen in derselben Welt miteinander leben können.«

Das war die Sprache einer internationalistischen liberalen Elite, die sich antipopulistisch als Volksaufklärer verstand und Interessenpolitik und Ausgleich miteinander zu verbinden suchte. Die Stiftung stellte im Jahr 1945 die Summe von 250 000 US-Dollar zur Verfügung, um ein russisches Institut an der Columbia University zu entwickeln. Das Institut verfolge zwei Ziele, erläuterte Fosdick: die Ausbildung von Russlandexperten und die Erweiterung des Wissens über Russland durch Forschung. Die Ziele wurden nicht in die Sprache der behavioristischen Sozialwissenschaften gekleidet, sondern in ältere Begriffe wie Ideen, Geschichte und Ideologie. Das Russian Institute wurde ausdrücklich als Brücke zwischen den Systemen, als Ort der Verständigung deklariert: »Wenn unterschiedliche Ideensysteme oder Regierungssysteme harmonisch zusammenarbeiten sollen, muss es Agenturen der Verständigung geben wie das Russian Institute in Columbia.«[67]

Die hochfliegende Rhetorik, zu der Fosdick neigte, war eher Ausdruck einer Hoffnung als Beschreibung einer Realität. Das Russian Institute konnte zwar auf Vorbilder aus der Roosevelt-Ära zurückblicken, doch seine Gründung stand unter den Vorzeichen des Kalten Krieges. Der Zweite Weltkrieg war jedoch der Vaters des Gedankens, ein russisches Institut an der Columbia University zu schaffen.[68] Im Russian Institute verschmolzen die kriegsrelevante Forschungsabteilung des OSS und die stiftungsfinanzierte akademische Welt der Nachkriegszeit. Geroid T. Robinson, der Leiter der USSR Division in R&A, war die treibende wissenschaftliche Kraft hinter der Gründung

---

67 Rockefeller Foundation, Annual Report 1945, S. 13–15.
68 Zum Russian Institute vgl. *Unger*, Ostforschung in Westdeutschland, S. 352–358, 369–379, sowie jetzt vor allem *Engerman*, Know Your Enemy, S. 13–42.

des Instituts, des ersten Zentrums für »Sowjetologie« in den USA.[69] Man kann jedoch nicht behaupten, dass allein R&A-Veteranen am Anfang von »Sovietology« und »Soviet Studies« standen. Dafür waren die Ursprünge der neuen regionalwissenschaftlichen Disziplin, dieser Leitwissenschaft des Kalten Krieges, zu vielfältig.[70] Dennoch offenbart die Geschichte des Russian Institute die Interessen der Rockefeller-Stiftung in der Russlandforschung. Am Rande zeichnen sich dabei die intellektuellen Produktionsbedingungen ab, in denen Herbert Marcuse seine ersten institutionell abgesicherten Schritte ins akademische Leben der USA unternahm.

Robinson hatte sich seit langem für eine Vertiefung des Wissens über Russland eingesetzt. Er fing als radikaler junger Journalist in New York an und arbeitete zwischen 1919 und 1924 für intellektuelle Blätter wie *The Dial* und *The Freeman*. 1925 ging er zu Forschungszwecken in die Sowjetunion, später wurde er Professor für russische Geschichte an der Columbia University. Robinson war nicht nur politisch progressiv, sondern auch methodisch. Sozial- und Wirtschaftsgeschichte, besonders die Agrargeschichte, waren anfangs seine Schwerpunkte. Seine sozialgeschichtliche Perspektive veranlasste ihn seit den dreißiger Jahren, sich mit dem Gewicht einer akademischen Zentralfigur bei Stiftungen und in Kommissionen für eine regionalwissenschaftliche Ausweitung der Russlandforschung zu verwenden. Während des Krieges konnte er seinen »area studies«-Ansatz mit der USSR Division im OSS erproben.[71] Robinson selbst nannte seine Truppe gegenüber der Rockefeller-Stiftung »die größte Forschungsor-

---

69 Vgl. zur USSR Division und ihren akademischen Nachwirkungen *Katz*, Foreign Intelligence, S. 134–167; *Dessants*, The American Academic Community and United States-Soviet Union Relations.
70 Vgl. *Engerman*, Know Your Enemy; *ders.*, The Ironies of the Iron Curtain; *Unger*, Cold War Science.
71 Zu den »area studies«, zu Robinsons (1893–1971) Biographie und seinem Begriff der Russlandstudien vgl. *Unger*, Ostforschung in Westdeutschland, S. 354f., 366–369; *Engerman*, Modernization from the Other Shore, S. 147; *Byrnes*, A History of Russian and East European Studies, S. 199–216; *Curtiss* (Hg.), Essays in Russian and Soviet History; *Katz*, Foreign Intelligence, S. 134–167. Wie sehr Robinson das Feld der Russlandforschung schon früh dominierte und von der politisch-intellektuellen Elite geschätzt wurde, zeigt etwa die Empfehlung von Amerikas damals bekanntestem Philosophen und Intellektuellen John Dewey, Robinson für den diplomatischen Einsatz in Moskau zu verwenden; Dewey an James W. Bennett, 15. 11. 1933, CUL, RBML, Robinson Collection, b. 1. Proben aus Robinsons radikalem journalistischen Jugendwerk finden sich ebenda, b. 61.

ganisation auf dem russischen Gebiet, die in diesem Land jemals geschaffen worden ist«.[72] Diese geballte Sachkenntnis wollte er in die Nachkriegszeit überführen. Die Idee eines russischen Instituts an der Columbia University wurde in seinem Kopf geboren, noch während des Krieges stellte er Planungen an.[73] Das traf sich mit den regionalwissenschaftlichen Absichten der Rockefeller Foundation. Sie unterstützte Robinsons Pläne ebenso wie die Unternehmungen von Philip Mosely an der Cornell University.[74] Dabei ging es um mehr als ein politisch unbelastetes, rein wissenschaftlich motiviertes Verständnis für Russland. Bereits 1944 wies Robinson, dessen politische Perspektive im Geheimdienst geschärft wurde,[75] die Stiftung auf eine neue Notwendigkeit hin: Im Zeichen des bevorstehenden Sieges müsse Amerika umdenken. Das Verhältnis zur Sowjetunion werde nun die amerikanische Außenpolitik bestimmen. Den Kern der sowjetischen Politik, mit der sich das Russische Institut zu befassen hätte, erkannte Robinson in reiner Machtpolitik, in der »Einheit von Macht und Politik«. Dieses Memorandum entwarf bereits die Grundzüge des neuen Instituts. Und er erkannte darin die Antwort auf eines der »dringendsten Bedürfnisse« Amerikas. Das Institut sollte mit der zweijährigen Ausbildung von Sowjetunion-

---

72 Robinson an Willits, 13. 6. 1945, CUL, RBML, Geroid T. Robinson Collection, b. 6, f. Correspondence R (1).
73 Vgl. seine diversen Entwürfe und Memoranden bis 1945 in den Subject Files, Columbia University, Russian Institute, CUL, RBML, Geroid T. Robinson Collection, b. 50, f. 1–4; Robinsons Unterlagen als Direktor aus der Gründungszeit des Instituts in Columbiana Library (CL), Columbia University Archives (CUA), Central Files, b. 398, f. 21. Willits an Robinson, 2. 2. 1951, zufolge begann alles bei einem Mittagessen 1945 »at which I met the strange – to me, to that point – person, Geroid Robinson. It was his ideas and vision and his imagination that started it all«; RFA, RG 1.1, Series 200, b. 322, f. 3826.
74 Vgl. *Unger*, Ostforschung in Westdeutschland, S. 355–358, 374; Memo Stevens, 5. 1. 1944, RFA, RG 3.1, Series 911, b. 4, f. 30.
75 Dort wies Robinsons USSR Division zu diesem Zeitpunkt, im Rahmen der Vorbereitung der Konferenz von Jalta, darauf hin, dass die sowjetische Machtpolitik mit dem Erreichen ihrer Ziele in Osteuropa aber saturiert sei und weder über die Ressourcen verfüge noch die Absicht verfolge, einen militärischen Konflikt mit den Westmächten zu riskieren; NA, RG 59, R&A 2669, Capabilities and Intentions of the USSR in the Postwar Period, 5. 1. 1945. In der heißen Phase des Kalten Krieges einige Jahre später schätzte Robinson die sowjetischen Intentionen wesentlich aggressiver ein, er schloss weder einen militärischen Angriff noch die Ausdehnung der Machtzone auf Westeuropa aus; vgl. weiter unten in diesem Kap. II.3.

Experten »der Nation einen Dienst« erweisen.[76] Von Anfang an spielte die amerikanisch-russische Konfrontation eine Rolle, aller Verständigungsrhetorik zum Trotz.

Die Stiftung hielt Robinsons Konzept für eines der überzeugendsten, das ihr jemals vorgelegen habe. Hinzu kam der Aspekt der zeitlichen Dringlichkeit. Noch am selben Tag, an dem der Antrag einging, waren sich die Verantwortlichen der Stiftung einig. Mit dem Institut wollten sie eine Initialzündung für die Russlandforschung in Gang setzen. Im April 1945 stellte die Stiftung die ersten 250 000 US-Dollar zur Verfügung, im Laufe der nächsten fünfzehn Jahre summierten sich die Förderungen auf fast 1,4 Millionen US-Dollar. Das Russian Institute wurde im Juli 1946 offiziell aus der Taufe gehoben.[77] Robinson wurde der Gründungsdirektor, das Institut der School of International Affairs an der Columbia University zugeordnet. Das Russian Institute kann mit gutem Recht als die Fortsetzung von R&A mit akademischen Mitteln bezeichnet werden.[78] Robinson rekrutierte für die Professuren vor allem Mitarbeiter seiner USSR Division: Abram Bergson in den Wirtschaftswissenschaften, John N. Hazard in den Rechtswissenschaften, Ernest J. Simmons in den Literaturwissenschaften, Robinson selbst in der Geschichte. Hinzu kam mit Philip Mosely in den internationalen Beziehungen ein weiterer enger Vertrauter aus der

---

76 Robinson, The Russian Institute, 27. 11. 1944, RFA, RG 1.1, Series 200, b. 321, f. 3819; weitere Konkretisierungen des Programms, auch zur Forschung am Institut, ergänzte Robinson an Willits, 28. 2. 1945, RFA, RG 1.1, Series 200, b. 321, f. 3820.

77 Den Antrag stellte für die Columbia University Schuyler Wallace an Rockefeller Foundation, 27. 2. 1945; die zustimmenden Reaktionen der Stiftung zeigen Memo Anne Bezanson an Evans, 27. 2. 1945; Gesprächsnotiz Willits/Evans, 27. 2. 1945; Memo Evans an Willits, 13. 3. 1945; Memo Evans an Willits, 14. 3. 1945; weitere Konkretisierungen der Pläne finden sich in Report of the Committee on a School of International Affairs and Regional Studies, Columbia University, 14. 2. 1945; RFA, RG 1.1, Series 200, b. 321, f. 3820. Ebenda sind auch die über 15 Jahre gesammelten Bewilligungsbeschlüsse des Stiftungsvorstands einzusehen, aus denen sich die genannte Summe ermitteln lässt. Die tragende Rolle Robinsons war allen bewusst. Um weiter aus Willits an Robinson, 2. 2. 1951, zu zitieren: »All the Foundation did was to recognize a man and his imaginative possibilities«; RFA, RG 1.1, Series 200, b. 322, f. 3826.

78 Robinson selbst bekundete deutlich seine Absicht, die intellektuelle Demobilisierung in Washington für das Institut zu nutzen und R&A-Experten zu rekrutieren; Robinson an Frank D. Fackenthal, Acting President, Columbia University, 21. 10. 1945, CL, CUA, Central Files, b. 398, f. 21.

Schnittstelle von Wissenschaft und Politik. Mosely folgte Robinson auch 1951 in der Leitung des Instituts nach.[79]

Das Programm des Russian Institute weitete sich permanent aus. Weitere Professoren wurden im Lauf der Zeit berufen. Ein Schwerpunkt der Arbeit am Russischen Institut lag, den ursprünglichen Zielen gemäß, auf der Ausbildung von Russlandexperten. Dabei war nicht allein an akademischen Nachwuchs gedacht, sondern auch an Sowjetunion-Deuter in Medien und Regierung. Offiziere aller Waffengattungen wurden ans Russian Institute geschickt, um dort ihren Master-Abschluss als Sowjetologen zu erwerben. Im Januar 1947 studierten dort bereits 60 Zivilisten und 20 Offiziere, im Mai 1954 waren es 24 Offiziere, weitere Bewerbungen lagen vor, und das Außenministerium reservierte Studienplätze für Jungdiplomaten. Das State Department rekrutierte Dutzende Absolventen des Instituts. Als Gäste lud das Institut den Chef des Luftwaffengeheimdienstes oder den stellvertretenden Direktor des Psychological Strategy Board ein.[80] Das Insti-

---

79 The Russian Institute, 16. 5. 1946, RFA, RG 1.1, Series 200, b. 321, f. 3821; Announcement of the Russian Institute for the Winter and Spring Sessions 1946–1947, RFA, RG 1.1, Series 200, b. 321, f. 3822.

80 Technisch gesehen verlieh das Institut keinen eigenen Abschluss, sondern ein Diplom in Verbindung mit dem Masterabschluss, den die Studenten nominell in etablierten verwandten Disziplinen an der Columbia University erwarben. Zu den Studentenzahlen und der Ausbildung von Offizieren und Mitarbeitern des State Department vgl. Gesprächsnotiz Willits, 30. 1. 1947; Robinson an Willits, 25. 4. 1947; RFA, RG 1.1, Series 200, b. 321, f. 3822; Alumni Newsletter, Februar 1953, RFA, RG 1.1, Series 200, b. 322, f. 3828; State Department an Mosely, 4. 1. 1952, CUL, RBML, Robinson Collection, b. 51, f. 1952. Zur Ausweitung des Programms, weiteren Förderungen der Stiftung, der Einrichtung von »senior fellowships« für Gastwissenschaftler und von weiteren Professuren vgl. Fackenthal an Willits, 24. 4. 1947; Robinson, A Program of Advanced Training and Research in Russian Studies, 24. 4. 1947; RFA, RG 1.1, Series 200, b. 321, f. 3822; Trustees' Bulletin, April 1948, RFA, RG 1.1, Series 200, b. 321, f. 3823; Mosely, Senior Fellowships of the Russian Institute of Columbia University. Recommended Change for 1949–50, 10. 6. 1949, RFA, RG 1.1, Series 200, b. 321, f. 3824; Wallace an Willits, 23. 10. 1950, mit den Anhängen Plans for the Future, 1951–1956, Progress Report, 1946–1950; RFA, RG 1.1, Series 200, b. 321, f. 3825. Zu allen genannten Punkten vgl. den ausführlichen Bericht, The Russian Institute in New York, 1. 2. 1954, das Interview »GWG« mit Mosely, 13. 1. 1954, beides in Vorbereitung des mit zahlreichen statistischen Anhängen versehenen Neuantrags, A Request for Endowment Support of the Research Program of the Russian Institute of Columbia University, 5. 2. 1954; Grayson an Rusk, 8. 2. 1954; RFA, RG 1.1, Series 200, b. 321, f. 3827. Demnach durchliefen von 1946 bis 1954 73 Offiziere und 26 Mitarbeiter des State Department ganz oder teilweise das Programm. Die meisten der bis dahin etwa 375 Absol-

tut definierte seine Aufgabe im Kontext des Kalten Krieges. Das galt besonders in der Ausbildung. Auch wenn Mosely beteuerte, sein Institut indoktriniere nicht, ging es darum, den Gegner zu verstehen, um ihm politisch klug begegnen und ihn in letzter Konsequenz besiegen zu können. Aus Sicht der Beteiligten standen Objektivitätsanspruch und politischer Einsatz keinesfalls im Widerspruch. Entschieden verteidigte man das Ideal unabhängiger und objektiver Wissenschaft im Namen der Forschung, die am Institut betrieben wurde.[81] Ohnehin diente der Objektivitätsanspruch im Kalten Krieg, wie Peter Novick für die amerikanische Geschichtswissenschaft gezeigt hat, nicht selten der Ausschaltung abweichender Haltungen und der Durchsetzung eines antikommunistischen Konsenses.[82]

Gegen die sozialwissenschaftliche Tendenz der Zeit nahmen am Russian Institute mit seinen beiden Leitfiguren Robinson und Mosely historische Forschungen erheblichen Raum ein. Dennoch waren auch diese Forschungen nicht immer politisch unbelastet, sie wollten es oft nicht einmal sein. Die Sowjetunion wurde von der Forschung am Institut bevorzugt vor dem Hintergrund der russischen Geschichte ge-

---

venten des Programms, von denen 170 neben ihrem allgemeinen Abschluss das spezielle Diplom des Instituts erworben hatten, fanden Anstellungen in Lehre und Forschung oder im Regierungsdienst, zudem waren seit 1946 17 Dissertationen abgeschlossen worden.

81 Vgl. *Unger*, Ostforschung in Westdeutschland, S. 374–376. »Objektivität« gehörte zu Robinsons Standardvokabular; vgl. etwa seine Vortragsnotizen zur Objektivität der Forschung vom Frühjahr 1948, CUL, RBML, Robinson Collection, b. 50, f. 1948/2. So beschwor er auch gegenüber dem Stiftungsvorstand den »spirit of objective research«, als dessen Sinnbild er ein Spinoza-Zitat über über den Eingangstür des Institutsgebäudes einmeißeln wollte; Trustees' Bulletin, April 1948, RFA, RG 1.1, Series 200, b. 321, f. 3823. Zu Robinsons und Moselys politischem Selbstverständnis als Wissenschaftler und Kalte Krieger vgl. weiter unten in Kap. II.3. *Unger*, Ostforschung in Westdeutschland, S. 375 f. weist auf die in jenen Jahren populäre Wissenschaftstheorie von Robert K. Merton hin, die eine normative Auflädung des Objektivitätsbegriffs theoretisch absicherte und Wissenschaft und Demokratie bei der Abwehr totalitärer Herausforderungen miteinander engführte; vgl. *Merton*, On Social Structure and Science, bes. S. 267–276 [1942]; *ders.*, The Sociology of Science, bes. S. 267–278 [1942]. Allerdings findet sich kein Beleg dafür, dass Robinson oder Mosely sich direkt auf Mertons Konzeption bezogen hätten. Zu Mertons Einfluss und zum politischen Fundament seiner Theorie vgl. *Hollinger*, The Defense of Democracy; *ders.*, Science as a Weapon in »Kulturkämpfe« in the United States; *Wang*, Merton's Shadow; *Mirowski*, The Scientific Dimensions of Social Knowledge.
82 Vgl. *Novick*, That Noble Dream, S. 281–411.

deutet. Ob es nun um das 19. Jahrhundert oder die unmittelbare Gegenwart ging, bei der Analyse standen Probleme der politischen Strategie im Hintergrund – die fundamentalen Fragen nach den Stärken und Schwächen des sowjetischen Systems und nach seinem Verhalten auf der internationalen Bühne. Robinson und Mosely blieben auch als Professoren und Institutsdirektoren gefragte Ratgeber der außenpolitischen Elite. Sie und ihre Freunde und Kollegen wie William Langer, Henry Roberts und Merle Fainsod traten als Experten vor dem Auswärtigen Ausschuss des Senats auf. Politische Beratung war eine Selbstverständlichkeit für sie. Sie nahmen regelmäßig mit Allen Dulles und anderen politischen Größen an den Forschungs- und Diskussionsgruppen des CFR zur sowjetischen Außenpolitik und zur internen Machtstruktur des verfeindeten Regimes teil. Mosely war über viele Jahre Berater der CIA. In ihren Stellungnahmen in diesen Kreisen überwog ein abwägender Ton. Sie waren Kalte Krieger, aber sie wollten eine Eskalation des amerikanisch-sowjetischen Konflikts vermeiden.[83]

Ungeachtet der Dienste, die das Russian Institute der Regierung leistete, geriet es unter Beschuss durch antikommunistische Agitatoren. Die Forschung in allen Disziplinen war vom politischen Klima der McCarthy-Zeit und von den bereits einige Jahre zuvor einsetzenden Verdächtigungen und Überprüfungen betroffen. Um dem öffentlichen Druck zu entgehen, konnte es dabei zu einer Art Selbstzensur wissenschaftlicher Institutionen kommen. Politisch heikle Themen und Personen wurden an vielen Universitäten gemieden, ins politische Klima passende Projekte vorangetrieben, Kooperationen mit staatlichen Stellen gesucht.[84] Einem Generalverdacht sah sich die Sowjetunion- und Kommunismusforschung ausgesetzt – obwohl CIA und

---

[83] CUL, RBML, Robinson Collection, b. 58, f. CFR – Discussion Group on Soviet Foreign Policy (1946/47); f. CFR – Study Group on the Power of the Soviet Union (1948/49); f. CFR (1945–1963); b. 59, f. CFR – Study Group on Soviet-American Relations, Report, 8. 4. 1947; Gesprächsnotiz Leland C. DeVinney, 24. 11. 1959; RFA, RG 1.1, Series 200, b. 322, f. 3831; zu Mosely und der CIA vgl. *Cumings*, Boundary Displacement, S. 167–173. Der Harvard-Professor Fainsod hatte dem OSS nicht angehört, Henry Roberts war jedoch Langer-Schüler, Mitarbeiter in R&A und OIR und nach Mosely 1957 bis 1962 Direktor des Russian Institute.

[84] *Schrecker*, No Ivory Tower, S. 3–11, 84–160; *dies.*, Many Are the Crimes, S. 404–411; *dies.*, The Age of McCarthyism; *Diamond*, Compromised Campus; einen weiten Überblick bietet *Caute*, The Great Fear.

State Department im Interesse der nationalen Sicherheit gerade auf diese Forschung angewiesen waren.[85] In der Bekämpfung der Russlandforschung spiegelte sich auf einem begrenzten Feld das Doppelgesicht des McCarthyismus. Der McCarthyismus war kaum eine populistische Bewegung im Sinne der älteren Forschung und der New Yorker Intellektuellen, die von ihrer eigenen intellektuellen Beteiligung am Klima des Antikommunismus absehen und die Bedeutung kultureller Eliten im Zeitalter der Massengesellschaft festigen wollten.[86] Vielmehr war der McCarthyismus fest in der traditionellen Parteipolitik verankert. Politische und wirtschaftliche Interessen sowie Karrieremotive standen hinter der Inszenierung öffentlicher Rituale und der Mobilisierung der Anhängerschaft. McCarthy war ein Medienphänomen, das den politischen Hintergrund verdeckte.[87]

Insoweit er der Durchsetzung des antikommunistischen Paradigmas in der amerikanischen Gesellschaft diente, war der McCarthyismus auch ein Element im »national security discourse«. Bereits drei Jahre vor McCarthys Auftritt auf der politischen Bühne waren die Mechanismen der Sicherheitsüberprüfungen und Loyalitätserklärungen durch die Bundesregierung und Präsident Truman selbst in Gang gesetzt worden. Die Führung der Republikanischen Partei ließ McCarthy lange Zeit freie Hand, um so die Truman-Regierung unter Druck zu setzen. Doch der McCarthyismus entwickelte eine Eigendynamik. Er stärkte längst nicht immer den nationalen Sicherheitsstaat. Mitunter lief der McCarthyismus den – von Demokraten wie Republikanern definierten – Sicherheitsinteressen der USA zuwider.[88] Seine

---

85 Vgl. oben, Kap. I.7. bis I.11.
86 Im Gefolge von *Bell* (Hg.), The New American Right. Die soziale Analyse entpolitisierte das Phänomen McCarthy und ignorierte die Rolle der politischen und intellektuellen Elite beim Aufstieg McCarthys, am prominentesten in der Darstellung des McCarthyismus als irrationaler populistischer Reaktion auf soziale Abstiegsängste der angelsächsischen Mittelklasse, gekoppelt mit dem Anpassungsdruck aufstiegsorientierter ethnischer Gruppen in den USA, durch *Hofstadter*, The Pseudo-Conservative Revolt; *ders.*, The Paranoid Style in American Politics. Vgl. zur Charakterisierung der Position von Intellektuellen wie Bell und Hofstadter *Schrecker*, Many Are the Crimes, S. 409–415.
87 Vgl. etwa *Oshinsky*, A Conspiracy So Immense; *Schrecker*, Many Are the Crimes, S. 240–255; *dies.*, The Age of McCarthyism, S. 71–74; dieser politisch konkreten Analyse zieht *Mergel*, »The Enemy in Our Midst«, eine vagere kulturgeschichtliche Deutung vor.
88 Vgl. etwa *Hogan*, A Cross of Iron, S. 1–22, 315f.; *Oshinsky*, A Conspiracy So Immense, S. 271, 286–298, 323–325; gegen *Schrecker*, Many Are the Crimes, S. 46f., die von einem Sündenbock-Mechanismus spricht, der eine kulturelle

Partei entzog McCarthy die Unterstützung, als er nach dem Amtsantritt von Präsident Eisenhower seine Verdächtigungen gegen die Regierung nicht einstellte und gleichzeitig die innerparteilichen Gegner Eisenhowers an Einfluss verloren. Bezeichnenderweise kam Senator McCarthy – auf den sich das Phänomen des McCarthyismus jedoch nicht reduzieren lässt – zu Fall, als er ab April 1954 seine Untersuchungen auf die U.S. Army und damit auf den sakrosankten Kern des »national security state« ausweitete.[89]

Am Russian Institute erreichte der Konflikt zwischen Antikommunismus und Kommunismusforschung seinen Höhepunkt im März 1954, wenige Monate vor McCarthys politischem Untergang. Zwei der Professoren und R&A-Veteranen, der Jurist John Hazard und der Literaturwissenschaftler Ernest Simmons, gerieten in die Mühlen der Untersuchungsausschüsse. Die Rockefeller-Stiftung zeigte sich anfangs wenig besorgt. Man sprach von lange zurückliegender jugendlicher Naivität im antifaschistischen Engagement, was längst durch Beratertätigkeit für die Regierung ausgeglichen sei. Als Beleg für die Absurdität der Anschuldigungen galt, dass selbst Robinsons Name schon auf Verdächtigenlisten aufgetaucht war, die antikommunistische Extremisten in Umlauf brachten. Der einzige Vorwurf gegen ihn lautete, Direktor des Russian Institute zu sein. Für manche Kommunistenjäger offenbarte allein der Name des Instituts, dass es sich dabei um eine sowjetische Operation handelte. Unter umgekehrten Vorzeichen beschuldigte die *Prawda* das Institut, eine Außenstelle der US-Geheimdienste zu sein. Dennoch führte die Stiftung am selben Tag die damals übliche interne Sicherheitsprüfung aller Institutsmitarbeiter durch, indem deren Namen mit denen abgeglichen wurden, die auf

---

Einheit erzeugen sollte; die politische Motive und Effekte des McCarthyismus werden deutlich bei *Schrecker*, Many Are the Crimes, S. 241f., 244, 249f., 254–262, 287–291, 359–415; *dies.*, The Age of McCarthyism, S. 12–19, 44, 58–62, 71–74, 80–106; *Oshinsky*, Many Are the Crimes, bes. S. 130–138, 163–165, 172–178, 228f., 301–309: Die Gewerkschaften, die Bürgerrechtsbewegung und die Liberalen wurden geschwächt, von Anfang an wurden auch Gegner des Rassensegregation attackiert. Die Politik des McCarthyismus verfolgte – von den privaten Karriere- und Publicity-Motiven von McCarthy und anderen Trägern des McCarthyismus abgesehen – in vielem die Interessen von McCarthys Verbündeten in der Wirtschaft und des rechten Flügels der Republikaner.

89 Vgl. etwa *Oshinsky*, A Conspiracy So Immense, S. 345–362, 387f., 392f., 416–471; *Schrecker*, Many Are the Crimes, S. 259f., 262–265; *dies.*, The Age of McCarthyism, S. 73f.

den offiziellen, von Regierung und Kongress zusammengestellten Mitgliedslisten subversiver Organisationen zu finden waren.[90]

Wenige Tage später jedoch musste sich Mosely für seine unter Beschuss stehenden Mitarbeiter verwenden. Er nahm die Vorwürfe auseinander. Was gegen Hazard vorgebracht wurde, war leicht als üble und sachlich haltlose Kampagne zu entlarven. Simmons hatte sich Jahre zuvor begeistert über die Sowjetunion geäußert, wie es in den dreißiger Jahren unter antifaschistischen Intellektuellen verbreitet war, und dem Vorstand des sowjetfreundlichen American-Russian Institute angehört. Doch zwischenzeitlich habe Simmons nicht nur seine Meinung in dieser Frage geändert, sondern dies auch durch sein Engagement im Dienst der US-Regierung bewiesen, erklärte Mosely. Nach dem Krieg habe er sich für intellektuelle Flüchtlinge aus der Sowjetunion eingesetzt, wie dies nur ein überzeugter Gegner der UdSSR tun könne.[91] Die Stiftung fragte auch bei Grayson Kirk nach, dem Präsidenten der Columbia University, ob er »vollständig davon überzeugt« sei, dass die Institutsmitarbeiter »loyal und keine Subversiven« seien. Mit Moselys und Kirks Aussagen gab sich die Stiftung zufrieden. Während das Klima der Verdächtigungen anhielt, erfolgte nur wenige Tage später die Bewilligung von weiteren 375 000 US-Dollar für das Russian Institute.[92] Die Rockefeller Foundation agierte vorsichtig und zurückhaltend auf politisch gefährlichem Gelände. Doch wenn Vertrauensleute zu Rate gezogen und gewisse Verfahren eingehalten worden waren, ließ sie sich auch in der Hochphase des McCarthyismus nicht von umstrittenen Förderungen abhalten. Insofern muss man, wie das folgende Kapitel eingehender zeigen wird, das in der Literatur verbreitete Bild korrigieren.[93] Die Stiftungspolitik verweigerte sich nicht generell politisch umstrittenen Projekten oder von Antikommu-

---

90 Memo Willits [an Rusk], Reports by investigating Committee on Russian Institute Personnel, 5. 3. 1954; Sicherheitsüberprüfung, 5. 3. 1954; RFA, RG 1.1, Series 200, b. 322, f. 3828; *Victor Lasky*, »Red Press Scents Spy School in Columbia Center«, *New York World Telegram*, 20. 10. 1947; *Roger George Pinehurst*, »The Teaching of Russian Culture In American Universities«, 20. 12. 1947; zu dem in den Vorwürfen immer wieder auftauchenden American-Russian Institute vgl. etwa *Parks*, Culture, Conflict, and Coexistence, S. 51 f., 64 f., 130 f.
91 Mosely an Willits, 10. 3. 1954, RFA, RG 1.1, Series 200, b. 322, f. 3828.
92 Willits an Rusk, 19. 3. 1954, Willits an Mosely, 19. 3. 1954; Willits an Mosely, 22. 3. 1954; Rockefeller Foundation an Kirk, 12. 4. 1954; RFA, RG 1.1, Series 200, b. 322, f. 3828.
93 Vgl. etwa *Schrecker*, Many Are the Crimes, S. 404–411.

nisten angegriffenen Wissenschaftlern. Vielmehr verließ sie sich auf ein Netzwerk von Beratern und Gutachtern. Wer die entsprechenden »credentials« vorweisen konnte, wer über gute Kontakte zu Vertrauensleuten der Stiftung verfügte oder von diesen protegiert wurde, konnte trotz öffentlicher Kritik weiterhin mit der Unterstützung der Stiftung rechnen. Franz Neumann oder Herbert Marcuse befanden sich in dieser glücklichen Lage.

Für die Stiftung war die Frage damit erledigt, für die professionellen Kommunistenjäger nicht.[94] Mosely selbst, der zuvor bereits die Zusammenarbeit mit Untersuchungsausschüssen verweigert und sich schützend vor seine Mitarbeiter gestellt hatte, wurde nun mit Verdächtigungen überzogen.[95] Unter den vielen, die ihm zu Hilfe kamen, waren William Langer und Geroid Robinson. Langer war »schockiert«, dass selbst Mosely vom »inquiry business«, vom Geschäft der Befragungen, erfasst worden war.[96] In einer absurden Übersteigerung der Vorhaltungen wurden Mosely und Robinson wegen ihres gegenseitigen Kontakts als Institutsdirektoren jeweils »kommunistische Verbindungen« vorgeworfen. In seiner schriftlichen Aussage nannte Robinson den Hitler-Stalin-Pakt das Ereignis, das ihn von der unvermeidlichen Konfrontation mit der Sowjetunion überzeugt habe. Die zum Sinnbild jener Jahre gewordenen Sätze fielen: »I am not and never have been a member of the Communist Party.« – »Ich bin nicht Mitglied der Kommunistischen Partei und war es niemals.« Robinson widerlegte die Vorwürfe und verwies auf seine Verdienste für die Regierung. Doch er sprach auch aus, was er für das eigentliche Problem der Untersuchungsausschüsse hielt: Nicht Jahrzehnte zurückliegende politische Äußerungen, sondern allein das gegenwärtige professionelle Interesse an Russland war die einzige Verdachtsgrundlage.[97]

Die radikalisierende Eigendynamik der Listen und Ausschüsse erlahmte bald darauf mit dem politischen Ende McCarthys. Doch Robinson hatte den Kern des langwierigen Konflikts erkannt. Jenseits

---

94 Zur Kommunistenjagd als Karriere vgl. *Schrecker*, Many Are the Crimes, S. 42–85, 203–239; *dies.*, The Age of McCarthyism, S. 12–19, 63–79.
95 Vgl. *Unger*, Ostforschung in Westdeutschland, S. 372.
96 Robinson, Affidavit, 22. 6. 1954; CUL, RBML, Robinson Collection, b. 43, f. Affidavit; Langer an Mosely, 26. 5. 1954 (Zitat), 1. 8. 1954; University of Illinois Urbana-Champaign, Philip E. Mosely Papers, Series 15/35/51, b. 12, f. Correspondence with Affiants L–Z.
97 Robinson, Affidavit, 22. 6. 1954; CUL, RBML, Robinson Collection, b. 43, f. Affidavit.

aller politischen Interessen und Karrieremotive, die das Geschäft des Verdachts in der politischen Arena steuerten, war Kommunismusforschung grundsätzlich verdächtig. Die intellektuelle Auseinandersetzung mit dem Gegner überforderte den Horizont der fanatischen Antikommunisten. Aus der radikal antikommunistischen Perspektive war die Kommunismusforschung die natürliche Einfallstelle für kommunistische »Infiltration«. Im Weltbild des extremen Antikommunismus konnte vom Kommunismus infiziert werden, wer sich mit kommunistischen Schriften befasste, und jeder Kommunist war von Moskau ferngesteuert.[98] Gegen diese Sicht hatten Geheimdienstexperten wie Marcuse seit Jahren innerhalb der Staatsapparate angeschrieben. Zugespitzt formuliert blieb den Gegnerforschern oft nur die Wahl, entweder vom FBI bedroht zu werden oder sich in die Obhut der CIA und des Militärs zu begeben.[99] Auf dieses Klima nahm die akademische Welt Rücksicht, indem sie über ihren eigenen Antikommunismus hinaus in diesen Jahren eine forciert antikommunistische Rhetorik pflegte. Aus politischer Überzeugung, zum Schutz der Karriere oder in der Hoffnung, durch taktisches Entgegenkommen die Freiheit der Forschung zu sichern, wurden Veröffentlichungen und Anträge an die antikommunistischen Sprachregelungen angepasst.[100]

Doch die gemäßigt antikommunistische Sprache und Position der Russlandforscher allein konnte die Beschuldigungen nicht abwenden. Immer wieder sah sich das Russian Institute genötigt, prominente Fürsprecher zu mobilisieren, um seiner Arbeit nachgehen zu können. Im Oktober 1948 musste General Eisenhower aufgeboten werden, der zu diesem Zeitpunkt Präsident der Columbia University war. Er hatte die gegenüber öffentlicher Kritik besonders sensible Carnegie Corporation von der politischen Verlässlichkeit der Russlandforschung am Institut zu überzeugen. Robinson entwarf das Schreiben, das auch in der *New York Times* zitiert wurde – in Verteidigung der Russlandforschung gegen ihre Fundamentalkritiker auf der politischen Rechten. Eisenhower verwies auf den strategischen Nutzen:

---

98 *Cohen*, Rethinking the Soviet Experience, S. 3–37, bes. S. 16; vgl. *Schrecker*, Many Are the Crimes, S. 119–200; zur Durchsetzung eines monolithisch-dämonischen Kommunismusbildes in Politik und Öffentlichkeit vgl. *Selverstone*, Constructing the Monolith.
99 Vgl. *Cumings*, Boundary Displacement, S. 165; *Robin*, The Making of the Cold War Enemy, S. 235f.
100 Vgl. *Unger*, Ostforschung in Westdeutschland, S. 374–377, 380, 383f.

»In den Beziehungen zwischen den Vereinigten Staaten und Russland ist eine sehr ernste Situation entstanden. Wie sich diese Lage auch künftig entwickeln wird, es ist unverzichtbar, dass unsere Regierung und unser Volk über ein genaueres Wissen über die Fähigkeiten (›capabilities‹) und Absichten (›intentions‹) der Sowjetunion verfügen. Meiner Ansicht zufolge leistet das Russian Institute an der Columbia University auf diesem Gebiet einen Beitrag von großer Bedeutung.«[101]

Diese von Robinson verfasste Formulierung entsprach dem Selbstbild des Russian Institute. »Capabilities« und »intentions« waren strategische Schlüsselbegriffe des Kalten Krieges,[102] deren Verwendung an dieser Stelle man nicht ausschließlich der rhetorischen Absicht zuschreiben kann. Bei allem Beharren auf dem politisch eingefärbten Objektivitätsideal wurde Forschung im Sinne der nationalen Sicherheit betrieben. Männer wie Robinson oder Mosely waren liberale Kalte Krieger, Gegner der Sowjetunion und Berater der US-Regierung. Ihr Wirkungsbereich war nicht auf das Institut beschränkt. Die Frage enger Kontakte der Sowjetologie zu Regierungsstellen wurde immer wieder aufgeworfen. Noch 1959 befürwortete Mosely die mittlerweile von jüngeren Wissenschaftlern kritisierte Zusammenarbeit mit der Regierung. Das war für Mosely zu vereinbaren mit der gleichzeitigen Verteidigung freier und politisch unabhängiger Forschung, die keine Rücksichten auf ihr Publikum nehmen und auch nicht davor zurückschrecken sollte, für Amerika unangenehme Wahrheiten zu äußern. Was diese beiden scheinbar gegensätzlichen Positionen zusammenhielt, war die deutlich ausgesprochene politisch-epistemologische Erwartung, ein amerikanischer Russlandforscher sei immer auch den Werten der »freien Gesellschaft« verpflichtet.[103]

---

[101] Robinson an Albert C. Jacobs, 15. 10. 1948; CL, CUA, Central Files, b. 398, f. 22; Eisenhower an Carnegie Corporation, 19. 10. 1948, CUL, RBML, Carnegie Corporation of New York (CCNY) Collection, Series III A, Grant Files, b. 113, f. 12; die Aufmerksamkeit der *New York Times* belegt ebenda, b. 113, f. 11. Die politische Sensibilität der Carnegie Corporation hatte ebenfalls 1948 zur Entlassung von Stuart Hughes als Associate Director des Russian Research Center in Harvard geführt; vgl. unten, Kap. V.4. und VI.1.

[102] Vgl. dazu oben, Kap. I.7 bis I.11; aus der umfangreichen Literatur seien genannt: *Mitrovich*, Undermining the Kremlin; *Stöver*, Die Befreiung vom Kommunismus, S. 180–215.

[103] *Mosely*, The Growth of Russian Studies, bes. S. 5, 21.

Moselys Denken als liberaler Kalter Krieger kam in zahlreichen Aufsätzen in einflussreichen Publikationen wie *Foreign Affairs* zum Ausdruck, der Zeitschrift des CFR, dessen Forschungsdirektor Mosely 1955 bis 1963 war.[104] Darin warnte er in den späten vierziger und den fünfziger Jahren vor dem sowjetischen Expansionsdrang und der Kontinuität des Imperialismus seit dem Zarenreich. Zugleich setzte er als Gegenmaßnahme auf eine langfristige, nichtaggressive, die Sowjetunion nicht zu militärischen Reaktionen veranlassende Eindämmung des sowjetischen Systems, also auf die »rational hope«-Strategie, die Charles Bohlen im Außenministerium entworfen hatte. An der friedlichen Koexistenz führte kein Weg vorbei. Als Regierungsberater in Fragen der psychologischen Kriegführung engagierte sich Mosely an Bohlens Seite für die Annahme dieser Strategie.[105] Der machtpolitisch geschärfte Blick des intellektuellen Kalten Kriegers sprach aus seiner Reaktion auf Stalins Tod im März 1953. Anders als ein Teil der Planer der psychologischen Kriegführung im Regierungsapparat sah Mosely im Ableben des gefürchteten und unumschränkten Diktators weder eine Schwächung des sowjetischen Systems noch einen Ansatzpunkt für eine amerikanische psychologische Offensive. Vielmehr deutete Mosely Chruschtschows pragmatischeres Vorgehen, das den Lebensstandard der Bevölkerung steigern wollte, als Stabilisierung der Sowjetunion. Chruschtschow stärkte so die Zustimmung der Bevölkerung zum System. Dadurch entzog er amerikanischen Hoffnungen auf eine Destabilisierung der Sowjetunion von innen, die zum baldigen Sturz des Regimes und zum amerikanischen Sieg im Kalten Krieg füh-

---

104 Die wichtigsten einschlägigen Beiträge seit Ende der vierziger Jahre liegen gesammelt vor in *Mosely*, The Kremlin and World Politics; kurze Zeit später legte er eine Sammlung von *Foreign Affairs*-Aufsätzen zum Thema vor, *ders.* (Hg.), The Soviet Union. Seine ersten Beiträge in *Foreign Affairs*, die er mit dem Insiderwissen des Konferenzteilnehmers und Außenministerberaters in Moskau und Potsdam anreicherte, galten jedoch der deutschen Frage, *ders.*, »Dismemberment of Germany. The Allied Negotiations from Yalta to Potsdam«, *Foreign Affairs* 28/3 (April 1950), S. 487–498; *ders.*, »The Occupation of Germany. New Light in How the Zones Were Drawn«, *Foreign Affairs* 28/4 (Juli 1950), S. 580–604; beides wieder in: *ders.*, The Kremlin and World Politics, S. 131–188.
105 *Mosely*, The Kremlin and World Politics, S. 291–303 [1948], 304–322 [1949]; *ders.*, Aspects of Russian Expansion, in veränderter Fassung auch in: *ders.*, The Kremlin and World Politics, S. 42–66; zu Bohlens Konzeption und Mosely Beteiligung an den Diskussionen vgl. *Mitrovich*, Undermining the Kremlin, S. 15–46, 84–176, bes. S. 85–95, 117–119, 169–171; vgl. dazu oben, Kap. I.11.

ren würde, jegliche Grundlage.[106] Auch nach dem 20. Parteitag der KPdSU im Februar 1956 erklärte Mosely, die Entstalinisierung und innere Liberalisierung der Sowjetunion dienten der Stabilisierung des Systems, während sich die sowjetische Außenpolitik weiterhin den Export der Weltrevolution auf ihre Fahnen geschrieben habe.[107]

Mosely war wie Bohlen eine Stimme der Mäßigung und der politischen Vernunft im Kampf gegen die Sowjetunion. Doch das Ziel, die Sowjetunion langfristig niederzuringen, teilte auch er. Dem Grundkonsens der psychologischen Kriegführung, Schwachstellen des sowjetischen Systems zu identifizieren und dort anzusetzen, stimmte er vollauf zu. Doch er legte nahe, sich auf den sowjetischen Einfluss außerhalb von Moskaus Sicherheitsgürtel in Osteuropa zu konzentrieren. Darum unterstützte er gezielte psychologische Maßnahmen, die keine militärischen Gegenreaktionen provozierten, um die Anziehungskraft der Sowjetunion und des Kommunismus außerhalb des sowjetischen Machtbereichs zu brechen. Für den CFR koordinierte er Forschung und Planung. Von seinem Freund George Kennan, dem ersten Strategen der psychologischen Kriegführung, übernahm Mosely den Vorsitz des East European Fund, als Kennan zum Botschafter in Moskau bestellt wurde. Diese unter dem Namen Free Russia Fund gegründete Organisation kümmerte sich um intellektuelle Flüchtlinge aus Osteuropa, schöpfte aber auch deren Wissen über die Zustände in der Sowjetunion ab.[108] Mosely stand vielen Stiftungen mit Rat und Tat zur Seite, und er war auf vielfache Weise in den psychologischen Kalten Krieg verwickelt. Er wirkte über lange Jahre als Berater der CIA mit einer Freigabe für die Sicherheitsstufe »Top Secret«. Außerdem beriet er zwei Denkfabriken des Heeres – das Operations Research Office (ORO) und das Special Operations Research Office (SORO), das wegen seiner Rolle in der »counterinsurgency«-Planung bekannt wurde –, das Human Resources Research Institute (HRRI) der Luftwaffe und den Pentagon-Think Tank Institute for Defense Analysis.[109]

---

106 *Mosely*, The Kremlin and World Politics, S. 363–381; zur psychologischen Kriegführung vgl. oben, Kap. I.7. bis I.11., zu Stalins Tod als Gelegenheit *Mitrovich*, Undermining the Kremlin, S. 126–134.
107 *Mosely*, The Kremlin and World Politics, S. 438–455.
108 Alumni Newsletter, Februar 1953; RFA, RG 1.1, Series 200, b. 322, f. 3828; University of Illinois Urbana-Champaign, Mosely Papers, Series 15/35/51, b. 20.
109 University of Illinois Urbana-Champaign, Mosely Papers, Series 15/35/51, b. 2, bes. f. Clearances, f. Special Operations Research Office; b. 12, f. Clear-

Sowohl die Truman- als auch die Eisenhower-Regierung suchten an entscheidenden Wendepunkten der psychologischen Strategie Moselys Rat.[110]

Gegenüber der Rockefeller-Stiftung setzte sich Mosely im Oktober 1954 für die Publikation einer Geschichte der Ersten Internationale ein. Ein solches Unternehmen verfüge über einen wissenschaftlichen Eigenwert, der die Veröffentlichung mehr als rechtfertige. Doch darüber hinaus sei es ein »Mittel, um die kommunistische Interpretation zu korrigieren«. Mosely ging noch einen Schritt weiter bei seiner Befürwortung dieser intellektuellen Offensive gegen die Sowjets: Ein solches Projekt »könnte das Pathos der Arbeiterbewegung für die Seite der Demokratie zurückerobern«. Die sozialistische Sache sollte in den Dienst des Westens gestellt werden. Es sollte deutlich werden, dass sich die sozialistische Bewegung in den demokratischen Gesellschaften des Westens ausgebildet hatte. Mosely hoffte, damit »beträchtlichen Einfluss« auf die öffentliche Meinung ausüben zu können. Sein Zielobjekt waren dabei nicht die Gesellschaften hinter dem »Eisernen Vorhang«, sondern »Indien und der Nahe Osten, wo die Kommunisten beanspruchen, die Einzigen zu sein, die sich seit vielen Jahren für die Verbesserung der allgemeinen Lebensbedingungen eingesetzt haben«.[111]

Auf zurückhaltende, selbstverständliche Weise und völlig außerhalb radikal antikommunistischer Weltbilder wurden auch hier geisteswissenschaftliche Grundlagenforschung und psychologische Kriegführung gegen die Sowjetunion miteinander verknüpft. Das geschah ohne staatlichen Auftrag. Mosely und die Stiftung handelten aus eigener Überzeugung und im eigenen Interesse. Überragende wissenschaftliche Leistungen standen im Vordergrund, doch dahinter gab es kein politisch unschuldiges Reich der Geisteswissenschaften. Wie im Fall von Langers Kriegsgeschichte ergänzten sich wissenschaftliche und politische Ziele gegenseitig. Es war das politisch-epistemologische Paradigma der liberalen Kalten Krieger. Solange die politische Absicht

---

ances; b. 13, f. Operations Research Office, f. Human Resources Research Institute, f. Institute for Defense Analysis correspondence; vgl. *Cumings*, Boundary Displacement, S. 167–173, bes. Anm. 19; zu den militärischen Denkfabriken, die Hochburgen des Behavioralismus waren, vgl. *Robin*, The Making of the Cold War Enemy, S. 50–54, 102, 119–121, 170–178, 185–189.
110 Vgl. *Mitrovich*, Undermining the Kremlin, S. 117–119, 169–171.
111 Gesprächsnotiz Edward F. D'Arms, 13. 10. 1954, RFA, RG 1.1, Series 200, b. 322, f. 3828.

nicht penetrant zum Vorschein kam oder wissenschaftliche Ergebnisse offenkundig verfälschte, wurde diese Verknüpfung als unproblematisch empfunden. In diesem Kontext wurden auch Herbert Marcuses Marxismusstudien von der Rockefeller-Stiftung gefördert.

Dass Mosely das »Pathos der Arbeiterbewegung« für den Westen zurückerobern wollte, stand in einem ganz konkreten Zusammenhang zu Marcuses Arbeit. Mosely setzte sich immer wieder für Marcuse ein, wie zu sehen sein wird. Mosely machte Marcuse auch zum Mitglied der ehrenwerten außenpolitischen Gesellschaft des CFR.[112] Und bei der in Frage stehenden Geschichte der Ersten Internationale handelte es sich um ein umfangreiches Werk, das am Amsterdamer Internationalen Institut für Sozialgeschichte entstanden war. Dieses Institut bildete gemeinsam mit den Osteuropa-Instituten der Freien Universität Berlin und der Universität Fribourg in der Schweiz das institutionelle Rückgrat des Marxismus-Leninismus-Projekts, das die Rockefeller-Stiftung um diese Zeit aus der Taufe hob. Das Pilotprojekt, aus dem dieser Forschungsverbund hervorging, führte 1953/54 Marcuse durch. Daraus ging Marcuses Buch »Soviet Marxism« hervor. Mosely war neben Langer der wichtigste Förderer Marcuses aus dem akademischen Establishment. Was Mosely zur Rückeroberung des sozialistischen Pathos im Kampf gegen die Kommunisten äußerte, wiederholte er über das Marxismus-Leninismus-Projekt. Und es bezog sich auch auf Marcuse selbst, ob es diesem bewusst war oder nicht.

Ganz ähnlich positionierte sich Geroid Robinson, der erste Direktor des Russian Institute. Allerdings schwankte er in seinem Urteil häufiger als Mosely. Wie erwähnt, war aus dem jungen linken Journalisten im Laufe der Jahrzehnte als führender Russlandforscher ein Kalter Krieger geworden. Er hatte bereits im OSS und gegenüber der Rockefeller-Stiftung die machtpolitische Motivation der Sowjetunion hervorgehoben und dabei wie Mosely politische Intentionen und

---

112 Das geht aus einem Brief Leo Löwenthals an Marcuse hervor. Löwenthal bat seinen Freund Marcuse um eine »White Lie«, die Löwenthals eigene Aufnahme in den CFR ermöglichen sollte. Nach einer bis heute üblichen Praxis spricht der CFR an Neumitglieder Einladungen aus, die durch Empfehlungsschreiben von CFR-Mitgliedern Bestätigung erfahren müssen, bevor eine Aufnahme erfolgen kann. Es war wiederum Mosely, der auch Löwenthal die Mitgliedschaft angetragen hatte, und Marcuse sollte sich nun als CFR-Mitglied für die Aufnahme Löwenthals aussprechen; vgl. Löwenthal an Marcuse, 19. 5. 1954, Leo-Löwenthal-Archiv (LLA), Stadt- und Universitätsbibliothek Frankfurt am Main, Briefwechsel Löwenthal–Marcuse, 1935–1979, A 992.

Russlandforschung miteinander verknüpft.[113] Dann erschien 1949 sein vieldiskutierter Artikel »The Ideological Combat« in *Foreign Affairs*. Robinson selbst hatte den Text ursprünglich ebenso treffend »Goods, Guns, and Ideas« betitelt.[114] Robinson erklärte der Sowjetunion den Ideenkrieg, doch er wandte seine Aufmerksamkeit der Heimatfront zu. Die amerikanische Identität erschien ihm angeschlagen. Zu leeren Worthülsen verkomme Begriffe wie »Demokratie« und »Freiheit«, in deren Namen der Kalte Krieg geführt werde, müssten wieder mit Leben und Bedeutung gefüllt werden. Amerikas Schwäche war nicht militärisch, sondern ideologisch. Der Ideenkampf gegen einen hochmodernen Gegner werde »mit der ideologischen Ausrüstung von 1775« geführt. Die amerikanischen Ideen müssten attraktiver werden als die kommunistischen. Der Schlüssel dazu schien Robinson die Wiederbelebung des amerikanischen Individualismus zu sein. Als dessen Inbegriff beschwor Robinson, der Agrarhistoriker der Sowjetunion, das Bild der amerikanischen Familienfarm als eines letzten Freiraums, in dem Individuen in der modernen Gesellschaft noch ein selbstbestimmtes Leben führen könnten. Robinson wollte die kommunistische Gefahr mit intellektuellen Mitteln eindämmen. Seine Hoffnung setzte er darauf, durch ideologische Anziehungskraft die Sowjetunion über einen langen Zeitraum vom Kraftzentrum einer aggressiven und expansiven globalen Bewegung in eine Nation harmloser, »nichtpraktizierender Weltrevolutionäre« zu verwandeln.[115]

Robinson konnte jedoch auch in militärisch-politischen Begriffen argumentieren. Auf eine Anfrage des CFR verfasste er im Februar 1949 eine Stellungnahme zu den sowjetischen »capabilities« und »intentions«, den politischen Absichten und militärischen Fähigkeiten. Das Maximalziel der Sowjetunion, so stellte Robinson fest, war die Eroberung Westeuropas, ihr fundamentales Interesse war die Absicherung der kommunistischen Herrschaft in Osteuropa und der Sowjetunion selbst. Sollten die Sowjets ihrer militärischen Überlegenheit sicher sein, würden sie einen Angriff wagen, um ihre Ziele zu erreichen. Robinsons Kommentar war ganz im Sinne der Advokaten einer Aufrüstung und militärischen Überlegenheit der USA. Doch seine Schlussfolgerungen

---

113 Robinson, The Russian Institute, 27. 11. 1944, RFA, RG 1.1, Series 200, b. 321, f. 3820; Gesprächsnotiz Willits, 29. 1. 1948; Gesprächsnotiz Evans, 5. 2. 1948; RFA, RG 1.1, Series 200, b. 321, f. 3823.
114 Zur Entstehung und Rezeption vgl. CUL, RBML, Robinson Collection, b. 16, f. 5.
115 *Robinson*, The Ideological Combat, S. 525, 539.

über die militärischen Fähigkeiten der Sowjetunion beruhten auf unsicheren Grundlagen. Robinson hatte damit die Grenzen seiner Sachkenntnis überschritten. Die Expertenmeinung stützte sich auf das Studium von Presseartikeln, wie der Nachlass offenbart. Robinson war kein Fachmann für Bomben und Panzer, sondern ein Kenner der russischen Geschichte und sowjetischen Ideologie.[116]

Als solcher trat er 1955 vor das Army War College. Dort nannte er die kommunistische Ideologie einen Schlüssel zum Verständnis der sowjetischen Politik. Darum sei Ideologiekritik auch lebenswichtig, »entscheidend für unser Überleben«, wie er den jungen Offizieren nahelegte. Er lieferte ihnen eine Ideologiegeschichte vom Marxismus über den Leninismus und Stalinismus bis zu den poststalinistischen Entwicklungen, die an Robinsons üblichen dichotomischen Interpretationsmustern festhielt – die Widersprüche des Sowjetkommunismus leitete er ab aus dessen widersprüchlichen historischen Wurzeln, den Gegensätzen von westlicher Rationalität und russischer Emotionalität, von westlichem Individualismus und bäuerlichem Kollektivismus, von westlicher Demokratie und russischer Autokratie. Er blieb dabei, dass der Kern des Sowjetkommunismus eine »Ideologie der Macht« und das sowjetische System weiterhin aggressiv sei, und lehnte voreilige Entspannungshoffnungen ab. Dennoch hielt er eine Entspannungspolitik für möglich. Irgendwann wären die Sowjets bereit, sich mit einer »friedlichen Existenz von zwei Welten« abzufinden. Doch noch lag diese Zukunft in weiter Ferne, wie Robinson die Offiziere warnte, und einzelne Entspannungssignale dürften nicht als grundsätzliche Änderung der sowjetischen Politik missverstanden werden.[117] Im selben Jahr veröffentlichte Robinson einen ideengeschichtlichen Entwurf über Stalins Utopiebegriff. Dieser Aufsatz war politisch zurückhaltender, operierte aber mit ähnlich dualistischen und machtzentrierten Kategorien.[118]

---

116 Robinson, Statement, 10. 3. 1949; Robinson, Soviet Capabilities and Intentions, 16. 2. 1949; CUL, RBML, Robinson Collection, b. 51, f. 1949/1; dort befinden sich auch die Berichte, von der *New Republic* bis zur Boulevardpresse, aus denen Robinson sein Wissen über die militärischen Fähigkeiten der Sowjetunion schöpfte, darunter Artikel des britischen Militärhistorikers Basil Liddell Hart und des russisch-amerikanischen Luftkriegspropagandisten Alexander de Seversky.
117 Robinson, Communism, Lecture at Army War College, 1. 12. 1955, CUL, RBML, Robinson Collection, b. 16, f. 1.
118 *Robinson*, Stalin's Vision of Utopia.

Dennoch ging Robinson nie ganz in der Rolle des Kalten Kriegers auf. Relikte des linken Intellektuellen lebten fort. Zu seinen engsten langjährigen Freunden gehörte Lewis Mumford, einer der großen öffentlichen Intellektuellen Amerikas, der besonders als radikaler Architektur- und Technikkritiker bis heute nachwirkt.[119] Robinson begleitete auch das Werk von Marcuses engem Freund Barrington Moore mit Wohlwollen. Der Soziologe Moore war zeitweilig Mitarbeiter in Robinsons USSR Division in R&A gewesen und etablierte sich Anfang der fünfziger Jahre in Harvard als Sowjetologe.[120] Robinson schließlich war es auch, der Marcuse ans Russian Institute einlud. Ab Herbst 1950 stand Marcuse auf der Gehaltsliste des Russian Institute, zunächst als »Visiting Professor«. Er hielt regelmäßig Vorlesungen am Institut. Sein Schwerpunkt war die sowjetische Ideologie. Als Marcuses Forschungsvorhaben notierte Robinson im Herbst 1950 ein Thema, das eine unmittelbare Fortsetzung von Marcuses Projekten im State Department war: »The Influence of Russian Marxian Doctrine and Policy on the Revolutionary Potential in Europe«. Ein solches wissenschaftliches Werk Marcuses liegt nicht vor. Da er die längste Zeit des Jahres 1951 in Washington verbrachte, kann man folglich vermuten, dass dieses Vorhaben in thematisch engverwandten Geheimdienststudien wie dem CWC-Unternehmen »The Potentials of World Communism« aufging.[121]

Bis September 1951 ist Marcuses Tätigkeit im OIR nachzuweisen. Danach trat er eine Stelle als »Senior Fellow« am Russian Institute an,

---

119 Vgl. *Hughes/Hughes* (Hg.), Lewis Mumford; *Miller*, Lewis Mumford; eine Hauptrolle spielt Mumford auch bei *Jacoby*, The Last Intellectuals, wo der Verlust des öffentlichen Intellektuellen beklagt und Mumford als Vertreter einer ausgestorbenen Linksintelligenz gefeiert wird, die noch eine breitere Öffentlichkeit erreichen wollte und sich nicht auf die akademische Welt beschränkte. Die umfangreiche Korrespondenz von Robinson und Mumford findet sich in CUL, RBML, Robinson Collection, b. 1.
120 Robinson an Moore, 23. 6. 1950; Moore an Robinson, 24. 6. 1950; Robinson an Moore, 19. 7. 1950; Moore an Robinson, 24. 7. 1950; Moore an Robinson, 18. 5. 1951; Moore an Robinson, 22. 7. 1954; CUL, RBML, Robinson Collection, b. 5, f. Correspondence M (2). Auch hier bekräftigte Robinson seine Auffassung, dass die Machterhaltung im Mittelpunkt der sowjetischen Ideologie stehe. Zu Moore vgl. unten, Kap. V.4.
121 Robinson, Progress Report II, 1946–1950, CUL, RBML, Robinson Collection, b. 51, f. 1950/1–3; Statement of Receipts and Expenditures, 1. 7. 1949–30. 6. 1950, 1. 7. 1950–30. 6. 1951, 1. 7. 1951–30. 6. 1952; RFA, RG 1.1, Series 200, b. 322, f. 3826; zur Kommunismusforschung im State Department vgl. oben, Kap. I.10.

die teilweise von der Rockefeller-Stiftung finanziert wurde. Vom State Department war Marcuse während dieser zwei Jahre nur beurlaubt. Erst als er im September 1953 an das Russian Research Center wechselte, schied er endgültig aus dem Staatsdienst aus. Auch dann kam Marcuse, der 1954 auf eine Professur in Brandeis berufen wurde, bis Anfang der sechziger Jahre immer wieder zu Gastvorlesungen ans Russian Institute nach New York. Unter anderem las über »Theories of Social Change«, was vor allem den Marxismus meinte, und hielt eine weitere Vorlesungsreihe über »Marxian Theory« ab.[122] Marcuse suchte die Zusammenarbeit mit den professionellen Sowjetologen. Er hatte seine Nische in dieser Leitwissenschaft des Kalten Krieges gefunden, in der Grundlagenforschung und psychologische Kriegführung so nahe beieinanderlagen. Am Russian Institute galt er als »Marxist-in-residence«.[123] Robinson, der sich immer wieder – wenn auch durch seine dualistische Brille – mit der sowjetischen Ideologie auseinandersetzte und Ende der fünfziger Jahre eine Studie zur sowjetischen Ideologie ins Auge fasste,[124] betrachtete Marcuse von Anfang an als Ratgeber zu ideologischen Sachverhalten. Ausführlich beantwortete Marcuse etwa im Januar 1951 Robinsons Fragen zur frühen Revolutionstheorie Trotzkis und Lenins.[125]

Wie im State Department war erneut Marcuses intime Kenntnis des Marxismus und der sowjetischen Ideologie bei den liberalen Kalten Kriegern gefragt. Als er bereits nach Harvard gewechselt war, nahm Marcuse im März 1954 an einer großen Konferenz des Russian Insti-

---

122 *Marcuse*, Nachgelassene Schriften, Bd. 1, S. 29f.; Statement of Receipts and Expenditures, 1. 7. 1951–30. 6. 1952, RFA, RG 1.1, Series 200, b. 322, f. 3826; Statement of Receipts and Expenditures, 1. 7. 1952–30. 6. 1953, RFA, RG 1.1, Series 200, b. 322, f. 3827; Alumni Newsletter, Februar 1953; Alumni Newsletter, Mai 1954; Statement of Receipts and Expenditures, 1. 7. 1953–30. 6. 1954; RFA, RG 1.1, Series 200, b. 322, f. 3828; Alumni Newsletter, Februar 1955; Statement of Receipts and Expenditures, 1. 7. 1954–30. 6. 1955; RFA, RG 1.1, Series 200, b. 322, f. 3829; Alumni Newsletter, 21. 3. 1956; Statement of Receipts and Expenditures, 1. 7. 1955–30. 6. 1956; RFA, RG 1.1, Series 200, b. 322, f. 3830; Statement of Receipts and Expenditures, 1. 7. 1959–30. 6. 1960, RFA, RG 1.1, Series 200, b. 322, f. 3832; im akademischen Jahr 1959/60 sprachen neben Marcuse als Gäste Richard Löwenthal, Richard Pipes und Karl Wittfogel am Institut.
123 *Kellner*, Herbert Marcuse and the Crisis of Marxism, S. 436 Anm. 11.
124 Gesprächsnotiz Leland C. DeVinney, 24. 11. 1959; RFA, RG 1.1, Series 200, b. 322, f. 3831.
125 Marcuse an Robinson, 13. 1. 1951, CUL, RBML, Robinson Collection, b. 1, f. Marcuse.

tute über »Continuity and Change in Russian and Soviet Thought« teil. Versammelt war alles, was Rang und Namen in der Sowjetforschung hatte. Merle Fainsod aus Harvard präsidierte der Sektion »Authoritarianism and Democracy«, Robinson leitete »Rationality and Non-Rationality«, Simmons »Literature and Society«, Mosely »The Messianic Concept«. Marcuse trug über die Entwicklung und politische Funktion von Dialektik und Logik im sowjetischen Marxismus vor. Die Beiträge wurden in einem Sammelband veröffentlicht. Marcuses Aufsatz ging auch in den ersten Teil von »Soviet Marxism« ein. Erfreut wies er darauf hin, dass im *Times Literary Supplement* sein Beitrag zu diesem sowjetologischen Band als »Pionierleistung« herausgestellt wurde. Der anonyme britische Rezensent richtete darum große Erwartungen an Marcuses angekündigtes Buch über den sowjetischen Marxismus: »Es wird eine bedeutende Lücke in der westlichen Forschung über das bolschewistische Denken schließen.«[126]

Dass sich in den USA keine eigenständige Marxismusforschung entwickeln konnte, kann angesichts dessen kaum behauptet werden.[127] Marcuses »Soviet Marxism« ist nur das prominenteste Beispiel. Am Russian Institute begann auch die Karriere des Marxismusforschers und KP-Historikers Alfred G. Meyer. Auch Marcuses Harvard-Mitarbeiter George Kline, ein Experte für sowjetische Philosophie, oder der exkommunistische Lenin-Forscher Bertram D. Wolfe wurden gefördert oder zu Vorträgen eingeladen und belegen das ausgeprägte Interesse an der marxistischen Theorie.[128] Für die Institutsleiter Ro-

---

126 *Marcuse*, Dialectic and Logic Since the War. Die Konferenz vom 26.–28. 3. 1954 in Arden House, dem Tagungszentrum der Columbia University außerhalb von New York, wurde vom SSRC und vom Joint Committee on Slavic Studies des ACLS veranstaltet; Alumni Newsletter, Mai 1954, RFA, RG 1.1, Series 200, b. 322, f. 3828; Alumni Newsletter, 21. 3. 1956, RFA, RG 1.1, Series 200, b. 322, f. 3829; Marcuse an Chadbourne Gilpatric, 14. 5. 1956, verweist auf die Rezension in: *Times Literary Supplement*, 20. 4. 1956; RFA, RG 1.2, Series 200, b. 344, f. 3138. Marcuses Projekt lief bereits im Wintersemester 1953/54 unter dem Titel »Soviet Marxism«; A Request for Endowment Support of the Research Program of the Russian Institute of Columbia University, 5. 2. 1954, Annex 8, RFA, RG 1.1, Series 200, b. 321, f. 3827.
127 So jedoch die verdienstvolle Studie von *Unger*, Ostforschung in Westdeutschland, S. 398f., die aufgrund ihrer Fokussierung auf die Bundesrepublik anzunehmen scheint, dass die amerikanischen Sowjetologen »die Marxismus-Forschung an ihre westdeutschen Kollegen delegierten, um deren ausgeprägtes theoretisches und philosophisches Interesse sie wussten«.
128 A Request for Endowment Support of the Research Program of the Russian Institute of Columbia University, 5. 2. 1954, Annex 8, RFA, RG 1.1, Series

binson, Mosely und Roberts bot die sowjetische Ideologie selbst einen wichtigen Schlüssel zum Verständnis der sowjetischen Politik, auch wenn sie den Marxismus mitunter zum ideologischen Herrschaftsinstrument reduzierten. Und nicht zuletzt war es die Rockefeller Foundation, die auf der Grundlage von Marcuses Vorarbeiten das internationale Marxismus-Leninismus-Projekt in Bewegung setzte, von dem im Folgenden noch die Rede sein wird. All das wiegt umso schwerer, als seit Mitte der fünfziger Jahre der Diskurs vom »Ende der Ideologie« – in ihre endgültige Fassung gebracht von Edward Shils und Daniel Bell – die politisch-intellektuellen und wissenschaftlichen Diskussionen in Amerika beherrschte. Dieser Diskurs war in ein modernisierungstheoretisches Dispositiv integriert. Das amerikanische Erfolgsmodell wurde zum globalen Vorbild erhoben, die Abwesenheit politischer Leidenschaft zum Modernisierungsfortschritt erklärt, im ideologischen Streit die Totalitarismusgefahr erkannt. Davon zeigte sich auch die Sowjetologie zutiefst beeinflusst, wurde die Sowjetunion doch vielfach als ein konkurrierender, aber entgleister Modernisierungsversuch betrachtet. Auch die starren, von einem unhistorischen Idealtypus des Stalinismus abgeleiteten Kategorien der sowjetologischen Totalitarismustheoretiker wiesen ideologischen Inhalten nur eine untergeordnete und statische Rolle zu.[129] Dessen ungeachtet räumte das Russian Institute der Forschung über die sowjetische Ideologie keinen unerheblichen Stellenwert ein.

Anfang der sechziger Jahre stellte sich eine Abkühlung im Verhältnis von Rockefeller Foundation und Russian Institute ein. Eine gewisse Enttäuschung kam darüber zum Ausdruck, dass Forscher wie Robinson ihre großen wissenschaftlichen Versprechungen nicht eingehalten und kein neues richtungsweisendes Werk mehr vorgelegt hatten.[130] Entscheidender waren grundsätzliche Entwicklungen. Die

---

200, b. 321, f. 3827; Statement of Receipts and Expenditures, 1. 7. 1953–30. 6. 1954; RFA, RG 1.1, Series 200, b. 322, f. 3828; Alumni Newsletter, 21. 3. 1956, RFA, RG 1.1, Series 200, b. 322, f. 3829; Statement of Receipts and Expenditures, 1. 7. 1959–30. 6. 1960, RFA, RG 1.1, Series 200, b. 322, f. 3832.
129 Vgl. *Cohen*, Rethinking the Soviet Experience, S. 3–37; *Gleason*, Totalitarianism, S. 121–142; *Unger*, Ostforschung in Westdeutschland, S. 397–403, 407f., 418f.; so auch in der »angewandten« Totalitarismusforschung im Koreakrieg, vgl. *Robin*, The Making of the Cold War Enemy, S. 124–181.
130 Gesprächsnotiz Freund, RFA, RG 1.1, Series 200, b. 322, f. 3832. Diese persönliche Kritik geschah offenbar in Unkenntnis der Tatsache, dass Robinson an einer klinischen Depression litt; Robinson an Mumford, 2. 10. 1967, CUL, RBML, Robinson Collection, b. 1.

ursprüngliche Mission des Instituts war erfüllt. Die Russlandforschung hatte sich mittlerweile etabliert. 1946 wurde das Russian Institute als erstes Zentrum der Osteuropa- und Sowjetunionforschung gegründet, 1964 gab es bereits 40 Programme und Zentren für Russland- und Osteuropastudien in den USA. Die Stiftung beklagte, dass die Columbia University das Russian Institute zugunsten anderer regionalwissenschaftlicher Programme zu vernachlässigen begann. Das Russian Institute lief Gefahr, seine führende Rolle in der Sowjetforschung zu verlieren. Charles Burton Fahs, der Direktor der Division of Humanities bei Rockefeller, sprach bereits vom Niedergang des Instituts. Doch auch die Stiftung verlagerte ihre Förderschwerpunkte auf andere Bereiche. Die Russlandforschung verlor mit dem Anbruch der Entspannungspolitik ihre alles überragende Dringlichkeit. China, Südostasien und Afrika gewannen als Gegenstand der »area studies« an Gewicht. Die letzte große Unterstützung für das Russian Institute bewilligte die Stiftung im Mai 1961. Man blieb einander weiterhin verbunden, doch es kam zu keiner weiteren Finanzierung des Instituts. Als Ende der sechziger Jahre nach mehreren Verlängerungen die Fördersumme aufgebraucht war, ging eine wissenschaftliche Ära sang- und klanglos zu Ende.

III Die Stiftung und ihre Feinde: Wissenschaft, Politik und Freiheit im Zeitalter des McCarthyismus

> Now it may be naïve to think that there is a grand liberal tradition (including Zola) whose function was to raise its voice against organized injustice. But liberalism is surely reduced to absurdity if any attack upon the liberal tradition only finds an advocate sustaining and deepening it within the ranks of liberal critics.
>
> Hans Meyerhoff

Der Kalte Krieg war auch ein Krieg um Wissen und Wahrnehmungen. Auf beiden Seiten wurden gewaltige Maschinerien der Wissensproduktion und Wissenschaftsförderung geschaffen.[1] In den USA hatten private Stiftungen daran einen entscheidenden Anteil. Die politische Dimension der Philanthropie wurde bereits im vorangehenden Kapitel gestreift. Ein genauerer und systematischer Blick auf die politische »Rückseite« der Stiftungsaktivitäten ist erforderlich, um zu verstehen, unter welchen Produktionsbedingungen Linksintellektuelle wie Marcuse und Neumann in jenen Jahren arbeiteten. Ohne Zweifel hatte die Forschungsförderung ein politisches Profil. Nach außen hin war es jedoch kaum sichtbar. Die unterschiedlichen Phasen und Positionen der Stiftungspolitik ermöglichen es, die politische und intellektuelle Geschichte des frühen Kalten Krieges am Beispiel der Rockefeller Foundation zu beleuchten. Dabei ergibt sich ein differenziertes Bild. In den Quellen erscheint die Intellektuellengeschichte der späten vierziger und frühen fünfziger Jahre vielfältiger, als es das geläufige Bild der McCarthy-Ära vermuten lässt.[2]

Die entscheidenden Fragen, die bis heute einer Antwort harren, lauten dabei: Wie war es möglich, dass die Stiftung in so hohem Maß linkes, aus der politischen Kultur der Weimarer Republik exportiertes, im Exil transformiertes Wissen förderte? Gab es Grenzen des politisch Zulässigen? Diese Fragen bilden im Folgenden den Hintergrund, wenn die Politik der Stiftung untersucht wird. Grundsätzlich versuchte die Rockefeller Foundation, die ideologischen Einschränkungen des McCarthyismus zu unterlaufen, ohne den antikommunistischen Konsens in Frage zu stellen. Die Stiftung trat öffentlich Anfeindungen entgegen und verteidigte das Ideal der Forschungsfreiheit. Aus diesem

---

1 Diesen Aspekt des Kalten Krieges heben etwa hervor: *Engerman*, Rethinking Cold War Universities; *Hixson*, Parting the Curtain; *Leslie*, The Cold War and American Science; *Lowen*, Creating the Cold War University; *Robin*, The Making of the Cold War Enemy; *Simpson*, Science of Coercion; *Unger*, Cold War Science.
2 Vgl. die beiden maßgeblichen neueren Darstellung, die Biographie von *Oshinsky*, A Conspiracy So Immense, und die politische Kulturgeschichte von *Schrecker*, Many Are the Crimes, die in die umfassende Literatur einführen, selbst aber sorgsam abwägend und differenziert vorgehen; vgl. auch *Schrecker*, The Age of McCarthyism; zum McCarthyismus vgl. auch oben, Kap. II.3.

Grund erwiesen sich gerade die McCarthy-Jahre als glückliche Zeit für die akademische Integration der linken Emigranten. Sie wurden nur selten von den antikommunistischen Listen der USA erfasst – anders als ihre akademischen Schutzherren, die zwar liberale Kalte Krieger aus der Mitte des Establishments waren, sich aber dennoch vor Untersuchungsausschüssen gegen den grassierenden Kommunismusverdacht verteidigen mussten. In der heißen Phase des Kalten Krieges konnte es darum leichter für Emigranten sein, politisch sensible Themen wie die Erforschung des Marxismus-Leninismus zu verfolgen.

Und doch waren auch Institutionen wie die Rockefeller Foundation nicht frei von den ideologischen Tendenzen der Zeit. Eine antikommunistische Grundhaltung war unweigerlich Teil der Stiftungsmentalität. Doch diese Mentalität setzte nicht bereits 1945 und auch nicht sogleich 1947 ein, sie folgte nicht unmittelbar der politischen Lage auf den Fuß. Sie nahm in langwierigen internen Auseinandersetzungen, im Streit unterschiedlicher Begriffe von Politik und Wissenschaft schrittweise Gestalt an. Eine völlig einheitliche Position wurde nie gefunden und nie verordnet. So eng Politik und Philanthropie verzahnt waren, sie blieben doch immer zwei voneinander getrennte Bereiche. Dabei sind im Folgenden drei Entwicklungen zu unterscheiden, die dicht miteinander verknüpft waren und nicht immer scharf voneinander zu trennen sind: (1) die Zusammenarbeit der Stiftung mit Regierungsstellen, (2) die konkurrierenden politischen Konzeptionen von nationaler Sicherheit und akademischer Freiheit in der Stiftung und (3) die Reaktionen der Stiftung auf Angriffe der antikommunistischen Rechten. Die Frühgeschichte des Kalten Krieges ist eine Abfolge komplexer und widersprüchlicher Bewegungen, in der Außenpolitik wie in der Philanthropie.

Als Ausgangspunkt kehrt man am besten noch ein letztes Mal zu dem Selbstbild der Rockefeller-Stiftung zurück, das deren Präsident Fosdick 1948 entwarf. Das Pathos der Philanthropie, das Moment der Selbstinszenierung sind ersichtlich; und doch ist die Tatsache ernst zu nehmen, dass sich die Stiftung am Anfang des Kalten Krieges noch in dieser Sprache an die Öffentlichkeit wandte, die einige Jahre später nicht mehr gesprochen werden konnte:

»Die heutige Krise ist die größte Herausforderung, der sich die westliche Gesellschaft je gegenübergesehen hat. Schon immer war uns bewusst, dass Wissen ein gefährlicher Besitz ist, weil es auch in die falsche Richtung gelenkt werden kann; doch das Wissen, dass diesem Zeitalter in die Hände gegeben wurde, ist für Missbrauch äußerst anfällig – und der Missbrauch könnte so leicht die Hoffnungen und Leistungen der Menschheit zu verwehtem Staub reduzieren –, dass der Schock der Herausforderung uns verwirrt, unsicher und voller Angst zurücklässt.

Wie alle in Furcht versetzten Menschen an allen Orten und zu allen Zeiten ist unsere erste Reaktion physische Gewalt, und wir glauben instinktiv an militärische Macht. Gestehen wir ein, dass in dieser nie dagewesenen Krise ein gewisses Maß an physischer Gewalt unverzichtbar ist. Wir leben nicht in Utopia, und es wäre selbstmörderisch, so zu tun. Gleichermaßen selbstmörderisch wäre es jedoch zu glauben, dass dieser Krise mit Gewalt allein begegnet werden könnte oder dass Maschinen, Macht und Dollars das wesentliche Element einer Lösung bilden.

Die Gegenwart ist ein Moment der größten Herausforderung; nun bestimmt, wie Toynbee sagt, die Art und Weise unserer Antwort die Wahrscheinlichkeit des Überlebens. Die Vergangenheit ist mit den Trümmern von Nationen und Imperien übersät, die versucht haben, den Krisen ihrer Zeit allein mit physischer Gewalt zu begegnen. Unsere Antwort heute darf nicht auf diese niedrigere Ebene beschränkt bleiben. Wenn wir uns nicht zu Größe aufschwingen und unsere Antworten auf eine intellektuelle und ethische Ebene heben, wird unser Schicksal nicht nur dem Schicksal der anderen Nationen gleichen, die uns in der Geschichte vorausgegangen sind, sondern dem Schicksal aller Spezies, ob es Vögel waren oder Brontosaurier, die sich auf Gewaltmethoden und Verteidigungsmaßnahmen verlegt hatten.«

Nach einer Kritik der amerikanischen Konsumkultur kam Fosdick wieder auf den »Konflikt der Ideologien« zu sprechen, der die Welt nun in die Lager erbitterter Gegner teile. Doch die Stiftung stehe für eine andere Welt. Diese

»Welt der Zukunft – wenn überhaupt eine Welt überlebt – wird eine Welt der Vielfalt sein, die von einer Idee des gemeinsamen Interesses zusammengehalten wird. Es wird eine Welt sein, in der viele politische Weltanschauungen und wirtschaftliche Glaubensbekenntnisse toleriert werden, eine Welt, in der sehr unterschiedliche Perspektiven sich zugunsten des Gemeinwohls gegenseitig bereichern.

Unsere Herausforderung in dieser Generation besteht darin, die gemeinsamen Interessen zu entdecken, das Terrain möglicher Zusammenarbeit, die sich überlappenden Gebiete der Neugier und des Mitgefühls, von Hoffnung und gegenseitigem Vorteil, die die menschliche Rasse zusammenschweißen, ohne Rücksicht auf Ideologien und Grenzen.«[3]

Was Fosdick hier vorlegte, war eine Vision der Koexistenz, wie sie 1948 kaum noch denkbar war. Diese ans Utopische grenzende Beschwörung einer menschlichen Gemeinsamkeit zwischen den USA und der Sowjetunion baute Fosdick noch aus:

»Das Gesundheitswesen stellt für niemanden und nirgendwo eine Bedrohung dar. Krebs und Scharlachfieber folgen keiner politischen Ideologie. Es gibt keine marxistische Methode zur Bekämpfung von Anopheles gambiae, die sich von der westlich-demokratischen Methode unterscheiden würde. Die Grundsätze des Sanitärwesens tragen kein russisches oder amerikanisches Etikett. Es besteht kein Unterschied zwischen Tuberkulose in der Sowjetunion und in den Vereinigten Staaten. Kinderlähmung ist in Moskau und Washington gleich, und das menschliche Leid ist in der einen Stadt nicht weniger schmerzlich als in der anderen. Die Welt der Krankheit und des Elends ist nicht geteilt; es ist eine gemeinsame Welt. Was das menschliche Leid betrifft, gibt es wahrlich und tragischerweise nur die eine Welt.

Was für Medizin und Volksgesundheit gilt, trifft auch auf das Gebiet von Natur- und Geisteswissenschaften zu. Es gibt weder französische noch englische Enzyme, weder deutsche noch amerikanische Elektronen. Der zweite Hauptsatz der Thermodynamik ist nicht das Eigentum einer Gruppe oder einer Nation. Tolstoi, Shakespeare, Beethoven und Tschaikowsky gehören der Welt, genauso wie die geistigen Ideen Gandhis nun zum Erbe der Menschheit geworden sind. Das sind einige der gemeinsamen Interessen, deren Wellen über die von Flaggen markierten Grenzen hinwegschwappen und die der Welt eine Idee der Zivilisation vermitteln und eine Idee des geistigen Lebens des Menschen als einer gemeinsamen Leistung.

Allen Belegen des Gegenteils zum Trotz – die Dinge, die die Welt spalten, sind trivial im Vergleich zu den Dingen, die sie einen. Die Gemeinsamkeiten menschlicher Wesen übersteigen bei weitem ihre Verschiedenheiten.«[4]

---

3 Rockefeller Foundation, Annual Report 1947, New York 1948, S. 6f., 12.
4 Ebenda, S. 12f.

Die Stiftung beanspruchte immer noch, durch ihre philanthropische Arbeit die Ordnung des Kalten Krieges zu transzendieren. Zumindest war sie 1948 nicht bereit, die Teilung der Welt auf ihrem Feld zu ratifizieren, auch wenn sie in den folgenden Jahren nicht umhinkam, sich rhetorisch an die politischen Realitäten anzupassen. Fosdicks philanthropisches Pathos war weder bloße Inszenierung noch Täuschung der Öffentlichkeit. Er glaubte an diese Mission. Fosdick, der für kurze Zeit stellvertretender Generalsekretärs des Völkerbunds gewesen war, bis der Senat den amerikanischen Beitritt verweigerte, und der sein Leben der »Volksgesundheit« gewidmet hatte, war seit 1936 Präsident der Stiftung. Seine völkerverbindende Vision von 1948 war auch eine Art Vermächtnis: Noch im selben Jahr folgte ihm der Industrielle und Organisationssoziologe Chester I. Barnard an die Spitze der Stiftung. 1952 wurde Barnard wiederum von Dean Rusk, einem überzeugten Kalten Krieger, als Präsident abgelöst. Doch schon auf Fosdicks eigene Amtszeit traf das vorbehaltlose Bekenntnis zum Internationalismus nicht vollständig zu. Der Kalte Krieg hatte längst Einzug in die Stiftungskultur der Rockefeller Foundation gehalten.

1. Der politisch-philanthropische Komplex

Es gab nicht nur viele Verbindungen zwischen der Rockefeller-Stiftung, den Geheimdiensten und dem State Department. Es gab auch eine direkte Kontaktperson. Charles Burton Fahs war von 1946 bis 1962 die erste Anlaufstelle für R&A- und OIR-Mitarbeiter, die sich an die Stiftung wandten. Fahs selbst war ein R&A- und OIR-Mann. Der Japanhistoriker Fahs leitete seit 1944 die Fernost-Abteilung zuerst in R&A und dann im OIR, bis er 1946 als Assistant Director der Division of Humanities zur Rockefeller Foundation kam, deren Direktor er 1950 wurde.[5] Aber sein Amt ging nicht in der Förderung von kul-

---

5 Eine knappe Biographie von Fahs (1908–1980) findet sich am Anfang seines Stiftungstagebuchs; RFA, RG 12.1, Officers' Diaries, Charles B. Fahs, Reel 1–7. Von 1933 bis 1936 war Fahs, den ein Studienaufenthalt 1929/30 auch nach Berlin geführt hatte, demnach Mitarbeiter des Institute of Pacific Relations, von dem noch die Rede sein wird und auf das sich später die antikommunistische Rechte einschoss. Nach seinem Ausscheiden aus der Stiftung leitete Fahs 1962 bis 1967 als Minister Counselor (Botschaftsrat) die Kulturabteilung der amerikanischen Botschaft in Tokio.

turellen Unternehmungen und geisteswissenschaftlichen Projekten auf. Besonders in seinen ersten Jahren bei der Stiftung hielt er einen intensiven Kontakt mit dem State Department aufrecht.

Eine übliche Praxis der Foundation war es, dass die Mitarbeiter ein offizielles Tagebuch führten, das ihre Aktivitäten vor allem außerhalb der Stiftungszentrale in New York detailliert festhielt. Allein in dem entscheidenden Zeitraum am Anfang des Kalten Krieges zwischen 1946 und 1950 traf Fahs regelmäßig, häufig sogar mehrmals im Monat, mit Regierungsvertretern zusammen. Selbst wenn man wie im Folgenden von den unzähligen Gelegenheiten absieht, bei denen es nicht in erster Linie um politische Zusammenarbeit ging, sondern um Fragen des Kulturaustauschs, bleibt eine hohe Frequenz der Kontakte erkenntlich. Zudem blieb Fahs mit seinen ehemaligen R&A-Kollegen in der akademischen Welt in Verbindung. Aufgrund von Fahs' einflussreicher Stellung in der Stiftung vermittelt sein Tagebuch einen wichtigen und zugleich vielfältigen Einblick in die politisch-philanthropischen Verknüpfungen am Anfang des Kalten Krieges.

Die Fülle von Fahs' Begegnungen und Gesprächen lässt sich nur skizzenhaft andeuten. Mit dem Leiter der Informations- und Kulturabteilung im State Department erörterte Fahs die Auslandsdarstellung und kulturelle Diplomatie der USA. Dabei kam ein Gedanke auf, der im Kalten Krieg noch eine erhebliche Wirkung entfalten sollte – die Idee, staatliche Mittel über Stiftungen zu kanalisieren.[6] Im Außenministerium suchte Fahs einen Monat später seine frühere Mitarbeiterin, die berühmte Anthropologin Cora DuBois, auf, die im Krieg unter anderem die R&A-Außenstelle in Ceylon geleitet hatte und jetzt im OIR der Südasienforschung vorstand. Fahs suchte immer wieder den Rat von DuBois, die Mitte der fünfziger Jahre auf eine Professur in Harvard berufen wurde. Dabei ging es um konkrete Probleme der Forschungsorganisation und um die Zusammenarbeit von Regionalforschung und Regierungsstellen. Wenn sich die Universitäten nicht an die neuen Realitäten anpassten, so warnte DuBois, würde die Regierung die »area studies« ganz übernehmen.

---

6 RFA, RG 12.1, Officers' Diaries, Charles B. Fahs, 20. 9. 1946. Dass amerikanische Stiftungen verdeckte finanzielle Zuwendungen der US-Regierung kanalisierten, ist mittlerweile gut belegt; vgl. etwa *Berghahn*, Transatlantische Kulturkriege; *Hochgeschwender*, Freiheit in der Offensive?; *Saunders*, The Cultural Cold War.

Auf umstrittenen Gebieten der internationalen Politik legte DuBois der Stiftung klare Schritte nahe: Schon während des Krieges hatte sie im OSS dafür plädiert, in Südoastasien antikolonialistische nationalistische Kräfte zu unterstützen, um den Einfluss der Kommunisten auf die Region zu begrenzen. Nachdem ihr Rat ungehört geblieben war und sich das Blatt in Asien gegen die USA gewendet hatte, forderte DuBois die Stiftung auf, gegen die niederländische Kolonialmacht den Nationalisten in Indonesien »Bildungshilfe« zu leisten, was im Interesse der USA liege. Praktische Schritte, etwa zur Herstellung von Schulbüchern und zur Einrichtung eines Studentenaustauschs, wurden gemeinsam erwogen. Ganz in diesem Sinn erklärten auch andere Stellen im Außenministerium Fahs: »Alles, was Ihr [in Indonesien] tun könnt, wird sich zu unseren Gunsten auswirken.« Als Fahs nach neuen Förderschwerpunkten Ausschau hielt, empfahl DuBois die Lektüre von Erich Fromm und Karen Horney, um den Grenzbereich von Literatur, Ethnologie und Psychoanalyse zu erkunden. Gespräche mit OIR-Forschern waren regelmäßig Teil von Fahs' Reisen nach Washington. Immer wieder ging es um die Frage, wie die Rockefeller Foundation eigene Forschungsvorhaben des State Department unterstützen oder vom Ministerium benötigte nichtstaatliche Forschung an Universitäten in Gang setzen könnte. Die Etablierung der Regionalwissenschaften war aus diesem Grund das wichtigste Dauerthema dieser Kontakte. Oft blieb es bei Anregungen, häufig stellte Fahs Kontakte zwischen dem OIR und Forschern her, mitunter machte er konkrete Zusagen.[7]

Diese Fragen beschäftigten auch die Führungsebenen in Washington. Anfang November 1946 besprach Fahs mit Charles G. Stelle die Fortführung eines Plans des State Department, die Beziehungen zwischen Forschern im OIR und an Universitäten zu vertiefen. Stelle stieg später vom Leiter der Fernost-Abteilung im OIR zum einflussreichen

---

7 RFA, RG 12.1, Officers' Diaries, Charles B. Fahs, 25. 10. 1946, 20. 11. 1946, 21. 2. 1947, 14. 3. 1947, 11. 4. 1947, 11. 10. 1947 (DuBois' Warnung), 23. 9. 1947, 24. 1. 1948, 24. 3. 1948, 25. 3. 1948, 12. 4. 1948 (S. 14), 14. 9. 1948, 14.–15. 9. 1948 (DuBois zu Indonesien; ein Jahr später verhandelten die Niederlande unter amerikanischem Druck mit den nationalistischen Kräften und erkannten schließlich die Unabhängigkeit Indonesiens an), 15. 9. 1948 (Schulbücher und »fellowships« für Studenten), 31. 8. 1949, 1. 9. 1949, 10. 11. 1949, 27. 2. 1950, 3. 4. 1950. In Princeton traf Fahs gemeinsam mit Vertretern des State Department auch Harold Lasswell, einen der Väter des Behavioralismus und gefragten psychologischen Berater des Militärs, 1.–3. 4. 1947. – Zu den Schwankungen der amerikanischen Südostasienpolitik vgl. *Frey*, Dekolonisierung in Südostasien.

Mitglied des Policy Planning Staff im Außenministerium auf. Man kam zu dem Schluss: »Die allgemeine Überzeugung lautete, dass viele Abschnitte der für die Außenpolitik notwendigen Forschung außerhalb der Regierung besser durchgeführt werden können.« Stelle und Fahs erörterten bestehende Kooperationen und bürokratische Hürden. Erwartungsvoll sah man der Einrichtung eines Beauftragten für die Zusammenarbeit mit auswärtigen Forschern entgegen, der beim Special Assistant to the Secretary of State for Research and Intelligence angesiedelt sein sollte, dem für das OIR zuständigen stellvertretenden Außenminister.[8] Daraus entstand der External Research Staff des OIR, der Forschungsaufträge vergab und intensive Kontakte zu Stiftungen und Universitäten pflegte.

Einige Monate später besprach Fahs diese Fragen direkt mit dem stellvertretenden Außenminister William Eddy. Wie Eddy darlegte, hatte Außenminister Marshall bei seiner Reorganisation des State Department dafür gesorgt, dass die Forschung wieder einen höheren Stellenwert erhielt. Die Bedeutung des OIR im Apparat sei gewachsen, denn Marshall suche den Rat seines Geheimdienstes. Anders als viele Politiker wisse Marshall, wie man einen Geheindienst nutzte. Er erwarte vor jeder wichtigen Entscheidung

»(a) eine Einschätzung der Situation und (b) eine politische Empfehlung, und er will es von zwei unabhängigen Quellen, damit die Einschätzung nicht von politischen Erwägungen verfälscht wird. Wenn Geheimdienstwissen nicht unabhängig war, brauchte man es gar nicht. [If intelligence was not independent it was not worth having.] Marshall hat auch bei seiner Aussage vor dem Kongress umfassend von diesem Argument Gebrauch gemacht.«

Zugleich gab Eddy seine politische Sorge zu Protokoll, der gerade gegründete National Security Council könnte die Außenpolitik an sich reißen und das State Department in den Hintergrund drängen.[9] Am

---

8 RFA, RG 12.1, Officers' Diaries, Charles B. Fahs, 1. 11. 1946 (Zitat), 4. 8. 1947, 18. 2. 1948; zu Charles Stelles wichtiger Rolle im Policy Planning Staff und den Strategiegremien der psychologischen Kriegführung vgl. *Mitrovich*, Undermining the Kremlin, S. 102–105, 111.
9 RFA, RG 12.1, Officers' Diaries, Charles B. Fahs, 6. 3. 1947; Gesprächsnotiz Fahs, 6. 3. 1947; RFA, RG 2, Series 200, b. 373, f. 2520A; zu Eddy, der nicht nur den Nachrichtendienst des State Department nach dem Krieg reorganisierte, sondern auch als amerikanischer Emissär im Nahen Osten eine wichtige politische Rolle spielte, vgl. *Lippman*, Arabian Knight.

selben Tag machte Fahs noch Felix Frankfurter seine Aufwartung, dem Roosevelt-Vertrauten und Richter am Obersten Gerichtshof der USA. Als Emissär der Stiftung war Fahs ein willkommener Gast in den wichtigsten Kreisen Washingtons. Mit Frankfurter unterhielt sich Fahs darüber, was die Stiftung zum Aufbau eines modernen Rechtssystems im besetzten Japan beitragen könnte. Auch andere Mitglieder der oberen Ränge des State Department, darunter besonders energisch Dean Rusk, suchten über Fahs den Rat der Stiftung bei der Einrichtung von regionalwissenschaftlichen Programmen in den USA und vor allem im Ausland. Im Februar 1948 traf Fahs auch mit seinem einstigen Vorgesetzten Allan Evans zusammen, dem Direktor des OIR. Mittlerweile hatte das OIR mit dem External Research Staff ein bestens funktionierendes Scharnier für eine reibungslose Kooperation mit wissenschaftlichen Institutionen geschaffen. Das erwecke bereits den Neid der CIA, wie Evans mitteilte, die mit dem »bombastischen Programm« eines Konkurrenzunternehmens drohe, sofern Evans nicht den Leiter der Verbindungsstelle, Evron Kirkpatrick, vorübergehend an die CIA ausleihe, um deren Zusammenarbeit mit der Wissenschaft besser zu koordinieren. Das OIR befand sich mit der CIA in einem »Kampf um die Kontrolle der wissenschaftlichen Forschung«, so fürchtete Evans. Langfristig habe die CIA dabei wegen ihres größeren Budgets alle Vorteile auf ihrer Seite.[10]

Auch Kirkpatrick, zuvor Professor für Politikwissenschaften in Minnesota und nun Leiter des External Research Staff, stand mit Fahs in Verbindung. Bei einer dieser Gelegenheiten betonte Kirkpatrick das »deutlich gestiegene Interesse der Regierung an ›area studies‹ an den Universitäten«, obgleich dieses Interesse noch nicht gemeinsam koordiniert werde. Kirkpatrick zählte eine ganze Reihe von Regierungsbehörden auf, die alle gerade die Etablierung und Ausdehnung der Regionalwissenschaften mit erheblichen Summen – in zwei Fällen nannte Kirkpatrick aktuelle Zahlen, 250 000 US-Dollar aus den Töpfen des Heeres und 600 000 US-Dollar der Marine für »foreign area research« – vorantrieben, ohne sich miteinander abzusprechen: die CIA, das OIR

---

10 RFA, RG 12.1, Officers' Diaries, Charles B. Fahs, 6. 3. 1947, 1.–3. 4. 1947, 18. 2. 1948 (Zitate), 31. 8. 1949, 1. 9. 1949, 27. 1. 1950 (Rusk), 26.–29. 6. 1950 (S. 4f.), 4. 8. 1950 (Rusk), 9. 5. 1951 (Rusk). Das gegenseitige Vertrauen war groß. Einmal zeigte sich Allan Evans ein wenig nervös, als er befürchtete, Fahs Material zugeschickt zu haben, das einen »breach of security« darstellen könnte; Evans an Fahs, 13. 1. 1947, 15. 9. 1947; Fahs an Evans, 25. 9. 1947; RFA, RG 2, Series 200, b. 373, f. 2520A.

selbst, die Luftwaffen-Denkfabrik RAND, das Strategic Research Board der Streitkräfte, das Heer, die Marine und die Luftwaffe. Die Verwicklung von Forschung und Streitkräften reichten dabei über die Förderung regionalwissenschaftlicher Programme hinaus:

»Das Heer hat auch ein System von Nachrichtenreserveeinheiten [a system of intelligence reserve units] an den Universitäten aufgebaut. Vierzig Einheiten wurden autorisiert. Jede umfasst sechs Offiziere, vom Oberst bis zum Hauptmann, die aus Lehrenden ernannt und von mindestens sechs Doktoranden unterstützt werden. Diese Personen [...] erhalten ein reguläres Sommertraining im militärischen Nachrichtenwesen [Military Intelligence] in Washington und sind im Notfall sofort abrufbar. Auf diese Weise versucht das Heer sicherzustellen, dass es im Notfall die besten Talente beanspruchen kann (man hat dort immer noch bittere Gefühle wegen des Erfolgs von General Donovan beim Zusammentrommeln aller akademischen Talente am Beginn des letzten Krieges).«

Um nicht den Wettlauf gegen die Streitkräfte zu verlieren, schlug Kirkpatrick vor, im State Department die Zahl der akademischen »consultants« mit Sicherheitsfreigabe zu erhöhen. Zugleich fürchtete er um die »academic freedom«, die Freiheit der Forschung, angesichts dieses verdeckten Einmarsches des Militärs auf dem Universitätscampus. Immerhin verweigere Harvard die Zusammenarbeit mit dem geheimen Förderprogramm des Heeres. Kirkpatricks größere Sorge bestand jedoch darin, der Druck des Militärs könnte die notwendige Spezialisierung in der Regionalforschung an den Universitäten behindern und Oberflächlichkeit belohnen. Denn nur akademische Spezialisierung bringe verlässliche Forschungsergebnisse hervor, die am Ende auch für die Regierung hilfreich waren, darin waren Kirkpatrick und Fahs sich einig.[11] Erneut tauchte damit der politisch-epistemologische Komplex auf. Die Verbindung von avancierter Wissenschaft und politischem Nutzen gehörte zu den gemeinsamen Grundsätzen von OIR und Stiftung. Dass die Streitkräfte mit ihrer Mobilisierung

---

11 RFA, RG 12.1, Officers' Diaries, Charles B. Fahs, 24. 3. 1948, 13. 9. 1948 (Zitate). Nach seiner Zeit im OSS und im OIR wurde Evron Kirkpatrick 1954 Direktor der American Political Science Association. Kirkpatrick hatte dieses Amt bis 1981 inne. Seine Gattin Jeane Kirkpatrick war die amerikanische Botschafterin bei den UN in der Reagan-Regierung; vgl. den Nachruf von *David Binder*, »Evron Kirkpatrick, 83, Director of Political Science Association«, *New York Times*, 9. 5. 1995.

von Hochschullehrern und Studenten immer noch ihre intellektuelle Unterlegenheit gegenüber Donovans OSS zu kompensieren suchten, dürfte den R&A-Veteranen Fahs erfreut haben.

Fahs beriet sich mit Kirkpatrick über größere regionalwissenschaftliche Förderungen der Stiftung. Immer wieder machte Kirkpatrick das Interesse des Außenministeriums am Ausbau der »area studies« deutlich. Solche Bekundungen waren mit der Hoffnung auf finanzielle Unterstützung der Rockefeller Foundation verbunden. Er drängte Fahs, »consultant« des State Department zu werden, und Fahs befragte ihn im Gegenzug zur Forschung im neuen Army-Think Tank Operations Research Office (ORO), dem Fahs bald ebenfalls für »vertrauliche Arbeit als Consultant« zur Verfügung stand. Wiederholt führte Kirkpatrick Fahs umfassend in die Interna der Regierungsförderung von »area studies« ein. Selbst das chronisch unterfinanzierte OIR stellte dafür allein im Jahr 1949 wissenschaftlichen Einrichtungen 200 000 US-Dollar zur Verfügung. Über die Marshallplan-Behörde Economic Cooperation Administration (ECA) standen gar, was selbst Fahs überraschte, 15 Millionen US-Dollar für Forschung in Europa bereit, die das intellektuelle Leben Europas ankurbeln, im Interesse Amerikas eingesetzt und über die amerikanischen Botschaften verteilt werden sollten. Gemeinsam mit Kirkpatrick nahm Fahs an einer geheimen Tagung des ORO teil und erkundigte sich, wie die Stiftung, im Rahmen ihrer Programme und Prinzipien, von Nutzen sein könnte. Das antikommunistische Motiv dieser Partnerschaft wurde ausgesprochen: Es könne nicht so weitergehen, dass die amerikanische Politik manche Länder faktisch »nur jahresweise von den Kommunisten gemietet« habe.[12]

All diese offiziellen und halboffiziellen Fäden von der Stiftung zur Regierung verknüpften sich auf einer großen Konferenz des State Department im April 1951, die sich ausschließlich diesem Thema widmete, der Zusammenarbeit von Regierung und Stiftungen im Dienste der amerikanischen Interessen. Die wichtigsten amerikanischen Stiftungen waren vertreten. Das Außenministerium wurde durch den Minister selbst, Dean Acheson, und eine Reihe seiner Stellvertreter von Edward Barrett bis Dean Rusk repräsentiert. Beide Seiten ließen keinen Zweifel daran, welch enorme Bedeutung sie der politisch-philanthropischen Kooperation zuschrieben. Man vereinbarte gegenseitige

---

12 RFA, RG 12.1, Officers' Diaries, Charles B. Fahs, 18. 5. 1949, 31. 8. 1949, 1. 9. 1949 (200 000 US-Dollar), 18.–22. 9. 1949 (ORO-Tagung), 9. 2. 1950, 3. 4. 1950, 20. 9. 1950 (15 Millionen US-Dollar), 1. 12. 1950.

Abstimmung und intensiven Informationsaustausch. Gerade weil die Stiftungen auf ihre Unabhängigkeit bedacht waren, konnten sie dort ansetzen, wo das State Department sich zurückhalten musste.[13]

Gleichzeitig stand Fahs in diesen ersten fünf Jahren bei der Stiftung in engem Kontakt mit seinen alten Kollegen aus R&A und State Department, die an die Universitäten zurückgekehrt waren. Mit dem bedeutenden Chinahistoriker John K. Fairbank tauschte er sich über die Regionalwissenschaften in Harvard und die Lage in China aus. Arthur Schlesinger forderte mehr »Führung auf dem Gebiet der Geschichte« und lobte, der gemeinsame »Regierungsdienst« habe die historische Perspektive geschärft. Carl Schorske, mittlerweile Assistant Professor an der Wesleyan University, fragte bei Fahs häufig um Rat und finanzielle Hilfe an. Fahs wiederum empfahl den Freund der Stiftung und stellte dessen frühere Verdienste im OSS und für die Stiftung heraus. Mit Robinson hatte Fahs ohnehin immer wieder zu tun, auch unabhängig vom Russian Institute. Der Anteil von Historikern unter den R&A-Kollegen war erheblich. Gern nutzte man darum zum Wiedersehen die Tagungen der American Historical Association jeweils am Jahresende. Ende Dezember 1947 kam es zu einer längeren Diskussion mit den Kriegskameraden Robert L. Wolff, Carl Schorske, Charles Sawyer und Stuart Hughes. Vom Zustand der Profession waren die jungen Historiker enttäuscht. Sie wollten wieder als Team zusammenarbeiten, wie in alten R&A-Zeiten, erläuterten sie Fahs, der sich begeistert zeigte. Man entwarf Pläne und Projekte, Fahs brachte auch die von ihm fachlich bewunderte R&A-Veteranin Cora DuBois und ihre innovativen Anregungen ins Spiel. Nicht alle Vorhaben reiften zur Ausführung. Doch die engen Verbindungen blieben bestehen. Den »old friend« Everett Gleason, mittlerweile im Nationalen Sicherheitsrat, sah er zum Mittagessen. Auch Franz Neumanns Rat suchte Fahs, etwa anlässlich einer Besprechung der American Civil Liberties Union zur Lage in Deutschland. Felix Gilbert setzte sich bei Fahs für Historiker in Europa ein und trug ihm seine fachliche Sorge vor, die Geschichtswissenschaft in den USA konzentriere sich zu sehr auf die Zeitgeschichte. Viele weitere Begegnungen mit R&A-Veteranen kamen hinzu.[14]

---

13 RFA, RG 12.1, Officers' Diaries, Charles B. Fahs, 18.–19. 4. 1951.
14 RFA, RG 12.1, Officers' Diaries, Charles B. Fahs, 5. 10. 1946, 19. 10. 1946 (Schlesinger), 13. 12. 1946, 4. 2. 1947, 4. 8. 1947, 12. 11. 1947 (Schorske), 3. 10. 1947, 14. 10. 1947 (Robinson), 27./29. 12. 1947 (AHA-Tagung), 29. 12. 1947

Fahs hielt als Mittelsmann der Stiftung eine Balance zwischen den Wissenschaftlern im Regierungsapparat, die um die praktischen Probleme von »area studies« wussten, der Führungsebene des Apparats und den alten Kriegskameraden. Auf allen Ebenen zeigte sich die Ähnlichkeit der Herausforderungen, vor denen ein forschungsorientierter Geheimdienst wie das OIR und die Stiftung standen.[15] Bereits der Blick auf Fahs, aus dessen unermüdlichem Knüpfen von Kontakten zwischen New York und Washington hier nur ein kleiner Auszug herausgegriffen wurde, legt eine Partnerschaft von Regierungsinteressen und Stiftungsintentionen nahe. Es handelte sich im Wesentlichen um parallele Projekte. Erstens sahen sich sowohl die Stiftung als auch das State Department zu Beginn des Kalten Krieges gezwungen, einen neuen wissenschaftlichen Zugang zu der Welt zu gewinnen, auf die Amerika sich nun dauerhaft eingelassen hatte. Die globale Präsenz amerikanischer Truppen und Finanzmittel erforderte ein präzises Wissen über die unterschiedlichsten Weltregionen. Man konnte auf den Erfahrungen des Zweiten Weltkrieges aufbauen, aber es waren weitergehende Schritte vonnöten. Zwar gab es wie im Krieg einen Hauptgegner, doch die Zahl der Regionen, die von den »area studies« erforscht wurden, nahm stetig zu. Zweitens stand für beide Seiten die Ausweitung des Wissens über die Welt in einer direkten Beziehung zu den amerikanischen Interessen. Über eine bloße Vertiefung und Vermehrung von Ortskenntnissen hinaus ging es um strategisch verwertbares Wissen, das den USA einen politischen Vorteil verschaffen sollte.[16] Im Idealfall war die regionalwissenschaftliche Forschung gleichzeitig politisch relevant und wissenschaftlich objektiv.

Von einer Demobilisierung der Wissenschaften konnte also keine Rede sein. Der Rhetorik am Kriegsende zum Trotz wurde der intellektuelle Kriegszustand aufrechterhalten. Was Fahs in den Büros und Restaurants von Washington aushandelte, entsprach der Linie, die hinter verschlossenen Türen von der Rockefeller-Stiftung verfolgt

---

(Schorske), 17. 2. 1948, 2. 3. 1948 (Neumann), 29. 12. 1948 (AHA-Tagung), 28. 9. 1949, 18. 11. 1949 (Gilbert); Gleason an Willits, 30. 11. 1950, RFA, RG 1.2, Series 100, b. 58, f. 445.

15 Zudem bestanden konkrete Formen der Zusammenarbeit zwischen CIA, OIR und den Stiftungen im Rahmen der Auftragsforschung; vgl. oben, Kap. I.8. und I.11.

16 Vgl. *Unger*, Ostforschung in Westdeutschland, S. 367; *Engerman*, Know Your Enemy; *McCaughey*, International Studies and Academic Enterprise; ausführlicher dazu im Folgenden in Verbindung mit dem »Eurasia Institute«.

wurde. Um dieselbe Zeit, zu der Präsident Fosdick das Ost und West verbindende Menschheitsinteresse beschwor, erklärte er auf einer Sitzung der Stiftungsdirektoren die Zusammenarbeit mit der Regierung zum Normalfall in Kriegszeiten. Wenn das State Department oder das Verteidigungsministerium Auskünfte über Staaten, Projekte oder Personen verlangten, werde man diese liefern. Die Entscheidung Fosdicks fiel trotz Zweifel seiner Mitarbeiter. Seine Äußerungen lassen nur einen Schluss zu: Im März 1948 zeigte sich Fosdick davon überzeugt, Amerika befinde sich weiterhin »in Kriegszeiten«.[17] Der Kriegszustand gestattete die teilweise Fusion von Stiftungen und Regierung zu einem politisch-philanthropischen Komplex. Doch diese Position war nur eine Etappe eines langen Diskussionsprozesses.

Jenseits der internen Debatte um Normen und Definitionen, auf die noch einzugehen sein wird, gilt allerdings: Die faktische Zusammenarbeit zwischen Regierung und Stiftung war Realität, wie der Fall Fahs' hinreichend belegt. Zahlreiche weitere Beispiele können für die kooperative Praxis der Stiftung herangezogen werden. Sie decken die Grundlagen und die Grenzen der Gemeinsamkeit von Politik und Philanthropie auf. Nicht nur Fahs, die gesamte Stiftung stimmte sich regelmäßig mit dem State Department ab, und längst nicht nur in den unumgänglichen Punkten der Visavergabe oder des Kulturaustauschs. Die umfangreiche Korrespondenz der Rockefeller-Stiftung mit dem Außenministerium im Schlüsseljahr 1947 etwa bestätigt die engen Kontakte. Zugleich jedoch war die Politik, die über diese Kanäle verfolgt wurde, alles andere als eindeutig. Im Mai 1947, einige Wochen nach Verkündung der Truman-Doktrin und in der heißen Phase der Vorbereitung des Marshallplans, nahm sich Marshalls Stellvertreter Dean Acheson, begleitet von seinen Russlandexperten Llewellyn Thompson und Mose Harvey, die Zeit, um mit der Stiftung über ihr Programm in der Sowjetunion zu sprechen. Acheson empfahl dem sozialwissenschaftlichen Stiftungsdirektor Willits, die Versuche voranzutreiben, »amerikanische Studenten nach Sowjetrussland zu bringen. Wir wollen so viele Leute wie möglich nach Russland bringen, aber das ist enorm schwierig.« Von Spionage fiel dabei kein Wort, es ging um akademischen Austausch. Acheson rechnete mit politischem Widerstand in den USA, wenn die Stiftung nur sowjetische Gastwissenschaftler und Studenten nach Amerika einlade, ohne sowjetische

---

17 Sitzungsprotokoll Officers' Conference, 18. 3. 1948, RFA, RG 3.1, Series 900, b. 25, f. 199.

Gegenleistung. Politische Aspirationen flossen dabei durchaus ein: »Ihr Programm, russische Wissenschaftler hierher zu bringen, wird bald einer Schlittenfahrt aufwärts gleichen, wenn es nicht ausgeglichen wird durch den Versuch, Wissenschaftler nach Russland zu bringen, um über die Bedingungen dort zu berichten.« Der Austausch zwischen beiden Seiten sei »entscheidend, um das Monopol des Eisernen Vorhangs aufzulösen«.

Noch war der Weg in den Kalten Krieg nicht unumkehrbar. Willits stimmte Acheson in allen Punkten zu. Die Stiftung wollte ihren Beitrag leisten, für Amerika nützliches Wissen zu gewinnen und die internationale Lage zu entschärfen. Dass die Stiftung sicherheitshalber das FBI von den Details ihrer Austauschprogramme in Kenntnis setzen wollte, stieß auf wenig Begeisterung bei Acheson und seinen Beratern: »Die Antwort war nicht emphatisch.« Die Herstellung von »Kontakten über den Eisernen Vorhang hinweg« war große Weltpolitik. Antikommunistische Schnüffler sollten so wenig wie möglich eingeweiht werden.[18] Der Beginn des Kalten Krieges war von Widersprüchen gekennzeichnet, Widersprüche der Wahrnehmungen, der Politik, der Sprache. Acheson wollte den Austausch mit der Sowjetunion, und gleichzeitig konnte er gegenüber mehreren Stiftungen keinen Monat später vom »notwendigen Expansionismus der Sowjetunion, der sich ihrem Charakters als Polizeistaat verdankt«, sprechen.[19] Nachdrücklich unterstützten Marshall, Acheson und ihre Mitarbeiter das Engagement der Rockefeller-Stiftung in Europa, mitunter regten sie vermehrten Einsatz an, auch jenseits des »Eisernen Vorhangs«, wo die Stiftungsarbeit zunehmend behindert wurde.[20]

Den vielfältigen »Beziehungen der Stiftung zu Regierungs- und Nichtregierungsstellen« versuchte ein Grundsatzpapier 1950 eine ver-

---

18 Memo Willits an Fosdick, 26. 5. 1947, RFA, RG 2, Series 200, b. 373, f. 2520A; die Unterredung fand am 23. 5. 1947 statt.
19 Memo Bryce Wood an Willits, 12. 6. 1947, RFA, RG 2, Series 200, b. 373, f. 2520A; Wood bezog sich auf eine Konferenz im State Department vom 4.–6. 6. 1947.
20 Memo Wood an Willits, 12. 6. 1947; Eleanor Dulles an Willits, 28. 9. 1946, 11. 2. 1947, 11. 3. 1947; Walter Dowling an Willits, 21. 5. 1947; Gesprächsnotiz Fahs, 6. 3. 1947; RFA, RG 2, Series 200, b. 373, f. 2520A; zur Behinderung der Stiftungsarbeit in Ostmitteleuropa siehe Memo Willits an Fosdick, 5. 3. 1948; Memo Appleget an Weaver, 5. 3. 1948; Alan Gregg an Fosdick, 11. 3. 1948; Sitzungsprotokoll Officers' Conference, 18. 3. 1948; Tagebuch John B. Grant, 5. 4. 1948; Tagebuch George K. Strode, 5. 4. 1948; RFA, RG 3.1, Series 900, b. 25, f. 199.

bindliche Form zu geben. John Marshall, einer der stellvertretenden Direktoren der geisteswissenschaftlichen Abteilung, hob prinzipielle Spannungen dialektisch auf. Die höchsten Güter der Stiftung waren ihre Unparteilichkeit gegenüber nationalen Interessen und ihre Unabhängigkeit von Regierungen. Darauf gründete sich ihre Reputation auf der ganzen Welt. Diese Reputation war die Voraussetzung ihrer Arbeit. Dennoch stand man gegenüber der amerikanischen Regierung in der Pflicht. Die »Verpflichtungen gegenüber der amerikanischen Regierung and dem nationalen Interesse Amerikas sind unumstößlich für die Stiftung und ihre Mitarbeiter. Und innerhalb dieser gesetzten Grenzen wurde die Reputation der Stiftung für Unparteilichkeit in ihrer internationalen Arbeit begründet.« Diesen Gegensatz löste Marshall wie folgt auf: Die Stiftung unterstand amerikanischem Recht und würde nie gegen das nationale Interesse der USA handeln, praktisch gesprochen niemand unterstützen, der vorhatte, den USA zu schaden. Unter dieser Bedingung stellte das Papier das Interesse der Menschheit über das nationale Interesse eines Staates. Diese Unabhängigkeit jedoch, wie eine weitere dialektische Volte Marshalls den Gedanken fortführte, sei nicht nur zum Vorteil der Stiftung, sondern auch zu dem des amerikanischen Interesses und der demokratischen Sache überhaupt – denn sie beweise die Überlegenheit des demokratischen Systems gegenüber dem Totalitarismus.

Auf der konkreten Ebene des philanthropischen Alltags stellte das Papier fest, dass man in vielen Bereichen – vor allem im Gesundheits- und Bildungssektor – zwangsläufig in der Praxis mit lokalen Behörden zusammenarbeite und sich generell an Gepflogenheiten wie einen allgemeinen Informationsaustausch halte. Man werde sich jedoch niemals auf die Seite einer Regierung gegen eine andere schlagen.[21] Etwa ein Jahr später trieb Marshall diese Dialektik ein Stück weiter, als er einen Ausbau der »area studies« über den Nahen Osten und des Stiftungsengagements im Nahen Osten strategisch begründete. Die Region sei zentral für die »Wirtschaft und Verteidigung der westlichen Nationen«. Es gebe Anzeichen für einen »radikalen und sogar revolutionären Wandel« in der muslimischen Welt, der die westlichen Inter-

---

21 Pro-51: Marshall, Relations of the Foundation with Governmental and Intergovernmental Agencies, 3. 11. 1950, Zitat S. 4, RFA, RG 3.2, Series 900, b. 29, f. 159; dieses Memorandum wurde nach Auskunft der handschriftlichen Notizen auf dem Titelblatt vom Präsidenten und Vizepräsidenten der Stiftung abgesegnet.

essen bedrohen könnte. Dieses Argument sollte zwar der Notwendigkeit von Förderungen eine besondere Dringlichkeit verleihen. Aber es zeigt, dass die Grenzen des amerikanischen Interesses, innerhalb derer die Stiftung in aller Welt nach den Prinzipien der Unabhängigkeit und der Unparteilichkeit operierte, nach Bedarf unterschiedlich eng oder weit gezogen sein konnten.[22]

Aufschlussreich für die Rücksichten auf das strategische Interesse der USA ist die Rolle, die George F. Kennan spielte, der bereits als Vater der psychologischen Kriegführung gegen die Sowjetunion seinen Auftritt hatte. Kennan stieg erst im Sommer 1947 als »X« mit seinem Artikel »The Sources of Soviet Conduct« zur politischen Berühmtheit auf, unter Eingeweihten hatte sich seine Fama seit dem »Langen Telegramm« vom Februar 1946 verbreitet.[23] Bereits im Januar 1947 galt er der Stiftung als Russlandkenner von geradezu mythischer Aura, der unbedingt als »Leader« eines neuen Russlandprogramms in Harvard gewonnen werden sollte. Doch Kennan blieb im State Department. Nach der Abberufung aus Moskau und einem Sabbatical am National War College kehrte er im April 1947 ins Außenministerium zurück, um den Policy Planning Staff aufzubauen, als strategisches Gehirn des Apparats. Sein Rat war auch bei Rockefeller weiterhin gefragt. Es war auch Kennan, der Isaiah Berlin der Stiftung empfahl. Harvard zog Berlin darum sogleich für eine Führungsrolle beim geplanten Russlandprogramm in Betracht. Berlin wurde gepriesen als »Kennans Gegenüber in England«: Kennan bezeichne ihn als besten Kenner des russischen Denkens, und Richter Frankfurter erkläre, kein Brite habe während des Krieges einen solchen Einfluss in Washington gehabt wie Berlin, Churchills Deuter der »öffentlichen Meinung in Amerika und Russland«.[24]

---

22 Pro-22: Marshall, The Near East, 13. 11. 1951, RFA, RG 3.1, Series 911, b. 2, f. 15.
23 [*George F. Kennan*] X, The Sources of Soviet Conduct; Kennan an das Department of State, 22. 2. 1946, in: FRUS 1946, Bd. 6, S. 699–709; zu Kennans Aufstieg und plötzlichem Ruhm vgl. *Gaddis*, Strategies of Containment, S. 13–52, bes. S. 24f.; *Isaacson/Thomas*, The Wise Men, S. 352–385; *Grose*, Operation Rollback, S. 1–8; vgl. auch oben, Kap. I.8. und I.11.
24 Gesprächsnotiz Willits, Marshall, Evans, 30. 1. 1947; Gesprächsnotiz Willits, 30. 1. 1947; Gesprächsnotiz Evans, 3. 3. 1947 (Zitate); Donald McKay, Harvard, an Evans, 19. 5. 1947; RFA, RG 2, Series 200, b. 369, f. 2493; die von seinem Kollegen Evans kolportierte Wertschätzung Kennans und Frankfurters für Berlin bestätigte der Associate Director of the Division of Humanities, John Marshall, in einer handschriftlichen Randnotiz: »Confirmed by what I have heard.« Zu Berlin vgl. unten, Kap. V.3.

Während Kennan im State Department 1948/49 seiner Eindämmungsstrategie die offensive Gestalt eines geheimen Programms zur psychologischen Kriegführung verlieh, wurde er zum Kopf eines Plans, der Stiftung, Wissenschaft und Geheimdienst zu einer Einheit für den Kalten Krieg zusammenschweißen sollte. Dieses Vorhaben wurde am Ende nicht in die Tat umgesetzt. Dennoch trägt es geradezu paradigmatische Züge. Was in diesem Fall scheiterte, wurde im Kalten Krieg oft und in den unterschiedlichsten Disziplinen wiederholt. Das Ergebnis war der »militärisch-intellektuelle Komplex«.[25] Hier ging es nicht mehr um die vertraute politisch-epistemologische Engführung von wissenschaftlicher Qualität und politischem Nutzen, sondern um ein direktes Zusammenspiel. Die Stiftung hätte sich wohl von Anfang an kaum darauf eingelassen, wenn nicht der Ideengeber Kennan und sein noch prominenterer Fürsprecher Donovan geheißen hätten. Die Operation firmierte unter dem Namen »Eurasia Institute«.[26] Erdacht wurde sie im Policy Planning Staff, wie dessen Mitglied John Paton Davies den Rockefeller-Präsidenten Fosdick Anfang Januar 1948 wissen ließ. Davies war zuvor bereits an seinen Bekannten Fahs herangetreten und hatte auch den omnipräsenten Mosely eingeschaltet. Im Krieg des Wissens gegen Moskau sah sich Washington im Hintertreffen: »Durch die Ausdehnung des russischen Einflusses ist die Regierung von immer größeren Teilen der Welt abgeschnitten, was Wissen und Informationen betrifft.«

In Deutschland hingegen stünde ein ganzes Kontingent von Russland- und Osteuropaforschern bereit. »Das State Department interessiert sich für die Möglichkeit, eine sorgfältig ausgewählte Gruppe dieser Wissenschaftler in dieses Land zu schaffen und sie in einer Art Institut unterzubringen«, erläuterte Davies. Das sei »eine Angelegenheit des nationalen Interesses«, und darum werde es auch keine Probleme mit dem FBI geben, selbst wenn sich Kommunisten oder ehe-

---

25 Vgl. als Überblick mit zahlreichen Literaturhinweisen *Unger*, Cold War Science; *Engerman*, Rethinking Cold War Universities; *Lowen*, Constructing the Cold War University; *Robin*, The Making of the Cold War Enemy; *Leslie*, The Cold War and American Science. Den Begriff »militärisch-intellektueller Komplex« prägte Leslie, ebenda, S. 208.
26 Hinweise darauf finden sich bei *Cumings*, Boundary Displacement, S. 164; *Diamond*, Compromised Campus, S. 103–108; *Simpson*, Blowback, S. 115; Diamond identifiziert die Operation jedoch nicht als »Eurasia Institute«, und Simpson ist besonders an dem im Folgenden nur nebenbei erwähnten Aspekt der Rekrutierung von Nazi-Slawisten interessiert.

malige Nazis unter den nach Amerika gebrachten Gelehrten befänden. Das Projekt sah eine Größenordnung von bis zu 50 Wissenschaftlern vor, die man an der Library of Congress oder in Harvard anzusiedeln beabsichtigte. Die deutsche Ostforschung sollte nach Amerika exportiert werden, ergänzt um das Wissen versprengter osteuropäischer Gelehrter, die sich in Deutschland als Flüchtlinge gesammelt hatten. Davies zeigte sich überzeugt, dass dieses Labor der Gegnerforschung einen großen wissenschaftlichen Nutzen abwerfen würde. Zugleich machte er keinen Hehl daraus, woran das State Department interessiert war: an strategisch verwertbaren Informationen über die *terra incognita* jenseits des »Eisernen Vorhangs«.[27]

Die Stiftung war grundsätzlich nicht bereit, ein solches Regierungsprojekt direkt zu finanzieren. Für den Fall, dass ein offizielles akademisches Dach wie der SSRC oder der ALCS gewonnen würde, bekundete die Rockefeller-Stiftung jedoch ihre Bereitschaft zur Unterstützung.[28] Die Pläne des Außenministeriums wurden konkreter. Im Auftrag Kennans erkundete Mosely, der wichtigste außenpolitische Berater der Stiftung, ob die Zustimmung des SSRC zu erwirken war. Allerdings sprach sich Mosely intern gegen das Vorhaben aus. Nicht zuletzt weil das State Department auch politisch fragwürdige Gelehrte nach Amerika transportieren wollte, hatte der liberale Kalte Krieger Mosely den Eindruck gewonnen, dieses Gegnerforschungsinstitut sei »vollständig ein Teil der Rüstungsoffensive gegen Russland, und dass wir, als objektive Forscher, nichts damit zu tun haben können«.[29] Für Mosely war eine Grenze überschritten. Der spätere Förderer Marcuses zögerte nicht, den Geheimdiensten selbst als Berater zur Verfügung zu stehen. Doch die Trennlinien zwischen Wissenschaft und Politik mussten klar gezogen sein, bei aller Durchlässigkeit. Man konnte Gelehrter und Geheimdienstberater sein, aber nicht bei-

---

27 Memo Fosdick an Willits, Marshall, 6. 1. 1948 (Zitate); Memo Willits an Marshall, D'Arms, Fosdick, 9. 1. 1948; Memo D'Arms an Fosdick, 13. 1. 1948; siehe zum Kampf um Wissen auch Mosely, Memorandum on Eurasian Research Institute, 19. 10. 1948; RFA, RG 2, Series 200, b. 407, f. 2744.
28 Fosdick an Davies, 16. 1. 1948, RFA, RG 2, Series 200, b. 407, f. 2744.
29 Memo Willits an Wood, Fosdick, Evans, 2. 3. 1948; Memo Mosely, 3. 3. 1948; RFA, RG 2, Series 200, b. 407, f. 2744. Moselys Memorandum war eine Zusammenfassung der bereits weit fortgeschrittenen Planungen im State Department, wie sie ihm John Davies, Evron Kirkpatrick vom OIR und Francis Stevens von der Osteuropa-Abteilung präsentiert hatten. Zu Moselys Bedeutung in der Stiftung vgl. Willits an Geroid T. Robinson, 18. 6. 1948, CUL, RBML, Robinson Collection, b. 6, f. Correspondence R (1).

des gleichzeitig. Mosely glaubte, diese Rollen könnten im Namen der Objektivität auseinandergehalten werden. Ein als Stätte der Gelehrsamkeit verkleidetes Geheimdienstzentrum, das sich der intellektuellen Aufrüstung verschrieben hatte, widersprach seinen Prinzipien.

Mit dieser Haltung stand er in der Rockefeller Foundation nicht allein. Warren Weaver, der naturwissenschaftliche Direktor, war der glühendste Antikommunist in der Stiftung und ein entschiedener Kalter Krieger.[30] Zugleich war er von einer professionellen Integrität, so dass er dem neuen Stiftungspräsidenten Barnard eindringlich von diesem Unternehmen abriet:

»Ich mag den (vorläufigen) Geruch der Sache nicht. Wenn es sich wirklich um ein intellektuelles Unternehmen handelt, bin ich völlig gegen ein isoliertes Institut, das vom lebenswichtigen wissenschaftlichen Kontakt mit jungen Leuten (Rekrutierung, Ausbildung etc.) abgeschnitten ist. Wenn es sich um eine Nebenstelle der Geheimdienste handelt, die dafür vorgesehen ist, ausländische Experten einzufrieren und auszupressen, dann klingt es für mich nicht nach R[ockefeller] F[oundation].«[31]

Barnard war allerdings wie sein Vorgänger Fosdick beeindruckt von der intellektuellen Präsenz Kennans. Fürsprecher aus der Industrie, die von Mitarbeitern Kennans mobilisiert worden waren, traten an die Stiftung heran. Schließlich gewann Kennan sogar William Donovan für die Idee.[32] Der zur lebenden Legende gewordene Gründer und Direktor des OSS operierte nach seinem kurzen Zwischenspiel als Ankläger bei den Nürnberger Prozessen zwar wieder von seiner Anwaltskanzlei an der Wall Street aus. Seine Mission war jedoch immer noch der geheime Krieg gegen die Feinde Amerikas. In der psychologischen Kriegführung, die Kennan ersonnen hatte, erblickte er

---

30 Weaver spielte eine Schlüsselrolle bei der Förderung der Naturwissenschaften in Westeuropa nach dem Zweiten Weltkrieg. Er war John Krige zufolge ein wichtiger Manager auf dem Feld der Wissenschaftspolitik, der zur Herstellung einer »consensual hegemony« der USA über Europa beitrug. Dabei gab Weaver immer wieder seine antikommunistische Grundhaltung zu erkennen, die jedoch zwischen den unterschiedlichen politischen Kontexten in Amerika und Europa zu differenzieren wusste. Vgl. *Krige*, American Hegemony, S. 54f., 68, 76–81, 101–104, 118f., 123–126, 135–138, 146–151, 256–258, 269.
31 Handschriftliche Erwiderung Weavers auf dem Memo Barnard an Division Heads, 8. 10. 1948, RFA, RG 2, Series 200, b. 407, f. 2744.
32 Memo Barnard an Division Heads, 8. 10. 1948, RFA, RG 2, Series 200, b. 407, f. 2744.

den richtigen Weg im Kampf gegen die Sowjetunion – und die Chance, die Bedeutung des Geheimdienstapparats in der Regierungsarchitektur zu stärken.[33]

Donovan nahm die Angelegenheit in seine einflussreichen Hände. Als Institutspräsidenten wollte er den stellvertretenden Marineminister gewinnen, »der einiges Gespür für den intellektuellen Bereich hat und der auch über erhebliche Mittel und gesellschaftliches Ansehen verfügt«. Für den Posten des Forschungsdirektors schwebte ihm der skeptische Mosely vor. Auch die Standortfrage entschied Donovan endgültig zugunsten der Library of Congress. Donovan werde bald Konkretes besprechen, kündigte Stiftungspräsident Barnard seinen Mitarbeitern an: »Ich vermute, General Donovan wird wahrscheinlich hier hereinplatzen, sobald er die Wahl Deweys durchgeboxt hat.« Barnard war begeistert von Donovans Fähigkeit, die Dinge gleichzeitig von der wissenschaftlichen Perspektive und »vom Gesichtspunkt des nationalen Interesses aus« zu sehen. Auf die wissenschaftliche Funktion legte Barnard offenbar weniger Wert, denn er schrieb an Donovan: »Der bezwingendste Aspekt des Vorhabens ist die nachrichtendienstliche Funktion, die das Institut für die Regierung übernehmen könnte.«[34]

Der Glamour der Geheimdienstwelt hatte Barnard offenbar vom Pfad der philanthropischen Tugend abgebracht. So wenig Donovan die Wahl Thomas Deweys gegen Präsident Truman durchsetzen konnte, so wenig war das Projekt der Stiftung angemessen. Mosely beharrte unerbittlich auf den grundsätzlichen Differenzen zwischen politischen und philanthropischen Interessen in diesem Fall. Die Operation »Eurasia Institute« schien ihm interessant, doch eine finanziell von der Luftwaffe bestens ausgestattete Denkfabrik wie RAND schien ein besser geeigneter Partner zu sein als die Rockefeller-Stiftung. Dennoch ließ Mosely sich als amtierender Vorsitzender des Joint Committee on Slavic Studies des ACLS darauf ein, unter dessen akademischen Auspizien die Planung des Instituts weiterzuverfolgen.[35] In einem Memorandum vom Oktober 1948 zeichnete Mosely die Genea-

---

33 Vgl. *Grose*, Operation Rollback, S. 102f.; zu Donovan vgl. auch oben, Kap. I.1 bis I.3.
34 Memo Barnard an Division Heads, 8. 10. 1948, RFA, RG 2, Series 200, b. 407, f. 2744; Barnard an Donovan, 28. 10. 1948, Carlisle Military Institute, William J. Donovan Papers, b. 73a, zit. nach *Cumings*, Boundary Displacement, S. 164.
35 Memo Mosely an Willits, 13. 10. 1948; Mosely an Davies, 13. 10. 1948; Memo Mosely an Willits, 23. 10. 1948; RFA, RG 2, Series 200, b. 407, f. 2744.

logie des Unternehmens nach. Das »Eurasia Institute« war demnach eine späte Geburt aus dem Geist der intellektuellen Mobilisierung im Zweiten Weltkrieg: »Der Zweite Weltkrieg hat einen plötzlichen und unermesslichen Bedarf nach genauen Informationen und nach vertieftem Wissen über die politischen, wirtschaftlichen, soziologischen und kulturellen Verhältnisse in allen Regionen der Welt geschaffen. Die Wissenschaftler der Nation wurden zum Regierungsdienst gerufen.« Das war das Vorbild. Das »Eurasia Institute« sollte nun im Kalten Krieg dazu beitragen, die gewaltigen Wissenslücken über die Sowjetunion zu schließen, jenes »riesige Schattenreich« des amerikanischen Wissens. Diese politische Konzeption kleidet Mosely in akademische Sprache ein. Modernste Forschungsmethoden, namentlich »Gruppenforschung« (group research), sicherten den wissenschaftlichen Anspruch.[36]

Doch Mosely war nicht bereit, die gesamte Operation in die Obhut des ACLS zu nehmen. Sein Slawistik-Komitee leistete nur Starthilfe; so stellte es Kontakte zu amerikanischen Russlandforschern her.[37] Auch als die prominenten Kolumnisten Joseph und Stewart Alsop von dem Plan erfuhren und sich in der *Washington Post* hinter ihn stellten,[38] blieb Mosely bei seiner ablehnenden Haltung. Am Ende setzte er sich gegen den Präsidenten der Stiftung durch. Mosely hatte, gemessen an den Prinzipien der Stiftung, die besseren Argumente auf seiner Seite. Der Kern seiner Einwände blieb die mangelnde »eindeutige Unterscheidung zwischen Nachrichtendienst- und Forschungsfunktionen« bereits am Anfang der Operation. Die Eigendynamik des Vorhabens, so machte er der Stiftung deutlich, werde unweigerlich die nachrichtendienstliche Seite immer mehr in den Vordergrund spielen: Das Interesse der Regierung richte sich vor allem auf die Geheimdienstfunktion, und in Washington isolierte ausländische Wissenschaftler ohne Anschluss an das akademische Leben der USA müssten zwangsläufig im Bannkreis der Geheimdienste verharren.[39] Moselys

---

36 Mosely, Memorandum on Eurasian Research Institute, 19. 10. 1948, RFA, RG 2, Series 200, b. 407, f. 2744.
37 Gesprächsnotiz Mosely, 30. 10. 1948, RFA, RG 2, Series 200, b. 407, f. 2744.
38 *Joseph und Stewart Alsop*, »Ignoring a Hole in Iron Curtain«, *Washington Post*, 31. 10. 1948. Die Alsops hielten allerdings die Vorwahlzeit für einen schlechten Zeitpunkt, um Gelehrte nach Amerika zu bringen, unter denen sich ehemalige Kommunisten und sowjetische Funktionäre befanden. Die »unorthodoxe Idee« hielten sie grundsätzlich für brillant.
39 Memo Mosely an Willits, 24. 11. 1948, RFA, RG 2, Series 200, b. 407, f. 2744.

Logik und Integrität waren nicht zu überwinden. Sie brachten das Projekt zu Fall. Denkbar blieben die Unterstützung einzelner Wissenschaftler oder Vernetzungsleistungen, wie Mosely sie erbracht hatte. Als Finanzier der Operation schlug man Donovan hingegen RAND vor.[40] Kennan und Donovan versuchten, die Stiftung umzustimmen, indem sie das Institut nun so wenig wie möglich nach Geheimdienststelle aussehen ließen, die wissenschaftlichen Aspekte betonten und sogar eine Leitung durch Kennan selbst in Aussicht stellten. Sie blieben ohne Erfolg.[41]

Barnards Begeisterung für den Geheimdienstaspekt hatte den skeptischen Mitarbeitern in der Stiftung ausreichend Argumente gegen das »Eurasia Institute« verschafft. Dabei schien nicht einmal Mosely die ganze Vorgeschichte der Operation zu kennen. Anfang März 1948 verfasste Davies, einer der engsten Mitarbeiter Kennans, ein Memorandum des Policy Planning Staff, in dem das »Eurasia Institute« in einen größeren strategischen Kontext gerückt wurde. Das Papier, »Utilization of Refugees from the Soviet Union in U.S. National Interest« betitelt, wurde von der Führungsebene des Ministeriums gebilligt und dem State-Army-Navy-Air Force Coordinating Committee und dem National Security Council vorgelegt.[42] In der Diskussion der psychologischen Strategie gegen die Sowjetunion gewann zunehmend der Gedanke an Bedeutung, durch Anreize zum Überlaufen und zur Flucht das sowjetische System im Innern zu schwächen. Von hochrangigen Überläufern erhoffte man sich zudem Informationen über die Lage in der Sowjetunion, um Angriffspunkte für die psychologische Kriegführung zu bestimmen.[43]

Das Ziel war, »Flüchtlingsressourcen« anzuzapfen, um strategisches Wissen zu sammeln: »zum Schließen von Lücken in unserem gegenwärtigen Geheimdienstwissen, in unserem öffentlichen Informationssystem und bei unseren politisch-psychologischen Operationen«. Ohne den Namen »Eurasia Institute« zu nennen, war dieses Unternehmen darin eingeschlossen: Davies erwähnte ausdrücklich das

---

40 Memo Willits an Barnard, 16. 11. 1948, 23. 12. 1948; Barnard an Donovan, 28. 12. 1948; RFA, RG 2, Series 200, b. 407, f. 2744.
41 Gesprächsnotiz Mosely, 13. 1. 1949; Donovan an Barnard, 26. 1. 1949.
42 PPS 22/1, Utilization of Refugees from the Soviet Union in U.S. National Interest, 4. 3. 1948, zit. nach *Diamond*, Compromised Campus, S. 103 f.
43 Vgl. *Mitrovich*, Undermining the Kremlin, S. 78–80. Die Kenntnisse der nationalsozialistischen Ostforschung spielten kaum noch eine Rolle; vgl. dazu aber *Simpson*, Blowback, bes. S. 115.

Projekt, »nicht mehr als 50 qualifizierte Sozialwissenschaftler«, »Displaced Persons« aus Deutschland, in die USA zu bringen, um die Russlandaufklärung zu verbessern und die »Propagandaaktivitäten« gegen die Sowjets zu verstärken. Das sollte unter akademischer Tarnung geschehen, etwa durch den SSRC. Diese deutschen und osteuropäischen Russlandforscher sollten wie andere den Regierungsinteressen nützliche Flüchtlinge und Überläufer ins Land gebracht werden, ohne dass »unberechtigte Personen« von der Verantwortung der Regierung erfuhren. Es musste sichergestellt sein, »dass die US-Regierung die Verantwortung abstreiten kann, wenn die Operation enttarnt wird«.[44] Die Doktrin der »Plausible Deniability« hatte Kennan zur Grundvoraussetzung einer effektiven psychologischen Kriegführung erklärt.[45] Aus Sicht der Planer in Washington war das »Eurasia Institute« eine Geheimdienstoperation, auch wenn sie bei der Rockefeller-Stiftung und am möglichen Standort Harvard mitunter einen anderen Eindruck zu erwecken versuchten.[46]

Der unausgesprochene strategische Hintergrund, vor dem die Operation »Eurasia Institute« eingeleitet wurde, ging weit über das von Davies vorgesehene Anzapfen von Emigrantenwissen hinaus. In diesem Fall kam es auf die Aufklärungsfunktion an, doch das war nur ein Aspekt der Geschichte. Osteuropäische Emigranten spielten eine tragende Rolle in den Konzeptionen einer aggressiven Eindämmungsstrategie, wie sie Kennan und sein Policy Planning Staff sowie das nicht zuletzt auf Kennans Initiative 1948 gegründete Office of Policy Coordination (OPC) unter der Leitung von Frank Wisner verfolgten. 1952 ging das OPC als Directorate of Plans in der CIA auf. Von der

---

44 PPS 22/1, Utilization of Refugees from the Soviet Union in U.S. National Interest, 4. 3. 1948, zit. nach *Diamond*, Compromised Campus, S. 103–106.
45 Vgl. *Mitrovich*, Undermining the Kremlin, S. 21, 45.
46 Zum Nachweis der Korrespondenz zwischen Davies und Kirkpatrick einerseits und Harvard-Verantwortlichen wie Donald McKay und Clyde Kluckhohn andererseits, die sich zeitlich mit den Kontakten zur Rockefeller Foundation überschnitt, vgl. *Diamond*, Compromised Campus, S. 107f. – Davies reaktivierte das Prinzip des »Eurasia Institute« einige Zeit später noch einmal mit dem Vorschlag, einen »Brain Trust« von Linksintellektuellen zusammenzustellen, um Strategien gegen das kommunistische China zu entwerfen. Ohne seinen engen Freund Kennan überlebte Davies nicht lange im Apparat. Der Chinaexperte im diplomatischen Dienst und Freund des R&A-Veteranen und Harvard-Chinahistorikers John Fairbank geriet in die Mühlen der »China Lobby« und des McCarthyismus und wurde 1954 entlassen; vgl. *Stöver*, Die Befreiung vom Kommunismus, S. 101f.; *Davies*, Foreign and Other Affairs, S. 11.

Öffentlichkeit abgeschirmt und finanziell üppig ausgestattet aus den Gegenwertmitteln des Marshallplans – mit einem Budget, das von anfänglich 4,7 Millionen auf beinahe 200 Millionen US-Dollar im Jahr 1952 stieg –, setzte das OPC Kennans Strategie der psychologischen Offensive gegen den Kommunismus und der Subversion der sowjetischen Herrschaft in die Tat um.[47]

Man versuchte immer wieder, Emigrantengruppen zu einer schlagkräftigen politischen Opposition zusammenzuschmieden, was oft an den nationalen und ideologischen Differenzen unter den osteuropäischen und russischen Emigranten scheiterte. Erfolgreicher operierte das OPC mit der Gründung des National Committee for a Free Europe, als dessen erster Vorsitzender Allen Dulles fungierte. Das Komitee koordinierte nicht nur die Aktionen von Emigrantengruppen, sondern stand auch hinter der Einrichtung von Radio Free Europe und Radio Liberty in München, die, getarnt als Stimmen privater Opposition, gegen die Sowjetherrschaft hinter den »Eisernen Vorhang« sendeten. Das OPC und danach die CIA finanzierten auch die Intellektuellenorganisation Congress for Cultural Freedom (CCF) und platzierten mit Michael Josselson einen Agenten im organisatorischen Herzen des Kongresses.[48] Aufklärung und politische und psychologische Kriegführung erschöpften die strategischen Konzepte Kennans und das Arsenal des OPC allerdings nicht. Ende der vierziger und Anfang der fünfziger Jahre setzten das OPC und seine britischen Partner immer wieder von ihnen militärisch ausgebildete und ausgerüstete Emigrantengruppen aus der Luft oder von See aus hinter dem »Eisernen Vorhang« ab, um Widerstandsbewegungen anzustacheln. Diese Operationen, in Albanien, Jugoslawien, den ehemaligen baltischen Staaten oder der Sowjetunion, schlugen regelmäßig fehl. Im Rahmen dieser frühen Variante des »Containment«, die wesentlich auf Emigranten setzte, fand das geplante »Eurasia Institute« seinen Platz.

Man muss nicht so weit gehen wie Bruce Cumings, der in der Idee des »Eurasia Institute« das Modell schlechthin der »area studies« im Kalten Krieg erkennt, die von Anfang an von der Verquickung von

---

47 Vgl. *Grose*, Operation Rollback, S. 87–118; *Mitrovich*, Undermining the Kremlin, S. 18–23; *Stöver*, Die Befreiung vom Kommunismus, S. 54–72, 209–215; *Pisani*, The CIA and the Marshall Plan.
48 Vgl. *Grose*, Operation Rollback, S. 121–143; *Hochgeschwender*, Freiheit in der Offensive?, bes. S. 169, 218–229, 559–571, 589–592; *Stöver*, Die Befreiung vom Kommunismus, S. 121–160, 180–215, 283–370, 413–444.

Politik, Geheimdiensten, Wissenschaft und Stiftungen geprägt waren.[49] In jedem Fall war es ein Beispiel für den Versuch von Regierungsstellen, auf direktem oder indirektem Wege die regionalwissenschaftliche Gegnerforschung zu kontrollieren. Es gab auch unmittelbare Nachwirkungen. Sigmund Diamond zufolge bestand eine Verbindung zwischen dem fehlgeschlagenen Projekt und dem Russian Research Center (RRC) in Harvard, wo in den Anfangsjahren Militär, CIA und FBI Hand in Hand mit akademischen Russlandforschern wirkten. Einige der für das »Eurasia Institute« vorgesehenen Aufgaben wurden faktisch vom RRC übernommen. Auch Marcuse war 1953/54 Mitarbeiter des RRC.

Die Zusammenarbeit zwischen Regierung und Stiftungen war eine übliche Praxis, der politisch-philanthropische Komplex eine Realität. Dennoch gab es für die Rockefeller Foundation Grenzen der Kooperation. Das Spannungsverhältnis zwischen einer Philanthropie, die in der Wissenschaftsförderung zumindest prinzipiell den Idealen objektiver Forschung verpflichtet war, und dem Diskurs und den Apparaten der nationalen Sicherheit wurde in diesem Fall auf die Spitze getrieben. Nicht immer lassen sich so klare Positionierungen ausmachen. Die Debatte um das »Eurasia Institute« mit ihren beiden scharf voneinander unterschiedenen Denkschulen mutet geradezu idealtypisch an. In ihr kommen auch die politischen Vereinbarungen und Verwerfungen innerhalb der Stiftung zum Vorschein, denen sich der folgende Abschnitt widmet.

2. Die nationale Sicherheit und die Freiheit der Wissenschaft

Die nationale Sicherheit war für die Rockefeller-Stiftung zuerst eine außenpolitische Angelegenheit. Die innenpolitische Kollision von akademischer Freiheit und nationalem Sicherheitsdiskurs kristallisierte sich mit einigen Jahren Verspätung heraus. Am Anfang stand die Frage, ob man die Wissenschaftsförderung in Osteuropa fortsetzen

---

49 Vgl. *Cumings*, Boundary Displacement, S. 164f. Ein noch prominenterer und einflussreicherer früher Versuch, einen politisch-intellektuell-philanthropischen Komplex zu schaffen, der unmittelbar den strategischen Interessen der USA diente, war das in Kap. I.8. erwähnte »Project Troy«.

könnte. Als der heraufziehende Konflikt zwischen den USA und der Sowjetunion nicht mehr zu übersehen war, musste die Stiftung entscheiden, ob sie ihre Kontakte hinter dem »Eisernen Vorhang« aufrechterhalten wollte, solange ihr Engagement im Osten oder Westen nicht für illegal erklärt würde. Wie das nachdrückliche Interesse Dean Achesons und des State Department am wissenschaftlichen Austausch mit der Sowjetunion demonstrierte, stieß die Stiftung in Washington vorerst auf Billigung ihrer Kontakte in den Osten. Die Verschärfung der Lage erforderte aber eine Regelung der Konditionen, unter denen eine Mittelvergabe nach Osteuropa denkbar war. Vor diesem Hintergrund spielte sich anfangs die Auseinandersetzung in der Stiftung um philanthropische Freiheit und nationale Sicherheit ab. Erneut spiegelt sich dabei im Raum der Philanthropie die von Uneindeutigkeiten und widersprüchlichen Entwicklungen gekennzeichnete Frühgeschichte des Kalten Krieges.

Ein Vorspiel ereignete sich in den letzten Tagen vor der Verkündung des Marshallplans. John Foster Dulles traf Ende Mai 1947 Stiftungsmitarbeiter zum Mittagessen. Die außenpolitische Eminenz der Republikanischen Partei, zugleich Mitglied des Vorstands der Rockefeller Foundation, machte einen Vorschlag: Er stellte sich eine aktive Rolle der Stiftung dabei vor, »den Propagandaoperationen der Sowjetunion etwas entgegenzusetzen, besonders in Westeuropa«. Das Bild Amerikas in der europäischen Öffentlichkeit müsse aufpoliert werden. Den Sowjets sei es gelungen, die USA als »kapitalistische Maschine mit imperialistischen Ambitionen« darzustellen, »während die Vereinigten Staaten in Wirklichkeit nicht imperialistisch sind, sondern für eine Gesellschaft stehen, in der das Individuum die größtmögliche Freiheit besitzen kann«. Dieses Bild sollte man der Welt vermitteln, und die Stiftung »sollte einen Anteil an der Verbreitung haben«. Dulles ging dabei nicht so weit, der Stiftung »spezifische Techniken«, also konkrete Maßnahmen, vorzuschlagen. Ihm schwebte jedoch etwas Größeres als nur Stipendien- und Austauschprogramme vor. Seine Absicht war, das Bewusstsein der Stiftung für den Propagandakrieg und Ideenkampf zu schärfen, der auf der internationalen Bühne entbrannt war. Die Stiftungsmitarbeiter deuteten Dulles' Worte als einen Appell an ihre Verantwortung, sich für das gute globale Ansehen einer Gesellschaft einzusetzen, »die jene Freiheiten garantiere, ohne die die Rockefeller-Stiftung selbst nicht existieren könnte«, womit offenbar die Freiheit zur unbegrenzten Anhäufung von Kapital und zur uneingeschränkten philanthropischen Ausgabe desselben gemeint war.

Dulles' Ansinnen stieß in der Stiftung auf Skepsis. Für Bryce Wood von der sozialwissenschaftlichen Abteilung stand fest: »wenn die R[ockefeller] F[oundation] Versuche unterstützen sollte, die Westeuropäer davon zu überzeugen, die Demokratie statt des Kommunismus zu wählen, dann würde eine solche Unterstützung im Ausland als Propaganda betrachtet«, ganz gleich, auf welchen Namen man in Amerika solche Programme taufe. Die Stiftung habe einen guten Ruf zu verlieren, warnte Wood, und sie sollte sich nicht in eine Lage begeben, »in der die Verteidigung ihrer Richtlinien und Praktiken auf semantischen Spitzfindigkeiten beruhen muss«. Statt sprachlicher Täuschungsmanöver forderte Wood eine klare Aufgabenverteilung: »Die Beeinflussung der Wahl von Franzosen oder Italienern ist eindeutig ein politischer Job.« Diese Aufgabe werde von der Regierung erkannt und wahrgenommen. Die Rockefeller-Stiftung sei immer dem Verdacht politischer Einflussnahme ausgesetzt. Darum musste der Stiftung Wood zufolge alles daran liegen, ihre Reputation der Unabhängigkeit und Unparteilichkeit zu verteidigen. Käme Rockefeller in den Ruch der Propaganda, würde es ein großer Teil der Welt als einen Beleg für »*gleichschaltung* in our democracy« werten. Was nicht hieß, Wood wäre das Ansehen Amerikas gleichgültig gewesen: Die Stiftung könne »den Beweis für die Vielfalt und Freiheit antreten, die allein in einer Demokratie möglich sind, in dem sie [die Stiftung] sich von jeglicher Verbindung zu Propaganda fernhält. [...] Die RF sollte nicht nur als ein Symbol bestehen bleiben, sondern als konkreter Beweis für das Interesse der Demokratie am Fortschritt des Wissens und an wissenschaftlichen Unternehmungen in einer Zeit, in der der Prozess der Politisierung voranschreitet.« Wenn sich die Stiftung als »unser eigenes bestes Modell der Demokratie« verstehe, werde sie sich weiterhin auf die Vergabe von Fördermitteln und Stipendien für Wissenschaftler in Europa beschränken – und zwar, ihrem traditionellen Prinzip entsprechend, allein auf der Grundlage wissenschaftlicher und nicht politischer Kriterien.[50]

Wood ging es in erster Linie um die Verteidigung der philanthropischen Freiheit. Diese Bemerkungen mochten auf den Kalten Krieg eingestimmten politischen Experten naiv erscheinen, doch der wissenschaftliche Stiftungsmitarbeiter verstand die Regeln des Ideenkrieges

---

50 Memo Wood an Willits, 3. 6. 1947, Some Comments about RF and counter-Russian propaganda (John Foster Dulles luncheon, May 27th, RFA, RG 3.1, Series 900, b. 25, f. 199).

besser als Dulles. Zumindest verstand er sie so wie die CIA und das State Department, die in der größtmöglichen Unabhängigkeit vom offiziellen Amerika die wichtigste Voraussetzung einer erfolgreichen Propagandaoperation sahen. Der Congress for Cultural Freedom wurde darum auf genau diese Weise organisiert.[51] Die Rockefeller-Stiftung ließ sich auf Dulles' Vorschlag nicht ein. Sie konzentrierte sich auf ihre klassischen Fördergebiete und setzte sich auch weiterhin in Osteuropa ein. Politische Einschränkungen erschwerten dort zunehmend, wissenschaftliche Projekte oder medizinische Geräte zu finanzieren. Im Juli 1947 entfielen darum bereits mehr als die Hälfte der Stiftungsmittel jenseits des »Eisernen Vorhangs« auf Jugoslawien, wo die Rockefeller Foundation offenbar weiterhin willkommen war.[52]

Allerdings war Osteuropa im Jahr 1947 nicht die einzige politische Problemzone. Auch der Umgang mit Francos Spanien bereitete der Stiftung Kopfzerbrechen. Dabei zeigte sich, dass der antikommunistische Diskurs längst noch nicht alle Spuren der antifaschistischen Stimmung der Kriegsjahre beseitigt hatte. Im Februar 1947 belebte John Marshall von der geisteswissenschaftlichen Abteilung den Geist des Antifaschismus wieder, als er die Stiftungsposition bekanntgab, keine intellektuellen Beziehungen zu Spanien aufzunehmen. Zu seinen Gewährsleuten zählten spanische Exilrepublikaner in Frankreich. Dagegen wurde der Einwand erhoben, die Stiftung unterhalte auch Kontakte nach Russland. Doch Marshall hielt im Namen der Stiftung das faschistische Regime Spaniens zu diesem Zeitpunkt für weitaus weniger respektabel als die kommunistische Sowjetunion: Immerhin war die UdSSR anders als Spanien Mitglied der UNESCO und ein geschätzter wissenschaftlicher Austauschpartner. In letzter Instanz habe die Stiftung eine moralische Entscheidung gefällt, ließ er einen amerikanischen Freund Spaniens wissen: »Die Grundlage dieser Haltung ist die einfache Tatsache, dass die Franco-Regierung die letzte verbleibende Regierung auf die Welt ist, die den verfügbaren Beweisen zufolge alles ihr Mögliche für einen Sieg der Nazis getan hat. Hätten nicht eigennützige Erwägungen [Spanien] von einer aktiven Teilnahme am Krieg auf Seiten der Achsenmächte abgeschreckt, so wäre es ein Verbündeter der Achsenmächte gewesen. Aus diesem Grund wurde Spanien von einer Mitgliedschaft in den Vereinten Nationen

---

51 Vgl. *Berghahn*, Transatlantische Kulturkriege, S. 270–291; *Hochgeschwender*, Freiheit in der Offensive?, S. 218–229, 559–575.
52 Memo Appleget an Fosdick, 24. 7. 1947, RFA, RG 3.1, Series 900, b. 25, f. 199.

ausgeschlossen.« Eine politische Hintertür ließ sich die Stiftung jedoch offen. Sollte das Franco-Regime sich wider Erwarten dauerhaft in Spanien festsetzen, werde man zurückkommen und das geistige Leben Spaniens nicht im Stich lassen. So geschah es auch, in begrenztem Umfang, Jahre später. Doch der Stiftung, meinte Marshall, liege nun vor allem daran, den vom Nationalsozialismus zerstörten Ländern beim wissenschaftlichen Wiederaufbau beizustehen – in Ost und West, wie der Hinweis auf Polen deutlich machte.[53]

Es lässt sich also nicht behaupten, die Rockefeller-Stiftung habe sich in vorauseilendem Gehorsam reibungslos dem Paradigmenwechsel vom Antifaschismus zum Antikommunismus unterworfen. Nur zögerlich gab die Stiftung antifaschistische Positionen auf. Parallel traten in der Stiftung Verfechter politischer Unabhängigkeit, Verteidiger der antifaschistischen Kriegskoalition und Befürworter eines antikommunistischen Kurses auf. Es gab keine eindeutige Linie. Ideologisch polarisierte Diskurse koexistierten friedlich innerhalb der Stiftung. Das war der philanthropische Alltag. Der Antikommunismus nahm in Gestalt des Antitotalitarismus in dem Maß an Bedeutung zu, in dem der Antifaschismus an Rückhalt verlor. Eine Konstante zwischen den ideologischen Pendelschwüngen war das einmal mehr, einmal weniger erfolgreiche Beharren auf Unabhängigkeit und Unparteilichkeit.

Eine Entscheidung fiel nach dem kommunistischen Staatsstreich in der Tschechoslowakei im Februar 1948. Die Rockefeller-Stiftung konnte nicht mehr frei agieren. Das Verhältnis von philanthropischer Freiheit und nationaler Sicherheit wurde nach den sich überschlagenden Ereignissen in Prag neu austariert. Im März kam es zu einem intensiven Prozess des Nachdenkens, der mit einem Beschluss des Stiftungskuratoriums Anfang April 1948 abgeschlossen wurde. Willits und Mosely beklagten die »gelehrten Opfer dieses jüngsten Belegs totalitären Terrors«. Den Flüchtlingen konnte man helfen. Mit den »Freunden« in der Tschechoslowakei musste man den Kontakt abbrechen, um sie nicht zu gefährden. Wer Verbindungen in den Westen hatte, machte sich im Osten verdächtig. Das war die Hauptsorge der Mitarbeiter, und sie begründete die Einstellung der Beziehungen zu tschechoslowakischen Partnern. So beteiligte man sich etwa nicht wie geplant an den Feierlichkeiten zum 600-jährigen Bestehen der Karls-Universität in Prag. Diese Schutzmaßnahmen wurden jedoch als vor-

---

53 Lewis Hanke an Marshall, 5. 2. 1947; Marshall an Hanke, 11. 2. 1947; RFA, RG 2, Series 795, b. 391, f. 2639.

übergehend deklariert. Grundsätzlich waren sich die Mitarbeiter der Stiftung einig, im sowjetischen Machtbereich präsent bleiben zu wollen: »Geneigt zu bleiben und die Kontakte in Länder hinter dem ›Eisernen Vorhang‹ und der Satellitengruppe aufrechtzuerhalten, bis wir vertrieben werden«, vermerkte ein Sitzungsprotokoll die Haltung des Stiftungspräsidenten.[54]

Erst das »Board of Trustees«, das Kuratorium der Stiftung – unter dessen zwanzig Mitgliedern befanden sich John D. Rockefeller, John Foster Dulles, Weltbank-Präsident John J. McCloy, der im Jahr darauf zum ersten Hochkommissar in Deutschland ernannt wurde, und der *New York Times*-Herausgeber Arthur Hays Sulzberger – erweiterte diese nach wie vor primäre Fürsorgepflicht um zwei weitere Motive, bei denen erstmals innenpolitische Bedenken zum Vorschein kamen: Bei Kontakten jenseits des »Eisernen Vorhangs« galt erstens die Maxime, niemanden in Gefahr zu bringen. Zweitens war bei allen Engagements auch die öffentliche Reaktion und das Ansehen der Stiftung in den USA in Betracht zu ziehen. Drittens durfte die Stiftung keine Projekte unterstützen, die – oder deren Resultate – möglicherweise den USA oder ihren Verbündeten Schaden zufügen könnten.[55]

Dennoch blieben diese Punkte bis zum Herbst 1948 umstritten. Die Ambivalenzen der Debatte tauchten immer wieder auf. Fosdick bestand darauf, weiterhin in Osteuropa Flagge zu zeigen und Wissenschaftler dort nicht im Stich zu lassen. Zur selben Zeit sprach er vom Kriegszustand; »in Zeiten des Krieges« sei die Stiftung zur Zusammenarbeit mit den amerikanischen Behörden verpflichtet. Auch hier ging es zunächst aber allein um außenpolitische Aspekte und nicht um den Druck antikommunistischer Gruppen in den USA. Was Fosdick befürwortete, war, das FBI über Stipendiaten aus dem Osten zu informieren oder dem Außen- und dem Verteidigungsministerium Fragen

---

54 Memo Willits an Fosdick, 5. 3. 1948; Memo Appleget an Weaver, 5. 3. 1948; Fosdick an Gregg, 11. 3. 1948; Sitzungsprotokoll Officer's Conference, 18. 3. 1948 (Zitat); Tagebuch Grant, 5. 4. 1948; Tagebuch Strode, 5. 4. 1948; RFA, RG 3.1, Series 900, b. 25, f. 199. Auf der Sitzung vom 18. 3. 1948 wurde auch endgültig die Idee verworfen, erneut ein »Refugee Scholar Program« wie zur Zeit der nationalsozialistischen Herrschaft einzurichten. Anders als bei den Flüchtlingen aus dem Nazi-Machtbereich damals gebe es jetzt genügend andere Organisationen, die sich geflüchteter Gelehrter aus der kommunistischen Welt annähmen.
55 Board of Trustees, Sitzungsprotokoll, Nr. 48710, 6./7. 4. 1948; Sitzungsprotokoll Officers' Conference; RFA, RG 3.1, Series 900, b. 25, f. 199; Rockefeller Foundation, Annual Report 1948, New York 1949, S. x.

über die Lage in Osteuropa zu beantworten. Wenn er oder andere Stiftungsmitarbeiter im Frühjahr 1948 von Sicherheitsrisiken sprachen, war die Gefahr für osteuropäische Stipendiaten gemeint. Wenn sie sich angesichts des »anschwellenden Gefühls des Schreckens und der Hysterie in diesem Land« um das öffentliche Ansehen, die »public relations«, der Stiftung in den USA sorgten, ging es anders als im Kuratorium um ein konkretes Szenario: Nach Amerika eingeladene Stipendiaten könnten nach ihrer Rückkehr in den sowjetischen Machtbereich in den Propagandakrieg gegen den Westen ziehen und dabei auf ihre Erfahrungen und Kenntnisse als Rockefeller-Fellows zurückgreifen.[56]

Auch nach dem Beschluss von Anfang April 1948 bildeten sich unter den Trustees verschiedene Fraktionen. Es gab Kalte Krieger und weniger »kalte«. Dulles nahm eine mittlere Position ein. Die aggressive Linie führte Sulzberger an, der alle naturwissenschaftlichen Förderungen in Osteuropa stoppen wollte, um den Sowjets keine potentiell kriegswichtigen Kenntnisse und Techniken zu liefern. Warren Weaver, der Direktor der naturwissenschaftlichen Abteilung, schloss sich an. Man könne nicht mehr zwischen »gefährlichen« physikalischen und »ungefährlichen« biologischen Forschungen trennen. Weaver imaginierte sogar einen dritten Weltkrieg:

»Unter den Bedingungen des modernen totalen Krieges ist jedes Element wissenschaftlicher Stärke von sehr großer [...] Bedeutung. Es gibt natürlich die unsagbar schreckliche Möglichkeit, dass ein dritter Weltkrieg nicht atomar, sondern biologisch geführt wird. Und wenn es einen dritten Weltkrieg geben sollte, und wenn dieser wieder zu Lasten der gesamten Bevölkerung geben wird, dann sind Nahrung, Medikamente und viele andere Dinge genauso entscheidend wie die besonderen Waffen, die von Physikern und Ingenieuren entwickelt werden.«[57]

Die Ereignisse entfalteten eine Eigendynamik. Nachdem der Gedanke an die öffentliche Stimmung in den USA vom Kuratorium in die

---

56 Fosdick an Gregg, 11. 3. 1948 (Zitat); Sitzungsprotokoll Officer's Conference, 18. 3. 1948 (Zitat); Tagebuch Grant, 5. 4. 1948; RFA, RG 3.1, Series 900, b. 25, f. 199.
57 Weaver an Fosdick, 13. 4. 1948 (Zitat); Fosdick an Barnard, 20. 4. 1948; RFA, RG 3.1, Series 900, b. 25, f. 199. Vgl. auch *Krige*, American Hegemony, S. 123. Weaver wich zu Anfang der fünfziger Jahre von dieser extremen Position wieder ab und nahm eine moderatere Einschätzung der Lage vor; vgl. ebenda, Anm. 27.

Welt gesetzt worden war, breitete er sich immer weiter aus. Anfragen von Stiftungsmitarbeitern in Europa überschlugen sich. Es herrschte zunehmende Ungewissheit, welche Vorhaben man noch unterstützen könnte und welche nicht, in welchen Ländern man aktiv werden könnte und in welchen nicht. Ungarn wurde schließlich abgeschrieben, kurzfristig auch Finnland, das de facto in der sowjetischen Einflusssphäre lag; selbst Fragen zu anderen skandinavischen Ländern tauchten auf. Plötzlich mischten sich in die Rücksprachen, die sich eigentlich um Osteuropa drehten, auch Hinweise auf die politische Haltung von Förderungskandidaten in Westeuropa. Bei angesehenen Wissenschaftlern wie dem britischen Genetiker J. B. S. Haldane wurden jetzt kommunistische Sympathien erwähnt. Das Problem war komplexer als in den USA. In Dänemark hatten, wie Weaver Fosdick berichtete, 9,3 Prozent für die Kommunistische Partei gestimmt, kommunistische Neigungen schadeten Wissenschaftlern dort nicht. In Europa war man in der Lage, genauer zwischen den unterschiedlichen politisch radikalen Spezies zu differenzieren als in Amerika. In Großbritannien versicherten selbst Konservative, es komme nicht auf die Politik eines Forschers an: »good science is good science« – gute Wissenschaft ist gute Wissenschaft.[58]

Gleichermaßen wollte die Stiftung weder das Vertrauen westeuropäischer Wissenschaftler noch die eigene Stellung in den USA verspielen. Dass plötzlich überhaupt nach politischen Ansichten gefragt wurde, war ein Anzeichen dafür, dass die Stiftung einerseits in den Sog des Dogmas amerikanischer Antikommunisten geriet, Kommunisten seien immer und ausnahmslos von Moskau aus ferngesteuert.[59] Zugleich bewahrte sich selbst ein Kalter Krieger wie Weaver den Blick für die feinen Unterschiede. Kommunisten waren nicht gleich Kommunisten, von unabhängigen Linken gar nicht zu reden.[60] Zuletzt gab es die angestammte Praxis, von der Politik eines wissenschaftlich würdigen Förderungskandidaten abzusehen. So kam es zu schnellen Positionswechseln und widersprüchlichen Entscheidungen. Den Mitarbei-

---

58 Weaver an Fosdick, 13. 4. 1948; Strode an Grant, 14. 4. 1948; Grant an Strode, 14. 4. 1948; Weaver an Fosdick, 2. 5. 1948; Tagebuch Weaver, 18.–28. 5. 1948 (Zitat); Memo Harry M. Miller an Fosdick, 3. 6. 1948; Willits an Mosely, 11. 6. 1948; RFA, RG 3.1, Series 900, b. 25, f. 199. Vgl. auch *Krige*, American Hegemony, S. 124f.
59 Vgl. etwa *Schrecker*, Many Are the Crimes, S. 119–200; *Selverstone*, Constructing the Monolith.
60 Tagebuch Weaver, 18.–28. 5. 1948, RFA, RG 3.1, Series 900, b. 25, f. 199.

tern wurde einerseits eingeschärft: »Die Stimmung zu Hause berücksichtigen. Wir können nicht völlig dagegen anrennen. Auch im Sinn behalten, dass die Verantwortlichen nichts tun sollen, was der R.F. Probleme einträgt oder die westliche Welt und die USA untergräbt.« Gleichzeitig sah man sich immer noch als »Brücke zwischen den Ideologien«.[61] Weaver war weder bereit, den Sowjets Hilfe zukommen zu lassen, noch Spitzeldienste für die amerikanische Regierung zu leisten, und er beruhigte westeuropäische Forscher: In der Stiftung spreche man über politische Positionen, aber man gebe keine Informationen an staatliche Stellen weiter. Diese Linie wurde vom Stiftungspräsidenten zuerst bestätigt und wenige Tage später modifiziert: Es bleibe bei dem alten Prinzip, »dass unsere Unterstützung ohne Ansehen der Rasse, des Glaubens, der Hautfarbe oder der politischen Meinung verliehen wird« – dennoch sei jeder politisch fragwürdige Fall in der Zentrale zu beraten. Die Kollision von philanthropischem Prinzip und politischem Druck, von nationaler Sicherheit und Freiheit der Wissenschaft blieb unaufgelöst. Skandinavien einschließlich Finnland strich Präsident Fosdick jedoch von der Liste der Länder, mit denen man vorläufig die Kontakte aussetzte.[62]

Was das Engagement in Osteuropa anging, erreichte man Einigkeit. In klarer totalitarismustheoretischer Logik diente schließlich die politische Unabhängigkeit der Stiftung als Argument für den Abbruch der Förderungen im Osten. Wo Politik und Ideologie die Gesellschaft durchdrangen und Parteimitglieder an allen Schaltstellen saßen, konnte von einer freien Wissenschaft und folglich von unabhängiger Philanthropie keine Rede sein. Um das anhaltende Interesse an Osteuropa zu demonstrieren, sandte man vorerst nur Bücher und Zeitschriften hinter den »Eisernen Vorhang«. Das galt anfangs auch für Jugoslawien, obwohl Tito mit Moskau gebrochen hatte. Erst im Sommer 1953 wurde diese Entscheidung revidiert.[63] Nachdem der vorläufige Schlusspunkt in der Debatte um Förderungen im Ostblock erreicht

---

61 Strode an Grant, 14. 1. 1948, RFA, RG 3.1, Series 900, b. 25, f. 199.
62 Weaver an Fosdick, 13. 4. 1948; Strode an Grant, 14. 4. 1948; Grant an Strode, 14. 4. 1948; Weaver an J. S. Fruton, 2. 5. 1948; Weaver an Fosdick, 2. 5. 1948; Fosdick an Weaver, 6. 5. 1948; Fosdick an Weaver, 12. 5. 1948 (Zitat); RFA, RG 3.1, Series 900, b. 25, f. 199.
63 Taylor an Strode, 11. 10. 1948; Gesprächsnotiz D'Arms, 28. 9. 1949; Memo Fosdick an Weaver, 13. 1. 1950; RSM an Struthers, 12. 5. 1950; RFA, RG 3.1, Series 900, b. 25, f. 199; Sitzungsprotokoll Officers' Conference, 2. 6. 1953, RFA, RG 3.1, Series 900, b. 25, f. 200.

war, nahm erst die Auseinandersetzung um politische Subversion im Innern der USA an Fahrt auf. Nicht mehr Osteuropa, wo die Beziehungen bis zu einem Tauwetter auf Eis lagen, sondern Amerika selbst entwickelte sich zur Problemzone der folgenden Jahre.

Die Stiftung wurde gegen ihren Willen in einen Konflikt verwickelt, den der neue Ton ihres Präsidenten im August 1949 ankündigte. Auf Druck von außen formulierte Chester Barnard eine »fundamentale Richtlinie«, die sich weiterhin um Balance bemühte, aber erstmals die antikommunistischen Sprachregelungen in Amerika berücksichtigte. Barnard betonte »unsere Bereitschaft und unseren Wunsch, diejenigen mit schlechtem Charakter auszuschließen – Mitglieder subversiver Organisationen werden als solche betrachtet; und schließlich eine Ablehnung der Verantwortung, wenn Kandidaten vom State Department oder dem Justizministerium genehmigt worden sind«. Das hieß im Umkehrschluss: Gefördert werden konnte, wer vom State Department ins Land gelassen wurde und nicht Mitglied einer vom Generalstaatsanwalt als subversiv bezeichneten Organisation war. Die Stiftungsmitarbeiter waren nicht angehalten, eigene Ermittlungen anzustellen oder alle »antisubversiven« Listen zu konsultieren. Sie hatten zwei Schritte einzuhalten: Zuerst den Rat von »Freunden« der Stiftung einzuholen – was bedeutete, sich beim üblichen wissenschaftlichen Begutachtungsprozess durch das Netzwerk der Vertrauensleute auch nach der politischen »Loyalität« eines Kandidaten zu erkundigen. Und zweitens Vorbehalte des Justizministeriums ernst zu nehmen. Barnard verschwieg nicht seine Bedenken angesichts dieser Entwicklung: »Ich bin gegenwärtig sehr darüber besorgt, dass dieser Trend der Sicherheits- und Loyalitätskriterien auf eine schädliche Einschränkung des natur- und geisteswissenschaftlichen Lebens hinausläuft.« Dieser Balanceakt stieß in der Stiftung weithin auf Zuspruch. Dulles stellte sich hinter diese Lösung.[64]

---

64 E. C. Watson, California Institute of Technology, an Barnard, 9. 8. 1949; Barnard an Division Directors, 18. 8. 1949 (Zitate); Barnard an Watson, 18. 8. 1949; Dulles an Barnard, 7. 9. 1949; Memo Weaver an Barnard (Entwurf), 27. 10. 1949; Memo Weaver an Barnard, 1. 11. 1949; Memo Weaver an Barnard, 1. 12. 1949; RFA, RG 3.1, Series 900, b. 25, f. 199. Widerstand regte sich nur bei Warren Weaver, der für strengere Gesinnungstests eintrat. Weavers Reaktion erfolgte in ungewöhnlicher Schärfe. Dabei plädierte er nicht einfach für eine engere Zusammenarbeit mit der Regierung. Mit einer Vehemenz, die sich ins Satirische steigerte, protestierte er vor allem gegen die Unentschiedenheit und den Kompromisscharakter von Barnards Beschluss.

Die ausgegebene Linie hatte dennoch nicht lange Bestand. Der politische Druck nahm zu. Immer häufiger kollidierten die fundamentalen Prinzipien der nationalen Sicherheit, wie der antikommunistische Diskurs sie definierte, und der Freiheit der Wissenschaft, der die Rockefeller-Stiftung konstitutiv verpflichtet war. Es war vor allem der Wunsch, nicht in die amerikanischen »Sicherheitsstreitfragen« verwickelt zu werden, der eine Wiederaufnahme von Kontakten nach Jugoslawien im Januar 1950 ausschloss.[65] Zur selben Zeit weichte die Stiftung ihre Haltung auf, vorab keine Erkundigungen über ausländische Kandidaten einzuholen, sondern das Ergebnis der Visaverfahren abzuwarten. Es wurde nun dem Ermessen des einzelnen Stiftungsmitarbeiters überlassen, bei den amerikanischen Botschaften anzufragen.[66]

Das Hauptproblem waren jedoch nicht Ausländer, bei denen man die Verantwortung für die Einreise auf das State Department abwälzen konnte, sondern amerikanische Staatsbürger – und zwar diejenigen, die auf den berühmten »Listen« auftauchten, was auf die deutsch-jüdischen Emigranten nur äußerst selten zutraf. Im März 1950 wurde die Stiftung öffentlich attackiert, weil sie angeblich Subversive finanziert hatte. Auf Anraten von Dulles und Rusk wuchs die Bereitschaft, enger und aktiver mit dem Justizministerium zusammenzuarbeiten, um Schaden vom öffentlichen Ansehen der Stiftung abzuwenden. Ein regelmäßiger Informationsaustausch wurde vorgesehen. Die Stiftung ließ sich darauf ein und fürchtete zugleich, von den Behörden als Hilfstruppe für Gesinnungstests behandelt zu werden. Fraglich blieb, wie – wonach die antikommunistische Rechte verlangte – längst vergangene Verfehlungen ans Tageslicht gebracht und beurteilt werden sollten. Ehemalige Kommunisten konnten sich schließlich in überzeugte Demokraten verwandelt haben. Die Mechanismen des Verdachts wurden als permanenter ideologischer Ausnahmezustand empfunden, der die Arbeit behinderte. Die »Loyalitätsuntersuchungen und die Verdächtigungen oder Anschuldigungen der Illoyalität« waren aus Sicht der Stiftung unberechenbar und konnten jeden treffen.[67]

---

65 Fosdick an Weaver, 13. 1. 1950; RFA, RG 3.1, Series 900, b. 25, f. 199.
66 Memo Flora M. Rhind an alle Mitarbeiter, 18. 1. 1950, RFA, RG 3.1, Series 900, b. 25, f. 199.
67 Memo Barnard an Principal Officers, 9. 3. 1950; Dulles an Barnard, 20. 4. 1950; Barnard an Dulles, 25. 4. 1950; Dulles an Barnard, 28. 4. 1950; Memo D'Arms an Lindsley F. Kimball, 6. 5. 1950 (Zitat); Memo D'Arms an Kimball, 12. 5. 1950; RFA, RG 3.1, Series 900, b. 25, f. 199; Memo Weaver an Barnard, 22. 1. 1951; Weaver an George Beadle, 18. 5. 1951; RFA, RG 3.1, Series 900, b. 25, f.

Dabei ging es ihr um die Prävention von Anschuldigungen. Wie die Stiftung mit bereits erhobenen Verdächtigungen umgehen sollte und ob der Verdacht allein jede Förderung ausschloss, blieb normativ unbestimmt. Man kann die Haltung der Stiftung in den Fällen dieser Zeit nur aus ihrer Praxis rekonstruieren, wie dies im folgenden Teilkapitel geschieht.

Als schließlich ein Abgeordneter des Repräsentantenhauses die Stiftungen selbst angriff und einen Untersuchungsausschuss androhte, nahm die Rockefeller Foundation ab August 1951 eine Neubestimmung ihrer Position vor. Immerhin stand scheinbar alles, nämlich das Privileg der Steuerbefreiung, auf dem Spiel. Angst machte sich bemerkbar, obwohl die Angreifer nur parlamentarische Hinterbänkler waren und keine existenzielle Gefahr darstellten. In dieser Phase ließ die Widerstandskraft gegen den McCarthyismus erheblich nach. Es gab Mitarbeiter, die weiterhin die Forschungsfreiheit hochhielten, und andere, die sich nun in den »national security discourse« integrierten. Charles Burton Fahs hatte bereits zuvor den Gegensatz von »Freiheit des Denkens« und Kommunismus betont, aber beklagt, dass ein verbindlicher Maßstab fehle.[68] Nun fasste Fahs als Arbeitsgrundlage für die Stiftung die Kernfragen zusammen, deren Klärung nicht länger

---

200. – Allerdings bleibt aus heutigem Forschungsstand festzuhalten, dass der McCarthyismus zwar Unschuldige traf, aber nicht jeden treffen konnte, wie die Stiftung annahm. Die meisten derer, die vor Untersuchungsausschüssen auf Bundes-, Staats- oder lokaler Ebene erscheinen mussten und mit Anklagen oder Verdächtigungen überzogen wurden, hatten einmal der Kommunistischen Partei angehört, ihr nahegestanden oder Organisationen angehört oder unterstützt, in denen Kommunisten mehr oder minder großen Einfluss ausübten, vor allem auf dem Gebiet des kulturellen und akademischen Austauschs und des sozialen Engagements – etwa gegen die Segregation der Afroamerikaner oder in Gewerkschaften. In den dreißiger Jahren hatte die Kommunistische Partei der USA eine nicht unbedeutende Rolle in der amerikanischen Gesellschaft gespielt. Berührungsängste von Linken und Liberalen hatten in der Roosevelt-Ära und im Zeitalter der Volksfront erheblich abgenommen. Insofern war der Kreis potentiell Betroffener begrenzt, auch wenn fast niemand sich eines Vergehens wie des Aufrufs zum Umsturz oder der Spionage für die Sowjetunion schuldig gemacht hatte. Exkommunisten konnten sich wiederum dann von negativen Sanktionen befreien, wenn sie als Zeugen die Namen von einstigen »Mitverschworenen« nannten, was vor den Untersuchungsausschüssen als ein Ritual der Reue praktiziert wurde. Vgl. etwa *Schrecker*, The Age of McCarthyism, S. 5, 63–70; *dies.*, Many Are the Crimes, S. 3–41, 86–115.
68 Pro-21: Fahs, The Program in the Humanities. Excerpt from Trustees' Confidential Report, Februar 1951, S. 21–33, Zitat S. 25, RFA, RG 3.1, Series 911, b. 2, f. 15.

auszuweichen war: Bestand die Notwendigkeit »neuer Vorgehensweisen«? Mussten die Mitarbeiter in jedem Fall die Liste des Generalstaatsanwalts konsultieren? Zog eine Erwähnung automatisch die Ablehnung eines Antrags nach sich? Waren weitere Erkundigungen einzuholen, wenn der Antragsteller in keiner Organisation Mitglied war, die auf einer solchen Liste auftauchte? Wenn der Antrag von einer vertrauenswürdigen Institution wie der Columbia University gestellt wurde, konnte man sich dann wie bisher auf die Verantwortung der Institution verlassen, oder war die Stiftung jetzt verpflichtet, jeden Beteiligten individuell zu überprüfen?

Dann stellte sich jedoch die Frage, bei der es um die Grenze zwischen gesetzlich legitimiertem und völlig ungehemmtem McCarthyismus ging: »Wie umfassend müssen sie die amtlichen Quellen zu Rate ziehen? Nichtamtliche Quellen? Sollte um die Meinung der Mitarbeiter des McCarran-Ausschusses ersucht werden? [Wie steht es um] die Akten von ›Counterattack‹? Um Antikommunisten wie Budenz [...]?«[69] Das Senate Internal Security Subcommittee des konservativen Demokraten Pat McCarran, neben McCarthys eigenem Permanent Investigating Subcommittee das wichtigste Instrument des McCarthyismus im Senat, hatte sich im Sommer 1951 auf das Institute of Pacific Relations eingeschossen, das lange von der Rockefeller-Stiftung gefördert worden war. »Counterattack« war eine Publikation des antikommunistischen Extremismus, der Exkommunist Louis Budenz ein »professioneller Zeuge«, der regelmäßig und auch gegen Bezahlung vor Untersuchungsausschüssen auftrat.[70] Damit wurde erstmals denkbar, nicht nur mit der Regierung, sondern mit der extremen antikommunistischen Rechten im Kongress, in den Medien und der Öffentlichkeit zusammenzuarbeiten. Es waren nicht nur rhetorische Fragen. Fahs blieb in seiner Vorlage unentschieden. Es ging weiterhin, wie er darlegte, um einen Balanceakt zwischen den Erwartungen der amerikanischen Regierung und Bevölkerung, dem Prinzip der politischen Unabhängigkeit und der globalen philanthropischen Verantwortung.[71]

---

69 Kimball an Barnard, 20. 8. 1951; Fahs, Questions for Discussion with CIB, 31. 8. 1951 (Zitat); Barnard an Principal Officers, 12. 9. 1951; RFA, RG 3.1, Series 900, b. 25, f. 200.
70 Vgl. *Schrecker*, The Age of McCarthyism, S. 50, 55f., 64, 75–79, Zitat S. 77; *dies.*, Many Are the Crimes, S. 203–305.
71 Fahs, Questions for Discussion with CIB, 31. 8. 1951, RFA, RG 3.1, Series 900, b. 25, f. 200.

Für Joseph Willits lagen die Antworten auf der Hand: Die Liste des Generalstaatsanwalts musste man konsultieren, aber eine Erwähnung darauf führte nicht automatisch zur Ablehnung, sondern gab Anlass zu genaueren Erkundigungen. Direkter Kontakt zum McCarran-Ausschuss, der in Willits' Augen die Hysterie anheizte, kam nicht in Frage. Auch Willits wollte auf die nationale Sicherheit Rücksicht nehmen. Doch er setzte sich für einen differenzierteren Begriff des nationalen Interesses ein. Nationales Interesse sei zu definieren »in einer Atmosphäre der Freiheit der Wissenschaft und nicht in Gehorsam gegenüber plötzlichem Druck oder Launen dieser oder jener entschlossenen Gruppe mit eigenen Interessen. Ziel der RF ist es, zu den Errungenschaften, der Unabhängigkeit und der Integrität wissenschaftlicher Arbeit beizutragen.«[72] Der Direktor der sozialwissenschaftlichen Abteilung neigte das Gewicht in Richtung akademischer Freiheit. Andere hielten dagegen. Ein Memorandum des Vizepräsidenten, das die Position der Stiftung in diesem Augenblick festhielt, sprach deutlicher die Sprache der nationalen Sicherheit, ohne die Freiheit von Wissenschaft und Philanthropie gänzlich preiszugeben. Vom Feind war da zu lesen, der so anders sei als alle Feinde zuvor:

»Unser Feind ist jetzt heimtückisch. Er ist international. Er lebt im Zwielicht zwischen Krieg und Frieden. Er fällt nicht nur an unseren Küsten ein, er dringt auch in die Gesellschaft ein. Und er tritt in Tarnfarben auf, er ist ein Genie des Verbergens, was es so schwer macht, ihn zu bekämpfen, und was uns an den Rand der nationalen Hysterie treibt. Die Rockefeller Foundation kann nicht vom Rätsel der Epoche abgeschottet werden.«[73]

Das war die Sprache des McCarthyismus,[74] auch wenn das Papier einen »Mittelweg zwischen dem hysterischem McCarthyismus und der Unterstützung Joseph Stalins« beanspruchte. Es war ein Akt der Selbstverteidigung, der die philanthropischen Verdienste der Stiftung pries. Es machte dem antikommunistischen Klima weitgehende Zugeständnisse und behauptete dennoch einen Begriff der akademischen Freiheit, wenn auch keinen uneingeschränkten. »Akademische Zügel-

---

72 Memo Willits an Barnard, 19. 9. 1951; RFA, RG 3.1, Series 900, b. 25, f. 199.
73 Pro Nat-1: Memo Kimball, The Rockefeller Foundation Vis-à-Vis National Security, 19. 11. 1951, RFA, RG 3.1, Series 900, b. 25, f. 201.
74 Vgl. etwa *Schrecker*, Many Are the Crimes, S. 119–153, 240–265; zu ähnlichen Vorstellungen auf der politischen Ebene *Selverstone*, Constructing the Monolith.

losigkeit«, den Missbrauch der akademischen Freiheit für politische Zwecke, wollte man nicht fördern. Die Stiftung werde sich allen Anfeindungen zum Trotz niemals zu einem »Arm des FBI« degradieren lassen. Genauso wenig mache sie sich zum Propagandisten eines »extremen Begriffs von akademischer Freiheit, der diese in akademische Zügellosigkeit verwandelt«. In abgemilderter, die Freiheit der Wissenschaft offensiver verteidigender Form wurde diese Argumentation auch vom Präsidenten der Stiftung übernommen.[75] Das Kuratorium ordnete eine Überprüfung aller laufenden Förderungen nach den neuen Kriterien an. Die Konsultation der Listen blieb ergebnislos. Kommunisten, Subversive, »Kryptokommunisten« oder »geheime Subversive« wurden nicht entdeckt. Doch die Praxis der Sicherheitsüberprüfung vor Vergabe einer Förderung anhand der offiziellen, von Organen der Exekutive und der Legislative erstellten Listen wurde damit etabliert.[76]

Im April 1952 wurde ein Untersuchungsausschuss des Repräsentantenhauses eingerichtet, das »Cox Committee«. Bis zum Jahresende hatten die Rockefeller Foundation und andere Stiftungen einen umfangreichen Fragenkatalog zu beantworten.[77] Die übersteigerten Vorwürfe der Angreifer, von denen noch die Rede sein wird, führten dazu, dass in der Stiftung schrittweise das Prinzip akademischer Freiheit wieder gestärkt wurde. Ein wichtiges Memorandum auf diesem Weg verfasste der Stiftungsberater Herbert A. Deane, Politik-Professor an der Columbia University und dort ein Gefährte Franz Neumanns, den er auch enger an die Rockefeller Foundation band. Nach wie vor wurden Kommunisten von der Förderung ausgeschlossen. Dennoch änderte sich die Argumentationsgrundlage. Nicht die nationale Sicherheit oder das Ansehen der Stiftung, sondern das Objektivitätsprinzip wurde zur Begründung herangezogen. Ohne die politische Aufladung

---

75 Pro Nat-1: Memo Kimball, The Rockefeller Foundation Vis-à-Vis National Security, 19. 11. 1951, RFA, RG 3.1, Series 900, b. 25, f. 201; The Rockefeller Foundation, Annual Report 1951, New York 1952, S. 8–14. Unter Bekundung einiger Vorbehalte stimmte auch Willits dem Memorandum zu; Memo Willits an Kimball, 21. 11. 1951, RFA, RG 3.1, Series 900, b. 25, f. 200.
76 Board of Trustees, Sitzungsprotokoll, 4./5. 12. 1951; Board of Trustees, Sitzungsprotokoll, 2. 4. 1952, Nr. 52194; RFA, RG 3.1, Series 900, b. 25, f. 199; Memo Barnard an Principal Officers, 8. 1. 1952; Willits an Kimball, 17. 1. 1952; Fahs an Kimball, 18. 1. 1952 (Zitat); RFA, RG 3.1, Series 900, b. 25, f. 200.
77 Vgl. Rockefeller Foundation, Annual Report 1952, New York 1953, S. 8–11; sowie unten, Kap III.3.

des Objektivitätsbegriffs zu ignorieren,[78] ist zu erkennen, dass hier ein neuer oder vielmehr älterer Diskurs reaktiviert wurde. Der direkte Einbruch des Politischen in den Bereich der akademischen Freiheit hörte auf. Politische Interessen, sofern sie vorhanden waren, wurden wieder verschleiert und in die Sprache der Wissenschaft gekleidet.

In einer Rückübertragung totalitarismustheoretischer Versatzstücke von den Gesellschaften Osteuropas auf das totalitäre Individuum in Amerika wurde Kommunisten die Fähigkeit zum unabhängigen Denken abgesprochen. Das war ein Rückfall hinter differenziertere Standards der Stiftung, ein Zeugnis unter vielen einer schleichenden Anpassung an den antikommunistischen Konsens.[79] Wer von der Stiftung gefördert werde, genieße das fachliche Vertrauen seiner Kollegen und der Stiftungsmitarbeiter, besitze große Intelligenz und Fähigkeiten, beweise seine wissenschaftliche Integrität beim Umgang mit Daten und Ergebnissen und sei in der Lage, seine eigenen Werturteile zu kontrollieren. Der politische Theoretiker Deane leitete aus diesen wissenschaftlichen Kriterien für die Stiftung den Grundsatz ab: »Gemessen an diesen Kriterien kann offensichtlich kaum die Möglichkeit bestehen, dass irgendein Kommunist oder Faschist für fähig befunden würde, mit der Unterstützung der Stiftung wissenschaftliche Forschung durchzuführen.«

Der politisch-epistemologische Objektivitätsbegriff, den er wiederherstellte, ließ sich gleichermaßen gegen politisch bedenkliche Antragsteller, die der Stiftung schaden könnten, wie gegen die politischen Ansprüche der antikommunistischen Netzwerke richten: »Abgesehen von Kommunisten und Faschisten – bei denen angenommen werden kann, dass sie zur objektiven wissenschaftlichen Forschung unfähig sind – stellt die Stiftung keine Nachforschungen über die politischen, gesellschaftlichen oder politischen Ansichten irgendeines Antragstellers an. Kein angesehener Wissenschaftler würde ein Stipendium der Stiftung annehmen, wenn die Stiftung versuchen sollte, derartige Nachforschungen über die Ansichten und Werte eines Antragstellers vorzunehmen.« Deane riet der Stiftung davon ab, das unpräzise und darum gefährliche Vokabular der Antikommunisten zu gebrauchen,

---

78 Vgl. dazu grundlegend *Novick*, That Noble Dream.
79 Zur Entstehung des antikommunistischen Konsenses vgl. etwa *Schrecker*, The Age of McCarthyism, S. 21f.; *dies.*, Many Are the Crimes, S. 48–85; *Whitfield*, The Culture of the Cold War; *Powers*, Not Without Honor; *Broadwater*, Eisenhower and the Anti-Communist Crusade; *Paterson*, Meeting the Communist Threat; *Selverstone*, Constructing the Monolith.

allen voran die Begriffe »subversiv« und »unamerikanisch«. Alle Ideen, und besonders neue Ideen, seien strenggenommen subversiv. Man könne sich kaum eine subversivere Idee vorstellen als die der Gleichheit aller Menschen, wie sie das Neue Testament oder die amerikanische Unabhängigkeitserklärung verkündeten. Und »unamerikanisch« sei allein, jemand für »unamerikanisch« zu erklären; »amerikanisch« sei gerade, wie Deane mit Berufung auf ein Urteil des Obersten Gerichtshofs sein Memorandum schloss, »dass kein Beamter, ob in hoher oder niedriger Position, und keine der drei Gewalten im amerikanischen Regierungssystem das Recht hat, in der Sphäre der Ideen und der Überzeugungen eine Orthodoxie festzulegen«.[80]

Durch diese Klärung der intellektuellen Grundlagen versorgte Deane die Stiftung mit dem argumentativen Arsenal für die bevorstehenden politischen Auseinandersetzungen. Der Diskurs der nationalen Sicherheit verlor an Einfluss. Die Abgrenzung von Subversion und totalitärem Denken wurde von nun an in die Sprache der Objektivität gekleidet, zugleich die »Bedeutung von Nonkonformisten für den Fortschritt des menschlichen Denkens« gewürdigt. Nonkonformisten waren die Kommunisten ausweislich ihrer totalitären Natur ausdrücklich nicht. So konnten Sicherheitsbedenken und die Freiheit der Wissenschaft endlich als Prinzipien versöhnt werden. Deane hatte einen gordischen Knoten durchschlagen, wie die Reaktionen in der Stiftung zeigten. Präsident Rusk machte daraus die Grundlage der Stiftungspolitik.[81] Was die Mittelvergabe betraf, konnte die Stiftung damit bei ihrer etablierten Verfahrensweise bleiben. Der »Sicherheitscheck« durch Abgleich mit den Listen – etwa dem »Guide to Subversive Organizations and Publications« des House Un-American Activities Committee (HUAC) – war obligatorisch, doch waren mittlerweile so viele prominente und angesehene (»eminent and respected«) Amerikaner auf diesen Listen aufgetaucht, dass deren Aussagekraft in Frage stand. Die Sicherheitsüberprüfung wurde als Routinemaßnahme beibehalten, doch die vier hergebrachten Schritte eines Antragsprozesses erhielten ihre Bedeutung zurück: »(a) die Berücksichtigung der wissenschaftlichen Laufbahn eines Mannes [sic], seiner

---

80 Memo Dean an Willits, 1. 12. 1952, RFA, RG 3.1, Series 900, b. 25, f. 200.
81 Memo DeVinney an Willits, Rusk, 20. 1. 1953; Memo Willits an Rusk, 27. 1. 1953; Rusk an Robert B. Watson, 1. 3. 1954; RFA, RG 3.1, Series 900, b. 25, f. 200; Pro-46: Rusk, Notes on Rockefeller Foundation Program, 1. 12. 1953; RFA, RG 3.2, Series 900, b. 29, f. 158.

Stellung und der Institution, die ihn trägt; (b) die Untersuchung seiner Veröffentlichungen und seines Projektantrags; (c) die Erkundung seines Geistes in einem persönlichen Gespräch; und (d) das Ersuchen um Begutachtung durch seine Berufskollegen.«[82]

Die politische Vergangenheit sollte nicht durchleuchtet werden. Tauchten politische Vorwürfe gegen einen Kandidaten auf, der all diese Prüfungen bestanden hatte, waren sie behutsam aufzuklären. Hier kam das Netzwerk von Vertrauensleuten der Stiftung ins Spiel. Ohnehin als akademische Gutachter gefragt, ersetzte das politische Urteil von »engen Freunden [der Stiftung], die den Antragsteller kennen«, jegliche weitere Untersuchung des Falls. Sprachen sich die »Freunde« für einen Bewerber aus, war dieser ungeachtet politischer Anschuldigungen zu unterstützen. Allerdings galt auch der Umkehrschluss. Ohne Protektion der »Freunde« verweigerte die Stiftung die Förderung. Und sofern keiner der »Freunde« mit einem Kandidaten vertraut war, waren diskret weitere Erkundigungen einzuholen. Doch auch in diesen seltenen Fällen stand das Wort eines vertrauenswürdigen akademischen Gutachters über dem eines politischen Anklägers. Die Rockefeller-Stiftung weigerte sich ausdrücklich, zum philanthropischen Fortsatz der Untersuchungsausschüsse zu werden und Antragsteller einem politischen Verhör zu unterziehen.[83] Die Bedeutung dieses Netzwerks von Vertrauensleuten der Stiftung, die eine Gegenkraft zum politischen Druck des McCarthyismus ausüben konnten, wenn sie wollten, ist bislang in der Literatur übersehen worden.[84] Dieses »Freundschaftsprinzip« wurde auch auf das Ausland ausgeweitet.[85]

---

[82] Memo DeVinney an Willits, Rusk, 20. 1. 1953, RFA, RG 3.1, Series 900, b. 25, f. 200.
[83] Memo DeVinney an Willits, Rusk, 20. 1. 1953 (Zitat); Deane an Willits, 27. 1. 1953; Memo Willits an Rusk, 27. 1. 1953; Rusk an Watson, 1. 3. 1954; RFA, RG 3.1, Series 900, b. 25, f. 200. Deane wies auf weitere komplexe Fälle hin – etwa dass selbst überzeugte Antikommunisten ihrer intellektuellen Integrität wegen einen Loyalitätseid verweigern und darum als verdächtig gelten konnten –, mit dem Ziel, das Prinzip noch weiter zu stärken, auf Überprüfungen – außer dem obligatorischen Routineabgleich mit den Listen – zu verzichten und ganz auf das Urteil der akademischen »Freunde« zu vertrauen. Willits, DeVinney und Rusk schlossen sich dieser Auffassung an. Alle Genannten lehnten eigene Verhöre und Ermittlungen oder, wie Rusk es gegenüber einem Senator besonders scharf formulierte, die Einrichtung eines »private bureau of investigation« durch die Stiftung strikt ab; Rusk an John J. Williams, 7. 7. 1954, RFA, RG 3.1, Series 900, b. 25, f. 200.
[84] Vgl. etwa *Schrecker*, Many Are the Crimes, S. 404–411.
[85] Rusk an Watson, 1. 3. 1954, RFA, RG 3.1, Series 900, b. 25, f. 200.

Zu viele Personen waren »ungerecht angeklagt« worden, doch die Verteidigung der Bürgerrechte war nicht die Aufgabe der Stiftung. Ihr Hauptinteresse entsprach der philanthropischen Logik: »Die große Gefahr, die umgangen werden muss, besteht darin, dass die RF neues und wagemutiges Denken blockieren könnte.«[86] Die Sorge vor dem langfristigen professionellen Schaden überwog nun die Sorge vor dem kurzfristigen politischen Schaden.[87] Zu dieser Position konnte sich die Stiftung, die selbst nicht ohne mächtige und einflussreiche Fürsprecher war, auch deshalb durchringen, weil die Macht der Gegner bereits an Grenzen gestoßen war.[88] Im Innern der Stiftung wurde nun der McCarthyismus selbst implizit als totalitär bezeichnet: »Indem sie intellektuellen Wagemut verhindern und auf einer amtlichen Linie bestehen, schotten sich totalitäre Gesellschaften selbst von einer reichen Ernte neuer Ideen und von den grundlegenden Quellen des Wachstums ab. Beim Kampf gegen den Kommunismus kommt es darauf an, dass die westliche Welt – und die RF als eines ihrer vornehmsten geistigen Symbole – nicht zum Versiegen des Stroms neuer Ideen beiträgt.« Über die »politischen Bedingungen des gegenwärtigen Kalten Krieges« wurden, soweit es die normative Diskussion in der Stiftung anbelangt, wieder die »dauerhaften Bedingungen der Freiheit und der Ethik der Natur- und Geisteswissenschaften« gestellt, ohne damit die Politik des Kalten Krieges und die Politik der Philanthropie als Gegensätze zu begreifen.[89]

---

86 Memo Willits an Rusk, 27. 1. 1953, RFA, RG 3.1, Series 900, b. 25, f. 200.
87 Besonders deutlich dazu war Rusk an Watson, 1. 3. 1954, RFA, RG 3.1, Series 900, b. 25, f. 200.
88 Über die Inkompetenz des Cox Committee ergoss sich bald der Spott selbst der moderat antikommunistischen Presse; vgl. *Helen Hill Miller*, »Investigating the Foundations«, The Reporter, 24. 11. 1953. Allerdings drohte da bereits ein neuer Untersuchungsausschuss, der ideologisch extremer sein würde als der erste, wie dieser Artikel vermutete.
89 Memo Willits an Rusk, 27. 1. 1953, RFA, RG 3.1, Series 900, b. 25, f. 200. Auch Präsident Rusk erklärte die »totalitarian influences in the world today, and the reactions to these influences which have occurred in our country«, für gleichermaßen verantwortlich für die »gefährliche Schwächung« der Begriffe der »personal liberty and intellectual freedom«; Pro-46: Rusk, Notes on Rockefeller Foundation Program, 1. 12. 1953; RFA, RG 3.2, Series 900, b. 29, f. 158. Rusk stellte auch wie Willits die Stiftung prinzipiell über die politische Ordnung des Kalten Krieges, ohne sich darum für unparteiisch zu halten. Dabei belebte er auch das philanthropische Pathos wieder, das die Rhetorik seines Vorvorgängers Fosdick gekennzeichnet hatte: »The issues of the Cold War penetrate to the core of freedom and to the ›well-being of mankind‹ [das Motto der Stif-

Dem ganzen argumentativen Aufwand haftete jedoch ein Scheincharakter an. Die Handelnden in der Stiftung nahmen die Bedrohung – sei es durch Kommunisten, die angeblich die Wissenschaft zersetzten, sei es durch Antikommunisten, die Hysterie und politische Macht einsetzten – ernst. Aber man kann nicht übersehen, dass es sich auch bei den Debatten um Normen und Prinzipien im Innern der Stiftung, willentlich oder unwillentlich, vor allem um eine Inszenierung für die Maschinerien des McCarthyismus handelte. Deren Ideologeme waren ins Denken der Stiftung eingesickert und wurden bis zu einem gewissen Grad internalisiert. Die Verteidigungsmaßnahmen waren auch rituelle Bekundungen der politischen Säuberung und antikommunistischen Orthodoxie, wie sie von den Untersuchungsausschüssen erwartet wurden. In der Realität sind diese Probleme nie aufgetreten. Nicht ein einziger »Subversiver« konnte gefunden werden, der sich in diesen Jahren bei der Stiftung beworben hätte.[90] Der Kommunist, der nicht selbständig denken konnte, war ein Bild aus der politischen Mythologie, wie geschaffen, um professionelle Antikommunisten zufriedenzustellen.

Schon vor dem politischen Ende McCarthys wand sich die Stiftung wieder aus dem Sog des McCarthyismus. Mit Deanes Linie, die am Jahresanfang 1953 ausgegeben und im März 1954 von Rusk bekräftigt wurde, hatte die Stiftung eine besser gesicherte Stellung bezogen als in den Jahren zuvor. In der folgenden Zeit nahm die Bedeutung von Sicherheitsfragen weiter ab. Kontakte nach Osteuropa wurden wieder denkbar. Förderungen waren vorerst nur in Jugoslawien gestattet. Reisen westlicher Forscher in den Ostblock einschließlich der Sowjetunion wurden ab 1955 wieder finanziert. Zwei Jahre später besuchten Mitarbeiter der Stiftung in offizieller Mission Jugoslawien, und die Förderung von Projekten in Staaten wie Polen und der Tschechoslo-

---

tung], and, certainly, we are on ›our‹ side in the struggle. But some of us should be busy about the enduring values, about building for the future with faith and hope despite the power struggles which darken the sky. The Rockefeller Foundation has seen several wars and the turmoil of the intervening years. I do not believe that we should try to fit our program into the details of the realpolitik of each current year. Health, food, economic know-how, understanding across cultural frontiers, the arts and philosophy are important regardless of the power situation – so long as there are humans surviving it.« Rusk an Watson, 1. 3. 1954, RFA, RG 3.1, Series 900, b. 25, f. 200.

90 Board of Trustees, Sitzungsprotokoll, 2. 4. 1952, Nr. 52194; RFA, RG 3.1, Series 900, b. 25, f. 199; Willits an Kimball, 17. 1. 1952; Fahs an Kimball, 18. 1. 1952; Memo Willits an Rusk, 27. 1. 1953, RFA, RG 3.1, Series 900, b. 25, f. 200.

wakei lief wieder an. Austauschprogramme wurden erneut initiiert. Der langjährige Ratgeber Philip Mosely plädierte dafür, die intellektuelle Öffnung der Sowjetunion nach 1956 und die politische Entspannung nicht ungenutzt verstreichen zu lassen. Die Stiftung weigerte sich, das State Department über die Aufenthaltsorte ihrer polnischen Gastwissenschaftler in den USA auf dem Laufenden zu halten.[91] Die Rockefeller-Stiftung reagierte schneller auf die neue Lage als die mittlerweile finanziell besser ausgerüstete Ford Foundation. Unter Shepard Stone als Leiter der internationalen Abteilung und auf Anraten von Allen Dulles setzte das Osteuropa-Programm der Ford Foundation im Herbst 1957 ein. Der »Eiserne Vorhang« hob sich für den Kultur- und Wissenschaftsaustausch. Die heiße Phase des Kalten Krieges war unwiderruflich zu Ende gegangen.[92]

Die Wachsamkeit ließ auch im Innern nach. Im August 1956 wurde bemerkt, dass die Routinekonsultation der offiziellen »antisubversiven« Listen wiederholt versäumt worden war. Einige Monate später entließ Präsident Rusk die Mitarbeiter der Stiftung aus dieser längst bedeutungslos gewordenen Pflicht.[93] Und auch der Begriff des Kommunisten erfuhr eine sichtbare Differenzierung innerhalb der Stiftung. Dean Rusk erklärte im Februar 1957, man habe damit doch nur die gemeint und von der Förderung ausgeschlossen, »die Teil der von Moskau gelenkten internationalen Verschwörung sind«. Demnach gab es, vermutlich in Europa, wo der Adressat des Briefs das Pariser Büro der Stiftung leitete, auch andere Kommunisten, die womöglich für Förderungen in Frage kamen, wenn sie die wissenschaftlichen Qualifikationen erfüllten.[94] Selbst in den USA, wo man auf keinen Fall Kommunisten unterstützen wollte, hielt man sich nun die Hintertür des Ausnahmefalls offen, mit dem Beispiel eines Kommunisten, der »mit einem Heilmittel für Krebs zur Tür hereinkam«. Zugleich wurde

---

91 Sitzungsprotokoll Officers' Conference, 2. 6. 1953; Memo Norman S. Buchanan an DeVinney, 17. 10. 1955; Rusk an John Maier, 11. 2. 1957; Weaver an Maier, 19. 9. 1957; RSM an JZM, 14. 11. 1957; Memo Weaver an Miller, 24. 2. 1958; RFA, RG 3.1, Series 900, b. 25, f. 200; *Mosely*, The Kremlin and World Politics, S. 456–471 [1956], bes. S. 470f.

92 Vgl. *Berghahn*, Transatlantische Kulturkriege, S. 235–244; auch der antikommunistische CCF knüpfte nach 1956 wieder Kontakte nach Osteuropa; vgl. *Hochgeschwender*, Freiheit in der Offensive?, S. 445–465.

93 Rhind an alle Direktoren, 16. 8. 1956; Rusk an Kimball und die Direktoren, 14. 3. 1957; Rhind an alle Mitarbeiter, 15. 4. 1957; RFA, RG 3.1, Series 900, b. 25, f. 200.

94 Rusk an Maier, 11. 2. 1957; RFA, RG 3.1, Series 900, b. 25, f. 200.

eine lange Zeit außer Kraft gesetzte Distinktion wieder eingeführt: Nun unterschied man wieder zwischen Kommunisten und Linksextremen (»extreme leftists«). Waren Letztere nur Teil und nicht Leiter eines Forschungsprojekts oder einer Institution, stand einer Förderung nichts im Wege.[95] Die Zeiten hatten sich geändert. Beschleunigt hatte die Veränderungen, noch vor dem Ende McCarthys, der Frontalangriff der Untersuchungsausschüsse auf die Stiftung.

3. Was heißt subversiv? Die Stiftung vor dem Untersuchungsausschuss

Im März 1950 wurde der Angriff auf die Stiftung eröffnet. Ihr wurde der fatale Vorwurf entgegengeschleudert, sie habe »subversive« Projekte unterstützt. Die Stiftung stand von nun an »under attack«. Besonders zwei Empfänger von Förderungen erregten den Zorn der antikommunistischen Rechten: das Institute of Pacific Relations (IPR) und das »Civil Liberties«-Projekt an der Cornell University.[96] Die gegnerischen Truppen sammelten sich. Sie griffen zu ihren gefährlichsten Waffen. Der Kongress setzte seine Untersuchungsausschüsse in Gang.[97]

McCarrans Senatskomitee wandte sich 1951 dem IPR zu, das im Jahr zuvor bereits McCarthys Aufmerksamkeit auf sich gezogen hatte. Die Untersuchung des IPR war der Höhepunkt des Angriffs der »China Lobby« auf das State Department und die Truman-Regierung. Das IPR wurde beschuldigt, das Außenministerium unterwandert

---

95 Memo Weaver an Miller, 24. 2. 1958; RFA, RG 3.1, Series 900, b. 25, f. 200.
96 Memo Barnard an Principal Officers, 9. 3. 1950; Memo D'Arms an Kimball, 6. 5. 1950 (Zitat); RFA, RG 3.1, Series 900, b. 25, f. 199.
97 Die Untersuchungsausschüsse wurden zum bevorzugten Instrument des McCarthyismus, nachdem Anklagen gegen Subversive aufgrund der mangelnden Beweislage oder nichtexistierender Tatbestände wie Gesinnungsverbrechen vor Gericht häufig keinen Bestand hatten. Selbst Alger Hiss wurde wegen Meineids verurteilt, nicht wegen Spionage. Die Untersuchungsausschüsse waren hingegen nicht an die rechtsstaatlichen Regeln für Gerichte gebunden. Sie waren jedoch als Organe der Legislative mächtig genug und mit ausreichenden juristischen Befugnissen wie einem Vorladungsrecht unter Strafandrohung ausgestattet, um Gegnern zu schaden, die Öffentlichkeit zu beeinflussen und die Regierung unter Druck zu setzen. Vgl. *Schrecker*, The Age of McCarthyism, S. 63–74.

und den »Verlust« Chinas an die Kommunisten betrieben zu haben.[98] Zur gleichen Zeit begann der demokratische Abgeordnete Edward Eugene Cox aus Georgia, die großen Stiftungen zu attackieren. Im März 1952 setzte das Repräsentantenhaus unter seiner Leitung ein siebenköpfiges Select Committee on Tax Exempt Foundations ein, das »Cox Committee«, dem die Rockefeller Foundation Rede und Antwort stehen musste.[99]

Die maßgeblichen Darstellungen zum Einfluss des McCarthyismus auf die akademische Welt haben das Cox Committee und seine Nachfolger registriert.[100] Allerdings ist bislang niemand den Reaktionen der Stiftungen auf diesen Angriff eingehender nachgegangen. Die Verkettung von Vorwürfen und Erwiderungen macht jedoch ideologische Grundzüge des McCarthyismus über den Antikommunismus hinaus sichtbar. Erkennen lässt sich auf diesem Wege auch die Praxis der Stiftungen im Umgang mit politisch riskanten Projekten. Wie reagierte die Rockefeller Foundation auf die Vorhaltungen? Im Hintergrund dieses Konflikts von Philanthropie und Legislative, der im Folgenden nachgezeichnet wird, steht die Frage, was »subversiv« im Kontext des McCarthyismus, in der Sprache seiner Anhänger und Gegner bedeutete.

Dabei macht ein Seitenblick auf die beiden vor allen anderen inkriminierten Förderungen deutlich, unter welchen Bedingungen die Stiftung sich auf politisch aufgeladene Unternehmungen einließ – und warum sie politische Probleme auf unterschiedliche Weise handhabte. Im einen Fall stellte man sich ohne Wenn und Aber hinter das angegriffene Projekt, im anderen zog man sich langsam aus der Affäre. Am Anfang wie am Ende dieser Entwicklungen spielten erneut die Netzwerke der Vertrauensleute und der politisch-epistemologische Objektivitätsbegriff eine entscheidende Rolle. Aber die Stiftung bezog mit ihrem Handeln unweigerlich auch politisch Position.

Die Anhörungen des McCarran-Komitees zum IPR waren, neben denen zu Alger Hiss durch das HUAC, »fraglos die wichtigsten Untersuchungen des Kongresses während des gesamten Kalten Krieges«. Das IPR war einmal die bedeutendste Denkfabrik für die amerika-

---

98 Vgl. *Schrecker*, Many Are the Crimes, S. 244–252, 407; *dies.*, The Age of McCarthyism, S. 75–79; *dies.*, No Ivory Tower, S. 161–167.
99 Vgl. U.S. House of Representatives, Eighty-Second Congress, House Resolution 561, 18. 3. 1952, House Calendar Nr. 140, Report Nr. 1553, Washington 1952; Rockefeller Foundation, Annual Report 1952, New York 1953, S. 8–11.
100 Vgl. etwa *Schrecker*, Many Are the Crimes, S. 407.

nisch-asiatischen Beziehungen und das wichtigste Netzwerk der Forschung zum pazifischen Raum gewesen. Als es 1925 gegründet wurde, gab es weder die »area studies« noch eine ausgeprägte regionalwissenschaftliche Asienforschung an den Universitäten. Gelehrte, Unternehmer und Diplomaten waren Mitglieder des IPR. Wer mit Ostasien befasst war, musste aus professionellen Gründen mit dem IPR in Verbindung stehen. Als die von den USA unterstützten nationalistischen Kräfte unter Chiang Kai-shek 1949 endgültig im chinesischen Bürgerkrieg Mao und den Kommunisten unterlagen und sich nach Taiwan zurückzogen, steigerte sich die Suche nach einem Schuldigen für die Niederlage. Seit Jahren hatte die »China Lobby« den »Verrat« des State Department an Chiang Kai-shek gebrandmarkt. Ihr Sprecher, der Geschäftsmann Alfred Kohlberg, machte dafür kommunistische Sympathien der Diplomaten verantwortlich – hinter denen Kohlberg zufolge wiederum das angeblich kommunistisch unterwanderte IPR stand, als Einflüsterer und eigentlicher Lenker der amerikanischen Chinapolitik. In der Tat unterhielt ein leitendes Mitglied des IPR Kontakte zur Kommunistischen Partei, und unter den vielen Asienforschern, die dem IPR verbunden waren, fanden sich auch einige mit prosowjetischen Neigungen. Doch das IPR hat nach dem Urteil der Historiker insgesamt weder die amerikanische Politik entscheidend beeinflusst noch den USA geschadet.

Vielmehr schadeten die Untersuchungen den amerikanischen Interessen, indem sie die Asienexperten in der Regierung auf Dauer diskreditierten und dezimierten. McCarthy witterte 1950 bereits seine Chance, gegen das IPR vorzugehen und so Truman zu treffen. Doch erst McCarran eröffnete mit seinen Untersuchungen den Frontalangriff auf die Asienpolitik der Regierung. Der überparteiliche außenpolitische Konsens, der für Europa galt, erstreckte sich nicht auf Asien. Konservative Republikaner und Demokraten wie McCarran waren seit langem begeisterte Unterstützer Chiangs. In den IPR-Anhörungen trafen sich die Interessen führender konservativer politischer Kreise und der »China Lobby« mit dem öffentlichen Bedürfnis, einen Schuldigen dafür zu finden, dass den USA, der mächtigsten Macht der Welt, die Kontrolle über die Weltpolitik entglitten war, wie die sowjetische Atombombe, der chinesische Bürgerkrieg und der Ausbruch des Koreakrieges im Juni 1950 befürchten ließen.[101]

---

101 Vgl. *Schrecker*, No Ivory Tower, S. 161–167, 182, 275f., Zitat S. 162; *dies.*, Many Are the Crimes, S. 244–252; *dies.*, The Age of McCarthyism, S. 75–79;

Einer der wichtigsten Geldgeber des IPR war die Rockefeller Foundation. Man nahm an dessen Arbeit regen Anteil. Das Ansehen des IPR war hoch. Roosevelts Vizepräsident Henry Wallace ließ sich von IPR-Mitarbeitern begleiten. Auch als das ehemalige IPR-Mitglied Kohlberg 1944 begann, Vorwürfe zu erheben und die Institutsführung und später auch die Stiftung mit zahlreichen Briefen einzudecken, konnten Rockefeller-Mitarbeiter die von Kohlberg inkriminierte »camouflierte kommunistische Linie« nicht entdecken. Vorerst verließen sie sich auf die Erläuterungen des IPR.[102] Kohlberg erreichte schließlich, dass die Stiftung ihn anhörte. Für eine Weile versuchte Joseph Willits, zwischen Kohlberg und dem IPR zu vermitteln.[103]

Zu den Freunden und Fürsprechern des IPR gehörte Charles Burton Fahs, der auch im State Department, als Leiter der Ostasienforschung, die wertvolle Hilfe des IPR gewürdigt hatte. Nachdem Fahs Mitarbeiter der Stiftung geworden war, hielt er engen Kontakt zum IPR aufrecht und berichtete 1947 über dessen gar nicht kommunistisch anmutende Haltung des »Pessimismus gegenüber China und der Bereitschaft, die wirtschaftliche Entwicklung Japans zu unterstützen, selbst in einem solchen Ausmaß, dass es zur wirtschaftlichen Führungsmacht im Fernen Osten« würde. Wie Maos fünfte Kolonne trat

---

Thomas, The Institute of Pacific Relations; *Griffith*, The Politics of Fear, S. 115–151; *Anderson*, Pacific Dreams; zur »China Lobby« vgl. auch *Keeley*, The China Lobby Man; *Koen*, The China Lobby in American Politics; zu einem der Hauptopfer der Anhörungen, dem Gelehrten und Roosevelt-Berater Owen Lattimore, von McCarthy bezichtigt, ein sowjetischer Topspion zu sein, vgl. *Newman*, Owen Lattimore and the »Loss« of China, bes. S. 207–493; zum politischen Hintergrund und den Streitfragen der Chinapolitik vgl. *Schaller*, The United States and China, S. 105–139; *Tucker*, Patterns in the Dust; *Purifoy*, Harry Truman's China Policy.

102 Gesprächsnotiz Evans, 27. 7. 1944 (»Owen Lattimore's impressions of his recent trip to Asia with V.P. Wallace«); Kohlberg an Edward C. Carter, 9. 11. 1944 (Zitat); Memo Evans an Willits, 22. 11. 1944; Memo IPR Officers an Board of Trustees, IPR, 19. 12. 1944; Kohlberg an Trustees, IPR, 28. 12. 1944; RFA, RG 1.1, Series 200, b. 351, f. 4183; Memo Evans an Willits u.a., 16. 2. 1945; Memo Evans, 19. 2. 1945; Memo IPR, An Analysis of Mr. Alfred Kohlberg's Charges Against the Institute of Pacific Relations, Februar 1945; RFA, RG 1.1, Series 200, b. 351, f. 4184.

103 Kohlberg an Earl Browder (KP-Chef), 13. 3. 1945; Gesprächsnotiz Willits, Evans, 3. 5. 1945; Gesprächsnotiz Willits, 10. 7. 1945; Gesprächsnotiz Willits, 11. 7. 1945; Kohlberg an Willits, 13. 7. 1945; Willits an Kohlberg und Raymond Dennett, 26. 7. 1945; Kohlberg an Willits, 30. 7. 1945; RFA, RG 1.1, Series 200, b. 351, f. 4185; Gesprächsnotiz Willits, 8. 8. 1945; Kohlberg an Willits, 11. 9. 1945; RFA, RG 1.1, Series 200, b. 351, f. 4186.

das IPR nicht auf. Fahs und die Experten im Außenministerium teilten hingegen die Kritik des IPR an der Korruption und Brutalität der Kuomintang-Regierung. Fahs selbst berichtete aus China von »Flugzeugen der Kuomintang, die kommunistische Dörfer, Fuhrwerke und Schubkarren als Ziele für ihre Schießübungen benutzen (die Piloten werden von amerikanischen Offizieren außerhalb von Peking ausgebildet)«. In dieser Gewalt und Korruption lag für Fahs und seine Gesprächspartner der Grund für Maos Sieg, den sie so wenig erhofft hatten wie das IPR.[104] Im Laufe der Zeit wurde jedoch auch die Rockefeller-Stiftung vorsichtiger. Nicht alle Vorwürfe, die gegen das IPR vorgebracht wurden, ließen sich ausräumen. Der »bekennende Kommunist« im Kuratorium des IPR fiel auch der Rockefeller Foundation auf.[105]

Kohlberg hielt mit seinen Vorhaltungen nicht inne. Er griff 1949 schließlich die Rockefeller-Stiftung selbst an.[106] Seine Anklagen waren politisch überzogen, aber sie enthielten einen wahren Kern. Als McCarthy darauf einging, geriet auch die Stiftung in Sorge. 1950 hielt sie eine Förderung zurück, bis das IPR eine neue Führung gefunden hatte. Noch vor Pat McCarrans Großangriff verabschiedete sich die Stiftung aus der Finanzierung des IPR.[107] McCarrans Ausschuss lud im Übrigen auch einen alten R&A-Kameraden und Freund von Fahs, Hughes und Marcuse vor, den bedeutenden Harvard-Chinahistoriker John K. Fairbank. Er war dem IPR lange verbunden und mit einigen

---

104 Dennett an Fahs, 4. 6. 1945; Fahs an Stevens, 11. 6. 1945; RFA, RG 1.1, Series 200, b. 351, f. 4185; RFA, RG 12.1, Officers' Diaries, Charles B. Fahs, 20. 11. 1946, 6. 3. 1947, 9.–13. 4. 1947 (Zitat), 21. 5. 1947 (Zitat).
105 Gesprächsnotiz Willits, 5. 10. 1945, 7. 11. 1945, RFA, RG 1.1, Series 200, b. 351, f. 4186; Memo Evans an Willits, Fosdick, 2. 4. 1946 (Zitat), RFA, RG 1.1, Series 200, b. 352, f. 4187.
106 Kohlberg an Willits, 30. 8. 1949; Evans an Kohlberg, 1. 9. 1949; Kohlberg an Evans, 2. 9. 1949; Senator Karl Mundt an Willits, 3. 9. 1949; RFA, RG 1.1, Series 200, b. 352, f. 4192.
107 Executive Committee, Docket, 23. 6. 1950, S. 12–14; Executive Committee, Sitzungsprotokoll, 23. 6. 1950, Nr. 50249; Executive Committee, 22. 9. 1950, RF 50091, RF 50092; RFA, RG 1.1, Series 200, b. 351, f. 4179; Supplemental Statement of the Rockefeller Foundation Before the Special Committee to Investigate Tax Exempt Foundations, House of Representatives – 83rd Congress, 3. 8. 1954, Inv-4b, RFA, RG 3.2, Series 900, b. 16, f. 93, S. 10–13. Die Kontakte der folgenden Jahre standen ganz im Zeichen der Untersuchungen erst des IPR und danach der Rockefeller Foundation und des gegenseitigen Austauschs von Informationen, die zur Beantwortung der Fragen der Ausschüsse erforderlich waren, RFA, RG 1.1, Series 200, b. 352–353, f. 4193–4203.

der Chinaexperten im State Department befreundet, denen nun der »Verlust« Chinas zur Last gelegt wurde. Fairbank wurde ohne jede Grundlage als Kommunist beschimpft. Seine Reputation wurde bedroht, aber Fairbank gelang es, sich erfolgreich zu verteidigen. Die Anschuldigungen gegen ihn hatte ein einstiger Mitarbeiter des Instituts für Sozialforschung lanciert, der Asienwissenschaftler Karl August Wittfogel, der sich im amerikanischen Exil vom Weimarer Kommunisten zum glühenden Antikommunisten gewandelt hatte.[108]

Bei der zweiten Förderung, die der Rockefeller Foundation politische Unannehmlichkeiten eintrug, stellte sich die Stiftung entschlossen hinter die Beschuldigten. Es handelte sich dabei um das »Cornell Civil Liberties Project«, das die Rhetorik und Praxis der Bürgerrechtsbeschränkungen, Loyalitätseide und Antisubversionsgesetze erforschte. Die Ergebnisse dieses Forschungsverbundes gelten bis heute als verlässliche und unverzichtbare Studien zu den Ursprüngen und frühen Erscheinungsformen des McCarthyismus.[109] Entwickelt wurde dieses Unternehmen anhand der Einschränkungen, die im Zweiten Weltkrieg Ausländern (»enemy aliens«) auferlegt worden waren. Nach dem Krieg sollte die Rechtmäßigkeit dieser Maßnahmen wissenschaftlich überprüft werden.[110] Bald jedoch erweiterten die neuen »Loyalitäts-

---

108 HUA, John K. Fairbank Papers, HUGFP 12.30, Correspondence and Other Papers relating to the McCarthy Era, b. 1–5; *Schrecker*, No Ivory Tower, S. 303f., 390 Anm. 10; *dies.*, Many Are the Crimes, S. 365; zu Wittfogel, dem Institut für Sozialforschung und den Anhörungen vgl. *Jay*, The Dialectical Imagination, S. 15–17, 169–171, 284f. (der an der letztgenannten Stelle berichtete Verdacht seiner einstigen Frankfurter Kollegen, Wittfogel habe enger mit dem McCarran-Ausschuss zusammengearbeitet, als er eingestehen wollte, traf zu, wie die genannte Literatur zum McCarthyismus belegt); *Wiggershaus*, Die Frankfurter Schule, S. 426; *Jones*, The Lost Debate, S. 47, 187f.; *Ulmen*, The Science of Society, S. 275–294.
109 Vgl. *Schrecker*, No Ivory Tower, S. 343; *dies.*, The Age of McCarthyism, S. 293f.
110 Board of Trustees, Sitzungsprotokoll, 19. 5. 1944, Nr. 44145, RF 44049; Board of Trustees, Sitzungsprotokoll, 16. 5. 1947, Nr. 47163, RF 47052; Memo Fosdick an Willits, 15. 9. 1942; RFA, RG 1.1, Series 200, b. 327, f. 3896; Robert E. Cushman an Willits, 21. 3. 1945; Gesprächsnotiz Willits, 19. 7. 1945; Cushman an Willits, 17. 12. 1946; Cushman an Evans, 9. 2. 1947; Cushman an Evans, 15. 6. 1947; RFA, RG 1.1, Series 200, b. 327, f. 3897. In dieser Phase entstanden nach Auskunft Cushmans die Arbeiten von *Konvitz*, The Alien and the Asiatic in American Law; *Carr*, Federal Protection of Civil Rights (über die Civil Rights Section im Department of Justice); *Sibley/Jacob*, Conscription of Conscience; *Anthony*, Hawaii under Army Rule; *Thomas M. Cooley*, The Government's Treatment of Enemy Aliens during the War, wofür weder Erscheinungsort noch -jahr zu ermitteln waren.

tests« und Sicherheitskontrollen des Kalten Krieges den ursprünglichen Untersuchungsgegenstand. Robert M. Hutchins, der Kanzler und vormalige Präsident der University of Chicago, regte 1947 ein solches Forschungsprogramm bei der Stiftung an, hatte als Standort allerdings seine eigene Universität im Sinn. Die Rockefeller-Stiftung übernahm die Idee, doch das Programm wurde unter der Leitung des angesehenen und der Stiftung eng verbundenen Rechtsprofessors Robert Cushman an der Cornell University angesiedelt. Cushman begründete die politische Notwendigkeit des Projekts mit deutlichen Worten:

»Ich bin tief beunruhigt über die direkten und indirekten Konsequenzen der gegenwärtigen Welle von Loyalitätstests und anderen Maßnahmen, die gegen subversive Aktivitäten gerichtet sind. Nicht nur werden die Bürgerrechte einer großen Zahl von öffentlichen Angestellten, Lehrern und anderen aufs Spiel gesetzt, sondern es findet auch, wie ich glaube, eine stete und gefährliche Erosion der Loyalität der Bevölkerung gegenüber unseren demokratischen Freiheiten statt. Die öffentliche Meinung wird permanent in Richtung Fanatismus und Intoleranz beeinflusst.«[111]

Erklärtes Ziel war dennoch, die kontroversen politischen Maßnahmen einer objektiven, faktengesättigten wissenschaftlichen Untersuchung zuzuführen. Die Deutungshoheit sollte nicht länger allein den Aktivisten von links oder rechts überlassen werden. Als methodisches Modell erkor Cushman einen Beitrag von Walter Gellhorn aus, der auch als Mitarbeiter gewonnen wurde. Darin hatte Gellhorn ohne jegliche Kritik, ausschließlich durch die nüchterne Darstellung und Analyse der Sachlage, die Fehlerhaftigkeit eines HUAC-Berichts bloßgestellt.[112]

---

111 Gesprächsnotiz Willits, 17. 9. 1947; Willits an Cushman, 18. 9. 1947; Cushman an Willits, 24. 9. 1947 (Zitat); RFA, RG 1.1, Series 200, b. 327, f. 3897; Memo Willits an Fosdick, 16. 1. 1948, RFA, RG 1.1, Series 200, b. 327, f. 3898. Aus Sicht des Stiftungskuratoriums nahm die politische Bedeutung des Projekts erst im Jahr 1950 zu, als neben dem wissenschaftlichen Ertrag zu dessen Ziel erklärt wurde, herauszufinden »how – under the conditions of the ›cold war‹ – the necessary demands for security and the traditional standards of civil liberty can best be reconciled and adjusted to each other«; Board of Trustees, Sitzungsprotokoll, 23. 5. 1950, Nr. 50246ff., RF 50066, RFA, RG 1.1, Series 200, b. 327, f. 3896.
112 Board of Trustees, Sitzungsprotokoll, 21. 5. 1948, Nr. 48185f., RF 48050, RFA, RG 1.1, Series 200, b. 327, f. 3896; Cushman an Willits, 24. 9. 1947; RFA, RG 1.1, Series 200, b. 327, f. 3897; Cushman an Willits, 23. 1. 1948; Cushman an

Schnell geriet das Forschungsunternehmen in die Kritik der professionellen Kommunistenjäger. Besonders Gellhorn zog den Zorn der Antikommunisten auf sich. Eine Liste des HUAC führte ihn als »fellow traveler«, als »Weggefährten« und Sympathisanten der Partei, der mit kommunistischen Tarnorganisationen zusammengearbeitet habe. Seine Forschungen wurden als Racheakt dargestellt.[113] Der Stiftungsvertraute Cushman versicherte, die Anschuldigungen seien falsch, und die Stiftung stützte nach Prüfung des Sachverhalts vorbehaltlos Gellhorn: »Vielleicht erhalten wir Gegenwind von ›Counterattack‹, aber das kümmert mich nicht, denn die Vorwürfe sind unwahr«, erklärte Joseph Willits.[114]

Mit Vehemenz griffen die Organe des McCarthyismus immer wieder ein wissenschaftliches Projekt an, das in akademischer Abgeschiedenheit die Mechanismen der Sicherheitskontrollen untersuchte. Cushman und seinen Mitarbeitern wurde unterstellt, sie versuchten, die Arbeit der Ausschüsse und damit die Sicherheit Amerikas zu unterminieren. Der einstige »fellow traveler« J. B. Matthews selbst, »die Macht hinter dem Thron des antikommunistischen Netzwerks«, Impresario der professionellen Kommunistenjäger, Mitarbeiter des antikommunistischen Medienkonzerns Hearst Corporation, Forschungsdirektor des HUAC und Gehilfe McCarthys, setzte sich an die Spitze der Attacke.[115] Nicht selten kam hinter diesen Vorhaltungen eine er-

---

Willits, 8. 2. 1948; Memo Willits an Fosdick, 11. 2. 1948; Cushman an Willits, 17. 4. 1948; Cushman an Willits, 18. 4. 1947; RFA, RG 1.1, Series 200, b. 327, f. 3898; vgl. *Walter Gellhorn*, »Report on a Report of the House Committee on Un-American Activities«, *Harvard Law Review* 60 (1947), S. 1193–1234.

113 Gesprächsnotiz Evans, 13. 4. 1949, wo berichtet wird, dass T. C. Kirkpatrick, Geschäftsführer von »Counterattack«, dem Zentralorgan der Kommunistenjäger, ohne Anmeldung in die Stiftung stürmte und das Projekt und namentlich Gellhorn attackierte; Memo Willits an Weaver, 14. 4. 1949; Benjamin Schultz, Executive Director, American Jewish League Against Communism (Chairman: Alfred Kohlberg), an John D. Rockefeller, 28. 9. 1949; George E. Sokolsky an Rockefeller, 26. 10. 1949; Gesprächsnotiz Kimball, 16. 11. 1949; RFA, RG 1.1, Series 200, b. 327, f. 3899.

114 Memo Willits an Weaver, 14. 4. 1949 (Zitat); Cushman an Willits, 12. 10. 1949; RFA, RG 1.1, Series 200, b. 327, f. 3899; Sitzungsprotokoll Social Sciences Staff Meeting, 12. 1. 1950; Kimball an Thomas J. Ross, 27. 1. 1950; RFA, RG 1.1, Series 200, b. 327, f. 3900.

115 J. B. Matthews, Confidential Report, 3. 12. 1949, RFA, RG 1.1, Series 200, b. 327, f. 3899; Sitzungsprotokoll Social Sciences Staff Meeting, 12. 1. 1950; Cushman an Willits, 12. 1. 1950; Memo Willits an Barnard, Kimball, 17. 1. 1950; RFA, RG 1.1, Series 200, b. 327, f. 3900; Cushman an Willits, 20. 5. 1950; Cushman an Willits, 29. 9. 1950; RFA, RG 1.1, Series 200, b. 327, f. 3901; Mat-

hebliche Unsicherheit zum Vorschein. Das respektable Forschungsprojekt stellte in den Augen des organisierten Antikommunismus offenbar eine größere Gefahr dar als die Kritik von leichter zu diskreditierenden Bürgerrechtsaktivisten. Für das Projekt war ein prominent besetztes Beratungsgremium zusammengestellt worden. Die meisten der an der Forschung Beteiligten waren angesehene Juristen, die Funktionen in der Roosevelt-Regierung bekleidet hatten. Eleanor Bontecou, die sich dem »Loyalty-Security Program« der Regierung widmete, war zuvor Anwältin im Justiz- und Kriegsministerium gewesen; der Dartmouth-Professor Robert K. Carr, der die Studie zum HUAC verfasste, war Executive Secretary von Präsident Trumans Commission on Civil Rights; Gellhorn, ein prominenter Rechtsprofessor an der Columbia University, hatte während des Krieges und davor in diversen Ämtern gedient, die Roosevelts Sozialpolitik juristisch absicherten. Er war einer der Direktoren der American Civil Liberties Union und galt später in seinem Fach als »Mr. Administrative Law«.[116]

Das Cushman-Team hatte sich von Anfang an der Kooperation der Behörden in Washington versichert. Darum waren gute Argumente auf ihrer Seite, um den Vorwurf des Sicherheitsrisikos und der Zersetzung des HUAC zu entkräften.[117] Carrs gute Verbindungen in Washington machten auch Richard Nixon auf das Projekt in Cornell aufmerksam. Nixon, zu diesem Zeitpunkt Abgeordneter und Mitglied des HUAC, stand kurz vor seinem öffentlichen Durchbruch im Fall Alger Hiss. Wenn man den Quellen Glauben schenkt, bestand herz-

---

thews verdankte sich auch eine Attacke von McCarthy selbst, über die berichtet wird von Cushman an Willits, 12. 3. 1951, RFA, RG 1.1, Series 200, b. 327, f. 3902; Cushman an Willits, 9. 3. 1952; Cushman an Rusk, 29. 1. 1953; RFA, RG 1.1, Series 200, b. 327, f. 3903; *George Sokolsky*, »Rockefeller Aides a Puzzling Book«, *New York Journal*, 22. 1. 1951; zu J. B. Matthews vgl. *Schrecker*, The Age of McCarthyism, S. 17 (Zitat); *dies.*, Many Are the Crimes, S. 44–46, 85, 92, 244, 248, 256, 259f., 275, 286, 393f.

116 Es enstanden die Bände von *Gellhorn*, Security, Loyalty, and Science; *Barrett*, The Tenney Committee; *Chamberlain*, Loyalty and Legislative Action; *Countryman*, Un-American Activities in the State of Washington; *Gellhorn* (Hg.), The States and Subversion; *Carr*, The House Committee on Un-American Activities; *Bontecou*, The Federal Loyalty-Security Program; *dies.*, The English Policy as to Communists and Fascists in the Civil Service; *Cushman*, Civil Liberties in the United States; zu Gellhorn vgl. den anonymen Nachruf auf Walter Gellhorn, in: Proceedings of the American Philosophical Society 141 (1997), S. 473–476, Zitat S. 473.

117 Cushman an Willits, 21. 3. 1945, RFA, RG 1.1, Series 200, b. 327, f. 3897; Cushman an Willits, 12. 10. 1945, RFA, RG 1.1, Series 200, b. 327, f. 3899.

liches Einvernehmen zwischen Carr und Nixon. Der künftige Vizepräsident schloss sich der Kritik nicht an.[118] Nixon wusste, wann es seinem Vorteil diente, auf der Klaviatur des McCarthyismus zu spielen, und wann nicht. Von McCarthy hielt er wenig, doch er genoss dessen Vertrauen. Eisenhower setzte später – allerdings ohne Erfolg – Nixon ein, um McCarthy zu bremsen.[119]

In der Stiftung war man von den Resultaten der Forschungsgruppe höchst angetan. Gerade Gellhorns eigene Arbeit wurde wegen ihrer Objektivität und Klarheit gewürdigt.[120] Auch die Rezensenten lobten die wissenschaftlich unangreifbaren Studien des Cornell-Projekts. Gellhorn wurde ein Buchpreis des »Bulletin of the Atomic Scientists« verliehen.[121] Erneut hatte sich die Politik der Stiftung ausgezahlt,

---

118 Cushman an Willits, 12. 10. 1949, RFA, RG 1.1, Series 200, b. 327, f. 3899.
119 Vgl. *Oshinsky*, A Conspiracy So Immense, S. 140f., 180f., 185, 296–298, 359–362, 383–389; *Perlstein*, Nixonland, S. 33, 44f.
120 Weaver an Fosdick, 31. 1. 1950; Fosdick an Weaver, 8. 2. 1950; Barnard an Ruth Alexander, 2. 3. 1950; RFA, RG 1.1, Series 200, b. 327, f. 3900; Willits an Robert M. Hutchins, 16. 4. 1952; Rusk an Cushman, 18. 6. 1952; Willits an Cushman, 4. 3. 1953; Willits an Hutchins, 9. 3. 1954; RFA, RG 1.1, Series 200, b. 327, f. 3903. Auch die politischen Verdienste des Projekts wurden gewürdigt. In den beiden zuletzt genannten Briefen erklärte Willits gegenüber Cushman mit Blick auf die Untersuchung der Stiftungen: »This whole series was a very excellent case of anticipatory timing«, während er Hutchins als Urheber der Idee mit den Worten dankte, das Unternehmen habe sich als ein »major achievement and an especial contribution to issues that are central in the world of today« erwiesen.
121 Eine Sammlung von Rezensionen findet sich in RFA, RG 1.1, Series 200, b. 327, f. 3902, sowie als Anlage zu Gellhorn an Willits, 17. 10. 1952, RFA, RG 1.1, Series 200, b. 327, f. 3903; die Preisverleihung berichtet ebenda, Pressemitteilung, Cornell University Press, 25. 3. 1952. *James R. Killian, Yale Review* (Winter 1951), S. 330f., pries Gellhorns Buch als »by all odds the best-informed, the most objective, and the most thorough study yet to appear of the effects of military secrecy and of loyalty tests on scientific progress in America«. Diesem Urteil schlossen sich prominente Rezensenten an, darunter der Physik-Nobelpreisträger Rabi und Harold Ickes, der Innenminister der Roosevelt-Regierung: *James E. Burchard*, »Crisis of a Free World«, *Saturday Review of Literature*, 30. 12. 1950; *I. I. Rabi*, »The problems of security and science with respect to our experience in World War II«, *Scientific American* (Januar 1951), S. 56f.; *Harold L. Ickes, Columbia Law Review* 51 (1951), S. 137–139, lobte das Buch nicht nur in höchsten Tönen als wissenschaftliches Grundlagenwerk, sondern auch als »welcome addition to the arsenal of sanity«, während er »McCarthyism« und »Federal Loyalty Program« beklagte als »pernicious mental activity that is more contagious than bubonic plague and of as little value to the human race«; *Benjamin Kaplan, Harvard Law Review* 64 (1951), S. 874; *George McBundy, American Political Science Review* 45 (1951), S. 534.

durch wissenschaftliche Qualität öffentliche Kritik abzuwenden. Im Cornell-Projekt kann man ein weiteres Beispiel für die Anwendung des flexiblen politisch-epistemologischen Prinzips sehen. Ein Projekt wurde unter zwei Bedingungen auch dann gefördert, wenn es politisch riskante Zonen berührte: Seine wissenschaftliche Qualität musste über jeden Zweifel erhaben sein, und es musste die Rückendeckung von Vertrauensleuten der Stiftung genießen.

Gellhorns Band »Security, Loyalty, and Science« wurde nicht nur in akademischen Journalen emphatisch besprochen, sondern auch von prominenten Stimmen in den Medien. Die so positive Aufnahme des Buches zersetzt allzu monolithische Bilder von der Presse in der McCarthy-Ära. Der bekannte Historiker Henry Steele Commager, Historiker an der Columbia University, stellte in der *New York Herald Tribune* die Gefahr für die Freiheit und den wissenschaftlichen Fortschritt heraus, die vom Sicherheits- und Loyalitätsregime drohe. Die *New Republic* sah von Gellhorn den Beweis erbracht, dass sich die Amerikaner im Kalten Krieg den größten Schaden selbst zufügten.[122] Unter den Rezensenten war auch der R&A-Veteran Arthur Schlesinger. In Harvard der politische Antagonist von Stuart Hughes, war Schlesinger mittlerweile zum prominenten »cold war liberal«, zum Vordenker des liberalen Antikommunismus avanciert. Er lobte Gellhorn, weil dessen Qualitäten nicht zu leugnen waren, aber Schlesingers Rezension war von einem tiefen Zwiespalt durchzogen, der die Ambivalenzen des »cold war liberalism« offensichtlich machte. Schlesinger konnte sich zu keiner eindeutigen Verdammung der Sicherheits- und Loyalitätsprogramme entschließen. Exzesse des McCarthyismus waren zu beklagen, soweit stimmte Schlesinger zu. Doch er setzte die strategische Brille des Antikommunismus für keinen Augenblick ab. Wo der Gegner Totalitarismus hieß, waren strenge Sicherheitsmaßnahmen gerechtfertigt. Das Thema der sowjetischen Spionage beschäftigte Schlesinger sichtlich, denn er widmete ihm breiten Raum. Dabei begab er sich auf einen Pfad, der viele der liberalen Antikommunisten zur Befürwortung von Geheimoperationen und Interventionen im Ausland führte. Wichtiger noch als das »Loyalty-Security Program« sei der Aufbau einer »effektiven Gegenspionage«,

---

122 Henry Steele Commager, »Two Books That Warn of Disaster in Our Effort to Achieve Security«, *New York Herald Tribune Book Review*, 15. 10. 1950; James R. Newman, »Cabin'd, Cribb'd, Confined and Bred in Darkness«, *The New Republic*, 6. 11. 1950, S. 18–20.

betonte Schlesinger. Die OSS-Veteranen Frank Wisner und James Jesus Angleton errichteten da bereits das geheime Reich der Auslandsoperationen und Gegenspionage in der CIA.[123]

Am erstaunlichsten dürfte jedoch der ausführliche »Book Report« gewesen sein, den die Illustrierte *Look* mit einer Auflage von mehr als drei Millionen Gellhorns Buch widmete. Unter den Hausfotografen des Magazins war damals der junge Stanley Kubrick. Schon die Überschrift und der erste Satz des Buchreports zeigten die Richtung an: »We're headed for a Russianized America«, war da zu lesen, »Wir steuern auf ein russifiziertes Amerika zu«, und »We're making fools of ourselves over ›potential traitors‹ and Russian spies«, »Wir halten uns selbst zum Narren, ›potentieller Verräter‹ und russischer Spione wegen«. Es war eine Lobeshymne auf das Cornell-Projekt und die Rockefeller-Stiftung. Die Sicherheits-»Hysterie« riskiere die amerikanische Sicherheit. In Los Alamos würden kaum noch junge Physiker für das Atomprogramm gefunden, weil sie die Gesinnungstests nicht bestünden. Geheimniskrämerei behindere den lebenswichtigen wissenschaftlichen Austausch. Alle wichtigen Erfindungen der letzten Jahre, vom Penizillin bis zur Atombombe, seien nicht in einem Klima der Geheimhaltung entstanden, wie man den Amerikanern erzähle. Sie beruhten auf Vorarbeiten aus der Vorkriegszeit, die auf eine »Atmosphäre des freien Austauschs von wissenschaftlichen Ideen« angewiesen waren. Drei Millionen Menschen seien potentiell von Sicherheitstests betroffen. Nonkonformismus werde als Kommunismus ausgelegt. Arbeitgeber entließen einfach Beschuldigte. Wer für die Rassengleichheit eintrete, gelte schnell als Kommunist, weil er darin mit der KP übereinstimme. Das und vieles mehr lernte *Look* aus Gellhorns Buch. Anders als der streitbare Liberale Schlesinger machte sich das illustrierte Massenmedium zum Vorkämpfer gegen den McCarthyismus.[124] Dass viele Medien aus Überzeugung und Konformismus die Sicherheitsprogramme und McCarthy unterstützten, steht freilich auf einem anderen Blatt.[125]

---

123 *Arthur M. Schlesinger*, »The Cost of Secrecy«, *The Nation*, 28. 10. 1950, S. 392f.; zu Wisner und Angleton vgl. oben, Kap. I.7. bis I.9.; zu Schlesingers monolithischer Kommunismusdeutung vgl. auch *Selverstone*, Constructing the Monolith, S. 145–147, 195f., 198f.
124 *William S. Dutton*, »Danger: We're Headed for a Russianized America«, *Look*, 10. 10. 1950, S. 91–98, Zitate S. 91, 95; zu den Auflagenzahlen vgl. »Shake-up at Look«, *Time*, 11. 1. 1954.
125 Vgl. etwa *Oshinsky*, A Conspiracy So Immense, S. 179–190, 392f.; *Schrecker*, Many Are the Crimes, S. 242–244.

Die Stiftung machte sich womöglich selbst die Forschungsergebnisse Gellhorns und seiner Kollegen zunutze.[126] Mit dem Angriff auf die Freiheit der Wissenschaft berührte gerade Gellhorns Buch ihr eigenes Arbeitsfeld. Man glaubt jedenfalls in den Stellungnahmen der Stiftung vor den Untersuchungsausschüssen ein fernes Echo Gellhorns zu hören. Eine Argumentation auf Umwegen fand dort häufig statt – wie bei Gellhorn; keine offensive Verteidigung der Freiheit, sondern eine Bezifferung des Schadens, den die Maßnahmen und Mentalitäten des McCarthyismus angerichtet hatten. Dieser Weg schien erfolgversprechend zu sein.

Nachdem das IPR bereits zum Opfer eines Großangriffs im Senat geworden war, stürzte sich das flankierende Manöver des Abgeordneten Cox unter anderem noch einmal auf die Bürgerrechtsforschung an der Cornell University, um eine Untersuchung der Stiftungen zu legitimieren. Im August 1951 beschwor er in einer Rede die Gefahr, die von den Stiftungen und ihren gewaltigen Ressourcen ausging. Sie setzten ihre Mittel »für unamerikanische und subversive Aktivitäten ein oder für Zwecke, die nicht in Einklang mit den Interessen oder Traditionen der Vereinigten Staaten« waren. Cox hatte eine klare Vorstellung von philanthropischen Aufgaben. Wer sich allein der Medizin oder Jugendfürsorge verschrieb, dem war seine Billigung sicher. Auf die meisten der großen Stiftungen traf dies nicht zu.

Unter den Vorwürfen, mit denen Cox die Rockefeller-Stiftung überhäufte, nahmen zwei den größten Raum ein: Die Stiftung habe den »Subversiven« Walter Gellhorn beauftragt, die Maßnahmen zur Subversionskontrolle zu erforschen. Gellhorn habe gar gewagt, die Abschaffung des HUAC zu fordern. Im Sinne der »China Lobby« war die zweite Vorhaltung, die Rockefeller Foundation sei für die massenhafte Zuwendung chinesischer Akademiker zum Kommunismus und damit auch direkt für den »Verlust« Chinas verantwortlich. Denn hatte die Stiftung nicht seit mehr als dreißig Jahren 45 Millionen US-Dollar in das chinesische Bildungssystem gesteckt? Die Invektive steigerte sich zur Anschuldigung des Landesverrats: »Unsere Jungs leiden und sterben gerade in Korea, zum Teil weil Rockefeller-Geld in den chinesischen Hochschulen und Schulen Tendenzen geför-

---

126 Auch wenn Gellhorn vor den Ausschüssen nicht zitiert wurde, legt das die Korrespondenz nahe: Cushman an Rusk, 29. 1. 1953; Rusk an Cushman, 4. 2. 1953; Willits an Cushman, 4. 3. 1954; RFA, RG 1.1, Series 200, b. 327, f. 3903.

dert hat, die die chinesische Intelligenzija zum Kommunismus führten.«[127]

Wie die meisten anderen von Cox' Vorhaltungen waren auch diese beiden leicht zu entkräften. Nicht Gellhorn, den die Stiftung nicht für einen »Subversiven«, sondern angesehenen Gelehrten hielt, sondern Robert Cushman leitete bekanntlich das Cornell-Projekt. Und die 45 Millionen US-Dollar waren nicht auf das chinesische Bildungssystem und kommunistische Indoktrination verwendet worden, sondern auf »medizinische Ausbildung«. Der Aufbau des chinesischen Gesundheitswesens verdankte sich seit den zwanziger Jahren dem Geld der Stiftung und ihres China Medical Board, das mittlerweile in eine eigenständige philanthropische Organisation umgewandelt worden war.[128] Dennoch wurde das »Cox Committee« eingesetzt, für das die Stiftung bis zum 31. Oktober 1952 einen umfangreichen Fragenkatalog zu beantworten hatte.[129]

Im Verlauf der Anhörungen nahm der Ausschuss eine bemerkenswerte Definition des so vagen wie zentralen Begriffs »subversiv« vor: »Haben die Stiftungen Personen, Organisationen und Projekte unterstützt oder gefördert, die – selbst wenn sie nicht im extremen Wortsinn subversiv waren – zur Schwächung oder Diskreditierung des kapitalistischen Systems, wie es in den Vereinigten Staaten existiert, neigen sowie dazu, den marxistischen Sozialismus zu bevorzugen?«, fragte das Komitee. Es untersuchte nach eigenem Bekunden, »ob die Stiftungen ihre Ressourcen dazu benutzt haben, das amerikanische System des freien Unternehmertums durch Kritik, Spott oder blasses Lob zu schwächen, zu untergraben oder zu diskreditieren, während sie gleichzeitig die Vorzüge des sozialistischen Staates preisen«.[130] Subversiv war nicht nur, wer die politische Ordnung der Vereinigten Staaten in einer Revolution umstürzen wollte. Subversiv war auch nicht allein, wer im Namen einer Ideologie oder im Bund mit einer auswärtigen

---

127 Rep. E. E. Cox, Investigation of Certain Educational and Philanthropic Foundations, 1. 8. 1951, RFA, RG 3.2, Series 900, b. 14, f. 85.
128 Memo Rhind an Barnard, 18. 10. 1951, RFA, RG 3.2, Series 900, b. 14, f. 85.
129 U.S. House of Representatives, Eighty-Second Congress, House Resolution 561, 18. 3. 1952, House Calendar Nr. 140, Report Nr. 1553; Cox an Rockefeller Foundation, 2. 10. 1952; Kimball an Cox, 23. 10. 1952; Rusk an Cox, 31. 10. 1952; RFA, RG 3.2, Series 900, b. 14, f. 85.
130 Report of the Select Committee to Investigate Tax-Exempt Foundations, Washington 1953, S. 9, zit. nach Rep. Angier L. Goodwin, Additional Views of Algier L. Goodwin, 18. 12. 1953, RFA, RG 3.2, Series 900, b. 14, f. 86.

Macht wie der Sowjetunion das System bekämpfen oder die Macht an sich reißen wollte. Um subversiv zu sein, genügte dem Ausschuss die Ablehnung, Verspottung, Diskreditierung oder bloße Kritik des kapitalistischen Systems. Man muss kaum hinzufügen, dass Marcuse, Hughes und ihre Freunde unter diese Kategorie fielen. Das war der Gipfel des interessengeleiteten Konformismus und der »antisubversiven« Tradition, die von Anfang an den McCarthyismus kennzeichneten.[131] Selten haben Organe des McCarthyismus in einer solchen Klarheit ihre Motive – wenn auch nicht alle Motive – offenbart wie dieser Ausschuss.

Die Rockefeller Foundation gab ausführlich ihre Antworten zu Protokoll. Den kapitalistischen Subversionsbegriff ließ sie sich nicht überstülpen. Verhielt sie sich in den meisten Punkten kooperativ, wenn nicht defensiv, so ging sie bei diesem Schlüsselbegriff des McCarthyismus zum Gegenangriff über. Der Ausschuss mache es der Stiftung nicht leicht, mit ihm zusammenzuarbeiten, so gerne man das würde, erklärte die Stiftung. Doch es sei unmöglich, eine allgemeingültige Definition von »subversiv« vorzunehmen, wie das Komitee verlange:

»Der Begriff hat keine allgemein akzeptierte oder anerkannte Bedeutung, sondern scheint eher eine große Vielfalt von Bedeutungen aufzuweisen, die vom politischen oder wirtschaftlichen Blickwinkel des [den Begriff] Gebrauchenden abhängen. Zeitungen, Kolumnisten und Autoren von Schmähschriften am einen Ende des politischen Spektrums verdammen Aktivitäten als subversiv, die von ihren Kollegen am anderen Ende als weitblickend und fortschrittlich gelobt werden. Der Begriff wurde gebraucht, um Meinungen anzugreifen, mit denen man nicht übereinstimmt, oder Individuen anderer politischer Überzeugungen, genauso wie zur Tarnung von Verschwörungen, die die Regierung durch Gewalt stürzen wollen.«

Darum übernehme die Stiftung offizielle Definitionen des Kongresses, der Gerichte und des Generalstaatsanwalts. Sie werde sich aber hüten, weitergehenden Definitionen zu folgen oder solche selbst in Umlauf zu setzen. Lieber vertraue die Stiftung, in einem mittlerweile bekannten Argumentationsgang, ihren hohen wissenschaftlichen Standards, die »weit über jegliche Definition von Subversion hinaus« reichten.

---

131 Vgl. etwa *Schrecker*, The Age of McCarthyism, S. 12–24, 58–62, 71–106; *dies.*, Many Are the Crimes, S. 42–85, 203–305, 309–415.

Was heißen sollte, wie man dem Ausschuss darlegte, dass man zwar »die Bedeutung von Nonkonformisten für den Fortschritt des menschlichen Denkens« hochhalte, aber niemals Kommunisten, die im Denken unfrei und dem »Dogma des Kreml« unterworfen seien, unterstützen werde. Schließlich begab sich die Stiftung doch noch aus dem schützenden Begriffsdickicht und zeigte an, dass sie im Einklang mit den Gesetzen der USA einer engen Definition von Subversion zuneigte: Subversiv sei, was von der Regierung zu einer »Bedrohung der nationalen Sicherheit« erklärt werde.[132]

Das »Cox Committee« fand am Ende selbst den eigenen Kriterien zufolge keinen Beleg, dass große Stiftungen wie Rockefeller wissentlich und willentlich subversive Bestrebungen unterstützt hätten. Der Subversionsbegriff wurde dabei bekräftigt: »die Stiftungen [...] haben nicht vorsätzlich ihre Unterstützung für die marxistische Philosophie verwendet und gegen das, was wir für gewöhnlich das amerikanische System des kapitalistischen freien Unternehmertums betrachten«. Die anfängliche Befürchtung des Ausschusses, die Sozialwissenschaften seien bereits darum ein subversives Unterfangen, weil »sozial« und »Sozialismus« zum Verwechseln ähnlich klangen, zerstreute der erwiesene Nutzen der angewandten Sozialwissenschaften – namentlich der Marktforschung – für die Wirtschaft. Ein ebenso tiefsitzendes Motiv wurde nicht ausgesprochen, aber angedeutet in der Kritik, die großen Stiftungen würden vornehmlich von »Personen aus den Nord- und mittleren Atlantikstaaten« kontrolliert.[133] Die großen Stiftungen propagierten die Rassengleichheit. Die Carnegie Corporation hatte in den vierziger Jahren die epochalen Forschungen Gunnar Myrdals über die Rassendiskriminierung in den USA finanziert. Dass auch die Verteidigung der Rassensegregation in den Südstaaten im Hintergrund der Untersuchungen stand, wurde bald darauf in der liberalen Presse bemerkt und kam beim Nachfolger des »Cox Committee« deutlicher zum Ausdruck.[134]

---

132 Cox Committee: Answers of the Rockefeller Foundation, 31. 10. 1952, To »Questionnaire Submitted by the Select Committee of the House of Representatives of the Congress of the United States«, S. 52, 55f., RFA, RG 3.2, Series 900, b. 14, f. 89.
133 Report of the Select Committee to Investigate Tax-Exempt Foundations, Washington 1953, S. 9, zit. nach Rep. Angier L. Goodwin, Additional Views of Algier L. Goodwin, 18. 12. 1952, RFA, RG 3.2, Series 900, b. 14, f. 86.
134 Vgl. *Schrecker*, Many Are the Crimes, S. 393, 407; *Southern*, Gunnar Myrdal and Black-White Relations, S. 173.

Cox starb an Weihnachten 1952. Wenige Monate später strengte sein Ausschussmitglied Carroll Reece, ein republikanischer Abgeordneter aus Tennessee, eine Neuauflage des Untersuchungsprozesses an. Der Ausschuss wurde 1953 eingesetzt, die Anhörungen begannen im Mai 1954 und wurden im Dezember desselben Jahres abgeschlossen.[135] Reece hatte ein schärferes politisches Profil als Cox. Er war fest im rechten Flügel der Republikaner verankert, ein Unterstützer von Senator Taft gegen Eisenhower. Mit Reece traten die politischen Ränkespiele in den Vordergrund. Die liberale Presse begleitete das Reece Committee von Anfang an. Sie sprang den philanthropischen Stiftungen zur Seite. Immerhin standen keine vermeintlichen Kommunisten vor dem Untersuchungsausschuss, sondern »einige der bewundernswertesten Elemente des amerikanischen Lebens«, wie es im *Atlantic Monthly* hieß. Die Presse deutete das »Reece Committee« als Schauplatz eines Stellvertreterkrieges in der Republikanischen Partei. Auf der einen Seite standen demnach die internationalistischen Eisenhower-Republikaner mit ihren Freunden und Bundesgenossen in den Führungsetagen der philanthropischen Stiftungen, auf der anderen Seite konservative, segregationistische und isolationistische Republikaner aus dem Süden und Mittleren Westen. Die *Washington Post* zitierte den Vorwurf eines protestierenden demokratischen Ausschussmitglieds, Reece sei ein »Neanderthal man«.[136]

---

135 Norman Dodd, Research Director, Special Committee to Investigate Tax Exempt Foundations, an Rockefeller Foundation, 3. 12. 1953; Rusk an Dodd, 11. 12. 1953; Robert W. July, »Memo to Counsel«, 16. 12. 1953; Rusk an Dodd, 4. 2. 1954; Memo Weaver an Kimball, 26. 5. 1954; Rusk an Trustees, 28. 5. 1954; Deane an Rusk, 5. 7. 1954; Rusk an Deane, 14. 7. 1954; Executive Committee, Sitzungsprotokoll, 24. 9. 1954, Nr. 54482; Rusk an Trustees, 30. 12. 1954; RFA, RG 3.2, Series 900, b. 14, f. 85; Rockefeller Foundation, Annual Report 1953, New York 1954, S. 15–17, 27f.; *Harry D. Gideonse*, »A Congressional Committee's Investigation of the Foundations«, *Journal of Higher Education* (Dezember 1954), S. 457–463.
136 *Helen Hill Miller*, »Investigating the Foundations«, *The Reporter*, 24. 11. 1953; *Sumner H. Slichter*, »Undermining the Foundations«, *Atlantic Monthly* (September 1954), S. 50–54, Zitat S. 54; *Murray Marder*, »House Group Splits On Foundation Probe«, *Washington Post*, 20. 12. 1954 (Zitat); *Phil Graham*, »Attack on Free Inquiry«, *Washington Post*, 20. 12. 1954; *Alistair Cooke*, U.S. Philanthropic Foundations Under Scrutiny«, *Manchester Guardian Weekly*, 23. 12. 1954. Am deutlichsten wurde, was die Verteidigung der Rassensegregation als eigentlichen Hintergrund des »Reece Committee« betraf, der Rundfunkbeitrag von *Nathan Straus*, Editorial Broadcast, Station WMCA, 14. 1. 1955, Transkription, RFA, RG 3.2, Series 900, b. 14, f. 86.

Als die Rockefeller Foundation zum Gegenangriff ansetzte, zeichneten sich der Fall McCarthys und die Schwächung des McCarthyismus bereits ab. Die Stiftung riskierte also nicht allzu viel, als sie sich im August 1954 kampfeslustig zeigte. Dennoch unternahm sie einen erstaunlichen Schritt. Weil sie zu den öffentlichen Anhörungen nicht geladen war und nur einen schriftlichen Fragenkatalog beantworten durfte, legte die Stiftung eine umfangreiche eidesstattliche Erklärung vor. Dieses Dokument behandelte Fragen wie »Intellectual Surveillance« (»Geistige Überwachung«) und »Alleged ›Internationalist‹ Bias« (»Angebliche ›internationalistische‹ Voreingenommenheit«) der Stiftung. Intellektuelle Überwachung wurde abgelehnt, der Geist internationaler wissenschaftlicher Zusammenarbeit verteidigt.[137] Ein ergänzendes Schriftstück zu dieser eidesstattlichen Erklärung ging auf Vorwürfe zu einzelnen Projekten ein. An manchen Stellen grenzt dieses »Supplement« an eine Satire. Anschuldigungen gegen das Russian Institute wurden nicht nur mit dem Hinweis abgewehrt, wer die Sowjetunion bekämpfen wolle, müsse diese erst einmal kennen. Das sei »der Eckpfeiler unserer Verteidigung gegen den Kommunismus«. Es wurde gezielt Eisenhowers Lob des Instituts zitiert, um den Ausschuss mit seinen eigenen Waffen zu schlagen – indem ihm Vernachlässigung der nationalen Sicherheit vorgehalten wurde:

»Bevor der Ausschuss die Unterstützung der Stiftung für eine Institution verurteilt, die eine so wichtige Rolle in unserer Verteidigung gegen den Kommunismus spielt, schlagen wir respektvoll vor, den Rat derjenigen in der Regierung zu suchen, die für die Außenpolitik und die Landesverteidigung die Verantwortung tragen.«

Die Ironie dieser Aussage, die Anspielung auf den innerparteilichen Sieg Eisenhowers über seine rechten Gegner, entging niemand, wie die gewaltige Zustimmung zeigte, die die Stiftung erreichte. Die Verteidigung der Cornell Civil Liberties Studies entwand dem Gegner eine andere seiner Waffen, den Vorwurf des Unamerikanischen. Die Stiftung in Person ihres Präsidenten Dean Rusk verwies auf

---

[137] Statement of The Rockefeller Foundation and The General Educational Board Before the Special Committee to Investigate Tax Exempt Foundations, House of Representatives – 83rd Congress, Document of Record 831, 3. 8. 1954, Inv-4a, RFA, RG 3.2, Series 900, b. 16, f. 93, S. 11–13, 47–53. Dean Rusk ließ das Statement vorab an die Trustees der Stiftung sowie an Präsident Eisenhower und alle Kabinettsmitglieder zugehen; Rusk an Trustees, 2. 8. 1954; Rusk an Eisenhower, 3. 8. 1954; RFA, RG 3.2, Series 900, b. 14, f. 85.

die wissenschaftlichen Verdienste des Cornell-Projekts, um dann zu klagen:

»Leider gibt es einige Personen, die jegliche Kritik irgendeines Abschnitts des Loyalitätsprogramms der Regierung oder jedweden Vorgehens der an diesem Problem interessierten Kongressausschüsse als subversiv betrachten wollen. Doch die amerikanische Tradition der Sorge um die individuelle Freiheit ist älter als die Republik, wie es etwa in der Unabhängigkeitserklärung zum Ausdruck kommt.«

Selbst beim IPR wich die Stiftung nun nicht mehr zurück.[138] Dem Abgeordneten Reece war die Förderung der sexualwissenschaftlichen Studien Alfred Kinseys durch die Rockefeller-Stiftung ein persönlicher Dorn im Auge.[139] Die Stiftung überschritt nun offensichtlich die Grenze zur Farce und klärte Reece über die »Life Sciences« auf: »Die Unterstützung von Forschungen zu Reproduktionsmedizin und Reproduktionsverhalten ist offensichtlich ein notwendiger Bestandteil dieses Programms, denn die Fähigkeit zur Reproduktion ist eine elementare Eigenschaft lebender Organismen.«[140]

Erklärung und »Supplement« wurden schnell zum regelrechten Hit: Die Stiftung wurde mit Bitten überhäuft, die Dokumente zugänglich zu machen. Isaiah Berlin und Hans Morgenthau erhielten Exemplare. Der ehemalige Außenminister Dean Acheson gratulierte seinem einstigen Vertrauten Dean Rusk ganz so, wie McCarthy es von seinem Erzfeind erwartet hätte:

»Ich fand es äußerst gelungen und habe die Zurückhaltung und die gute Laune bewundert. Es muss schwierig gewesen sein, sie zu bewahren. Sie [die Erklärung] hat zwei Dinge geschafft, die überaus schwer zu verbinden sind. Sie hat nachdrücklich und mit großer intellektueller Kraft und Begeisterung die Geschichte der großen Leistungen der Stiftung vorgestellt, und sie hat gleichzeitig die Anschuldigungen

---

138 Supplemental Statement of the Rockefeller Foundation Before the Special Committee to Investigate Tax Exempt Foundations, House of Representatives – 83rd Congress, 3. 8. 1954, Inv-4b, RFA, RG 3.2, Series 900, b. 16, f. 93, S. 3f., 4–7, 10–13.
139 Vgl. *Murray Marder*, »House Group Splits On Foundation Probe«, *Washington Post*, 20. 12. 1954.
140 Supplemental Statement of the Rockefeller Foundation Before the Special Committee to Investigate Tax Exempt Foundations, House of Representatives – 83rd Congress, 3. 8. 1954, Inv-4b, RFA, RG 3.2, Series 900, b. 16, f. 93, S. 13–16, Zitat S. 13.

als das kenntlich gemacht, was sie waren – als primitive [peasant-like] Verdächtigungen, die aus Ignoranz und Unwissenheit [know-nothingism]. Es war hervorragende Arbeit.«

Zu den begeisterten Gratulanten gehörte eine Riege von Rusks einstigen Kollegen aus dem State Department, darunter Park Armstrong, der stellvertretende Außenminister, der dem OIR vorstand. Auch Eisenhowers Botschafter bei den UN, Henry Cabot Lodge, und der Herausgeber der *New York Times* schlossen sich an.[141]

Das Ergebnis des Untersuchungsausschusses schien niemand mehr zu interessieren. Als es vier Monate später veröffentlicht wurde, erklärte Rusk, der Reece-Report sei ohnehin »bereits im Voraus weitgehend diskreditiert durch das Vorgehen bei der ›Untersuchung‹«.[142] Im Verlauf dieses Untersuchungsausschusses spiegelte sich das Drama des Jahres, in dem McCarthy seine Macht auf die Spitze trieb und verlor. Reece hatte siegessicher begonnen. Binnen eines Jahres stürzte sein Ausschuss in die Bedeutungslosigkeit. Im August 1954 konstituierte sich auch der Senatsausschuss, der McCarthy selbst disziplinierte. Am 2. Dezember erklärte eine Mehrheit von 67 zu 22 im Senat ihre Missbilligung seines Verhaltens. Drei Jahre später war McCarthy, ein Opfer des Alkoholismus, tot.[143] Die Rockefeller-Stiftung erlebte im Lauf der Jahre noch einige weitere Untersuchungsausschüsse, fühlte sich aber nie mehr bedroht.[144]

Der McCarthyismus traf viele Mitarbeiter an Universitäten und wissenschaftlichen Einrichtungen hart. Nicht wenige verloren dauerhaft oder vorübergehend ihre Reputation, Stellung oder wirtschaftliche Existenz. Nicht selten haben akademische Institutionen aus Angst,

---

141 Rhind an Rusk, 6. 8. 1954; Thompson an Rhind, 31. 8. 1954; RFA, RG 3.2, Series 900, b. 14, f. 85; Acheson an Rusk, 14. 9. 1954; Rusk an Acheson, 17. 9. 1954; Armstrong an Rusk, 26. 8. 1954; RFA, RG 3.2, Series 900, b. 16, f. 96; Lodge an Rusk, 26. 8. 1954; Mosely an Rhind, 12. 8. 1954; Mosely an Rusk, 12. 8. 1954; Charlton Ogburn an Rusk, 7. 9. 1954; Arthur Hays Sulzberger an Rusk, 5. 8. 1954; RFA, RG 3.2, Series 900, b. 16, f. 97; David Wainhouse an Rusk, 24. 8. 1954, RFA, RG 3.2, Series 900, b. 17, f. 98. McCarthy hasste Acheson wegen seines elitären Auftretens; vgl. *Oshinsky*, A Conspiracy So Immense, S. 108f., 323f.
142 Rusk, Statement, 18. 12. 1954, RFA, RG 3.2, Series 900, b. 14, f. 85.
143 Vgl. *Oshinsky*, A Conspiracy So Immense, S. 472–507; *Schrecker*, The Age of McCarthyism, S. 74.
144 Vgl. RFA, RG 3.2, Series 900, b. 14, f. 87–88; b. 16, f. 94–95.

Opportunismus oder antikommunistischer Überzeugung Opfern des McCarthyismus den Schutz verweigert.[145] Die Rockefeller Foundation schwankte zeitweilig unter dem Ansturm des McCarthyismus, wie dieses Kapitel gezeigt hat. Nicht immer war sie eine vorbildliche Verteidigerin der akademischen Freiheit. Antikommunistisches Denken beeinflusste auch ihre Haltung.

Angriffe radikaler Antikommunisten wurden aber abgewehrt, wenn das Netzwerk der »Freunde« der Stiftung dazu entschlossen war. Das Verhältnis der Stiftung zur Regierung und zum McCarthyismus war ebenso von der internen Debatte abhängig wie von den politischen Konjunkturen. Anders als es bislang in der Literatur den Anschein hatte, zeigte sich die Rockefeller-Stiftung jedoch standhaft und angriffslustig, als sie den Untersuchungsausschüssen des Kongresses gegenübertrat. Der McCarthyismus wurde als existentielle Bedrohung ihrer Arbeitsgrundlagen begriffen. Zwischen beiden Seiten waren darum keine stabilen Kompromisse möglich. Ambivalenzen zeichneten sich in Politik und Praxis der Stiftung dann ab, wenn die stillschweigende Zusammenarbeit mit der amerikanischen Regierung zur Debatte stand. Hier war die Stiftung zeitweilig zu einer engen Kooperation bereit, die mit den strategischen Interessen Amerikas begründet wurde.

Vor diesem politischen und strukturellen Hintergrund unterstützte die Rockefeller Foundation im Zeitalter des McCarthyismus Intellektuelle, die nach den Kategorien der Untersuchungsausschüsse eindeutig »subversiv« waren. Die Stiftung ging darüber noch hinaus. Es flossen nicht nur vereinzelte Zuwendungen an obskure Randexistenzen, die als hilfsbedürftige Exilmarxisten ohne sichere institutionelle Bleibe in der akademischen Welt gestrandet waren. Mit Linksintellektuellen wie Franz Neumann und Herbert Marcuse stand die Stiftung über mehrere Jahre in engem Kontakt. Bei zwei wissenschaftsstrategischen Großunternehmungen suchte die Stiftung auch den Rat dieser beiden Denker. Die Geschichte dieser Beziehungen wird in den beiden folgenden Kapiteln untersucht.

---

145 Die maßgebliche Untersuchung dazu bleibt *Schrecker*, No Ivory Tower; vgl. auch *dies.*, Many Are the Crimes, S. 404–411.

IV Die Rockefeller-Revolution I: Die Wiedergeburt der Ideengeschichte

> We must learn how to »play by the rules of the game«
> while still maintaining our intellectual integrity.
> **Herbert Marcuse**

1. Franz Neumann und die Stiftung der Ideengeschichte

Am Freitag, dem 31. Oktober 1952, traf am späten Nachmittag eine Reihe von Herren mittleren und fortgeschrittenen Alters in der 55. Etage des RCA Building ein. Hoch oben im höchsten Turm des Rockefeller Center, der in den achtziger Jahren in GE Building umgetauft wurde, befindet sich seit 1933 das »Family Office« der Rockefellers, das schlicht Room 5600 genannt wird. Es umfasst das gesamte 56. Stockwerk des Gebäudes. Auch die Rockefeller Foundation residierte damals noch im RCA Building. Die Familie hatte die beiden Etagen unter ihrem Büro, das 55. und die Hälfte des 54., für ihre Stiftung reserviert. Im 64. Stock standen der Rockefeller Foundation ein Speisesaal und eine Lounge zur Verfügung. Eine Gruppe von Gelehrten fand sich an diesem Tag am Sitz der Stiftung ein, um gemeinsam aufs Land nach Arden House chauffiert zu werden, dem Tagungszentrum der Columbia University am Rande des Harriman State Park im Staat New York. Neun Vertreter der Stiftung, unter ihnen Dean Rusk, der Präsident, ein Berichterstatter der angesehenen Zeitschrift *Atlantic Monthly* und zweiundzwanzig politische Theoretiker kamen dort zur »Conference on Legal and Political Philosophy« der Rockefeller Foundation zusammen. Einer von ihnen war Franz Neumann.[1]

Diese Konferenz sollte der Gründungsakt eines neuen wissenschaftlichen Feldes sein. Seit zwei Jahren arbeiteten die Strategen der Stiftung daran, eine neue Disziplin zu etablieren, oder vielmehr einen disziplinären Zwischenraum zu schaffen, in dem sich die interessantesten politischen Denker niederlassen und ihre Nachfolger schulen konnten. Es war das Feld der politischen Theorie, der »political philosophy« oder »political theory«, die um eine rechtswissenschaftliche Komponente zum »Program in Legal and Political Philosophy« (LAPP) erweitert wurde. In der Wahrnehmung der Stiftung existierte ein institutionelles Problem in Amerika: Die analytische Philosophie

---

1 Vgl. *Okrent*, Great Fortune, S. 259; die Zählweise der Etagen etc. (alle genannten Begriffe werden hier synonym verwendet) entspricht der amerikanischen Methode. Memo Deane an George Sabine u.a., 8. 10. 1952; Memo Deane an Willits, Rusk, 29. 10. 1952; RFA, RG 3.1, Series 910, b. 8, f. 74; Proceedings, First Conference on Legal and Political Philosophy, 31. 10.–2. 11. 1952 (im Folgenden: Proceedings), Bd. 1, RFA, RG 3.1, Series 910, b. 9, f. 81.

habe der politischen Theorie keinen Raum in den philosophischen Instituten gelassen, und auch an den juristischen Fakultäten drohten Traditionen politischen Denkens abzubrechen. Unterdessen spiele in der Politikwissenschaft positivistische Forschung eine größere Rolle als die politische Theorie.

Diese Lagebeschreibung findet bei jüngeren Forschungen zur Geschichte dieser Disziplin kaum Bestätigung. Vielmehr wird dort die anhaltende Bedeutung politischer Theorie betont – auch in der Hochphase der quantifizierenden Sozialwissenschaften.[2] LAPP dürfte allerdings dazu beigetragen haben, den in der Forschung gleichwohl für die folgenden Jahrzehnte diagnostizierten »Niedergang« der politischen Theorie hinauszuzögern. Jedenfalls handelte die Stiftung auf der Grundlage ihrer Wahrnehmung einer institutionellen und intellektuellen Krise der politischen Theorie. Die Stiftung fühlte sich sogar mitverantwortlich für den Aufstieg des sozialwissenschaftlichen Spezialistentums. Dieser Entwicklung wollte sie entgegenwirken. LAPP wurde erdacht, um den großen Zusammenhang des politischen Denkens »zurückzuerobern«. Ohne die etablierten Disziplinen und Methoden geringzuschätzen, wollte die Stiftung über das bestehende sozialwissenschaftliche Engagement hinausgehen und der politischen Philosophie eine neue Grundlage geben. Eine Konferenz und die Ernennung eines neuen Mitarbeiters wurden ins Auge gefasst, eigens um dieses Feld aufzubauen. Beratergremien wurden einberufen und Stipendienprogramme geplant, sowohl für etablierte Gelehrte als auch für Nachwuchsforscher. Es ging nicht um einzelne unkoordinierte Förderungen, sondern um eine tiefgreifende und langfristige Umgestaltung der Wissenschaftslandschaft; nicht um die Erzeugung eines isolierten Fachs, sondern um die Infiltrierung verschiedener benachbarter Disziplinen mit dem Geist der politischen Theorie und Ideengeschichte.[3]

---

2 Vgl. etwa *Gunnell*, The Descent of Political Theory; *Katznelson*, Desolation and Enlightenment; *Kettler*, The Political Theory Question in Political Science; *ders.*, Political Science and Political Theory. Alle betonen den entscheidenden Einfluss der emigrierten Gelehrten auf die Entwicklung der politischen Theorie in den USA. Gunnell (etwa ebenda, S. 82–104) zeigt aber, dass zuvor bereits, seit der zweiten Hälfte des 19. Jahrhunderts, eine – um empiristische und pragmatistische Gegenströmungen ergänzte – Aneignung gerade deutscher theoretischer Traditionen an amerikanischen Universitäten stattgefunden hatte, was eine erste Blütezeit politischer Theorie zur Folge hatte.
3 Auch zum vorhergehenden Absatz: Willits an Buchanan, 13. 10. 1950; Buchanan an Willits, 26. 12. 1950; Memo Willits an Barnard, 26. 1. 1951; Memo Willits

Das Interesse der Stiftung wurde von neuen, zaghaften Trends geweckt, die ein stärkeres Gewicht von politischen Ideen anzukündigen schienen. Eine disziplinäre Heimstatt bestand dafür nicht. Die Stiftung beobachtete aber eine Gruppe, die ihr durch die Rettungs- und Hilfsmaßnahmen der dreißiger Jahre vertraut und verbunden war und die ganz anders mit politischen Ideen umging, als es zuvor in den USA üblich war – die Emigranten. Das neue Programm war dazu bestimmt, den Wissenstransfer aus Europa in sich aufzunehmen. Das »Refugee Scholars«-Programm hatte in den Kriegs- und Vorkriegsjahren 1,5 Millionen Dollar aufgebracht, um 303 politisch bedrohten Natur- und Geisteswissenschaftlern die Ausreise aus Europa zu ermöglichen. Die Rockefeller Foundation hatte sich dadurch den Ruf erworben, die erste Anlaufstelle für die intellektuelle Emigration aus Mitteleuropa zu sein. Zu den erschütterndsten Dokumenten aus diesen Jahren gehört die Korrespondenz mit Marc Bloch. Die Stiftung bemühte sich um die Rettung des großen französischen Historikers. Nachdem alle Papiere ausgestellt und die Ausreise für Bloch und den größten Teil seiner Familie erwirkt waren, entschied Bloch sich 1941 gegen die Emigration, um seinen ältesten Sohn nicht im Stich zu lassen, dem das Verlassen des Landes verwehrt worden war.[4]

Über die Rockefeller-Stiftung und LAPP fanden intellektuelle Traditionen der Emigration eine institutionelle Einflugschneise ins amerikanische Wissenschaftssystem. Hier konnten Emigranten eine wichtige, maßgebliche Rolle spielen und wissenschaftsstrategische Akzente setzen, wie es ihnen an kaum einer Universität möglich war. Das schlug sich im Programm nieder. Eine Schlüsselfunktion als Berater fiel dem Columbia-Professor Robert MacIver zu, einem alten Bundesgenossen der Frankfurter Schule, dem das Institut für Sozialforschung seine Exilresidenz an der Columbia University verdankte. Dieser »spekulative« Geist unter den Columbia-Politikwissenschaft-

---

an Buchanan, 7. 2. 1951; RFA, RG 3.1, Series 900, b. 8, f. 72; Memo Willits an Barnard, 15. 2. 1952; Memo Willits an Barnard, 14. 3. 1952; RFA, RG 3.1, Series 900, b. 8, f. 73; Sabine an Willits, 10. 11. 1952, RFA, RG 3.1, Series 900, b. 8, f. 75; Proceedings, Bd. 1, S. 3–9, Zitat S. 3, RFA, RG 3.1, Series 910, b. 9, f. 81.

4 Marc Bloch an Alvin S. Johnson, 31. 7. 1941, RFA, RG 1.1, Series 200, b. 48, f. 550; zur Geschichte des »Refugee Scholars«-Programms vgl. Thomas B. Appleget, The Foundation's Experience with Refugee Scholars, 5. 3. 1946; RFA, RG 1.1, Series 200, b. 47, f. 545A; die Unterlagen aller Hilfsmaßnahmen befinden sich in RFA, RG 1.1, Series 200, b. 46–47; vgl. *Gemelli* (Hg.), »The Unacceptables«; *Friedländer*, Den Holocaust beschreiben, S. 85–94.

lern schätzte besonders Marcuse und Neumann. Nicht zuletzt auf MacIvers Betreiben trat neben die »theory of law« die »theory of government« und mit ihr ausdrücklich die historische Analyse von Macht. Dass LAPP auf den Wissenszufluss aus anderen Denktraditionen angewiesen war, kristallisierte sich immer deutlicher heraus. »Gute politische Philosophen und Theoretiker sind heutzutage eine seltene Spezies«, erklärte Joseph Willits, doch die intellektuelle Emigration bot reichlich Potential, wie die Namenslisten zeigten, die in der Stiftung kursierten. Aus diesem Grund war der politischen Theorie, der die Stiftung ihre Förderung zukommen ließ, von Anfang an ein starkes ideengeschichtliches Element eingeschrieben.[5]

Auf MacIvers Vermittlung gewann die Stiftung mit Herbert A. Deane einen jungen Professor für politische Philosophie an der Columbia University und künftigen Mitherausgeber des »Journal of the History of Ideas« als stellvertredenden Direktor, um die Grundlegung des Feldes voranzutreiben, die Gründungskonferenz zu planen und den Umfang des Engagements zu kalkulieren. Deane oder MacIver waren es auch, die Franz Neumann in den Kreis der Gründerväter holten. Deane war Neumann eng verbunden. Neumann übernahm auf der konstituierenden Sitzung des Feldes die Leitung des Themenbereichs »Analyse der politischen Macht«.[6] Die Stiftung suchte nach den besten Leuten in einem fachübergreifenden Komplex. Die unterschiedlichsten Köpfe wurden zur Konferenz eingeladen. Einen britischen Denker wollte die Rockefeller Foundation unbedingt hinzuziehen: Michael Oakeshott, der konservative politische Philosoph an der

---

5 Willits an Buchanan, 13. 10. 1950; Buchanan an Willits, 26. 12. 1950; RFA, RG 3.1, Series 900, b. 8, f. 72; Memo Willits an Barnard, 15. 2. 1952 (Zitat); Robert M. MacIver an Willits, 31. 7. 1952 (Zitat); Memo Willits, 1. 8. 1952; Willits an Henry A. Moe, 1. 8. 1952; Willits an MacIver, 30. 9. 1952; RFA, RG 3.1, Series 900, b. 8, f. 73; Memo Deane an Willits, 22. 10. 1952; Gesprächsnotiz Deane, 3. 11. 1952; RFA, RG 3.1, Series 900, b. 8, f. 74; MacIver an Willits, 7. 11. 1952; Sabine an Willits, 10. 11. 1952; Memo Deane an Willits, 18. 11. 1952; RFA, RG 3.1, Series 900, b. 8, f. 75. zu MacIvers enger Verbindung mit dem Institut für Sozialforschung vgl. *Wiggershaus*, Die Frankfurter Schule, S. 166f., 307, 312f., 332f., 397; *Jay*, The Dialectical Imagination, S. 39, 219; *Wheatland*, The Frankfurt School in Exile, S. 39–57, 89f., 230f.
6 Willits an Henry A. Moe, 1. 8. 1952; Memo Willits an Rusk, 16. 9. 1952; RFA, RG 3.1, Series 900, b. 8, f. 73; Memo Deane an Willits, 24. 10. 1952 (Zitat); Memo Deane an Willits, Rusk, 29. 10. 1952; RFA, RG 3.1, Series 900, b. 8, f. 74; Willits an MacIver, 12. 11. 1952; Deane an Neumann, 25. 11. 1952; Neumann an Deane, 1. 12. 1952; RFA, RG 3.1, Series 900, b. 8, f. 75; Deane an MacIver, 22. 1. 1953; RFA, RG 3.1, Series 900, b. 8, f. 76.

London School of Economics, ließ sich auch durch eindringlichstes Antichambrieren nicht nach Amerika locken.[7]

Am Abend des 31. Oktober begann die Konferenz in Arden House, am selben Tag also, an dem die Stiftung nach nur kurzer Vorwarnzeit ihre Antworten dem »Cox Committee« des Repräsentantenhauses vorlegen musste. Rusk blieb darum der Eröffnung fern, aber er ließ es sich nicht nehmen, an den folgenden Tagen der Konferenz beizuwohnen. LAPP hatte höchste Priorität. Joseph Willits spielte gleich in der Begrüßung auf die widrigen Umstände an, die doch ins Herz des politischen Denkens und damit den Zweck der Versammlung träfen: In Washington werde gerade untersucht, ob die Rockefeller Foundation und andere Stiftungen »subversive Organisationen« seien. LAPP, das an diesem Abend inauguriert wurde, hätte nach den Kriterien des Untersuchungsausschusses den Tatbestand einer subversiven Operation erfüllt. Neumann war schon jetzt zugegen, Marcuse, Hannah Arendt und so viele andere, die sich nicht vorbehaltlos mit dem Kapitalismus anfreunden konnten, kamen später noch in den Genuss von LAPP-Zuwendungen.[8]

MacIver war der erste Redner.[9] Noch am selben Abend trug Neumann seine Überlegungen vor. Er glaubte das Feld der politischen

---

7 Willits an DeVinney, Telegramm, 27. 6. 1952; DeVinney an Willits, Telegramm, 30. 6. 1925; Willits an Oakeshott, 25. 7. 1952; Oakeshott an Willits, 14. 8. 1952; Memo Willits an Rusk, 11. 9. 1952; Rusk an Oakeshott, 12. 9. 1952; Oakeshott an Rusk, 18. 9. 1952; Memo Deane an Willits, 24. 9. 1952; RFA, RG 3.1, Series 900, b. 8, f. 73. Zu Oakeshott vgl. *Abel/Fuller* (Hg.), The Intellectual Legacy of Michael Oakeshott; *Becker*, Die politische Theorie des Konservatismus; *Sullivan*, Intimations Pursued.
8 Proceedings, Bd. 1, S. 2, RFA, RG 3.1, Series 910, b. 9, f. 81.
9 Neben Neumann und MacIver nahmen als Gäste der Stiftung – darunter etliche in der angelsächsischen akademischen und intellektuellen Welt äußerst prominente Gelehrte – an der Konferenz teil: Wolfgang Friedmann (Toronto), Lon Fuller (Harvard), Jerome Hall (Indiana), Herbert Hart (Oxford), Louis Hartz (Harvard), Pendleton Harring (Präsident des SSRC), Willard Hurst (Wisconsin), Frank Knight (Chicago), Edward Levi (Chicago), John Mabbott (Oxford), Charles McIlwain (Harvard), Henry Allen Moe (Generalsekretär der Guggenheim-Stiftung und Kuratoriumsmitglied der Rockefeller Foundation), J. C. Murray (Woodstock Seminary), George Sabine (Northwestern/Cornell), Joseph Spengler (Duke), Walter Stewart (Institute for Advanced Study), Frederick Watkins (Yale), Edward Weeks (*Atlantic Monthly*), Arthur Woodhouse (Toronto), Charles Wyzanski (Richter in Boston), Hessel Yntema (Michigan); von Seiten der Stiftung neben Rusk und Willits: Deane, Fahs, Gilpatric, DeVinney, Evans, Frederick Lane, Patricia Harris; Memo Deane an Willits, Rusk, 29. 10. 1952, RFA, RG 3.1, Series 910, b. 8, f. 74; Memo Deane an Rusk, 12. 11. 1952, RFA, RG 3.1, Series 910, b. 8, f. 75.

Theorie – allerdings nicht die Nische, die LAPP erkundete – bereits überlaufen von Studenten. Den Hauptgrund des erwachten Interesses sah er wie MacIver im Überdruss am vorherrschenden Positivismus, den die Sozialwissenschaften nun mit »Enttäuschung und Desillusionierung« betrachteten. Dann brachte er unkonventionellere Erklärungen ins Spiel. Die Hinwendung zur politischen Theorie sei Ausdruck der »sehr großen Verwirrung, die das übertriebene Anpreisen der Demokratie unter den Studenten hervorgerufen hat«. Immer und überall gehe es nur um die Demokratie und ihre Mechanismen. Wer die politische Theorie wählt, suche das, was von der Standardwissenschaft verdrängt werde. Neumann wird häufig »als der eigentliche ›Pate‹ der nach 1945 in Deutschland gegründeten Politikwissenschaft als einer Demokratiewissenschaft« angesehen. Sein Auftritt in Arden House bekräftigt dieses Bild nicht. Wie Neumann dort seine Interessen formulierte, widerstrebt jedem Versuch, den Neumann der Nachkriegszeit auf eine einseitige Variante politischer Wissenschaft zu reduzieren. Theorie und Ideengeschichte waren ihm so wichtig wie prozedurale »Demokratiewissenschaft«, und im Schatten des Kalten Krieges war die deutsche Demokratie längst nicht mehr seine einzige Sorge. Vielmehr bildete die politische Theorie den Mittelpunkt seiner politischen Wissenschaft. Sie war kein Teilbereich einer segmentierten Disziplin, sondern das intellektuelle Zentrum, das alles zusammenhielt:

»Die Frage lautet: Sollte die politische Theorie nicht gefährlich sein? Besteht nicht genau darin die Funktion der politischen Theorie – gefährlich zu sein?
Befinden wir uns nicht in der Situation, dass in vielen Fällen politische Theorie und Propaganda ununterscheidbar werden? Ist es nicht die Aufgabe der politischen Theorie, sozusagen das kritische Gewissen der Politikwissenschaft zu sein?
Darin besteht die wichtigste Aufgabe der politischen Theorie, wie ich sie sehe. Doch das macht erforderlich, dass die politische Theorie, abgesehen von der Erforschung ihrer Geschichte, nicht isoliert gelehrt werden sollte, sondern in enger Verbindung mit den anderen Bereichen der Politikwissenschaft und der anderen Sozialwissenschaften.
Mir leuchtet es nicht ein, warum eine Lehrveranstaltung über politische Institutionen abgehalten werden sollte, ohne dass dabei die politische Theorie zur Sprache kommt; oder warum Theorie, politische

Theorie, ein Teilbereich sein sollte, der keine Bedeutung für die Verwaltungsanalyse, die vergleichende Regierungslehre oder die Erforschung des amerikanischen Regierungssystems hätte.

Es hat bereits eine Fragmentierung eingesetzt, die die politische Theorie nur noch als ein Segment gegenüber anderen Segmenten erscheinen lässt. Das liegt meiner Ansicht nach daran, dass die wichtige Rolle, die die politische Theorie bei der Analyse politischer Phänomene und politischer Strukturen spielt, nicht angemessen berücksichtigt wird, sowie daran, dass die Einbeziehung von politischer Theorie in die Lehre oder das Schreiben über politische Institutionen und Prozesse vieles, was wünschenswert ist, offenkundig machen würde.«

Die kritische Instanz, das »Gewissen« der politischen Wissenschaft – diese Rolle forderte Neumann für die politische Theorie. Daraus folgte jedoch nicht, politische Theorie als abgetrennte Reflexion höherer Ordnung zu betreiben, in der die Disziplin zu sich selbst käme. Die Theorie sollte in die sozialwissenschaftliche Politikforschung einfließen, alle Teildisziplinen der Politikwissenschaft anleiten und ihnen eine normative und historische Grundlage geben. In Neumanns Worten war die Doppelfunktion, »kritisch zu sein, aber sehr eng [mit den anderen Teildisziplinen] zusammenzuarbeiten«, die Mission der politische Theorie.[10] Kooperation war allerdings in der Praxis nicht gleichbedeutend mit Gruppenforschung. Neumann plädierte für individuelle Forschung mit einem Blick aufs Ganze. »Ich bin völlig ungeeignet für Forschungskooperationen«, bekannte Neumann, »ich mag nicht einmal Forschungsassistenten.«[11] Neumanns Definition des neuen Feldes stieß auf breite Zustimmung. Schützenhilfe erhielt er nicht nur von MacIver, der das Programm konzipiert hatte. Ein weiterer Emigrant, Wolfgang Gaston Friedmann, unterstrich wie Neumann die Schlüsselrolle der politischen Theorie und gab ihr den politischen Auftrag, die »Grundwerte« der politischen Systeme und Ideologien sichtbar zu machen. Damit waren universale Grundstrukturen des Denkens gemeint, die Friedmann hinter den ideologischen Kämpfen

---

10 Proceedings, Bd. 1, S. 52–54, RFA, RG 3.1, Series 910, b. 9, f. 81; *Bleek*, Geschichte der Politikwissenschaft in Deutschland, S. 276; zur Rezeption und Bedeutung Neumanns in Deutschland vgl. auch *Iser/Strecker* (Hg.), Kritische Theorie der Politik.
11 Proceedings, Bd. 2, S. 270, RFA, RG 3.1, Series 910, b. 9, f. 82.

»antagonistischer« und »antinomischer« politischer Philosophien vermutete.[12]

Am nächsten Tag offenbarte Dean Rusk, nachdem er vom Ringen mit dem Untersuchungsausschuss berichtet hatte, seine Vision des neuen Programms. Rusk formulierte ein politisches Motiv, das ihn antrieb, den Rat von Gelehrten wie Neumann zu suchen. Es ging Rusk um den Freiheitsbegriff, um die Verteidigung der Freiheit. Der Angriff auf die Freiheit, so bekundete Rusk, den er bereits im State Department erlebt hatte und der sich im Zeitalter des McCarthyismus vielfach wiederholte, bestärkte ihn in der Überzeugung, dass ein Unternehmen wie LAPP politisch unerlässlich war. Denn hier kam der Westen zu sich selbst; hier gelangte er zu seinen politischen Fundamenten in den Tiefen der Ideengeschichte. Es ging um ein offensives Bekenntnis zur westlichen Zivilisation. Noch eine zweite politische Absicht ließ der Außenpolitiker Rusk erkennen: Die »demokratischen Prinzipien« stießen zunehmend auf Gegenwehr im Mittleren Osten, in Indien und dem Fernen Osten, also den Regionen, wo Hoffnung wenigstens auf eine intellektuelle Annäherung an den Westen bestand. Für Amerika selbst wie für strategische Schlüsselregionen galt demnach: Nur wer über einen klaren Freiheitsbegriff verfügte, war gegen Angriffe gewappnet und konnte im Zweifrontenkrieg gegen McCarthyismus und Kommunismus in die Offensive gehen. Die politische Theorie erschloss und revitalisierte die große Tradition des politischen Denkens für die Gegenwart, wie Rusk erhoffte.[13] Trotz seines gelehrten Charakters stand LAPP nicht jenseits der politischen Kontexte des Jahres 1952. Diese theoretische Vergewisserung der eigenen politischen Grundlagen war unweigerlich ein Unternehmen des Kalten Krieges.

Im Verlauf der Begegnung schwang sich Neumann immer mehr zum wortmächtigen Verfechter einer historisch verankerten politischen Theorie auf. Aus dem Alltag des akademischen Lehrers berichtete er von den Tücken der mangelnden institutionellen Absicherung

---

12 Proceedings, Bd. 1, S. 67–71, RFA, RG 3.1, Series 910, b. 9, f. 81; Friedmann (1907–1972), der in Berlin als Völkerrechtler promoviert worden war, lehrte nach der Emigration in Toronto und später an der Columbia University. Er wurde 1972 auf offener Straße erschossen, zwei Wochen nachdem einer seiner Studenten als Mitglied der israelischen Olympiamannschaft in München ermordet worden war.
13 Proceedings, Bd. 1, S. 82–85, RFA, RG 3.1, Series 910, b. 9, f. 81. Rusks Einschätzung von strategischen Schlüsselregionen im intellektuellen Kalten Krieg deckte sich im Wesentlichen mit der von Philip Mosely; vgl. dazu oben, Kap. II.3.

der politischen Theorie. Vom Vorhaben der Rockefeller Foundation erhoffte sich Neumann, Stipendienanträge für Studenten der politischen Theorie nicht mehr manipulieren zu müssen. Endlich sollte es einen Geldgeber geben, der nicht das mechanische Abspulen seiner jeweiligen Profilbegriffe erwartete, sondern einen, der gerade die Zwischenposition des Denkens auszeichnete, die politische Theorie und Ideengeschichte kennzeichnete. Vor allem aus Philosophie und Geschichte kamen die jungen politischen Theoretiker, die Neumann suchte, in geringerem Maße, wie er sagte, auch aus den Rechts-, Politik- und Sozialwissenschaften. Ihm schwebte bereits in der Ausbildung eine disziplinäre Verschmelzung vor: »Wir können unsere Studenten nicht nur im spekulativen Denken ausbilden. Es gibt eine große Zahl von Problemen in der Geschichte des politischen Denkens, zu deren Verständnis man umfassende historische Kenntnisse und ein geschärftes theoretisches Bewusstsein braucht.«[14]

Neumann schaltete sich immer wieder in die Debatte ein, um gegen eine aus seiner Sicht antiquierte Variante politischer Theorie zu protestieren. Die politische Philosophie, von der Neumann sich scharf abgrenzte, war geprägt vom »Unwillen oder der Unfähigkeit – ich weiß nicht, was von beiden zutrifft –, eine politische Philosophie zu erschaffen, nicht einfach ein spekulatives Denksystem, sondern eine politische Philosophie in einem Rahmen, der von politischen Problemen gebildet wird«. Für Neumann war eine Theorie ihren Namen nicht wert, wenn sie die historische Situation und die politische Relevanz vernachlässigte.[15] Er verweigerte sich entschieden der Alternative von empirischer Forschung und Theorie.[16] Als einstiger Marxist und kritischer Theoretiker war das nicht überraschend. Doch Neumann verließ diesen dialektischen Kontext, um eine vielmehr klassisch-ideengeschichtliche Bestimmung seines Theoriebegriffs vorzunehmen. Es gab keinen Gegensatz von »Faktenforschung« und »Spekulation«,

---

14 Proceedings, Bd. 1, S. 117–119, RFA, RG 3.1, Series 910, b. 9, f. 81. Neumann beklagte hier allerdings auch, vielen amerikanischen Studenten fehlten wesentliche Grundkenntnisse, vor allem im römischen Recht und in Fremdsprachen, um die Probleme der politischen Theorie zu erkennen und angemessen zu behandeln.
15 Proceedings, Bd. 2, S. 211f., RFA, RG 3.1, Series 910, b. 9, f. 82.
16 *Kettler*, Political Science and Political Theory, akzentuiert ebenso Neumanns Verweigerung der Trennung von empirischer Politikforschung und politischer Theorie, sieht Letztere jedoch in größerer Distanz zur Ideengeschichte als die Darstellung in diesem Kapitel.

sondern nur den zwischen einer ideengeschichtlich verfahrenden Theorie und dem Positivismus, wie Neumann, gegen einige der Konferenzteilnehmer gerichtet, festhielt:

»Politische Theorie ist nicht antiempirisch. Es ist absolut möglich und in vielen Fällen notwendig, theoretische Aussagen durch empirische Forschung zu überprüfen. Es ist absolut möglich und notwendig, wie bestimmte Ideen in einer bestimmten Situation aufgenommen wurden.

Wogegen wir uns wenden, ist nicht Empirismus, sondern der logische Positivismus und die Behauptung, durch die schiere Anhäufung von Wissen und die Umwandlung einer Theorie in eine Aussage erreiche man die Wahrheit. Darum will ich ein für alle Mal festhalten, dass wir politischen Theoretiker nicht antiempirisch sind, sondern antipositivistisch.«[17]

Wann immer es um politische Macht ging, prägte Neumann die Diskussion. Als MacIver in Rusks Auftrag die offenen Grenzen von LAPP absteckte, berief er sich auf Neumann. Die Theorie der politischen Macht – ihre historische und philosophische Analyse, ihre Beziehung zu anderen Bereichen der politischen Theorie – stand im Mittelpunkt des Programms, und Neumann war MacIver zufolge einer der wenigen, der zur Klärung des Gegenstands beigetragen hatte.[18] Auf der Suche nach Schwerpunkten im Rahmen von LAPP benannte Neumann drei Präferenzen, die seinen Interessen entsprangen. Genau diese thematischen Vorlieben finden sich im zeitgleich entstandenen Spätwerk Neumanns. Die erste ging von der aktuellen Herausforderung politischer Macht aus. Politisches Handeln und politische Theorie waren bei Neumann als wechselseitige Voraussetzungen miteinander verknüpft.[19] Neumann wies auf das Problem »politischer Entfremdung« hin: In der Nachkriegswelt betrachteten Europäer und Amerikaner politische Macht als etwas Feindliches, gegen sie Gerichtetes, von dem sie sich so weit wie möglich fernhalten und abschirmen

---

17 Proceedings, Bd. 2, S. 301 f., RFA, RG 3.1, Series 910, b. 9, f. 82.
18 Proceedings, Bd. 2, S. 241, RFA, RG 3.1, Series 910, b. 9, f. 82. Neumann war auf diesem Feld mit seinen einschlägigen Aufsätzen bereits prominent hervorgetreten. Sein erstes Nachkriegsseminar an der Columbia University war bereits der Analyse politischer Macht gewidmet. Vgl. *Kettler*, Political Science and Political Theory, S. 239–245, sowie die folgenden Bemerkungen in diesem Kapitel.
19 Vgl. auch *Kettler*, Political Science and Political Theory.

mussten. Neumanns Analyse hingegen, wie auch sein Spätwerk zeigt, kannte auch den rationalen Einsatz von Macht, der zur Gestaltung einer besseren Gesellschaft führen konnte:

»Meiner Auffassung zufolge besteht der ganze Sinn der Theorie der Demokratie genau darin, diese politische Entfremdung des Menschen zu überwinden, sowie darin, zu diesem Zweck eine neue Auseinandersetzung mit der Geschichte des politischen Denkens vorzunehmen [...]. Das würde vermutlich zu einer Revision der aus einer äußerst feindlichen Position vollzogenen Darstellung der platonischen und rousseauistischen Theorien führen; mittlerweile ist aus einer bestimmten Richtung das Extrem erreicht, Platon und Rousseau als totalitäre Philosophen zu verwerfen.

Der zweite Punkt ist dabei, unter Zuhilfenahme der politischen Theorie Wege zu analysieren, wie diese politische Entfremdung überwunden werden kann [...].«[20]

Ein zweites Problem, dem sich politische Theorie nach Neumanns Bekunden zu stellen hatte, war der Wandel politischer Systeme. Dabei gab er einige bemerkenswerte Einschätzungen zu bedenken. Der politische Wandel war für ihn offensichtlich ein komplexes historisches Problem, in dem sich mehrere Zeitschichten und Ursachen überlagerten. In diesen wenigen Anmerkungen kommt die Tendenz von Neumanns Spätwerk zum Ausdruck: Im Grunde sei der Wandel ein Fall für den Ökonomen, »insofern ökonomischer Wandel den politischen Wandel hervorbringt«. Hier sprach nicht mehr der Neumann des »Behemoth«, aber in gezähmter Form kamen marxistische Kategorien noch zum Einsatz. Schon der nächste Satz kassierte selbst diesen funktionalistisch verstummten Marxismus. Neumann beanspruchte den Vorrang der politischen Theorie für die Analyse politischen Wandels. Dabei kam er auf seine eigenen Wurzeln in der politischen Kultur der Weimarer Republik zu sprechen. Wie der wirtschaftliche Wandel dem Wandel politischer Systeme vorausging, so entwarf der intellektuelle Wandel erst den Möglichkeitshorizont, innerhalb dessen sich der politische und soziale Wandel entfaltete – so lautete der Kern von Neumanns Argumentation. Als Auslöser dieser Einsicht identifizierte Neumann die eigene Erfahrung, die durch den Krieg gewonnenen Einblicke in Antriebskräfte der Geschichte, die noch fundamentaler waren als die wirtschaftliche Dynamik:

---

20 Proceedings, Bd. 2, S. 247f., RFA, RG 3.1, Series 910, b. 9, f. 82.

»Wir wissen aus Erfahrung, dass Veränderungen der politischen und gesellschaftlichen Struktur sich in geistigen Entwicklungen ankündigen. Eine sorgfältige Analyse von intellektuellen Tendenzen, also eine Wissenssoziologie, ist ein hervorragender Indikator für mögliche künftige Ereignisse. Greift man heute etwa noch einmal die intellektuelle Diskussion in Deutschland zwischen 1919 und 1932 auf, lassen sich in diesen intellektuellen Debatten zwischen Rationalismus, realistischem Empirismus und Existentialismus sehr deutlich Anzeichen dafür erkennen, was unter bestimmten Umständen eintreten könnte. [...] Mit der Wissenssoziologie steht uns eine Methode zur Verfügung, um die Wechselbeziehung von Ideen und gesellschaftlicher Existenz zu erforschen; wir müssen natürlich auch über die Wissenssoziologie hinausgehen, die sich auf kausale Beziehungen beschränkt und keine wirkliche Einschätzung der politischen Bedeutung vornehmen kann.«[21]

Die gesellschaftlich-ökonomische Analyse wurde durch die Wissenssoziologie ersetzt, doch selbst diese schien Neumann noch zu materialistisch angelegt zu sein. Politische Bedingungen, Bedeutungen und Potenzen waren es, worum es ihm ging. Auch der dritte Komplex, den er der politischen Theorie und dem Rockefeller-Programm empfahl, wurzelte im Urgrund des Politischen: »das Problem von Furcht und Angst und die sich daraus ergebenden politischen Konsequenzen«.[22]

Neumanns Plädoyer für eine politische Theorie, die auch Ideengeschichte war, verzichtete jedoch keinen Augenblick auf die Forderung politischer Relevanz. Was die politische Theorie von einer »rein historischen« Ideengeschichte unterschied, war ihr Vermögen und ihre Absicht, von der Ideengeschichte ausgehend die intellektuelle Tradition »zurückzuerobern« und zu »revitalisieren«. Wie Neumann

---

21 Proceedings, Bd. 2, S. 248 f., RFA, RG 3.1, Series 910, b. 9, f. 82.
22 Proceedings, Bd. 2, S. 249, RFA, RG 3.1, Series 910, b. 9, f. 82. Noch schärfer artikulierte Neumann dieses Erkenntnisinteresse in *Neumann*, Angst und Politik (1954). Zuletzt stellte sich Neumann der Frage, wo die beiden in der Praxis allzu weit voneinander entfernten Diskussionskulturen der Rechtswissenschaft und der politischen Theorie zusammenfinden könnten. Als wichtigstes Feld gemeinsamen Interesses machte Neumann die Bürgerrechte aus, denen er sich in Seminaren an der Columbia University widmete. Hier wurde sichtbar, dass Neumann einen viel emphatischeren, bürgerrepublikanischen Freiheitsbegriff vertrat als die Juristen, auf die er dort traf: Die rechtliche Garantie der Bürgerrechte war für Neumann nur der Anfang, für die Juristen hingegen der Inbegriff der Bürgerrechte; Proceedings, Bd. 2, S. 250, RFA, RG 3.1, Series 910, b. 9, f. 82.

sich das Zusammenspiel von historischer Forschung und politischer Relevanz im Dienste der von ihm verlangten »Neuinterpretation« der politischen Philosophie konkret vorstellte, machte er am Beispiel der athenischen Demokratie deutlich. Der politische Theoretiker Neumann zeigte sich dabei auf der Höhe der geschichtswissenschaftlichen Diskussion. Er zitierte aus der gerade erschienenen ersten Ausgabe einer neuen historischen Fachzeitschrift, die von britischen kommunistischen Historikern gegründet worden war, eine unorthodox marxistische Perspektive pflegte und sich in den folgenden Jahren zu einem wichtigen fachwissenschaftlichen Organ entwickelte. Der Demokratiebegriff der traditionellen politischen Theorie, wie ihn auch manche Konferenzteilnehmer vertreten hatten, stellte Neumann zufolge eine direkte Beziehung zwischen einer funktionierenden Demokratie und einem expandierenden Wirtschaftssystem her – Demokratie lebte von der Verteilung des Wohlstandes, der durch die Ausbeutung anderer erreicht wurde. Neumann attackierte die gemeinsam mit zeittypischen Zweifeln an der Zukunftsfähigkeit der Massendemokratie in Arden House von dem prominenten Chicagoer Ökonomen Frank H. Knight vorgetragene Ansicht,

»dass eine funktionierende Demokratie in einer immer weiter expandierenden Wirtschaft oder Gesellschaft möglich ist. Das ist eine sehr alte Theorie, und sie stammt großteils aus der angeblichen Erforschung der athenischen Demokratie, wo behauptet wurde, die athenische Demokratie habe auf Sklaverei und Imperialismus beruht. Zufälligerweise haben englische Historiker nun damit begonnen, dieses Problem anzugehen. Kürzlich ist ein sehr brillanter Artikel des Engländers [A. H. M.] Jones in der englischen Zeitschrift *Past and Present* erschienen, der meiner Ansicht nach zeigt, dass solche Deutungen gänzlich unzutreffend sind, dass es keine Verbindung gibt zwischen Sklaverei und Demokratie oder Imperialismus und Demokratie. Das ist ein Beispiel dafür, wie viele Theorien oder Stereotype, die immer wieder in jedem Lehrbuch wiederholt werden, sehr dringend revidiert werden müssen.«[23]

---

23 Proceedings, Bd. 2, S. 333–335, RFA, RG 3.1, Series 910, b. 9, f. 82. Skepsis gegenüber einer von wirtschaftlichen Vorteilen abhängigen Massendemokratie und die daraus resultierende Forderung nach einer demokratischen Elitenherrschaft war im zeitgenössischen politischen Denken verbreitet; vgl. *Gilman*, Mandarins of the Future, S. 47–56; Neumann nahm Bezug auf *Jones*, The Economic Basis of the Athenian Democracy.

Die »Revitalisierung« der politischen Tradition setzte, wie Neumann noch an weiteren Beispielen verdeutlichte, gerade die Genauigkeit historischer Forschung voraus. Erst wenn die historischen Kontexte politischen Denkens empirisch ermittelt und in diesem Zuge Klischees korrigiert wurden, die der theoretischen Einbildungskraft entsprungen waren, konnte die politische Relevanz der Tradition behauptet werden. Nur wer erschlossen hatte, wie politische Ideen in einem konkreten Umfeld einmal gewirkt hatten, konnte ihre reale Bedeutung für die Gegenwart erkennen. Das waren die beiden unerlässlichen Arbeitsschritte des politischen Theoretikers nach Neumann. Die Bewegung von der Geschichte einer Idee hin zu ihrer politischen Relevanz war auch imstande, den Gelehrten zum Intellektuellen werden zu lassen, der nun nicht mehr ausschließlich seine Fachkollegen adressierte, sondern sich gesellschaftlichen Bedürfnissen stellte. MacIver pflichtete Neumanns »bewundernswertem Statement« erneut bei und sekundierte seiner Attacke gegen den Ökonomen Knight, der zu den ersten Häuptern der Chicago School gehörte, die dann unter Hayek und Milton Friedman den Neoliberalismus radikalisierte.[24] Für die Ausbildung des politischen Theoretikers formulierte Neumann ein konsequentes Programm: Studenten mussten zuerst mit den »Techniken der Wissenssoziologie« vertraut gemacht werden, dann mit der sozial- und wirtschaftsgeschichtlichen Forschung, drittens mit der politischen Psychologie, einem Punkt, den Neumann bereits mit dem Problem der Angst eingeführt hatte und den er nun methodisch verfeinerte, mit dem Hinweis auf die

»überragende Rolle der Psychologie. Bei der Analyse vergangener politischer Systeme erkennen wir, dass beinahe jede politische Philosophie auf einer bestimmten Sicht der Natur des Menschen fußt. Man unterteilt sie in Optimisten, die glauben, der Mensch sei gut; Pessimisten, die glauben, der Mensch sei schlecht; und diejenigen, die glauben, der Mensch sei weder das eine noch das andere, sondern das Produkt der Gesellschaft.

Ein solches Klassifizierungsschema mag zur ersten Annäherung angemessen sein, doch für eine anspruchsvollere Analyse ist es völlig untauglich. Das liegt daran, dass die Interpretationen der politischen Phi-

---

24 Proceedings, Bd. 2, S. 339, 341f., RFA, RG 3.1, Series 910, b. 9, f. 82. Zu Knight und der Entstehung des Neoliberalismus vgl. *Emmett*, Frank Knight and the Chicago School in American Economics; *Mirowski/Plehwe* (Hg.), The Road from Mont Pèlerin.

losophie die Entwicklung der modernen Psychologie überhaupt nicht berücksichtigen. Doch für die Untersuchung von politischen Theorien der Vergangenheit ist es ebenso wichtig, die Ergebnisse der modernen Psychologie heranzuziehen.«[25]

Was Neumann mit moderner Psychologie meinte, lag auf der Hand. Er hatte nicht umsonst am Institut für Sozialforschung gearbeitet und mit dem künftigen Autor von »Eros and Civilization« Freundschaft geschlossen, Marcuses im Entstehen begriffener Verschmelzung von Freud und Marx. In seinem Aufsatz »Angst und Politik« fügte Neumann selbst die Psychoanalyse dem Arsenal der politischen Theorie hinzu.[26]

Neumann beeindruckte während dieses Gründungsakts eines neuen wissenschaftlichen Feldes viele der prominenten amerikanischen und britischen Beteiligten, wie nicht nur die Reaktionen MacIvers zeigten. Neumann war es zu verdanken, wie manche der Konferenzteilnehmer anmerkten, dass politische Ideen ernst genommen wurden und ihrer historischen Verankerung eine zentrale Bedeutung zukam. Neumann war es mit seinen eindringlichen Interventionen gelungen, den Kern von LAPP zu definieren.[27] Der Grundstein für das Programm der Stiftung war gelegt.[28] Neumann präzisierte in den folgenden Wochen noch einmal seine ideengeschichtliche Konzeption der politischen Theorie. Er schien Gefallen an der Rolle des Ratgebers zu finden. Zunächst betonte er erneut die Notwendigkeit, dass politische Theorie nicht nach »ewigen Prinzipien« suchen sollte, sondern sich in der politischen Realität bewähren und auf politik-, sozial- und wirtschaftsgeschichtlicher Forschung beruhen müsse. Diese konzeptionellen Anregungen verband er mit einer praktischen Anregung, die er auf der Tagung noch nicht vorgetragen hatte, nämlich der Gründung einer Zeitschrift, die gerade für lange Beiträge offen war. »Meiner Erfahrung nach«, brachte er der Stiftung nahe, »beflügelt nichts so sehr ernsthaftes Denken wie die Veröffentlichung einer Zeitschrift.«[29]

---

25 Proceedings, Bd. 2, S. 336f., RFA, RG 3.1, Series 910, b. 9, f. 82.
26 Vgl. *Neumann*, Angst und Politik.
27 Neben den bereits erwähnten Reaktionen MacIvers auf der Konferenz vgl. Gesprächsnotiz Deane, 3. 11. 1952, RFA, RG 3.1, Series 910, b. 8, f. 74; MacIver an Willits, 7. 11. 1952; Sabine an Willits, 10. 11. 1952; Knight an Willits, 15. 11. 1952; RFA, RG 3.1, Series 910, b. 8, f. 75;
28 Memo Deane an Willits, mit den zustimmenden Marginalien von Willits, 18. 11. 1952, RFA, RG 3.1, Series 910, b. 8, f. 75.
29 Neumann an Willits, 12. 11. 1952, RFA, RG 3.1, Series 910, b. 8, f. 75.

Neumanns Engagement für das Rockefeller-Programm war auch damit nicht stillgestellt. Keine zwei Wochen später legte Neumann der Stiftung die präziseste Konzeption und das umfangreichste Forschungsprogramm zur politischen Ideengeschichte vor, die von ihm überliefert sind.[30] In diesem Entwurf kann man nicht nur eine wissenschaftsstrategische Intervention sehen, obgleich mit diesem Schreiben auch einer Förderung eigener Vorhaben vorgefühlt wurde. Der Kern von Neumanns Spätwerk wurde hier bezeichnet. Neumann bekräftigte ein weiteres Mal seine fundamentalen Ansichten: Politische Theorie musste »die Falle, entweder antiquarisch oder spekulativ zu sein«, vermeiden. Sie war die Art von historischer Forschung, die politisch relevant war, indem sie dazu beitrug, »ein Problem der Gegenwart zu erleuchten«. Dann empfahl er einige vernachlässigte Gebiete in der »Geschichte des politischen Denkens« der Aufmerksamkeit der Stiftung. Darunter fielen der Einfluss des römischen Rechts auf das moderne politische Denken, die häretischen Philosophien des Mittelalters und die frühneuzeitlichen demokratischen Theorien des Stadtstaates in Italien und den Niederlanden. Neumann deutete die politische Relevanz dieses Forschungsdesiderats an: Als Ziel legte Neumann fest, ganz im Einklang mit seiner antimaterialistischen Argumentation auf der Konferenz, Abhilfe zu schaffen gegen das vorherrschende Vorurteil, die moderne Demokratie sei das Kind der Industrialisierung. Weitere ideengeschichtliche Forschungsfelder wurden von Neumann identifiziert: das französische Denken des 18. Jahrhunderts, besonders der Physiokraten; das englische soziale und politische Denken des 18. und 19. Jahrhunderts, besonders der Sozialisten, die nicht einfach Vorläufer von Marx gewesen seien; die Politik des deutschen Idealismus, der amerikanischen Debatte sei Humboldt unbekannt und Kant als politischer Denker kaum bewusst; schließlich die Naturrechtslehren vom 17. bis zum 19. Jahrhundert. Auch dieser Themenkatalog hob den Dialog von historischer Dimension und politischer Relevanz hervor. Von »rein spekulativen Studien sollte ab-

---

30 Auch Neumanns Schüler David Kettler ist jüngst auf dieses Material gestoßen. Er konzentriert sich jedoch auf Neumanns Stellung in der amerikanischen politischen Wissenschaft. Da sein Erkenntnisinteresse es nicht notwendig macht, die Stiftungsdokumente lückenlos zu untersuchen, tritt die fundamentale Rolle Neumanns bei der Einrichtung und Konzeption des Rockefeller-Programms, das Kettler nur als »short term Rockefeller Program in Legal and Political Theory« einschätzt, weniger deutlich hervor; vgl. *Kettler*, Negotiating Exile, S. 219.

geraten werden«, unhistorisch Gedachtes sollte keine Förderung durch die Stiftung erhalten.

Im zweiten Teil seines programmatischen Entwurfs stellte er sieben Methoden vor, die er allesamt von der politischen Theorie absorbiert sehen wollte. Das Fundament von Neumanns komplexem Theoriegebäude legte die Begriffsgeschichte, die Erforschung des »semantischen Problems«, das Neumann als den historischen Bedeutungswandel von Begriffen definierte. Sein zweites Interesse galt der immanenten Interpretation von Denkern und ihren Werken, der »inneren Beschaffenheit einer Doktrin«. Über diesen Analyseschritt hinaus führte drittens die Erkundung der impliziten und expliziten »Grundannahmen« des politischen Denkens. Darunter verstand Neumann die historischen Kontexte ebenso wie die theoretische Entwicklung eines Denkers: Ein Werk konnte weder außerhalb seiner Zeit – also in Unkenntnis der politischen und gesellschaftlichen Situation, auf die es reagierte, und der intellektuellen Debatten, an denen es teilnahm – noch losgelöst von anderen Texten desselben Autors angemessen verstanden werden. Neumann lehnte die unhistorische Isolation einzelner »Klassiker« ab; »politische Theorien sind beinahe immer Teil eines größeren philosophischen, theologischen oder psychologischen Systems«. Das war ein klares Bekenntnis zur Ideengeschichte. Zum vierten Schritt im Geschäft des politischen Theoretikers bestimmte Neumann das Studium der »gesellschaftlich-politischen Bedeutung der Doktrinen (die Methode der Wissenssoziologie)«. Als fünftes Element nannte er die Erforschung der »ideologischen Vorläufer« politischer Theorien, worin er das Erkenntnisinteresse der traditionellen, für seine Zwecke nicht ausreichenden und dennoch unerlässlichen Form der Ideengeschichte sah – der zu überwindenden und dennoch nützlichen »German *Ideengeschichte*«. Der sechste Punkt Neumanns wies auf die Notwendigkeit einer Rezeptionsforschung hin, die den kreativen Prozess der Aneignung politischer Theorien, ihrer gesellschaftlichen Lektüre und Fehllektüre untersuchte. Politische Wirkung entfalteten politische Ideen kaum in Reinform und auf höchster Reflexionsebene, sondern zumeist in historisch gebrochener, entstellter Gestalt:

»Die Erforschung der Verbreitung von Ideen [...] wird völlig vernachlässigt, obwohl es sich um einen Aspekt unseres Problems handelt, der von entscheidender Bedeutung ist. Es ist bestens bekannt, dass die Deutung und die Bedeutung von Theorien im Prozess ihrer Verbreitung nach unten verändert werden. Man denke nur an das, was mit Nietzsche, Freud, Rousseau und vielen anderen geschehen ist. Doch häufig üben politische Ideen überhaupt nur in völlig entstellter Gestalt Macht aus.«

Wenn Neumann es nicht zuvor bereits deutlich genug gemacht hatte, war an dieser Stelle unweigerlich die Grenze zur Ideengeschichte überschritten. Unabhängig davon, ob er in den letzten eineinhalb Jahren seines Lebens dieses Vorhaben noch einlöste, vollzog er hiermit den programmatischen Schritt von der politischen Theorie zur historischen Kleinarbeit der Rezeptionsforschung und der Diskursanalyse. Den letzten Baustein seines methodischen Programms hatte er bereits in Arden House ausbuchstabiert. Wiederholt wurde hier noch einmal der Hinweis auf die psychologischen Voraussetzungen politischen Denkens. Mit den Erkenntnissen der neueren Psychologie konnte man diesen unausgesprochenen Grundlagen politischer Theorien genauer auf die Spur kommen als jemals zuvor. Nicht zu vergessen, ergänzte Neumann, dass einige der großen modernen Psychologen, vor allem Freud, Jung und Adler, selbst zu politischen Theoretikern ersten Ranges ausgewachsen waren.

Nachdem er Themen identifiziert und Methoden kombiniert hatte, kam Neumann zum normativen Kern seines Programms. Er bekannte sich zur »politischen Relevanz« und »Wahrheit« einer politischen Theorie, in ihrem historischen Kontext und »für heute«. Neumann präzisierte weiter die dialogische Lesart der politischen Theorie, die er bereits in Arden House verfochten hatte. Die epistemologische Trennung der politischen Theorie von der Philosophie hätte kaum schärfer ausfallen können, die politische Distanz zum existentiellen Denken, dem er in seiner Weimarer Zeit nicht immer ablehnend gegenüberstanden hatte, kaum größer. Für Neumann war

»die Wahrheit einer politischen Theorie [...] durch ihre Fähigkeit bestimmt, die Freiheit des Menschen in einer bestimmten Situation zu maximieren. [...] Ich gründe die Bestimmung der Wahrheit einer Theorie auf die empirische Analyse einer konkreten historischen Phase und auf philosophisches Denken. Der Grund dafür lautet: Politische Theorie ist keine reine Philosophie und kann es auch nicht sein. Sie beschäftigt sich nicht mit ewigen Kategorien (wie Zeit, Raum, Sein, Wesen, Zufall). Sie beschäftigt sich mit Politik und folglich mit Macht, was eine historische Kategorie ist. Die große Anziehungskraft – und die große Schwierigkeit – der politischen Theorie besteht in genau dieser Notwendigkeit eines dualen Ansatzes: der Theorie und ihrer empirischen Überprüfung.«

Dieses intellektuelle Programm legte Neumann zusammen mit einigen organisatorischen Vorschlägen der Rockefeller-Stiftung ans Herz. Sein Schreiben wurde aufmerksam gelesen. An Willits gerichtet, zirkulierte es ungewöhnlicherweise im ganzen Haus – was zeigt, dass man darin nicht lediglich die Vorbereitung eines Projektantrags sah – und wurde von allen leitenden Mitarbeitern der Stiftung abgezeichnet, selbst von Dean Rusk, dem Präsidenten.[31]

Neumanns Freiheitsbegriff, den er zum Maßstab der Wahrheit einer politischen Theorie erhob, ging freilich über die liberale, juristische Konzeption einer Freiheit von Willkür weit hinaus. Das hatte er bereits in Arden House betont, als er sein Verständnis der Bürgerrechte, der »civil liberties«, von den Begriffen amerikanischer Juristen absetzte. Die Rechtsgarantie der bürgerlichen Freiheiten war für Neumann nur der Anfang. Die Gerichte konnten wie in der Weimarer Republik Instrumente der antidemokratischen Rechten sein. Freiheit schloss darum ein Widerstandrecht ein.[32] Abwesenheit von Zwang war »unentbehrlich«, aber nur eine Voraussetzung von Freiheit. Republikanische und marxistische Traditionen und das Erbe der »idealistischen Philosophie« verknüpfte Neumann zu der Forderung, den Freiheitsbegriff über formale juristische Bestimmungen hinaus mit »Substanz« zu füllen. Freiheit bewies sich an der »Selbstbestimmung des Menschen, der die Möglichkeiten haben muss, seine Potentialitäten zu entfalten«. Diese freiheitliche, bürgerrepublikanische Selbstverwirklichung war jedoch nur unter bestimmten materiellen, psychologischen und pädagogischen Voraussetzungen möglich, deren Gewährleistung somit ein unabdingbarer Bestandteil von Bürgerrechten und politischer Freiheit war. Ohne Bildung und Aufklärung der

---

31 Neumann an Willits, 24. 11. 1952, RFA, RG 3.1, Series 910, b. 8, f. 75. Zu Neumanns Weimarer Bezugnahmen auf Carl Schmitt vgl. *Söllner*, Deutsche Politikwissenschaftler in der Emigration, S. 55–71; *Scheuerman*, Between the Norm and the Exception; *ders.*, Introduction; siehe auch *Gangl* (Hg.), Linke Juristen in der Weimarer Republik. Allerdings sehen manche Autoren auch beim späten Neumann, insbesondere wenn er dem Staat ein Recht auf Intervention in den Markt zur Verwirklichung politischer Ziele vorbehält, ein linksschmittianisches Erbe; vgl. *Buchstein*, Eine heroische Versöhnung von Freiheit und Macht.
32 Proceedings, Bd. 2, S. 250, RFA, RG 3.1, Series 910, b. 9, f. 82; vgl. *Neumann*, Über die Grenzen des berechtigten Ungehorsams (1952), bes. S. 199f., 203–205. Auf diesen im unmittelbaren Zusammenhang der Konferenzvorbereitung entstandenen Beitrag nahm Neumann hier in der Debatte Bezug; er erschien zuerst in einem Sammelband von McIver unter dem Titel: »On the Limits of Justifiable Disobedience«.

Bürger über ihre Möglichkeiten und ohne eine materielle Grundsicherung war Freiheit unvollständig.[33]

Bei der Stiftung warb Neumann für einen dreifachen Freiheitsbegriff, der aus dem angelsächsischen Denken das juristische Verständnis, von Spinoza und Freud die psychologisch-intellektuellen Bedingungen und von Rousseau die politische Partizipation als Grundelemente der Freiheit übernahm.[34] Damit etikettierte er mit Namen aus der Geschichte des politischen Denkens, was sein kurz darauf an prominenter Stelle erschienener Aufsatz zum Begriff politischer Freiheit als die drei notwendigen Elemente der Freiheit herausarbeitete: die juristisch-ethische, die kognitiv-epistemische und die aktivistisch-partizipatorische Dimension politischer Freiheit.[35]

Neumanns Demokratiekonzeption trug diesem komplexen Freiheitsbegriff Rechnung. Die Aufgabe der Demokratie erkannte Neumann in der »Durchführung großer sozialer Veränderungen, die die Freiheit des Menschen maximieren«.[36] Ganz in diesem Sinne erläuterte er der Stiftung: »*Gesellschaftlich* beruht die Legimation der Demokratie wohl darauf, dass sie die rationalste Form bietet, um große soziale Veränderungen auf friedlichem Wege durchzuführen. *Ethisch* beruht sie [die Legitimation] auf ihrer Fähigkeit, politische Freiheit zu maximieren.«[37] Eine Demokratie müsse politische Macht und ihren bürokratischen Apparat auch »positiv zur Gestaltung eines anständigen Daseins rational« einsetzen.[38] Folgerichtig stand die Analyse politi-

---

33 Vgl. *Iser/Strecker*, Zerrissen zwischen Marxismus und Liberalismus?, bes. S. 17–21; *Buchstein*, Eine heroische Versöhnung von Freiheit und Macht; Neumanns zur selben Zeit entstandene Texte zum Freiheitsbegriff sind: *Neumann*, Intellektuelle und politische Freiheit (1955), S. 293; *ders.*, Ökonomie und Politik im zwanzigsten Jahrhundert (1951); *ders.*, Zum Begriff der politischen Freiheit (1953); *ders.*, Angst und Politik (1954).
34 Neumann an Willits, Antrag »Political Systems and Political Theory«, 25. 11. 1952, RFA, RG 1.1, Series 200, b. 320, f. 3805.
35 *Neumann*, Zum Begriff der politischen Freiheit, S. 102–127. Dieser Aufsatz erschien auf Englisch zuerst in: *Columbia Law Review* 53 (1953). Vgl. auch *Kettler*, Political Science and Political Theory, S. 242, 246f.
36 *Neumann*, Zum Begriff der politischen Freiheit, S. 133.
37 Neumann an Willits, Antrag »Political Systems and Political Theory«, 25. 11. 1952, RFA, RG 1.1, Series 200, b. 320, f. 3805.
38 *Neumann*, Ökonomie und Politik im zwanzigsten Jahrhundert, S. 259f. Zu Neumanns positiver Einschätzung der Bürokratie in einer Demokratie vgl. *ders.*, »Ansätze zur Untersuchung politischer Macht« (1950), S. 92–94; *ders.*, »Zum Begriff der politischen Freiheit«, S. 132f.; *Kettler*, Political Science and Political Theory, S. 243f.

scher Macht auch im Mittelpunkt der politischen Theorie und Ideengeschichte, deren Programm er für die Stiftung entwarf.[39] Wer politische Macht »nur negativ zur Niederhaltung privater sozialer Macht« verwenden und die Freiheit auf ein negativ-juristisches Konzept reduzieren wollte, verkannte das Wesen der Demokratie – wenn er nicht ohnehin gezielt den fanatischen Kalten Kriegern und den Antidemokraten in die Hände spielte:

»Der Grund für diese Verkennung liegt selbstverständlich in der psychologischen Reaktion auf den Nationalsozialismus und Bolschewismus und in einer geschickten Ausnützung dieser Angst durch die antidemokratische Reaktion. So wird behauptet, Demokratie sei nichts weiter als ein System von Freiheitsrechten, die auf Naturrecht beruhen. Diese Theorien sind heute regelmäßig antidemokratische Theorien.«[40]

Allerdings darf man nicht dem anachronistischen Trugschluss erliegen, Neumanns Freiheitsbegriff zu einem zwischen Marxismus und Liberalismus zerrissenen Solitär in einem amerikanischen Diskurs zu stilisieren, der von einem juristisch-formalistischen Liberalismus dominiert war und einen substantiellen Freiheitsbegriff nicht kannte. Die Hochzeit des »New Deal« lag erst wenige Jahre zurück, und ungeachtet des Widerstands der politischen Rechten war Trumans »Fair Deal« immer noch in Kraft. Auch wenn sich die intellektuellen Traditionen nur teilweise überschnitten: Eine Kontrolle des Marktes, der »hinter der Maske des Wettbewerbs« seine »Abhängigkeitsverhältnisse« verbarg,[41] ein funktionierender Sozialstaat und ein modernes, alle Schichten erreichendes Bildungssystem – worauf Neumanns Konzeption in ihren praktischen Effekten hinauslief –, all das genoss unter angelsächsischen Liberalen bis weit in die sechziger Jahre hinein höchste politische Priorität, als Versicherung gegen die Pathologien der Freiheit und nicht immer ohne den Beigeschmack einer technokratischen Elitenherrschaft. Das war die Gedankenwelt, die erst die sozialen Veränderungen der Roosevelt-Jahre antrieb und dann hinter dem Marshallplan stand und Amerikas Außenpolitik beeinflusste. In Roosevelts Amerika mit seinen großen Sozialprojekten erkannte zu

---

39 Vgl. auch *Neumann*, »Ansätze zur Untersuchung politischer Macht«; zum sich wandelnden Machtbegriff Neumanns vgl. unten, Kap. IV.3.
40 *Neumann*, Ökonomie und Politik im zwanzigsten Jahrhundert, S. 260.
41 *Neumann*, Angst und Politik, S. 280.

dieser Zeit selbst Isaiah Berlin, dem nicht selten ein einseitig negatives Verständnis der Freiheit unterstellt wird, die Verwirklichung seines liberalen Ideals.[42]

Die Antwort der Stiftung auf Neumanns Vorschläge fiel begeistert aus. Herbert Deane und Neumann berieten sich weiter über die Konzeption von LAPP.[43] Im Januar 1953 fasste Deane die Anregungen der Konferenz von Arden House in einem Memorandum zusammen, das allgemeine Billigung fand und dem Programm seine endgültige Form gab.[44] Mehrfach berief er sich darin auf Neumann, dessen historische Bestimmung der politischen Theorie weitgehend übernommen wurde. Neumanns Hinweis auf die Aneignung und Diffusion politischer Ideen als Forschungsfeld fand besondere Anerkennung. Auf organisatorischer Ebene führte Deane ein neues Element ein, das über ein Stipendienprogramm hinausging – ein Steuerungselement des neuen Feldes in Gestalt eines »Advisory Committee«, eines Beirats, der die Auswahl der Förderungen vornehmen sollte. Führende Gelehrte würden gemeinsam mit der Stiftung die Verantwortung tragen. Ein Gremium von Vertrauensleuten der Rockefeller Foundation, auf deren Wort Verlass war, sollte entstehen, das Netzwerk der »Freunde« auf dem Feld der politischen Theorie auf eine institutionelle Grundlage gestellt werden. Die Aufnahme in dieses Gremium war die engste Form der Bindung, der größte Ausdruck des Vertrauens, die höchste Ehre im Beziehungskosmos der Stiftung. Fünf Namen brachte Deane ins Spiel, allesamt Teilnehmer der Konferenz, die er in das »Advisory Committee« berufen wollte: Robert MacIver, den bekannten Columbia-Professor und Stiftungsvertrauten, der von Anfang an das Unternehmen begleitet hatte; George Sabine, den großen alten Mann der amerikanischen politischen Theorie; Walter Stewart vom Institute for Advanced Study in Princeton; den Harvard-Professor Louis Hartz, einen der prominentesten liberalen Theoretiker Amerikas und bald darauf Autor eines epochalen Werks, »The Liberal Tradition in America«, an dem keine intellektuelle Debatte in den fünfziger Jahren vor-

---

42 Vgl. *Gilman*, Mandarins of the Future, S. 30–71, 155–202; *Brick*, Age of Contradiction, S. 1–22; zu Berlin vgl. unten, Kap. V.3.
43 Deane an Neumann, 25. 11. 1952; Neumann an Deane, 1. 12. 1952; RFA, RG 3.1, Series 910, b. 8, f. 75.
44 Memo Deane an Willits, 12. 1. 1953; Memo Willits an Rusk, 20. 1. 1953; Willits an Mosely, 19. 1. 1953; Willits an Moe, 19. 1. 1953; Lane an Deane, 21. 1. 1953; Deane an MacIver, 22. 1. 1953; Deane an Lane, 26. 1. 1953; Moe an Willits, 26. 1. 1953; RFA, RG 3.1, Series 910, b. 8, f. 76.

beikam; und schließlich Franz Neumann.⁴⁵ Dass es zu seiner Berufung in dieses Gremium nicht kam, war kein Ausdruck mangelnder Wertschätzung Neumanns, sondern die Folge eines Fehlverhaltens.

2. Die politische Theorie und ihre Gegner

Die Stiftung konzentrierte sich auf die administrative Ausgestaltung von LAPP. Die internen Verteilungskämpfe waren zu regeln. Die gültige Politik der Stiftung schrieb vor, 35 Prozent der Mittel in den Sozialwissenschaften auf behavioralistische Forschungen zu verwenden, weitere 35 Prozent für die Anwendung der Sozialwissenschaften auf gesellschaftliche Probleme, 20 Prozent für die Einzelförderung herausragender Talente und 10 Prozent für Sozialphilosophie. Dieser letzte Topf war es, aus dem LAPP schöpfte. Dabei zeichnete sich ab, dass dieses Programm nicht nur die Privilegierung der quantitativen Sozialwissenschaften kompensieren sollte. Das neue Programm stellte auch ein Gegengewicht zur Alimentierung des Behavioralismus dar. Die Summen waren nicht vergleichbar, doch LAPP sollte einen Kontrapunkt setzen; »es war an der Zeit«, hieß es ein Jahr später, »dass andere Ansätze als die quantitativen und behavioralistischen Unterstützung erfahren«.⁴⁶ Gegen stiftungsinterne Widerstände von Anhängern der quantitativ-behavioralistischen Sozialwissenschaften setzte sich Deanes Konzeption durch, die Neumanns Anregungen aufgegriffen hatte. Strategisch wurden vor allem Doktoranden und Postdoktoranden unterstützt, um langfristig und mit größtem Effekt bei geringstmöglichem finanziellen Einsatz das Interesse an der politischen Theorie zu entfachen.⁴⁷

---

45 Memo Deane an Willits, 12. 1. 1953, RFA, RG 3.1, Series 910, b. 8, f. 75; *Hartz*, The Liberal Tradition in America; zu Hartz und der von ihm propagierten Konsenstheorie der amerikanischen Geschichte vgl. *Brick*, Age of Contradiction, S. 34f.; *Gilman*, Mandarins of the Future, S. 17, 65f.; *Smith*, Beyond Tocqueville, Myrdal, and Hartz; *Kloppenberg*, In Retrospect.
46 Memos Deane an Willits, 6. 2. 1953; Memo Willits an Deane, 20. 3. 1953; RFA, RG 3.1, Series 910, b. 8, f. 76; Gesprächsnotiz Stewart, 12. 4. 1954 (Zitat); Gesprächsnotiz Stewart, 20. 11. 1954, RFA, RG 3.1, Series 910, b. 9, f. 78.
47 Memo DeVinney an Willits, 11. 2. 1953; Memo Willits an Rusk, 3. 3. 1953; Sitzungsprotokoll, Division of Social Sciences Staff Meeting, 9. 3. 1953; Memo Willits an Deane, 20. 3. 1953; RFA, RG 3.1, Series 910, b. 8, f. 76.

Im Juni 1953 konstitutierte sich das »Advisory Committee« des Programms. MacIver, Stewart, Sabine, Fuller, Hurst, Knight und V. O. Key wurden in das Beratungsgremium berufen. Die Stiftung begann mit Vergabe von zunächst fünfzehn Doktorandenstipendien. Herbert Deane erkrankte kurze Zeit später und musste die zusätzliche Belastung, neben seiner Columbia-Stelle, als Koordinator von LAPP aufgeben. Als Nachfolger rekrutierte die Stiftung vom Barnard College den jungen politischen Philosophen und späteren kanadischen Senator John B. Stewart. 125 000 US-Dollar wurden schließlich im ersten Jahr aufgebracht. Der Löwenanteil floss in die Unterstützung von Doktoranden sowie Postdoktoranden und an etablierte Gelehrte, ein kleinerer Anteil wurde auf Zeitschriftenförderungen und unterschiedliche Projekte verteilt, worunter etwa auch Vorträge von Hans Kelsen an amerikanischen Universitäten fielen. Weitere 25 000 US-Dollar kamen über den Kanal SSRC Projekten in der politischen Theorie zu.[48]

In den folgenden Jahren wurden über dieses Programm der Stiftung Hunderte von Förderungen vorgenommen. LAPP wirkte wie eine Erfrischungskur auf die politische Theorie und Ideengeschichte. Es gab jungen Forschern auf diesem Gebiet plötzlich eine berufliche Perspektive. Sie konnten ihr Interesse verfolgen und riskierten mit einer Dissertation in der politischen Theorie und Ideengeschichte nicht mehr das akademische Aus.[49] Die Vorherrschaft von quantitativer Forschung und Behavioralismus in den USA wurde langfristig gebrochen – die Impulse, die von LAPP ausgingen, dürften dazu beigetragen haben.[50] Während noch das behavioralistische Paradigma regierte

---

[48] Memo Willits an Rusk, Deane, 4. 6. 1953; Memo Deane an Willits, Rusk, 17. 6. 1953; Memo Deane an Rusk, 18. 6. 1953; Memo Willits an Rusk, Deane, 23. 6. 1953; Sitzungsprotokoll, Advisory Committee LAPP, 24. 6. 1953; Memo Deane an Willits, 3. 9. 1953; Memo Stewart an Willits, 7. 10. 1953; Sitzungsprotokoll, Division of Social Sciences Staff Meeting, 9. 10. 1953; Sitzungsprotokoll, Division of Social Sciences Staff Meeting, 14. 10. 1953; Willits an Advisory Committee LAPP, 15. 10. 1953; Memo Stewart an Pendleton Herring, 22. 10. 1953; Memo Stewart an Willits, 9. 11. 1953; Memo Willits an Advisory Committee LAPP, 15. 12. 1953; RFA, RG 3.1, Series 910, b. 8, f. 77.

[49] In diesem Sinne dürfte das Programm den etwa von *Gunnell*, The Descent of Poltical Theory, oder *Kettler*, The Political Theory Question in Political Science, auf die siebziger Jahre angesetzten »Niedergang« der politischen Theorie verzögert haben.

[50] Zum wissenschaftlichen Scheitern und den institutionellen, intellektuellen und politischen Gründen für den Zerfall des behavioralistischen Paradigmas seit dem Ende der fünfziger Jahre vgl. *Robin*, The Making of the Cold War Enemy, S. 206–237.

und die Förderungspolitik der meisten Stiftungen bestimmte, wandte die Rockefeller-Stiftung im Verlauf von zehn Jahren auf diesem Wege 1,7 Millionen US-Dollar für die Wiederbelebung und Etablierung von politischer Theorie und Ideengeschichte auf.[51] Zum anderen hofften die Planer des Programms, in der philosophischen Zunft die Dominanz der analytischen Philosophie zu überwinden.[52] Wichtige Arbeiten der politischen Philosophie und Ideengeschichte verdankten LAPP ihr materielles Fundament. Unter den Geförderten waren, um nur einige wenige klingende Namen zu nennen, Felix Gilbert, Otto Kirchheimer und Herbert Marcuse, Hannah Arendt und Robert R. Palmer, Henry Kissinger und Zbigniew Brzezinski, Leo Strauss, seine Schüler Allan Bloom, Joseph Cropsey, Harry Jaffa und Harvey Mansfield sowie Eric Voegelin. Als die Stiftung begann, über Amerika hinauszuschauen, empfahl ihr Voegelin selbst Armin Mohler, auch wenn daraus nichts wurde. Voegelins Erläuterung, Mohler habe »einen etwas fragwürdigen persönlichen Hintergrund, als Pseudonazi, Pseudokommunist und einstiger Sekretär Ernst Jüngers, doch in den letzten Jahren ist er verlässlicher geworden«, schien die Rockefeller Foundation nicht völlig zu überzeugen; Voegelins Lob von Mohlers intellektuellen Qualitäten reichte nicht aus, die Zweifel zu zerstreuen. Die Liste der Geförderten führte Franz Neumann an. Er war der erste, dem im Rahmen von LAPP eine Zuwendung zufloss, auch wenn er nicht ins Advisory Committee aufgenommen worden war. Der emigrierte Politikwissenschaftler Hans Morgenthau gehörte bald dem Gremium für viele Jahre an. Erwogen wurde, auch Felix Gilbert in diesen Kreis zu berufen.[53]

---

51 Vgl. die Bewilligungsbescheide in den Sitzungsprotokollen des Board of Trustees der Stiftung, RFA, RG 3.1, Series 910, b. 8, f. 73, sowie die Auflistung aller Stipendien und Förderungsleistungen in dem Memorandum »Program in Legal and Political Philosophy 1953–1958« (mit Anhang 1962), S. 18f., RFA, RG 3.1, Series 910, b. 9, f. 80.
52 Memo Thompson an Rusk u. a., 22. 3. 1957, RFA, RG 3.1, Series 910, b. 9, f. 79.
53 Memo Stewart an Buchanan, 8. 7. 1955, RFA, RG 3.1, Series 910, b. 9, f. 78; Program in Legal and Political Philosophy 1953–1958 (mit Anhang 1962); Rusk an Board of Trustees, 23. 11. 1960, Anhang »Books Published under Social Science Program, Grants in Legal and Political Philosophy«, RFA, RG 3.1, Series 910, b. 9, f. 80; Kenneth W. Thompson, Interviews, 5 Bde., 1956–1961, RFA, RG 3.2, Series 910, b. 2, Zitat Bd. 5, 12. 9. 1960; zu Gilbert und Morgenthau siehe auch: Memo Thompson an Buchanan, Rusk, 28. 9. 1956, RFA, RG 3.1, Series 910, b. 9, f. 79. – Die mehrfache Förderung von Hannah Arendt durch LAPP und die Stiftung ist dokumentiert in: RFA, RG 1.2, Series 200, b. 487, f. 4170; b. 570, f. 4880; b. 539, f. 4610. Am letztgenannten Fundort tat Arendt deutlich ihre Mei-

Um das lange brachgelegene Feld zu bestellen, konzentrierte sich die Stiftung darauf, die besten Köpfe unter jüngeren Wissenschaftlern zu finden. Nachdem sie diese »Erkundungsmission« anfangs selbst in die Hand genommen hatte, kam der Gedanke auf, den SSRC stärker einzubinden. Um das einseitig quantitative und behavioralistische Profil des SSRC zu brechen, der immerhin wie erwähnt seine Grundausstattung der Stiftung verdankte, machte die Rockefeller Foundation den Vorschlag, die Doktorandenförderung ganz über den SSRC abzuwickeln.[54] Doch die behavioralistische Hochburg ergab sich nicht widerstandslos. Das überrascht kaum, doch fällt auf, wie sehr die Stiftung ihr Programm als antibehavioralistisch begriff. Eine erste Begegnung von Stiftungsführung und SSRC verlief kooperativ und erfolgversprechend, auch wenn dabei der bereits zitierte Satz fiel, es sei nun an der Zeit, andere Ansätze als die quantitativen und behavioralistischen zu fördern. Bei einem zweiten Zusammentreffen im größeren Kreis kam es im November 1954 zu einem regelrechten Showdown zwischen den Verfechtern verfeindeter wissenschaftlicher Paradigmen.

Die mitunter in rauem Ton geführte Debatte ließ erkennen, dass der behavioralistische Ansatz von den meisten Politikwissenschaftlern zu diesem Zeitpunkt als alleingültig betrachtet wurde. Alle Politikwissenschaftler seien Behavioralisten, hieß es da, und auch, Rockefeller schaffe eine »luxuriöse« Nische für solche, die sich nicht der herrschenden »behavioralistischen Terminologie« fügten. Der Politikwissenschaftler David Easton, damals Professor an der Behavioralismus-Bastion Chicago und später, in den neunziger Jahren, eng dem Wissenschaftszentrum Berlin verbunden, tat das Rockefeller-Programm schlicht als »unwissenschaftlich« ab und warf philosophischen Untersuchungen einen »Gefühlston« und den Mangel an »exakter oder das wesentliche treffender Bedeutung« vor. Gegen den methodischen Expansionismus der Behavioralisten verwahrte sich Herbert Deane, der auf Seiten der Stiftung antrat. Volle Freiheit in der Wahl der Ansätze erklärte er zu ihrem Grundsatz. Louis Hartz nannte das Beharren der Behavioralisten auf Definitionshoheit »arrogant«. Selbst SSRC-Präsi-

---

nung über den studentischen Protest kund (Gesprächsnotiz William L. Bradley, 21. 5. 1969): »We discussed students, and she finds them more seriously than formerly. She thinks they are for the right things. She worries, not about them, but about the black militants.«
54 Memo Stewart an Rusk, 26. 3. 1954 (Zitat); Sitzungsprotokoll, Advisory Committee LAPP, S. 3, 29. 3. 1954; Gesprächsnotiz Stewart, 12. 4. 1954; RFA, RG 3.1, Series 910, b. 9, f. 78.

dent Herring gingen Eastons Attacken zu weit: »Viele Arbeiten der behavioralistischen Wissenschaft sind unbefriedigend. Man legt großen Wert auf das redliche Sammeln von relevanten Daten, doch deren Bedeutung wird nicht enthüllt.« Also gestand er dem Rockefeller-Programm eine Existenzberechtigung zu: »Politische Theorie kann dies korrigieren.« Easton, flankiert von weiteren Politik- und Sozialwissenschaftlern, gab sich nicht geschlagen. Als er auf seinen Ansichten beharrte und politischen Theoretikern, die ihre Theorien nicht auf dem »Feld des Verhaltens« testeten, die Förderungswürdigkeit absprach, reagierte der Programmkoordinator Stewart ungehalten und hielt den Behavioralisten ihre intellektuelle Schlichtheit vor:

»Mit fällt es aus zwei Gründen schwer, Ihre Sicht zu verstehen, Mr. Easton. Erstens legen Sie damit nahe, die behavioralistischen Wissenschaftler würden diese ganze Arbeit nicht bereits tun – das Formulieren von Hypothesen, das Sammeln relevanter Daten und das Testen der Hypothesen auf der Grundlage der Daten, um herauszufinden, ob die Hypothesen als Gesetze gelten können. Wenn sie das nicht tun, was tun sie denn dann? Zweitens scheinen Sie der Meinung zu sein, die einzige lohnenswerte Aufgabe einer Theorie sei es, gegenwärtiges Verhalten zu erklären. Ist es nicht eine gefährliche Annahme zu glauben, dass das Verhalten in der Gegenwart eine exakte Miniatur allen Verhaltens in der Geschichte ist?«[55]

Die Rockefeller Foundation saß am längeren Hebel. Ein halbes Jahr später gehörten Herbert Deane und David Easton dem neuen Committee on Legal and Political Philosophy des SSRC an, dem von der Stiftung die Doktorandenförderung übertragen wurde.[56] Gelegentlich beschäftigten nicht nur die wissenschaftsstrategischen Schlachtfelder das Rockefeller-Programm, sondern auch die Sorgen der politischen Strategen. Dass LAPP nicht außerhalb des Kalten Krieges stand, war bereits am Anfang sichtbar geworden. Im März 1955 erinnerte Dean Rusk daran. Der Stiftungspräsident war gerade von einer Europareise zurückgekehrt und fragte: »Warum fühlen sich einige der besten Intellektuellen Europas vom Kommunismus angezogen?« Daraus ergab sich für ihn eine zweite Frage: »Sollten Forschungen

---

55 Gesprächsnotiz Stewart, 12. 4. 1954; Gesprächsnotiz Stewart, 20. 11. 1954 (Zitate); RFA, RG 3.1, Series 910, b. 9, f. 78.
56 Sitzungsprotokoll, Advisory Committee LAPP, 21. 3. 1955; Memo Stewart an Buchanan, 8. 7. 1955; RFA, RG 3.1, Series 910, b. 9, f. 78.

unternommen werden, um zu klären, wie unsere Idee der Demokratie wirklich aussieht?« Ihm war aufgefallen, dass kaum Anträge zur Demokratietheorie gestellt wurden. Der Präsident hatte offenbar die Gedanken seiner Ratgeber gelesen. Jedenfalls pflichteten ihm die anwesenden Gelehrten und Stiftungsmitarbeiter einhellig bei: »Wir brauchen eine echte Neuformulierung der demokratischen Ideen und Überzeugungen«, erklärte Lon Fuller. »Wir brauchen eine exakte und durchdachte Neuformulierung der demokratischen Überzeugungen«, bestätigte John Stewart. »Wir brauchen eine Neuformulierung dessen, wie unsere Philosophie der Demokratie aussieht«, bekräftigte Robert MacIver.[57]

Der neue stellvertretende Direktor der sozialwissenschaftlichen Abteilung brachte Rusks Intention deutlicher auf den Punkt. Der Politikwissenschaftler Kenneth W. Thompson, ein Anhänger Hans Morgenthaus und führender Vertreter des außenpolitischen Realismus in den USA, unterbrach für zwanzig Jahre seine akademische Karriere, um in der Stiftung Wissenschaftspolitik zu betreiben. Wie er nun offen aussprach, ging es bei Rusks demokratietheoretischen Aspirationen um eine »demokratische Antwort auf den Marxismus«. Thompson führte sogar den von seinem Lehrer Morgenthau diagnostizierten Niedergang der politischen Theorie darauf zurück, dass man im Westen die Reflexion und Beantwortung der marxistischen Herausforderung schuldig geblieben war.[58] Die Suche nach einer intellektuellen Antwort auf den Marxismus war ein zentrales politisches Anliegen der Stiftung in jenen Jahren. Sie ist uns bereits im Zusammenhang mit Philip Mosely und dem Russian Institute begegnet, und sie wird sich in Verbindung mit Herbert Marcuse und der Marxismusforschung erneut deutlich abzeichnen. Hier bestand eine direkte Verbindung zu der politisch-strategischen Priorität, die Rusk gesetzt hatte.

Stewart übernahm die Anmerkungen seines Präsidenten in einen Entwurf von »Studies of Democracy« als Schwerpunkt innerhalb von LAPP. Harold Laski, Joseph Schumpeter und John Kenneth Galbraith tauchten in Stewarts Vorbereitungen als Leitbilder auf. Was als intellektuelle Handreichung im Kalten Krieg der Ideen gedacht war, stieß allerdings nicht auf Begeisterung bei Rusk. Stewarts Plan war zu akademisch geraten. Der künftige Außenminister der Vereinigten Staaten

---

57 Sitzungsprotokoll, Advisory Committee LAPP, 21. 3. 1955, RFA, RG 3.1, Series 910, b. 9, f. 78.
58 Ebenda.

hatte sich etwas politisch Handfesteres vorgestellt als eine Gelehrtenkonferenz.[59] Im Jahr darauf ging Rusk diese Frage auf der Sitzung des Advisory Committee noch einmal an. Von Europa verlagerte sich der strategische Schwerpunkt nun allerdings wieder auf »Schlüsselstaaten der unterentwickelten Welt«. Die Rockefeller Foundation hatte gerade die Fördersummen für diese Regionen erheblich angehoben. Rusk sprach vom »geo-philosophischen« Interesse an einer globalen Ausweitung von Förderungen auf dem Feld der politischen Theorie. Das deckte sich mit dem Urteil des Rockefeller-Beraters Robert R. Bowie, Leiter des politischen Planungsstabs im State Department und künftiger stellvertretender CIA-Direktor. Den Grund nannte MacIver: »Auf diesem Feld sind wir im Vergleich mit unseren kommunistischen Konkurrenten so ungeschickt. Rückständige Länder werden ihre Theorie anderswoher beziehen, wenn wir unsere nicht deutlich formulieren.« Ideologische und politisch-theoretische Fragen wurden in diesen Kreisen enorm ernst genommen. Rusk oder Bowie dachten nicht in rein machtpolitischen Kategorien. Eine grundsätzliche Parteinahme im Kalten Krieg der Ideen war allerdings nicht gleichbedeutend damit, politische Bedingungen an die »geistige Entwicklungshilfe« zu knüpfen, wie Rusk hervorhob: »Intellektuelle Hilfsleistungen können ohne den Beiklang des Kalten Krieges gegeben werden.«[60]

Als Dean Rusk Zweifel kamen, ob die philanthropische Anstrengung, die politische Theorie in ein blühendes Feld zu verwandeln, je von Erfolg gekrönt sein würde, verglich ein neues Mitglied des Advisory Committee, der Columbia-Juraprofessor, Präsidentenberater und einstige stellvertretende Außenminister Adolph A. Berle, das Engagement der Stiftung mit dem Mäzenatentum der Medicis. Doch es gab Grenzen, die auch mit allem Geld der Rockefeller Foundation nicht zu überwinden waren. Die historische Konstellation, der sich viele der größten Werke der politischen Theorie verdankten, konnte die Stiftung nicht reproduzieren: Große politische Philosophie, woran Berle unter Verweis auf Mill, Marx und Machiavelli erinnerte, sei aus politischer Frustration geboren worden. Diesen Punkt vertiefte ein anderer Stiftungsvertrauter: Politische Philosophie sei, so Hans Mor-

---

59 Kenneth Waltz an Stewart, 6. 4. 1955; Memo Stewart an DeVinney, Rusk, 13. 4. 1955; Memo Stewart an DeVinney, 15. 4. 1955; Rusk, DeVinney an Stewart, 15. 4. 1955; RFA, RG 3.1, Series 910, b. 9, f. 78.
60 Sitzungsprotokoll, Advisory Committee LAPP, 12. 3. 1956, RFA, RG 3.1, Series 910, b. 9, f. 79.

genthau, nicht selten aus der Erfahrung des politischen Scheiterns »von Männern in Gefängnissen« geschrieben worden. Im Behavioralismus erkannte er nur den Versuch, die wirklichen, die politischen Probleme zu verdrängen. Die großen politischen Denker waren stets fest in der politischen Realität ihrer Gegenwart verwurzelt. Milton oder Mill reagierten mit ihren Meisterwerken auf tagespolitische Ereignisse. Mit den »blutleeren Begriffen« der Politikwissenschaft hatte politische Theorie für Morgenthau nichts zu tun.[61]

Bei einem Nebenprodukt von LAPP spielte Morgenthau ebenfalls eine einflussreiche Rolle: Er war die intellektuelle Schlüsselfigur einer strategischen Investition in den Sozialwissenschaften, die nach dem Vorbild von LAPP konzipiert wurde. Seit vielen Jahren hatte die Rockefeller-Stiftung einzelne Förderungen im Bereich der internationalen Beziehungen vergeben. Diese verstreuten Maßnahmen wurden zu einer konzertierten Aktion zusammengezogen, als im Dezember 1960 das Kuratorium der Stiftung die ersten 300 000 US-Dollar bewilligte, die in Kombination LAPP und einem neuen Schwerpunktprogramm zufließen sollten, das wie LAPP zu gestalten war. Nach der politischen Theorie wurden nun die internationalen Beziehungen als fruchtbares Feld auserkoren, das der finanziellen Pflege bedurfte, um intellektuelle Bedeutung entfalten zu können.[62] Das »International Relations Program« der Stiftung war ein »Spin-off« des Programms in der politischen Theorie: »A LAPP-Type S[ocial] S[cience] Program in International Relations«, wie es zu Geschäftsbeginn charakterisiert wurde, erblickte das Licht der Welt.[63] Nach seinem Vorbild erhielt das neue Programm auch ein Advisory Committee, das mit einer Mischung aus akademischen Notabeln und politischen Praktikern besetzt wurde: die »üblichen Verdächtigen« Philip Mosely und Hans Morgenthau, der Wilson-Experte und bekannte Historiker Arthur S. Link aus Princeton, der Berkeley-Politikwissenschaftler Robert A. Scalapino, Robert Bowie, der neben seinen Einsätzen in State Department und CIA der Harvard University verbunden war, und Max F. Millikan, Anfang der fünfziger Jahre stellvertretender CIA-Direktor und seit-

---

61 Memo Thompson an Rusk u.a., 22. 3. 1957, RFA, RG 3.1, Series 910, b. 9, f. 79.
62 Board of Trustees, Sitzungsprotokoll, 6./7. 12. 1960, RF 60216, RFA, RG 3.1, Series 910, b. 7, f. 61; Memo Thompson an Buchanan, 12. 4. 1956, RFA, RG 3.1, Series 910, b. 7, f. 62; Freund, International Relations Program, Mai 1961, RFA, RG 3.1, Series 910, b. 8, f. 67.
63 Memo Thompson an DeVinney, Freund u.a., 6. 10. 1962, RFA, RG 3.1, Series 910, b. 7, f. 62.

dem Direktor des von der CIA und der Ford Foundation finanzierten Center for International Studies am MIT.[64] Die Überlegungen zur Wissenschaft der internationalen Beziehungen wurden mit Initiativen verknüpft, die Diplomatenausbildung vor allem in der Dritten Welt zu verbessern und eine »internationale«, in letzter Konsequenz also prowestliche Denkweise in den Außenministerien anzuregen.[65]

Philip Mosely war Anfang der fünfziger Jahre einer der ersten, der die Stiftung zu einer systematischen Unterstützung des Fachs der internationalen Beziehungen drängte. Dean Rusk machte das Stiftungsinteresse auf diesem Feld bald zur Chefsache.[66] Als der Morgenthau-Jünger Thompson in die Stiftung eintrat, nahm er die Konzeption und Planung in seine Hände. Das Unbehagen am völkerrechtlichen Idealismus einerseits und an der vorherrschenden quantitativen Methode andererseits sowie der Wunsch nach Versöhnung von Empirie und Theorie waren die geistigen Geburtshelfer dieses Unternehmens.[67] Bis ein umfassendes Programm eingerichtet wurde mit dem Ziel, die Disziplin weithin zu etablieren oder umzuwälzen, vergingen einige Jahre.

---

64 Board of Trustees, Sitzungsprotokoll, 5. 4. 1961, Nr. 61290, RFA, RG 3.1, Series 910, b. 7, f. 61; Memo Freund an Thompson, 31. 1. 1961, RFA, RG 3.1, Series 910, b. 7, f. 63; zu Millikan und zum Center for International Studies, der Hochburg der außenpolitisch angewandten Modernisierungstheorie und Wirkungsstätte von Walt W. Rostow, vgl. *Gilman*, Mandarins of the Future, S. 155–202; siehe auch oben, Kap. I.8. und I.11.
65 Memo Thompson an Rusk, Buchanan, 29. 8. 1956; Gesprächsnotiz Rusk, Thompson, 7. 1. 1959 (anwesend bei dieser Begegnung waren u. a. Philip Jessup, Paul Nitze und Scalapino); RFA, RG 3.1, Series 910, b. 7, f. 62. Thompson schlug 1956 vor, einen historischen Leitfaden für Diplomaten zu erarbeiten, als Autoren nannte er R&A-Veteranen, Felix Gilbert, Gordon Craig und Stuart Hughes, die in Europa etwa von Karl Dietrich Bracher und J. B. Duroselle ergänzt werden sollten. Das Vorbild war fraglos das R&A-Gemeinschaftsunternehmen von *Craig/Gilbert* (Hg.), The Diplomats. Einige Jahre später, 1968/69, wurde im Rahmen des Programms auch eine Bibliographie zu den internationalen Beziehungen erstellt und Außenministerien in aller Welt die Anschaffung aller darauf genannten Titel auf Stiftungskosten angeboten. Dabei gab es eine Sonderfassung nur für Frankreich, die weniger englische und mehr französische Titel nannte; RFA, RG 3.1, Series 910, b. 7, f. 64–65.
66 Board of Trustees, Sitzungsprotokoll, 1./2. 12. 1953; Gesprächsnotiz Thompson, 20. 11. 1953; RFA, RG 3.1, Series 910, b. 7, f. 61; Freund, International Relations Program, Mai 1961, RFA, RG 3.1, Series 910, b. 8, f. 67.
67 Memo »A Program for International Studies«, o. D. [1953]; Memo Thompson an Willits, Rusk, 28. 12. 1953; Memo Willits an Rusk, 28. 12. 1953, mit Anhang [Memo Thompson, o. D., ohne Titel]; Memo Thompson an Rusk, Willits, 12. 1. 1954; RFA, RG 3.1, Series 910, b. 7, f. 61; Thompson, Toward a Theory of International Politics, 1954, RFA, RG 3.1, Series 910, b. 8, f. 69.

Thompsons erste Großtat blieb zunächst die Einberufung einer Konferenz, die nach dem Vorbild der Theorietagung in Arden House gestaltet war. Im Mai 1954 fand der Gründungsakt der Disziplin der internationalen Beziehungen im Statler Hotel in Washington statt.[68]
Thompson versammelte, was in Theorie und Praxis Rang und Namen hatte. Schon im Vorfeld der Konferenz wie auch bei der weiteren Ausgestaltung des Programms berieten Thompson und Dean Rusk sich mit angesehenen außenpolitischen Denkern, vorrangig realistischer Observanz, wie Reinhold Niebuhr, Hans Morgenthau, George Kennan und Paul Nitze. An der Konferenz nahmen auch Walter Lippmann, Robert Bowie oder James Reston von der *New York Times* teil.[69] Dabei wurde deutlich, dass nicht die Gründung der internationalen Beziehungen schlechthin angestrebt wurde. Das Fach war bereits an etlichen Universitäten vertreten. Thompson betrieb gezielt die Stärkung eines nichtidealistischen normativen Ansatzes in dem sich gerade erst entwickelnden Feld. Diese Akzentsetzung entsprach deutlich Morgenthaus Konzeption. Perspektiven der Weimarer Rechtswissenschaft, aus der Morgenthau stammte, und die Prägung des Exils fanden in seinem Realismus zusammen. Nietzsche und Thukydides blieben feste Größen. Das Streben nach Macht wurzelte demnach in der menschlichen Natur und war die Urkraft des internationalen Systems.[70]

Auf der Konferenz bildeten sich mehrere Fronten heraus, doch als Objekt der Stiftungszuwendung setzte sich eine dialektische Morgenthau-Linie durch, auch dank prominenter Unterstützer wie Nitze und Niebuhr, dessen Realismus allerdings stärker mit ethischen Prinzipien argumentierte. Diese Konzeption hob die Bedeutung von Theorie und Gesetzmäßigkeiten sowohl für die Analyse als auch für die Praxis der Außenpolitik hervor und warnte zugleich die Anhänger

---

68 Grant-in-Aid SS 5442, 3. 5. 1954, RFA, RG 3.1, Series 910, b. 7, f. 61; Sitzungsprotokoll, Conference on International Politics, 7./8. 5. 1954, RFA, RG 3.1, Series 910, b. 8, f. 70.
69 Morgenthau an Thompson, 29. 3. 1954; Gesprächsnotiz Thompson, 8. 8. 1954; RFA, RG 3.1, Series 910, b. 7, f. 61; International Relations Conference, Korrespondenz, Januar–April 1954, RFA, RG 3.1, Series 910, b. 8, f. 68; Thompson an Kennan, Morgenthau, Niebuhr, Nitze, 5. 1. 1955, RFA, RG 3.1, Series 910, b. 7, f. 62.
70 Zu Morgenthau und seiner Denkschule vgl. *Hacke/Kindermann/Schellhorn* (Hg.), The Heritage, Challenge, and Future of Realism; *Williams* (Hg.), Realism Reconsidered. Kenneth Thompson betreute die Überarbeitung der späteren Auflagen des Klassikers von *Morgenthau*, Politics Among Nations.

einer rein »wissenschaftlichen« Betrachtung internationaler Beziehungen vor den empirischen Grenzen jeder Theorie. Der Realismus suchte nach verlässlichen Anhaltspunkten internationalen Verhaltens in der Geschichte. Er stellte das nationale Interesse und die Macht in den Mittelpunkt und betonte zugleich die Bedeutung von Werten und die normativen Grundlagen der internationalen Ordnung. Der Kalte Krieg und das sowjetische Verhalten dienten auf der Konferenz als Anschauungsmaterial. Die drei Komplexe von Theorie und historischen Gesetzen, von Normen und Werten sowie von Macht und nationalem Interesse waren die drei Dimensionen, die in den Augen der Stiftung den Raum der internationalen Beziehungen aufspannten.[71]

3. Die Wiedergeburt der Ideengeschichte aus dem Kreis der Krieger

Mit dem Rockefeller-Programm in der politischen Theorie und seinem Ableger in den internationalen Beziehungen wandelte sich das Feld der politisch-historischen Wissenschaften in den USA. Franz Neumann spielte dabei eine entscheidende Rolle. Der intellektuellen Emigration wurde ein institutionelles Einfallstor in die akademische Welt Amerikas geöffnet. Das Neue, das dabei entstand, speiste sich aus amerikanischen Wissenschaftstraditionen so sehr wie aus denen der mitteleuropäischen Emigranten. Neumann selbst und manche seiner intellektuellen Freunde aus R&A und OIR waren unter den ersten, die

---

71 Die wichtigsten Themenschwerpunkte der Konferenz lauteten »The Moral Issue in International Relations«, »The Possibility, Nature, and Limits of Theory in International Politics« und »The National Interest, National Objectives and the Implementation of Foreign Policy«. Richtungsweisende Vorträge hielten Morgenthau, Nitze und Niebuhr; vgl. Memo Thompson an Rusk, 6. 5. 1954; Morgenthau, The Theoretical and Practical Importance of a Theory of International Relations; Niebuhr, The Moral Issue in International Relations; Nitze, The Implications of Theory for Practice in the Conduct of Foreign Affairs; RFA, RG 3.1, Series 910, b. 8, f. 69; Sitzungsprotokoll, Conference on International Politics, 7./8. 5. 1954, passim (z.B. S. 2–4, 7, 15f., 20f., 28), RFA, RG 3.1, Series 910, b. 8, f. 70. Die Übernahme von Morgenthaus und Niebuhrs Konzeptionen durch die Stiftung kommt deutlich zum Ausdruck u.a. in Memo »A Program for International Studies«, o.D. [1953], RFA, RG 3.1, Series 910, b. 7, f. 61; Thompson, Toward a Theory of International Politics, 1954, RFA, RG 3.1, Series 910, b. 8, f. 69.

aus dieser Wiederbelebung von politischer Theorie und Ideengeschichte Nutzen zogen. Ihr eigenes Projekt, eine politisch motivierte Ideengeschichte, die die Erfahrung des Nationalsozialismus und die Konstellation des Kalten Krieges verarbeitete, konnte unter diesen günstigen Bedingungen gedeihen.

Stuart Hughes, Leonard Krieger und Carl Schorske wurden zu den wichtigsten akademischen Lehrern in der Ideengeschichte oder »intellectual history« des neuzeitlichen Europa. Die meisten namhaften amerikanischen Ideenhistoriker der nachfolgenden Generation durchliefen ihre Schule.[72] Den großen Einfluss von Neumann und Marcuse auf die Ideengeschichte in Amerika bemerkten die Historiker aus dem R&A-Kreis selbst immer wieder. Die beiden Denker gaben dem politischen Interesse der Ideenhistoriker eine Richtung und schärften ihre Kategorien.[73] Um dieses Verhältnis zu beschreiben, schloss Hughes sich in seiner Geschichte der intellektuellen Emigration, »The Sea Change«, dem Urteil eines prominenten ideenhistorischen Schülers von Neumann an der Columbia University an, Fritz Stern:

---

[72] Zur Bedeutung von Hughes, Krieger und Schorske in der »intellectual history« vgl. *Katz*, Foreign Intelligence, S. 165–195. – Neumanns erheblicher Einfluss auf die Entwicklung der politischen Theorie, was nicht Gegenstand dieser Arbeit ist, wurde vielfach von Neumanns Schüler David Kettler thematisiert; vgl. etwa *ders.*, Political Science and Political Theory; *ders.*, The Political Theory Question in Political Science; *ders.*, Negotiating Exile.

[73] Vgl. *Hughes*, The Sea Change, S. 100–119, bes. 113–117; *ders.*, Franz Neumann between Marxism and Liberal Democracy; Krieger an Julian Franklin, 8. 11. 1956, University of Chicago Library, Special Collections Research Center, Leonard Krieger Papers, b. 1; Hughes an Avrum Stroll, 21. 12. 1966; Hughes an Jason L. Saunders, 1. 10. 1968; HSHP, Series I, b. 5., f. 109; Felix Gilbert an Thompson, 10. 12. 1954, RFA, RG 1.2, Series 200, b. 484, f. 4137. Marcuse wirkte nicht nur primär informell im Freundeskreis und sekundär als philosophischer und soziologischer Lehrer auf die Ideengeschichte ein. Er war auch an der institutionellen Absicherung der Ideengeschichte beteiligt, indem er an der Brandeis University in der zweiten Hälfte der fünfziger Jahre dem 1954 gegründeten interdisziplinären Committee in the History of Ideas vorstand. Marcuse an Leo Löwenthal, 9. 12. 1956, Briefwechsel Löwenthal–Marcuse, LLA, StUB Frankfurt am Main; Marcuse an Abram L. Sachar, 3. 1. 1958; Sachar an Marcuse, 7. 1. 1958; Marcuse an Dekan Cohen u.a., 13. 3. 1958; Brandeis University Archives, Abram L. Sachar Collection, b. 22, f. Herbert Marcuse, 1955–1958; siehe auch Sachar Collection, b. 41, f. Herbert Marcuse, 1957; zur Gründung und Aufgabe des Programms vgl. History of Ideas To Feature A »Depth Sounding« Approach, in: *The Justice*, 9. 2. 1954, Brandeis University Archives.

»Was allen ins Auge fiel war, wie ich glaube, dass er in seiner eigenen Person die Vitalität und das Drama des intellektuellen Lebens verkörperte. [...] Seine messerscharfe Analyse und sein kritisches Urteil hatten eine umwerfende Kraft, und die Studenten wurden von der Schnelligkeit und Sicherheit überwältigt, mit denen er logische Bedeutung oder Ordnung in Problemzusammenhänge legte. [...] Er war ein Marxist, der sich leidenschaftlich für nichtmarxistische Philosophie und politische Ideen interessierte und diese besser als jeder andere verstand. Sein eigener Intellekt straft jeden primitiven Begriff einer sozialen Determiniertheit von Ideen Lügen; er vermittelte seinen Studenten sein Interesse an den gesellschaftlichen Ursprüngen und der gesellschaftlichen Bedeutung von Ideen, und er überraschte Studenten und Freunde gleichermaßen durch seine genaue und vertraute Kenntnis so großer Teile der europäischen Literatur. Was seine Studenten schließlich besonders beeindruckte – weil es zu allen Zeiten so selten ist –, war seine gleichzeitige und miteinander verbundene Funktion als Philosoph und Mann der Politik. Seine Leidenschaft für die Politik trat vielleicht am deutlichsten in seinem großen Einsatz für den Wiederaufbau Deutschlands nach dem Krieg hervor, als er eine wichtige Rolle spielte.«[74]

Neumann wirkte auf die historische Disziplin weit über diesen Kreis hinaus. Einer seiner Schüler war der Holocaust-Forscher Raul Hilberg, der nach eigenem Bekunden Neumann viel verdankte.[75] Fritz Stern fand bald Aufnahme im inneren Kreis dieser Ideenhistoriker, den Krieg und Geheimdienst hervorgebracht hatten.[76] Zu den »kooptierten« Mitgliedern gehörten auch Peter Gay und – nicht als Ideenhistoriker, sondern als Holborn-Schüler und Kollege Marcuses an der Brandeis University – Arno J. Mayer.[77] Neben den beiden politischen

---

74 Stern an Hughes, 21. 8. 1967, HSHP, Series I, b. 7, f. 176; zustimmend, aber nur auszugsweise zitiert in: *Hughes*, The Sea Change, S. 113 f.
75 Vgl. *Hilberg*, Die bleibende Bedeutung des »Behemoth«; *ders.*, Unerbetene Erinnerung, S. 54–58, 61–72, 74, 78 f.; *ders./Söllner*, Das Schweigen zum Sprechen bringen; *Jones*, The Lost Debate, S. 218 f.
76 Vgl. *Stern*, Five Germanys I Have Known, S. 191 f., 206–208, 215 f., 282.
77 Mayer wurde auch von der Rockefeller Foundation gefördert, unter seinen Fürsprechern waren Marcuse (an Thompson, 10. 12. 1959), Hughes (an Thompson, 15. 12. 1959), Holborn (an Thompson, 16. 12. 1959), Schorske (an Thompson, 16. 12. 1959); RFA, RG 1.2, Series 200, b. 550, f. 4700. Zur Ausweitung des Kreises vgl. die Korrespondenz um die Festschrift für Hajo Holborn, Krieger Papers, b. 1; vgl. dazu unten, Kap. IV.5.

Denkern Marcuse und Neumann als politischen Leitfiguren erklärten die jüngeren Ideenhistoriker Felix Gilbert zum *spiritus rector* ihres Unternehmens. Er gab dem Kreis der R&A-Historiker die historiographische Kohärenz, schrieb Hughes dem Stiftungsdirektor Kenneth Thompson in einer Lobpreisung Gilberts, die die Dimensionen eines von der Stiftung erbetenen Empfehlungsschreibens sprengte und dessen Authentizität schon darum verbürgt ist. Hughes war so von Dankbarkeit erfüllt, dass ihn seine »Gefühle« mitgerissen hatten, bekundete er, als er diese Zeilen auf Gilbert verfasste, in denen zum ersten Mal das Selbstverständnis hervorstach, einem gemeinsamen Kreis anzugehören:

»Im Laufe der letzten zehn Jahre hat Professor Gilbert um sich – im bildlichen Sinne gesprochen: wir sind geographisch weithin zerstreut – eine Gruppe versammelt, die man in aller Bescheidenheit die aktivste und originellste wird nennen können, die derzeit in der Neueren Geschichte Europas arbeitet. Unter ihnen könnte ich Gordon Craig in Princeton, Carl Schorske an der Wesleyan [University], Franklin Ford in Harvard, Leonard Krieger in Yale nennen. Diese Historiker betrachten Felix Gilbert als ihren ein wenig älteren Freund und Meister. Zu allen wichtigen Gelegenheiten und in Verbindung mit allen Forschungsvorhaben wird sein Rat eingeholt. Seine Meinung wird geschätzt, man folgt ihr fast immer. Seine Kritik, stets freundlich vorgebracht, ist scharf und trifft immer den Punkt.

Warum ist das der Fall? Ich glaube, weil wir, eine jüngere Generation von Historikern, äußerst unzufrieden mit unserem Studium waren. Für uns war es routinemäßig ablaufend, intellektuell oberflächlich und im engen Sinne vom Geist des Positivismus durchsetzt. Was wir wollten, war ein gewisser philosophischer Horizont und ein tiefergehendes Befragen der historischen Probleme. Als Felix Gilbert aus Europa ankam, gab er uns, wonach wir gesucht hatten, und in einem informellen Sinne haben wir alle unter seiner Leitung erneut ein Studium absolviert.

Er hat einen so reichhaltig gebildeten Geist, wie ich kaum einen kenne. Antike und moderne Literatur, Soziologie und Philosophie sind ihm genauso vertraut wie die Geschichte. Sein Verstand ist von unendlicher Feinsinnigkeit und Unterscheidungskraft. Er schreibt oder sagt nichts, wenn er es nicht durchdacht und verfeinert hat – darum das vergleichsweise geringe Maß seiner Publikationen. Er ist der Historiker-Philosoph in der großen Tradition Croces und Burckhardts.

[...] die historische Zunft wird verstehen, wovon eine ganze Reihe von uns spricht, wenn wir sagen, dass Felix Gilbert der seltenste Geist ist, den es derzeit in diesem Land auf dem Feld der europäischen Geschichte gibt.«[78]

Leonard Krieger bestätigte kurze Zeit darauf diese Einschätzung Gilberts, als er dessen gewaltige Bedeutung für die neue »intellectual history« auf zwei Gründe zurückführte:

»Erstens übt er einen außergewöhnlichen Einfluss auf junge Leute aus. In unserer Zeit im OSS wurde er zum Mentor von Franklin Ford, Stuart Hughes, John Clive, Carl Schorske und mir selbst, und auch jetzt, da wir nicht mehr so jung sind, lernen wir immer noch von ihm. [...]
Zweitens – und das ist der Hauptgrund für seine Wirkung – ist er in der Lage, alle wissenschaftlichen Fragen mit einer Würde, einer Bedeutung und einer Begeisterung zu versehen, die ihnen Dimensionen gibt, die man irgendwie nicht bemerkt hat, bevor er sie eröffnet.«[79]

In der Tat hatten Krieg und Geheimdienst eine wirkungsmächtige Gruppe von politischen Denkern und intellektuellen Historikern zusammengeschmiedet. Das Wort vom ununterbrochenen R&A-Seminar der Gefährten machte später die Runde.[80] In einer offiziösen Schrift, einer Bestandsaufnahme der historischen Wissenschaften in Amerika, protokollierte Krieger ein Jahrzehnt später die Ursprünge ihres Kreises: »Die einzige zusammengehörige Gruppe, die sich unter den amerikanischen Europahistorikern heute identifizieren lässt, besteht aus denen, die ihre Ausbildung auf Probleme anwandten – wodurch sie vertieft wurde –, die sich der amerikanischen Regierung im Zweiten Weltkrieg stellten, und deren Ausbildung dadurch gefördert wurde.« Kriegers Selbstbeschreibung war als Wissenschaftsgeschichte der europäischen Geschichte in Amerika verkleidet:

»Sie haben keine organisierte Existenz, unternehmen keine konzertierten Aktionen und haben erlebt, wie ihre im Krieg geborene Kameradschaft, Einheit und Zielgerichtetheit durch jüngere Gegenströmungen in der Politik und der Geschichte geschwächt wurde. Und doch besteht weiterhin ein Geflecht von intellektuellen Beziehungen zwi-

---

78 Hughes an Thompson, 29. 1. 1955, RFA, RG 1.2, Series 200, b. 484, f. 4137.
79 Krieger an Delmer W. Brown, 27. 9. 1957, Leonard Krieger Papers, b. 1, f. 7.
80 Vgl. *Hughes*, Social Theory in a New Context, bes. S. 118.

schen ihnen, um das fortzuführen, worin sie durch ihre Kriegserfahrung verbunden sind.«[81]

Dafür, dass die Wirkung und der Austausch dieser Gruppe nach dem Krieg anhielten und sich institutionell verfestigten, sorgte auch die Rockefeller Foundation. Wie sehr Burton Fahs sich um das fachliche Wohlergehen seiner Historiker-Kriegskameraden kümmerte, seit er in die geisteswissenschaftliche Abteilung der Stiftung berufen worden war, ist bereits aufgefallen.[82] Mit Neumanns Engagement und LAPP wurde diese vertraute Beziehung auf eine systematische Grundlage gestellt. Neumann war der Erste, dem im Rahmen des mit seiner Hilfe geschaffenen Programms ein Stipendium gewährt wurde. Parallel zur Planungsarbeit stellte er im November 1952 einen Antrag. Die Bewilligung ermöglichte ihm schließlich, das akademische Jahr 1953/54, sein letztes Lebensjahr, frei von Lehrverpflichtungen zu verbringen und sich ganz seinem Vorhaben zu widmen.[83]

Ein Tag nach dem Brief, in dem er sein Konzept der Ideengeschichte ausführlich dargelegt hatte, wandte sich Neumann mit einem Projekt an die Stiftung, das nicht weniger verhieß als ein großes Werk unter dem Arbeitstitel »Political Systems and Political Theory«, eine monographische Zusammenführung all der Fragen, die ihn seit Kriegsende

---

81 *Krieger*, European History in America, in: *Higham/Krieger/Gilbert*, History, S. 233–315, Zitate S. 291f. Ganz so deutete Hughes in einem späten Vortrag ebenfalls immer noch den Ursprung der neuen Ideengeschichte; vgl. *Hughes*, European Intellectual History, 1884–1984. The Socialization of Ideas, S. 8, HSHP, Series III, b. 12, f. 51; dieser Vortrag von 1984 blickt auf eine »new school« der Ideengeschichte zurück, deren Zeit nun abgelaufen sei und als deren Repräsentanten vor allem Krieger, Schorske und Hughes genannt werden; vgl. auch *Stern*, Dreams and Delusions, S. 266–268; dieser spielt hier auf die frühe Koproduktion von R&A-Historikern an, *Craig/Gilbert* (Hg.), The Diplomats.
82 RFA, RG 12.1, Officers' Diaries, Charles B. Fahs, 5. 10. 1946, 19. 10. 1946 (Schlesinger), 13. 12. 1946, 4. 2. 1947, 4. 8. 1947, 12. 11. 1947 (Schorske), 3. 10. 1947, 14. 10. 1947 (Robinson), 27./29. 12. 1947 (AHA-Tagung), 29. 12. 1947 (Schorske), 17. 2. 1948, 2. 3. 1948 (Neumann), 29. 12. 1948 (AHA-Tagung), 28. 9. 1949, 18. 11. 1949 (Gilbert); Gleason an Willits, 30. 11. 1950, RFA, RG 1.2, Series 100, b. 58, f. 445.
83 Die Columbia University zahlte auch während der Freistellung die Hälfte von Neumanns Bezügen in Höhe von 4750 US-Dollar, die Stiftung gewährte ihm weitere 6750 US-Dollar; Bewilligung GA SS 5315, 27. 3. 1953, RFA, RG 1.1, Series 200, b. 320, f. 3805. An dieser Stelle sind auch Lebensläufe aus früheren, abgelehnten Bewerbungen von 1942 und 1945 abgelegt. Bevor das Netzwerk geknüpft war, stießen Neumanns Pläne also nicht auf Zustimmung bei der Stiftung.

beschäftigten. Die Grundzüge dieses Entwurfs, etwa zum Freiheitsbegriff oder zum Wesen der Demokratie, sind aus seinen Interventionen während und nach der Konferenz vertraut.[84] Am Ende seines Antrags, wo er sich dem »Problem des politischen Wandels« widmete, formulierte Neumann deutlicher als zuvor seine politisch-therapeutische Absicht. Die Erfahrung des Nationalsozialismus stand hier im Mittelpunkt. Die Frage, warum unter den Bedingungen des modernen Staats innerhalb und selbst mittels der demokratischen Institutionen Diktaturen entstehen konnten, war das Rätsel, das nach einer Klärung verlangte. Neumann stellte zur Beantwortung drei Hypothesen in den Raum: »Desintegration der Staatsmaschinerie«, »Intensivierung des Klassenkampfes« und »Neigung zum Angriffskrieg«. Wiederum betonte er, auch das eine Lehre aus der deutschen Zeitgeschichte, radikaler politischer Wandel werfe »für gewöhnlich in der intellektuellen Produktion seinen Schatten voraus«. Im Aufstieg von Lebensphilosophie, Existenzialismus und Irrationalismus, im Niedergang von Idealismus, Rationalismus und Empirismus erkannte er nun Vorboten von »totalitärer Diktatur« und antidemokratischer politischer Kultur. Als Kronzeugen seiner Deutung, der Angst eine zentrale politische Rolle zuzuschreiben, verwies er neben Freud hier auch auf Aristoteles, Montesquieu und Kierkegaard.[85]

Neumann konnte sich höchster Wertschätzung durch die Rockefeller-Stiftung und ihre Ratgeber sicher sein, auch wenn sich in die wohlwollende Aufnahme seines Vorhabens leise Zweifel an der allzu vagen und allumfassenden Natur des Projekts mischten. Das merkte selbst der alte Gefährte MacIver an, und George Sabine verlieh seiner Skepsis humoristischen Ausdruck: »Ich vermute, das ist Teil eines nationalen (teutonischen) Charakterzuges: wie Christian Wolffs Philosophie behandelt auch ihre politische Theorie ›alle Dinge überhaupt‹ auf die systematischste Weise.« Joseph Willits riet Neumann darum, sich nicht mit dem Verfassen eines Buches unter Druck zu setzen, sondern

---

84 *Kettler*, Political Science and Political Theory, S. 246f., zufolge handelt es sich bei Neumanns Aufsätzen zum Begriff der politischen Freiheit und zur Untersuchung politischer Macht um die ersten Kapitel dieses größeren Unternehmens.
85 Neumann an Willits, Antrag »Political Systems and Political Theory«, 25. 11. 1952, bes. S. 6–10, RFA, RG 1.1, Series 200, b. 320, f. 3805. Die wichtige Stellung Montesquieus für den späten Neumann unterstrich auch seine ausführliche Einleitung einer amerikanischen Edition von »Vom Geist der Gesetze«: *Neumann*, Montesquieu (1949).

die freie Zeit, die ihm die Stiftung verschaffte, zum weiteren Nachdenken über seine großen und wichtigen Fragen zu nutzen.[86] Man kann durchaus nicht von einem unaufhaltsamen Siegeszug deutscher Theorie sprechen – erst in der Vermittlung mit amerikanischen Traditionen, wie sie auch die Historiker leisteten, entfaltete die Theorie ihre volle Wirkung.

Zu diesem Zeitpunkt suchte die Stiftung wie zuvor weiterhin Neumanns Rat. Er wurde bekanntlich auch als Mitglied des LAPP-Advisory Committee in Erwägung gezogen, das sich im Juni 1953 konstituierte. Anfang Mai jedoch platzte die wissenschaftsadministrative Bombe. Neumann fiel in Ungnade bei der Stiftung. Es wurde bekannt, dass er von zwei verschiedenen Stiftungen finanzielle Unterstützung für zwei Projekte erfuhr, die sowohl die Rockefeller Foundation als auch der ebenfalls betroffene Twentieth Century Fund für ein und dasselbe Unternehmen hielten. Damit hatte Neumann gegen ihren Verhaltenskodex verstoßen. Der Reaktion der Stiftungen, besonders der minutiösen Rekonstruktion des Vorgangs durch den Twentieth Century Fund, haftete dabei etwas Kleinliches an. Neumanns Erklärungen des Sachverhalts fruchteten wenig. Stillschweigend einigte sich die Rockefeller-Stiftung schließlich mit der Columbia University, die Sache auf sich beruhen zu lassen. Die Konsequenzen für Neumann waren eindeutig. Er hatte durch das, was er selbst kaum als Fehlverhalten wahrnahm, die Gunst der Stiftung verloren.[87] Im Gespräch machte Willits ihm klar, dass weitere Anträge Neumanns nicht bewilligt würden und die Stiftung von ihrer Absicht abrücke, ihre Förderung der Freien Universität Berlin, mit der Neumann mittlerweile eng verbunden war, in Neumanns Hände zu legen. Man blieb weiter freundlich und intellektuell engagiert, aber unverbindlich in Kontakt.[88] Als Neu-

---

86 Thomas I. Cook an Willits, 6. 1. 1953; Sabine an Willits, 24. 1. 1953 (Zitat); MacIver an Willits, 30. 1. 1953; Willits an Neumann, 4. 2. 1953; RFA, RG 1.1, Series 200, b. 320, f. 3805; Gesprächsnotiz Deane, 2. 2. 1953, RFA, RG 1.1, Series 910, b. 8, f. 76.
87 Gesprächsnotiz Willits, 7. 5. 1953; J. Frederic Dewhurst, Twentieth Century Fund, an Willits, 7. 5. 1953; Willits an John Krout, Columbia University, 3. 6. 1953 (nicht gesendet, sondern als Memo an Rusk, Kimball, vgl. Memo Rhind, 8. 6. 1953); Gesprächsnotiz Willits, 4. 6. 1953 (Krout und Dewhurst); Dewhurst an Willits, 4. 6. 1953; Krout und Wallace an Willits, 29. 6. 1953; RFA, RG 1.1, Series 200, b. 320, f. 3805.
88 Gesprächsnotiz Willits, 30. 6. 1953; Willits an Neumann, 16. 11. 1953, 27. 11. 1953; Neumann an Willits, 10. 12. 1953; RFA, RG 1.1, Series 200, b. 320, f. 3805. Zu Neumann und zur FU Berlin vgl. *Stern*, Five Germanys I Have Known,

mann, den seine Berliner Gastprofessur für drei Monate aus der Arbeit gerissen hatte, im Februar 1954 um eine Verlängerung seines Stipendiums bat, das im Sommer auslief, berichtete er der Stiftung aus Deutschland von neuen Plänen. Er wolle zurückkehren zu Fragen des Mitbestimmungsrechts in der Industrie, »zu meiner ersten Liebe« als sozialdemokratischer Anwalt in der Weimarer Republik.[89] Auf die neue Idee reagierte die Stiftung absichtsvoll mit keinem Wort, die Verlängerung bis Ende September 1954 wurde gewährt.[90] Da war Neumann bereits tot, Opfer eines Verkehrsunfalls am 2. September 1954 nahe Visp im Wallis, wo fünfzehn Jahre später auch Theodor W. Adorno starb.

Das brennende Interesse an der politischen Gegenwart Deutschlands, an den geistigen und gesellschaftlichen Versehrungen, die der Nationalsozialismus hinterlassen hatte, am demokratischen Neuanfang im Kalten Krieg, dieses politische Interesse, das Neumanns Spätwerk mit politischem Nachdruck einleitete, wird uns noch begegnen.[91] Dass die Erfahrung des Exils einen tiefgreifenden Wandel bei Neumann bewirkte, ist zum Gemeinplatz der jüngeren Neumann-Forschung geworden. Das gilt allerdings nicht nur für die »Wende der Kritischen Theorie zu einer liberalen Demokratietheorie«, die vielfach diagnostizierte Zerrissenheit zwischen Marxismus und Liberalismus beim späten Neumann.[92] Schon sein Freund und Kriegskamerad Stuart Hughes schrieb, Neumann habe nie einen Weg gefunden, »die leidenschaftliche Hingabe an die Freiheit, die seine verspätete angelsächsische Erziehung in ihm geweckt hatte, mit der scharfen deutschen Überzeugung zu versöhnen, die er nicht aufzugeben bereit war, dass das meiste, was in der gegenwärtigen Welt als Freiheit gilt, nur ein abstoßender Betrug ist«.[93] Alfons Söllner hat vielfach und eindringlich

---

S. 207f., 215f.; *Berghahn*, Transatlantische Kulturkriege, S. 213; *Tent*, Freie Universität Berlin 1948–1988; *Kettler*, Political Science and Political Theory, S. 238.
89 Neumann an Willits, 3. 2. 1954, RFA, RG 1.1, Series 200, b. 320, f. 3805.
90 Bewilligung GA SS 5415, 16. 3. 1954; Memo Stewart an Willits, 19. 2. 1954; RFA, RG 1.1, Series 200, b. 320, f. 3805.
91 Vgl. etwa *Neumann*, Re-Educating the Germans; *ders.*, Military Government and the Revival of Democracy in Germany; *ders.*, Germany and Western Union; vgl. unten, Kap. VI.1.
92 Vgl. etwa *Söllner*, Deutsche Politikwissenschaftler in der Emigration, S. 166–196; *Iser/Strecker*, Zerrissen zwischen Marxismus und Liberalismus?; *Buchstein*, Eine heroische Versöhnung von Freiheit und Macht, S. 160.
93 *Hughes*, Franz Neumann between Marxism and Liberal Democracy, S. 456.

beschrieben, wie Neumann zum »Archetypus« einer neuen intellektuellen Figur wurde, des »political scholar«, wie Neumann diese nannte, eines Gelehrten-Intellektuellen, der von den politischen Strudeln des Zeitalters der Extreme mitgerissen wurde und stets darin zu versinken drohte. Das Postulat intellektueller Autonomie wurde im Exil aufgegeben, das Werk unentrinnbar mit der Politik verknüpft. Wichtiger als Dauerhaftigkeit und Konsistenz der intellektuellen Produktion wurde deren politische Grundhaltung – nach der Katastrophe des Krieges und des nationalsozialistischen Terrors sowie im neuen Zeitalter des atomaren Schreckens und der totalitären Bedrohung. Söllner deutet aus dieser Perspektive nicht nur Neumann, Marcuse oder Hans Morgenthau, sondern auch Hannah Arendt, Leo Strauss und Eric Voegelin.[94]

Diese gelehrten-intellektuelle Gemeinsamkeit leuchtet ein. Allerdings übersieht der isolierte Blick auf die Emigration andere Merkmale von Neumanns Spätwerk. Die politische Motivation des »political scholar« nahm beim Gelehrten eine ausgeprägte ideengeschichtliche Gestalt an, wie Söllner zutreffend anmerkt. Auch seinem Urteil, die genannten und weitere intellektuelle Emigranten hätten »als eine philosophische Konterrevolution gegenüber der Behavioral Revolution« der fünfziger Jahre gewirkt und dazu beigetragen, »die einseitig empiristische und quantitative Ausrichtung der amerikanischen Politikforschung in die Schranken zu weisen«, wird man im Lichte des hier untersuchten Materials vorbehaltlos zustimmen können.[95] Und dennoch vereinfacht die Emigrationsforschung, die sich über Jahrzehnte größte Verdienste erworben hat, aus ihrer Perspektive zwangsläufig den historischen Kontext in Amerika.

Die ideengeschichtliche »Konterrevolution« war keine konspirative Aktion der intellektuellen Emigration. Die materielle Basis dieser »Konterrevolution« und die wissenschaftspolitischen Strategen, die sie kommandierten, befanden sich in denselben Stiftungen, die zuvor und zeitgleich den Behavioralismus förderten. Neumann, Marcuse oder Gilbert spielten fraglos eine wichtige konzeptionelle Rolle, aber ihre große Resonanz war durch die amerikanischen Stiftungen vermittelt, die ebenso sehr intellektuelle Offenheit pflegten, wie sie an philanthropischer Distinktion und antitotalitärer Ideenpolitik interessiert waren. Wenn man über den gelehrten-intellektuellen Typus des vom

---

94 Vgl. *Söllner*, Neumann als Archetypus; *ders.*, Fluchtpunkte, S. 11–28.
95 *Söllner*, Fluchtpunkte, S. 17.

Exil gezeichneten »political scholar« hinausblickt und die intellektuellen Inhalte betrachtet, überwiegen die Differenzen die Gemeinsamkeiten. Eine politische Theorie, die so sehr historisch verankert war wie die Neumanns, weist kaum Parallelen zum transhistorischen, von konkreten Situationen losgelösten Denken eines Leo Strauss auf, bei dem Philosophen über die Epochengrenzen hinweg verborgene Dialoge unter ihresgleichen führten.[96] Auch hatten Strauss und seine Schüler bereits in den fünfziger Jahren eine einflussreiche Stellung in der politischen Wissenschaft errungen.[97]

Die gigantischen Integrationsmaschinen OSS und Rockefeller-Stiftung machen deutlich, dass Neumann oder Marcuse allein als Emigranten nicht mehr zu begreifen waren. Sie waren längst in andere diskursive Zusammenhänge geraten. Die jungen linken amerikanischen Ideenhistoriker standen ihnen persönlich und intellektuell viel näher als Emigranten wie Hannah Arendt oder Leo Strauss. Daran lässt die Rekonstruktion dieses Freundeskreises keinen Zweifel. Ein Programm wie LAPP bot den unterschiedlichsten politischen Denkern eine akademische Heimat. Daraus folgt jedoch nicht, dass alle Geförderten in einer Beziehung zueinander standen, obgleich sie die mitteleuropäische Herkunft und die Erfahrung der Emigration teilten. Noch mehr als für Neumann, der zu früh starb, gilt für Marcuse, dass er irgendwann dem Kontext der Emigration entwachsen und vor allem zum amerikanischen Intellektuellen geworden war. Die neuen materiellen, institutionellen und personellen Produktionsbedingungen seines Denkens wogen die alten bei weitem auf.[98]

Das machte sich auch bei der Verwaltung geistiger Erbschaften aus der Weimarer Kultur bemerkbar. Jacob Taubes bemerkte, Walter Benjamin führe Carl Schmitts Vokabeln ein, um sie in ihr Gegenteil zu verkehren.[99] Franz Neumann historisierte die Begriffe des politischen Existentialismus. Im »Behemoth« hatte Neumann bereits seinen Spott mit Schmitts Kategorien getrieben, indem er die historische Erscheinungsform des totalen Staats als permanente Unordnung, als systematisches Chaos vorführte.[100] Der fundamentale Hass, der für Schmitt

---

96 Zu Strauss vgl. *Meier*, Carl Schmitt, Leo Strauss und der »Begriff des Politischen«; ders., Das theologisch-politische Problem.
97 Vgl. *Kettler*, The Political Theory Question in Political Science, S. 534–536.
98 Das betont auch Peter Marcuse; vgl. *Wheatland*, The Frankfurt School in Exile, S. 290f.
99 Vgl. *Taubes*, Ad Carl Schmitt, S. 28.
100 Vgl. *Neumann*, Behemoth, S. 16; *Traverso*, Im Bann der Gewalt, S. 223–228.

die Essenz des Politischen bildete, kehrte bei Neumann wieder als die Mentalität einer konkreten historischen Situation. In der Angst, die sich in Krieg und Bürgerkrieg zum Hass steigerte, erkannte Neumann eine Voraussetzung der totalitären Herrschaft. Angst, transformiert in die Furcht vor der Revolution, hatte die Gesellschaft, die Mittelklasse vor allem, in die Arme des Faschismus getrieben, eines Systems der institutionalisierten Angst. Der Bolschewismus hatte hingegen in der historischen Situation des russischen Bürgerkrieges eine reale Furcht nicht instrumentalisiert und zum Hass auf einen Sündenbock manipuliert. Erst in den zwanziger Jahren bewirkte Neumann zufolge der Stalinismus den Übergang zum Totalitarismus mit seinen Mechanismen der Angst und des Hasses. Im Kalten Krieg, so fügte Neumann hinzu, in einer anderen historischen Situation also, war diese politische Angst zwar nicht mehr in Deutschland virulent, aber nicht aus der Welt verschwunden. Sie war, warnte Neumann, »im Gegenteil, noch größer und furchtbarer geworden und beginnt, Nationen zu paralysieren und Menschen unfähig zu machen, sich frei zu entscheiden«. Diese im Kalten Krieg grassierende, freiheitsberaubende Angst führte der McCarthyismus vor Augen, der die politische Kultur Amerikas versehrt hatte. Das »Loyalty Program« der amerikanischen Regierung und die Maßnahmen des Kongresses hatten eine »Krise der politischen Freiheit« ausgelöst. In der Wissenschaft regierte der Konformismus, die Verfassungswirklichkeit hatte Schaden genommen, das demokratische System, wie Neumann es verstand und verteidigte, war in Gefahr. Allerdings betonte er, dass dennoch ein fundamentaler Unterschied zwischen der intellektuellen Situation im McCarthyismus und der im nationalsozialistischen Deutschland bestand.[101]

---

101 Vgl. *Neumannn*, Behemoth; ders., Angst und Politik, bes. S. 261, 284; *ders.* Notizen zur Theorie der Diktatur (1954), bes. S. 239f., 244; *ders.*, Der Begriff der politischen Freiheit, bes. S. 101, 114f., 117f., 127–134; *Schmitt*, Der Begriff des Politischen, S. 27, 36; *Traverso*, Im Bann der Gewalt, S. 208–211, 223–228; *Söllner*, Sigmund Neumanns »Permanent Revolution«, bes. S. 71–73. Die Unterschiede zwischen NS-Deutschland und den USA betonte vor allem *Neumann*, Intellektuelle und politische Freiheit; er beurteilte hier die Gegenwehr der amerikanischen Wissenschaft gegen den McCarthyismus als erfolgreich. Neue Bedrohungen für die Freiheit der Forschung und Lehre erkannte er eher im Strukturwandel der Wissenschaften selbst (Hierarchisierung und Bürokratisierung durch die Apparate der Großforschung) als in der politischen Situation des Kalten Krieges; vgl. ebenda, S. 302–304. Man darf jedoch aus quellenkritischer Perspektive das Ziel dieses Textes nicht vergessen: Es handelte sich um einen Vortrag vor deutschem Publikum, der durchaus noch den Absichten

Die Erfahrungen und Beobachtungen der Zwischenkriegszeit, des Zweiten Weltkrieges und des Kalten Krieges gingen noch auf andere Weise eine Synthese ein, die einen Paradigmenwechsel in Neumanns Werk auslöste, wie auch Otto Kirchheimer betonte: Die durchaus ambivalente Analyse der Macht in Neumanns »Behemoth« hatte bekanntlich der Ökonomie in marxistischer Manier noch die Vorherrschaft eingeräumt. Fortgesetztes Nachdenken über den Nationalsozialismus und den Stalinismus unter dem Eindruck des eigenen Erlebens stürzte diese Deutung der Macht grundlegend um. Unter den Bedingungen des 20. Jahrhunderts fegte »revolutionäre Macht«, wie Kirchheimer die Einsicht des Freundes nannte, ihre wirtschaftlichen und gesellschaftlichen Beschränkungen beiseite und errichtete neue Ordnungen. Man war in ein Zeitalter eingetreten, in dem der Primat des Politischen herrschte. Das galt auch in positiver Hinsicht, für eine politische Macht, die die freie Entfaltung des Menschen zu maximieren versuchte – so selten diese in der historischen Wirklichkeit auch vorzufinden war: »Trotzdem«, erklärten Neumanns erhellende Überlegungen zur Untersuchung politischer Macht, »kann eine Gruppe im Kampf um die Macht mehr als nur ein partikulares Interesse vertreten. Sie kann die Idee der Freiheit verfechten – die entscheidende Idee der politischen Theorie.«[102]

Nun ist der biographische Subtext einer politisch-therapeutisch motivierten Ideengeschichte nicht nur bei Neumann zu erahnen. Ideengeschichte und politische Theorie konnten geradezu zum Medium werden, um die politisch und persönlich traumatische Vergangenheit zu verarbeiten, die Schrecken des Exils und des Zivilisationsbruchs. Von der Ideen- und Kulturnation, in der sich die Emigranten verwurzelt geglaubt hatten, war ein ideologisch angetriebener Völkermord ausgegangen: Ideen waren Amok gelaufen. In Gestalt einer rassistischen Ideologie hatten sie eine mörderische Eigendynamik entfaltet. Die Geschichte hatte jegliche Rationalität verloren, die blanke ideologische Irrationalität regierte. Das Entsetzen darüber verlangte nach

---

der »re-education« und intellektuellen Westbindung verpflichtet war. Auch darum dürfte das Urteil über die amerikanische Wissenschaft im Zeitalter des McCarthyismus so positiv ausgefallen sein; Neumann präsentierte sie den Deutschen als Vorbild.
102 *Kirchheimer*, The Conditions of Revolutionary Power, S. 417f.; *Neumann*, Ansätze zur Untersuchung politischer Macht, S. 96; *ders.*, Ökonomie und Politik im zwanzigsten Jahrhundert. Zu Neumanns Freiheits- und Demokratiebegriff vgl. oben, Kap. IV.1.

einer Erklärung. Dieser Antrieb der Ideengeschichte war nicht auf Emigranten begrenzt. Junge amerikanische Historiker wie Stuart Hughes, Carl Schorske und Leonard Krieger teilten ihn, und wie die Emigranten erweiterten sie das auslösende Moment um die Schrecken der Atombombe.[103]

Für Fritz Stern lag ein Grund für Neumanns zuvor beschworene Bedeutung als akademischer Lehrer in »seinem neu- und andersartigen Verständnis von Politik und der Bedeutung des Irrationalen in ihr. Die intellektuelle Kraft eines solch radikalen Neudenkens zuvor vertretener und gepflegter Ansichten« sei zum Grundzug seines Nachkriegswerks geworden.[104] Wenn Neumanns Spätwerk das Problem der Freiheit privilegierte und ihm ideengeschichtlich auf den Grund ging, lag die tiefste Ursache in dieser Erfahrung von Krieg und Terror, auf die Neumann selbst als Ursprung seines Nachkriegsdenkens verwies.[105] Als er im Auftrag Donovans und Jacksons die Beweismittel gegen die Kriegsverbrecher in Nürnberg zusammenstellte und an der Prozesskonzeption beteiligt war, lud sich die persönliche Erfahrung mit einer akuten professionellen Relevanz auf. Die Reflexion darüber prägte sein Werk nach dem Krieg.[106]

---

103 Zu Ideologiekritik und Ideengeschichte als Antwort auf traumatische oder verstörende Erfahrungen oder Beobachtungen und zum Drang, den Ausbruch der ideologischen Irrationalität zu verstehen, sowohl in diesem Intellektuellenkreis als auch darüber hinaus unter emigrierten und amerikanischen Gelehrten-Intellektuellen, vgl. *Rabinbach*, »The Abyss that opened up before us«; *Jones*, The Lost Debate, S. 181–184, 195; *Hughes*, An Essay for Our Times, S. 19f., 36, 44, 56–58, 66f., 108f.; *Krieger*, The Autonomy of Intellectual History, S. 508; *Schorske*, Thinking with History, S. 24–29; *Müller*, Bearing Witness to the Liquidation of Western Dasein, S. 159–164.
104 Stern an Hughes, 21. 8. 1967, HSHP, Series I, b. 7, f. 176.
105 Proceedings, Bd. 2, S. 248f., RFA, RG 3.1, Series 910, b. 9, f. 82; vgl. *Hilberg/Söllner*, Das Schweigen zum Sprechen bringen, S. 175–184; *Hilberg*, Unerbetene Erinnerung, S. 54–58, 61–72, 74, 78f.; *ders.*, Die bleibende Bedeutung des »Behemoth«.
106 Vgl. *Salter*, Nazi War Crimes, bes. S. 6, 8, 262–269, 299–306, 315–321, 329–346, 369–374, 384–393, 401. Zur Bedeutung der Nürnberger Prozesse für Neumanns Denken und Arbeitsweise vgl. *Neumann*, The War Crimes Trials; *Perels*, Franz L. Neumanns Beitrag zur Konzipierung der Nürnberger Prozesse; vgl. dazu oben, Kap. I.3. Neumann beabsichtigte ursprünglich, wie in seinem Artikel entworfen, die Arbeit mit dem Nürnberger Material auszuweiten. Er war darum als Executive Director eines War Crimes Trial Project vorgesehen, dass eine unmittelbare Fortsetzung der R&A-Kriegsverbrechensforschung darstellte: Zu den Beratern dieses wissenschaftlichen Projekts, das auf finanzielle Unterstützung des Carnegie Endowment for International Peace

Wie bei Theodor W. Adorno oder Isaiah Berlin war es ein geradezu physischer Reflex, der den Kern des politischen Denkens bei Neumann ausmachte. Ein von der Erfahrung totaler Herrschaft ausgelöster, beinahe somatischer Impuls stand am Anfang, als Adorno seinen neuen kategorischen Imperativ formulierte, dass Auschwitz niemals wieder geschehen durfte, als Berlin die Deformation der Intellektuellen in der Sowjetunion am eigenen Leib nachfühlte und seinen Freiheitsbegriff gleichsam in Notwehr dagegen setzte, und als Neumann mit der Vehemenz eines vielfach Verletzten die freie und soziale Demokratie verteidigte.[107] Dieser Reflex wurde verschärft durch den Angriff, den der McCarthyismus in Neumanns letzten Lebensjahren gegen Freiheit und Demokratie führte.[108] In der unmittelbar politischen Intensität dieses Reflexes ist Neumann Berlin ähnlicher als Adorno. Auch in der intellektuellen Konsequenz, in der Verteidigung einer sozial-demokratisch definierten Freiheit gegen ihre totalitären Feinde von außen und innen, trafen sich die beiden Denker in vielen Punkten, ungeachtet dessen, dass Berlins liberal-sozialdemokratische Herkunft zwischenzeitlich in Vergessenheit geriet.

In historiographisch gedämpfter Gestalt traten diese Motive auch bei den anderen von der Rockefeller-Stiftung geförderten Ideenhistorikern aus diesem Kreis zutage. Nahtlos fügte sich der ideengeschichtliche Ansatz an die Untersuchungen zur Ideologie, Herrschaftstechnik und Rechtsordnung des Nationalsozialismus, die in R&A ihr Spezialgebiet waren.[109] Auch nach dem Ende der militärischen Kampfhand-

---

hoffte, allerdings über die Planungsphase nicht hinauskam, zählten die Kriegskameraden Craig, Gilbert, Holborn, Langer und Schorske. Das Material dazu findet sich in HUA, William L. Langer Papers, HUG(FP) 19.9, b. 14.
107 Vgl. zu Neumanns Freiheitsbegriff oben, Kap. IV.1.; zu Isaiah Berlin unten, Kap. V.3.; zum körperlichen Impuls als Grund des neuen kategorischen Imperativs die sich aus den genannten Stellen ergebende Gedankenkette bei *Adorno*, Gesammelte Schriften, Bd. 6: Negative Dialektik, S. 226–229, 240, 281f., 358.
108 Vgl. *Neumann*, Der Begriff der politischen Freiheit, S. 127–134; das starke persönliche Betroffensein Neumanns durch den McCarthyismus hob seine Frau hervor, die nach Neumanns Tod Herbert Marcuse heiratete, Inge Marcuse an Hughes, 9. 11. 1967, HSHP, Series I, b. 5, f. 109.
109 Vgl. oben, Kap. I.3; *Katz*, Foreign Intelligence, S. 29–84, 165–186; *Marquardt-Bigman*, Amerikanische Geheimdienstanalysen, S. 67–168. Diese Spur lässt sich konzeptionell bis zu den frühen ideologiekritischen Interessen Marcuses zurückverfolgen; vgl. *ders.*, Der Kampf gegen den Liberalismus in der totalitären Staatsauffassung; vgl. auch *Neumann*, Behemoth, S. 65: »Die Ideologie des Nationalsozialismus bietet den besten Schlüssel zu seinen Endzielen.« Allerdings nutzt er diese Einsicht im »Behemoth« kaum, sondern erst in den

lungen war es die Wissensfront, an der ihr Einsatz zur Faschismusbekämpfung im besetzten Deutschland angedauert hatte, bevor der Kalte Krieg alle Energien aufsog.[110]

So hatten Felix Gilbert und Leonard Krieger die politischen und wissenschaftlichen Schäden erkundet, die der Nationalsozialismus an den Universitäten hinterlassen hatte.[111] Die Sorge vor dem Wiederaufleben einer deutschen Gefahr hatte sich auch nach der Rückkehr ins Zivilleben in einer Reihe engagierter Publikationen und Medienauftritte niedergeschlagen. Der demobilisierte Carl Schorske war erneut als offizieller Berichterstatter, dieses Mal im Auftrag der Rockefeller-Stiftung, durch Deutschland gereist, um auf den Spuren seines Stichwortgebers Neumann den Wiederaufbau der politischen Kultur und die Empfänger intellektueller Entwicklungshilfe kritisch zu besichtigen.[112] Die Stiftung setzte sich auch an anderen Stellen für eine demo-

---

Nachkriegsschriften, auch wenn die ideologiekritischen Passagen des »Behemoth« (S. 63–268, 581–583) über das häufig zitierte Fehlurteil zum Antisemitismus als Speerspitze des Terrors gegen die Arbeiterklasse hinaus nur selten zur Kenntnis genommen werden. Aber noch in *ders.*, Angst und Politik, S. 277–283, bestand Neumann darauf, die deutsche Bevölkerung sei kaum antisemitisch gewesen; seine Analyse des NS-Antisemitismus bleibt ambivalent, sie kennt neben insgesamt überwiegenden funktionalen Elementen (wie den Abstiegsängsten der Mittelschichten) aber auch den Eigenwert und die Eigendynamik der Ideologie.

110 Vgl. *Katz*, Foreign Intelligence, S. 84–96, 175, 178f., 185–192; *Marquardt-Bigman*, Amerikanische Geheimdienstanalysen, S. 169–196.

111 Vgl. oben, Kap. I.3; siehe die Field Intelligence Studies FIS 21, The Liberal Universities of Baden. I. Freiburg, 20. 9. 1945; FIS 35, Policies and Plans of the New Bavarian Ministries, 21. 10. 1945; FIS 39, Statewide Tendencies of the New Bavarian Political Parties, 8. 11. 1945; FIS 41, The Liberal Universities of Baden. II. Heidelberg, 13. 11. 1945; Hoover Institution Library and Archives, Stanford University, Daniel Lerner Collection, b. 48, f. 12–13; b. 49, f. 3; vgl. *Gilbert*, The European Past, S. 207–216; *Katz*, Foreign Intelligence, S. 88f., 175, 178f.

112 Vgl. etwa *Craig*, Germany between the East and the West; *Ford*, The Twentieth of July; *Gilbert*, Mitteleuropa; *ders.*, German Historiography during the Second World War; *ders.*, »Higher Education in Germany«, *Saturday Review of Literature* 31/21 (1948); *Krieger*, The Inter-Regnum in Germany; *ders./George de Huszar/Ludwig Freund/James H. McBurney*, Is Germany Turning East or West? A radio discussion over WGN and the Mutual Broadcasting System, The Northwestern University Reviewing Stand, Evanston, 13. 8. 1950; *Krieger*, The Intellectuals and European Society; *Marcuse*, Anti-Democratic Popular Movements; zu Neumanns Rundfunkansprachen vgl. *Jones*, The Lost Debate, S. 181f.; *Neumann*, Germany and World Politics; *Schorske/Price*, The Problem of Germany; *Schorske*, The Dilemma of Germany; *ders.*, Diary of Trip to Germany, February 15–March 23, 1950, RFA, RG 1.1, Series 717, b. 7, f. 41.

kratische politische Kultur in Deutschland ein. In Verbindung damit engagierte sie sich auch beim neugegründeten Institut für Zeitgeschichte in München – als einer Agentur der Vergangenheitsbewältigung.[113]

Aus ähnlichen Gründen stand die Rockefeller Foundation mit dem Institut für Sozialforschung in Frankfurt Anfang der fünfziger Jahre in Kontakt. Zu einer finanziellen Beteiligung kam es in diesem Fall nur in bescheidenem Umfang – das Institut war ausreichend durch den amerikanischen Hochkommissar, die deutsche Bundesregierung, die UNESCO und Stiftungen versorgt –, doch Philip Mosely befragte Adorno und Horkheimer zur Lage in Deutschland, während die beiden Remigranten dem Emissär der Rockefeller Foundation von ihrer Mission als »Apostel der amerikanischen empirischen Methoden« im metaphysisch verseuchten Nachkriegsdeutschland berichteten. Den Erfolg ihres prowestlichen Bildungseinsatzes demonstrierten sie an ihrem Schüler Ludwig von Friedeburg, dem Sohn des Admirals.[114]

---

113 Die Stiftung unterstützte etwa Amerikareisen deutscher Pressevertreter oder die neue Zeitschrift *Merkur* als Forum für intellektuelle Debatten nach westlichem Vorbild; vgl. RFA, RG 1.2, Series 717, b. 9, f. 96–102 (Institut für Zeitgeschichte); b. 11, f. 113 (»Merkur«), f. 116 (»Press Personnel«). Damit trug die Stiftung direkt zur »Westernisierung« der intellektuellen Kultur der Bundesrepublik bei; vgl. zu diesem Konzept oben, Kap. I.7.; *Doering-Manteuffel*, Wie westlich sind die Deutschen?; zur »Westernisierung« der Geschichtswissenschaft *Klautke*, Auf den Spuren des Sonderwegs.
114 Tagebuch Mosely, 3.–6. 11. 1950; Tagebuch DeVinney, 11. 5. 1951; RFA, RG 1.2, Series 717, b. 15, f. 155. Louis Wirth warnte die Stiftung, die empirische Fassade sei nur Tarnung, ebenda, Gesprächsnotiz DeVinney, 13. 4. 1951; politische Vorwürfe gegen das Institut – dass es in Wahrheit zu weit links und zu marxistisch sei – entkräftete Arnold Bergstraesser, ebenda, Tagebuch DeVinney, 4. 8. 1953. Zur »Amerikanisierung« der Kritischen Theorie, zu ihrer Vermittlung von Gesellschaftstheorie und empirischer Sozialforschung und zur gewandelten Selbstdarstellung des Instituts im Exil vgl. jetzt *Wheatland*, The Frankfurt School in Exile, S. 191–263, zur Rolle als Botschafter amerikanischer Sozialwissenschafen in der Bundesrepublik ebenda, S. 257–263; siehe auch zahlreiche der Beiträge in dem Ausstellungskatalog *Boll/Gross* (Hg.), Die Frankfurter Schule und Frankfurt.

4. »Intellectual history« zwischen Weimar und Amerika

Das Unbehagen gegenüber Deutschland, von dem die Intellektuellen die Öffentlichkeit in Kenntnis setzten, wandelten sie als Gelehrte mit leichter zeitlicher Verschiebung in ein ideengeschichtliches Erkenntnisinteresse um. Dabei war die historiographiegeschichtliche Entwicklung mit der ideengeschichtlichen Parallelaktion der Kritischen Theorie verknüpft.[115] Die integrale Verzahnung eines kritisch-gesellschaftstheoretischen mit einem historiographischen Diskurs war von einem politisch-ethischen Motiv geleitet: von der Absicht, eine Erklärung der deutschen Pathologien unter den Bedingungen der modernen Gesellschaft zu finden. Die Gesellschaftstheorie operierte dabei eher kulturkritisch und ideengeschichtlich, während die »intellectual history« den politischen und sozialen Körper der Ideen aufsuchte. Davon zeugen die programmatischen Manifeste der Ideengeschichte, die dieser Kreis immer wieder verfasste.[116]

Auf den methodischen Punkt brachte das gemeinsame Erkenntnisinteresse schon früh Leonard Krieger, während er seinen ideengeschichtlichen Klassiker »The German Idea of Freedom« zum Abschluss brachte. Vom öffentlich-intellektuellen Engagement hatte er bereits wieder Abstand genommen. »Womit ich mich befasse«, schrieb er einem prominenten Vertreter der politischen Geschichte, »ist die Interaktion zwischen den denkenden und den handelnden Bestandteilen des menschlichen Lebens; ich will wissen, wie beide sich gegenseitig bedingen, wie sie einander reflektieren oder beleuchten, und wie sie zusammenwirken und Geschichte machen.« Ideengeschichte, wie Krieger sie verstand und betrieb, lehnte es ab, »Ideen in einer abstrakten Sphäre« zu behandeln. Wie dieses Programm umgesetzt wurde, verdeutlichte Krieger an drei seiner eigenen Aufsätze und im Verweis auf sein Buch:

---

115 Vgl. zum Begriff *Horkheimer*, Traditionelle und kritische Theorie; zur Frankfurter Umsetzung des Programms wie zur Ausweitung von Begriff und Sache in den USA *Bronner*, Of Critical Theory and Its Theorists; *Jay*, The Dialectical Imagination; *Kellner*, Critical Theory, Marxism, and Modernity; *Wiggershaus*, Die Frankfurter Schule; *Wheatland*, The Frankfurt School in Exile.

116 Vgl. etwa *Gilbert*, Intellectual History; *Krieger*, The Horizons of History; *ders.*, The Uses of Marx for History; *ders.*, Culture, Cataclysm, and Contingency; *ders.*, The Autonomy of Intellectual History; *Hughes*, History as Art and as Science, bes. S. 22–41, 89–107.

»Man wird etwa bemerken, dass ›The Inter-regnum in Germany‹ von einer politischen und gesellschaftlichen Situation handelt, die gerade durch das Fehlen eines organisierten intellektuellen Lebens geprägt ist; dass das Stück über die Intellektuellen versucht, durch eine Analyse von Ideen die gesellschaftliche Position des Intellektuellen als eines Elements der Mittelklasse zu deuten; und dass das Ziel des Marx-Artikels darin besteht, das Ausmaß des Einflusses zu ermitteln, den die Ereignisse des Jahres 1848 auf die Lehre hatten. Außerdem ist es das Thema des Buches, an dem ich gerade arbeite, genau die Versuche zu erforschen, die von beiden Seiten unternommen wurden, um die tragische Kluft zu überbrücken, die seit der Reformation in Deutschland zwischen denjenigen klafft, die die entleibten Ideale verfechten, und denjenigen, die eine unangefochtene politische Existenz vorantreiben.«

Womit er jedoch nicht dienen konnte, war die »geradlinige narrative Geschichte«, die die traditionelle politische Geschichtsschreibung von ihm erwartete. Kriegers »eher analytische als narrative Geschichte« nahm stattdessen immer wieder die historische Erzählung auseinander, um Institutionen und Ideen zu analysieren.[117]

Krieger sprach dabei für alle. Selbst Marcuse stimmte ein. Er lobte »The German Idea of Freedom« und verschaffte dem noch in Yale bei Hajo Holborn angesiedelten, aber nach einer besseren Stelle Ausschau haltenden Krieger bei Erscheinen des Buches sogleich eine Gastprofessur an der Brandeis University.[118] Kriegers Buch tauchte tief in die deutsche Ideengeschichte hinab und nahm mitunter zu hermetischer Prosa Zuflucht. Dennoch atmete diese Untersuchung des deutschen Freiheitsbegriffs seit dem 17. Jahrhundert auf jeder Seite den Geist politischer Dringlichkeit. Das bei Holborn entstandene Buch, Zeugnis einer »engagierten« und zugleich überaus gelehrten Ideengeschichte, suchte nach den Ursachen der intellektuellen Entgleisung,

---

117 Krieger an Raymond Sontag, 21. 2. 1955 (Zitate); Sontag an Krieger, 17. 2. 1955; ähnlich auch Krieger an Kenneth W. Thompson, 14. 10. 1966, wo er sich interessiert zeigte an »the process of diffusion of political ideas and to the reverse process of the conditioning of political ideals. My own current work is related to the intermediate level which is crucial for both directions.« Krieger Papers, b. 1. Kriegers Kommentar gegenüber Sontag nimmt Bezug auf Krieger, The German Idea of Freedom; ders., The Inter-Regnum in Germany; ders., The Intellectuals and European Society; ders., Marx and Engels as Historians.
118 Krieger an Marcuse, 5. 8. 1957; Telegramm Marcuse an Krieger, 14. 8. 1957; Marcuse an Krieger, 29. 8. 1957; Krieger an Marcuse, 30. 9. 1957; Abraham Feinberg, Brandeis University, an Krieger, 19. 3. 1958; Krieger Papers, b. 1.

die zum Verstummen des Liberalismus und zu seiner Eroberung durch den Nationalismus geführt hatte. Es verdankte manche Einsicht den Unterredungen mit Neumann und Marcuse, mit Gilbert und Schorske sowie der Lektüre von Marcuses »Reason and Revolution«, jenes Buches, das den »lächerlichen Schwindel«, Hegel sei ein geistiger Vorvater des Nationalsozialismus gewesen, »entlarvt« habe, wie Marcuse erklärte, während er Fichte den »geistigen Vätern des NS« zurechnete. Dennoch ordnete »The German Idea of Freedom« die deutsche Entwicklung – mit ihrer Aufspaltung des Freiheitsbegriffs in einen, der schließlich obrigkeitsstaatlich sich zu verwirklichen suchte, und einen anderen, der in einem geistigen Reich jenseits des Politischen beheimatet blieb – in die europäische Geschichte ein. Krieger schrieb keine Ideengeschichte eines Sonderwegs.[119]

Die deutsche Geschichte wurde, charakteristisch für diesen Kreis, nicht als Sonderfall von der westlichen Geschichte abgekoppelt. Indem Krieger den deutschen Idealismus aus seinen historischen Herausforderungen erklärte, folgte er auch einer dialektischen Spur, die Neumanns Freiheitsbegriff und Marcuses Existentialismusstudien ausgelegt hatten: Die beiden emigrierten Denker beriefen sich auf einen ideengeschichtlich dekontaminierten Idealismus als Widerstandskraft sowohl gegen den politischen Existentialismus der jüngsten deutschen Vergangenheit als auch gegen die Politik der Angst in der amerikanischen Gegenwart des Kalten Krieges. Sie blieben dem deutschen Idealismus verbunden, als dessen ideenhistorischer Ideologiekritiker. Sie hatten sich dem Unternehmen verschrieben, ideengeschichtliche Traditionen zu dekontaminieren, indem sie darin verborgene Freiheitspotentiale erschlossen.[120] Diese ideengeschichtliche

---

119 Vgl. *Krieger*, The German Idea of Freedom, S. xf., 125–138 (bes. S. 126 mit Anm. 124, S. 129 mit Anm. 134), 178–192, 196–206, 531; zu Krieger vgl. Carl Schorske, »Obituary. Leonard Krieger 1918–1990«, *Journal of the History of Ideas* 52 (1991), S. 340; *Hacohen*, Leonard Krieger; das Zitat Marcuses stammt aus Löwenthal an Marcuse, 8. 11. 1943, die Antwort Marcuses findet sich handschriftlich auf dem Brief, LLA, Briefwechsel Löwenthal–Marcuse; vgl. *Marcuse*, Reason and Revolution, dt. als *ders.*, Schriften, Bd. 4: Vernunft und Revolution, S. 360–368.
120 Zu Neumanns Freiheitsbegriff und seiner idealistischen Fundierung vgl. oben, Kap. IV.1. Dieses Motiv der historischen Dekontaminierung war bereits in Marcuses Liberalismus-Schrift von 1934 angelegt, wo das ursprüngliche Anliegen der Existenzphilosophie aus den Klauen seiner faschistischen Verdrehung gerettet und trotz aller Liberalismuskritik die Rationalität und freie Selbstbestimmung des Idealismus gegen die totalitäre Politisierung behauptet

Entgiftungsmission stellte nicht nur Marcuse das theoretische Instrumentarium zur Verfügung, Freiheitsmöglichkeiten zu entdecken, die schließlich zur intellektuellen Grundlage einer als emanzipatorisch betrachteten politischen Praxis ausgebaut werden konnten.[121]

Anders als Krieger trat Schorske in den fünfziger Jahren noch nicht mit der ideengeschichtlichen Prägnanz hervor, die seine später in »Fin-de-Siècle Vienna« gebündelten Essays der sechziger und siebziger Jahre kennzeichneten. Doch selbst die Entstehungsgeschichte dieses von der Nachkriegspolitik scheinbar völlig losgelösten Klassikers der »intellectual history« führte Schorske auf das Klima des politischen Pessimismus nach 1947 zurück, auf den Verlust der Einheit und des Optimismus, die sich im »New Deal« und im Kampf gegen den Faschismus gezeigt hatten, auf die gewaltsame Machtergreifung des Stalinismus in Osteuropa und die Enthüllungen über die kommunistischen Verbrechen, und nicht zuletzt auf den Ausbruch des politischen Irrationalismus im Innern Amerikas in Gestalt des McCarthyismus.[122] Noch deutlicher zeichnete sich bereits Schorskes erstes Buch »German Social Democracy« durch politische Relevanz aus. Wer zwischen den Zeilen zu lesen verstand, konnte leicht die politischen Sympathien Schorskes erkennen. Das Werk war bei William Langer, aber in engem Austausch mit Franz Neumann und Felix Gilbert entstanden. Diese politische Geschichte der Spaltung der deutschen Sozialdemokratie war zugleich ein historischer Versuch über die Versöhnung von Demokratie und Sozialismus. Rosa Luxemburg trat als Lichtgestalt auf:

---

wurde. Gemeinsam mit dem Vorwort zur Neuausgabe von 1964 können Marcuses Hinweise als eine Lektüreanweisung zur Deutung der gesamten intellektuellengeschichtlichen Konstellation gelesen werden: von einer linken Totalitarismustheorie, die anlässlich des Spanischen Bürgerkriegs und der Moskauer Prozesse auch die Sowjetunion verdammt, über das Rationalitätskriterium zur Systemdistinktion zwischen Nationalsozialismus und Kommunismus und die Humanisierung des Weimarer Bürgerkriegsdenkens bis hin zur Dekontaminierung der idealistischen Traditionsbestände fanden im Zeichen einer therapeutisch-analytischen Ideologiekritik die wesentlichen Motive der voranstehend und nachfolgend untersuchten ideengeschichtlichen Konstellation hier eine erste Formulierung; vgl. *Marcuse*, Kultur und Gesellschaft I, S. 7–55, bes. S. 8, 11, 29 f., 44–55; *ders.*, Vernunft und Revolution, bes. S. 360–368; vgl. dazu *Jones*, The Lost Debate, S. 67–71, 84 f., 98 f. Vgl. aber auch den Beitrag von Kriegers Doktorvater, *Holborn*, Der deutsche Idealismus in sozialgeschichtlicher Beleuchtung.

121 Vgl. *Söllner*, Deutsche Politikwissenschaftler in der Emigration, S. 55–71, 199–211.
122 *Schorske*, Fin-de-Siècle Vienna, S. xxiii.

»In ihr trafen ein analytischer Verstand, der tiefer blickte als die meisten Zeitgenossen, und eine kreative Wärme zusammen, was ihre Schriften einzigartig in der marxistischen Literatur macht. Luxemburg war eine leidenschaftliche Kämpferin für ihre Ideen, doch sie gebrauchte nur das scharfe Rapier ihres Geistes, niemals die Keule der Ehrabschneidung, die von Marx und Lenin bevozugt wurde. Ihre revolutionäre Haltung entlud sich nicht nur in dem kalten Hass auf Ungerechtigkeit und Unterdrückung, den so viele Revolutionsführer kennen, sondern auch in einer echten Liebe zur Menschheit im konkreten ebenso wie im abstrakten Sinne.«

So lautet nur eine von vielen Stellen, in denen die Bewunderung für »die großartigsten Führer der Revolution« durch den Text brach.[123] Schorske selbst bekannte, eine »Elegie auf eine einst kreative Bewegung, die von der Geschichte zerstört worden war«, verfasst zu haben.[124] Damit war es einer der jungen amerikanischen Ideenhistoriker, der mit intellektueller Prägnanz die politische Vorbildfunktion von Rosa Luxemburg und ihrer Ideenwelt historisch beglaubigte. Das war der politische Kosmos, aus dem Marcuse stammte und der zeitlebens für diesen Intellektuellenkreis von Bedeutung blieb, ein Fixstern, der manches politische Engagement auch in der liberalen Demokratie der USA leitete.[125] Vergessen werden darf über dieser Feststellung, das politische Ideal einer Rätedemokratie – also die politischen Partizipation aller und die dezentrale Selbstverwaltung im Zeichen eines demokratischen Sozialismus –, habe über die Kanäle der linksintellektuellen Emigration Eingang in das linke politische Denken Amerikas gefunden, allerdings nicht, dass gerade das den Emigranten so wichtige Räteideal auf eine starke, alte und aufnahmebreite amerikanische Denktradition stieß.[126]

---

123 *Schorske*, German Social Democracy, 1905–1917, S. xf. (Verbundenheit mit den OSS-Kameraden), S. 21 f. (Zitat zu Rosa Luxemburg), S. 325 (Zitat zu den Revolutionsführern).
124 *Schorske*, Thinking with History, S. 26 (Zitat), 27, 31.
125 Vgl. *Jones*, The Lost Debate, S. 30–32, 36, 57 f., 67, 98 f., 131 f., 189 f., 194, 202 f., 208 f.
126 Die enorme Bedeutung des Räteideals für die deutschen Intellektuellen der unmittelbaren Nachkriegszeit, in Ost und West, unter unorthodoxen Marxisten, Sozialdemokraten, linkskatholischen Demokraten und Liberalen, von Wolfgang Harich und Ernst Bloch über Walter Dirks und Eugen Kogon bis zu Dolf Sternberger und Alfred Weber, belegt *Forner*, Für eine demokratische Erneuerung Deutschlands.

Politische Partizipation war ein Kernbestand des amerikanischen liberalen Radikalismus. Dass alle, die von Entscheidungen betroffen waren, am Entscheidungsprozess beteiligt sein sollten, gehörte zu dessen zentralen Prinzipien. John Dewey, der bedeutendste amerikanische Philosoph in der ersten Hälfte des 20. Jahrhunderts, war einer der wichtigsten Denker in dieser amerikanischen republikanischen Tradition demokratischer Gemeinschaft und politischer Partizipation, aus der sich die amerikanische Linke speiste. William Appleman Williams und seine radikale Historikerschule von Wisconsin, der Schriftsteller Paul Goodman, der Philosoph Arnold Kaufman und allen voran der Soziologe C. Wright Mills setzten diese genuin amerikanische Tradition fort, die unmittelbar auf die Entstehung der Neuen Linken einwirkte. Dass der Rätediskurs der deutschsprachigen Emigration und der amerikanische Partizipationsdiskurs sich leicht vermitteln ließen, steht außer Frage. Doch besteht auch kein Zweifel daran, dass die amerikanische radikale Tradition für die Anfänge der amerikanischen Neuen Linken von ungleich größerer Bedeutung war. Die Forderung nach einer partizipatorischen Demokratie schallte laut aus dem Gründungsdokument der neuen politischen Bewegung, dem »Port Huron Statement« von 1962. Dewey, Mills, Goodman, Kaufman oder Williams waren dabei die ursprünglichen Stichwortgeber der neulinken Gesellschaftskritik im amerikanischen Kontext. Marcuses »One-Dimensional Man« war da noch nicht einmal erschienen. Marcuse gewann in den folgenden Jahren »großen Einfluss auf diese Kritik, fasste dieser doch vieles zusammen, was bereits in der frühen Neuen Linken in den USA vorhanden war«, wie der Soziologe Richard Flacks zeigt. Flacks unterscheidet zutreffend die ursprüngliche Neue Linke, die sich auf amerikanische Ideengeber bezog, von der späteren Neuen Linken seit Mitte der sechziger Jahre. Das amerikanische Fundament zu übersehen, in das der mitteleuropäische Ideenimport integriert wurde, hieße die historische Entwicklung auf den Kopf zu stellen und die Ordnung der Chronologie zu sprengen.[127] Nachdem Marcuse um-

---

127 Vgl. *Flacks*, Die philosophischen und politischen Ursprünge der amerikanischen New Left, S. 163; die besten Monographien, die auf stichhaltiger Beweislage diesen Schluss ziehen, sind *Mattson*, Intellectuals in Action; *Miller*, »Democracy is in the Streets«; ebenda, S. 329–374, findet sich in voller Länge das »Port Huron Statement« vom Juni 1962; *Westerbrook*, John Dewey and American Democracy; als Überblick über intellektuelle Vorbilder der amerikanischen Neuen Linken vgl. *Jamison/Eyerman*, Seeds of the Sixties; jetzt auch ganz in diesem Sinne gezielt zum Verhältnis zwischen Frankfurter Schule

gekehrt ohne Bezug auf Mills nicht auskam, liegt die Vermutung nahe, dass Marcuse die deutschen Studenten der späten sechziger Jahre nicht nur an rätedemokratische Vorbilder erinnerte, sondern zugleich amerikanische Traditionen von Partizipation und Protest in das marxistisch geprägte Idiom der deutschen Theorie übersetzte.[128]

Unter diesem wichtigen politischen Vorbehalt gilt: Wenn auch der Krieg gegen Deutschland und die amerikanische Gesellschaft des Kalten Krieges eindeutig das politische Koordinatensystem bildeten, in dem sich die neue Ideengeschichte formierte, war dennoch ein Zufluss von Weimarer Energie in die intellektuelle Diskussion Amerikas auf dem Umweg über den Kriegsgeheimdienst OSS und die Rockefeller Foundation zu beobachten. Dieser ideengeschichtliche Transformationsprozess, der Söllners intellektueller »Konterrevolution« verwandt, aber auf komplexere Weise mit der amerikanischen Ideengeschichte verquickt ist, hätte dann die Humanisierung der »Verhaltenslehren der Kälte« zur Folge gehabt, von der Helmut Lethen spricht.[129] Fraglos traten Marcuse, Neumann, Kirchheimer bereits als Veteranen des politischen Kampfes und selbst Gilbert und Holborn stark politisiert ins

---

und amerikanischem Geistesleben *Wheatland*, The Frankfurt School in Exile, S. 267–334, zur ausgebliebenen Verbindung mit Deweys Pragmatismus in Gestalt von Kontakten zu Sidney Hook ebenda, S. 97–139. Weniger zu den ideengeschichtlichen Vorbildern als zu den unmittelbaren politischen Anregungen am Anfang der Neuen Linken, namentlich der Bürgerrechts- und der Friedensbewegung in den fünfziger Jahren, vgl. *King*, Civil Rights and the Idea of Freedom; *Farrell*, The Spirit of the Sixties; *Isserman*, If I Had a Hammer; zum Vergleich von amerikanischer und deutscher Studentenbewegung vgl. *Schmidtke*, Der Aufbruch der jungen Intelligenz, zu den intellektuellen Vorbildern und politischen Anfängen in den USA ebenda, S. 33–46, 57–72, wo Schmidtke im Wesentlichen dem oben skizzierten Gedankengang folgt. Bei grundsätzlicher Zustimmung zur Deutung aus der amerikanischen radikalen Tradition setzt *Cotkin*, Existential America, bes. S. 237–251, einen stärkeren Akzent auf Albert Camus als ideengeschichtliches Vorbild der frühen Neuen Linken in den USA. Zugleich besteht die Kernthese von Cotkins Buch darin, dass es eine genuin amerikanische Tradition des Existentialismus gibt. Da keiner der genannten Autoren sich zu dem wenig überzeugenden Versuch versteigt, intellektuelle Reinheit zu postulieren und fein säuberlich die Einflüsse voneinander zu trennen, besteht bei leicht divergierenden Akzentsetzungen Übereinstimmung, dass (eher prononcierte) amerikanische Ursprünge und (eher schwächere und vermittelte) europäische Zuflüsse sich im Denken der Neuen Linken ergänzten.

128 Zu Marcuse und Mills vgl. unten, Kap V.2. Siehe jetzt auch *Wheatland*, The Frankfurt School in Exile, S. 296–334.

129 *Lethen*, Verhaltenslehren der Kälte, S. 127–134.

OSS ein. Sie kamen aus der Welt des politischen Ausnahmezustandes und ideologischen Bürgerkriegs in der Weimarer Republik.[130] Dieses Erbe brachten sie fraglos in die Neuformierung ihrer intellektuellen Perspektiven in den vierziger Jahren ein.

Und doch erscheint der kritische Umgang mit den intellektuellen Erbschaften jener lange zurückliegenden Weimarer Zeit zu sehr von den neuen Erfahrungen des Exils geprägt, als dass man das Weimarer Erbe über Gebühr bewerten und damit die Emigranten aus ihrem amerikanischen Kontext herauslösen und gleichsam ein weiteres Mal exilieren sollte.[131] Der Krieg, die aktiv begleitete Nachkriegszeit in Deutschland, der Kalte Krieg und der McCarthyismus hatten diese Traditionen längst in den Schatten gestellt. Wo sie noch nachwirkten, im Kern verändert und in neuer Zusammensetzung, geschah dies auf dem Wege einer Humanisierung durch Historisierung, in Gestalt einer emanzipatorischen Lesart der Traditionsbestände. Der Kampf der Gruppe gegen den Faschismus, ihre Opposition gegen den Kalten Krieg und den McCarthyismus stand auf der theoretischen Ebene ungebrochen im Zeichen des Humanen. Dem strukturellen Zusammenhang von Zivilisation und Barbarei, dem Adorno und Horkheimer zu dieser Zeit nachspürten, ohne ihn später konsequent aufrechtzuerhalten,[132] setzten die zuvor mit der Frankfurter Schule verbundenen R&A-Europaspezialisten ein kri-

---

130 *Söllner*, Deutsche Politikwissenschaftler in der Emigration, S. 55–71, spricht von »linken Schülern der konservativen Revolution«, *Jones*, The Lost Debate, S. 119, vom Stil »politischer Veteranen«. Zur Charakterisierung der Epoche als Bürgerkrieg vgl. *Traverso*, Im Bann der Gewalt; zum Weimarer politischen Hintergrund der Protagonisten *Bavaj*, Von links gegen Weimar; *ders.*, Otto Kirchheimers Parlamentarismuskritik in der Weimarer Republik; *Schale*, Zwischen Engagement und Skepsis, S. 71–81; *Scheuerman*, Between the Norm and the Exception; *Wolin*, Heidegger's Children, S. 134–237; *Muller*, The Other God That Failed, S. 184f., 344f.; *Katz*, Herbert Marcuse and the Art of Liberation, S. 13–86. Marcuse nimmt sich hier als Wandervogel aus bourgeoisem Haus, Weltkriegssoldat, Soldatenrat, Lukács-Leser, Hegelianer, Marxist, Heidegger-Schüler und Bruder eines Kommunisten typologisch beinahe wie ein älterer linker Vertreter der »Generation der Sachlichkeit« aus; vgl. dazu *Herbert*, Best, S. 42–50.
131 Zu Neumann und Schmitt vgl. oben, Kap. IV.1. Um Rechtsordnungen auf die Wirkungsmöglichkeit politischer Opposition zu prüfen, betrieb *Kirchheimer*, Politische Herrschaft, S. 30–151; *ders.*, Politik und Verfassung, S. 96–184, eine Umwertung von Elementen Schmitts; Neumann gegen Schmitt spielt aus: *Michael Salter*, Neo-Fascist Legal Theory on Trial.
132 Vgl. *Adorno/Horkheimer*, Dialektik der Aufklärung; *Jones*, The Lost Debate, S. 158–172; *Rabinbach*, In the Shadow of Catastrophe, S. 166–198; *Albrecht u. a.*, Die intellektuelle Gründung der Bundesrepublik.

tisches Einverständnis mit der westlichen Zivilisation entgegen, das die in der Ideengeschichte angelegten realen humanen Möglichkeiten der Zivilisation und zugleich deren Kosten erkannte. Das war die Leistung dieser »Humanisierung« unter amerikanischen Vorzeichen.[133]

Mit ihrem politischen Engagement nahmen sie unbefangen das Erbe der Aufklärung an, ohne in der Resignation einer endlosen und qualvollen dialektischen Abwägung von totalitären und »Versöhnung« antizipierenden Elementen der Aufklärung zu verharren.[134] Die Flucht aus dem Politischen war nicht ihre Lösung. Sosehr mancher von ihnen die »eindimensionale« Gesellschaft verachtete, der gemeinsame Kampf gegen den Nationalsozialismus hatte sie von der Möglichkeit politischer Praxis überzeugt – und sei es in der Form einer »großen Weigerung« gegenüber der Ordnung, der sich emanzipatorische Freiräume abringen ließen. Das alte Denken spielte hierbei nur gebrochen und vielfach vermittelt eine Rolle. Die gemeinsame Kriegserfahrung und das Bewusstsein für neue politische Gefahren auch nach dem Sieg der Demokratie über den Faschismus sorgten für die anhaltende politisch-aktivistische Aufladung, die so charakteristisch war für diese Spielart der Ideengeschichte und politischen Theorie.

Der politischen Gefahr des Konformismus entsprach in der wissenschaftlichen Welt der unpolitische Behavioralismus. Damit soll nicht die Vielfalt des mit dem Etikett Behavioralismus Versehenen geleugnet werden. Doch seinen verschiedenen Erscheinungsformen waren Grundzüge zu eigen, die sich problemlos in die vorherrschenden Diskurse des Kalten Krieges integrieren ließen. Erneut war es Leonard Krieger, der schon früh die Grenzen der Ideengeschichte gegenüber dem Behavioralismus absteckte und auch in dieser Hinsicht Franz Neumanns LAPP-Programm einlöste, während Stuart Hughes sich anfangs noch interessiert an der neuen Wissenschaft zeigte.[135] Zum Schlüsselerlebnis wurden dabei Mitte der fünfziger Jahre Aufenthalte an Hochburgen des Behavioralismus wie dem Center for Advanced Study in the Behavioral Sciences (CASBS) der Stanford University, das sich anderen Disziplinen öffnete und hoffte, die Perspektive auch

---

133 Vgl. *Lethen*, Verhaltenslehren der Kälte, S. 127–132.
134 Vgl. *Jones*, The Lost Debate, S. 168–170; *Bronner*, Of Critical Theory and Its Theorists, S. 77–95, 137–155, bes. S. 86–95.
135 Vgl. etwa *Hughes*, The Historian and the Social Scientist; weniger vom Erkenntnisgewinn durch Austausch überzeugt und das politische Engagement des Historikers gegen den unpolitischen Behavioralismus fordernd zeigte sich *ders.*, History as Art and as Science, bes. S. 89–107.

von Geisteswissenschaftlern zu revolutionieren. Hughes war zu dieser Zeit Professor in Stanford und verbrachte einige Zeit am CASBS, an das Krieger und Schorske als Gäste kamen. Marcuse, der seine Erfahrungen mit dem Behavioralismus am Russian Research Center gemacht hatte, taufte das Zentrum spöttisch »Center for the advanced study of the Misbehavioral Sciences« und die Behavioralisten »Untermenschen«, während er Clyde Kluckhohn, seinen Förderer am RRC der Harvard University, für »das einzige menschliche Wesen« unter den Behavioralisten hielt.[136] Krieger formulierte seine Eindrücke zurückhaltender. Als er im Anschluss an seinen Forschungsaufenthalt in Stanford seinen ersten großen programmatischen Aufsatz veröffentlichte, nannte er die Behavioralisten, die er in der Vortragsfassung des Textes noch attackiert hatte, nicht mehr beim Namen.[137] Doch er beklagte gegenüber dem Center in Stanford die mangelnde Kooperationsbereitschaft und die »Tendenz (einiger?) Behavioralisten, ihre Methoden und ihren Ansatz auf Bereiche auszudehnen, in denen sie unangemessen und sogar schädlich sind«.[138]

---

136 Marcuse an Löwenthal, 6. 3. 1955, LLA, Briefwechsel Löwenthal–Marcuse, 1935–1979. – An der Brandeis University prägten Marcuse und der Historiker Frank Manuel das Komitee für Ideengeschichte, das sich von Anfang an ausdrücklich gegen den positivistischen Machtanspruch von Wissenschaften wie dem Behavioralismus richtete; Marcuse an Leo Löwenthal, 9. 12. 1956, LLA Briefwechsel Löwenthal–Marcuse; Marcuse an Abram L. Sachar, 3. 1. 1958; Sachar an Marcuse, 7. 1. 1958; Marcuse an Dekan Cohen u.a., 13. 3. 1958; Brandeis University Archives, Abram L. Sachar Collection, b. 22, f. Herbert Marcuse, 1955–1958; als programmatische Erklärung vgl. History of Ideas To Feature A »Depth Sounding« Approach, in: The Justice, 9. 2. 1954, Brandeis University Archives.
137 *Krieger*, The Horizons of History; zum Entstehungsprozess siehe Donald Emerson, American Historical Association, Pacific Coast Branch, an Krieger, 14. 5. 1956, 11. 6. 1956; Boyd Shafer, American Historical Review, an Krieger, 20. 2. 1957; Krieger an Shafer, 15. 4. 1957; Krieger an Holborn, 20. 1. 1957 (mit dem Hinweis auf die Streichung der Gegner); Krieger an Bernard Berelson, Ford Foundation, 27. 6. 1957; Krieger Papers, b. 1.
138 Krieger an Preston Cutler, CASBS, 16. 7. 1958; Krieger an Bernard Berelson, 27. 6. 1957; Krieger Papers, b. 1. Auch Carl Schorske war am CASBS in Stanford zu Gast und tat seine Ablehnung des Behavioralismus deutlich kund; Schorske an Hughes, 26. 1. 1960, HSHP, Series I, b. 7, f. 166; *Schorske*, Fin-de-Siècle Vienna, S. xvii–xxx, bes. S. xxf., wo Schorske sein Vorhaben, trotz mancher technischer Hilfsmittel, die er sich aus anderen Disziplinen borgte, gegen den unhistorischen, vom Behavioralismus beherrschten Geist der fünfziger Jahre setzte. Zahlreiche Kapitel des Buches entstanden als Aufsätze in den sechziger Jahren in unmittelbarer Umgebung des R&A-Freundeskreises; vgl. auch die Korrespondenz im Umfeld der Holborn-Festschrift, unten, Kap. IV.5.

In dieser Frontstellung gegen den Expansionismus der Behavioralisten waren sich die linksintellektuellen R&A-Veteranen auch einmal einig mit ihrem antikommunistischen Kriegskameraden Arthur Schlesinger, der zwar ein politisch verachteter »cold war liberal« geworden war, aber zugleich eine bewunderte frühe Abrechnung mit dem Behavioralismus vorgenommen hatte.[139] Sie alle trugen dazu bei, die von der Rockefeller-Stiftung gewünschte Balance wiederherzustellen und die Geisteswissenschaften gegenüber dem dominanten Behavioralismus zu stärken.

In diesem Zusammenhang kann auch der folgenreichste Beitrag zur intellektuellen Kultur gesehen werden, der von diesem Personenkreis ausging und der weit über Ideengeschichte und politische Theorie hinausreichte. Der Behavioralismus verabschiedete nicht nur Geschichte und Politik aus dem wissenschaftlichen Diskurs, sondern bediente sich auch universaler psychologischer Modelle, die auf einer reduzierten Anwendung der Psychoanalyse beruhten.[140] Der Behavioralismus war dabei einer der am gröbsten verzerrten Formen des »Revisionismus« in der Psychoanalyse, den Marcuse Mitte der fünfziger Jahre mehrfach attackierte. »Eros and Civilization« und die publizistischen Begleittexte schossen sich auf den »revisionistischen« Gegner in all seinen Varianten ein – zu dessen respektableren Vertretern zählte der einstige Institutskollege Erich Fromm, der mittlerweile zum Hausautor von liberalen Kalten Kriegern wie Arthur Schlesinger geworden, selbst aber politisch links geblieben war.[141] Dem »revisionistischen« Verständnis Freuds und der Psychoanalyse setzten Marcuse und sein Kriegskamerad Norman O. Brown eine radikalere Interpretation entgegen.[142] Meyerhoff fungierte dabei als Sprachrohr Marcuses in der öf-

---

139 *Schlesinger*, The Statistical Soldier; vgl. dazu *Robin*, The Making of the Cold War Enemy, S. 19–23; zum gespannten Verhältnis der linksintellektuellen R&A-Gruppe zu Schlesinger vgl. die Hinweise unten, Kap. VI.1, VI.4, VI.7 und Kap. VII.
140 Vgl. *Herman*, The Romance of American Psychology; *Robin*, The Making of the Cold War Enemy.
141 *Marcuse*, Eros and Civilization; *ders.*, The Social Implications of Freudian »Revisionism«; *ders.*, A Reply to Erich Fromm, ebenda, 3/1 (1956), S. 79–81; *ders.*, »The Indictment of Western Philosophy in Freud's Theory«, *Journal of Philosophy* 54 (1957), S. 154 f.; *ders.*, »Theory and Therapy in Freud«, *The Nation*, 28. 9. 1957, S. 200–202; zu Fromm vgl. *Wheatland*, The Frankfurt School in Exile, S. 280; *Schlesinger*, The Vital Center, S. 51–67, bes. S. 52 f.; *Gleason*, Totalitarianism, S. 78.
142 Vgl. *Marcuse*, Eros and Civilization; *Brown*, Life Against Death.

fentlichen Diskussion: Er besprach hymnisch Marcuses »Eros and Civilization« in der führenden intellektuellen Zeitschrift der USA.[143] Ihre kulturkritische Lektüre Freuds bereitete einer gesellschaftskritischen, sich als emanzipatorisch verstehenden Freud-Rezeption den Weg. In den sechziger Jahren entstand aus diesen und anderen Quellen einer der einflussreichsten intellektuellen Diskurse in den USA. Marcuse und Brown wurden Leitfiguren der »Gegenkultur«.[144]

Auf einer weniger öffentlichkeitswirksamen Ebene hatten auch die befreundeten Ideenhistoriker einen Anteil an dieser radikalen Wiederentdeckung Freuds. Wiederholt beschrieb Carl Schorske die »Wende von Marx zu Freud« in den späten vierziger Jahren, die er bei Marcuse, Neumann, Brown wahrnahm und die auch Meyerhoff und Schorske mit ihnen vollzogen. Selbst ihr konservativer Förderer, der Harvard-Professor und R&A-Direktor William Langer, forderte nun als Präsident des amerikanischen Historikerverbands die Hinwendung zu Freud und die psychohistorische Fundierung der Zeitgeschichte. Schorske und Hughes stellten Freud der Geschichtswissenschaft vor. Diese Entwicklung deutete Schorske als eine Folge sowohl der politischen Resignation im Kalten Krieg als auch des Schreckens, den die irrationalen Kräfte des Nationalsozialismus auf jede rationale Geschichtsdeutung ausgeübt hatten. Doch mit Freud sollten nicht nur neue, bislang der Geschichtswissenschaft verschlossene Regionen des Menschen entdeckt werden. Die politische Hoffnung auf eine Befreiung, auf eine Überwindung der destruktiven Mächte durch Aufklärung war diesem historiographischen Unternehmen eingeschrieben.[145]

---

143 Vgl. *Meyerhoff*, Freud and the Ambiguity of Culture.
144 Vgl. *Robinson*, The Freudian Left, S. 147–244; *Brick*, Age of Contradiction, S. 131–145, 178–184.
145 *Schorske*, Fin-de-Siècle Vienna, S. xiii f. (Zitat), S. 181–207; ders., Thinking with History, S. 27; *Hughes*, Consciousness and Society, S. 105–160; ders., History as Art and as Science, S. 42–67; *Hans Meyerhoff*, On Psychoanalysis as History; sowie in popularisierter Form ders., Freud the Philosopher; ders., By Love Redeemed; ders., Nothing New About Freud; *Neumann*, Angst und Politik; *William L. Langer*, The Next Assignment, mit Bezugnahme auf Marcuse (zugleich war Langers Bruder Psychoanalytiker und verfasste etwa für das OSS eine Analyse Hitler: *Walter C. Langer*, The Mind of Adolf Hitler); Freud und Marcuse als Leitfiguren nennt auch Fritz Stern an Leonard Krieger, 9. 12. 1966, Leonard Krieger Papers, b. 1, f. Correspondence 1964–1967 (7). Vgl. auch die öffentlichkeitswirksame Würdigung von »Eros and Civilization« durch *Meyerhoff*, Freud and the Ambiguity of Culture.

Die akademisch wirksamste Verknüpfung von politischer Relevanz und wissenschaftlicher Abwehr der behavioralistischen Expansion nahm Stuart Hughes in jenen Jahren vor. Nach den Turbulenzen, die sein Engagement für Henry Wallace und die Progressive Party ausgelöst hatte, war er am History Department der Harvard University untergekommen. Dort verweigerte man 1952 dem Historiker, der bislang nur seinen zeitdiagnostischen »Essay for Our Times« und eine knappe Studie über Oswald Spengler als symptomatischen, melancholischen Denker der europäischen Krise vorgelegt hatte, eine dauerhafte Stellung. Also nahm er einen Ruf der Stanford University an, bis Harvard ihn 1957 wieder auf eine prestigeträchtige Professur berief. In Kalifornien entstand ein Werk, das wie kein anderes für den Durchbruch der neuen »intellectual history« sorgte und schon schnell als Klassiker gefeiert wurde.[146] »Consciousness and Society« bot eine Großaufnahme der intellektuellen Moderne Europas von 1890 bis 1930. Das Buch verfolgte Intellektuelle, Wissenschaftler, Philosophen und Schriftsteller auf ihrer Gratwanderung zwischen positivistischer Rationalität und politischem Irrationalismus. Hughes ließ »Consciousness and Society« mit der »Revolte gegen den Positivismus« beginnen. Die »Entdeckung des Unbewussten« führte zur Umwertung aller Werte. Bei Hughes erfuhr man in einem nach seinen individuellen Neigungen akzentuierten Panorama von der moralischen, politischen und intellektuellen Dauerkrise des europäischen Geistes. Elegant und engagiert öffnete Hughes den Blick amerikanischer Studenten für eine bislang esoterische Welt am Rande des Studiums – die politisch und gesellschaftlich verankerte Ideengeschichte Europas. Der Erfolg sprach für sich und überraschte den anfangs unwilligen Verleger.[147]

Hughes' Werk trug auch zum Paradigmenwechsel in der Geschichte bei. Man wird die sehr unterschiedlichen Diskurse jener Jahre nicht inhaltlich über einen Kamm scheren wollen. Doch ungeachtet ihrer Eigentümlichkeiten waren sie in ihrer politisch-gesellschaftlichen Funktion und in ihrer theoretischen Grundstruktur miteinander

---

146 *Hughes*, An Essay for Our Times; *ders.*, Oswald Spengler; vgl. *Hughes*, Gentleman Rebel, S. 223–231; begeisterte Rezension zu »Spengler« und »Consciousness and Society« stammten etwa von *Hugh R. Trevor-Roper*, »An Ideologue of Unreason«, Commentary 13 (1952), S. 506f.; *George Lichtheim*, »The Great Transformation. Ideas That Shaped Contemporary History«, Commentary 27 (1959), S. 67–77; *Meyerhoff*, »The Re-Discovery of Europe«, The Nation, 21. 2. 1959.
147 *Hughes*, Consciousness and Society; *ders.*, Gentleman Rebel, S. 231.

verknüpft. Ein modernisierungstheoretisches Dispositiv integrierte im frühen Kalten Krieg diese Vielfalt von Ansätzen. Wie der Behavioralismus die Sozialwissenschaften regierte, so dominierte etwa der verwandte Diskurs des »Endes der Ideologie« für einige Jahre die intellektuelle Debatte. Edward Shils und Daniel Bell, dessen differenziertere Argumentation nur schlagwortartig rezipiert wurde, gaben der Idee ihre verbindliche Formulierung. Demnach war politischer Streit zum Zeichen der Rückständigkeit und der totalitären Gefahr geworden, die messianischen Ideologien wurden von technokratischer Rationalität abgelöst. Die Sozialwissenschaften folgten dem Modell des »Ingenieurs«, Wertfreiheit der Forschung und praktische Anwendung waren das Leitbild. Der Sozialstaat hatte die irrationalen Leidenschaften der Massen demokratisch gebändigt.[148]

In der geschichtswissenschaftlichen Debatte trat das »Ende der Ideologie« in Gestalt der Konsensgeschichte auf, die Louis Hartz oder Richard Hofstadter praktizierten: Amerika war ihnen zufolge einzigartig, weil es nie von Klassenkonflikten zerrissen worden war. Politischer Widerspruch war für Hofstadter Ausdruck einer seelischen Störung; die amerikanische Wohlfahrtsgesellschaft lieferte keinen Grund für eine Revolte oder auch nur hitzigen politischen Streit. Darum erklärte er den McCarthyismus zum atavistischen Ausbruch sozial Deklassierter, zur populistischen Manipulation, die Paranoia und Abstiegsängste ausbeutete. Die Weisheit der politisch-intellektuellen Elite Amerikas war über jeden Zweifel erhaben.[149] Gerade der Mangel einer substantiellen politischen Philosophie wurde von Hartz als Zeichen der Reife gedeutet: Politische Philosophie wurde aus Konflikten geboren, von denen Amerika von Anfang an verschont geblie-

---

148 Vgl. *Brick*, Age of Contradiction, S. 33–39; *Gilman*, Mandarins of the Future, S. 12–20, 47–62, 138–149; *Robin*, The Making of the Cold War Enemy, S. 94–123; *Jacoby*, The End of Utopia, S. 1–27; klassische Texte sind oder versammeln *Bell*, The End of Ideology; *Shils*, The End of Ideology?; *Waxman* (Hg.), The End of Ideology Debate; vgl. dazu auch unten, Kap. VI.2.
149 Vgl. *Gilman*, Mandarins of the Future, S. 62–68. Hofstadter war einer der prominentesten Amerikahistoriker der fünfziger Jahre, zu seinen scharfen Urteilen vgl. *Hofstadter*, The Age of Reform, S. 59, 92, 95; *ders.*, The Paranoid Style in American Politics, S. 52; *ders.*, The Progressive Historians, S. 439, 451. Hofstadter hatte bereits den Weg vom Kommunismus zum Fundamentalliberalismus hinter sich, als er in den sechziger Jahren seine Konsensgeschichte wieder modifizierte, politischen Streit rehabilitierte und sich selbst politisch aktiv in der Bürgerrechtsbewegung engagierte; vgl. *Brown*, Richard Hofstadter, bes. S. 99–160.

ben war. Das politische Denken Amerikas bezeichnete er als eine lange Fußnote zu John Locke. Amerikaner waren immer schon, wie Hartz erklärte, frei geboren; der Liberalismus war ihre natürliche Philosophie, über die Bedeutung der Freiheit mussten sie nicht mehr nachdenken. Amerika war der einzigartige Endpunkt der Geschichte. Diese amerikanische Konsensgeschichte diente als »historiographischer Ersatz für den Marxismus«.[150]

»Consciousness and Society« eröffnete eine andere Interpretation der Geschichte. Zwar behandelte es Europa, doch die Diagnose eines übersteigerten, im Sozialdarwinismus wieder in den blanken Irrationalismus umschlagenden Positivismus wurde auch als Kritik am vorherrschenden Paradigma der amerikanischen Sozialwissenschaften und ihrer historiographischen Entsprechung in der Konsensgeschichte gelesen. Hughes' Analyse der europäischen Krise ließ sich auf den unpolitisch-positivistischen Behavioralismus, das Ingenieurmodell der Sozialwissenschaften und das leidenschaftslose »Ende der Utopie« übertragen. »Consciousness and Society« wurde zum Vorreiter des Angriffs auf die Konsensgeschichte, der sich Ende der fünfziger Jahre formierte.[151] Vor allem der Amerikahistoriker John Higham nahm den »Konsens-Kult« messerscharf auseinander. Mit dem Anbruch der sechziger Jahre wurde der politische Konflikt als historische Kraft rehabilitiert. Die klassenlose Gesellschaft Amerikas wurde als Mythos enttarnt. Gemeinsam mit Higham wiederum verfassten Leonard Krieger und Felix Gilbert jene Geschichte der amerikanischen Geschichtswissenschaft, in der Krieger den Ursprung der neuen Ideengeschichte in Krieg und Geheimdienst festhielt.[152]

Hughes wandte sich allerdings nicht erst jetzt gegen die herrschenden Lehren. Ohnehin war die ideenkämpferische Lesart von »Consciousness and Society« nur eine zweitrangige Begleiterscheinung bei diesem gelehrten Werk der Ideengeschichte. Als politischer Intellektueller hatte Hughes bereits Jahre zuvor in einem Essay, von dem noch die Rede sein wird, den Diskurs vom »Ende der Ideologie« als Ideologie des Kalten Krieges gedeutet, also noch bevor Bell, Shils oder

---

150 *Gilman*, Mandarins of the Future, S. 17, 65 (Zitat); vgl. *Hartz*, The Liberal Tradition in America, S. 285. Zu Hartz vgl. auch *Brick*, Age of Contradiction, S. 34f.; *Smith*, Beyond Tocqueville, Myrdal, and Hartz; *Kloppenberg*, In Retrospect.
151 Vgl. *Brick*, Age of Contradiction, S. 34f.
152 *John Higham*, The Cult of the »American Consensus«; *ders.*, Beyond Consensus; *Higham/Krieger/Gilbert*, History.

die Konsensgeschichte auf dem Höhepunkt ihres Einflusses angekommen waren.[153] Politisch sensibilisierte Leser sahen »Consciousness and Society« als Erweckungserlebnis an. Obwohl seine Zuneigung eher Freud, Proust oder Max Weber galt, erregten Hughes' Passagen über den Marxismus die Aufmerksamkeit von Studenten, die an der Formierung der Neuen Linken beteiligt waren.

Eine wichtige Stimme der akademischen Neuen Linken in Amerika nannte es den intellektuellen Schlüssel, der amerikanischen Linken die Welt des europäischen Marxismus und damit den Zugang zu Denkern wie Marcuse erschloss, die in den sechziger Jahren, gewissermaßen auf die Rezeption von »Consciousness and Society« hin, zu politischer Prominenz gelangten. Wenn man dieser Beschreibung aus berufenem Munde Glauben schenken darf, stand Hughes' ideengeschichtliches Werk Pate bei der Geburt der amerikanischen neomarxistischen Linken:

»›Consciousness & Society‹ spielte eine ziemlich wichtige Rolle als eine ›Vermittlung‹ von Lukács und Gramsci für die ›Neue Linke‹ in diesem Land. Um von mir persönlich zu reden, habe ich sehr genaue Erinnerungen an meine Erfahrungen in George Mosses Seminar ›Die Kultur Westeuropas‹ 1960, in dem Ihr Buch der wichtigste Sekundärtext war. Ich war damals im zweiten Studienjahr, und ich kam gerade in Kontakt mit der älteren Gruppe, die ›Studies on the Left‹ machte. Es waren ironischerweise Ihr Buch und Mosses Vorlesungen, die damals und dort die entscheidenden Elemente unserer ›Wiederentdeckung‹ einer früheren, kontinentalen ›Neuen Linken‹ waren. Zu dieser Zeit spürten viele von uns (wenn auch vage und instinktiv), dass es eine Verbindung gab zwischen den Auffassungen, die sich bei uns ausbildeten, und der Kombination von Kritik und Protest gegen den Positivismus, Determinismus, Szientismus, Rationalismus etc., denen Sie in ›Consciousness & Society‹ nachgegangen sind. Leute hören und lesen durch das Raster ihrer eigenen Bedürfnisse hindurch, und ich erinnere mich, wie unsere kleine ›radikale Fraktion‹ in Mosses Seminar – keiner von uns konnte Deutsch lesen, nur wenige Französisch – ihn nach der Veranstaltung umringte und ihn mit Fragen darüber nötigte, was Lukács über dies und das oder was Gramsci über dies und das gesagt hatte. Mosse war selbst erstaunt, dass sein Seminar,

---

153 *Hughes*, The End of Political Ideology; vgl. *Jacoby*, The End of Utopia, S. 1–5. Vgl. dazu unten, Kap. VI.2.

das sich implizit gegen den kommunistischen und faschistischen Totalitarismus richtete, zusammen mit Ihrem Buch eine neue Generation von wilden Marxisten hervorbrachte.«[154]

Die von Neumann programmatisch geforderte politische Relevanz galt ohne Einschränkung auch den professionellen Ideenhistorikern als Maßstab. Historiker sollten die Illusion politischer Objektivität aufgeben, verlangte Hughes, das Postulat »erhabener Distanz« diene nur der Verschleierung der eigenen Position. Das hieß nicht, Parteigeschichte, »partisan history«, zu schreiben, die Hughes strikt ablehnte. Die Unparteilichkeit des Historikers, die er forderte, musste der eigenen politischen Leidenschaft abgerungen sein. Ohne politische Grundlage gab es für Hughes keine Geschichte, doch diese Motivation durfte nicht zur Entstellung der Fakten führen, sondern war in einem Prozess der Selbstreflexion zu kontrollieren, in einem »ausweglosen *und bewussten* Kampf, die parteiische Leidenschaft zu überwinden«.[155]

Diese politische Motivation tauchte im historiographischen Werk eher subkutan auf, in den politischen Texten und der Korrespondenz trat sie deutlicher hervor. So auch im Fall des *spiritus rector* der neuen Ideengeschichte, Felix Gilbert, der selbst zu den Nutznießern von LAPP gehörte. Einmal wurden seine Renaissancestudien von der Rockefeller-Stiftung gefördert, ein andermal Forschungen zur deutschen Gelehrtenpolitik im 19. und 20. Jahrhundert. Beide Themen waren von politischer Dringlichkeit. Als Gilbert sich Machiavelli, Guicciardini und »dem intellektuellen Hintergrund, dem historischen Kontext und der praktischen Bedeutung« der »Florentiner politischen

---

154 Paul Breines an Hughes, 14. 10. 1970, HSHP, Series I, b. 1, f. 4. Siehe auch die undatierte Erinnerung von Martin Jay [1986], HSHP, Series I, b. 7, f. 184: »›Consciousness and Society‹, the work that drew me to Harvard in the 1960's and is still required reading in my lecture course, remains for me a model of synoptic intellectual history. Without confining himself to any one discipline or neglecting the links between ideas and social context, Stuart was able to discern a subtle pattern in a very complex carpet. The ambition to do likewise has motivated much of my own work, which still struggles to achieve the deftness of touch of its model.« Zur gegen den dialogischen Ansatz seines Mitschülers Dominick LaCapra gerichteten Verteidigung der synoptischen Geschichtsschreibung vgl. *Jay*, Two Cheers for Paraphrase. The Confessions of a Synoptic Intellectual Historian, in: *ders.*, Fin-de-Siècle Socialism and Other Essays, New York/London 1988, 52–63; Jay geht jedoch über den synoptischen Ansatz hinaus; vgl. *ders.*, Force Fields; *ders.*, Abenteuer Theorie.
155 *Hughes*, History as Art and as Science, S. 96 f.

Realisten« zuwandte, war die Erforschung der »Grundsätze und Kräfte, die das politische Verhalten steuern«, der »Techniken« und »Konzepte« der Diplomatie, sein Ziel. Die Stiftung interessierte sich nicht nur im Rahmen ihres Programms in der politischen Theorie, sondern auch im Zuge der langsam Fahrt aufnehmenden Planungen in den internationalen Beziehungen für Gilberts Unternehmung.[156]

Große Erwartungen weckte Gilberts neuartiger Ansatz, zwei monumentale Figuren des politischen Denkens und der diplomatischen Theorie in ihrem intellektuellen Kontext zu deuten. Einer der intellektuellen Gegner Gilberts war hier Leo Strauss, der gerade Machiavelli als Wurzel aller neuartigen geistigen Übel identifizierte.[157] Gilberts Forschungen waren auch eine Antwort auf diese unhistorische Sicht. In ihrem kritischen Urteil über Machiavelli als Propheten der Macht und der Expansion standen sich der antihistorische Strauss und der Historiker Gilbert allerdings näher, als es den Anschein hatte.[158] Gilbert zog dabei die Summe seiner fortgesetzten Suche nach den Gründen der Geburt eines neuen politischen Denkens, nach dem Ursprung der politischen Begriffe der Gegenwart, nach den Möglichkeiten und Grenzen politischer Ordnung. Diese Suche stand, neben der »deutschen Katastrophe«, im Mittelpunkt seines Werkes seit der Emigration.[159] Gilbert versprach eine »Anwendung neuer Methoden

---

156 Bewilligung GA SS 5506, 23. 2. 1955; Gesprächsnotiz Thompson, Stewart, 17. 5. 1954; Memo Stewart an Thompson, 9. 2. 1955; RFA, RG 1.2, Series 200, b. 484, f. 4137.

157 Strauss hatte bereits begonnen, Elemente seines Machiavelli-Bilds vorzustellen; vgl. *Leo Strauss*, Rez. von Leonardo Olschki, »Machiavelli the Scientist«, in: *Social Research* 13 (1946), S. 121–124; *ders.*, »Walker's Machiavelli«, *Review of Metaphysics* 6 (1953), S. 437–446; *ders.*, »Machiavelli's Intention«; verdichtet zur Deutung Machiavellis als eines kühnen Begründers der modernen politischen Wissenschaft, der die *arcana imperii* offen ausplauderte, und als »teacher of evil« dann in: *ders.*, Thoughts on Machiavelli, S. 9.

158 Sowohl Gilbert als auch Strauss neigten zu einer reduzierten Sicht Machiavellis, die Komplexitäten und Widersprüche im Denken des Florentiners – auf gänzlich unterschiedliche Weise – auf eine Seite hin auflöste. Vgl. den luziden Überblick über die Forschung, auch über den Gegenstand im Titel hinaus, von *Berger Waldenegg*, Krieg und Expansion bei Machiavelli. Leo Strauss wird hier nicht ernst genommen (vgl. ebenda, S. 54), während Felix Gilbert ein konstanter Bezugspunkt bleibt und sich neben neueren Machiavelli-Forschern wie Quentin Skinner, John Pocock oder Mark Hulliung durchaus – wenn auch nicht ohne Kritik an seinen einseitigen Positionen – behaupten kann.

159 Vgl. *Gilbert*, The Humanistic Concept of the Prince and the »Prince« of Machiavelli; *ders.*, Political Thought of the Renaissance and Reformation; *ders.*,

der intellektuellen Analyse«, ein methodisches Vorgehen, das die soziale und politische Bedingungen untersuchte, auf die die Denker reagierten und die sie durch ihre Reaktionen wiederum prägten und veränderten. Der historische Blick triumphierte über die zeitlose Theorie. Klassische Denker wurden aus ihrer Verwicklung in die Politik begriffen. Gilbert zufolge hatte Machiavelli sein Denken nicht einfach »ex nihilo« aus dem Hut gezaubert, sondern aus den politischen und intellektuellen Herausforderungen seiner Gegenwart gewonnen. Die neuen diplomatischen Grundbegriffe und Verhaltensnormen, die auf ihn zurückgingen, reichten jedoch bis in die unmittelbare Gegenwart hinein und strukturierten die internationalen Beziehungen:

»[…] eines der Probleme, denen ich besondere Aufmerksamkeit widmen will, ist die Enstehung eines neuen intellektuellen Ansatzes in den auswärtigen Beziehungen. Ein Großteil des Vokabulars, das in der diplomatischen Praxis ebenso wie in der Beschreibung und Analyse diplomatischer Aktionen noch immer in Gebrauch ist, stammt aus dieser Epoche: Balance of Power und Mächtegleichgewicht, Staatsräson, die Idee eines miteinander verbundenen Staatensystems etc. Eine Untersuchung der Entstehungsbedingungen dieser Begriffe dürfte hilfreich für das Verständnis ihrer Bedeutungen und Anwendungsmöglichkeiten im Allgemeinen sein. Dieses Beispiel aus dem Gebiet der internationalen Beziehungen ist auch als ein Hinweis auf einige der Gründe zu verstehen, warum mir so sehr daran liegt, diese Forschungen durchzuführen.«

Die Probleme, denen er mit solcher Dringlichkeit nachging, waren von akuter politischer Relevanz. Sie hatten, wie Gilbert hinzufügte, »eine sehr enge Verbindung« zu den Problemen des 20. Jahrhunderts.[160] Das war mehr als eine Formel, um die Gunst der Stiftung zu gewinnen. Gilberts Denken und Lehren lebte von dieser Spannung. Er verkörperte die Verbindung von Zeit- und Bedeutungsebenen, von Renaissance, 18. und 20. Jahrhundert, von gelehrter Distanz und poli-

---

Machiavelli. The Renaissance of the Art of War; *ders.*, The English Background of American Isolationism in the Eighteenth Century; *ders.*, Bernardo Rucellai and the »Orti Orticellari«; *ders.*, The »New Diplomacy« of the Eighteenth Century; *ders.*, The Composition and Structure of Machiavelli's »Discorsi«; *ders.*, The Concept of Nationalism in Machiavelli's »Prince«.
160 Gesprächsnotiz Thompson, Stewart, 17. 5. 1954; Gilbert an Thompson, 10. 12. 1954 (Zitate); RFA, RG 1.2, Series 200, b. 484, f. 4137.

tischem Einsatz.¹⁶¹ Gerade das war es, was ihm erklärtermaßen die Bewunderung so unterschiedlicher Historiker und Denker wie Gordon Craig, Stuart Hughes, Sigmund Neumann und Isaiah Berlin eintrug.¹⁶² Hans Morgenthau gab zu Protokoll, versucht zu haben, den aufgrund seiner außenpolitischen Sachkenntnis geschätzten Gilbert für eine Position an einem Washingtoner Think Tank zu gewinnen. Dass Gilberts Werk von »gegenwartsbezogener Relevanz« war, belegte Morgenthau in eigener Sache: Seine Arbeiten zur Machtpolitik der Gegenwart stützten sich auf Gilberts Forschungen zum Ursprung des politischen Realismus.¹⁶³ Der Studien- und Kriegskamerad Hajo Holborn flocht in seine Einschätzung des engen Freundes einen Seitenhieb auf den gemeinsamen Lehrer Friedrich Meinecke ein und offenbarte aus intimer Kenntnis, dass es bei Gilberts Renaissanceforschungen nicht allein um die Vergangenheit ging, sondern um »die Orientierung unseres eigenen politischen Denkens«.¹⁶⁴ Ausgestattet mit den Mitteln der Stiftung, konnte Gilbert seine akademischen Pflichten am Bryn Mawr College ruhen lassen, um erster Klasse über den Atlantik zu fliegen und in Florenz, Mailand, Venedig und Rom sowie in London am War-

---

161 Sein Werk verband, nach den Berliner Anfängen als Preußen- und Droysen-Forscher unter Friedrich Meinecke (*Gilbert*, Johann Gustav Droysen und die preußisch-deutsche Frage; *Droysen*, Politische Schriften), Beiträge zur Geschichte der Renaissance und des 18. Jahrhunderts mit zeithistorischen Analysen und politischen Interventionen (wie denen zu Deutschland, vgl. oben, Kap. IV.3.); selbst eine Edition der täglichen Lagebesprechungen Hitlers wurde von ihm besorgt, *Gilbert* (Hg.), Hitler Directs His War.
162 Gilbert an Thompson, 10. 12. 1954, wo Gilbert auch seine enge Verbundenheit mit Franz Neumann betonte; Craig an Thompson, 27. 1. 1955; Sigmund Neumann an Thompson, 27. 1. 1955; Hughes an Thompson, 29. 1. 1955; Myron Gilmore an Thompson, 2. 2. 1955; Isaiah Berlin an Thompson, 5. 2. 1955; RFA, RG 1.2, Series 200, b. 484, f. 4137.
163 Morgenthau an Thompson, 31. 1. 1955, RFA, RG 1.2, Series 200, b. 484, f. 4137.
164 Holborn an Thompson, 31. 1. 1955, RFA, RG 1.2, Series 200, b. 484, f. 4137. Nebenbei erläuterte Holborn, dass sich die Forschung zur Entstehung der neuzeitlichen politischen Theorie in England und Amerika auf die Ideen des repräsentativen Regierungssystems und der Bürgerrechte konzentriert habe, hingegen die andere Seite in der Entwicklung des modernen Staates, »namely the development of the absolutistic or power state«, vernachlässigt worden sei: »A trail was blazed by Friedrich Meinecke's ›Idea of Raison d'état‹, but the book is no answer to many of the problems implied. In addition it is weak in its source basis and particularly so in the crucial early period.«

burg Institute Renaissancestudien zu betreiben, die zugleich die politische Gegenwart erleuchten sollten.[165]

Politische Relevanz beanspruchte auch ein zweites Unternehmen, das Gilbert unter der Ägide von LAPP vorantrieb. Gilbert, dessen Berufung in das Advisory Committee des Programms erwogen worden war, hatte zwischenzeitlich bei der Rockefeller-Stiftung seine Reputation als »der vermutlich am umfassendsten gebildete politische Historiker« gefestigt.[166] Er wandte sich nun der eigenen Biographie zu, nämlich seinem Lehrer Friedrich Meinecke und der deutschen Gelehrtenpolitik. Gilbert fragte, ob es einen intellektuellen Sonderweg in Deutschland gegeben habe. Seinen Ausgangspunkt bildeten Meineckes »Drei Generationen deutscher Gelehrtenpolitik« und dessen These vom Wandel der Politik der deutschen Gelehrten im 19. Jahrhundert vom liberalen Idealismus zum Nationalismus. Gilbert lehnte die Loslösung von Geistes- und Gesellschaftsgeschichte und die Sonderstellung der Intellektuellen ab, die er Meinecke vorwarf. Gilberts Gegenthese lautete, es habe keine Sonderentwicklung der deutschen Intelligenz gegeben. Die Gelehrtenpolitik sei von einer umfassenderen, »gesellschaftlich vereinheitlichenden« europäischen Entwicklung erfasst worden, die jedoch in Deutschland nach der Reichsgründung radikaler hervorgetreten sei. Demnach setzte sich in Deutschland tiefgreifender als andernorts ein utopischer, geschichtsphilosophisch untermalter Staatsbegriff durch, der im 20. Jahrhundert zur Feindschaft der akademischen Welt gegenüber der Weimarer Demokratie führte. Von den liberalen Professoren des 19. Jahrhunderts über Gustav Schmoller und Max Weber bis zu Karl Mannheim und Carl Schmitt wollte Gilbert diesen Prozess verfolgen. In diesem Zusammenhang bezeichnete Gilbert als die Grundfrage seines Werkes überhaupt, von der Renaissance bis zur Gegenwart, »die Rolle des Intellektuellen in der Politik«, womit die Ideen ebenso wie die intellektuellen Akteure gemeint waren.[167]

---

165 Gilbert an Thompson, 5. 2. 1955; Reisekostenaufstellung, 9. 2. 1955; Bewilligung GA SS 5506, 23. 2. 1955; RFA, RG 1.2, Series 200, b. 484, f. 4137. Das Ergebnis lag erst einige Jahre später vor in Gestalt von *Gilbert*, Machiavelli and Guicciardini.
166 Memo Thompson an Buchanan, Rusk, 28. 9. 1956, RFA, RG 1.1, Series 910, b. 9, f. 79.
167 Ob die Doppelbedeutung im Englischen – der Intellektuelle als Person ebenso wie das Intellektuelle, die Welt der Ideen – angestrebt war, ist nicht auszumachen; Gilbert an Thompson, 9. 12. 1959 (Zitat); Thompson an Morgenthau,

In der Gelehrtenpolitik, in die Meinecke sich in den Anfangsjahren der Weimarer Republik mit diesem »Selbstporträt« eingeschrieben hatte, erkannte Gilbert den Versuch der deutschen Professoren, als Experten und Berater ihren Einfluss zu sichern und den Staat zu verherrlichen. Die »ideologischen Verteidiger des bestehenden Regimes«, des monarchischen Machtstaates und des Imperialismus, wurden zu Propagandisten des Krieges und schließlich Gegnern der Demokratie. Denn in der pluralen Gesellschaft Weimars galt der Vorrang der Gelehrtenpolitiker nicht länger unangefochten. Meineckes Bekenntnis, die professorale Expertise jedoch auch der dissonanten Weimarer Republik weiterhin zur Verfügung stellen zu wollen, um »den zerrüttenden Klassenkampf zu dämpfen und durch soziale Reformen« und das Schaffen neuer »Werte innerlich zu überwinden«, zog Gilbert angesichts der historischen Entwicklung in Zweifel. Die Gelehrtenpolitik endete im totalen »Versagen der deutschen akademischen Klasse«. Dass Meinecke selbst nicht völlig mit diesem vernichtenden Verdikt belegt wurde, verdankte er der Tatsache, Ideenhistoriker zu sein: Nur weil er Ideen einen autonomen Rang zubilligte, bemerkte Gilbert, hatte Meinecke sich in seinen späten Jahren von der Perspektive der »Staatsbejahung« lösen können.[168] Auch das war ein Plädoyer für die Ideengeschichte.

Wie die Wertschätzung zeigte, die ihm die Stiftung und ihre Berater entgegenbrachten, war Gilbert mittlerweile in den Kreis ihrer Vertrauensleute hineingewachsen.[169] Gilberts Gelehrtenpolitik-Projekt schälte sich gewissermaßen nebenbei heraus, als er am Amerika-Institut der Universität Köln, das von der Rockefeller Foundation gefördert wurde, eine Gastprofessur und vorübergehend auch die Institutsleitung versah. Gilbert hielt die Stiftung über die Vorgänge in ihrer Investition auf dem Laufenden. In ihrem Austausch konkretisierte

---

Kennan, Niebuhr, Craig, Speier, 17. 12. 1959; Gesprächsnotiz Thompson, 18. 8. 1959; Bewilligung GA SS 6010, 11. 2. 1960; RFA, RG 1.2, Series 200, b. 484, f. 4137; Gilbert nahm Bezug auf den klassischen Aufsatz seines Lehrers *Meinecke*, Drei Generationen deutscher Gelehrtenpolitik.

168 *Gilbert*, Political Power and Academic Responsibility, bes. S. 413f., 403f., S. 414f.; *Meinecke*, Drei Generationen deutscher Gelehrtenpolitik, S. 251.
169 Niebuhr an Thompson, 23. 12. 1959; Craig an Thompson, 17. 12. 1959; Morgenthau an Thompson, 30. 12. 1959; Speier an Thompson, 30. 12. 1959; Kennan an Thompson, 6. 1. 1960; RFA, RG 1.2, Series 200, b. 484, f. 4137; Memo Thompson an Buchanan, Rusk, 28. 9. 1956, RFA, RG 1.1, Series 910, b. 9, f. 79.

sich der Gedanke seines Vorhabens. Eine Rolle spielten dabei seine Zweifel an der intellektuellen Gesundung und am demokratischen Neuanfang in Deutschland. Die traditionelle Gelehrtenpolitik war nicht unschuldig an der desolaten Lage, in die die deutsche akademische Welt geraten war. »Ich glaube nicht, dass meine Ansichten über die wissenschaftliche Situation in Deutschland sonderlich originell sind«, begann Gilbert seinen Lagebericht an die Stiftung:

»Ich hoffe, sie befindet sich in einem Übergangsstadium, denn die gegenwärtige Situation erscheint mir beinahe unmöglich. Eine ungeheure Zahl von Studenten, darum besorgt, gute Noten zu erhalten (was die Faulheit der Spezialisierung nach sich zieht), um an Stipendien zu kommen, und darum, ihr Studium schnell abzuschließen, und viel zu wenige Professoren [...] Ich fürchte die Stärke des akademischen Traditionalismus (der seine Stärke gerade dadurch zeigt, dass er zögerlich auch neue Studien- und Forschungszweige anerkennt).

Eigentlich ist es jedoch unfair, das Universitätsleben besonders zu kritisieren. Ganz Deutschland scheint aus dem Gleichgewicht geraten zu sein und sich in einem Übergangsstadium zu befinden. Adenauer mag ein guter Demokrat sein, doch ›das Volk‹ sieht in ihm mehr den Führer als den demokratischen Politiker. Die gleiche zweideutige Haltung fällt in allen Lebensbereichen auf: gewissermaßen bewusst demokratische Gepflogenheiten und zugleich ein immer noch ungeheuer starkes Klassenbewusstsein; der leidenschaftliche Wunsch, modern zu sein, und ein ebenso leidenschaftlicher Stolz auf die Traditionen. – Vielleicht sollte ich abwarten, ehe ich urteile, doch bis jetzt kann ich sagen, dass ich die Begeisterung amerikanischer Zeitungen für Deutschland nicht teile. Es scheint mir eine durch und durch entwurzelte und instabile Gesellschaft zu sein.«[170]

Die Skepsis gegenüber Deutschland war nicht mehr auszuräumen. Wagners »Tristan und Isolde« konnte Gilbert nicht mehr hören, ohne an Hitler zu denken. Die »deutsche Katastrophe«, aus der Gilberts und Holborns gemeinsamer Lehrer Meinecke mit seiner Rückbesinnung auf Goethe einen bildungsoptimistischen Ausweg gewiesen hatte, zu dem beide Historiker kritisch Stellung nahmen, war nicht zu überwinden. Sie motivierte, wenig überraschend und doch unvermit-

---

170 Gilbert an Thompson, 23. 11. 1959, RFA, RG 1.2, Series 200, b. 484, f. 4137.

telter als bei anderen emigrierten Gelehrten, das historiographische Werk Gilberts.[171]

Keine Ideenhistoriker, aber politische Theoretiker mit historischer Fundierung waren zwei weitere R&A-Veteranen, denen LAPP den Übergang vom State Department in die akademische Welt wesentlich erleichterte. Otto Kirchheimer als Freund Marcuses und Neumanns, Schüler von Carl Schmitt und Mitarbeiter des Instituts für Sozialforschung, gehörte dabei zum inneren Kreis dieser Gelehrten-Intellektuellen.[172] Kirchheimers engster Mitarbeiter im OIR, John Herz, hielt die Nähe zu seinen Kriegskameraden weiterhin aufrecht, doch zog es ihn als Theoretiker des außenpolitischen Realismus in eine neue Umgebung.[173] Kirchheimers Akkulturationsprobleme im amerikanischen Staatsdienst sind überliefert; »er war ernsthaft gehemmt«, bemerkte Hughes, »durch seine sprachlichen Schwierigkeiten und das psychologische Misslingen, sich an die amerikanische Umgebung anzupassen«.[174] Für ihn eröffnete die Unterstützung der Rockefeller Foundation den ersehnten Ausweg aus dem Außenministerium. Von Marcuse

---

171 Gilbert an Krieger, 12. 1. 1967, Leonard Krieger Papers, b. 1, f. Correspondence 1964–1967/2; *Meinecke*, Die deutsche Katastrophe; *Holborn*, Irrwege in unserer Geschichte?, mit Bezug auf eine gleichnamige Schrift Meineckes, an der Holborn einen deterministischen Zug kritisierte, als habe die deutsche Geschichte alternativlos in der Katastrophe enden müssen; *Gilbert*, Political Power and Academic Responsibility, bes. S. 403f., 412–415. Wie der Briefwechsel Meineckes zeigt, reagierten nicht alle seiner emigrierten Schüler so ablehnend wie Gilbert; vgl. *Meinecke*, Akademischer Lehrer und emigrierte Schüler; allerdings wird Gilberts Verhältnis zu Meinecke nach 1945 auf der Grundlage der knappen Korrespondenz mit dem Lehrer vom Herausgeber in ein viel milderes Licht getaucht, als es Gilberts Äußerungen gegenüber den amerikanischen Freunden und Förderern zulassen. Angesichts dieser abweichenden Zeugnisse in den Quellen kommt hier vermutlich der alte Grundsatz zur Geltung, dass die Wahrheit irgendwo in der Mitte zwischen den beiden divergierenden Deutungen liegt; vgl. *Ritter*, Friedrich Meinecke und seine emigrierten Schüler, S. 56–61 (zu Gilbert), S. 47–56 (zu Holborn); die Briefwechsel mit Schwerpunkt auf den Jahren vor dem Zweiten Weltkrieg: *Meinecke*, Akademischer Lehrer und emigrierte Schüler, S. 221–266.
172 Zu Kirchheimer vgl. *Schale*, Zwischen Engagement und Skepsis.
173 Zu Herz vgl. *Hacke/Puglierin*, John H. Herz; *Erd* (Hg.), Reform und Resignation, wo Herz' Nähe zum R&A-Kreis auch nach dem Ausscheiden aus dem State Department deutlich wird.
174 Hughes an Thompson, 26. 11. 1958, RFA, RG 1.2, Series 200, b. 539, f. 4615; Hans Meyerhoff hatte einige Jahr zuvor von den Mühen berichtet, die er und Marcuse im State Department beim »editing the unending stream of consciousness flowing from the Kirchheimer-Herz combination« auf sich nahmen; Meyerhoff an Hughes, 6. 3. 1948, HSHP, Series I, b. 5, f. 112.

hatte Kirchheimer 1951 die Leitung der Mitteleuropaabteilung in OIR übernommen, ohne jemals eine so einflussreiche Stellung im Geheimdienstgefüge wie Marcuse zu erringen. Frustration sprach aus seinem Kontakt zur Stiftung. An politische Gestaltungsmöglichkeiten glaubte er nicht mehr. Die bürokratische Routine war ihm zur unerträglichen Last geworden. Kirchheimer war so »darauf bedacht, das State Department zu verlassen«, um sich nicht länger erst nach halb acht Uhr abends der politischen Theorie widmen zu können, dass er in Betracht zog, eine Stelle an der akademisch weniger renommierten schwarzen Howard University anzunehmen, die ihm dann aber doch nicht angeboten wurde.[175]

Dabei fußte das Projekt, das ihm mit Hilfe der Stiftung den Weg aus dem State Department zuerst an die New School for Social Research und schließlich an die Columbia University bahnte, auf Kirchheimers Arbeiten in R&A und OIR. Von der Untersuchung des nationalsozialistischen Rechtssystems für das OSS und die Nürnberger Prozesse und von der Beobachtung der Schauprozesse in Ostmitteleuropa nach dem Krieg führte eine Linie zu der systematischen Studie der politischen Justiz, die er der Stiftung vorschlug. Der McCarthyismus hatte gerade die politische Relevanz des Themas aufs Neue bestätigt. Von der ersten Unterredung an beabsichtigte Kirchheimers Erforschung der »rechtlichen und sozio-politischen Aspekte der politischen Justiz«, Demokratien genauso zu untersuchen wie Diktaturen. Die Stiftung hatte nichts dagegen. Kirchheimer trat als ein Pionier des Systemvergleichs an, der auf das normative Gepäck der Totalitarismustheorie verzichtete und vorzog, unterschiedslos und analytisch-kühl »das Wesen der politischen Justiz«, »ihre Bedeutung und die Techniken ihrer Durchsetzung« in den Blick zu nehmen. Seit Jahren hatte er für diese Studie Material im State Department gesammelt.[176]

Im Grunde plante Kirchheimer, wie auch die Hinweise auf die Kommunistenprozesse in den USA nahelegten, in gelehrter und historischer Verkleidung einen hochaktuellen Kommentar zur politischen

---

175 Gesprächsnotiz Thompson, 23. 2. 1954, RFA, RG 1.2, Series 200, b. 539, f. 4614; Gesprächsnotiz Stewart, 29. 3. 1955 (Zitat), RFA, RG 1.2, Series 200, b. 539, f. 4615. Die Howard University, an der Kirchheimer seit 1952 Gastprofessor war und eine Zeitlang auch John Herz lehrte, war 1867 gegründet worden, um Afroamerikanern nach dem Bürgerkrieg den Zugang zur Hochschulbildung zu erleichtern.
176 Gesprächsnotiz Thompson, 23. 2. 1954, RFA, RG 1.2, Series 200, b. 539, f. 4614.

Justiz der McCarthy-Jahre, zu einem Zeitpunkt, als der Höhepunkt der antikommunistischen Stimmung gerade erreicht war. Kirchheimer hielt dem McCarthyismus eine »imaginäre Realität« vor. Am Ende des Jahrzehnts dann, als Kirchheimer das Buch beendete, konnte die unmittelbare politische Dringlichkeit zurücktreten zugunsten wissenschaftlicher Distanz. Allein schon seine Absicht, neben den Moskauer Prozessen, einem Inbegriff totalitärer Schreckensherrschaft, den Fall der »Atomspione« Julius und Ethel Rosenberg zu behandeln, den neben Alger Hiss berühmtesten amerikanischen Spionageprozess der fünfziger Jahre, einen Prozess, der von Rechtsverletzungen geprägt war und mit der Hinrichtung der Angeklagten endete, war von größter politischer Brisanz – und 1954, als Kirchheimer erstmals mit dem Gedanken spielte, nicht ohne Risiko. Auch der Verweis auf den Anklagepunkt des Meineids als Instrument der politischen Justiz war unmissverständlich: Da die Untersuchungsausschüsse ihre Vorwürfe oft nicht beweisen konnten, verlegten sie sich auf den Nachweis des Meineids.[177]

Im OIR hatte Kirchheimer die Gerichtsprotokolle der stalinistischen politischen Prozesse in Ostmitteleuropa studiert, wie den Prozess Slanskys, und sich die Verurteilung von Nazi-Kollaborateuren in Frankreich angeschaut. Er hatte sich in die Literatur zu den Rosenbergs und zu den früheren politischen Prozessen in den USA gegen Sacco und Vanzetti nach dem Ersten Weltkrieg eingearbeitet. Ihm ging es jedoch nicht um die Klärung von individueller Schuld und Rechtsmissbrauch, sondern um die gesellschaftlichen und politischen Folgen der politischen Justiz, die er nicht in jedem Fall ablehnte – am Ende seiner kritischen Studie fanden die Nürnberger Prozesse, an denen er selbst mitgewirkt hatte, aufgrund ihrer außergewöhnlichen Umstände seine Billigung.[178] Den Begriff der politischen Justiz auf »totalitarian

---

[177] Gesprächsnotiz Thompson, 23. 2. 1954, mit Kirchheimers Projektbeschreibung, »Political Justice«, im Anhang, RFA, RG 1.2, Series 200, b. 539, f. 4614. Zu den berühmten Spionagefällen und Spionageprozessen vgl. *Schrecker*, So Many Are the Crimes, S. 154–200; *Haynes/Klehr*, Early Cold War Spies; *Weinstein*, Perjury; *Radosh/Milton*, The Rosenberg File; *Weinstein/Vassiliev*, The Haunted Wood, S. 172–222, 265–280, 311–337.

[178] Gesprächsnotiz Thompson, 23. 2. 1954, RFA, RG 1.2, Series 200, b. 539, f. 4614. Zu den Nürnberger Prozessen vgl. *Kirchheimer*, Political Justice, S. 423: »In an exceptional case, such as the Nuremberg trial, the record of the defunct regime may be so clear-cut that the image produced in court could not but appear a reasonably truthful replica of reality. While the methods, the preoccupations, and the competency of prosecution and court may be endlessly taken

regimes« zu begrenzen hielt er für Propaganda. Seit dem Ersten Weltkrieg hatte sich die Praxis politischer Justiz auch im Westen ausgebreitet – in der Weimarer Republik, in Frankreich und in den USA, nur Großbritannien hatte es geschafft, wie Kirchheimer ergänzte, die politische Justiz auf ihr »unvermeidliches Minimum« zu beschränken.[179]

Kirchheimers für jene Zeit unkonventionelle Perspektive, der kühne Vergleich der Systeme ungeachtet ihrer politischen Differenzen, die Suspendierung der grundlegenden und für Kirchheimer selbst keineswegs unwichtigen oder ungültigen Trennlinien von Totalitarismus und Demokratie,[180] kam in den geplanten Hauptpunkten seiner Arbeit zum Ausdruck:

»Erstens schlägt er vor, die juristischen Techniken in unterschiedlichen Ländern zu untersuchen. Wie sehen die juristischen Techniken des Smith Act aus? Oder in der Sowjetunion? Welche Konsequenzen ergeben sich aus diesen juristischen Techniken für den Rest der Gesellschaft? […]

Zweitens: Was ist die Haltung der Richter? […] Welche Auswirkungen haben die gesellschaftlichen Bedingungen auf die Einstellung der Richterschaft? In einer mehr oder weniger stabilen Gesellschaft

---

to task, the criticism will neither efface nor materially rectify the permanency of the image. But while it retained many overtones of the convenience type of trial, did the Nuremberg trial, with all the hypocrisy and grotesqueness deriving from its very subject, not belong very profoundly in the category of a morally and historically necessary operation?«

179 Gesprächsnotiz Thompson, 23. 2. 1954, Kirchheimers Projektbeschreibung im Anhang, »Political Justice«, RFA, RG 1.2, Series 200, b. 539, f. 4614.

180 Vgl. seine zeitgenössischen Beiträge, die eine Parallele von Nationalsozialismus und Stalinismus ziehen, wie etwa *Kirchheimer*, Parteistruktur und Massendemokratie in Europa; *ders.*, Notes on the Political Scene in Western Germany; *ders.*, Politics and Justice; sowie seine älteren Studien zur politischen Justiz wie *ders.*, Criminal Law in National Socialist Germany; *ders.*, The Legal Order of National Socialism. Im posthum erschienenen Beitrag zur Festschrift für Hajo Holborn, einem der letzten Texte Kirchheimers, zog er die Konsequenz aus seiner Beobachtung der politischen Macht: Revolutionäre Macht unter den technischen und politischen Bedingungen des 20. Jahrhunderts war anders als die Französische Revolution in der Lage, die gesellschaftlichen und ökonomischen Kontexte zu sprengen und eine neue Ordnung zu schaffen. Diese Frage habe auch Neumann umgetrieben, wie Kirchheimer anmerkte, nach den Ambivalenzen des »Behemoth« sei dieser ebenfalls mit Blick auf Nationalsozialismus und Stalinismus zu dem Schluss gekommen, dass ein Primat der politischen Macht gegenüber den ökonomischen Strukturen möglich war; vgl. *Kirchheimer*, The Conditions of Revolutionary Power, bes. S. 417f., 436–438.

dürften die Richter ziemlich deutlich den Willen der Gesellschaft widerspiegeln; in einer Gesellschaft wie der Weimarer Republik, in der es keinen Konsens oder gemeinsame Werte gibt, könnte die Position der Richter ganz anders aussehen.

Drittens: Welche Haltung legt der Angeklagte an den Tag? Ist sein einziges Ziel, freigesprochen zu werden, oder ist er bereit, sich den politischen Wünschen des Gerichts zu unterwerfen, wie in der sowjetischen Gesellschaft? Betrachtet er das Gericht als ein Schutzinstrument, oder hat er über das Gericht hinaus die Gesellschaft im Blick?

Viertens: Was ist die Rolle der Anwälte? [...]

Fünftens: Auf welchen Grundlagen beruhen Straferlass und Strafumwandlung in unterschiedlichen Gesellschaften? In welchem Ausmaß hängt Amnestie vom Triumph politischer Fraktionen ab? Wann bildet sich darin ein Kompromiss zwischen den Kräften der Rechten und der Linken ab? [...]

Sechstens merkte O[tto] K[irchheimer] abschließend an, dass ein letztes Anliegen eine umfassende Beurteilung des Gegenstandes sein sollte, wodurch die Bedeutung von politischer Justiz generalisiert werden soll. Welche Beziehung besteht zwischen politischer Justiz und allgemeinen Wahrheitsbegriffen? Wenn ein aussagekräftiger allgemeiner Begriff [politischer Justiz] nicht herausgearbeitet werden kann, welchen Normen folgt die politische Justiz dann? Wie weit kann eine Gesellschaft in ihren Deutungen der politischen Justiz gehen? Was sind die feststellbaren Schäden und die offensichtlichen Vorteile, die sich in der Geschichte und in Gesellschaften der Gegenwart mit politischer Justiz verbunden sind? Die meisten Studien über dieses Thema wurden entweder von Nazis oder von Kommunisten geschrieben. Juristische Zeitschriften haben sich im Allgemeinen mit diesem Gegenstand nicht auseinandergesetzt. Vielmehr wird etwa versucht, entweder die Schuld oder die Schuldlosigkeit der Rosenbergs zu belegen oder die Verfahrensfragen zu diskutieren, die sich aus dem Vorwurf der Missachtung des Gerichts gegen die Anwälte von Kommunisten ergeben.«[181]

Mit Franz Neumanns Hilfe an der Columbia University hoffte Kirchheimer, dem State Department den Rücken kehren und sein Werk

---

181 Gesprächsnotiz Thompson, 23. 2. 1954, RFA, RG 1.2, Series 200, b. 539, f. 4614.

zur politischen Justiz in Angriff nehmen zu können. Dennoch verstrich einige Zeit, bis es dazu kommen sollte. Kirchheimer wurde zwar für ein Semester auf eine Gastprofessur an der New School berufen, doch danach musste er ins State Department zurückkehren.[182] Er knüpfte den Faden zur Stiftung weiter. Nach Franz Neumanns Tod war es Herbert Marcuse, der – trotz seiner Berufung auf einen Lehrstuhl an der Brandeis University immer noch auf dem Briefpapier des RRC – die entscheidende Empfehlung für Kirchheimer verfasste, wobei die Quellen andeuten, dass die alten R&A-Verbindungen ihm bereits zuvor das Wohlwollen der Stiftung gesichert hatten.[183]

Erst das Interesse der Stiftung veranlasste die New School, die nach dem üblichen Verfahren für ihren Gastprofessor, der zwischenzeitlich nach Washington zurückgekehrt war, den Antrag stellen musste, Kirchheimer im Juli 1955 auf eine Professur zu berufen. Das führte allerdings auch dazu, dass Kirchheimer seine stiftungsfinanzierte Forschungsfreistellung um zwei Jahre verschieben musste. Damit er seine akademischen Pflichten ruhen lassen und »Political Justice« vollenden konnte, bewilligte die Stiftung 1959 Kirchheimer eine weitere Unterstützung.[184] Da war Kirchheimer im akademischen Leben bereits etabliert, und auch sprachliche Hindernisse standen seinem Wirken nicht länger im Weg. Mit der Ausnahme von Stuart Hughes waren es vorerst weiterhin Emigranten, die sich für Kirchheimer einsetzten und die Originalität und die Bedeutung seines Werks herausstellten. Bald wurde Kirchheimer jedoch zur festen Größe in der amerikanischen

---

[182] Thompson an Kirchheimer, 1. 4. 1954; Kirchheimer an Thompson, 7. 4. 1954; Thompson an Kirchheimer, 7. 4. 1954; Thompson an Kirchheimer, 14. 4. 1954; Thompson an Kirchheimer, 19. 5. 1954; Gesprächsnotiz Thompson, 18. 11. 1954; Stewart an Kirchheimer, 15. 12. 1954; RFA, RG 1.2, Series 200, b. 539, f. 4614.

[183] Stewart an Marcuse, 10. 12. 1954; Marcuse an Stewart, 20. 12. 1954; RFA, RG 1.2, Series 200, b. 539, f. 4614. Die Routinesicherheitsüberprüfung, die Kirchheimers Namen auf keiner antikommunistischen Liste fand, erfolgte am 24. 3. 1955; am Tag darauf bekundete die Stiftung ihr Interesse, Stewart an Kirchheimer, 25. 3. 1955; das LAPP-Advisory Committee sprach sich für Kirchheimer aus, Gesprächsnotiz Stewart, 29. 3. 1955; RFA, RG 1.2, Series 200, b. 539, f. 4615.

[184] Thompson an Kirchheimer, 30. 10. 1958; Kirchheimer an Thompson, 13. 11. 1958; Thompson an Kirchheimer, 19. 2. 1959; Thompson an Kirchheimer, 8. 3. 1960; Kirchheimer an Thompson, 23. 7. 1960; RFA, RG 1.2, Series 200, b. 539, f. 4615; Bewilligung GA SS 5935, RFA, RG 1.2, Series 200, b. 539, f. 4614.

politischen Wissenschaft; er übernahm als Vertreter der politischen Theorie den Sitz von Leo Strauss im Beirat des Fachorgans *American Political Science Review*.[185] Für die skizzierte Entwicklung der »intellectual history« war er als politischer Theoretiker dennoch von geringerer Relevanz als Marcuse und Neumann.

Um die Bandbreite der Interessen anzudeuten, von denen sich die R&A-Veteranen auf ihrer akademischen Laufbahn leiten ließen und für die sie mit der Unterstützung der Rockefeller Foundation rechnen konnten, lohnt zuletzt ein Seitenblick auf John Herz. Herz hatte einen sozialdemokratischen Hintergrund, war aber erst in R&A zur Neumann-Gruppe gestoßen. Wie Hans Morgenthau war er ein Schüler von Hans Kelsen in Genf gewesen, seiner ersten Exilstation. Herz hatte sich schnell wichtige Verbindungen in der amerikanischen Gelehrtenwelt geschaffen. Er stieß bei der Stiftung von Anfang an auf Wohlwollen.[186] Neumann schätzte ihn sehr. Ungeachtet der Unterschiede ihrer politischen und psychologischen Theorien setzte Neumann sich immer wieder für ihn ein. Er habe Herz in seine R&A-Abteilung geholt, ihn nach Nürnberg mitgenommen und ihm 1952 eine Stellung am City College in New York verschafft, ließ er die Stiftung wissen.[187] Edward Mead Earle, Historiker am Institute for Advanced Study in Princeton und einer der Gründerväter von R&A, kannte Herz seit Ende der dreißiger Jahre – als Herz 1938 aus der Schweiz in die USA gelangte, kam er für die ersten zwei Jahre als Forschungsassistent am Princetoner Institut unter – und verwandte sich seitdem für ihn. Gleichermaßen taten dies Hans Kelsen, Hans Morgenthau und Ralph Bunche, der Herz an die schwarze Howard University geholt hatte, wo Herz 1941 bis 1943 und nach seinem Ausscheiden aus dem State Department 1948 bis 1952 lehrte. Bunche wurde nach seinem Dienst in R&A und State Department stellvertretender Generalsekre-

---

185 *Kettler*, The Political Theory Question in Political Science, S. 535. Herz an Thompson, 24. 11. 1958; Karl Loewenstein an Thompson, 25. 11. 1958; Hughes an Thompson, 26. 11. 1958, betonte neben dem fachlichen Lob, Kirchheimer habe jüngst seine Sprachbarriere überwunden: »The last two or three articles I have seen are well written and presented in a fashion fully comprehensible to an American audience. I think that he has finally arrived at the rare combination of American empirical method and German sociological learning and theory«; Erich Hula an Thompson, 24. 12. 1958; RFA, RG 1.2, Series 200, b. 539, f. 4615.
186 Gesprächsnotiz Thompson, 19. 1. 1954, RFA, RG 1.2, Series 200, b. 485, f. 4147.
187 Neumann an Thompson, 22. 1. 1954, RFA, RG 1.2, Series 200, b. 485, f. 4147.

tär der UN und erhielt für die Vermittlung des Waffenstillstands zwischen Israelis und Arabern 1950 den Friedensnobelpreis.[188]

Mit Herz kam die Theorie der internationalen Beziehungen unter den R&A-Intellektuellen zu ihrer vollen Geltung. Herz wurde für seinen »liberalen Realismus« bekannt, den er in dem Rockefeller-Projekt weiter erprobte.[189] Unterstützt von der Stiftung, beabsichtigte er, »The Chances of Realist Liberalism in Present World Politics« auszuloten. Seine Theorie war normativ grundiert. Sie verfolgte die Idee einer internationalen Vergesellschaftung und behauptete, im atomaren Zeitalter seien die divergierenden Interessen der Nationen durch ein übergeordnetes gemeinsames Interesse verbunden. Als Ausweg aus dem »Sicherheits- und Machtdilemma« im »Atomzeitalter«, aus dem Wettlauf um Macht und Waffen, den die Supermächte um des eigenen Überlebens willen für geboten hielten, schwebte Herz der »realistische Liberalismus« vor. Der klassische machtpolitische Ansatz habe sich selbst ad absurdum geführt »in einem Zeitalter, in dem die Instrumente der Kriegführung zu Instrumenten der *gegenseitigen* Vernichtung werden und in dem der weltweite Raubbau an Rohstoffen, gepaart mit der Überbevölkerung, ein *universales* Problem zu werden droht, das so ernst ist wie die Atombombe«. Herz erwartete darum die Entstehung einer neuen internationalen Klasse, der es mehr um »die Zukunft der menschlichen Rasse« als um das nationale Interesse gehe. In Umweltschützern (»conservationists«) und den Mitarbeitern internationaler Organisationen erkannte er die »zaghaften Anfänge« einer solchen Bewegung, die von den alten realistischen Konzepten nicht erfasst werden konnte und die dennoch die internationale Politik der Zukunft prägen würde.[190] Das Resultat der Rockefeller-Förderung war sein Buch »International Politics in the Atomic Age«.[191]

---

188 Marion Hartz an Thompson, 25. 1. 1954, im Anhang ein Gutachten Earles vom 26. 11. 1951; Kelsen an Thompson, 26. 1. 1954; Morgenthau an Thompson, 27. 1. 1954; Bunche an Thompson, 27. 1. 1954; RFA, RG 1.2, Series 200, b. 485, f. 4147. Zu Earle und R&A vgl. *Katz*, Foreign Intelligence, S. 5f.
189 Vgl. etwa *Herz*, Die Völkerrechtslehre des Nationalsozialismus; *ders.*, Political Realism and Political Idealism.
190 Herz an Thompson, 27. 1. 1954, RFA, RG 1.2, Series 200, b. 485, f. 4147.
191 Vgl. *Herz*, International Politics in the Atomic Age, New York 1959. Zu einer Fortsetzung der Stiftungsförderung kam es 1963. Wieder zeigte sich, dass sich Herz guter Verbindungen erfreute, unter alten Kriegskameraden wie Kirchheimer ebenso wie unter außenpolitischen Experten; Gesprächsnotiz Freund, 22. 3. 1961; Herz an Freund, 2. 5. 1962; Herz an Freund, 14. 9. 1962; Kirchheimer an Freund, 27. 9. 1962; Gwendolen Carter an Freund, 28. 9. 1962; Martin

5. Ordnung und Chaos: Eine ideengeschichtliche Bilanz

Mit Herbert Marcuse und Franz Neumann als politisch-intellektuellen Leitfiguren und Felix Gilbert als historiographischem Vorbild, unter Beistand von Norman Brown und Hans Meyerhoff, definierten Stuart Hughes, Leonard Krieger und Carl Schorske das Feld der »modern European intellectual history« nach dem Zweiten Weltkrieg. Sie stiegen im Lauf der Jahrzehnte zu den dominanten Figuren der Ideengeschichte auf, die schließlich von einer jüngeren Generation herausgefordert wurden. Ihre eigenen Schüler wie Dominick LaCapra, Martin Jay oder John Toews gehörten zu den führenden Kritikern ihres »kontextualistischen« Zugangs zur Ideengeschichte. Das Modell einer politisch verankerten Ideengeschichte geriet unter Beschuss, durch die Sozialgeschichte ebenso wie durch den »linguistic turn«. Das »offizielle Gewissen« der Zunft, kritisierte LaCapra im Hinblick auf die drei großen Ideenhistoriker, hatte sich den Tröstungen einer »konventionellen, unbeschwerten Erzählung« hingegeben.[192] Der Vatermord ist unvermeidlich Teil der wissenschaftlichen Entwicklung, genauso wie es die Rückkehr zu den Vätern ist. Die quellenkritischen und theoretischen Einsichten, die Historikern wie LaCapra zu verdanken sind, geben dem Feld der Ideengeschichte neuen Antrieb und eine größere Präzision. In der Haltung des engagierten Historikers, in der politischen Motivation, die erst die Hinwendung zur Geschichte ermöglicht und die doch stets in der eigenen Geschichtsschreibung niedergerungen werden muss, stehen sich die Schüler LaCapra und Jay und die Lehrer Hughes, Krieger und Schorske näher, als es auf den ersten Blick scheint.[193]

Was dieses Kapitel zeigen sollte, sind erstens die politische Motivation, die diesem ideengeschichtlichen Neuanfang zugrunde lag, und

---

Wight an Freund, 2. 10. 1962; Arnold Wolfers an Freund, 9. 10. 1962; Ivo Duchacek an Freund, 12. 10. 1962; Freund an Herz, 20. 12. 1962; RFA, RG 1.2, Series 200, b. 485, f. 4147.
192 Vgl. *Katz*, Foreign Intelligence, S. 192–195; *LaCapra*, History & Criticism, S. 22, 123, das erste Zitat ist auf Krieger gemünzt, das zweite auf den eigenen Doktorvater Hughes; Schorske werden »reductive protocols of interpretation« vorgehalten (ebenda, S. 83).
193 Zum Historiker als Intellektuellem und zur politisch-ethischen Motivation bei LaCapra mit Nachweisen aus dessen Werk vgl. *Müller*, Der »linguistic turn« ins Jenseits der Sprache, S. 114f., 128–132.

zweitens der Charakter des Neuanfangs als einer kollektiven Aktion, die über den Kreis der Ideenhistoriker im engeren Sinne hinausreichte. Die Kriegskameraden, besonders die Emigranten, spielten eine wichtige Rolle der Orientierung. Die Rockefeller-Stiftung sorgte für die materielle Absicherung des Unternehmens. Während viele Aspekte der Ideengeschichte von dieser Untersuchung, die sich für die Politik und die Produktionsbedingungen der Protagonisten interessiert, übergangen wurden, sind diese beiden Dimensionen des ideengeschichtlichen Projekts betont worden. Die Historisierung und Kontextualisierung, die auf den vorangehenden Seiten vorgenommen wurde, um diese beiden Seiten herauszuarbeiten – ohne die Absicht zu verfolgen oder sich der Illusion hinzugeben, damit der »intellectual history« insgesamt gerecht zu werden –, legt einen Schluss nahe: Die Neubegründung der Ideengeschichte ist nicht zu trennen von der politischen Erfahrung des Krieges und von den Ideenkriegen in Amerika. Darum könnte man, ein wenig zugespitzt, von der Wiedergeburt der Ideengeschichte aus dem Geist des Krieges sprechen; diese Wiedergeburt wurde jedenfalls von einem Kreis von Kriegern und Gelehrten betrieben.

Diese Gruppe vollzog dabei einen disziplinären Neuanfang in der neueren Ideengeschichte Europas, wie er für die zunehmend transatlantische Wissenschaftsgemeinschaft des Kalten Krieges charakteristisch war.[194] Den Höhepunkt und zugleich Abschluss der Etablierung einer Disziplin markierte die Vorbereitung der Festschrift für Hajo Holborn zwischen 1964 und 1967. Die jahrelange gewaltige Korrespondenz um diesen Band führte ein letztes Mal die Zusammengehörigkeit und Wirkungsmacht dieses Kreises vor. Zugleich waren die Verwerfungen und Auflösungserscheinungen nicht zu übersehen. Die intellektuellen Kriegskameraden von Gilbert und Krieger bis Marcuse und Kirchheimer kamen hier alle noch einmal zusammen. Fritz Stern

---

194 Vgl. *Söllner*, Fluchtpunkte, S. 11–28; *ders.*, Deutsche Politikwissenschaftler in der Emigration. Diese disziplinären Neuanfänge verliefen Söllner zufolge im Dreisprung von (1) Professionalisierung durch methodische Reflexion und Profilschärfung; (2) Internationalisierung, was bereits durch die transnationale Konstellation als Gründungsvoraussetzung gegeben war; und (3) Politisierung im Sinne eines – im gezielten Gegensatz zur deutschen Tradition des scheinbar Unpolitischen – selbstreflexiven und immer wieder historisch begründeten politischen Imperativs der Wissenschaft, der ebenso fundamentalkritisch wie praktisch-therapeutisch wirken konnte; vgl. dazu auch *Ash*, Wissenschaft und Wissenschaftsaustausch.

und Peter Gay stellten sich in diese Tradition.[195] Gleichzeitig traten andere Autoren wie Otto Pflanze hinzu. Die Disziplin war nun etabliert und selbstsicher genug, um – Holborns Werk und Schülerkreis angemessen – auch einige rein politikhistorische Beiträge aufzunehmen, obgleich die ideengeschichtliche Perspektive dominierte. Das Profil weitete sich. Nach wie vor war der politische Impetus zu spüren, doch er war in den Hintergrund gerückt.[196] Die formative Periode

---

[195] Eine größere Zahl von intellektuellen Freunden aus diesem Kreis würdigte auch Marcuse mit einer Festschrift; Kirchheimer, Krieger, Meyerhoff, Moore und Schorske waren vertreten, hinzu kamen Arno Mayer und Peter Gay, aus Marcuses Institutszeiten beteiligten sich der enge Freund Leo Löwenthal, Max Horkheimer und der Althistoriker Moses Finley, mit Howard Zinn und Gabriel Kolko waren auch zwei führende dezidiert linke Historiker der USA dabei, aus den Netzwerken der Marxismusforschung Lucien Goldmann aus Frankreich; vgl. *Wolff/Moore* (Hg.), The Critical Spirit.

[196] *Krieger/Stern* (Hg.), The Responsibility of Power; die umfangreiche Korrespondenz befindet sich in Leonard Krieger Papers, b. 1. Lebhafte Eindrücke der Zusammenarbeit vermitteln etwa Krieger an Stern, 11. 3. 1964, darin auch zur Fischer-Kontroverse: »The Fischer thing is a scandal«, stimmte Krieger Stern zu, die Kriegers nahmen Fischer bei sich auf: »Esther and I will put Fischer up at our place to cut down on his Chicago expenses and to protect him against the Consulate (who knows? they may have an axis pact with the Mafia)«; Stern an Krieger, 3. 7. 1964; Stern an Krieger, 25. 9. 1964: »We are enriched by a new definition of the function of our enterprise: a Festschrift as therapy. The *problemstellung* is clear: the Festschrift and status anxiety. The notion of selecting contributors on the basis of what their wives feel about whether their husbands were in or out is the most fantastic thing I have ever heard«; Stern an Krieger, 15. 1. 1965: »The telephone is really a great institution, but letters are more permanent and just think of all the wisdom that gets lost for posteriority by using the phone!«; Stern an Krieger, 15. 2. 1965; Krieger an Marcuse und Kirchheimer, 9. 6. 1965; Krieger an Stern, 10. 3. 1966; Stern an Krieger, 11. 11. 1966; Stern an Krieger, 14. 11. 1966; Krieger an Stern, 18. 11. 1966, wo Krieger nebenbei von Plänen berichtete, als Gastprofessor in Deutschland zu lehren: »I might take a crack at commuting between Hamburg and Berlin, simply because I like Hamburg and Berlin (Marburg and Göttingen would make better sense, but they somehow remind me of New Haven)«; Schorske an Krieger, 21. 11. 1966, über seinen eigenen Beitrag: »I read over the monster with an eye to the possibilities for cutting him in half in the various ways you suggested. Nothing seemed to work«; Gilbert an Krieger, 12. 1. 1967: »I am a dead-line writer, i.e., I begin to write only after the *latest* deadline, to which I am committed, has passed (I come through, but always 5 minutes after 12)«; Krieger an Stern, 29. 1. 1967: »And Gordon Craig is, of course, Gordon Craig – when he isn't playing Clausewitz or Adenauer«; Stern an Krieger, 17. 3. 1967, zur Buchpräsentation auf der Tagung des amerikanischen Historikerverbandes: »And with AHA efficiency, it will be listed in the program as Presentation of a Kriegstern Festschrift – a medal from the Empire!«; Krieger an Stern, 22. 3. 1967 (mit dem Rat: »How to succeed in scholarship without actually reading«).

dieser Ideengeschichte war damit beendet. Die Anerkennung durch konkurrierende Schulen der Ideengeschichte kam zum Ausdruck, als Leonard Krieger 1963 zum Mitherausgeber des *Journal of the History of Ideas* berufen wurde.[197]

Seit Anfang der vierziger Jahre hatte ein Erschrecken darüber eingesetzt, dass man die Gewalt der nationalsozialistischen Ideologie unterschätzt hatte. Dieses selbstkritische Moment verstärkte sich unter dem Eindruck der Nationalsozialismusanalyse im Geheimdienst. Schließlich nahmen ideologiekritische und ideengeschichtliche Fragestellungen den Vorrang ein. Diese wissenschaftliche Neuorientierung unter politischen Vorzeichen konnte dabei auch auf ältere Traditionsbestände der Ideengeschichte zurückgreifen, wie sie der Meinecke-Schüler Gilbert nach Amerika mitbrachte, allerdings in einer politisch rekonstituierten Form, die Marcuse und Neumann ihre Grundrichtung verdankte. Was alle diese Intellektuellen als Ideenhistoriker im weitesten Sinne verband, war das politische Interesse, zur Aufklärung und künftigen Vermeidung der »deutschen Katastrophe« beizutragen.

Untrennbar damit verbunden waren die permanente Entwicklung, Überprüfung und Verfeinerung, die ihre ideologie- und gesellschaftsanalytischen Konzepte im Regierungsapparat erfuhren. Was in der Nationalsozialismusforschung begonnen hatte, wurde in der Kommunismusforschung fortgeführt. Die politischen Notwendigkeiten setzten den Rahmen. Die institutionellen Produktionsbedingungen leiteten eine langfristige Verschiebung von Forschungsperspektiven und intellektuellen Interessen ein, die sich im wissenschaftlichen Werk der Beteiligten niederschlug. Sie waren professionell gezwungen, auf ideengeschichtliche Entwicklungen zu reagieren. Die Analyse von Ideologien als politischen Kräften war ein wesentlicher Teil der Arbeit, die sie im Regierungsapparat zu leisten hatten.

Zugleich lieferte der Kalte Krieg mit all seinen Begleiterscheinungen – der nuklearen Bedrohung, dem Konformismus, der Herrschaft der Angst und dem McCarthyismus – ein zweites politisches Grundmotiv, das die neue Ideengeschichte antrieb. Die ideengeschichtlichen Kategorien, die für den Nationalsozialismus und seine Vorgeschichte entwickelt und dann auf den Kommunismus übertragen worden waren, fanden im Zeichen des Kalten Krieges auch auf die eigene Gesellschaft Anwendung. Zuletzt ist es unmöglich, diese Neukomposition der Ideengeschichte von der Positionierung in den Intellektuellen-

---

197 Philip Wiener an Krieger, 24. 9. 1963, Leonard Krieger Papers, b. 1.

kämpfen der unmittelbaren Nachkriegsgegenwart zu trennen. Dabei erhielten die Ideenhistoriker intellektuelle Schützenhilfe und finanzielle Deckung von amerikanischen Gelehrten und Stiftungen. Ideen gehen nie allein in ihren Kontexten auf, doch diese Ideengeschichte war auch eine Gegenreaktion auf vorherrschende Diskurse wie den Behavioralismus und das »Ende der Ideologie«, die beide die Bedeutung von politischem Kampf, von Ideen und von Geschichte entwertet hatten. Die Konsensgeschichte hatte die Begriffe Konflikt und Krise auf ferne und rückständige Kontinente verbannt. Amerika wurde zum Ebenbild einer Moderne erklärt, die das Endziel der Geschichte war.[198]

Es war dieser selbstgefällige und unreflektierte Begriff der Moderne, der unseren Ideenhistorikern offensichtlich widerstrebte. Sie hatten im Krieg ein anderes Gesicht der Moderne kennengelernt.[199] Diese Moderne war ein permanenter Zustand der Krise. Sie stand mit all ihrem leuchtenden intellektuellen Glanz und ihrer künstlerischen Kreativität immer am Abgrund. Ständig drohte die Katastrophe. Es ist bezeichnend, dass Hughes, Krieger und Schorske wie ihre Lehrmeister unter den Emigranten die Pathologien der deutschen Geschichte immer im Zusammenhang der Moderne sahen, nicht als einen Rückfall in die Barbarei, sondern als eine katastrophale Zuspitzung der Moderne, als eine unter den Bedingungen der Moderne dialektisch erzeugte Barbarei. Die Krise des Rationalismus und des Historismus, mit der alles begonnen hatte, beschrieben sie als europäisches Phänomen. Der Orientierungsverlust des Individuums war ein Kennzeichen der westlichen Moderne. Die Kräfte des Irrationalen waren inmitten moderner Gesellschaften freigesetzt worden. Dabei gaben die drei Ideenhistoriker die historische Neugier nicht preis. Sie lernten auch von denen, deren Einfluss sie für verhängnisvoll hielten. In Nietzsche, Spengler oder der Wiener Avantgarde entdeckten sie sowohl Symptome als auch Diagnosen der Krise, sie schrieben ihnen Untergangswillen und Hellsicht zu, sie durchliefen bei ihnen eine Schule des Pessimismus, die dann im eigenen Werk zum Vorschein kam.[200] In einer

---

198 Vgl. *Gilman*, Mandarins of the Future, S. 41–71.
199 Vgl. *Katz*, Foreign Intelligence, S. 186–192.
200 Vgl. *Schorske*, Fin-de-Siècle Vienna; *Hughes*, Oswald Spengler; *ders.*, Consciousness and Society; *Krieger*, The German Idea of Freedom; Krieger behielt diese Perspektive in seinen innovativen historiographiegeschichtlichen Studien bei, ohne je zuvor Gesagtes einfach zu reproduzieren. Immer wieder überprüfte er seine Thesen aufs Neue; vgl. *ders.*, Ranke; *ders.*, Time's Reasons; zur Krise des Historismus als Suche nach dem verlorenen Zusammenhang der

treffenden Formulierung sprach Krieger vom »Verlust der Illusionen über die Ordnung der Dinge«.[201] Die Moderne war ein so viel komplexeres Phänomen, als es die herrschende Lehre in Amerika wahrhaben wollte. Dieses Moment des Protests gegen eine ideologisch geglättete Auffassung der Moderne einte die Ideenhistoriker und einen Kritischen Theoretiker wie Marcuse. Die Krise der eindimensionalen Begriffe von Moderne und Modernisierung ließ nicht lange auf sich warten. Sie wurden eingeholt von der zerstörerischen Seite der Moderne.[202]

Die Darstellung der intellektuellen Krise blieb und bleibt ein Problem. Die methodischen Pendelschwünge reichen von der absoluten intellektuellen Autonomie, in der Ideen über die Zeiten hinweg kommunizieren, bis zur vollständigen Reduktion von Ideen auf Symptome ihres sozialen und politischen Kontexts. Keines der Extreme fand die Billigung der »intellectual history«, wie sie Hughes, Krieger und Schorske betreiben. Trotz ihres politischen Pessimismus hingen diese Ideenhistoriker weiterhin einem Ideal der Aufklärung an, das sich auch in ihrer erzählerischen Haltung niederschlug. Sie stifteten narrative Ordnung in dem katastrophalen Chaos, das ihre Leidenschaft als Historiker geweckt hatte; »im Prinzip ist unsere ›Standard Operating Procedure‹ die Verbindung von Gegensätzen«, merkte Krieger an.[203] Sie versuchten die Balance zwischen intellektueller Autonomie und politisch-gesellschaftlicher Relevanz der Ideengeschichte zu halten. Freimütig bekannten sie sich schuldig, wenn ihnen die Konstruktion von Dichotomien und Binaritäten vorgehalten wurde. »Wo, Stuart, sind all die Dualitäten geblieben, mit denen wir die Welt zu organisieren pflegten?«, fragte Schorske seinen Freund Hughes, dessen letztes ideengeschichtliches Werk zum »kühnen Mosaik« geraten war, »unserer fragmentierten Gegenwart angemessen«. Die Suche nach den »verborgenen Elementen, die das Patchwork« der Geschichte vereinten, gaben sie dennoch niemals preis: »Ich vermute, es ist der Geist Gottes

---

Geschichte ebenda, S. 107–136. Eine späte Fortsetzung fand die Deutung der Moderne zuletzt bei einem der kooptierten Kreismitglieder, *Gay*, Modernism; ebenda, S. 532, verweist auf Hughes. Allerdings streift Gay die politische Ambivalenz der Moderne nur am Rande, sein Buch ist auf die künstlerische Moderne fokussiert.
201 *Krieger*, The Autonomy of Intellectual History, S. 508.
202 Vgl. *Gilman*, Mandarins of the Future, S. 203–240; *Brick*, Age of Contradiction, S. 44–65.
203 *Krieger*, The Autonomy of Intellectual History, S. 515f.

oder Platons, der mich verfolgt, wenn ich immer noch nach irgendeiner Idee oder Form suche, die das Ganze zusammenhält.«[204]

Wie Krieger es programmatisch formulierte, bestand ihr Ziel darin, »den Einfluss der Umstände *auf* das Denken zu beurteilen, indem der Rolle von Umständen nachgespürt wird, die *im* Denken zu identifizieren sind«.[205] Im Denken, das über den Text zu fassen ist, hinterlässt die Geschichte ihre Spuren. Der Ideenhistoriker kann sich mit der jeweils neuesten methodischen Raffinesse seinem Gegenstand nähern, aber die Pfade der Ideengeschichte scheinen immer wieder zurückzuführen zu einer Ideengeschichte, die zugleich politische Geschichte ist, zu einer Ideengeschichte, in der überhaupt alle historischen Kräfte wirksam sind, in der die soziale, ökonomische und politische Realität greifbar wird. Die »intellectual history« als historische Leitwissenschaft ist ein Gedanke, der auch bei Dominick LaCapra auftaucht.[206] Hughes, Krieger und Schorske, diese Ideenkrieger, politisch engagierten Historiker und intellektuellen Schüler der deutsch-jüdischen Emigration, bleiben nicht nur als politische Intellektuelle, sondern auch als Ideenhistoriker von Bedeutung.

---

204 Schorske an Hughes, 18. 10. 1988, HSHP, Accession 2000-M-086, b. 2, f. 16.
205 *Krieger*, Culture, Cataclysm, and Contingency, S. 452.
206 Vgl. *Müller*, Der »linguistic turn« ins Jenseits der Sprache, bes. S. 131f.

V Die Rockefeller-Revolution II: Marcuse und die Marxismusforschung

> The struggle against communism is the struggle against a hostile world-historical force, against a whole form of civilization, against a philosophy and political theory which has deep roots in Western civilization. Communism has progressed among the underprivileged people – still the great majority of the population of the earth, and the ascent of Communism is not entirely (and not even primarily) due to power and violence. If the communist appeal is to be effectively counter-acted, then we must argue the principles from which it derives, its values and its ends, and reject them on the ground of principles, values and ends which hold a greater promise for mankind.
>
> Herbert Marcuse

1. Rockefellers Pater in der Schweiz

Am 13. Oktober 1957 um 12 Uhr mittags landete Flug 847 der Swissair in Zürich-Kloten. Ein »etwa 1,80 großer, zunehmend grauhaariger Mann mit einem Schnurrbart«, Charles Burton Fahs, entstieg der Maschine. Am Flughafen wartete bereits »ein großer, gutaussehender, blonder, etwa siebenundzwanzigjähriger Mann«. Dieser tschechische Aristokrat und »erstklassige Autofahrer« namens Nikolaus Lobkowicz chauffierte in seinem Cabriolet den amerikanischen Gast nach Fribourg. Um des Ausblicks willen nahmen die beiden die längere Route über Luzern, Interlaken und Bern.[1] Fahs, Direktor der geisteswissenschaftlichen Abteilung der Rockefeller-Stiftung, traf in Fribourg mit Joseph Maria Bochenski zusammen. Der Dominikanerpater leitete das gerade gegründete Osteuropa-Institut der dortigen Universität, das mit den Mitteln, die es bald von der Rockefeller Foundation erhalten sollte, akademisch Fahrt aufnahm.[2] Bochenski hatte eine ungewöhnliche Gruppe von jungen Gelehrten um sich versammelt, wie Fahs bemerkte. Bochenski selbst stammte aus Polen, hatte in einem Gebrauchtwagen Amerika vom Atlantik bis zum Pazifik durchquert und war gelegentlich als Kommunismuskritiker über die Voice of America zu hören. Nach Mathematik und Logik widmete er sich nun dem dialektischen Materialismus. In der Bundesrepublik war er im Jahr zuvor als Gutachter gegen die KPD aufgetreten.

Lobkowicz hatte mit seiner Familie 1948 die Tschechoslowakei verlassen, trat 1960 eine Professur an der University of Notre Dame an und erlangte inmitten der deutschen Studentenproteste eine gewisse Bekanntheit als Präsident der Ludwig-Maximilians-Universität München. Es gab an Bochenskis antikommunistischer Denkfabrik noch den in Harvard ausgebildeten Ökonomen Peter Saager, der mit den Mitteln seiner Frau ein privates sowjetisches Institut in Bern betrieb, oder den »besten jungen polnischen Philosophen«, Zbigniew Jordan, der zwischenzeitlich bei Radio Free Europa arbeitete – damals noch in der Obhut der CIA – und eigens für die Begegnung mit Fahs aus Mün-

---

1 Fahs an Joseph Maria Bochenski, 30. 9. 1957; Bochenski an Fahs (Zitat), 4. 10. 1957; Fahs an Bochenski, 8. 10. 1957 (Zitat); Bochenski an Fahs, 11. 10. 1957; Tagebuch Fahs, 13. 10. 1957; RFA, RG 1.2, Series 803, b. 5, f. 54.
2 Zur entscheidenden Rolle der Rockefeller-Förderung für das Institut vgl. *Bochenski*, Research in Soviet Philosophy.

chen angereist war. Die libanesische »Christin, aber Nationalistin« Nadia Saad erforschte die Ausbreitung des Kommunismus im Mittleren Osten und zögerte anfangs, ein Rockefeller-Stipendium anzunehmen, um nicht als westliche Spionin zu gelten.[3] Sie konnte im Frühjahr 1959 nur durch den Einsatz der Schweizer Botschaft vor dem ägyptischen Gefängnis bewahrt werden, als sie in Kairo recherchierte. Der Antikommunismus der arabischen Diktatoren ging selbst Bochenski zu weit: »*Alle* Bücher zu ihrem Thema sind aus den Bibliotheken entfernt worden, und jeder, der etwas mit dem Marxismus zu tun hatte, sitzt im Gefängnis. In der Tat ein schönes Land.«[4] Um die junge Forscherin machte sich Bochenski erneut Sorgen, als Clemens Heller sie an die Sechste Sektion der École Pratiques des Hautes Études abwarb. Saad mit ihren erst 24 Jahren »könnte von Paris einfach verzaubert werden«, und Heller sei »ein unverlässlicher Abenteurer und Unternehmer«.[5] Ein weiterer Mitarbeiter Bochenskis war während eines Putschs in Venezuela verschollen, noch bevor er sein Rockefeller-Stipendium antreten konnte. Seiner bunten Truppe angemessen, zahlte Bochenski unkonventionellerweise keine einheitlichen Beträge aus, wie er die Stiftung wissen ließ, nachdem er die ersten 20 000 US-Dollar aus New York erhalten hatte: Bei ihm richtete sich der Lohn nach den Bedürfnissen, und nicht wenige seiner Mitarbeiter waren von Haus aus gut ausgestattet.[6]

Bochenski und seine erlesene Gefolgschaft waren ganz nach dem Geschmack des Abgesandten der Stiftung, wie nicht nur das bereits zitierte Protokoll der ersten Begegnung festhielt. In der Rockefeller Foundation wurde Bochenski gewürdigt als »vermutlich führender europäischer Gelehrter, was die jüngsten Entwicklungen des dialektischen Materialismus in der Sowjetunion und den Satellitenstaaten betrifft«.[7] Der Grund für dieses Vertrauen lag nicht nur in seinem aus-

---

3 Tagebuch Fahs, 13./14. 10. 1957; Gesprächsnotiz Fahs, 20. 1. 1959; RFA, RG 1.2, Series 803, b. 5, f. 54. Zu Radio Free Europe vgl. *Hixson*, Parting the Curtain, S. 57–86; *Mickelson*, America's Other Voice; *Puddington*, Broadcasting Freedom.
4 Bochenski an Fahs, 4. 3. 1959; Memo Marshall an Fahs, 11. 3. 1959; Marshall an Bochenski, 11. 3. 1959; Bochenski an Marshall, 1. 5. 1959 (Zitat); Marshall an Bochenski, 5. 5. 1959; RFA, RG 1.2, Series 803, b. 5, f. 54.
5 Tagebuch Gilpatric, 25. 6. 1960, RFA, RG 1.2, Series 803, b. 5, f. 55.
6 Bochenski an Fahs, 15. 12. 1957; Bochenski an Fahs, 10. 5. 1958; RFA, RG 1.2, Series 803, b. 5, f. 54.
7 Board of Trustees, Sitzungsprotokoll, 3./4. 12. 1957, Bewilligung RF 57223, RFA, RG 1.2, Series 803, b. 5, f. 54; die Unterstützung des Instituts war stets an

gewiesenen Antikommunismus, sondern auch in dem unerschütterlichen Glauben, den Bochenski ausstrahlte, dass der Kommunismus mit philosophischen Argumenten zu schlagen war. Mit der ersten Arbeitsphase seines neuen Instituts zeigte sich die Stiftung überaus zufrieden. Ohne Hindernisse bewilligte sie darum eine zweite Förderung, um die Marxismus-Leninismus-Forschung fortzusetzen. Bochenskis Osteuropa-Institut war Teil eines von der Stiftung finanzierten Forschungsverbunds. Dem Berliner Historiker Werner Philipp und seinem Osteuropa-Institut an der Freien Universität oblag die Koordination, Bochenskis Haus und das Internationale Institut für Sozialgeschichte in Amsterdam waren die organisatorischen Partner, hinzu trat eine wechselnde Anzahl von Gelehrten in Deutschland, Frankreich, Großbritannien und den USA. Dabei hatte sich eine Arbeitsteilung ergeben: West-Berlin und Amsterdam konzentrierten sich auf die »Analyse kommunistischer Bewegungen und die Bereitstellung von Quellen«, während Fribourg sich »der Erforschung und der Kritik« des »philosophischen Denkens« im Ostblock verschrieben hatte.[8]

Bochenski war ein eingefleischter Antikommunist in Mönchskutte, »eine lebhafte und umherwirbelnde Gestalt in seinen weißen Gewändern des Dominikaners mit großem Hut«.[9] Der Kommunismus galt dem Theologen als Sünde. Das hinderte ihn nicht daran, diesem metaphysischen Gegner in philosophischen Untersuchungen auf den Leib zu rücken.[10] Die politische Bedeutung des Marxismus-Leninismus stand für ihn außer Frage. Selbst wenn der Glaube an diese Doktrin nachlasse, müssten alle im Sowjetreich so tun, »als ob sie daran glaubten«. Ob man es also mit gläubigen Kommunisten zu tun hatte oder mit solchen, die das »Als-ob« praktizierten, fest stand, dass der Marxismus-Leninismus die Gesellschaften des Ostens durchdrang. Wer diese Systeme verstehen und besiegen wollte, musste auch über Experten für die Ideologie verfügen. Diese auszubilden versprach Bochenski.[11] Er

---

die Person Bochenskis gekoppelt, siehe Rhind an Joseph Kähn, Rektor der Universität Fribourg, 26. 10. 1960, RFA, RG 1.2, Series 803, b. 5, f. 55.
8 Executive Committee, Sitzungsprotokoll, 21. 10. 1960, Bewilligung RF 60186, RFA, RG 1.2, Series 803, b. 5, f. 54.
9 Tagebuch Gilpatric, 25. 10. 1960, RFA, RG 1.2, Series 803, b. 5, f. 55.
10 Vgl. etwa *Bochenski*, Der sowjetrussische dialektische Materialismus (eine frühere Fassung unter diesem Titel, München 1950); *ders.*, Europäische Philosophie der Gegenwart; *ders./Niemeyer* (Hg.), Handbuch des Weltkommunismus; das KPD-Gutachten als *Bochenski*, Die kommunistische Ideologie.
11 Tagebuch Fahs, 13./14. 10. 1957 (Zitat); Bochenski an Fahs, 15. 10. 1957 (Zitat); Bochenski an Fahs, 15. 12. 1957; RFA, RG 1.2, Series 803, b. 5, f. 54.

selbst trat weltweit aktiv als Gegnerforscher auf, auch als Gutachter beim KPD-Prozess vor dem Bundesverfassungsgericht. Ein Kommunistenjäger war er nicht. In Südafrika wurde ein Verfahren gegen Kommunisten eingestellt, weil Bochenski als Experte keinen Fall von Subversion erkennen konnte. Er nutzte die Gelegenheit, um den Krüger-Nationalpark zu besuchen.[12]

Für Bochenski war es eine Freude, dass der *Kommunist*, Moskaus theoretisches Organ, seinen monumentalen Sammelband »Handbuch des Weltkommunismus« überhaupt besprach und diesen auch noch treffend als »Bibel des Antikommunismus« würdigte. Seine Einführung in die sowjetische Philosophie der Gegenwart, an der er im Rahmen des Rockefeller-Projekts arbeitete, würde noch »viel unangenehmer für die Kerle in Moskau«, hoffte Bochenski.[13] Für Bochenski stand es außer Zweifel, dass sich Osten und Westen in einer »geistigen Schlacht« befanden.[14] Dass er sein Werk und sein Institut als Waffen im Kampf gegen den Kommunismus betrachtete, stieß in der Stiftung auf Zustimmung. Im Marxismus-Leninismus-Projekt der Stiftung setzte Bochenski den antikommunistischen Standard. Von Lucien Goldmann, der zu den französischen Partnern des Unternehmens gehörte, hielt Bochenski nichts; er warf ihm vor, zu »soft« gegenüber dem Kommunismus zu sein.[15]

Kritik an Bochenski regte sich jedoch nie im Innern der Stiftung. Sie wurde gelegentlich von außen an sie herangetragen, etwa von einem Philosophen aus der Schule Aby Warburgs. Als die Stiftung Raymond Klibansky um Rat fragte, welche Philosophen in Europa Unterstützung verdienten, nutzte er die Gelegenheit, vor dem neuen Chef-Antikommunisten im Stiftungsumfeld zu warnen: Bochenski sei »zu polemisch in seiner antisowjetischen Position, was ihn zu Entstellungen und unzulässigen Vereinfachungen« verleite, er schreibe auch so schnell und so viel, dass sein Werk von Fehlern und unbegründeten Aussagen wimmele. Statt Bochenski empfahl Klibansky der Stiftung einen anderen geistlichen Marxismuskenner, den Jesuiten Gustav Wetter, dessen Werk »Dialektischer Materialismus« in Klibanskys Augen »die beste Schrift über die sowjetische Philosophie« war. Sie liefere

---

12 Bochenski an Fahs, 30. 6. 1958; Tagebuch Gilpatric, 12. 11. 1958; RFA, RG 1.2, Series 803, b. 5, f. 54.
13 Bochenski an Marshall, 1. 5. 1959, RFA, RG 1.2, Series 803, b. 5, f. 54;
14 Bochenski an Gilpatric, 24. 6. 1961, RFA, RG 1.2, Series 803, b. 5, f. 55.
15 Tagebuch Fahs, 14. 10. 1957, RFA, RG 1.2, Series 803, b. 5, f. 54.

»viel tiefere Einsichten in das moderne russische Denken« als Bochenskis Arbeiten.[16]

Immerhin wurden Klibanskys Hinweise so ernst genommen, dass ein Stiftungsvertrauter, der den Fortschritt an Bochenskis Institut begutachtete, sich auch diskret nach deren Wahrheitsgehalt erkundigen sollte. Von Bochenskis Institut wusste dieser Gutachter nur Lobendes zu berichten, es wurde viel und erfolgreich publiziert, Bibliographien und Quellensammlungen ebenso wie Monographien. Manche schrieben eher für ein breiteres Publikum, andere wie Lobkowicz für die Fachwelt. Doch dem positiven Gesamteindruck standen einige spitze Bemerkungen gegen Bochenski selbst gegenüber. Dass der Herrscher des Instituts eitel sei und gern seine Bedeutung herausstreiche, nahm ihm der Stiftungsemissär nicht übel. Doch Bochenskis Publikationen hielten ihrem Ruf nicht stand, gegen Gustav Wetters Werk schnitten sie unvorteilhaft ab. Bochenski »beißt viel mehr ab, als der große Rest von uns kauen könnte«. Der Satz enthielt kein verstecktes Lob: Bochenski schreibe intelligent und mit Sachkenntnis, aber er stütze sich dabei auf die Arbeiten anderer und bleibe zumeist an der Oberfläche. Seine Kritik der kommunistischen Philosophie am Ende des »Handbuchs« mache es sich »viel zu einfach«. Zudem stoße Bochenski noch auf anderen philosophischen Gebieten eine enorme Produktion aus. Als Einführungen für Studenten seien Bochenskis Schriften verdienstvoll, erklärte der im Auftrag der Stiftung reisende amerikanische Philosophieprofessor: »Ich glaube allerdings nicht, dass irgendetwas davon von dauerhaftem philosophischen Wert sein wird. [...] Bochenskis Reputation sind diese gewaltigen Mengen von hastig zusammengestelltem Einführungsmaterial kaum von Nutzen.«[17]

Der weiteren Zusammenarbeit stand diese Beurteilung nicht im Wege. Stiftungsdirektor Fahs war von Bochenski angetan. Sein Stellvertreter Chadbourne Gilpatric schaltete noch einen weiteren Gutachter ein, George L. Kline, einen ehemaligen Mitarbeiter Marcuses. Kline hatte sich zuvor bereits für Bochenski ausgesprochen und schätzte dessen Deutung der sowjetischen Philosophie.[18] Die veröffentlichten Resultate der Rockefeller-Förderung konnten sich sehen

---

16 Gesprächsnotiz Gilpatric, 27. 4. 1960, RFA, RG 1.2, Series 803, b. 5, f. 55.
17 Gilpatric an Roderick Chisholm, 11. 3. 1960; Gilpatric an Chisholm, 28. 4. 1960; Chisholm an Gilpatric, 19. 5. 1960, »Report on Bochenski's Institute of Eastern Europe«; RFA, RG 1.2, Series 803, b. 5, f. 55.
18 Gesprächsnotiz Gilpatric, 26. 2. 1960; Gilpatric an Chisholm, 24. 5. 1960; Tagebuch Gilpatric, 25. 6. 1960; RFA, RG 1.2, Series 803, b. 5, f. 55.

lassen.[19] Nachdem weitere 20000 US-Dollar – damals in Europa, erst recht in der Philosophie, keine unerhebliche Summe – für sein Institut bewilligt worden waren, machte Bochenski die Stiftung auf eine neue politisch-philosophische Herausforderung aufmerksam. Er befand sich gerade auf einer längeren Vortragsreise durch die USA, die ihn an die Universität von Kansas ebenso führte wie zu seinen Schülern in Notre Dame oder an Sidney Hooks Philosophisches Institut an der New York University. Die »chinesisch-sowjetischen philosophischen Beziehungen« weckten nun sein Interesse, und er legte der Stiftung nahe, sich dem Thema der Zukunft zu widmen – Mao und der chinesische Kommunismus. Selbst im Ostblock gebe es darüber keine Forschung. Die Aufklärung des intellektuellen China müsste endlich beginnen. Die Stiftung dürfte es erfreut haben, dass er bei dieser Gelegenheit das Marxismus-Leninismus-Projekt der Stiftung in Fribourg, Amsterdam und Berlin als Pioniertat würdigte, die auch das bislang zu kurz gekommene amerikanische Interesse für das kommunistische Denken der Gegenwart anfachen werde.[20]

Damit war ein Kreis geschlossen. Das Marxismus-Leninismus-Projekt war bei seinen eigenen Ursprüngen angekommen. Denn der polnisch-schweizerische Geistliche war nicht der Erste, der im Auftrag und mit den Mitteln der Stiftung philosophische Gegnerforschung betrieb. Das gesamte internationale Marxismus-Leninismus-Projekt, mit seinen Quelleneditionen, historischen und soziologischen Studien und auch den philosophischen Untersuchungen, begann 1953/54 mit einer Erkundungsmission an der Harvard University. Nach dem Leiter dieser Probebohrungen in die sowjetische Gegenwartsphilosophie befragt, drückte Bochenski Vorbehalte aus: Für seinen Geschmack vernachlässigte Herbert Marcuse zu sehr die Frage, »wie der Marxismus in der sowjetischen Gegenwart eingesetzt wird«. Mehr Gefallen

---

19 Eine Auflistung erreichte die Stiftung am 25. 6. 1960, Bochenski, »Studies in Marxism-Leninism«, RFA, RG 1.2, Series 803, b. 5, f. 55. Entstanden waren bzw. kurz vor dem Abschluss standen demnach, vorwiegend in der Institutsreihe »Sovietica«, *Bochenski*, Die dogmatischen Grundlagen der sowjetischen Philosophie; *Lobkowicz* (Hg.), Das Widerspruchsprinzip; *ders.*, Marxismus-Leninismus in der ČSR; *Blakeley*, Soviet Scholasticism; *ders.*, Soviet Theory of Knowledge; *Müller-Markus*, Einstein und die Sowjetphilosophie; *Jordan*, Philosophy and Ideology; nicht lokalisiert werden konnte die von Bochenski genannte Arbeit von *Nadia Saad*, The Spread of Leninist Ideas in the Arab Countries of the Middle East. A Bibliographical Introduction.
20 Gesprächsnotiz Fahs, Compton, Gilpatric, 24. 10. 1960; Compton an Howard Boorman, 27. 10. 1960 (Zitat); RFA, RG 1.2, Series 803, b. 5, f. 55.

fand Bochenski an Marcuses Mitarbeiter George Kline, den er für den besten amerikanischen Kenner der sowjetischen Philosophie hielt.[21] Die Stiftung stand allerdings zu Marcuse. An dessen Resultaten, die zudem von Isaiah Berlin beglaubigt worden waren, war auch nach Jahren nicht zu rütteln. Bochenski sprach von einer lebendigen philosophischen Debatte im Ostblock, von sich auf Politik und Leben niederschlagenden Kontroversen, die immer weiterer Forschungen und entsprechender finanzieller Zuwendungen bedurften. Gilpatric erinnerte im Sinne Marcuses daran, dass selbst unter den Kommunisten in Indien und Italien keine spannenden theoretischen Debatten mehr stattfänden und mittlerweile »kommunistische Theorie in irgendeiner philosophischen Form von praktisch zu vernachlässigender Bedeutung« sei.[22] Das war keine Absage an die Kommunismusforschung, im Gegenteil. Es war vielmehr der Hinweis, dass Erkundungen zum sowjetischen Denken nicht Philosophiegeschichte, sondern Ideologiekritik betreiben, wie Marcuse gezeigt hatte – es handelte sich grundsätzlich um Gegnerforschung, wie sie bereits in R&A und im OIR praktiziert worden war. Marcuse erfasste die politischen Spielregeln, denen das sowjetische Denken unterworfen war, genauer als Philosophen von eindeutig antikommunistischer Haltung. Der Einfluss der Ideologie auf die Politik stand dabei für beide außer Zweifel, doch die politischen Grenzen der Philosophie erkannte Marcuse deutlicher. Diesen Scharfblick hatte er aus dem Geheimdienst übernommen.

Bochenski und Marcuse muten wie eine ungleiche und zufällige Paarung der Intellektuellengeschichte des 20. Jahrhunderts an. Beide verband mehr als allein die Tatsache, dass Marcuse einmal einen Auftrag der Stiftung angenommen hatte, aus dem sich ein internationaler Forschungsverbund entwickelte. Marcuse nahm weiterhin Anteil an dem, was sich aus seiner Vorarbeit formierte, und versuchte mitunter sogar, organisatorische Akzente zu setzen.[23] Keinesfalls war er nur materieller Nutznießer von Forschungsstrukturen, die ideologisch den Geist liberaler Kalter Krieger gepflegt und sich als »Linksabweichung« Marcuse oder den französischen Marxisten Lucien Goldmann

---

21 Gesprächsnotiz Fahs, Marshall, 20. 1. 1959, RFA, RG 1.2, Series 803, b. 5, f. 54.
22 Gesprächsnotiz Fahs, Compton, Gilpatric, 24. 10. 1960, RFA, RG 1.2, Series 803, b. 5, f. 55.
23 Marcuses Rolle im weiteren Verlauf des Marxismus-Leninismus-Projekts kommt auch zum Ausdruck in der Korrespondenz von Mosely und Philipp, siehe UIA, Philip E. Mosely Papers, Series 15/35/51, b. 8, f. Individual Correspondence: Werner Philipp 1956, 1957.

zugestanden hätten. Noch als er zum intellektuellen Helden der Neuen Linken avanciert war, trat Marcuse auf Veranstaltungen mit Bochenskis Meisterschüler Lobkowicz auf. Aufgezeigt wird auf diese Weise, in welch konventionellen akademischen Bahnen und ideenpolitischen Kontexten Schlüsseltexte für die Neue Linke Gestalt annahmen. Die Zusammenarbeit von Marcuse und der Rockefeller-Stiftung reichte über die Marxismusforschung hinaus bis zu »One-Dimensional Man«, einem Kultbuch der sechziger Jahre. Der Raum, den die Verbindungslinien zwischen Marcuse und Bochenskis Institut aufspannen, vermittelt einen mitunter überraschenden Einblick in die intellektuellen Produktionsbedingungen der fünfziger Jahre. Dabei traten neben Marcuse und Bochenskis Gefolgschaft, neben der Stiftung und den Partnerinstituten in Berlin und Amsterdam auch aus anderen Zusammenhängen vertraute Mitspieler auf, allen voran Philip Mosely, der unermüdliche liberale Impresario der Sowjetforschungsnetzwerke und unersetzliche »Cold War Insider«.[24]

Das Marxismus-Leninismus-Projekt als akademisch-philanthropisches Großunternehmen öffnet ein weiteres Fenster zu dem, was man die Geheimgeschichte der Intellektuellen im Kalten Krieg nennen könnte: Die bekannten ebenso wie die vergessenen Bücher, die Geschäftigkeit der Konferenzen und Begegnungen, die internationalen Debatten der Gelehrtenrepublik hatten eine materiell erfassbare Dimension. Der Raum des Geistes war auch ein Raum des Geldes, Paradigmenwechsel und Methodendiskussionen gehorchten nicht nur Sachzwängen, sondern auch institutioneller Logik und politischen Strategien. Macht und Wissen, Gerüchte und Gelehrsamkeit, Animositäten und Argumente, Reputation und Redlichkeit sind der Stoff, aus dem diese Wissenschafts- und Intellektuellengeschichte gemacht ist, und dieser Stoff ist in den Quellen so dicht gewoben, dass er sich nicht mehr fein säuberlich in individuelle Glanz- oder Abfallstücke trennen lässt.

Das »Marxismus-Leninismus-Projekt« folgte der politischen Logik des Kalten Krieges, ohne sich in der Funktion zu erschöpfen, dem ideologischen Gegner die intellektuelle Legitimität zu rauben. Die Rockefeller-Stiftung konzipierte ihren Beitrag zum Kalten Krieg der Ideen auf einer gelehrten Ebene. Wissenschaft sollte nicht einfach nur eine Waffe im Arsenal des Kalten Kulturkrieges sein. Die politisch-episte-

---

24 Die zentrale Rolle Moselys hebt jetzt auch *Engerman*, Know Your Enemy, immer wieder hervor, Mosely wird bereits in der Einleitung der Studie als Schlüsselfigur vorgestellt, vgl. ebenda, S. 5.

mologische Logik, von der zuvor bereits die Rede war,[25] entfaltete auch hier ihre Wirkung. Wissenschaftliche Qualität stand über dem politischen Zweck, gerade um den erhofften politischen Nutzen abzuwerfen. Um den Kerngedanken, den Marcuse bekräftigt hatte und der sich im Folgenden abzeichnet, auf den Punkt zu bringen: Welcher chilenische oder indische Jungakademiker würde noch nach Moskau blicken, wenn erwiesen wäre, dass selbst die Marxismusforschung im Westen ideologisch unbehinderter, philologisch und historisch genauer und in ihrer Texttreue gegenüber den revolutionären Denkern unübertroffen war? Und wenn zugleich die Armut der östlichen Philosophie, ihre stereotype Wiederholung marxistischer Formeln, vom jeweils jüngsten politischen Kurs ausgegeben, offenkundig geworden wäre?

2. Karriereberatung und Utopie

Nach seinen Jahren als Kommunismusexperte im State Department und den ersten akademischen Schritten am Russian Institute der Columbia University operierte der in den sechziger und siebziger Jahren so prominente Marcuse in den fünfziger Jahren auch weiterhin in einem Kontext, dem bislang kaum Aufmerksamkeit geschenkt wurde.[26] Das wichtigste intellektuelle Produkt dieser Phase war sein Werk »Soviet Marxism«;[27] der freudo-marxistische Klassiker »Eros and Civilization« stand bereits kurz vor seiner Veröffentlichung. »Soviet Marxism« wurde durch die Rockefeller Foundation angeregt und finanziert. Verbindet man die Linien der Intellektuellengeschichte, handelte es sich dabei um eine Fortsetzung der psychologischen Kriegführung mit akademischen Mitteln, zumindest um eine Fortführung von Fragen der Kommunismusanalyse, wie sie im Committee on World Communism aufgetreten waren.

---

25 Vgl. oben, Kap. II. und Kap. III.
26 So geht zuletzt auch *Wheatland*, The Frankfurt School in Exile, S. 284f., 287f., zu schnell darüber hinweg und bringt dieses Kapitel von Marcuses Biographie nicht mit seiner wegweisenden Untersuchung der amerikanischen Rezeption Marcuses (vgl. ebenda, S. 296–334) in Verbindung.
27 *Marcuse*, Soviet Marxism. A Critical Analysis, New York 1958; die im Folgenden zitierte englische Ausgabe mit einem neuen Vorwort erschien unter demselben Titel, New York 1961; dt. *ders.*, Schriften, Bd. 6: Die Gesellschaftslehre des sowjetischen Marxismus.

Man muss in den Sommer 1952 zurückkehren, um die Wurzeln des »Marxismus-Leninismus-Projekts« freizulegen. Im Juli trat John Wild, Philosophie-Professor in Harvard, an Chadbourne Gilpatric heran, den stellvertretenden Direktor der geisteswissenschaftlichen Abteilung.[28] Gemeinsam mit dem libanesischen Botschafter Charles Malik, einem Vertrauten Eleanor Roosevelts und Mitautor der UN-Menschenrechtserklärung, hatte Wild den Plan einer Erneuerung der amerikanischen akademischen Philosophie gesponnen. Wild und Malik teilten eine damals in Amerika nicht verbreitete Vorliebe für die europäische Existenzphilosophie. Malik hatte bei Heidegger studiert und war in Harvard in Philosophie promoviert worden, Wild gehörte zu den wichtigsten Vermittlern des Existentialismus.[29] Unter dem Titel »Revival of Academic Philosophy« lag Wilds Brief eine umfangreiche Projektbeschreibung bei. In epischer Breite wurde darin die Krise der Gegenwartsphilosophie beklagt. Die Schuld hierfür wurde dem materialistischen und selbstvergessenen Westen selbst aufgebürdet, en passant wurde der kommunistische Feind als Mitschuldiger identifiziert. Aus diesem Kulturpessimismus leitete sich dann der Entwurf einer zehnjährigen Verjüngungskur der Hochschulphilosophie ab. Von Stipendien für Studenten und Sommerschulen für Professoren bis zu einer Zeitschrift und Monographienreihe war an alles gedacht. Die Kosten wurden auf mindestens eine Million US-Dollar veranschlagt. Über sowjetische Philosophie fand sich kein Wort, während als philosophische Referenzgrößen Henri Bergson, Jean-Paul Sartre und besonders der katholische Existentialist Jacques Maritain angegeben wurden.[30] Wenig später wurde die religionsfreundliche Perspektive des Projekts nachgetragen, der Wunsch nach »höchster Erlösung der westlichen Welt« durch Erneuerung der »hebräisch-christlichen Tradition«.[31]

---

28 Gilpatric war ein enger Freund Arthur Schlesingers; vgl. *Schlesinger*, A Life in the Twentieth Century, S. 115–117, 189, 202 f., 207, 326, 336, 347 f. Sein Bruder Roswell Gilpatric wurde stellvertretender Verteidigungsminister in der Kennedy-Regierung.
29 Zum amerikanischen Existentialismus und zur Rezeption der Existenzphilosophie vgl. *Cotkin*, Existential America; demnächst auch *Woessner*, Martin Heidegger's Place in the History of American Existentialism.
30 Wild an Gilpatric, 22. 7. 1952; D'Arms an Gilpatric, 21. 8. 1952; RFA, RG 1.2, Series 200, b. 344, f. 3137; zu Maritain und dem katholischen Denken in Frankreich vgl. *Hughes*, The Obstructed Path, S. 65–101.
31 Malik an Gilpatric, 8. 8. 1952 (Zitat); Malik an Dean Rusk, 11. 8. 1952; RFA, RG 1.2, Series 200, b. 344, f. 3137.

Diese Perspektive stieß in der Rockefeller-Stiftung auf Skepsis. Gilpatric griff jedoch den versteckten Hinweis auf die zerstörerischen Folgen des kommunistischen Denkens auf. Das war das Signal. Schritt für Schritt wurde Wild nahegelegt, seine existenzphilosophischen Ambitionen aufzugeben. Sein Vorhaben wurde schließlich verworfen, aber der Gedanke einer Bestandsaufnahme der sowjetischen Philosophie nach über drei Jahrzehnten sozialistischer Praxis nahm Form an. Am Ende war es der geisteswissenschaftlichen Abteilung der Rockefeller Foundation gelungen, aus einem sie wenig überzeugenden Projekt eine intellektuelle Waffe im Kalten Krieg der Ideen zu machen. Amerika und die Sowjetunion standen in einem »ideologischen Krieg« einander gegenüber, in dem sich »die Russen deutlich der philosophischen Wurzeln ihrer Ideologie bewusst sind und diese Wurzeln mit großem Nachdruck pflegen«, wie Wild – den Wünschen der Stiftung angepasst – nun formulierte. Entwunden wurde ihm das Unternehmen dennoch, weil er kein Russland- und Kommunismusexperte war. Gesucht wurde nach einer »fundierten und verständlichen philosophischen Antwort auf den dialektischen Materialismus« in diesem ideologischen Krieg. Jedoch galt auch hier den Stiftungsmitarbeitern das politisch-epistemologische Objektivitätsideal als unverrückbare Voraussetzung, um eine intellektuell schlüssige und politisch wirksame Antwort auf den Marxismus-Leninismus zu finden. Die wissenschaftliche Fragestellung genoss wie stets, zumindest auf dem Papier, Priorität vor einem möglichen politischen Nutzen – der politische Mehrwert leitete sich gerade aus der wissenschaftlichen Objektivität ab.[32]

Erst an diesem Punkt, als die Stiftung bereits den Rahmen der Kommunismusforschung gesetzt hatte, kam Marcuse ins Spiel. Die Erwartungen der Stiftung kamen seiner Methode einer systemimmanenten Kritik des Marxismus-Leninismus entgegen. Beinahe zufällig wurde Marcuse in dieses Projekt verwickelt. Marcuse hatte zu diesem Zeitpunkt das State Department verlassen und arbeitete auf einer stif-

---

32 D'Arms an Gilpatric, 21. 8. 1952; Gilpatric an Malik, 17. 9. 1952; Gilpatric an Wild, 18. 9. 1952; Gesprächsnotiz Gilpatric, 15. 10. 1952; Gilpatric an Wild, 21. 10. 1952; Gesprächsnotiz D'Arms, 9./10. 2. 1953; Gilpatric an Wild, 15. 4. 1953; Wild an Gilpatric, 25. 4. 1953 (Zitate); Gilpatric an Wild, 29. 4. 1953, lobte die neue Formulierung des Projekts und erklärte es zur gleichermaßen intellektuellen wie moralischen Schlüsselfrage der Zeit, verlangte aber, den Rat von Marxismus- und Russlandexperten wie George Kennan, Philip Mosely, Isaiah Berlin und Sidney Hook einzuholen; RFA, RG 1.2, Series 200, b. 344, f. 3137; Wild an Gilpatric, 8. 7. 1953, RFA, RG 1.2, Series 200, b. 344, f. 3138.

tungsfinanzierten Stelle als Marxismusforscher am Russian Institute der Columbia University. Das Russian Research Center (RRC) der Harvard University hatte ihm ein Angebot gemacht, aber er hätte es vorgezogen, länger in New York zu bleiben. Im Mai 1953 trug er der Stiftung ein Vorhaben vor, das sich als Vorstufe des »One-Dimensional Man« erkennen lässt. Es beruhte »auf der Hypothese, dass in der westlichen Zivilisation ein Wandel der Mentalität und der Persönlichkeitsstruktur stattfindet«. Marcuse gestand ein, dass es noch wenig ausgereift war. Die Sowjetunion wollte er in diese Studie zum Mentalitätenwandel der Industriegesellschaft einschließen.[33]

Bald darauf präzisierte er seinen Plan im Gespräch mit Herbert Deane, Chadbourne Gilpatric und Edward D'Arms: Seit der Renaissance war das autonome Individuum die Grundlage der westlichen Zivilisation. Doch nun, »seit einiger Zeit«, war eine »schrittweise Zerstörung des Individualismus« festzustellen, am extremsten in den totalitären Staaten. Selbst in demokratischen Staaten schritt die Zerstörung des Individualismus voran. Marcuse führte die Gründe dafür auf, die jeder Kritische Theoretiker parat gehabt hätte: die passive Natur der Freizeitgestaltung, der Wandel der Arbeitswelt, die Verinnerlichung gesellschaftlicher Zwänge, »die anwachsende Bürokratisierung des Regierens«. Das fortgeschrittenste Verfallsstadium des Individuums erblickte Marcuse in den europäischen Nachkriegsgesellschaften, jedoch noch nicht in Amerika. Der Wandel hatte lange zuvor eingesetzt: um das Jahr 1900 mit der Abkehr von der rationalistischen Philosophie, während das 19. Jahrhundert für Marcuse das Zeitalter des »hervorstechenden Individualismus« war. Die Einmütigkeit, mit der Franz Neumann und die jungen R&A-Ideenhistoriker ähnliche Thesen und Periodisierungen aufstellten, fällt auf. Der Kreis dieser Intellektuellen verfügte über ein gemeinsames Ideenreservoir.

Marcuse ging methodisch darüber hinaus. Er beabsichtigte, nicht nur Intellektuelle, sondern auch andere soziale Schichten zu untersuchen, und vor allem Europa mit den USA zu vergleichen. Am Stand der amerikanischen Soziologie ließ er dabei keinen Zweifel: »ziemlich willkürlich und ohne theoretisches Fundament«. Im Gespräch gab Marcuse indessen zu, dass sein Vorbild David Riesmans Buch »The Lonely Crowd« war, das den Konformismus und die übertriebene

---

33 Gesprächsnotiz D'Arms, 1. 5. 1953, RFA, RG 1.2, Series 200, b. 344, f. 3138. Vgl. *Marcuse*, One-Dimensional Man; dt. *ders.*, Schriften, Bd. 7: Der eindimensionale Mensch.

»other-directedness« (Außenbestimmtheit) des Individuums kritisierte. Nur theoretisch reflektierter und um eine europäische Dimension erweitert, so sollte Marcuses Buch werden. Auch C. Wright Mills' »White Collar« oder Elliott Jacques' »Changing Cultures of a Factory« dienten Marcuse als Vorbilder, thematisch wie methodisch. Marcuse hatte sich offensichtlich in den amerikanischen Soziologiekontext eingelesen, auch wenn er anfangs noch Bergson, Scheler, Heidegger oder Tillich als Grundlagentexte genannt hatte.[34]

Mills vor allem verdankte Marcuse wesentliche Anregungen für sein eigenes Werk: In »White Collar« zeigte Mills, wie die »neue Klasse« der Angestellten von den wirtschaftlichen Bürokratien manipuliert wurde. Bedürfnisbefriedigung ging mit sozialer Entfremdung und politischer Entmachtung einher. Die Angestellten definierten sich als Teil des Systems. Mit seiner Analyse der amerikanischen »power elite« und ihrer militärisch-industriellen Kontrolle über die Gesellschaft prägte Mills zutiefst die im Entstehen begriffene Neue Linke. Mills selbst war bis zu seinem frühen Tod 1962 einer der sichtbarsten Linksintellektuellen in den USA.[35] Im weiteren Verlauf der Diskussion, als die Tragweite des Projekts deutlicher wurde, schien selbst Marcuse »etwas eingeschüchtert von seiner eigenen Kühnheit«. Hoffnungen machte er sich weiterhin, an der Columbia University

---

34 Gesprächsnotiz D'Arms, 18. 6. 1953; Gesprächsnotiz Deane, 2. 7. 1953; Gesprächsnotiz Gilpatric, 8. 7. 1953; RFA, RG 1.2, Series 200, b. 344, f. 3138. Riesman war einer der einflussreichsten Intellektuellen und Gelehrten jener Jahre. Die gesellschaftskritischen Implikationen seines Denkens wurden mitunter ignoriert, weil er die amerikanische Moderne grundsätzlich bejahte; vgl. *Riesman*, The Lonely Crowd; *Brick*, Age of Contradiction, S. 54–57, 69; *Gilman*, Mandarins of the Future, S. 55f., 66f., 104–107, 171f., 208f.; *Robin*, The Making of the Cold War Enemy, S. 95f., 136f.; *Lipset/Löwenthal* (Hg.), The Culture and Social Character.

35 Vgl. *Flacks*, Die philosophischen und politischen Ursprünge der amerikanischen New Left; ebenda, S. 163, wird Marcuse auch zu Recht in der Nachfolge von Mills gesehen; *Mattson*, Intellectuals in Action, S. 43–96; *Miller*, »Democracy is in the Streets«, S. 79–91, 102, 117–125, 146–149, 157, 160, 169, 177, 247f., 257, 261f., 327; *Brick*, Age of Contradiction, S. xv, 19f.; *Horowitz*, C. Wright Mills; zum Einfluss auf die Neue Linke bes. S. 79–106; jetzt besonders *Geary*, Radical Ambition; zu Mills' einflussreichsten Werken und publizistischen Texten gehören *Mills*, White Collar; ders., The Power Elite; ders., The Causes of World War Three; ders., The Sociological Imagination; ders., Letter to the New Left. Mills wurde auch in Marcuses Freundeskreis eingehend wahrgenommen und zum Ausgangspunkt des eigenen politischen Engagements gemacht; vgl. *Hughes*, A Politics of Peace.

bleiben zu können, vielleicht bei Neumann am European Institute, aber auch ein Aufenthalt bei Horkheimer in Frankfurt schien ihm denkbar.[36]

Im Juni 1953 genehmigte die Stiftung John Wild in der binären Sprache des Kalten Krieges statt der anfangs erhofften Million nur eine Summe von 2000 US-Dollar für Vorarbeiten zu seinem Projekt: Der dialektische Materialismus, als das Korpus der Lehren von Marx, Lenin, Stalin und anderen kommunistischen Theoretikern,

»bietet eine Lösung für viel mehr persönliche und gesellschaftliche Probleme als die meisten Philosophien der westlichen Welt. Zugleich haben amerikanische Philosophen den Ansprüchen und weitreichenden Anwendungsmöglichkeiten des dialektischen Materialismus kaum Beachtung geschenkt. Das dürfte teilweise der Grund dafür sein, dass die amerikanische Philosophie offensichtlich keinen konstruktiven und umfassenden Zusammenhang von Grundsätzen entwickelt hat, die die Ideale antikommunistischer Gesellschaften ausbuchstabieren.«[37]

Zu diesem Zeitpunkt versuchten die Verantwortlichen bei Rockefeller bereits, Marcuse für das Projekt zu gewinnen. Er war der Kommunismusexperte, den sie sich wünschten. Seit einem Jahrzehnt war man mit seiner Arbeit vertraut, erst im OSS, dann im State Department, zuletzt am Russian Institute. Die Stiftung erkundigte sich nach seinen Stellenoptionen in Columbia und Harvard und hörte auch dort nur Gutes über ihn. Columbia-Dekan Schuyler Wallace war »beeindruckt von Marcuses wissenschaftlichen und intellektuellen Fähigkeiten«. Doch auch wenn er lieber an der Columbia University geblieben wäre, nahm er das sichere Angebot aus Harvard an. Die Stiftungsmitarbeiter wurden Karriereberater. Nachdrücklich und immer wieder drängten sie Marcuse zum vorläufigen Verzicht auf sein allzu europäisch klingendes Projekt. Es passe einfach nicht »in irgendeinen wichtigen Kontext des amerikanischen Denkens heute«, erklärten sie ihm. Mit einer Studie zur sowjetischen Philosophie, auf einem Gebiet, in dem ihm sein Ruf vorauseilte und das ihm Stellen in Columbia und Harvard eingetragen hatte, sei ihm besser gedient. Nicht nur für seinen Lebensunterhalt, auch für die »Ausstrahlung seiner Ideen« brauche Marcuse eine

---

36 Gesprächsnotiz Gilpatric, 8. 7. 1953, RFA, RG 1.2, Series 200, b. 344, f. 3138.
37 Bewilligung, GA H 5373, 21. 6. 1953, RFA, RG 1.2, Series 200, b. 344, f. 3137.

institutionelle Basis. Daraufhin legte Marcuse die Pläne für »One-Dimensional Man« auf Eis.[38]

Die Stiftung erwies ihm damit einen größeren Dienst, als beiden damals bewusst war. Die Konsequenz dieser Entscheidung war nicht nur die beabsichtigte Eingliederung ins akademische Leben Amerikas. Die Spekulation erscheint berechtigt, dass Marcuse dieser Entscheidung auch bessere Voraussetzungen seines späten Ruhmes verdankte. Denn ob »One-Dimensional Man« – ein Projekt, das nicht grundsätzlich abgelehnt, sondern nur verschoben und später von der Rockefeller Foundation gefördert wurde – in den fünfziger Jahren eine solche Wirkung hätte entfalten können wie seit Mitte der sechziger Jahre, ist fraglich. Auf dem Höhepunkt der McCarthy-Ära trat Marcuse damit an die Stiftung heran. Das Buch wäre in der zweiten Amtszeit Eisenhowers erschienen. Auf Veranlassung der Stiftung blieb Marcuse jedoch vorerst in seiner Nische der Sowjetforschung. Das Resultat sprach für sich.

Marcuse fand nicht nur kurze Zeit später eine Professur. Seiner eigenen Aussage zufolge waren es überhaupt erst seine Kollegen am Russian Research Center in Harvard – also an dem Ort, an den die Rockefeller Foundation ihn brachte –, die ihn nach Abschluss von »Soviet Marxism« dazu drängten, wieder die Arbeit an dem Unternehmen aufzunehmen, das schließlich unter dem Namen »One-Dimensional Man« das Licht der Welt erblickte.[39] Als er sich nach der mehrjährigen Verzögerung, die er der Stiftung zu verdanken hatte, erneut dem »One-Dimensional Man« zuwandte, der dann 1964 veröffentlicht wurde, hatten sich die Rezeptionsbedingungen grundlegend gewandelt.

Marcuses Vorbild C. Wright Mills und der Autor Paul Goodman hatten eine Bresche für radikale Gesellschaftskritik geschlagen. Kennedys und Johnsons Kampf gegen Rassensegregation und Armut schärfte das öffentliche Bewusstsein für die sozialen Probleme des Landes, während ihre militärischen Verwicklungen in Kuba oder Vietnam den Protest von Studenten und Linksintellektuellen hervorriefen.

---

38 Gesprächsnotiz Deane, 2. 7. 1953 (erstes Zitat); Gesprächsnotiz D'Arms, 18. 6. 1953; Gesprächsnotiz Gilpatric, 8. 7. 1953; Gesprächsnotiz Gilpatric, 9. 10. 1953 (zweites Zitat); Gesprächsnotiz D'Arms, 16. 10. 1953 (drittes Zitat); Gesprächsnotiz Gilpatric, 29. 10. 1953; RFA, RG 1.2, Series 200, b. 344, f. 3138.
39 Vgl. Marcuse an Leo Löwenthal, 9. 12. 1956, Briefwechsel Löwenthal–Marcuse, Leo-Löwenthal-Archiv (LLA), Stadt- und Universitätsbibliothek Frankfurt am Main, LA 992: 176.

Eine Neue Linke hatte sich formiert und suchte nach intellektuellen Stichwortgebern über die maßgebliche radikale amerikanische Tradition von John Dewey, Mills, Goodman, William Appleman Williams oder Arnold Kaufman hinaus. Die 1960 aus einem gewerkschaftsnahen Studentenverband hervorgegangenen Students for a Democratic Society (SDS) forderten 1962 in ihrer Erklärung von Port Huron die partizipatorische Demokratie, den Kampf gegen Armut und Rassismus, die Zusammenarbeit mit der Dritten Welt, die Entmachtung der Rüstungsindustrie und die Beendigung des Kalten Krieges. Der SDS wurde die Kernorganisation der Neuen Linken, das Zentrum des Studentenprotests.[40] Unter diesen gegenüber den frühen fünfziger Jahren ungleich günstigeren Bedingungen begann der kometenhafte Aufstieg Marcuses als öffentlicher Intellektueller.[41]

Während die Stiftung um Marcuse warb, nahm sie eine programmatische Reformulierung des Projekts vor. Nicht allein Kommunismusaufklärung wurde gefordert, sondern auch ein methodisches Gegengewicht zum sozialwissenschaftlichen Ansatz, der in den staatlichen und akademischen Forschungsapparaten vorherrschte. Statt behavioralistischer Generalisierung war hermeneutische Annäherung notwendig. Ganz im Sinne Marcuses erhielt das Unternehmen eine ideologiekritische und ideengeschichtliche Perspektive:

»Die Erforschung des Kommunismus und besonders der UdSSR hat sich auf sozialwissenschaftliche und politische Aspekte konzentriert, während im Allgemeinen der Komplex der Ideologie vernachlässigt

---

40 Vgl. *Brick*, Age of Contradiction, S. 18–22, 24–33, 54–57, 69, 101–104, 131–145, 152–158; *Dallek*, Flawed Giant, S. 74–80, 11–121, 221–226, 322–343; *Perlstein*, Nixonland, S. 3–19, 274–294; *Flacks*, Die philosophischen und politischen Ursprünge des amerikanischen New Left; *Mattson*, Intellectuals in Action; *Miller*, »Democracy is in the Streets«; ebenda, S. 329–374, das »Port Huron Statement« vom Juni 1962; *Westerbrook*, John Dewey and American Democracy; ausführlicher dazu auch oben, Kap. IV.4., und unten, Kap. VI.6. Zur Geschichte des SDS vgl. das Standardwerk von *Sale*, SDS, das allerdings wenig Interesse an den ideengeschichtlichen Vorläufern und an theoretischen Debatten aufweist und dazu neigt, auch die Anfänge der Neuen Linken mit der Revolutionsrhetorik der späten sechziger Jahre gleichzusetzen.
41 *Wheatland*, Frankfurt School in Exile, S. 296–334, hält »One-Dimensional Man« für weniger politisch relevant als »Repressive Tolerance«, ist jedoch ebenfalls der Auffassung, dass erst die intellektuellen und politischen Bedingungen und Entwicklungen in den USA (dazu ebenda, S. 303–311) eine breitere Wahrnehmung Marcuses in der zweiten Hälfte der sechziger Jahre überhaupt erst möglich machten.

wurde – wie sieht dieser aus, wie formiert er sich, wie wird er gerechtfertigt? Da der dialektische Materialismus einen Teil seiner Kraft aus der Sphäre der Ideen zu beziehen scheint, müssen diese Ideen genauer und kritischer als bislang untersucht werden.«[42]

Auch der einflussreiche Rockefeller-Berater Mosely forderte zu diesem Zeitpunkt, Wilds Projekt in eine philosophische Kritik des dialektischen Materialismus umzuwidmen. Unabhängig von den Überlegungen Gilpatrics empfahl Mosely dafür den von ihm geschätzten und ans Russian Institute rekrutierten Marcuse.[43] Mosely brachte als Assistenten für Marcuse auch den jungen Philosophen und Ideenhistoriker George L. Kline ins Spiel, der Teile des Sowjetmarxismus-Projekts an der Columbia University bearbeitete.[44] Wild hatte mittlerweile auf Drängen der Stiftung das Russian Research Center konsultiert. Marcuses Einbindung stand nichts mehr im Wege, als er zum akademischen Jahr 1953/54 nach Harvard wechselte.[45] Der Direktor des RRC, Clyde Kluckhohn, lobte neben Marcuses philosophischer Brillanz seine russischen Sprachkenntnisse, die Wild bekanntlich fehlten, und er stellte eine Freistellung des neuen Mitarbeiters für das Rockefeller-Projekt in Aussicht.[46]

Im Sommer 1953 zog die Rockefeller Foundation einen weiteren philosophisch Sachverständigen hinzu, dessen Ansehen das von Marcuse in der Stiftung weit übertraf: Isaiah Berlin spielte in den folgenden Wochen neben Marcuse die Hauptrolle. Die beiden Denker arbeiteten im Herbst 1953 in Harvard einträchtig daran, das von John Wild erdachte Projekt zu Fall zu bringen, es ihm zu entwenden und in ein ganz anderes umzuwandeln.[47] Beide wurden von Wild zu Rate gezogen, beide gelangten zu ähnlich kritischen Einschätzungen seines Plans sowie des Zustands der sowjetischen Philosophie. Gilpatric hielt nach einem Gespräch mit Berlin fest:

---

42 Gesprächsnotiz Gilpatric, 16. 7. 1953; ähnlich Wild an Gilpatric, 8. 7. 1953; RFA, RG 1.2, Series 200, b. 344, f. 3138. Vgl. zur behavioralistischen Kommunismusforschung *Robin*, The Making of the Cold War Enemy.
43 Gesprächsnotiz Gilpatric, 17. 7. 1953, RFA, RG 1.2, Series 200, b. 344, f. 3138.
44 Gesprächsnotiz Gilpatric, 4. 12. 1953, RFA, RG 1.2, Series 200, b. 344, f. 3138.
45 Wild an Gilpatric, 22. 9. 1953, 6. 10. 1953, 9. 10. 1953; Gesprächsnotiz Gilpatric, 9. 10. 1953; Gesprächsnotiz D'Arms, 16. 10. 1953; RFA, RG 1.2, Series 200, b. 344, f. 3138.
46 Gesprächsnotiz Gilpatric, 29. 10. 1953, RFA, RG 1.2, Series 200, b. 344, f. 3138.
47 Wild an John Marshall, 24. 8. 1953; Gilpatric an Wild, 8. 10. 1953; Wild an Gilpatric, 17. 11. 1953, 24. 11. 1953; RFA, RG 1.2, Series 200, b. 344, f. 3138.

»Isaiah Berlin und W[ild] sind sich weiterhin darüber uneins, ob für die Gegenwart und die jüngste Vergangenheit von einem unabhängigen und neuen philosophischen Denken in Russland sprechen kann. B's Sicht lautet, dass es in den zwanziger Jahren viele philosophische Kontroversen in der UdSSR und eine stattliche Zahl von interessanten und einflussreichen philosophischen Schriften gegeben habe. Seitdem hätten sich jedoch die Philosophen dem politischen Dogma unterworfen, und sie käuen nur noch die Parteilinie wider. Wenn dem so ist, dann ließe sich argumentieren, dass der russische Kommunismus die Philosophie erstickt hat.«[48]

Marcuses Sicht war weitgehend deckungsgleich mit der Berlins, wie er zu Abschluss seines Vorhabens bekräftigte, so dass er an die Stelle einer Analyse der gedankenarmen sowjetischen Philosophie sein Interesse an der Entwicklung des Marxismus setzte. Seine Absicht habe darin bestanden, zu sondieren, ob ein umfangreiches Projekt zur sowjetischen Philosophie gerechtfertigt sei. »Ich bin zu der Schlussfolgerung gelangt, dass dem nicht so ist: Die sowjetische Moralphilosophie ist ebenso wie die anderen Hauptrichtungen der sowjetischen Philosophie, die ich untersucht habe, untrennbar Teil des sowjetischen Marxismus und kann sinnvollerweise auch nur in diesem Zusammenhang diskutiert werden.« Forschungen zum Marxismus-Leninismus mussten demnach den Weg der Ideologiekritik beschreiten.[49]

3. Berlin und Stalin

Marcuse und Berlin waren sich womöglich während des Krieges in Washington begegnet, auch wenn Berlin sich später nicht daran erinnerte, jedenfalls begann dort die Freundschaft Berlins mit den R&A-Mitarbeitern Arthur Schlesinger und Carl Schorske.[50] Berlin stand seit 1940 in den Diensten der britischen Regierung und war Teil der Propagandaoperation, die Amerika zum Kriegseintritt bewegen sollte. Danach wurde er zur Aufklärung der amerikanischen Presse-

---

48 Gesprächsnotiz Gilpatric, 4. 12. 1953; ebenso im Telefonat mit Gilpatric, Gesprächsnotiz, 12. 12. 1953; RFA, RG 1.2, Series 200, b. 344, f. 3138.
49 Marcuse an Gilpatric, 14. 5. 1956, RFA, RG 1.2, Series 200, b. 344, f. 3138.
50 Ausführlicher zum Folgenden vgl. *Müller*, Der Intellektuelle, der aus der Kälte kam.

und Meinungslandschaft an die Botschaft in Washington versetzt. Seine »Weekly Political Reports« erreichten die Spitzen des Außen- und des Informationsministeriums. Winston Churchill war ein eifriger Leser der glänzend, oft ironisch formulierten Memoranden. Berlins Berichte registrierten das Misstrauen gegenüber Stalin und der Sowjetunion, das selbst auf dem Höhepunkt der alliierten Zusammenarbeit nie erloschen war. Sie hielten einen »Anstieg des antirussischen Geredes« bei Kriegsende fest und lieferten eine Analyse der amerikanischen Kommunisten, die viel nüchterner war als die Rhetorik des »Red Scare«, der Kommunistenangst, wie sie auch Berlins Freund Schlesinger pflegte.[51] Dabei bemerkte Berlin, dass der KP-Chef Earl Browder vor seiner Absetzung stand, weil er den jüngsten Wechsel der Parteilinie verpasst hatte.[52]

Auf diesem Umweg wurde Berlin in die Aufklärung der Sowjetunion eingeführt, was seine intellektuelle Biographie nicht nur der folgenden Jahre zutiefst prägte.[53] In Harvard war Berlin zudem 1949/50 mit den Russian Research Center verbunden.[54] Für ein Jahrzehnt trat Berlin als einer der führenden Experten für sowjetische Zeitgeschichte hervor. Das war der Berlin, dessen Rat die Rockefeller Foundation wiederholt suchte. In diesen Jahren und an diesem Gegenstand entdeckte Berlin zugleich sein großes philosophisches Thema. Stalin, die

---

51 Vgl. etwa *Schlesinger*, A Life in the 20th Century, S. 394–417; *Oshinsky*, A Conspiracy So Immense, S. 85–102.
52 *Nicholas* (Hg.), Washington Despatches, S. 91 (12. 10. 1942), 157 f. (28. 2. 1943), 159 (7. 3. 1943), 444 (5. 11. 1944), 451 (11. 11. 1944), 496 (14. 1. 1945), 549 (21. 4. 1945), 569 f. (1. 6. 1945), 570 f. (2. 6. 1945).
53 Während eines Aufenthalts in der Sowjetunion, der ihn auch zu Anna Achmatowa und Boris Pasternak führte, verfasste Berlin für das britische Außenministerium im Dezember 1945 einen Bericht zur Lage der sowjetischen Kunst und Literatur sowie eine kürzere Denkschrift über seinen Besuch in Leningrad. Nach seiner Rückkehr war er weiter als sachkundiger Berater gefragt. Im April 1946 trug er am Royal Institute of International Affairs zu den Gründen der sowjetischen Selbstisolation vor, 1947 ließ ihm die Botschaft in Moskau ein Memorandum zur Philosophie in der Sowjetunion nach Schdanows Säuberungsaktion zur Begutachtung zukommen, zwei Jahre später hielt er eine Vorlesung über »Demokratie, Kommunismus und das Individuum« am Mount Holyoke College. 1951 entstand seine große Analyse von Stalins Regierungskunst, die im Jahr darauf in *Foreign Affairs* erschien. Nach seinem zweiten, kürzeren Aufenthalt in der Sowjetunion 1956 entstand ein Reisebericht, den Berlin 1957 zu einem weiteren Artikel für *Foreign Affairs* ausweitete. Vgl. *Berlin*, The Soviet Mind, S. xix–xxxix; *Ignatieff*, Isaiah Berlin, S. 219, 222 f., 246–268.
54 HUA, RRC, HUF 749.148.50, List of Staff Members; vgl. *Ignatieff*, Isaiah Berlin, S. 246–249.

sowjetische Intelligenzija, die Geschichte politischer Ideen und Ideologien und schließlich der Freiheitsbegriff bildeten einen historisch untrennbar miteinander verwobenen Komplex. Der Schlüssel, der Berlin diesen Zusammenhang eröffnete, waren die abrupten Wechsel der Parteilinie, die er in den USA beobachtet hatte und in den ersten Texten über die Sowjetunion weiter beschrieb, immer präziser und historisch reflektierter, bis ihm schließlich die Logik des Stalinismus aufging.[55]

Stalins Herrschaft war Berlin zufolge nur zu verstehen, wenn man die Rolle der Ideologie würdigte. Vor dem außenpolitischen Establishment Großbritanniens warb Berlin beinahe um Verständnis für das irrational anmutende Misstrauen der Sowjetunion gegenüber dem Westen, das eine rationale Grundlage in der historischen Situation und den unangefochten gültigen ideologischen Prämissen einer »sehr rohen und einfachen Form des Marxismus« hatte. Der Glaube an die unvermeidlichen inneren Konflikte des Kapitalismus musste sich auf die Außenpolitik niederschlagen. Die sowjetische Politik des Misstrauens entsprang der Doktrin von der permanenten Bedrohung durch die kapitalistischen Mächte. Im Innern der Sowjetunion entdeckte Berlin widerstrebende professionelle Diskurse innerhalb des bürokratischen Apparats, doch die Klammer, die alles zusammenhielt, war die Verpflichtung auf die ideologische Linie, die von Stalin ausging. Die sowjetische Innenpolitik glich in der Analyse des Ideologiekritikers und Ideenhistorikers Berlin darum einer gigantischen Indoktrinierungsmaschine – sie erinnerte ihn weniger an ein Gefängnis als an eine Schule. Das Ziel der Sowjetunion war, zuerst mit dem Westen gleichzuziehen, um ihn dann zu überwinden. Die totalitäre Gesellschaft der Sowjetunion war eine Erziehungsdiktatur.[56]

Dieses Motiv spann Berlin fort in einer Rede, die ihm 1949 erstmals großes öffentliches Aufsehen eintrug. Trotz der gemeinsamen rationalistischen Wurzeln von Liberalismus und Kommunismus wurde die Unvereinbarkeit der beiden Denksysteme auf dem Feld der Erziehung und Bildung deutlich. Die neue Intellektuellenklasse bekämpfte »Neugier um ihrer selbst willen, den Geist unabhängigen, individuellen Forschens, das Verlangen, Schönes um seiner selbst willen zu betrachten oder zu erschaffen«. Die sowjetische Intelligenz hatte sich Stalins Wort von den »Ingenieuren der menschlichen Seele« verdient. Die Funktion dieser Ingenieure erschöpfte sich darin, das Individuum

---

55 Vgl. *Berlin*, The Soviet Mind, S. 1–27, 90–97.
56 Ebenda, S. 92–94.

an den Apparat anzupassen.⁵⁷ Berlin erkannte in der totalitären Kontrolle des Denkens die politische Kraft der Ideen und ihrer ideologischen Verdichtungen. Es war das Zeitalter der »fighting faiths«.⁵⁸ Aus jeder Zeile sprach Berlins Wille, sich als Sachwalter der russischen Intelligenzija niemals mit der Deformierung des Intellektuellen zum Seelen-Ingenieur, zum totalitären Volkserzieher, zum *terrible simplificateur* und Indoktrineur abzufinden. In diesem persönlichen, beinahe physischen Reflex wurzelte sein Freiheitsbegriff.

Methodisch wie politisch gingen seine Prämissen von der Analyse der Sowjetgesellschaft und der Regierungskunst Stalins aus. Eines von Berlins brillantesten Stücken entschlüsselte die künstliche und zugleich kunstvolle Dialektik, der sich das Überleben der Sowjetunion verdankte, ihre Selbstbehauptung wider die historische Wahrscheinlichkeit. Es waren Berlins »Sources of Soviet Conduct«, seine Antwort auf zwei kanonische Schriften des frühen Kalten Krieges, auf den gleichnamigen Aufsatz und das vorausgehende »Lange Telegramm« seines Freundes George Kennan. Kennan hatte die Dauer der sowjetischen Herrschaft kürzer, ihre Stabilität geringer, ihre Expansionsgelüste größer, die Bedeutung der marxistischen Ideologie geringer und instrumenteller eingeschätzt hatte als Berlin – und lag in diesen Punkten falsch, was seinen Einfluss nicht minderte.⁵⁹

Dagegen verteidigte Berlin den politischen Sinn der Ideengeschichte, als er Stalins außenpolitische Kurswechsel seit den zwanziger Jahren lückenlos auf die Anwendung einer vereinfachten Version des historischen Materialismus, der Doktrin einander abwechselnder Phasen, zurückführte: In revolutionären Situationen, bei der Diagnose einer akuten Krise des Kapitalismus, musste die Macht vollständig errungen werden, wurden Verbündete liquidiert oder verstoßen; in nichtrevolutionären Situationen, Schwächephasen, gewann die Sowjetunion

---

57 Ebenda, S. vii; *Ignatieff*, Isaiah Berlin, S. 249–251; John H. Fenton, »Study of Marxism Backed at Parley. UN Institute at Holyoke Told Russian Revolution Was Paramount Event«, *New York Times*, 29. 6. 1949; *Berlin*, Attitude on Marxism Stated. Dr Berlin Amplifies His Remarks Made at Mount Holyoke, *New York Times*, 8. 7. 1949, S. 18; ein Entwurf und eine Mitschrift der Rede sowie Berlins Leserbrief finden sich unter http://berlin.wolf.ox.ac.uk/published_works/singles/attitude.pdf; http://berlin.wolf.ox.ac.uk/lists/nachlass/dem comind.pdf; http://berlin.wolf.ox.ac.uk/lists/nachlass/speech.pdf; alle zuletzt besucht am 12. 8. 2007.
58 *Berlin*, The Soviet Mind, S. 133.
59 Vgl. etwa *Gaddis*, Strategies of Containment, S. 24–86; *Hixson*, George F. Kennan, S. 47–98; zu Kennan vgl. auch oben, Kap. I. und III.1.

Stärke durch Zweckbündnisse, Volksfronten, humanistische und liberale Verkleidungen, die Beschwörung einer friedlichen Koexistenz.[60] Auch hinter der enigmatischen Innenpolitik der Sowjetunion, der scheinbaren Selbstzerstörung der Führung in permanenten Säuberungen, erkannte Berlin ein ideologisches Prinzip, eine kunstvolle Dialektik, die er Stalins genialen Beitrag zur Kunst des Regierens nannte.[61] Der Revolutionsführer hatte aus der Geschichte der Revolutionen seine Schlüsse gezogen. Um die Revolution zu bewahren, musste er sie immer wieder zwischen ihren beiden zwangsläufigen Entgleisungen hindurchsteuern – zwischen der Skylla des selbstzerstörerischen jakobinischen Fanatismus, der im Terror der Säuberung die Revolution vollendet, und der Charybdis postrevolutionärer, zynischer »Schlamperei« und ihres Wunsches nach Ruhe, nach thermidorianischer Entspannung, die zur Konterrevolution führen konnte, wie auch Trotzki betont hatte.

Was eine zwangsläufige historische Dynamik zu sein schien, nahm der große Regierungskünstler Stalin in seine eigenen Hände. Er half der historischen Dialektik mit untrüglichem Zeitgespür nach. Aus dem Abscheu über Stalins Methoden sprach zugleich Berlins Bewunderung für Stalins Genie, sein perfektes »timing«, seinen Sinn für den richtigen Zeitpunkt.[62] Wenn Entspannung und Liberalisierung das reibungslose Funktionieren der Herrschaftsmaschine gefährdeten, lenkte er abrupt den Kurs in Richtung jakobinischer Säuberung und permanenter Mobilisierung, doch bevor die Revolution all ihre Kinder gefressen hatte, lockerte er wieder ein wenig die Zügel. Der stete Umschlag, die permanente Mobilisierung hielt die Sowjetbürger in Atem und jede Destabilisierung fern. Die totalitäre Kontrolle des Denkens war erfolgreich, weil sie um des eigenen Überlebens willen von jedem Einzelnen selbst vollzogen wurde.[63] Stalin war der Herrscher über diesen hochkomplexen Apparat, doch auch er war der Ideologie unterworfen, aus der sich erst seine Herrschaft legitimierte: »Selbst Stalin kann nicht die Grundlagen der Ideologie verändern, ohne das gesamte System zu gefährden.«[64]

---

60 Vgl. *Berlin*, The Soviet Mind, S. 98–102.
61 Vgl. ebenda, S. 114f.
62 Ebenda, S. 107f., 114f., 146.
63 Besonders für Intellektuelle wie Funktionäre war es eine Frage von Leben oder Tod, ob ihr Gehör fein genug eingestellt war, um die jüngste Änderung der Parteilinie zu erfassen; vgl. ebenda, S. 103–114.
64 Ebenda, S. 111.

Und genau darum ging es Stalin: um die Erhaltung des Systems. Sein »Zickzack« rettete die Revolution vor Zweifeln der Bürger sowie vor außenpolitischen Gefahren.[65] Stalins Herrschaftsdialektik war die künstliche Synthese aus Rechts- und Linksabweichungen. Die permanente ideologische Mobilisierung garantierte Dauerhaftigkeit. »Sosehr diese monströse Maschine für Schwierigkeiten und Gefahren anfällig sein mag, dürfen ihr Erfolg und ihre Überlebensfähigkeit nicht unterschätzt werden. Ihre Zukunft mag ungewiss sein, sogar prekär; sie mag Fehler machen und Schiffbruch erleiden, oder sich graduell oder in einer Katastrophe wandeln; doch sie ist nicht notwendigerweise zum Untergang verurteilt.«[66] Damit stellte sich Berlin gegen fanatische Antikommunisten, die gleichzeitig die unheimliche Macht des sowjetischen Bösen heraufbeschworen und ihren unmittelbar bevorstehenden Untergang ankündigten.[67] Berlin dachte über Stalins Tod hinaus. Auch wenn niemand so meisterlich wie dieser die Herrschaftsdialektik beherrschen würde, rechnete Berlin 1951/52 mit ihrer Fortsetzung.[68] Denn was er Stalin zuschrieb, war Berlins eigene Erkenntnis: Die Möglichkeit des Untergangs war in der eigenen Ideologie angelegt.[69] Stalins Kurswechsel mussten auch verhindern, dass dem humanistischen Potential des Marxismus zu viel Spielraum gewährt würde. Aus diesem Grund hatte Stalin selbst Lenins autoritäre Verschärfung des Marxismus, wie Berlin wenig später ausführte, noch ihrer utopischen Elemente beraubt, um der eigenen Ideologie den vermeintlich letzten subversiven Stachel zu ziehen.[70] Es kam genau so, wie Berlin prophezeit, aber nicht erwartet hatte: Als später der »Sozialismus mit menschlichem Antlitz« wiederentdeckt wurde, trug dies nicht zur Selbsterhaltung des sowjetischen Systems bei, sondern führte zu dessen Auflösung.[71]

Nach Stalins Tod unterzog Berlin seine Deutung einer sanften Revision. Die Dialektik war immer noch intakt, schrieb er 1956/57, doch das Pendel schlug nicht mehr so weit aus. Die Umschläge waren immer noch gefährlich, aber nicht mehr tödlich. Noch schärfer formu-

---

65 Ebenda, S. 114f.
66 Ebenda, S. 117f.
67 Vgl. ebenda, S. 116.
68 Vgl. ebenda, S. 115–118.
69 Vgl. ebenda, S. 107, 115.
70 Vgl. ebenda, S. 139, 142–145, 155f., 163.
71 Vgl. *Kotkin*, Armageddon Averted; *Melvyn P. Leffler*, For the Soul of Mankind, S. 338–450; *Stöver*, Der Kalte Krieg, S. 437–462.

lierte er nun die Aufhebung aller Grenzen zwischen dem Privaten und dem Öffentlichen in der totalitären Gesellschaft, die erzwungene wie freiwillige ideologische Durchdringung noch der letzten Kapillare der Gesellschaft und des Denkens. Gegen dieses Übel setzte er seinen Freiheitsbegriff.[72] Zugleich hielt er fest, dass dieser totalitäre Moment, um den sein politisches Denken als Gegenpol und Schreckbild fortan kreisen sollte, bereits abgelaufen war. Zwar gab es keine Rückkehr in die zwanziger Jahre, die Berlin als goldenes Zeitalter künstlerischen Experiments und intellektueller Debatte beschwor.[73] Doch öffneten sich unter Stalins technokratischen Nachfolgern Nischen der Dissidenz und der »inneren Emigration«, die in der Hochphase des Stalinismus undenkbar waren.[74]

Das erste Stück von Berlins Klassiker »Four Essays on Liberty«, seine erste Artikulation schlechthin als Philosoph der Freiheit, entstand in seinen sowjetischen Jahren und wurde 1950 als »Political Ideas in the Twentieth Century« in *Foreign Affairs* veröffentlicht, wo auch seine Stalin-Deutungen erschienen. Es war unmittelbar und explizit auf Stalins Herrschaft bezogen.[75] Auf den ersten Seiten entwarf Berlin seine Methode der Ideengeschichte,[76] um sie dann am russischen Marxismus vorzuführen. Analytische wie sprachliche Parallelen zur Deutung des Stalinismus als Gesellschaft der permanenten ideologischen Mobilisierung sind offensichtlich.[77] Abscheu vor Frageverboten, vor dem Intellektuellen als »Ingenieur der Seele«, brach erneut vehement durch den Text.[78] Negative Freiheit hieß hier: das Andere im Angesicht des Stalinismus, in Erweiterung: des Totalitarismus, jenes Erzfeindes des freien Austauschs von Ideen.[79] Aus rein professionellen Gründen musste der Ideenhistoriker ihm bereits trotzen. Schon in diesem ersten vollendeten Zeugnis seines großen Themas deutete Berlin allerdings auch seinen positiven Freiheitsbegriff an, wieder in Form einer ideengeschichtlichen Exemplifizierung, und zwar der Freiheitsidee des 19. Jahrhunderts, die in den angelsächsischen Ländern noch

---

72 Vgl. *Berlin*, The Soviet Mind, S. 134.
73 Vgl. ebenda, S. 2f., 23, 26, 135–141, 161.
74 Ebenda, S. 149f., 161f.
75 Vgl. *Berlin*, Liberty, S. 55–93, hier S. 55.
76 Vgl. ebenda, S. 55–61.
77 Vgl. mit den oben ausgeführten Begriffen und Bildern über den Stalinismus u. a. die Formulierungen und Konzepte ebenda, S. 72–74, 76f., 81f.
78 Ebenda, S. 82f.
79 Vgl. ebenda, S. 61, 85–87.

lebendig sei. Präziser gesagt, verwies er auf eine pragmatische Versöhnung der als Prinzipien unversöhnlichen und widerstreitenden Ideale der Freiheit und der Gleichheit: Er nannte Roosevelts New Deal »diese große liberale Unternehmung, diesen mit Sicherheit konstruktivsten Kompromiss zwischen individueller Freiheit und wirtschaftlicher Gleichheit, den unser Zeitalter erlebt hat«.[80]

Berlins Deutung der sowjetischen Herrschaftsdialektik erinnert an Marcuses dialektische Analysen in »Soviet Marxism«. Die materiellen und intellektuellen Berührungspunkte vermittelte nicht zuletzt die Rockefeller Foundation. Nicht nur hier, um dies abschließend festzuhalten, deckt sich Berlins Ruf als liberal-konservativer Kalter Krieger kaum mit dem historischen Befund. Der fanatische Antikommunismus des Kalten Krieges war ihm als verhängnisvolle und maßlose Ideologie ein Dorn im Auge.[81] Berlin rettete Marx aus den Klauen seiner leninistischen und stalinistischen Nachfahren, deren intellektuelle Gewalt Marx mit »Schrecken« erfüllt hätte.[82] Den Abgrund des Kommunismus erklärte er damit, dass ein rationalistischer Diskurs – der Marxismus – vom rechten und romantischen Irrationalismus, Voluntarismus und Autoritarismus infiltriert worden sei, wodurch erst das totalitäre Syndrom entstanden sei. Der vom »big business« unterstützte Faschismus verzichtete im Unterschied zum Kommunismus jedoch selbst auf den Schleier des Rationalismus und Humanismus.[83] Am Stalinismus demonstrierte Berlin seine »Dialektik der Aufklärung«, deren Geltungsbereich er auf den Westen ausdehnte – die Herrschaft einer technokratischen »Elite von Experten«, die in ihrem Versuch, den Naturverlauf zu kontrollieren, Menschen wie Dinge behandelte, um sie an die historischen Kräfte anzupassen.[84] Isaiah Berlin hatte viele Gesichter. Er selbst hielt sich trotz allem für einen »Mann der Linken«, einen liberalen Sozialdemokraten.[85]

---

80 Ebenda, S. 84.
81 Vgl. etwa *Berlin*, The Soviet Mind, S. xxiv, xxix, xxxi, 39; *Ignatieff*, Isaiah Berlin, S. 258f.
82 *Berlin*, Liberty, S. 77f., 86f., wo es etwa auch heißt: »That the disciples of those who first exposed the idolatry of ideas frozen into oppressive institutions – Fourier, Feuerbach and Marx – should be the most ferocious supporters of the new forms of ›reification‹ and ›dehumanisation‹ is indeed an irony of history.«
83 *Berlin*, Liberty, S. 75–77, 79f.
84 Ebenda, S. 85.
85 *Ignatieff*, Isaiah Berlin S. 256, 303.

4. In den Netzen der Sowjetforschung

Berlin und Marcuse brachten mit parallelen politischen Argumenten gemeinsam Wilds Projekt zu Fall. Die Rockefeller-Stiftung hegte daher Zweifel an der politischen Vernunft Wilds. »Er ist weiterhin ziemlich naiv und gleichgültig gegenüber den politischen und internationalen Folgen, die das Projekt und das Buch nach sich ziehen werden«, lautete das Urteil, das zum Todesstoß für sein Projekt führte.[86] Dieser Vorwurf traf hingegen weder Berlin noch Marcuse. Es mutet wie ein Kuriosum der Intellektuellengeschichte an, dass sich Marcuse als der bessere Kalte Krieger erwies, weil er als Kritischer Theoretiker um die politisch-soziale Bedingtheit jedes Denkens wusste. Wild hingegen warf in seinen Anträgen und Briefen mit den Parolen des Kalten Krieges um sich, ohne deren politisch aufgeladene Semantik zu begreifen. Denn er blieb einem existentialistischen Diskurs verhaftet, der die Reinheit philosophischer Erkenntnis postulierte. Wild reflektierte ausweislich seiner Stellungnahmen zur sowjetischen Philosophie zu keinem Augenblick, dass in einer Gesellschaft, die sowohl Marcuse in »Soviet Marxism« als auch Berlin totalitär nannten, das Geschäft des Philosophen politisch beeinträchtigt oder beschädigt sein könnte.

Vier Tage nach einem Telefonat mit Berlin ließ die geisteswissenschaftliche Abteilung der Rockefeller-Stiftung John Wild die endgültige Ablehnung seines Vorhabens zustellen. Zur Begründung wurde die Einschätzung Berlins und Marcuses variiert: »Insbesondere sind wir noch nicht davon überzeugt, dass es in Russland genug gibt, was von wirklichem philosophischen Wert ist.« Stattdessen zog Rockefeller vor, einen sach- und sprachkundigen Experten mit einer Pionierstudie zu beauftragen, der eine »genaue Einschätzung der Entwicklung des dialektischen Materialismus in der UdSSR« vornehmen und dabei den politischen Kontext reflektieren sollte. Ausdrücklich ging die Zielvorgabe über eine philosophische Bestandsaufnahme hinaus, Denken und Politik wurden darin verknüpft: »erstens ein besseres Verständnis der Rolle, die die Philosophie für die russischen Entscheidungen und Handlungen spielt, und zweitens eine Analyse und Kritik der Philosophie selbst, sofern sich erweist, dass sie ernsthafte Beachtung verdient«.[87]

---

86 Gesprächsnotiz Gilpatric, 4. 12. 1953, RFA, RG 1.2, Series 200, b. 344, f. 3138.
87 Fahs an Wild, 16. 12. 1953; Gesprächsnotiz Gilpatric, 12. 12. 1953; RFA, RG 1.2, Series 200, b. 344, f. 3138.

Die Durchführung wurde Marcuse übertragen. Die Stiftung beschloss, für die Dauer des Projekts mit 9900 US-Dollar die Finanzierung seiner Stelle am RRC und teilweise eines Assistenten zu übernehmen.[88] Zum Frühjahrsbeginn 1954 war es schließlich so weit. Gilpatric schärfte Marcuse ein, nicht vorrangig den Einfluss der Philosophie auf die Gesellschaft, sondern die philosophischen Ideen selbst zu untersuchen; »die Schlüsselfrage lautet, was die jüngere und gegenwärtige russische Philosophie im Unterschied zur Propaganda auszeichnet«. Marcuses Plan, seine »Pilotstudie« exemplarisch am Gegenstand der »Ethik und Gesellschaftsphilosophie« vorzunehmen, stieß auf Zustimmung. In diese Richtung sollte auch sein Mitarbeiter Kline vorstoßen. Abgesehen von der Sorge, Marcuse könnte den gesellschaftlichen Effekten zu viel Aufmerksamkeit schenken, deckte sich Marcuses selbsterklärte Absicht vollständig mit den Erwartungen der Stiftung. Er hatte vor,

»zu untersuchen, ob die sowjetische Gesellschaftsphilosophie Ideen und Werte aufweist, die in dem Sinne originell sind, dass sie wesentlich zur westlichen Tradition, einschließlich der marxistischen Tradition, beitragen oder von dieser abweichen. Dieser Frage wird in zwei Untersuchungsschritten nachgegangen:

Zu erforschen ist, ob es eine sowjetische Gesellschaftsphilosophie gibt, die aufgrund ihres Inhalts, ihrer Schlüssigkeit und der Gültigkeit ihrer Ideen es auf der philosophischen Ebene mit der westlichen Philosophie aufnehmen kann (als *Weltanschauung*), oder ob die sowjetische Philosophie ihre Fortdauer und Wirkung vorrangig politischer Macht und Propaganda verdankt.

Wenn die Antwort auf (1) zustimmend ist, sind die Ideen und Wertesysteme in der sowjetischen Gesellschaftsphilosophie aufzuzeigen und zu analysieren, die eine echte Herausforderung für die Tradition der westlichen Zivilisation darzustellen scheinen.«[89]

Zu diesem Zweck nahm Marcuse sich vor – wie es dann in »Soviet Marxism« auch geschah –, umfangreiches Quellenmaterial heranzu-

---

88 Gesprächsnotiz Gilpatric, 28. 12. 1953; RFA, RG 1.2, Series 200, b. 344, f. 3138.
   Am selben Tag noch erfolgte die obligatorische Sicherheitsüberprüfung, erwartungsgemäß konnte der zuständige Sachbearbeiter nach Auflistung aller durchgesehenen Listen berichten: »His name was not found.« Aktenvermerk »mvc«, 28. 12. 1953, RFA, RG 1.2, Series 200, b. 344, f. 3138.
89 Gesprächsnotiz Gilpatric, 26. 3. 1954, im Anhang Marcuses Entwurf »Study of Soviet Social Philosophy«, RFA, RG 1.2, Series 200, b. 344, f. 3138.

ziehen, Zeitungen, Zeitschriften und politische Dokumente ebenso wie philosophische Schriften und Lehrbücher. Die Trennung von Politik und Philosophie als zwei autonome Sphären gab es in der Sowjetunion nicht, wie man aus Marcuses Grundkonzeption ableiten konnte. Diese Deutung deckte sich mit dem sozialistischen Selbstbild der Sowjetunion ebenso wie mit der Totalitarismustheorie. Der offizielle Antrag folgte Marcuses Entwurf. Der Kritiker des Kalten Krieges saß zusammen mit seinem Assistenten George Kline nun für eine Weile an einer Schaltstelle des Ideenkrieges, wie schon einmal in R&A und im OIR.[90] Marcuse erhielt Unterstützung von allen Seiten. Kluckhohn, der sich zuvor nur zur bestenfalls ambivalenten Begutachtung von Wilds Projekt durchringen konnte, drückte seine Erwartung aus, Marcuse werde etwas von großem Wert für die Sowjetforschung leisten.[91] Das ist umso bemerkenswerter, als der Anthropologe Kluckhohn selbst in einem behavioralistischen Kontext operierte, in dem der philosophisch-hermeneutische Ansatz für gewöhnlich unter Verdacht stand, für Feindanalysen nicht zu taugen, weil er die verständnisvolle Auflösung des Feindes durch kulturelle Einfühlung betreibe. Das minderte allerdings nicht Kluckhohns Hochschätzung des Philosophen, die sich bei der Lektüre von »Eros and Civilization« bestätigte.[92]

Das RRC war nach dem Russian Institute an der Columbia University das zweite Zentrum der Russlandforschung, das im Kalten Krieg in Amerika gegründet worden war. Zumindest in der Anfangszeit hatte es einen methodisch schärferen Zuschnitt und ein deutlicheres Forschungsprofil als das Russian Institute, und es war noch enger mit den Staatsapparaten verzahnt. Der philanthropische Hauptsponsor war in diesem Fall die Carnegie Corporation. In den ersten vier Jahren investierte sie mehr als eineinhalb Millionen US-Dollar in das Institut, beinahe die Hälfte des Gesamtumfangs ihrer sozialwissenschaftlichen

---

90 Kluckhohn an Rockefeller Foundation, 26. 3. 1954; McGeorge Bundy an Rockefeller Foundation, 12. 4. 1954; Marcuses leicht überarbeitete Beschreibung liegt beiden Anträgen bei und ist hier auf den 18. 3. 1954 datiert; RFA, RG 1.2, Series 200, b. 344, f. 3138; Bewilligung GA H 5425, 26. 4. 1954, RFA, RG 1.2, Series 200, b. 344, f. 3137.
91 Tagebuch Gilpatric, 26. 1. 1954; Gilpatric an Wild, 29. 12. 1953; Gesprächsnotiz Gilpatric, 18. 1. 1954, 15. 2. 1954; RFA, RG 1.2, Series 200, b. 344, f. 3138.
92 *Clyde Kluckhohn*, »A Critique on Freud«, *The New York Times Book Review*, 27. 11. 1955; vgl. *Robin*, The Making of the Cold War Enemy, S. 3–15, 41–46, 54–56, 86–90, 126–131; *Marcuse*, Eros and Civilization.

Förderungen.[93] Selbst in der politisch aufgeladenen Atmosphäre der Russlandforschung stach das RRC in seinen Anfangsjahren aufgrund seiner engen Verbindungen zu Militär, CIA und FBI heraus.[94] Es waren allerdings nicht die staatlichen Dienste, die auf Forschung und Personalpolitik Einfluss nahmen. Stuart Hughes verlor seine Stellung als stellvertretender Direktor des Zentrums, kaum dass er sie erhalten hatte, weil er der um ihr öffentliches Ansehen besorgten Carnegie Corporation politisch zu unverlässlich, also zu links war. In den Akten der Carnegie Corporation findet sich keine Spur dieser politischen Entzweiung. Hughes taucht dort im Frühjahr 1948 in der Gründungsphase des RRC auf, um im Herbst wieder zu verschwinden. Zwischenzeitlich hatte die Carnegie Corporation von Hughes' politischem Engagement für Henry Wallace und die Progressive Party erfahren.[95]

Das RRC war vor allem in seiner Anfangsphase eine Hochburg des Behavioralismus. Die Kommunismusforschung wurde durch die Brille universalisierender psychologischer Erklärungsmuster betrieben. Kluckhohn war selbst ein bedeutender Vertreter des Behaviora-

---

[93] Zur Geschichte des RRC vgl. jetzt vor allem *Engerman*, Know Your Enemy, S. 43–70, 180–205; außerdem *Kluckhohn*, Russian Research at Harvard; *O'Connell*, Social Structure and Science; *Unger*, Ostforschung in Westdeutschland, S. 381–402; die Archivbestände des RRC sind aufgrund von Schutzfristen nur begrenzt einzusehen in den HUA, Russian Research Center, UAV 759 und HUF 759; die RRC-Förderungsakten der Carnegie Corporation befinden sich in CUL, RBML, Carnegie Corporation of New York (CCNY) Collection, Series III A, Grant Files, b. 164, f. 4–8; zur Finanzierung Memo John Gardner, 13. 10. 1947; CCNY an Harvard University, 17. 10. 1947; ebenda, f. 4; CCNY an James Conant, 21. 5. 1948, ebenda, f. 5; CCNY an Harvard University, 20. 1. 1950; Memo CCNY, 29. 1. 1951; ebenda, f. 6.
[94] Vgl. *Diamond*, Compromised Campus, S. 50–110; eine gewissermaßen offizielle Geschichte der Carnegie Corporation, ungetrübt von politischen Verwicklungen, erzählt *Lagemann*, The Politics of Knowledge.
[95] Hughes wurde aus dem State Department abgeworben und taucht in den Unterlagen der Carnegie Corporation anfangs als Wunschkandidat auf. Doch wenige Monate später ist lediglich zu erfahren, dass sein Gehalt umgewidmet wurde und daraufhin der geisteswissenschaftlichen Fakultät der Harvard University zufloss. Vage Andeutungen zum politischen Hintergrund des Falls finden sich erst Jahre später in einem Memorandum for Counsel, 8. 7. 1952; CUL, RBML, CCNY Collection, Series III A, Grant Files, b. 164, f. 4, 5, 7. Die Lücken in den Akten der Carnegie Corporation thematisiert auch die umfassendste Rekonstruktion des Falls durch *Diamond*, Compromised Campus, S. 69–79; vgl. auch *Hughes*, Gentleman Rebel, S. 205–209; *O'Connell*, Social Structure and Science, S. 115–120, 133–138; *Novick*, That Noble Dream, S. 330f.; *Lipset/Riesman*, Education and Politics at Harvard, S. 184f. Zu Wallace und der Progressive Party vgl. unten, Kap. VI.1.

lismus. Im Krieg stand er unter anderem General Douglas MacArthur im Pazifik als Berater zur Verfügung.[96] Erhebliche Mittel der amerikanischen Luftwaffe flossen an das RRC. Viel direkter und viel offensichtlicher als das Russian Institute war das Russian Research Center mit der psychologischen Kriegführung verknüpft. In direkter Fortsetzung von Fragestellungen und Grundannahmen, die sich im Zuge des »Project Troy« ergeben hatten, erforschte das RRC die Schwächen der sowjetischen Gesellschaft, um der politischen Kriegführung Ansatzpunkte zu liefern. Als mit Unterstützung der Truman-Regierung 1951 eine Nachfolgeoperation zu »Troy« unter dem Namen »Soviet Vulnerabilities Project« eingeleitet wurde, waren Clyde Kluckhohn und Barrington Moore beteiligt, ebenso Philip Mosely, Walt Rostow, McGeorge Bundy, Merle Fainsod und weitere gelehrte Ideenkrieger. Als Vertreter der Regierung nahmen Charles Bohlen, Allen Dulles, Richard Bissell und Admiral Leslie Stevens teil, um die psychologische Strategie gegen die Sowjetunion zu erörtern.[97]

Das empirische Material für diese Arbeit am RRC lieferten Befragungen von sowjetischen Flüchtlingen, die großteils in Deutschland durchgeführt wurden. Hunderte von Interviews fanden statt, zehntausend Fragebogen kamen zum Einsatz. Die Air Force gab den Auftrag und finanzierte dieses Unternehmen mit 900 000 US-Dollar. Als Stützpunkt in Deutschland diente die Russische Bibliothek in München, gegründet von einem Veteranen der Wlassow-Armee, die auf der Seite der Nationalsozialisten gegen die Sowjets gekämpft hatte. Die Bibliothek firmierte ab 1950 als Institute for Research on the History and Institutions of the USSR und wurde finanziell von der CIA und vom State Department unterhalten.[98]

Zahlreiche Bücher, Artikel und unter Verschluss gehaltene Forschungspapiere gingen aus diesem Air-Force-Projekt hervor. Das offizielle Resümee wurde zum sowjetologischen Standardwerk. Es trug

---

96 Zu Kluckhohn und der Gründung des RRC vgl. *Robin*, The Making of the Cold War Enemy, S. 3–15, 41–46, 54–56, 86–90, 126–131; *Needell*, »Truth Is Our Weapon«, S. 407; *O'Connell*, Social Structure and Science, S. 163–196.
97 Vgl. *Mitrovich*, Undermining the Kremlin, S. 117–119; zum »Project Troy« vgl. oben, Kap. I.8.
98 Vgl. *Unger*, Ostforschung in Westdeutschland, S. 386–389; *O'Connell*, Social Structure and Science, S. 251–262, 307–313; *Gleason*, Totalitarianism, S. 127 Anm. 32; *Engerman*, Know Your Enemy, S. 53; die Münchener Stelle wurde auch als Institute for the Study of the History and Culture of the USSR geführt.

den Titel »How the Soviet System Works«. Die eindeutigen Empfehlungen zur psychologischen Kriegführung, zur Destabilisierung des Systems durch Ausnutzung der Unzufriedenheit in der sowjetischen Gesellschaft, wurden gestrichen, der Hinweis auf den Auftrag der Luftwaffe blieb erhalten. Wie sich bereits im OIR gezeigt hatte, konnte die staatliche Auftragsforschung ungeachtet ihrer politischen Implikationen sachlich zutreffender sein als die akademische Wissenschaft: Gegen die Glaubenssätze der Totalitarismustheorie wies »How the Soviet System Works« auf die innere Dynamik der sowjetischen Gesellschaft hin. Das System war nicht monolithisch, und es stand nicht kurz vor dem Einsturz. Es war stabil, aber nicht unverwundbar. Wie die strategischen Denker des »Overload and Delay«-Ansatzes in den geheimen Staatsapparaten zeigten die Autoren von »How the Soviet System Works« die lähmenden Folgen der Bürokratisierung und die Überforderung der Wirtschaft auf. Dennoch genoss der sowjetische Wohlfahrtsstaat gesellschaftliche Akzeptanz. Solange Opposition isoliert wurde und das Sozialsystem funktionierte, war ein Zusammenbruch des Regimes nicht zu erwarten. Für die Zukunft rechneten Kluckhohn und seine Ko-Autoren, der R&A-Veteran Alex Inkeles und der von Marcuse geschätzte Raymond Bauer, vielmehr mit einer langsamen Liberalisierung des Systems.[99] Barrington Moore hatte bereits kurz zuvor seine auf breiter Datengrundlage beruhende Argumentation vorgelegt, wonach die Sowjetunion sich strukturell bedingt und folglich unwiderruflich auf dem Kurs der Liberalisierung befand. Der Stalinismus war vorbei. Die Zeit von Autokratie und Führerkult war abgelaufen. Die Sowjetunion reifte zur modernen Industrienation mit einem differenzierten sozialen System. Die politische Führung öffnete sich den Wünschen der Bevölkerung und setzte rationale Steuerung an die Stelle von Gewaltherrschaft. Mit anderen Worten:

---

99 Vgl. *Bauer/Inkeles/Kluckhohn*, How the Soviet System Works, S. 3f., 221–235; *Engerman*, Know Your Enemy, S. 66, 182f.; *Simpson*, Science of Coercion, S. 87, allgemeiner dazu, wie aus CIA- und Militärprojekten wissenschaftlich genutzte Standardwerke entstanden, vgl. ebenda S. 79–93; *Unger*, Ostforschung in Westdeutschland, S. 389–392; *O'Connell*, Social Structure and Science, S. 438–447; zur Bedeutung für die Totalitarismusdebatte vgl. *Gleason*, Totalitarianism, S. 127f.; zum strategischen Ansatz, dem das RRC-Projekt folgte, vgl. *Mitrovich*, Undermining the Kremlin, S. 73–82; zur R&A-Sowjetforschung, Inkeles, Bauer und Marcuse vgl. *Katz*, Foreign Intelligence, S. 137–164; Gesprächsnotiz D'Arms, 1. 5. 1953, RFA, RG 1.2, Series 200, b. 344, f. 3138.

Die Sowjetunion wurde dem hochindustrialisierten Westen immer ähnlicher.[100]

Eine noch heiklere politische Ebene beschritt das RRC, als es neben RAND oder dem gemeinsamen Geldgeber Air Force an dem Versuch teilnahm, aus dem deutschen Russlandfeldzug militärisch verwertbare Lektionen zu ziehen. Dabei tauchten immer wieder Überlegungen auf, Emigrantengruppen zu bewaffnen und hinter den »Eisernen Vorhang« einzuschleusen.[101] George Kennan dachte in diesem Zusammenhang über das Vorbild der Wlassow-Armee nach. Auch am RRC beschränkte man sich nicht nur darauf, das Wissen des deutschen Diplomaten Gustav Hilger abzuschöpfen, bevor dieser nach Deutschland entlassen und wieder zur einflussreichen Figur im Auswärtigen Amt wurde.[102] Allerdings führten diese Studien manchmal zu unerwarteten Resultaten. Gerade die Arbeit mit den Emigranten verlief oft wissenschaftlich unbefriedigend. Das war ein Grund dafür, wie Corinna Unger zutreffend festhält, dass »sich der Schwerpunkt der Untersuchung von der strategischen auf die anthropologische Ebene« verlagerte. Was als Gegnerforschung konzipiert worden war, konnte am Ende »von den originären Interessen abweichen«; die Gegnerforschung konnte sich »verselbständigen«.[103] Genau das war allerdings in der Logik der Gegnerforschung und der psychologischen Kriegführung angelegt.

Auch die wissenschaftlichen Ansätze am RRC lösten sich im Laufe der Zeit vom ursprünglichen behavioralistischen Paradigma. Ab Mitte der fünfziger Jahre entwickelte sich das RRC zu einem vergleichsweise »normalen« Zentrum der Russlandforschung. Zuvor vernachlässigte Bereiche wie die sowjetische Ideologie wurden nun zum Untersuchungsgegenstand. Marcuses Forschungen fielen in die Zeit dieser methodischen Öffnung des Russian Research Center. Jedoch unterschätzten die Interpretationen am RRC oft die politische Bedeutung der Ideologie, indem sie zum reinen Herrschaftsinstrument reduziert wurde.[104] Eine Rolle bei der Neuorientierung des RRC spielte

---

100 Vgl. *Moore*, Terror and Progress, S. 179–231; *Marcuse*, Recent Literature on Communism; Marcuse sah die Entwicklung der UdSSR zum »totalitarian welfare state« jedoch kritischer als Moore; vgl. ebenda, S. 520.
101 Vgl. dazu oben, Kap. I.7, I.8. und III.1.
102 Vgl. *Unger*, Ostforschung in Westdeutschland, S. 392–395.
103 *Unger*, Ostforschung in Westdeutschland, S. 394.
104 Vgl. *Unger*, Ostforschung in Westdeutschland, S. 395–403.

der R&A-Veteran Barrington Moore.[105] Von der USSR Division war er noch vor Kriegsende zur Central European Section gekommen, wo er eine lebenslange Freundschaft mit Marcuse schloss. Von allen amerikanischen Kriegskameraden war er der engste Gefährte Marcuses. Sie blieben einander bis zu Marcuses Tod verbunden.[106]

Der Soziologe Moore hatte nach dem OSS zwei Jahre an der University of Chicago verbracht und kam 1947 nach Harvard, wo er am RRC und an Parsons' Department of Social Relations angestellt war. Mit Kluckhohn verstand er sich hervorragend. Das behavioralistische Paradigma oder die Zusammenarbeit mit der Luftwaffe stellten für ihn kein Problem dar. Moore operierte zweigleisig. Auch er war in das Interviewprojekt mit seinen behavioralistischen Kategorien und strategischen Intentionen eingebunden und reiste zu diesem Zweck nach München. Er nahm ausdrücklich Stellung zu Fragen der psychologischen Kriegführung und war wie Allen Dulles oder Richard Bissell Teil des »Soviet Vulnerabilities Project«.[107] Gleichzeitig legte er behavioralismuskritische ideengeschichtliche und soziologische Abhandlungen zur sowjetischen Ideologie und Machtstruktur vor.[108]

Diese Untersuchungen bündelte er zu seiner Studie »Soviet Politics – The Dilemma of Power« mit dem bezeichnenden Untertitel »The Role of Ideas in Social Change«. Der erste Teil des Buches hatte

---

105 Moore an Kluckhohn, Langer, 23. 2. 1954, HUA, RRC, UAV 759.10, b. 23, f. Barrington Moore 1953/54.
106 Moore legte sogar Geld an, damit Marcuse im Alter nicht nur auf seine Ruhestandsbezüge als Professor angewiesen war; HUA, Moore Papers, b. 7, f. Marcuse Trust; b. 10, f. Marcuse Trust 1979. Vgl. auch die mit biographischen Impressionen durchsetzte Skizze von *Smith*, Barrington Moore.
107 Moore an Kluckhohn 14. 11. 1949; Moore an Kluckhohn, 25. 1. 1950; Moore an Kluckhohn, Inkeles, 15. 6. 1950; HUA, RRC, UAV 759.10, b. 9, f. Barrington Moore 1949/50; Moore an Kluckhohn, 4. 2. 1951; Curriculum Vitae; HUA, RRC, UAV 759.10, b. 13, f. Barrington Moore 1950/51; Moore an Kluckhohn, 25. 7. 1951, betonte den Aspekt der Stabilität und gleichzeitigen Verwundbarkeit der sowjetischen Gesellschaft; siehe auch Moore an Kluckhohn, 22. 8. 1952; HUA, RRC, HUF 759.10, Progress Reports; *Mitrovich*, Undermining the Kremlin, S. 117–119.
108 Diese Beiträge schlossen teilweise unmittelbar an seine Aufgaben im OSS an; vgl. *Moore*, The Communist Party of the Soviet Union; *ders.*, A Comparative Analysis of the Class Struggle; *ders.*, The Communist Party of the USA; *ders.*, Some Readjustments in Communist Theory; *ders.*, The Present Purge in the USSR; *ders.*, Recent Development in the Social Sciences in the Soviet Union; *ders.*, Foreign Government and Politics; ebenda, S. 733, eröffnete mit einem Angriff auf den zu diesem Zeitpunkt noch Behaviorismus genannten politikwissenschaftlichen Behavioralismus.

einen ideengeschichtlichen Schwerpunkt, im zweiten Teil kam die machtsoziologische Perspektive hinzu, die den dritten Teil bestimmte. Moores Grundfrage lautete, welche der ursprünglichen kommunistischen Ideen mit welcher Wirkung überhaupt in der Sowjetunion in die Tat umgesetzt worden waren und wie sich die Ideen durch die Konfrontation mit der Realität verändert hatten. Wie Isaiah Berlin – der 1949/50 mit dem RRC verbunden war und von dem Moore Anregung erfahren hatte – und mit der vollen Zustimmung von Clyde Kluckhohn identifizierte Moore autoritäre und antiautoritäre Prinzipien im bolschewistischen Denken, die im Widerstreit lagen und eine ideologisch fundierte Herrschaftsdialektik auslösten. Die »liberalisierenden« Tendenzen der eigenen Ideologie wurden unterdrückt, sie konnten aber nicht endgültig entkräftet werden. Was die sowjetische Sozialstruktur anbelangte, prognostizierte Moore eine Annäherung an die Industriegesellschaft Amerikas. Allerdings, bei allem Einfluss, den er der Ideologie beimaß, stand für Moore fest, dass in der Sowjetunion Machtpolitik und Machterhaltung im Konfliktfall immer die Oberhand über die Ideen behalten würden. Mit Stalin hatte sich die autoritäre Idee durchgesetzt. Im Zweifelsfall ging es allein um die Macht. Seinem einstigen Chef in R&A, Geroid Robinson, folgte er darin, »dass die Maximierung ihrer eigenen Macht die bestimmende Erwägung bei jeder Entscheidung ist, die die bolschewistischen Führer treffen, und dass kein Fall bekannt ist, in dem die Macht ›idealistischen‹ Zwecken geopfert wurde«. Auf dem internationalen Parkett, erklärte Moore, legte die Sowjetunion keine unberechenbare ideologische Kreuzzugsmentalität an den Tag. Sie verhielt sich wie jede andere Großmacht, die um Machterhalt und Machtausbau bestrebt war.[109]

---

109 *Moore*, Soviet Politics, bes. S. ix–xi (Kluckhohns Zustimmung), xiv (Berlin, Mosely und Morgenthau als Ideengeber), 28–37 (ideologische Dialektik von Autoritarismus und Emanzipation), 97–116 (Ideenkämpfe nach Lenins Tod), 189–218 (»Revolution and World Politics«), 221–246 (Durchsetzung der stalinistischen Theorie, Tendenz zur modernen Industriegesellschaft), 350–400 (Außenpolitik unter Stalin), 402–425; vgl. Robinson an Moore, 19. 8. 1950, HUA, RRC, UAV 759.10, b. 9, f. Barrington Moore 1949/50; Robinson an Moore, 23. 6. 1950; Moore an Robinson, 24. 6. 1950; Robinson an Moore, 19. 7. 1950; Moore an Robinson, 24. 7. 1950 (Zitat); CUL, RBML, Robinson Collection, b. 5, f. Correspondence M (2). Moore stimmte mit Robinsons Auffassung überein, dass die Machtpolitik über der Ideologie stand, er teilte aber nicht die Deutung Robinsons, dass die Machterhaltung auch der Mittelpunkt der sowjetischen Ideologie war. Moore nahm den Inhalt der sowjetischen Ideologie wesentlich ernster und traf sich darin mit Marcuse.

Wenn man hier bei Marcuses Freund Moore eine Spur von außenpolitischem Realismus erkennt, liegt man nicht falsch. Moore hatte gerade Hans Morgenthaus »Politics Among Nations« begeistert besprochen. Er nutzte das Werk in »Soviet Politics«.[110] Gleichzeitig trug Moore auf der Jahrestagung der American Political Science Association in einer Sektion zur politischen Theorie unter Morgenthaus Vorsitz vor. Die Essenz von Moores Auffassung der sowjetischen Außenpolitik kristallisierte sich dabei heraus. Den Kalten Krieg zerlegte er in zwei vertraute Grundelemente: »Eines davon ist das Element des internationalen Bürgerkrieges, oder der Kampf der Ideen und gesellschaftlichen Systeme. Der andere Aspekt ist der des altmodischen Kampfes um Land und Rohstoffe zwischen den zwei mächtigsten Staaten der modernen Welt.« Hatte nun aber der Weltbürgerkrieg der Ideen oder der globale Kampf um Raum und Ressourcen den Vorrang? So einfach war diese Frage nicht zu lösen. Der ideologische und der machtpolitische Konflikt verstärkten sich in dialektischer Verschränkung gegenseitig. Die Unterscheidung »zwischen dem Machtkampf und dem Ideenkrieg« war nur ein »begriffliches Instrument, eine künstliche Vereinfachung und keine Beschreibung politischer Realitäten. In der wirklichen Welt wird man vermutlich niemals einen reinen Fall von Machtkampf oder von Ideenkonflikt finden.« Schon in Fakultätssitzungen sei zu spüren: »Hinter den erhabensten Beschwörungen ewiger Wahrheiten können byzantinische Intrigen verborgen sein.«

Dennoch hielt Moore, ganz im Sinne Morgenthaus, den Machtkampf für das »grundlegende politische Phänomen«. Auf die Sowjetunion übertragen hieß das: Die Bolschewiken hatten utopische und revolutionäre Ideale aufgegeben, um ihre Macht zu retten. Sie hatten gelernt, das diplomatische Spiel zu beherrschen. Dabei blieb es auch im Kalten Krieg. Stalin und Truman nannte Moore »Surfer« auf den Wellen von Kräften, die sie nicht kontrollieren konnten. Gegen die Behavioralisten gestattete er sich die Spitze, man könne die sowjetische Führung nicht auf die Couch des Psychoanalytikers legen, um ihre innersten Motive zu entschlüsseln. Moore bekräftigte noch einmal die

---

110 *Moore*, Soviet Politics, S. xiv, 189f. Anm. 1; *ders.*, Rez. von Hans Morgenthau, »Politics Among Nations«, *American Sociological Review* 14 (1949), S. 326f. Morgenthaus Buch sei eine »rarity«, schloss Moores Rezension: »Its achievements stand head and shoulders above the crusading or pontifical writings that constitute the major intellectual fare in this field.«

Grundannahmen von R&A und OIR: Dreißig Jahre des Widerspruchs von Theorie und Praxis hatten kein ideologisches Prinzip unberührt gelassen. Auf den Kriegskonferenzen verhandelte Stalin über machtpolitische Fragen, über Grenzen und Einflusssphären. Stalin unterschätzte sogar das revolutionäre Potential in Asien und Europa, weil er weiterhin von einer machtpolitisch geordneten Welt ausging. Dennoch war die Erosion der Weltanschauung nicht irreversibel. Das dialektische Prinzip, das Isaiah Berlin zur gleichen Zeit entdeckte, war für Moore gedämpft und verstümmelt, aber es war nicht stillgestellt. Phasenweise, in Krisenzeiten, gab es eine Rückkehr zu Elementen der leninistischen Theorie.

Das Neue am Anfang des Kalten Krieges war, dass die Sowjetunion nicht mehr aus einer Position der Schwäche heraus handelte und folglich der marxistisch-leninistischen Doktrin mehr Spielraum gewähren konnte. An der Logik der Machtpolitik änderte das nichts: »jeden Zug der einen Macht muss die Gegenmacht kontern«. Die Probleme lagen nun eher auf der amerikanischen Seite. Die amerikanische Gesellschaft und die amerikanischen Verbündeten machten nicht jede Verschärfung der Politik mit. »Einige Liberale geben vor, in diesen Maßnahmen eine Verschwörung zu erkennen, die unter dem Vorwand, die sie gegen einen eingebildeten Feind zu verteidigen, die Zerstörung der Demokratie betreibt«, so charakterisierte Moore den im Zeitalter des McCarthyismus bereits erlahmenden Widerstand der Liberalen gegen den »national security state«. Moore schlug sich allerdings nicht vorbehaltlos auf die Seite der liberalen Linken: Manche politischen Maßnahmen seien zweifelhaft, aber wer vom »Verrat« an der Demokratie spreche, verkenne die machtpolitischen Grundkonstanten, nämlich die »Kräfte, die sowohl die amerikanischen als auch die sowjetischen Führer dazu zwingen, die Machterhaltung über die Ideale zu stellen«. Das Ideal des Ostens hatte es besonders hart getroffen. An dieser Stelle von Moores Vortrag wurde sichtbar, wie sehr die Umstände nicht nur die Ideologie, sondern auch den Ideologiekritiker im Griff hatten. Im Widerspruch zu seiner vielfach betonten dialektischen Auffassung von Macht und Ideologie – bei einem Vorrang der Machtpolitik im Konfliktfall – zog Moore im Beisein Morgenthaus einen eindeutigen und undialektischen Schluss. Der Marxismus war demnach reduziert zur

»Theorie des Machtgewinns und Machterhalts. Das strahlende sozialistische Ziel einer Befreiung der Menschheit, ein utopischer Ableger des westlichen Liberalismus, ist zur Verwaltungstechnik geworden, um rückständige Länder auf die Linie zu bringen, die im Einklang mit den außenpolitischen Bedürfnissen der Sowjetunion steht. In Europa wird die Revolution auf Bajonetten exportiert und mit Konzentrationslagern abgesichert. In Asien werden revolutionäre Kräfte so weit wie möglich von den Sowjets manipuliert, um ihre Einflusszone zu erweitern oder zu konsolidieren.«

Die Auflösung der Ideologie war in der Sowjetunion weiter vorangeschritten als in den USA, schloss Moore. Doch solange sich die globalen Antagonisten gegenüberstanden, behielt auch der Krieg der Ideen seine Bedeutung – wenn auch auf der rhetorischen und psychologischen Ebene, wie Moore zeigte: »die Bevölkerung sowohl der Vereinigten Staaten als auch der Sowjetunion werden sich wahrscheinlich dabei ertappen, dass sie einen Kreuzzug für Ideale führen, die in keiner entscheidenden Beziehung zu der Politik stehen, die von ihren Regierungen tatsächlich und notwendigerweise betrieben wird«.[111]

In diesem Vortrag, wie auch in abgemilderter Form in »Soviet Politics«, erwies sich Moore als Kalter Krieger der unkonventionellen Sorte. Den Behavioralisten und statischen Totalitarismusdenkern schleuderte er die historische Dynamik entgegen, der ideengeschichtlichen Deutung stellte er eine an Morgenthau geschulte machtpolitische Interpretation gegenüber, den ideologiefixierten Theoretikern einer kommunistischen Weltverschwörung hielt er einen funktional abgeschwächten Ideologiebegriff vor Augen. In finaler Konsequenz erklärte der Kalte Krieger Moore, dass die Sowjetunion eine gefährliche, ihre Bevölkerung unterdrückende Macht war, auf internationaler Ebene allerdings eine berechenbare Macht, die nach den hergebrachten Regeln spielte – berechenbarer vielleicht als die weniger zentral gesteuerten und für ideologische Schwankungen anfälligeren USA. Moores frühe Analyse der Liberalisierung in der Sowjetunion nach Stalins Tod war eine schlüssige Fortentwicklung dieser Sichtweise. Moore verband politische Beobachtungen mit soziologischen Strukturanalysen zur Beschreibung eines eindeutigen Reformtrends.[112]

---

111 Moore, Typoskript »Soviet-American Relations – Contradictions and Prospects«, HUA, RRC, UAV 759.10, b. 13, f. Barrington Moore 1950/51.
112 *Moore*, Terror and Progress, S. 179–231, bes. S. 189; *Marcuse*, Recent Literature on Communism, S. 517, 520.

Es nimmt kaum wunder, dass der enge Freund Moore Marcuses wichtigster Gesprächspartner in der Sowjetforschung wurde. Doch Marcuse arbeitete, wie gesehen, in einem Klima gegenseitiger Wertschätzung auch mit Kluckhohn zusammen. Marcuse regte sogar bei Adorno und Horkheimer an, neben Leonard Krieger und David Riesman auch Clyde Kluckhohn zu gewinnen, als einmal erneut um die Wiederbelebung der *Zeitschrift für Sozialforschung* gerungen wurde.[113] Marcuse war kein Fremdkörper am Russian Research Center, selbst wenn er einen eher ungewöhnlichen Forschungsgegenstand verfolgte. Sein Vorhaben präsentierte er dort als Untersuchung der Frage, ob die sowjetische Philosophie ein rationales System von philosophischer Gültigkeit bildete oder ob sie nur als Ideologie, als ein Produkt von Machtverhältnissen und Propaganda zu verstehen war. Eine »Herausforderung für die westliche Zivilisation« war das sowjetische Denken lediglich dann, wie Marcuse erläuterte, wenn es auch philosophische Substanz hatte. Er nahm an der internen Diskussion Teil und stellte Überlegungen zum Verhältnis von Ideologie und Realität im sowjetischen Marxismus zur Debatte, Auszüge aus seinem Projekt.[114] Über dessen Abschluss hinaus blieb er dem RRC noch verbunden, als er längst Professor in Brandeis geworden war. Die Arbeit an »One-Dimensional Man« wurde auch als Projekt des Russian Research Center geführt, unter dem Titel »The Ideology of Advanced Industrial Civilization«. Versprochen wurde eine Studie der politischen und gesellschaftlichen Folgen von Entwicklungen wie der »Auflösung älterer Vernunftbegriffe« und dem »Aufstieg des Positivismus«. Passenderweise fiel Marcuses Vorhaben in den von Moore geleiteten Arbeitsbereich »Comparative Studies« am RRC, der von Prämissen ausging, die in Marcuses Denken tiefe Spuren hinterließen:

---

113 Adorno an Horkheimer, 4. 12. 1953, in: *Adorno/Horkheimer*, Briefwechsel 1927–1969, Bd. 4, S. 239f. Die Herausgeber sitzen in ihrem Kommentar an dieser Stelle einem Irrtum auf. Sie verweisen bei Marcuses Nennung seines Institutsdirektors, des prominenten Anthropologen Clyde Kluckhohn, auf einen Tübinger Germanisten mit dem Namen Paul Kluckhohn. Marcuses Freund, der berühmte Historiker Leonard Krieger, wurde von der Herausgebern »nicht ermittelt«, und der neben dem von Marcuse verehrten David Riesman noch genannte Freud-Deuter, Kulturkritiker und Marcuse-Kollege in Brandeis Philip Rieff wird allein als Soziologe ausgewiesen.
114 Current Projects and Publications, Mai 1955, S. 28 (Zitat); Staff Seminars, 1. 4. 1953–30. 4. 1955; HUA, RRC, HUF 759.155 A.

»Viele nachdenkliche Leute sind heutzutage besorgt über den offenkundigen Widerspruch zwischen den gewaltigen wissenschaftlichen und technischen Fortschritten im 20. Jahrhundert einerseits und dem Rückzug von liberalen und humanitären Idealen, in der Theorie ebenso wie in der Praxis, andererseits. In der langen Tradition der ernsthaften Auseinandersetzung mit dieser Frage stimmen radikale und konservative Kritiker der modernen Gesellschaft darin überein, dass die fortschreitende Industrialisierung irgendwie die Entstehung sowohl totalitärer Diktaturen als auch einer totalitären Atmosphäre in formal demokratischen Ländern begünstigt.«[115]

Von Anfang an hatte der Soziologe Moore am Russian Research Center Fragen der Konvergenz von westlicher und sowjetischer Gesellschaft auf die Tagesordnung gesetzt. Im Juli 1951 plädierte er für einen komparativen Ansatz, um eine »zentrale Frage der Gegenwart« zu beantworten: die Frage nach dem Ausmaß, in dem »totalitäre Züge der westlichen Industriegesellschaft innewohnen«. Auf die Russlandforschung übertragen, lautete die Frage, in welchem Maße das sowjetische System eine Antwort auf »spezifisch russische Probleme« oder auf Probleme jeder modernen Industriegesellschaft war. Dieses Leitmotiv durchzieht Moores Arbeiten zur Sowjetunion.[116]

In diesem Kontext werden auch manche Aussagen Marcuses über den »totalitären Charakter« der westlichen Industriegesellschaft, die in Unkenntnis des historischen Kontexts nur befremdlich klingen können, verständlicher.[117] Marcuse stand nicht jenseits der zeitgenössischen Debatten. Vielmehr griff er, zumeist in zugespitzter Form, Anregungen auf, die er von Moore, anderen amerikanischen Soziologen und der Diskussion am Russian Research Center erhalten hatte.

---

115 Ten Year Report an Current Projects 1948–1958, Januar 1958, S. 76f. (Zitat Moore), 77f. (Zitat Marcuse), HUA, RRC, HUF 759.158 B.
116 Moore an Kluckhohn, 25. 7. 1951; ähnlich bereits Moore an Kluckhohn, 8. 8. 1949, wo auch der Arbeitsplan ausgegeben wurde, zuerst die Rolle der Ideologie beim gesellschaftlichen Wandel und in einem zweiten Buch das Gesellschaftssystem selbst zu untersuchen; HUA, RRC, HUF 759.10, Progress Reports.
117 Auch die Charakterisierung von *Wheatland*, The Frankfurt School in Exile, S. 287, Marcuses Beitrag zur Sowjetforschung sei »provocative« in der Fachdiskussion gewesen, trifft darum nicht zu. Wie die Reaktionen zeigen, erntete Marcuse mehr Zustimmung als Ablehnung; vor allem schöpfte er selbst aus dem Mainstream der Sowjetologie. Die westliche Gesellschaft nannte Marcuse etwa in *Marcuse*, One-Dimensional Man, S. 3, totalitär.

»Ich beginne ganz heimlich, über eine Studie zur Ideologie der späten Industriegesellschaft nachzudenken, die mir von den Harvard-Leuten vorgeschlagen wurde«, erklärte Marcuse gegenüber Leo Löwenthal. Es gab keinen Grund, vor dem alten Freund die Bedeutung des RRC für sein Werk zu übertreiben.[118] Diese Zeilen wird man so zu deuten haben, dass Marcuse erst auf den Vorschlag seiner Freunde und Kollegen wieder zu seinem alten Projekt zurückkehrte, aus dem sich dann »One-Dimensional Man« entwickelte.

Vorerst konzentrierte sich Marcuses »Pilotstudie« zum Marxismus-Leninismus seinem eigenen Wunsch gemäß auf die Ethik und Gesellschaftsphilosophie der UdSSR. Diese Probebohrungen bildeten den zweiten Teil von »Soviet Marxism«, während Marcuses Untersuchungen am Russian Institute in den ersten Teil von »Soviet Marxism« über die politischen Grundlagen des sowjetmarxistischen Denkens einflossen.[119] Bevor er die Arbeit daran abgeschlossen hatte, noch vor der Veröffentlichung von »Eros and Civilization«, gelang Marcuse die akademische Integration in das amerikanische Universitätssystem, wie es ihm die Rockefeller-Stiftung prophezeit hatte. Sein erstes auf Englisch verfasstes Buch, die weithin – auch von Marcuses Förderer Philip Mosely – bewunderte Hegel-Studie »Reason and Revolution«, hatte die Basis gelegt, sich aber nach Kriegsende nicht sogleich in akademisches Kapital ummünzen lassen.[120] Das Buch machte sogar Sidney Hook, einen der prominentesten Philosophen und Intellektuellen Amerikas, auf Marcuse aufmerksam. Hook besprach es in der *New Republic*, einem führenden Blatt der liberalen und linken Intelligenz. Marcuses Bekanntheitsgrad konnte das nur zuträglich sein, auch wenn

---

118 Marcuse an Löwenthal, 9. 12. 1956, Briefwechsel Löwenthal–Marcuse, LLA, LA 992: 176.
119 Vgl. *Marcuse*, Soviet Marxism, S. xvii.
120 *Marcuse*, Reason and Revolution; dt. *ders.*, Schriften, Bd. 4: Vernunft und Revolution. Begeisterung über dieses Buch klang fast zwei Jahrzehnte später immer noch an bei Mosely an Thompson, 6. 3. 1959, RFA, RG 1.2, Series 200, b. 481, f. 4113. Vgl. die Rezensionen von *Hans Kohn*, in: *Annals of the American Academy of Political and Social Science* 217 (1941), S. 178f.; *V. J. McGill*, in: *The Journal of Philosophy* 39 (1942), S. 75–82; *Erich Franzen*, in: *American Sociological Review* 7 (1942), S. 126–128; *J. Glenn Gray*, in: *Political Science Quarterly* 57 (1942), S. 292f.; *Karl Löwith*, in: *Philosophy and Phenomenological Research* 2 (1942), S. 560–563; *Marcuse*, A Rejoinder to Karl Löwith's Review of »Reason and Revolution«, in: ebenda, S. 564f.; *George H. Sabine*, in: *The American Journal of Sociology* 48 (1942), S. 258f.; eine Rezeptionsgeschichte findet sich bei *Anderson*, On Hegel and the Rise of Social Theory.

Hook ihm vorwarf, die Mitschuld Hegels am Nationalsozialismus zu unterschlagen – eine These, gegen die sich »Reason and Revolution« in der Tat richtete.[121] Auf der Grundlage von Anerkennung und Verbindungen aus der Geheimdienstzeit setzte Marcuses Geschichte des späten Ruhms ein. Erst die von der Rockefeller-Stiftung getragenen Stellen an den renommierten Universitäten Columbia und Harvard verschafften ihm eine Reputation, die noch im Mai 1954 zu einem Ruf auf eine Professur für politische Theorie an der Brandeis University sowie zum Angebot einer Gastprofessur in Berkeley führte.[122] Marcuse hatte damit die ersehnte Position größtmöglicher intellektueller Autonomie erreicht. Dennoch löste Marcuse sich daraufhin keineswegs aus seiner Verbindung zur Rockefeller-Stiftung. Noch Jahre später arbeitete er mit ihr zusammen, ohne dass es dabei zu ideologischen Kollisionen kam.[123] Auch das Forschungsprojekt zur sowjetischen Philosophie

---

121 *Sidney Hook*, in: *New Republic*, 21. 7. 1941, S. 90f. Zu Hooks intensiver Auseinandersetzung mit dem Institut für Sozialforschung vgl. *Wheatland*, The Frankfurt School in Exile, S. 97–139. Diese Intention von »Reason and Revolution« steht außer Zweifel, das Buch stellt einen der wichtigsten Versuche einer ideengeschichtlichen Dekontaminierung Hegels dar; vgl. *Kellner*, Herbert Marcuse and the Crisis of Marxism, S. 130–148; für einen »ridiculous swindle« hielt Marcuse die Vorstellung, Hegel – anders als Fichte – sei ein geistiger Vorfahr des Nationalsozialismus gewesen; Löwenthal an Marcuse, 8. 11. 1943, die Antwort Marcuses findet sich handschriftlich auf demselben Brief, Briefwechsel Löwenthal–Marcuse, LLA; für seine Argumentation vgl. *Marcuse*, Vernunft und Revolution, S. 360–368. Vor allem der Staatsbegriff Hegels, der bei allen problematischen Tendenzen doch den Schutz und die Freiheit des Individuums implizierte, stand in völligem Gegensatz zum völkischen Totalitarismus des Nationalsozialismus, so Marcuse. Am Ende seines Buches zitierte er zustimmend Carl Schmitt, wonach Hegel »über Karl Marx zu Lenin und nach Moskau wanderte«, während »mit dem Tage von Hitlers Machtübernahme ›Hegel, so kann man sagen, gestorben ist‹« (ebenda, S. 368.). In diesem Sinne hatte Marcuse bereits die Dissertation des späteren Widerstandskämpfers Adam von Trott zu Solz gelobt: »Es ist das Verdienst der vorliegenden Arbeit, Hegels Begriffe des Volksgeistes, des Nationalstaates usw. von Fehlinterpretationen zu reinigen«; *Marcuse*, Rez. von Adam von Trott zu Solz, »Hegels Staatsphilosophie und das internationale Recht«.
122 Gesprächsnotiz Gilpatric, 12. 5. 1954, RFA, RG 1.2, Series 200, b. 344, f. 3138; Marcuse an George Alpert, 2. 8. 1954, Brandeis University Archives, George Alpert Collection, b. 3, f. Faculty Hiring/Matters, Individual Faculty: Marcuse, 1954; vgl. Kroeber, Marcuse, & Commager Are Among New Staff Members, in: The Justice, 20. 9. 1954, Brandeis University Archives.
123 Vgl. die Zusammenarbeit beim »One-Dimensional Man«; RFA, RG 1.2, Series 200, b. 481, f. 4113.

wurde zum Abschluss gebracht. Zu diesem Zeitpunkt hatte Marcuses alter R&A-Direktor William Langer bereits die Leitung des RRC von Kluckhohn übernommen. Langer zeigte sich wie stets beeindruckt von Marcuses Leistungen.[124] Marcuse veröffentlichte schließlich seine Marxismusforschungen, die an den russischen Instituten von Columbia und Harvard entstanden waren, als »Soviet Marxism«.

5. Ein Manifest der Entspannungspolitik: »Soviet Marxism«

»Soviet Marxism« erschöpfte sich nicht allein in einer wissenschaftlichen Untersuchung des sowjetischen Denkens. Das Buch war als Kommentar zum Diskurs des Kalten Krieges angelegt. Marcuse selbst erklärte, er habe sich von der »Ideologie des Kalten Krieges« freimachen und einen Denkraum jenseits der in Ost und West offiziell gebilligten Ansichten erschließen wollen. Der Intellektuelle Marcuse reklamierte für sich eine Zone jenseits der binären ideologischen Logik des Kalten Krieges.[125] Das gelang ihm zu einem beträchtlichen Grad, der gelegentliches Scheitern nicht ausschloss. Die dialektischen Windungen der Analyse von Sowjetmarxismus und Sowjetrealität wurden von Douglas Kellner minutiös herausgearbeitet.[126] Die Frage bleibt, wie man sich »Soviet Marxism« am besten nähert. Marcuse selbst erhob »Soviet Marxism« in den gleichen Rang wie »One-Dimensional Man«.[127] Es war keine Gelegenheitsarbeit, sondern nahm eine zentrale Stellung in seinem Œuvre ein. Immerhin zog er darin die Summe eines Jahrzehnts der Kommunismusforschung.

Die Rezeption dieses vergessenen Hauptwerks wird dadurch erschwert, dass Marcuse ihm gleich zwei Schlüssel mitgab, die den Kern

---

124 Marcuse an Gilpatric, 1. 10. 1955; Langer an Gilpatric, 9. 3. 1956; Marcuse an Gilpatric, 14. 5. 1956; RFA, RG 1.2, Series 200, b. 344, f. 3138.
125 *Marcuse*, Soviet Marxism, S. v; dt. *ders.*, Die Gesellschaftslehre des sowjetischen Marxismus, S. 11.
126 *Kellner*, Herbert Marcuse and the Crisis of Marxism, S. 197–228; vgl. auch die hilfreiche knappe Diskussion von »Soviet Marxism« durch *Jones*, The Lost Debate, S. 191–194.
127 »One-Dimensional Man« sei ein »Western counterpart of ›Soviet Marxism‹«; Marcuse an Raya Dunayevskaya, 8. 8. 1960, in: *Marcuse*, Collected Papers, Bd. 2, S. 219.

seines Arguments verdeutlichen sollten. Es macht einen erheblichen Unterschied, ob man die Originalausgabe von 1958 zur Hand nimmt,[128] der Marcuse eine methodische Einführung voranstellte, oder ob man die seit 1961 erschienenen Ausgaben betrachtet, die mit einem neuen politischen Vorwort versehen sind, während die alte Einführung ersatzlos und ohne Hinweis gestrichen wurde.[129] Beide Gebrauchsanweisungen lassen einen jeweils unterschiedlichen Charakter des Werks hervortreten.

1961 legte Marcuse nahe, »Soviet Marxism« als Traktat der Entspannungspolitik zu lesen. Abrüstung und Annäherung waren die politischen Tendenzen des Augenblicks, für die Kennedy und Chruschtschow standen.[130] Marcuse kommentierte jüngste Rückschläge und zeigte mit dialektischer Präzision, dass sich trotz gelegentlicher internationaler Spannungen nichts geändert hatte am sowjetischen Wunsch nach »friedlicher Koexistenz«. Die Demonstration von Stärke deutete Marcuse zutreffend als Teil des Entspannungsprozesses: »›Friedliche Koexistenz‹ kann daher eine spektakuläre Machtdemonstration erfordern, um vom Kriege abzuschrecken – eine Auffassung, die den westlichen Politikern nicht allzufremd ist.«[131] In der Tat fürchtete Chruschtschow, seine Verhandlungsbereitschaft könnte als Zeichen der Schwäche verstanden werden und eine aggressivere amerikanische Politik auslösen. Sowjetische Stärke war eine Voraussetzung von Chruschtschows Entspannungsverständnis.[132] Die Logik der Abschreckung war auch Marcuse nicht fremd. Unter den Beispielen für Vorstöße, die von der sowjetischen Führung als Zeichen einer Verhärtung der westlichen Politik gedeutet wurden, führte Marcuse den Spionageflug der U-2 auf – für deren Entwicklung jener Richard Bissell verantwortlich war, der im Geheimdienstapparat

---

128 *Marcuse*, Soviet Marxism; zit. nach der britischen Penguin-Ausgabe *Marcuse*, Soviet Marxism. A Critical Analysis (1958), Harmondsworth 1971, im Folgenden als *Marcuse*, Soviet Marxism (1958).
129 *Kellner*, Herbert Marcuse and the Crisis of Marxism, S. 200, bemerkt den Umstand mit einer gewissen Verwunderung, stellt allerdings keine Überlegungen dazu an. In der deutschen Übersetzung, *Marcuse*, Die Gesellschaftslehre des sowjetischen Marxismus, sind beide Einleitungen zu finden.
130 Vgl. *Leffler*, For the Soul of Mankind, S. 151–192, mit umfangreichen Hinweisen zur neueren Forschungsliteratur.
131 *Marcuse*, Soviet Marxism, S. viii; dt. *ders.*, Die Gesellschaftslehre des sowjetischen Marxismus, S. 13f.
132 Vgl. *Leffler*, For the Soul of Mankind, S. 158–174.

auf Marcuses Expertise in Sachen Kommunismusforschung bauen konnte.[133]

Nicht nur die realpolitische Existenz der Sowjetunion hing von einer Entspannung ab. Die sowjetmarxistische Theorie zielte auf Abrüstungspolitik. Die ideologische Konzeption einer Krise des Kapitalismus, die nur durch die Rüstungspolitik und den militärisch-industriellen Komplex gedämpft werde, verstärkte noch »ein vitales Interesse« der Sowjets »an radikaler Abrüstung«. Man durfte in Chruschtschows Wunsch nach Abrüstung nicht nur Propaganda sehen. Diese Politik war theoretisch abgesichert und psychologisch motiviert von der »Furcht vor einer Aggression«. Chruschtschows Ziel war es, den Kampf der beiden Systeme allein mit der »Waffe ökonomischer und gesellschaftlicher ›Errungenschaften‹« zu führen.[134] Damit hatte Marcuse nach heutigem Kenntnisstand – unter Berücksichtigung der in den neunziger Jahren zugänglich gewordenen sowjetischen Quellen – die wichtigsten Motive ebenso wie das Ziel der sowjetischen Politik korrekt erfasst. Chruschtschow verfolgte die Absicht, die direkte militärische Konfrontation zu beenden und den Kalten Krieg auf die Ebene des wirtschaftlichen und ideologischen Wettstreits zu verlagern.[135]

Den Willen zur Abrüstung unterlegte Marcuse mit seiner Beobachtung eines Liberalisierungstrends. Er bekräftigte damit eine Lesart, die im Text angelegt war, ohne so prominent hervorzutreten wie in seinem Vorwort von 1961. »Die Entwicklungstendenz zu Reform und Liberalisierung innerhalb der Sowjetunion hat angehalten«, erklärte Marcuse. In der Verwaltung und im Rechtssystem erkannte er dafür deutliche Anzeichen. Er wies auf den größeren »Spielraum für Schriftsteller, Künstler und Kritiker« hin. Den deutlichsten Beleg für die neue Tendenz lieferte der strukturelle Wandel der Gesellschaft, »die allmähliche Einführung eines verkürzten Arbeitstages und die zunehmende Erhältlichkeit von Konsumgütern«. Zwangsarbeit und Mangel fanden

---

133 *Marcuse*, Soviet Marxism, S. viii; dt. *ders.*, Die Gesellschaftslehre des sowjetischen Marxismus, S. 14; vgl. dazu oben, Kap. I.9., wo auch auf das unerwartete Entspannungspotential hingewiesen wird, das aus den Bildern der U-2 resultierte.
134 *Marcuse*, Soviet Marxism, S. x; dt. *ders.*, Die Gesellschaftslehre des sowjetischen Marxismus, S. 15; die distanzierenden Anführungszeichen fehlen im Original: »weapon of economic and social achievements«.
135 Vgl. *Leffler*, For the Soul of Mankind, S. 158–174, 192–201; *Taubman*, S. 480–577; *Zubok/Pleshakov*, Inside the Kremlin's Cold War, S. 174–274; *Zubok*, A Failed Empire, S. 94–153.

ein Ende. Selbst erbitterte gelehrte Gegner der Sowjetunion mussten nun eingestehen, dass mit Chruschtschow ein »aufgeklärter Totalitarismus« Einzug gehalten hatte.[136]

Befand sich die Sowjetunion also auf dem Kurs der Konvergenz mit dem Westen? Die übliche Variante der Konvergenztheorie, wie sie kurze Zeit später aufkam, verhieß eine von Industrialisierung, Rationalisierung und Modernisierung getragene, langfristig unvermeidliche Angleichung der Sowjetunion an den Westen.[137] Marcuse sprach von einer »starken Tendenz zur Angleichung«, die trotz erheblicher Unterschiede die Gesellschaften der Sowjetunion und des Westens erfasst hatte – beide waren für Marcuse Teil der »spätindustriellen Zivilisation«. Eine »neue Rationalität«, die die Herrschaftsverhältnisse hinter den Prozessen der Rationalisierung und Technologisierung verschleierte, bestimmte in beiden Systemen die Produktion.[138] Die analytischen Instrumente, die Marcuse hierbei zur Anwendung brachte, hatte er bereits 1941 im Vergleich von westlicher und nationalsozialistischer »technologischer Rationalität« entwickelt und im Staatsdienst geschärft. Nach »Soviet Marxism« wurden sie in »One-Dimensional Man« umfassend auf die westlichen Systeme übertragen.[139]

---

136 *Marcuse*, Soviet Marxism, S. vi; dt. *ders.*, Die Gesellschaftslehre des sowjetischen Marxismus, S. 11f.

137 Der wohl prominenteste, aber nicht einzige Vertreter einer modernisierungstheoretischen Konvergenzthese war *Rostow*, The Stages of Economic Growth; vgl. *Gilman*, Mandarins of the Future, S. 100–103, 221f., 234f.; *Metzler*, Konzeptionen politischen Handelns von Adenauer bis Brandt, S. 225–231; für Rostow ergab sich bald allerdings das Problem, der Verwirklichung seiner Theorie einer widerspenstigen Realität gegenüber mit militärischen Mitteln nachhelfen zu müssen; vgl. *Gilman*, Modernization Theory, bes. S. 64, 66f. *Cohen*, Rethinking the Soviet Experience, S. 32f., weist darauf hin, dass die Konvergenzthese sich sehr wohl in einen totalitarismustheoretischen Rahmen integrieren ließ und nicht unweigerlich eine revisionistische Perspektive implizierte. Deutlich wird dies im Fall Rostows, dessen Theorie von einer Spannung zwischen modernisierungstheoretischem Determinismus und antikommunistischem Aktivismus durchzogen war. Rostow versuchte den Widerspruch zu lösen, indem er den Kommunismus zu einer pathologischen Abweichung auf einem grundsätzlich determinierten Weg in die Moderne erklärte, was antikommunistische Maßnahmen zugunsten sich entwickelnder Nationen als Beschleunigung eines unvermeidlichen Prozesses rechtfertigte; vgl. dazu auch unten, Kap. VI.4.

138 *Marcuse*, Soviet Marxism, S. 63–76, Zitate S. 66; dt. *ders.*, Die Gesellschaftslehre des sowjetischen Marxismus, S. 87–99, Zitate S. 89.

139 Vgl. *Marcuse*, Some Social Implications of Modern Technology, bes. S. 414–419 (erneut in: *ders.*, Collected Papers, Bd. 1, S. 39–65); *ders.*, One-Di-

Dennoch versperrte sich Marcuse 1961 einer Konvergenz-Lesart, wie er sie 1954 mit Berufung auf seinen Freund Moore noch deutlicher vertreten hatte.[140] Offensichtlich hatten die Reformen Chruschtschows in ihm wieder die Hoffnung geweckt, die Sowjetunion könnte doch noch den Pfad zum sozialistischen Ideal einschlagen. Die Gemeinsamkeit der technologischen Entwicklung, den »totalen« und »umfassend politischen Charakter des maschinellen Prozesses in der fortgeschrittenen Industriegesellschaft« attestierte Marcuse dem Osten wie dem Westen. Doch die Idee der Konvergenz lehnte er nun ab. Nicht ohne Skepsis und unter Verweis auf die weiterhin bestehenden Zwänge in der sowjetischen Gesellschaft formulierte Marcuse jedoch die Erwartung, die politischen »Ziele« könnten den Unterschied ums Ganze ausmachen, wenn das sowjetische Industriepotential erst einmal freigesetzt war. Er sprach davon, dass der »quantitative (technische) Fortschritt in eine qualitative Veränderung der materiellen und geistigen Kultur« umschlagen und die freie »Entwicklung der individuellen Anlagen« erlauben könnte.[141] Dahinter stand Marcuses oft wiederholte Vorstellung, die »Automatisierung« würde den Zwang der Arbeit lindern und schließlich abschaffen, weil die automatisierte Gesellschaft körperliche Arbeit entbehrlich machte und zunehmend auf individuelle Kreativität angewiesen war – »pleasure« und Arbeit würden dann endlich zusammenfallen. Die »Automatisierung« führte auf diese Weise das Ende der Entfremdung herbei. Diese postindustrielle Vision teilte er mit liberalen Kalten Kriegern. An dieser Stelle fügte sich auch Marcuse in das modernisierungstheoretische Dispositiv.[142]

Der Sowjetunion schrieb er dabei aufgrund ihrer politischen Ideale die besseren Aussichten zu als dem Westen: Die sowjetische Gesellschaft enthielt »eine qualitativ andere Gesellschaft«. Die Entfaltung dieser in ihrer Theorie verborgenen, besseren sowjetischen Gesellschaft war für Marcuse eine »realistische Möglichkeit«. Die Gegenwart allerdings sah düster aus: »die Mittel zur Befreiung und Humanisierung stehen im Dienst der Erhaltung von Herrschaft und Unterwer-

---

mensional Man, S. 84–120; *Kellner*, Herbert Marcuse and the Crisis of Marxism, S. 201–206.
140 Vgl. *Marcuse*, Recent Literature on Communism, S. 517, 519f.
141 *Marcuse*, Soviet Marxism, S. xi, xiii, xv; dt. *ders.*, Die Gesellschaftslehre des sowjetischen Marxismus, S. 17, 19f. In der deutschen Übersetzung fehlt an der letzten Stelle das Wort »frei«, das Original spricht von »free development of individual faculties«.
142 Vgl. dazu unten, Kap. V.10.

fung, und die Theorie, die alle Ideologie zerstörte, wird zur Aufrichtung einer neuen Ideologie benutzt«. Die wirtschaftlichen Fortschritte dienten der Herrschaftssicherung, und der Sowjetmarxismus war zur Ideologie verkommen, die allein Herrschaft legitimierte. Das entsprach der Herrschaftsdialektik der sowjetischen Führung. Doch musste »der dialektische Zirkel durchbrochen werden […], wenn die neue Gesellschaft entstehen soll«.[143] In anderen Worten: In der Realität war die Sowjetunion unfreier als der Westen. Wegen ihrer sozialistisch-humanistischen Ideale wohnte ihr jedoch ein größeres Befreiungspotential inne als dem Westen, wenn die Kräfte der »Automatisierung« in die richtige Richtung gelenkt würden.[144]

In eine andere Richtung wird der Blick des Lesers gelenkt, wenn er sich von Marcuses Einführung von 1958 leiten lässt. Statt eines Abrüstungstraktats voller Reformhoffnungen kommt darin eine ältere Schicht des Textes zum Vorschein. Der Ursprung von »Soviet Marxism« in den Diskursen der psychologischen Kriegführung wird sichtbar. Vermutlich nicht ohne Grund trennte sich Marcuse wenig später kommentarlos von dieser Einleitung. Marcuse versprach darin eine Einfühlung in den Gegner, eine »immanente Kritik«, die das »begriffliche Instrumentarium ihres Gegenstandes, nämlich des Marxismus«, anwandte, um das sowjetische Denken und die sowjetische Politik zu untersuchen. Der Sinn dieses Unternehmens hing von der Prämisse ab, den sowjetischen Marxismus nicht nur als Propaganda aufzufassen. Die propagandistisch entstellte Theorie spiegelte »die Realitäten der sowjetischen Entwicklungen« wider.[145] Eine sorgfältige immanente Ideologiekritik konnte somit zu Feinheiten des sowjetischen Systems vorstoßen, die dem Blick einfältiger Kalter Krieger verborgen blieben. In deren Augen dienten alle ideologischen Bekundungen nur der Rechtfertigung eines kriminellen und expansionistischen Systems. Den Gegner von innen zu verstehen, seine »intentions« zu deuten – das war jedoch die Logik der psychologischen Kriegführung; sie ist aus unzähligen Geheimdienstanalysen vertraut.[146]

---

143 *Marcuse*, Soviet Marxism, S. xiv; dt. *ders.*, Die Gesellschaftslehre des sowjetischen Marxismus, S. 19.
144 Vgl. *Kellner*, Herbert Marcuse and the Crisis of Marxism, S. 206.
145 *Marcuse*, Soviet Marxism (1958), S. 9; dt. *ders.*, Die Gesellschaftslehre des sowjetischen Marxismus, S. 23.
146 Vgl. oben, Kap. I.8., I.10. und I.11. Diese Form der immanenten Kritik war angesichts ihrer strategischen Absichten und politischen Implikationen geheimdienstlichen Ursprungs; mit dem gleichnamigen theoretischen Verfahren

Nicht anders als Isaiah Berlin versprach Marcuses hermeneutischer, »immanenter« Ansatz den Schlüssel zum mitunter rätselhaften Verhalten der sowjetischen Führung. Dass der Marxismus zu Herrschaftszwecken manipuliert wurde, war nur die eine Seite der ideologischen Dialektik. Die Führung entkam der Theorie, die ihrem Staat und ihren Institutionen als Gründungsversprechen eingeschrieben waren, nicht völlig. Auch sie war in den ideologischen Rahmen eingebunden:

»einmal in die grundlegenden Institutionen und Ziele der neuen Gesellschaft aufgenommen, gerät der Marxismus in eine historische Dynamik, die über die Absicht der Führung hinausgeht und der die Manipulatoren selbst unterliegen. Eine immanente Erörterung des Sowjetmarxismus kann helfen, diese historische Dynamik zu bestimmen, der die Führung selbst unterworfen ist – ganz gleich, wie autonom oder totalitär sie sein mag.«

Diese ideologische Dialektik führte zum Kern des Systems. Marcuses immanente Ideologiekritik bot nicht nur eine theoretische Analyse. Sie beanspruchte politische Relevanz. Die Einführung verschwieg ihre Herkunft nicht und ordnete das Werk ein in die Diskurse der psychologischen Kriegführung, der politischen Prognose, der »intentions and capabilities«, auch der »Kremlinology«, jener auf die Beobachtung der sowjetischen Führung gestützten Geheimwissenschaft, die im Deutschen »Kreml-Astrologie« heißt: »Wir haben es also bei der Untersuchung des Sowjetmarxismus sowie der (theoretischen) Situation, aus der er hervorging, nicht mit abstrakt-dogmatischer Gültigkeit zu tun, sondern mit konkreten politischen und ökonomischen Tendenzen, die auch einen Schlüssel zur Vorwegnahme künftiger Entwicklungen liefern können.«[147]

Diese Logik einer geheimdienstlichen Hermeneutik – die Dialektik der Aufklärung – trieb Marcuse weiter. Dem Sowjetmarxismus war

---

am Institut für Sozialforschung hatte sie nur noch wenig gemein. Zu früheren Formen von immanenter Kritik bei Marcuse vgl. *Wiggershaus*, Die Frankfurter Schule, S. 246–250; *Kellner*, Herbert Marcuse and the Crisis of Marxism, S. 116–125. Darum kann auch nicht, wie *Wheatland*, The Frankfurt School in Exile, S. 287, es tut (für dessen wichtige Studie diese Frage jedoch nur eine Nebenrolle spielt), »Soviet Marxism« als ein Werk aus dem Zusammenhang des »Horkheimer Circle« gedeutet werden.

147 *Marcuse*, Soviet Marxism (1958), S. 15; dt. *ders.*, Die Gesellschaftslehre des sowjetischen Marxismus, S. 29f. Das Original macht mit »a key for anticipating prospective developments« die Sprechposition des professionellen politischen Prognostikers noch deutlicher.

nicht beizukommen, wenn man ihn an den traditionellen Kriterien philosophischer Wahrheit maß, erklärte er. Der sowjetische Marxismus war philosophisch »völlig unerheblich« (»totally irrelevant«). Er hatte vielmehr eine performative Dimension, eine bestimmte Funktion in der politischen Realität: Er veränderte permanent die Wirklichkeit und wurde selbst permanent von der Wirklichkeit verändert. Die sowjetmarxistische Theorie spielte »bei der Formulierung und Durchführung der sowjetischen Politik eine entscheidende Rolle«, auf nationaler wie internationaler Ebene. Die Gründung der Partei und die Revolution waren bereits solche dialektischen performativen Akte: Sie entsprangen unmittelbar der marxistischen Theorie, die wiederum im Gegenzug von diesen Gründungen umgeformt wurde: »Die Ideologie wird so zu einem entscheidenden Bestandteil der Wirklichkeit, selbst wenn sie nur als Herrschafts- und Propagandainstrument benutzt würde.« Die Analyse des Sowjetmarxismus war darum keine Theoriegeschichte, sondern sie förderte Hinweise darauf zutage, »wie die sowjetische Führung die sich ändernde geschichtliche Situation als Rahmen ihrer politischen Entscheidungen deutet und einschätzt«.[148]

Die immanente Kritik musste in diese dialektisch-performativen Tiefen vorstoßen: »wenn die Kritik in eben jene Dimension eintritt«, erläuterte Marcuse, »indem sie die Entwicklung und den Gebrauch der marxistischen Kategorien an deren eigenem Anspruch und Inhalt überprüft, kann sie imstande sein, in den wirklichen Inhalt unter der ideologischen und politischen Form, in der er erscheint, einzudringen.« Marcuses immanente Kritik ließ sich auf die dialektische Logik des Sowjetmarxismus ein. Sie rekonstruierte sie von innen und studierte ihre Mechanismen. Die »immanent critique« stellte in Aussicht, unter die Oberfläche zu dringen. Sie nahm die Theorien nicht »für bare Münze« oder bei ihrem »surface value«, sondern konnte »die politische Intention aufdecken, die ihr wahrer Inhalt ist«.[149] Ob sich diese Tiefenhermeneutik auch marxistischer Ideologiekritik verdankte oder ob sie in erster Linie das Produkt geheimdienstlicher Aufklärungslogik war – Marcuse jedenfalls gebot hier über die Sprache und

---

148 *Marcuse*, Soviet Marxism (1958), S. 16f.; dt. *ders.*, Die Gesellschaftslehre des sowjetischen Marxismus, S. 31f.
149 *Marcuse*, Soviet Marxism (1958), S. 15f.; dt. *ders.*, Die Gesellschaftslehre des sowjetischen Marxismus, S. 30f.

die Techniken der psychologischen Kriegführung, die eine tiefenhermeneutische Aufklärung des Gegners voraussetzte.[150] Statt »performativ« gebrauchte Marcuse den Begriff »behavioral« (»Verhaltenswissenschaft« heißt es in der deutschen Übersetzung) – und versetzte so nebenbei dem befehdeten Behavorialismus in Amerika einen Stoß, indem er ihn mit dem formelhaften und wissenschaftlich untauglichen Sowjetmarxismus in eine Reihe stellte –, aber er meinte damit, dass der sowjetische Marxismus zu Verhalten erstarrte Theorie und zu Theorie geronnenes Verhalten geworden war. Die theoretischen Aussagen hatten, wie Marcuse ausführte, »eine pragmatische, instrumentalistische Absicht; sie dienen dazu, bestimmte Aktionen und Einstellungen zu erläutern, zu rechtfertigen, zu befördern und zu lenken, welche die eigentlichen ›Gegebenheiten‹ (›data‹) für diese Äußerungen sind«. Mit dieser dialektischen Interpretation des performativen Charakters schüttelte Marcuse den leninistischen Begriff der »äsopischen Sprache«, der auf die Notwendigkeit begrifflicher Verschleierung unter den Bedingungen politischer Repression anspielte, als zu »bequem« ab. Marcuses Vergleich der »buchstäblichen Formulierung« (Marcuse spricht im Original, seinen institutionellen Kontexten angemessener, von der »overt formulation«) mit der »tatsächlichen Bedeutung sowjetmarxistischer Aussagen«, seine eigentliche tiefenhermeneutische Aufklärungsleistung, beobachtete das »Verhalten« der Theorie in historischen Situationen. Wie schon im OIR, implizierte dieser Ansatz die Perspektive politischer Entspannung: Wenn die Sowjets unter Demokratie, Frieden und Freiheit etwas anderes verstanden als der Westen, schärfte Marcuse seinen Lesern ein, so beruhte dies nicht auf Täuschung. Die sowjetische Theorie sprach von Dingen, die erst noch herzustellen waren, ganz so, als existierten diese bereits in der Gegenwart des Aussprechens.[151] Die Begriffe des sowjetischen Marxismus waren Projektionen aus der Zukunft, aber sie klangen so, als ob diese Zukunft bereits erreicht wäre. Sie waren demnach eine Verheißung und ein Fluch zugleich – sie dienten der Verpflichtung auf das Ideal ebenso wie der Legitimation der Unterdrückung, sie zeigten das Doppelgesicht von Terror und Traum.[152]

---

150 Vgl. dazu oben, Kap. I.8. und I.10.; grundlegend sind etwa *Robin*, The Making of the Cold War Enemy; *Simpson*, The Science of Coercion; *Hixson*, Parting the Curtain; *Osgood*, Total Cold War.
151 *Marcuse*, Soviet Marxism (1958), S. 17; dt. ders., Die Gesellschaftslehre des sowjetischen Marxismus, S. 32.
152 Die Formulierung stammt von *Schlögel*, Terror und Traum.

Deutlicher als später rechnete Marcuse in der Einführung zur Erstausgabe mit einer konvergenten Entwicklung in der Sowjetunion und im Westen. Beide Systeme verband eine »gemeinsame technisch-ökonomische Basis«. Verbleibende Unterschiede würden sich noch einebnen, »Staatskapitalismus« und Sozialismus einander weiter annähern. Das war auch eine Reaktion auf die Entwicklungen im Westen – Marcuse sah beide Seiten verknüpft in einer politischen und gesellschaftlichen Dialektik, in einer Dynamik von Herausforderungen und Reaktionen. Der sowjetische Marxismus war über das Wachstum und die Reorganisation der westlichen Industriegesellschaft verwundert. Die sowjetische Entwicklung war eine Antwort darauf – und auf die »Abnahme des revolutionären Potentials« in der westlichen Welt, die aus der Stabilisierung des Kapitalismus resultierte. Damit blieb Marcuse stärker der Deutung verpflichtet, die er 1954 in Anlehnung an Barrington Moore vertreten hatte.[153] Das hieß zunächst, im Einklang mit der späteren Abrüstungslesart, Entspannung. Koexistenz erklärte Marcuse folgerichtig zur Signatur des antagonistischen Zeitalters des Kalten Krieges.[154]

Für den Ideenkrieg waren aber noch ganz andere Implikationen der Konvergenzfrage von Belang. Die Möglichkeit einer parallelen gesellschaftlichen Entwicklung von Ost und West beruhte auf der rapiden Industrialisierung unter Stalin. Im Gegensatz zur offiziellen sowjetischen Linie und im Widerspruch zu den trotzkistisch unterlegten Interpretationen, mit denen Isaac Deutscher oder der britische Historiker E. H. Carr in der westlichen Debatte antraten,[155] sprach Marcuse

---

153 *Marcuse*, Soviet Marxism (1958), S. 12f.; dt. *ders.*, Die Gesellschaftslehre des sowjetischen Marxismus, S. 27f. Die deutsche Übersetzung gibt die ursprüngliche Formulierung »growth and readjustment of Western industrial society« nicht ganz zutreffend mit »die Wiederherstellung der westlichen Industriegesellschaft« wieder.
154 Vgl. *Marcuse*, Soviet Marxism (1958), S. 14; dt. *ders.*, Die Gesellschaftslehre des sowjetischen Marxismus, S. 28.
155 Zu dieser Debatte, wenn auch mit einem späteren zeitlichen Schwerpunkt, vgl. *Cohen*, Bukharin and the Bolshevik Revolution, S. xv–xix; *ders.*, Rethinking the Soviet Experience, S. 38–92. Deutscher hatte zu diesem Zeitpunkt bereits die erste Fassung seiner Stalin-Biographie und den ersten Band seiner Trotzki-Biographie vorgelegt, der zweite Band erschien kurze Zeit später. Ebenso wie Carr schrieb Deutscher seinem Antistalinismus zum Trotz der Politik Stalins eine historische Notwendigkeit zu; vgl. *Deutscher*, Stalin; *ders.*, The Prophet Armed; *ders.*, The Prophet Unarmed; *Carr*, The Soviet Impact on the Western World; sowie die bis dahin bereits erschienenen Bände von *ders.*, A History of Soviet Russia, 14 Bde.

dem Stalin'schen Weg zur Industrialisierung den Charakter der Unvermeidlichkeit ab. Die »stalinistische Industrialisierung« war keine »unerbittliche Notwendigkeit«. Es gab »historische Alternativen«, auch wenn der sowjetischen Führung in ihrem Handlungsspielraum von der historischen Situation – wie dem Ausbleiben der Revolution in Westeuropa – Grenzen gesetzt waren. Auch die spätere Erwähnung Bucharins, den Marcuse von der intellektuellen Armut der sowjetischen Theorie absetzte, zeugt von seinem Sinn für historische Alternativen ebenso wie von seiner Sympathie für eine denkbare alternative Entwicklung, die der Sowjetunion versagt geblieben war.[156]

Damit betrat Marcuse einen weiteren Kernbereich der psychologischen Kriegführung. Ein fundamentales Ziel des Marxismus-Leninismus-Projekts, das aus Marcuses Zusammenarbeit mit der Rockefeller Foundation hervorging, war es, Moskau das Deutungsmonopol über den Marxismus zu entreißen. Die sozialistische, antistalinistische Linke sollte das Erbe von Marx für sich reklamieren und damit die ideologische Anziehungskraft Moskaus brechen. Die Stärkung von linken Alternativen zur Moskauer Linie war die erklärte Absicht dieser ideenpolitischen Operation – im Einklang mit psychologischen Plänen für Europa, wie sie die strategischen Planer des frühen Kalten Krieges verfolgten.[157] Allerdings war dabei vor allem von »vorleninis-

---

156 *Marcuse*, Soviet Marxism (1958), S. 14; ders., Soviet Marxism, S. 48; dt. *ders.*, Die Gesellschaftslehre des sowjetischen Marxismus, S. 29, 76. Marcuses Betonung von historischen Alternativen in der sowjetischen Entwicklungen unterschied ihn darum fundamental von Deutscher, obwohl der einstige Institutskollege Karl Wittfogel Marcuse in die Nähe Deutschers rückte und beide der subtilen Legitimation der Sowjetunion bezichtigte; vgl. *Wittfogel*, The Marxist View of Russian Society and Revolution, S. 499f., 505f.; zum Verlauf der sowjetologischen Debatten um Kontinuität und Alternativen vgl. *Cohen*, Rethinking the Soviet Experience, S. 23–37, 40–56, 71–92; *Gleason*, Totalitarianism, S. 121–142; jetzt *Engerman*, Know Your Enemy.

157 Vgl. dazu oben, Kap. I.7. bis I.11., und unten, Kap. V.7. und V.8.; das galt für die Politik ebenso wie für den kulturellen und künstlerischen Bereich; siehe dazu *Berghahn*, Transatlantische Kulturkriege; *Hochgeschwender*, Freiheit in der Offensive?; *Saunders*, The Cultural Cold War; *Jachec*, The Philosophy and Politics of Abstract Expressionism; *Guilbaut*, Wie New York die Idee der modernen Kunst gestohlen hat; *Ruby*, Have we an American Art? Diese Motive werden in der Rockefeller Foundation sichtbar in: Board of Trustees, Sitzungsprotokoll, 3./4. 12. 1957, Beschluss RF 57222, RFA, RG 1.2, Series 717, b. 7, f. 82; Tagebuch Marshall, 20. 10. 1958, RFA, RG 1.2, Series 717, b. 7, f. 85; vgl. auch oben, Kap. II.3.; etwa Moselys Zielvorgabe, das Pathos der Arbeiterbewegung für den Westen zurückzuerobern: Gesprächsnotiz Edward F. D'Arms, 13. 10. 1954, RFA, RG 1.1, Series 200, b. 322, f. 3828.

tischen« Alternativen zum Sowjetkommunismus die Rede. Bucharin blieb Leninist und Kommunist. Zur Ikone einer antistalinistischen Linken, die im Westen und in der Dritten Welt die Attraktivität der Sowjetunion untergraben sollte und sich in den demokratischen Prozess integrierte, taugte er kaum.

Die »humanistischen Werte« des Marxismus konnten dennoch im Westen zum Einsatz kommen, wie Marcuse in Übereinstimmung mit den amerikanischen Ideenkriegern argumentierte. Allen doktrinären Schwankungen zum Trotz ging der Sowjetmarxismus von einer Stabilisierung des Kapitalismus aus, wie Marcuse zeigte.[158] Auf dieser Grundlage wurde im Westen weiterhin eine Politik der Volksfront verfolgt. Die dauerhafte Betonung der »humanistischen Werte« und die daraus resultierende politische Strategie würden die kommunistischen Parteien des Westens fundamental umgestalten, vermutete Marcuse. Nach dem Schwenk der sozialdemokratischen Parteien zur politischen und gesellschaftlichen Mitte, nach der Neuerfindung der Sozialdemokratie als »Mittelstandspartei« könnten die Kommunisten das politische Erbe der Sozialdemokratie antreten, als die nunmehr »einzigen Vertreter der Interessen der Arbeiterklasse«. Die kommunistischen Parteien »außerhalb des sowjetischen Bereichs« – »outside the Soviet orbit«, Marcuses Zuständigkeitsbereich im OIR – hatten den »parlamentarischen Weg zum Sozialismus« eingeschlagen und würden über kurz oder lang den Reformismus eines Eduard Bernstein und klassische sozialdemokratische Politik wiederbeleben. Im Weg stand dieser Entwicklung einzig und allein noch, dass die kommunistischen Parteien im Westen mit den sowjetischen Interessen gleichgesetzt würden. Als Angegriffene suchten sie die Hilfe Moskaus.[159] Was Marcuse hier voraussagte, war die Entstehung eines von Moskau weitgehend losgelösten Eurokommunismus. Schon im OIR hatte er diese Position vertreten. Eine Domestizierung der Kommunisten, ihre Trennung von Moskau, ihre parlamentarische Zähmung zu einer sozialistisch-demokratischen Partei bedeutete einen entscheidenden Sieg im Ideenkrieg. Die psychologische Strategie, die Moskaus Anziehungskraft und Deutungsmonopol im marxistischen Lager des Westens und der Dritten Welt brechen sollte, wäre damit aufgegangen.

---

158 Vgl. *Marcuse*, Soviet Marxism, S. 23–61; dt. *ders.*, Die Gesellschaftslehre des sowjetischen Marxismus, S. 54–86.
159 *Marcuse*, Soviet Marxism, S. 57f., 225f.; dt. *ders.*, Die Gesellschaftslehre des sowjetischen Marxismus, S. 83f., 225.

Mit Bucharin als Leitfigur einer alternativen, humaneren Entwicklung in der Sowjetunion wagte sich Marcuse im Diskurs der psychologischen Kriegführung weit vor. Man kann darin seine politischen Sympathien erkennen, man kann es aber auch als Vorstoß über das eigentliche Zielgebiet der Ideenkrieger »outside the Soviet orbit – Westeuropa und die »blockfreien« Nationen – hinaus lesen: Marcuse wies damit auf eine Möglichkeit hin, die sowjetische Ordnung von innen auf ideologischem Wege umzustürzen. Man wird diese Implikationen nicht zu weit treiben wollen – wobei die Engführung von Strategie und Wissenschaft weder gewagte Spekulation noch lediglich Plausibilität heischende These ist, sondern die Grundtatsache schlechthin der Entstehungsbedingungen von »Soviet Marxism«. Fest steht, dass die von Moskau verdammte Figur Bucharin und die »Idee einer bucharinistischen Alternative« seit den sechziger Jahren erstens zur wissenschaftlichen Zertrümmerung des Mythos beitrugen, Stalins Politik sei strukturell notwendig gewesen, und zweitens antistalinistische Kommunisten stärkten und die Annäherung von Eurokommunismus und Sozialismus in Westeuropa beförderten. Am folgenreichsten jedoch war drittens die »Idee einer bucharinistischen Alternative« in der Sowjetunion selbst: Sowjetischen Dissidenten wie Roy Medwedew, die auf einen liberaleren und humaneren Kommunismus hofften und auf eine Reform der Sowjetunion durch die Kommunistische Partei setzten, stützten sich auf Bucharin. Antistalinistische Reform, nicht Demokratie blieb das Ziel dieser Dissidenten und ihrer politischen Unterstützer.[160]

Diese Aussicht mochte noch in Marcuses Erwartungshorizont gelegen haben, Ausdruck verliehen hätte er derlei Hoffnungen nicht. Vorausgesehen hatten weder er noch die Dissidenten das Ergebnis des Versuchs, »bucharinistische« Ideen in die Tat umzusetzen: Es war gerade die in einer langen wirtschaftlichen Krise erfolgte Entscheidung Gorbatschows, den Kommunismus zu reformieren und das System zu

---

160 Vgl. *Cohen*, Rethinking the Soviet Experience, S. 74–78, 84–92; ders., Bukharin and the Bolshevik Revolution, S. xviii–xxiii; ders., Bukharin and the Eurocommunist Idea, in: *Aspaturian/Valenta/Burke* (Hg.), Eurocommunism Between East and West; ders., »Why Bukharin's Ghost Still Haunts Moscow«, *New York Times Magazine*, 10. 12. 1978, S. 146–150, 153–158. Zum Eurokommunismus und der Suche nach Alternativen zu Moskau vgl. aus jüngster Sicht die Beiträge von *Bernd Rother*, *Laura Fasanaro* und *Duccio Basosi/Giovanni Bernardini*, in: *Leopoldo Nuti* (Hg.), The Crisis of Détente in Europe. From Helsinki to Gorbachev 1975–1985, London 2008.

liberalisieren, die die Sowjetunion zum Einsturz brachte – und einen alten, längst unerfüllbar geglaubten Traum der psychologischen Strategen in Washington wahr machte.[161]

»Soviet Marxism« offenbarte noch viele weitere solche Übereinstimmungen mit den Prioritäten des Ideenkrieges, ob man das Werk nun als Traktat der Entspannungspolitik oder als Brevier der psychologischen Kriegführung liest – was am Ende ohnehin keinen Unterschied macht. Je vertrauter der sowjetische Gegner wurde, desto weniger war von ihm zu befürchten. Marcuse folgte wie Isaiah Berlin mit dialektischer Präzision dem »Zickzackkurs von Rechts- und Linksschwenkungen« der kommunistischen Haltung gegenüber der kapitalistischen Welt. Er arbeitete als fundamentale Konstante der sowjetischen Theorie und Politik den Willen zur Koexistenz heraus. Das war die entspannungspolitische Leistung von »Soviet Marxism«.[162]

Das Personal und die Begriffe aus der Frühphase des Kalten Krieges, die im OIR behandelt worden waren, tauchten dabei wieder auf: die Truman-Doktrin und der Marshallplan auf der einen Seite, Schdanow und die Theorie der »zwei Lager« als Antwort auf der anderen Seite; das Ringen des Ökonomen Varga um die theoretische und nicht nur politisch-faktische Anerkennung einer kapitalistischen Stabilisierung; die Gründung der Kominform, die Absicherung der Herrschaft und die Ausschaltung von Opposition innerhalb der sowjetischen Einflusssphäre in Ost- und Ostmitteleuropa; das Scheitern der kommunistischen Regierungsbeteiligung in Frankreich und Italien; Moskaus Hinwendung zu den kolonialen Befreiungskriegen und Revolutionen; die stete Angst der Sowjetunion vor deutscher Aggression; im Westen der Verzicht auf eine Revolutionsstrategie und das Bekenntnis zum »demokratischen Reformismus« – all diese aus dem OIR vertrauten Ereignisse und Konzepte traten, als Wegmarken für Marcuses Analyseschritte, wieder in Erscheinung. Ihre Interpretation hatte sich nicht geändert. Koexistenz und Entspannung lauteten die politischen

---

161 Vgl. *Kotkin*, Armageddon Averted, bes. S. 31–85, 171–196; *Leffler*, For the Soul of Mankind, S. 338–450; *Kramer*, Gorbachev and the Demise of East European Communism; *Savranskaya*, Unintended Consequences; *Mitrovich*, Undermining the Kremlin, S. 15–82, liefert einen guten Überblick über die aggressiven Ziele der strategischen Planer am Anfang des Kalten Krieges, die einen Zusammenbruch der Sowjetunion anstrebten; vgl. auch *Stöver*, Die Befreiung vom Kommunismus, S. 54–120.

162 *Marcuse*, Soviet Marxism, S. 23–61, Zitat S. 34; dt. ders., Die Gesellschaftslehre des sowjetischen Marxismus, S. 54–86, Zitat S. 64.

Schlussfolgerungen, die Marcuse immer wieder zog. Seit Stalins Tod trieb Chruschtschow, der an den Sieg über den Kapitalismus allein durch politisch-ökonomischen Wettstreit glaubte, diese Tendenz konsequent voran.[163] »Stillschweigend wird von einer ›normalen‹ Entwicklung ausgegangen«, ergänzte Marcuse, »das heißt: kein Krieg mit dem Westen.«[164] Mit seinen ehemaligen Geheimdienstkollegen war Marcuse nach wie vor einer Meinung. Die OIR-Papiere und die National Intelligence Estimates der CIA hielten wie bereits zu Marcuses Zeiten weiterhin an dieser Schlussfolgerung fest. Kriegerische Absichten der Sowjets waren demnach nicht zu erkennen.[165]

In Übereinstimmung mit der ideenpolitischen Strategie des Marxismus-Leninismus-Projekts der Rockefeller Foundation konstatierte Marcuse einen »Bruch« zwischen Leninismus und Stalinismus. Er führte die Unterschiede jedoch so wenig aus wie die Umstände der »Verschiebung in der Politik« seit 1955/56.[166] Marcuses Kritik am sowjetischen System fiel auf der begrifflichen Ebene mitunter scharf aus. Eine empirische Durchführung dieser Kritik sucht man zumeist vergebens. »Soviet Marxism« zufolge war die sowjetische Gesellschaft unfrei, sie war irrational und terroristisch organisiert, sie war weder demokratisch noch wirklich sozialistisch, sie war »totalitärer Verwaltung« unterworfen und wurde von einem militärisch-industriellen Komplex dominiert. Statt sich zu einer »sozialistischen Demokratie« zu entwickeln, befand sie sich auf dem Weg zu einem totalitären »Wohlfahrtsstaat«, der zur Rechtfertigung der Repression diente und die Nachteile seines westlichen Ebenbilds mit größerer individueller Unfreiheit koppelte.[167]

---

163 *Marcuse*, Soviet Marxism, S. 41f., 45, 47f., 49f., 54f. (Zitat), 60f.; dt. *ders.*, Die Gesellschaftslehre des sowjetischen Marxismus, S. 69f., 72f., 74–76, 80f. (Zitat), 85f.
164 *Marcuse*, Soviet Marxism, S. 146; dt. *ders.*, Die Gesellschaftslehre des sowjetischen Marxismus, S. 156.
165 Vgl. oben, Kap. I.10. und I.11.; siehe etwa – neben weiteren in diesem Band enthaltenen Papieren – SNIE 11–54, The Likelihood of a General War Through 1957, 15. 2. 1954, in: *Koch* (Hg.), Selected Estimates on the Soviet Union, S. 197–200; *Haines/Leggett* (Hg.), Watching the Bear; *dies.* (Hg.), CIA's Analysis of the Soviet Union 1947–1991; *Steury* (Hg.), Intentions and Capabilities; *Garthoff*, A Journey through the Cold War, S. 24–60.
166 *Marcuse*, Soviet Marxism, S. 58, 60; dt. *ders.*, Die Gesellschaftslehre des sowjetischen Marxismus, S. 84, 86.
167 *Marcuse*, Soviet Marxism, S. 70f., 95–97, 117f., 138, 154–156 (Zitat), 172f. (Zitat); dt. *ders.*, Die Gesellschaftslehre des sowjetischen Marxismus, S. 93f., 114–116, 132f., 151, 164f. (Zitat), 180f. (Zitat). Eine Verurteilung der Sowjet-

Die fortdauernde Repression wurde nicht ignoriert. Dennoch fand sie keine angemessene Darstellung. Zum Gulag fiel Marcuse nichts ein. »Soviet Marxism« schritt über den Stalinismus viel zu schnell hinweg. Eine Auseinandersetzung mit der Person Stalins blieb aus. Die Rolle historischer Akteure ging in dialektischen Systemanalysen unter, was mit einer beiläufigen Behandlung der stalinistischen Verbrechen einherging. Die Kritik an der sowjetischen Bürokratie geriet allzu formelhaft. Der postulierte Bruch zwischen Stalinismus und Poststalinismus wurde nur angedeutet, die gravierenden Unterschiede blieben unklar, erst das Vorwort von 1961 benannte neue Entwicklungen – die erwähnten gesellschaftlichen und kulturellen Liberalisierungen. Darin besteht das moralische Problem des Buches. Die berechtigte und in jedem Punkt zutreffende Kritik an »Soviet Marxism« verkennt allerdings den Charakter dieses Buches. Für das Verständnis von »Soviet Marxism« ist damit nicht viel gewonnen. Es ist weder eine historische Studie zur sowjetischen Politik und Theorie noch eine antikommunistische Anklageschrift, sondern eine wissenschaftlich abgesicherte politische Intervention in eine höchst aktuelle Debatte um Entstalinisierung und Liberalisierung nach 1956.[168] Erst die Rekonstruktion des historischen Kontexts erlaubt es, dieses mitunter

---

union war 1954 auch dem Nachwort zur Neuausgabe von »Reason and Revolution« zu entnehmen. Trotz kritischer Töne gegenüber dem westlichen Kapitalismus erscheint hier die Sowjetunion als das größere Weltübel, weil es den Westen zu »totaler Mobilisierung« mit all den damit verbundenen negativen gesellschaftlichen Konsequenzen gezwungen habe. Aus der Perspektive von Marx betrachtet, »war die stalinistische Gesellschaft nicht weniger repressiv als die kapitalistische, nur ärmer«. Die Ambivalenzen, die in diesem Satz noch steckten – wenn damit auch ein vernichtendes Urteil über ein System gesprochen wurde, das, wie vorgab, die Erfüllung des Marxismus zu sein –, fehlten bei Marcuses scharfer Kritik des stalinistischen Irrwegs der rapiden Industrialisierung als eines »neuen System[s] repressiver Produktivität«: »Befreiung« setze »Freiheit *voraus:* jene kann nur zustande gebracht werden, wenn sie von freien Individuen durchgeführt und getragen wird« – so brachte Marcuse Marx und den Idealismus gegen Moskau in Stellung. Doch die Revolution schritt nicht »durch Freiheit fort«. Die Individuen wurden »zu Objekten ihrer eigenen Befreiung und Freiheit eine Angelegenheit der Administration und des Dekrets«. Fortschritt war demnach gleichbedeutend mit »fortschreitender Unterdrückung«; *Marcuse*, Vernunft und Revolution, S. 373f., 371.
168 *Kellner*, Herbert Marcuse and the Crisis of Marxism, S. 211, 218f., 226, bemerkt zwar die politische Funktion von »Soviet Marxism«, aber er misst ihr bei seiner an diesen Stellen zusammengefassten Kritik zu wenig Gewicht bei. »Soviet Marxism« liest gar als »objektive« politische Studie zur Sowjetunion *Bronner*, Moments of Decision, S. 87, 89.

sperrige Werk richtig zu verstehen. Bemerkenswert und geradezu avantgardistisch war es, dass Marcuse – im Gefolge seines Freundes Moore – von Unterschieden zwischen Lenin, Stalin und der poststalinistischen Entwicklung sprach, beinahe ein Jahrzehnt, bevor die »Kontinuitätsthese« ihre Vorherrschaft in der akademischen Wissenschaft verlor.[169]

Das Thema Stalinismus war für Marcuse bereits zu den Akten gelegt. Darum ging es ihm nicht, so sehr man ihm sein Desinteresse am Ausmaß des stalinistischen Terrors und seine mangelnde Mitleidsbekundung für dessen Opfer vorwerfen muss. Marcuse wollte im Sinne seiner Auftraggeber die neue Sowjetunion deuten und die öffentliche Deutung der neuen Sowjetunion beeinflussen. Folgt man der Spur, die von der ursprünglichen Einführung ausgelegt wurde, tritt diese Absicht von »Soviet Marxism« noch deutlicher hervor. Zieht man den Ursprung von Marcuses Perspektive in der geheimdienstlichen Aufklärung und der psychologischen Kriegführung in Erwägung, erklären sich auch einige der problematischen Aspekte des Buches. Der Stalinismus war aus dieser Perspektive obsolet, seine Untersuchung eine Aufgabe für Totalitarismustheoretiker und Russlandhistoriker. Es sind gerade die Passagen von »Soviet Marxism«, die dem nachrichtendienstlichen Aufklärungsinteresse am nächsten stehen, in denen Marcuse seine treffendsten Beobachtungen und hellsichtigsten Erwartungen formulierte. Von genau diesem Aufklärungsinteresse ging auch, weit über Marcuse hinaus, der Anstoß zur Revision und Überwindung des totalitarismustheoretischen Paradigmas aus.[170]

Nicht nur – aus marxistischer Sicht – der Kapitalismus, sondern auch der – aus Sicht der Totalitarismustheorie – sowjetische Monolith litt an seinen inneren Widersprüchen. Marcuse sprach vom »paradoxen Wesen der Sowjetgesellschaft, in der ein höchst methodisches Herrschaftssystem der Freiheit den Boden bereiten soll und die Politik der Unterdrückung als die der Befreiung gerechtfertigt wird«. Das führte er an der Formel vom »Sozialismus in einem Land« vor, die vor allem der »welthistorischen Rechtfertigung der repressiven Funktionen des Sowjetstaates« diente. Diese Formel und die ihr zugrunde liegende Vorstellung einer »kapitalistischen Einkreisung« legitimierten den Ausbau der »politischen und militärischen Macht«, oder vielmehr des politisch-militärischen Establishments, wie es im Original heißt.

---

169 Vgl. *Cohen*, Rethinking the Soviet Experience, S. 25–30, 38–46.
170 Vgl. ebenda, S. 28–30; jetzt generell *Engerman*, Know Your Enemy.

Die auf die Innenpolitik gemünzte Parole verschärfte folglich die Bedrohung für den Westen. Zugleich war Marcuse davon überzeugt, dass die sowjetische Gesellschaft »eine innere Dynamik besitzt, die den repressiven Tendenzen entgegenwirken und die Struktur der Sowjetgesellschaft umformen kann«. Um den Wunsch der Bevölkerung nach mehr Freiheit und mehr Konsumgütern zu stillen, musste die sowjetische Führung über kurz oder lang den Primat der Rüstung aufgeben. Die militärische Komponente der Politik verschwendete Mittel, die im eigenen Land gebraucht wurden, und sie stärkte die Einheit des gegnerischen Lagers, statt seinen Zerfall zu beschleunigen. Der sowjetischen Führung blieb darum Marcuse zufolge nichts anderes übrig, als den Kalten Krieg in einen Kampf um die »ökonomische und kulturelle Überlegenheit des Sozialismus über den Kapitalismus« zu transformieren und so den Sozialismus »durch Ansteckung« zu verbreiten.[171]

Die Konsequenz aus Marcuses Anmerkungen zu einer politischen Formel des Sowjetmarxismus war eindeutig. Sie kehrte leitmotivisch wieder: Die Sowjetunion war kein monolithischer Feindblock, sondern eine differenzierte Gesellschaft. Sie trug das Potential zur Liberalisierung in sich. Und sie hatte ein eindeutiges und akutes Interesse an Entspannung, Koexistenz und friedlicher Konkurrenz. Deutlich zum Vorschein kam diese Deutung auch in einem Kapitel, das einer Schlüsselfrage der psychologischen Kriegführung nachging – der Frage nach Spannungen im System, nach gegensätzlichen Interessen in der Führung, nach Gruppen, die einander befehdeten, nach Ansatzpunkten für eine amerikanische Strategie.[172] Marcuse widerlegte in dem Kapitel »The Dialectic of the Soviet State« einen intellektuellen Gegner – die antikommunistisch grundierte Totalitarismustheorie; auf den Totalitarismusbegriff hingegen verzichtete er nicht. Epistemologisch blieb er, in entspannungspolitischer Absicht, dem Erkenntnisinteresse der geheimdienstlichen Aufklärung verpflichtet. Der sowjetische Staat gab vor, das Klasseninteresse im Gemeinwohl aufzuheben, doch er war selbst ein Klassenstaat. Die herrschende Klasse war die Staatsbürokratie, die allerdings auch kein monolithischer Block war. Die Bürokratie war in vielfach verfeindete und verbündete Gruppen und Lager gespalten.[173] Da-

---

171 *Marcuse*, Soviet Marxism, S. 77–84, Zitate S. 77 f., 83 f.; dt. ders., Die Gesellschaftslehre des sowjetischen Marxismus, S. 100–105, Zitate S. 100 f., 105.
172 Vgl. dazu oben, Kap. I.8., I.10. und I.11.
173 *Marcuse*, Soviet Marxism, S. 85–103; dt. ders., Die Gesellschaftslehre des sowjetischen Marxismus, S. 106–121.

mit war Marcuse – wie immer auf den Spuren Moores – der akademischen Debatte weit voraus.[174]

Auf das fast gleichzeitig erschienene Buch des jugoslawischen Dissidenten und einstigen Vertrauten Titos, Milovan Djilas, der die Parteibürokratie als »neue Klasse« identifizierte, nahm Marcuse nicht Bezug. Djilas allerdings, der im Gefängnis saß, ging mit der Bürokratie politisch und moralisch viel härter ins Gericht als Marcuse, der den »kalten« Blick des Geheimdienstanalytikers an den Tag legte.[175] Der Vergleich mit Djilas trägt jedoch kaum Erkenntnisgewinn ein. Marcuse und Djilas bewegten sich in zwei gänzlich unterschiedlichen Erörterungszusammenhängen. Beide gaben lediglich ähnliche Antworten auf völlig verschiedene Fragestellungen. Djilas nahm an einer isolierten Debatte unter Marxisten über den Klassencharakter des Stalinismus teil.[176] Marcuse stand im Zentrum der »kremlinologischen« Apparate und wurde von deren Aufklärungsinteresse geleitet. Er hatte keinen Schuldspruch und keine autobiographisch begründete Kritik vorzulegen, sondern strategisch belastbare Analysen und Prognosen zur Gegenwart und Zukunft des sowjetischen Systems.

Auffällig war jedoch sein von Isaiah Berlin völlig abweichender Begriff der russischen Intelligenzija. Von intellektueller Autonomie war dabei keine Rede, Sympathie für die sowjetischen Intellektuellen und Künstler war kaum zu spüren. Marcuse übernahm kritiklos die sowjetische Sprachpraxis und bezeichnete mit Intelligenzija einfach die Intelligenz, den akademisch gebildeten Teil der Gesellschaft, aus dem die Bürokratie sich rekrutierte, die Berlins Abscheu geweckt hatte. Die »sowjetische Intelligenz« war die »neue herrschende Gruppe«. Die Rekrutierung, die Ausbildung und auch die Privilegien »hochqualifizierter Spezialisten, Techniker, Manager usw.« fanden in der Sowjetunion weithin Zustimmung. Marcuse wollte sich aber nicht allein auf die Feststellung der Macht beschränken, die die Bürokratie in Händen hielt. Sein kritisch-theoretisch wie nachrichtendienstlich geschulter Blick interessierte sich weniger für die »Vorrechte der regierenden Bürokratie, ihre zahlenmäßige Stärke und ihren Kastencharakter« als für ihre gesellschaftliche Funktion. Es lag auf der Hand, dass die sowjeti-

---

174 Vgl. etwa *Cohen*, Rethinking the Soviet Experience, S. 25f., 30f.; *Geyer*, Introduction, S. 6f.; generell jetzt *Engerman*, Know Your Enemy.
175 Vgl. *Djilas*, The New Class; *Kellner*, Herbert Marcuse and the Crisis of Marxism, S. 206f.
176 Vgl. *Cohen*, Rethinking the Soviet Experience, S. 44, 52f., 65f.

sche Bürokratie wie jede Bürokratie ein »vitales Interesse« daran hatte, »ihre privilegierte Position zu erhalten und zu stärken«. Dieses Interesse manifestierte sich allerdings nicht allein in der Herrschaft einer sich immer weiter ausbreitenden Bürokratie über die Bevölkerung.[177] Die Bürokratie war selbst durchzogen von den »widerstreitenden Interessen in der Sowjetgesellschaft«. Die Bürokratie verkörperte in der Konkurrenz von Interessengegensätzen einen »special interest«. Um ihr Eigeninteresse durchzusetzen, musste sie sich mit anderen sozialen Gruppen verbünden. Es gab unterschiedliche Bürokratien und wiederum Elemente (»Untergruppen«) in Bürokratien, die alle in wechselnden Koalitionen ihre Interessen gegen andere Gruppen durchzusetzen versuchten. Es gab – wie in Franz Neumanns Analyse des Nationalsozialismus – große konkurrierende Machtblöcke, »ökonomische, politische und militärische Einrichtungen« und Establishments. Die jeweils größten, intern vielfach differenzierten Bürokratien kontrollierten Industrie, Landwirtschaft, Militär und die Polizeiapparate. In der sowjetischen Führung war jede dieser bürokratischen Gruppen vertreten. Jede von ihnen strebte nach »Monopolisierung« ihrer Macht und nach »sozialer Kontrolle«, doch sie alle mussten in ständigen Verhandlungen und Kompromissen immer wieder um ihre Interessendurchsetzung ringen. »Persönliche und Cliqueneinflüsse und -interessen, Korruption und Schiebung« konnten sich unter diesen Bedingungen ausbreiten.[178]

Ungeachtet dieser Auswüchse bürokratischer Herrschaft gab es auch Gegenkräfte, die dem Streben bürokratischer Interessengruppen nach einem Machtmonopol zu einem gewissen Grad Einhalt geboten: die politischen Ziele, auf die alle verpflichtet waren, verkörpert im »zentralen Plan«, und der »Terror des Wettbewerbs« (»competitive terror«), der technische und wirtschaftliche Ineffizienz bestrafte. Konnte der technologische Terror mitunter im Dienste einer Interessengruppe manipuliert werden, so galt das für die politischen Prinzipien des Sowjetmarxismus nur mit Einschränkungen: Die »konkurrierenden einflussreichen Interessengruppen« rangen um Kompromisse, aber die Ergebnisse dieser Kompromisse konnten nicht endlos der

---

177 *Marcuse*, Soviet Marxism, S. 91f.; dt. *ders.*, Die Gesellschaftslehre des sowjetischen Marxismus, S. 111.
178 *Marcuse*, Soviet Marxism, S. 92, 93, 100, 97, 95; dt. *ders.*, Die Gesellschaftslehre des sowjetischen Marxismus, S. 111f., 119, 116, 114; vgl. *Neumann*, Behemoth, S. 543, 659–661; zur NS-Analyse in R&A vgl. die Literaturhinweise oben, Kap. I.3.

Korruption, Profitsucht oder Machtgier dienen. »Früher oder später«, merkte Marcuse mit seinem Sinn für dialektische Beziehungen an, »muss das Resultat der Grundtendenz des Aufbaus der Sowjetgesellschaft und den Prinzipien entsprechen, die diese Tendenz seit dem ersten Fünfjahresplan beherrscht haben. Einmal institutionalisiert, haben sie ihre eigene Schwerkraft (›momentum‹) und ihre eigenen objektiven Erfordernisse; die einflussreichen Interessengruppen hängen selbst von der Beachtung dieser Erfordernisse ab. Die Prinzipien werden gemäß der sich ändernden innenpolitischen und internationalen Lage geändert, aber eine allgemeine Tendenz auf längere Sicht zeichnet sich ab.«[179]

Die Konsequenzen waren offensichtlich. Die »Prinzipien« konnten von den Bürokratien missbraucht werden, aber zu guter Letzt waren auch die bürokratischen Interessen den ideologischen Prämissen unterworfen – ein Grund mehr, den Sowjetmarxismus zu studieren, um das Verhalten der sowjetischen Führung zu begreifen. Selbst Stalin, dessen persönliche Macht sich »durchaus über alle divergierenden Interessen hinweggesetzt haben mag«, stand nicht außerhalb dieses prinzipiellen Rahmens. Auch Stalin musste der Ideologie seinen Tribut zollen. Das war Marcuses klarstes Wort zu Stalins außergewöhnlicher Stellung im sowjetischen Herrschaftsgefüge. Stalins faktisch unumschränkte Macht, die Marcuse ihm zugestand, hatte demnach niemals vollends die Strukturen außer Kraft gesetzt, für die allein Marcuse sich interessierte.[180]

Im Namen der Prinzipien, eines höheren Gemeinwohls und der angeblich »wirklichen« Interessen der Gesellschaft – Konzepte, die allesamt von »Abstraktheit« gekennzeichnet waren – konnten die Bürokratien ihre eigenen Interessen verschleiern und dem Individuum Recht und Freiheit rauben. Auf Dauer aber hing ihre eigene Legitimation und Machtposition davon ab, dass sie tendenziell das Gemeinwohl über ihre Partikularinteressen stellten. Zwar war auch die Idee des Gemeinwohls »abstrakt« und folglich ein »ideologisches« Konzept, wie Marcuse einräumte. An der Eigendynamik der sowjetmar-

---

179 *Marcuse*, Soviet Marxism, S. 95, 97 f.; dt. *ders.*, Die Gesellschaftslehre des sowjetischen Marxismus, S. 114, 116. »Vested interests« wird in der deutschen Übersetzung mit »hergebrachten Interessen« wiedergegeben, ich bevorzuge »einflussreiche Interessengruppen«.
180 *Marcuse*, Soviet Marxism, S. 94; dt. *ders.*, Die Gesellschaftslehre des sowjetischen Marxismus, S. 114.

xistischen Ideale änderte dies nichts. Noch war das von der Bürokratie postulierte »universale« oder »allgemeine Interesse« nicht identisch mit den Interessen der Bevölkerung: »Das Volk wünscht beispielsweise weniger Arbeit, mehr Freiheit, mehr Konsumgüter«. Die »offizielle Theorie« stellte über diese Wünsche das angebliche »gesellschaftliche Interesse der Aufrüstung und Industrialisierung«. Aber das Versprechen war ausgesprochen. Die Bürokratie war in einem dialektischen Prozess schrittweise zum Wandel gezwungen, auch wenn es ihr widerstrebte, ihr Eigeninteresse dem gesellschaftlichen Interesse unterzuordnen.[181] Den Feinheiten der ideologischen Dynamik widmete Marcuse an späterer Stelle einige erhellende Bemerkungen, wie noch zu sehen sein wird.

Die Sowjetunion war also eine ähnlich differenzierte, von Interessengruppen geprägte Gesellschaft wie der Westen. Was beide Systeme unterschied – abgesehen von der größeren individuellen Unfreiheit im Osten –, war das ideologische Versprechen, das die Sowjetunion langfristig zur Veränderung drängte. Die individuelle Unfreiheit konnte nicht auf Dauer anhalten, sie entzog der sowjetischen Ordnung die Legitimation. Die Sowjetunion war demnach ein komplexes, instabiles Gebilde, das gerade nicht durch permanenten Terror zusammengehalten wurde, wie die Totalitarismustheorie behauptete. Vielmehr führten überhaupt erst Entstalinisierung und Liberalisierung zur dauerhaften Stabilisierung des Systems. Ganz ähnlich sah es bekanntlich Marcuses Förderer, der Ideenkrieger Mosely.[182] Dessen Beiträge über die Herrschaftsstruktur und politische Entwicklung der Sowjetunion nahm Marcuse zur Kenntnis und nutzte sie für seine Arbeit.[183] Die Szenarien, wonach mit Stalins Tod oder einem Ende des Terrors das System zusammenbrechen würde, hatten sich als falsch herausgestellt. Die Zustimmung zum Regime war gestiegen. Ein direkter psychologischer Angriff von außen konnte nur kontraproduktiv sein. Die neue amerikanische Strategie hingegen setzte auf einen langfristigen Wandel von innen, während auf internationaler Ebene Verhandlungen und

---

181 *Marcuse*, Soviet Marxism, S. 100–102; dt. ders., Die Gesellschaftslehre des sowjetischen Marxismus, S. 118–120.
182 Vgl. oben, Kap. II.3.
183 Was Marcuse auch bei Erscheinen des Sammelbandes mit Moselys Aufsätzen bestätigte; Marcuse an Mosely, 28. 5. 1960; Mosely an Marcuse, 1. 6. 1960; Philip E. Mosely Papers, University of Illinois, Urbana-Champaign, Series 15/35/51, b. 8, f. Herbert Marcuse.

Koexistenz den Weg zur Entspannungspolitik markierten.[184] »Soviet Marxism« liest sich immer wieder wie eine wissenschaftliche Beglaubigung dieser Linie.

Die Natur des Terrors hatte sich grundlegend gewandelt, wie Marcuse feststellte. Seine Analyse stützte sich dabei auf Franz Neumanns »Notizen zur Theorie der Diktatur« mit ihrer marxistischen Unterscheidung von progressivem und regressivem Terror. Neumann definierte den Terror, das »Konstituens des Totalitarismus«, als »nicht berechenbare Anwendung physischer Gewalt als permanente Drohung gegen jeden«.[185] Der politische Terror in der Sowjetunion wurde Marcuses Beobachtung zufolge zunehmend vom »technischen« Terror abgelöst. Der politische Terror hatte mit der Ausschaltung jeder Art von »Nichtanpassung«, von politischem Widerspruch und Opposition sein Ziel erreicht – der schreckliche und »anhaltende Erfolg der totalitären Verwaltung«. Die Lage hatte sich nun gewandelt: »streng politischer Terror [scheint] eher die Ausnahme als die Regel zu sein«. Das stalinistische Repertoire – »die völlig standardisierten Clichés der politischen Beschuldigungen, die nicht mehr beanspruchen, rational, glaubhaft und konsequent zu sein« – wurde nur noch als Vorwand eingesetzt, um bürokratische Konkurrenz loszuwerden. Der stalinistische Terror gegen die Volksfeinde hatte ausgedient. Die neuen Mechanismen des »technischen« Terrors waren subtiler, und sie trafen nicht mehr potentiell jeden. Sie gingen einher mit den konkreten Interessenkonflikten der unterschiedlichen bürokratischen Apparate.[186]

Insofern war ein Fortschritt eingetreten, eine substantielle Liberalisierung. Die permanente Bedrohung des Individuums war beendet. Die Sowjetunion hatte die Phase des Totalitarismus nach Neumanns Definition wieder verlassen. Ob der neue, subtilere »technische« Terror der Effizienz und bürokratischen Rivalität aber dem gesellschaftlichen Fortschritt diente, blieb eine offene Frage. An anderer Stelle verneinte Marcuse diese Frage im Hinblick auf seine Gegenwart. Die »an der *Konkurrenz orientierte Arbeitsmoral*« und die Rationalisierung des Arbeitsprozesses hatten die Entfremdung nicht beseitigt. Noch immer wurde das Individuum an seiner freien Entfaltung gehindert.

---

184 Vgl. oben, Kap. I.11.; *Mitrovich*, Undermining the Kremlin, S. 15–46, 84–114, 122–176; *Leffler*, A Preponderance of Power, bes. S. 100–114, 199–265, 312–360, 446–493; ders., For the Soul of Mankind, S. 145f.
185 Vgl. *Neumann*, Notizen zur Theorie der Diktatur, S. 236.
186 *Marcuse*, Soviet Marxism, S. 95–97; dt. ders., Die Gesellschaftslehre des sowjetischen Marxismus, S. 115f.

Im Gegensatz zu den sowjetischen Parolen war dort das Individuum genauso »verstümmelt« wie im Westen, gezwungen zu entfremdeter Arbeit und zum Aufgehen in seiner Funktion im Arbeitsprozess.[187] Marcuse entdeckte viele weitere Anzeichen einer begrenzten inneren Liberalisierung des sowjetischen Systems. Gekoppelt waren die Reformen im Innern an eine Politik der Entspannung nach außen. Die Reformen hingen davon ab, dass die militärische Komponente der Politik zurückgedrängt wurde. Die Entstalinisierung ging Hand in Hand mit einer Aussöhnung mit Jugoslawien oder dem Einschlagen eines legalistisch-demokratischen Kurses der kommunistischen Parteien im Westen, in Indien und in Japan. Auch der sowjetische Machtbereich in Ostmitteleuropa war betroffen: »Eben diese Entstalinisierung trieb zu den Ereignissen in Polen und Ungarn.« Die ostmitteleuropäischen Aufstände von 1956 gefährdeten vorerst die Liberalisierung der Sowjetunion, weil sie zur kurzfristigen Verhärtung der internationalen Strategie und zu einer Welle der Repression führen mussten.[188]

Aber langfristig rechnete Marcuse mit weiteren Liberalisierungen. Im Kalten Krieg lagen Reformen im Interesse der Führung. Die Produktivität war gestiegen und machte die Bedürfnisbefriedigung möglich, die im Gegenzug wiederum die internationale Lage entspannte, weil wirtschaftliche und ideologische Konkurrenz an die Stelle der militärischen Konfrontation trat.[189] Die gesteigerte Produktivität war zudem theoretisch auf ideologische Ziele verpflichtet, die eine humanere Gesellschaft versprachen.[190] Und schließlich hielt Marcuse es für möglich, dass die technologische Rationalität des Systems Reformen unvermeidlich machte und der Prozess der Automatisierung irgendwann doch noch Arbeit und Kreativität zusammen- und das Ende der Entfremdung herbeiführen würde – was gleichbedeutend war mit dem Ende der Unterdrückung in der Sowjetunion.[191]

---

187 *Marcuse*, Soviet Marxism, S. 217–220; dt. *ders.*, Die Gesellschaftslehre des sowjetischen Marxismus, S. 218–220.
188 *Marcuse*, Soviet Marxism, S. 145–175, Zitat S. 158; dt. *ders.*, Die Gesellschaftslehre des sowjetischen Marxismus, S. 156–182, Zitat S. 167. Zu Marcuses Haltung gegenüber dem ungarischen Aufstand von 1956 vgl. unten, Kap. VI.4.
189 *Marcuse*, Soviet Marxism, S. 82 f., 150–152, 155, 161; dt. *ders.*, Die Gesellschaftslehre des sowjetischen Marxismus, S. 104 f., 160–162, 164, 169 f.
190 *Marcuse*, Soviet Marxism, S. 151, 161; dt. *ders.*, Die Gesellschaftslehre des sowjetischen Marxismus, S. 160 f., 169 f.
191 *Marcuse*, Soviet Marxism, S. 239–242; dt. *ders.*, Die Gesellschaftslehre des sowjetischen Marxismus, S. 236–239.

Ein gravierender Mangel dabei muss festgehalten werden. Marcuse bemerkte, dass die Kunst in der Sowjetunion ihre kritische Funktion weitgehend verloren hatte. Der sowjetische Staat hatte ihr die »Bilder der Befreiung« ausgetrieben. Dennoch hoffte Marcuse, Künstler und Schriftsteller würden in einem Akt der »totalen Ablehnung« oder, wie man im Hinblick auf andere Werke Marcuses übersetzen müsste, in einem Akt der totalen Weigerung das Widerstandspotential der Kunst zurückerobern. Dass dieser Prozess längst im Gang war, erkannte Marcuse nicht.[192] Anders als bei Isaiah Berlin findet sich bei ihm kein Lobgesang auf die wiedererwachte Intelligenzija, auf Pasternak oder Achmatowa. Den Begriff der Intelligenzija hatte Marcuse ohnehin wie die Sowjets der Bürokratie zugeschlagen. Für die Dissidenz hatte er zu diesem Zeitpunkt noch kein Gespür. Sein struktureller Blick kannte keine Empathie. Für den einzelnen Dissidenten war in der großen Dialektik kaum Platz. Marcuse beobachtete Tendenzen, nicht Personen.[193]

Der kritische Theoretiker und Marxist Marcuse interessierte sich für dieselben Entwicklungen wie der Geheimdienstanalytiker Marcuse. Es gab eine Identität der Erkenntnishaltungen, die bis zu dem Punkt reichte, an dem die Aufklärung in konkrete Maßnahmen der psychologischen Kriegführung umschlug. »Soviet Marxism« war eine ausgefeilte Um- und Fortsetzung des Forschungsprogramms, das Marcuse als Kommunismusexperte im State Department verfolgt hatte. Die »immanente Kritik« der sowjetischen Variante des Marxismus hatte Marcuse bereits dort betrieben. Im vertrauten Stil der Intellektuellengruppe im »bürokratischen Untergrund« des State Department klärte auch »Soviet Marxism« Missverständnisse und Verständigungsprobleme auf. Gerade als Verfechter einer Entspannungspolitik hob Marcuse die Liberalisierungstendenzen in der poststalinistischen Sowjetunion hervor.

Die totalitäre Herrschaft in der Sowjetunion erschien bei ihm als Pervertierung des Sozialismus. Im Zuge der Entstalinisierung pro-

---

192 *Marcuse*, Soviet Marxism, S. 109–120, Zitat S. 117; dt. ders., Die Gesellschaftslehre des sowjetischen Marxismus, S. 125–135, Zitat S. 132. Das erstaunt umso mehr, als Marcuse einige Jahre zuvor der Kunst eine Widerstandsfunktion gegen den Nationalsozialismus zugeschrieben hatte; vgl. *Marcuse*, Collected Papers, Bd. 1, S. 169, 200–214; *Katz*, Herbert Marcuse and the Art of Liberation, S. 120–129; *Kellner*, Technology, War, and Fascism, S. 28–31; *Müller*, Herbert Marcuse, die Frankfurter Schule und der Holocaust, S. 73f., 101–103.
193 Zur Geschichte der sowjetischen Intelligenzija vgl. jetzt *Zubok*, Zhivago's Children.

gnostizierte Marcuse die Rationalisierung der Diktatur, die Ablösung des politischen Terrors durch technisch-bürokratische Verwaltung und des Personenkults durch einen kollegialen Herrschaftsstil sowie einen »totalitären Wohlfahrtsstaat« – im Einklang mit den Untersuchungen des sowjetischen Herrschaftssystems, die sein Freund und R&A-Kamerad Barrington Moore vorgelegt hatte. Das Scheitern des Sozialismus war für Marcuse historisch noch nicht bewiesen.[194] »Soviet Marxism« war daran beteiligt, das in der Totalitarismusdebatte vorherrschende statische Modell der Herrschaft um eine historisch-dynamische Interpretation zu ergänzen.[195] Zwar stieß Marcuses Festhalten am Totalitarismusbegriff, obwohl er ihn aufgeweicht hatte, später auf den Widerstand der studentischen Neuen Linken.[196] Doch Moores Bücher, das RRC-Gemeinschaftswerk »How the Soviet System Works« und Marcuses »Soviet Marxism« waren die wissenschaftliche Vorhut, denen in den sechziger Jahren dann der Revisionismus folgte. Sie entzogen inhaltlich der Theorie eines monolithischen und statischen Totalitarismus den Boden, ungeachtet dessen, ob sie den Begriff totalitär verwandten. Diese avantgardistischen Arbeiten entstanden allesamt im staatlich, militärisch und philanthropisch geförderten Umfeld der psychologischen Kriegführung.[197]

In den Kontext der Totalitarismusdebatte gehört auch eine der hellsichtigsten Deutungen Marcuses. Sein Augenmerk galt immer auch den totalitären Entstellungen der Sprache. Marcuse ist als Sprachkritiker aus »One-Dimensional Man« bekannt. Die Karriere seiner sprachkritischen Konzepte hatte früher begonnen. In »One-Dimensional Man« kritisierte Marcuse die inhaltliche Entleerung der Sprache in Ost und West unter Bezug auf Roland Barthes – und mit Verweis auf

---

194 In kompakter Form finden sich diese Urteile in *Marcuse*, Recent Literature on Communism, S. 520; ders., Soviet Marxism, S. 171f.; dt. ders., Die Gesellschaftslehre des sowjetischen Marxismus, S. 178–180; vgl. *Moore*, Terror and Progress, S. 189.
195 Vgl. *Gleason*, Totalitarianism, S. 108–166. Neben Marcuses »Soviet Marxism« und anderen Arbeiten aus dem Umfeld des RRC vgl. auch aus dem Kreis der R&A-Intellektuellen *Hughes*, »Historical Sources of Totalitarianism«, *The Nation*, 24. 3. 1951, S. 281; *Schorske*, Rez. von C. J. Friedrich/Z. Brzezinski, »Totalitarian Dictatorship and Autocracy«, *American Historical Review* 63 (1957), S. 368f.
196 Vgl. *Jones*, The Lost Debate, S. 196f.
197 Vgl. *Cohen*, Rethinking the Soviet Experience, S. 25–30; *Geyer*, Introduction, S. 6f.; *Rabinbach*, Moments of Totalitarianism, S. 95; generell jetzt *Engerman*, Know Your Enemy.

»Soviet Marxism«. Sprache, die die Möglichkeit der freien Diskussion bieten sollte, war zum Herrschaftsinstrument verkommen: »Sie spricht Tatsachen aus und setzt Tatsachen ein aufgrund der Macht des Apparats – sie ist Kundgebung [»enunciation«], die sich selbst für gültig erklärt«, erläuterte Marcuse. »Die geschlossene Sprache beweist und begründet nicht – sie teilt Entscheidung, Diktum, Kommando mit.«[198] Dieser Aspekt der Sprachkritik in »One-Dimensional Man« erinnerte an das Konzept der performativen oder »behavioralen« Sprache, mit dem Marcuse die Verlautbarungen des sowjetischen Marxismus in der Einführung von »Soviet Marxism« beschrieben hatte. Der Sprachkritiker Marcuse war in »Soviet Marxism« identisch mit dem sowjetologischen Auguren Marcuse. In der Funktion der Sprache las er die Zukunft des Systems.

Die performative Dimension des Sowjetmarxismus bezeichnete er im Text auch als den »magischen« Charakter der Sprache. Dabei knüpfte er an seine Deutung der nationalsozialistischen Ideologie an, die er für die amerikanische Gegnerforschung Anfang der vierziger Jahre vorgenommen hatte. Seit den frühen dreißiger Jahren operierte der Gelehrte Marcuse als intellektueller Krieger auf diesem Ideenschlachtfeld. Die Ideologiekritik des Nationalsozialismus war der Kern seines Werks, der Anfang, mit dem alles begann. Sie lieferte das kategoriale und empirische Fundament, auf dem alles Spätere fußte.[199] Auch hier hatte die Sprachanalyse zu einer von Marcuses innovativsten Einsichten geführt – und zwar in seinem ersten Beitrag überhaupt zur psychologischen Kriegführung. Mit »The New German Mentality« hatte Marcuse sich 1942 um eine Stelle im amerikanischen Geheimdienst beworben. Er hatte den Text mit operativen Anregungen

---

198 Vgl. *Marcuse*, One-Dimensional Man, S. 84–120, Zitat S. 101; dt. *ders.*, Schriften, Bd. 7: Der eindimensionale Mensch, S. 103–138, Zitat S. 120. Grundzüge dieser Sprachkritik führte Marcuse bereits zuvor in die intellektuelle Diskussion ein: *ders.*, Language and Technological Society; vgl. dazu *Kellner*, Herbert Marcuse and the Crisis of Marxism, S. 201–206.
199 Marcuses ideologiekritische Untersuchungen zum Nationalsozialismus begannen mit seinem klassischen Aufsatz »Der Kampf gegen den Liberalismus in der totalitären Staatsauffassung«, der wesentliche ideologiekritische Kategorien und Erkenntnisinteressen seines späteren Werks vorwegnahm. Diese Kategorien kehrten leitmotivisch in »Reason and Revolution«, der Geheimdienstarbeit, »Soviet Marxism« und »One-Dimensional Man« wieder. Während der dreißiger und vierziger Jahre hatte er am Institut für Sozialforschung und danach in R&A permanent Ideologiekritik des Nationalsozialismus und Aufklärung der deutschen Gesellschaft betrieben.

zur psychologischen Bekämpfung des nationalsozialistischen Regimes versehen. Das Betreten des Geheimdienstdiskurses mit seinen politischen und psychologischen Anforderungen schien ihm die Augen zu öffnen und seinen Blick auf neue empirische Phänomene zu richten, die ihm zuvor entgangen waren. Der Ideologiekritiker und der Geheimdienstanalytiker standen von Anfang an in einer produktiven Beziehung. Als Feindaufklärer, der an politische Realitäten gebunden war, lief Marcuse zu ideologiekritischer Hochform auf. In »The New German Mentality« schüttelte er Standardinterpretationen der Kritischen Theorie ab. Der Beitrag lieferte die Analyse der nationalsozialistischen Ideologie, die Neumanns »Behemoth« fehlte.[200]

In »The New German Mentality« beschrieb Marcuse die kalte Sachlichkeit, die die Mentalität im nationalsozialistischen Deutschland prägte. Die offensichtliche und mit den funktionalen Kategorien Neumanns erklärbare »Sachlichkeit, die Philosophie der Effizienz und des Erfolgs, der Mechanisierung und Rationalisierung« war jedoch dialektisch verknüpft mit einer mythologischen Schicht – »Heidentum, Rassismus, gesellschaftlicher Naturalismus« – hinter der rationalen Fassade.[201] Die Auflösung dieser Dialektik erforderte einige Anstrengung, aber am Ende räumte Marcuse einen Primat der Ideologie ein. Auf dem Weg der Sprachkritik entschlüsselte er die »Rationalisierung des Irrationalen«.[202] Diesen Prozess haben Historiker wie Ulrich Herbert als »Binnenrationalität« bezeichnet.[203] Innerhalb eines irrationalen Gesamtsystems wurde demnach rational operiert. Ein dialektischer Zusammenhang verband in Marcuses Augen die irrationale, der Logik widersprechende Sprache der nationalsozialistischen Ideologie mit der rationalen Sprache von Verwaltung und Technik. Beide waren Ausdruck ein und derselben Mentalität. Deren innere Logik – ihre »Binnenrationalität« – wurde darin sichtbar, dass diese Mentalität verschiedene Sprachen sprach, abhängig vom Kontext, ohne sich im

---

200 Vgl. *Marcuse*, The New German Mentality, in: *ders.*, Collected Papers, Bd. 1, S. 141–173, drei bereits im Office of War Information (OWI) entstandene Supplemente zur psychologischen Kriegführung ebenda, S. 174–190. Zu Entstehungsumständen und Datierung vgl. ebenda, S. 140, 174, 179, 187; *Katz*, Herbert Marcuse and the Art of Liberation, S. 112f.; *Kellner*, Technology, War, and Fascism, S. 15–20. Das Manuskript trägt den Untertitel: »Memorandum on a Study in the Psychological Foundations of National Socialism and the Chances for their Destruction«; HMA, Werkmanuskripte, 0119.00.
201 *Marcuse*, Collected Papers, Bd. 1, S. 141.
202 Ebenda, S. 162.
203 *Herbert*, Best, S. 12; vgl. auch *Wildt*, Generation des Unbedingten.

Inhalt zu ändern. Den Zusammenhang stiftete die Ideologie des Regimes, die jedem Zeichen eine neue Bedeutung zuwies – »einen neuen, singulären Inhalt, der ausschließlich von der nationalsozialistischen Verwendung bestimmt wird«. Das war das Zentrum einer scheinbar vollkommen rationalisierten Diktatur. Die Möglichkeit einer technisch-rationalen Sprache, derer Eingeweihte sich bedienen, setzte eine »metaphysische« Sprachgemeinschaft voraus, wie Marcuse es nannte, eine ideologische Fundierung aller Sätze. Sprachanalyse zeigte Marcuse, dass Germanenkitsch, Gewaltverherrlichung, Todeskult, Naturalismus und Antisemitismus gleichzeitig ein Instrument der Herrschaft und eine Voraussetzung dieser Herrschaft waren. Es war dieser Prozess der Rationalisierung des Irrationalen, der es möglich machte, auf der Grundlage einer Gesamtirrationalität rational geplante Verbrechen zu begehen. Der Hinweis auf die sprachlich erzeugte ideologische Gemeinschaft war ein origineller Beitrag Marcuses zur Deutschlandaufklärung. Die Konsequenzen für die psychologische Kriegführung sind dabei von geringerem Interesse.[204]

»Soviet Marxism« schlug erneut diesen Weg der Feindaufklärung über eine ideologiekritisch interessierte Sprachkritik ein. Das Buch führte neue Begriffe ein, knüpfte aber an die früheren Analysen an. Auch in der sowjetischen Gesellschaft herrschte eine »Binnenrationalität« vor. Es war der Sowjetmarxismus, der in dem widersprüchlichen Gefüge den Zusammenhang stiftete, als Kommunikationscode diente und die Rationalisierung des Irrationalen bewerkstelligte: »Denn was irrational ist, wenn es von einem dem System äußerlichen Standpunkt beurteilt wird, ist rational innerhalb des Systems.«[205] Marcuses Kritik an der sowjetischen Ordnung des Diskurses fiel deutlich aus. Intellektueller Verstümmelung widersetzte sich Marcuse engagierter als anderen Formen politischer Repression – diesen Reflex teilte er mit Isaiah Berlin, wenn es um die Sowjetunion ging. Gemessen an der Schärfe des Urteils und am Umfang der Untersuchung stand das Gut der intellektuellen Autonomie über allen anderen gesellschaftlichen Werten.

Der staatlich verordnete »sowjetische Realismus«, als herrschende und alles durchdringende Ideologie, gab vor, im alleinigen Besitz der

---

204 *Marcuse*, Collected Papers, Bd. 1, S. 149f., 161, 182f.; vgl. dazu *Müller*, Bearing Witness to the Liquidation of Western Dasein, S. 142–147; *ders.*, Herbert Marcuse, die Frankfurter Schule und der Holocaust, S. 67–74.
205 *Marcuse*, Soviet Marxism, S. 70; dt. *ders.*, Die Gesellschaftslehre des sowjetischen Marxismus, S. 93.

intellektuellen, politischen und ethischen Maßstäbe zu sein. Doch dieser »Realismus« war nichts anderes als ein vorgeschriebenes Verhaltensmuster, »die allgemeine Schablone des geistigen und praktischen Verhaltens, das die Struktur der Sowjetgesellschaft erfordert«. Außerhalb der »Gültigkeit des Sowjetmarxismus« klangen Behauptungen wie die »Gleichsetzung des Sowjetstaates mit einer freien und vernünftigen Gesellschaft« oder mit der »Verwirklichung der Vernunft« völlig unsinnig: »Da in Wirklichkeit das individuelle Interesse noch dem Interesse des Ganzen entgegengesetzt ist, da Verstaatlichung keine Vergesellschaftung ist, erscheint die Rationalität des sowjetischen Realismus als äußerst irrational, als terroristische Konformität.« Auch die Thesen zur internationalen Situation verstrickten sich in einen permanenten »Kampf mit [den] Tatsachen«. Die Aussagen des Sowjetmarxismus waren »offenkundig falsch – nach Marxschen wie nach nicht-marxschen Kriterien«. Marcuse empfahl jedoch, nicht bei dieser Beobachtung stehenzubleiben, sondern die zentrale Funktion der sowjetmarxistischen Aussagen in der sowjetischen Gesellschaft zu entschlüsseln, nämlich ihren performativen Charakter, der bereits aus der Einführung zu »Soviet Marxism« bekannt ist: Sie hatten »die Funktion, eine bestimmte Praxis anzukündigen und zu befehlen, die geeignet ist, diejenigen Tatsachen zu schaffen, die die Leitsätze verlangen«. Die Sätze des Sowjetmarxismus waren »pragmatische Anweisungen zum Handeln«. Beglaubigen sollte ihre Wahrheit ein historischer Prozess, »in dem die befohlene politische Praxis die gewünschten Tatsachen *hervorbringen* wird«.[206]

Nach einer Betrachtung der mechanischen Monotonie und des sinnentleerten Automatismus, die sich in den Doktrinen des Sowjetmarxismus offenbarten, nannte Marcuse, unter Verweis auf den Anthropologen Bronislaw Malinowski, ihre Funktion »magisch« und »rituell«. Die politischen Formeln waren Zauberformeln. Ideologiekritik und »Kremlinology« gingen dabei wie gewohnt Hand in Hand. Marcuse schlug geradezu eine Kurskorrektur in der Sowjetologie vor, die zumeist die Ideologie als reines Herrschaftsinstrument missverstand – und damit zu Fehldeutungen sowjetischer Entwicklungsoptionen neigte, wie die Schlüsselstelle seiner sowjetologischen Sprachkritik zeigte. Die sowjetmarxistischen Formeln, schrieb Marcuse,

---

206 *Marcuse*, Soviet Marxism, S. 70f., 74; dt. *ders.*, Die Gesellschaftslehre des sowjetischen Marxismus, S. 93f., 97.

»sollen wie ein Ritual, das die verwirklichende Aktion begleitet, vollzogen werden. Sie sollen die geforderte Praxis ins Gedächtnis zurückrufen und unterstützen. Für sich genommen, sind sie der Wahrheit nicht mehr verpflichtet als Befehle oder die Werbung: ihre ›Wahrheit‹ besteht in ihrem Effekt. Der Sowjetmarxismus ist hier an dem Verfall von Sprache und Kommunikation im Zeitalter der Massengesellschaft beteiligt. Es ist sinnlos, die Leitsätze der offiziellen Ideologie auf der Ebene von Erkenntnis zu behandeln: sie sind eine Angelegenheit der praktischen, nicht der theoretischen Vernunft. Wenn Sätze ihren Erkenntniswert an ihr Vermögen verlieren, einen gewünschten Effekt herbeizuführen, das heißt, wenn sie als Direktiven für ein bestimmtes Verhalten verstanden werden sollen, dann gewinnen *magische* Elemente die Oberhand über begriffliches Denken und Handeln. Der Unterschied zwischen Illusion und Realität verwischt sich ebenso wie der zwischen Wahrheit und Falschheit, wenn Illusionen ein Verhalten leiten, das die Realität gestaltet und verändert. Im Hinblick auf ihren tatsächlichen Effekt auf primitive Gesellschaften ist Magie als die ›Gesamtheit von rein praktischen Akten, die als Mittel zu einem Zweck ausgeführt werden‹, beschrieben worden. Diese Beschreibung lässt sich ebensogut auf formal theoretische Sätze anwenden. Die offizielle Sprache selbst nimmt magischen Charakter an.«[207]

Die offiziellen Zauberformeln erfüllten in der Tat eine Herrschaftsfunktion. Die sowjetmarxistische Magie erzielte den Effekt, mit ihren leeren Verheißungen das System zu legitimieren und das Verhalten der Bevölkerung zu steuern. Die Menschen waren gezwungen, in einer von oben verordneten Scheinwelt zu leben: »die Menschen müssen handeln, fühlen und denken, als ob ihr Staat die Wirklichkeit jener von der Ideologie proklamierten Vernunft, Freiheit und Gerechtigkeit wäre, und das Ritual soll ein solches Verhalten gewährleisten«. Allerdings musste dieses uneingelöste, magisch stillgestellte Versprechen früher oder später dialektisch umschlagen. Aller Ritualisierung zum Trotz konnte der Freiheitsverheißung nicht ihr subversiver Stachel gezogen werden. Die Entstellung der Sprache konnte dem Marxismus das emanzipatorische Moment nicht völlig austreiben. Im Gegenteil: Je mehr die Herrschaft mit ideologischen Parolen verschleiert werden musste, desto stärker wurde auch die Erinnerung an das unterdrückte

---

207 *Marcuse*, Soviet Marxism, S. 72; dt. ders., Die Gesellschaftslehre des sowjetischen Marxismus, S. 95; Übersetzung leicht modifiziert.

Versprechen der freien Entfaltung individueller Möglichkeiten wachgerufen: »Die ritualisierte Sprache hält am ursprünglichen Inhalt der Marxschen Theorie als einer Wahrheit fest, die gegen allen Beweis des Gegenteils geglaubt und verordnet werden muss.« Infolgedessen wohnte den »magischen Zügen der sowjetischen Theorie« das Potential inne, sich in ein »Instrument zur Rettung der Wahrheit« zu verwandeln.[208]

Über die Sprache näherte sich Marcuse einerseits der Herrschaftsfunktion, die die Ideologie im sowjetischen System ausübte. Andererseits leitete er aus der Ideologie die Dynamik der sowjetischen Gesellschaft ab. Damit betrat er den Bereich der politischen Prognose. Er sagte einen erstaunlichen dialektischen Prozess voraus: Das entscheidende Herrschaftsinstrument selbst würde schließlich die Erschütterung und Transformation der Herrschaft einleiten. Denn die Ideologie ging in ihrer Funktion als Ideologie nicht völlig auf. Sie enthielt ihrem magischen Charakter zum Trotz ein Moment der Wahrheit – aber in anderer Hinsicht, als die Propagandisten des sowjetischen Regimes glaubten. Zwar war der Sowjetmarxismus in der sowjetischen Gegenwart ein »Werkzeug der Herrschaft«; die »fortschrittlichen Begriffe der Ideologie« wurden ihrer »transzendenten Funktion« beraubt und zu »Clichés erwünschten Verhaltens« entstellt. Die unmittelbare Konsequenz war der »Verfall unabhängigen Denkens«, den Marcuse wiederholt beklagte. Das individuelle Subjekt wurde an der Entdeckung der Wahrheit und seiner »unverwirklichten Potentialitäten« gehindert. Der Sowjetmarxismus verweigerte die »Rationalität, die den Fortschritt der westlichen Zivilisation begleitet hatte«, und hatte damit den Boden der Aufklärung verlassen.[209] Ein schärferes Verdikt Marcuses ist kaum vorstellbar.

Ungeachtet dieser düsteren Gegenwart war die Dialektik von Herrschaft und Freiheit in der sowjetischen Realität dennoch nicht aufgehoben. Der »Gegensatz zwischen Ideologie und Realität« würde sich weiter verschärfen, so vermutete Marcuse, bis er in eine Gegenbewegung umschlüge. Mit jeder Steigerung der Produktion offenbarte die Repres-

---

208 *Marcuse*, Soviet Marxism, S. 73; dt. *ders.*, Die Gesellschaftslehre des sowjetischen Marxismus, S. 96f. Marcuses Analyse der Funktion der Ideologie im Poststalinismus weist Parallelen zu Václav Havels späterer Deutung auf; vgl. dazu unten, Kap. VII.
209 *Marcuse*, Soviet Marxism, S. 75f.; dt. *ders.*, Die Gesellschaftslehre des sowjetischen Marxismus, S. 98f.

sion deutlicher ihren irrationalen Charakter.²¹⁰ Denn das ideologische Versprechen lieferte »verifizierbare« Standards, an denen sich das Regime messen lassen musste. Die Rationalität des Sowjetmarxismus – seine rationale, marxistische Erbschaft, die er auch in der irrationalen und repressiven sowjetischen Gesellschaft nicht völlig ausschlagen konnte – zeigte sich in diesen Kriterien: Sein »Rationalismus wohnt der methodischen Orientierung der moralischen Normen am ›absoluten‹ kommunistischen Ziel inne, das seinerseits wieder rational in nachprüfbaren Begriffen definiert wird«. Jeder Einzelne wusste, ob er wirklich seinen Beruf frei wählen durfte oder ob der Arbeitstag tatsächlich reduziert wurde. Das waren unauflösbare Residuen, die von den rationalen Versprechen des Marxismus übrig geblieben waren. In anderen Worten: Insoweit der Sowjetmarxismus ein Marxismus war, würde die gesellschaftliche Dynamik in eine humanere und emanzipatorische Richtung voranschreiten. Je mehr die sowjetische Bevölkerung indoktriniert wurde, desto bewusster trat ihr der Widerspruch von Ideologie und Realität vor Augen, und desto mehr liefen die sowjetischen Herrscher Gefahr, ihre Macht zu verlieren: »die fortgesetzte Verbreitung des Marxismus und die Indoktrinierung in ihm [kann] sich für die sowjetischen Machthaber noch einmal als eine gefährliche Waffe erweisen«.²¹¹

Das war die potentiell systemtranszendierende, subversive Dynamik des Marxismus in der Sowjetunion. Noch stellte sie keine »ernsthafte Bedrohung« für das Regime dar. In Kombination aber mit dem ökonomischen Wandel – der Steigerung der Produktivität, die Repression unnötig machte – und der »politischen Dynamik in internationalem Maßstab« – der Entspannungspolitik, die den Primat von Rüstung und Industrialisierung zunehmend fragwürdig erscheinen ließ – rückte eine fundamentale Transformation der Sowjetunion in den Bereich des Möglichen; »diese Kräfte«, schloss Marcuse, »wie unentwickelt und unorganisiert sie auch sein mögen, [können] durchaus den Gang der sowjetischen Entwicklungen in beträchtlichem Umfang bestimmen«.²¹²

Um sich vor Augen zu halten, dass Marcuse mit seiner Systemana-

---

210 *Marcuse*, Soviet Marxism, S. 75; dt. *ders.*, Die Gesellschaftslehre des sowjetischen Marxismus, S. 97f.
211 *Marcuse*, Soviet Marxism, S. 249f.; dt. *ders.*, Die Gesellschaftslehre des sowjetischen Marxismus, S. 245f. Übersetzung leicht modifiziert.
212 *Marcuse*, Soviet Marxism, S. 252, vgl. ebenda, S. 145–175, wo als Fundament, auf dem die erwartete Liberalisierung gründete, die wirtschaftliche und gesellschaftliche Entwicklung beschrieben wird; dt. *ders.*, Die Gesellschaftslehre des sowjetischen Marxismus, S. 247, 156–182.

lyse und mit seiner Liberalisierungsprognose auf einer Linie mit den Einschätzungen der strategischen Staatsapparate lag, muss man sich nur die National Intelligence Estimates und andere CIA-Papiere anschauen, die ihrerseits die dialektische Kunst pflegten, die Rhetorik des Kalten Krieges – als Zugeständnis an ihre »Kunden« – mit unweigerlich auf Entspannung zulaufenden Schlussfolgerungen zu versöhnen. Aus Chruschtschows Auftritt vor dem 20. Parteikongress der KPdSU 1956 und aus seinem politischen Aufbruch leitete man nicht nur einen »gradualistischen« Reformkurs des »teuflisch schlauen Gegners« im Innern und eine »realistische« Entspannungspolitik nach außen ab. Auch in der Ideologie war die Saat des Wandels ausgesät: Chruschtschows Absage an aggressive Konzepte Lenins und Stalins und die mögliche Preisgabe des historischen Materialismus – im Sinne eines ökonomischen Determinismus, der unweigerlich auf eine Revolution zulief –, so hieß es in den CIA-Papieren, »könnte die Saat des revolutionären Zerfalls in sich tragen«. Die fundamentale Transformation des Systems könnte aber noch »eine oder zwei Generationen« auf sich warten lassen.[213] Die Übereinstimmungen mit Marcuse stechen hervor. Zum Zeitpunkt der Veröffentlichung von »Soviet Marxism« 1958 sagten CIA-Analytiker sogar auf der Grundlage einer ähnlich lautenden Gesellschaftsanalyse das Ende des Kalten Krieges voraus, als Resultat von Reformen und Liberalisierungen in der Sowjetunion:

»Eine für immer mehr Menschen zugängliche und bessere Ausbildung, das Anwachsen der Klasse der akademischen Berufe und der Manager, größere persönliche Freiheit, die Erwartung eines höheren Lebensstandards und mehr Kontakt mit anderen Ländern, all das sind Anzeichen von einschneidenden Veränderungen innerhalb der sowjetischen Gesellschaft. Diese Veränderungen könnten auf lange Sicht das Wesen und die Struktur des politischen Lebens in der Sowjetunion fundamental ändern, womöglich durch die Auflösung des uneingeschränkten Machtmonopols der Kommunistischen Partei, viel wahrscheinlicher aber durch den Wandel des politischen Klimas innerhalb der herrschenden Partei selbst.«[214]

---

213 CIA/SRS-1, The 20th CPSU Congress in Retrospect. Its Principal Issues and Possible Effects on International Communism, Juni 1956, in: *Haines/Leggett* (Hg.), CIA's Analysis of the Soviet Union, S. 50–66.
214 Zit. n. *Bird*, The Color of Truth, S. 175; zur Analyse der Sowjetunion und des Kommunismus in den Geheimdiensten und zu den parallelen Deutungen von OIR und CIA vgl. oben, Kap. I.9. und I.10.

Das war die diskursive Heimat von Marcuses Perspektive. Zugleich aber war der entspannungspolitische Augur Marcuse immer noch der gelehrte Faschismusanalytiker. »Soviet Marxism« war nicht nur ein Buch über den Gegenstand, den es im Titel führte. Marcuse begrenzte seine Intervention nicht auf den ideenpolitischen Hauptkriegsschauplatz jener Zeit. Am Ende von »Soviet Marxism« nahm er auch eine Unterscheidung von Sowjetkommunismus und Nationalsozialismus vor. Die Rationalität der sowjetischen Ideologie diente Marcuse als das entscheidende Distinktionsmerkmal der beiden totalitären Regime, die von der Totalitarismustheorie über einen ideologischen Kamm geschoren wurden. Gerade die Ideologie machte den Unterschied ums Ganze aus: Die Herrschaftsordnungen waren ähnlich repressiv. Doch dem Nationalsozialismus wohnte keinerlei emanzipatorisches Potential inne. Eine Reform des Systems aus sich selbst war nicht denkbar. Es musste zusammenbrechen oder von außen gestürzt werden, wie Marcuses Abteilung schon im Kriegsgeheimdienst erkannt hatte.[215] »Ungeachtet wie reglementiert und manipuliert« die Individuen unter sowjetischer Herrschaft seien, erklärte Marcuse am Beispiel der marxistischen Gesellschaftsphilosophie mit ihren für alle einsichtigen, rationalen Kriterien,

»sie werden wissen, ob der so definierte Kommunismus eine Tatsache ist oder nicht. Hier liegt der entscheidende Unterschied zwischen der sowjetischen Sozialphilosophie auf der einen Seite und der faschistischen und nationalsozialistischen auf der anderen. Diese sind um wesentlich antirationale, pseudonaturale Wesenheiten wie Rasse, Blut, charismatisches Führertum organisiert. Ungeachtet wie rational die tatsächliche Organisation des faschistischen und nationalsozialistischen Staates gewesen sein mag (die totale Mobilisierung und die totale Kriegswirtschaft in Deutschland gehören zu den effizientesten Leistungen der modernen Zivilisation), dieser Staat selbst war in seiner historischen Funktion irrational; das heißt, er hielt die Entwicklung der materiellen und kulturellen Ressourcen für die menschlichen Bedürfnisse auf und organisierte sie im Interesse zerstörerischer Herrschaft. Das ihm eigene Ziel machte die historische Grenze des faschistischen Staates aus. Demgegenüber hält der sowjetische Rationalismus nicht bei den Mitteln an, sondern geht in die Richtung gesellschaftlicher Organisation und hat sie zum Ziel. Die Marxsche Lehre liefert

---

215 Vgl. *Marquardt-Bigman*, Amerikanische Geheimdienstanalysen, S. 73–95.

das begriffliche Bindeglied. Die Defintion des Kommunismus als Produktion und Distribution des gesellschaftlichen Reichtums gemäß sich frei entwickelnden individuellen Bedürfnissen, als quantitative und qualitative Verringerung der Arbeit für das Lebensnotwendige, als freie Berufswahl – diese Begriffe erscheinen sicherlich angesichts des gegenwärtigen Zustandes unrealistisch. Aber an sich sind sie rational; überdies machen der technische Fortschritt und die wachsende Produktivität der Arbeit eine Entwicklung zu dieser Zukunft hin rational möglich.«[216]

Die »Rationalisierung des Irrationalen« verlief demnach in beiden Systemen fundamental unterschiedlich. Im Nationalsozialismus sorgte eine irrationale Ideologie dafür, dass mit größter Effizienz und mit rein technologischer oder instrumenteller Vernunft ein ausschließlich destruktives Ziel erreicht werden konnte. Das Ziel des nationalsozialistischen Systems war Zerstörung. Das Ziel des sowjetischen Systems war die Befreiung des Menschen. In der Sowjetunion hielt eine zur irrationalen Ideologie und Herrschaftslegitimation entstellte, aber in ihrem Kern zutiefst rationale Theorie dieses Versprechen der Befreiung gegenüber einer irrationalen, repressiven Ordnung aufrecht. Darum war die Sowjetunion zur Reform aus sich selbst in der Lage. Der marxistische Theoretiker und der geheimdienstliche Entspannungspolitiker Marcuse waren versöhnt. Der Schluss von »Soviet Marxism« versprach beiden ein Happy End.

Marcuses Unterscheidungskriterium, ungeachtet seiner marxistischen Herkunft, bewegte sich dabei im liberalen Mainstream seiner Zeit. Mit Isaiah Berlins Sicht ist Marcuses Argument beinahe identisch. Auch Berlin hielt am Ursprung des Sowjetkommunismus im rationalen Diskurs des Marxismus als dem Kriterium fest, das den ideologischen Unterschied zum Nationalsozialismus ausmachte – bei aller Gemeinsamkeit in der Praxis des Terrors.[217] In Variationen kehrte dieses Trennungsmerkmal in den historiographischen Faschismus- und Totalitarismusdebatten häufig wieder.[218] Marcuses liberaler Erzfeind Raymond Aron fand zur selben Zeit die klassische Formulierung: »Wem es darauf ankommt, ›die Begriffe zu retten‹ – es bleibt ein Un-

---

216 *Marcuse*, Soviet Marxism, S. 249f.; dt. *ders.*, Die Gesellschaftslehre des sowjetischen Marxismus, S. 245f. Übersetzung leicht modifiziert.
217 Vgl. oben, Kap. V.3.; siehe etwa *Berlin*, Liberty, S. 75–80, 86f.
218 Vgl. etwa *Kershaw*, Der NS-Staat, S. 41–81; *Wippermann*, Faschismustheorien; *ders.*, Totalitarismustheorien.

483

terschied zwischen einer Philosophie, deren Logik monströs *ist*, und einer, die sich für eine monträse Auslegung eignet.«[219]

Vergessen ist, dass mehr als zehn Jahre zuvor Franz Neumann bereits diese Formel gefunden hatte, die zur klassischen liberalen Unterscheidung von Nationalsozialismus und Sowjetkommunismus heranreifte. »Jedes politische System strebt danach, sich selbst zu erhalten, und jede Diktatur strebt danach, ihre Gegner einzuschüchtern und auszulöschen«, schrieb Neumann 1946 in einer Rezension zu einer Geschichte geheimpolizeilichen Terrors. »Doch Fouché, OVRA und GPU sind nicht in Verbindung zu bringen mit der Unmenschlichkeit, die von den Nazis begangen wurde. Die Repressionen der Napoleons, der Zaren, der Sowjets und der OVRA sind nicht zu rechtfertigen, aber sie waren zumindest rational« – insofern Zweck und Mittel des Staatsterrors gegeneinander abgewogen wurden. Auf die Verbrechen der Nazis traf dieses Kriterium nicht zu: »Das Nazi-System hat uns zu Zeugen von etwas völlig anderem gemacht. Wir haben eine gezielte Ausbildung für den Terror und eine bewusste Praxis des Terrors allein zum Zweck des Terrors gesehen. […] Es ist dieser Terror, der den Nazismus von allen anderen Formen der Diktatur trennt. Sein Ziel war die Vernichtung ganzer Völker«, erklärte Neumann mit einer Klarheit, die den »Behemoth« und seine instrumentelle Deutung des nationalsozialistischen Terrors weit hinter sich gelassen hatte.[220]

Um eine Bilanz dieser Lesart von »Soviet Marxism« zu ziehen: Marcuses tiefe Einsichten in die Liberalisierungstendenzen der Sowjetunion fügten sich in die diskursiven Muster seines Umfelds ein. Von den Ge-

---

219 Vgl. *Aron*, The Opium of the Intellectuals, S. 55; zur intellektuellen Debatte der Nachkriegszeit vgl. *Gleason*, Totalitarianism, S. 127–137, 143–165, zu Aron ebenda, S. 147–151; *Judt*, The Burden of Responsibility, S. 137–182. Unmittelbar nach Kriegsende konnte sich Marcuse noch eine Mitarbeit Arons an der *Zeitschrift für Sozialforschung* vorstellen (vgl. Marcuse an Horkheimer, 18. 10. 1946, in: *Bernard/Raulff* [Hrsg.], Briefe aus dem 20. Jahrhundert, S. 167–172), 1955 nannte er ihn anlässlich der Festschrift für Max Horkheimer einen Faschisten: »Ausserdem tut es mir im Unterschied zu Ihnen weh, dass dem Leser zugemutet wird, der Faschist Aron und der Huckster Lazarsfeld fühlten sich mit Horkheimer ›geistig verbunden‹«, Marcuse an Leo Löwenthal, 25. 9. 1955, LLA, Briefwechsel Löwenthal–Marcuse.
220 *Neumann*, Rez. von Ernst Kohn-Bramstedt, »Dictatorships and Political Police. The Technology of Control by Fear«, S. 452f. Die Sowjetunion als Unrechtsstaat analysierte anhand ihres Rechtssystems *ders.*, Rez. von Andrei Vyshinsky, »The Law of the Soviet State«, in: *Political Science Quarterly* 64 (1949), S. 127–131.

heimdienstanalytikern über seinen Freund Barrington Moore und den RRC-Klassiker »How the Soviet System Works« oder Berlin und Mosely bis hin zu Stimmen im Marxismus-Leninismus-Projekt der Rockefeller Foundation wie Werner Philipp und Siegfried Landshut, von denen noch die Rede sein wird, gilt: Spätestens seit 1956 und oft schon einige Jahre zuvor herrschte in diesen Kreisen die Erwartung vor, das sowjetische System würde sich reformieren und liberalisieren.[221] Sowohl in der historischen Unterscheidung von Bolschewismus, Stalinismus und poststalinistischer Entwicklung als auch in der Differenzierung des totalitarismustheoretischen Denkens waren alle Beteiligten dem akademischen Mainstream um Jahre voraus.[222] Mosely, Marcuses wichtigster und dauerhafter Förderer, nannte »Soviet Marxism« aus seinem Blickwinkel des Ideenkriegers ein »bahnbrechendes« Werk.[223]

Dass »Soviet Marxism« Marcuses problematischstes Buch sei, wie Marcuses systematischster und zugleich wohlwollender Deuter Douglas Kellner in seiner nach wie vor maßgeblichen Gesamtdarstellung von 1984 erklärte, wird man heute kaum noch teilen können. Kellner führte einige der Schwächen auf den Charakter von »Soviet Marxism« als politische Intervention eines Intellektuellen in den Tauwetter-Debatten zurück.[224] Dieser Zug des Buches erklärt in der Tat die auffällige Vernachlässigung des Stalinismus. Was Kellner 1984 außerdem noch für eine gravierende Schwäche hielt – die einseitige Betonung von Liberalisierungstendenzen –, muss heute als Stärke von »Soviet Marxism« gelten. Aus nachträglichem Wissen um die Ereignisse von Gorbatschows Machtübernahme 1985 bis zum Ende des Kalten Krieges und aus heutiger Kenntnis der sowjetischen Quellen erscheint Marcuses Diagnose vielfach zutreffend, seine Prognose hellsichtig.

Darum kann »Soviet Marxism« heute wiederentdeckt und als eines der – neben »Eros and Civilization« und »Reason and Revolution« – bedeutendsten Werke Marcuses gewürdigt werden. Zugleich steht

---

221 Auch Richard Löwenthal (den Mosely und Philipp kannten und schätzten, siehe Philipp an Mosely, 22. 6. 1960; Mosely an Philipp, 5. 10. 1960; Mosely Papers, b. 8, f. Werner Philipp, 1960) und George Kennan teilten diese Ansicht; vgl. *Hochgeschwender*, Freiheit in der Offensive?, S. 461–465.
222 Vgl. *Cohen*, Rethinking the Soviet Experience, S. 25–30, 38–70; *Gleason*, Totalitarianism, S. 126–137; *Geyer*, Introduction, S. 6f.; *Rabinbach*, Moments of Totalitarianism, S. 95; *Engerman*, Know Your Enemy, S. 180–232.
223 Mosely, Gutachten, o.D. [Herbst 1960], Mosely Papers, b. 8, f. Herbert Marcuse.
224 *Kellner*, Herbert Marcuse and the Crisis of Marxism, S. 226.

fest, dass Marcuses beste politische Analysen gerade nicht außerhalb des liberalen diskursiven Kontexts standen. Nicht nur auf die Betonung von Entspannung nach außen und Liberalisierung im Innern trifft dies zu, wie der Blick auf die intellektuellen und politischen Produktionsbedingungen von »Soviet Marxism« offenbart. Selbst Marcuses originelle Analyse des performativen Aspekts der sowjetmarxistischen Sprache und der ideologischen Eigendynamik, die unweigerlich auf Reformen zusteuerte, war präziser formuliert als alles, was andere vorbrachten, aber in seinen Grundzügen entsprach es den Beobachtungen Isaiah Berlins oder der CIA.

Wie bereits in R&A und im OIR schien Marcuses politisches Denken einem kontextuellen Gesetz zu gehorchen: Solange er sich in den diskursiven und institutionellen Strukturen der liberal-sozialdemokratischen Eliten bewegte, führte seine unbestrittene Sachkenntnis in der ständigen Diskussion mit seinen Gesprächspartnern zu politisch treffenden Urteilen. Marcuse spielte dabei die Rolle des Linksaußen. Seine Einbindung in den Diskurs schien ihm jedoch den Rahmen zu bieten, den sein Denken benötigte, um seine politische Brillanz zu entfalten und sich nicht in generalisierende Fehlurteile zu verstricken. Umgekehrt nahm die politische Präzision in Marcuses Werk ab, nachdem der intellektuelle Austausch abgebrochen war, den ihm die Erörterungszusammenhänge des Geheimdienstes, der psychologischen Kriegführung, der Sowjetologie und der Marxismusforschung eröffnet hatten. Der politische Denker Marcuse schien wesentlich von seinem Umfeld abzuhängen – was auch in späteren Zeiten noch galt.[225] Wurde sein Denken nicht von einem liberalen Zentrum gebremst, kanalisiert, produktiv herausgefordert, konnte er seine eigenen Einsichten vergessen. In einer polemischen Note merkte Heinz Dieter Kittsteiner – ausdrücklich unter Verweis auf Marcuses originelle Analyse der sowjetischen Sprache und Ideologie – an, Marcuse habe die Aufklärung, die er gegenüber der sowjetmarxistischen Illusion betrieb, sich selbst in den sechziger Jahren verweigert: »Die Verlautbarungen des SDS waren auch ›magische Sprache‹ im Sinne von Herbert Marcuse; ja, wenn der sich selbst an seine Einsichten gehalten hätte, wären manche Phrasen nicht dem Gehege seiner Zähne entflohen.«[226]

---

225 Vgl. in diesem Sinne auch *Wheatland*, The Frankfurt School in Exile, S. 270, 296–334, zum späten Marcuse: »In his late writings he was largely reacting to the student movement in the United States and not directing it« (ebenda, S. 326).
226 *Kittsteiner*, Unverzichtbare Episode, S. 36, 41 f.

Marcuses späteres Werk hat viele politische Kritiker gefunden, darunter so kluge wie Michael Walzer, der Marcuse bereits als Student in Brandeis begegnet war.[227] Die konsequente Historisierung und Kontextualisierung hingegen, die in dieser Arbeit verfolgt wird, kann die Genese von Marcuses politischen Kategorien rekonstruieren: Am Anfang stand die Aufklärung des Nationalsozialismus, darauf folgte die Analyse des Sowjetkommunismus. Die Kategorien wurden im ersten »Kriegseinsatz« entwickelt – nicht ohne Rückgriffe auf die Bestände der Kritischen Theorie, aber eben doch auf neue Weise – und an der historischen Realität verfeinert, dann im zweiten Einsatz übertragen und weiterentwickelt. Als Deutschland-, Weltkommunismus- und Sowjetunionexperte genoss Marcuse hohes Ansehen. Erst als er die Kategorien, die er an diesen »totalitären« Forschungsobjekten gewonnen hatte, unterschiedslos auf den Westen ausweitete, verlor er seine lagerübergreifende Anerkennung.[228]

---

227 Vgl. *Walzer*, The Company of Critics, S. 170–190.

228 Nicht nur in »Soviet Marxism« und den zahlreichen zuvor entstandenen Texten der Gegnerforschung, auch in früheren Aufsätzen wusste Marcuse zwischen Totalitarismus und liberalen Demokratien zu unterscheiden, auch wenn er strukturelle Ähnlichkeiten beider Seiten beleuchtete. Seine Analyse der technologischen Rationalität mündete etwa in das bekannte Urteil: »Under the terror that now threatens the world the ideal constricts itself to one single and at the same time common issue. Faced with Fascist barbarism, everyone knows what freedom means, and everyone is aware of the irrationality in the prevailing rationality«; *Marcuse*, Collected Papers, Bd. 1, S. 62. Um den letzten, Kritik auch an den Demokratien implizierenden Satzteil bereinigt, wird dieses Zitat immer wieder angeführt, um Marcuses Einsatz im Kampf gegen den Nationalsozialismus zu begründen; vgl. *Kellner*, Technology, War, and Fascism, S. 4; *Marquardt-Bigman*, Amerikanische Geheimdienstanalysen, S. 69; *Söllner*, Deutsche Politikwissenschaftler in der Emigration, S. 199. Doch gerade der letzte Satzteil gibt dieser Interpretation besonderes Gewicht. Es handelte sich um ein kritisch abwägendes Urteil. Marcuse entschied sich für ein konkretes Ideal und verzichtete auf die unmittelbare Verwirklichung seines utopischen Ideals, das er dennoch als Kontrast »mit dem vertrauten idealistischen Anarchismus der Marcuseschen Utopie« (*Wiggershaus*, Die Frankfurter Schule, S. 334f.) ausmalte; vgl. *Marcuse*, Collected Papers, Bd. 1, S. 64f. Die Erkenntnis der Irrationalität auch in der demokratischen Rationalität muss an dieser Stelle im Lichte von Neumanns wiederholten Appellen an die westlichen Demokratien gelesen werden: Den permanenten, unabschließbaren Prozess der Demokratisierung und Selbstaufklärung des Westens erklärt *Neumann*, Behemoth, S. 549f., zur Voraussetzung einer erfolgreichen Entnazifizierung und »re-education« in Deutschland. Marcuse wies hier ebenfalls das demokratische System auf ihm innewohnende Gefahren und unerfüllte Versprechen hin, um es zur Selbsterkenntnis anzuhalten. Darum lesen sich die

Zwar war die Tendenz, die westlichen Gesellschaften für gleichermaßen totalitär zu halten, in Marcuses marxistischer Perspektive von Anfang an angelegt. Sie brach allerdings erst vollends durch, nachdem sie nicht mehr von gegenläufigen Tendenzen, empirischen Herausforderungen und professionellem Austausch in Schach gehalten wurde – kurzum, von den diskursiven Bedingungen und epistemischen Strukturen, die Geheimdienst, State Department, Stiftungen und Marxismusforschung ihm bis Ende der fünfziger Jahre setzten. Unter diesen Bedingungen konnte Marcuse auch weiterhin als Referenzpunkt der Geheimdienstarbeit gelten: Die Kommunismusaufklärung der amerikanischen Luftwaffe – der Geldgeber des Russian Research Center,

---

beiden Sätze, die dem berühmten Satz vorausgehen, umso bedeutsamer in politischer Hinsicht: »But today, *humanitas*, wisdom, beauty, freedom and happiness can no longer be represented as the realm of the ›harmonious personality‹ nor as the remote heaven of art nor as metaphysical systems. The ›ideal‹ has become so concrete and so universal that it grips the life of every human being, and the whole of mankind is drawn into the struggle for its realization«; *Marcuse*, Collected Papers, Bd. 1, S. 63; vgl. dazu *Müller*, Herbert Marcuse, die Frankfurter Schule und der Holocaust, S. 58–63. Von einer Gleichsetzung von Totalitarismus und liberaler Demokratie bei Marcuse kann hier so wenig die Rede sein wie im Hinblick auf »Soviet Marxism«. Was nicht heißt, dass Marcuse in anderen institutionellen Kontexten nicht auch anders zu argumentieren wusste, so gegenüber den einstigen Mitstreitern am Institut für Sozialforschung, die damals noch kein politisches Gegengewicht setzten. 1947 schrieb Marcuse in seinen 33 programmatischen Thesen an Horkheimer und Adorno: »Nach der militärischen Niederlage des Hitlerfaschismus (der eine verfrühte und isolierte Form der kapitalistischen Reorganisation war) teilt sich die Welt in ein neo-faschistisches und sowjetisches Lager auf. Die noch existierenden Überreste demokratisch-liberaler Formen werden zwischen den beiden Lagern zerrieben oder von ihnen absorbiert. Die Staaten, in denen die alte herrschende Klasse den Faschismus überlebt hat, werden in absehbarer Zeit faschisiert werden, die anderen in das Sowjet-Lager eingehen.« Max-Horkheimer-Archiv, MHA: VI 27 A.245–267, Zitat aus These 1, VI 27 A.245; englische Übersetzung in: *Marcuse*, Collected Papers, Bd. 1, S. 215–227, hier S. 217. Marcuse erkennt an, dass die »bürgerliche Freiheit der Demokratie« besser sei als »totale Reglementierung«, schränkt dies jedoch bei aller Kritik an der politischen Praxis der Sowjetunion ein mit dem Hinweis, dass die bürgerliche Freiheit erkauft sei durch jahrzehntelange Unterdrückung und das Hinauszögern sozialistischer Freiheit; vgl. These 20, VI 27 A.258–259; Übersetzung bei *Marcuse*, Collected Papers, Bd. 1, S. 223. Zum Kontext vgl. *Kellner*, Technology, War, and Fascism, S. 30–35; *Wiggershaus*, Die Frankfurter Schule, S. 429–436. Die schlüssigste Erklärung dürfte in diesem Fall die politische sein: Marcuses Frustration gerade in diesem Augenblick angesichts des unaufhaltsamen Ausbruchs des Kalten Krieges – für den State-Department-Analytiker eine tiefe persönliche Enttäuschung.

der RAND Corporation und anderer militärisch-intellektueller Operationen – blickte der Veröffentlichung von »Soviet Marxism« so erwartungsvoll entgegen, dass sie sich vorab vom Verlag die Druckfahnen besorgte: »Die Fahnenabzüge haben ihren besonderen Wert als Diskussionsgrundlage in einem Philosophieseminar für Fortgeschrittene unter Beweis gestellt«, vermerkte ein Memorandum. Marcuses »immanente Kritik« hatte ihre Abnehmer im Apparat gefunden.[229]

6. Rockefeller-Marxismus

Auch wenn Marcuse immer wieder betonte, seine Zukunft nicht in der Sowjetologie zu sehen, publizierte er in den fünfziger Jahren regelmäßig zur zentralen politischen Frage in dieser Phase des Kalten Krieges, für ein Fachpublikum ebenso wie für eine größere Öffentlichkeit. Gelegentlich verwies er stolz auf die Anerkennung, die er auf diesem Feld gefunden hatte.[230] Die ideenpolitischen Frontverläufe des Kalten

---

229 Memorandum des Acting Chief, School of International Communism and USSR, an den Director of Training, 20. 2. 1958, National Archives, CREST, CIA-RDP60-00594A000300070036-8. Wie das Memorandum festhält, fanden die Kommunismusseminare an der Air Command and Staff School auf der Maxwell Air Force Base in Alabama statt, an der Air Force University, wo die akademische Ausbildung der amerikanischen Luftwaffenoffiziere durchgeführt wird. Zur Luftwaffe als wichtigstem Geldgeber der innovativeren Operationen des »militärisch-intellektuellen Komplexes« vgl. Robin, The Making of the Cold War Enemy, S. 38–54.
230 Gesprächsnotiz Gilpatric, 9. 10. 1953; Gilpatric an Marcuse, 13. 1. 1955; Marcuse an Gilpatric, 19. 1. 1955, 1. 10. 1955; William L. Langer an Gilpatric, 9. 3. 1956; Marcuse an Gilpatric, 14. 5. 1956; RFA, RG 1.2, Series 200, b. 344, f. 3138. Im letztgenannten Brief verwies Marcuse auf eine Rezension in: *Times Literary Supplement*, 20. 4. 1956, wo der nachfolgend an erster Stelle aufgeführte Aufsatz Marcuses als »pioneering attempt« gefeiert und sein angekündigtes Buch zum sowjetischen Marxismus erwartet wurde: »It should fill an important gap in western studies on Bolshevist thought.« Zu den nicht in die Gesamtausgabe der Schriften aufgenommenen Publikationen dieser Jahre zählen *Marcuse*, Dialectic and Logic Since the War; *Marcuse*, Recent Literature on Communism; sowie zahlreiche Rezensionen wie etwa in: *American Historical Review* 54 (1949), S. 557–559; *Philosophy and Phenomenological Research* 11 (1950), S. 142–144, wo Marcuse die Diffamierung von Georg Lukács im sowjetischen Machbereich kritisierte; *American Historical Review* 57 (1951), S. 97–100; *American Slavic and East European Review* 11 (1952), S. 320–321.

Krieges waren immer wieder der Anlass seines intellektuellen Engagements. In diesen Jahren veröffentlichte Marcuse auch in den intellektuellen Leitorganen der antikommunistischen, demokratisch-sozialistischen Linken, in *Dissent* und *Partisan Review*.[231] Seine Stimme wurde in der amerikanischen Diskussion vernommen.

Mit »Soviet Marxism« war er auf der Höhe der zeitgenössischen politisch-intellektuellen Debatten angelangt. Das Buch wurde von der Kritik und in Fachkreisen überwiegend als bedeutendes Werk aufgenommen. Allseits wurde bemerkt, dass »Soviet Marxism« über philosophische Fragestellungen hinaus die Weltwahrnehmung der sowjetischen Politik entschlüsselt habe.[232] Allerdings war das Buch wegen seiner marxistischen Untertöne nicht unumstritten. Bei einer freundlichen Grundhaltung nahmen manche Kritiker aus der moderaten Linken Anstoß an einer Tendenz des Buches, die für sie auf eine Apologie der Sowjetunion hinauslief.[233] Ein prominenter behavioralistischer Gegnerforscher zollte Marcuses Werk fachlichen Respekt, doch er folgte ihm nicht in der politischen Prognose, die poststalinistische Sowjetunion sei zur Reform ihres totalitären Systems in der Lage. Tendenzen der Liberalisierung waren in seinem statischen, geschichtslosen Weltbild nicht vorgesehen.[234] Gerade die liberale Presse, vom *Economist* bis zum *Encounter*, lobte »Soviet Marxism« jedoch für die aufklärende Einfühlung in das sowjetkommunistische Denken. Der *Encounter* nannte Marcuse einen ideologiekritischen Dante, der seine Leser auf eine Reise durch die Hölle der sowjetischen Weltanschauung führte. Im *Economist* fand sich ein Lob auf die »immanente Interpretation«. Darüber hinaus hatte Marcuse nicht nur überzeugend die

---

231 *Marcuse*, The Social Implications of Freudian »Revisionism«; *ders.*, Notes on the Problem of Historical Laws; *ders.*, Language and Technological Society.
232 Vgl. etwa *Richard DeHaan*, in: *Ethics* 69 (1958), S. 63–64; *C. E. Black*, in: *Annals of the American Academy of Political and Social Science* 320 (1958), S. 161f.; *C. B. Macpherson*, in: *Political Science Quarterly* 74 (1959), S. 152–154; *Alfred G. Meyer*, in: *American Slavic and East European Review* 18 (1959), S. 249f.; *Sidney Monas*, in: *American Sociological Review* 25 (1960), S. 286f.
233 Vgl. etwa *L. Stern*, in: *Dissent* 6/1 (1958), S. 88–93; *George Lichtheim*, in: *Survey* (Januar–März 1959), wiederabgedruckt in: *ders.*, Collected Essays, S. 337–347.
234 *Paul Kecskemeti*, in: *American Political Science Review* 53 (1959), S. 187–189; zu Kecskemeti und der RAND Corporation, einer Hochburg des behavioristischen Paradigmas in der Kommunismusforschung, vgl. *Robin*, The Making of the Cold War Enemy, S. 46–50, 131–134.

technisch-bürokratische Konvergenz zwischen Ost und West kenntlich gemacht, befand das britische Blatt, sondern auch die Widersprüche und Spannungen im sowjetischen System aufgezeigt. Der Rezensent begrüßte Marcuses Deutung, dass »der technisch-ökonomische Druck und der ideologische Druck in dieselbe Richtung drängen – hin zu einem Nachlassen der Repression«. Marcuses Botschaft der Entspannung stieß in wirtschaftsliberalen Kreisen auf offene Ohren.[235] Nur wenige Rezensenten gingen mit Marcuse hart ins Gericht. Ihre Ablehnung entzündete sich vor allem an den politischen Implikationen, die sie in »Soviet Marxism« entdeckten. Die schärfsten Vorbehalte, die in politischen Vorwürfen gipfelten, brachten zwei ehemalige Kollegen Marcuses vor. Beide sind uns bereits begegnet. Karl August Wittfogel, der bereitwillig mit den Untersuchungsausschüssen der McCarthy-Jahre kooperiert hatte, hielt Marcuses »immanente Kritik«, die den Sowjetmarxismus aus dessen Prinzipien verstand, für eine Verschleierung von Marcuses eigenem Marxismus. Für Wittfogel stand Marcuse dem Trotzkisten Isaac Deutscher nahe, der sich trotz Kritik an der politisch repressiven Ordnung zur Sowjetunion und ihrem Fortschrittspotential bekannte.[236]

Alex Inkeles, einst RRC-Mitarbeiter und einer der Autoren von »How the Soviet System Works«, der mittlerweile mit einer Skala der Modernisierung experimentierte, hieb in diese Kerbe, ohne Marcuse explizit der Sympathie für die Sowjetunion zu bezichtigen: »Marcuse ist kein Apologet des sowjetischen Systems«, erklärte Inkeles, doch er hänge einem Begriff des historischen Determinismus – ein verdeckter Marxismusvorwurf – an, der politische Entscheidungen als objektive Tatsachen erscheinen lasse und die persönliche Verantwortung und den Handlungsspielraum von Politikern unterschlage. Dass Stalin als Akteur kaum vorkam, kennzeichnete in der Tat einen großen Mangel von »Soviet Marxism«. Inkeles zog das politische Register: Statt die Sowjetunion zu kritisieren, rationalisiere Marcuse das sowjetische Verhalten immer wieder durch komplizierte – und für Inkeles unver-

---

235 Vgl. *James Gail Sheldon*, »The Soviet, Studied in Depth«, *Saturday Review*, 21. 6. 1958; »Marxism in Russia«, *Economist*, 21. 2. 1959, S. 684; die Stellungnahme des *Encounter* muss in einem nicht als Rezension gekennzeichneten Artikel erschienen sein, in den Rezensionen jener Jahre war sie nicht zu entdecken, sie ist jedoch auf dem Buchrücken von *Marcuse*, Soviet Marxism, zu finden.
236 *Wittfogel*, The Marxist View of Russian Society and Revolution, S. 499f., 505f.; zu Wittfogel vgl. oben, Kap. II.2.; *Ulmen*, The Science of Society.

ständliche – dialektische Interpretationen. Viel eindeutiger als seine Kritik am sowjetischen Regime falle seine Kritik des Westens aus, monierte Inkeles. Dem Westen halte er die tiefe Kluft zwischen Ideal und Realität vor, bei der Sowjetunion nehme Marcuse mit dem Ideal vorlieb.[237] In seiner knappen Replik spitzte Marcuse manche seiner Thesen zu. Apodiktischer und weniger dialektisch als in »Soviet Marxism« fiel auf den Seiten der *Partisan Review* seine Kritik der Sowjetunion aus. Der sowjetische Staat war repressiv und ausbeuterisch, und er widersprach Marx' Grundsätzen – »technologische, nicht sozialistische Rationalität« regierte das System. Auf der Ebene der Theorie war der Begriff der Dialektik in der Sowjetunion zum »Gegenteil dessen, was er bei Marx bedeutete«, verkommen. Schon von Marx zu Lenin habe sich ein »entscheidender Unterschied« eingeschlichen. Stalins überragende Rolle habe er für selbstverständlich gehalten, verteidigte sich Marcuse, er habe aber einen personalistischen Ansatz überwinden und tiefer in die sowjetischen Machtstrukturen eindringen wollen.[238]

In der Geschichte von »Soviet Marxism« kreuzten sich intellektuelle Leitlinien der fünfziger Jahre. Die intellektuellen Produktionsbedingungen zeichneten sich ab, unter denen damals nicht nur Marcuse und seine gelehrten-intellektuellen Freunde ihren wissenschaftlichen Karrieren sowie ihren politischen Neigungen nachgingen. Diese Geschichte war auch die Keimzelle, aus der sich das transnationale und interdisziplinäre Marxismus-Leninismus-Projekt entwickelte, von dem am Anfang dieses Kapitels die Rede war. Nicht nur Bochenskis Truppe in der Schweiz war daran beteiligt. Sobald Marcuses ideologiekritischer Ansatz etabliert war, konzipierte die geisteswissenschaftliche Abteilung der Rockefeller Foundation einen immer größeren Forschungsverbund, dem auch Marcuse organisatorisch angehörte.

Im Dezember 1954 begannen die Planungen, Marcuse wirkte gestaltend mit. Im September 1956 lief die Finanzierung in einer Gesamthöhe von etwa 170 000 US-Dollar an, die sich über acht Jahre erstreckte. Neben Philip Mosely und den Verantwortlichen bei Rockefeller erwies sich der Berliner Historiker Werner Philipp zuneh-

---

237 Alex Inkeles, »Attitudes to History«, *Partisan Review* 25/4 (1958), S. 619–621; zur intellektuellen Entwicklung des Talcott-Parsons-Schülers Inkeles von der Sowjetologie zur Modernisierungstheorie vgl. *Gilman*, Mandarins of the Future, S. 73 f., 95–97.
238 *Marcuse*, »Soviet Theory and Practice«, *Partisan Review*, 26/1 (1959), S. 157 f.

mend als Motor des Projekts. Die Federführung wurde seinem Osteuropa-Institut an der Freien Universität übertragen, als Partner traten Bochenskis Institut und das Internationale Institut für Sozialgeschichte in Amsterdam auf, verbunden waren eine Forschergruppe der Sechsten Sektion der École Pratique des Hautes Études in Paris und einzelne Wissenschaftler aus Großbritannien, der Bundesrepublik und den USA.[239]

Nachdem Marcuse den Grundstein gelegt hatte, brachte die Begegnung der Stiftung mit Werner Philipp im Dezember 1954 in New York die Entwicklung eines größeren Forschungskonglomerats ins Rollen. Ein halbes Jahr später besichtigte Edward D'Arms von der geisteswissenschaftlichen Abteilung Philipps Institut in Berlin. Franz Neumann hatte dort im Sommer zuvor einen Vortrag über »Das politische Element in der marxistischen Theorie von Marx bis Lenin« gehalten, auf den Philipp die Stiftung hinwies. Marcuses Erkundungsmission im Hinterkopf, kam den Strategen der Stiftung eine größere Sache in den Sinn als Philipp, dem zunächst nur eine Unterstützung seines Instituts vorschwebte. Im Verlauf des folgenden Jahres stellten Philipps international renommierte Kollegen ihre Arbeit vor. D'Arms zeigte sich beeindruckt. Dass die Berliner Gelehrten die Korrespondenz auf Deutsch führten, schreckte die Stiftung nicht ab, die jedes Schreiben aus dem Osteuropa-Institut übersetzen lassen musste.[240]

Philipp erkannte das Zentrum der Rockefeller-Intentionen. Er dankte der Stiftung hoffnungsvoll für ihr »Verständnis […], dass sowohl für die Wissenschaft wie für die Politik eine objektive Forschungsarbeit unerlässlich ist«. Damit traf er genau ins Herz des politisch-epistemologischen Objektivitätsbegriffs der Stiftung, ebenso mit seinem anschließenden Bekenntnis zur Westbindung der deutschen Ostforschung: Die »Intensivierung der internationalen Zusammenarbeit« war ihm nicht nur »leere Redensart«, sondern dringendes Bedürfnis, ließ er die Stiftung wissen. Darum bat er die Stiftung einerseits, den wissenschaftlichen und studentischen Austausch zwischen

---
239 RFA, RG 1.2, Series 650, b. 7, f. 76–77; Series 717, b. 7, f. 82–85, b. 8, f. 86–87; Series 803, b. 5, f. 54–56; UIA, Philip E. Mosely Papers, Series 15/35/51, b. 8, ff. Individual Correspondence: Werner Philipp, 1956–1971.
240 Gesprächsnotiz D'Arms, 16. 12. 1954; Philipp an D'Arms, 20. 12. 1954; D'Arms an Philipp, 27. 1. 1955; Gesprächsnotiz Marshall, 26. 3. 1955; Tagebuch D'Arms, 4. 6. 1955; Philipp an D'Arms, 5. 6. 1955; Max Vasmer an D'Arms, 19. 6. 1956; Karl Thalheim an D'Arms, 27. 6. 1956; RFA, RG 1.2, Series 717, b. 7, f. 82.

dem Berliner Institut und den Russlandzentren in Columbia und Harvard zu fördern. Andererseits kam er »auf die von uns bereits besprochene Frage einer internationalen Organisation zur Erforschung des Marxismus« zurück. Die mit Marcuses Vorarbeiten ausgestreute intellektuelle Saat war damit aufgegangen. Die Idee war zur »Organisation« gereift. Auch inhaltlich gab es Parallelen zu Marcuses Unternehmen, das sich der Vielfalt innerhalb des sowjetischen Denkens widmete. Philipp erläuterte der Stiftung den Rückstand der deutschen Marxismusforschung, seit dem Nationalsozialismus sei sie als ernsthafte Wissenschaft abgebrochen worden.

Die deutsche Russlandforschung verhalte sich spiegelbildlich zum »Entwicklungsschema« der sowjetischen Geschichtsschreibung, erklärte Philipp: Was »nicht in die leninistische Linie« hineinpasse, werde ignoriert. Der Revision dieser einseitigen Tendenz wollte Philipp die »internationale Organisation zur Erforschung des Marxismus« verpflichtet wissen. Als Partner brachte er das Amsterdamer Institut ins Gespräch, wo das Archiv der SPD und der Zweiten Internationalen sowie Manuskripte und Korrespondenzen von Marx, Engels, Rosa Luxemburg und vielen anderen lagerten. Jede Arbeit an den Quellen musste sich der Kooperation des Internationalen Instituts für Sozialgeschichte versichern. Westeuropäische Weiterentwicklungen des Marxismus wie den Austromarxismus bestimmte Philipp ebenso zum Forschungsgegenstand wie den Leninismus, die Differenzen von Marx und Lenin sowie – vollends gegen den akademischen Trend der Zeit und epistemisch nahe bei Marcuse und der geheimdienstlichen Aufklärung – die Unterscheidung von Leninismus und Stalinismus. Die vom Leninismus zum Schweigen gebrachten, von der sowjetischen Historiographie in der Illusion einer unilinearen Entwicklung verschleierten nichtleninistischen Stränge des russischen Marxismus fanden Philipps besondere Aufmerksamkeit. Die »internationale Organisation« sollte mit einer wissenschaftlichen Konferenz aus der Taufe gehoben werden. Philipp hoffte in Abstimmung mit der Stiftung, Isaiah Berlin, Philip Mosely und J. M. Bochenski als Teilnehmer zu gewinnen.[241]

Philipp verfolgte gegenüber der Stiftung dieselbe Linie, die er an seinem 1951 gegründeten Osteuropa-Institut an der Freien Universität Berlin vertrat. Das Institut war ein Solitär in der deutschen Ostforschung jener Jahre. Die prominentesten Köpfe am Institut, der Slawist

---

241 Philipp an D'Arms, 27. 6. 1956; RFA, RG 1.2, Series 717, b. 7, f. 82; A. J. C. Rüter an Fahs, 31. 10. 1957, RFA, RG 1.2, Series 650, b. 7, f. 76.

Max Vasmer und der Historiker Philipp, waren Gegner des Nationalsozialismus gewesen. Philipp betrieb den Wiederaufbau der osteuropäischen Geschichte am Institut gemeinsam mit Fritz T. Epstein, der aus dem amerikanischen Exil zurückgekehrt war. Die Geschichte des eigenen Fachs beurteilte Philipp kritisch. Um wieder den Anschluss an die internationale wissenschaftliche Diskussion zu finden, war ihm an Auslandskontakten gelegen. Schon 1950 hatte das Russian Research Center versucht, Philipp als Gast einzuladen. Die Begegnungen mit den New Yorker Direktoren der Rockefeller Foundation setzten ein, als Philipp Gastprofessor in Stanford war. Sein Beharren auf einem Objektivitätsideal, das sich der politischen Indienstnahme verweigerte, trug ihm Spott ein. Der politische Einsatz der Ostforschung war auch in der frühen Bundesrepublik der Regelfall. Der Journalist Klaus Mehnert nannte Philipp darum einen »Mann mit antifaschistischem Komplex«. Gegnerforschung der üblichen Art war mit ihm nicht zu machen.[242] Das hinderte Philipp nicht daran, die Erwartung der Rockefeller Foundation zu teilen, dass »objektive« Forschung einen politischen Nutzen abwerfen würde. Doch Philipp warnte seine Universität davor, in der geplanten »internationalen Organisation« der Marxismusforschung ein »antikommunistisches Propagandainstitut oder Schulungshaus für Funktionäre« zu sehen.[243]

Wie so oft führte Philip Moselys Eingreifen zu einem baldigen Ergebnis. Mosely traf Philipp im Juli 1957 in Frankfurt. Nicht unerheblich für das gesamte Unternehmen war es, dass der New Yorker Forschungsstratege und Regierungsberater und der Berliner Historiker auf Anhieb enge persönliche Bande knüpften. Mosely drückte seine Hochschätzung für Philipp aus und hielt dessen Marxismuskonferenz für eine »exzellente Idee«. Ihm gefiel, dass mit Philipp nun »die Europäer die Initiative ergriffen«, auch wenn es dafür des Anstoßes der amerikanischen Stiftung bedurft hatte. Philipp erkannte im Gegenzug, dass es auf Moselys »Rückhalt« bei der Stiftung ankam, wenn die Sache zum Erfolg werden sollte. Mosely war für Philipp derjenige, der allein in der Lage war, »unsachliche« Ansinnen der Kooperationspartner in Amsterdam und Fribourg abzuwehren. Zwischen Mosely und Philipp entwickelte sich eine freundschaftliche Bindung, die erst mit Moselys Tod endete. Mosely brachte auch einen weiteren Partner

---

242 Vgl. *Unger*, Ostforschung in Westdeutschland, S. 175–184, 234–236, Zitat S. 181, aus einem DFG-internen Vermerk vom Februar 1957.
243 *Unger*, Ostforschung in Westdeutschland, S. 234.

ins Spiel, Fernand Braudel und seine Sechste Sektion, der die Rockefeller Foundation als Zentrum des modernen »area studies«-Ansatzes in Frankreich auf viele Jahre Förderung zukommen ließ. Braudel betrachtete sie als einen ihrer Stars in Europa.[244] Auf Moselys Urteil hin finanzierte die Rockefeller Foundation die Konferenz in Berlin. Marcuses Projekt wurde als erster Schritt gesehen, die Konferenz war der zweite auf dem Weg zu einer Koordination der Marxismusforschung. Im Mittelpunkt sollten zunächst Überlegungen zu einer kritischen Edition der Werke von Marx und Engels stehen. Nicht länger sollten Marx und Engels allein der sowjetischen Seite überlassen werden, die deren Ideen zur »Rechtfertigung der kommunistischen Ideologie und Politik« entstelle, statt an einer »wissenschaftliche Darstellung der Dokumente« zu arbeiten. Die Konferenz erhielt den Auftrag, »zu erwägen, was westliche Gelehrte tun können, um eine authentische Version dessen, was Marx, Engels und Lenin wirklich gesagt haben, vorzulegen und dem Einfluss der kommunistischen ideologischen Propaganda entgegenzuwirken«.[245]

Versteckt in diesen Sätzen waren zwei politisch-intellektuelle Implikationen von großer Tragweite. Das Marxismus-Leninismus-Projekt wurde in New York als eine mit wissenschaftlicher Objektivität durchgeführte Operation im Kalten Krieg der Ideen geplant. Wenn die Stiftungsstrategen aus dem liberalen Ostküstenestablishment sich aber eine »authentische Version« von Marx, Engels und Lenin erhofften, um den ideologischen Einfluss Moskaus einzudämmen, dann teilten sie damit die sowohl unter unabhängigen Marxisten wie Marcuse als auch unter Liberalen wie Berlin verbreitete Prämisse, dass der Terror nicht bei Marx seinen Ausgang genommen hatte. Marx galt als Korrektur, nicht als Schuldiger einer monströsen historischen Entgleisung. Die Idee der historisch-kritischen Edition wurde politisch aufgeladen: Zurück zu den Quellen hieß auch, ein humanistisches Ideal

---

244 Philipp an D'Arms, 30. 7. 1956; Gesprächsnotiz D'Arms, 17. 8. 1956 (Zitat); Tagebuch D'Arms, 30. 10. 1956; RFA, RG 1.2, Series 717, b. 7, f. 82; Mosely an Philipp, 5. 12. 1956, Mosely Papers, b. 8, f. Herbert Marcuse; Mosely an Braudel, Rüter, 13. 8. 1956; Philipp an Mosely, 18. 8. 1956; Braudel an Mosely, 26. 8. 1956; Mosely an Braudel, 31. 8. 1956; Philipp an Mosely, 18. 10. 1956; Mosely an Philipp, 1. 11. 1956; Mosely Papers, b. 8, f. Werner Philipp, 1956; Philipp an Mosely, 19. 6. 1957 (Zitate), Mosely Papers, b. 8, f. Werner Philipp, 1957. – Die Korrespondenz mit Werner Philipp ist eine der umfangreichsten in Moselys Nachlass und reicht bis 1971.
245 Bewilligung GH 56100, 7. 9. 1956, RFA, RG 1.2, Series 717, b. 7, f. 82.

aus totalitären Trümmern zu retten. So wurde es denen entrissen, die es gewaltsam usurpiert hatten. Der Plan bestand darin, im Ideenkampf den Gegner mit seinen eigenen ideologischen Waffen zu schlagen. Die Konferenz fand am 1. und 2. Februar 1957 in Berlin statt. Wieder sollte einem akademischen Feld eine organisatorische Form gegeben werden. Aus New York reiste Mosely an, der geplant hatte, gemeinsam mit Marcuse anzureisen. Isaiah Berlin und Fernand Braudel mussten ihre Teilnahme absagen. Bei der Tagung ging es um die Koordination des Unternehmens, noch nicht um die wissenschaftliche Diskussion. Darum waren jüngere Forscher nicht eingeladen, Marcuse war der einzige amerikanische Experte für das sowjetische Denken, den Mosely dabeihaben wollte. Marcuse würde »zu unseren Diskussionen und unserer Planung sehr viel Substanz beisteuern«, erklärte er Philipp. Dem so geschätzten Marcuse fiel die Absage nicht leicht. Er hatte »Soviet Marxism« gerade abgeschlossen und musste dem Werk den letzten Schliff vor der Drucklegung zukommen lassen.[246]

Die Absage war keine Ausflucht. Marcuse fühlte sich dem neuen Projekt eng verbunden. Er nahm intensiv an den Planungen teil und entwarf eine Namenliste von möglichen Mitarbeitern, auf der sich sowohl antikommunistische Marxismusexperten als auch einige »theoretische Marxisten« befanden. Marcuse folgte den Spielregeln und verbürgte sich als Ratgeber der Stiftung für die Eignung der Marxisten unter den Genannten: Die wissenschaftliche Qualität der von ihm ausgewählten Gelehrten sei unanfechtbar, was hieß, sie waren vor allem Wissenschaftler und erst danach Marxisten. Mosely bestätigte ihm, dass marxistische Kenner des Marxismus für das Projekt unverzichtbar waren. Der Marxismus war eine »geachtete intellektuelle Methode« und durfte nicht gleichgesetzt werden mit dem »sowjetischen System der Gedankenkontrolle« – ansonsten spielte man den Sowjets in die Hände.[247]

---

246 Marcuse an Mosely, 13. 11. 1956; Mosely an Marcuse, 21. 11. 1956; Marcuse an Mosely, 4. 12. 1956; Mosely an Philipp, 5. 12. 1956 (Zitat); Mosely an Marcuse, 6. 12. 1956; Mosely Papers, b. 8, f. Herbert Marcuse; Philipp an Mosely, 18. 10. 1956; Mosely an Marcuse, 1. 11. 1956; Mosely an Philipp, 1. 11. 1956; Mosely Papers, b. 8, f. Werner Philipp, 1956.
247 Mosely an Marcuse, 16. 1. 1957; Marcuse an Mosely, 9. 1. 1957, auf der hier beigefügten Namenliste Marcuses befanden sich aus den USA u. a. seine einstigen Kollegen Arkadij Gurland, Paul Baran und Paul Sweezy sowie Raya Dunayevskaya, aus der Bundesrepublik u. a. Heinrich Popitz und Max Horkheimer, aus Italien Gustav Wetter sowie etliche Namen aus Frankreich und Großbritannien; Mosely Papers, b. 8, f. Werner Philipp, 1957.

Auch auf der konzeptionellen Ebene waren Marcuse und Mosely sich einig. Marcuse formulierte für die Konferenz ein Planungspapier, das in die Debatte einfloss. Mosely fungierte dabei als Marcuses Sprachrohr. Er ließ Marcuses Konzept allen Beteiligten zukommen. Insofern trug Marcuse als Abwesender zum Verlauf der Begegnung bei, in seiner Wirkung verstärkt durch Moselys Autorität.[248] Die strukturellen Parallelen von Geheimdienstperspektive und Marxismusforschung stachen in Marcuses Entwurf noch schärfer hervor als in seinen veröffentlichten Stellungnahmen. Marcuse befand sich nach wie vor im Bann der speziellen »Dialektik der Aufklärung«, die sein Denken über die Sowjetunion befruchtete und seinen Blick lenkte. Er schloss sich dem Widerstand gegen die »kommunistische Propaganda« an, der das Projekt eine »authentische Version« von Marx und Engels entgegenzusetzen beabsichtigte. Marcuse benannte den ideologischen Gegner. Höchste editorische Priorität forderte er für eine Marx-Engels-Gesamtausgabe, »die nicht sowjetischen Herausgebern überlassen werden sollte«. Hatte er Anfang der dreißiger Jahre in der Debatte um die Marx'schen Frühschriften noch die sowjetische Ausgabe bevorzugt, setzte er sich nun mit Nachdruck für eine westliche Edition ein.

Gleichermaßen verrieten die weiteren editorischen Vorschläge Marcuses Gespür und Sympathie für den politischen Subtext des Rockefeller-Unternehmens. Sie stellten Alternativen zur sowjetischen Lesart des Marxismus in Aussicht und zielten auf eine Wiederbelebung des westlichen Marxismus als Gegenkraft zum Sowjetmarxismus: Artikel aus der Zeitschrift *Die Neue Zeit* vor dem Ersten Weltkrieg, die Debatten der sozialdemokratischen Parteikongresse und das Material der Zweiten Internationalen. Marcuse plädierte auch für die Wiederentdeckung der theoretischen Alternativen zu Lenin und Stalin in der Sowjetunion, für Editionen der Abweichler (»deviationists«) wie Bucharin. In deren Schriften las Marcuse als »kremlinologischer« Augur die Zukunft der Sowjetunion: Schon jetzt – also mit Chruschtschow – sei unausgesprochen einiges davon »der offiziellen Doktrin einverleibt« worden, künftig würden diese theoretischen Alternativen eine immer größere Rolle in der Sowjetunion spielen, prophezeite Marcuse im Einklang mit »Soviet Marxism«. Zudem regte er eine »dokumentarische Geschichte« der »gegen die vorherrschende

---

248 Marcuse an Mosely, 2. 1. 1957; Mosely an Marcuse, 4. 1. 1957; Mosely an Marcuse, 16. 1. 1957; Mosely Papers, b. 8, f. Werner Philipp, 1957.

sowjetische Politik gerichteten Bewegungen« an, von Kronstadt über die Ukraine bis zur unmittelbaren Gegenwart – eine Empfehlung, in der die Würdigung der in der Sowjetunion marginalisierten und unterdrückten Entwicklungen sowie der Blick der psychologischen Kriegführung für Spannungen und Opposition in der UdSSR untrennbar verschlungen waren. Nebenbei wurde damit auch das monolithische Totalitarismusmodell für untauglich erklärt – darüber bestand ohnehin ein Konsens unter den Protagonisten.

Marcuse legte neben editorischen Empfehlungen auch umfangreiche Anregungen zur systematischen und historischen Erforschung des Marxismus-Leninismus vor. Erneut lässt sich nicht trennscharf unterscheiden, wo die Perspektive des Committee on World Communism aufhörte und wo die Fragestellung von »One-Dimensional Man« begann. Wie in »Soviet Marxism« operierte Marcuse in diesem permanent zusammenfließenden, nur schwach polarisierten Spannungsfeld. Seine Hinweise lassen sich gleichermaßen in die Rhetorik des Protests in den sechziger Jahren und in die Diskurse der psychologischen Kriegführung seit den vierziger Jahren einbetten. Marcuse regte bei Mosely und Philipp Forschungen zur Stellung des Marxismus in der sich wandelnden Industriegesellschaft an. Diese Forschungen waren durchweg kooperativ und interdisziplinär anzugehen, in ihrer Grundperspektive sollten sie soziologisch und ideengeschichtlich zugleich angelegt sein, die theoretische Entwicklung und den gesellschaftlichen und politischen Wandel aufeinander beziehen. Die Fragestellung zielte wie ein Jahrzehnt zuvor auf die »Potentials of World Communism«, oder wie Marcuse nun formulierte, auf die »Identifizierung« der »Quellen und Ressourcen des Kommunismus in der gegenwärtigen Gesellschaft, in der Wirtschaft und in der intellektuellen Kultur«.

Der Marxismus nahm dabei eine äußerst vielfältige Gestalt an. Marcuse deutete die Konflikte um Lehren und Taktiken an, die Uneinigkeit unter Marxisten darüber, wie auf den politischen und wirtschaftlichen Wandel zu reagieren sei. Das »zentrale« Problem stellte die Rolle des Proletariats im 20. Jahrhundert dar. Von der Arbeiterklasse als einer revolutionären oder auch nur oppositionellen Kraft konnte im Westen nicht die Rede sein. Und wo die Arbeiter im Gegensatz zur herrschenden Ordnung standen – nämlich in den sozialistischen Staaten Ostmitteleuropas –, stellten sie sich nicht notwendigerweise auf die Seite der Revolution: »Die jüngsten Ereignisse in Ungarn und Polen zeigen die Bedeutung dieses Problems an: neigt die Arbeiterschaft in solchen Staaten dazu, zu einer antikommunistischen Kraft zu werden?«, fragte Marcuse. Die Signifikanz dieser Frage ergab sich nicht nur aus Marcuses Interesse an der Weiterentwicklung des Marxismus. Oppositionspotentiale im Ostblock und antikommunistische und nationalistische Kräfte in Ostmitteleuropa, die sich mit der sowjetischen Herrschaft nicht abfinden wollten, fielen in den Zuständigkeitsbereich der psychologischen Kriegführung.

Die Perspektiven verschmolzen auch bei Marcuses Empfehlung, nach Kräften Ausschau zu halten, die die angestammte Stellung der Arbeiterklasse in der marxistischen Theorie einnehmen könnten: Er fragte nach der Strategie und den Aussichten des Marxismus in den »unterentwickelten Ländern«, den kolonialen, semikolonialen und postkolonialen Regionen der Welt. Nahtlos fügten sich seine Bemerkungen zu den »Aussichten der Koexistenz« von »Kapitalismus und Kommunismus [...] ohne einen globalen Krieg« an. Marcuses prognostisches Interesse fragte danach, wie sich die von ihm vorausgesagte dauerhafte friedliche Koexistenz auf die internationale Ordnung, speziell auf die nominell neutralen Staaten auswirken würde: Könnten sie zur eigenständigen politischen Kraft wachsen, oder würden sie unweigerlich in die Umlaufbahn eines der beiden Lager geraten? So lautete das weltpolitische Rätsel, dessen Aufklärung Marcuse anregte.

Keine Rede kann davon sein, dass Marcuse zwischen der Anpassung an den strategischen Diskurs seiner Geldgeber und Freunde einerseits und seiner »eigentlichen« Arbeit andererseits getrennt hätte. Nicht nur der epistemischen Kontinuitäten wegen, der Wiederkehr von Erkenntnissen und Fragestellungen, die sich nicht aus seiner Arbeit heraustrennen lassen, ohne das gesamte Werk seit Anfang der vierziger Jahre zu annullieren: Ohne jeden quellenkritisch relevanten Zwang oder Vorteil ordnete Marcuse sein eigenes Werk in seinem Konferenzentwurf nach wie vor in den Zusammenhang der politischen Analyse und Prognose ein. Für sich selbst reklamierte er als Untersuchungsgegenstand die Frage, wie die marxistischen Modelle auf den kulturellen Wandel in den fortgeschrittenen Industriegesellschaften reagierten. Das war das Programm von »One-Dimensional Man« *in statu nascendi*, heruntergebrochen auf das Erkenntnisinteresse der psychologischen Kriegführung.[249]

---

[249] Marcuse, Suggestions re (2) Forschungsaufgaben [die Nummerierung bezieht sich auf die von Philipp genannten Tagesordnungspunkte], 2. 1. 1957, als Anhang zu Marcuse an Mosely, 2. 1. 1957, Mosely Papers, b. 8, f. Werner Philipp, 1957. Zu Marcuse und den frühen Manuskripten von Marx vgl. unten, Kap. V.7.

Marcuse verfolgte mit großer Aufmerksamkeit die Konferenz. Er bat direkt im Anschluss daran um Moselys persönlichen Bericht, und er war einer der wenigen amerikanischen Empfänger des Tagungsprotokolls, in dem sich auch seine Anregungen wiederfanden.[250] Neben Mosely, Philipp und Bochenski waren aus Berlin die Soziologen Hans-Joachim Lieber und Otto Stammer, aus Großbritannien der antimarxistische Philosoph H. B. Acton, aus Amsterdam der Direktor des Internationalen Instituts für Sozialgeschichte, A. J. C. Rüter, aus Hamburg Siegfried Landshut, aus Paris Clemens Heller und Pierre Chambre zugegen. Man schrieb sich die internationale Zusammenarbeit auf die Fahnen und bekräftigte, dass – in Philipps Worten – die Marxismusanalyse »aus den jeweiligen politischen Auseinandersetzungen herausgehalten werden« und nicht vom »politischen Für und Wider im Hinblick auf den Marxismus berührt sein« sollte, sondern allein »einer wissenschaftlich objektiven Forschung zu dienen habe«.

Philipp stellte die »Frage nach dem Stand der Verwirklichung der einst von Marx intendierten kommunistischen Gesellschaft« unter den realen historischen Bedingungen Russlands. Er schloss sich der Differenzierung von Marx und Sowjetstaat an, die in der Stiftung gepflegt wurde. Mosely legte Wert auf die Erstellung kritischer Textausgaben, um den »Ideenwandel im Marxismus« nachvollziehen zu können; vom statischen Modell des Totalitarismus war er wie in seinen Aufsätzen weit entfernt. Bochenski plädierte für den Primat der Ideologie in der Auseinandersetzung mit der Sowjetunion. Allgemeine Zustimmung fand der Vorschlag, auch den westlichen Marxismus zu untersuchen. Beobachtet wurde, dass es auch eine vom politischen Marxismus abgekoppelte methodische »Beeinflussung der US-Soziologie durch das marxistische Denken« gab.

Den nichtleninistischen Alternativen im russischen Marxismus sollte historiographische Aufmerksamkeit gewidmet werden, was Marcuse und Philipp bereits angeregt hatten. Mosely, Heller und Landshut wiesen darauf hin, dass die bunte sowjetische Kultur der zwanziger Jahre wieder an »Aktualität« gewinne und eingehend ausgeleuchtet werden solle. Aus Moselys von Marcuse vorbereiteter Stellungnahme lässt sich der indirekte Hinweis herauslesen, dass sich nach dem politischen Umbruch von 1956 – die Krise der sowjetischen Macht in Ungarn und Polen, die Enthüllung der Verbrechen Stalins

---

250 Marcuse an Mosely, 19. 3. 1957; Mosely an Marcuse, 25. 3. 1957; Mosely an Philipp, 27. 3. 1957; Mosely Papers, b. 8., f. Werner Philipp, 1957.

durch Chruschtschow auf dem 20. Parteitag der KPdSU, die Krise des Imperialismus in Suez – auch die westlichen Diskurse im Wandel befanden. Ideen, die noch kurz zuvor während des McCarthyismus nicht oder nur verschleiert vertreten werden konnten, wurden akademisch wieder salonfähig. Das Interesse an einem unabhängigen Marxismus war wieder erwacht.

Doch das Leitmotiv dieser Erkundungskonferenz war der »Vergleich der Marx'schen Idee und Methode mit der sowjetischen Realität«. Die zeitgenössischen Implikationen dieser Fragestellung, für die politische Haltung wie den Ideenkrieg, sind uns vertraut. Dabei trat eine konzeptionelle Spannung auf. Bochenski sprach sich für eine Trennung zwischen »Sowjetologie« und »Marxologie« aus, jedoch setzte sich Philipp damit durch, dass man beides nicht strikt trennen könne. Isaiah Berlin hatte der Konferenz gegenüber, an der er nicht mitwirken konnte, brieflich die Auffassung verfochten, »dass ›in Russland niemand mehr an den Marxismus glaube‹«. Die Tagungsteilnehmer zeigten sich davon nicht überzeugt. Bochenski und Landshut führten aus, »dass selbst bei einem Schwinden des Glaubens in der Führungsschicht die Auswirkungen des marxistisch-leninistischen Denkens auf die Wirklichkeit ihre Bedeutung behalten«. Diese Entgegnung auf Berlin wurde, schon aus Gründen der institutionellen Selbsterhaltung, zur verbindlichen Haltung des Marxismus-Leninismus-Projekts erklärt. Erste Editionsprojekte wurden vereinbart.[251]

Auf dem Rückweg von Europa in die USA legte der Rockefeller-Verantwortliche D'Arms einen Zwischenhalt bei Isaiah Berlin in Oxford ein. Die Begegnung mit dem bewunderten Gelehrten endete in Ernüchterung. Nachdem Berlin mit witzigen Gemeinheiten getränkten akademischen Klatsch gegen die englischen Russlandforscher abgesondert hatte, kam er auf das zu sprechen, was er von der keine drei Wochen zurückliegenden Tagung gehört hatte. Berlins Bemerkungen hielten einer Überprüfung nicht stand. D'Arms war überrascht und notierte in seinem Tagebuch: »Als Probe auf Berlins Genauigkeit war das recht bestürzend.«[252] Die Stiftung machte hier die Erfahrung eines Berlin, der im Gewand der Wissenschaft Geschichten erzählte. Sein

---

251 Gesprächsnotiz D'Arms, 25. 1. 1957; Philipp an D'Arms, 13. 2. 1957; Mosely an D'Arms, 11. 3. 1957, als Anhang das Konferenzprotokoll (Zitate); RFA, RG 1.2, Series 717, b. 7, f. 83; Berlins Brief an die Tagungsteilnehmer, o.D. [Januar 1957], findet sich in kompletter Fassung in den Mosely Papers, b. 8, f. Werner Philipp, 1957.
252 Tagebuch D'Arms, 18. 2. 1957, RFA, RG 1.2, Series 717, b. 7, f. 83.

Talent zum geistreichen Klatsch unterhielt immer eine enge Beziehung zu seiner Form der Ideengeschichte. Die Freiheit der Nachlässigkeit nahm sich der bezeichnenderweise in diesen Jahren eher als politischintellektuelles denn als akademisches Genie gefeierte Berlin mitunter heraus. Zu ernst wollte er nie genommen werden, was zu manchem Missverständnis führte.[253]

Bei der Rockefeller-Stiftung war sein Nimbus fortan angekratzt. Man konnte sich nicht mehr unbesehen auf sein Wort verlassen. Diesen Eindruck vertiefte Berlin im Gespräch mit D'Arms noch. Auf seiner Reise in die Sowjetunion im Sommer 1956 habe er »30–40 Philosophen« getroffen und sie nach den jüngsten Entwicklungen der kommunistischen Ideologie befragt. Gestoßen sei er nur auf »die größte Langeweile und vollständige Apathie«. Berlins Übertragung dieser Einsicht auf das Marxismus-Leninismus-Projekt dürfte D'Arms verwundert haben. Drei Jahre zuvor hatten Berlin und Marcuse in Harvard gemeinsam das Marxismus-Projekt in eine neue, ideologiekritische Richtung gelenkt. Sie waren sich einig, dass es keine sowjetische Philosophie außerhalb der sowjetmarxistischen Ideologie gab. Doch nun erklärte Berlin unerwartet,

»dass Forschungen wie die von Herbert Marcuse zur jüngsten sowjetischen Philosophie völlig nutzlos sind. Kommunistischem Denken als solchem wird keine echte Aufmerksamkeit gewidmet, die gegenwärtigen politischen Maßnahmen werden vielmehr durch jedes erdenkliche Argument gestützt, das irgendwo in kommunistischen Schriften gefunden werden kann. Berlin hat der Gruppe an der Freien Universität einen Brief dieses Inhalts geschickt und versucht, sie von ihrem Forschungsprogramm zur jüngsten kommunistischen Ideologie abzubringen.«[254]

Man darf auf der Grundlage des Bekannten annehmen, dass Berlin keinen Blick in Marcuses zu diesem Zeitpunkt noch unveröffentlichtes, teilweise als Aufsatz publiziertes Manuskript geworfen, vermutlich nicht einmal die Projektbeschreibung gelesen hatte. Ansonsten hätte er kaum zu diesem Schluss kommen können.

Mosely sorgte in New York mit begeisterten Beurteilungen dafür, dass dem Unternehmen das Wohlwollen der Stiftung erhalten blieb.

---

253 Vgl. *Norton*, The Myth of the Counter-Enlightenment; *Müller*, Der Intellektuelle, der aus der Kälte kam, bes. S. 9–11.
254 Tagebuch D'Arms, 18. 2. 1957, RFA, RG 1.2, Series 717, b. 7, f. 83.

Die Rockefeller Foundation hatte nun gefunden, wonach sie seit Marcuses Vorstudien gesucht hatte – das Marxismus-Leninismus-Projekt war kein Zweimannbetrieb mehr. Eine internationale Forschergruppe war etabliert. Philipp war einer der besten Russlandhistoriker, im Amsterdamer Institut lag ein unermesslicher Reichtum an Material, und auch die – von Bochenski des mangelnden Antikommunismus geziehenen – Franzosen, nicht nur der ohnehin geschätzte Braudel, machten einen guten Eindruck, betonte Mosely. Alles war versammelt, um die gelehrte und zugleich ideenpolitische Operation einzuleiten: »ein Korrektiv und eine Widerlegung der kommunistischen Veröffentlichungen über frühe und aktuellere Entwicklungen der sozialistischen und kommunistischen Lehren bereitzustellen«. Diesen Zusammenhang verloren die New Yorker Strategen nie aus den Augen. Mit besonderer Genugtuung erfüllte Mosely, dass dabei in Europa mit Braudel und Philipp die Geisteswissenschaften führend vorangingen. Sie verfuhren ganz im Sinne der Wissenschaftspolitik der Stiftung. Anders als in Amerika bildeten in Europa »geisteswissenschaftliche [humanist] Gelehrte und Themen« – und zwar die von der Stiftung geförderten – und nicht die Sozialwissenschaften die Avantgarde der modernen Wissenschaft.[255]

Nicht zuletzt dank Moselys Empfehlung erklärte sich die Stiftung bereit, die Finanzierung weiterer internationaler Konferenzen zu übernehmen – am Ende waren es insgesamt neun solcher Begegnungen im Rahmen des Marxismus-Leninismus-Projekts zwischen 1957 und 1964.[256] Über den gelehrten Austausch hinaus wurde, worauf Mosely in New York drängte, ein Forschungsprogramm eingerichtet. Wie stets war die Stiftung vor allem an der Nachwuchsförderung interessiert, um das Feld der Marxismusforschung nachhaltig zu prägen. Neben den Editionsprojekten entstanden darum vor allem Dissertationen mit dem Geld der Stiftung. Mosely bevorzugte die Berliner Gruppe um Philipp. Bochenskis Truppe begegnete er mit einer gewissen Skepsis. Aber auch Landshut hatte es ihm angetan.[257]

---

255 Mosely an D'Arms, 11. 3. 1957; dazu Notiz Thompson, o.D. [März 1957]; Gesprächsnotiz D'Arms, 4. 4. 1957 (Zitate); RFA, RG 1.2, Series 717, b. 7, f. 83.
256 Abschlussbericht, 20. 11. 1964, RFA, RG 1.2, Series 717, b. 8, f. 87; Konferenzorte waren Berlin (1957, 1960, 1962, 1964), Paris (zweimal 1958), Amsterdam (1957), Köln (1961) und Fribourg (1963).
257 Gesprächsprotokoll D'Arms, 25. 1. 1957, RFA, RG 1.2, Series 717, b. 7, f. 83.

7. Marx, Marcuse, Landshut

In Landshuts Projektantrag spiegelte sich die Perspektive Moselys und der Stiftung. Ein Seitenblick auf den Remigranten Landshut macht einmal mehr die ideengeschichtlichen Kontinuitäten dieses transatlantischen Erörterungszusammenhangs deutlich. Landshuts Unverständnis gegenüber dem Studentenprotest trennte ihn nachträglich von einem wie Marcuse.[258] Im Jahrzehnt zuvor bewegten sich beide in einem gemeinsamen Kontext. Landshut ist nicht nur als intellektueller Bezugspunkt von Wilhelm Hennis in Erinnerung geblieben.[259] Er hatte sich bereits in den zwanziger Jahren für den frühen Marx interessiert und dessen Begriff der Entfremdung als Kennzeichen der Moderne übernommen: Die Eigendynamik anonymer Institutionen hatte die Herrschaft übernommen. Den Eliten war die Kontrolle über die Politik entglitten; der Sinn für die Offenheit des Geschehens und die Verpflichtung aufs Gemeinwohl waren verlorengegangen. Landshuts aristotelischer Freiheitsbegriff fand das höchste Gut in der politischen Partizipation. Die Abstraktheit der modernen Soziologie wies Landshut zurück. Er forderte eine Gesellschaftsanalyse, die auf konkrete historische Zusammenhänge gerichtet war und im historischen Material ihre Fragestellungen fand – nicht, wie Landshut sich gegen Max Weber wandte, in der Konstruktion von Idealtypen, die dem Material von außen übergestülpt würden. Der politische Theoretiker und Soziologe Landshut betrieb eine praktische politische Philosophie.[260]

Die Wege Marcuses und Landshuts hatten sich schon in der Weimarer Republik gekreuzt. Beide hatten bei Heidegger gehört, beide gingen aufmerksam, im Urteil unterschiedlich, auf Karl Mannheim und Hans Freyer ein.[261] Beide nahmen einander wahr. Dabei diente

---

258 Vgl. *Nicolaysen*, Siegfried Landshut, S. 414–426.
259 *Moses*, German Intellectuals and the Nazi Past, S. 82, betont, was der Einfluss von Hannah Arendt auf Hennis zu sein scheine, sei in Wahrheit der Einfluss von Landshut. Zu Hennis, allerdings ohne den Hinweis auf Landshuts Bedeutung, vgl. *Schlak*, Wilhelm Hennis.
260 Vgl. *Landshut*, Kritik der Soziologie, bes. S. 11–24, 112f., 261f., 292f., 297; *Nicolaysen*, Siegfried Landshut, S. 103–111; *Moses*, German Intellectuals and the Nazi Past, S. 82–86.
261 Vgl. *Nicolaysen*, Siegfried Landshut, S. 48, 116–126; *Marcuse*, Zur Wahrheitsproblematik der soziologischen Methode; *ders.*, Zur Auseinandersetzung mit Hans Freyers »Soziologie als Wirklichkeitswissenschaft«, wieder in: *ders.*,

Marx als Vermittler. Die ausführlichste Besprechung von Landshuts »Kritik der Soziologie« stammte von Marcuse, der dem Werk hohe Anerkennung zollte und das Verschweigen der gemeinsamen geistigen Quellen Heidegger und Marx beklagte. Ein historischer Graben trennte die Lesarten der beiden Marx-Bewunderer: Marcuse verteidigte seinen politischen Marx gegen Landshuts analytischen. »Bei Marcuse scheint Marx im Besitz der Lösung, die den zwangsläufigen Weg zu einer gerechten Gesellschaft in sich birgt«, fasst Landshuts Biograph die Debatte zusammen, »bei Landshut aber wird Marx charakterisiert durch die Spannungen seiner Zeit«, als »Kind seiner Zeit«.[262]

Den Kernbereich der Marxismusforschung, der noch auf die fünfziger Jahre ausstrahlte, berührte die Auseinandersetzung um Marx' Frühschriften. Die Originale lagerten seit dem Nationalsozialismus im Amsterdamer Institut für Sozialgeschichte, das am Marxismus-Leninismus-Projekt der Rockefeller Foundation beteiligt war. Die Marx-Engels-Gesamtausgabe (MEGA) wurde in den zwanziger Jahren begonnen und vom Moskauer Marx-Engels-Institut betreut. Dessen Direktor David Rjazanow hatte die frühen Manuskripte im SPD-Archiv entdeckt. Als deutscher Partner des MEGA-Unternehmens firmierte das Frankfurter Institut für Sozialforschung. Die SPD und Eduard Bernstein gewährten Rjazanow Zugang zu ihren Beständen, bis die Komintern sich die Sozialfaschismusthese auf die Fahnen schrieb und die Sozialdemokratie als »Zwillingsbruder« des Faschismus bekämpfte. Rjazanow wurde 1931 verhaftet und fiel 1938 dem stalinistischen Terror zum Opfer. Die SPD befürwortete inzwischen eine von Moskau losgelöste Bearbeitung des Marx-Nachlasses. Die Herausgabe der Frühschriften besorgten Landshut und Jacob Peter Meyer, später im Exil ein geachteter Tocqueville-Forscher. Die konfliktreiche und spannungsgeladene Zusammenarbeit der beiden spiegelte sich darin wider, dass Landshut 1930 binnen weniger Monate erst in die SPD, die auf Meyers Beteiligung pochte, ein- und dann wieder aus ihr austrat. Die Neuausgabe von 1953 erschien dann allein unter Landshuts Namen. Ungeachtet dieser Querelen stieß ihre Edition auf ein ge-

---

Schriften, Bd. 1, S. 488–508; *Muller*, The Other God That Failed, S. 184f., 344f., erkennt noch in »One-Dimensional Man« verwandte intellektuelle Perspektiven von Freyer und Marcuse.

262 *Nicolaysen*, Siegfried Landshut, S. 113–115, Zitat S. 115; *Marcuse*, Zur »Kritik der Soziologie«.

waltiges Echo. Ihre Ausgabe der Manuskripte entfachte überhaupt erst die Beschäftigung mit dem frühen Marx.[263] Marcuse erhob die Veröffentlichung der frühen Manuskripte zum »entscheidenden Ereignis in der Geschichte der Marx-Forschung«, das für ihn selbst von umstürzender Bedeutung war. Er stellte sich zwar gegen Landshuts Ausgabe auf die Seite der angeblich wissenschaftlich verlässlicheren MEGA-Edition der Marx-Manuskripte. Mit Landshut war er sich jedoch in der Deutung einig. Gegen die offizielle Moskauer Interpretation, die Marx' Frühwerk als philosophische Jugendschriften abtat und den reifen Marx des »Kapitals« vom unreifen, der idealistischen Philosophie noch nicht entwachsenen Marx der Manuskripte absetzte, stellten Landshut und Marcuse die Kontinuität des Marx'schen Denkens heraus. Die frühen Manuskripte mit ihrem Schlüsselbegriff der Entfremdung bildeten für sie das philosophische Zentrum, von dem aus sich der Zusammenhang des Gesamtwerks, einschließlich des ökonomischen Marx, erst erschloss. Landshut sprach vom »Knotenpunkt«, vom »großartige[n] Zusammenhang [...], der von der Idee der Philosophie in einem Zuge über die Selbstentfremdung des Menschen (Kapital und Arbeit) zur Selbstverwirklichung des Menschen, zur ›klassenlosen Gesellschaft‹ führt«. Marcuse erkannte in den Frühschriften, dass »die revolutionäre Kritik der politischen Ökonomie in sich selbst philosophisch fundiert ist, wie andererseits die sie fundierende Philosophie schon die revolutionäre Praxis in sich trägt«. Der ganze Marx steckte bereits in den Manuskripten.[264]

Die Unterscheidung von Moskauer und westlicher Lesart und die verweigerte Trennung des philosophischen vom ökonomischen Marx waren von unmittelbarem Belang für die gelehrten und politischen Interessen des Rockefeller-Unternehmens in den fünfziger Jahren. In diese Richtung spitzte Landshut auch die Fragen zu, als er zu Anfang des Jahrzehnts den Faden wieder aufnahm, der im Exil abgerissen war. Überdauert hatte die Kontinuitätsdeutung in Marcuses Buch »Reason and Revolution«, auf das Landshut nun Bezug nahm. Allerdings ver-

---

263 *Marx*, Der historische Materialismus, 2 Bde.; *Marx*, Die Frühschriften; *Nicolaysen*, Siegfried Landshut, S. 132–149; *Rojahn*, Marxismus.
264 *Nicolaysen*, Siegfried Landshut, S. 133–135, 149–157; *Landshut/Meyer*, Einleitung, S. xiii, xxviif.; *Marcuse*, Neue Quellen zur Grundlegung des Historischen Materialismus, S. 136f.; wieder in: *ders.*, Schriften, Bd. 1, S. 509–555; *Kellner*, Herbert Marcuse and the Crisis of Marxism, S. 69–91.

anschlagte Landshut den Einfluss Hegels auf Marx noch höher als Marcuse.²⁶⁵ Der ideenpolitische Kampf von Ost und West trat deutlich hervor: »Kein Zufall« war es, wie Landshut anlässlich seiner Neuausgabe der Frühschriften bekundete, »dass die sowjet-amtliche Marx-Auslegung von diesen Schriften nie Notiz genommen hat«. Für den Sowjetmarxismus bargen sie eine Gefahr, »für das heute neu erwachte Bedürfnis nach einer Auseinandersetzung mit dem Marxismus« waren die frühen Manuskripte unentbehrlich. Sie eröffneten den »geistesgeschichtlichen Horizont«, ohne den Marx nicht zu begreifen war.²⁶⁶ Bald bildeten sie das Fundament, auf dem der westliche Marxismus errichtet wurde. Moskaus Deutungsmonopol hatte endgültig ausgedient. In der Marx-Interpretation setzte ein Paradigmenwechsel ein, der den philosophischen Marx in den Mittelpunkt rückte.²⁶⁷

Vom Historikertag bis zu den Sendungen des Hessischen Rundfunks und des RIAS trat Landshut als gefragter Marxismusdeuter auf. Sein Ton wurde politischer. 1956, als das Marxismus-Projekt der Rockefeller-Stiftung konkrete Züge annahm, legte er den Aufsatz »Die Gegenwart im Lichte der Marxschen Lehre« vor, der ihm Anerkennung von Dolf Sternberger und Hannah Arendt eintrug. Von der Selbstentfremdung in Zeiten der »hemmungslosen Eigengesetzlichkeit des technischen Fortschritts« war dort die Rede. Öffentliche Aufmerksamkeit erregte die These, die westliche »Einheitsgesellschaft«, in der sich das Klassenbewusstsein überlebt hatte, komme der »klassenlosen Gesellschaft« näher als die sowjetische »Klassengesellschaft«, in der sich Macht und Produktionsmittel in den Händen weniger Parteiführer befanden.²⁶⁸ Reale Ungleichheit existierte im Westen fort. Das Prinzip der Gleichheit aber hatte sich durchgesetzt und war zum »regulativen Prinzip aller öffentlichen Ordnung« geworden. Für Landshut mit seinem antiken Ideal politischer Partizipation – oder, wie er mit Marx formulierte, mit seiner Hoffnung auf Überwindung

---

265 *Nicolaysen*, Siegfried Landshut, S. 378, 381–383; es handelte sich um einen RIAS-Vortrag von 1953.
266 *Landshut*, Vorwort, S. vf. (Zitat); ders., Einleitung; *Nicolaysen*, Siegfried Landshut, S. 374–379.
267 Vgl. *Anderson*, Über den westlichen Marxismus, S. 78 f.; *Habermas*, Theorie und Praxis, S. 387–461; differenzierter (und kritisch gegenüber dem Begriff des »westlichen Marxismus«) beurteilt diese Entwicklung jetzt *Hoff*, Marx global.
268 *Landshut*, Die Gegenwart im Lichte der Marxschen Lehre, S. 46, 54; *Nicolaysen*, Siegfried Landshut, S. 379–386, auch zu den öffentlichen Reaktionen.

der Selbstentfremdung durch politische Selbstverwirklichung – war dieses Kennzeichen der westlichen Gesellschaft noch nicht gleichbedeutend mit der Befreiung des Menschen.[269] Die Idee allerdings, dass einmal in Umlauf gebrachte Prinzipien eine Eigendynamik entfalten, die die Gesellschaft umwälzt, übertrug er kurz darauf im Rahmen des Rockefeller-Projekts auf die Sowjetunion. Die Verheißungen der Ideologie würden die repressive Praxis langfristig zum Einsturz bringen, schrieb er da. In anderen Worten: Ein Jahr später hatte für Landshut auch die Sowjetunion bereits den Weg zur technokratisch verwalteten, »klassenlosen« Einheitsgesellschaft beschritten – damit kassierte Landshut den Clou seines aufsehenerregenden Aufsatzes wieder, kaum dass Chruschtschow die Entstalinisierung eingeleitet hatte. Dieser Blickwechsel Landshuts ist bislang verborgen geblieben, und damit eine weitere Parallele zu Marcuse und den liberalen amerikanischen Ideenkriegern.

Landshut verfolgte nicht nur ein ausgeprägtes wissenschaftliches Interesse an Marx. Er legte auch eine praktische Aufgeschlossenheit für die Ideenkämpfe zwischen westlichem Liberalismus und Sowjetmarxismus an den Tag. 1954 schloss er sich dem Komitee »Wissenschaft und Freiheit« an, einer Unterorganisation des von der amerikanischen Regierung finanzierten Congress for Cultural Freedom (CCF). Bei diesem Komitee handelte es sich »um eine antitotalitäre, primär antikommunistische Agentur des Kalten Krieges, die aber, darin erneut dem CCF vergleichbar, in Deutschland vorwiegend als Institut der ›re-orientation‹ auftrat«. Das Komitee diente der maßgeblichen Darstellung zufolge »vorwiegend dem Zweck, prominente Natur- und Geisteswissenschaftler für den ideologischen ›Frontdienst‹ im Kalten Krieg tauglich und instrumentalisierbar zu machen«. In den Jahren nach Stalins Tod revidierte das Komitee seine anfänglich strikt antikommunistische Rhetorik, um mit differenzierteren Maßnahmen im Ideenkrieg eine größere Wirkung zu erzielen.[270] Landshuts intellektuelle und politische Biographie stand im Hintergrund der Einschätzung des sowjetischen und marxistischen Denkens, die er für die Rockefeller-Stiftung vornahm. Nach dem niedergeschlagenen Aufstand in Ungarn 1956 reduzierte Landshut nicht die Komplexität. Gerade jetzt forderte er eine Systemanalyse, die Politik und Ideen miteinander verschränkte und der Gleichzeitigkeit von Repression und

---

269 *Nicolaysen*, Siegfried Landshut, S. 387f.
270 *Hochgeschwender*, Freiheit in der Offensive?, S. 438.

Liberalisierung Aufmerksamkeit schenkte. Marcuse und Berlin darin nicht unähnlich, beschrieb Landshut als Motor der sowjetischen Dynamik ein fundamentales ideologisches Problem: die »unaufhörliche und immer wieder sich neu manifestierende Diskrepanz zwischen der Idee der kommunistischen Gesellschaft, der herrschaftsfreien Übereinstimmung alles mit allen in vollkommener Gerechtigkeit, vollkommener Befriedigung aller Bedürfnisse und vollkommener Erfüllung der Bestimmung des Menschen einerseits, und den tatsächlichen, in Staat, Gesellschaft und Wirtschaft herrschenden Verhältnissen andrerseits«.

In der Außenpolitik »wie auch nach innen, den Bevölkerungen des eigenen Herrschaftsbereichs gegenüber«, setzte die Spannung von Ideologie und Realität die sowjetische Führung unter permanenten Druck. Sie musste zu den Auswegen der »Apologetik und Selbstrechtfertigung« greifen. Das Regime war nachprüfbaren Maximen verpflichtet, die auch reine Machtpolitik nicht außer Kraft setzen konnte. Darin bestand die Schwäche eines repressiven Systems. Je ernster es die eigenen Prinzipien nahm, je emphatischer es die »Diskrepanzen« als zeitweilige »Abweichungen von der wahren Lehre« oder als durch Krieg und Bedrohung ausgelöste »Geburtswehen« erklärte, desto mehr verpflichtete es sich auf die Herstellung des Idealzustands – und gab damit der Kritik sowohl in der westlichen Welt als auch in der eigenen Gesellschaft Nahrung. Chruschtschows Rede auf dem 20. Parteitag der KPdSU hatte diese Spannung verschärft: Statt einfach nur die Übel des Stalinismus zu korrigieren, ließ die »nach dem Kongress inaugurierte neue Generallinie der sogenannten Liberalisierung [...] im sowjet-russischen Herrschaftsbereich Erscheinungen zu Tage treten [...], die den Umfang, den fundamentalen Charakter und die Tragweite jenes Widerspruchs deutlich gemacht haben«. Gegen Isaiah Berlins schillernde Position[271] beharrte Landshut darauf, dass sich das sowjetische »Ordnungssystem« nicht ohne echtes ideologisches Fundament erhalten könne: »Seine Selbsterhaltung hat den Glauben an die Mission zur Voraussetzung. Ohne das Ziel der zu verwirklichenden vollendeten Gesellschaft ist dem bestehenden System seine *raison*

---

271 Einerseits beschrieb Berlin in seinen Aufsätzen genau diese ideologisch-politische Dialektik, andererseits sprach er in seinen Bemerkungen an die Konferenzteilnehmer dem Marxismus jede Bedeutung für das intellektuelle und politische Leben der Sowjetunion ab.

d'être entzogen, und keine politische Gewalt wird es auf Dauer erhalten können.«[272]

Was bedeutete, dass dieses System auf lange Sicht seinen Untergang vorbereitete. Die Liberalisierungstendenzen waren ideologisch zwingend und nach dem Ende von Stalins Schreckensherrschaft auf Dauer nicht aufzuhalten. Landshut stimmte darin mit Marcuse überein. Während die akademische Sowjetologie langsam mit ihrer Version der »Konvergenztheorie« die Sowjetunion als paralleles Modernisierungsprojekt zu entdecken begann, das sich durch technokratische Rationalität und den Verzicht auf Ideologie langfristig dem Westen angleichen würde,[273] erkannten Marcuse wie Landshut gerade in der Ideologie die Wurzel der technokratischen Liberalisierung des sowjetischen Systems. Ob eine Annäherung an das Ideal möglich war, darüber bestand Uneinigkeit. An dem analytischen Grundsatz jedoch, dass die Sowjetunion ideologisch zum Wandel gezwungen war, gab es im Rockefeller-Komplex keinen Zweifel. Landshut fasste diese These für das Marxismus-Leninismus-Projekt in die Leitfrage,

»warum und inwiefern die Antinomie zwischen Ideologie und Wirklichkeit unaufhebbar ist und was es eigentlich bedeutet, das gesellschaftliche Leben nach dem Konzept einer Ideologie zu ordnen. Und mehr als dies: es ist zu demonstrieren, dass und warum eine so ›konstruierte‹ Gesellschaftsordnung, gerade indem sie sich selbst erhalten will, notwendigerweise die Ursache ihres eigenen Verfalls schafft, dass solch ein System gezwungen ist, seinen Fortbestand dadurch zu sichern, dass es die Kräfte seiner Auflösung provoziert. Das bedeutungsvolle Wort von Marx, dass der Kapitalismus nicht umhin kann, seine eigenen Totengräber zu produzieren, ist die treffendste Formu-

---

272 Mosely an D'Arms, 18. 4. 1957, im Anhang findet sich Landshuts Projektbeschreibung mit den obigen Zitaten, RFA, RG 1.2, Series 717, b. 7, f. 83.
273 Vgl. *Rostow*, The Stages of Economic Growth; *Gilman*, Mandarins of the Future, S. 100–103, 221f., 234f.; *Metzler*, Konzeptionen politischen Handelns von Adenauer bis Brandt, S. 225–231; *Gleason*, Totalitarianism, S. 132–137; *Engerman*, Know Your Enemy, S. 180–207; weniger Bedeutung misst *Cohen*, Rethinking the Soviet Experience, S. 30–33, der Konvergenzthese zu, doch gerade die von Cohen kritisierte Vereinbarkeit mit dem Antikommunismus und der Totalitarismustheorie machte den Erfolg der Konvergenzthese aus – denn die Konvergenz konnte noch lange auf sich warten lassen. Die Erwartung einer parallelen Modernisierung in der Sowjetunion war schon früh unter amerikanischen Intellektuellen und Wissenschaftlern verbreitet; vgl. *Engerman*, Modernization from the Other Shore.

lierung der inneren Aporie des Sowjet-Kommunismus. Sie ist im Wesen der Ideologie und in ihrem Verhältnis zu jeder menschenmöglichen Wirklichkeit begründet.«

»Gerade wenn« das sowjetische System »das eigene Bedürfnis der Selbsterhaltung erfüllen will«, fuhr Landshut fort, musste es »automatisch Kräfte ins Leben rufen [...], die dem System zuwiderlaufen«.[274] Die wissenschaftliche Einsicht in die Eigendynamik der sowjetischen Ideologie hatte eine politische Konsequenz. Landshut verfolgte hier eine gelehrte Absicht, er war jedoch kein ideenkämpferisch Unkundiger. Seine Analyse berührte die Kernfrage des Ideenkrieges und der psychologischen Kriegführung. Mosely oder Marcuse waren mit den entsprechenden amerikanischen Debatten zu vertraut, um diese Implikationen nicht wahrzunehmen. Was Marcuse und Mosely, was Berlin in seinen Aufsätzen und nun für das Rockefeller-Projekt Landshut formulierten, war eine intellektuelle Bestätigung der »Bohlen-Linie« in der amerikanischen Strategiediskussion, die im ersten Kapitel dieser Arbeit vorgestellt wurde. Das monolithische, statische Schreckbild eines totalitären Regimes konnte die westliche Öffentlichkeit mobilisieren – für die strategischen Staatsapparate war der Totalitarismusbegriff von Anfang an untauglich. Er bot weder die Aussicht auf Wandel, noch zeigte er Risse in der gesellschaftlichen Textur und der politischen Führung auf, an denen die psychologische Kriegführung ansetzen konnte.

In der Eisenhower-Regierung setzte sich Bohlens Konzept allerdings nicht allein aufgrund seiner größeren intellektuellen Überzeugungskraft durch. Mit dem nuklearen Gleichgewicht – gemessen am Verhältnis von nuklearen Waffensystemen zu potentiellen Zielen, nicht in absoluten Zahlen gerechnet – ab Mitte der fünfziger Jahre war jede andere Strategie mit einem zu hohen Risiko verbunden. Die vorsichtige Öffnung Polens und die Niederschlagung des ungarischen Aufstands 1956 boten weitere Argumente für diese Linie: Polen zeigte, dass ein Wandel von innen möglich war, Ungarn wiederum, dass die Verheißungen des »roll back« verheerende Folgen zeitigten. Im Kern setzten die strategischen Planer in Washington seit Mitte der fünfziger Jahre auf die ideologische Eigendynamik und den von ihr in Gang gesetzten langfristigen gesellschaftlichen Wandel. Die Doktrin der

---

274 Mosely an D'Arms, 18. 4. 1957, im Anhang Landshuts Projektbeschreibung (Zitate), RFA, RG 1.2, Series 717, b. 7, f. 83.

»rational hope« wurde zur Strategie des Kalten Krieges. »Rational hope« hieß Koexistenz, politische Kontakte, Verträge und Verhandlungen. Das Ziel blieb der Sturz des sowjetischen Systems. Den Unterschied machte die Methode aus: Es war nicht mehr die amerikanische Politik, die diese fundamentale Umwälzung herbeiführen sollte, sondern die sowjetische Gesellschaft selbst.[275]

An der wissenschaftlichen Absicherung und Begleitung dieses Paradigmenwechsels hatten Mosely, Marcuse und das Marxismus-Leninismus-Projekt einen nicht unerheblichen Anteil. Hier entstanden Aufsätze und Bücher, die die Diskussion der folgenden Jahre prägten. Dem Koexistenz-Denken leisteten sie Vorschub. Konservative Intellektuelle, Sowjetexperten und Russlandhistoriker wie Richard Pipes, später ein Berater Ronald Reagans, verfolgten bald die Absicht, diesem zunehmend einflussreichen Diskurs der Koexistenz entgegenzuwirken.[276]

8. Das Dispositiv der Entspannung

An diesem Punkt ist es möglich, eine Bilanz zu ziehen. Immer wieder wurde ein Diskurs der Marxismus- und Sowjetforschung sichtbar, der von Herbert Marcuse über Werner Philipp bis J. M. Bochenski reichte und eine große Zahl höchst unterschiedlicher Gelehrter, politischer Akteure und Wissenschaftsmanager einschloss. Die Ordnung des Diskurses stellten weder Marcuse noch Bochenski her. Das Regelsystem wurde in ihrem Fall von der New Yorker Zentrale der Rockefeller Foundation entworfen. Wenn es eine Einzelperson gab, die in allen Zusammenhängen auftauchte und diesen Diskurs in all seinen vielfältigen Verästelungen verkörperte, dann war es Philip Mosely, der liberale Impresario der Kommunismusforschung, Berater von Stiftungen, Geheimdiensten und Außenministern, Leiter des Russian Institute

---

275 Zur Strategiediskussion innerhalb der amerikanischen Regierung vgl. *Mitrovich*, Undermining the Kremlin, S. 15–46, 84–114, 122–176; *Hixson*, George F. Kennan, S. 47–98; *Leffler*, A Preponderance of Power, bes. S. 100–114, 199–265, 312–360, 446–493; *ders.*, For the Soul of Mankind, S. 145f.; sowie oben, Kap. I.7., I.8. und I.11.
276 Vgl. *Cohen*, Rethinking the Soviet Experience, S. 35–37; *Gleason*, Totalitarianism, S. 137f., 190–210; *Geyer*, Introduction, S. 6f.; *Pipes*, Vixi, S. 77f., 125–153.

und Forschungsdirektor des Council on Foreign Relations. Mosely war der Exponent, aber nicht der Urheber des Diskurses.[277] Seine materielle Basis steht fest. Dieser Diskurs beruhte auf den Mitteln und Strukturen des politisch-philanthropischen Komplexes, im vorliegenden Fall auf den Zuwendungen und Netzwerken der Rockefeller Foundation. Genauso gehörten jedoch die strategischen Staatsapparate zu den Produzenten dieses Diskurses. Die Stiftungen wurden von demselben liberalen Establishment geleitet und beraten, das zugleich den »national security state« errichtete. Die Genealogie dieses Erörterungszusammenhangs reicht weiter zurück als zu Marcuses »Pilotstudie«. Am Anfang standen die psychologische Kriegführung und die Feindaufklärung, wie sie das OSS und danach das Committee on World Communism im State Department betrieben. Marcuse hatte immer wieder und an den unterschiedlichsten Orten Anteil an der Fortschreibung dieses Diskurses. Im Zentrum stand er nicht. Seine Beiträge übten fraglos – angesichts der Wertschätzung, die ihm entgegengebracht wurde – intellektuellen Einfluss aus. Zugleich wirkte Marcuse unter den Produktionsbedingungen, die ihm innerhalb des liberalen Segments der amerikanischen Eliten zur Verfügung standen. Er konnte Grenzen verschieben und war im selben Augenblick an die Grenzen gebunden, die ihm eingeräumt wurden, womit er sich abfand, oder vielmehr: was für ihn nie ein Problem darstellte. In diesem Kontext erscheint Marcuse nicht als der radikale Einzelgänger, den man mitunter in ihm sieht.[278]

Seine Interventionen waren Teil eines intellektuellen Produktionszusammenhangs, in dem ihm mit der Zusteuerung seiner unbestrittenen Sachkenntnis die Funktion einer Systemkorrektur von links zufiel. Er war Teil eines diskursiven Systems, das sich selbst korrigierte und dadurch erhielt, eines Systems, dessen Interesse darin bestand, seine Erkenntnisse stets zu verbessern und zu verfeinern, und das darum auf Kritik angewiesen war. Eine »objektive« Logik, um eine von Marcuses Lieblingsvokabeln aus »Soviet Marxism« aufzugreifen, strukturierte dieses Denksystem. Sie leitete sich her aus dem geheimdienstlichen und strategischen Denken. Man könnte dieses sich selbst

---

[277] Zu Moselys zentraler Rolle vgl. jetzt *Engerman*, Know Your Enemy, S. 5, 30, 36, 37 f., 41 f. 49 f., 249, 262.
[278] So die maßgeblichen Biographien von *Katz*, Herbert Marcuse and the Art of Liberation, S. 130–135, 143–161; *Kellner*, Herbert Marcuse and the Crisis of Marxism, S. 148–153.

korrigierende Wissenssystem, das so vielfältige Analysen zu integrieren in der Lage war, auch ein »Dispositiv« nennen – das Dispositiv liberaler Gouvernementalität im Kalten Krieg. Unterschiedlichste Denkmodelle, Ansätze, Institutionen, Personen und Praktiken koppelten sich zu einem übergeordneten strategischen Ziel. Das epistemisch-ideologische Fundament dieses Dispositivs, das in den Kernzonen des Kalten Krieges auf Entspannung zielte, bildeten modernisierungstheoretische Annahmen. Bei aller Kritik an manchen Modernisierungstheoretikern und ihrer antikommunistischen Politik stellte sich auch Marcuse mit seinen Beobachtungen einer konvergenten Entwicklung in Ost und West, mit seinen Prognosen einer automatisierten Arbeitswelt und einer kybernetischen Gesellschaft auf diese Grundlage. Die Modernisierungstheorie konnte mit den verschiedensten Gesichtern auftreten, sie konnte zur Legitimierung des Vietnamkrieges herangezogen werden – sie war in ihren Grundannahmen allerdings auch die intellektuelle Basis der Entspannungspolitik.[279]

Die strategischen Staatsapparate initiierten diesen intellektuellen Prozess, ohne ihn je lückenlos zu steuern oder zu kontrollieren. Das war nicht nur faktisch unmöglich, sondern lag auch gar nicht in ihrer Absicht. Abweichendes Wissen hätte ansonsten kaum gewonnen, neue Erkenntnisse hätten nicht nutzbar gemacht werden können. Eine grundlegende Voraussetzung musste jedoch erfüllt sein, um diesen epistemischen Prozess in Gang zu halten: Auch wenn die politische Spitze niemals volle Verfügungsgewalt noch über das letzte Glied ihrer bürokratischen Apparate ausübte, es immer Nischen dissidentischen Denkens gab, mussten doch – im Regierungsapparat ebenso wie in den

---

279 Innerhalb des Dispositivs der liberalen Gouvernementalität im frühen Kalten Krieg fanden so unterschiedliche Diskurse wie die Totalitarismustheorie oder die revisionistische Sowjetforschung, die Kritik am »Ende der Ideologie« oder die Modernisierungstheorie ihren Platz – weil Letztere wiederum eine Reihe von verschiedenen Diskursen integrierte, wird sie in der vorliegenden Arbeit selbst mitunter als Metanarrativ oder als Dispositiv bezeichnet. Je näher man jedoch dem machtstrategischen Zentrum kommt, wo die Frage nach dem Überleben des Systems verhandelt wurde, desto stärker zeichnet sich eine Logik der Entspannung ab, die gleichwohl innerhalb der eigenen Gesellschaft oder an für das System weniger »lebenswichtigen« Schauplätzen mit gegenläufigen Praktiken und Diskursen gekoppelt sein konnte. – Zur Rolle der Modernisierungstheorie im Kalten Krieg vgl. *Gilman*, Mandarins of the Future; zu Marcuses Konvergenzvorstellungen und kybernetischen Visionen sowie zur intellektuellen und politischen Kritik an Modernisierungstheoretikern wie Walt Rostow vgl. oben, Kap. IV.5, V.5., V.7., und unten, Kap. V.10 und VI.4.

philanthropischen und akademischen Welten – politische Eliten vorhanden sein, die an abweichenden Erkenntnissen interessiert waren und die Möglichkeit einer Entspannung zumindest ausloten wollten. Insofern kam es also darauf an, dass der »national security state« von internationalistischen liberalen Eliten errichtet wurde, die die Produktion des strategischen Wissens und die Organisation der strategischen Wissensapparate in die Hände intellektuell versierter und aufgeschlossener Mitglieder – Experten wie Kennan, Bohlen, Langer und Mosely – legten.[280]

Dennoch stieß dieser politische Wille an Grenzen. Um das Bild zu vervollständigen, muss man auch darauf zu sprechen kommen. Die Offenheit gegenüber alternativem Denken nahm in der zweiten Hälfte der fünfziger Jahre rapide ab. In dem Augenblick, in dem sich das entspannungspolitische Koexistenz-Paradigma, das aus den strategischen Apparaten stammte, in der Politik durchgesetzt hatte, zerbröckelte die zuvor beschriebene epistemische Gemeinschaft zusehends. Der Grund dafür waren – nach Auffassung von Forschern ebenso wie von parlamentarischen Untersuchungen – die Spätfolgen des McCarthyismus. McCarthy griff im Sommer 1953 auch die CIA an. Eines seiner Hauptziele war William Bundy, Schwiegersohn seines Erzfeindes Dean Acheson und Spross des liberalen Establishments. Sein Bruder McGeorge Bundy wurde Kennedys Nationaler Sicherheitsberater. Bundy war 1951 von William Langer für den Aufbau des Office of National Estimates (ONE) der CIA rekrutiert worden.

McCarthys Angriff auf Bundy und das ONE wurde erfolgreich durch den CIA-Direktor Allen Dulles zurückgeschlagen. Langfristig war dieser Angriff jedoch folgenreich. Zum einen diente die gelungene Abwehr eines Senatskomitees als Präzedenzfall, auf den sich die CIA-Führung berufen konnte, selbst wenn sie sich legitimer parlamentarischer Kontrolle durch den Kongress verweigerte.[281] Wissenschaftlicher Offenheit war diese hermetische Tendenz nicht zuträglich. Zum ande-

---

280 Vgl. dazu oben, Kap. I.7. bis I.11.; ein Porträt dieser Elite bieten *Issacson/Evans*, The Wise Men; am umfassendsten verfolgt ihre Politik am Anfang des Kalten Krieges *Leffler*, A Preponderance of Power.
281 Vgl. *Jeffreys-Jones*, The CIA and American Democracy, S. 77; *Bird*, The Color of Truth, S. 171f. Leider widmet sich die neueste, eher oberflächliche Gesamtdarstellung der Geschichte der CIA nur den Auswirkungen von McCarthys Angriff auf die Durchführung verdeckter Operation. Der Aspekt der Analyse und des Wissens bleibt völlig unberücksichtigt; vgl. *Weiner*, Legacy of Ashes, S. 120–132.

ren entstand eine Dynamik, in der sich Selbstzensur der Experten und Kontrolle durch die CIA-Führung gegenseitig verstärkten, um künftig so lebensgefährliche Angriffe auf das Geheimdienstgefüge wie den McCarthys auszuschließen. Infolgedessen wurde der Apparat epistemisch und politisch konservativer. Linke und selbst Liberale, potentielle Sicherheitsrisiken zumindest in den Augen des Kongresses, wurden nicht mehr eingestellt. Eindimensionales Denken – »group think« – breitete sich aus und drängte abweichendes Wissen immer mehr an den Rand. Gerade die ONE-Analytiker sahen sich politischem Druck ausgesetzt. Obgleich Dulles oder Eisenhower punktuell immer wieder nach alternativem Wissen suchten und in der zweiten Amtszeit Eisenhowers die Bedeutung von National Intelligence Estimates und Geheimdienstanalysen für die strategische Planung am größten war, setzte ein langfristiger Wandel der Wissensstrukturen ein.[282]

Manche Analytiker passten sich den neuen Erwartungen an. Andere blieben bei ihren von der Orthodoxie des Kalten Krieges abweichenden Einschätzungen – und wurden darum immer seltener von der politischen Führung befragt. An der Entspannungspolitik änderte sich nichts. Unter dem Eindruck des nuklearen Gleichgewichts war sie alternativlos. Der Schaden trat an anderen Stellen auf: Analysen etwa zur Lage in Indochina oder zur indigenen Kraft nationalistischer, antikolonialer Bewegungen, die sich kommunistisch nannten und denen die Rhetorik des Kalten Krieges darum Hörigkeit gegenüber Moskau unterstellte, blieben unbeachtet. Diese Marginalisierung abweichenden Wissens im Apparat spielte eine verhängnisvolle Rolle auf dem Weg in den Vietnamkrieg.[283]

---

282 Vgl. *Garthoff*, Assessing the Adversary; *ders.*, A Journey through the Cold War, S. 52.
283 Vgl. *Bird*, The Color of Truth, S. 172, 175–179; *Smith*, OSS, S. 360–382, bes. S. 370f.; *Ford*, Estimative Intelligence, S. 72, 77f.; *ders.*, CIA and the Vietnam Policy Makers; *Garthoff*, A Journey through the Cold War, S. 39–60. Auch das »Church Committee«, das nach dem Watergate-Skandal in den siebziger Jahren die Aktivitäten der CIA untersuchte, kam zu dem Schluss, wer immer mit einem »leftist ideological cause« einmal zu tun gehabt hatte, sei nun nicht mehr rekrutiert worden, anders als in den Jahren zuvor. Die »new security standards« in den späten fünfziger Jahren hatten nachhaltige Auswirkungen auf die Wissenskultur der CIA: »Because of the situation, the flow of diverse viewpoints through new personnel was restricted and a like-minded manner of thinking began to evolve within the agency.« Final Report, Select Committee to Study Governmental Operations with Respect to Intelligence Activities, United States Senate, Book VI: Supplementary Reports in Intelligence Activities, Washington 1976, S. 257. – Zum neuen Typus des »policy intel-

Damit lösten sich epistemische Überlagerungen und persönliche Kontakte auf. Zwar hielten die wissenschaftlichen Analytiker der CIA und auch Marcuses alte Dienststelle im State Department, das in INR umbenannte OIR, immer wieder die Tradition abweichenden Denkens am Leben.[284] Aber der Gesprächsfaden war gerissen. Mit der Eskalation des Vietnamkrieges konnte daran auch nicht mehr angeknüpft werden. Mitte der sechziger Jahre wollten Marcuse und Kirchheimer mit Hajo Holborns ehemaligen Studenten William und McGeorge Bundy nichts mehr zu tun haben.[285] Doch bis in die späten

lectual«, der sich auf dem Weg in den Vietnamkrieg im Bewusstsein der eigenen Brillanz über die Bedenken der Analytiker und Regionalexperten hinwegsetzte, ohne ihnen weiterhin mangelnden Patriotismus zu unterstellen, vgl. *Bird*, The Color of Truth, S. 301–349; *Goldstein*, Lessons in Disaster; *Milne*, America's Rasputin; *Preston*, The War Council.

284 Mitunter erwiesen sich die CIA-Analytiker noch mehr als »Tauben« denn die OIR-Experten, doch beide Wissenskulturen zeigten in dieselbe Richtung; vgl. *Bird*, The Color of Truth, S. 172, 175–179; *Garthoff*, A Journey through the Cold War, S. 39–60, bes S. 48. Der Leiter des INR, Roger Hilsman, verließ die Regierung wegen Differenzen mit Walt Rostow über die Vietnam-Strategie. Rostow verfocht eine Bombardierungsstrategie gegen Nordvietnam, sein Widersacher Hilsman plädierte für Reformen und »counterinsurgency«, um Südvietnam zu befrieden; vgl. *Milne*, American Rasputin, S. 104f., 107, 125–127, 135f., 139; *Hilsman*, To Move a Nation; vgl. zu Hilsman als »counterinsurgency«-Strategen *Robin*, The Making of the Cold War Enemy, S. 185–189; dazu auch *Blaufarb*, The Counterinsurgency Era; zu den dissidentischen Einschätzungen der CIA zu Vietnam vgl. *Ford*, CIA and the Vietnam Policy Makers. 1969 opponierte das INR offen gegen den Vietnamkrieg; vgl. http://www.gwu.edu/~nsarchiv/NSAEBB/NSAEBB121/index.htm; das INR spielte immer wieder eine kritische Rolle, so noch in der Regierung von George W. Bush vor dem Irakkrieg. Das INR wurde später als einzige Geheimdienststelle vom Untersuchungsausschuss des amerikanischen Senats für seine Einschätzungen gelobt; vgl. *Douglas Jehl*, »The Reach of War: Intelligence. Tiny Agency's Iraq Analysis Is Better Than Big Rivals'«, *New York Times*, 19. 7. 2004; sowie Report of the Select Committee on Intelligence on the U.S. Intelligence Community's Prewar Intelligence Assessments on Iraq, United States Senate, unter http://www.gpoaccess.gov/serialset/creports/iraq.html, oder mit stärkeren Kürzungen unter http://intelligence.senate.gov/108301.pdf. Zuletzt besucht im September 2007.

285 Die Bundy-Brüder sollten an der Festschrift für Holborn mitwirken, wozu es dann doch nicht kam. Beide saßen zu diesem Zeitpunkt noch in der Kennedy-Regierung, als Nationaler Sicherheitsberater (McGeorge) bzw. für Südostasien zuständiger stellvertretender Außenminister (William); Leonard Krieger an Marcuse und Kirchheimer, 9. 6. 1965; Leonard Krieger Papers, b. 1, f. Correspondence 1962–1968 (1); Marcuse an Krieger, 14. 5. 1965; Kirchheimer an Krieger, 24. 5. 1965; Fritz Stern an Krieger, 1. 6. 1965; Stern an Krieger, 2. 9. 1965; Krieger Papers, b. 1, Correspondence 1964–1967 (1); McGeorge Bundy

fünfziger Jahre arbeiteten die Linksintellektuellen im Schatten der Geheimdienste und im Auftrag des liberalen Establishments. Die Dialektik der Aufklärung blieb in Kraft, auch nachdem die Stiftungen die Koordination übernommen hatten. Wissenschaftliches Erkenntnisinteresse und strategische Absicht gingen einen dialektischen Pakt ein, der Marcuse seit seinen R&A-Tagen vertraut war. Diese Sicht nimmt Marcuse nicht die Verantwortung für sein Werk, das starke eigene Akzente setzte. Marcuses Beiträge zur Sowjetforschung erschöpften sich nicht in ihren symptomatischen Aspekten, sie hatten durchaus eine kritische Dimension, die den Erörterungszusammenhang an einigen Stellen überschritt. Aber dieses Werk stand grundsätzlich nicht jenseits seines Kontexts. Es fügte sich in die Denksysteme des Kalten Krieges ein, genauso wie das Werk Moselys oder Philipps oder anderer Beteiligter. Diese Deutung bezweckt nicht, Marcuse darum einen politischen Mangel anzulasten. Aus dieser Wissensordnung gab es kein Entrinnen. Marcuse konnte sich auf intellektueller Ebene diesem Zusammenhang gar nicht entziehen, selbst wenn es seine Absicht gewesen wäre. Er befand sich in einer intellektuell produktiven Umgebung, mit der er sich auch in politischen Dingen vielfach einig wusste und die ihm womöglich erst zur politischen Hellsicht im Hinblick auf die Sowjetunion verhalf.

Epistemische Überlagerungen kennzeichneten diese intellektuelle Gemeinschaft. Die wissenschaftlichen Fragestellungen, die Marcuse verfolgte, waren epistemologisch unzertrennlich mit politischen Interessen verknüpft. Aber man darf die genuin dialektische Dimension dieses Wissens nicht verkennen: *Erstens* ging der politische Zweck mit der Gewinnung wissenschaftlicher Einsichten einher, die neues Denken hervorbringen konnten – selbst den strategischen Staatsapparaten so fernes wie Marcuses späteres Werk. *Zweitens* konnte gerade der Einsatz im Kalten Krieg der Ideen, unabhängig von individuellen politischen Positionen, politisch willkommene Konsequenzen haben. Die geheimdienstlich-wissenschaftliche, anwendungsorientierte Gegnerforschung, die sich im Rockefeller-Projekt fortsetzte, trug bei zum Durchbruch von Koexistenz, friedlicher Konkurrenz und Mechanismen der Entspannung – und zwar viele Jahre, bevor ein differenzierteres Bild der Sowjetunion und des Kommunismus akademisch en

---

an Krieger und Stern, 23. 7. 1964; Krieger Papers, b. 1, Correspondence 1964–1967 (2); Stern an Krieger, 25. 9. 1964; William Bundy an Krieger und Stern, 21. 9. 1964; Krieger Papers, b. 1, Correspondence 1964–1967 (3).

vogue war. Die Forschung im Sog der Geheimdienste war es, die den wissenschaftlichen Paradigmenwechsel auslöste. Sie war wissenschaftlich »fortschrittlicher« als die Forschung an den Universitäten. Das strategische Wissen zersetzte die Eindimensionalität des Totalitarismusdiskurses. Es zertrümmerte die verzerrende Konstruktion des Gegners und ließ aus strategischem Interesse die widersprüchliche Komplexität des sowjetischen Systems zum Vorschein kommen.[286]

Als Elementarteilchen in einem Diskursuniversum, dessen materielles, intellektuelles und politisches Zentrum unter den liberalen Eliten Amerikas zu suchen war, spielte Marcuse eine bescheidene Rolle bei der Transformation des internationalen Systems. Als Einzelner hätte er zu diesem Zeitpunkt keine vergleichbaren Auswirkungen hervorrufen können. Der ganze Komplex der von der Rockefeller Foundation geförderten Russland- und Marxismusforschung allerdings, vom Russian Institute bis zum Marxismus-Leninismus-Projekt, erfüllte eine wichtige Funktion in diesem politisch-epistemischen Zusammenhang. Genauso gilt dies für die Gegnerforschung im State Department, die sich mit dem Rockefeller-Kreis teilweise überschnitt, wie nicht nur die Person Marcuses zeigte. Alle nahmen teil an der Erzeugung strategischen Wissens, das den politischen Handlungsrahmen weitete. Sie schufen die epistemischen Grundlagen, das Expertenwissen, auf das sich die Formulierung der Entspannungspolitik stützen konnte.[287]

Damit soll nicht gesagt sein, dass es ohne dieses Wissen keine Entspannungspolitik gegeben hätte. Doch die Gegnerforschung wurde von Vordenkern der Entspannungspolitik betrieben. Als Experten mussten sie sich nicht einmal der entspannungspolitischen Implikationen ihrer Arbeit bewusst sein. Sie schufen jedoch ein Wissen, das zum

---

[286] Zur teilweise ähnlich nicht totalitarismustheoretisch ausgerichteten Sowjetforschung der RAND Corporation vgl. *Garthoff*, A Journey through the Cold War, S. 9–23.

[287] Zum Zusammenhang von Expertenwissen und der Formulierung von Politik vgl. grundsätzlich *Metzler*, Konzeptionen politischen Handelns von Adenauer bis Brandt, S. 19–23; dass auch der Protest, der sich auf Marcuse berief, zur Transformation des internationalen Systems und zur Durchsetzung der Entspannungspolitik beitrug, ist die Kernthese von *Suri*, Power and Protest, bes. S. 93f., 121–130, 213–259. Die Fortsetzung und Intensivierung der Entspannungspolitik nach 1968 wird hier auch als eine konservative, stabilisierende Reaktion der Eliten in Ost und West gedeutet, als eine außenpolitische Maßnahme, die den innenpolitischen Druck des Protests mindern und ablenken sollte.

Wandel der Wahrnehmungen beitrug. Ihr Wissen wurde von den politischen Entscheidungsträgern herangezogen, obgleich es keinesfalls deren Entscheidungen determinierte. Mitunter kam es allerdings auch zu direkten Verbindungen zwischen dem Expertenwissen der Kreise, denen Marcuse angehörte, und der großen Politik. Moselys Schüler Marshall Shulman etwa hatte am Russian Institute studiert, war danach Assistent Dean Achesons und gelangte 1954 kurz nach Marcuse ans Russian Research Center. 1967 wurde Shulman Direktor des Russian Institute an der Columbia University. Im Jahr zuvor war sein weithin beachtetes Buch »Beyond the Cold War« erschienen. Zehn Jahre später war er in der Regierung Jimmy Carters entscheidend daran beteiligt, trotz wachsender Spannungen zwischen Ost und West die Entspannungspolitik fortzuführen. Als Chefberater von Außenminister Cyrus Vance kollidierte Shulman dabei immer wieder mit seinem Gegenspieler in der Regierung, dem Nationalen Sicherheitsberater Zbigniew Brzezinski.[288]

Die diskursive Ordnung der Marxismus- und Sowjetforschung wies eine ideenpolitische Vielfalt auf, die von einigen gemeinsamen Merkmalen durchdrungen war. Die Gemeinsamkeiten ergaben sich aus den strategischen Zielen: *Erstens* wurde dem Bild einer universalen kommunistischen Weltverschwörung eine ideologiekritische und ideengeschichtliche Differenzierung von Marx, Lenin, Stalin und vielen weiteren Varianten des marxistischen Denkens entgegengehalten. Terror und Traum, sozialistische Verheißung und sowjetische Entgleisung wurden getrennt. Jede dieser Unterscheidungen hatte weitreichende politische Implikationen und stand für Möglichkeiten der Kooperation. *Zweitens* wurde das starre und monolithische Bild des Totalitarismusmodells zersetzt und schließlich abgelöst. Die feinen sozialen Unterschiede in der sowjetischen Gesellschaft und die komplexen Funktionen der Ideologie, aus denen die Dynamik der kommunistischen Welt resultierte, wurden sorgfältig beobachtet.

---

[288] Vgl. *Shulman*, Beyond the Cold War; *ders./Mosely*, The Changing Soviet Challenge; *Gleason*, Totalitarianism, S. 192; *Leffler*, For the Soul of Mankind, S. 295. Shulman arbeitete am RRC auch mit Marcuse zusammen und setzte sich für die Publikation von »Soviet Marxism« ein; Shulman an Gilpatric, 4. 5. 1956, 18. 5. 1956, RFA, RG 1.2, Series 200, b. 344, f. 3138. Auch im Umfeld des Marxismus-Leninismus-Projekts tauchte Shulman auf, obgleich er kein direkter Teilnehmer daran war, doch man hoffte, ihn enger einbeziehen zu können; Gesprächsnotiz Fahs, Thompson, 5. 2. 1960, RFA, RG 1.2, Series 650, b. 7, f. 77.

Drittens hielt dieser Diskurs der unzweifelhaft repressiven Natur des sowjetischen Systems zum Trotz am Liberalisierungspotential des sowjetischen Gegners fest, an einer Wandlungsfähigkeit, die in seiner Ideologie und in seinen gesellschaftlichen Spannungen angelegt war. *Viertens* unterhielt dieser Diskurs auch in seiner wissenschaftlichsten Maske stets eine strukturelle Beziehung zur psychologischen Kriegführung. Marcuse folgte diesen Prioritäten. Der analytische Rahmen war durch die Prämisse gesetzt, den Gegner feiner zu erfassen, ihn – gewissermaßen von innen, »immanent« – besser zu verstehen, als er sich selbst verstand, um seine Schwächen zu nutzen und ihm seine ideologischen Waffen zu entreißen. Doch der Kalte Ideenkrieg, der hier erdacht und gekämpft wurde, erstreckte sich über Jahrzehnte. Nicht gewaltsames Niederringen, sondern ein Sieg durch ideologische Erschöpfung, wissenschaftliche Einfühlung, kulturelles Verständnis sowie politischen und ökonomischen Interessenausgleich entsprach der Logik dieses Zusammenhangs von Wissen und Politik.

9. Die Internationale der Marxismusforscher

Der Kreis der Marxismusforscher weitete sich. Auf den nächsten Konferenzen traten neben Mosely, Philipp, Bochenski, Rüter oder Landshut in wechselnder Besetzung Lucien Goldmann oder der von Klibansky wie auch von Marcuse empfohlene Gustav Wetter sowie auf Moselys Betreiben George Kline und Alfred Meyer auf. Hinzu kamen ständig neue und jüngere Forscher wie vom Berliner Osteuropa-Institut Peter Christian Ludz, 1956 über Georg Lukács und Karl Mannheim promoviert und später als Professor in Berlin, Bielefeld und München ein in der Öffentlichkeit und bei der sozial-liberalen Bundesregierung gefragter DDR-Experte. Die Rockefeller Foundation finanzierte die Begegnungen und bald auch eine Serie von Forschungen. Institutsübergreifende Arbeitsgruppen waren nicht leicht herzustellen, wie sich schnell zeigte. »Teamarbeit ist nun einmal in Westeuropa nicht selbstverständlich«, bedauerte Philipp. Darum wählte die Stiftung sein Berliner Institut als Koordinationsstelle aus, der ein eigener Verwaltungsetat bereitgestellt wurde. Als Nebeneffekt angestrebt wurde die Errichtung einer Datenbank, um über den Stand der Marxismusforschung in Westeuropa Auskunft zu geben, und die Gründung eines internationalen Verbands der Marxismusforscher. Forschungsprojekte wurden an allen drei beteiligten Institutionen und bei ihren Partnern unterstützt. Vom »vatikanischen Professor« bis zum »sehr linken sozialistischen Gelehrten« war ein weites Spektrum von Wissenschaftlern vertreten.[289] Die New Yorker Stiftung behielt stets die politische Dimension des Unternehmens im Blick. Gerade seine Offenheit und die betonte Vielfalt der Positionen machten es so wertvoll im Ideenkrieg. Das war das schlagende Argument, das Mosely im selben Jahr auch dazu veranlasste, Marcuse als »intellektuellen Botschafter« in Frankreich zu empfehlen, der als überzeugter »Liberaler und Demokrat«, aber profunder Kenner des Marxismus – sowohl der »Stärken« als auch der »Defekte« des Marxismus – in der Lage sei, als »Repräsentant des westlichen politischen Denkens« in Frankreich aufzutreten, »wo das Nachbeten marxistischer Platituden noch immer einen sehr großen Einfluss ausübt«. Marcuse als liberaldemokratischer Marxist wurde mit der Mission betraut, die Marxisten unter Frankreichs Intellektuellen ins westliche Lager zu ziehen, ohne dass sie deswegen ihren Marxismus aufgeben mussten. Man wird aufgrund der Natur des Schreibens Moselys Worte nicht für bare Münze nehmen können. Allein, dass er Marcuse unwidersprochen einen »Liberalen und Demokraten« nannte, offenbart ebenso viel über die intellektuelle Offenheit des Ideenkriegers Mosely wie über Marcuses politische Kontakte in den fünfziger Jahren.[290]

Marcuses längerer Aufenthalt als Gastprofessor in Frankreich 1958 ging auf diese Initiative Moselys zurück. Erfüllte Marcuse seine Mis-

---

289 Bewilligung GA H 5784, 12. 6. 1957; Board of Trustees, Sitzungsprotokoll, 3./4. 12. 1957, Beschluss RF 57222; Executive Committee, Sitzungsprotokoll, 21. 10. 1960, Beschluss RF 60184; RFA, RG 1.2, Series 717, b. 7, f. 82; Fahs an Philipp, 20. 8. 1957; Gesprächsnotiz Fahs, Marshall, July, 4. 9. 1957, wo Clemens Heller die mangelnde Kooperationsbereitschaft des Amsterdamer Instituts beklagte und eine Koordination durch Philipp in Berlin anregte; Gesprächsprotokoll Fahs, 11. 9. 1957; Meyer an Fahs, 20. 9. 1957 (Zitat zum Spektrum der Teilnehmer); Fahs an Philipp, 21. 10. 1957; Philipp an Fahs, 14. 11. 1957 (Zitat zur »Teamarbeit«); Fahs an Philipp, 27. 11. 1957; Tagebuch Marshall, 16. 12. 1957; RFA, RG 1.2, Series 717, b. 7, f. 84; Philipp an Fahs, 25. 2. 1958; Philipp an Marshall, 13. 3. 1958; Philipp an Marshall, 15. 7. 1958; RFA, RG 1.2, Series 717, b. 7, f. 85; Philipp an Marshall, 25. 3. 1960; RFA, RG 1.2, Series 717, b. 8, f. 86; Philipp an Gilpatric, 24. 2. 1961; Philipp an Gilpatric, 2./3. 4. 1962; Philipp an Gilpatric, 3. 7. 1963; Kennert an Gilpatric, 28. 5. 1964; Abschlussbericht, 20. 11. 1964; RFA, RG 1.2, Series 717, b. 8, f. 87.
290 Mosely, Fulbright-Gutachten, 26. 4. 1957, Mosely Papers, b. 8, f. Herbert Marcuse.

sion? Er berichtete Mosely, ganz im Einklang mit ihrem gemeinsamen Interesse, dass er in Paris am meisten die Möglichkeit schätze, Kontakt aufzunehmen mit »polnischen Intellektuellen, die zu wissen scheinen, was im Osten wirklich vor sich geht«. Zugleich sprach er von fundamental neuen Erfahrungen in Paris. Daraus wird man aber nicht die These ableiten können, dass Marcuse gewissermaßen zum »Doppelagenten« wurde, den die Begegnung mit dem französischen Marxismus radikalisiert heimkehren ließ. Wenn überhaupt, könnte man Marcuses ambivalente Aussagen dahingehend verstehen, dass die von ihm als – im Gegensatz zu Amerika – so ganz anders erfahrene und beschriebene intellektuelle Atmosphäre in Paris zur Reaktivierung seiner radikaleren Seite beitrug.[291]

Binnen kurzem erschloss sich auch deutlicher die politische Bedeutung der nichtleninistischen marxistischen Traditionen, deren Archäologie das Marxismus-Leninismus-Projekt betrieb: Ideologische Konkurrenz aus dem marxistischen Lager schwächte die intellektuelle Anziehungskraft des Sowjetkommunismus. Auch diese Linie hatte Mosely bereits vorgezeichnet, anlässlich eines Amsterdamer Vorhabens 1954.[292] Im September 1957 schärfte er der Stiftungsführung erneut die ideenpolitische Tragweite des Unternehmens ein. Zwar gebe es in Amerika nur wenige Marxismusexperten – Mosely nannte nur Merle Fainsod, Kline, Marcuse, Meyer und sich selbst und stellte Marcuses »Kritik des Marxismus« heraus. Die Überschaubarkeit des Feldes aber sollte nicht zu dem Fehlschluss verleiten, die Marxismusforschung sich selbst zu überlassen. In England, Indien oder Deutschland sei der Marxismus nach wie vor ein wichtiger intellektueller Faktor. Dort war ein Kampf um die Deutungshoheit entbrannt. Man dürfe den Sowjets kein Monopol in der Marxismusdiskussion überlassen.[293]

Moselys Argumentation stieß auf Zustimmung. Im Dezember 1957 bekannte sich das Kuratorium der Rockefeller Foundation zu dieser Linie. Sie begründete im Innern der Stiftung das binnen kurzem 100 000 US-Dollar übersteigende Engagement für die europäische Marxismusforschung:

»Ungeachtet häufiger Abwandlungen, die die kommunistische Führung zu taktischen politischen Zwecken vornimmt, gilt noch immer der Marxismus-Leninismus als Rahmen für Philosophie, Geschichte,

---
291 Marcuse an Mosely, 8. 4. 1958, Mosely Papers, b. 8, f. Herbert Marcuse.
292 Vgl. oben, Kap. II.3.
293 Gesprächsprotokoll Fahs, 11. 9. 1957; RFA, RG 1.2, Series 717, b. 7, f. 84.

Sozialwissenschaften, Literatur, Kunst und selbst viele Aspekte der Naturwissenschaft. Darum lassen sich intellektuelle Entwicklungen in der kommunistischen Sphäre nicht beurteilen ohne ein Verständnis der Geschichte und der aktuellen Tendenzen dieses Denkmodells. Über eine davon getrennte geistige Entwicklungslinie bildet der vorleninistische Marxismus auch noch immer die Grundlage des Denkens vieler sozialistischer Gruppen und der Arbeiterbewegung in Europa, Asien und Lateinamerika. Diese Gruppen sind häufig die wirkungsvollsten Gegenspieler des Kommunismus. Es ist wichtig, dass auch ihre Denkmuster besser verstanden werden und dass der Sowjetunion, indem wir diese Vernachlässigung beenden, verwehrt wird, ein Monopol über die Edition und Interpretation von Marx und anderen Klassikern des sozialistischen Denkens aufrechtzuerhalten.«[294]

Hier tauchte wieder der Leitgedanke des Ideenkrieges auf, den Sowjets den Marxismus zu entreißen und die Sozialisten gegen die Kommunisten zu stärken – was sowohl die Linie der Europaspezialisten im OIR war als auch die Politik von psychologischen Kriegern wie Allen Dulles oder die Absicht hinter der Unterstützung von Linksintellektuellen durch den CCF. Man muss, was die Verbindungen zum Außenministerium betrifft, nicht einmal nur auf Marcuses Vergangenheit oder Moselys Kontakte verweisen: Das State Department saß von Anfang an, wenn auch nicht jedem ersichtlich, mit im Boot. Mosely hielt die Geheimdienstabteilung – Marcuses OIR, das seit 1957 als Bureau of Intelligence and Research (INR) firmierte – auf dem Laufenden. Das INR nahm interessiert Anteil am Geschehen im Marxismus-Leninismus-Projekt.

Es kann nicht oft genug betont werden, dass eine rein politische Interpretation, die allein nach Instrumentalisierung, Manipulation oder Autonomie fragt, den Kern der Sache nicht trifft. Die Gemeinsamkeit gründete vielmehr in einer epistemischen Überlagerung. Strategie und Forschung, intellektuelles Erkenntnisinteresse und politische Kriegführung gingen Hand in Hand. Es war bezeichnenderweise die Marcuseanische Tradition innerhalb des INR, an die nun die Zusammenarbeit mit der Marxismus-Leninismus-Gruppe anknüpfte. In der Absicht, das gemeinsame Forschungsinteresse zu koordinieren und auf den Kalten Krieg der Ideen abzustimmen, hielt Mosely vor der

---

[294] Board of Trustees, Sitzungsprotokoll, 3./4. 12. 1957, Beschluss RF 57222, RFA, RG 1.2, Series 717, b. 7, f. 82.

Berliner Konferenz Rücksprache mit dem Leiter der Sowjetunion- und Osteuropaabteilung im INR. »Grundlagenforschung zur Entwicklung des marxistischen Denkens« war nach dem Umbruch von 1956 von strategischer Notwendigkeit. Beiden Seiten, Moselys Forschergruppe wie dem State Department, war an »systematischer Arbeit« gelegen, »mit der Absicht, das Monopol der sowjetischen ›Forschung‹ auf diesem Gebiet auszuhebeln«.

Im INR leitete Marcuses alter Kamerad Bernard Morris diese Operation – eine Fortsetzung von Marcuses Committee on World Communism. Ihr Produkt war ein »Handbuch zur kommunistischen Theorie und zur Geschichte der kommunistischen Strategie«. Die Voraussetzungen und Folgerungen glichen denen im Marxismus-Leninismus-Projekt. Entspannung und Liberalisierung dominierten auch hier die Erwartungen. Der Leiter der sowjetischen Abteilung verfolgte gespannt Stimmen in Polen, die Stalin an Marx maßen: »Das ist die Rache des Marxismus.« Im Geheimdienst des State Department beobachtete man mit Sympathie und Aufmerksamkeit das Streben hinter dem »Eisernen Vorhang« nach »sozialistischer Demokratisierung« und nach größerer nationaler Eigenständigkeit gegenüber Moskau. Im Innern der strategischen Staatsapparate blieb auch nach Marcuses Abgang die »Dialektik der Aufklärung« wirksam. Erkenntnisinteresse und Ideenkrieg überlagerten sich auch im INR, das jedoch anders als das Marxismus-Leninismus-Projekt offiziell mit Aufgaben der strategischen Planung und psychologischen Kriegführung betraut war.[295]

Diese Strategie wurde von der Rockefeller Foundation wissenschaftspolitisch profiliert. Europa galt als der beste Standort für solche Operationen. In den Vereinigten Staaten war nach Ansicht der Stiftung eine unbefangene Marxismusforschung kaum möglich, die gar Elemente des Marxismus gegen seine sowjetische Auslegung zu retten und zu wenden beabsichtigte – aufgrund einer »Gleichsetzung des Marxismus mit bestimmten politischen Parteien«. Das wissenschaftliche Interesse wurde vom politischen Klima erstickt.[296] Diese Sorge des Stiftungskuratoriums hielt zwar 1957 nur noch begrenzt der empirischen Überprüfung stand – Marcuse war das beste Gegenbeispiel –,

---

295 Mosely an Herbert Block, Division of Research for the Soviet Union and Eastern Europe, Bureau of Intelligence and Research, Department of State, 17. 1. 1957; Block an Mosely, 22. 1. 1957; Mosely Papers, b. 8, f. Werner Philipp, 1957.
296 Board of Trustees, Sitzungsprotokoll, 3./4. 12. 1957, Beschluss RF 57222, RFA, RG 1.2, Series 717, b. 7, f. 82.

doch deuteten die Spitzen des philanthropisch-politischen Komplexes die innenpolitischen und mentalitätsgeschichtlichen Zeichen der Zeit nicht gänzlich falsch. Ein intensiveres und ideologisch nach allen Seiten hin offenes Interesse am Marxismus konnte auf breiter akademischer Basis erst im folgenden Jahrzehnt in Erscheinung treten.[297] Die ideenpolitische Dimension des Unternehmens war auch einem Gelehrten wie Werner Philipp bewusst, der die politische Instrumentalisierung der Wissenschaft stets ablehnte. In der Berliner Frontstadtatmosphäre hielt er es nicht für ausgeschlossen, dass die Sowjetunion das Marxismus-Leninismus-Projekt als unmittelbare intellektuelle Bedrohung wahrnehmen könnte: Als mehrere Schreiben zwischen Europa und New York verlorengingen, vermutete Philipp ein Interesse der Geheimdienste hinter dem »Postverlust«.[298] Philipp übernahm auch ohne Abweichung Moselys politische Linie. Ende 1958 besichtigte der Stiftungsdirektor John Marshall die Ergebnisse der intellektuellen Investition. Von allen drei Instituten war er angetan. Philipps Arbeit imponierte ihm, seine amerikanischen Kontakte und Gastprofessuren erfreuten die Stiftung.

Philipp stand für die akademische Verwestlichung der bundesrepublikanischen Gelehrsamkeit. Sowohl wissenschaftlich als auch politisch hinterließ Philipps Gruppe einen »exzellenten Eindruck«. Ihr wurde in New York »echte intellektuelle Energie« attestiert. Als Marshall um eine »grundsätzliche Stellungnahme« bat, legten Philipp und seine Mitarbeiter ihre ideenpolitischen Karten auf den Tisch, die den Abgesandten der Stiftung kaum überraschen konnten: Der »grundlegende Zweck« der Operation war es, offenbarte Philipp, eine »nichtkommunistische Deutung von Marx und Lenin« vorzunehmen, die drei Zwecke erfüllen sollte: »erstens für ein besseres Verständnis der kommunistischen Perspektive zu sorgen, zweitens der Entwicklung

---

297 Vgl. *Cohen*, Rethinking the Soviet Experience, S. 27–37; *Gleason*, Totalitarianism, S. 126–142; *Brick*, Age of Contradiction, S. 180f.; jetzt umfassend *Engerman*, Know Your Enemy.
298 Philipp an Fahs, 18. 11. 1957; Fahs an Philipp, 6. 11. 1957; RFA, RG 1.2, Series 717, b. 7, f. 84. Zur politischen Atmosphäre in West-Berlin, der »Frontstadt« des Kalten Krieges und dem Zentrum von Spionage und verdeckten Operationen, vgl. *Daum*, Kennedy in Berlin; *Bailey/Kondraschow/Murphy*, Die unsichtbare Front; *Stöver*, Die Befreiung vom Kommunismus, S. 340–370, 519–552; zu einigen der deutschen Mitspieler vgl. *Merz*, Kalter Krieg als antikommunistischer Widerstand; *Buschfort*, Parteien im Kalten Krieg; *Hagemann*, Der Untersuchungsausschuss Freiheitlicher Juristen; *Kubina*, Von Utopie, Widerstand und Kaltem Krieg.

des Marxismus-Leninismus in den kommunistischen Ländern entsprechend eine wohlinformierte Debatte mit den Kommunisten zu ermöglichen, und drittens, was vielleicht am wichtigsten ist, eine Neudeutung dieser Tradition für nichtkommunistische europäische Sozialisten vorzunehmen«.[299] Intellektuelle Aufklärung des ideologischen Gegners, wissenschaftlicher Kontakt mit den Kommunisten und schließlich die Stärkung der sozialistischen Tradition gegen die kommunistische Attraktion – das war der Dreiklang, den das Projekt anschlug. Wissenschaftliche und politische Absichten waren untrennbar miteinander verknüpft. Ideenkrieg und intellektueller Austausch gingen eine unvermeidliche Symbiose ein.

Große Erwartungen wurden geweckt. Zum ersten Mal wurde über Westeuropa hinausgedacht. Ein einflussreicher Stiftungsvertrauter sah in dem Marxismus-Konsortium bereits die intellektuelle Speerspitze, die nach Ostmitteleuropa hineinreichen würde. In Polen, so schwärmte der angesehene Russlandhistoriker Robert F. Byrnes von der Indiana University der Stiftung vor, war eine Zeit ungeahnter geistiger Freiheit angebrochen. Büchersendungen und Zeitungen aus dem Westen erreichten ungehindert das Land. Intellektueller Austausch zwischen Ost und West setzte ein. Das Rockefeller-Projekt kam im rechten Augenblick. Eine ernsthafte Marxismusforschung würde vorweisen müssen, wer mit den jüngst befreiten Geistern des Ostens Kontakt aufnehmen wollte. Byrnes hielt das Unternehmen für »erstklassig«.[300] Die Stiftung war zum Austausch mit dem Osten bereit.[301] Die Aussicht, dass mit ihren Mitteln die Zusammenarbeit des Amster-

---

299 Tagebuch Marshall, 20. 10. 1958, RFA, RG 1.2, Series 717, b. 7, f. 85.
300 Gesprächsnotiz Fahs, 22. 11. 1957, RFA, RG 1.2, Series 717, b. 7, f. 84. Byrnes hielt seine Hochschätzung des Marxismus-Leninismus-Projekts auch später aufrecht. Er lobte weiterhin die europäischen Beteiligten und empfahl, amerikanische Gelehrte wie Marshall Shulman und Carl Schorske zur Mitarbeit zu bewegen. Bei dieser Gelegenheit bekundete er auch seine Hochachtung gegenüber Stuart Hughes; Gesprächsnotiz Fahs, Thompson, 5. 2. 1960, RFA, RG 1.2, Series 650, b. 7, f. 77. – Byrnes hatte in Harvard und am Russian Institute in New York studiert und gelehrt. Im Krieg hatte er im Militärgeheimdienst, später für die CIA gearbeitet, Radio Free Europe stand er viele Jahre als Berater zur Verfügung, den Wissenschaftsaustausch mit Osteuropa trieb er als einer der Ersten voran. Zu seinen prominenten Schülern gehörten der »Revisionist« Stephen F. Cohen und der spätere CIA-Direktor und Verteidigungsminister Robert M. Gates; vgl. den Nachruf von Wolfgang Saxon, »Robert Francis Byrnes, 79, Influential Expert on Russia«, *New York Times*, 3. 7. 1997.
301 Vgl. oben, Kap. III.2.

damer Instituts mit »Ost-Berlin« an einer Marx-Edition finanziert würde, schreckte sie nicht.[302]

Ihren Gepflogenheiten entsprechend, nahm die Rockefeller-Stiftung bevorzugt Anschubfinanzierungen vor, um ein wissenschaftliches Feld in Schwung zu bringen. Eine dauerhafte Versorgung war nicht vorgesehen. Nachdem den Beteiligten am Marxismus-Leninismus-Projekt bis 1960 insgesamt 165200 US-Dollar bewilligt worden waren, erinnerten Vertreter der Stiftung die Institute daran, nach Geldquellen im eigenen Land Ausschau zu halten. Das Berliner Osteuropa-Institut konkurrierte um deutsche Mittel bald mit anderen Stellen wie dem neuen und politischer ausgerichteten Bundesinstitut zur Erforschung des Marxismus-Leninismus. Deutsche Fördereinrichtungen begannen zudem, sich bei der »Erforschung unterentwickelter Länder« zu engagieren.[303] Die »geistige Bekämpfung des Kommunismus« war ein Element der wissenschaftlichen Entwicklungshilfe. In amerikanischen Stiftungen kursierten Überlegungen, den Standortvorteil Westdeutschlands im globalen Ideenkrieg zu nutzen: Es war nicht durch eine koloniale Vergangenheit belastet und darum attraktiv für Studenten und Wissenschaftler aus der Dritten Welt.[304]

Auch Philipps Osteuropa-Institut ließ seinen Blick dorthin schweifen, im Einklang mit Moselys ursprünglichen politischen Intentionen. Die Berliner Marxismusforschung leistete intellektuelle Entwicklungs-

---

302 Philipp an Marshall, 13. 3. 1958; Marshall an Philipp, 20. 3. 1958; RFA, RG 1.2, Series 717, b. 7, f. 85.
303 Tagebuch Gilpatric, 20./21. 6. 1960, RFA, RG 1.2, Series 717, b. 8, f. 86. Die Gesamtsumme der Förderungen lässt sich ermitteln aus den Bewilligungen GH 56100, 7. 9. 1956; GA H 5784, 12. 6. 1957; Board of Trustees, Sitzungsprotokoll, 3./4. 12. 1957, Beschluss 57222; Executive Committee, Sitzungsprotokoll, 21. 10. 1960, Beschluss RF 60184; RFA, RG 1.2, Series 717, b. 7, f. 82; Board of Trustees, Sitzungsprotokoll, 3./4. 12. 1957, Beschluss 57224; Executive Committee, Sitzungsprotokoll, 21. 10. 1960, Beschluss RF 60185; RFA, RG 1.2, Series 650, b. 7, f. 76; Board of Trustees, Sitzungsprotokoll, 3./4. 12. 1957, Beschluss 57223; Executive Committee, Sitzungsprotokoll, 21. 10. 1960, Beschluss RF 60186; RFA, RG 1.2, Series 803, b. 5, f. 54. – Das Bundesinstitut zur Erforschung des Marxismus-Leninismus (Institut für Sowjetologie) in Köln wurde 1961 gegründet und war dem Bundesinnenministerium unterstellt. 1966 wurde der Name in Bundesinstitut für ostwissenschaftliche und internationale Studien (BIOst) geändert. Gut ausgestattet mit Bundesmitteln, wurde dort Gegnerforschung »des Gesamtphänomens ›Kommunismus‹« betrieben; vgl. *Unger*, Ostforschung in Westdeutschland, S. 230–233, 237–249, Zitat S. 246.
304 *Unger*, Ostforschung in Westdeutschland, S. 263–267.

hilfe für Lateinamerika. Die Mittel für diesen Zweck kamen von der Ford Foundation. Wie Philipp offenbarte, war das Projekt in enger Abstimmung mit Mosely entstanden: Linke lateinamerikanische Studenten, die sich für den Marxismus, Osteuropa und die Sowjetunion interessierten, würde man kaum nach Amerika locken können, legte Philipp einem Rockefeller-Emissär dar. Denn die Bundesrepublik galt als weniger »vorurteilsbeladen gegenüber der UdSSR und Osteuropa«, obwohl Philipp seine Zweifel hatte, dass ausgerechnet Berlin in Lateinamerika als »Darstellung von etwas Anti-Amerikanischem« wahrgenommen würde. Immerhin konnten sich die Studenten in Berlin der »objektiven« Marxismusforschung widmen, von dort aus sogar den Ostblock bereisen, ohne in einen Konflikt mit ihren antiamerikanischen Überzeugungen zu geraten. Dieser Ableger des Marxismus-Leninismus-Projekts diente der sanften Durchsetzung einer westlichen Interpretation des Marxismus in Lateinamerika. Teilnehmer aus Chile, Kolumbien, Brasilien, Mexiko, Bolivien und Argentinien kamen auf diesem Weg nach Berlin. Der erwünschte Effekt stellte sich allerdings kaum ein. Einige brachen das Programm vorzeitig ab, andere wurden Mitte der sechziger Jahre vom studentischen Protest an der Freien Universität erfasst. Die Ford Foundation hielt das Unternehmen für gescheitert.[305]

Die Rockefeller Foundation hingegen war mit den Ergebnissen ihres Marxismus-Leninismus-Projekts höchst zufrieden. Als Zeichen der Anerkennung wurde Philipp in den Kreis der Stiftungsvertrauten aufgenommen. Sein Rat wurde gesucht, ihm wurden Aufenthalte in der Villa Serbelloni in Bellagio am Comer See angeboten.[306] Selbst Isaiah Berlin war zwischenzeitlich überzeugt, dass »Forschungen zum kommunistischen Denken« erforderlich waren und sogar eine eigene Zeitschrift verdienten.[307] Zahlreiche Editionen und Monographien

---

305 Gesprächsnotiz Freund, 20. 3. 1963; Gesprächsnotiz Gilpatric, 4. 4. 1963; RFA, RG 1.2, Series 717, b. 8, f. 87; zu diesem Unternehmen vgl. *Unger*, Ostforschung in Westdeutschland, S. 266 f.
306 Gilpatric an Philipp, 30. 1. 1963; Gesprächsnotiz Marshall, Gilpatric, 4. 4. 1963, RFA, RG 1.2, Series 717, b. 8, f. 87. – Philipps Objektivität wurde nicht von allen Beteiligten gleichermaßen eingeschätzt. Der Leiter des Amsterdamer Instituts, A. J. C. Rüter, bemerkte in einem vertraulichen Gespräch, Philipp genauso wie Bochenski betreibe weniger »Soviet but anti-Soviet studies«. Die Stiftung ging auf diese Kritik, die wohl auch von der Konkurrenz um Mittel und Quellenmaterial motiviert war, nicht ein; Gesprächsnotiz Fahs, 2. 1. 1959, RFA, RG 1.2, Series 650, b. 7, f. 76.
307 Tagebuch Gilpatric, 9. 6. 1960, 14. 6. 1960, RFA, RG 1.2, Series 650, b. 7, f. 77.

entstanden im Rahmen des Projekts. Eine sechsbändige Marx-Ausgabe war das Resultat der Zusammenarbeit des Berliner und des Amsterdamer Instituts. Mit den Rockefeller-Mitteln wurden in Amsterdam etliche Editionen besorgt, so eine Auswahl aus dem Trotzki-Nachlass, die Korrespondenz von August Bebel und Friedrich Engels, die Protokolle der Zimmerwalder Konferenz von 1915 oder Marx' Manuskript zur polnischen Frage. Mehrere Bibliographien wurden erstellt. In Fribourg wurden acht Studien gefördert, in Berlin entstanden wenigstens neun Arbeiten im Umfeld des Projekts. Manche erblickten als Monographien, andere in kleinerer Form das Licht der Welt. Um nur einige wenige Projekte zu nennen: In der ersten Phase arbeiteten in Berlin Peter Christian Ludz und Hartmut Zimmermann über die DDR und Günter Wagenlehner über kommunistische Wirtschaftspolitik, in Hamburg widmete sich Ricarda Mischke unter Landshut der kommunistischen Gesellschaft bei Marx, in Tübingen Dietrich Geyer in seiner Habilitationsschrift der Entstehung und Spaltung der russischen Sozialdemokratie. In der zweiten Phase wurde bei Landshut die Bedeutung von Lukács für die Intelligenz im Ostblock untersucht, in Köln der Imperialismusbegriff bei Lenin, in Kiel der Sowjetpatriotismus, in Berlin die Funktion der Satire in der bolschewistischen Gesellschaft.[308]

Mit den Editionen war der Wunsch der New Yorker Stiftungsstrategen nach einer »authentischen Version« von Schlüsseltexten des Marxismus erfüllt, um den ideologischen Einfluss Moskaus einzudämmen. An den wissenschaftlichen Studien waren die politischen Implikationen für die Bundesrepublik bemerkenswert, jenseits ihrer Verankerung in den amerikanischen Diskursen der psychologischen Kriegführung. Das Rockefeller-Projekt begünstigte eine differenzierte

---

308 Rüter an Fahs, 18. 1. 1960, RFA, RG 1.2, Series 650, b. 7, f. 77; Philipp an Fahs, 14. 11. 1957, RFA, RG 1.2, Series 717, b. 7, f. 84; Gerhard Schenck an Gilpatric, 21. 9. 1960; Kennert an Gilpatric, 30. 11. 1960, Exposés abgeschlossener Projekte im Anhang; RFA, RG 1.2, Series 717, b. 8, f. 86; Rüter an Rockefeller Foundation, 30. 7. 1964, RFA, RG 1.2, Series 650, b. 7, f. 76; Abschlussbericht, 20. 11. 1964, RFA, RG 1.2, Series 717, b. 8, f. 87. – Um nur einige wenige in Buchform vorliegende Ergebnisse zu nennen: *Marx*, Werke, Schriften, Briefe, 6 Bde.; *ders.*, Manuskripte über die polnische Frage (1863–64); *Bebel*, Briefwechsel mit Friedrich Engels; *Trotzki*, The Trotsky Papers 1917–1922, 3 Bde.; *Lademacher* (Hg.), Die Zimmerwalder Bewegung, 2 Bde.; *Lukács*, Werkauswahl, 2 Bde.; *Wagenlehner*, Das sowjetische Wirtschaftssystem; *Geyer*, Lenin in der russischen Sozialdemokratie; *Ludz*, Parteielite im Wandel; sowie die in Fribourg entstandenen Arbeiten, oben, Kap. V.1. Anm. 19.

Perspektive auf den Marxismus und den sowjetischen Machtbereich, die auch hier wesentlich zur Aufweichung und Ablösung der Totalitarismustheorie beitrug. Einige der wichtigsten Interventionen, die den Paradigmenwechsel in der bundesrepublikanischen Ostforschung einleiteten, gingen aus diesem Unternehmen hervor.[309]

Mit Dietrich Geyer wurde ein führender Proponent einer sozialgeschichtlichen Betrachtung Russlands gefördert. Der Blick weitete sich, nicht zuletzt vermittelt von neuen Methoden, die sich oft amerikanischen Kontakten verdankten. Die Sowjetunion im wirtschaftlichen und gesellschaftlichen Wandel wurde zum Forschungsgegenstand. Geyer strebte seit Mitte der sechziger Jahre eine Rationalisierung des westdeutschen Russlandbildes an. 1975 plädierte er dafür, die russische Geschichte als Element gesamteuropäischer Entwicklungen und Modernisierungsprozesse zu begreifen und die stereotypen Vorstellungen aufzugeben, nach denen »Bolschewismus und Sowjetsystem« als »Quintessenz russischer Geschichte« erschienen, »als Verlängerung einer auf europafernen Wurzeln ruhenden ›orientalischen Despotie‹ in die Gegenwart des modernen ›Totalitarismus‹.«[310]

Zuvor bereits war auch in der Bundesrepublik das monolithische Totalitarismusmodell unter Beschuss geraten. Seine wissenschaftliche Unzulänglichkeit wurde kritisiert. Zudem wurde die Totalitarismustheorie immer häufiger als Ideologie des Kalten Krieges gedeutet. In linken Kreisen galt der Totalitarismusbegriff als Verschleierungsinstrument, das von der imperialistischen Politik Amerikas in Vietnam und andernorts ablenken sollte.[311] Aber auch Richard Löwenthal, der eng in die amerikanische Debatte eingebunden und mit Mosely und Philipp vertraut war, lehnte wie andere liberale Gelehrte das Totalitarismusmodell seit Anfang der sechziger Jahre ab. Es bildete die sowjetische Realität seit Chruschtschow nicht mehr angemessen ab. Konflikte von Interessengruppen, technokratische Modernisierung und eine teilweise Liberalisierung der öffentlichen Diskussion sprengten

---

309 Zur Entwicklung aus bundesrepublikanischer Sicht vgl. *Wippermann*, Totalitarismustheorien; *Hildebrand*, Stufen der Totalitarismusforschung.
310 *Geyer*, Einleitung, in: ders. (Hg.), Wirtschaft und Gesellschaft im vorrevolutionären Russland, S. 9–15, Zitat S. 9f.; *Unger*, Ostforschung in Westdeutschland, S. 334f.; vgl. auch *Hildermeier*, Sozialgeschichte Russlands; *Lemberg*, Forschung und Lehre zur russischen und sowjetischen Geschichte.
311 Vgl. *Gleason*, Totalitarianism, S. 128–131; *Schlangen*, Die Totalitarismus-Theorie, S. 52–57; *Hildebrand*, Stufen der Totalitarismusforschung, S. 79–84.

das überkomme Modell.[312] Die Genealogie dieses diskursiven Umbruchs reicht allerdings weiter zurück. In der Bundesrepublik regte sich seit Ende der fünfziger Jahre Kritik am Totalitarismusmodell innerhalb der etablierten Wissenschaft – und zwar in der transatlantischen Fortsetzung des Diskussionszusammenhangs der psychologischen Kriegführung, im Rahmen des Rockefeller-Projekts. Von Siegfried Landshuts differenziertem Blick auf den Marxismus und die Sowjetunion war bereits die Rede. Danach befand sich die Sowjetunion 1957 auf einem Liberalisierungskurs. Am Berliner Osteuropa-Institut wies Werner Philipps Kollege Otto Stammer 1958 auf die gesellschaftlichen Veränderungen in der Sowjetunion hin. Drei Jahre später äußerte er in seinem Aufsatz »Aspekte der Totalitarismusforschung« grundsätzliche Zweifel am Sinn des Totalitarismusmodells. Zur »systemimmanenten Interpretation einzelner totalitärer Herrschaftssysteme« tauge der normativ aufgeladene Totalitarismusbegriff nicht. Den Eigenarten der ganz unterschiedlichen Systeme werde man damit nicht gerecht, die »strukturellen Wandlungen« dieser Gesellschaften blieben dem Betrachter, der durch die totalitäre Brille schaue, verborgen. Selbst die Entstehung eines »latenten Pluralismus« könne hingegen für möglich halten, wer diese Brille ablegte. Stammer forderte, vom »idealtypischen Modell des Totalitarismus« abzurücken.[313] Marcuse Perspektive der systemimmanenten Kritik und die Entdeckung von Liberalisierungstendenzen kamen nun auch in der Bundesrepublik zu akademischen Ehren. Auch Moores Vergleich von Demokratie und Diktatur im Zeichen der Industrialisierung fand in Westdeutschland wissenschaftlich Anklang. Das Osteuropa-Institut bot dabei im Schlüsseljahr 1961, dem Jahr des Mauerbaus, die institutionelle Basis. Rockefeller-Stipendiaten waren die Hauptakteure.

---

312 Vgl. *Gleason*, Totalitarianism, S. 132–136; *Jones*, The Lost Debate, S. 195–199; *Löwenthal*, Chruschtschow und der Weltkommunismus, bereits kurz darauf ins Englische übersetzt als *ders.*, World Communism; *ders.* (Hg.), Ist der Osten noch ein Block?; *ders.*, Development vs. Utopia in Communist Policy. Zu Löwenthals Biographie vgl. *Schmidt*, »Meine Heimat ist – die deutsche Arbeiterbewegung«; Philipp setzte sich mit Moselys Unterstützung für Löwenthals Berufung an die Freie Universität Berlin ein; Philipp an Mosely, 22. 6. 1960; Mosely an Philipp, 5. 10. 1960; Mosely Papers, b. 8, f. Werner Philipp, 1960.
313 *Stammer*, Politische Soziologie, S. 259–278, Zitate S. 261, 270, 272f.; vgl. *Unger*, Ostforschung in Westdeutschland, S. 338f.; *Buchstein*, Totalitarismustheorie und empirische Politikforschung, bes. S. 255–261; *Wippermann*, Totalitarismustheorien, S. 38.

Mit Rückendeckung ihrer akademischen Lehrer am Osteuropa-Institut, Hans-Joachim Lieber und Otto Stammer, verschärften Peter Christian Ludz und Hartmut Zimmermann den Angriff Stammers auf das Totalitarismusmodell.[314] Zimmermann stellte die Dynamik »bolschewistischer Gesellschaften« in den Mittelpunkt seines Versuchs, das »starre, im Grunde unhistorische« Totalitarismusparadigma zu überwinden und »der Forschung eine neue Perspektive zu geben«.[315] In diesem Jahr legte auch Ludz seine einflussreiche Kritik der Totalitarismustheorie vor. Er zielte zunächst auf die epistemologischen Grundlagen: Die Theorie hatte ihre wissenschaftliche Aufklärungsfunktion verloren und war in ein normatives Konzept umgeschlagen. In der polarisierten Welt des Kalten Krieges war die streng analytische Verwendung der Theorie ausgeschlossen. Westdeutschen Wissenschaftlern ermöglichte die Theorie, den traditionellen, im Nationalsozialismus radikalisierten Antibolschewismus auf den neuen Antitotalitarismus zu übertragen. Das klassische Totalitarismusmodell ebnete die Unterschiede von Nationalsozialismus und Stalinismus ein. Die komplexe Rolle der Ideologie in kommunistischen Gesellschaften wurde von der Totalitarismustheorie gänzlich vernachlässigt. Doch gerade das Veränderungspotential der Ideologie könnte zur Grundlage für den gesellschaftlichen Wandel und die Liberalisierung der Sowjetunion werden, vermutete Ludz. Mit stalinistischem Terror hatte die sowjetische Gegenwart nichts mehr gemein, das totalitäre war einem autoritären System gewichen. Zuletzt plädierte Ludz dafür, den sowjetischen Pfad der Industrialisierung mit dem Westen zu vergleichen.[316]

Nicht nur die Kollegen am Osteuropa-Institut, sondern auch Marcuse, Moore, Mosely und Landshut konnten sich in diesen Argumenten wiedererkennen. Ein Erörterungszusammenhang existierte. Wenig später sprach Ludz von der »Verhüllung der eigenen politisch-sozialen Situation« des Kalten Krieges durch die Totalitarismustheorie. Ihre Resultate waren wissenschaftlich fragwürdig:

---

314 Vgl. *Buchstein*, Totalitarismustheorie und empirische Politikforschung, S. 258–261.
315 *Zimmermann*, Probleme der Analyse bolschewistischer Gesellschaftssysteme, S. 193.
316 *Ludz*, Offene Fragen der Totalitarismusforschung; vgl. *ders.*, Totalitarismus oder Totalität?

»Die Historizität des Begriffs des Totalitarismus ist nicht reflektiert. Abstrakte, begrifflich unklare Totalentwürfe, die vielfach mit Analogien arbeiten und vorschnell eine ›Theorie‹ totalitärer Herrschaft und Gesellschaft zu sein vorgeben, stehen unverbunden neben Einzeluntersuchungen, deren Ergebnisse oft nur geringen Wert für eine analytische Durchdringung historisch-soziologisch abgrenzbarer Gesellschaftsordnungen besitzen.«[317]

In den siebziger Jahren griff Ludz auch den Ansatz der systemimmanenten Ideologiekritik auf.[318] Ludz war unter amerikanischen wie deutschen Wissenschaftlern zu Hause. Seine Ansichten übten einen beträchtlichen Einfluss auf die akademische und politische Diskussion aus. Als einer der prominentesten westdeutschen DDR-Experten wurde er zum Berater der Bundesregierung in den siebziger Jahren.[319] Seine Position, dass sich die realsozialistischen Gesellschaften zu Systemen gewandelt hätten, auf die der Totalitarismusbegriff keine Anwendung mehr finde, verschaffte der westdeutschen Entspannungspolitik eine wissenschaftliche Absicherung. Die SPD blieb auf dieser ideenpolitischen Grundlage ihrem prinzipiellen Antitotalitarismus treu, während die Ostpolitik den sprichwörtlich gewordenen »Wandel durch Annäherung« an Staaten suchte, die nicht länger totalitär zu nennen waren.[320]

Argumente, wie Ludz und andere Beteiligte des Rockefeller-Projekts sie vortrugen, bereiteten einem Paradigmenwechsel den Weg, der sich Mitte der sechziger Jahre in der wissenschaftlichen Welt des Westens ereignete. Zwar verhinderte dieser Revisionismus nicht eine konservative Gegenreaktion und ein Revival der Totalitarismustheorie. Zur Hegemonie schwang sich die neue Perspektive nie auf. Doch der Verzicht auf politische Werturteile und ein komparativer Ansatz etablierten sich.[321] Verborgen blieb die Genealogie der wissenschaftsge-

---

317 *Ludz*, Entwurf einer Soziologie totalitär verfasster Gesellschaften, S. 540, 535.
318 *Ludz*, Ideologiekritik und marxistische Theorie.
319 Sein erstes Standardwerk auf dem Gebiet der DDR-Forschung war *Ludz*, Parteielite im Wandel; zu Ludz vgl. *Gleason*, Totalitarianism, S. 160f.; *Buchstein*, Utopie und Empirie; *Wippermann*, Totalitarismustheorien, S. 36f. – Mit Werner Philipp stand Ludz auch nach 1968 in vertrautem Kontakt, beide waren sich über die entscheidende Rolle von Philip Mosely einig; Philipp an Mosely, 19. 1. 1970, Mosely Papers, b. 8, f. Werner Philipp, 1967–1971.
320 Vgl. *Faulenbach*, Die demokratische Linke und die Umwälzung von 1989/90, bes. S. 382.
321 Vgl. *Gleason*, Totalitarianism, S. 128–142, 160–166; *Cohen*, Rethinking the Soviet Experience, S. 27–37; *Buchstein*, Totalitarismustheorie und empirische Politikforschung, S. 262–264; *Kraushaar*, Sich aufs Eis wagen.

schichtlichen Entwicklung. Ihre Wurzeln reichten zu den Wissensapparaten der psychologischen Kriegführung der vierziger und fünfziger Jahre. In der Bundesrepublik war der sichtbare Ausdruck des Paradigmenwechsels die vergleichende Enzyklopädie »Sowjetsystem und demokratische Gesellschaft«. Die »Gemeinsamkeiten der modernen Industriegesellschaften« standen im Vordergrund. Die Totalitarismustheorie hatte hier ihre »normative Gültigkeit eingebüßt«, die Sowjetunion wurde zum Forschungsgegenstand wie jeder andere.[322] Den Beitrag »Zur Geschichte der Dialektik« steuerte Herbert Marcuse bei.[323]

In all diesen Jahren wurde immer wieder die Zusammenarbeit mit Marcuse gesucht, der eine so entscheidende Rolle bei der Entstehung des Projekts gespielt hatte. Im Zusammenhang mit der intellektuellen Osterweiterung des Marxismus-Leninismus-Projekts empfahl der Stiftungsgutachter Byrnes die Arbeiten von Marcuse als Grundlagentexte für internationale Marxismusstudien. Werner Philipp, der sich bereits zuvor mit Marcuse beraten hatte, trug den Wunsch vor, »Herrn Marcuse/New York zur ständigen Mitarbeit an den Vorhaben und Konferenzen zu gewinnen«. Am Ende des Unternehmens bewog auch die Aussicht auf eine Teilnahme Marcuses – worauf Philipp hoffte – die Stiftungsleitung dazu, Mittel für eine Abschlusskonferenz bereitzustellen.[324]

Noch zwei Jahre später trat Marcuse in diesem Kreis in Erscheinung. Nach der wissenschaftlichen Revolution, an der das Marxismus-Leninismus-Projekt mitwirkte, rief er dann die politische Revolution aus. Zuvor war ein weiteres Rockefeller-Projekt zum Abschluss gelangt, Marcuses »One-Dimensional Man«. Der abgerissene Faden vom Mai 1953 wurde im September 1958 wieder aufgenommen. Marcuse, der unerwartet Gründervater des Marxismus-Leninismus-Projekts geworden war, kehrte zu seinem ursprünglichen Vorhaben zurück, nachdem er »Soviet Marxism« beendet hatte. Er wollte sich nun

---

322 *Unger*, Ostforschung in Westdeutschland, S. 339f.; Sowjetsystem und demokratische Gesellschaft. Zur zeitgenössischen Reaktion, die in darin ein Ereignis erkannte, vgl. etwa *Heinz Brahm*, »Gibt es nur ein Sowjetsystem? Betrachtungen zu einer Enzyklopädie«, *Die Zeit*, 3. 11. 1967.
323 *Marcuse*, Zur Geschichte der Dialektik; erneut in ders., Schriften, Bd. 8: Aufsätze und Vorlesungen 1948–1969, S. 200–226.
324 Gesprächsnotiz Fahs, 22. 11. 1957, RFA, RG 1.2, Series 717, b. 7, f. 84; Philipp an Marshall, 15. 7. 1958, RFA, RG 1.2, Series 717, b. 7, f. 85; Philipp an Gilpatric, 3. 7. 1963; RFA, RG 1.2, Series 717, b. 8, f. 87; Executive Committee, Sitzungsprotokoll, 21. 10. 1960, Beschluss RF 60184, Verlängerung 6362, 18. 7. 1963; RFA, RG 1.2, Series 717, b. 7, f. 82.

der »Ausbreitung standardisierter und konformistischer, sogar autoritärer Haltungen und Denkmuster« zuwenden, die der kulturelle Wandel in den Industriegesellschaften bewirkt hatte.[325] Das war auch sein Leitgedanke bei der Analyse von Nationalsozialismus und Kommunismus gewesen. Nach Andeutungen in »Eros and Civilization« sollte er nun in voller Ausgestaltung auf die westlichen Gesellschaften angewendet werden. Marcuse war zu diesem Zeitpunkt auf dem Höhepunkt seines Einflusses im liberalen Establishment angelangt. Seine kulturkritische Perspektive stieß dort auf Zustimmung. Die moderne Massenkultur hatte im Zeitalter elitärer und technokratischer Auffassungen von Demokratie nicht nur Anhänger unter den liberalen Eliten Amerikas.[326] Die Stiftung stellte Marcuse anerkennend als Verfasser von »bedeutenden Werken« wie »Reason and Revolution«, »Eros and Civilization« und »Soviet Marxism« vor. Sein neues Vorhaben widmete sich dem »geistigen Klima der modernen industriellen Zivilisation«. Die Rockefeller Foundation rechnete damit, dass Marcuse der »kulturellen und politischen Transformation« der westlichen Gesellschaften auf den Grund gehen und herausfinden würde, inwieweit die »humanitären und liberalen Werte der westlichen Zivilisation« durch neue Werte ersetzt worden waren.[327]

Die Gutachten steigerten diese Erwartungen noch. Kaum überraschend pries Barrington Moore seinen Freund in den höchsten Tönen. Dabei fiel auch der Hinweis auf Marcuses »höchst kritische Haltung gegenüber der gegenwärtigen Welt«. Moore ergänzte, dass Marcuse aus bester Gelehrtentradition stamme und alles andere als ein »jammernder Bohemien« sei, worin sich die Distanz von Moore wie Marcuse zu manchen Erscheinungen der späteren Gegenkultur bereits ankündigte.[328] Paul Tillich, der mittlerweile als Theologe in Harvard zum »intellektuellen Superstar« in Amerika aufgestiegen war, attestierte Marcuse »Reife und Kreativität des Denkens«.[329]

---

325 Marcuse an Thompson, 18. 9. 1958; Thompson an Marcuse, 3. 10. 1958, Marcuse an Thompson, 4. 11. 1958; Marcuse an Thompson, 10. 12. 1958; der beiliegende Antrag (Zitat) datiert vom 9. 12. 1958; RFA, RG 1.2, Series 200, b. 481, f. 4113.
326 Vgl. *Gilman*, Mandarins of the Future, 47–56; *Brick*, Age of Contradiction, S. 18–22; *Berghahn*, Transatlantische Kulturkriege, S. 128–141.
327 Bewilligung GA SS 5967, 8. 6. 1959, RFA, RG 1.2, Series 200, b. 481, f. 4113.
328 Moore an Thompson, 27. 12. 1958, RFA, RG 1.2, Series 200, b. 481, f. 4113; zu Marcuses Haltung gegenüber dem, was er für den politischen Eskapismus der Gegenkultur hielt, vgl. unten, Kap. VI.7.
329 Paul Tillich an Thompson, 27. 12. 1958, RFA, RG 1.2, Series 200, b. 481, f. 4113. Zu Tillichs Aufstieg in den USA vgl. *Kelsey*, Paul Tillich.

Ohnegleichen unter den Hunderten von Stiftungsgutachten, die im Verlauf dieser Arbeit eingesehen wurden, ist die Stellungnahme von Philip Mosely. Marcuse suchte auch nach dem Erscheinen von »Soviet Marxism« regelmäßig Moselys Rat, die beiden Familien trafen sich wiederholt.[330] Der liberale Impresario der Gegnerforschung skizzierte für die Stiftung die gemeinsame Geschichte: Er kannte Marcuse aus dem OSS, mit dem der Ministerberater Mosely zusammengearbeitet hatte. Der Deutschlandexperte Marcuse habe ihn dort von Anfang an beeindruckt durch »seine breite Perspektive, seine Objektivität und sein tiefgehendes Wissen über zahlreiche moderne Gesellschaften«. Danach hielt Mosely den Kontakt aufrecht und lud Marcuse regelmäßig ans Russian Institute der Columbia University ein. »Reason and Revolution«, Marcuses Hegel-Studie, war für den philosophisch interessierten Mosely ein Meisterwerk. Marcuses Kenntnis der europäischen und sowjetischen Gesellschaften stand außer Frage, und auch in der amerikanischen Kultur war er zwischenzeitlich angekommen: Bei aller Kritik stand er ihr, erklärte Mosely, mit »echter Sympathie« gegenüber. Marcuse war ein Denker von höchster Originalität. Alles, was er in Angriff nehme, sei »sowohl bedeutend als auch provokativ«. Die jahrelange Protektion durch die wissenschaftliche Zentralfigur des außenpolitischen Establishments gipfelte in dem Urteil: »Marcuse verfügt über einen so überragenden Geist, dass ich vorbehaltlos ein jedes Vorhaben unterstützen würde, das er in Angriff nimmt, vielleicht mit der Ausnahme von Weltraumflügen.«[331]

---

330 Marcuse an Mosely, 8. 4. 1958; Marcuse an Mosely, 24. 11. 1959; Mosely an Marcuse, 2. 12. 1959; Marcuse an Mosely, 3. 10. 1960; Marcuse an Mosely, 28. 5. 1960; Mosely an Marcuse, 1. 6. 1960; Marcuse an Mosely, 16. 12. 1961; Mosely Papers, b. 8, f. Herbert Marcuse.
331 Mosely an Thompson, 6. 3. 1959, RFA, RG 1.2, Series 200, b. 481, f. 4113. Zwei weitere Gutachten – o. D. [Herbst 1960] und 26. 4. 1957, Mosely Papers, b. 8, f. Herbert Marcuse –, in denen Mosely seinen engen persönlichen Kontakt zu Marcuse hervorhob, sprachen in ebenso hohen Tönen wie oben von Marcuse und priesen ebenso deutlich Marcuses »appreciation and assimilation of the more empirical American tradition«. Marcuse verkörperte in Moselys Augen die Synthese von deutsch-spekulativen und amerikanisch-empirischen Wissenstraditionen. Für die empirische Unterfütterung von Marcuses Theorien war wiederum, wie diese Arbeit zu zeigen versucht, Marcuses Einsatz in Geheimdienst, State Department und Marxismusforschung ausschlaggebend, und insofern war Mosely an dieser Entwicklung von Marcuses Denken nicht unbeteiligt.

10. Warten auf die Revolution

Mit »One-Dimensional Man« entstand in der Tat ein sowohl bedeutendes als auch provokatives Buch, ein intellektuelles Schlüsselwerk der Neuen Linken, das zur Fundamentalkritik des »Spätkapitalismus« und der »fortgeschrittenen Industriegesellschaft« ansetzte und mit politischem Pessimismus ausklang. Seiner einflussreichen radikalen Botschaft zum Trotz eröffnete das Buch kaum Aussichten für politischen Aktivismus. »One-Dimensional Man« erschien 1964 und katapultierte Marcuse zur Berühmtheit, auch wenn es von der Neuen Linken weniger gelesen als zum Kultbuch erhoben wurde.[332] Auch danach hielt Marcuse die Verbindung zu den einstigen Beteiligten des Marxismus-Leninismus-Projekts aufrecht. Von Nikolaus Lobkowicz, dem Meisterschüler in Bochenskis antisowjetischer Denkfabrik, wurde Marcuse im April 1966 zu einem internationalen Marxismus-Symposium an der University of Notre Dame in Indiana eingeladen. Zwischen den Stationen Fribourg und München verbrachte Lobkowicz dort einige Jahre als Professor.[333]

Marcuse verfolgte bei diesem Wiedereintauchen in einen alten Erörterungszusammenhang eine Frage weiter, der schon seine Abschiedsvorlesung an der Brandeis University im Jahr zuvor gewidmet war. Wie er spätestens in »One-Dimensional Man« festgestellt hatte, war der Revolution ihr Subjekt abhandengekommen. In Zeiten des Wohlfahrtsstaates, der Technokratie und der Kulturindustrie war mit dem revolutionären Bewusstsein eines auch quantitativ immer weiter schmelzenden Proletariats nicht mehr zu rechnen. Nach einer Weile der Ratlosigkeit präsentierte Marcuse in der alten Runde der Marxismusforscher die Wiederentdeckung des revolutionären Subjekts. Er bestätigte die Kontinuität der Fragestellung: Marcuse betrachtete »One-Dimensional Man« als ein »westliches Gegenstück« zu »Soviet Marxism«. Ideologischer Wandel und gesellschaftliche Transformation standen in beiden Büchern im Mittelpunkt. Die Idee der Entfremdung ließ ihn dennoch in beiden Fällen nicht an die voll-

---

332 Vgl. *Marcuse*, One-Dimensional Man; *Kellner*, Herbert Marcuse and the Crisis of Marxism, S. 229–275; *Wheatland*, The Frankfurt School in Exile, S. 291–295, 311–326.
333 Vgl. *Lobkowicz* (Hg.), Marx and the Western World.

ständige Integration der Arbeiterklasse in die Herrschaftsordnung glauben.[334]

Im Kreis der Freunde löste es Heiterkeit aus, dass nun auch Marcuse endlich eingestand, dass es um die Revolution im Westen nicht zum Besten bestellt war. Hans Meyerhoff, einen der radikalsten Köpfe in diesem Kreis, amüsierte es zu hören, dass der alte Freund Marcuse nun vom »Veralten des Marxismus« sprach. Meyerhoff lehrte in Los Angeles, Marcuse war nach seinem Abschied aus Brandeis gerade an der University of California in San Diego angekommen. Meyerhoff hielt Stuart Hughes in Cambridge über das Treiben der pazifischen Sektion der Gruppe auf dem Laufenden. Er porträtierte einen Marcuse, der gerade zu Weltruhm gelangt war:

»Und dann kamen die Marcuses, eine große Bereicherung unserer Lebenswelt in Südkalifornien. Sie haben zweimal bei uns gewohnt, und wir haben sie in La Jolla besucht. Sie haben wieder ein schönes Haus, und Herbert ist erfrischend jung. Er hat den Wechsel spielend leicht hinter sich gebracht und ist trotz des großen Ruhms, der ihn in seinen späten Sechzigern ereilt hat, bemerkenswert unpompös. Er legt nun einen charakteristischen Zug an den Tag, der mich amüsiert: JETZT ist will er zeigen, wie ›veraltet‹ der Marxismus ist – genauer gesagt, die marxistische Theorie der Revolution. Ungefähr das haben wir ihm seit Jahren immer wieder gesagt, doch – natürlich – wollte er mit dieser dekadenten, konterrevolutionären Haltung nichts zu tun haben. Er wollte damit nichts zu tun haben – BIS er sich selbst damit abgefunden hatte und dafür bereit war. In dieser Dickköpfigkeit liegt Größe.«[335]

Genau ein Jahr vor seiner Rede in Indiana, beim Abschied von seinen Studenten und Kollegen in Brandeis am 27. April 1965, hatte Marcuse bereits diesen Pfad beschritten. Dem Ort und den Umständen angemessen, kam er dabei zu einem anderen Ergebnis als im Jahr darauf. Marcuse bekräftigte die Richtigkeit der Marx'schen Kapitalismusanalyse und diagnostizierte zugleich den Zerfall des Proletariats als politischer Kraft: Marx »sah die langfristige Eingliederung der ausgebeuteten Massen in den hohen Lebensstandard einer wohlhabenden

---

334 Marcuse an Raya Dunayevskaya, 8. 8. 1960, in: *Marcuse*, Collected Papers, Bd. 2, S. 219; vgl. etwa *Marcuse*, Soviet Marxism, S. 89, 217–219; ders., One-Dimensional Man, S. 32f.
335 Meyerhoff an Hughes, 10. 9. 1965, HSHP, Series I, b. 5, f. 113. Meyerhoff konnte Marcuses weitere Entwicklung dieser Position nicht mehr verfolgen; er kam am 20. 11. 1965 bei einem Autounfall in Los Angeles ums Leben.

Gesellschaft nicht voraus.« Und doch fand Marcuse bei Marx auch die Möglichkeit eines »Zusammenbruchs des Kapitalismus« angelegt, der nicht aus dem Klassenkampf resultierte. Marcuse sprach von einer Krise. Die »affluent society«, die Verheißung einer auf staatlicher Steuerung beruhenden Wohlstandsgesellschaft im Westen, hatte an Strahlkraft eingebüßt.[336]

Auf die Formel der »affluent society« hatte der berühmte Harvard-Ökonom und Kennedy-Vertraute John Kenneth Galbraith seine Verbindung von Gesellschaftsanalyse und politischem Programm im gleichnamigen Kultbuch von 1958 gebracht. Marcuses Verständnis von Automatisierung stammte aus diesen Debatten. Das Versprechen einer Gesellschaft ohne Mangel, die die materiellen Segnungen der Automatisierung genoss und sich der Entfaltung ihrer kreativen Potentiale zuwenden konnte, stimmte mit Marcuses Vision seit »Eros and Civilization« überein. Galbraiths »Affluent Society« war die aktuelle theoretische Grundlage, auf der in den sechziger Jahren die fortschrittsoptimistische Debatte um eine »postindustrielle« oder »postkapitalistische« Gesellschaft geführt wurde. Dieses Schlagwort war zuvor schon von demokratisch-sozialistischen Intellektuellen ins Spiel gebracht worden. Es handelte sich um die Vision einer Wissensgesellschaft, in der das Leben durch kybernetische Steuerung von der Last der Produktion befreit werden und die Menschheit eine neue Entwicklungsstufe erreichen könnte. Marcuse nahm an diesen Debatten teil, die deutliche Spuren bei der Neuen Linken und der »Gegenkultur« hinterließen. Die fortdauernde Realität der Armut zeigte jedoch, dass die »affluent society« noch weit entfernt war.[337]

---

336 Marcuse, The Obsolescence of Socialism, Brandeis University, 27. 4. 1965, Herbert-Marcuse-Archiv, Werkmanuskripte, 257.01. Eine deutsche Übersetzung dieses Vortrags liegt nicht vor.
337 Vgl. *Brick*, Age of Contradiction, S. 1–7, 22, 54–57, 125–136; *ders.*, Transcending Capitalism; *Parker*, John Kenneth Galbraith, S. 273–310; *Galbraith*, The Affluent Society; *Marcuse*, Eros and Civilization, S. 36–39, 149–158, 217f., 223–225; zur zeitgenössischen Debatte um die Kybernetik als allumfassende moderne Steuerungswissenschaft, zu ihren Ursprüngen als Kriegswissenschaft und ihrem emanzipatorischen Potential vgl. *Pias* (Hg.), Cybernetics. Kybernetik, 2 Bde.; *Hagner/Hörl* (Hg.), Die Transformation des Humanen. – Die auf theoretischer Ebene nicht zuletzt durch Marcuse vermittelte Wirkung des kybernetisch-technologischen Denkens auf die Neue Linke und die Gegenkultur belegen *Kirk*, »Machines of Loving Grace«; *Turner*, From Counterculture to Cyberculture. Die Bandbreite reichte vom »Whole Earth Catalog« über die Designentwürfe Buckminster Fullers bis zu Computerpionieren wie Steve Jobs und Steve Wozniak.

Bei seinem Abschied aus Brandeis lenkte Marcuse den Blick auf die Ambivalenzen der »affluent society«. Überfluss, Wohlstand und hohe Produktivität, die politischen Widerspruch im Konsum erstickten, trugen zugleich das Potential in sich, die kapitalistische Ordnung zu überwinden: Die »Automatisierung«, von der Marcuse ausgiebig sprach, machte körperliche und »entfremdete« Arbeit zunehmend unnötig. Gefragt in der neuen hochtechnologischen Wirtschaftsordnung war »creative power«. Bildung und Kreativität, die Voraussetzungen der neuen Produktionsweise, könnten aber das System der Ausbeutung sprengen. Marcuse zeichnete drei Szenarien: Mit dem Nuklearkrieg rechnete er selbst kaum. Die zweite Variante schien ihm wahrscheinlicher: »das Wachstum des Produktionsapparats und die Umwandlung der gesamten Bevölkerung in eine große Masse zufriedengestellter Konsumenten«. Diese Verlängerung der Gegenwart in die Zukunft bedeutete allerdings auch »die Fortführung von Pentagon, Madison Avenue und FBI sowie ihrer östlichen Gegenstücke«. Gegen dieses realistische Szenario setzte Marcuse seine »utopische« Alternative – einen »libertären Sozialismus«:

»Ein libertärer Sozialismus, der auf der Grundlage völlig rationalisierter und automatisierter Arbeit ein Leben ohne Angst verspricht und versprechen kann, ein Leben in Frieden, ein Leben der Befriedung des Existenzkampfes, ein Leben ohne kalte und heiße Kriegsherren und ihre Vertreter in unseren Institutionen und in uns selbst.«

Die »affluent society« nutzte die bewussten und die instinktiven Bedürfnisse für ihre Zwecke. Neue Bedürfnisse, neue Instinkte mussten geweckt werden. Das psychoanalytische Vokabular von »Eros and Civilization« setzte Marcuse zum Zweck politischer Aufklärung ein: »Eros« und »Lust« mussten sich gegen die destruktiven Instinkte und die gesellschaftliche Manipulation der erotischen Instinkte behaupten. Im Zeichen der technologisch gebotenen Kreativität könnte dies möglich werden. Arbeit und Lust könnten zusammenfallen. »Ein instinktives Bedürfnis [...] nach Frieden« würde sich dann entfalten, gepaart mit einer »instinktiven Abscheu gegenüber Aggression, gegenüber allen Arten sogenannter ›Helden‹; einem Bedürfnis nach Unabhängigkeit, Privatheit, Solidarität, Ruhe; einem Bedürfnis nach Intelligenz und der kreativen Nutzung von Intelligenz«. Wenn Marcuse die »romantische« Sprache der politischen Psychoanalyse sprach – der »Romantik« zieh er sich selbst –, hatte er doch oft ganz konkrete politische Sachverhalte im Sinn. Auch hier verschleierte der psychoanalytische Diskurs die praktische Anwendung. Ganz am Ende der Vorlesung schloss er beide Ebenen kurz: Die erhoffte Kreativität war die des Studentenprotests. Die Neugestaltung der menschlichen »Instinkte« war bereits im Gang: »die politische Situation auf den Campus ist mehr eine instinktive, mehr eine emotionale als eine intellektuelle Revolte, oder besser Abscheu, gegen Aggression und Grausamkeit«.

Dass Marcuse, der noch kurz zuvor in »One-Dimensional Man« wenig Hoffnung gesehen hatte,[338] beim Abschied aus Brandeis die Studenten zum neuen revolutionären Subjekt ausrief, hatte einen höchst aktuellen Anlass. Marcuse sprach vom »Marsch auf Washington«, der nur wenige Tage zurücklag. »Der Weltgeist war anscheinend mit euch«, rief er den Studenten zu. Und selbst wenn ihr Protest gegen den Vietnamkrieg noch keine »Politik unter dem Lustprinzip« einleitete, so hatten sie doch unwiderruflich die Solidarität entdeckt, das Potential gemeinsamer Aktion und Partizipation, die Möglichkeit einer auf Friedensinstinkt und Lustprinzip aufgebauten Gesellschaft.[339] Genau dieser Aspekt wurde begeistert aufgenommen. Die wichtige Studentenzeitschrift *The Justice* – in Anspielung auf Louis Brandeis, den ersten jüdischen Richter am Supreme Court – mit ihren später so berühmten Chefredakteuren wie Michael Walzer und Martin Peretz, in der sich Marcuse immer wieder zu Wort gemeldet hatte, widmete dem Abschied des beliebten Professors eine umfangreiche Berichterstattung. Die Schlagzeile auf der Titelseite der Ausgabe, die auf Marcuses Vorlesung einging, gehörte jedoch den jüngsten Ereignissen: »Washington Marchers Protest Vietnam War«.[340]

---

338 Noch im Januar 1965 hatte er sich in einem Brief an einen studentischen Aktivisten skeptisch gegenüber den Möglichkeiten politischer Aktion gezeigt und stattdessen kritische Bewusstseinsbildung angemahnt; vgl. Wheatland, The Frankfurt School in Exile, S. 322f.
339 Marcuse, The Obsolescence of Socialism, Brandeis University, 27. 4. 1965, Herbert-Marcuse-Archiv, Werkmanuskripte, 257.01. Auch wenn ansonsten Wheatland, The Frankfurt School in Exile, S. 321, zuzustimmen ist, hat Marcuse in diesem Augenblick die Studenten womöglich doch als revolutionäres Subjekt gesehen.
340 »Washington Marchers Protest Vietnam War«, *The Justice*, 4. 5. 1965; eine Sonderausgabe zu Marcuses Abschied mit umfangreicher Würdigung des Lehrers und Kollegen erschien als »Farewell Tribute to Herbert Marcuse«, *The Justice*, 8. 6. 1965; Brandeis University Library, Robert D. Farber University Archives and Special Collections.

Mehr als 20000 Studenten hatten sich am 17. April 1965 zur ersten Massenkundgebung gegen den Krieg versammelt. Der amerikanische SDS hatte nach dem Vorbild der Bürgerrechtsbewegung einen Marsch durch die Hauptstadt organisiert. Judy Collins, begleitet von Joan Baez und Phil Ochs, sang Bob Dylans »The Times They Are A-Changin'«. Die linke Journalistenlegende I. F. Stone, der Historiker Staughton Lynd und der Bürgerrechtsaktivist Bob Moses sprachen. Senator Ernest Gruening aus Alaska forderte ein Ende der Bombardements und Verhandlungen. SDS-Präsident Paul Potter machte unter dem Jubel der Teilnehmer das kapitalistische System für den Krieg verantwortlich. Dieser Protest, der sich selbst in der Tradition der Bürgerrechtsbewegung sah, wurde zum Vorbild für viele weitere Massenkundgebungen gegen den Krieg in den folgenden Jahren.[341]

Das war der Augenblick, in dem Marcuse das neue revolutionäre Subjekt entdeckte. Die Studenten reagierten begeistert auf den »Ruf zur gesellschaftlichen Aktion«, den Marcuse an sie richtete. Vergessen war der pessimistische Ausklang von »One-Dimensional Man«. Marcuses Rede wurde als theoretisch begründeter Aufruf zum politischen Engagement verstanden.[342] Übersehen wird zumeist, dass sowohl die pessimistische Diagnose des »One-Dimensional Man« – die Verabschiedung der Arbeiterklasse als revolutionäres Subjekt – als auch die aktivistisch-optimistische Perspektive der Abschiedsvorlesung – die Wiederentdeckung des revolutionären Subjekts in den Studenten – längst zum diskursiven Standard der amerikanischen Linken gehörten. Wiederum war es C. Wright Mills, der diese Einsichten einige Jahre zuvor auf den Punkt gebracht hatte. Marcuse gestand die »hohe Bedeutung« von Mills' Werk für »One-Dimensional Man« ein.[343]

---

341 Vgl. *Anderson*, The Movement and the Sixties, S. 125f.; *Wells*, The War Within, S. 25f.
342 *Robert Acker*, »The Obsolescence of Socialism. Marcuse Farewell«, *The Justice*, 4. 5. 1965. Der studentische Autor flocht Marcuse am Ende des Berichts noch einen Abschiedskranz: »His enormous contribution to this campus, and to the world at large, rests as much upon his unbending will for change as upon the lucidity, depth, and power of his intellect.« Wie sehr sich die Zeiten seit den vierziger Jahren geändert hatten, zeigt eine kleine Notiz neben dem Marcuse-Artikel. Ein Campus-Auftritt Sidney Hooks, der Marcuse zum ersten Mal in einem führenden intellektuellen Blatt Amerikas besprochen hatte, war *The Justice* nur wenige Zeilen wert. Einer der einst prominentesten amerikanischen Intellektuellen stand nun im Schatten Marcuses.
343 *Marcuse*, One-Dimensional Man, S. xvii (Zitat), 38; dt. *ders.*, Der eindimensionale Mensch, S. 19 (Zitat), 58.

Den Angestellten und ihrer Integration ins System der Machtelite hatte Mills sich bereits in den fünfziger Jahren gewidmet.[344] 1960 schrieb er der Neuen Linken ins Stammbuch: Die Arbeiterklasse immer noch für den Träger historischen Wandels zu halten, sei »eine Erbschaft des viktorianischen Marxismus, die mittlerweile völlig unrealistisch ist«. Die nostalgische Sicht stehe im Gegensatz zur »historischen Evidenz«. Das neue Subjekt politischen Wandels hatte Mills bereits ausgemacht, im Westen, im Osten und in der Dritten Welt der »Blockfreien«. Mills schärfte der Neuen Linken ein, sich ihrer globalen Rolle zu stellen: »Wer denkt und handelt denn auf radikale Weise? In der ganzen Welt – im [Ost-]Block, außerhalb des Blocks und dazwischen – lautet die Antwort gleich: es ist die junge Intelligenz.« »Who is it that is thinking and acting in radical ways? All over the world – in the bloc, outside the bloc and in between – the answer's the same: it is the young intelligentsia.« Die »Studenten und jungen Professoren und Schriftsteller« traten überall auf der Welt als »lebensechte Vollzugskräfte des historischen Wandels« in Erscheinung.[345] Den Gründern des SDS widerstrebte noch die von Mills zugeschriebene Avantgardestellung für die junge Intelligenz. Die frühe Neue Linke forderte die partizipatorische Demokratie und strebte politischen Wandel über eine großflächige Mobilisierung von »Graswurzelbewegungen« nach dem Vorbild der Bürgerrechtsbewegung an.[346] Wenige Jahre später stießen Marcuses Worte auf begeisterte Aufnahme unter den protestierenden Studenten.

Geringere Aufmerksamkeit fanden zwei knappe Bemerkungen in Marcuses Vorlesung, die jenseits der Studenten nach einem internationalen revolutionären Subjekt Ausschau hielten: Der Kapitalismus versuchte, seine Widersprüche durch »aggressiven Expansionismus« und imperialistische Ausbeutung zu überwinden. Aus diesem Grund hielt Marcuse eine Verschiebung der politischen Auseinandersetzung für möglich: »der Klassenkampf ist aus der nationalen in die internationale Arena überführt worden und hat sich zu einem Kampf zwischen den besitzenden und den besitzlosen Nationen entwickelt«. Diese Internationalisierung des Klassenkampfs, seine Verlagerung in die postkoloniale Welt, so Marcuse, sei als Perspektive bereits bei Marx ange-

---

344 Vgl. *Mills*, White Collar; ders., The Power Elite; ders., The Causes of World War Three; vgl. zu Mills oben, Kap. IV.4. und V.2.
345 *Mills*, Letter to the New Left, S. 136f., 139.
346 Vgl. *Hayden*, A Letter to the New (Young) Left; *Flacks*, Die philosophischen und politischen Ursprünge der amerikanischen New Left, S. 158f.; *Mattson*, Intellectuals in Action, S. 43–96; *Miller*, »Democracy is in the Streets«.

legt. An einer anderen Stelle der Vorlesung sprach Marcuse davon, dass für die »unterentwickelten Nationen«, die noch nicht die Produktivität der »affluent society« erreicht hatten, der klassische Sozialismus nach wie vor der richtige Weg sei. Erst in einem materiell höher entwickelten Stadium waren der »libertäre Sozialismus« und das Ende der Entfremdung denkbar.[347]

Marcuses Interesse an der Dritten Welt und der nationalen Befreiungsbewegungen war zu diesem Zeitpunkt noch nicht voll ausgereift. Zum ersten Mal war er bekanntlich im Geheimdienst der Dritten Welt als politischem Akteur begegnet.[348] Doch erst der Antikriegsprotest, der sich seit April 1965 rasant verschärfte und weit über den SDS auf die amerikanische Gesellschaft ausweitete,[349] führte Marcuse endgültig auf diese Spur. Nur ein Jahr später, mit der Eskalation des Vietnamkrieges im Hintergrund, vermittelte Marcuse seinen Kollegen aus der Marxismusforschung ein wesentlich schärferes Bild davon, wie es um die Zukunft des Marxismus bestellt war.

Auf Lobkowicz' Einladung hin stellte Marcuse noch einmal die Frage nach dem »Veralten des Marxismus«. Eine Antwort und der Versuch einer »erneuten Untersuchung und sogar Neuformulierung der Marx'schen Theorie« waren nur auf der Grundlage konkreter gesellschaftlicher Analyse möglich. Die Philosophie musste politisch werden. In vertrauten Bahnen blieb Marcuses marxistische Analyse des Kapitalismus, der sich trickreich durch Aufrüstung oder »wissenschaftliches Management« am Leben erhielt und stabiler war als gedacht. Allerdings erkannte Marcuse nun deutlicher als zuvor die Risse in der Wohlstandsgesellschaft. Die inneren Widersprüche des Kapitalismus hatten sich nicht aufgelöst. Sie traten sogar schärfer hervor. Wenn Marcuse von der Armut und dem Elend sprach, die ihn weiterhin in der »affluent society« umgaben,[350] griff er erneut auf aktuelle

---

347 Marcuse, The Obsolescence of Socialism, Brandeis University, 27. 4. 1965, Herbert-Marcuse-Archiv, Werkmanuskripte, 257.01; *Acker*, The Obsolescence of Socialism, wand dagegen ein, auf »Bananenrepubliken« könne man kaum seine Hoffnung setzen. Marcuses Kür der Studenten zum neuen revolutionären Subjekt fand sichtlich mehr Anklang.
348 Das ist zu ergänzen, wenn *Wheatland*, The Frankfurt School in Exile, S. 328f., anmerkt, Marcuse habe erst 1968 von der Neuen Linken die antiimperialistische Perspektive und das Interesse an der Dritten Welt übernommen.
349 Vgl. *Anderson*, The Movement and the Sixties, S. 120–182; *Wells*, The War Within, S. 9–114.
350 *Marcuse*, The Obsolescence of Marxism, S. 409, 410, 414, 415f. Eine deutsche Übersetzung des Aufsatzes liegt nicht vor.

Ereignisse zurück. Der »Krieg gegen die Armut«, den die Johnson-Regierung ausgerufen hatte, und die Unruhen in den Ghettos tauchten die weiterhin existierenden sozialen Spannungen in ein grelles Licht.[351] Zudem verfolgte der Kapitalismus Marcuse zufolge auch ohne Kolonialreich weiterhin imperiale Interessen. Ausbeutung in globalem Maßstab war an der Tagesordnung.

Im April 1966 identifizierte Marcuse jedoch die Kräfte des Widerstands. Er schloss mit einer politisch optimistischen Note. Die Zahl der revolutionären Subjekte hatte sich binnen eines Jahres vervielfacht. »Innerhalb des Systems des repressiven Wohlstands« schritt die »deutlich sichtbare Radikalisierung der Jugend und der Intelligenz« weiter voran.[352] Dennoch hatte der Studentenprotest an Bedeutung verloren. Neue revolutionäre Kräfte waren auf der ganzen Welt in Erscheinung getreten. Marcuses globale Perspektive brachte dabei ein Denkmuster in Stellung, das man als eine linke Variante der Dominotheorie bezeichnen könnte. Es gab Strategen in Washington, die glaubten, der Verlust Vietnams würde ein asiatisches Land nach dem anderen unter den Einfluss des Kommunismus und damit die Weltordnung aus den Fugen geraten lassen.[353] Marcuse behauptete, erfolgreicher revolutionärer Widerstand in Vietnam würde eine Signalwirkung in der ganzen Welt ausstrahlen. Das war vor Che Guevaras berüchtigter Vietnam-Parole. Im Gegensatz dazu prophezeite Marcuse eine Revolution ohne jede Verknüpfung mit dem sowjetischen Regime. Zur Avantgarde einer globalen revolutionären Bewegung ernannte er die Befreiungsbewegungen der postkolonialen Welt. Aber auch hiermit betrat Marcuse kein Neuland. Erneut waren ihm Mills und die Gründer des amerikanischen SDS um einige Jahre zuvorgekommen.[354]

Im Komplex Vietnam kam alles zusammen: die imperialistische Ausbeutung, auf der die »affluent society« beruhte; die postkolonialen militärischen Gegenkräfte; die Bewegungen der Entrechteten und vom Wohlstand Ausgeschlossenen, wie sie »Black Power« verkörperte; und der Protest der Studenten. Selbst die europäische Gewerk-

---

351 Vgl. *Dallek*, Flawed Giant, S. 74–80, 329–343; *Perlstein*, Nixonland, S. 3–19, 274–294.
352 *Marcuse*, The Obsolescence of Marxism, S. 416.
353 Vgl. *Ninkovich*, Modernity and Power, S. 241–311; *Leffler*, For the Soul of Mankind, S. 217, 220f.
354 Vgl. *Mills*, Letter to the New Left, S. 138f.; ders., Listen, Yankee. The Revolution in Cuba, New York 1960; dazu *Miller*, »Democracy is in the Streets«, S. 348–350; jetzt vor allem *Geary*, Radical Ambition, S. 179–215.

schaftsbewegung schien sich im Zeichen von Protest und Friedensbewegung zu erneuern. Marcuse schloss mit einer

»summarischen Identifizierung dieser Kräfte im internationalen und globalen Rahmen. Denn nur innerhalb dieses Rahmens können wir die Frage diskutieren, ob das fortgeschrittene kapitalistische System sich einer ›Finanzkrise‹ gegenübersieht, wie die marxistische Theorie weiterhin behauptet. Was in Asien oder Afrika geschieht, steht nicht außerhalb des Systems, sondern ist ein integraler Bestandteil des Systems selbst geworden. Zieht man dies in Betracht, könnte man das folgende Syndrom eines revolutionären Potentials skizzieren: erstens die nationalen Befreiungsbewegungen in den rückständigen Ländern; zweitens die ›neue Strategie‹ der Arbeiterberwegung in Europa; drittens die unterprivilegierten Bevölkerungsschichten in der Wohlstandsgesellschaft selbst; und viertens die oppositionelle Intelligenzija.«

Die Erfolgsaussichten hingen dabei von der stärksten revolutionären Kraft ab:

»Unter den vier Tendenzen, die ich das Syndrom eines revolutionären Potentials genannt habe, scheint mir die erste der wichtigste Katalysator zu sein: die nationalen Befreiungsbewegungen. Indem sie Krieg gegen die Befreiungsbewegungen führt, kämpft die Wohlstandsgesellschaft um ihre Zukunft, für ihr Potential an Rohstoffen, an billigen Arbeitskräften und für Investitionen. Um es klar zu sagen, der klassische Begriff des Imperialismus ist überholt; es gibt bestimmt keine grundlegenden wirtschaftlichen Interessen der Vereinigten Staaten, die den Krieg in Vietnam erklären würden. Doch Vietnam muss im globalen Kontext gesehen werden: ein Triumph der nationalen Befreiungsbewegung dort kann sehr wohl das Signal zum Losschlagen für solche Bewegungen in anderen Gebieten der Welt sein – Gebiete näher an Amerika, in denen grundlegende wirtschaftliche Interessen in der Tat betroffen wären. Im Vergleich zu dieser Bedrohung scheint die Radikalisierung der Intelligenzija, besonders der jungen, ein eher unbedeutendes Ereignis zu sein.«

Nach seinem Preis der Studenten im Jahr zuvor hätte der letzte Satz leicht zur Kränkung des jugendlichen Narzissmus führen können. Marcuse beugte einer Entfremdung vor, indem er eine intellektuelle Revolution zur Voraussetzung der politischen Befreiung erklärte:

»In dem Maße, in dem kritisches Bewusstsein von der Wohlstandsgesellschaft absorbiert und gelenkt worden ist, wird die Befreiung des Bewusstseins aus der Manipulation und den Indoktrinationen, denen der Kapitalismus sie unterzogen hat, zur vorrangigen Aufgabe und Voraussetzung. Nicht die Entwicklung von Klassenbewusstsein, sondern von Bewusstsein überhaupt, das von den ihm auferlegten Entstellungen befreit ist, scheint die grundlegende Voraussetzung für eine radikale Veränderung zu sein.«

Damit war der Kreis geschlossen. Der studentische Protest hatte seine Rolle als politische Avantgarde verloren, aber er blieb weiterhin die Grundlage, auf der sich eine Revolution erheben musste, die nicht selbst wieder in Gewalt und Herrschaft umschlagen wollte. Mit der Bekräftigung der »intellektuellen Aufgabe, der Aufgabe der Bildung und Diskussion, der Aufgabe, nicht nur den technologischen Schleier wegzuziehen, sondern auch die anderen Schleier, hinter denen Herrschaft und Unterdrückung am Werke sind«, hatte Marcuse nebenbei auch seine eigene Stellung als philosophischer Lehrer in Zeiten der Revolution legitimiert.[355] Den Befreiungskampf kämpften die postkolonialen Völker selbst. Wer im bolivianischen Dschungel die Weltrevolution suchte, war der Illusion des Abenteuers erlegen. Sinnvoller war die Reise zu einem Gelehrtenkongress in Indiana. Die gesellschaftliche Transformation begann in den Köpfen. Und die waren lange nicht ausreichend aufgeklärt. Marcuse beharrte darauf, dass zuerst die intellektuellen Waffen schärfen musste, wer in den politischen Kampf ziehen wollte.[356]

Mit dieser Botschaft an die kämpfende Jugend, die er drei Jahre später in seinem »Essay on Liberation« wieder aufnahm,[357] ging Marcuses Verwicklung in die Kreise der Gegnerforschung zu Ende. »An Essay of Liberation« bestätigte zugleich den Erfolg der Entspannungspolitik. Dennoch konnte Marcuse sich nicht als Sieger sehen. Das System hatte sich als stärker erwiesen: Die »Koexistenzpolitik [hat] zur Stabilisierung des Kapitalismus beigetragen: der ›Weltkommunismus‹ war

---

355 *Marcuse*, The Obsolescence of Marxism, S. 416f.
356 Vgl. *Marcuse*, Die Relevanz der Realität (1969), in: *ders.*, Nachgelassene Schriften, Bd. 3, S. 199–214, wo Marcuse es ablehnte, sich in das politische Getümmel zu stürzen, und sich zu seiner Aufgabe als Lehrer in einer »Werkstatt für intellektuelle Waffen« (ebenda, S. 209) bekannte.
357 *Marcuse*, An Essay on Liberation; dt. *ders.*, Aufsätze und Vorlesungen 1948–1969, S. 237–317; vgl. dazu auch unten, Kap. VI.7.

der Feind, der hätte erfunden werden müssen, wenn er nicht schon vorhanden gewesen wäre.« Die inneren Reformen, auf die Marcuse in Verbindung mit der Entspannungspolitik gehofft hatte, waren ausgeblieben. Nun arrangierte man sich mit dem Feind im Osten, der gleichwohl dazu diente, die Existenz der »Verteidigungswirtschaft« zu rechtfertigen. Im Sowjetblock wiederum war die Liberalisierung viel zu zaghaft vorangeschritten. Wer sich auf die Suche nach dem wahren Sozialismus begab, konnte in der Wirklichkeit keine Vorbilder entdecken: »die Opposition in den fortgeschrittenen kapitalistischen Ländern [wurde] durch die repressive stalinistische Entwicklung des Sozialismus ernsthaft geschwächt, die aus diesem nicht gerade eine attraktive Alternative zum Kapitalismus machte«.[358]

Wenn Marcuse trotzdem an dieser Stelle, unsicher und fragend, nach Kuba, Vietnam und China blickte, um den Sozialismus zu finden, zeigte sich, dass er endgültig den linksliberalen Diskurs hinter sich gelassen hatte. Nach einem Vierteljahrhundert schied Marcuse aus dem aktiven Dienst in den Institutionen der liberalen Marxismusforschung aus. Er verließ die Welt eines von Regierung und Stiftungen geförderten wissenschaftlichen Diskussionszusammenhangs, dessen Offenheit ihm über Jahrzehnte eine intellektuelle Heimat geboten hatte. Ohne diesen Zusammenhang ist Marcuses Weg zum Weltruhm strukturell schlicht undenkbar.[359]

---

358 *Marcuse*, An Essay on Liberation, S. 84f.; dt. *ders.*, Aufsätze und Vorlesungen 1948–1969, S. 311f.
359 In Wheatlands bedeutender Darstellung des amerikanischen Marcuse, die vielfach verbreitete Legenden korrigiert und die grundsätzlich in dieselbe Richtung zielt wie die vorliegende Arbeit, kommt dieser Zusammenhang nicht vor; vgl. *Wheatland*, The Frankfurt School in Exile, S. 282, 284f., 287f., 296–334.

VI Intellektuelle in der Schlacht

> Diese Verwaltung des Glücks löst bei mir Übelkeit aus.
>
> **Herbert Marcuse**

> I cannot give allegiance to any political movement that does not show realistic promise of preserving, transmuting, and extending the achievements of what is too loosely called bourgeois civilization.
>
> **Barrington Moore**

1. Die Fortsetzung des Krieges mit anderen Mitteln

Im März 1949 rief der große amerikanische Intellektuelle Sidney Hook seine Mitstreiter im Kampf gegen den Totalitarismus auf das »Schlachtfeld der Philosophie«. Der Kampf ging weiter, nach der Hochphase intellektuellen Engagements vor dem Zweiten Weltkrieg. Exkommunistische Veteranen aus Willi Münzenbergs antifaschistischer Ideenkampftruppe bekriegten nun mit ebenso großer Entschlossenheit den Kommunismus. Scharenweise schlossen sich ihnen Gleichgesinnte an. Auch die Gegenseite formierte ihre Kräfte. Von der Sowjetunion gesteuerte Friedenskampagnen und von der amerikanischen Regierung finanzierte Kongresse zur Verteidigung der kulturellen Freiheit führten zu einer Renaissance des intellektuellen Engagements. Der Kalte Krieg war eine intellektuelle Kampfzone.[1]

Nicht jeder folgte dem Appell, für den Osten oder den Westen in die Ideenschlacht zu ziehen. Die Gelehrten-Intellektuellen um Hughes und Marcuse, die sich im OSS und State Department zusammengefunden hatten, verbrachten die fünfziger Jahre nicht ausschließlich in der akademischen Welt und im Umkreis der Rockefeller-Stiftung. Von den politischen Fundamenten, den diskursiven Zusammenhängen und den materiellen Bedingungen ihrer wissenschaftlichen Arbeit handelten die voranstehenden Kapitel. Schon dabei zeigte sich allerdings, dass diese Gelehrten in nicht allein von Gelehrsamkeit bestimmten Wissensstrukturen auftraten. Doch das ist nicht die ganze Geschichte.

Als Intellektuelle zielten auch sie von Anfang an auf Öffentlichkeit. Sie betrieben politische und gesellschaftliche Kritik in der öffentlichen Diskussion, seit sie das Außenministerium verlassen hatten – mitunter sogar, während sie noch im Staatsdienst standen. Ihr Engagement war zurückhaltender als später in den sechziger Jahren. Sie waren als spezifische Intellektuelle nicht permanent politisch aktiv. Nicht selten

---

1 *Hook*, On the Battlefield of Philosophy; die beste Einführung in den Ideenkampf des frühen Kalten Krieges und zugleich maßgebliche Studie des 1950 in Berlin gegründeten und vom amerikanischen Geheimdienst finanzierten Congress for Cultural Freedom, der in Methoden und Personal dem alten Münzenberg-Apparat verbundenen wichtigsten antikommunistischen Intellektuellenorganisation des Westens, bietet *Hochgeschwender*, Freiheit in der Offensive?

stand bei ihnen die Verteidigung der intellektuellen Autonomie im Vordergrund. Gleichwohl war im nuklearen Zeitalter alles überschattet von der Frage nach dem Überleben der Menschheit. Der Kalte Krieg und die internationale Ordnung boten ihnen häufig den Anlass für ihre intellektuellen Stellungnahmen. Sie kapitulierten nicht vor der binären Denkordnung des Kalten Krieges, die von den verfeindeten politischen Lagern propagiert wurde. Von diesem schwierigen Versuch, sich in der öffentlichen Diskussion der intellektuellen Aufrüstung zu entziehen, der einem immer wieder zum Scheitern verurteilten Balanceakt glich, und von der Politik dieser Intellektuellen in späteren Jahren handelt dieses Kapitel.

Die politische Wirkung, die den Intellektuellen im State Department immer wieder fehlte, suchten die Intellektuellen seit dem Kriegsende durch Veröffentlichungen für ein Fachpublikum und nicht selten auch für eine weitere Öffentlichkeit zu kompensieren. Das geschah anfangs parallel zur Tätigkeit im State Department. Mitunter glichen sich Memoranden und Artikel bis in einzelne Formulierungen.[2] Häufig sind R&A-Analysen als Grundlage von Veröffentlichungen auszumachen. In einem Fall erlaubten sich die Intellektuellen im State Department sogar den selbstreferentiellen Scherz, zuerst Material aus ihren Geheimdienstanalysen für eine Publikation zu verwenden und danach in den Analysen auf diesen Artikel als wissenschaftliche Unterstützung der eigenen Position zu verweisen.[3] Sie beherrschten die Kunst des öffentlichen Streits. Während sie noch als gouvernementale Intellektuelle im Außenministerium ihren Dienst versahen, schlüpften sie bereits wieder in die Rolle von Gelehrten-Intellektuellen, die nach Gelegenheiten Ausschau hielten, sich »bewusst in die Spannung von Wissenschaft als Beruf und Politik als zivilbürgerliche Verpflichtung« zu stellen.[4]

---

2 Die Leitung des OIR billigte und befürwortete sogar wissenschaftliche Publikationen ihrer Geheimdienstexperten. Erst auf dem Höhepunkt des McCarthyismus wurde diese Praxis eingeschränkt, um keine politischen Angriffe auf das State Department zu provozieren; Memo Evans an Armstrong, 14. 4. 1953, NA, RG 59, E. (A1) 5161, b. 68, f. Armstrong 1953. Für die CIA-Experten galten mitunter ähnliche Regelungen, auch wenn dabei im Regelfall die Mitarbeit in der CIA verschwiegen werden musste; vgl. *Garthoff*, A Journey through the Cold War, S. 61–71.
3 Vgl. *Marquardt-Bigman*, Amerikanische Geheimdienstanalysen, S. 176, 194f., 202f., 240–242, 253, 255 (ebenda, Anm. 87 belegt den oben erwähnten Fall), 257f., 261.
4 *Hübinger*, Gelehrte, Politik und Öffentlichkeit, S. 13.

Neumann erwies sich auch auf diesem Terrain einmal mehr als der »anerkannte intellektuelle Führer«[5] der Gruppe. Mit seinem Aufsatz »Re-educating the Germans« gab er 1947 den Ton vor,[6] den bald auch die intellektuellen Publikationen der anderen anschlugen. Die Probleme, die er vor intellektuellem Publikum erörterte, sind dieselben, mit denen die Gruppe im OIR befasst war. Neumann erläuterte der Öffentlichkeit, was der »bürokratische Untergrund« der Regierung nahezubringen versucht hatte – dass gegenseitige Missverständnisse und Fehlwahrnehmungen am Anfang des Kalten Krieges gestanden hatten und nicht unüberwindliche absolute Feindschaft. Der Intellektuelle Neumann betätigte sich als Übersetzer von unausgesprochenen Voraussetzungen, als Vermittler von Konzepten, die unsichtbar zwischen den einstigen Alliierten standen – ganz so, wie es auch der Geheimdienstexperte Neumann getan hatte. Seine Sprach- und Ideologiekritik verstand sich als intellektueller Beitrag zur Entschärfung des Kalten Krieges.

Neumann legte dar, dass die Amerikaner ein »politisches Phänomen« meinten, wenn sie vom Nationalsozialismus redeten, die Sowjets jedoch »die politische Form eines ökonomischen und sozialen Systems«. Aus dem kleinen konzeptionellen Unterschied erwuchsen gewaltige politische Probleme, denn dieser führte zu zwei völlig unterschiedlichen Ansätzen der Deutschlandpolitik. Der Konflikt war auch vorprogrammiert, wenn beide Seiten von Demokratie sprachen, aber ganz verschiedene Begriffe der Demokratie hatten. Sollten Amerikaner wie Russen nicht ihre konzeptionellen Differenzen erkennen, verhieß Neumann Schlimmes: »In den westlichen Zonen herrschen gegenwärtig freiheitliche Zustände, jedoch mit der Perspektive, dass ein Neofaschismus aufkommt; in der Sowjetzone herrscht gegenwärtig Unterdrückung, wobei die Aussichten auf Demokratie vage bleiben.« Er kritisierte das Scheitern von Entnazifizierung und »Umerziehung«, schloss aber mit einem Appell, gerade auf diesem Gebiet, wo die Besatzungsmächte ein gemeinsames Interesse verband, die Zusammenarbeit in Deutschland wiederzubeleben: »Die Rekonstruktion der

---

5 *Katz*, Foreign Intelligence, S. 34; *Marquardt-Bigman*, Amerikanische Geheimdienstanalysen, S. 70f.
6 *Neumann*, Re-Educating the Germans; dt. *ders.*, Die Umerziehung der Deutschen. In diesem Aufsatz finden sich – in verschärfter Formulierung – beispielsweise Spuren von R&A 4286, Implementation of the Potsdam Declaration: Democratization and Denazification, 5. 3. 1947. Parallelen bestehen auch zu R&A 4237-R (PV), The Progress of Reeducation in Germany, 10. 11. 1947.

Demokratie setzt freilich ein geeintes Deutschland voraus [...] Die Wiedergeburt der Demokratie setzt zweitens eine Übereinkunft unter den Großmächten voraus.«[7]

Diese Veröffentlichung verdient nicht nur Beachtung, weil sie die erste in einer ganzen Reihe war und weil sie die Methode der Intellektuellen demonstrierte – begriffliche Aufklärung und die Analyse von Denkmustern dienten als intellektuelle Waffen, die den Kalten Krieg aufhalten sollten, gewissermaßen als das letzte Aufgebot des »bürokratischen Untergrunds«, ehe dieser Versuch nach einigen Jahren für gescheitert erklärt wurde.[8] Neumanns Beitrag steht zudem für einen Perspektivenwechsel innerhalb der Intellektuellengruppe. Nachdem der Versuch direkter politischer Beeinflussung des Machtapparats nur wenig ausrichten konnte, suchten sie sich ein neues Schlachtfeld für intellektuelle Interventionen.

Nach dem Muster Neumanns finden sich von diesem Zeitpunkt an zahlreiche Beiträge in unterschiedlichen Medien, von der Fachzeitschrift über das intellektuelle oder politische Journal bis zur Rundfunksendung, die strategische und außenpolitische Fragen einmal offen, einmal subtil mit den Problemen der »re-education« und der demokratischen Erneuerung der politischen Kultur Deutschlands verknüpften. Das war nicht ohne Grund ihr bevorzugter Weg, auf die öffentliche Diskussion Einfluss zu nehmen: Erstens konnten sie auf diesem Feld von ihrer intellektuellen Reputation zehren. Zweitens stellten sie immer wieder die Gemeinsamkeiten zwischen den USA und der UdSSR gerade auf diesem Gebiet heraus. In der auf konkrete Aufgaben beschränkten, laborartigen Umgebung eines vereinigten und neutralen Deutschlands konnten die praktischen Schritte erprobt werden, die zu Ausgleich und Entspannung über Deutschland hinaus führen sollten. Wie betont wurde, bestand darin die letzte Chance, um einen globalen bewaffneten Konflikt und im Innern eine Gesellschaft der politisch mobilisierten Angst zu vermeiden.

Neumann verschärfte zu diesem Zweck seine Kritik an der Deutschlandpolitik und warnte vor Plänen zur Wiederbewaffnung einer immer noch nazifizierten, militaristischen und hochgradig nationalisti-

---

7 *Neumann*, Re-Educating the Germans, S. 517f., 524f.; dt. *ders.*, Die Umerziehung der Deutschen, S. 291f., 307.
8 1950 erklärte Hughes: »The time is over when the differences between the United States and the Soviet Union could be described as semantic difficulties demanding simply an understanding of each other's political languages.« *Hughes*, An Essay for Our Times, S. 10f.

schen Gesellschaft, während er unermüdlich für die Zusammenarbeit der Alliierten warb.⁹ Krieger und Schorske folgten ihm in jedem Punkt. Als Berichterstatter des Council on Foreign Relations und der Rockefeller Foundation betonte Schorske die Notwendigkeit einer tiefgreifenden kulturellen und gesellschaftlichen Erneuerung, die unter alliierter Aufsicht in einem neutralen, vereinigten Deutschland stattfinden müsse.¹⁰ Krieger legte eine elaborierte und klug argumentierende Verteidigung der R&A-Positionen vor. Das Leitideal des antifaschistischen, demokratischen Sozialismus sollte Deutschland und die Alliierten zusammenhalten. Eine »soziale Revolution« in Deutschland war immer noch erforderlich und würde zur Verständigung beider Seiten führen. Auch nach der Gründung der Bundesrepublik vertrat der in die akademische Welt zurückgekehrte Krieger in Rundfunksendungen die Linie Neumanns und der Gruppe im State Department. Gegen die Aussicht auf ein autoritäres Regime in Westdeutschland setzte Krieger weiterhin auf Neutralisierung und Wiedervereinigung – bei einer fundamentalen Reform des Wirtschafts- und Gesellschaftssystems. Schweden und die Schweiz blieben die Vorbilder, nach denen Deutschland zu formen war.¹¹

Der internationale Horizont, die größere politische Vision, blieb dabei stets sichtbar. »Die Vereinigten Staaten und die Sowjetunion sind zwei Riesen, jeder von ihnen hat ein einziges ideologisches Prinzip mit der Gewalt einer aggressiven Weltmacht umhüllt; sie stehen nicht nur einander gegenüber auf dem Feld der Ideen und der Waffen, sondern sie können sich nicht einmal gegenseitig verstehen«, erklärte Krieger noch 1952 im Radio. »In dieser Lage sollten die europäischen Nationen eine außenpolitisch neutrale Position einnehmen und ideo-

---

9 *Neumann*, Military Government and the Revival of Democracy in Germany; dt. *ders.*, Militärregierung und Wiederbelebung der Demokratie in Deutschland; *ders.*, Germany and Western Union; *ders.*, Soviet Policy in Germany. Das völlige Scheitern der Entnazifizierung konstatierte der vollständig aus OIR-Material gearbeitete Artikel von *Herz*, The Fiasco of Denazification; vgl. *Marquardt-Bigman*, Amerikanische Geheimdienstanalysen, S. 253–258.
10 *Schorske/Price*, The Problem of Germany; *Schorske*, The Dilemma of Germany; Schorske, Diary of Trip to Germany February 15–March 23, 1950, RFA, RG 1.1, Series 717, b. 7, f. 41.
11 *Krieger*, The Inter-Regnum in Germany, bes. S. 507f., 515f., 531f.; *ders./George de Huszar/Ludwig Freund/James H. McBurney*, Is Germany Turning East or West? A radio discussion over WGN and the Mutual Broadcasting System, in: The Northwestern University Reviewing Stand, Evanston, 13. 8. 1950, Krieger Papers, b. 3.

logisch unabhängig bleiben.« Das Ziel war das alte geblieben: »Diese Nationen könnten den umfassenden, nichtsektiererischen Humanismus, Europas bestimmendes Prinzip, zu einem echten politischen System entwickeln, das die freiheitlichen Tendenzen des Westens und die sozialistischen Tendenzen des Ostens gleichermaßen einschließt in seiner vollständigen Befriedigung der menschlichen Bedürfnisse.«[12] Besser hätte es keiner aus dem Kreis formulieren können. Jeder ihrer politischen Artikel lief auf diese Botschaft hinaus.[13] Erst in den fünfziger Jahren stellten diese Intellektuellen ihre Versuche ein, über Deutschland und Europa als politisches Laboratorium die hoffnungslos gespaltene Welt des Kalten Krieges versöhnen zu wollen.

Die Publikationen von Hans Meyerhoff waren an der Oberfläche weniger politisch. Meyerhoff hatte einen Zugang zum führenden Intellektuellenjournal jener Jahre, der *Partisan Review*, gefunden.[14] Nicht alle, aber viele der literarischen Miniaturen und Rezensionen, die er aus Washington und Los Angeles nach New York schickte, handelten dennoch von der »deutschen Katastrophe«. Ob er in einer Parabel an die Ermordeten des Holocaust erinnerte; ob er sich der Verklärung Ernst Jüngers zum Widerstandshelden widersetzte, dessen Ästhetizismus in »Auf den Marmorklippen« nichts mit »einer konkreten Identifizierung mit dem menschlichen Leid oder der menschlichen Hoffnung auf Glück« zu tun habe; ob er für die literarische Welt Amerikas den »Doktor Faustus« von Thomas Mann besprach und mit ihm in die Untiefen der deutschen Tradition hinabtauchte – die politische Sorge um Deutschland, die Meyerhoff mit seinen Freunden teilte, war auch im schöngeistigen Gewand unschwer zu erkennen.[15]

---

12 *Krieger/Bernard Mullins*, European Neutralism Threatens Success of American Aid Program, in: Yale Interprets the News, 3. 8. 1952, Transkription einer Rundfunksendung, Krieger Papers, b. 3.
13 Vgl. auch *Hughes*, Transatlantic Misunderstanding, bes. S. 490f., 496f.; *ders.*, »Weizsaecker. Good German vs. Good European«, The Nation, 9. 2. 1952, S. 135f.; *ders.*, Where Modern Germany Took the Wrong Turn.
14 Sein Weg dorthin lässt sich nicht mehr rekonstruieren. Zum inneren Zirkel der Zeitschrift gehörte er nie; vgl. dazu *Cooney*, The Rise of the New York Intellectuals. Aus der umfangreichen Literatur zum weiteren Kreis der »New York intellectuals« vgl. auch *Jumonville*, Critical Crossings; *Teres*, Renewing the Left; *Wald*, The New York Intellectuals. Zur wechselseitigen, aber nicht allzu erfolgreichen Kontaktaufnahme zwischen dem Institut für Sozialforschung und den »New York intellectuals« in den dreißiger und vierziger Jahren vgl. jetzt *Wheatland*, The Frankfurt School in Exile, S. 97–188.
15 *Meyerhoff*, The Juenger Case, S. 346; *ders.*, A Parable of Simple Humanity; *ders.*, Thomas Mann's Faust.

Die Intellektuellen der Gruppe sorgten sich allerdings nicht nur um Deutschland, nicht einmal dann, wenn sie sich um Deutschland sorgten – ebenso wie sie es in ihrer anderen Rolle als Geheimdienstanalytiker taten. Der Kalte Krieg selbst wurde bald zum alles beherrschenden Thema ihres politischen Engagements. Und hier war es zunehmend Stuart Hughes, der den Ton vorgab. Er stammte aus einer prominenten Ostküstenfamilie. Sein Großvater Charles Evans Hughes war in den zwanziger Jahren republikanischer Außenminister unter den Präsidenten Warren Harding und Calvin Coolidge und danach Vorsitzender Richter am Supreme Court gewesen. Sich selbst nannte Stuart Hughes einen Sozialisten.[16] Über das Verfassen von Artikeln hinaus hatte Stuart Hughes bis zum Anfang der fünfziger Jahre bereits unterschiedliche Varianten des politischen Engagements erkundet. Als er im Frühjahr 1948 das State Department verließ, um stellvertretender Direktor des neuen Russian Research Center in Harvard zu werden, wurde er im Wahlkampf von Henry Wallace und dessen Progressive Party als Redner aktiv. Hughes unterhielt beste Kontakte zur Parteiführung in Massachusetts. Auch etliche seiner intellektuellen Freunde aus R&A – wie Carl Schorske, Hans Meyerhoff oder Norman Brown – unterstützten Wallace.[17] Bis 1944 Roosevelts Vizepräsident, verkörperte Wallace mittlerweile die stärkste linke Alternative zu den beiden etablierten Parteien. Zum einen trat seine Partei für internationale Entspannung und eine Annäherung an die Sowjetunion ein. Sie war ein Sammelbecken derjenigen, die sich mit dem alternativlosen Ausbruch des Kalten Krieges nicht abfinden wollten. Zum anderen stand Wallace für soziale Gerechtigkeit und Rassengleichheit, ein riskantes Unterfangen in weiten Teilen Amerikas, wo der Kampf gegen den Rassismus in den vierziger Jahren noch mit dem Kommunismus gleichgesetzt wurde.[18]

---

16 Vgl. *Hughes*, An Essay for Our Times, S. 4–9; ders., On Being a Candidate, bes. S. 125; Western Values and Total War, bes. S. 287.
17 Meyerhoff an Hughes, 23. 2. 1948, 6. 3. 1948, 12. 7. 1948, 11. 8. 1948, HSHP, Series I, b. 5, f. 112; Hughes an Angus Cameron, 8. 11. 1949, HSHP, Series IV, b. 16, f. 4; Hughes an seine Eltern, 21. 2. 1948, 3. 10. 1948, 10. 10. 1948, 23. 10. 1948, HSHP, b. 18, f. 34; *Hughes*, On Being a Candidate, S. 125; *Schorske*, Thinking with History, S. 19–27.
18 Zu Wallace, bis heute kontrovers, aber milder als von seinen antikommunistischen Gegnern 1948 beurteilt, vgl. *Culver/Hyde*, American Dreamer; *Kleinman*, A World of Hope; *Walker*, Henry A. Wallace and American Foreign Policy; *White/Maze*, Henry A. Wallace; zur Gleichsetzung von Kommunismus und Kampf gegen die Rassentrennung und zum Zusammenhang von Rassismus

Diese beiden Komplexe – der Kalte Krieg sowie der Rassismus und die soziale Ungerechtigkeit in den USA – trieben diese Intellektuellen dem Wallace-Lager zu.[19] Was nicht hieß, dass sie den verdeckten kommunistischen Einfluss in der Progressive Party übersahen. Sie lehnten es ab, sich öffentlich von der Unterwanderung der Partei zu distanzieren, um nicht der »primitiven antikommunistischen Propaganda« in die Hände zu spielen. Gegenüber der Parteiführung jedoch brachte etwa Hughes scharfe Kritik vor.[20] Schien Wallace für einen Augenblick eine realistische Alternative zu bieten, hatte sich diese bereits nach wenigen Monaten erschöpft. Das politische Engagement zeitigte bereits in dieser Frühphase des McCarthyismus berufliche Konsequenzen. Hughes verlor seine Stelle am Russian Research Center, kam aber am History Department der Harvard University unter.[21]

In der Folge vermied Hughes in den McCarthy-Jahren zwar den direkten politischen Einsatz. Er zog sich auf das akademische Terrain zurück. Doch das bedeutete nicht den Abbruch seines intellektuellen Engagements. Die fünfziger Jahre leitete er mit einem publizistischen Paukenschlag ein. Er veröffentlichte eine Streitschrift, die für erhebliches Aufsehen in der intellektuellen Klasse und darüber hinaus sorgte. Sie trat auf als Abschied von einer untergegangenen politischen Ära – und zugleich als Weckruf für eine noch ungewisse Zukunft. Hughes' »An Essay for Our Times« erschien 1950 bei Alfred Knopf,

---

und McCarthyismus vgl. *Schrecker*, Many Are the Crimes, S. 32–34, 66, 104, 150f., 389–395.
19 Schon 1944, als Wallace noch Roosevelts Vizepräsident war, hatte Hughes seine Bewunderung für Wallace aus diesen Gründen erklärt; Hughes an seine Eltern, 22. 7. 1944, HSHP, Series IV, b. 17, f. 31. Zur Kontinuität dieses Motivs vgl. *Hughes*, An Essay for Our Times, S. 145–147, 174.
20 Meyerhoff an Hughes, 11. 8. 1948, HSHP, Series I, b. 5, f. 112; Hughes an Angus Cameron, 8. 11. 1949 (Zitat), HSHP, Series IV, b. 16, f. 4; der Lektor und Literat Cameron war Wallace' Parteichef in Massachusetts; Hughes an seine Eltern, 3. 10. 1948, 10. 10. 1948, 23. 10. 1948, HSHP, Series IV, b. 18, f. 34. Den Quellen zufolge war Hughes engagierter im Wahlkampf aktiv, als seine Autobiographie retrospektiv nahelegte; vgl. *Hughes*, Gentleman Rebel, S. 206–209. – Demokratisch-sozialistische »New York intellectuals« bekämpften die intellektuellen Unterstützer der Progressive Party als verkappte Stalinisten, allen voran den auch von Hughes geschätzten Literaturprofessor F. O. Matthiessen aus Harvard, der Wallace' Wahlkampf intellektuelles Gewicht verlieh; vgl. *Howe*, The Sentimental Fellow-Traveling of F. O. Matthiessen.
21 Vgl. *Hughes*, Gentleman Rebel, S. 205–210; *O'Connell*, Social Structure and Science, S. 115–120, 133–138; *Novick*, That Noble Dream, S. 330f.; *Diamond*, Compromised Campus, S. 69–79; *Lipset/Riesman*, Education and Politics at Harvard, S. 184f.; zum Russian Research Center vgl. oben, Kap. V.4.

einem angesehenen Publikumsverlag. Dieser Essay war eine politische Intervention gegen die politischen Tendenzen des Zeitalter ebenso wie ein ideengeschichtlicher Versuch über dieses Zeitalter. Es war dasjenige Buch aus diesem Intellektuellenkreis, das bis zum Erscheinen von Marcuses »One-Dimensional Man« am meisten für öffentliches Aufsehen sorgte.

Hughes gab darin seine politische Haltung nicht preis; er rechtfertigte sie trotz widriger politischer Umstände. In seinen außenpolitischen Passagen verteidigte der »Essay« die Positionen der Intellektuellengruppe im State Department. Auf seiner ideen- und mentalitätsgeschichtlichen Ebene analysierte das Buch den Verlust kultureller Sicherheit im Angesicht der Atombombe. Freud war die Leitgestalt, mit der Hughes die psychopathologischen und politisch-psychologischen Abgründe des Zeitalters ausleuchtete. Doch auch Oswald Spengler, dem er kurz darauf sein zweites Buch widmete, und der damalige Modeautor und »britische Spengler«, der Historiker Arnold J. Toynbee, dienten Hughes zur Orientierung, um einen pessimistischen Blick in die Zukunft zu werfen.[22] Über den modernen Roman – Proust, Joyce, Kafka und Thomas Mann – verschaffte Hughes sich Einblick in die Fragilität der modernen Gesellschaft und die Verletzlichkeit und Verlorenheit des Individuums. Camus und Sartre erweiterten seine Bestandsaufnahme der geistigen Kriegsversehrungen.[23] Die Gegenwart wurde von einer »Krise des Verstehens« erfasst, die nicht nur Philosophie, Kunst oder Psychologie erschütterte, sondern das politische Selbstverständnis des Westens:

»Seit Jahrzehnten warnen Pessimisten, halb eingebildet und halb ernsthaft, dass die westliche Welt in einer verrückten Tretmühle steckt, dass sie die Maschinen erschaffen hat, die sie einmal zerstören werden. Die Nüchternen und Weisen sind diesen Prophezeiungen mit einem nachsichtigen Lächeln begegnet. Doch dann zerstörte der schreckliche Tag von Hiroshima für immer die Illusionen ihrer eigenen Unzerstörbarkeit.

Früher oder später kommt beinahe alles, was seit 1945 geschrieben wurde, auf die Bombe zu sprechen. […] Unvermeidlich erhebt sich die Frage, ob im Angesicht einer solchen Vernichtungswaffe die freie Gesellschaft nicht überholt ist – ob sich nicht eigentlich die freie Gesell-

---

22 Vgl. *Hughes*, An Essay for Our Times, S. 15–36
23 Vgl. ebenda, S. 37–58; ders., Oswald Spengler.

schaft durch die Manipulation der technischen Komplexität des Lebens schon vor der Entdeckung der Bombe selbst für überholt erklärt hat.«

Die sowjetische Alternative bot auch keinen Ausweg aus diesem Dilemma, so viel stand für Hughes fest.[24] An dieser Stelle vollzog sich unweigerlich der Übergang von der Kulturkritik zur politischen Kritik. Der »Essay« verabscheute die Kultur und Ideologie des Kalten Krieges. Das Buch sollte Sand ins Getriebe einer sich unwidersprochen ausbreitenden dualistischen politischen Ordnungsvorstellung streuen. Zunächst untergrub Hughes die Rhetorik der absoluten Feindschaft. Seine Darstellung der Sowjetunion und des Kommunismus deckte sich mit den Deutungsmustern des OIR. Statt einer Theorie des Totalitarismus bot Hughes eine fundamentale und differenzierte Unterscheidung von Faschismus und Kommunismus an.[25] Deeskalation durch Verständigung blieb die Kernforderung seines politischen Programms. Allerdings fiel Hughes' Einschätzung der Lage pessimistischer aus als noch in den Schriften seiner Freunde aus den späten vierziger Jahren. Die Differenzen zwischen Ost und West reichten bereits zu tief, als dass sie allein durch intellektuelle Mittel, durch die Aufklärung von »semantischen Schwierigkeiten« und die wechselseitige Übersetzung von »politischen Sprachen«, noch zu beheben wären.[26]

Brisant waren im Jahr 1950 die politischen Analysen und Entwürfe, die das Zentrum des Buches ausmachten. Hughes beharrte nicht nur auf seinen Ansichten, er trug sie offensiv aus den abgeschotteten Räumen der Regierungsbehörden und akademischen Debatten in die Öffentlichkeit. Vehement verteidigte Hughes den demokratischen Sozialismus als politisches Ideal. Der Sozialismus sei die einzige Alternative für Europa, erklärte er, wie schon 1947 im State Department. Der Marshallplan wurde von Hughes gefeiert, weil er eine kommunistische Machtübernahme in Westeuropa verhindert hatte – ein verstecktes

---

24 Vgl. *Hughes*, An Essay for Our Times, S. 59–67, Zitat S. 66f.
25 Vgl. ebenda, S. 9f., 71–91, 107–109; als Grundlage diente Hughes *Merleau-Ponty*, Humanisme et terreur; aus ideengeschichtlicher Perspektive dazu mit zwei Jahrzehnten Distanz und ungebrochener Sympathie vgl. *Hughes*, The Obstructed Path, S. 189–211; seine methodische Kritik des Totalitarismusparadigmas setzte Hughes im Jahr darauf fort in seiner Besprechung von Hannah Arendt, vgl. ders., »Historical Sources of Totalitarianism«, *The Nation*, 24. 3. 1951.
26 Vgl. *Hughes*, An Essay for Our Times, S. 11.

Selblob der eigenen historischen Vernunft, während Hughes ebenso en passant seine Erfahrung verpackte, dass in Regierungskreisen »ein Dokument, das länger als zwei Seiten ist, einfach nicht gelesen wird«. Zugleich warnte Hughes wie im State Department vor der ungebrochen bestehenden Gefahr durch nach wie vor aktive autoritäre und neofaschistische Kräfte in Europa.[27] Düster fiel sein Urteil über die USA aus. Innenpolitisch sah er Amerika auf dem Weg in einen Angststaat. Ernst zu nehmende Opposition wurde ausgeschaltet, indem die Wirtschaft und der für den Kalten Krieg geschaffene nationale Sicherheitsapparat die gesellschaftlichen Gegenkräfte durch Druck und Anreize in ihr System einbanden. Was die amerikanische Außenpolitik betraf, bezeichnete Hughes die USA als imperialistische Macht.[28] Von seinen oder Marcuses Äußerungen in den sechziger Jahren waren diese Ansichten zu Anfang des Kalten Krieges nicht weit entfernt. Am 29. August 1949 hatte die Sowjetunion ihre erste Atombombe gezündet. Damit war Wirklichkeit geworden, was zuvor nur befürchtet worden war. Die Gefahr eines Atomkriegs war zum ersten Mal real. Angst beherrschte Hughes zufolge die Gegenwart. Hoffnung versagte. Kurze Zeit nach der Explosion der sowjetischen Bombe erklärte Hughes: »Vielleicht bleibt uns seit August 1945 nur die Alternative eines Albtraums der Zerstörung oder eines Albtraums der Kontrolle.«[29]

Allerdings kapitulierte Hughes nicht im Angesicht der Verzweiflung, die aus solchen Sätzen sprach. Am Ende des »Essays« begab er sich auf die Suche nach einem Ausweg. »Die Angst vor einem Krieg mag abgenommen haben – doch sie bleibt die Obsession, die unser Leben beherrscht. Im Grunde existieren wir in einer Atmosphäre der drohenden Katastrophe«, bemerkte Hughes, der dennoch nicht zu den Propheten des Untergangs gehören wollte.[30] Er beschrieb die Gefahr, um sie nicht länger zu verdrängen. Wenn er von einem Zeitalter der Angst sprach, spielte er auch auf W. H. Auden an, dessen »Age of Anxiety« gerade den Pulitzer-Preis gewonnen und Leonard Bernstein zu seiner zweiter Symphonie inspiriert hatte. Hughes' Beschreibung seiner Gegenwart erinnert an neuere Forschungen über Angst im frü-

---

27 Vgl. *Hughes*, An Essay for Our Times, S. 5–9, 110–127, 65 (Zitat).
28 Vgl. ebenda, S. 131–170. Zum historischen Hintergrund vgl. *Hogan*, A Cross of Iron; vgl. auch oben, Kap. II.1.
29 *Hughes*, An Essay for Our Times, S. 67, vgl. S. 176.
30 Ebenda, S. 187.

hen Kalten Krieg.[31] Seine Diagnose der Angst verfolgte eine therapeutische Absicht. Sie sollte dazu beitragen, vorherrschende Denkmuster zu untergraben, die alles durchdringende Angst abzuschütteln und ihrer politischen Mobilisierung entgegenzutreten.

Das letzte Kapitel trug darum den Titel »Jenseits der Verzweiflung«.[32] Es war dem Versuch gewidmet, eine Alternative zur unentrinnbar scheinenden Weltordnung des Kalten Krieges zu entwerfen. Eine globale Machtkonstellation, die eine Auslöschung der Menschheit riskierte, konnte nicht ohne Widerstand hingenommen werden. Hughes' Protest griff auf bekannte Konzepte zurück, die im OIR erdacht worden waren: der stabilisierende Effekt von Einflusssphären; die Segnungen des Marshallplans; Verständnis für das Sicherheitsbedürfnis, die Mentalität und die Ideologie des Gegners. Große Hoffnungen weckte der Auftritt eines neuen Akteurs auf der internationalen Bühne – des häretischen, unabhängigen sozialistischen Lagers in Gestalt von Titos Jugoslawien.

Die Sowjetunion hatte nicht interveniert, um den Abfall Titos zu verhindern. Das bewies in Hughes' Augen – in Fortsetzung des Kampfes, den er und seine Freunde sich mit ihren Gegnern im Staatsapparat geliefert hatten – zweierlei: erstens, dass der sowjetische Expansionsdrang seine Grenze erreicht hatte und eine friedliche Koexistenz möglich war; zweitens, dass die ideologische Attraktivität des Sowjetkommunismus abgenommen hatte. Eine unabhängige sozialistische Kraft konnte in Erscheinung treten, zum internationalen Vorbild und Vorboten einer Entspannung werden. Verbunden wurde dieser Gegenentwurf zu den Denkmustern des Kalten Krieges mit Appellen, die bereits auf spätere Parolen vorauswiesen, Appelle an die politische Kreativität, die Phantasie, die Vorstellungskraft, die Vernunft und den Humanismus, an die »höchsten humanistischen Ziele, die verbinden und die widerstreitenden Ideologien unseres Zeitalters überwinden«.[33] Von da aus spannt sich ein intellektuellengeschichtlicher Bogen bis in die sechziger Jahre.

---

31 Zum Begriff und zur Geschichte der Angst wie auch kursorisch zum Kalten Krieg als einem Höhepunkt der politischen Mobilisierung von Angst vgl. *Greiner/Müller/Walter*, Angst im Kalten Krieg; *Robin*, Fear; *Bourke*, Fear; mit Bezug auf die innenpolitische Lage: *Griffith*, The Politics of Fear; siehe auch *Leffler*, For the Soul of Mankind; *Stöver*, Der Kalte Krieg.
32 Vgl. *Hughes*, An Essay for Our Times, S. 171–188.
33 Ebenda, S. 171, 188.

Der »Essay« erregte große Aufmerksamkeit, nicht nur unter jüngeren Lesern, denen eine Alternative zur herrschenden Denkordnung erschlossen wurde.[34] Kein Geringerer als Reinhold Niebuhr, Lehrer Dietrich Bonhoeffers, prominenter politischer Aktivist, Vordenker des außenpolitischen Realismus und theoretischer Kopf der liberalen Kalten Krieger, widmete dem »Essay« eine anerkennende Rezension in der *New Republic*.[35] Dass sich Niebuhr persönlich des »Essays« annahm, dass er sich davon herausgefordert fühlte, unterstreicht den Charakter des Buches als einflussreiche intellektuelle Intervention.

Es ging im »Essay« nicht nur um große kulturkritische und weltpolitische Fragen. Hinter der Tarnung außenpolitischer Weitsicht enthielt der »Essay« auch eine konkrete Kampfansage. Er mischte sich in eine aktuelle ideenpolitische Auseinandersetzung ein. Der »Essay« war ein Gegenangriff der unabhängigen sozialistischen Linken, die im neuen politischen Klima heimatlos geworden waren, auf ihre intellektuellen Gegner, die sich unter dem Banner des »cold war liberalism« formiert hatten und die politisch-intellektuelle Debatte dominierten. Deren kulturelle Hegemonie beabsichtigte Hughes zu brechen. Seine einleitende Attacke galt darum denen, die vorgaben, immer noch der Linken anzugehören, und sich doch »mit solcher Leidenschaft der heiteren Beschäftigung hingeben, alle wirklichen oder vermeintlichen Anhänger des Kommunismus aufzuspüren«.[36]

Es war offensichtlich, wer damit gemeint war. Hughes' intellektuelle Freunde lasen den »Essay« als Replik auf den einstigen R&A-Kollegen und jetzigen Rivalen in Harvard, Arthur M. Schlesinger.[37]

---

34 Siehe etwa die Aussage von Hughes' Schüler Richard M. Hunt, 6. 5. 1986, anlässlich des Emeritierungssymposiums (23./24. 5. 1986), »Approaches to European Intellectual History«, mit prominenten Schülern wie Martin Jay, John Toews, Dominick LaCapra, Paul Robinson, Allan Mitchell sowie mit Peter Gay, HSHP, Series I, b. 7, f. 184: »My associations with Stuart Hughes really began even before I had met him. I recall reading his book ›An Essay For Our Times‹ while I was working in New York City. Although gloomy and somewhat foreboding about the future, this book deeply impressed me as a stylistic gem, and I think it impelled me to apply for graduate work in History at Harvard. ›If this ist the way history can be written,‹ I thought, ›then I would be happy to study under such a master of literary prose‹.«
35 Vgl. *Reinhold Niebuhr*, »Search for Hope«, The Nation, 11. 3. 1950. Zu Niebuhrs Rolle in der amerikanischen politischen und intellektuellen Szene vgl. *Fox*, Reinhold Niebuhr, S. 224–248; *Craig*, Glimmer of a New Leviathan, S. 32–53, 74–92; *Halliwell*, The Constant Dialogue; *Kleinman*, A World of Hope.
36 *Hughes*, An Essay for Our Times, S. 8f.
37 Meyerhoff an Hughes, 18. 4. 1950, HSHP, Series I, b. 5, f. 112.

Dieser hatte mit seiner Kampfschrift »The Vital Center« ein antikommunistisches Manifest des »cold war liberalism« verfasst. Schlesinger begann wie Hughes mit einer Diagnose des »Zeitalters der Angst«, doch bei ihm wies Erich Fromm einen pragmatischen Ausweg aus den Abgründen Freuds. Auch seiner politischen Analyse gab Schlesinger eine kämpferische und optimistische Wendung. Er rechnete mit linken Illusionen ab, warnte vor der totalitären Sowjetunion und beschwor mit dramatischen, monolithischen Feindbildern die kommunistische Gefahr im Innern der USA. Schlesingers Buch gipfelte im Appell zum Ideenkrieg, er rief zur Neuerfindung des amerikanischen – sozialdemokratischen – Liberalismus als »kämpferischem Glauben« auf.[38] Innenpolitisch stammten die liberalen Kalten Krieger wie Schlesinger aus der Tradition des »New Deal«. Doch in der McCarthy-Ära stellten sie nicht selten den Einsatz für ein Ende der Rassensegregation oder für Bürgerrechte hinter den Kampf gegen den Kommunismus zurück – gegen Verräter im Innern und sowjetische Verbündete auf der ganzen Welt. Intellektuelle verbreiteten Schreckbilder eines totalitären Kommunismus, dessen Moskauer Zentrale die Anhänger auf der ganzen Welt fernsteuerte. Jeder einzelne Kommunist war eine Gefahr und ein Verräter. Zunehmend widmeten die »cold war liberals« dabei auch den »Entwicklungsländern« besondere Aufmerksamkeit.[39]

---

38 *Schlesinger*, The Vital Center, bes. S. 1–10, 51–67, 92–130, 243–256. Isaiah Berlin ging der militante Antikommunismus seines Freundes Schlesinger zu weit, vgl. *Müller*, Der Intellektuelle, der aus der Kälte kam, S. 9, 18. Zu Schlesingers Rolle bei der Verfertigung monolithischer Feindbilder vgl. *Selverstone*, Constructing the Monolith, S. 145–147, 195 f., 198 f.
39 Vgl. etwa die besonders prominenten Fälle von *Sidney Hook*, »Heresy, Yes – But Conspiracy, No«, *New York Times Magazine*, 9. 7. 1950, S. 12, 38 f.; *Irving Kristol*, »Civil Liberties«, 1952; zur Transformation des »New Deal«-Liberalismus, zu seiner Rolle im McCarthyismus und zu den »cold war liberals« vgl. *Hochgeschwender*, Freiheit in der Offensive?, S. 287–289; *Barkan*, Cold War Liberals and the Birth of »Dissent«; *Schrecker*, Many Are the Crimes, S. 149–153, 359–415; *dies.*, The Age of McCarthyism, S. 98–103; zur Geschichte des amerikanischen Liberalismus in diesen Jahren vgl. *McAuliffe*, Crisis on the Left; *Gillon*, Politics and Vision; *Keller*, The Liberals and J. Edgar Hoover; *Walker*, In Defense of American Liberties; grundlegend zur Entstehung des liberal-konservativen Paradigmas der fünfziger Jahre sind *Brinkley*, The End of Reform; *Pells*, The Liberal Mind in a Conservative Age. – Einen Zusammenhang zwischen liberalem Antikommunismus und Vietnamkrieg sehen, mit unterschiedlichen, bei genauer Betrachtung zusammenhängenden Dingen im Blick, etwa *Bird*, The Color of Truth, S. 301–349; *Gilman*, Mandarins of the Future, S. 155–240, 249 f.; *Halberstam*, The Best and the Brightest; *Ninkovich*, Modernity and Power, S. 241–311.

2. Das Ende der Ideologie

Dieser amerikanische Intellektuellenstreit am Anfang des Kalten Krieges wiederholte eine Auseinandersetzung, die wenige Jahre zuvor Maurice Merleau-Ponty, Jean-Paul Sartre, Albert Camus und Raymond Aron in Frankreich ausgetragen hatten. Ursprünglich ein Streit unter französischen Sozialisten über die politische Zukunft Frankreichs, weiteten sich die französischen Debatten zu der Grundsatzfrage aus, ob Europa einen Kurs der Neutralität einschlagen sollte, während es der Sowjetunion als einer potentiell emanzipatorischen Macht mit einer Haltung des Abwartens und der kritischen Sympathie begegnete, oder ob die einzige verantwortungsvolle Option die Westorientierung und die Bekämpfung des Kommunismus war, weil die Sowjetunion ihre kriminelle und aggressive Natur längst offenbart hatte. Einer der eifrigsten intellektuellen Verfechter des Neutralismus, Merleau-Ponty, wollte den Marxismus als humanistisches Korrektiv retten, um die Schattenseiten westlicher Ausbeutung und des Imperialismus bloßzustellen. Sein Gegenspieler Aron griff die Blindheit der französischen Intellektuellen an, ihre Revolutionsphantasien, die die Unterschiede von 1789 und 1917 verwischten.[40]

Merleau-Ponty war eine der intellektuellen Größen, denen Hughes im »Essay« folgte. Zugleich bewunderte er Camus, der den totalitären Angriff auf das Individuum anprangerte. Hughes strebte eine Synthese aus beiden Positionen an, die Neutralismus und Kritik der amerikani-

---

40 Vgl. stellvertretend für die Hauptkontrahenten *Merleau-Ponty*, Humanisme et terreur, dt. *ders.*, Humanismus und Terror, 2 Bde.; zu den genannten Positionen vgl. ebenda, Bd. 2, S. 56f., 62–64, 67, 76–79, 81–85, 90–96; sowie die einige Jahre später gebündelten Gegenreaktionen von *Aron*, L'Opium des intellectuels. Zur französischen Debatte in der frühen Nachkriegszeit vgl. grundsätzlich *Gleason*, Totalitarianism, S. 146–154; *Christofferson*, French Intellectuals Against the Left, S. 2 f., 27–37; zwei maßgebliche und verdienstvolle Darstellungen haben, wie Christofferson hier zeigt, den Nachteil, den Kontext auszublenden und die Auseinandersetzung nicht aus der politischen Situation und den zeitgenössischen intellektuellen Debatten zu rekonstruieren, sondern stattdessen methodisch wie sachlich wenig überzeugend die unhistorischen Kategorien Arons und François Furets – wie die intellektuelle Leidenschaft für die Revolution und die Ablehnung des Liberalismus – generell auf die »verantwortungslosen« Linksintellektuellen Frankreichs zu übertragen; vgl. *Judt*, Past Imperfect, bes. S. 6f., 226, 229–245, 282–290, 313; auch *ders.*, The Burden of Responsibility; *Khilnani*, Arguing Revolution, bes. S. 7–9, 17, 32, 135; *Furet*, Das Ende der Illusion.

schen Gesellschaft mit der Ablehnung des sowjetischen Herrschaftsmodells verband: Man konnte »weder Antikommunist noch Kommunist« sein, zitierte er zustimmend Merleau-Ponty.[41] Eine derartig positionierte Kritik der Ideologie des Kalten Krieges fand erst einige Jahre später stärkeren Widerhall, als sich eine Neue Linke zu formieren begann.[42] Zwei Jahrzehnte später begutachtete Hughes als Ideenhistoriker erneut diese Debatte. Noch immer urteilte er – wie in den ersten Nachkriegsjahren, als die Fronten noch verschiebbar und der Kalte Krieg nicht unvermeidlich schienen – über den Autor von »Humanisme et terreur« mit großer Sympathie. Genauso betrachtete Hughes aber auch Merleau-Pontys antisowjetische Wende zu Beginn des Koreakrieges 1950 mit Wohlwollen.[43]

In diesen Ideenkämpfen unmittelbar nach Kriegsende war bei Aron und Camus das Stichwort von einem Ende der Ideologie gefallen, im Sinne eines notwendigen Verzichts auf einen ideologischen Zugang zur Politik. Beide verstanden sich zu diesem Zeitpunkt noch als Sozialisten. Ihnen schwebte ein praktisch-pragmatischer Umgang mit den Nachkriegsproblemen vor, ungetrübt von ideologischen Gewissheiten. Die Sozialisten sollten den orthodoxen Marxismus aufgeben, um der Lage Herr zu werden. Als wirtschaftliche Grundlage eines postideologischen Zeitalters sollte die Kopplung von Planung und Markt dienen. In den folgenden Jahren entwickelten liberale Kalte Krieger aus diesem Konzept einer unideologischen Politik ihre Lehre vom »Ende der Ideologie«, die in unterschiedlichen Zusammenhängen bereits aufgetaucht ist. Aron prägte die Diskussion. Der Congress for Cultural Freedom (CCF), die verdeckt von der CIA finanzierte antikommunistische Intellektuellenorganisation, propagierte seine Ansichten. In diesem Kreis formten Aron, Edward Shils und Daniel Bell die Idee zum Leitgedanken des »Konsensliberalismus« der fünfziger Jahre, der vom Bekenntnis zum Wohlfahrtsstaat, zum politischen Pluralismus, zur Unverzichtbarkeit von Expertenwissen und zur freien, aber Staatseingriffen und Planung unterworfenen Wirtschaft gekennzeichnet war. Auch in der amerikanischen Außenpolitik

---

41 Vgl. *Hughes*, An Essay for Our Times, S. S. 9f., 52–58, 71–91, 107–109, 169f. (Zitat), 175f.
42 Hughes' Freund *Marcuse*, Soviet Marxism, S. v; dt. *ders.*, Die Gesellschaftslehre des sowjetischen Marxismus, S. 11, bekannte sich erst einige Jahre später öffentlich zur Äquidistanz gegenüber den Systemen.
43 Vgl. *Hughes*, The Obstructed Path, S. 189–211.

stand das Metanarrativ der Modernisierungstheorie hoch im Kurs. Der CCF war eine Agentur der »Westernisierung«.⁴⁴

Dabei war das Echo einer radikalen Vergangenheit nicht zu überhören, mit der einige derjenigen gebrochen hatten, die nun lautstark das »Ende der Ideologie« verkündeten. Technokratische Gesellschaftspolitik, die sozialdemokratischen, wohlfahrtsstaatlichen Zielen verpflichtet war, verband sich mit striktem Antikommunismus. Das Ende des Streits um politische Grundwerte – das Ende der Ideologien – wurde mit Modernität, Liberalität und Demokratie gleichgesetzt. Der Verlust politischer Leidenschaft war als Fortschritt zu werten, weil die demokratischen Wohlfahrtsgesellschaften des Westens alle existentiellen Fragen gelöst hatten oder noch lösen würden. Umgekehrt zeigte ideologischer Streit einen Rückfall an. Totalitäre Regime mobilisierten Ideologien, Demokratien wurden mit pragmatischer und technokratischer Rationalität verwaltet.⁴⁵ Klassenkonflikte waren verschwunden. Der Sozialstaat hatte die irrationalen Leidenschaften der Massen demokratisch gebändigt. In der Geschichtswissenschaft traten diese Vorstellungen als »Konsensgeschichte« auf, wie sie Richard Hofstadter und andere prominente Historiker der fünfziger Jahre betrieben. Das Lob der Demokratie und die Verteidigung des amerikanischen Exzeptionalismus gingen dabei Hand in Hand: Amerika, das globale Vorbild einer unideologischen Politik, war der einzigartige Endpunkt der Geschichte. So wurde das »Ende der Ideologie« zum liberalen »historiographischen Ersatz für den Marxismus«.⁴⁶

Ehe diese Variationen der Meistererzählung Modernisierungstheorie zu Anfang der sechziger Jahre in eine tiefe Krise gerieten, ehe sie sich überhaupt zu intellektueller Hegemonie aufgeschwungen hatten, attackierte Hughes – als Kenner der französischen Intellektuellendebatten, in denen der Begriff aufgekommen war – bereits das »Ende

---

44 Vgl. *Hochgeschwender*, Freiheit in der Offensive?, S. 466–479; *Jacoby*, The End of Utopia, S. 1–7; *Gilman*, Mandarins of the Future, S. 155–202; *Brick*, Transcending Capitalism, S. 162–164; Brick macht jedoch auch die amerikanischen-Wurzeln der Debatte um eine postkapitalistische Gesellschaftsordnung deutlich; zum Revival des Keynesianismus vgl. ebenda, S. 164–185.
45 Vgl. *Brick*, Age of Contradiction, S. 33–39; *Gilman*, Mandarins of the Future, S. 12–20, 47–62, 138–149; *Robin*, The Making of the Cold War Enemy, S. 94–123; *Hochgeschwender*, Freiheit in der Offensive?, S. 466–479; *Jacoby*, The End of Utopia, S. 1–7; klassische Texte sind oder versammeln *Bell*, The End of Ideology; *Shils*, The End of Ideology?; *Waxman* (Hg.), The End of Ideology Debate.
46 *Gilman*, Mandarins of the Future, S. 65; vgl. dazu oben, Kap. IV.4.

der Ideologie«.⁴⁷ Hughes ließ sich von den konsensliberalen Lobgesängen auf die demokratische Gegenwart nicht blenden. Im Frühjahr 1951 erschien seine verfrühte Abrechnung mit dem Topos vom »Ende der Ideologie«. Diesem Diskurs wies Hughes eine politische Funktion zu: Er diente als eine für den Kalten Krieg adäquate, scheinbar »ideologiefreie«, rationale Ideologie. Der Historiker der europäischen Intelligenz bewegte sich nahe am Ursprung des Diskurses, und er konzentrierte auch seinen Beitrag auf Westeuropa. Während Daniel Bell, der in den siebziger Jahren zum Neokonservativen wurde, in den späten fünfziger Jahren das »Ende der Ideologie« noch als liberalsozialdemokratisch verteidigte, betrachtete Hughes zu Anfang der fünfziger Jahre diese Formel bereits als Zeichen eines anbrechenden »Neokonservatismus« unter den Intellektuellen.⁴⁸

Spätestens seit dem Koreakrieg entdeckten demnach Europas Intellektuelle, dass ihre Angst vor einer sowjetischen Besatzung größer und konkreter war als die abstrakte Angst vor der Atombombe. Sympathien für die Sowjetunion waren erloschen. Was seit Kriegsende in Osteuropa geschehen und aus der UdSSR selbst bekannt geworden war, hatte »diese Illusionen hinweggefegt«. Der Neutralismus hatte seine Attraktivität verloren. Auch linke Intellektuelle fürchteten mittlerweile eine sowjetische Annexion Westeuropas. Dieser persönliche Reflex war Hughes zufolge der »Ausgangspunkt für den Umschlag der ideologischen Bündnisse«. Er entdeckte allerorten Anzeichen eines Mentalitätenwandels: Die Sowjets hielt man plötzlich für schlimmer als die Nazis. Franco wurde als Antikommunist wieder salonfähig. Die Franzosen beargwöhnten die Deutschen nicht mehr; sie begannen, in der Adenauer-Regierung einen Verbündeten zu sehen und selbst eine Wiederbewaffnung zu befürworten. Das »Ende der Ideologie« stand in Wahrheit für eine neue Ideologie – den antikommunistischen Konsens, die Ideologie des Kalten Krieges, die sich zwischenzeitlich mehrheitlich selbst der französischen Intellektuellen bemächtigt hatte. Die traditionelle »Aura der Linken« in Frankreich war zerstört.⁴⁹

---

47 Zur intellektuellen und politischen Krise der Meistererzählung Modernisierungstheorie, in die die genannten Elemente integriert waren, in den sechziger Jahren vgl. *Gilman*, Mandarins of the Future, S. 203–240; *Jacoby*, The End of Utopia, S. 6–27; *Hochgeschwender*, Freiheit in der Offensive?, S. 534–547; *Brick*, Age of Contradiction, S. 33–39.
48 *Hughes*, The End of Political Ideology, S. 146.
49 Ebenda, S. 147f., 150f.

Leidtragend war die nichtkommunistische sozialistische Linke. Wenn sie an der Macht teilhaben wollte, musste sie »gouvernmental« werden und ihre Prinzipien opfern. Sie konnte dann »kaum den Makel des Konservatismus vermeiden, diese Negation der Ideologie, die gegenwärtig mit politischer Macht verbunden wird«, in Frankreich so wenig wie in Italien oder der Bundesrepublik. Das politische Vokabular hatte sich seit Kriegsende fundamental gewandelt. Der Faschismusvorwurf war daraus verschwunden. Raymond Aron, den man trotz seiner »gaullistischen Neigungen« generell für den »tiefschürfendsten aller französischen Leitartikler« hielt, wie Hughes stichelte, polemisierte gegen Begriffe wie »reaktionär«. Auf die ideologische Konfrontation im Innern müsse, so Aron, verzichtet werden angesichts des Kräftemessens zwischen Ost und West. Damit leistete er Hughes zufolge seinen Beitrag zur »materiellen und psychologischen Wiederbewaffnung«. Die Intellektuellen entdeckten den Kalten Krieg als ihre neue Mission.[50]

Der Historiker Hughes konstatierte die Leere des Demokratiebegriffs, den die Ideologen des Kalten Krieges propagierten. Von individuellen Freiheitsrechten war viel die Rede, von der politischen Partizipation aller hingegen niemals. Die in einem langen historischen Prozess errungene Vereinigung von Liberalismus und Demokratie wurde im Zeichen des Kalten Krieges wieder kassiert. Mit Argwohn beobachtete Hughes, dass die Verkünder des »Endes der Ideologie« elitäre Technokratenherrschaft als Demokratie ausgaben. Der »Managerstaat« des exkommunistischen Neokonservativen und Propagandisten der Befreiungspolitik James Burnham war Wirklichkeit geworden. Vom »Semisozialismus« Londons bis zum »Ultrakapitalismus« Bonns verkörperten Westeuropas Regierungen alle den gleichen »stimmungsgemäßen Konservatismus«. Hughes persönliche Enttäuschung versteckte sich in einem Satz, zu dessen Verständnis man von

---

50 Ebenda, S. 150f. – Nicht nur die kritischen Bemerkungen zu Arons »Gaullist leanings« verraten, dass sich der frankophile Hughes permanent Sorgen um Frankreich machte. Wie die anderen intellektuellen Protagonisten erkannte er etwa in de Gaulle eine autoritäre, undemokratische Führerfigur. Marcuse schrieb gar: »This is worse than the situation during the pre-nazi period in Germany.« Vgl. *Hughes*, »French Democracy«, The Nation, 24. 1. 1953, S. 80–82; ders., De Gaulle in Power; ders., How Democratic is Christian Democracy?; Marcuse an Hughes, 11. 11. 1961 (Zitat), HSHP, Series I, b. 5, f. 109; Marcuse an Abram L. Sachar, 18. 12. 1961, Brandeis University Archives, Abram L. Sachar Collection, b. 93, f. Herbert Marcuse, 1961–1962.

seiner Rolle bei der Entstehung des Marshallplans wissen musste: Statt sozialer Gleichheit hatte der Wiederaufbau Europas mit amerikanischer Hilfe die materielle Grundlage der Aufrüstung geschaffen.[51] Rationalität konnte Hughes darin nicht erkennen. Das »Ende der Ideologie« bedeutete »den Triumph der mit Gewalt und irrationalen Empfindungen verknüpften politischen Ideen, die notwendig elitäre Organisation der Gesellschaft und im Wesentlichen nur illusorische gesellschaftliche Reformen – und damit die Diskreditierung von Politik als von Vernunft geleitetem Handeln«. Zur Bestätigung seiner Kritik am neuen öffentlichen Bewusstsein zog Hughes niemand anders als Isaiah Berlin heran. Hughes nahm Berlin als Bewunderer des »New Deal« auch für seine intellektuelle Gegenmission in Anspruch: Denn die Leidenschaft für politische Grundsatzfragen hatte sich Hughes zufolge der Rest der »New Deal«-Intellektuellen bewahrt, der sich nicht zeittypisch in »cold war liberals« verwandelt hatte. In Europa, nicht Amerika, war die Avantgarde einer verhängnisvollen intellektuellen Bewegung am Werk, deren Siegeszug Hughes aufhalten wollte. Der Primat des Militärischen, der die Politik beherrschte, musste gebrochen werden.[52]

Allerdings hatte die angeblich ideologiefreie Ideologie des Kalten Krieges alle Vorteile auf ihrer Seite. Sie wurde bereits, wie Hughes beklagte, in institutionelle Formen gegossen, in Organisationen wie den CCF und den Europarat, die lagerübergreifend – also im Sinne des »Endes der Ideologie« – Europa gegen den kommunistischen Osten vereinen sollten. So machten sich die Intellektuellen – selbst diejenigen, die aus linken gesellschaftskritischen Traditionen kamen – zu Verteidigern der etablierten Ordnung. Das Paradigma der Ideologiefreiheit ließ grundlegende soziale Veränderungen nicht mehr zu – was, wie der Außenpolitiker Hughes warnte, strategisch kontraproduktiv war und nicht nur in Frankreich oder Italien, sondern vor allem in Asien die Anziehungskraft des Kommunismus stärkte. Im Namen der Freiheit hatte die funktional konservative Ideologie des Kalten Krieges »alle Ideologien« zum antikommunistischen Konsens »verschmolzen«. Die Intellektuellen sorgten für die ideologische Legitimation der politischen Blockbildung.[53]

---

51 *Hughes*, The End of Political Ideology, S. 151f., 154; vgl. *Burnham*, The Managerial Revolution; *ders.*, The Coming Defeat of Communism; *Stöver*, Die Befreiung vom Kommunismus, S. 102–120.
52 *Hughes*, The End of Political Ideology, S. 155.
53 Ebenda, S. 157f.

Damit hatte Hughes die Ideologiekritik des Unideologischen geleistet, noch ehe die Propagandisten des »Endes der Ideologie« glaubten, selbst von jeglicher Ideologiekritik dispensiert zu sein. Hinter dem »Ende der Ideologie« entdeckte Hughes politische Interessen. Der antikommunistische Konsens war eine Voraussetzung der Aufrüstung und der westlichen Blockbildung. Was sich nicht in diesen Konsens fügte, wurde als ideologisch verdammt. Das ideologische Fundament und der strategische Zweck des »Endes der Ideologie« wurden verkannt. Wissentlich oder unwissentlich stellten sich die Verkünder des Theorems in den Dienst des Kalten Krieges.[54] Damit brachte Hughes seine Kritik an den westlichen Intellektuellen auf den Punkt: Wer den Kalten Krieg ideologisch unterstützte, gab seine Verantwortung als Intellektueller preis. Aus Kritikern der Macht wurden Diener der Macht, getrieben von Angst vor einem in grellen Farben überzeichneten Feind und von denselben Illusionen des politischen Einsatzes und des Einflusses, die »unideologische« Intellektuelle den uneinsichtig machtkritischen und sozialreformerischen Intellektuellen vorwarfen.

Diesen Aspekt seiner Kritik an den liberalen Intellektuellen stellte Hughes in den Mittelpunkt, als er beinahe ein Jahrzehnt später an diese Auseinandersetzung anknüpfte. Das »Ende der Ideologie« war mittlerweile zum geflügelten Wort geworden. In der *Partisan Review* rezensierte Hughes die klassische Formulierung der These durch Daniel Bell in »The End of Ideology«. Freundlich verpackt trug Hughes eine vernichtende Kritik vor: Das berühmte Buch sei lediglich eine ganz dem Zeitgeist verhaftete Aufsatzsammlung; es versäume, seine These ausreichend zu belegen. Die Autobiographie ersetze das Argument. Wenn Bell beschreibe, wie sich Intellektuelle unter dem Eindruck der politischen Katastrophen aus ihren ideologischen Verstrickungen freigekämpft und einen sachlichen und unideologischen Zugang zur Politik gewonnen hätten, so spreche er nur von seinesgleichen. Für Hughes war das eine allzu »beschränkte Version der jüngsten Geschichte«. Die New Yorker Intellektuellen glaubten offenbar ähnlich wie die Franzosen, die ganze intellektuelle Welt drehe sich um

---

54 Diese politische Funktion der sich im Metanarrativ der Modernisierungstheorie verschränkenden und in ihrer Überlagerung gegenseitig verstärkenden Diskurse des »Endes der Ideologie«, der »elite theory of democracy« und der Konsensgeschichte analysiert in kondensierter Form *Gilman*, Modernization Theory.

ihre Zirkel. Doch selbst Bells Generation sei vielfältiger, wandte Hughes ein, als es die Geschichte des »Endes der Ideologie« zugab. Es habe in den dreißiger Jahren auch die vielen Collegeprofessoren gegeben, die den Radikalismus nur gedämpft erfuhren und ihn sich später nicht selbst austreiben mussten. Und es habe viele unter Amerikas Intellektuellen gegeben,

»die lange Jahre im Militär- oder Regierungsdienst verbrachten und deren ideologische Überlegungen notwendigerweise in aller Ruhe reiften, da sie nicht in Veröffentlichungen ausgedrückt werden konnten; Leute, die niemals so enttäuscht wurden wie diejenigen, über die Mr. Bell schreibt, weil sie niemals so engagiert waren – sie hatten den Marxismus nur teilweise übernommen und mussten darum später nicht um Entschuldigung bitten; Intellektuelle, die keinen Grund sahen, ihre Ideologie aufzugeben, denn die ihre war flexibel und nicht dogmatisch genug, um Konfrontationen auszuhalten, ohne zurückzuweichen und ohne sich entmutigen zu lassen, nicht einmal von den erbärmlichen Realitäten der fünfziger Jahre.«

Dass Hughes hier auch für sich und seine intellektuellen Freunde sprach, lag auf der Hand. Zugleich stellte er Bells intellektuellengeschichtliche und wissenssoziologische Lücken bloß. In der Überschätzung der eigenen Rolle entging Exradikalen wie Bell zudem, dass sich mittlerweile eine jüngere intellektuelle Generation formierte, die sich kaum noch von künftigen Neokonservativen wie Bell angezogen fühlte. Hingegen kam es, wie Hughes in seiner Nähe zur Friedensbewegung und den Anfängen der Neuen Linken prognostizierte, zu einer Wiederentdeckung des Utopischen und Ideologischen. Die jungen Intellektuellen verband der gemeinsame Kampf gegen die Rassensegregation und gegen Atomwaffen. Hughes beobachtete

»bescheidene erste Versuche, die utopische Tradition im amerikanischen Denken wiederzuentdecken. Für die Männer und Frauen unter dreißig, die über genug Phantasie und Sensibilität verfügen, sind Ideologie und Utopie alles andere als tot. Sie sind plötzlich und recht überraschend zum Leben erwacht, nachdem sie zehn leere Jahre vor sich hin dämmerten. Darum erscheint Mr. Bells Buch genau zur falschen Zeit. Es wurde am Ende und nicht am Anfang einer unideologischen Epoche veröffentlicht.«[55]

---

55 *Hughes*, End of an Epoch, S. 567f.

Nachdem er zehn Jahre zuvor seine erste Abrechnung mit dem intellektuellen Gegner vorgelegt hatte, der sich unter dem Banner »Ende der Ideologie« gesammelt hatte, durfte Hughes nun das Ende des »Endes der Ideologie« verkünden. Seine Erwähnung des Staats- und Militärdienstes im Unterschied zur üblichen intellektuellen Karriere war der Hinweis auf eine Erkenntnismöglichkeit, die vielen New Yorker Intellektuellen versagt geblieben war. Was Hughes vortrug, wurde mit der Beglaubigung der Praxis versehen. Ungerührt vom Vorwurf der politischen Verblendung, den die Konsensliberalen und künftigen Neokonservativen den Rettern des utopischen Denkens anhefteten, verwies Hughes darauf, dass seine Haltung in der Realität gestählt und in der politischen Verantwortung erprobt war. Die Welt des Kalten Krieges, so konnte man aus dem »Essay« oder aus anderen Beiträgen von Hughes ergänzen, erforderte das utopische, kreative, phantasievolle Denken, wollte man sich nicht in die Fänge der »irren Rationalität« der Abschreckung begeben. Dazu bedurfte es nicht einmal eines progressiven politischen Motivs: Es war auch der Operationsmodus des epistemischen Systems der Geheimdienste, in dem Hughes und seine Freunde viele Jahre verbracht hatten. Die Suche nach Alternativen, nach Möglichkeiten und Fähigkeiten, nach Potentialen und nach Gründen hinter den Gründen hatte dort zum Tagesgeschäft gehört.

Hughes' Attacke lag die Absicht zugrunde, die eigene Position zu verteidigen. Zugleich stachen sein Scharfsinn und seine Hellsicht in politischen Dingen hervor. Nicht nur erkannte er die wiedererwachte politische Leidenschaft der Jugend, die einige Jahre später Bell und die Seinen so überraschte und erschreckte, dass sie zu Neokonservativen wurden.[56] Hughes entlarvte die historische Einseitigkeit und intellektuelle Selbstüberschätzung, die aus der Behauptung sprach, in ein postideologisches Zeitalter eingetreten zu sein. Damit verhalf er den abweichenden Intellektuellengeschichten, die zuvor im Konsens ertränkt worden waren, seine eigene und die seiner Freunde eingeschlossen, wieder zu ihrem Recht. Dass Hughes bereits 1951 zutreffend das »Ende der Ideologie« auf die ideologischen und politischen Determinanten des Kalten Krieges zurückführte, stärkte seine argumentative Stellung in der intellektuellen Kampfzone erheblich. Ein neuer Diskurs dämmerte herauf, und Hughes ahnte, dass er oder Marcuse in diesem eine wichtigere Rolle spielen würden als die ideenpolitischen Kalten Krieger. »›One-Dimensional Man‹«, erklärte später ein neulin-

---

56 Vgl. *Hochgeschwender*, Freiheit in der Offensive?, S. 475–479.

ker Aktivist und Schüler Marcuses, »brach auf intellektuelle Weise mit der Ende-der-Ideologie-Selbstgefälligkeit in Amerika, so wie die Bürgerrechtsbewegung auf politische Weise damit brach.«[57]

3. Die Erfindung einer liberalen Tradition: Intellektuelle Selbstfindung im Zeitalter des Konformismus

Mit dem »Essay« und seinem Stück über das »Ende der politischen Ideologie« hatte Hughes bereits am Anfang des Jahrzehnts intellektuelle Grundlagen gelegt. In Kernelementen tauchten dort alle politischen Ansichten auf, mit denen er in den folgenden Jahren in öffentliche Debatten zog. Das galt sowohl im Hinblick auf die auswärtige Politik im Kalten Krieg als auch auf die amerikanische Gesellschaft. Und es galt für die Suche nach der eigenen Rolle als Intellektueller. Mit dem »Essay« und flankierenden Interventionen war der politische Intellektuelle Hughes vollends in Erscheinung getreten – öffentlichkeitswirksamer als jeder andere unter den Freunden. Hughes galt nicht länger allein als Experte und Akademiker. Die Rolle des Intellektuellen war nach dem Ende des politischen Einsatzes im Staatsapparat und im Wahlkampf neu zu definieren. Nicht nur im »Essay« und in den intellektuellenkritischen Passagen von »The End of Political Ideology« setzte Hughes dazu an. In diesen Jahren legten die Freunde als Reaktion auf die politischen Herausforderungen eine Reihe von Orientierungsversuchen vor. Der offensichtliche Anlass ihrer Reflexionen über die gesellschaftliche Verantwortung des Intellektuellen war die Bedrohung der intellektuellen Freiheit im Kalten Krieg. Dahinter verbargen sich auch strukturelle und langfristige Beobachtungen über den Wandel des Intellektuellen, exemplifiziert in der eigenen Biographie. Die Gegenwart schien kein glückliches Zeitalter für Intellektuelle zu sein – wenigstens dann, wenn man den Anspruch der Autonomie erhob.

In dieser intellektuellen Orientierungskrise blieb Franz Neumann seiner Methode treu, über die begriffliche Klärung zur Lösung des

---

57 Ronald Aronson, »Herbert Marcuse. A Heritage to Build on«, *Moving on* (Herbst 1979), S. 10, zit. n. *Kellner*, Herbert Marcuse and the Crisis of Marxism, S. 376.

Problems vorzustoßen. Die Koordinaten intellektueller Existenz hatten sich grundlegend verschoben, nicht nur durch das Engagement im Krieg. Mit dem Begriff des »political scholar«, des »politischen Gelehrten«, versuchte Neumann die intellektuelle Entwurzelung in der Gegenwart zu fassen. Damit gab er den vielen Gelehrten-Intellektuellen einen Namen, die in den vierziger Jahren von den politischen Ereignissen mitgerissen und an bislang unbekannte Orte – geographisch, institutionell, intellektuell – gespült worden waren.[58] Ein hoffnungsvoller Aufbruch in eine neue intellektuelle Welt war damit nicht zwangsläufig verbunden. Die Aussichten auf politische Wirkung hatten sich in der Welt des Kalten Krieges nicht verbessert, sofern man vom konformistischen Konsens abweichende Ansichten vertrat. Nach seinem Wiedereintritt in die akademische Welt klang Franz Neumanns Resümee pessimistisch: »Es gibt historische Situationen, in denen ein einzelner, wie aufrichtig, intelligent und mutig er auch ist, völlig machtlos ist und auf den Lauf der Geschichte nicht einwirken kann.«[59]

Zu diesem Zeitpunkt hatte der McCarthyismus seinen Höhepunkt erreicht. Während der antikommunistische CCF innerlich gespalten war und sich zu keiner einheitlichen Gegenreaktion auf McCarthys Angriff auf die intellektuelle Freiheit durchringen konnte,[60] nahmen Stuart Hughes und andere unabhängige Linke die Verteidigung der Freiheit des Intellektuellen in die Hand. Gegen den Geist des McCarthyismus verteidigte Hughes die Autonomie des Intellektuellen: »in einem Zeitalter des Konformismus« sei es die Funktion des Intellektuellen, »das Prinzip des Nonkonformismus aufrechtzuerhalten«. Den »schrecklichen Vereinfachern« wollte Hughes nicht noch mehr Raum gewähren. Der Intellektuelle müsse nun zuerst unbeugsam, »mit größerer Kompromisslosigkeit«, seine Autonomie behaupten, um überhaupt wieder seinen »Pflichten als Bürger« nachkommen zu können.[61]

---

58 *Neumann*, The Social Sciences; vgl. *ders.*, Intellektuelle und politische Freiheit; *Söllner*, Neumann als Archetypus; zur Politik des Exils, die mit der Erfahrung des »political scholar« verknüpft ist, vgl. *Staub*, Im Exil der Geschichte.
59 *Neumann*, Am Beispiel Oesterreichs, S. 141.
60 Die liberalen Kalten Krieger waren keine Parteigänger McCarthys, aber eine starke Fraktion der im CCF vertretenen Intellektuellen hielt die antikommunistische Sache für wichtiger als die Abwehr von mccarthyistischen Angriffen auf die Bürgerrechte und die akademische Freiheit; vgl. *Hochgeschwender*, Freiheit in der Offensive?, S. 287–289; *Schrecker*, Many Are the Crimes, S. 149–153, 359–415; *dies.*, The Age of McCarthyism, S. 98–103.
61 *Hughes*, The Intellectual as Corrupter, S. 16–19.

Auch diejenigen unter den befreundeten Intellektuellen, die zugunsten der Gelehrsamkeit dem direkten politischen Engagement den Rücken kehrten, trieb der McCarthyismus zur Gegenwehr. Es war der einzige Anlass, nach der vielfach dokumentierten Sorge um die Deutschlandpolitik, der den Ideenhistoriker Leonard Krieger ebenfalls 1952 noch einmal zu einer politischen Intervention anregte. Verpackt in eine Intellektuellengeschichte Europas, rief er die schweigenden Intellektuellen Amerikas zum Engagement gegen den Konformismus und zur offensiven Verteidigung der Autonomie auf, die sie in langen Kämpfen mit den geistlichen und politischen Mächten errungen hatten. Aber es ging Krieger um mehr: Auch wenn der Intellektuelle viel von seinem Einfluss verloren hatte und der politischen Entwicklung nur noch hinterhereilte, definierte er sich immer noch über seine Aufgabe, über die bestehende Gesellschaftsordnung hinauszudenken. Ein »liberaler Sozialismus« war die Position, die Krieger offensichtlich bevorzugte. In Europa folgte daraus das Engagement für die »europäische Integration«. Doch Intellektuelle als Weltbürger standen in der Pflicht, darüber hinauszugehen und für eine »radikale Friedenspolitik« einzutreten, »damit die Freiheit gesichert und der Sozialismus geschaffen wird«.[62]

Hans Meyerhoff wiederum suchte den großen Auftritt. Auf den Seiten der wichtigsten intellektuellen Zeitschrift lieferte er sich eine Kontroverse mit Diana Trilling, Gattin Lionel Trillings und selbst eine prominente Stimme der »cold war liberals«. In der *Partisan Review* hatte Trilling, in der Manier der liberalen Kalten Krieger, Verständnis für die Maßnahmen gegen J. Robert Oppenheimer, den »Vater« der amerikanischen Atombombe, gezeigt.[63] Oppenheimers politische Sympathien und kommunistische Kontakte in den dreißiger Jahren sprachen in Trillings Augen gegen sein politisches Urteil, zumal Oppenheimer nicht wie die Trillings und andere New Yorker Intellektuelle die Lossagung vom Radikalismus durch antikommunistisches Engagement unter Beweis gestellt hatte. Im Hausorgan der Trillings schlüpfte Meyerhoff in die Rolle Zolas und verteidigte Oppenheimer,

---

62 *Krieger*, The Intellectuals and European Society, bes. S. 238–247, Zitate S. 242, 244f.; mit Bedauern bemerkte Krieger ebenda, S. 226, das Verschwinden von Zeitschriften wie *Die Wandlung*, die für eine partizipatorische und sozialistische Demokratie gefochten hatten; vgl. dazu *Sean Forner*, Für eine demokratische Erneuerung Deutschlands.

63 Vgl. zum Fall Oppenheimer *Bird/Sherwin*, American Prometheus, S. 454–565; vgl. zu Lionel Trilling *Kimmage*, The Conservative Turn.

den amerikanischen Dreyfus – wie es auch zwei einflussreiche Washingtoner Kolumnisten getan hatten, die von Meyerhoff als Vorbild zitierten konservativen Alsop-Brüder.[64]

Über die Behauptung der intellektuellen Autonomie hinaus nahm der deutsch-jüdische Emigrant Meyerhoff eine Ehrenrettung der amerikanischen liberalen Tradition vor. Meyerhoff hatte seit den späten vierziger Jahren immer wieder für die *Partisan Review* geschrieben. In den inneren Kreis der New Yorker Intellektuellen war er nie vorgestoßen.[65] Während prominente »cold war liberals« wie die Trillings – in einem Akt der autobiographischen Distanzierung – den gesamten amerikanischen Liberalismus für die Blindheit amerikanischer Intellektueller gegenüber dem Kommunismus verantwortlich machten, schrieb sich der Außenseiter Meyerhoff in die amerikanische liberale Tradition ein. Auch unter diesem Aspekt der politisch-intellektuellen Selbsteingemeindung in die amerikanischen Debatten ist Meyerhoffs Beitrag bemerkenswert. Er sprach nicht aus der Position des Emigranten heraus, er knüpfte nicht an kontinentale Diskurse an. Er reklamierte den von den liberalen Kalten Kriegern verlassenen Raum in Amerika für sich – »wir, als Liberale«, so bezog er seine Position. Insoweit Meyerhoff für seine Freunde wie Hughes und Marcuse sprach, verstand sich die Gruppe als Erben des radikalen amerikanischen »New Deal«-Liberalismus.[66]

---

64 *Diana Trilling*, The Oppenheimer Case; *Meyerhoff*, Through the Liberal Looking Glass; *Diana Trilling*, A Rejoinder to Mr. Meyerhoff; zu den Alsops vgl. *Joseph und Stewart Alsop*, We Accuse!; *Merry*, Taking on the World.

65 Vgl. *Meyerhoff*, The Juenger Case; *ders.*, A Parable of Simple Humanity; *ders.*, Thomas Mann's Faust; *ders.*, Mr. Eliot's Evening Service; *ders.*, »The New Yorker« in Hollywood; *ders.*, Mann's Gothic Romance; *ders.*, The Writer as Intellectual; bei *Cooney*, The Rise of the New York Intellectuals, wird Meyerhoff nicht einmal erwähnt.

66 *Meyerhoff*, Through the Liberal Looking Glass, S. 246; zum Liberalismus vgl. *Brinkley*, The End of Reform. Hughes schloss sich einige Jahre später dieser Argumentation an, ging dabei aber kaum auf den Fall Oppenheimer ein. Wie Meyerhoff verteidigte er die Tradition des amerikanischen Liberalismus, wie Meyerhoff schrieb er den amerikanischen Intellektuellen eine Mitschuld am kulturellen Erfolg des McCarthyismus zu. Amerika habe keinen Dreyfus-Fall in dem Sinne gesehen, dass keine der Anhörungen eine einhellige Gegenreaktion der Intellektuellen ausgelöst hatte, argumentierte Hughes in seiner scharfen Intellektuellenkritik. Die Gründung des Committee for a Sane Nuclear Policy (SANE) 1957 habe den Bann des Konformismus ein wenig gebrochen, aber erst mit der Neuen Linken der Studenten würden die intellektuellen Folgen des McCarthyismus behoben. Hughes – später Vorsitzender von SANE und eine wichtige Stimme des ebenfalls genannten »neoradikalen« Committee

Meyerhoff verteidigte die Volksfront und die Zusammenarbeit mit der Sowjetunion als strategische Notwendigkeiten im Kampf gegen Hitler – weder das »fellow-traveling« von Sympathisanten noch generell die »liberale Stimmung« und »liberale Kultur« waren dafür verantwortlich zu machen. Implizit sprach er Trilling den Anspruch ab, noch als Liberale zu sprechen: Wer liberal war, unterschied »zwischen Loyalität gegenüber der Bewegung und Loyalität gegenüber dem eigenen Idealismus«. Die Würdigung des Individuums und seiner Individualität – auch der Individualität des Gegners – zeichnete den Liberalismus aus. Und Liberale machten nicht Opfer zu Schuldigen – und sich selbst damit zu Handlangern der »gegenwärtigen Feinde der Freiheit«. Der amerikanische Liberalismus verriet seine intellektuelle Mission, wenn er Stimmen wie der Trillings folgte: »Es mag vielleicht naiv sein zu denken, dass es eine große liberale Tradition gibt (die Zola einschließt), deren Aufgabe darin bestand, ihre Stimme gegen organisiertes Unrecht zu erheben. Doch der Liberalismus wird zur Absurdität reduziert, wenn jeder Angriff auf die liberale Tradition in den Reihen liberaler Kritiker Zustimmung findet, fortgesetzt und sogar noch verschärft wird.« Seiner Auffassung von der Rolle des »liberalen«, kritischen Intellektuellen wurde Meyerhoff gerecht, indem er das Offensichtliche aussprach: Die liberale Kultur, ihre Schuld oder Unschuld,

---

of Correspondence – sah sich als Vorbild der Studenten und bemerkte zugleich die gravierenden Unterschiede; der demokratische Sozialismus, die Volksfronttradition und der mangelnde Aktivismus seiner Generation standen bei der Neuen Linken nicht hoch im Kurs; vgl. *Hughes*, Why We Had No Dreyfus Case (1961), in: *ders.*, An Approach to Peace, S. 176–192, bes. S. 178, 182, 184 f., 190–192. Dass Hughes die Gründung von SANE als Befreiungsschlag ansah, bestätigt auch *Katz*, Ban the Bomb, S. 43 Anm. 47. Hughes' Artikel erschien 1961 im Wissenschaftsmagazin *The American Scholar*, obwohl er für *Harper's* geschrieben worden war. Die Redakteure lehnten jedoch Hughes' Deutung einer Mitschuld der Intellektuellen ab, während sie auf der Realität einer kommunistischen Unterwanderung der Regierung beharrten – was Hughes nicht rundweg leugnete, aber (worin ihm die heutige Forschung weitgehend zustimmen würde, vgl. etwa *Schrecker*, Many Are the Crimes, S. 154–200; *Oshinsky*, A Conspiracy So Immense, S. xf., 91, 102) für ein Problem hielt, das die Truman-Regierung bereits vor dem Aufstieg McCarthys erledigt hatte; Hughes an Robert B. Silvers, 15. 11. 1960, 15. 12. 1960, 1. 5. 1961; Silvers an Hughes, 23. 3. 1961 (eine neunseitige Kritik), 5. 5. 1961; HSHP, Series I, b. 7, f. 171. Auf begeisterte Zustimmung stieß Hughes' Artikel bei Marcus Raskin, kurzzeitig Linksaußen im Weißen Haus und von Hughes' Freund David Riesman in den National Security Council der Kennedy-Regierung geschleust; Raskin an Hughes, 25. 10. 1961, HSHP, Series I, b. 4, f. 92; vgl. *Bird*, The Color of Truth, S. 187 f., 200, 206 f., 218–220, 243.

hatte mit Oppenheimers Verurteilung nichts zu tun. Hinter dem öffentlichen Aufsehen stand ein Konflikt um die nukleare Strategie der USA und die damit verbundenen politischen Interessen und persönlichen Fehden, die aufzudecken waren. Oppenheimer war das »Opfer eines Machtkampfes und Streits um Strategien«.⁶⁷

Auch nachdem die Gefahr durch McCarthy beseitigt war, verzichtete Hughes nicht auf intellektuelle Selbstkritik. Im Zeitalter des Experten, das in der Selbstdeutung mit dem »New Deal« und dem Zweiten Weltkrieg angebrochen war, stand die Autonomie des Intellektuellen nicht hoch im Kurs. Die eigene Rolle im Regierungsapparat habe mehr einem »Mentaltechniker« als einem »frei nachdenkenden Geist« geglichen. Der Intellektuelle musste nach einer Epoche der Verwirrung nicht nur seine politische Autonomie, sondern auch einen »immunen« soziologischen Status zurückgewinnen und seine Verwicklung in die Apparate der Macht lösen, forderte Hughes. Weit mehr als nur die Behauptung der eigenen Autonomie stand nun jedoch wieder auf dem politischen Programm: Der vernachlässigte Kampf für die Bürgerrechte musste wieder zum wichtigsten Anliegen des intellektuellen Engagements werden.⁶⁸

Selbstkritisch, wenn nicht resigniert, klang auch Franz Neumann, als er kurz vor seinem Tod auf die Weimarer Republik zurückblickte. Alle Optionen intellektuellen Handelns hatten versagt. Er war gespalten zwischen dem Bekenntnis zum »sokratischen Standpunkt« einerseits – dass »der wahre Intellektuelle immer und gegenüber jedem politischen System ein Metöke, ein Fremder sein muss« – und andererseits dem reuevollen Bedauern, zu lange einer im Kampf gegen den Nationalsozialismus »feigen« SPD vorbehaltlos gedient und erforderliche »moralische Entscheidungen […] zu spät und immer noch nicht

---

67 *Meyerhoff*, Through the Liberal Looking Glass, S. 241f., 246–248; Meyerhoffs Deutung trifft den Kern dessen, wie die Forschung heute den Fall beurteilt; vgl. *Bird/Sherwin*, American Prometheus, S. 454–565; *Schrecker*, Many Are the Crimes, S. 164–169, 291–293, 368–370, 378, 406.

68 Vgl. *Hughes*, Is the Intellectual Obsolete?; Hughes stellte sich hier auch auf die zutreffende Position – gegen die oben, Kap. II.3, IV.4 und VI.2., zusammengefassten Positionen von Daniel Bell oder Richard Hofstadter –, dass das Phänomen des McCarthyismus und der Zwang zum Konformismus nicht auf die Person McCarthys oder auf den Konservatismus verkürzt werden konnte, sondern ein umfassenderes gesellschaftliches und politisches Problem zum Vorschein gebracht hatte, zu dem auch die Demokratische Partei und selbst die Intellektuellen beigetragen hatten. Zum Begriff des Intellektuellen vgl. oben, Einleitung.

radikal genug getroffen zu haben«.[69] Die Selbstfindung der Intellektuellen war auch Jahre nach ihrem Ausscheiden aus dem Regierungsdienst nicht abgeschlossen. Zweifel blieben, ob unter den Bedingungen ihrer Gegenwart der klassische Intellektuelle, wie ihn die beteiligten Intellektuellen sich vorstellten, überhaupt je wieder auftreten könnte. Diese Versuche intellektueller Selbstvergewisserung bedeuteten allerdings nicht, dass die Gruppe um Neumann, Hughes und Marcuse zu aktuellen politischen Fragen geschwiegen hätte. Hughes vor allem mischte sich unentwegt in die politische Debatte ein und vertrat stets unkonventionelle Positionen. Politisch so konkret wie Hughes wurde kaum ein anderer aus diesem Kreis. Hughes buchstabierte das Programm des »Essays« in den fünfziger Jahren in zahlreichen kürzeren Beiträgen aus. Der Kalte Krieg, Abrüstungs- und Strategiefragen standen im Mittelpunkt seiner Interventionen. Im Dezember 1950 setzte er sich in dem einflussreichen linken Magazin *The Nation* mit den politischen Grundbegriffen des Kalten Krieges, vor allem dem Konzept der Eindämmung, des »Containment«, auseinander.[70] Wie im State Department gab er dabei politischem Standardvokabular einen »subversiven« Drall. Sein Lob der Containment-Politik lief auf den Nachweis hinaus, dass Eindämmung und Verhandlungen mit der Sowjetunion sich nicht gegenseitig ausschlossen. Er warnte vor ideologischer Verhärtung als Hindernis einer realistischen Politik und bereitete eine Neuinterpretation des Containment vor, die bei einem komplexen Verständnis des Gegners ansetzte. Das bedeutete, auf die Fiktion einer monolithischen kommunistischen Weltverschwörung zu verzichten:

»Die modische Vorstellung des Kommunismus als einer rein bösartigen internationalen Verschwörung – eines Tricks, um die Dummen zu täuschen – hat dem amerikanischen Verständnis der Welt beinahe nicht wiedergutzumachenden Schaden zugefügt. Sie hat dem amerikanischen Volk Scheuklappen aufgesetzt; sie hat die Reichweite der Diskussion drastisch eingeschränkt und die öffentlichen Verlautbarungen amerikanischer Politiker zu harmlosen Banalitäten verkommen lassen.

---

69 Aus einem Brief Neumanns von 1954, zit. von *Helge Pross*, Einleitung, in: *Neumann*, Demokratischer und autoritärer Staat, S. 9–27, hier S. 12. Die von Marcuse 1957 herausgegebene Originalausgabe war *Neumann*, The Democratic and the Authoritarian State.
70 *Hughes*, »Containment Reconsidered«, *The Nation*, 16. 12. 1950; ich zitiere nach der Fassung des Typoskripts, HSHP, Series III, Writings and Teaching Materials, b. 12, f. 4.

Eine vernünftige Außenpolitik muss auf der Einsicht beruhen, dass Kommunisten – auf beiden Seiten des Eisernen Vorhangs – echte und dringliche Gründe dafür haben, dass sie Kommunisten sind.« Zweieinhalb Jahre nachdem er das State Department als Divisionschef verlassen hatte, blieb Hughes den Hinweis auf außenpolitische Alternativen nicht schuldig. Eine neue Strategie sollte die machtpolitische Balance zugunsten des Westens verändern, indem man Nehru und Tito unterstützte, ohne diese ins westliche Lager zu ziehen. Gerade als bekennender Marxist war Tito eine Waffe im ideologischen Kampf: »Nur eine größere Abspaltung innerhalb der kommunistischen Koalition könnte das gegenwärtige Gleichgewicht zugunsten des Westens neigen. Wenn die sichtbaren Verbindungen zwischen Tito und den Vereinigten Staaten zu eng werden, würde das alles ruinieren.« Am Ende des Artikels wurde allerdings sichtbar, dass es Hughes in Wahrheit nicht allein um die Eindämmung der Sowjetunion ging. Eine Reform des Westens war ihm ebenso wichtig. Denn obwohl er und seine intellektuellen Mitstreiter aus dem State Department davon überzeugt waren, dass spätestens seit dem Marshallplan der Kommunismus in Westeuropa keine Bedrohung mehr darstellte, beschwor er nun eine kommunistische Gefahr, die durch gesellschaftliche, wohlfahrtsstaatliche Reformen abgewendet werden sollte.[71]

Ein funktionierender Sozialstaat war das beste Containment. Innenpolitik und Außenpolitik wurden strukturell miteinander verknüpft, wie bereits in der Vorbereitung des Marshallplans durch Hughes' Europaabteilung. Die seinen linken Prämissen verpflichtete Verbindung von internationalen Sicherheitsfragen und gesellschaftlicher Reform wurde zum Leitmotiv von Hughes' politischen Publikationen der folgenden Jahre. Er löste damit öffentliche Debatten über die amerikanische Außenpolitik aus.[72] Tito als Geheimwaffe gegen die Sowjetunion, Containment als ideologisches Ringen ohne Waffen, Feindbekämpfung durch Sozialleistungen in den USA – erneut, wie im State Department, wurde hier mit den Denkmustern des Kalten Krieges gespielt.

---

71 *Hughes*, »Containment Reconsidered«.
72 Vgl. *Hughes*, Western Strategy and Economic Revolution; *ders.*, The Turn of the Tide; vgl. die Vorbemerkung ebenda, S. 185; *ders./Arnold*, What Should Our Foreign Policy Be? Unter dem Namen »conversion issue« war die Verknüpfung von Innen- und Außenpolitik in den sechziger Jahren ein Hauptthema von Hughes' Engagement als Sprecher der Friedensbewegung; vgl. unten, Kap. VI.5.

Hughes' Position war dabei mit einer realpolitischen Sichtweise zu vereinbaren. Ungeachtet der sozialistischen Rhetorik des »Essays« übte sich Hughes im Pathos der Nüchternheit. Er plädierte für einen machtpolitisch abgeklärten Umgang mit der Sowjetunion. In der heißen Phase des Kalten Krieges ließ sich die Forderung einer Friedenspolitik am besten in die Sprache der Realpolitik kleiden. Ihre Praktiker dienten als Schutzschild, hinter dem sich radikalere Absichten verbergen ließen. Mit George Kennan, der zu diesem Zeitpunkt noch nicht zum Vordenker der Entspannungspolitik geworden war, konnte Hughes die »legalistisch-moralistische« Außenpolitik Amerikas beklagen, das Schwanken zwischen Isolationismus und Weltrettungsphantasien im Zeichen von nationaler Selbstgerechtigkeit. Selbst Außenminister Dean Acheson wurde auf diese Weise argumentativ eingespannt. Verbündete, Europa vor allem, waren wichtig, um Amerikas Sendungsbewusstsein zu zügeln. Am Ende einer klassischen, emotionslosen Realpolitik würde, wie Hughes mit Kennan und Acheson hoffte, eine gewandelte Sowjetunion stehen, mit der man zusammenarbeiten konnte, ohne von ihr zu erwarten, nach amerikanischen Regeln zu funktionieren. Kontakte zwischen Ost und West, weniger Repression im Ostblock und ein Ende des sowjetischen »Imperialismus« waren die strategischen Ziele, mit denen Hughes und die von ihm vereinnahmten Realpolitiker sich begnügten.[73]

In diesem Zusammenhang ist auch eine Leistung zu nennen, die im Zusammenhang mit Marcuses »Soviet Marxism« bereits in ihrer wissenschaftsgeschichtlichen Bedeutung gewürdigt wurde. Die politisch-intellektuellen Debatten um den Totalitarismus waren für die Intellektuellen um Hughes kein fremdes Terrain. Hughes sprach auch hier die gemeinsame Sprache des Kreises.[74] Sie standen in einer linken Tradition der Totalitarismuskritik. Kirchheimer, Marcuse und Neumann hatten den Begriff des Totalitarismus gebraucht, lange bevor er in der

---

73 *Hughes*, »American Foreign Policy. The Voice of Maturity«, *The Nation*, 6. 10. 1951, S. 282f. (Zitat); *ders.*, »Historic Europe Is Dead«, *The Nation*, 28. 7. 1951, S. 74–76; *ders.*, »Mr. Acheson Defended«, *The Nation*, 26. 1. 1952; *ders.*, »Handbook on Communism«, *The Nation*, 22. 3. 1952; *ders.*, Second Thoughts on an Old Relationship.
74 Vgl. *Schorske*, Rez. von C. J. Friedrich/Z. Brzezinski, »Totalitarian Dictatorship and Autocracy«, in: *American Historical Review* 63 (1957), S. 368f.; *Marcuse*, Soviet Marxism, S. 206, 248–250; dt. *ders.*, Die Gesellschaftslehre des sowjetischen Marxismus, S. 207, 245f.; *Gleason*, Totalitarianism, S. 108–166; zu den Debatten in der Marxismus- und Sowjetforschung vgl. oben, Kap. V.

politischen Kultur des Kalten Krieges in Mode kam. In ihrem Fall bedeutete die Opposition gegen den Totalitarismus allerdings, »für die Verteidigung des Sozialismus einzutreten«.[75] Was sich auf den ersten Blick als unsystematische Übernahme des begrifflichen Zeitgeistes ausnahm, erwies sich einmal mehr bei genauerem Hinsehen als semantisches Spiel. Die antitotalitäre Redeweise, die auf der Linken gepflegt worden war, bevor der Antitotalitarismus vom liberal-konservativen Mainstream besetzt wurde, erfüllte bei Marcuse auch die Funktion, das vorherrschende Bedeutungssystem zu unterwandern.[76] Die politischen Debatten um den Totalitarismus waren ein intellektueller Hauptkriegsschauplatz im Kalten Krieg.[77]

Setzte Marcuse auf der wissenschaftlichen Ebene an, so stellte Hughes sich stärker in der öffentlichen Diskussion dem verbreiteten Bild des Totalitarismus entgegen. Für *The Nation* rezensierte er 1951 Hannah Arendts Werk »The Origins of Totalitarianism«. Arendt und Hughes begegneten sich später in Stanford, wohin Hughes 1952 von Harvard gewechselt war. Anfangs hielt Hannah Arendt Hughes für einen der interessanteren amerikanischen Zeitgenossen.[78] Das wichtigste Buch über das Phänomen des Totalitarismus seit Franz Neumanns »Behemoth«, wie er Arendts Werk würdigte, nutzte Hughes

---

75 Vgl. *Jones*, The Lost Debate, S. 53–60, 66–71, 75, 98f., 129–134, 137–143, 149–154, 158–172, 175–178, 181–184, 190–194, 220 (Zitat). Jones' hervorragende Untersuchung der Totalitarismuskonzepte der deutschsprachigen linksintellektuellen Emigration beschränkt sich auf den Emigrationskontext, ohne die amerikanische Dimension eingehender zu berücksichtigen. Der Rekonstruktion der linken Totalitarismustheorie widmen sich zwei Sammelbände: *Söllner/Walkenhaus/Wieland* (Hg.), Totalitarismus; *Schmeitzner* (Hg.), Totalitarismuskritik von links.
76 Zur fortschreitenden Verschiebung der politischen Semantik des Totalitarismusdiskurses von links nach rechts vgl. *Gleason*, Totalitarianism, S. 31–88. Verfolgte der Begriff etwa bei Marcuse bis Ende der fünfziger Jahre ein Erkenntnisinteresse, wie oben in Kap. V. sichtbar wurde, kann man die spätere Verwendung auch als politischen Versuch lesen, durch grenzenlose Ausweitung auf alle »spätindustriellen Gesellschaften« den Begriff zu entwerten und die binären Sprachregelungen des Kalten Krieges zu unterlaufen; vgl. *Jones*, The Lost Debate, S. 191–194; zu Neumanns Totalitarismusbegriff vgl. *Hughes*, The Sea Change, S. 120f.
77 Zu den Frontverläufen vgl. *Gleason*, Totalitarianism; *Rabinbach*, Moments of Totalitarianism.
78 Vgl. *Arendt*, The Origins of Totalitarianism; *dies./Blücher*, Briefe 1936–1968, S. 350 (Arendt an Blücher, 1. 3. 1955), 373 (Arendt an Blücher, 26. 4. 1955); *Hughes*, Gentleman Rebel, S. 223–231, 312, verweist nicht auf die Begegnung, deutlich wird aber, dass die beiden nicht zu Freunden wurden.

zum Lob der Brillanz, die Amerikas intellektuelle Diskussion der deutschen Emigration verdankte. Die detaillierte Würdigung von Hannah Arendts Buch als philosophischem »heilsamen geistigen Schock« für die anspruchsloseren Totalitarismustheoretiker mündete allerdings in eine grundsätzliche Kritik, die zugleich die Stellung der Protagonisten wirkungsvoll auf den Punkt brachte. Erstens bemängelte Hughes, dass Arendt am Ende doch in die monolithische Falle getappt war. Ihre Definition des Totalitarismus zeige »zu große innere Widerspruchsfreiheit. Sie ist nicht flexibel genug, um lokale und ideologische Variationen zu berücksichtigen«. Zweitens fehle ihrem typologisierenden Unternehmen der Sinn für die historische Dynamik. Im Grunde meine sie allein den Höhepunkt des nationalsozialistischen Terrorregimes, wenn sie Totalitarismus sage. Warum es dazu kam, wurde nicht klar. Drittens führe Arendts »vereinheitlichende Sicht« des Totalitarismus dazu, dass wesentliche Unterschiede zwischen dem deutschen und dem sowjetischen Totalitarismus eingeebnet würden. Es sei offensichtlich, dass sie Nazi-Deutschland besser kenne als Russland. Überzeugen konnte es den Historiker Hughes nicht, wie Arendt »von der Nazi- auf die bolschewistische Erfahrung« extrapolierte. Während der Nationalsozialismus mit seinem »vollen ideologischen Hintergrund« präsentiert wurde, blieb der Stalinismus ein Rätsel. Zuletzt waren die Quellen, die Arendt zur Sowjetunion heranzog, nicht nur lückenhaft, sondern auch einseitig – sie verließ sich vorrangig auf Selbstzeugnisse. Wesentliche Unterschiede entgingen ihr darum. Dennoch lehnte Hughes weder ihren Ansatz ab, »Idealtypen« zu konstruieren, noch den Totalitarismusbegriff generell.[79]

4. Die »akademische Unterwelt«

Auch wenn die McCarthy-Ära als eine Epoche politischer Paranoia gilt, der Kalte Krieg als ein Zeitalter der Angst: Offenkundig gedieh in dieser Atmosphäre, unter dem Schutzschirm der Geheimdienste, Stiftungen und Universitäten, die intellektuelle Produktion von unabhängigen Linken. Hughes' »Essay« fiel mit dem Anfang von McCarthys großen Auftritten zusammen. Die Veröffentlichung von Marcuses »Eros and Civilization« markierte das Ende dieser Phase. Dieses Buch

---

[79] *Hughes*, »Historical Sources of Totalitarianism«, *The Nation*, 24. 3. 1951, S. 280f.

entfaltete später erhebliche Wirkung auf die Gegenkultur. Marcuse hatte das State Department Ende 1951 verlassen und wurde nach Zwischenstationen an der Columbia University und am Russian Research Center in Harvard 1954 an die Brandeis University berufen.

»Eros and Civilization« entwarf eine Alternative zur bestehenden, von Angst und Konformitätsdruck versehrten Gesellschaft. Das Buch war auch ein tiefenpsychologisch und philosophisch inspirierter Kommentar zum Kalten Krieg, eine Anklage des Regimes der Angst. Es gipfelte in der Vision einer »Freiheit von Schuld und Angst«. Dieser Gegenentwurf sollte mit einer »Großen Weigerung« beginnen: »Die ›Große Weigerung‹ ist der Protest gegen unnötige Unterdrückung, der Kampf um die höchste Form der Freiheit, ›ohne Angst zu leben‹.«[80] Was »Eros and Civilization« seine besondere Durchschlagskraft und seine langfristige Wirkung auf die Protestbewegungen der sechziger Jahre verlieh, war die Verbindung des Kampfes gegen gesellschaftliche und gegen sexuelle Unterdrückung – im Zeichen der Befreiung von Angst.[81] In der intellektuellen Öffentlichkeit setzte sich der Freund und Kriegskamerad Hans Meyerhoff mit einer hymnischen Rezension für die Verbreitung von Marcuses Botschaft ein.[82] Doch bevor Marcuse zum weltweit gefeierten intellektuellen Stichwortgeber des studentischen Protestes wurde, verlegte er seine Interventionen auf den geschützten öffentlichen Raum der Universität.

Das ist die unbekannte Seite des Intellektuellen Marcuse in der zweiten Hälfte der fünfziger Jahre: Neben den Büchern, die in mehr oder minder verdeckter Form von der politischen Gegenwart handelten, »Eros and Civilization« und »Soviet Marxism«, neben den wenigen, politisch untermalten, aber keinesfalls tagespolitisch intervenierenden Artikeln in intellektuellen Journalen wie *Dissent* und *Partisan Review*,[83] standen Marcuses Auftritte auf dem Campus der Brandeis University. Dort nannte er die politischen Dinge beim Namen. Er wurde dabei zum amerikanischen Intellektuellen. Als Campus-Intel-

---

80 *Marcuse*, Eros and Civilization, S. 153, 149f.; dt. ders., Schriften, Bd. 5: Triebstruktur und Gesellschaft, S. 134, 131; einige seiner Thesen veröffentlichte er vorab als intellektuelle Streitschrift, ders., The Social Implications of Freudian »Revisionism«.
81 Vgl. *Robinson*, The Freudian Left, S. 147–244; *Kellner*, Herbert Marcuse and the Crisis of Marxism, S. 154–196.
82 Vgl. *Meyerhoff*, Freud and the Ambiguity of Culture.
83 Vgl. *Marcuse*, The Social Implications of Freudian »Revisionism«; ders., Notes on the Problem of Historical Laws; ders., Language and Technological Society.

lektueller bereitete sich Marcuse auf seine neue Rolle vor. Dieses Vorlaufen zur globalen Prominenz hatte zur Folge, dass Marcuse radikaler auftrat als seine Freunde, die eine größere Öffentlichkeit für ihre Argumente zu gewinnen suchten. Über die Eigendynamik einer solchen Sprechsituation wird man nur spekulieren können. Die Studenten blieben Marcuses wichtigstes Publikum.[84]

In der eigenen, geschützten Umgebung beginnt Bourdieu zufolge das Engagement des Intellektuellen. Bei der Verteidigung der intellektuellen Autonomie nimmt seine politische Aufgabe ihren Ausgang. Die Autonomie ist an Institutionen wie die Universität gebunden.[85] Demnach war auch der Campus-Intellektuelle Marcuse ganz und gar ein Intellektueller, ein klassischer Gelehrten-Intellektueller, der über sein Fach hinausblickte, Autonomie beanspruchte und immer wieder aus gegebenem Anlass seine Studenten weltpolitisch aufklärte. Als ihnen im September 1954 die Berufung Marcuses bekannt gegeben wurde, hatte gerade ein Hurrikan Neuengland verwüstet. Beide Meldungen teilten sich eine Seite in der Zeitschrift *The Justice*, deren Titel auf Louis Brandeis Bezug nimmt, den Namengeber der Universität und ersten jüdischen Richter am Supreme Court. Prominente Chefredakteure wie Michael Walzer und Martin Peretz leiteten das Blatt, in dem Marcuses Auftritte festgehalten und seine politischen Kommentare veröffentlicht wurden.[86] Zu seinen ersten persönlichen Kontakten in Brandeis gehörte ein junges, aufstrebendes, radikales Intellektuellenpaar – Philip Rieff und Susan Sontag. Marcuse kam kurz bei den beiden unter.[87] Marcuse nannte Rieff einen Freund, »der sich mit den Sachen wirklich auskennt«. Das Verhältnis kühlte sich allerdings bald ab. Marcuse unterstützte den Freud-Deuter Rieff gegen die Universitätsleitung, wie er Leo Löwenthal schrieb, und fuhr fort: »Rieff ist ein Arschloch.« Rieffs Eitelkeit und Sucht nach öffentlicher

---

84 Marcuses Sohn Peter bestätigt, dass der Kontakt mit amerikanischen Studenten seinen Vater tief prägte und ihn zum passionierten akademischen Lehrer machte; *Peter Marcuse*, Herbert Marcuse's »Identity«, S. 251. *Wheatland*, The Frankfurt School in Exile, S. 291, merkt völlig zu Recht an, dass Marcuse in Brandeis seine »transition [...] to being an American intellectual« abschloss.
85 Vgl. *Bourdieu*, Der Korporativismus des Universellen, S. 48–58.
86 *Kroeber*, »Marcuse, & Commager Are Among New Staff Members«, *The Justice*, 20. 9. 1954; wenig später verfasste der Chefredakteur einen wichtigen Beitrag, *Michael Walzer*, »McCarthy & the Liberals«, *The Justice*, 7. 12. 1954.
87 Vgl. *Schreiber*, Susan Sontag, S. 46.

Zustimmung widerstrebten ihm. Über Sontag sagte er: »Sie ist noch viel schlimmer.«[88]

In der politisch eher unkonventionellen Atmosphäre von Brandeis, wo der große Kunsthistoriker und Bildwissenschaftler Erwin Panofsky, der marxistische Ökonom, Schüler Schumpeters und Geheimdienstkollege Marcuses Paul Sweezy und der von McCarthy erbittert attackierte Chinaexperte Owen Lattimore innerhalb einer Woche Vorträge hielten, stachen Marcuses Ansichten keinesfalls als exzentrisch hervor.[89] In derselben Woche diskutierte er mit seinem Kollegen George Fischer öffentlich die Lage in der Sowjetunion nach Malenkows Rücktritt. Beide schärften ihrem Publikum die soziologische Komplexität der Sowjetunion ein: »Wir neigen dazu, mehr Intrigen und Verschwörungen als notwendig zu sehen, um die Ereignisse zu erklären, und dabei zu vergessen, dass die Männer im Kreml kompetente Verwalter eines riesigen, komplexen und hochzentralisierten Systems von Industrie und Landwirtschaft sind«, erläuterte Fischer. Marcuse stimmte zu und legte dar, wie die Wahrnehmung der amerikanischen Außenpolitik zu einer Verschärfung der sowjetischen Politik geführt habe. Obwohl die USA – vor allem mit ihrer »aggressiven« Politik einer westdeutschen Wiederbewaffnung – die sowjetische Politik der Koexistenz nach Stalins Tod enttäuscht hatten, rechnete Marcuse nicht mit einer Rückkehr zur stalinistischen Autokratie. Die neue kollegiale »Komiteeherrschaft« könnte sich als »stabile und starke Regierung« erweisen, lautete seine Prognose.[90]

Auf dem Campus blieb Marcuse seiner vertrauten Rolle als intellektueller Kenner der Sowjetunion bis zum Ende der fünfziger Jahre treu. Während in Budapest die sowjetischen Panzer rollten, wurde in Brandeis diskutiert. Der Intellektuellensoziologe Lewis Coser sah wie Hannah Arendt den ungarischen Aufstand in der Tradition der europäischen Revolutionen. Intellektuelle, Bauern und Arbeiter hatten sich verbündet, um das sowjetische Joch abzuschütteln und die Freiheit zu erlangen. Marcuse gab den Spielverderber. »Dr. Marcuse prä-

---

88 Marcuse an Löwenthal, 25. 1. 1956, 5. 3. 1956 (Zitat), o. D. [Ende 1958] (Zitat), 14. 1. 1959 (Zitat); Löwenthal an Marcuse, 7. 1. 1959; LLA, Briefwechsel Löwenthal–Marcuse.
89 Zur politischen Stimmung in Brandeis vgl. etwa Gitlin, The Sixties, S. 76 f.
90 *Michael Walzer*, »What's Up in Russia? Fischer, Marcuse View Recent Soviet Switch«, *The Justice*, 15. 2. 1955; in dieser Ausgabe finden sich auch die Hinweise auf die erwähnten Vorträge.

sentierte die Logik der Geschichte«, vermerkten die Beobachter der Diskussion. Coser sah das kämpfende Individuum und sein Opfer, Marcuse eine historische Tendenz. In Ungarn war die Revolution in die Konterrevolution umgeschlagen. Marcuse »erklärte, dass die Aktionen von einer spontan gebildeten Arbeiterbewegung gegen ein tyrannisches kommunistisches Regime ausgegangen waren. Dieser Bewegung gesellten sich dann jedoch reaktionäre Kräfte bei.« Die sozialistischen oder demokratischen Ziele der Revolte gingen dabei verloren. Die Aufständischen wurden zu Marionetten reaktionärer Kräfte:

»die Revolution war in Wirklichkeit eine Konterrevolution, die eine Rückkehr zum Status quo vor der kommunistischen Herrschaft mit sich gebracht hätte – ein Status quo, der von Militarismus, Großgrundbesitz, Nationalismus, Klerikalismus und Faschismus gekennzeichnet war. [...] Aus einer Analyse der Fakten zog Dr. Marcuse den Schluss, dass es ideologisch unmöglich sei, sich auf die Seite der sowjetischen Invasoren oder der konterrevolutionären Kräfte zu stellen; er würde sich auf die Seite derer schlagen, ›die zu Anfang sprachen, aber dann zum Schweigen gebracht wurden, und die wieder sprechen werden‹.«[91]

Dem alten Freund Leo Löwenthal schrieb Marcuse sichtlich amüsiert: »Ich habe all die Gutwilligen sehr schockiert, als ich die ungarische Rebellion auf einer Veranstaltung in Brandeis als Konterrevolution verurteilt habe.«[92] Coser, der mit Irving Howe zusammen die Zeitschrift *Dissent* gegründet hatte, nahm Marcuse dessen Haltung offensichtlich übel. Doch das Verhältnis zwischen den beiden kühlte sich

---

91 *Rachel Price/Ruth Feinberg*, »Coser, Marcuse, Sachs: Present Diverging Views on Revolution«, The Justice, 7. 11. 1956. Kurz darauf nahm E. H. Carr auf dem Brandeis-Campus zum Aufstand in Ungarn Stellung. Der britische Historiker schwankte zwischen Sympathien für die Unterdrückten und stiller Bewunderung der Realität der Macht, wie der Bericht festhielt. So konnte er zugleich ein Freund der Sowjetunion und einer Verfechter einer klassischen Realpolitik sein; *Martin Peretz*, »Carr Sees Rise in Conformity. Reality of Power in Politics«, The Justice, 4. 12. 1956; unter Lewis A. Cosers zahlreichen Werken vgl. *Coser*, Men of Ideas; *ders./Howe*, The American Communist Party; zu Ungarn vgl. etwa die zeitgenössische Intervention von *Arendt*, Die Ungarische Revolution, und den konzisen Forschungsüberblick von *Alföldy*, Ungarn 1956.
92 Marcuse an Löwenthal, 9. 12. 1956, A 992: 176, LLA, Briefwechsel Löwenthal–Marcuse.

daraufhin nicht so sehr ab, wie retrospektive Berichte vermuten lassen. Auch in den folgenden Jahren traten die beiden zusammen auf.[93]

Ganz in seinem Element befand sich Marcuse auch, als er den Umgang mit Kommunisten auf dem Campus anprangerte. Wie gewohnt, präsentierte er sich als unkonventioneller Kalter Krieger und Kommunismusdeuter, als listiger Dialektiker, der den Feind durch intime Kenntnis besiegen wollte. Doch so ganz wusste man nie, ob am Ende dieses Einfühlungsprozesses der Kommunismus nicht nur vertraut, sondern manche seiner Ideale auch attraktiv erscheinen würden. Eindeutiger als im wissenschaftlichen Werk oder in der Geheimdienstarbeit kam dieser Zug bei Marcuses Universitätsauftritten zur Geltung. Der sowjetischen Seite redete er nie das Wort. Aber die Absicht, den Marxismus zu nutzen, um zum Nachdenken über eine Alternative zur kritisierten kapitalistisch-konformistischen Gesellschaftsordnung anzuregen, gewann zunehmend an Bedeutung.

Formal verteidigte Marcuse die intellektuelle Autonomie, als er sich mit einem Beitrag »Über politisches Debattieren« selbst zu Wort meldete. Eine freie Debatte gab es nicht, solange Kommunisten niedergeschrien wurden und nicht ausreden konnten. Das war eine »Karikatur der akademischen Freiheit«, meinte Marcuse: »Freiheit der Wissenschaft schließt die Bereitschaft ein, nicht nur über die Argumente des Gegners zu diskutieren, sondern auch über die ihnen zugrunde liegende Philosophie.« Wer es anders hielt – und das war im Mai 1957 immer noch eine Mehrheit an Amerikas Hochschulen, ganz zu schweigen von der amerikanischen Gesellschaft – »spielte den besten Absichten zum Trotz dem [kommunistischen] Feind in die Hände«. Die Gegner der akademischen Freiheit in den Universitätsverwaltungen und unter den Studenten griffen – unwillentlich, wie Marcuse in den meisten Fällen zugestand – zu den Mitteln einer totalitären Geheimpolizei, um abweichende Meinungen zu ersticken.[94]

Ein knappes Jahrzehnt später fühlte Marcuse sich offensichtlich nicht mehr an dieses Ideal akademischer Freiheit gebunden, als er zum Kampf gegen die »repressive Toleranz« aufrief und aktive Intoleranz in Form von »Gegengewalt« zu diesem Zweck befürwortete. Wer den

---

93 *Wheatland*, The Frankfurt School in Exile, S. 289f., stellt Cosers und Howes Erinnerungen dem Zeitungsartikel gegenüber und bemerkt zutreffend, Marcuses Haltung habe sich kaum von seinen Positionen in OSS und State Department unterschieden. Zu späteren gemeinsamen Auftritten von Coser und Marcuse vgl. jedoch weiter unten in diesem Kap. VI.4.
94 *Marcuse*, »On Political Debating«, The Justice, 14. 5. 1957.

politischen Gegner niederschrie, konnte sich dann auch auf seine Argumente stützen.⁹⁵ Sein engagiertes Plädoyer für eine Sphäre intellektueller Autonomie, in der die politischen Machtverhältnisse keine Rolle spielen durften, erweiterte Marcuse zu einem seiner bemerkenswertesten tagespolitischen Texte in den fünfziger Jahren. Was er dabei vorlegte, war eine verschärfte Lesart von »Soviet Marxism«. Die Grundforderung bewegte sich auf dem Boden von Geheimdienstaufklärung und Sowjetologie: Wer den »Feind« verstehen wollte, musste sich auf dessen Denkbedingungen einlassen, auf die »immanente Interpretation«, die nur der mutige Ideenkrieger vornehmen konnte, der sich weit ins feindliche Lager vorwagte. Wenn Marcuse als Erkenntnisvoraussetzung einklagte, die gleiche Distanz gegenüber allen Systemen walten zu lassen und noch dem Schrecklichsten mit klarem, schonungslosem, sich selbst nicht schonenden Blick ins Auge zu sehen, so trafen sich dabei Relikte der »Verhaltenslehren der Kälte« aus der Weimarer Republik und die Erfahrung der »eiskalten« professionellen Logik des Geheimdienstapparats.⁹⁶

Was Marcuse seinen vorwiegend studentischen Lesern einhämmerte, ist vertraut. Jedes Element ist aus anderen Zusammenhängen bekannt: Das tiefste Fundament der psychologischen Kriegführung tauchte auf – es ging darum, den Kommunismus zu besiegen. Dazu musste man die Komplexität dieser Ideologie verstehen: Sie war ein Teil der westlichen Zivilisation. Sie gehörte zu der Kultur, die man gegen Moskau zu verteidigen glaubte. Ihre Attraktivität in den neuen, von kolonialer Herrschaft befreiten Nationen hatte konkrete und reale Ursachen. Ein Weltherrschaftsplan und ideologische Verführung gehörten nicht dazu. Es gab auf der ganzen Welt viele Spielarten des Kommunismus und keine Fernsteuerung des einzelnen Kommunisten aus Moskau. Die Schwächen des eigenen, westlichen Systems trugen wesentlich dazu bei, den Kommunismus bei Kräften zu halten. Was wiederum bedeutete: Der Sieg über den Kommunismus setzte zuallererst eine Reform des Westens voraus – eine gerechtere Gesellschaft. Womit der argumentative Kreis geschlossen war.⁹⁷

---

95 Vgl. statt vieler Belege die gerade durch ihren nüchternen und verständnisvollen Ton umso kritischere Darstellung der von Marcuse nicht abgeschätzten Folgen der »repressiven Toleranz« durch *Varon*, Bringing the War Home, S. 42–45, 188–190, 237–244; sowie *Wheatland*, The Frankfurt School in Exile, S. 317–321.
96 Vgl. oben, Kap. I. und Kap. V.; zum Habitus der »Kälte« vgl. *Lethen*, Verhaltenslehren der Kälte.
97 *Marcuse*, »On Political Debating« *The Justice*, 14. 5. 1957.

Damit schlug die Geheimdienstperspektive der Feindaufklärung dialektisch um in die Perspektive einer kritischen Theorie, in die Selbstvergewisserung und Selbstkritik des Westens. Reformforderungen waren seit langem eine übliche Konsequenz der außenpolitischen Analysen Marcuses und seiner Freunde gewesen. Wie Marcuse diese Elemente neu zusammensetzte, verdient dennoch Beachtung. Marcuse gelang das gedankliche Kunststück, sowohl den Kalten Krieg als auch die Oktoberrevolution zu verteidigen. Es existiert kein aussagekräftigeres Zeugnis, anhand dessen sich Marcuses früher pädagogischer Einfluss auf die im Entstehen begriffene Neue Linke erahnen ließe. Was Marcuse für radikale Studenten in Brandeis anziehend machte, jenseits der Befreiungsvisionen von »Eros and Civilization«, was er ihnen praktisch-politisch als Lehrer mit auf den Weg gab, das muss der Historiker für die fünfziger Jahre aus Fragmenten wie diesem rekonstruieren und extrapolieren.[98]

»Der Kampf gegen den Kommunismus ist ein Kampf gegen eine feindliche welthistorische Kraft, gegen eine Form der Zivilisation, gegen eine Philosophie und politische Theorie, die alle tief in der westlichen Zivilisation verwurzelt sind. Der Kommunismus findet am meisten Anklang bei den unterprivilegierten Menschen – immer noch die große Mehrheit der Weltbevölkerung –, und der Aufstieg des Kommunismus lässt sich nicht völlig (nicht einmal vorrangig) auf Macht und Gewalt zurückführen. Wenn der Attraktivität des Kommunismus wirkungsvoll entgegengesteuert werden soll, dann müssen wir die Prinzipien diskutieren, aus denen er sich herleitet, seine Werte und seine Ziele, und diese auf der Grundlage von Prinzipien, Werten und Zielen verurteilen, die der Menschheit eine bessere Zukunft ermöglichen. Oder wenn wir diese Prinzipien, Werte und Ziele akzeptieren (was ich nicht annehme), aber die Art und Weise ihrer Umsetzung ablehnen, dann müssen wir die Möglichkeit einer andersartigen Umsetzung erörtern. Wir können uns vor dieser Aufgabe nicht drücken. Der Kommunismus kann leider nicht einfach widerlegt werden, indem man das terroristische Vorgehen der sowjetischen Regierung und der kommunistischen Parteien und ihrer Funktionäre verurteilt – genauso wenig, wie die Englische Revolution durch den Verweis auf die Opfer Cromwells und seiner Männer widerlegt wird; genauso we-

---

98 Zu Marcuses großer politischer Wirkung als Lehrer in Brandeis vgl. etwa *Davis*, Angela Davis, S. 133–136; *Leiss/Ober/Sherover*, Marcuse as Teacher.

nig wie die Französische Revolution durch die Opfer Robespierres und seiner Männer widerlegt wird; genauso wenig wie das Christentum durch die Opfer der Heiligen Inquisition widerlegt wird. (In Anbetracht der vorherrschenden Haltung scheint es ratsam, sich um das Offensichtliche zu bemühen und in Erinnerung zu rufen, dass zwischen erklären und entschuldigen ein Unterschied besteht: der Versuch, den Terror zu verstehen, bedeutet nicht, ihn zu rechtfertigen!)
Der Lauf der Geschichte war überall und zu allen Zeiten vom Blut unschuldiger Opfer gekennzeichnet. Sie sterben in Frieden und Krieg, mit oder ohne Prozess, an Hunger und an ihren Wunden, in einer Demokratie und in einem totalitären Staat. Kein historisches Ziel kann jemals diese Verbrechen rechtfertigen. Das ist die unvergebbare Schuld der Menschheit, wir alle tragen diese Schuld. Wer kann sich das letzte Urteil anmaßen: das Recht zu unterscheiden zwischen Blut, das in Kriegen, in Bürgerkriegen oder in Friedenszeiten vergossen wurde? Es ist eine der vornehmsten Aufgaben des Lehrers, die Erinnerung an das Hinschlachten von Unschuldigen wachzuhalten und die Täter anzuklagen – doch anklagen ist nicht genug, man muss ihren Vorwand zerstören, das heißt auf – persönliche, nationale und internationale – Lebensbedingungen hinwirken, die einen Vorwand unmöglich machen. Als Studenten und Lehrer können wir zu diesem Vorhaben beitragen, indem wir kompromisslos die Bedingungen untersuchen, in denen wir leben, ihre Auswirkungen und ihre Aussichten. Wir müssen Möglichkeiten untersuchen, sie zu verbessern, und das bedeutet: wir müssen die konkurrierenden gesellschaftlichen und politischen Philosophien und Systeme untersuchen und die Frage stellen, welche von ihnen größere historische Möglichkeiten für Frieden, Glück und Gerechtigkeit um den Preis des geringstmöglichen menschlichen Leidens bieten. Es ist gewiss erschreckend, dass wir eine solche Untersuchung, die die Menge des Blutes misst, das aller Wahrscheinlichkeit nach in der Zukunft und für die Zukunft vergossen wird, auf uns nehmen müssen. Ich glaube jedoch, dass die Verantwortung für diese schreckliche Tatsache nicht einfach einzelnen Menschen zugewiesen werden kann, nicht einmal Führern. Die Suche nach Verantwortung muss viel weiter gehen.«

Es lässt sich kaum bestimmen, wo der Geheimdienstanalytiker und Sowjetologe und wo der radikale Denker und Fundamentalkritiker spricht. Am Ende waren beide Rollen ineinander übergegangen. Was er kalt und nüchtern sah, war »erschreckend« und »schrecklich«. Vom

Kampf gegen den Kommunismus blieb schließlich der Kampf für eine bessere Gesellschaft. Unterwegs hatte Marcuse unter scheinbar »eiskalten«, analytischen, erklärenden Vorzeichen den sowjetischen Kommunismus in eine Reihe mit der Englischen und Französischen Revolution und gar dem Christentum gestellt. Vor dem Tod waren alle gleich, schloss Marcuse. Das politische System schien kaum einen Unterschied zu machen, obgleich seine Reformhoffnung zeigte, dass die Aussicht auf Frieden, Glück und Gerechtigkeit bei geringstmöglichem menschlichen Leiden für ihn wohl am ehesten noch im Westen zu verwirklichen war. Der akademische Lehrer verhalf jedem, der dazu bereit war, zum Agenten der Aufklärung zu werden und die Spannung zwischen nüchterner Analyse und großen Hoffnungen zu bewältigen.

Den psychologischen Krieg gegen den sowjetischen Kommunismus gab Marcuse dabei nicht auf, er bekannte sich offen zur »Sache der Freiheit«, was kein billiger Trick war: Gerade aus seiner Position als Ideenkrieger im Kalten Krieg folgte sein radikales Anliegen. Dieser kausale Nexus kommt in keinem Text so deutlich zum Ausdruck wie in diesem, der offenlegt, was sonst verborgen bleibt und zwischen den Zeilen entschlüsselt werden muss. Marcuse, wie er sich in diesem Artikel darstellte, war gerade als Geheimdienstanalytiker, psychologischer Krieger und Sowjetologe zu dem Schluss gekommen, eine radikale Veränderung der westlichen Gesellschaft und ihres Umgangs mit dem Rest der Welt zu fordern. Das war der einzig verlässliche Schutz gegen den totalitären Gegner. Marcuses radikales Denken – als offen politisch-aktivistisches Denken, das nicht länger im Schutzraum der Theorie verharrte, so wie er es im zuvor zitierten Abschnitt vorgestellt hatte – wurde demnach, seiner Selbstdeutung zufolge, aus dem Geist des Geheimdienstes und der psychologischen Kriegführung geboren:

»Wir betrachten den eingeladenen Kommunisten vielleicht nur als Sprachrohr des ›Apparats‹, ohne eigene Meinung und Willen. In diesem Fall macht es keinen Sinn, ihn einzuladen und mit ihm oder gegen ihn zu reden – außer wir erörtern die ›Linie‹, für die er wirbt. Oder wir betrachten den Kommunisten vielleicht als Mörder, der angeklagt werden muss und mit dem man kein Streitgespräch führt. Aber warum sollten wir dann einen Mörder auf den Campus einladen? Einen Mann anzuklagen, der seit langem öffentlich und intensiv angeklagt wird, das ist in meiner Sicht eine sadistische Show. (Die Weltmacht des Sowjetkommunismus ändert nichts an der Tatsache, dass der amerikanische Kommunist heute ein Ausgestoßener ist, der einen hohen Preis für

seine Zugehörigkeit zahlt – ganz gleich wie gerecht diese Bestrafung sein mag.) Solange wir nicht über die Wiederholung der Anklage hinausgehen, offenbaren wir unsere eigene Schwäche. [...] Gegen unsere besten Absichten spielen wir unseren Feinden in die Hände. Wir dienen damit nicht der Sache der Freiheit, für die ich genauso eintrete wie alle der hier Versammelten. [...]
Meiner Ansicht nach hat sich die Veranstaltung [...] auf einer Ebene bewegt, die keine ernsthafte Auseinandersetzung mit dem Ziel erlaubt. Mehr als sechs Jahre in der Erforschung des internationalen Kommunismus haben mich davon überzeugt, dass das keine wirkungsvolle Methode ist, um den Kommunismus zu bekämpfen.«

Die Sache der Freiheit begann bei der akademischen Freiheit, wie Marcuses abschließende Sätze zeigten. Die Selbstbehauptung der intellektuellen Autonomie war vorerst gescheitert, aber Marcuse hielt an ihr fest. Wie sehr ihm die Universität zu diesem Zeitpunkt als in besonderem Maße schutzwürdige Institution des freien Gedankenaustauschs galt, spricht deutlich aus seinen Worten:

»Ich glaube, dass die Versammlung sehr schädlich für die Sache der Bürgerrechte und für den Ruf der Brandeis University als eines liberalen Colleges war. In einem ganz realen Sinne sind ›Manieren‹ ein Merkmal des Liberalismus: insofern sie ein Ausdruck von Substanz sind, von Intelligenz und der Anstrengung, die Wahrheit zu suchen und zu sagen, selbst wenn das für einen selbst unangenehm ist. Eine Zurschaustellung von Selbstgerechtigkeit und Härte bietet keinen Ersatz für das Streben nach Wahrheit – das zugleich das Streben nach Freiheit ist und das nur durch den freien Austausch von Ideen voranschreiten kann. Solange ein solcher Austausch nicht stattfinden kann, bin ich dafür, kommunistische Funktionäre nicht mehr als Teilnehmer an öffentlichen Debatten auf dem Campus einzuladen.«[99]

»On Political Debating« vereinte auch die beiden häufigsten Anlässe für Marcuses Auftritte als Campus-Intellektueller: weltpolitische Fragen, besonders zum Kommunismus und Sozialismus, einerseits, Probleme der akademischen Freiheit und der pädagogischen Aufklärung andererseits. Nicht selten vermischten sich die Ebenen. Er debattierte öffentlich – unter anderem mit seinem Freund Arno Mayer – über den Kurs der britischen Labour Party, um festzustellen, dass es keinen his-

---

99 *Marcuse*, »On Political Debating«, *The Justice*, 14. 5. 1957.

torischen Platz für eine »linke Sozialdemokratie« gab. Man konnte Marcuse so verstehen, dass er zwar mit einem unabhängigen Sozialismus sympathisierte, aber nicht glaubte, dass diese Option im Kalten Krieg noch – oder bereits wieder – möglich war. Also stand er 1957 mit den linken Labour-Rebellen auf der Seite Amerikas, um dort ebenso wie diese um Verständnis für die sowjetische Position zu werben und zur Entspannung beizutragen. Bezeichnenderweise ging Marcuse nicht so weit wie einer seiner Diskussionspartner, der von einer Krise des Fortschritts sprach. Es war nicht Marcuse, der das an Adorno und Horkheimer gemahnende, zutiefst pessimistische Argument aufbrachte.[100]

Selbstkritisch gegenüber dem Westen, aber fest im Boden der westlichen Denkordnung verwurzelt, so wurde in Brandeis auch »Soviet Marxism« wahrgenommen. Die sowjetkritischen und prognostischen Züge des Buches entgingen dem Rezensenten nicht. Martin Peretz, der von Brandeis aus zu seiner publizistischen Karriere ansetzte, stand Marcuse damals nahe genug, um dessen Absicht zu würdigen: »Soviet Marxism« war die Antwort auf die kommunistische Ideologie, die Marcuse zuvor gefordert hatte, eine Entgegnung auf Augenhöhe, eine Begegnung auf feindlichem Terrain.[101] Mit dem Vokabular, das zur gleichen Zeit sein Freund Stuart Hughes in seinen Artikeln in Stellung brachte, trat Marcuse in Brandeis auf Veranstaltungen des Committee for a Sane Nuclear Policy (SANE) auf, jener frühen Organisation der Friedensbewegung, deren nationalen Vorsitz Hughes 1963 übernahm. Marcuse diskutierte über Koexistenz und die nukleare Bedrohung. Mit seinen Kollegen wie Lewis Coser und Edward Katzenbach war er sich einig, dass Atomwaffentests »zutiefst irrational« waren. Szenarien des »Kriegsausbruchs durch einen Unfall« wurden beschworen, die an Stanley Kubricks »Dr. Strangelove« erinnern.

Die »Alternative zur Koexistenz ist die Nichtexistenz«, warf Coser ein. Selbst wenn ein Abkommen über das Ende von Tests nur ein erster Schritt sein konnte, stellte Marcuse sich hinter diese Forderung. Ein Teststopp war sogar eine »propagandistische Notwendigkeit« im Ideenkrieg gegen die Sowjets. Die »Sowjetunion wünscht sich ohnehin

---

100 Marcuse, »Mayer, and Sacks. Bevan's Socialism Analyzed«, *The Justice*, 19. 11. 1957

101 *Martin Peretz*, »Marcuse, Fischer Volumes Analyze Russian History«, *The Justice*, 24. 3. 1958. Zu Peretz, Hughes und Marcuse als Wahlkämpfern vgl. unten, Kap. V.5.

keinen Krieg«, hieß es im Einklang mit »Soviet Marxism«. Die Brandeis-Professoren setzten auf den Sozialismus, um den Kommunismus zu besiegen. Die Neutralisierung Europas und massive Entwicklungshilfe für die Dritte Welt vervollständigten 1959 das Programm, das in jedem Punkt daran erinnerte, was Marcuse, Hughes und ihre Freunde einst im State Department vorgeschlagen hatten. Marcuse blieb allerdings skeptisch, was die Rolle Amerikas betraf: »Marcuse hatte wenig Hoffnung, dass Amerika eine neue ideologische Haltung annehmen würde, und bemerkte, dass wir vorgeben, in einer freien Wirtschaft zu leben, obwohl diese seit Jahren tot ist.« Die Ordnung des Thanatos regierte weiterhin, obwohl die technologischen Voraussetzungen einer besseren Welt längst gegeben waren. Man könnte die Ursachen des Krieges ein für alle Mal beseitigen – und rüstete doch zum atomaren Vernichtungskrieg. Das war der Irrsinn der Gegenwart, den Marcuse in einer fundamentalkritischen Schlussnote anprangerte.[102]

Im Gefolge von C. Wright Mills legte er bei einer anderen SANE-Veranstaltung auf dem Campus nach und griff nicht nur gemeinsam mit seinen Kollegen die »militärische Metaphysik« des Nuklearzeitalters an. In einer Gesellschaft, die ihre Kritiker für Schmeißfliegen halte, empfahl er Robespierre und Lenin als Rollenvorbilder. »Ein Intellektueller, merkte er an, muss heute seinem Wesen nach ein Nonkonformist sein, einer, der im Gegensatz zu den etablierten Fakten steht und über diese hinausgeht – nicht einfach, weil er radikal sein will, sondern um die Fakten so bezeichnen zu können, wie sie wirklich sind, nämlich ›ziemlich übel‹.« Mit jedem Auftritt wurde Marcuses Position radikaler. Die Bevölkerung wollte in Wahrheit den Krieg, die Gesellschaft lebte davon. Fundamentalopposition wurde da zur letzten Option für Jungintellektuelle, die dennoch weiterhin an Bildung glauben und auf die langfristigen Aufklärungseffekte ihrer Aktionen hoffen sollten. »Opposition und Protest« wurde zu Marcuses Losung. Sich dem politischen Spiel zu verweigern, lautete nun seine konkrete Übersetzung der »Großen Weigerung«. Zum ersten Mal empfahl er, sich bei der Wahl der Stimme zu enthalten, solange keine Partei sich

---

102 *Marvin Garson*, »Co-Existence or No-Existence Topic of SANE Symposium«, *The Justice*, 12. 1. 1959; zur Geschichte von SANE vgl. *Katz*, Ban the Bomb; Kubricks zwei Jahre später gedrehten Film »Dr. Strangelove«, in dem das Denken des Atomkriegs satirisch auf den Punkt gebracht wurde, nutzt *Henriksen*, Dr. Strangelove's America, als Ausgangspunkt einer politischen Kulturgeschichte des frühen Kalten Krieges in Amerika.

gegen Krieg und für Abrüstung aussprach.[103] Das war jedoch noch keine grundsätzliche Absage an das parlamentarische System: Keine zwei Jahre später trat sein Freund Stuart Hughes als einer der ersten Kandidaten der Friedensbewegung für einen Senatssitz an. Marcuse und seine Studenten unterstützten ihn tatkräftig.

Als politischer Pädagoge war Marcuse umfassend auf dem Campus engagiert. Er präsentierte sich als strenger Lehrer, der über Studenten spottete, die ein »aufregendes« Studium erwarteten. Aufregend, so trichterte er ihnen ein, werde das Studium erst durch die engagierte Mitarbeit und das Interesse der Studenten.[104] Regelmäßig redete er den Neuankömmlingen ins Gewissen. Einmal verurteilte er in der Begrüßungsrede an die Studienanfänger, dass Bildung zur Ware verkommen sei und allein materiellen Zwecken diene. Er beklagte den fehlenden Idealismus, den Verlust der »moralischen Integrität« unter den Studenten in einer »von Fallout bedrohten Welt«, um ihnen die heroischen Tage des Spanischen Bürgerkrieges vor Augen zu halten.[105] Ein andermal sprach er von den Pflichten des »Universitätsintellektuellen«. Nicht Experten, sondern Sand im Getriebe der Gesellschaft sollten sie werden, mahnte er die Studenten: »›Die Universität sollte euch helfen, all den Idioten, die die Welt heute kontrollieren, lästig zu werden. Es ist die Aufgabe des Intellektuellen, seiner Gesellschaft unangenehme Fragen zu stellen und schockierend ehrliche Antworten darauf zu finden. Dadurch hilft er mit, eine bessere Gesellschaft zu schaffen, in der jeder frei sein wird.‹ (So deutete Marcuse den Vers aus dem Neuen Testament: ›Die Wahrheit wird euch frei machen‹.)«

Marcuse ging mit gutem Beispiel voran und zählte den völlig überforderten Studienanfängern und ihren Eltern die »Mängel unserer Zivilisation« auf. Seine Schlüsselbegriffe waren Ausbeutung, Konsumzwang, Angst vor Arbeitslosigkeit, überhaupt »die alles durchdringende Angst«, sowie »die andauernden Kriegsvorbereitungen im Namen des Friedens, die Tabuisierung bestimmter Themen«. Die nachwachsenden Intellektuellen sollten sich davon nicht einschüchtern, sich nicht von »Anpassung, Unterwürfigkeit und Angst« lähmen

---

103 *Michael Jacobs*, »Gross, Walter, Marcuse, Discuss ›War and the Role of the Intellectual‹«, *The Justice*, 10. 11. 1959.
104 »Nazi Film to Be Shown, Introduced«, *The Justice*, 18. 1. 1956; »Dr. Marcuse Hits Student Complacency; Pledges to Help if Interest is Shown«, *The Justice*, 14. 2. 1956.
105 *David Cohen*, »Jrs., Parents Hear Manuel and Marcuse«, *The Justice*, 5. 5. 1958.

lassen. Die Universität müsse wieder Wissen, nicht nur Fertigkeiten, vermitteln, ein Wissen, das kritisches Denken in Gang setzte und dann zur Tat trieb, zum Einsatz für die Verbesserung der Welt. Ein ausgeprägt aktivistischer, individualistischer Ton kennzeichnete Marcuses Rede. Jeder Einzelne war für den Zustand der Welt verantwortlich, »jeder von uns kann etwas tun, und auf lange Sicht können wir eine Welt erschaffen, die heute utopisch erscheint«.

Um dieses Ziel zu erreichen, gab er seinen Schülern einen taktischen Rat: »›Wir müssen wissen, wie man denkt, ohne erwischt zu werden‹ und ohne uns zu unangenehm zu machen. [...] Wir müssen lernen, ›nach den Spielregeln zu spielen‹, während wir weiterhin unsere intellektuelle Integrität aufrechterhalten. Denn jeder von uns muss seinen Lebensunterhalt verdienen, in einer Form, die in unserer Gesellschaft möglich ist.« Fast scheint es, als habe Marcuse in retrospektiver Verzerrung davon gesprochen, wie er sich in den strategischen Staatsapparaten bewegt hatte.[106] Ähnliche Reden und Auftritte folgten. Sein radikales Profil wurde immer schärfer. Vor den Studenten von Brandeis nahm langsam der Marcuse Gestalt an, der aus den späten sechziger Jahren in Erinnerung geblieben ist.[107] Marcuse war ein Held des Campus. Er fand immer größere Aufmerksamkeit unter seinen Studenten, auf die Marcuse seinen pädagogischen Eros konzentrierte, bevor sein Ruf in die neue linke Welt ausstrahlte.[108] In Brandeis hatte er mit Angela Davis und Abbie Hoffman zwei seiner radikalsten Schüler.[109]

---

106 *Martin Levine*, »Duty of University Intellectual Described by Prof. Marcuse«, *The Justice*, 22. 9. 1958. Das von Marcuse zitierte Jesuswort prangte seit 1961 auch als Inschrift über dem Eingang des CIA-Gebäudes; vgl. *Garthoff*, A Journey through the Cold War, S. 41.
107 In diesem Sinne ist die zutreffende und wegweisende Darstellung von *Wheatland*, The Frankfurt School in Exile, S. 311–326, zu ergänzen, wonach Marcuse erst nach 1965 und nach dem Kontakt mit der Protestbewegung eine radikale aktivistische Position eingenommen habe.
108 Vgl. »Political Awareness A Key To Survival«, *The Justice*, 28. 9. 1959; »Marcuse Refutes Popper's Theory. Cites Trends and Laws«, *The Justice*, 27. 10. 1959.
109 Zur Bürgerrechtlerin, Antivietnamkriegsaktivistin, Feministin Angela Davis, die später Mitglied der Black Panther und der Kommunistischen Partei der USA war und 1970 vom FBI als angebliche Terroristin gesucht wurde, und zu ihrem Verhältnis zu ihrem Lehrer vgl. *Marcuse*, Nachgelassene Schriften, Bd. 4, S. 158–183; *Davis*, Angela Davis, S. 133–136; zu Abbie Hoffman, einer Ikone der Protest- und Gegenkultur der USA, vgl. *Jezer*, Abbie Hoffman; *Raskin*, For the Hell of It.

Stuart Hughes, der politisch aktivste Kopf der Gruppe, war in diesen Jahren nicht untätig geblieben. Nach seinem Engagement für Wallace verbrachte er die der fünfziger Jahre in der politischen Nähe der Demokraten. Hughes unterstützte wie so viele Intellektuelle 1952 und 1956 deren Präsidentschaftskandidaten Adlai Stevenson. Am Ende des Jahrzehnts nahm Hughes an einer Programmkommission der Partei teil. Der bekannte Soziologe David Riesman, Hughes' politischer Verbündeter in Harvard, gewann ihn für die Mitarbeit am »Liberal Project«, das von demokratischen Kongressmitgliedern ins Leben gerufen worden war. 1962 erschien das Ergebnis als »The Liberal Papers« und zog heftige Kritik im Kongress auf sich. Viele der Abgeordneten, die es in Auftrag gegeben hatten, versuchten ihre Urheberschaft zu vertuschen. China diplomatisch anzuerkennen und Westdeutschland zu demilitarisieren war zu viel für die amerikanische Politik. Die Dominanz des antikommunistischen Kennedy-Flügels führte zu Hughes' langsamer Entfremdung von der Partei.[110]

Durch das »Liberal Project« verfügten Hughes und Riesman jedoch über einen direkten Zugang zum Zentrum der Kennedy-Regierung in deren Anfangszeit. Neben dem kalifornischen Abgeordneten James Roosevelt war Robert W. Kastenmeier aus Wisconsin einer der Initiatoren des »Liberal Project«. Kastenmeiers junger Mitarbeiter Marcus Raskin koordinierte das Unternehmen. Der Pianist und Jurist Raskin war 1959 zum Stab des demokratischen Linken Kastenmeier gestoßen und machte sich einen Namen als Abrüstungsexperte. Das Interesse an Abrüstungsfragen einte Raskin mit Hughes. Beide standen in enger Verbindung. Raskins radikaler Beitrag zur Theorie der nuklearen Abschreckung konnte 1962 in den »Liberal Papers« allerdings nur unter dem Namen seines Koautors Arthur Waskow erscheinen. Denn Raskin war 1961 in den National Security Council (NSC) Kennedys berufen worden. Diese Position verdankte er Riesman, der von Raskin

---

110 Vgl. *Hughes*, On Being a Candidate, S. 125; »Throwing the Book«, *Time*, 6. 4. 1962; *Bird*, The Color of Truth, S. 187, 218–220; *Roosevelt* (Hg.), The Liberal Papers; vgl. darin u.a. *Riesman/Macoby*, The American Crisis; *Waskow*, The Theory and Practice of Deterrence; *Hughes*, Disengagement and NATO. Von Hughes' Ablehnung Kennedys ist im Folgenden noch die Rede, seine Haltung wird mehr als deutlich in: Meyerhoff an Hughes, 8. 10. 1960, HSHP, Series I, b. 5, f. 113; das konservative Leitorgan *National Review* berichtete ausführlich über das von ihr als skandalös eingestufte »Liberal Project«: »Now You See It«, *National Review*, 10. 4. 1962; »From Washington Straight«, *National Review*, 27. 3. 1962, 8. 5. 1962 und 22. 5. 1962.

beeindruckt war. Und Riesman stand mit Kennedys Sicherheitsberater auf gutem Fuße: Der neuenglische Patriziersohn McGeorge Bundy hatte als Universitätdekan um den berühmten Soziologen Riesman geworben und ihn schließlich 1957 nach Harvard geholt. Zwischen Riesman und Bundy entwickelte sich ein Vertrauensverhältnis. Überhaupt bewies Bundy als Dekan eine glückliche Hand bei Berufungen. Brillanz ging ihm über alles. Viele unkonventionelle Gelehrte fanden so den Weg nach Harvard.[111]

Kennedy ernannte Bundy zu seinem Nationalen Sicherheitsberater. Bundy prägte das Amt, erst er formte es zu der außen- und sicherheitspolitischen Kommandozentrale im Weißen Haus, als die es bis heute gilt. Riesman gab nach der Katastrophe in Vietnam seine berühmten Sätze über Bundy zu Protokoll: »Als er Harvard verließ, trauerte ich um die Universität und um die Nation; um Harvard, weil er der vollendete Dekan war, um die Nation, weil ich dachte, dass genau diese Arroganz und Hybris für sie sehr gefährlich sein könnten.«[112] Er redete Bundy bereits bei seinem Amtsantritt 1961 ins Gewissen – und drängte ihn, als »Gewissen« der Regierung Raskin zu rekrutieren. Bundy ging darauf ein. Raskin wurde zur abweichenden Stimme, zum linken Korrektiv in Bundys kleiner, achtköpfiger NSC-Truppe, dem internen »Think Tank« der Regierung. Obwohl Bundy anfangs Raskins Funktion durchaus schätzte und ihn trotz wiederholter Konflikte nicht entließ, konnte die Zusammenarbeit nicht auf Dauer gelingen. Nachdem er faktisch kaltgestellt worden war, verließ Raskin die Regierung und gründete 1963 die linke Denkfabrik Institute for Policy Studies. In der zweiten Hälfte der sechziger Jahre war er einer der prominentesten Aktivisten gegen den Vietnamkrieg – jenen Krieg, den sein einstiger Boss Bundy im Weißen Haus bis zu seiner Abberufung

---

111 Kastenmeier und Raskin an Hughes, 10. 7. 1959; Hughes an Kastenmeier, 30. 7. 1959; Kastenmeier an Hughes, 24. 8. 1959; Hughes an Kastenmeier, 23. 9. 1959; Raskin an Hughes, 26. 10. 1959; Hughes an Raskin, 4. 11. 1959; Raskin an Hughes, 27. 9. 1960; Raskin an Hughes, 25. 10. 1960; Hughes an Raskin, 1. 11. 1960; Raskin an Hughes, 2. 2. 1961; Hughes an Raskin, 6. 2. 1961; Raskin an Hughes, 25. 10. 1961; HSHP, Series I, b. 4, f. 92; vgl. *Bird*, The Color of Truth, S. 117–153, 185–225, bes. S. 145f., 187, 218–220; *Goldstein*, Lessons in Disaster, S. 13, 35.

112 *Halberstam*, The Best and the Brightest, S. 59; zu Bundy als Neuerfinder des NSC vgl. *Preston*, The War Council; *Goldstein*, Lessons in Disaster; zur Geschichte und Bedeutung des NSC vgl. auch *Prados*, Keepers of the Keys; *Rothkopf*, Running the World.

1965 geplant hatte. Beide blieben einander weiterhin persönlich verbunden. Raskin ging in seiner Kritik des Vietnamkrieges noch weit über friedensbewegte Intellektuelle wie Riesman oder Hughes hinaus. 1968 stand er zusammen mit anderen namhaften Kriegsgegnern wie Benjamin Spock oder William Sloane Coffin vor Gericht, weil er zur Wehrdienstverweigerung aufgerufen hatte.[113]

Hughes nahm viel unmittelbarer an den politischen Debatten der USA teil, als es seine Freunde aus dem OSS taten und tun konnten. In seinen politischen Veröffentlichungen und öffentlichen Auftritten als Intellektueller befasste sich Hughes nun vorrangig mit der Strategie der nuklearen Abschreckung. 1959 verspottete er »Amateur-Machiavellis, die geschickt die machtpolitischen Realitäten in die Sprache des Liberalismus kleiden«, und das amerikanische »nationale Temperament, das von zwei unversöhnlichen Extremen gekennzeichnet ist – Gleichgültigkeit wechselt sich mit Beinahe-Hysterie ab«. Er bot einen »alternativen Blick auf die internationale Wirklichkeit« an, der darauf zielte, den Primat des Militärischen zu brechen. Der amerikanische Kapitalismus sei nicht zu exportieren, warnte er. Vorgezogene Stützpunkte, »die der Sowjetunion berechtigten Grund zur Beschwerde geben«, waren aufzugeben, die militärischen Allianzen in Südostasien aufzulösen. Noch war nicht von unilateraler nuklearer Abrüstung die Rede. Dreh- und Angelpunkt seiner Argumentation war die Beendigung der Atomwaffentests – wobei er sich mit seinen Freunden einig wusste.[114] Hughes wurde dabei allerdings wesentlich präziser. Er suchte die Begegnung auf Augenhöhe nicht nur mit den Sowjets, sondern auch mit den Atomstrategen zu Hause.

Der erste öffentliche Beitrag, in dem Hughes sein Engagement für die Friedensbewegung zu Protokoll gab, setzte sich eingehend mit dem Konzept der nuklearen Abschreckung auseinander. Hughes las mit großer Sympathie für dessen intellektuelle Klarheit Herman Kahns Atomkriegsklassiker »On Thermonuclear War« – eine Inspira-

---

113 Vgl. *Bird*, The Color of Truth, S. 153, 186–188, 200, 206f., 212, 218–220, 243, 296, 314, 320, 363, 372; *Foley*, Confronting the War Machine, S. 282–295; unter Raskins zahlreichen Büchern vgl. etwa *Raskin*, The Politics of National Security; *ders./Barnet*, An American Manifesto; *ders./Fall* (Hg.), The Viet-Nam Reader; zu Bundys spätem, verhaltenem Bedauern über seine Rolle bei der Vorbereitung und Planung des Vietnamkrieges vgl. *Bird*, The Color of Truth, S. 374f.; *Goldstein*, Lessons in Disaster.
114 *Hughes*, A Politics of Peace; zu Marcuses siehe weiter oben in diesem Kap.; Meyerhoff an Hughes, 5. 3. 1959, HSHP, Series I, b. 5, f. 113.

tion für Stanley Kubricks »Dr. Strangelove« –,[115] um anschließend den »irren Rationalismus« bloßzustellen, auf dem die nukleare Logik des Kalten Krieges beruhte. Selbst angesichts dessen, was er als institutionalisierten Irrsinn auffasste, vertraute Hughes jedoch auf die Macht des Wortes, auf die Überzeugungskraft des Arguments. Er beschrieb erstens die globale Angstmaschine, in deren Griff sich kein vernünftiges Wesen befinden wollen konnte. Zweitens zeigte er, dass den Beschwörungen der Abschreckung zum Trotz diese Strategie nicht funktionierte. Man musste nur den Blick weiten und auf den Nahen Osten, auf Südostasien oder Lateinamerika richten. Hughes plädierte nun für die radikale Maßnahme, als Zeichen des guten Willens erste Schritte zur unilateralen nuklearen Abrüstung einzuleiten, in der Hoffnung, so die Sowjetunion zur nuklearen Abrüstung zu bewegen. Darin schien für Hughes die einzige rationale Alternative zum »Schrecken des thermonuklearen Krieges« zu bestehen.[116] In den USA war eine solche Forderung zu diesem Zeitpunkt noch unerhört. In Großbritannien forderte seit Ende der fünfziger Jahre die Friedensbewegung die – im Unterschied zu Hughes – bedingungslose unilaterale nukleare Abrüstung.[117]

Wie unerhört seine Forderung war, zeigte das öffentliche Aufsehen, das er erregte. In einer öffentlichen Debatte, die landesweite Aufmerksamkeit fand, verteidigte Hughes seine Haltung zur nuklearen Abschreckung. Im Juli 1961 stellte er sich den illustren Diskussionspartnern Sidney Hook, Hans J. Morgenthau und C. P. Snow in einer Veranstaltung in New York, die von Norman Podhoretz moderiert wurde.[118] Hughes' nuklearer Pazifismus stand dem Realismus Morgenthaus näher als dem Antikommunismus des prominenten »cold war liberal« Hook. Sowohl Hook als auch Hughes bekannten sich

---

115 *Kahn*, On Thermonuclear War; zu Kahn vgl. *Pias*, »One-Man Think Tank«; *Ghamari-Tabrizi*, The Worlds of Herman Kahn; zu Kahn als Vorbild Stanley Kubricks vgl. ebenda, S. 274–280, 304f.; *Henriksen*, Dr. Strangelove's America, S. 327.
116 *Hughes*, The Strategy of Deterrence, S. 185, 191f.
117 Vgl. etwa *Nehring*, The National Internationalists; *ders.*, Politics, Symbols and the Public Sphere.
118 Western Values and Total War. Unter anderem das führende Organ der Rechten und – zu einem späteren Zeitpunkt, als die Mitschrift in *Commentary* erschien – das wichtigste Nachrichtenmagazin der USA berichteten ausführlich über diese Veranstaltung; vgl. *William F. Rickenbacker*, »Schism on the Left«, *National Review*, 15. 7. 1961, S. 8; »Aristotle & The Bomb. Red, Dead or Heroic«, *Time*, 13. 10. 1961, S. 29.

dazu, Sozialisten zu sein. Der Philosoph Hook versuchte, seinem Antikommunismus den Anstrich aristotelischer Tugend zu verleihen. Hughes erwiderte polemisch: »Was wollen Sie, rot sein oder tot sein? Um es primitiv auszudrücken, ich bin dann lieber rot.«[119]

Doch ansonsten blieb Hughes ganz der im liberalen Establishment verwurzelte Patriziersohn, der noch die radikalsten politischen Vorschläge in das Gewand des Pragmatismus kleidete, um die Zuhörer zu gewinnen. Er mochte einer Utopie anhängen, aber war Realist genug, um den Preis seines Vorschlags zu beziffern: Nuklearer Pazifismus setzte konventionellen »Militarismus« voraus, den Aufbau von Milizarmee und Zivilverteidigung. An die Stelle von Atomraketen trat eine »Nation in Waffen« nach dem Vorbild der Schweiz oder Schwedens. Wie so oft berief sich Hughes auch bei seiner Idee einer Nation von Guerilleros, die jeden konventionellen Angriff abschrecken würde, auf eine Autorität – George F. Kennan, der sich vom Kalten Krieger zum Entspannungspolitiker und Atomwaffengegner gewandelt hatte.[120] Angesichts der konventionellen Überlegenheit der Sowjetunion war dann ein weiterer Preis zu zahlen. Zu rechnen war mit »sowjetischem Vordringen in bestimmte Regionen, vor allem in der unterentwickelten Welt, aber diese Regionen sind ohnehin kaum zu verteidigen«, erklärte Hughes, in schärfstem Gegensatz zu Experten und Politikern wie seinem R&A-Kriegskameraden Walt W. Rostow.[121]

Der Wirtschaftshistoriker Rostow, der sich selbst links der Mitte einordnete, predigte den Ausbau der Entwicklungshilfe. Kurz zuvor war

---

119 Western Values and Total War, S. 279, 296, 283.
120 Schon der antikommunistische Planer der psychologischen Kriegführung in den ersten Jahren des Kalten Krieges verfolgte das Ziel, durch psychologische Offensiven einen Krieg zu verhindern. Seit dem Tod Stalins trat der außenpolitische Realist Kennan für Entspannung und eine diplomatische Annäherung an die Sowjetunion ein. In seinem Engagement gegen den Atomkrieg näherte er sich der Friedensbewegung an. Selbst als Kennan von Kennedy kurzzeitig politisch reaktiviert wurde, erklärte er: »I would rather see my children dead«, als einen nuklearen Krieg zu riskieren; Kennan an Walt W. Rostow, 15. 5. 1962, FRUS 1961–1963, Bd. 8, S. 286f.; vgl. *Milne*, America's Rasputin, S. 114; *Hixson*, George F. Kennan, S. 171–194, 221–238, 287–291; *Hochgeschwender*, Freiheit in der Offensive?, S. 461–465. Wie Hughes befürwortete Kennan den Gedanken einer Milizarmee. Dieses Motiv tauchte bei Hughes öfter auf und spiegelte auch seine Kriegskontakte als amerikanischer Offizier zu italienischen und französischen Partisanen im antifaschistischen Widerstand wider; vgl. *Hughes*, Grandeur and Misery of Guerilla Warfare; *ders.*, Gentleman Rebel, S. 147–156.
121 Western Values and Total War, S. 279, 283, 285, 287, 295.

sein Buch »The Stages of Economic Growth« erschienen, mit dem vielsagenden Untertitel: »A Non-Communist Manifesto«.[122] Das Buch verstand sich als endgültige Widerlegung des Marxismus-Leninismus. Rostow verkündete seine Modernisierungstheorie. Beide Gedankengebäude waren ähnlich strukturiert, sie teilten den ökonomischen Determinismus und das Happy End. Der sozialstaatlich eingehegte Kapitalismus war bei Rostow der Endpunkt der Geschichte – für Amerika und die ganze Welt. Rostows Vision war im amerikanischen Sinne zutiefst liberal. Rostow fühlte sich dem Erbe des »New Deal« verpflichtet. Die Lebensbedingungen der Afroamerikaner in den amerikanischen Südstaaten wollte er genauso verbessern wie die wirtschaftliche Situation in den Entwicklungsländern. Auf dem Weg in die Moderne sollte Amerika ihnen Hilfe leisten. Das schloss militärische Instrumente der Modernisierung nicht aus. Denn der Kommunismus stellte für Rostow eine pathologische Abweichung auf dem Weg in die Moderne dar, eine gefährliche Übergangserscheinung in den neuen Nationen.

Dass Nationalismus und antikolonialer Kampf sich der marxistischen Sprache bedienen, aber zugleich unabhängig agieren und sogar Ziele verfolgen konnten, die den kommunistischen Großmächten widerstrebten, wurde von Rostow nicht einmal erwogen – ganz anders als im Geheimdienstapparat. Rostow strebte nach theoretischer Stringenz und verstrickte sich doch in Ungereimtheiten: Je hartnäckiger sich die kommunistische Pathologie in den postkolonialen Staaten ausbreitete, desto vehementer sollte Amerika als globaler Geburtshelfer einer demokratisch-kapitalistischen Moderne eingreifen. Der intellektuelle Widerspruch von Determinismus und Eingriff stand im Zentrum von Rostows Theorie. Als Ratgeber Kennedys und – in Nachfolge von McGeorge Bundy – als Nationaler Sicherheitsberater Johnsons wurde Rostow zum intellektuellen Architekten des Vietnamkrieges. Kaum vom MIT in die Regierung gelangt, brachte Rostow 1961 die antikommunistische Kehrseite seiner Modernisierungstheorie auf eine griffige Formel. Entwicklungshilfe und die militärische Bekämpfung von Guerillabewegungen, »counterinsurgency«, waren zwei Seiten ein und derselben Medaille. Rostow ging selbst darüber noch hinaus. Als Erster und damals noch Einziger in Kennedys unmittelbarer Umgebung empfahl er bereits 1961 die Bombardierung und Invasion Nordvietnams. In den ersten drei Monaten seiner Amtszeit empfahl der wohlmeinende liberale Ideologe Rostow gleich zwei-

---

122 Vgl. *Rostow*, The Stages of Economic Growth.

mal Nuklearschläge, in Vietnam und in Deutschland. Davon wollte Kennedy nichts wissen. Er versetzte seinen stellvertretenden Nationalen Sicherheitsberater Rostow ins State Department, wo er weniger Schaden anrichten konnte. Erst nach Kennedys Ermordung gewann Rostow wieder entscheidenden Einfluss auf die Vietnampolitik.[123]

Hughes' ablehnende Haltung gegenüber der Kennedy-Regierung kam auch in dieser Frage deutlich zum Vorschein. Für ihn erklärte sich der Antikommunismus der Regierung aus der Furcht vor »antikapitalistischen« Revolutionen in der Dritten Welt. Doch Hughes' vordringliches Anliegen blieb die nukleare Abrüstung. Seine Utopie schlug erneut eine »realpolitische« Volte: Unilaterale Abrüstung einzuleiten konnte nur ein Startsignal an die Sowjets sein. Das große Ziel war und blieben »multilaterale Abrüstung« und eine atomwaffenfreie Welt – wie sie zum gleichen Zeitpunkt George Kennan und später selbst Ronald Reagan schaffen wollten.[124]

Hughes' politische Interventionen oszillierten jedoch zwischen der Forderung nach unilateralen Abrüstungsgesten und der nach multilateralen Vereinbarungen. Diese Spannung spiegelte sich auch in seinem Engagement als politischer Aktivist. 1959 trat er dem Committee for a Sane Nuclear Policy (SANE) bei,[125] das sich auf die Beendigung von Atomwaffentests konzentrierte und als einflussreicher pragmatischer Flügel der Friedensbewegung die Zusammenarbeit mit Parteien

---

123 Vgl. *Milne*, America's Rasputin, S. 41–72, 77–81, 85–102, 111f.; *Gilman*, Mandarins of the Future, S. 155–202, 249f.; *ders.*, Modernization Theory; *Ninkovich*, Modernity and Power, S. 241–311; *Metzler*, Konzeptionen politischen Handelns von Adenauer bis Brandt, S. 226f.; *Rostow*, Guerilla Warfare in the Underdeveloped Areas (eine Rede vom 28. Juni 1961); *Catton*, Counter-Insurgency and Nation-Building; zur CIA und Vietnam vgl. etwa *Bird*, The Color of Truth, S. 172, 175–179; *Ford*, CIA and the Vietnam Policy Makers.
124 Western Values and Total War, S. 279, 283, 285, 287, 295. Die Kritik an der übertriebenen Furcht der Regierung vor nationalen Befreiungskriegen in der kolonialen und postkolonialen Welt, während die atomare Bedrohung hingenommen wurde, unterstrich Hughes einige Jahre später; *Hughes*, »Post-Cold War Delusions«, *The Nation*, 3. 1. 1966, S. 7–10; vgl. auch *Hixson*, George F. Kennan, 171–194, 221–238, 287–291; *Leffler*, For the Soul of Mankind, S. 359–365.
125 Vgl. *Hughes*, Gentleman Rebel, S. 250. Die Ursprünge von SANE reichen in die frühe Antiatomkriegsbewegung der späten vierziger Jahre zurück, die Organisation selbst wurde 1957 gegründet, als sich auch der radikalere Teil der Antiatomkriegsbewegung unter dem Namen Committee for Non-Violent Action konstituierte. Beide Flügel blieben jedoch eng miteinander verbunden und führten gemeinsame Aktionen durch; vgl. *Katz*, Ban the Bomb, S. 1–44; zur Bewegung gegen die Atombombe aus weiterer Perspektive vgl. *Wittner*, The Struggle Against the Bomb, Bd. 1–2.

und Gewerkschaften suchte. Zur Strategie von SANE gehörte, mit prominenten Unterstützern wie Steve Allen, Harry Belafonte, Leonard Bernstein, Erich Fromm, Linus Pauling, Walter Reuther und Albert Schweitzer zu werben. Neben David Riesman war Hughes der SANE-Mann in Harvard.[126]

Zugleich lenkten Hughes und Riesman die radikaleren Committees of Correspondence, die unilaterale nukleare Abrüstung forderten. Der Name nahm auf den amerikanischen Unabhängigkeitskrieg gegen die Briten Bezug und appellierte an die Tradition bürgerlicher Selbstverteidigung. Diese Diskussionszirkel konzentrierten sich auf Universitätsstädte wie Cambridge und Boston, New York, Berkeley und Chicago. Mit ihrem »Newsletter« trat die Gruppe 1961 bis 1965 an die Öffentlichkeit. Neben Riesman und Hughes gehörten Erich Fromm, der Pazifist A. J. Muste und Marcus Raskin zu den Herausgebern. Marcuse war den Committees verbunden, Todd Gitlin und Martin Peretz, Nathan Glazer und Michael Walzer schrieben für den *Newsletter*, der sich schnell Ansehen in Abrüstungsfragen erwarb. 1962 unterstützte die Gruppe Hughes' Senatskandidatur. So radikal der *Newsletter* war, er zeichnete sich durch intellektuelle Neugier aus. Roger Hagan, der Redakteur des Blatts, warb um Herman Kahn als Mitarbeiter – das Szenario des Atomkrieges beschrieben Nuklearpazifisten und Atomkriegsplaner auf ähnliche Weise, sie zogen nur einander diametral entgegengesetzte politische Schlüsse daraus. Gerade Hughes sprach sich dafür aus, strategische Denker wie Kahn, die das Undenkbare dachten, nicht als »blutrünstige Männer, bei denen ein Computer sitzt, wo ein Herz sein sollte«, zu attackieren, sondern ihre intellektuelle Konsequenz zu respektieren.[127]

---

126 Riesman an Hughes, 16. 2. 1959, 25. 2. 1959, HSHP, Series I, b. 5, f. 123; b. 6, f. 157; vgl. *Katz*, Ban the Bomb, S. 21–44.
127 *Hughes*, The Strategy of Deterrence, S. 192 (Zitat); ders., An Approach to Peace, S. 190–192; Hughes an Roger Hagan, 10. 7. 1961, HSHP, b. 1, f. 21; Korrespondenz Hughes-Riesman 1959–1962, HSHP, Series I, b. 6, f. 157; Western Values and Total War, S. 292; *Glazer*, The Peace Movement in America; *Ghamari-Tabrizi*, The Worlds of Herman Kahn, S. 21, 70–75, 300f. Umgekehrt zeigte sich auch Kahn stets aufgeschlossen für die Argumente der Friedensbewegung, er verteidigte seine linken Kontakte gegenüber dem FBI und fühlte sich selbst von der Gegenkultur angezogen, samt gelegentlichem Konsum von LSD. Herbert Marcuse zeigte sich gegenüber Kahn und seinen RAND-Kollegen weniger aufgeschlossen. Wenig später widmete er ihnen eine scharfe Kritik; vgl. *Marcuse*, One-Dimensional Man, S. 79f.; dt. ders., Der eindimensionale Mensch, S. 99f.

Die Committees of Correspondence waren eine winzige Organisation nuklearpazifistischer Intellektueller, die dennoch einen Umbruch anzukündigen schienen. Das war nicht mehr der altehrwürdige und harmlose Pazifismus – so deutete es zumindest die intellektuelle Rechte. Ihr waren die Committees of Correspondence ein Dorn im Auge. William F. Buckley, der prominenteste Rechtsintellektuelle der USA, nannte sie – in bewusstem Rückgriff auf die Sprache der antikommunistischen Säuberungen und des McCarthyismus – eine »subversive Bewegung«. Er belegte Hughes und Riesman mit dem Verdikt der Wehrkraftzersetzung unter der akademischen Jugend. Denn das war das Neue, wie Buckley befand: die systematische Beeinflussung der Jugend, die auf Generationen angelegte Entfremdung der Studenten vom Staat. Diese gelehrten Gentlemen, warnte Buckley, verkauften ihre »Doktrin der unilateralen Abrüstung« über das »riesige Netzwerk der akademischen Unterwelt«. Ihre Ziele seien abstoßend, erklärte Buckley: »Im Augenblick bestürmen sie den Präsidenten, den Nuklearwaffentest abzusagen. Wenn es nach ihnen ginge, würden wir uns aus Südvietnam zurückziehen, mit Castro zu einer Einigung kommen, Deutschland entmilitarisieren, die Rotchinesen anerkennen.«[128] Dass er mit seinem Schreckbild einer akademischen Unterwelt den Einfluss von Hughes und Riesman maßlos überschätzte und die Anfänge der Neuen Linken nicht begriff, die kaum auf das konspirative Treiben älterer Intellektueller zurückgingen, steht auf einem anderen Blatt.[129] Dennoch muss man Buckley mit seinen Ressentiments zugestehen, dass ihn eine Ahnung dessen erfasste, was sich zusammenbraute. Die Allianz von führenden Linksintellektuellen und radikalen Studenten kennzeichnete das nun anbrechende Jahrzehnt des Protests.

Selbst innerhalb der Gruppe der R&A-Intellektuellen waren die Forderungen der Committees of Correspondence umstritten. Als Hughes seinen Freund Schorske für die Committees gewinnen wollte, bekundete dieser Sympathie für die Vision einer atomwaffenfreien

---

128 *William F. Buckley*, »Are You Responsible?«, National Review, 8. 5. 1962, S. 316; vgl. auch »Now You See It«, *National Review*, 10. 4. 1962; zu Buckleys Nähe zu McCarthy vgl. *Tanenhaus*, Whittaker Chambers, S. 481f., 492, 499f.
129 Zu den amerikanischen Wurzeln des Studentenprotests, wie der radikalen, progressivistischen Tradition der partizipatorischen Demokratie, vgl. oben, Kap. IV.4 und V.2. In knapper Form auch *Wheatland*, The Frankfurt School in Exile, S. 303–311.

Welt. Schorske war seinen linken Überzeugungen treu geblieben.[130] Doch der »unilaterale Verzicht auf Abschreckung und die unilaterale Zerstörung des atomaren Arsenals« erschienen ihm als »völlig unpolitische Handlung«. Abrüstung war seiner Ansicht nach nur in diplomatischen Verhandlungen zu erreichen. »Ich kann nicht verstehen, warum eine so Gandhi-hafte Position verbreitet werden sollte, gerade wenn ein konstruktives politisches Verhältnis mit dem Osten endlich in den Bereich des Möglichen rückt.« Hughes stimmte Schorske zu. Doch er bekannte: »Ich kann hervorragend in zwei Welten zugleich existieren – in der semiutopischen Welt der Committees und in der eher praktischen Welt des Committee for a Sane Nuclear Policy.«[131] »Semiutopisch« war auch die Position der Committees of Correspondence in der Berlin-Krise 1961. Sie lief darauf hinaus, zunächst Berlin unter UN-Verwaltung zu stellen und schließlich Deutschland als neutralen und entmilitarisierten Staat wiederzuvereinigen.[132]

All diese politischen Interventionen fügten sich zu einem Muster. Ein politischer Aufbruch zeichnete sich ab. Die Gelehrten traten nun immer öfter als Intellektuelle hervor. Im Umbruch von den fünfziger zu den sechziger Jahren wurde Marcuse immer radikaler, Hughes immer aktivistischer. Dass die neue Kennedy-Regierung die Abrüstungs- und Entspannungshoffnungen enttäuschte, tat ein Übriges. Die Invasion in der Schweinebucht 1961, eine von der CIA geplante und von Exilkubanern durchgeführte Operation, die den Sturz Fidel Castros zum Ziel hatte, vereinte die gesamte Gruppe im politischen Protest. Schorske und Krieger agitierten unter den Historikern, Hughes, Marcuse und Moore standen an der Spitze der Protestbewegung im Bostoner Raum. Kennedy hatte so viele Professoren aus Harvard in seine Regierung geholt, dass die Kritik an der Invasion als campusinterne Angelegenheit aufgefasst werden konnte. Neben McGeorge Bundy zog sich Hughes' alter Intimfeind Arthur Schlesinger, Kennedys Lateinamerikaberater, den besonderen Zorn seiner Kollegen zu: »Wie es

---

130 Schorske als linker Kritiker der Kennedy-Regierung tritt u.a. auf in Schorske an Hughes, 1. 5. 1961, HSHP, Series I, b. 7, f. 166; HSHP, Series IV, b. 16., f. 1; Leonard Krieger Papers, b. 1; »An Open Letter to President Kennedy«, The New York Times, 10. 5. 1961.
131 Schorske an Hughes, 20. 4. 1960; Hughes an Schorske, 28. 4. 1960; HSHP, Series I, b. 7, f. 166.
132 Hughes an Roger Hagan, 10. 7. 1961; Hughes, Memo, 11. 7. 1961; HSHP, Series I, b. 1., f. 22. In Hughes' Memorandum findet sich auch das alte Konzept von gegenseitig respektierten Einflusssphären wieder.

heißt, ist Mr. Schlesinger das besondere Ziel von Prof. H. Stuart Hughes, der europäische Ideengeschichte lehrt. Professor Hughes ist in Harvard vielleicht der unverblümteste Kritiker der kubanischen Episode und der Rolle, die ehemalige Harvard-Männer dabei spielten«, hielt die *New York Times* fest. Moore schloss seine Protestrede gegen den neuen amerikanischen Imperialismus mit den Worten: »Es stinkt.« Marcuse malte gar das Ende der amerikanischen Demokratie an die Wand.[133]

Das Gruppenbild des politischen Aufbruchs ist nicht vollständig ohne Hans Meyerhoff. Nachdem er sich Ende der vierziger Jahre an der University of California in Los Angeles niedergelassen hatte, widmete er sich mit voller Energie seinen Studenten. Sein Ruf als akademischer Lehrer war gewaltig. Hingegen verfasste er nur wenige wissenschaftliche Werke. Er wurde zu einem wichtigen Vermittler des französischen Existentialismus in den Vereinigten Staaten.[134] Sein phi-

---

133 *Joseph A. Loftus*, »Harvard »Team« Vexed By Critics«, *New York Times*, 22. 5. 1961, die Gegenseite rächte sich mit dem Hinweis auf Hughes' Wallace-Vergangenheit und leitete daraus eine Haltung der Fundamentalopposition ab: »›Professor Hughes voted for Kennedy but held his nose‹, a Schlesinger partisan said. ›Now he is happy to be back among the opposition.‹« *William Henry Chamberlain*, »Let's Woo Castro«, *Wall Street Journal*, 4. 5. 1961 (zu Moore); *Marcuse*, Nachgelassene Schriften, Bd. 4, S. 31–42; »Conflict Rocks Cuba Dicussion. Forty-nine Faculty Sign Petition«, *The Justice*, 9. 5. 1961; »Hughes Calls U.S. Move In Cuba ›Unpardonable‹«, *Harvard Crimson*, 24. 4. 1961; »Why Are Some »Liberals« Cool To The Kennedy Administration?«, *Newsweek*, 16. 4. 1962; »We cannot condone this act!«, *New York Times*, 24. 4. 1961; »An Open Letter to President Kennedy«, *The New York Times*, 10. 5. 1961; Schorske an Hughes, 1. 5. 1961, HSHP, Series I, b. 7, f. 166; Krieger, Schorske u.a. an Kennedy, 10. 5. 1961, Leonard Krieger Papers, b. 1; eine Materialsammlung findet sich in HSHP, Series IV, b. 16., f. 1.
134 Einen nachhaltigen Eindruck von Meyerhoff als akademischem Lehrer vermitteln zwei Texte seiner Schüler: geradezu Meyerhoffs Gabe als Lehrer beschwörend, seine Verführung der Studenten zur »power of ideas«, ist Jerry Atkin, o.T., 1969; vgl. auch Hans Meyerhoff. An Homage; beide im Nachlass Hans Meyerhoff, Edinburgh. Siehe auch Marcuse, Meyerhoff-Lectures, Herbert-Marcuse-Archiv, StUB Frankfurt am Main, Werkmanuskripte, 266.00–07, teilweise – allerdings ohne die persönlichen Bemerkungen über Meyerhoff als Lehrer – veröffentlicht in *Marcuse*, Nachgelassene Schriften, Bd. 1, S. 67–80. Zur schriftlichen Vermittlung des Existentialismus vgl. auch *Meyerhoff*, »Existential Analysis«, *Partisan Review* 17 (1950), S. 752–755; ders., Freedom for What?, *Partisan Review* 23 (1956), S. 112–115; ders., On Existence and Enlightenment; im Nachlass Meyerhoffs findet sich ein umfangreiches Manuskript mit dem Titel »Existentialism«, entweder eine Vorlesung oder ein nicht erschienenes Buchkapitel.

losophisches Interesse kam auch in seiner Studie »Time in Literature« zum Ausdruck. Verdienstvoll war seine Einführung in die Geschichtsphilosophie, eine mit luziden Kommentaren versehene Sammlung klassischer Texte von Burckhardt und Dilthey bis Jaspers und Popper.[135] Auch nach seiner Ehrenrettung des amerikanischen Liberalismus blieb er in den Journalen der New Yorker Intellektuellen zu Hause. Feuilletons und Rezensionen gingen ihm weiterhin leicht von der Hand, wundervolle Stücke über Freud, Aldous Huxley, Dwight Macdonald oder den von ihm geliebten Autor Thomas Wolfe.[136]

1954 kam er nach Berlin, in die Stadt, aus der er 1948 im Außenministerium den Rückzug empfohlen hatte. Über den Congress for Cultural Freedom kam er mit Wolf Jobst Siedler in Kontakt. Die beiden wurden für einen Sommer enge Freunde. Noch Jahre später setzte Meyerhoff sich in Amerika für Siedler ein. Mit seinen amerikanischen Dollars ließ es sich in Berlin gut leben. Meyerhoff kaufte sich einen BMW 328 und fuhr mit den Siedlers zum Schwimmen an die Havel. Das junge Paar stellte ihn einem Kunsthändler vor, dem Meyerhoff ein Bild des verehrten Brücke-Malers Otto Mueller abkaufte. Siedler dürfte kaum geahnt haben, welcher radikale Kopf mit ihm in vollen Zügen den Berliner Sommer genoss.[137]

Politisch hielt sich Meyerhoff in den fünfziger Jahren zurück, aber er schwieg nicht. Sein kraftvoller Kommentar zu McCarthy und Oppenheimer ist uns bereits begegnet. Im Jahr darauf setzte er sich am Beispiel Arthur Koestlers mit der politischen Kultur des Kalten Krieges auseinander. Er diagnostizierte den Verschleiß des politischen Vokabulars, den Verfall der Kategorien, die alles erstickenden Denkver-

---

135 Vgl. *Meyerhoff*, Time in Literature; *ders.* (Hg.), The Philosophy of History in Our Time.
136 Vgl. etwa *Meyerhoff*, Death of a Genius; *ders.*, »The Violence of Dylan Thomas«, *The Nation*, 11. 7. 1955; *ders.*, »A Critic's Point of View«, *Partisan Review* 23 (1956), S. 278–283; *ders.*, »In the Mind's Antipodes«, *The Nation*, 14. 5. 1956; *ders.*, Freud and the Ambiguity of Culture; *ders.*, Contra Simone Weil; *ders.*, »Offbeat Political Writing«, *Commentary* 24/5 (November 1957), S. 464f.; *ders.*, Freud the Philosopher; *ders./Lillian B. McCall*, »Freud and Scientific Truth. An Exchange«, *Commentary* 25/4 (April 1958), S. 343–349; *ders.*, An American Odyssey; *ders.*, »Man. The Virtuous Animal«, *The Nation*, 15. 8. 1959; *ders.*, By Love Redeemed; *ders.*, Nothing New About Freud.
137 Meyerhoff an Suzanne Hughes, 24. 5. 1961, HSHP, Series I, b. 5, f. 113; *Siedler*, Wir waren noch einmal davongekommen, S. 80, 197f.; ebenda, S. 439f., schildert Siedler eine Begegnung mit Marcuse in Brandeis. Marcuse blieb ihm durch seinen Sarkasmus und seine Lust zur Provokation in Erinnerung.

bote.[138] Am Ende der Eisenhower-Ära brachte Meyerhoff seine philosophische und literarische Reputation auch in die tagespolitische Diskussion ein. Für die führende linksliberale Zeitschrift *The Nation* verfasste er vor den Wahlen von 1960 den Artikel, mit dem der Beginn eines neuen politischen Zeitalters verkündet wurde. Die Titelseite war Meyerhoff gewidmet. Er sollte nach dem neuen »nationalen Sinn« suchen. Meyerhoff inspizierte die amerikanische Gegenwart, von der Rüstungsindustrie bis zur Literatur. Die Selbstzufriedenheit beruhte auf Selbsttäuschung. Ökonomisch waren die USA immer noch das Vorbild der ganzen Welt. Ein Lob des Materialismus, des Wohlstands folgte: »Was ist falsch an Wohlstand? Nichts. […] Und wie lautet Chruschtschows Vorstellung vom nationalen Sinn? Die Vereinigten Staaten in der Produktion zu übertreffen, noch bei Butter und Milch. Und warum nicht? Das ist der *inter*-nationale Sinn. Jeder nimmt unseren Weg und versucht, die amerikanische Produktion und den amerikanischen Lebensstandard einzuholen.«

Ohne eine höhere Mission allerdings lief Amerika Gefahr, den Wettstreit mit den Kommunisten zu verlieren, erklärte der linke Kalte Krieger Meyerhoff. In den postkolonialen Ländern waren amerikanische Kühlschränke und Entwicklungshilfe gern gesehen, amerikanische Politik hingegen nicht. Meyerhoff nannte ein konkretes und ein visionäres Mittel gegen die weltpolitische Malaise. »Warum nicht einmal eine revolutionäre Idee ausprobieren und erklären, wir seien gekommen, um die unterentwickelten Nationen wirtschaftlich lebensfähig zu machen, damit sie politisch neutral werden können – unabhängig von beiden Machtblöcken?«, wiederholte er den strategischen Standard des Freundeskreises seit den Tagen des Marshallplans.[139]

Doch es ging um mehr als nur um die Anhebung der Entwicklungshilfe, wie sie der Liberale Rostow verkündete und Kennedy wenig später zur Politik erhob. Nach einem Jahrzehnt der intellektuellen und gesellschaftlichen Lähmung – der von Rostow formulierte Satz, mit dem Kennedy seine Dankesrede nach der Nominierung für die Präsidentschaft eröffnete, brachte das Klima auf den Punkt: »Dieses Land ist bereit, sich wieder zu bewegen« (»This country is ready to start moving again«) – wollte Meyerhoff endlich große amerikanische

---

138 *Meyerhoff*, Through the Liberal Looking Glass; *ders.*, »Farewell to Politics«, *Commentary* 21 (1956), S. 596–598.
139 *Meyerhoff*, »The Case of the Missing Purpose. USA 1960«, *The Nation*, 20. 8. 1960, S. 85–89.

Ideen wieder zum Leben erwecken.[140] Beginnen sollte alles mit Reformen zu Hause. Man musste mit gutem Beispiel vorangehen, sonst machte eine außenpolitische Maßnahme die andere zunichte. Nur wenn die Schwarzen in den amerikanischen Südstaaten endlich vollauf gleichberechtigt waren, konnte man die Einhaltung der Menschrechte einfordern – so lautet eines seiner Beispiele.

Die Vision, die er dem Amerika der sechziger Jahre in die Wiege legte, fiel noch grandioser aus. Sie verband radikale amerikanische Traditionen und Emigrantenträume. Sie erklärte die politischen Hoffnungen eines Intellektuellenkreises zum »nationalen Sinn« der Vereinigten Staaten von Amerika. Es war die Verheißung eines erfüllten Lebens, die Vision aus »Eros and Civilization«. Mehr als traditionelle Parteipolitik war notwendig, um dieses ferne Ziel zu erreichen:

»Politik ist ein Mittel, nicht der Zweck des menschlichen Lebens. Politisches Handeln ist weder möglich noch wünschenswert, wenn den Zielen, die uns menschlich machen, keine Beachtung geschenkt wird. Daher ist auch die Demokratie nicht genug. Menschliche Wesen können (und sollen) demokratische Verfahren nutzen, um Bedingungen zu schaffen, die es möglich machen, nach Glück zu streben und Kultur hervorzubringen. Doch die Demokratie hat kein Monopol dafür, was für die Menschheit gut ist. Wenn die Politik ihre Arbeit erledigt hat, bleibt immer noch viel für das menschliche Leben zu tun.«[141]

Dass die Politik der sechziger Jahre mit derlei Visionen überfordert war, stand von Anfang an fest. Von dem mit Hoffnungen überfrachteten Kennedy enttäuscht zu werden war damit vorherbestimmt, noch bevor die Regierung ihren ersten großen Fehler in Kuba beging. Der politische Aufbruch von Hughes, Marcuse und ihren Freunden ging mit einer Absage an die etablierte politische Ordnung einher. Noch allerdings zeigten sie sich vereint in dem Versuch, das System von innen zu ändern.

---

140 *Milne*, America's Rasputin, S. 70, 78–81; vgl. *Latham*, Modernization as an Ideology.
141 *Meyerhoff*, The Case of the Missing Purpose, S. 85–89. Den zeitgenössischen Sound von Marcuse und Galbraith, die Mischung von Technologiebegeisterung und Befreiungsutopien im Zeitalter der »affluent society«, vernimmt man auch in der Rezension von Paul Goodmans Kultbuch »Growing Up Upsurd«; *Meyerhoff*, »Living with the System«, *Midstream* (Frühjahr 1961), S. 87–90; vgl. zu Galbraith und Goodman *Brick*, Age of Contradiction, S. 2–7, 99–104.

5. Eine Friedensbewegung in Zeiten des Krieges

Im Frühjahr 1962 beschritt Stuart Hughes eine neue Stufe des politischen Aktivismus. Er gründete keine sozialistische Partei, wie Gerüchte meldeten,[142] sondern trat in Massachusetts als unabhängiger Kandidat der Friedensbewegung für den amerikanischen Senat an. Gewählt wurde ein Nachfolger für den Senatssitz von Präsident Kennedy. Der Bruder des Präsidenten, Edward Kennedy, kandidierte für die Demokraten. Großes Aufsehen war zu erwarten. Für die Republikaner zog George Cabot Lodge ins Rennen. Hughes' Kandidatur war als Experiment konzipiert. Sie verstand sich als symbolische Aktion, als ein Zeichen des Protests gegen die Politik der Kennedy-Regierung. Hughes wurde von zahlreichen bekannten Intellektuellen wie David Riesman, Lewis Mumford und Benjamin Spock unterstützt. Seine Kriegskameraden Marcuse, Meyerhoff und Moore waren als Ratgeber und Wahlkämpfer an seiner Seite.[143]

Hughes' Programm beruhte auf der »Dreifaltigkeit von Frieden, Rassengleichheit und Sozialismus«. Ein »militanter« Sozialstaat war das Ziel, die Rechte von Arbeitnehmern und Afroamerikanern stan-

---

142 Meyerhoff an Hughes, 12. 7. 1960, HSHP, Series I, b. 5, f. 113. Hughes war lediglich, erneut vermittelt durch David Riesman, Mitglied des Programmkomitees von Norman Thomas' Socialist Party/Social Democratic Federation geworden; Irving Suall an Hughes, 5. 10. 1959, 2. 11. 1959; HSHP, Series I, b. 7, f. 162; Suall an Hughes, 24. 9. 1959, HSHP, Series I, b. 7, f. 180. Kurz zuvor veröffentlichte er auch eine Sammlung seiner politischen Streitschriften als *Hughes*, An Approach to Peace and Other Essays, New York 1962.
143 Meyerhoff an Hughes, 23. 3. 1962, 19. 5. 1962, HSHP, Series I, b. 5, f. 113; Material des Hughes for Senate Committee und seiner Nachfolgeorganisation findet sich in HSHP, Series I, b. 6, f. 139; die Wahlkampfdokumente wurden gesammelt in HSHP, Series II, Senate Campaign Records, b. 9–11; dort findet sich auch eine Sammlung von öffentlichen Reaktionen auf die Kandidatur, b. 9, f. 1; Riesman warb selbst in Washington für Hughes – Marcus Raskin diente dort als Verbindungsmann – und sorgte dafür, dass SANE sich de facto hinter Hughes stellte; HSHP, Series II, b. 10, f. 16–17. Die Familienkorrespondenz aus dieser Zeit, in der Marcuses und Meyerhoffs Unterstützung deutlich wird, findet sich in HSHP, Series IV, b. 19, f. 52; der ständige Kontakt zum Freundeskreis während des Wahlkampfs wird auch belegt durch Hughes' Terminkalender 1962, HSHP, Accession 2000-M-086, b. 2, f. 26; zur Geschichte der Kandidatur vgl. *Hughes*, On Being a Candidate; *Cohen*, Hughes for Senate; The Hughes Campaign (zu finden in HSHP, Accession 2000-M-086, b. 5, f. 43).

den im Mittelpunkt, die 35-Stunden-Woche und ein Mindestlohn wurden gefordert. Hughes nahm an Fernsehdebatten ebenso teil wie an Gewerkschaftsversammlungen. Anfänglich schnitt er in Umfragen und bei Unterschriftensammlungen besser ab als erwartet. Kurz vor der Wahl trat die Kuba-Krise ein. Die Bevölkerung stellte sich hinter die Regierung. Am Wahltag im November 1962 entfielen knapp über zwei Prozent der abgegebenen Stimmen auf Hughes.[144] Für die Geschichte der Protestbewegung relevant war an dieser Kandidatur jedoch nicht das Ergebnis.[145]

Hughes zog ein Maß an öffentlicher Aufmerksamkeit auf sich, das mit seinem bescheidenen Stimmenanteil wenig zu tun hatte. Er war der erste Kandidat der Friedensbewegung für ein politisches Amt, der auf nationaler Ebene wahrgenommen wurde. Etwas Neues begann hier – so lautete die Botschaft in der umfassenden Berichterstattung in der Presse. Erstaunlich daran war nicht, dass die konservativen Medien vor ihm warnten. Hughes' rechtsintellektueller Intimfeind William Buckley sprach von der »verstörenden Kandidatur«, in der sich die latente Stärke der »neutralistisch-pazifistisch-kollaborationistischen Stimmen« im Lande manifestiere. In seiner Neigung, den Gegner zu überschätzen, erklärte Buckley: »H. Stuart Hughes ist ein prominenter Vertreter der Position, dass wir auf unser nukleares Arsenal verzichten sollten, egal ob die Sowjetunion es auch tut. Er ist in gewisser Weise Amerikas Bertrand Russell.« Das war es auch, was er Hughes nicht nachsehen konnte, obwohl man sich auf persönlicher Ebene freundlich begegnete. Er warf Hughes vor, sich für den Wahlkampf zu verstellen, seine wahren Absichten – die unilaterale Abrüstung – zu verschleiern. Dem Wahlkämpfer Hughes hielt er den Essayband »An Approach for Peace« vor und wies darin gefährliche Ansichten nach – wie die Ablehnung der Invasion auf Kuba. Für den Yale-Mann Buckley war Harvard ein »Freak House«, weil es nicht nur

---

144 *Hughes*, On Being a Candidate, S. 125f. (Zitate); *Jim Hughes*, »Yesterday's Loser«, *Christian Science Monitor*, 8. 6. 1970, S. 27; *Cohen*, Hughes for Senate, bes. S. 11–13, 36–45.
145 Zum gesellschaftlichen, politischen, kulturellen und intellektuellen Kontext der Protestbewegung vgl. *Anderson*, The Movement and the Sixties, bes. S. 3–130; *Brick*, Age of Contradiction, S. 31–75; *Frei*, 1968; *Isserman/Kazin*, America Divided. In diesen Darstellungen tauchen Marcuse und einige der nachfolgend genannten Aktivisten auf, Hughes selbst bleibt jedoch unberücksichtigt. Anderson vor allem betont den Bewegungscharakter des Protests und minimiert den direkten Einfluss von intellektuellen Konzepten.

die halbe Kennedy-Regierung stellte, sondern sogar noch linkere Gestalten wie Hughes hervorbrachte. Nun drohte die Subversion der amerikanischen Außenpolitik.[146]

Ganz abgesehen davon, dass Buckley Hughes' Einfluss selbst im völlig unwahrscheinlichen Fall eines Wahlsieges maßlos überzeichnete, traf es nicht zu, dass der Intellektuelle Hughes die vollständige unilaterale nukleare Abrüstung gefordert hatte. Für den Wahlkampf stand ohnehin fest, auf diese auch intern umstrittene Position zu verzichten. Man bekannte sich allerdings zu dem Versuch, »phantasievoll auf die Fragen des Nuklearzeitalters zu reagieren«. Wenn das außenpolitische Programm in einem Kürzel zusammengefasst werden konnte, dann lautete es: UN. Der Mitstreiter Moore, der seine Frau als eifrige Wahlkampfkoordinatorin mitbrachte, kritisierte privat sogar die »UNishness« des Programms. Die politische Phantasie wurde jedoch ebenso sehr auf die Innenpolitik konzentriert wie auf den globalen Konflikt. Dennoch beklagten manche Beteiligte später, dass sie der Bevölkerung nicht deutlich genug gemacht hatten, dass unilaterale Abrüstung nicht Teil von Hughes' Programm war.[147]

Insofern war Buckleys Gegenkampagne erfolgreich. Doch seiner schrillen Kritik stand das breite Interesse in den Mainstream-Medien gegenüber. Buckley war Hughes am 12. August in der NBC-Fernseh- und Radiosendung »Meet the Press« begegnet. Während Buckley den Friedensprofessor in die unilaterale Ecke zu drängen versuchte, kam Hughes als gelehrter Gentleman und Spross der Ostküstenaristokratie bei den Journalisten von *Washington Post*, *Time* und *Life* gut an. Keiner unterstellte ihm Sympathien für die Sowjetunion, als er seine außenpolitischen Positionen und seinen »demokratischen Sozialismus« darlegte. In allem vertrat er die bekannten Ansichten des Freundeskreises: Wohlfahrtsstaat im Innern, Zusammenarbeit mit der sich fortgesetzt liberalisierenden Sowjetunion – die Hughes eine kriminelle Tyrannis nannte, aber eine, die sich auf dem Wege der Besserung befand –, und vor allem Abrüstung. Dabei forderte er als Geste des guten

---

146 *Buckley*, »The Perplexing Candidacy of Professor Hughes«, *National Review*, 28. 8. 1962, S. 131; Buckley an Hughes, 14. 8. 1962, HSHP, Series II, b. 10, f. 13.
147 Newsletters 1962, HSHP, Series II, b. 11, f. 29; A Platform Statement by Stuart Hughes (Zitat), HSHP, Series II, b. 11, f. 30; Staff Meetings 1962, HSHP, Series II, b. 11, f. 36; Moore an Hughes (Zitat), 23. 10. 1962, HSHP, Series II, b. 10, f. 20; *Cohen*, Hughes for Senate, S. 15 f.; *Hughes*, Unilateralism. A Quarter Century Later, in: The Hughes Campaign, S. 26–30; *Linda Davidoff*, in: ebenda, S. 11–13.

Willens an die Sowjetunion die Schließung vorgezogener amerikanischer Raketenbasen in der Türkei. So unerhört dieser Plan klang – nur wenige Monate später kam es zu solchen Vereinbarungen, als Kennedy und Chruschtschow die Kuba-Krise lösten. Hughes' Mischung aus »New Deal« und linkem Neuanfang stieß außer bei Buckley in dieser landesweit ausgestrahlten Sendung auf wenig Befremden.[148]

Auf ähnliche Weise schwankte eine große Zahl von Berichten zwischen skeptischem Interesse und kritischer Sympathie. *Time* würdigte den »Citizen Candidate«, den Bürger-Kandidaten, der trotz seiner radikalen Politik eine faszinierende Figur war, während die verwöhnten Kennedys, denen Familie, Beziehungen und Reichtum den politischen Erfolg in die Wiege gelegt hätten, weniger freundlich bedacht wurden. Ähnlich reagierten viele Blätter.[149] Der Wahlkampf fand so viel Aufmerksamkeit, weil eine neue Kraft die politische Arena betreten hatte. Standardwerke zur amerikanischen Kulturgeschichte der fünfziger Jahre deuten die Hughes-Kampagne als eine Art Wasserscheide: Der Bann des McCarthyismus mit seinen Denk- und Redeverboten wurde endgültig gebrochen. Das Zeitalter einer neuen Protestkultur und Regierungskritik begann.[150]

Ein Berichterstatter des linksliberalen Magazins *The Nation* begleitete den Wahlkampf aus nächster Nähe. Für ihn stand fest, der Wiederbelebung der amerikanischen Linken beigewohnt zu haben. Der Ausgangspunkt sah so aus: »Die Kandidaten und die Wähler scheinen eine selbstzufriedene, monolithische Konformität zu teilen und kritiklos die gesellschaftlichen und politischen Institutionen, geistigen Werte und ökonomischen Annahmen zu akzeptieren, auf die sich das gegenwärtige gesellschaftliche System stützt. Es gibt keine bedeutende linke Bewegung in der amerikanischen Politik.« Dieser Satz galt nicht länger. Radikale Reformwünsche konnten wieder artikuliert werden. Der liberale Kurs der neuen Regierung, vor kurzem noch begeistert als Aufbruch zur »New Frontier« gefeiert, schien dagegen

---

148 Meet the Press 6/29, 12. 8. 1962 (Transkription, HSHP, Series II, b. 10, f. 15); vgl. zur Kuba-Krise *Leffler*, For the Soul of Mankind, S. 151–174.
149 »The Citizen Candidate«, *Time*, 7. 9. 1962; »Teddy & Kennedyism«, *Time*, 28. 9. 1962; vgl. etwa »First Since Wallace«, *Newsweek*, 6. 8. 1962; »Hughes Terms Self A Social Democrat«, *Boston Globe*, 13. 8. 1962; »Hughes Stirs Political Zeal«, *Christian Science Monitor*, 9. 10. 1962; *Marquis Childs*, »Peace Rebels«, *New York Post*, 9. 8. 1962.
150 Vgl. *Whitfield*, The Culture of the Cold War, S. 210; *Brick*, Age of Contradiction, S. 150.

zaghaft. Den Kennedys hatte es die Sprache verschlagen. Teddy Kennedy war zur Fernsehdebatte mit Hughes und Lodge nicht einmal erschienen. Sein Stuhl blieb leer. Natürlich fand dieser linke Neuanfang nicht in der ganzen Gesellschaft statt, sondern in einem Segment, das der Reporter soziologisch einzugrenzen wusste:

»[Hughes'] Wahlkampfhelfer waren hautpsächlich Universitätsstudenten und Hausfrauen aus der oberen Mittelschicht. Sie wurden von einem Komitee geleitet, in dem prominente amerikanische Intellektuelle vertreten waren, darunter Archibald MacLeish, Henry Steele Commager, Lewis Mumford und Dr. Benjamin Spock.

Obwohl eine Organisation namens ›Political Action for Peace‹ den Wahlkampf von Hughes in Gang setzte, wurde er nicht zum Gegenstand mccarthyistischer Attacken. Die Presse berichtete umfangreich und fair über seinen Wahlkampf.«

Das war ein neues Phänomen, selbst wenn am Ende in der Kuba-Krise der Patriotismus über die Sympathien für den Friedenskandidaten siegte.[151] Hughes nannte seine Wahlkampftruppe »die größte Amateurorganisation, die in der jüngeren politischen Geschichte Amerikas auf die Beine gestellt worden ist«. Sieht man von Hollywood-Prominenz wie dem Komiker Steve Allen als Unterstützern ab, stellten die etwa dreitausend Beteiligten eine Vereinigung der klassischen Friedens- und Bürgerrechtsbewegung mit der noch in ihren Anfängen steckenden studentischen Neuen Linken dar, eine Verbindung von »militanten Damen der Vorstädte und Collegestädte« einerseits und dem harten Kern der Wahlkämpfer andererseits, einer »Fliegerstaffel von etwa fünfzig Collegestudenten und Doktoranden«, wie Hughes es ausdrückte.[152] Das war das Potential, das er mobilisieren konnte. In Gegenden, in denen beide Gruppen überdurchschnittlich repräsentiert waren, in den Universitätsstädten von Massachusetts, schnitt Hughes trotz der Kuba-Krise am besten ab: mit 11,7 Prozent der Stimmen in Amherst oder 7,6 Prozent in Cambridge. Die Wahlkampfkos-

---

151 *Murray Groves*, »Big Brother Movement«, *The Nation*, 17. 11. 1962.
152 *Hughes*, On Being a Candidate, Zitate S. 125f., 130; *Cohen*, Hughes for Senate, bes. S. 3–10, 14–37, 44f. Hughes stimmte auch seinen Wahlkampf darauf ab. In Universitätsstädten stellte er – anders als vor Arbeitern oder Gewerkschaftsversammlungen – in seinen Reden die Gefahren des Atomkrieges in den Mittelpunkt. Seine Beschreibungen verdankten sich offensichtlich der Lektüre von Herman Kahns Werken; Reden März–August 1962, HSHP, Series II, b. 11, f. 34.

ten in Höhe von 152 000 US-Dollar wurden durch Spenden aus dem ganzen Land gedeckt.[153] Massachusetts wandelte sich in den folgenden Jahren von einem der konservativsten Bundesstaaten, in dem McCarthy großen Rückhalt genossen hatte, zu einem der liberalsten in den USA. Hughes verfolgte Teddy Kennedys Entwicklung zur linken Stimme des Friedens im Senat mit Begeisterung. Dem linksliberalen Bewerber um die demokratische Präsidentschaftskandidatur 1968, Eugene McCarthy, der den Kampf mit dem Parteiestablishment aufnahm, stellte Hughes sich als »Johannes der Täufer«, als Wegbereiter vor. George McGovern, der wohl am weitesten links stehende Kandidat, den die Demokraten jemals für die Präsidentschaft aufstellten, siegte 1972 von allen Bundesstaaten nur in Massachusetts über Richard Nixon. Hughes' ehemaliger Wahlkampfleiter Jerome Grossman war dort mittlerweile Vorsitzender der Demokratischen Partei. Hughes und ein Teil seiner Anhänger blieben dem Vorhaben treu, das System von innen zu ändern. Sein Unternehmen hatte den »Sinn für das enorme Potential von Wahlen [»electoral politics«] als Instrument des gesellschaftlichen und politischen Wandels« geschärft. Dieser »lange Marsch« durch die Institutionen fand vor allem in der Lokalpolitik statt und führte mitunter auf größere Bühnen.[154] Hans Meyerhoff hatte dem Freund schon am Anfang der Kampagne versichert: »Natürlich, das ist eine verlorene Sache – für den Augenblick zumindest. [...] Auf lange Sicht würde es mich nicht wundern, Dein Bild auf einer Briefmarke zu sehen. In zehn

---

153 Zu den Zahlen vgl. *Cohen*, Hughes for Senate, S. 43–45; zu den vielen Spendern gehörte trotz politischer Vorbehalte in manchen Fragen auch – neben vielen befreundeten Intellektuellen – George Steiner, an Hughes, 24. 5. 1962, HSHP, Series II, b. 9, f. 5.
154 Vgl. *Hughes*, Gentleman Rebel, S. 259f.; *ders.*, Unilateralism, S. 26; *Jezer*, Abbie Hoffman, S. 68; *Jacoby*, The Last Intellectuals, S. 140–190; *Jerome Grossman*, in: The Hughes Campaign, S. 21f.; *Davidoff*, in: ebenda, S. 11–13 (Zitat S. 13); *Sumner Rosen*, in: ebenda, S. 15f.; Faculty for McCarthy 1968, HSHP, Series I, b. 5, f. 109; wieder war es Martin Peretz, der hier die Fäden zog. Vgl. zum Nominierungsparteitag der Demokraten, zu Eugene McCarthy und George McGovern *Perlstein*, Nixonland, S. 308–311, 315–327, 613–621, 650–660; *Sandbrook*, Eugene McCarthy; zum »community organizing« als wichtigem Ergebnis der Protestbewegung *Miller*, »Democracy is in the Streets«. Die Akteure des Protests veränderten vor allem auf kommunaler Ebene die Strukturen, Tom Hayden, einer der prominentesten SDS-Führer der sechziger Jahre, wurde eine einflussreiche Stimme in der kalifornischen Landespolitik.

oder vielleicht zwanzig Jahren wird Dein Einsatz selbst aus streng politischer Sicht überzeugen.«[155]

Aber auch für radikalere Formen der Politik hatte die Hughes-Kampagne nachhaltige Konsequenzen. Zu Hughes' engstem Wahlkampfstab gehörten prominente politische Akteure der sechziger Jahre. Unter ihnen waren der Präsident der amerikanischen Students for a Democratic Society (SDS) und heutige Soziologieprofessor Todd Gitlin, der damals radikale und heute konservative Publizist Martin Peretz – Hughes' Finanzchef und stets präsenter »trouble shooter«, der im Wahlkampf seine künftige Gattin, die Erbin des Singer-Nähmaschinenkonzerns, kennenlernte, was ihm 1974 dabei half, die Zeitschrift *The New Republic* zu kaufen – und der legendäre Aktivist Abbie Hoffman.[156] Diese heterogene Gruppe gehörte zum Kernelement der »New Left«, ungeachtet dessen, dass sich die politischen Ansichten der Beteiligten im Lauf der Zeit sehr unterschiedlich entwickelten.

Es ist schwierig, in der unübersichtlichen Gemengelage von zeitgenössischen Quellen und verzerrten Erinnerungen Beteiligter zu einer zutreffenden Einschätzung der Wirkung zu gelangen, die der Hughes-Wahlkampf auf die Neue Linke ausübte. Es darf jedoch als gesichert gelten, dass in diesem Wahlkampf nicht nur vage der intellektuelle Einfluss von Hughes und Marcuse zum Tragen kam, obwohl Studenten die Hauptakteure und Harvard und Brandeis Hochburgen der Hughes-Anhänger waren. Der Dreh- und Angelpunkt für diese Aktivisten war der Kalte Krieg, ihr Ziel die Suche nach politischen Alternativen. Das zentrale Schlagwort einer Alternative zum Kalten Krieg führte als direkte Brücke in die politische Vergangenheit von Hughes und Marcuse. Zur amerikanischen radikalen Tradition der »partizipatorischen Demokratie« gesellte sich der im State Department geschulte weltpolitische Blick dieser Linksintellektuellen.[157]

---

155 Meyerhoff an Hughes, 19. 5. 1962; schon zuvor hatte er gedichtet: »Long live the candidate!/Racing at such a rate/You will prevail/Even if you fail.« Meyerhoff an Hughes, 23. 3. 1926; HSHP, Series I, b. 5, f. 113.
156 *Hughes*, On Being a Candidate, S. 125f., 130; *Jezer*, Abbie Hoffman, S. 46–48, 68; *Raskin*, For the Hell of It, S. 43–45; *Gitlin*, The Sixties, S. 97–104; Newsletters 1962 (Zitat), HSHP, Series II, b. 11, f. 29; Staff Meetings 1962, HSHP, Series II, b. 11, f. 36; Korrespondenz Hughes–Peretz, HSHP, Series I, b. 6, f. 141.
157 Vgl. *Martin Peretz/Sumner Rosen*, »H. Stuart Hughes. Challenge to Consensus«, *The Justice*, 8. 6. 1962; »Harvard' Hughes Runs For U.S. Senate Seat«, *The Justice*, 15. 5. 1962.

Mit dem Wahlkampf wurden für den Nordosten der USA neue Formen des Engagements – kreative, öffentlichkeitswirksame Protestmethoden – und der Taktik – die Koalition mit älteren Protesttraditionen – erkundet und erprobt, die im bald darauf anbrechenden Jahrzehnt des Protests gegen den Vietnamkrieg Fortsetzung und Weiterentwicklung fanden. Dieser Wahlkampf sollte keinesfalls zum Geburtsmoment einer neuen Phase der Neuen Linken stilisiert werden. Aber es handelte sich um ein praktisches Experimentierfeld für den politischen Kampf und zugleich um den Versuch, intellektuelle und politische Ansätze miteinander kurzzuschließen. Einige der radikalen Impulsgeber der kommenden Jahre hatten dort ihren ersten großen Auftritt: Nachdem Abbie Hoffman den Parteitag der Demokraten 1968 aufgemischt, gewaltsamen Protest organisiert, vor Gericht gestanden, kurz im Gefängnis gesessen und sich einige Jahre vor der Polizei versteckt gehalten hatte, gab er, Marcuse-Schüler und Ikone der Gegenkultur, Mitte der siebziger Jahre zu Protokoll, Hughes' Wahlkampf sein politisches Erweckungserlebnis zu verdanken. Der Kampf, der später so ganz anders weiterging, hatte 1962 auf den Straßen von Massachusetts begonnen.[158]

Die politische Geschichte von Hughes, Marcuse und ihren Freunden ging ebenfalls auf ganz unterschiedliche Weise weiter. Der Wahlkampf war für lange Zeit die letzte Aktion, in der sie alle vereint für dieselbe Sache kämpften. Hughes blieb auch nach seiner Senatskandidatur auf der politischen Bühne präsent. Er wurde in den Vorstand von SANE berufen und schließlich 1963 gemeinsam mit dem berühmten Kinderarzt und Friedensaktivisten Benjamin Spock zum nationalen Vorsitzenden der Organisation gewählt. Gleichzeitig blieb er Professor in Harvard.[159] Hughes stand SANE bis 1970 vor, ab 1967 als alleiniger Vorsitzender. Seine Amtszeit war vom Protest gegen den

---

158 Nebenbei erinnert sich Hoffman in diesem Interview, er habe am Tag vor ihrem Selbstmord versucht, Marilyn Monroe für den Wahlkampf zu gewinnen; *Playboy* (Mai 1976), S. 76–78. Die Biographen bestätigen die Bedeutung von Marcuses Einfluss (den allerdings Raskin für entscheidend – »Eros and Civilization« sei das Schlüsselerlebnis für Hoffman gewesen – und Jezer nur für wichtig hält) und besonders der politischen Erfahrung in Hughes' Wahlkampf für Hoffmans Entwicklung; vgl. *Jezer*, Abbie Hoffman, S. 21, 34, 46–48, 68, 109; *Raskin*, For the Hell of It, S. 24, 27, 43–45, 97–99, 106.
159 Homer A. Jack an Hughes, 9. 11. 1962; SANE-Rundbrief von Hughes und Benjamin Spock, November 1963; HSHP, Series I, b. 5, f. 123. Die Geschichte seines Antikriegsaktivismus bei SANE erzählt *Hughes*, Gentleman Rebel, S. 279–287.

Vietnamkrieg gekennzeichnet. Er wirkte als Vermittler im Innern von SANE und trat als Sprecher dieser linksbürgerlichen Bewegung, die unterschiedliche Strömungen integrierte, gegenüber der Öffentlichkeit auf. Drei Phasen des Engagements in der Friedensbewegung lassen sich unterscheiden.

Erstens trug Hughes wesentlich dazu bei, das Blickfeld von SANE über das Verbot von Atomwaffentests hinaus zu erweitern. Dieses Hauptziel hatte mit dem Teilerfolg des Kernwaffentestabkommens, dem »Nuclear Test Ban Treaty« von 1963, an Zugkraft verloren. An diese Stelle trat nun die Suche nach Alternativen zur politischen Ordnung des Kalten Krieges – nach »kreativen Antworten«, wie es in den Papieren der Organisation hieß. Konzeptionelle Arbeit, die dem Denken von Hughes entsprach, stand am Anfang dieser Neuausrichtung. Außen- und Innenpolitik wurden nun als strukturell miteinander verknüpft gesehen und unter dem Primat der Innenpolitik betrachtet – was aus Hughes' Schriften vertraut ist. SANE ging es nun um das »Niederreißen der Institutionen des Kalten Krieges. Außenpolitik ist Verlängerung von innenpolitischen Bedingungen«, hieß es in der verkürzten Sprache der internen Memoranden. Ein wesentliches Element der neuen Strategie war folglich die sogenannte »conversion issue«, die Umverteilung von finanziellen Mitteln, die für militärische Zwecke ausgegeben wurden. Diese sollten zur Behebung sozialer Not und für andere innenpolitische Bedürfnisse umfunktioniert werden. Die politische Grundlage der neuen Strategie war eine Erweiterung der eigenen Basis: »Strategie: Koalition für den Frieden, basierend auf den Bedürfnissen vieler Gruppen (Bürgerrechte, Arbeiter, Arbeitslose)«, formulierten knapp die Positionspapiere. Eine alternative Expertenkultur sollte aufgebaut werden und den »defense intellectuals« und ihrer Logik des Krieges gegenübertreten. Die alternativen Experten würden Gegenentwürfe verfassen, eine breite Bewegung diesen politische Wirkung verschaffen.[160]

Mit dem Anschwellen des Protests gegen den Vietnamkrieg stellten sich zweitens schon bald taktische Fragen, die für den inneren Zusammenhalt von SANE entscheidend waren. Spock wollte SANE zu den jungen Radikalen hin öffnen, was bedeutet hätte, die Protestform des

---

160 Sanford Gottlieb an Hughes, 23. 7. 1964, HSHP, Series I, b. 5, f. 123; die praktische Methode zeigt »SANE's Strategy for 1968«, HSHP, Series I, b. 5, f. 126, ein detailliertes Strategiepapier, das sich der Frage stellt, wie am besten ein »Pro-Peace Presidential Candidate« den Wahlsieg erringen könnte.

zivilen Ungehorsams zu billigen und Kriegsdienstverweigerer zu unterstützen. Jüngere Stimmen innerhalb von SANE wie Martin Peretz forderten eine enge Zusammenarbeit mit der Neuen Linken. Andere waren darauf bedacht, den bürgerlichen Charakter der pragmatischen, zur Mitte hin orientierten Organisation zu erhalten.[161] Hughes schwankte lange zwischen beiden Positionen. Nachdem Spock 1967 wegen dieser Spannungen als Vorsitzender zurückgetreten war, aber weiterhin im nationalen Vorstand von SANE blieb, schloss Hughes sich der radikaleren Position an und führte Spocks Linie fort. Er setzte sich auch 1968 für Spock in dem weithin Aufmerksamkeit erregenden Prozess ein, der gegen Spock, William Sloane Coffin, Marcus Raskin und andere prominente Antikriegsaktivisten wegen »draft resistance« angestrengt worden war, dem Aufruf zur Kriegsdienstverweigerung.[162]

---

161 Statement on Student March on Washington, 16. 4. 1965; Martin Peretz u.a. an Hughes u.a., 27. 4. 1965; Carl Oglesby, SDS-Präsident, an Gottlieb, 24. 10. 1965; HSHP, Series I, b. 8, f. 192; Donald Keys, Memo, 25. 6. 1965; Spock an Hughes, 29. 12. 1966; HSHP, Series I, b. 5, f. 124; Marie Runyon an Hughes, 17. 3. 1967; Hughes an Runyon, 21. 3. 1967; Spock an Hughes, 24. 3. 1967; Hughes an Spock, 30. 3. 1967; HSHP, Series I, b. 5, f. 125; Erklärung Hughes, 20. 10. 1967, HSHP, Series I, b. 5, f. 126; Keys an Hughes, 13. 11. 1967; Hughes an »SANE Board, Sponsors, Chapters«, 28. 11. 1967; HSHP, Series I, b. 5, f. 127. Der nordvietnamesische Präsident bedankte sich für den Einsatz der Friedensbewegung gegen »the U.S. government's criminal war of aggression in Vietnam«; Ho Chi Minh an Hughes und Spock, 24. 1. 1965, HSHP, Series I, b. 8, f. 192.

162 Hughes an A. J. Muste, 7. 12. 1964, 22. 1. 1965; HSHP, Series I, b. 5, f. 121; Statement on Student March on Washington, 16. 4. 1965, HSHP, Series I, b. 8, f. 192; Hughes/Spock, The Mobilization to End War in Vietnam, 31. 1. 1966; Hughes, Rede vom 15. 5. 1966; Marcus Raskin und Arthur I. Waskow an Hughes, 9. 5. 1967; Richard Sennett an Hughes, 23. 10. 1967; HSHP, Series I, b. 8, f. 193; Hughes, Presseerklärung, 6. 1. 1968, HSHP, Series I, b. 5, f. 128; Dissent, Resistance, and the War in Vietnam, April 1968, HSHP, Series I, b. 8, f. 194; Hughes, Presseerklärung, 11. 7. 1968, HSHP, Series I, b. 5, f. 129; Hughes an Spock, 29. 4. 1968, HSHP, Series I, b. 7, f. 175. Der alte OSS-Kamerad und Vietnamkriegsplaner Walt Rostow setzte unter ein abwiegelndes Schreiben aus dem Weißen Haus an die Friedensbewegung den handschriftlichen Zusatz: »Hi Stu! Walt«; Rostow an Hughes und Spock, 9. 1. 1967, HSHP, Series I, b. 8, f. 193. – Zu »draft resistance« und der Antikriegsbewegung vgl. *DeBenedetti*, An American Ordeal; *Garfinkle*, Telltale Hearts; *Wells*, The War Within; zu Spocks Beitrag und dem Prozess gegen ihn und die anderen vgl. *Maier*, Dr. Spock, S. 289–316 (Maier beurteilt das Verhältnis von Hughes und Spock kritischer, als ich es auf der Grundlage des Hughes-Nachlasses sehe); *Foley*, Confronting the War Machine, S. 282–295; auch *ders.* (Hg.), Dear Dr. Spock.

Im August 1969 rang sich SANE unter Hughes dazu durch, zivilen Ungehorsam zu legitimieren.[163] Zu diesem Zeitpunkt sah sogar diese in der linksbürgerlichen Mitte verwurzelte Organisation die institutionellen Wege zum politischen Wandel versperrt. Selbst für Hughes schien in diesem Augenblick die Möglichkeit ausgeschlossen, die Politik aus dem Innern des Systems zu verändern. Das war symptomatisch für den Zustand der amerikanischen Gesellschaft 1968/69. Auf den Straßen, in den Ghettos und an den Universitäten herrschten mancherorts bürgerkriegsähnliche Zustände.[164]

Parallel dazu fand drittens eine weitere inhaltliche Neuorientierung statt. Kaum überraschend wurde der Vietnamkrieg zum bestimmenden Thema. Noch Ende 1964 allerdings glaubte Hughes, die martialische Rhetorik der Johnson-Regierung und die militärische Eskalation in Vietnam seien ein vorübergehender Effekt des Wahlkampfs gegen den Konservativen Barry Goldwater. Der Schock war umso größer, als im Februar 1965 die Bombardierung Nordvietnams begann. Vietnam wurde zur »entscheidenden Frage unserer Zeit, und wir sollten alles andere dem Ziel unterordnen, den Krieg zu beenden«.[165] SANE organisierte von 1965 an Massendemonstrationen gegen den Krieg. Hughes sprach auf einigen der größten Kundgebungen und glaubte im November 1967 bereits an eine »Mehrheit von Kriegsgegnern« im Land. Zusammen mit dem SANE-Geschäftsführer Sanford Gottlieb traf Hughes mit Vertretern Nordvietnams in Paris zusammen, wo er 1966/67 ein akademisches »Sabbatical« verbrachte. Gottlieb und andere reisten zu solchen Begegnungen auch nach Prag, Algier und

---

163 Gottlieb an SANE Board, 6. 8. 1969, HSHP, Series I, b. 5, f. 130; zu Hughes' Haltung vgl. auch *Hughes*, Gentleman Rebel, S. 283f.
164 Vgl. etwa *Wells*, The War Within; *Varon*, Bringing the War Home, *Isserman/Kazin*, America Divided; *Anderson*, The Movement and the Sixties; *Brick*, Age of Contradiction, S. 146–167.
165 *Hughes*, Gentleman Rebel, S. 280. Die oben zitierte Empfehlung hatte ein prominentes Mitglied des SANE-Vorstands, der Friedensveteran und sozialistische Präsidentschaftskandidat Norman Thomas, bereits 1964 abgegeben. Kurz nach dem Beginn der Bombardierung war Marcuse der Hauptredner einer Antikriegsdemonstration auf dem Boston Common, wo er die Johnson-Regierung mit den Nazis verglich. Der einzige Ausweg sei eine Verhandlungslösung, erklärte Marcuse; vgl. *Peter Hirshfield*, »Dr. Herbert Marcuse Warns Against U.S. Surrender of Freedom to LBJ«, *The Justice*, 30. 3. 1965; vgl. auch *Marcuse*, Nachgelassene Schriften, Bd. 4, S. 43–81. – Zur Geschichte und Eskalation des Vietnamkrieges vgl. *Greiner*, Krieg ohne Fronten.

Moskau.[166] Der Fokus auf den Kalten Krieg wurde jedoch nicht ganz aufgegeben. Vietnam sollte vielmehr der erste Schritt sein, um das System des Kalten Krieges von innen zu stürzen. Der Krieg in Vietnam stand dabei als Symbol für eine imperialistische Außenpolitik, deren Zeit abgelaufen war.[167]

Um den Krieg zu beenden, verfolgte SANE eine mehrdimensionale Taktik, die politischen Druck und Lobbyarbeit, öffentlichen Protest, »Unterwanderung« der Demokratischen Partei und Wahltaktik zu verbinden suchte. Die Organisation radikalisierte sich.[168] Auf dem Höhepunkt des Protests wurde auch das Prinzip parteipolitischer Neutralität außer Kraft gesetzt. 1968 stellte SANE sich hinter den Kriegsgegner Eugene McCarthy als Präsidentschaftskandidaten und gegen Vizepräsident Hubert Humphrey, der als »Chefverkäufer« (»super-salesman«) des Vietnamkrieges attackiert wurde. SANE verstand sich als Speerspitze der »dump Johnson«-Bewegung – Johnson in die Tonne.[169] Im Herbst 1969 schloss SANE sich als eine der letzten

---

166 Gottlieb an Hughes, 23. 7. 1964, HSHP, Series I, b. 5, f. 123; Erklärung Hughes und Spock, 8. 4. 1965; Erklärung Hughes, 28. 7. 1965; Hughes an Gottlieb, 28. 10. 1965; HSHP, Series I, b. 5, f. 124; Hughes/Spock, The Mobilization to End War in Vietnam, 31. 1. 1966; Hughes, Rede vom 15. 5. 1966; HSHP, Series I, b. 8, f. 193; Hughes an Runyon, 21. 3. 1967, HSHP, Series I, b. 5, f. 125; Erklärung Hughes, 20. 10. 1967, HSHP, Series I, b. 5, f. 126; Hughes an SANE Board, Sponsors, Chapters, 28. 11. 1967, HSHP, Series I, b. 5, f. 127; Gottlieb an Henry Kissinger, 1. 8. 1969, HSHP, Series I, b. 5, f. 130. Die Begegnung in Paris belegt Hughes und Gottlieb, Confidential Minutes, 9. 3. 1967, HSHP, Series I, b. 8, f. 193; der Hinweis darauf fehlt in *Hughes*, Gentleman Rebel, S. 279–287. Eine Sammlung von Presseartikeln zu den Ereignissen und Protestveranstaltungen gegen den Krieg findet sich in HSHP, Series IV, b. 16, f. 1.
167 SANE verurteilte aber ebenso die sowjetische Intervention in der Tschechoslowakei 1968 als imperialistisch; Hughes und Gottlieb an das Soviet Peace Committee, 26. 9. 1968, HSHP, Series I, b. 5, f. 129. Darin finden sich auch Rückgriffe auf das Konzept der Einflusssphären.
168 Hughes, Presseerklärung, 6. 1. 1968, HSHP, Series I, b. 5, f. 128; Hughes, Presseerklärung, 11. 7. 1968; Hughes und Gottlieb an das Soviet Peace Committee, 26. 9. 1968; HSHP, Series I, b. 5, f. 129; Gottlieb an Henry Kissinger, 1. 8. 1969, HSHP, Series I, b. 5, f. 130; vgl. *Katz*, Ban the Bomb, S. 93–125; *Hughes*, Gentleman Rebel, S. 280, 283–287.
169 Gottlieb, Memorandum an Hughes u.a., 10. 5. 1968, HSHP, Series I, b. 5, f. 128; Hughes, Rede zu McCarthy, 7. 12. 1968, HSHP, Series I, b. 5, f. 129; SANE-Erklärung, The Candidacies of Eugene McCarthy and Robert Kennedy, 15. 4. 1968; SANE-Erklärung zu Hubert Humphrey, Ende Mai 1968 (Zitat); HSHP, Series I, b. 5, f. 132; zum Wahlkampf 1968 vgl. *Sandbrook*, Eugene McCarthy; *LaFeber*, The Deadly Bet.

großen, gemäßigten Gruppen der Friedensbewegung der Forderung nach sofortigem und bedingungslosem Rückzug aus Vietnam an.[170]

6. Entzweiung und Freundschaft: Der Protest erreicht die Universität

Marcuses Politik im weiteren Verlauf der sechziger Jahre ist Geschichte – Geschichte, die bis heute im Modus der Verklärung oder Verachtung geschrieben wird. Alle Einzelheiten sind bekannt, die »Marx, Mao, Marcuse«-Rufe auf den Straßen, die Rolle als »Guru« der Studentenbewegung.[171] Seine Bewunderer suggerieren Kohärenz und übersehen den plötzlichen Radikalisierungsschub. Seinen Gegnern entgeht die Verankerung in der amerikanischen intellektuellen Debatte. In den USA ging es, anders als später in der Bundesrepublik, mit dem Vietnamkrieg und der Rassendiskriminierung um existentielle Fragen, um Frieden oder Krieg, Leben oder Tod, Unterdrückung oder Befreiung in ganz konkreter Form. Radikale Töne und Maßnahmen wurden weithin erwogen und erscheinen auch nachträglich angemessener als andernorts. Ungeachtet dieser Verzerrungen ist diese Geschichte schon zu oft erzählt worden, als dass sie hier noch einmal wiederholt werden müsste.[172]

Mit dem »One-Dimensional Man« hatte Marcuse ein Kultbuch des Protests vorgelegt, das genau zur richtigen Zeit kam. Die *New York Times* nannte es »das herausragendste literarische Symbol der Neuen

---

170 Gottlieb an Henry Kissinger, 1. 8. 1969, HSHP, Series I, b. 5, f. 130. Hughes hatte diese Forderung zuvor abgelehnt, etwa in Hughes an A. J. Muste, 7. 12. 1964, HSHP, Series I, b. 5, f. 121.
171 Zur Bedeutung Marcuses für Neue Linke und Studentenbewegung vgl. *Kellner*, Herbert Marcuse and the Crisis of Marxism, S. 229–319; *Katz*, Herbert Marcuse and the Art of Liberation, S. 162–192; *Wolff/Moore/Marcuse*, A Critique of Pure Tolerance; *Wolff/Moore* (Hg.), The Critical Spirit; *Habermas* (Hg.), Antworten auf Herbert Marcuse; *Marcuse*, Collected Papers, Bd. 3; *Kraushaar* (Hg.), Frankfurter Schule und Studentenbewegung, 3 Bde.; *Palmier*, Herbert Marcuse et la nouvelle gauche; *Katsiaficas*, The Imagination of the New Left; *Bokina/Lukes*, From the New Left to the Next Left.
172 Die beste Darstellung dieser Geschichte bietet jetzt *Wheatland*, The Frankfurt School in Exile, S. 296–334, der auch die üblichen Verzerrungen und Entstellungen korrigiert. Marcuse wird hier als weit stärker von der Neuen Linken geprägt beschrieben, als er diese selbst prägte – nicht er war der »Guru«, sondern die Studenten waren demnach seine »Mentoren«.

Linken«.¹⁷³ »Cold war liberals« machten den Autor bald schon verantwortlich für die Radikalisierung der Studenten.¹⁷⁴ Nach »One-Dimensional Man« wurden Marcuses aktivistischere, radikalere Äußerungen umso begeisterter aufgenommen, obgleich über das konkrete Ausmaß seines Einflusses auf die Studentenbewegung keine Einigkeit besteht. Die Wahrnehmung durch größere Kreise setzte erst spät ein, 1965 oder gar erst 1968, und dürfte nicht entscheidend für die Protestbewegung gewesen sein.¹⁷⁵ Martin Jay, der wichtigste Historiker der Frankfurter Schule, merkte schon damals an: »Durch das, was die Franzosen so schön ›la drug-storisation de Marcuse‹ nennen, ist er selbst zu einer Art Konsumgut geworden. Kein Artikel über die Neue Linke kommt ohne rituelle Nennung seines Namens aus; keine Erörterung der ›Gegenkultur‹ wagt es, auf seine Botschaft der Befreiung zu verzichten.«¹⁷⁶ Dem ist wenig hinzuzufügen. Die Geschichte, die in der vorliegenden Arbeit erzählt wird, endet um 1968. Sie läuft jedoch nicht auf »1968« zu.¹⁷⁷

---

173 *Andrew Hacker*, »Philosopher of the New Left«, *The New York Times Book Review*, 10. 3. 1968.
174 Vgl. *Howe*, The New York Intellectuals, bes. S. 45–51; *Kateb*, The Political Thought of Herbert Marcuse; *Berghahn*, Transatlantische Kulturkriege, S. 337, 343.
175 Neuere Darstellungen der Studentenbewegung und Kulturkriege in den USA sprechen je nach Perspektive von einem eher größeren Einfluss von Ideen, wobei Marcuse hier nur einer unter mehreren Ideengebern ist, oder vom Vorrang von Erfahrung und Aktivismus bei der Entwicklung der Studentenbewegung. Zur erstgenannten Deutung neigen *Brick*, Age of Contradiction; *Flacks*, Die philosophischen und politischen Ursprünge der amerikanischen New Left; *Mattson*, Intellectuals in Action; *Miller*, »Democracy is in the Streets«; *Jamison/Eyerman*, Seeds of the Sixties; *Schmidtke*, Der Aufbruch der jungen Intelligenz. Die zweite Position vertreten eher *Sale*, SDS; *Isserman/Kazin*, America Divided; sowie mit besonderer Vehemenz und auf breiter Quellengrundlage *Anderson*, The Movement and the Sixties. Hingegen steht fest, dass einige der führenden intellektuellen und politischen Akteure des Studentenprotests von Ideen wie denen Marcuses beeinflusst waren. Ganz in diesem Sinne jetzt auch *Wheatland*, The Frankfurt School in Exile, S. 311–334, der Marcuse wohl zu Recht erst seit »Repressive Tolerance« (1965) und noch nicht mit »One-Dimensional Man« für den Stichwortgeber kleinerer intellektueller neulinker Gruppen hält, während die Mehrheit der Protestbewegung außer seinem Namen wenig wahrgenommen haben dürfte.
176 *Jay*, The Metapolitics of Utopianism, S. 342; vgl. *ders.*, The Dialectical Imagination; *ders.*, Permanent Exiles.
177 Aus der uferlosen Literatur zur Geschichte und Bedeutung von 1968 vgl. *Gilcher-Holtey* (Hg.), 1968; *Frei*, 1968; *Horn*, The Spirit of '68; *von Hodenberg/Siegfried* (Hg.), Wo »1968« liegt.

Weniger bekannt ist, dass Marcuse als »siebzigjähriger Superstar der Revolutionäre« einer der Lieblingsintellektuellen der amerikanischen Medien wurde – und es bis zum Ende des Jahrzehnts blieb,[178] »der Lieblingsintellektuelle des *Time*-Magazins«, wie die SDS-Führerin Bernardine Dohrn spottete, bevor sie mit ihrem »Weather Underground« Bomben legte. Die amerikanische Mainstream-Presse zeigte zu Anfang großes Verständnis für den Protest der Jugend. Marcuse war ihr Prophet. Auf Platz fünf in der »Top of the Decade«-Liste des Nachrichtenmagazins *Time* stand Marcuse.[179] Selbst Papst Paul VI. zitierte zustimmend Marcuses Kritik der eindimensionalen Gesellschaft.[180] *Time* war begeistert, wie Marcuse auf die Vorwürfe reagierte, ein Agent der CIA zu sein. Daniel Cohn-Bendit habe das Gerücht in Umlauf gebracht, wurde berichtet. Der amerikanische Kommunistenchef Gus Hall behauptete gar, Marcuse sei Teil eines Komplotts der amerikanischen Regierung mit dem Ziel, die Jugend zum kulturellen Radikalismus anzustacheln und sie so von einer politischen Revolution abzulenken. Marcuse entgegnete: »Natürlich ist der Mann ein

---

178 Siehe jedoch *Wheatland*, The Frankfurt School in Exile, S. 300–303, wo der mediale Ruhm als die Ursache späterer Überschätzungen der Rolle Marcuses identifiziert wird; allerdings waren die Medienberichte – gerade die Beiträge, die nicht von Intellektuellen stammten – zum Teil differenzierter, als es den Anschein hat.
179 *Horowitz*, Portrait of the Marxist as an Old Trouper, S. 174; »Top of the Decade«, *Time*, 26. 12. 1969; *Radosh*, Commies, S. 119; vgl. »One-Dimensional Philosopher«, *Time*, 22. 3. 1968; »Why Those Students Are Protesting«, *Time*, 3. 5. 1968; »The Revolution Gap«, *Time*, 14. 6. 1968; »The Danger of Playing Revolution«, *Time*, 28. 3. 1969; »Protest Beyond the Wall«, *Time*, 3. 1. 1969; »The Tortured Role of the Intellectual in America«, *Time*, 9. 5. 1969; »The Message of History's Biggest Happening«, *Time*, 29. 8. 1969; »From the '60s to the '70s. Dissent and Discovery«, *Time*, 19. 12. 1969; »The Governor vs. the University«, *Time*, 30. 3. 1970; *Gregory Wierzynsk*, »The Students. All Quiet on the Campus Front«, *Time*, 22. 2. 1971; *Lionel Abel*, »Seven Heroes of the New Left«, *New York Times Magazine*, 5. 5. 1968, S. 30. Bemerkenswert ist die Einleitung zu einem Interview: »Marcuse Defines His New Left Line«, *New York Times Magazine*, 27. 10. 1968, S. 29: »In terms of day-to-day effect, Herbert Marcuse may be the most important philosopher alive. For countless young people, discontented, demonstrating or fulminating, on campus or in the streets, here and abroad, this 70-year-old scholar is the angel of the apocalypse.« (Ohne die Einleitung wieder in: *Marcuse*, Collected Papers, Bd. 3, S. 100–118.) – Die positive Berichterstattung über den Studentenprotest ließ nach einiger Zeit nach; vgl. *Small*, Covering Dissent; *Gitlin*, The Whole World is Watching.
180 »›Our Name is Peter‹«, *Time*, 29. 6. 1969.

Idiot.«[181] Das Magazin kam allerdings auch dem Grund der Entfremdung auf die Spur, die Ende der sechziger Jahre vorübergehend alte Freunde wie Hughes und Marcuse entzweite: »Der Philosoph Herbert Marcuse analysiert auf brillante Weise die Makel der amerikanischen Gesellschaft, aber er verschreibt dagegen unter anderem eine korrektive ›Intoleranz‹ durch die Linke, was, wie manche meinen, den Beigeschmack eines Faschismus hat, der von Intellektuellen ausgeübt wird.«[182]

Der Ort, an dem und um den dieser Streit vor allem ausgefochten wurde, war die Universität. Kurz nach dem Hughes-Wahlkampf trat Marcuse bereits gemeinsam mit Paul Goodman und Tom Hayden auf und sprach über die Universität im Kalten Krieg. Auf dieser SDS-Veranstaltung befand sich Marcuse in einer Phase des Übergangs. Noch war ihm die Universität ein besonders schutzbedürftiger, von Politik freizuhaltender Raum des Gesprächs und der Wahrheitssuche – aber nicht mehr ohne Einschränkungen. Schuld daran trug Marcuse zufolge die Ordnung des Kalten Krieges, die die Autonomie der Universität zerfressen hatte. Marcuse betonte die klassische Aufgabe der Universität, kritisches Denken hervorzubringen. Die unausgesprochene Schlussfolgerung, dass man sich gegen die Invasion des unkritischen Denkens, gegen Forscher mit Regierungsaufträgen und unverbesserliche Antikommunisten, endlich zur Wehr setzen musste, lag hier bereits nahe, auch wenn sich Marcuse noch nicht zur aktiven Intoleranz gegen die politischen Gegner bekannte.[183]

---

181 Ohne Titel, in: *Time*, 27. 6. 1969; Marcuse an Löwenthal, 16. 7. 1969, stellte klar, dass bei den Ereignissen in Rom, dem Schauplatz der Konfrontation, »Cohn-Bendit accused me of being an agent of the bourgeoisie, while other extreme groups on the Left denounced me as a CIA agent«; Briefwechsel Löwenthal–Marcuse, LLA. Die Vorwürfe waren zuerst 1968 mit direkter Unterstützung Moskaus in der kommunistischen Presse aufgebracht worden. Marcuses Vergangenheit im OSS wurde zu einer CIA-Connection entstellt und dazu genutzt, mit seinem unorthodoxen Marxismus abzurechnen. Seine Zeit im State Department fand dabei keine Erwähnung, sei es aus Unkenntnis oder aufgrund der Einschätzung, dass sich die OSS-CIA-Linie propagandistisch besser ausschlachten ließ. Marcuse erklärte dazu, man gehe gegen ihn nach dem Muster der stalinistischen Säuberungen vor; vgl. *Katz*, Herbert Marcuse and the Art of Liberation, S. 188; *Kellner*, Herbert Marcuse and the Crisis of Marxism, S. 149f., bes. Anm. 35.
182 »The Tortured Role of the Intellectual in America«, *Time*, 9. 5. 1969.
183 Vgl. SDS Conference on Education. »Goodman, Sacks, Marcuse Speak«, *The Justice*, 5. 3. 1963; »Marcuse Lecture. Truth vs. U.S. Interests«, *The Justice*, 5. 3.

Im Zeichen des Kalten Krieges war die Politik in die Universität eingedrungen. Politische Einflussnahme und verdeckte Forschungsfinanzierung waren an der Tagesordnung. Daran bestand kein Zweifel.[184] Spannungen im Freundeskreis ergaben sich aus der Art des Umgangs mit diesem Problem. Dass ein Ende des Einflusses von Regierung, Militär und ihren professoralen Gesinnungsgenossen notwendig war, darüber war man sich einig. Im Gegensatz zu Marcuse sprachen sich Hughes und Moore jedoch strikt dagegen aus, nach der Bevormundung von »rechts« nun als Gegenmaßnahme eine Bevormundung von »links« einzuführen. Moore und Hughes sahen die Gelegenheit, die Autonomie der Universität wiederherzustellen. Alle von ihnen setzten sich dafür ein, den Studenten entgegenzukommen, die Unterrichtsformen zu demokratisieren und neue Fächer wie afroamerikanische Studien einzuführen.[185]

Marcuses Sympathie für die politischen Forderungen der Studenten teilten Hans Meyerhoff und Carl Schorske. Doch Meyerhoff, der 1965 »teach-ins« gegen den Vietnamkrieg auf dem Campus organisiert hatte, kam noch im selben Jahr bei einem Autounfall ums Leben. Und Schorske zog sich auf dem Höhepunkt des Protests 1969 von Berkeley nach Princeton zurück, um der Politik aus dem Weg zu gehen und endlich wieder in Ruhe arbeiten zu können.[186] Meyerhoff verlor sei-

---

1963; *Marcuse*, Repressive Tolerance; dt. ders., Repressive Toleranz; *Varon*, Bringing the War Home, S. 42–45, 188–190, 237–244; *Bert Foer*, »Regressive Tolerance«, The Justice, 10. 5. 1966.

184 Vgl. *Engerman*, Rethinking Cold War Universities; *Leslie*, The Cold War and American Science; *Lowen*, Creating the Cold War University; *Robin*, The Making of the Cold War Enemy; *Simpson*, Science of Coercion; ders. (Hg.), Universities and Empire; *Unger*, Cold War Science; *Chomsky u. a.* (Hg.), The Cold War and the University.

185 Hughes setzte sich gemeinsam mit Kollegen wie Michael Walzer, David Riesman oder Martin Peretz für die Einrichtung von Afro-American Studies in Harvard ein: Hughes u. a. an Dekan Franklin Ford, 25. 4. 1968; HSHP, Series I, b. 3, f. 67. Hughes unterstützte auch den SDS, allerdings nur außerhalb der Universität; Todd Gitlin, Tom Hayden, Dick Flacks an Hughes, 6. 10. 1963; Gitlin an Hughes, 4. 11. 1964; Hughes an Gitlin, 9. 11. 1964; Hughes an David Kotz, Harvard SDS, 6. 5. 1965; HSHP, Series I, b. 7, f. 177.

186 Vgl. *Schorske*, Thinking With History, S. 27–34; zu Meyerhoff: Meyerhoff killed in crash, in: UCLA Daily Bruin, 22. 11. 1965, S. 1. Meyerhoff stand in den letzten Jahren vor seinem Unfalltod Marcuse politisch und persönlich besonders nahe. Marcuse verwaltete auch Meyerhoffs Nachlass. Wegen des »150 % Americanism« in der Bundesrepublik scherzte Meyerhoff: »The trouble with Germany is that we didn't adopt the Morgenthau Plan.« Zugleich berichtete er Hughes: »Herbert rants and raves about the Jewish fascists in

nen Glauben an das politische System lange vor Hughes und seinen friedensbewegten Mitstreitern. Er erwies sich erneut als einer der radikalsten Köpfe und schärfsten politischer Beobachter unter den Freunden. Was war der Sinn einer Wahl zwischen dem Imperialisten Lyndon Johnson und dem Ultrakonservativen Barry Goldwater, der sich auf die Stimmen der Anhänger der Rassentrennung in den Südstaaten stützte, fragte Meyerhoff 1964. Sein Witz und seine sarkastische Schärfe würzten dieses Zeugnis politischer Verzweiflung, in dem sich auch eine Anspielung auf den noch von Kennedy befohlenen Einsatz von Entlaubungsmitteln zur Guerillabekämpfung findet:

»Die Aussicht einer Rückkehr in das Goldwasser-Land der entlaubten Erinnerung versetzt uns nicht gerade in einen Zustand der Ekstase. Ich finde, wir sollten auf die nationalen Wahlen verzichten. Es sollte eine Einheitsliste geben, L.B.J.-Barry, die durch Akklamation gewählt wird. Nach dieser Wiedergeburt des glorreichen Südens wird dann der Kongress im Rahmen der Hundertjahrfeier den Krieg von 1860–64 für verfassungswidrig erklären. Daraufhin wird sich der Süden abspalten und Louisiana an die Franzosen zurückgeben, während der Norden gemeinsam mit der Bundesrepublik [Deutschland] eine neue transatlantische Union gründet.«[187]

Ein knappes Jahr später, nachdem die Bombardierung Nordvietnams begonnen hatte, konnte Meyerhoff über die Lage nicht mehr lachen: »Ich bin etwas ratlos angesichts der Intensität meiner Gefühle des Hasses und der Abscheu.« Meyerhoff sprach nun die Sprache des radikalen Protests gegen Präsident Johnson: »Der politische Stil dieses Mannes bringt einen zum Kotzen. Er ist auch extrem gefährlich, weil er so erfolgreich ist, dass ihn künftig jeder kopieren wird. Wohlfahrtsstaat zu Hause und Imperialismus im Ausland: das sind die Pfeiler der ›Great Society‹, die auf der rücksichtslosesten Ausbeutung der Großen Täuschung beruht (die ›große Lüge‹, wie man sie früher genannt

---

Israel.« Meyerhoff an Hughes, 10. 6. 1964 (Zitate); Meyerhoff an Hughes, 4. 8. 1964; Meyerhoff an Hughes, 24. 8. 1964; Meyerhoff an Hughes, 28. 5. 1965; Meyerhoff an Hughes, 10. 9. 1965; HSHP, Series I, b. 5, f. 113; Marcuse an Hughes, 22. 11. 1965, HSHP, Series I, b. 5, f. 109.
187 Meyerhoff an Hughes, 24. 8. 1964, HSHP, Series I, b. 5, f. 113; zur chemischen Kriegführung in Vietnam vgl. *Milne*, America's Rasputin, S. 103; *Kaiser*, American Tragedy, S. 165; zu Goldwater vgl. *Middendorf*, Glorious Defeat; *Perlstein*, Before the Storm.

hat).«[188] Johnson zog den Hass von Meyerhoff und seinen Freunden auf sich, weil er das große, von ihnen unterstützte Projekt der innenpolitischen Reform und globalen Förderung von sozialer Gerechtigkeit untrennbar mit Krieg und Imperialismus befleckt hatte. Der Handlungsrahmen der Intellektuellen war zerbrochen. Das »liberale Projekt« ließ sich nicht mehr ohne diesen Makel betrachten.[189]

Schon 1965 und 1966, als sie die Festschrift für Hajo Holborn zusammenstellten, machten Leonard Krieger und Fritz Stern ihre Ablehnung des Vietnamkrieges deutlich. Doch rituelle Antikriegsformeln lehnten sie ab, und die Störung des Wissenschaftsbetriebs wollten sie nicht zulassen.[190] Hughes befand sich in einer »tragischen« Situation, wie er erklärte. In Harvard saß er zwischen allen Stühlen. Als Linker stimmte er in den Universitätsgremien plötzlich mit den Konservativen, deren Politik er stets bekämpft hatte. »Jetzt ist es notwendig, die Universität zu entpolitisieren«, lautete der programmatische Titel einer seiner Interventionen. Zwischen den Sphären des Politischen und der Wissenschaft musste eine strenge Demarkationslinie gezogen werden; politisches Engagement war ehrenwert, aber es hatte innerhalb der Universität nichts zu suchen.[191] Empört war Hughes, als der Universität eine offizielle Ablehnung des Vietnamkrieges abverlangt wurde.[192]

Hughes hatte sich als Intellektueller bis zur Erschöpfung gegen diesen Krieg engagiert. Als Gelehrter erkannte er in derartigen Forderungen einen Angriff auf die akademische Freiheit. Marcuses Rolle am Ende des Jahrzehnts, den »Marcuse-Kult«, beobachtete er mit Befremden. Marcuses Formel der repressiven Toleranz nannte er »schäd-

---

188 Meyerhoff an Hughes, 28. 5. 1965, HSHP, Series I, b. 5, f. 113. Ähnlich betroffen vom Vietnamkrieg war Otto Kirchheimer, der im November 1965 starb: »As a matter of fact I have not been so concerned about politics and the moral implications of the actions concerned since the 1932/33 period.« Kirchheimer an Krieger, 24. 5. 1965, Leonard Krieger Papers, b. 1.
189 *Gitlin*, The Sixties, S. 127–192, bes. S. 151–162, erinnert daran, wie sehr die angesichts hoher Erwartungen umso drastischere Enttäuschung über die Politik Kennedys und Johnsons auch die Neue Linke radikalisierte.
190 Krieger an Fritz Stern, 10. 3. 1966, 30. 9. 1966; Stern an Krieger, 1. 6. 1965, 29. 9. 1965, 3. 3. 1966; Krieger an Marcuse und Kirchheimer, 9. 6. 1965; Marcuse an Krieger, 14. 5. 1965, 21. 9. 1965, 9. 8. 1966; Leonard Krieger Papers, b. 1.; vgl. *Stern*, Five Germanys I Have Known, S. 245–261, 269.
191 *Hughes*, »The Need Now is to De-Politicize the University«, *Harvard Alumni Bulletin*, 15. 9. 1969, S. 35–38.
192 Hughes an Mrs. Robert C. Webb, 22. 7. 1969, HSHP, Series I, b. 8, f. 194;

lich«.¹⁹³ Das Ansinnen seines einstigen Wahlkampfhelfers Todd Gitlin, bei einer Art Gegenuniversität des SDS mitzuwirken, wo »radikale Intellektuelle« geschult und neue theoretische Grundlagen für den politischen Aktivismus gesucht werden sollten, lehnte Hughes, anders als Marcuse, ab: »Ich war immer gegen die ideologisch untermauerte Arbeit von Stiftungen, universitären Forschungszentren, der RAND Corporation etc. Mir scheint, dass das Radical Education Project in Gefahr schwebt, aus der entgegengesetzten politischen Richtung genau das Gleiche zu tun.«¹⁹⁴

Hughes pflegte dabei seinen Gestus des Gentlemans und versuchte immer wieder, den radikalen Aktivisten den Unterschied von Politik und Wissenschaft zu erklären. Er und Moore setzten sich in Harvard dafür ein, rebellierende Studenten nicht zu bestrafen. Und stets erinnerte er daran, dass nicht die Studenten angefangen hatten – weder der Krieg in Vietnam noch die sozialen Missstände, der Rassismus und die Verwahrlosung der zu Ghettos verkommenen Innenstädte, noch die Korrumpierung der Universität durch geheime Regierungsforschung

---

193 Über Marcuse bemerkte Hughes auf dem Höhepunkt des Protests gegenüber dem Marcuse noch kritischer beurteilenden Irving Howe, mit dem Hughes sich in vielen Fragen einig wusste: »My only slight difference is on Herbert Marcuse. While I agree that the effect of his recent writings and public stance – more particularly on the question of tolerance – have been almost wholly pernicious, I retain a great affection for him as a friend over 25 years standing, and I distinguish between his work on Hegel and his ›Eros and Civilization‹, both of which, I think, should command our respect, and the subsequent Marcuse cult which unfortunately he has not discouraged as much as I hoped he would.« Hughes an Irving Howe, 14. 10. 1968, HSHP, Series I, b. 4, f. 80. Zu Hughes und Howe vgl. *Hughes*, Gentleman Rebel, S. 312; die gegenseitige Sympathie hielt bis ins hohe Alter an; Howe an Hughes, 20. 8. 1984, 20. 7. 1990; HSHP, Accession 2000-M-086, b. 2, f. 11.
194 Hughes an Todd Gitlin, 6. 6. 1966; nicht nur die Mitarbeit, sondern auch der Einfluss Marcuses wird deutlich in Gitlin an Hughes, 13. 6. 1966: Ziel des geplanten »self-conscious network of free spirits« des SDS war demnach unter anderem »the task of posing real alternatives, practicable Utopias (in the sense Marcuse pleads for in ›One-Dimensional Man‹)«; HSHP, Series I, b. 7, f. 178. Zu Marcuses Rolle im Rahmen des »Radical Education Project« vgl. *Wheatland*, The Frankfurt School in Exile, S. 313–317. – Hughes hingegen wirkte zur Verteidigung der akademischen Freiheit zeitweilig auch im International Committee on the University Emergency mit. Aus den auch von Hughes unterzeichneten Aufrufen (wie vom 9. 10. 1970) dieser Organisation, die Mitte der siebziger Jahre ihren Namen in International Council on the Future of the University änderte, finden sich aus der Bundesrepublik Namen wie Wilhelm Hennis, Richard Löwenthal, Thomas Nipperdey und Ernst Nolte; HSHP, Series I, b. 4, f. 81.

und politikberatende Professoren gingen auf ihr Konto. Das Establishment, der »militärisch-industrielle Komplex« trug die Hauptschuld. Dennoch musste University Hall geräumt werden, erklärte Hughes als Direktor des History Department den studentischen Besetzern. Gleichzeitig forderte Hughes gemeinsam mit den Studenten, das Reserve Officer Training Corps (ROTC) des Campus zu verweisen. Gegen Marcuse richtete sich die Spitze, dass die Universität nur so lange Universität war, wie abweichende Meinungen dort toleriert würden.[195]

Marcuses wohl engster Freund Barrington Moore stand in Harvard zumeist ein wenig links von Hughes. Er teilte dessen Positionen, wenn es um die Verteidigung der Universität ging. Gemeinsam mit Hughes versuchte er zwischen Studenten und Verwaltung zu vermitteln. Er setzte sich zusammen mit Hughes gegen einen Protest zur Wehr, der übers Ziel hinausgeschossen war und die Existenz der Institution bedrohte, die freies Forschen und Reden erst möglich machte.[196] Auf diesem institutionellen Aspekt beharrte Moore auch gegenüber Marcuse. Institutionen wie die Universität hatten bei all ihren Schwächen dem Individuum mehr Freiheit gegeben als genommen. Die Notwendigkeit der institutionellen Absicherung individueller Freiheit hatten die radikalen Studenten nicht begriffen. Doch selbst Marcuse hatte in der

---

195 *Hughes*, The Need Now is to De-Politicize the University; *ders.*, Intellectuals' New Modesty, in: St. Louis Dispatch, 25. 3. 1979; *ders.*, Gentleman Rebel, S. 285–287, 305; Hughes an Todd Gitlin, 6. 6. 1966, HSHP, Series I, b. 7, f. 178; zu Hughes als Chairman des History Department und zum ROTC: Hughes an Franklin Ford, 1. 7. 1967, 21. 10. 1969; Ford an Nathan M. Pusey, 11. 2. 1969; HSHP, Series I, b. 2, f. 44; zum Einspruch gegen die Bestrafung von Studenten: Hughes, Moore, Stanley Hoffmann, Martin Peretz, John Rawls, Michael Walzer und Laurence Wylie an die Dekane Glimp, Elder und Ford, 19. 12. 1968; Hughes, Walzer, Hoffmann, Stephen Jay Gould u.a. an Administrative Board, 3. 1. 1969; HSHP, Series I, b. 3, f. 66. – Hughes' Auftreten und Wahrnehmung als Gentleman unterstreicht der Titel seiner Autobiographie »Gentleman Rebel«. Schorske würdigte den Freund als Gentleman; Schorske an Hughes, 18. 12. 1990, HSHP, Accession 2000-M-086, b. 2, f. 16.
196 Neben den in den vorangehenden Anmerkungen genannten Nachweisen befindet sich weiteres Material in HUA, Papers of Barrington Moore, Accession 17296, b. 7, f. Marcuse; b. 29, f. Political Action; Moore an Inge und Herbert Marcuse, 30. 11. 1969 (Moore Papers, b. 32, f. Marcuse), betont seinen Kampf gegen einen »university code of conduct«, der es Professoren ohne Einschränkung gestatte, fürs Pentagon zu arbeiten und der zugleich »students who break rule in protesting such faculty behavior« schwer bestrafe.

Hitze des Augenblicks den intellektuellen Schutzraum vergessen, den ihm Institutionen geboten hatten. Wohin wäre Marcuse ohne diese gelangt? Das war es, was Moore ihm vorhielt.

Er fand in einem Brief klare Worte. Die tiefe Freundschaft der beiden spiegelte sich in diesem bedeutenden Dokument ebenso wie der Unterschied in der politischen Wahrnehmung. Während Hughes schwieg, suchte Moore die Aussprache. Differenzen kamen zum Vorschein. Sie mochten hin und wieder im Verborgenen geschwelt haben, aber sie hatten zuvor niemals eine Rolle gespielt. Marcuse hatte in den vierziger, fünfziger und frühen sechziger Jahren in allen wesentlichen Punkten die Weltsicht seiner amerikanischen Freunde geteilt. Im Sommer 1969 erinnerte Moore ihn an eine Einsicht, die Marcuse im Geheimdienst oder in der Marxismusforschung noch geleitet hatte – bei aller notwendigen Utopie gab es ohne das Realitätsprinzip keine realistische Aussicht auf eine Verbesserung der Lage.

Hughes und Moore, Schorske und Krieger, Gilbert und Meyerhoff bekannten sich immer zum amerikanischen Liberalismus, zum reformistischen, demokratisch-sozialistischen Projekt, das dessen linker Flügel verhieß. Philip Mosely konnte noch Ende der fünfziger Jahre auch Marcuse in diesen politischen Horizont einbetten. 1969 hatte Marcuse diese Perspektive aufgegeben.[197] Moore hielt sie weiter hoch – aber er gestand ein, dass der Name des amerikanischen Liberalismus durch die Verknüpfung von Reform und Imperialismus, die Meyerhoff 1965 bereits beklagt hatte, beschmutzt worden war: »Wenn Linksliberalismus Humphrey und Rostow bedeutet, bin ich genauso sehr dagegen wie Du. Wenn ernsthafte Revolution Lenin-Stalin bedeutet, ist das ganz offensichtlich schrecklich.« Soweit war man sich einig. Marcuses neue, zeitweilige Sympathien – wenn man unter Anarchismus Studenten und Gegenkultur versteht und die Anflüge von Mao-Begeisterung in »An Essay of Liberation« ernst nimmt – stießen bei Moore auf erbitterte Ablehnung: »Wenn die anderen Möglichkeiten die Roten Garden oder ein nihilistischer und maßloser Anarchis-

---

197 Eine situative und biographische Erklärung bietet *Wheatland*, The Frankfurt School in Exile, S. 324, 326, 332–334: Marcuse sei (1) von der politischen Stimmung mitgerissen worden und von der Protestbewegung elektrisiert gewesen sowie (2) von den politischen Ereignissen an seine eigenen jungen Jahre im Berliner Straßenkampf und als Anhänger der Rätedemokratie erinnert worden.

mus sind, dann steht das kosmische Experiment der Menschheit kurz vor dem Ende.«[198]

Gegen die jungen Rebellen verteidigte Marcuse immerhin die von ihm geliebte bürgerliche Kultur. Von dieser gemeinsamen Grundlage aus unterstrich Moore die Notwendigkeit von Institutionen für den politischen Prozess:

»Du hast recht, wenn Du es für wünschenswert hältst, viele Aspekte der bürgerlichen Kultur zu bewahren. Ich glaube, man sollte darüber hinausgehen und manche institutionellen Aspekte ebenfalls bewahren. Es würde der Linken nicht schaden, einmal ihren Slogan des parlamentarischen Kretinismus zu überdenken. Eine institutionelle Methode, um Interessenkonflikte und Meinungsverschiedenheiten auszutragen, scheint mir immer noch absolut notwendig für jede Gesellschaft, die ein Anrecht darauf haben will, zivilisiert genannt zu werden. Vielleicht gibt es bessere Methoden als ein Parlament, obwohl ich vermute, dass eine solche Einrichtung doch wieder eine starke Ähnlichkeit zu den bestehenden liberalen Institutionen aufweisen würde.«[199]

Die politischen Differenzen traten für kurze Zeit mit einer solchen Vehemenz auf, dass selbst der Gedanke an einen Bruch nicht abzuweisen war. Moore beschwor darum eindringlich die gemeinsame Freundschaft. Die Moores besuchten die Marcuses in Kalifornien. In langen Strandspaziergängen in der warmen Novembersonne räumten »Barry« und »Herbie« ihre Meinungsverschiedenheiten im Geist der Freundschaft aus. Bei seiner Rückkehr nach Cambridge hielt Moore ihre Gespräche in einem langen Brief fest, so großes Gewicht maß er der pazifischen Begegnung bei.

Sie diente ihm als Sinnbild dessen, was er zu verteidigen suchte. Gerade die Möglichkeit, in Freundschaft »Anstoß erregende Ideen« auszutauschen, zeichnete die »liberale Tradition« aus, die Moore hochhielt. Dass dieser Liberalismus politisch heimatlos geworden war,

---

198 Moore an Marcuse, 30. 11. 1969, Moore Papers, b. 32, f. Marcuse. Marcuses Verhältnis zur Gegenkultur war jedoch ambivalent, wie im Folgenden noch zu sehen sein wird. Seine politischen Sympathien für Kuba, Vietnam und die chinesische Kulturrevolution formulierte im Jahr 1969 *Marcuse*, An Essay on Liberation, S. vii–x, 79–91; dt. *ders.*, Aufsätze und Vorlesungen 1948–1969, S. 241–243, 307–317.
199 Moore an Marcuse, 30. 11. 1969, Moore Papers, b. 32, f. Marcuse; vgl. *Marcuse*, An Essay on Liberation, S. 46–48; dt. *ders.*, Aufsätze und Vorlesungen 1948–1969, S. 273–281.

gestand Moore ein: »Die Art des Liberalismus, die ich im Sinn habe, existiert nirgendwo, genauso wenig wie Deine Art des Sozialismus irgendwo existiert. Es gibt keinesfalls eine organisierte politische Bewegung, die in den USA diese Linie vertreten würde.« Mehr noch: »Ich lehne genauso heftig wie Du die bestehenden Formen des Liberalismus ab, die zur ideologischen Verzierung der Grausamkeiten des Imperialismus im Ausland und der Alibi-Quoten zu Hause dienen.« Dennoch gab es einige unaufhebbare Unterschiede zwischen Moores »liberalem ›Utopia‹« und Marcuses sozialistischer Utopie. Beide vertraten eine jeweils andere politische Anthropologie. Moore ging von der Voraussetzung aus, »dass keine Gesellschaft perfekt oder stabil sein kann«. Wenn es keine vollkommene Gesellschaft geben konnte, verlor auch der revolutionäre Gedanke seine Bedeutung. Daher gab Moore dem Schutz bestehender Freiheitschancen den Vorzug: »die Möglichkeit wirksamer Beschwerden, Schutz vor irrationalen und willkürlichen Autoritäten, die Möglichkeit intellektueller Entdeckung und Innovation«, die Abwesenheit von »Polizeiterror« oder wirtschaftliche Mitbestimmung – das war es, worauf es in Moores Augen ankam.

Damit war er auch bei der Institution Universität angelangt. Sie war unersetzlich, um »die Denker zu einem gewissen Grad vom Rest der Gesellschaft abzuschotten, um ihnen Raum zum Forschen zu geben, um ihnen zu erlauben, nachzudenken, ohne die unmittelbaren Konsequenzen ihrer Gedanken zu tragen oder unmittelbare Verantwortung dafür zu übernehmen«. Das war keine Frage des akademischen Standesinteresses. Moore hielt die liberale Position aufrecht, ein Angriff auf die intellektuelle Freiheit bedeute eine Verletzung der Freiheit aller. Moore nannte das Werk beim Namen, das er wie auch Hughes für Marcuses verhängnisvollstes hielt: »Repressive Tolerance«. In Marcuses neuem Nachwort von 1968, das die Schärfe mancher Aussagen zur Legitimität von »Gegengewalt« zurücknahm, indem es die Ausübung der linken Intoleranz zumindest an Kriterien knüpfte, wollte Moore ein Eingeständnis des Freundes erkennen, einen falschen Weg beschritten zu haben und den angerichteten Schaden wieder beheben zu wollen.

Mehr als zwanzig Jahre zuvor hatten die Linksintellektuellen im Nachrichtendienst des State Department von den skandinavischen Ländern gesprochen, nach deren Vorbild Europa wieder aufgebaut werden sollte. Auch 1969 kamen die »skandinavischen Länder« Moores »liberalem ›Utopia‹« unter allen bestehenden Staaten am nächsten. Und doch war Moore Realist genug, um die globale Anwendbarkeit dieses Modells zu bezweifeln. Die »Kombination einer linken Stoßrichtung mit liberalen Reformen«, die Skandinavien so musterhaft vorführte, hing davon ab, dass diese Länder weltpolitisch unbedeutend waren und sich der Konfrontation des Kalten Krieges weitgehend entziehen konnten. Wer durfte sich überhaupt sicher sein, dass in einer Welt voller kleiner »Swedens« diese sich nicht »gegenseitig an die Gurgel gehen würden, wie die griechischen Stadtstaaten«? Kuba oder Vietnam konnten dem Antiimperialisten und Kriegsgegner Moore erst recht keine Vorbilder sein.

Darum stand für ihn anders als für Marcuse fest: »Ich kann keine politische Bewegung unterstützen, die keine realistische Aussicht darauf bietet, die Errungenschaften dessen zu bewahren, umzugestalten und auszudehnen, was allzu verkürzt bürgerliche Zivilisation genannt wird.« Diesem Bekenntnis zur bürgerlichen Gesellschaft – die durchaus dringend fundamentaler Reformen bedurfte – und zum Realismus folgte das Friedensangebot an den Freund. Beide sollten die Haltung des anderen respektieren. Politische Differenzen durften nicht die Freundschaft trüben:

»Ich sehe keinen Grund, warum der professionelle Denker Verpflichtungen eingehen sollte, außer der gegenüber Wahrheit und Redlichkeit. Oder vielleicht sollte ich nur sagen – während ich erkenne, nichts daran ändern zu können, wenn Freunde, die ich zutiefst schätze, solche Verpflichtungen eingehen –, dass ich keinen Grund sehe, sie selbst einzugehen, und viele gute Gründe, sie zu vermeiden. Es ist so viel Übel und Unglück aus leidenschaftlichem Engagement hervorgegangen, selbst für die Sache der Befreiung, dass es auch Raum für diejenigen geben sollte, die leidenschaftlich Distanz halten. Das ist nicht die einzig mögliche Rolle oder Haltung, aber in meinem Urteil ist sie unverzichtbar.«[200]

---

200 Moore an Inge und Herbert Marcuse, 30. 11. 1969, Moore Papers, b. 32, f. Marcuse. Seinen Brief schloss Moore mit einer Beschwörung der seit einem Vierteljahrhundert währenden Freundschaft und gegenseitigen Liebe der Familien Marcuse und Moore und der Hoffnung, dass dies immer so bleiben werde. – *Marcuse*, Repressive Tolerance, schließt in der zitierten Ausgabe von 1969 das ein wenig entschärfende Nachwort von 1968 ein; dt. *ders.*, Aufsätze und Vorlesungen 1948–1969, S. 162–166.

7. Gegenkultur, Vernunft und Praxis

Marcuse war vielleicht mehr Getriebener als Triebkraft. »Die Neue Linke bedeutete ihm mehr, als er der Neuen Linken bedeutete«, erklärt die jüngste und beste Darstellung seiner politischen Rolle in den späten sechziger und frühen siebziger Jahren.[201] Selbst die engsten Freunde nahmen seine Auftritte verwundert zur Kenntnis. Kriegskameraden aus der Mitte des politischen Spektrums reagierten verärgert. Der Historiker und Kennedy-Vertraute Arthur Schlesinger glaubte seinen Augen und Ohren kaum trauen zu können, als er im Mai 1968 im vollbesetzten New Yorker »Theater of Ideas« auf Marcuse traf. War das noch Herbert, sein »alter Freund«? Marcuses Attacken auf die Kennedy-Regierung waren Schlesinger nicht entgangen. Er war selbst ein Gegner des Vietnamkrieges, seit er die Regierung verlassen hatte. Die beiden hatten nie ein vertrautes Verhältnis, aber Schlesinger kannte Marcuse seit einem Vierteljahrhundert, »seit den alten Tagen im OSS«, und hatte ihn stets gemocht, wie er seinem Tagebuch nach der Debatte in New York anvertraute. Und nun musste Schlesinger hören, wie sich der Lokalmatador Norman Mailer und der »Guru der Neuen Linken« Marcuse in ihrer Kritik des Krieges und der amerikanischen Gesellschaft gegenseitig überboten und über persönliche Angriffe auf Schlesinger hinwegsahen.

Marcuse erklärte: »Der amerikanische demokratische Prozess, den ich nicht für einen demokratischen Prozess halte« – und wurde von dröhnendem Applaus unterbrochen. Schlesinger verteidigte die amerikanische Demokratie. Prompt wurde er für den Krieg mitverantwortlich gemacht. Die Menge zischte und buhte ihn aus. Hinterher lobte Marcuse den »›Geist‹ des Publikums«. Für Schlesinger verkörperte sich dieser Geist in der Verbalattacke eines bekifften SDS-Führers: »Weißt du, was du bist? Du bist ein Mörder, ein Mörder, und ein Verräter, und ein Motherfucker. Gegen die Wand sollte man dich stellen. Weißt du, was geschehen wird? – man wird dich hinrichten.« Die Lehren des »charmanten und zivilisierten« Marcuse waren auch für Schlesinger nicht unschuldig an solchen Ausbrüchen: »Seine Anhänger greifen seine Lehre der Intoleranz auf, und weil sie selbst ohne Charme und unzivilisiert sind, wenden sie diese auf primitive und so-

---

201 *Wheatland*, The Frankfurt School in Exile, S. 334.

gar brutale Weise an. Und das ist natürlich in Übereinstimmung mit seiner Lehre, darum lehnt Marcuse ihre Aktionen nicht ab.«[202]

Dennoch wird man Marcuse nicht gerecht, wenn man ihn in der radikalsten Ecke isoliert und das Oszillieren seiner Positionen übersieht.[203] Das Maß seiner Radikalisierung in den sechziger Jahren überraschte Freund wie Feind. Zugleich gab es Freunde, deren Haltung wiederum selbst ihm zu radikal war – weil sie die Möglichkeit von Politik preisgab. Die Auseinandersetzung mit Norman O. Brown war dafür bezeichnend. Auf den Beitrag des alten Kriegskameraden und Freundes Brown zur radikalen amerikanischen Freud-Rezeption wurde bereits hingewiesen. Marcuse erkannte in Browns »Life Against Death« von 1959 das Werk eines Gleichgesinnten. Er stellte eine vielleicht sogar ungebührlich große Nähe zu den Ideen von »Eros and Civilization« fest. Schon da fiel ihm allerdings auf, dass Browns Werk einige Züge aufwies, »die ziemlich abstoßend auf mich wirken: 1 – ein stark erweckungspredigerhafter, mystischer Unterton 2 – eine vollständige Flucht aus den politischen Bedingungen. Ein Großteil des Buches ist eine Art Vatermord an Vater Marx.«[204]

Es waren diese beiden Gründe, die 1967 eine öffentliche Debatte zwischen Marcuse und Brown über Browns neues Buch »Love's Body« zur Folge hatten. »Love's Body« war ein einflussreiches Zeugnis von unpolitischen Strömungen innerhalb der Gegenkultur. Die Hippies von Haight-Ashbury liebten den erotisch-mystischen Ton, die Mischung aus Freud, christlicher Mystik und Zen-Buddhismus, die rückhaltlose Hingabe ans Lustprinzip. In aphoristischer Form wurde das antisystemische Denken auf die Spitze getrieben: »Überwinde den Gegensatz von Dunkelheit und Licht, Sauberkeit und Schmutz, Ordnung und Chaos!« Das Ich löste sich auf im dionysischen Tanz gegen die Ordnung. Der Politik in irgendeinem traditionellen Sinne war Brown entschwebt. »Alle Macht ist Betrug«, lasen die

---

202 *Schlesinger*, Journals 1952–2000, S. 288 (5. 5. 1968); Transkription der Debatte: Democracy – Does/Doesn't it Have a Future?, mit Herbert Marcuse, Nat Hentoff, Arthur Schlesinger und Norman Mailer, HMA, Werkmanuskripte, 342.00, Zitat S. 5f.; Auszüge in: *Marcuse*, Collected Papers of Herbert Marcuse, Bd. 3, S. 87–99.
203 So auch *Wheatland*, The Frankfurt School in Exile, S. 326–334, der Marcuses Kritik von antiintellektuellen Strömungen in der Neuen Linken erwähnt.
204 Marcuse an Löwenthal, 7. 11. 1960, Briefwechsel Löwenthal–Marcuse, LLA; *Norman O. Brown*, Life Against Death. The Psychoanalytic Meaning of History, Middletown 1959.

Hippies bei Brown.[205] »Das Himmelreich auf Erden ist möglich«, entgegnete Brown auf Marcuses Kritik. »Eine höhere Form des Chaos«, so stellten Brown und seine gegenkulturellen Anhänger sich das schöne neue Leben vor.[206]

Für Marcuse war das dann doch zu viel »Counterculture«. Er bestand nun selbst auf der Anerkennung des Realitätsprinzips: »Bilder sind nicht genug; sie müssen mit ihrer Realität gesättigt werden.« Dass erotische und politische Befreiung zusammenzudenken waren, hatte Marcuse bereits in »Eros and Civilization« gezeigt. Gegen die omnierotische »polymorphe Perversität« Browns hatte er nichts einzuwenden; sie war von Marcuse selbst vorgedacht worden. Doch in zwei fundamentalen Punkten legte er entschieden Widerspruch gegen Browns Vision ein. Man muss diese beiden Stoßrichtungen seines Arguments unterscheiden, die bei Marcuse miteinander verknüpft sind. Zum einen gab es bei Brown nur noch Erotik. Die politische Befreiung war auf der Strecke geblieben. Browns Mystik machte politisches Engagement sinnlos. An Kommunen und Happenings und sonstigen Erfahrungen der Ich-Erweiterung konnte Marcuse nichts politisch finden. Das war bestenfalls Politikersatz, »der Austausch einer Mystifizierung durch eine andere«. Während Marcuse im Protest der Studenten die Möglichkeit politischer Aktion wiederentdeckte, verabschiedete Brown sich aus der Realität. Sein Eskapismus verzichtete auf die Verwirklichung politischer Befreiung. »Kehr zurück zur Erde«, rief Marcuse ihm nach.[207]

---

205 *Brown*, Love's Body, S. 235, 243. Die beste Diskussion nicht nur der Debatte zwischen Marcuse und Brown, sondern auch ihrer ideengeschichtlichen Bedeutung und ihrer Signifikanz für die Gegenkultur findet sich bei Howard Brick, dem meine Deutung folgt; vgl. *Brick*, Age of Contradiction, S. 131–136, 144f.; zur amerikanischen »Counterculture« und dem Ideenkampf zwischen antisystemischem Denken und zeitgenössischen Ordnungsvorstellungen vgl. ebenda, S. 113–119, 124–145. Brick weist überzeugend darauf hin, dass die Gegenkultur nicht prinzipiell die Flucht aus dem Politischen betrieb. Vielmehr bildeten sowohl die eskapistischen Subkulturen als auch die politischen Protestbewegungen der sechziger Jahre gemeinsam die Grundlage der »Gegenkultur« seit Ende der sechziger Jahre; vgl. auch *Rossinow*, The New Left in Counterculture; *Braunstein/Doyle* (Hg.), Imagine Nation; die klassische Darstellung, die das Wort »counterculture« prägte, unterschätzte den technikbegeisterten Aspekt der Bewegung (vgl. dazu auch oben, Kap. V.10.): *Roszak*, The Making of a Counter Culture.
206 *Brown*, »A Reply to Herbert Marcuse«, *Commentary* 43/3 (März 1967), S. 83f.
207 *Marcuse*, Love Mystified, S. 73; zu Marcuses Haltung in dieser Auseinandersetzung vgl. *Katz*, Herbert Marcuse and the Art of Liberation, S. 180f.; *Kell*-

Zum anderen schlug sich Marcuse im ideengeschichtlichen Kampf gegen Browns Mystizismus auf die Seite der Vernunft. Lust taugte nichts ohne Verstand. Der Rausch und die Verweigerung der Ordnung waren schön und gut. Doch Marcuse verlangte die »nüchterne Trunkenheit des Ganzen: Vernunft als Freiheit. Kritisches, nicht absolutes Vorstellungsvermögen; eine neue Rationalität, nicht einfach die Negation der Rationalität.«[208] Wenig später präzisierte Marcuse in seinem »Essay on Liberation« die Kritik des gegenkulturellen Irrationalismus, des »erotischen Furors« von »flower power« und Drogenkonsum: »Die heutigen Rebellen wollen neue Dinge in einer neuen Weise sehen, hören und fühlen; sie verbinden Befreiung mit dem Auflösen der gewöhnlichen und geregelten Art des Wahrnehmens. Der ›trip‹ schließt ein, dass sich das durch die etablierte Gesellschaft geformte Ich auflöst – künstlich und kurzfristig.« Marcuse war bereit, dem »›psychodelischen‹ Suchen« einen »Wahrheitskern« zuzugestehen. Aber was brachte die Narkotisierung, wenn man immer wieder in dasselbe System zurückkehrte? Die »künstlichen Paradiese [...] bleiben dem Gesetz dieser Gesellschaft unterworfen«. Ohne politische Befreiung taugten eine »Revolution der Wahrnehmungsweise« und die »neue Sinnlichkeit« nichts. Und ohne Rationalität konnte es keine politische Befreiung geben. Darum forderte Marcuse die Rückkehr zur Vernunft. Zwar sprach er von einer »neuen Rationalität«, doch das bedeutete, dass die Vernunft sich ihrer eigenen Grenzen bewusst werden und nichtrationale, ästhetische und erotische Bedürfnisse anerkennen musste.[209]

Wenn Gegenkultur auf Drogen, Hippie-Kommunen und Gruppentherapie reduziert wurde, hatte Marcuse nur noch Spott dafür übrig. »Ich habe die Broschüren des Esalen Institute gelesen«, erklärte Marcuse 1971 im Gespräch mit zwei Vertretern der kalifornischen Gegenkultur, von denen einer später von der Psychotherapie in die Esoterik

---

ner, Herbert Marcuse and the Crisis of Marxism, S. 189–193; *Robinson*, The Freudian Left, S. 223–233.
208 *Marcuse*, Love Mystified, S. 75.
209 *Marcuse*, An Essay on Liberation, S. 36–38; dt. *ders.*, Aufsätze und Vorlesungen 1948–1969, S. 272f. Marcuse konnte dabei an seinen Versuch einer Versöhnung von Lust- und Realitätsprinzip im Namen einer »neuen Rationalität« seit »Eros and Civilization« anknüpfen; vgl. *Kellner*, Herbert Marcuse and the Crisis of Marxism, S. 172–181, 297. Meines Erachtens ging Marcuse jedoch in seiner Verteidigung der Vernunft gegen die Gegenkultur um 1969 darüber hinaus, ob dies nun lediglich situativ bedingt war oder einen Grundzug seines Denkens verdeutlichte.

abdriftete. »Das hat mir gereicht. Ich war entsetzt. Diese Verwaltung des Glücks löst bei mir Übelkeit aus.« An sorgfältiger Begriffsarbeit ging für Marcuse kein Weg vorbei. Selbst 1969 bekannte er sich zur »Relevanz der Realität«. Was er anzubieten hatte, war »eine Werkstatt für intellektuelle Waffen«.[210] Er sprach so, als habe er nie im Zentrum der Revolte gestanden. Wie seine Freunde erlebte auch Marcuse eine Entfremdung vom Protest. In seinem Fall war es jedoch nicht der politische Radikalismus, der ihn von der Jugendbewegung trennte, ganz im Gegenteil, sondern der eskapistische Irrationalismus. Attackiert wurde er aus dieser Ecke. Auf einer »Socialist Scholars Conference« wurde 1969 die Verschmelzung von Revolution und LSD zum »Acid Leninism« verkündet. Marcuse hielt dagegen mit einem Vortrag über »Radikale und Hippies«. Da stürmte sein einstiger Lieblingsschüler Abbie Hoffman in Cowboyhut und Stiefeln auf die Bühne, feuerte seine beiden Spielzeugcolts ab, zündete sich einen Joint an und rief: »Stop talking and start smoking.«[211]

In diesem Licht ist auch der letzte Streit mit seinen einstigen Freunden und Kollegen am Institut für Sozialforschung zu sehen. Diese Auseinandersetzung zeigte, wie amerikanisch Marcuse geworden war. Das galt über alles Persönliche hinaus zuallererst für das jeweilige Fundament der intellektuellen Produktion. Beide Seiten bewegten sich nun in unterschiedlichen epistemischen Systemen. Marcuse bekannte sich in den Debatten um die Gegenkultur vorbehaltloser zur abendländischen Rationalität als sein alter Institutskollege Theodor W. Adorno in seinen Werken. Die fortgesetzte dialektische Selbstauf-

---

210 *Marcuse*, Die Relevanz der Realität (1969), in: *ders.*, Nachgelassene Schriften, Bd. 3, S. 199–214, Zitat S. 209; *Sam Keener/John Raser*, Ein Gespräch mit Herbert Marcuse (1971), in: ebenda, S. 215–233, Zitat S. 219. Diese Haltung Marcuses kam auch in seiner Ablehnung von *Charles Reich*, The Greening of America zum Ausdruck, der ähnlich unpolitische und antitechnologische gegenkulturelle Utopien wie Norman Brown vertrat. Marcuse nannte Reichs Visionen eine »sentimental sublimation« und die »Establishment version of the great rebellion«. Er bestand darauf, dass es auf die Politik ankam – und dass erfolgreiche politische Aktion die rationale Analyse der »very definite, identifiable persons, groups, classes and interests« hinter der Maschinerie der Ausbeutung voraussetzte. Marcuse rezensierte das Buch für das Flagschiff der liberalen Presse; *Marcuse*, »Charles Reich – A Negative View«, *New York Times*, 6. 11. 1970, S. 41; wieder in: *Marcuse*, Collected Papers, Bd. 3, S. 46–48; vgl. »Marcuse vs. Reich«, *Time*, 16. 11. 1970; »Fuzzy Welcome to Cons. III«, *Time*, 2. 11. 1970; *Katz*, Herbert Marcuse and the Art of Liberation, S. 189 Anm. 64.
211 *Radosh*, Commies, S. 99f.

klärung der Vernunft, die Adorno seit der »Dialektik der Aufklärung« forderte und in der »Negativen Dialektik« vorexerzierte, war so skrupulös, dass sie den Gedanken an politische Praxis – jenseits des neuen kategorischen Imperativs, Auschwitz sich niemals wiederholen zu lassen – kaum fassen konnte. Marcuses Bejahung der rationalen Tradition, die in der Auseinandersetzung mit Brown und über die kalifornische Gegenkultur zum Ausdruck kam, ermöglichte ihm, sich ohne Zögern in die Tradition politischer Emanzipation einzuschreiben.[212] Als Geheimdienstanalytiker hatte Marcuse die Verknüpfung von Rationalität und politischem Handeln in Form der nachrichtendienstlichen Aufklärung viele Jahre lang praktiziert.

Bekanntlich entzweiten sich Marcuse und Adorno in der Frage des studentischen Protests. Dabei ging es nicht allein um Fragen des politischen Stils. Hinter der politischen Differenz standen zwei verschiedene Konzeptionen des Verhältnisses von Theorie und Praxis, die auf konkreten politischen Erfahrungen beruhten. Nicht philosophische Fragen, sondern historische Umstände hatten das gegensätzliche Verhältnis zu einem Vernunftbegriff, der politisches Handeln legitimierte, auf die Spitze getrieben. Das wird in Adornos letzten Worten an Marcuse sichtbar.[213]

Zum einen gab es die aktuelle Ebene. In Marcuses Fall war der Sinn für politischen Aktivismus nicht nur in der Begeisterung über den studentischen Protest geschärft worden, sondern auch in der Ablehnung der gegenkulturellen Politik- und Vernunftverweigerung. Adorno war entsetzt über die Unverhältnismäßigkeit des Protests in der Bundesrepublik. Er identifizierte sich so sehr mit dem Institut für Sozialforschung – auf das er all seine Gefühle des »Entronnenseins« und der »Heimat«, von der die »Dialektik der Aufklärung« spricht, zu übertragen schien –, dass zu seiner obersten Maxime wurde: »Ich muss schließlich die Interessen unseres Instituts wahrnehmen.«[214] Marcuse und Adorno sprachen 1969 andere Sprachen, sie gingen von unter-

---

212 Vgl. *Bronner*, Of Critical Theory and Its Theorists, S. 77–95, 137–155, bes. S. 86–95.
213 Vgl. Marcuse an Adorno, 5. 4. 1969, 23. 5. 1969, 31. 7. 1969, Adorno an Marcuse, 5. 5. 1969, 26. 7. 1969, Adorno an Horkheimer, 28. 5. 1969, in: *Adorno/Horkheimer*, Briefwechsel 1927–1969, Bd. 4, S. 850–857.
214 Adorno an Marcuse, 5. 5. 1969, in: *Adorno/Horkheimer*, Briefwechsel 1927–1969, Bd. 4, S. 853; vgl. *Adorno/Horkheimer*, Dialektik der Aufklärung, S. 97 f.; zu Adorno und den Studenten vgl. *Müller-Doohm*, Adorno, S. 679–706; *Claussen*, Theodor W. Adorno, S. 392–401; *Jäger*, Adorno, S. 269–292.

schiedlichen Voraussetzungen aus, die sie einander nicht übersetzten, falls sie des Aneinandervorbeiredens überhaupt gewahr wurden. Adornos Tod inmitten dieses Austauschs machte eine Aufklärung der Missverständnisse unmöglich.

Allerdings gab es einen noch tieferen Grund für diese Differenzen als nur die jüngsten, so gänzlich unterschiedlichen Erfahrungen Marcuses in Amerika und Adornos in der Bundesrepublik, die jeweils einem mehr oder weniger emphatischen Vernunftbegriff korrespondierten. Adorno hatte im Konflikt mit den Studenten, die das Institut für Sozialforschung besetzt hielten, auf Marcuses Beistand und Verständnis gehofft. Marcuse verteidigte die Studenten und behauptete die Notwendigkeit politischer Praxis: »Brutal: wenn die Alternative ist: Polizei oder Studenten der Linken, bin ich mit den Studenten«. Denn »unsere Sache« war »eher bei den rebellierenden Studenten aufgehoben als bei der Polizei«.[215] Was aber sollte »unsere Sache« sein? Gab es diese politische Gemeinsamkeit überhaupt noch? Adorno erwiderte:

»Ich würde Dir auch konzedieren, dass es Momente gibt, in denen die Theorie von der Praxis weitergetrieben wird, weder jedoch herrscht heute objektiv eine derartige Situation, noch hat der öde und brutale Praktizismus, dem jedenfalls wir hier konfrontiert sind, mit Theorie das mindeste zu schaffen. Das stärkste, was Du anzuführen hast, ist, die Situation sei so grauenhaft, dass man versuchen müsse auszubrechen, auch wenn man die objektive Unmöglichkeit erkenne. Ich nehme das Argument schwer. Aber ich halte es für falsch.«

Nur wenige Zeilen weiter war zu erkennen, dass es aus Adornos Sicht überhaupt keine historische Situation mehr geben konnte, die radikale Praxis erlaubte. Die Geschichte brach in den Text ein und begründete den Verzicht auf politisches Handeln: »Wir, Du nicht anders als ich, haben seinerzeit eine noch viel schauerlichere Situation, die der Ermordung der Juden, aus der Entfernung ertragen, ohne dass wir zur Praxis übergegangen wären, einfach deshalb, weil sie versperrt war.«[216]

Genau das traf allerdings nicht zu. Adorno schien sich nicht bewusst gewesen zu sein, was Marcuse im OSS und im State Department eigentlich gemacht hatte. Marcuse war dort zur Praxis übergegangen.

---

215 Marcuse an Adorno, 5. 4. 1969, in: *Adorno/Horkheimer*, Briefwechsel 1927–1969, Bd. 4, S. 851.
216 Adorno an Marcuse, 5. 5. 1969, in: *Adorno/Horkheimer*, Briefwechsel 1927–1969, Bd. 4, S. 854.

Für Adorno ebenso wie für die Marcuse-Biographen und die Deuter seines Werks waren es nur Jahre des Übergangs, intellektuell und politisch ohne größere Bedeutung. Doch für Marcuse brachten diese Jahre die Erfahrung mit sich, dass Handeln möglich war. Sein antifaschistischer Einsatz diente dem Sieg über Deutschland. Auschwitz konnte er nicht verhindern, aber das Ende des Krieges bedeutete das Ende des Mordes an den Juden. Mit Neumann und seinen Freunden half Marcuse bei der Bestrafung der Kriegsverbrecher. Nach dem Krieg war Marcuse an der Vorbereitung des Marshallplans und an der Planung der Entspannungspolitik beteiligt. Nie spielte Marcuse eine entscheidende Rolle, und seine Vorstellungen wurden nie vollauf verwirklicht. Dennoch hatte er einen bescheidenen Anteil an politischen Aktionen von epochaler Auswirkung. Er wirkte mit an einer in vieler Hinsicht befreienden politischen Praxis, die er gerade in diesen Wochen des Jahres 1969 gegen seine Kritiker verteidigte. Marcuse hatte die Wirkung von Rationalität und Aktion in der Geheimdienstaufklärung unter Beweis gestellt: Im Dienste der amerikanischen Regierung hatte er »für die Sache« gekämpft.[217]

Adornos Gewissheit, die Praxis sei verstellt gewesen, konnte Marcuse biographisch nicht teilen. Für Adorno bezeichnete Auschwitz das letzte Wort der Geschichte. Marcuse erlebte den Zweiten Weltkrieg als gerechten Krieg, der im Angesicht der Katastrophe die Möglichkeit politischen Handelns für die Zukunft offenhielt. Seine politische Praxis ging im Kalten Krieg ununterbrochen weiter. Nicht einmal

---

[217] Nicht nur seinen Beitrag zum »Krieg gegen Hitler-Deutschland«, sondern auch seinen Einsatz im State Department im Kalten Krieg rechtfertigte Marcuse, nachdem der *Spiegel* (»Obszöne Welt«, 30. 6. 1969) die CIA-Vorwürfe von links in der Bundesrepublik bekannt gemacht hatte: »Meine Tätigkeit bestand in der wirklich unbeirrbaren Anstrengung«, schrieb Marcuse 1969, »immer wieder auf die globalen Folgen der Truman-Acheson-Politik hinzuweisen, gegen die Remilitarisierung Deutschlands, die Renazifizierung, gegen den blinden Antikommunismus vorstellig zu werden. Nur eine völlige Unkenntnis der damaligen amerikanischen Verhältnisse kann zu der Ansicht verleiten, dass eine solche Arbeit damals im State Department nicht möglich war, folglich meine Tätigkeit mit der Unterstützung der offiziellen Politik zu identifizieren. Aber man braucht nun wirklich kein Experte der amerikanischen Politik zu sein, um zu wissen, dass die McCarthy Periode mit dem systematischen Angriff auf – das State Department begann, d.h. gegen die ›Kommunisten‹ im Department. Ich bin noch 1950 von meinen sehr linken Freunden dringend gebeten worden, das State Department nicht zu verlassen, weil meine Arbeit dort für die Sache äußerst wichtig sei.« Marcuse an Ernst Fischer, 1. 8. 1969, in: *Marcuse*, Nachgelassene Schriften, Bd. 4, S. 196.

dieses fundamentalen lebensgeschichtlichen Gegensatzes sind sich die beiden Denker bewusst geworden. Erwähnt haben sie diesen mit keinem Wort. Er überschattete unausgesprochen den Zwist über den studentischen Protest, den Marcuse und Adorno nicht mehr ausräumen konnten. Zur Begegnung in Zermatt, die Adorno kurz vor seinem Tod vorgeschlagen hatte, kam es nicht mehr. Ob sie dort die Differenzen hätten auflösen können, ist ungewiss.

Die Vorzeichen standen ungünstig. »Du weißt, dass ich alles getan habe, um einen Bruch zwischen ihm und uns zu vermeiden«, ließ Adorno Horkheimer wissen, »aber ich sehe nachgerade nicht mehr, wie er vermieden werden kann.«[218] Marcuse beklagte gegenüber Leo Löwenthal die »Schweinereien« Horkheimers. Von den Frankfurtern sei Jürgen Habermas »bei weitem der Anständigste«.[219] Die alten Bande konnten nie wieder geknüpft werden. Zum Bruch war es längst gekommen, mehr als ein Vierteljahrhundert zuvor, als Marcuse das Institut für Sozialforschung verließ und in den Geheimdienst eintrat. Damals hatten sich die Wege getrennt, auch wenn Adorno und Marcuse jetzt erst auffiel, dass sie unterschiedliche Richtungen eingeschlagen hatten. Das war das Ergebnis der Geschichte. »Unsere Sache« gab es nicht mehr. »Die Sache« teilte Marcuse mit seinen intellektuellen Freunden in Amerika.[220]

Marcuses Verständnis von Theorie und Praxis – sein handlungsleitender Vernunftbegriff, der in seiner Kritik der Gegenkultur zum Ausdruck gekommen war – führte ihn wieder zu ihnen, zurück auf den Boden des politischen Systems der USA. Wo der Protest in gegenkulturellen Eskapismus oder blanke Gewalt umgeschlagen war, schienen

---

218 Adorno an Marcuse, 5. 5. 1969, Adorno an Horkheimer, 28. 5. 1969 (Zitat), in: *Adorno/Horkheimer*, Briefwechsel 1927–1969, Bd. 4, S. 855, 850.
219 Marcuse an Löwenthal, 16. 7. 1969, Briefwechsel Löwenthal–Marcuse, LLA.
220 Gleichzeitg knüpfte Marcuse zu einer jüngeren intellektuellen Generation in der Bundesrepublik seit den späten sechziger Jahre enge Verbindungen; vgl. etwa den Briefwechsel zwischen Marcuse und Rudi Dutschke, in: *Marcuse*, Nachgelassene Schriften, Bd. 4, S. 185–252; *Claussen* (Hg.), Spuren der Befreiung; *Jansen* (Hg.), Befreiung denken. Frühere Versuche der Rückkehr blieben jedoch erfolglos; jedem Austausch mit Horkheimer nach dem Krieg lassen sich empirisch Dutzende von Austauschprozessen in Amerika gegenüberstellen. Wer glaubt, Marcuse habe in den fünfziger Jahren unbedingt nach Deutschland und ans Institut zurückkehren wollen, verkennt die Quellenlage und spricht aus der Retrospektive, geprägt von der späteren Nähe zur bundesrepublikanischen Neuen Linken; vgl. auch *Wiggershaus*, Die Frankfurter Schule, S. 515–519; *Jansen*, Etablierung im Exil.

Marcuse das pragmatischere politische Engagement und der »lange Marsch durch die Institutionen« bessere Aussichten auf eine emanzipatorische politische Praxis zu bieten als der »Acid Leninism«.[221] In Brandeis hatte Marcuse empfohlen, Wahlen zu boykottieren, weil sie sinnlos geworden seien. Auf Marcuse konnte sich seitdem berufen, wer das parteipolitische System ablehnte und den Weg der außerparlamentarischen Opposition einschlug.[222] Dessen ungeachtet hatte auch Marcuse 1968 zur Wahl von Eugene McCarthy aufgerufen, den die Demokraten allerdings nach unfeinen Kämpfen innerhalb der Partei schließlich nicht als Präsidentschaftskandidaten aufstellten.[223] Dem nominierten Hubert Humphrey, der schließlich Nixon unterlag, verweigerte dann auch Hughes' linksbürgerliches SANE die Gefolgschaft.

Vier Jahre später gab es dann einen Kandidaten, der den Frieden in Vietnam und die Reform im Innern auf seine Fahnen geschrieben hatte. 1972 warb Marcuse genauso wie Hughes für die Wahl des Demokraten George McGovern gegen Präsident Nixon. Seine alten Ansichten ließ er nicht mehr gelten. Die Zeit der parlamentarischen Opposition war gekommen. Auf einer Veranstaltung in Brooklyn, erinnert sich ein Beobachter, »verdammte Marcuse all diejenigen, die dagegen sind, McGovern zu wählen, als Leute, die ›sich in ihren sektiererischen Zelten versteckt halten‹«.[224] In den späten siebziger Jahren verfolgte Marcuse aufmerksam und mit Sympathie, wie Rudi Dutschke in der Bundesrepublik für »eine Partei neuen Inhalts und neuer Form« eintrat, die das »Sektierertum« im neulinken Lager beenden und zurück in den parlamentarischen Prozess finden sollte. Dutschkes Pläne hatten Marcuses Segen.[225]

---

221 *Radosh*, Commies, S. 99f.
222 Noch 1971 unterstellte die Presse Marcuse diese politische Position; vgl. »How Will the Young Vote«, *Time*, 23. 8. 1971; zur außerparlamentarischen Opposition in der Bundesrepublik vgl. etwa *Otto*, Vom Ostermarsch zur APO.
223 Marcuse, Erich Fromm, Dwight Macdonald u.a., »The People's Choice«, New York Review of Books, 22. 8. 1968, S. 37
224 *Radosh*, Commies, S. 119.
225 Marcuse an Dutschke, 15. 10. 1978, in: *Marcuse*, Nachgelassene Schriften, Bd. 4, S. 242f.

VII Epilog

We, as liberals.
Hans Meyerhoff

Ein letztes Mal fanden sich die Überlebenden aus dem Kreis von Hughes und Marcuse in den achtziger Jahren zu einer politischen Aktion zusammen. Und wieder war es die Verteidigung des amerikanischen Liberalismus, jener im »New Deal« erblühten amerikanischen Tradition, deren Wiedergeburt unter Kennedy und Johnson ihr den Todesstoß versetzt hatte, weil nun Vietnam und das Chaos auf den Straßen und die Ausschreitungen der jungen Wilden mitgedacht wurden, wann immer vom Liberalismus die Rede war – die Verteidigung des Liberalismus ließ sie noch einmal Seite an Seite stehen, in der zweiten Reihe. Der organisierende Kopf war mittlerweile Fritz Stern. Der Wahlkampf von Präsident Ronald Reagan gegen Michael Dukakis stellte einen neuen Tiefpunkt in der Geschichte des amerikanischen Liberalismus dar. Das »L-Wort« wurde von den Republikanern nur noch zur Diffamierung des Gegners gebraucht. Von einer großen Tradition war allein ein Schimpfwort übrig geblieben.

Stern und der Historiker Vann Woodward brachten 63 Intellektuelle zur »Reaffirmation of Principle« zusammen. Eine breite Koalition unterzeichnete den Aufruf in der *New York Times*. Ob Linksliberale oder Zentristen, sie alle bekannten sich zum amerikanischen Liberalismus mit seiner Mischung aus Freiheit und sozialer Gerechtigkeit: einstige intellektuelle Gegner wie Daniel Bell; in den Schoß der Wissenschaft zurückgekehrte Politiker, die von Marcuse und Kirchheimer zu ihren Lebzeiten noch Kriegsverbrecher genannt worden waren, wie McGeorge und William Bundy; politische Freunde wie John Kenneth Galbraith und Irving Howe; Kriegskameraden wie Arthur Schlesinger und Gordon Craig. Felix Gilbert und Stuart Hughes waren Mitunterzeichner. In Kalifornien flankierte Hughes die Aktion mit einem Interview. 1975 hatte er einen Ruf nach San Diego angenommen, Marcuses »letztem Hafen«. Die alte Freundschaft mit Marcuse blühte noch einmal auf. Selbst Felix Gilbert wurde kurz aus Princeton auf den herrlichen Campus in La Jolla gelockt. Mit Thomas Jefferson und James Madison, erklärte Hughes 1988, waren Freiheit, Pluralismus und Toleranz verbunden, mit John Stuart Mill kamen die soziale Gerechtigkeit und die Wohlfahrtsprogramme hinzu. Diese ideengeschichtlichen Ströme hätten sich zur amerikanischen Tradition des Liberalismus vereinigt, den Franklin Delano Roosevelt schließlich als »New Deal« in die Tat umsetzte.¹ Die alten, so oft als linksradikal verschrienen Freunde wurden zu den letzten Gralshütern des Liberalismus.

Der bekennende Sozialist Herbert Marcuse näherte sich in seinem letzten Lebensjahrzehnt nicht nur an das parlamentarische System an. Er, der Mitte der sechziger Jahre über die »jüdischen Faschisten in Israel« geschimpft hatte, söhnte sich 1967 auch mit dem Staat Israel aus. Der arabische »Vernichtungskrieg gegen Israel«, erklärte Marcuse in Berlin, durfte keinen Erfolg haben. Israels Existenz musste geschützt werden. Bei aller Kritik an der israelischen Politik hatten die Juden ein Recht auf eine Heimstatt, äußerte er beim Besuch Israels in den siebziger Jahren.² Amerika wiederum war offensichtlich doch nicht der »historische Erbe des Faschismus«, wie Marcuse das Land einmal gegenüber dem Vietnamkriegsbefürworter Horkheimer bezeichnet hatte:³ Einem Kritiker, der ihm vorwarf, »bourgeoise« Bürgerrechte

---

1 »A Reaffirmation of Principle«, *New York Times*, 26. 10. 1988; *Brad Graves*, »Historian Defends Liberalism«, *La Jolla Light*, 3. 11. 1988; vgl. *Stern*, Five Germanys I Have Known, S. 451–454; zu den Umständen des Umzugs nach Kalifornien – Harvard verweigerte Hughes' Gattin Judy eine Stelle – und zum gemeinsamen Leben mit Marcuse in Kalifornien vgl. *Hughes*, Gentleman Rebel, S. 294–299, 302f., 305f. (Zitat).

2 Meyerhoff an Hughes, 10. 6. 1964, HSHP, Series I, b. 5, f. 113; *Marcuse*, Das Ende der Utopie, S. 138–142, Zitat S. 141; *Tauber*, Herbert Marcuse; *Katz*, Herbert Marcuse and the Art of Liberation, S. 207f. – Die Beschäftigung mit Auschwitz beherrschte Marcuses Denken in den letzten Monaten seines Lebens. In Gesprächen kam er immer wieder darauf zu sprechen; vgl. *Katz*, Herbert Marcuse and the Art of Liberation, S. 213. Marcuse schnitt in diesen Monaten auch Artikel aus Zeitungen aus, die allesamt um Auschwitz kreisten – um Prozesse gegen Nazis, Rechtsextremismus in der Bundesrepublik, das Medieninteresse an Juden, das Milgram-Experiment und am häufigsten über die Fernsehserie »Holocaust« – und sammelte sie in der »Holocaust-Mappe«, wie dieses rätselhaft komponierte Konvolut in der Sprache des Archivs heißt; Holocaust-Mappe, HMA, Werkmanuskripte, 2063.1–12; zu Marcuses Wahrnehmung des Holocaust vgl. *Müller*, Herbert Marcuse, die Frankfurter Schule und der Holocaust.

3 Marcuse an Horkheimer, 17. 6. 1967, in: *Horkheimer*, Gesammelte Schriften, Bd. 18, S. 657: »Lass mich meine Meinung so extrem wie möglich aussprechen. Ich sehe in Amerika heute den historischen Erben des Faschismus. Die Tatsache, daß die Konzentrationslager, die Morde, die Folterungen außerhalb der Metropole stattfinden (und meist Schergen anderer Nationalität überlassen werden) ändert nichts am Wesen. Was in Vietnam geschieht, sind Kriegsverbrechen und Verbrechen an der Menschheit. Die ›andere Seite‹ begegnet dem Terror mit Terror, aber sie hat weder Napalm noch ›fragmentation bombs‹, noch ›saturation raids‹. Und sie verteidigt ihr armseliges, mit entsetzlicher Mühe und mit schweren Opfern etwas menschlicher gewordenes Leben, das die west-

zu verteidigen, schnitt Marcuse 1977 in Berkeley das Wort ab: »*Du hast noch kein faschistisches Regime erlebt.*«[4] Den Terror der RAF und die linken Sympathisanten verurteilte er. Versöhnt mit dem Westen war er darum noch lange nicht, ebenso wenig wie mit dem Osten.[5] Der Prophet der Entspannungspolitik trat ein letztes Mal auf. Kurz vor seinem Tod am 29. Juli 1979 am Starnberger See kam Marcuse noch einmal auf die Botschaft von »Soviet Marxism« zurück. Das Buch sollte Rudi Dutschke den Beweis liefern, dass die Sowjetunion unaufhaltsam auf fundamentalen Wandel und Reform zusteuerte. Im Hessischen Hof in Frankfurt, der Arzt neben ihm, das Scotch-Glas in der Hand, erklärte Marcuse: »Das müsst jetzt alles ihr machen.«[6]

Der Wandel des Sowjetblocks, den die intellektuellen Freunde mehr als dreißig Jahre zuvor im Geheimdienst vorausgesagt hatten, trat endlich ein. Die osteuropäische Dissidenz kündete von der inneren Liberalisierung des Systems. Marcuse war nach Jugoslawien zu den Diskussionen der Praxis-Gruppe auf Korčula gereist. Die Suche nach einer sozialistischen Alternative zum bestehenden Sozialismus berührte ihn.[7] Mit Rudi Dutschke setzte er sich für Rudolf Bahro ein, der 1977 in der DDR in Ungnade gefallen und als Spion verhaftet worden war. Der Titel von Bahros inkriminiertem Buch, »Die Alternative«, fasste in einem Wort Marcuses Politik der letzten Jahrzehnte zusammen. Marcuse trat nicht nur für den verfolgten Intellektuellen Bahro ein, er begegnete auch dem politischen Denker Bahro mit kritischer Sympathie. Eine seiner letzten Veröffentlichungen setzte sich mit Bahro aus-

---

    lichen Machthaber mit der ganzen brutalen leistungsfähigen technischen Perfektion der westlichen Zivilisation systematisch aushungern, verbrennen, vernichten.«

4 *Katz*, Herbert Marcuse and the Art of Liberation, S. 207.

5 Vgl. *Marcuse*, »Mord darf keine Waffe der Politik sein«, *Die Zeit*, 23. 9. 1977, S. 41 f.; *Katz*, Herbert Marcuse and the Art of Liberation, S. 207, 213 f.; *Kellner*, Herbert Marcuse and the Crisis of Marxism, S. 306 f.; *Varon*, Bringing the War Home, S. 237–244.

6 *Müller*, Die geheime Geschichte des Herbert Marcuse, S. 141; ich danke Detlev Claussen für diese Erinnerung an die letzten Tage Marcuses. In einer Radiodiskussion mit Marcuse, Alfred Schmidt, Karl Popper und Ralf Dahrendorf betonte Dutschke bereits im Januar 1974, dass »Soviet Marxism« das Buch der Zukunft war; Radical Philosophers: The Frankfurt School, aufgezeichnet am 18. 1. 1974, 15:45–18:45 Uhr, gesendet am 27. 1. 1974, 17:35–18:25 Uhr, BBC, Radio 3, Transkription, S. 13, HMA, Werkmanuskripte, 494.01.

7 Vgl. *Katz*, Herbert Marcuse and the Art of Liberation, S. 186 f., 190; *Marcuse*, The Realm of Freedom; *ders.*, »Revolutionary Subject and Self-Government«, *Praxis* 5/1–2 (1969), S. 326 f.

einander. Für Marcuse hatte Bahro den wichtigsten Beitrag zur sozialistischen Theorie und Praxis seit Jahrzehnten vorgelegt. Was den Wandel im Ostblock betraf, so vertraten beide die Reform des sozialistischen Systems von oben.[8]

Stuart Hughes setzte der Dissidenz ein historiographisches Denkmal. Sein letztes wissenschaftliches Werk, »Sophisticated Rebels«, blickte in Milde auf die Rebellion von 1968 in Europa und ihre kulturellen Folgen zurück. Soziale Demokratie und demokratischer Sozialismus – die europäischen Partner des amerikanischen Liberalismus – blieben seine Leitsterne. Willy Brandt und die »Grünen« waren Hoffnungsträger im Westen. Hughes' Liebe allerdings galt den Dissidenten des Ostens, ihrem 1968, ihrem Denken und ihrem Kampf. Es war ein Buch im Geist von Glasnost und Perestroika. Seine kultiviert-klugen Rebellen zeichneten sich aus durch »Gewaltlosigkeit, ideologische Skepsis, die Anerkennung vielfältiger Loyalitäten und das Bestehen auf bürgerlichen Tugenden, auf ethischen Werten, von denen ihre oftmals äußerst bescheiden und realistisch erscheinenden Aktionen durchdrungen waren«. War das nicht eine versteckte Selbstbeschreibung? Hatte Hughes nicht immer auf diese Weise sein eigenes Engagement gedeutet? Solidarność und die sowjetische Dissidenz wurden voller Wärme gewürdigt. Wenn Hughes über die Wiedergeburt der russischen Intelligenzija schrieb, hatte er da nicht auch den Kreis der Freunde im Sinn? Die abgeschotteten Wissenschaftsstädte waren gegen den Willen der sowjetischen Herrscher zu »intellektuellen Treibhäusern« geworden. Von dort aus spannte sich das »halb konspirative Netzwerk« der Dissidenz über das Land. Langsam und von innen, mit der Macht des Wortes und des Gedankens allein, wurde das mächtige sowjetische Reich ausgehöhlt. »Subversion in Moll« nannte Hughes diese Strategie – oder vielmehr ihr unerwartetes, am wenigsten von den Protagonisten vorausgesehenes Ergebnis. Das Fundament der Reform wurde dort gelegt, gewissermaßen im Regierungsapparat, in den sowjetischen Denkfabriken. Dem Kalten Krieg verweigerten sich die

---

8 Dutschke an Marcuse, 27. 8. 1978, 5. 10. 1978, 15. 10. 1978, in: *Marcuse*, Nachgelassene Schriften, Bd. 4, S. 235–243; *Marcuse*, Protosozialismus und Spätkapitalismus; *Kellner*, Herbert Marcuse and the Crisis of Marxism, S. 307–319; *Katz*, Herbert Marcuse and the Art of Liberation, S. 217–219; *Bahro*, Die Alternative; zu den Intellektuellen der DDR vgl. *Bialas*, Vom unfreien Schweben zum freien Fall. Zu Dutschke und der Dissidentenbewegung Osteuropas vgl. auch *Dutschke/Wilke* (Hg.), Die Sowjetunion, Solschenizyn und die westliche Linke.

Dissidenten. Sie suchten den demokratischen Sozialismus. Mit Gorbatschow wurden endlich all ihre Hoffnungen wahr.[9]

Nicht allein die Suche nach dem demokratischen Sozialismus zeigte die Parallelen an. Dass bei Hughes die Geschichte seiner Freunde und die der sowjetischen Dissidenz miteinander verschmolzen, deutete nicht nur sein versteckter Hinweis an, »Sophisticated Rebels« stehe in der Tradition seines ersten Buchs, »An Essay for Our Times«, jener unzeitgemäßen Intervention, die sich 1950 dem McCarthyismus und dem liberalen Antikommunismus entgegengestellt hatte. Die Würdigung Marcuses – nach seinem Tod gebe es keinen mehr wie ihn – konnte den aufmerksamen Leser schon eher auf die Spur einer narrativen Überlagerung führen.[10] In seinem Nachruf auf Marcuse hatte Hughes einige Jahre zuvor beide Geschichten gezielt in eins gesetzt. Hier waren endlich, im Land des Gegners, intellektuell Gleichgesinnte zum Vorschein gekommen, die genauso aus dem Innern der Staatsapparate heraus Reform und Entspannung betrieben hatten, genauso oft gescheitert waren und nun endlich triumphierten – »in Moll«, versteht sich. »Sieht man davon ab, dass uns niemand zum Regierungsdienst gezwungen hat«, so verabschiedete Hughes sich von seinem Freund, »wiesen unsere Mühen eine unheimliche Ähnlichkeit zu denen in dem erfundenen Forschungsinstitut, oder *Sharashka*, das Solschenizyn in ›Der erste Kreis der Hölle‹ beschrieben hat. Eine hochtalentierte Ansammlung von dissidentischen Intellektuellen [...] schrieb Reports und verfasste Memoranden, deren Zweck in Dunkelheit gehüllt war.« Über die unmittelbaren Folgen im frühen Kalten Krieg gab Hughes sich keinen Illusionen hin. Worauf es damals ankam, war die Begegnung der Geister, der freie Austausch der Ideen in einer autoritären Zeit, das Stiften lebenslanger Freundschaften. Sie waren Bewohner des Zauberbergs; Marcuse und seine Freunde »verwandelten ›Foggy Bottom‹ in einen Zauberberg«. Doch nun, Jahrzehnte später, schien die ganze Welt die Sprache dieser kleinen Zirkel zu sprechen, in Ost und West.

---

9 *Hughes*, Sophisticated Rebels, zit. nach der zweiten Auflage 1990, bes. S. vii (Zitat), ix, 4–14, 80–93, 94–117 (Zitate S. 97), 118–144, 148, 150f.; zu den sowjetischen Dissidenten vgl. *Zubok*, Zhivago's Children; *Alexeyeva*, Soviet Dissent; *Rubenstein*, Soviet Dissidents; zum Zusammenhang zwischen Menschenrechten, Dissidenz und dem Ende der UdSSR vgl. *Kramer*, Gorbachev and the Demise of East European Communism; *Savranskaya*, Unintended Consequences; *Thomas*, The Helsinki Effect.
10 Vgl. *Hughes*, Sophisticated Rebels, S. xi, 2.

William Buckley schien also recht behalten zu haben. Kleine, hochinfektiöse Ideenzentren im Untergrund hatten die Welt verändert. Was Buckley allerdings nicht bedacht hatte: Es gab die abgeschotteten Netzwerke, isolierten Institute, klandestinen »Committees of Correspondence« und abgelegenen intellektuellen Widerstandsnester nicht nur im Westen. Unter größerer Gefahr, aber mit ähnlicher Zielrichtung bewegten sich die Dissidenten im »Reich des Bösen«. Am Ende stellte sich weder der Westen noch der Osten als das heraus, wofür Buckley und die Seinen sie gehalten hatten. Der intellektuelle Untergrund hatte sich auf beiden Seiten des »Eisernen Vorhangs« gegen die Tendenz der Zeit gestellt, sich der binären Aufspaltung der Welt in Kapitalismus und Kommunismus entzogen, im Stillen gewuchert – und langfristig zur Revolution des Denkens, des Lebens und der Politik beigetragen. Sie alle bewohnten das globale »Traumschloss« der intellektuellen Dissidenz.[11]

Was auch immer davon zutraf, das narrative Muster war gefunden, um die eigene Biographie zum Abschluss zu bringen. Hughes, Marcuse und ihre Freunde hatten sich in die Weltgeschichte der Dissidenz eingeschrieben. Es war eine Geschichte des Wunders und des Heils. Gorbatschow war der große Wegbereiter. Und das größte aller Wunder geschah am Ende des *annus mirabilis* 1989: »Unter allen Wundern des vergangenen Jahres war das wundersamste der Aufstieg des Dramatikers und Dissidenten Václav Havel vom Gefängnis zur Präsidentschaft der Tschechoslowakei.« Mit Havels Einzug in die Prager Burg wurde für Hughes auch die Geschichte der Freunde gekrönt. Der intellektuelle Rebell hatte sich wie sie gegen die privilegierte Herkunft aufgelehnt. Er war immer gegenüber sozialer Ungerechtigkeit sensibel geblieben. Und er hatte nie seine politischen Träume aufgegeben, auch wenn sie von anderen als utopisch verspottet worden waren. Nun war er Präsident. Hughes feierte Havels einzigartige Mischung aus »Verspieltheit« und »tiefer moralischer Verpflichtung«, aus Humor und Ernsthaftigkeit, seine »Kombination von Phantasie und Staatskunst«.[12] Waren das nicht allesamt auch ihre Tugenden? So also

---

11 *Hughes*, »Marcuse's Lessons«, *Guardian*, 5. 11. 1979. Mit vielen Dissidenten des Ostens teilten diese Linksintellektuellen in der Tat die Hoffnung auf eine gesellschaftliche Alternative zwischen Kommunismus und Kapitalismus und eine differenzierte Auffassung des Totalitarismus; vgl. *Gleason*, Totalitarianism, S. 167–189; *Zubok*, Zhivago's Children.
12 *Hughes*, »Conscience in Blue Jeans«, *Los Angeles Times Book Review*, 20. 5. 1990. Eine Nähe von Václav Havels Denken zu den Ideen Marcuses konstatiert

ging die Geschichte von Hughes und seinen Freunden zu Ende. Hughes begnügte sich mittlerweile mit der Rolle des beobachtenden Erzählers. Der Kalte Krieg war beendet. Weder Ost noch West hatten gesiegt. Sieger war »die Sache« der Dissidenz, des demokratischen Sozialismus, der politischen Phantasie.

Das Utopia der Dissidenz existierte nur für einen Augenblick. Hughes lebte lange genug, um das Pendel der Geschichte wieder zurückschwingen zu sehen. Das neokonservative Triumphgeschrei eines Francis Fukuyama hielt er für berechenbar und unoriginell, auch wenn ihn verwunderte, auf welch krude Weise die Ideen seiner alten intellektuellen Gegner Daniel Bell und Walt Rostow hier vermischt wurden, angereichert mit ein wenig Leo Strauss und Alexandre Kojève. Eine platte Variante der Modernisierungstheorie tische Fukuyama auf, fand Hughes, einen Marxismus ohne Marx. Immerhin wäre es nicht die schlechteste aller Welten, gestand Hughes ein, wenn Fukuyama mit seiner Hegel-Liberalisierung recht behielte und das Zeitalter der Kriege und Revolutionen in der Tat beendet wäre. Denn ein Mann des Friedens war Hughes schon immer gewesen. Skepsis blieb angesichts des von Fukuyama ausgerufenen »demokratischen Friedens«.[13]

Je älter Hughes wurde, desto enger wurden die Bande zu den letzten lebenden Freunden. Mit Arthur Schlesinger söhnte er sich aus. Die beiden schieden in Freundschaft voneinander.[14] Der demokratisch-sozialistische Intellektuelle Irving Howe und Hughes vertieften ihre Verbindung. Der »linksliberale« Hughes und der »liberal-linke« Howe hatten sich immer schon nahegestanden. Nun beschworen sie

---

Jones, The Lost Debate, S. 3 f, 222f. Anm. 4. Am deutlichsten werden Überschneidungen zwischen Havel und den westlichen Linksintellektuellen etwa in Havels berühmtem Essay von 1978, *Havel*, Versuch, in der Wahrheit zu leben; ebenda, S. 13, 33 f., 83–89, findet sich eine Kritik des Konsums und der technischen Zivilisation; ebenda, S. 61–70, 74–83, drückt Havel die Hoffnung der Dissidentenbewegung auf einen Wandel aus, eine Erwartung, die auf einer differenzierten Analyse der Gesellschaft, der administrativen Mechanismen und der Rolle ideologischer Codes in einem »posttotalitären« System beruhte – eine Analyse, die Parallelen zu den ideologiekritischen Passagen von »Soviet Marxism« aufwies; zu Havels Text und seiner Bedeutung vgl. *Gleason*, Totalitarianism, S. 183–189.

13 *Hughes*, »On ›The End of History and the Last Man«, *Los Angeles Times Book Review*, 8. 11. 1992; zu Fukuyamas Reaktivierung der Modernisierungstheorie vgl. *Gilman*, Mandarins of the Future, S. 266–271, 276; ders., Modernization Theory, S. 73 f.

14 Schlesinger an Hughes, 9. 8. 1990, 4. 4. 1999, HSHP, Accession 2000-M-086, b. 2, f. 2.

die gemeinsame Vergangenheit.[15] Keiner aber von den noch Lebenden aus den alten Zeiten war Hughes so sehr ans Herz gewachsen wie Carl Schorske. Mit Schorske teilte er die gemeinsame Geschichte und die politische Vision. An ihrem Lebensabend mussten Hughes und Schorske mit ansehen, wie ihre dissidentische Utopie zerfiel. Sie traten nicht als Sieger ab.

Im Amerika der neunziger Jahre verlor die Idee der sozialen Gerechtigkeit ihre Bedeutung vollends, wie die betagten Gelehrten und Intellektuellen Hughes und Schorske politisch wach beobachteten. Vom »New Deal« war nichts mehr geblieben, obwohl der Präsident Bill Clinton hieß und die Demokraten an der Macht waren. Die Ungerechtigkeit im Rest der Welt war noch größer geworden:

»Die Welt wird bestimmt kein besserer Ort, wenn der Traum der ›einen Welt‹ als ›wirtschaftliche Globalisierung‹ wieder auf Linie gebracht wird, nach dem Modell des freien Marktes, der so produktiv ist, was Güter betrifft, und so zerstörerisch, wenn es um die menschliche Gemeinschaft geht. Das Schicksal der Dritten Welt bekümmert mich nun mehr als das der USA und als ihre Preisgabe jeglicher Verpflichtung, sich gegen die wachsende Ungleichheit einzusetzen.«[16]

Die beiden blieben ihren politischen Prinzipien treu, aber die Welt kam nicht auf sie zu. Die Freude über die Wahlsiege der demokratischen Linken in Europa, von Blair und Schröder, fiel nur verhalten aus.[17] Der Kosovo-Krieg 1999 zerstörte die skeptische Hoffnung, die die beiden in das sozialdemokratisch regierte Europa als Gegengewicht zu Amerika gesetzt hatten. Tauscht man Namen und Orte aus, zieht man die persönliche Note ab, so hätten diese Sätze auch in einem Memorandum oder Artikel von 1947/48 stehen können:

»Der jugoslawische Krieg, der so glasklar der Verteidigung der Menschenrechte gedient, auf so bittere Weise deren Zerstörung für die Kosovaren mit sich gebracht, auf so blinde Weise eine Ost-West-Polarisierung erneuert hat – wie könnten Du und ich gemeinsam mit diesen kaum lösbaren Problemen ringen! Und wo sind die freudigen Hoffnungen geblieben, die wir auf Europa gesetzt hatten, als eine so-

---

15 Howe an Hughes, 20. 8. 1984, 20. 7. 1990, HSHP, Accession 2000-M-086, b. 2, f. 11.
16 Schorske an Hughes, o.D. [1997/98] (Zitat), 28. 5. 1983, 18. 10. 1988, 18. 12. 1990, HSHP, Accession 2000-M-086, b. 2, f. 16.
17 Schorske an Hughes, o.D. [1997/98], HSHP, Accession 2000-M-086, b. 2, f. 16.

zialistische Regierung nach der anderen gewählt wurde? Dreizehn europäische Staaten befinden sich in sozialdemokratischer Hand; doch nur Italien hat sehr spät versucht, sich dem US-Absolutismus zu entziehen.«[18]

Die Welt war derselbe hoffnungslose Schauplatz der Macht und des Krieges geblieben. Die kluge Selbstbeschränkung der amerikanischen Macht wie zu Anfang des Kalten Krieges gab es nicht mehr. Der amerikanische Imperialismus regierte ungebremst wie in den sechziger Jahren. Einen Abschiedsgruß konnten Hughes und Schorske nicht erwarten. Dass Rostows Theorien und die Strategien des Vietnamkrieges nach dem 11. September 2001 noch einmal unter neokonservativen Vorzeichen verschärft und zur Grundlage der Nationalen Sicherheitsstrategie der USA wurden, musste Hughes nicht mehr erleben.[19] Er hätte es kaum für möglich gehalten, Amerika noch einmal in ideologischer Verblendung und unter fadenscheinigem Vorwand in einen Krieg ziehen zu sehen, den er imperialistisch genannt hätte – und den es nicht einmal gewinnen konnte.

Was blieb, war ihr »unendliches Gespräch«, wie Schorske schrieb: »Wir sind durch so viel verbunden, und von unserer Lebenszeit erfreue ich mehr als je zuvor an dem, was wir miteinander geteilt haben – obwohl ich es schon immer überaus geschätzt habe: selbst unsere Fehler, gewiss unsere menschlichen Illusionen.«[20] Burckhardt und Mahler und immer wieder Thomas Mann, darüber tauschten sich die beiden bis zuletzt aus, über ihre wahre Leidenschaft, eine Quelle der Freude, die nie enttäuscht wurde.[21] Und doch war ihr Leben auch und immer

---

18 Schorske an Hughes, 4. 6. 1999, HSHP, Accession 2000-M-086, b. 2, f. 16.
19 Vgl. *Milne*, America's Rasputin, S. 254–258. Hughes starb am 21. Oktober 1999. Zu Moore brach der Kontakt im hohen Alter, nach dem Umzug nach Kalifornien und nach Marcuses Tod ab. Moore starb am 16. Oktober 2005; vgl. *Benjamin L. Weintraub*, »In Memoriam: Barrington Moore, Jr.«, *Harvard Crimson*, 28. 10. 2005; *Jon Wiener*, »The Last Page«, *Dissent* (Winter 2006); *Skocpol* (Hg.), Democracy, Revolution, and History. Mit Norman Brown, der 2002 starb, stand nur noch Carl Schorske in Verbindung. Zu Brown vgl. die Erinnerungssektion in: *Radical Philosophy* 118 (2003). Aus dem Kreis der Protagonisten ist nur Carl Schorske noch am Leben.
20 Schorske an Hughes, 18. 12. 1990, HSHP, Accession 2000-M-086, b. 2, f. 16.
21 Schorske an Hughes, o.D. [1995], 25. 5. 1998, HSHP, Accession 2000-M-086, b. 2, f. 16. In diesem vorletzten Brief blickt Schorske auf die gemeinsam geteilten kulturellen Leidenschaften zurück: »It was a joy to receive your letter. Not only because my essays on Burckhardt and Mahler touched a chord in you, pleased though I was at that; but also because it elicited such a fine expression of

bis zuletzt ein politisches Leben. Schorskes letzter Brief an den todkranken Hughes, im Bewusstsein des herannahenden Endes, verschwieg es nicht. »Du bist nicht nur einer meiner ältesten und liebsten Freunde«, ließ Schorske ihn wissen, »sondern auch *der* eine, dessen Werte und politische Ansichten den meinen am engsten verwandt sind.«[22]

---

renewed engagement with ›the old Europe‹ that gave a deep structure to our friendship from its beginnings sixty years ago. How well I remember your encounter with Thomas Mann. Did it not extend to the Joseph books, which, despite my latter-day involvement with Freud's Moses and Egypt, I have not yet properly explored? Last year, however, I reread – very slowly, as is my fate to do – ›The Magic Mountain‹. Reading it in German for the first time, I was captivated by the cool yet nuanced analytic power of Mann's prose. It seemed to have the same restrained elegance as *die neue Sachlichkeit* in the visual arts. I recalled our discussions of Naphta and Settembrini, whom we both found to be – and right? – such powerful representatives of their respective positions. Now I felt them to be rather gross caricatures philosophically, but sensitively drawn as psychological beings – puzzling combination ... I wish we could discuss it.« Hughes' Begegnung mit Thomas Mann ist festgehalten in *Hughes, Gentleman Rebel*, S. 187f.; Terminkalender 1942, Eintrag vom 20. 11. 1942, HSHP, Accession 2000-M-086, b. 2, f. 24.

22 Schorske an Hughes, 4. 6. 1999, HSHP, Accession 2000-M-086, b. 2, f. 16.

Schluss

> Es kommt ja nirgends auf die »großen«, nur auf die dialektischen Kontraste an, die oft Nuancen zum Verwechseln ähnlich sehen. Aus ihnen aber gebiert sich das Leben immer neu.
>
> Walter Benjamin

> If there is something comforting – religious, if you want – about paranoia, there is still also anti-paranoia, where nothing is connected to anything, a condition not many of us can bear for long.
>
> Thomas Pynchon

Die symptomatische Geschichte einer Intellektuellengruppe, die auf den vorangehenden Seiten verfolgt wurde, soll die intellektuelle Architektur des frühen Kalten Krieges in ein helleres Licht tauchen. Mit dieser Absicht steht diese Arbeit nicht allein; in jüngster Zeit, auch nach Abschluss der vorliegenden Studie, sind zahlreiche in ihrem Erkenntnisinteresse verwandte Untersuchungen erschienen.[1] Der Zugang zu Archiven und methodische Reflexion ermöglichen eine genauere Rekonstruktion der Denksysteme des Kalten Krieges als je zuvor. Bislang verborgene Zusammenhänge können durch die Analyse der historischen Kontexte und strukturellen Bedingungen erschlossen werden. Die Gruppe von Kriegern und Gelehrten um Franz Neumann, H. Stuart Hughes und Herbert Marcuse bewegte sich in institutionellen und diskursiven Konstellationen, die wesentliche Strukturen der intellektuellen Produktion und des politischen Engagements im Kalten Krieg erkennen lassen.

1. Spezifisch für diese Gruppe war ihre Konstituierung im Geheimdienst. Sie war Teil der »Verwissenschaftlichung des Politischen«,

---

[1] Allein 2009 sind u.a. erschienen: *Engerman*, Know Your Enemy; *Geary*, Radical Ambition; *Selverstone*, Constructing the Monolith; *Wheatland*, The Frankfurt School in Exile; *Ziege*, Antisemitismus und Gesellschaftstheorie; wie erwähnt, konnte nur Wheatlands Studie noch Berücksichtigung finden, bedauerlich bleibt, das Engermans Arbeit zu spät zugänglich wurde.

eines Prozesses, der in ihrem Fall die Mobilisierung von Deutschland-, Europa- und schließlich Kommunismusexperten in den Staatsapparaten vom Zweiten Weltkrieg zum Kalten Krieg fortsetzte. Eine Kontinuität bestand auch in den epistemischen Bedingungen, in denen dieses Wissen in den Forschungsabteilungen zuerst des OSS und später des State Department erzeugt und eingesetzt wurde. Wissenschaftliche Sachkenntnis und kulturelle Vertrautheit mit dem Zielobjekt waren die Voraussetzung der Variante der politischen Grundlagenforschung, die in diesen Geheimdienstapparaten betrieben wurde. Während Expertenwissen oft genug über den Status des Legitimationswissens nicht hinauskam und konventionellen Bahnen folgte, war die Wissensordnung in R&A und OIR als sich selbst korrigierendes sozialwissenschaftliches System angelegt, das von einem Selbstverständnis als wissenschaftliche Avantgarde getragen war und zu Selbstkritik, unkonventionellen Überlegungen und alternativen Ansätzen anhielt.

Einem politischen Zweck diente dieses Wissen dennoch. Der Anwendungsrahmen dieser wissenschaftlich ungehinderten Grundlagenforschung war die psychologische Kriegführung. Die Gegnerforschung, die sich mit dem nationalsozialistischen Deutschland oder der Sowjetunion und ihrem Herrschaftsbereich befasste, trug ebenso dazu bei wie die Europaforschung, die für die Konzeption des Marshallplans von großer Bedeutung war. Obgleich in diesen Kontexten also strategisch relevantes Wissen erzeugt wurde, das in der psychologischen Kriegführung zur Anwendung kam, kann die Untersuchung jedoch nicht linear auf das Resultat einer Militarisierung oder »Bellifizierung« des Wissens zulaufen. Zu beobachten ist vielmehr ein dialektischer Austauschvorgang, der unerwartete wissenschaftliche Effekte hervorrief.

Das trifft erstens insofern zu, als es gerade die wissenschaftliche Produktion in den Staatsapparaten war, die eine Distanz gegenüber Politisierungsprozessen und politischer Rhetorik einnehmen konnte, die in der akademischen Wissenschaft im Zeitalter des McCarthyismus vorherrschten. Der Vorstellung einer kommunistischen Weltverschwörung oder eines monolithischen sozialistischen Blocks erteilten die Krieger und Gelehrten um Neumann, Hughes und Marcuse wiederholt eine Absage, hingegen wurde an der Empfehlung einer progressiven Sozialpolitik als globaler Stabilisierungsnahme festgehalten.

Zweitens führten gerade das Erkenntnisinteresse der geheimdienstlichen Aufklärung und die autokorrektive Organisation der Forschungsapparate zu innovativen Ergebnissen. Sie nahmen wissenschaftliche Perspektiven vorweg, die ein erheblicher Teil der akademischen Forschung mit mehr als einem Jahrzehnt Verspätung teilen sollte. Dazu gehörten die Widerlegung der Totalitarismustheorie, die Ablehnung des enthistorisierten, psychologisch-reduktionistischen Behavioralismus oder die Distanz gegenüber Modellen, die den Westen zu einem vom gesellschaftlichen Konsens geprägten Endpunkt der Geschichte verklärten und Spannungen innerhalb des eigenen Systems ignorierten.

Drittens zeigt sich mit Blick auf den Kriegseinsatz der Humanwissenschaften in den Vereinigten Staaten vom Zweiten Weltkrieg zum Kalten Krieg, dass letztlich das politische System und die politische Zielsetzung der Wissensapparate zu berücksichtigen sind, wenn die Strukturen der Wissensproduktion angemessen analysiert werden sollen. Ein System, das nicht auf Vernichtung oder Unterwerfung des Gegners zielte, sondern auf dessen Eindämmung, auf ein nukleares Gleichgewicht oder auf Ausgleich und Entspannung, gewährte der Gegnerforschung entsprechende intellektuelle Spielräume.[2]

Im Dispositiv des liberalen Regierungshandelns hatten die unterschiedlichsten Ansätze ihren Platz. Vielfältige und selbst gegensätzliche Denkmodelle, Institutionen, Personen und Praktiken wurden im Dienste eines übergeordneten strategischen Ziels gekoppelt; die Vielfalt hing von diesem Ziel gerade ab. Die wissenschaftliche Rolle der Hughes-Gruppe beim Wiederaufbau Deutschlands und Europas oder Marcuses Funktion als führender Kommunismusdeuter im State Department fügten sich in diese Strukturen ein. Auch ihr wissenschaftlich fundiertes, intellektuell engagiertes und von politischen Konventionen abweichendes Wissen war ein integraler Bestandteil der Denksysteme des Kalten Krieges.

2. Dieser Befund wird bekräftigt, wenn man das – neben den Geheimdiensten – zweite große epistemisch-institutionelle Gefüge des Kalten Krieges betrachtet, auf das die symptomatische Geschichte dieser Intellektuellen hinweist. Der politisch-philanthropische Komplex – im vorliegenden Fall vertreten durch die Rockefeller Foundation, eine der wichtigsten amerikanischen Stiftungen im Kalten Krieg und vor dem Ausbau der Ford Foundation in den fünfziger Jahren die

---

2 Den Gegensatz macht *Raphael*, Radikales Ordnungsdenken, S. 24–40, kenntlich: Die nicht unerheblichen humanwissenschaftlichen Spielräume im Nationalsozialismus waren auf ein rassistisches Zentrum hin organisiert, das auf Exklusion und Vernichtung zielte.

international präsenteste – übernahm eine Brückenfunktion: Staatsapparate und wissenschaftliche Forschung wurden über dieses Scharnier miteinander verbunden, Personal wurde wechselseitig ausgetauscht, wissenschaftliche Investitionen wurden auch im Dienste der amerikanischen Außenpolitik vorgenommen. Die Stiftungen spielten eine Rolle beim Aufbau des »national security state«. Zugleich wurde die gerade nach dem Kriegsende beschworene philanthropische Tradition nicht abgebrochen: Die Rockefeller-Stiftung sah sich weiterhin den Prinzipien des liberalen Internationalismus verpflichtet und förderte vor allem wissenschaftliche Leistung und nicht politisches Wohlverhalten.

Das Spannungspotential, das aus diesen beiden unterschiedlichen Zielen resultieren konnte, wurde durch die politische Epistemologie aufgelöst, auf deren Grundlage die Stiftung operierte. Obwohl nach den Katastrophen des Zweiten Weltkrieges auch selbstkritische und wissenschaftskritische Reflexionen auftauchten, bestimmte ein ungebrochenes emphatisches Verhältnis zur Moderne und zum wissenschaftlichen Fortschritt das Denken und die Politik der Stiftung. Gefördert wurden nur wissenschaftliche Spitzenleistungen; der Fortschritt der Forschung maß sich allerdings am Wissenschaftsverständnis einer amerikanisch-westlichen liberalen Moderne. Wissenschaft als Arbeit, als moderner, arbeitsteiliger Prozess, also moderne, professionelle, in Forschungsgruppen und Laboren kooperierende Natur- und Sozialwissenschaften, stellten das Leitbild dar.

Die Attraktivität dieser Konzeptionen der Moderne und der Wissenschaft war in dieser Phase der Hochmoderne so groß, dass immer wieder die Zuversicht bekundet wurde, die beste Forschung werde ganz natürlich diesem Leitbild folgen – und wo sie politisches Terrain berührte, werde sie ebenso natürlich zu einer politischen Bestätigung der amerikanisch-westlichen liberalen Moderne führen. Die Förderungen sollten gezielt zur Verwestlichung der Wissenschaft beitragen, weil Verwestlichung der Wissenschaft und wissenschaftliche Avantgarde gleichgesetzt wurden.

Bei näherer Betrachtung erweisen sich diese Konzeptionen als vielschichtiger, als es auf den ersten Blick den Anschein hat. So wenig der Geheimdienstapparat nur eine dominante Perspektive vertrat, sondern schon aus Eigeninteresse die unterschiedlichsten Alternativen erkunden musste; so wenig die Stiftung auf internationaler Ebene nur der amerikanischen Machtprojektion zuarbeitete, sondern ebenso aus Eigeninteresse und Prinzip auf internationale Kooperation und wissenschaftlichen Fortschritt setzte; so wenig beschränkte die Stiftung ihre Fördermittel auf die wissenschaftlichen Ansätze, die ihrer Konzeption von Moderne und Wissenschaft am nächsten kamen. Dem in den Sozialwissenschaften vorherrschenden Behavioralismus flossen erhebliche Beträge zu, doch pflegte die Rockefeller Foundation stets eine Diversifizierung ihrer wissenschaftlichen Investitionen. Von abweichendem Wissen, das möglicherweise eine nächste Stufe des wissenschaftlichen Fortschritts ankündigte, wollte sie sich nicht abschneiden. Mancher Wissenschaftsmanager ging zudem seiner von eigenen Vorlieben bestimmten Agenda nach. Historische Komplexität hatte folglich ihren Platz neben kontingenzinsensiblen makrotheoretischen Modellen, ideologisch-politisch riskante Projekte standen neben der Affirmation der westlichen Konsensmoderne, Einzelförderungen blieben neben der Gruppenforschung erhalten.

Ein Unternehmen wie das von der Rockefeller-Stiftung aus der Taufe gehobene und mit großem Engagement finanzierte Russian Institute an der Columbia University macht diese Verflechtung von unterschiedlichen Absichten und Praktiken deutlich. Einerseits fanden dort die Fortführung der OSS-Forschung und die Ausbildung von Offizieren und Regierungsexperten statt. Andererseits stand eine Institution, die sich der Erforschung des Gegners im Kalten Krieg verschrieben hatte, wiederholt in der Kritik des organisierten Antikommunismus. Das Bekenntnis zur westlichen Moderne war auch am Russian Institute ausgeprägt, ohne dass sich dort jemals ein behavioralistisches Paradigma durchsetzte. Krieger und Gelehrte wie Philip Mosely, der wichtigste Impresario der Sowjetforschung, betrieben einerseits historische Wissenschaft und andererseits Regierungsberatung in aktuellen Fragen.

3. Die Vielfalt der wissenschaftlichen Ansätze, ungeachtet der historisch bedingten Dominanz einiger Paradigmen, spiegelte sich auch auf der Ebene des Verhältnisses von Philanthropie und Politik. Die Verbindungen zwischen Stiftungen und Staatsapparaten waren eng genug, um von einem politisch-philanthropischen Komplex zu sprechen. Das Verhältnis zwischen beiden Feldern wurde jedoch immer wieder neu ausgehandelt, und dieser Aushandlungsprozess war von einer ständigen Selbstreflexion begleitet. Die nationale Sicherheit und die Freiheit der Wissenschaft waren zwei im Verständnis der Stiftung nicht völlig unvereinbare Prinzipien, doch sie standen in einem Spannungsverhältnis zueinander. Erneut ist zu betonen, dass es niemals einfach um die Unterstützung der amerikanischen Machtprojektion ging. Der Staats-

nähe im Zweiten Weltkrieg folgten Skepsis und Ernüchterung im Angesicht von Hiroshima, von denen allerdings im Zeichen der neuen intellektuellen Mobilisierung für den Kalten Krieg nicht viel übrig blieb.

Zur uneingeschränkten Zusammenarbeit mit staatlichen Stellen kam es kaum, auch wenn gerade auf dem Gebiet der Gegnerforschung die Unabhängigkeit zeitweilig aufgegeben, letztlich aber immer wieder aufs Neue gewonnen wurde. Zu betonen ist auch die vielstimmige Diskussion innerhalb der Stiftung, in der die Kritiker wie die Befürworter einer engen Kooperation mit der Regierung gleichermaßen zu Wort kamen. Dessen ungeachtet ist aus den Grenzen der Zusammenarbeit nicht auf politische Distanz zu schließen. Die verbreiteten Grundkonzeptionen von Moderne und Wissenschaft legten vielmehr nahe, dass gerade die – faktisch niemals vollständige – Unabhängigkeit von politischer Einflussnahme der Sache der westlich-amerikanischen liberalen Moderne am nachhaltigsten diente. Es ging um professionelle Prinzipien, um unterschiedliche Systeme, die auf ein übergeordnetes gemeinsames Ziel verpflichtet waren, dem sie mit unterschiedlichen Methoden nachgingen.

Die professionelle Unabhängigkeit der Philanthropie wurde gegenüber den Verdächtigungen durch den McCarthyismus und den Attacken durch die Instrumente des organisierten Antikommunismus insgesamt erfolgreicher behauptet, als es in manchen älteren Darstellungen den Anschein hat. Nicht der Druck von außen, sondern ein Netzwerk von Freunden der Stiftung bestimmte über die Zukunft von Förderungen in politisch sensiblen Zonen. Wissenschaftliche Exzellenz wurde auch hier zum Argument gegen ideologische Angriffe. Sicherheitsüberprüfungen wurden durchgeführt, im gerade notwendigen, von den Behörden erwarteten Maße, doch weitergehende Gesinnungstests oder die üblichen Läuterungsrituale wurden abgelehnt.

Die liberalen, technokratischen Eliten in Wissenschaft und Philanthropie legten eine nicht unerhebliche Resistenz gegenüber dem McCarthyismus an den Tag, ohne den Primat der nationalen Sicherheit in Frage zu stellen. Sie vertraten jedoch eine vom populären und parteipolitisch funktionalisierten radikalen Antikommunismus abweichende Definition der nationalen Sicherheit, in der etwa die Behinderung der Forschungsfreiheit oder die Einschränkung des wissenschaftlichen Austauschs mit seinen potentiell systemöffnenden Effekten in Osteuropa und der Sowjetunion – ganz abgesehen von den strategisch verwertbaren Erkenntnissen, die ein solcher Austausch mit sich brachte – eine größere Bedrohung für die nationale Sicherheit darstellte als kommunismusfreundliche Jugendschriften von anerkannten Wissenschaftlern. Es kam zu gelegentlichen Kompromissen mit dem Diskurs und den Praktiken des McCarthyismus, doch wurde die liberal-technokratische Definition der nationalen Sicherheit offensiv behauptet, als die Stiftung vor Untersuchungsausschüssen Rechenschaft ablegen musste. Sie stand damit allerdings nicht allein, sondern wusste einen Großteil der liberalen Eliten und schließlich auch das Interesse der Eisenhower-Regierung hinter sich.

4. In diesem Umfeld bewegten sich emigrierte und amerikanische Linksintellektuelle – Herbert Marcuse zeitlich, institutionell und thematisch unmittelbar im Anschluss an die Geheimdienstarbeit am Russian Institute, Franz Neumann, Felix Gilbert, Otto Kirchheimer und die amerikanischen Ideenhistoriker in einem mit ihrer Hilfe aufgelegten Forschungsprogramm zum politischen Denken. Mit Blick auf die institutionellen und politischen Strukturen kann die Förderung dieser linken Krieger und Gelehrten kaum verwundern. Sie stand weder im Widerspruch zur gängigen Praxis noch als Kuriosum am Rande, sondern fügte sich in das Muster der Stiftungspolitik ein. Die Initiative zu einer Wiederbelebung der politischen Theorie und Ideengeschichte kam aus der Stiftung, die dieses akademische Feld brachliegen sah. Der langfristigen Vernachlässigung des politischen Denkens zugunsten behavioralistisch-sozialwissenschaftlicher Ansätze sollte entgegengesteuert werden. Die Kompetenz der Emigranten auf diesem Gebiet, in ihrer Resonanz verstärkt durch die kriegsbedingte Aufnahme der emigrierten Gelehrten in die Netzwerke der Stiftung, eröffnete ihnen erheblichen Einfluss auf die Rekonstituierung der politischen Theorie und Ideengeschichte in den Vereinigten Staaten.

Ein doppeltes politisches Motiv begleitete dieses wissenschaftliche Unternehmen. In der Stiftung und ihrem Umfeld, bis hinauf zu Stiftungspräsident Dean Rusk, Außenminister unter Kennedy und Johnson, trat der Wunsch nach politischer Selbstreflexion hervor, nach einer theoretisch und historisch fundierten Auseinandersetzung mit den ideenpolitischen Grundlagen des Westens. Intellektuelle Selbstfindung wurde im Zeichen der geistigen Mobilisierung für den Kalten Krieg betrieben. Sie sollte zudem die Attraktivität des amerikanisch-liberalen Modells in der ganzen Welt unterstreichen. Die linksintellektuellen Krieger und Gelehrten wiederum waren von dem ethisch-politischen Impuls geleitet, die Schattenseiten der Moderne zu erkunden und radikale Kritik daran zu üben, ohne ein kritisches Einverständnis mit der Moderne aufzugeben.

In diesem Bekenntnis zu Aufklärung und Zivilisation unterschieden sich Marcuse, Neumann und die amerikanischen Ideenhistoriker von der Deutung einer in die Barbarei mündenden Dialektik der Aufklärung, die in jenen Jahren die einstigen Institutskollegen Adorno und Horkheimer vertraten. Wo bei Adorno schließlich nur noch die Möglichkeit philosophischer Selbstreflexion im Angesicht der Aporien der Moderne blieb, hielten Marcuse, Neumann, Hughes und ihre Freunde den Glauben an die Möglichkeit politischer Kritik und gesellschaftlicher Reform aufrecht – auch und gerade in ihrem ideengeschichtlichen Werk.

Die Ideengeschichte, die sich in diesem Kreis konstituierte und nachhaltig das akademische Feld der europäischen Geschichte in Amerika prägte, wurde von einem therapeutischen Motiv angetrieben, das nicht nur auf die Erklärung des Nationalsozialismus, sondern auch auf eine Immunisierung gegenüber Ideologien der Gewalt zielte. Der Suche nach ideengeschichtlichen Vorläufern und Bedingungen, die den Aufstieg von Rassismus, Militarismus, antidemokratischen, antiliberalen und extrem nationalistischen Bewegungen und schließlich des Nationalsozialismus begünstigten, lag auch die Absicht nach einer Identifizierung und Bekämpfung ähnlicher Tendenzen in der Gegenwart zugrunde. Wenn dabei nach dem Ende des Krieges, im Gegensatz etwa zu Franz Neumanns stärker auf die wirtschaftlichen Strukturen des Nationalsozialismus fokussierten »Behemoth«, nun ideologiekritische und ideengeschichtliche Ansätze privilegiert wurden, so handelte es sich dennoch nicht um eine von ihrem Kontext isolierte Ideengeschichte, sondern vielmehr um einen kontextualisierenden Ansatz, den einige der Protagonisten später als Sozialgeschichte der Ideen bezeichneten.

Dieses politisch-therapeutische Grundmotiv, das in unmittelbarem Zusammenhang zum Kriegseinsatz gegen den Nationalsozialismus steht, sollte jedoch nicht übersehen lassen, dass es auch sehr aktuelle Gegner gab, gegen die sich die ideengeschichtlichen und ideologiekritischen Interventionen aus diesem intellektuellen Umfeld richteten. Im Kern entzündeten sich diese Differenzen an der Deutung der Moderne. Von der großen Meistererzählung jener Jahre (und in abgeschwächter Form vielleicht auch noch unserer Gegenwart), der Modernisierungstheorie, lösten sich auch die Protagonisten dieser Arbeit nicht vollständig, sie beabsichtigten es nicht einmal. Die Interdependenz von Industrialisierung und Demokratisierung, schließlich die Möglichkeit einer Freisetzung kreativer Lebenspotentiale durch die

Automatisierung der Arbeitsprozesse und die Steuerung einer zunehmend postindustriellen Gesellschaft – diesen Erwartungshorizont teilten Marcuse, Hughes und andere dieser Krieger und Gelehrten mit vielen liberalen Intellektuellen, die sie befehdeten. Wie das notwendige und für diese Untersuchung unverzichtbare Verfahren einer Differenzierung durch Entdifferenzierung zeigt, unterschieden sich die Grundelemente dieser Vision der Moderne kaum.[3]

Die Gegensätze innerhalb des großen intellektuellen Feldes, das sich aus dem Metanarrativ der Modernisierungstheorie bediente, entstanden aus unterschiedlichen Auffassungen über den Weg in diese Zukunft – was beim linksintellektuellen Engagement zum Tragen kam – und über die pathologischen Seiten der Moderne – was zum Fundament der von Hughes, Schorske und Krieger betriebenen, von Marcuse und Neumann inspirierten Ideengeschichte gehört. Den sozialwissenschaftlichen Positivismus, der sich als Behavioralismus in einer mit der politischen Konstellation des frühen Kalten Krieges so kompatiblen Gestalt präsentierte, lehnten sie ebenso sehr ab wie die Selbstfeier der amerikanischen Moderne und des sozialdemokratisch-liberalen Westens, zu der die Konsensgeschichte der fünfziger Jahre, die Verkünder eines unideologischen Zeitalters und viele Modernisierungstheoretiker neigten. Gegen diese dominanten Tendenzen begehrte eine Ideengeschichte auf, die auf die Kräfte der Ordnung und die Macht des Chaos, auf die Realität der Repression und Chancen der Emanzipation, also auf die Ambivalenzen der Moderne hinwies – jedoch ohne das Ziel einer ihrer Vision entsprechenden Modernisierung aufzugeben.

5. Der modernisierungstheoretische Erwartungshorizont, bei all den angesprochenen und im Verlauf der Arbeit ausführlich herausge-

---

[3] *Gilman*, Mandarins of the Future, bleibt hier der wichtigste ideengeschichtliche Referenzpunkt; aus soziologischer Perspektive ist die ausgezeichnete und historisch interessierte Studie von *Knöbl*, Spielräume der Modernisierung, hervorzuheben. Knöbl weist treffend auf den Zusammenhang von Modernisierungstheorie und internationaler Machtprojektion Amerikas hin, unterschätzt aber, wie sehr dabei das Bild einer idealisierten amerikanischen Gegenwart durchschimmerte. Mängel des eigenen Systems wurden dabei durchaus thematisiert, wie Gilman zeigt, und als Rückstände der Tradition gekennzeichnet. Walt Rostow leitete aus einem selbstkritischen Umgang mit diesen angeblichen Residuen sogar außenpolitische Vorteile ab. Der auf soziologische Theoriebildung konzentrierte Ansatz Knöbls kann und will freilich nicht deutlich machen, wie dominant die Modernisierungstheorie, unabhängig von ihrer Konjunktur in der Soziologie, als Rahmen für das außenpolitische Denken in Amerika von den vierziger bis zu den siebziger Jahren war.

stellten Differenzen, zeigte sich auch im strategisch-politischen Zentrum der intellektuellen Debatten. Dieser Bereich war Kriegern und Gelehrten wie Marcuse und Hughes aus den Staatsapparaten vertraut; an den Institutionen der Sowjetforschung in Harvard und Columbia wirkten sie weiterhin in diesem Umfeld. Der theoretische Kern aller Entspannungsprognosen war eine modernisierungstheoretische Erwartung. Die Konvergenztheorie verhieß eine Annäherung von Osten und Westen, die auf einem beiden Systemen übergeordneten Strukturwandel der Industrie beruhte. Dass in diesem Bild in Wahrheit der Westen das Vorbild lieferte und keineswegs an eine gleichförmige Entwicklung beider Seiten im Kalten Krieg gedacht war, machte die Verknüpfung von Liberalisierung und industriellem Wandel im Hinblick auf die Sowjetunion und ihren Machtbereich deutlich.[4] Dabei auch an die notwendige und niemals abgeschlossene Selbstreform des Westens zu erinnern, war eine Aufgabe, der sich Neumann, Marcuse, Hughes und ihre Mitstreiter ebenso wie andere in der westlichen Moderne verwurzelte Linksintellektuelle vom Anfang bis zum Ende dieser Geschichte verpflichtet sahen.

Wie verschlungen und widersprüchlich die Pfade in die Moderne waren, machte – ähnlich wie auf ihrem Feld die Ideenhistoriker – hier der sowjetologische und soziologische Vordenker unter ihnen, Barrington Moore, immer wieder deutlich.[5] Dennoch ließen seine und Marcuses Analysen und Prognosen keinen Zweifel daran, dass sich die Sowjetunion auf dem Weg zur politischen Liberalisierung und in eine postindustrielle Zukunft befand. Die Perspektiven von Linksintellektuellen und von Kalten Kriegern trafen sich in diesem Punkt. Die Totalitarismustheorie, die gerade ihren öffentlichen Aufstieg erlebte, spielte dabei keine Rolle; sie galt bereits als obsolet. Marcuses Buch »Soviet Marxism« ist vor allem als politische Intervention in die Debatten um Entspannung, Koexistenz und Liberalisierung nach 1956 zu lesen. Er erfüllte damit die Erwartungen seiner Auftraggeber in Stiftungen und staatsnahen Forschungsstellen. Gleichzeitig verlieh er seinen linken Hoffnungen auf eine Reform des Sozialismus Ausdruck.

---

4 Vgl. auch *Engerman*, The Romance of Economic Development.
5 Auch nach seinen sowjetologischen Studien verfolgte er diese Perspektive, etwa in seinem Klassiker *Moore*, Social Origins of Dictatorship and Democracy; vgl. auch *Knöbl*, Spielräume der Modernisierung, S. 157f., 188f.

Die enge Verflechtung von Wissenschaft und Staatsapparaten in der Gegnerforschung war die entscheidende Konstellation für die Entstehung dieses und ähnlicher Bücher, die als Meilensteine in der Sowjetforschung gelten. Die wichtige Rolle, die Marcuse zeitweilig in diesen Zusammenhängen spielte, zeigte erneut, wie sehr das Dispositiv des liberalen Regierungshandelns an allen Varianten strategisch nutzbaren Wissens interessiert war, und umgekehrt, wie sehr Marcuses eigenes Denken auf diesen spezifischen institutionellen und diskursiven Rahmen angewiesen war. Die strategische Handlungsgrundlage blieb bestehen – weiterhin wurde Grundlagenforschung für die psychologische Kriegführung im weitesten Sinne betrieben.

Der Gegner sollte nicht nur durchschaubar und kalkulierbar gemacht werden; sein gefürchtetes ideologisches Arsenal sollte ihm entwendet und gegen ihn selbst gerichtet werden. Darin bestand die verborgene Aufgabe der Marxismusforschung, die von ihren Auftraggebern als geostrategische Ressource gewertet wurde. Ihre Wirkung zielte auf politische und ökonomische Schlüsselregionen, wo Arbeiterbewegung, Intellektuelle und Studenten eine gewisse Affinität zum Marxismus aufwiesen: in Westeuropa, in der Dritten Welt, besonders in Indien und Lateinamerika, und schließlich auch in Osteuropa, wo sich seit 1956 deutliche Anzeichen eines unorthodoxen und systemkritischen Marxismus entwickelten, dessen potentiell destabilisierende Folgen für die sowjetische Herrschaft von den Marxismusforschern ebenso wie von ihren politischen und philanthropischen Förderern deutlich erkannt wurden. Dass sich mit der verfeinerten Analyse des Gegners allerdings auch die Kritik an der eigenen politischen Ordnung verschärfen konnte – nicht zuletzt, weil permanent Potentiale und Realitäten verglichen wurden und unentfaltete gesellschaftliche oder ideologische Möglichkeiten einen Ansatzpunkt für die psychologische Kriegführung darstellten –, war eine kaum beabsichtigte und dennoch der Logik dieses strategischen Denksystems innewohnende Konsequenz.

Die Befunde zu diesem intellektuellen Kernbereich des Kalten Krieges, in dem einerseits mit Konvergenztheorien und Modernisierungsprognosen operiert wurde und andererseits die Modernisierung ganzer Weltregionen ideologisch abgesichert werden sollte – im Gegensatz zu den öffentlichen Diskursen, die ein Ende der Ideologie ausriefen und Ideologie dem Totalitarismus zuordneten –, bestätigen deutlich eine Einschätzung, die sich in der Forschung immer mehr durchsetzt: Im Zentrum des Kalten Krieges stand die Konkurrenz von zwei Modernisierungsmodellen.[6] Das nukleare Patt führte zum Aufbau gewaltiger Rüstungskomplexe und zur Militarisierung des Politischen. Doch unter dem atomaren Schutzschirm, einem globalen Ausnahmezustand, der neue Weltkriege unmöglich machte, verlagerte sich der Kampf auf eine andere Ebene. Jenseits aller rhetorischen Aufladung standen sich zwei Modernisierungsversprechen gegenüber, die erst auf Europa und dann auf die umworbene und umkämpfte Dritte Welt zielten und die sich auf Bildung, Technologie, Industrialisierung und die gesellschaftliche Ordnung erstreckten. Modernisierung durch einen staatlich regulierten Markt stand gegen Modernisierung durch zentrale Planung. Die globale Attraktivität der beiden konkurrierenden Systeme hing von ihrem Erfolg bei der wirtschaftlichen Stabilisierung und der Verbesserung der Lebensbedingungen ab.

Bis in die sechziger Jahre war das sowjetische Modell ein ernst zu nehmender, am Anfang vielleicht sogar der stärkere Gegner. Das westliche Modell, das sich schließlich durchsetzte und größere globale Anziehungskraft entfaltete, war nicht das seit den dreißiger Jahren diskreditierte Modell des entfesselten Markts, sondern die Kombination von gezügeltem Kapitalismus, liberaler Demokratie sowie Wohlfahrts- und Sozialstaat. Was Ost und West dabei verband, waren nicht nur die strukturellen Prozesse der Industrialisierung und Automatisierung, die von der Konvergenztheorie betont wurden, sondern auch der für die Hochmoderne charakteristische Anspruch von Bürokratien auf die legitime Ausübung von staatlicher Autorität, auf die Steuerung von Wirtschaft und Gesellschaft im Sinne des Gemeinwohls – notfalls unter Anwendung von kriegerischer Gewalt. Auf den Zusammenhang von Bürokratisierung und Liberalisierung im Osten wiesen auch Marcuse und Moore hin. Mit dem Scheitern dieser technokratischen Eliten und ihrer Modernisierungsmodelle, das im Osten umfassender war und früher als im Westen sichtbar wurde, setzten fundamentale Wandlungsprozesse ein, die schließlich die Ordnung des Kalten Krieges umstürzten.

6. Das intellektuelle Engagement im klassischen Sinne, der öffentliche Streit der Intellektuellen, fand demgegenüber auf einem Nebenkriegsschauplatz im Kalten Krieg der Ideen statt, wie die in dieser

---

6 In diesem Sinne deuten den Kalten Krieg etwa *Leffler*, For the Soul of Mankind; *Westad*, The Global Cold War; jetzt *Leffler/Westad* (Hg.), The Cambridge History of the Cold War. Eine der jüngsten und besten Studien zur Anwendung von Modernisierungsmodellen ist *Simpson*, Economists with Guns.

Arbeit betriebene Differenzierung durch Entdifferenzierung gezeigt hat. Das intellektuelle Feld wurde im Westen von unterschiedlichen und wechselnden Formationen und Koalitionen gebildet. Die linke, demokratisch-sozialistische Nische, die Marcuse, Neumann, Hughes und die anderen Intellektuellen aus dieser Gruppe besetzten, stand auch in den von erbitterten ideenpolitischen Gefechten geprägten frühen Jahren des Kalten Krieges nicht außerhalb seiner Diskurse und Denksysteme.

Die Reputation, die diese Intellektuellen in die intellektuellen Kampfzonen einbrachten, war auch die ihrer im Geheimdienst und Außenministerium erworbenen und erweiterten Sachkenntnis. Sie standen an der Seite von realpolitischen Denkern, um die Überdehnung des liberalen Projekts einzudämmen oder die Auswüchse der Nuklearstrategie zu attackieren; gemeinsam mit anderen demokratischen Sozialisten und Linksliberalen verteidigten sie die Sozialpolitik des »New Deal« und erklärten diese zum globalen Entwicklungsmodell; mit ihren Freunden aus den Staatsapparaten widersprachen sie der Totalitarismustheorie, ohne auf den Gebrauch des Begriffs totalitär zu verzichten. Hughes und Marcuse gehörten zu den frühesten Kritikern der Konzepte eines unideologischen Zeitalters; das »Ende der Ideologie« wurde als intellektuelle Mobilisierung des technokratisch gesteuerten Westens im Kalten Krieg gedeutet. Auch damit standen sie nicht allein da – Kontakte zur europäischen Linken und die Nähe zur wiedererwachten und neuen amerikanischen Linken machten sich bemerkbar. Am epochalen intellektuellen Austausch mit Osteuropa und der Dritten Welt hatten diese Krieger und Gelehrten allerdings kaum – auch dann erst sehr spät – einen Anteil.

Der Blick auf das intellektuelle Engagement ermöglicht, genauer die Gründe oder zumindest den Anlass zu bestimmen, der zum Auseinandertreten der linken Diskurse und der liberalen Ordnung des frühen Kalten Krieges führte. Das gemeinsame Unternehmen war das des amerikanischen Liberalismus. Die sozialdemokratische Tradition des »New Deal« bot einen übergeordneten Handlungsrahmen, der noch beim Marshallplan Linke und Liberale integrierte. Der McCarthyismus und die republikanische Regierungsübernahme trugen ihren Teil zu einer Entfremdung bei, doch blieben die Verbindungen bestehen, nicht nur institutionell und diskursiv, sondern auch politisch. Der linke Flügel der Demokraten bot nach dem kurzen Einsatz für Henry Wallace 1948 den politischen Bezugspunkt bis zum Ende der fünfziger Jahre.

In dieser Zeit überlagerten sich zwei unterschiedliche Prozesse. Zum einen nahm die Wahrnehmung der amerikanischen Politik als interventionistisch und imperialistisch zu – hier, und nicht in der Innen- und Sozialpolitik, wurde das Versagen der Eisenhower-Regierung erkannt. Als der herbeigesehnte Regierungswechsel nicht zur Beendigung, sondern zur Fortsetzung dieser imperialistischen Außenpolitik führte und Kennedy den Antikommunismus rhetorisch noch verschärfte, zerbrach der gemeinsame Handlungsrahmen mit dem Mainstream-Liberalismus. Der politische Gegner war nun ein liberaler Imperialismus, der die innenpolitischen Verdienste des amerikanischen Liberalismus in Gefahr brachte. Das war die Deutung dieser Gruppe.

Zum anderen vollzog sich gleichzeitig eine politische Radikalisierung, die mehr mit der Entwicklung der amerikanischen Linken als mit den in dieser Arbeit untersuchten Linksintellektuellen zu tun hatte. Marcuse oder der in den fünfziger und frühen sechziger Jahren ungleich prominentere Hughes erscheinen oft eher als Getriebene dieses Prozesses. Mit der Entstehung einer amerikanischen neuen Linken, schon lange vor dem Vietnamkrieg und als Reaktion auf das »System des Kalten Krieges«, seine Rüstungskomplexe und seine imperialistische Außenpolitik, eröffnete sich ein neuer politischer Aktionsraum links der Demokratischen Partei, den es in dieser Relevanz seit dem Wallace-Wahlkampf nicht mehr gegeben hatte. Im Fall Marcuses ist besonders deutlich zu erkennen, wie sehr ihn der Kontakt mit radikalen Studenten weiter radikalisierte, während er ihnen zum Stichwortgeber wurde. Sein Interesse an Fragen der Nuklearstrategie führte Hughes wiederum zur sich formierenden Friedensbewegung, in der er schließlich neben Berühmtheiten wie Benjamin Spock eine Schlüsselrolle einnahm, was auch seine symbolisch zu verstehende Senatskandidatur in Massachusetts 1962 zur Folge hatte.

7. Der im Rückblick prominenteste dieser Krieger und Gelehrten, Herbert Marcuse, war Teil dieses amerikanischen intellektuellen Feldes, nicht nur als außenpolitischer Experte, sondern auch als engagierter und wesentlich von seinem Umfeld inspirierter amerikanischer Linksintellektueller. Seine anfangs sehr spärlichen und seit 1967 intensivierten Kontakte in die Bundesrepublik dürfen nicht darüber hinwegtäuschen, dass Marcuse nach dem Zweiten Weltkrieg vor allem als amerikanischer Intellektueller zu verstehen ist. Eine Rückkehr nach Deutschland stand kaum zur Debatte. Einzelne Dokumente, die den Wunsch nach einer Remigration auszudrücken scheinen, sind

mit sorgfältigerer Quellenkritik zu lesen, als es Marcuses Deuter in Deutschland zumeist getan haben. Vor allem sind sie der ungleich größeren amerikanischen Überlieferung gegenüberzustellen. Der Emigrant Marcuse war zum amerikanischen Intellektuellen geworden; sein politisches Engagement richtete sich in erster Linie auf die politischen Verhältnisse in den Vereinigten Staaten.

Ungeachtet der Differenzen innerhalb dieser Intellektuellengruppe, die am Ende der sechziger Jahre auftraten und sich besonders an der Frage der Politisierung der Universität entzündeten, verband sie weiterhin das Bekenntnis zu einem Liberalismus, der als demokratisch-sozialistisch zu definieren ist. Mit Einschränkungen galt dies weiterhin selbst für Marcuse. Die Intellektuellen sahen sich in der Tradition des amerikanischen Linksliberalismus und seiner Emanzipationsverheißungen, während der regierungsamtliche, modernisierungstheoretisch verblendete Liberalismus mit seinem Krieg in Vietnam und seinen globalen militärischen Interventionen das liberale Projekt zertrümmerte.

Ob sich der amerikanische Liberalismus von dieser Krise erholt hat, ist eine bis heute offene Frage. Gerade die vielen Beschwörungen eines neuen Liberalismus, die in Verbindung mit dem Regierungsantritt Barack Obamas zu hören waren, lassen Zweifel daran aufkommen. Der »New Deal«-Liberalismus, das sozialdemokratisch-liberale Projekt, die stärkste, integrativste und noch über ihren Niedergang hinaus wirkende ideologische Kraft des Kalten Krieges, scheint für immer zerstört. Doch vielleicht lassen sich einzelne seiner Elemente, unter Verzicht auf modernisierungstheoretische Hybris und die Selbstfeier liberaler Demokratien, aus den Trümmern retten. Es wäre zumindest an der Zeit, das Erbe des sozialdemokratischen Liberalismus, der die größten Krisen des Jahrhunderts zu bewältigen imstande war, sorgfältig zu sichten.

Bibliographie

Übersetzungen aus dem Englischen, soweit keine deutschsprachigen Quellen angegeben sind, stammen vom Autor. Eckige Klammern weisen stets vom Autor vorgenommene Auslassungen, Einschübe und Anmerkungen in Zitaten aus. Hervorhebungen in Zitaten entstammen immer dem Original. Wurden deutsche Übersetzungen englischer Texte herangezogen, erfolgte, soweit notwendig, eine stillschweigende Anpassung in der Satzstruktur.

Quellen

Archivalien

Brandeis University, Waltham, Massachusetts
    Brandeis University Library
    Robert D. Farber University Archives & Special Collections
        – George Alpert Collection
        – Abram L. Sachar Collection
        – The Justice, Brandeis University Student Newspaper

University of Chicago
    University of Chicago Library
    Special Collections Research Center
        – Leonard Krieger Papers

Columbia University, New York
    Rare Books and Manuscripts Library
        – Carnegie Corporation of New York Collection
        – Geroid T. Robinson Collection
    Columbiana Library, Columbia University Archives
        – Central Files

Dwight D. Eisenhower Library, Abilene, Kansas
    White House Office
        – National Security Council Staff, Papers, 1948–61

Stadt- und Universitätsbibliothek Frankfurt am Main
    Archivzentrum der Universitätsbibliothek
        – Leo-Löwenthal-Archiv, Archivzentrum der Universitätsbibliothek Frankfurt am Main
        (Copyright der Materialien aus dem Löwenthal-Archiv: Susanne Löwenthal und Peter-Erwin Jansen. Ihnen danke ich für die Abdrucknehmigung bzw. Verwendung der Materialien aus dem Leo-Löwenthal-Archiv)
        – Herbert-Marcuse-Archiv, Archivzentrum der Universitätsbibliothek Frankfurt am Main

(Copyright der Materialien aus dem Marcuse-Archiv Peter Marcuse. Ihm und Peter-Erwin Jansen danke ich für die Abdruckgenehmigung bzw. Verwendung der Materialien aus dem Herbert-Marcuse-Archiv)

Harvard University, Cambridge
  Harvard University Archives
    – William Leonard Langer Papers
    – Barrington Moore Papers
    – Russian Research Center
  Houghton Library
    – Leon Trotsky Papers

University of Illinois, Urbana-Champaign
    – Philip E. Mosely Papers

John F. Kennedy Library, Boston
    – Arthur M. Schlesinger, Jr., Personal Papers

Miriam Meyerhoff, University of Edinburgh
    – Hans Meyerhoff Papers, Private Papers (im Privatbesitz)

National Archives (NA), College Park, Maryland
  Record Group 59, General Records of the Department of State
    – Bureau of Intelligence and Research. Subject Files 1945–1960, Lot 58 D 776, Entry 1561
    – Bureau of Intelligence and Reseach. Committee on World Communism. Research Report: International Communism, 1950–1974, Lot 86 D 2332, Entry 5512
    – Bureau of Intelligence and Research. Office of Soviet and East European Analysis. National Intelligences Surveys on the USSR, 1949–1974, Lot 86 D 232, Entry 5513
    – Bureau of Intelligence and Research. Office of Soviet and Eastern European Analysis. Intelligence Reports on the USSR and Eastern Europe, 1942–1960, Lot 86 D 232, Entry 5514
    – Historical Collection Relating to the Formulation of the European Recovery Program, 1947–1950, Lot 123, Entry 1547
    – Intelligence Bureau, Office of the Director, 1950–1959, Lot 58 D 528, Entry (A1) 5161
    – Intelligence Bureau, Office of the Director, 1949–1955, Lot 59 D 27, Entry (A1) 5161
    – Final Reports of the Research and Analysis Branch, M-1221
    – Records of the Intelligence Bureau. Office of the Director 1949–1959, Lot 60 D 403, Entry 1498
    – Records of the Bureau of Intelligence and Research. National Intelligence Estimates, Special Estimates, and Special National Intelligence Estimates 1950–1954, Lot 78 D 394, Entry 1371
    – Records of Component Offices of the Bureau of Intelligence and Research 1947–1963, Lot 61 D 197, Lot 65 D 258, Lot 69 D 267, Lot 87 D 337, Entry 1595

- Subject Files of the Bureau of Intelligence and Research 1945–1960, Lot 58 D 776, Entry (A1) 5161

Record Group 226, Records of the Office of Strategic Services
- Entry 1, General Correspondence
- Entry 92, COI/OSS Central Files
- Entry 139, Washington and Field Station Files
- Entry 146, Miscellaneous Washington Files
- Entry 190, Field Station Files
- Records of the Director's Office, M-1642

Rockefeller Archive Center (RAC), Sleepy Hollow, New York
Rockefeller Foundation Archives
- Record Group 1.1, Projects
  - Series 100
  - Series 200
- Record Group 1.2, Projects
  - Series 200
  - Series 650
  - Series 717
  - Series 803
- Record Group 2, General Correspondence
- Record Group 3, Administration, Program and Policy
  - Series 900
  - Series 910
  - Series 911
- Record Group 12, Officer's Diaries

Stanford University, Stanford
Hoover Institution Archives
- Daniel Lerner Collection

Harry S. Truman Library, Independence, Missouri
- Papers of S. Everett Gleason

Yale University, New Haven
Manuscripts and Archives, Yale University Library
- Manuscript Group 1446, Henry Stuart Hughes Papers

Quelleneditionen und gedruckte Quellen

(ohne die Schriften der Hauptpersonen)

Foreign Relations of the United States (FRUS).
- FRUS 1945–1950, Emergence of the Intelligence Establishment, Washington 1996.
- FRUS 1946, Bd. 6: Eastern Europe. The Soviet Union, Washington 1969.
- FRUS 1947, Bd. 3: The British Commonwealth. Europe, Washington 1972.
- FRUS 1948, Bd. 1: General. United Nations, Washington 1975.

- FRUS 1950, Bd. 1: National Security Affairs. Foreign Economic Policy, Washington 1976.
- FRUS 1950–1955, The Intelligence Community, Washington 2007.
- FRUS 1961–1963, Bd. 8: National Security Policy, Washington 1996.

Rockefeller Foundation, Annual Report, New York 1945ff.

United States Senate, Final Report, Select Committee to Study Governmental Operations with Respect to Intelligence Activities, Book VI: Supplementary Reports in Intelligence Activities, Washington 1976.

Literatur

(einschließlich der Schriften der Hauptpersonen)

Nicht aufgenommen wurden, von wenigen Ausnahmen abgesehen, Artikel in Tages- und Wochenzeitungen, Nachrichtenmagazinen und Halbmonatsschriften sowie die meisten Kurzrezensionen in Fachzeitschriften und anderen Periodika. Diese sind in den Fußnoten nachgewiesen.

Abedikov, Grant Mkrtychevich, Das Kominform und Stalins Neuordnung Europas, hrsg. von Bernhard H. Bayerlein und Jürgen Mothes, Frankfurt/New York 2002.

Abel, Corey/Timothy Fuller (Hg.), The Intellectual Legacy of Michael Oakeshott, Exeter/Charlottesville 2005.

Adorno, Theodor W., Gesammelte Schriften, hrsg. von Rolf Tiedemann, Bd. 3: *Max Horkheimer/Theodor W. Adorno*, Dialektik der Aufklärung. Philosophische Fragmente, Frankfurt 1997.

Ders., Gesammelte Schriften, hrsg. von Rolf Tiedemann, Bd. 6: Negative Dialektik. Jargon der Eigentlichkeit, Frankfurt 1997.

Adorno, Theodor W./Max Horkheimer, Briefwechsel 1927–1969, Bd. 4: 1950–1969, hrsg. von Christoph Gödde/Henri Lonitz, Frankfurt 2006.

Albrecht, Clemens, u.a., Die intellektuelle Gründung der Bundesrepublik. Eine Wirkungsgeschichte der Frankfurter Schule, Frankfurt 1999.

Alexeyeva, Ludmilla, Soviet Dissent. Contemporary Movements for National, Religious, and Human Rights, Middletown 1985.

Alföldy, Géza, Ungarn 1956. Aufstand, Revolution, Freiheitskampf, Heidelberg 1998.

Alsop, Joseph und Stewart, We Accuse! The Story of the Miscarriage of American Justice in the Case of J. Robert Oppenheimer, New York 1954.

Anderson, Kevin, »On Hegel and the Rise of Social Theory. A Critical Appreciation of Herbert Marcuse's Reason and Revolution, Fifty Years Later«, in: *Sociological Theory 11* (1993), S. 243–267.

Anderson, Michael, Pacific Dreams. The Institute of Pacific Relations and the Postwar World Order, Phil. Diss., University of Texas, Austin, in Vorbereitung.

Anderson, Perry, Über den westlichen Marxismus, Frankfurt 1978.

Anderson, Terry, The Movement and the Sixties. Protest in America from Greensboro to Wounded Knee, New York/Oxford 1995.

Andrew, Christopher, Secret Service. The Making of the British Intelligence Community, London 1985.
Ders., The Defence of the Realm. The Authorized History of MI5, London 2009.
Angster, Julia, Konsenskapitalismus und Demokratie. Die Westernisierung von SPD und DGB, München 2003.
Anthony, J. Garner, Hawaii under Army Rule, Stanford 1955.
Arendt, Hannah, The Origins of Totalitarianism, New York 1951.
Dies., Die Ungarische Revolution und der totalitäre Imperialismus, München 1958.
Dies./Heinrich Blücher, Briefe 1936–1968, München/Zürich 1996.
Aron, Raymond, L'Opium des intellectuels, Paris 1955.
Ders., The Opium of the Intellectuals, Lanham 1957.
Aronson, Shlomo, »Preparations for the Nuremberg Trial. The OSS, Charles Dwork, and the Holocaust«, in: *Holocaust and Genocide Studies 12* (1998), S. 257–281.
Aschheim, Steven E., Beyond the Border. The German-Jewish Legacy Abroad, Princeton/Oxford 2007.
Ash, Mitchell G., »Wissenschaft und Wissenschaftsaustausch«, in: *Detlef Junker* (Hg.), Die USA und Deutschland im Zeitalter des Kalten Krieges 1945–1990. Ein Handbuch, Bd. 1: 1945–1968, Stuttgart 2001, S. 634–645.
Ders., »Wissenschaft und Politik als Ressourcen für einander«, in: *Rüdiger vom Bruch/Brigitte Kaderas* (Hg.), Wissenschaften und Wissenschaftspolitik. Bestandsaufnahmen zu Formationen, Brüchen und Kontinuitäten im Deutschland des 20. Jahrhunderts, Stuttgart 2002, S. 32–51
Aspaturian, Vernon V./Jiri Valenta/David P. Burke (Hg.), Eurocommunism Between East and West, Bloomington 1980.
Bahro, Rudolf, Die Alternative. Zur Kritik des real existierenden Sozialismus, Köln/Frankfurt 1977.
Bailey, George/Sergej A. Kondraschow/David E. Murphy, Die unsichtbare Front. Der Krieg der Geheimdienste im geteilten Berlin, Berlin 1997.
Barkan, Joanne, »Cold War Liberals and the Birth of ›Dissent‹«, in: *Dissent 53/3* (Sommer 2006), S. 95–102.
Barnes, Trevor, »The Secret Cold War. The CIA and American Foreign Policy in Europe, 1946–1956. Part I«, in: *Historical Journal 24* (1981), S. 399–415.
Ders., »The Secret Cold War. The CIA and American Foreign Policy in Europe, 1946–1956. Part II«, in: *Historical Journal 25* (1982), S. 649–670.
Barrett, Edward L., The Tenney Committee. Legislative Investigation of Subversive Activities in California, Ithaca 1951.
Barrow, Clyde W., More Than a Historian. The Political and Economic Thought of Charles Beard, New Brunswick 2000.
Bartholomew-Feis, Dixee, The OSS and Ho Chi Minh. Unexpected Allies, Lawrence 2006.
Bauer, Raymond A./Alex Inkeles/Clyde Kluckhohn, How the Soviet System Works. Cultural, Psychological, and Social Themes (1956), Cambridge 1959.
Baumann, Yvonne, John F. Kennedy und »foreign aid«. Die Auslandshilfepolitik der Administration Kennedy unter besonderer Berücksichtigung des entwicklungspolitischen Anspruchs, Stuttgart 1990.
Bavaj, Riccardo, Von links gegen Weimar. Linkes antiparlamentarisches Denken während der Weimarer Republik, Bonn 2005.
Ders., »Otto Kirchheimers Parlamentarismuskritik in der Weimarer Republik. Ein Fall von ›Linksschmittianismus‹?«, in: *Vierteljahrshefte für Zeitgeschichte 55* (2007), S. 33–51.

Bebel, August, Briefwechsel mit Friedrich Engels, hrsg. von Werner Blumenberg, Den Haag 1965.
Becker, Michael, »Die politische Theorie des Konservatismus. Michael Oakeshott«, in: *André Brodocz/Gary S. Schaal* (Hg.), Politische Theorien der Gegenwart, Bd. 1, Stuttgart 2006, S. 215–246.
Bell, Daniel, The End of Ideology. On the Exhaustion of Political Ideas in the Fifties, New York 1960.
Ders. (Hg.), The New American Right, New York 1955.
Berger Waldenegg, Georg Christoph, »Krieg und Expansion bei Machiavelli. Überlegungen zu einem vernachlässigten Kapitel seiner ›politischen Theorie‹«, in: *Historische Zeitschrift 271* (2000), S. 1–55.
Berghahn, Volker R., Transatlantische Kulturkriege. Shepard Stone, die Ford-Stiftung und der europäische Antiamerikanismus, Stuttgart 2004.
Berlin, Isaiah, Liberty, hrsg. von Henry Hardy, Oxford 2005.
Ders., The Soviet Mind. Russian Culture under Communism, hrsg. von Henry Hardy, Washington 2004.
Berkowitz, Bruce D./Allan E. Goodman, Strategic Intelligence for American National Security, Princeton 1989.
Bernard, Andreas/Ulrich Raulff (Hg.), Briefe aus dem 20. Jahrhundert, Frankfurt 2005.
Beschloss, Michael, Mayday. Eisenhower, Khrushchev and the U-2 Affair, New York 1986.
Bialas, Wolfgang, Vom unfreien Schweben zum freien Fall. Ostdeutsche Intellektuelle im gesellschaftlichen Umbruch, Frankfurt 1996.
Bird, Kai, The Color of Truth. McGeorge and William Bundy. Brothers in Arms, New York 1998.
Ders./Martin J. Sherwin, American Prometheus. The Triumph and Tragedy of J. Robert Oppenheimer, New York 2006.
Bissell, Richard, Reflections of a Cold Warrior. From Yalta to the Bay of Pigs, New Haven/London 1996.
Blakeley, Thomas J., Soviet Scholasticism, Dordrecht 1961.
Ders., Soviet Theory of Knowledge, Dordrecht 1964.
Blaufarb, Douglas J., The Counterinsurgency Era. U.S. Doctrine and Performance, 1950 to the Present, New York 1977.
Bleek, Wilhelm, Geschichte der Politikwissenschaft in Deutschland, München 2001.
Bochenski, J. M., Der sowjetrussische dialektische Materialismus (Diamat), Bern 1956.
Ders., Europäische Philosophie der Gegenwart, München 1951.
Ders., Die kommunistische Ideologie und die Würde, Freiheit und Gleichheit der Menschen im Sinne des Grundgesetzes für die Bundesrepublik Deutschland vom 23. 5. 1949, Bonn 1957.
Ders., Die dogmatischen Grundlagen der sowjetischen Philosophie, Dordrecht 1959.
Ders., »Research in Soviet Philosophy at the Fribourg Institute of East-European Studies 1958–1963«, in: *Studies in Soviet Thought 3* (1963), S. 294–321.
Ders./Gerhart Niemeyer (Hg.), Handbuch des Weltkommunismus, München/Freiburg 1958.
Bokina, John/Timothy J. Lukes, From the New Left to the Next Left, Lawrence 1994.

Boll, Monika/Raphael Gross (Hg.), Die Frankfurter Schule und Frankfurt. Eine Rückkehr nach Deutschland, Göttingen 2009.
Bontecou, Eleanor, The Federal Loyalty-Security Program, Ithaca 1953.
Dies., »The English Policy as to Communists and Fascists in the Civil Service«, in: *Columbia Law Review 51* (1951), S. 564–586.
Botsch, Gideon, »Politische Wissenschaft« im Zweiten Weltkrieg. Die »Deutsche Auslandswissenschaft« im Einsatz 1940–1945, Paderborn 2006.
Bourdieu, Pierre, Der Korporativismus des Universellen. Die Rolle des Intellektuellen in der modernen Welt, in: *ders.*, Die Intellektuellen und die Macht, Hamburg 1991, S. 41–65.
Bourke, Joanna, Fear. A Cultural History, London 2005.
Bracher, Karl Dietrich, Zeit der Ideologien. Eine Geschichte politischen Denkens im 20. Jahrhundert, Stuttgart 1984.
Brands, H. W., »A Cold War Foreign Legion? The Eisenhower Administration and the Volunteer Freedom Corps«, in: *Military Affairs 52/1* (1988), S. 7–11.
Braunstein, Peter/Michael William Doyle (Hg.), Imagine Nation. The American Counterculture of the 1960s and '70s, New York/London 2002.
Breitman, Richard, »Research in OSS Records. One Historian's Concerns«, in: *George C. Chalou* (Hg.), The Secrets War. The Office of Strategic Services in World War II, Washington 1992, S. 103–108.
Ders., Staatsgeheimnisse. Die Verbrechen der Nazis – von den Alliierten toleriert, München 1999.
Ders./Alan M. Kraut, American Refugee Policy and European Jewry, 1933–1945, Bloomington/Indianapolis 1987.
Brewer, Susan A., To Win the Peace. British Propaganda in the United States During World War II, Ithaca/London 1997.
Brick, Howard, Age of Contradiction. American Thought and Culture in the 1960s, Ithaca/London 2000.
Ders., Transcending Capitalism. Visions of a New Society in Modern American Thought, Ithaca/London 2006.
Brinkley, Alan, The End of Reform. New Deal Liberalism in Recession and War, New York 1995.
Brinkley, David, Washington Goes to War, New York 1988.
Broadwater, Jeff, Eisenhower and the Anti-Communist Crusade, Chapel Hill 1992.
Bronner, Stephen Eric, Moments of Decision. Political History and the Crises of Radicalism, New York/London 1992.
Ders., Of Critical Theory and Its Theorists, New York/London 2002.
Brown, David S., Richard Hofstadter. An Intellectual Biography, Chicago/London 2006.
Brown, Norman O., Life Against Death. The Psychoanalytic Meaning of History, Middletown 1959.
Ders., Love's Body, New York 1966.
Buchstein, Hubertus, »Utopie und Empirie. Der Versuch einer Rekonstruktion des intellektuellen Profils von Peter C. Ludz«, in: *Ralf Rytlewski* (Hg.), Politik und Gesellschaft in sozialistischen Ländern. Ergebnisse und Probleme der Sozialistische Länder-Forschung (*Politische Vierteljahresschrift*, Sonderheft 20), Opladen 1989, S. 121–150.
Ders., »Totalitarismustheorie und empirische Politikforschung – Die Wandlung der Totalitarismuskonzeption in der frühen Berliner Politikwissenschaft«, in:

Alfons Söllner/Ralf Walkenhaus/Karin Wieland (Hg.), Totalitarismus. Eine Ideengeschichte des 20. Jahrhunderts, Berlin 1997, S. 239–266.
Ders., »Eine heroische Versöhnung von Freiheit und Macht. Zur Spannung zwischen Demokratie- und Gesellschaftstheorie im Spätwerk von Franz L. Neumann«, in: *Mattias Iser/David Strecker* (Hg.), Kritische Theorie der Politik. Franz L. Neumann – eine Bilanz, Baden-Baden 2002, S. 179–199.
Bundy, William P., The Council on Foreign Relations and Foreign Affairs. Notes for a History, New York 1994.
Burlingame, Dwight (Hg.), Philanthropy in America. A Comprehensive Historical Encyclopedia, 3 Bde., Santa Barbara 2004.
Burnham, James, The Managerial Revolution. What is Happening in the World, New York 1941.
Ders., The Coming Defeat of Communism, New York 1950.
Buschfort, Wolfgang, Parteien im Kalten Krieg. Die Ostbüros von SPD, CDU und FDP, Berlin 2000.
Byrnes, Robert F., A History of Russian and East European Studies in the United States. Selected Essays, Lanham 1994.
Carr, Edward Hallet, The Soviet Impact on the Western World, o.O. [London] 1946.
Ders., A History of Soviet Russia, 14 Bde., London 1950–1978.
Carr, Robert K., Federal Protection of Civil Rights. Quest for a Sword, Ithaca 1947.
Ders., The House Committee on Un-American Activities, 1945–1950, Ithaca 1952.
Catton, Philip E., »Counter-Insurgency and Nation-Building. The Strategic Hamlet Programme in South Vietnam, 1961–1963«, in: *International History Review* 21 (1999), S. 918–940.
Caute, David, The Great Fear. The Anti-Communist Purge under Truman and Eisenhower, New York 1978.
Chalou, George C. (Hg.), The Secrets War. The Office of Strategic Services in World War II, Washington 1992.
Chamberlain, Lawrence H., Loyalty and Legislative Action. A Survey of Activity by the New York State Legislature, 1919–1949, Ithaca 1951.
Chambers, Whittaker, Witness, New York 1952.
Charle, Christophe, Vordenker der Moderne. Die Intellektuellen im 19. Jahrhundert, Frankfurt 1996.
Chartier, Roger, »Intellektuelle Geschichte und Geschichte der Mentalitäten«, in: *Ulrich Raulff* (Hg.), Mentalitäten-Geschichte. Zur historischen Rekonstruktion geistiger Prozesse, Berlin 1987, S. 69–96.
Chomsky, Noam, u.a. (Hg.), The Cold War and the University. Toward an Intellectual History of the Postwar Years, New York 1997.
Christofferson, Michael Scott, French Intellectuals Against the Left. The Totalitarian Moment of the 1970s, New York 2004.
Claussen, Detlev, »Die Banalisierung des Bösen. Über Auschwitz, Alltagsreligion und Gesellschaftstheorie«, in: *Michael Werz* (Hg.), Antisemitismus und Gesellschaft. Zur Diskussion um Auschwitz, Kulturindustrie und Gewalt, Frankfurt 1995, S. 13–28.
Ders., Theodor W. Adorno. Ein letztes Genie, Frankfurt 2003.
Ders. (Hg.), Spuren der Befreiung – Herbert Marcuse. Ein Materialienbuch zur Einführung in sein politisches Denken, Darmstadt 1981.
Cohen, Joel I., Hughes for Senate, 1962. A Campaign History, Cambridge 1964.

Cohen, Stephen F., Bukharin and the Bolshevik Revolution. A Political Biography, 1888–1938, Oxford 1980.
Ders., Rethinking the Soviet Experience. Politics and History since 1917, New York/Oxford 1985.
Constantinides, George C., »The OSS. A Brief Review of Literature«, in: George C. Chalou (Hg.), The Secrets War. The Office of Strategic Services in World War II, Washington 1992, S. 109–117.
Conrad, Sebastian, »Doppelte Marginalisierung. Plädoyer für eine transnationale Perspektive auf die deutsche Geschichte«, in: Geschichte und Gesellschaft 28 (2002), S. 145–169.
Cooney, Terry, The Rise of the New York Intellectuals. »Partisan Review« and Its Circle, Madison/London 1986.
Coser, Lewis A., Men of Ideas. A Sociologist's View, New York 1965.
Ders./Irving Howe, The American Communist Party. A Critical History, 1919–1957, Boston 1957.
Cotkin, George, Existential America, Baltimore/London 2003.
Countryman, Vern, Un-American Activities in the State of Washington. The Work of the Canwell Committee, Ithaca 1951.
Craig, Campbell, Glimmer of a New Leviathan. Total War in the Realism of Niebuhr, Morgenthau, and Waltz, New York 2003.
Craig, Gordon A., »Germany between the East and the West«, in: Proceedings of the Academy of Political Science 23 (1949), S. 2–11.
Ders./Felix Gilbert (Hg.), The Diplomats, 1919–1939, Princeton 1953.
Creuzberger, Stefan/Manfred Görtemaker (Hg.), Gleichschaltung unter Stalin? Die Entwicklung der Parteien im östlichen Europa 1944–1949, Paderborn 2002.
Cull, Nicholas John, Selling War. The British Propaganda Campaign Against American »Neutrality« in World War II, New York 1995.
Cullather, Nick, Secret History. The CIA's Classified Account of Its Operation in Guatemala, 1952–1954, Stanford 1999.
Culver, John C./John Hyde, American Dreamer. The Life and Times of Henry A. Wallace, New York 2000.
Cumings, Bruce, »Boundary Displacement. Area Studies and International Studies During and After the Cold War«, in: Christopher Simpson (Hg.), Universities and Empire. Money and Politics in the Social Science during the Cold War, New York 1998, S. 159–188.
Curtiss, John Shelton (Hg.), Essays in Russian and Soviet History. In Honor of Geroid Tanquary Robinson, Leiden 1963.
Cushman, Robert E., Civil Liberties in the United States. A Guide to Current Problems and Experience, Ithaca 1956.
Dallek, Robert, Flawed Giant. Lyndon Johnson and His Times 1961–1973, New York/Oxford 1998.
Daum, Andreas W., Kennedy in Berlin. Politik, Kultur und Emotionen im Kalten Krieg, Paderborn 2003.
Davies, John Paton, Foreign and Other Affairs, New York 1966.
Davis, Angela, Angela Davis. An Autobiography, New York 1974.
DeBenedetti, Charles, An American Ordeal. The Antiwar Movement of the Vietnam Era, Syracuse 1990.
Del Pero, Mario, »The United States and ›Psychological Warfare‹ in Italy, 1948–1955«, in: Journal of American History 87 (2001), S. 1304–1334.

Dessants, Betty Abrahamsen, The American Academic Community and United States-Soviet Union Relations. The Research and Analysis Branch and Its Legacy, 1941–1947, Phil. Diss., University of California, Berkeley 1995.
Deutscher, Isaac, Stalin. A Political Biography, London 1949.
Ders., The Prophet Armed. Trotsky, 1879–1921, London 1954.
Ders., The Prophet Unarmed. Trotsky, 1921–1929, London 1959.
Diamond, Sigmund, Compromised Campus. The Collaboration of Universities with the Intelligence Community, 1945–1955, New York/Oxford 1992.
Dietz, Burkhard/Helmut Gabel/Ulrich Tiedau (Hg.), Griff nach dem Westen. Die »Westforschung« der völkisch-nationalen Wissenschaften zum nordwesteuropäischen Raum (1919–1960), 2 Bde., Münster 2003.
Dimitrov, Vesselin, Stalin's Cold War. Soviet Foreign Policy, Democracy, and Communism in Bulgaria, 1941–1948, Hampshire 2007.
Diner, Dan (Hg.), Zivilisationsbruch. Denken nach Auschwitz, Frankfurt 1988.
Di Nolfo, Ennio, Von Mussolini zu De Gasperi. Italien zwischen Angst und Hoffnung 1943–1953, Paderborn 1993.
Djilas, Milovan, The New Class. An Analysis of the Communist System, New York 1957.
Doering-Manteuffel, Anselm, Wie westlich sind die Deutschen? Amerikanisierung und Westernisierung in 20. Jahrhundert, Göttingen 1999.
Dosse, François, La marche des idées. Histoire des intellectuels – histoire intellectuelle, Paris 2003.
Droysen, Johann Gustav, Politische Schriften, hrsg. von Felix Gilbert, München 1933.
Dutschke, Rudi/Manfred Wilke (Hg.), Die Sowjetunion, Solschenizyn und die westliche Linke, Reinbek 1975.
Eisenberg, Carolyn, Drawing the Line. The American Decision to Divide Germany, 1944–1949, New York 1996.
Emmett, Ross B., Frank Knight and the Chicago School in American Economics, New York/London 2009.
Engerman, David C., Modernization from the Other Shore. American Intellectuals and the Romance of Russian Development, Cambridge 2003.
Ders., »Rethinking Cold War Universities. Some Recent Histories«, in: *Journal of Cold War Studies 5* (2003), S. 80–95.
Ders., »The Romance of Economic Development and New Histories of the Cold War«, in: *Diplomatic History 28* (2004), S. 23–54.
Ders., »The Ironies of the Iron Curtain. The Cold War and the Rise of Russian Studies«, in: *David A. Hollinger* (Hg.), The Humanities and the Dynamics of Inclusion Since World War II, Baltimore 2006, S. 314–344.
Ders., »American Knowledge and Global Power«, in: *Diplomatic History 31* (2007), S. 599–622.
Ders., Know Your Enemy. The Rise and Fall of America's Soviet Experts, New York/Oxford 2009.
Erd, Rainer (Hg.), Reform und Resignation. Gespräche über Franz L. Neumann, Frankfurt 1985.
Farrell, James J., The Spirit of the Sixties. The Making of Postwar Radicalism, New York 1997.
Faulenbach, Bernd, »Die demokratische Linke und die Umwälzung von 1989/90. Zur Bedeutung von Totalitarismustheorien in der deutschen Sozialdemokra-

tie«, in: *Mike Schmeitzner* (Hg.), Totalitarismuskritik von links. Deutsche Diskurse im 20. Jahrhundert, Göttingen 2007, S. 377–392.

Ferris, John, »Coming in from the Cold War. The Historiography of American Intelligence, 1945–1990«, in: *Michael J. Hogan* (Hg.), America in the World. The Historiography of American Foreign Relations since 1941, Cambridge 1995, S. 562–598.

Feuer, Lewis, »The Frankfurt Marxists and the Columbia Liberals«, in: *Survey 25/3* (1980), S. 156–176.

Ders., »The Social Role of the Frankfurt Marxists«, in: *Survey 26/2* (1982), S. 150–170.

Flacks, Richard, »Die philosophischen und politischen Ursprünge der amerikanischen New Left«, in: *Ingrid Gilcher-Holtey* (Hg.), 1968 – Vom Ereignis zum Gegenstand der Geschichtswissenschaft (*Geschichte und Gesellschaft*, Sonderheft 17), Göttingen 1998, S. 151–167.

Foley, Michael S., Confronting the War Machine. Draft Resistance during the Vietnam War, Chapel Hill 2003.

Ders. (Hg.), Dear Dr. Spock. Letters about the Vietnam War to America's Favorite Baby Doctor, New York 2005.

Ford, Franklin L., »The Twentieth of July in the History of the German Resistance«, in: *American Historical Review 51* (1946), S. 609–626.

Ford, Harold P., Estimative Intelligence. The Purposes and Problems of National Intelligence Estimating, Washington 1989.

Ders., CIA and the Vietnam Policy Makers. Three Episodes 1962–1968, Washington 1998.

Forner, Sean, »Für eine demokratische Erneuerung Deutschlands. Kommunikationsprozesse und Deutungsmuster engagierter Demokraten nach 1945«, in: *Geschichte und Gesellschaft 33* (2007), S. 228–257.

Fosdick, Raymond B., The Story of the Rockefeller Foundation (1952), New York 1989.

Ders., Adventures in Giving. The Story of the General Education Board, New York 1962.

Foucault, Michel, Archäologie des Wissens, Frankfurt 1973.

Ders., Überwachen und Strafen. Die Geburt des Gefängnisses, Frankfurt 1977.

Ders., Dispositive der Macht. Über Sexualität, Wissen und Wahrheit, Berlin 1978.

Ders., In Verteidigung der Gesellschaft. Vorlesungen am Collège de France (1975–76), Frankfurt 1999.

Ders., Geschichte der Gouvernementalität, 2 Bde., Frankfurt 2004.

Fox, Richard Wrightman, Reinhold Niebuhr. A Biography, Ithaca/London 1996.

Freedman, Lawrence, U.S. Intelligence and the Soviet Strategic Threat, Princeton 1986.

Frei, Norbert, 1968. Jugendrevolte und globaler Protest, München 2008.

Frey, Marc, Dekolonisierung in Südostasien. Die Vereinigten Staaten und die Auflösung der europäischen Kolonialreiche 1930–1961, München 2006.

Friedländer, Saul, Den Holocaust beschreiben. Auf dem Weg zu einer integrierten Geschichte, Göttingen 2007.

Friedman, Lawrence J./Mark D. McGarvie (Hg.), Charity, Philanthropy, and Civility in American History, New York 2003.

Fry, Michael G./Miles Hochstein, »Epistemic Communities. Intelligence Studies and International Relations«, in: *Intelligence and National Security 8* (1993), S. 14–28.

Furet, François, Das Ende der Illusion. Der Kommunismus im 20. Jahrhundert, München/Zürich 1996.
Gaddis, John Lewis, »The Emerging Post-Revisionist Synthesis on the Origins of the Cold War«, in: *Diplomatic History 7* (1983), S. 171–204.
Ders., Strategies of Containment. A Critical Appraisal of American National Security Policy during the Cold War, Oxford/New York 2005.
Galbraith, John Kenneth, The Affluent Society, Boston 1958.
Gangl, Manfred (Hg.), Linke Juristen in der Weimarer Republik, Frankfurt 2003.
Garfinkle, Adam, Telltale Hearts. The Origins and Impact of the Vietnam Antiwar Movement, New York 1995.
Garthoff, Raymond L., Assessing the Adversary. Estimates by the Eisenhower Administration of Soviet Intentions and Capabilities, Washington 1991.
Ders., A Journey through the Cold War. A Memoir of Containment and Coexistence, Washington 2001.
Gay, Peter, Modernism. The Lure of Heresy. From Baudelaire to Beckett and Beyond, New York/London 2008.
Geary, Daniel, Radical Ambition. C. Wright Mills, the Left, and American Social Thought, Berkeley/Los Angeles 2009.
Gellhorn, Walter, »Report on a Report of the House Committee on Un-American Activities«, in: *Harvard Law Review 60* (1947), S. 1193–1234.
Ders., Security, Loyalty, and Science, Ithaca 1950.
Ders. (Hg.), The States and Subversion, Ithaca 1952.
Gemelli, Giuliana (Hg.), »The Unacceptables«. The Rockefeller Foundation and the Refugee Scholars Between the two Wars and After, Brüssel 2000.
Dies. (Hg.), American Foundations and Large Scale Research. Construction and Transfer of Knowledge, Bologna 2001.
Gentry, Curt, J. Edgar Hoover. The Man and the Secrets, New York 1991.
Geppert, Dominik, »Cultural Aspects of the Cold War«, in: *Bulletin of the German Historical Institute London 24/2* (2002), S. 50–71.
Geyer, Dietrich, Lenin in der russischen Sozialdemokratie. Die Arbeiterbewegung im Zarenreich als Organisationsproblem der revolutionären Intelligenz 1890–1903, Köln 1962.
Ders. (Hg.), Wirtschaft und Gesellschaft im vorrevolutionären Russland, Köln 1975.
Geyer, Michael, »The Militarization of Europe, 1914–1945«, in: *John R. Gillis* (Hg.), The Militarization of the Western World, New Brunswick 1989, S. 65–102.
Ders., »Introduction. After Totalitarianism – Stalinism and Nazism Compared«, in: *ders./Sheila Fitzpatrick* (Hg.), Beyond Totalitarianism. Stalinism and Nazism Compared, Cambridge 2009, S. 1–37.
Ghamari-Tabrizi, Sharon, The Worlds of Herman Kahn. The Intuitive Science of Thermonuclear War, Cambridge 2005.
Gilbert, Felix, Johann Gustav Droysen und die preußisch-deutsche Frage, München 1931.
Ders., »The Humanistic Concept of the Prince and the ›Prince‹ of Machiavelli«, in: *Journal of Modern History 11* (1939), S. 449–483.
Ders., »Political Thought of the Renaissance and Reformation«, in: *Huntington Library Quarterly 4* (1941), S. 443–468.
Ders., »Machiavelli. The Renaissance of the Art of War«, in: *Edward M. Earle/Gordon A. Craig/Felix Gilbert* (Hg.), Makers of Modern Strategy, Princeton 1943, S. 3–25.

Ders., »The English Background of American Isolationism in the Eighteenth Century«, in: *Williams and Mary Quarterly 1* (1944), S. 138–160.
Ders., »Mitteleuropa – the final stage«, in: *Journal of Central European Affairs 8* (1947), S. 58–67.
Ders., »German Historiography during the Second War. A Bibliographical Survey«, in: *American Historical Review 53* (1947), S. 52–58.
Ders., »Bernardo Rucellai and the ›Orti Orticellari‹. A Study on the Origin of Modern Political Thought«, in: *Journal of the Warburg and Courtauld Institutes 12* (1949), S. 101–131.
Ders., »The ›New Diplomacy‹ of the Eighteenth Century«, in: *World Politics 4* (1951), S. 1–38.
Ders., »The Composition and Structure of Machiavelli's ›Discorsi‹«, in: *Journal of the History of Ideas 14* (1953), S. 136–156.
Ders., »The Concept of Nationalism in Machiavelli's ›Prince‹«, in: *Studies in the Renaissance 1* (1954), S. 38–48.
Ders., Machiavelli and Guicciardini. Politics and History in Sixteenth-Century Florence, Princeton 1965.
Ders., »Political Power and Academic Responsibility. Reflections on Friedrich Meinecke's ›Drei Generationen deutscher Gelehrtenpolitik‹«, in: *Leonard Krieger/Fritz Stern* (Hg.), The Responsibility of Power. Historical Essays in Honor of Hajo Holborn, Garden City 1967, S. 402–415.
Ders., »Intellectual History. Its Aims and Methods«, in: *Daedalus 100* (1971), S. 80–97.
Ders., A European Past. Memoirs 1905–1945, New York 1988.
Ders. (Hg.), Hitler Directs His War. The Secret Records of His Daily Military Conferences, New York 1950.
Gilbert, Martin, Auschwitz and the Allies, New York/London 1981.
Gilcher-Holtey, Ingrid (Hg.), 1968 – Vom Ereignis zum Gegenstand der Geschichtswissenschaft (*Geschichte und Gesellschaft*, Sonderheft 17), Göttingen 1998.
Dies. (Hg.), Zwischen den Fronten. Positionskämpfe europäischer Intellektueller im 20. Jahrhundert, Berlin 2006.
Gillon, Steven M., Politics and Vision. The ADA and American Liberalism, New York 1987.
Gilman, Nils, Mandarins of the Future. Modernization Theory in Cold War America, Baltimore 2003.
Ders., »Modernization Theory, the Highest Stage of American Intellectual History«, in: *David C. Engerman u. a.* (Hg.), Staging Growth. Modernization, Development, and the Global Cold War, Amherst/Boston 2003, S. 47–80.
Gimbel, John, The Origins of the Marshall Plan, Stanford 1976.
Gitlin, Todd, The Whole World is Watching. Mass Media and the Making and Unmaking of the New Left, Los Angeles 1980.
Ders., The Sixties. Years of Hope, Days of Rage,
Glazer, Nathan, »The Peace Movement in America – 1961«, in: *Commentary 31/4* (April 1961), S. 288–296.
Gleason, Abbott, Totalitarianism. The Inner History of the Cold War, New York/Oxford 1995.
Ders., A Liberal Education, Cambridge 2010.
Gleijeses, Piero, Shattered Hope. The Guatemalan Revolution and the United States, 1944–1954, Princeton 1991.

Godson, Roy (Hg.), Intelligence Requirements for the 1980s. Analysis and Estimates, Washington 1980.
Ders. (Hg.), Intelligence Requirements for the 1990s. Collection, Analysis, Counterintelligence, and Covert Action, Lexington 1989.
Goldstein, Gordon M., Lessons in Disaster. McGeorge Bundy and the Path to War in Vietnam, New York 2008.
Gori, Francesca/Silvio Pons (Hg.), The Soviet Union and Europe in the Cold War, New York 1996.
Dies. (Hg.), Dagli archivi di Mosca. L'URSS, il Cominform e il PCI 1943–1951, Rom 1998.
Gottschalk, Louis, »Our Vichy Fumble«, in: *Journal of Modern History 20* (1948), S. 47–56.
Gramer, Regina, Reconstructing Germany, 1938–1949. United States Foreign Policy and the Cartel Question, Phil. Diss., Rutgers University, New Brunswick 1997.
Dies., »Von der Entflechtung zur Rekonzentration. Das uneinheitliche Vermächtnis der wirtschaftlichen Umgestaltung«, in: *Detlef Junker* (Hg.), Die USA und Deutschland im Zeitalter des Kalten Krieges 1945–1990. Ein Handbuch, Bd. 1: 1945–1967, Stuttgart 2001, S. 448–456.
Greiner, Bernd, Die Morgenthau-Legende. Zur Geschichte eines umstrittenen Plans, Hamburg 1995.
Ders., Krieg ohne Fronten. Die USA in Vietnam, Hamburg 2007.
Ders./Christian Th. Müller/Dierk Walter (Hg.), Angst im Kalten Krieg, Hamburg 2009.
Griffith, Robert, The Politics of Fear. Joseph R. McCarthy and the Senate, Amherst 1987.
Grose, Peter, Continuing the Inquiry. The Council on Foreign Relations from 1921 to 1996, New York 1996.
Ders., Operation Rollback. America's Secret War Behind the Iron Curtain, Boston/New York 2000.
Ders., Allen Dulles. Spymaster. The Life and Times of the First Civilian Director of the CIA, London 2006.
Guilbaut, Serge, Wie New York die Idee der modernen Kunst gestohlen hat. Abstrakter Expressionismus, Freiheit und kalter Krieg, Dresden 1997.
Gunnell, John C., The Descent of Political Theory. The Genealogy of an American Vocation, Chicago/London 1993.
Gutman, Israel, »Vorwort des Hauptherausgebers«, in: Enzyklopädie des Holocaust. Die Verfolgung und Ermordung der europäischen Juden, 4 Bde., München/Zürich 1998, Bd. 1, S. ix–xv.
Haberl, Othmar Nikola/Lutz Niethammer, »Einleitung der Herausgeber«, in: *dies.* (Hg.), Der Marshall-Plan und die europäische Linke, Frankfurt 1986.
Habermas, Jürgen, Theorie und Praxis. Sozialphilosophische Studien, Frankfurt 1971.
Ders. (Hg.), Antworten auf Herbert Marcuse, Frankfurt 1968.
Hachmeister, Lutz, Der Gegnerforscher. Die Karriere des SS-Führers Franz Alfred Six, München 1998.
Hachtmann, Rüdiger, Wissenschaftsmanagement im »Dritten Reich«. Geschichte der Generalverwaltung der Kaiser-Wilhelm-Gesellschaft, 2 Bde., Göttingen 2007.
Hacke, Christian/Jana Puglierin, »John H. Herz. Balancing Utopia and Reality«, in: *International Relations 21* (2007), S. 367–382.

Hacke, Christian/Gottfried-Karl Kindermann/Kai Schellhorn (Hg.), The Heritage, Challenge, and Future of Realism. In Memoriam Hans J. Morgenthau (1904–1980), Göttingen 2005.

Hacohen, Malachi Haim, »Leonard Krieger. Historization and Political Engagement in Intellectual History«, in: *History and Theory 35* (1996), S. 80–130.

Hagemann, Frank, Der Untersuchungsausschuss Freiheitlicher Juristen 1949–1969, Frankfurt 1994.

Hagner, Michael/Erich Hörl (Hg.) Die Transformation des Humanen. Beiträge zur Kulturgeschichte der Kybernetik, Frankfurt 2008.

Haines, Gerald K./Robert E. Leggett (Hg.), Watching the Bear. Essays on CIA's Analysis of the Soviet Union, Washington 2004.

Dies. (Hg.), CIA's Analysis of the Soviet Union, 1947–1991, Washington 2001.

Halberstam, David, The Best and the Brightest (1972), New York 1993.

Halliwell, Martin, The Constant Dialogue. Reinhold Niebuhr and American Intellectual Culture, Lanham 2005.

Hardtwig, Wolfgang, Einleitung: Politische Kulturgeschichte der Zwischenkriegszeit, in: *ders.* (Hg.), Politische Kulturgeschichte der Zwischenkriegszeit 1918–1939 (*Geschichte und Gesellschaft,* Sonderheft 21), Göttingen 2005, S. 7–22.

Ders./Hans-Ulrich Wehler (Hg.), Kulturgeschichte heute, Göttingen 1996.

Hartz, Louis, The Liberal Tradition in America. An Interpretation of American Political Thought since the Revolution, New York 1955.

Hausmann, Frank-Rutger, »Auch im Krieg schweigen die Musen nicht.« Die Deutschen Geisteswissenschaftlichen Institute im Zweiten Weltkrieg, Göttingen 2001.

Ders. (Hg.), Die Rolle der Geisteswissenschaften im Dritten Reich 1933–1945, München 2002.

Havel, Václav, Versuch, in der Wahrheit zu leben, Reinbek 1990.

Hayden, Tom, »A Letter to the New (Young) Left (1961)«, in: *Mitchell Cohen/ Dennis Hale* (Hg.), The New Student Left, Boston 1967, S. 2–9.

Haynes, John Earl/Harvey Klehr, Venona. Decoding Soviet Espionage in America, New Haven 1999.

Dies., Early Cold War Spies. The Espionage Trials that Shaped American Politics, Cambridge 2006.

Heideking, Jürgen, »Die »Breakers«-Akte. Das Office of Strategic Services und der 20. Juli 1944«, in: *Jürgen Heideking/Christoph Mauch* (Hg.), Geheimdienstkrieg gegen Deutschland. Subversion, Propaganda und politische Planungen des amerikanischen Geheimdienstes im Zweiten Weltkrieg, Göttingen 1993, S. 11–50.

Ders./Christoph Mauch (Hg.), Die USA und deutscher Widerstand. Analysen und Operationen des amerikanischen Geheimdienstes im Zweiten Weltkrieg, Tübingen/Basel 1993.

Henriksen, Margot A., Dr. Strangelove's America. Society and Culture in the Atomic Age, Berkeley/Los Angeles 1997.

Herbert, Ulrich, Best. Biographische Studien über Radikalismus, Weltanschauung und Vernunft, Bonn 1996.

Ders. (Hg.), Nationalsozialistische Vernichtungspolitik 1939–1945. Neue Forschungen und Kontroversen, Frankfurt 1998.

Ders. (Hg.), Wandlungsprozesse in Westdeutschland. Belastung, Integration, Liberalisierung 1945–1980, Göttingen 2002.

Herman, Ellen, The Romance of American Psychology. Political Culture in the Age of Experts, Berkeley 1995.

Dies., »The Career of Cold War Psychology«, in: *Radical History Review 63* (1995), S. 52–85.

Herman, Michael, Intelligence Power in Peace and War, Cambridge 1996.

Herz, John H., Die Völkerrechtslehre des Nationalsozialismus, Zürich 1938.

Ders., »The Fiasco of Denazification in Germany«, in: *Political Science Quarterly 63* (1948), S. 569–594.

Ders., Political Realism and Political Idealism, Chicago 1951.

Ders., International Politics in the Atomic Age, New York 1959.

Hettling, Manfred (Hg.), Volksgeschichten im Europa der Zwischenkriegszeit, Göttingen 2003.

Heuser, Beatrice, »Westliche ›Roll-back‹-Strategien im Kalten Krieg«, in: *Vierteljahrshefte für Zeitgeschichte 37* (1989), S. 65–84.

Higham, John, »The Cult of the ›American Consensus‹. Homogenizing Our History«, in: *Commentary 27* (Februar 1959), S. 93–100.

Ders., »Beyond Consensus. The Historian as Moral Critic«, in: *American Historical Review 67* (1962), S. 609–625.

Ders./Leonard Krieger/Felix Gilbert, History. The Development of Historical Studies in the United States, Englewood Cliffs, NJ 1965.

Hilberg, Raul, Unerbetene Erinnerung. Der Weg eines Holocaust-Forschers, Frankfurt 1994.

Ders., »Die bleibende Bedeutung des ›Behemoth‹«, in: *Mattias Iser/David Strecker* (Hg.), Kritische Theorie der Politik. Franz L. Neumann – eine Bilanz, Baden-Baden 2002, S. 75–82.

Ders./Alfons Söllner, »Das Schweigen zum Sprechen bringen. Ein Gespräch über Franz Neumann und die Entwicklung der Holocaust-Forschung«, in: *Dan Diner* (Hg.), Zivilisationsbruch. Denken nach Auschwitz, Frankfurt 1988, S. 175–200.

Hildebrand, Klaus, »Stufen der Totalitarismusforschung«, in: *Eckhard Jesse* (Hg.), Totalitarismus im 20. Jahrhundert. Eine Bilanz der internationalen Forschung, Bonn 1999, S. 70–94.

Hildermeier, Manfred, »Sozialgeschichte Russlands und der früheren Sowjetunion. Leistungen und Grenzen«, in: *Dittmar Dahlmann* (Hg.), Hundert Jahre Osteuropäische Geschichte. Vergangenheit, Gegenwart und Zukunft, Stuttgart 2005, S. 81–105.

Hillgruber, Andreas, Der Zweite Weltkrieg 1939–1945. Kriegsziele und Strategie der großen Mächte, Stuttgart 1986.

Ders., Deutsche Geschichte 1945–1986. Die »deutsche Frage« in der Weltpolitik, Stuttgart 1989.

Hilsman, Roger, Strategic Intelligence and National Decisions, Glencoe, IL 1956.

Ders., To Move a Nation. The Politics of Foreign Policy in the Administration of John F. Kennedy, New York 1967.

Hixson, Walter L., George F. Kennan. Cold War Iconoclast, New York 1989.

Ders., Parting the Curtain. Propaganda, Culture, and the Cold War, 1945–1961, New York 1998.

Hobsbawm, Eric, Das Zeitalter der Extreme. Weltgeschichte des 20. Jahrhunderts, München 1998.

Hochgeschwender, Michael, Freiheit in der Offensive? Der Kongress für kulturelle Freiheit und die Deutschen, München 1998.

Hodenberg, Christina von/Detlef Siegfried (Hg.), Wo »1968« liegt. Reform und Revolte in der Geschichte der Bundesrepublik, Göttingen 2006.

Hoff, Jan, Marx global. Zur Entwicklung des internationalen Marx-Diskurses seit 1965, Berlin 2009.
Hofstadter, Richard, »The Pseudo-Conservative Revolt«, in: *Daniel Bell* (Hg.), The New American Right, New York 1955, S. 33–55.
Ders., The Age of Reform. From Bryan to FDR, New York 1955.
Ders., The Paranoid Style in American Politics and Other Essays, New York 1965.
Ders., The Progressive Historians. Turner, Beard, Parrington, New York 1968.
Hogan, Michael J., The Marshall Plan. America, Britain, and the Reconstruction of Western Europe 1947–1952, Cambridge 1987.
Ders., A Cross of Iron. Harry S. Truman and the Origins of the National Security State, 1945–1954, Cambridge 1998.
Ders. (Hg.), America in the World. The Historiography of American Foreign Relations since 1941, Cambridge 1995.
Holborn, Hajo, American Military Government. Its Organization and Policies, Washington 1947.
Ders., »Irrwege in unserer Geschichte?«, in: *Der Monat* 2/17 (1950), S. 531–535.
Ders., »Der deutsche Idealismus in sozialgeschichtlicher Beleuchtung«, in: *Historische Zeitschrift 174* (1952), S. 359–384.
Hollinger, David, »The Defense of Democracy and Robert K. Merton's Formulation of the Scientific Ethos«, in: *Knowledge and Society 4* (1983), S. 1–15.
Ders., »Science as a Weapon in »Kulturkämpfe« in the United States during and after World War II«, in: *Isis 86* (1995), S. 440–454.
Hook, Sidney, »On the Battlefield of Philosophy«, in: *Partisan Review 16* (März 1949), S. 251–268.
Horkheimer, Max, Gesammelte Schriften, Bd. 17: Briefwechsel 1941–1948, hrsg. von Gunzelin Schmid Noerr, Frankfurt 1996.
Ders., Gesammelte Schriften, Bd. 18: Briefwechsel 1949–1973, hrsg. von Gunzelin Schmid Noerr, Frankfurt 1996.
Ders. u. a., Wirtschaft, Staat und Recht im Nationalsozialismus. Analysen des Instituts für Sozialforschung 1939–1942, hrsg. von Helmut Dubiel/Alfons Söllner, Frankfurt 1981.
Horn, Eva, Der geheime Krieg. Verrat, Spionage und moderne Fiktion, Frankfurt 2007.
Horn, Gerd-Rainer, The Spirit of '68. Rebellion in Western Europe and North America, 1956–1976, Oxford 2007.
Horowitz, David A., Beyond Left and Right. Insurgency and the Establishment, Urbana/Chicago 1997.
Horowitz, Irving Louis, C. Wright Mills. An American Utopian, New York 1983.
Horowitz, Michael, »Portrait of the Marxist as an Old Trouper«, in: *Playboy* (September 1970), S. 174–176, 228, 231f.
Howe, Irving, »The Sentimental Fellow-Traveling of F. O. Matthiessen«, in: *Partisan Review 15* (1948), S. 1125–1129.
Ders., »The New York Intellectuals. A Chronicle & A Critique«, in: *Commentary 46/4* (Oktober 1968), S. 29–51.
Hübinger, Gangolf, Gelehrte, Politik und Öffentlichkeit. Eine Intellektuellengeschichte, Göttingen 2006.
Ders./Thomas Hertfelder (Hg.), Kritik und Mandat. Intellektuelle in der deutschen Politik, Stuttgart/München 2000.
Hughes, H. Stuart, An Essay for Our Times, New York 1950.
Ders., »The End of Political Ideology«, in: *Measure* (Frühjahr 1951), S. 146–158.

Ders., »Transatlantic Misunderstanding. Realities and Abstractions«, in: *Virginia Quarterly Review 27* (1951), S. 481–497.
Ders., »Second Thoughts on an Old Relationship«, in: *Confluence* (September 1952), S. 19–29.
Ders., »The Intellectual as Corrupter«, in: *The New Leader*, 7. 7. 1952, S. 16–19.
Ders., Oswald Spengler. A Critical Estimate (1952), New Brunswick 1991.
Ders., The United States and Italy, Cambridge 1953.
Ders., »Is the Intellectual Obsolete?«, in: *Commentary 22/4* (1956), S. 313–319.
Ders., »Western Strategy and Economic Revolution. Direct or Delaying Action?«, in: *Commentary 21* (1956), S. 137–143.
Ders., Consciousness and Society. The Reorientation of European Social Thought, 1890–1930, New York 1958.
Ders., »The Turn of the Tide. Western Diplomacy in the Sputnik Era«, in: *Commentary 25* (1958), S. 185–191.
Ders., »De Gaulle in Power. The Fifth Republic in the Mirror of History«, in: *Commentary 26/3* (September 1958), S. 185–193.
Ders., »How Democratic is Christian Democracy? The Church in European Politics«, in: *Commentary 25* (1958), S. 379–384.
Ders., »A Politics of Peace. Reflections on C. Wright Mills's ›The Causes of World War III‹«, in: *Commentary 27* (1959), S. 118–126.
Ders./G. L. Arnold, »What Should Our Foreign Policy Be? An Exchange«, in: *Commentary 27* (1959), S. 285–291.
Ders., »End of an Epoch«, in: *Partisan Review 27* (Sommer 1960), S. 564–568.
Ders., »The Historian and the Social Scientist«, in: *American Historical Review 66* (1960), S. 20–46.
Ders., »The Strategy of Deterrence. A Dissenting Statement«, in: *Commentary 31/3* (März 1961), S. 185–192.
Ders., »Grandeur and Misery of Guerilla Warfare«, in: *Commentary 34/2* (August 1962), S. 145–150.
Ders., An Approach to Peace and Other Essays, New York 1962.
Ders., »Disengagement and NATO«, in: *James Roosevelt* (Hg.), The Liberal Papers, New York 1962, S. 303–312.
Ders., »On Being a Candidate«, in: *Commentary 35/2* (Februar 1963), S. 123–131.
Ders., History as Art and as Science. Twin Vistas on the Past, Chicago 1964.
Ders., The Obstructed Path. French Social Thought in the Years of Desperation, 1930–1960, New York 1968.
Ders., »The Second Year of the Cold War. A Memoir & An Anticipation«, in: *Commentary 48/2* (August 1969), S. 27–32.
Ders., »Franz Neumann between Marxism and Liberal Democracy«, in: *Donald Fleming/Bernard Bailyn* (Hg.), The Intellectual Migration. Europe and America, 1930–1960, Cambridge 1969, S. 446–462.
Ders., »The Need Now is to De-Politicize the University«, in: *Harvard Alumni Bulletin*, 15. 9. 1969, S. 35–38.
Ders., The Sea Change. The Migration of Social Thought, 1930–1965, New York 1975.
Ders., »Social Theory in a New Context«, in: *Jarrell C. Jackman/Carla M. Borden* (Hg.), The Muses Flee Hitler. Cultural Transfer and Adaptation, 1930–1945, Washington 1983, S. 111–122.
Ders., Sophisticated Rebels. The Political Culture of European Dissent, 1968–1987, Cambridge 1988.

Ders., Gentleman Rebel. The Memoirs of H. Stuart Hughes, New York 1990.
The Hughes Campaign. 25 Years Later. 1962–1987, hrsg. von CPPAX (Citizens for Participation in Political Action), Boston 1987.
Hughes, Thomas Parke/Agatha C. Hughes (Hg.), Lewis Mumford. Public Intellectual, New York/Oxford 1990.
Ignatieff, Michael, Isaiah Berlin. Ein Leben, München 2000.
Intelmann, Peter, Franz L. Neumann. Chancen und Dilemma des politischen Reformismus, Baden-Baden 1996.
Isaacson, Walter/Evan Thomas, The Wise Men. Six Friends and the World They Made, New York 1986.
Iser, Mattias/David Strecker (Hg.), Kritische Theorie der Politik. Franz L. Neumann – eine Bilanz, Baden-Baden 2002.
Dies., »Zerrissen zwischen Marxismus und Liberalismus? Franz L. Neumann und der ›liberal turn‹ der Kritischen Theorie«, in: *Mattias Iser/David Strecker* (Hg.), Kritische Theorie der Politik. Franz L. Neumann – eine Bilanz, Baden-Baden 2002, S. 9–38.
Isserman, Maurice, If I Had a Hammer … The Death of the Old Left and the Birth of the New Left, New York 1987.
Jachec, Nancy, The Philosophy and Politics of Abstract Expressionism, 1940–1960, Cambridge 2000.
Jacoby, Russell, The End of Utopia. Politics and Culture in an Age of Apathy, New York 1999.
Ders., The Last Intellectuals. American Culture in the Age of Academe, New York 2000.
Jäckel, Eberhard, »Vorwort zur deutschen Ausgabe«, in: Enzyklopädie des Holocaust. Die Verfolgung und Ermordung der europäischen Juden, 4 Bde., München/Zürich 1998, Bd. 1, S. xvi–xix.
Jäger, Lorenz, Adorno. Eine politische Biographie, München 2003.
Jamison, Andrew/Ron Eyerman, Seeds of the Sixties, Berkeley/Los Angeles 1995.
Jansen, Peter-Erwin (Hg.), Befreiung denken – Ein politischer Imperativ. Ein Materialienband zur politischen Arbeitstagung über Herbert Marcuse am 13. und 14. Oktober 1989 in Frankfurt, Offenbach 1989.
Ders., »Etablierung im Exil. Herbert Marcuse und Leo Löwenthal in Amerika«, in: *Monika Boll/Raphael Gross* (Hg.), Die Frankfurter Schule und Frankfurt. Eine Rückkehr nach Deutschland, Göttingen 2009, S. 264–277.
Jay, Martin, The Dialectical Imagination. A History of the Frankfurt School and the Institute of Social Research, 1923–1950, Berkeley/Los Angeles 1996.
Ders., »The Metapolitics of Utopianism«, in: *Dissent* 27/4 (1970), S. 342–350.
Ders., »Frankfurter Schule und Judentum. Die Antisemitismusanalyse der Kritischen Theorie«, in: *Geschichte und Gesellschaft 5* (1979), S. 439–454.
Ders., »Misrepresentations of the Frankfurt School«, in: *Survey 26/2* (1982), S. 131–141.
Ders., Permanent Exiles. Essays on the Intellectual Migration from Germany to America, New York 1985.
Ders., Fin-de-Siècle Socialism and Other Essays, New York/London 1988.
Ders., Force Fields. Between Intellectual History and Cultural Critique, New York/London 1993.
Ders., »Abenteuer Theorie«, in: *Zeitschrift für Ideengeschichte 3/4* (2009), S. 58–68.
Jeffreys-Jones, Rhodri, The CIA and American Democracy, New Haven/London 1989.

Ders., The FBI. A History, New Haven/London 2007.
Jezer, Martin, Abbie Hoffman. American Rebel, New Brunswick 1992.
Jones, A. H. M., »The Economic Basis of the Athenian Democracy«, in: *Past and Present 1/1* (1952), S. 13–31.
Jones, Joseph M., The Fifteen Weeks (February 21–June 5, 1947), New York 1955.
Jones, William David, The Lost Debate. German Socialist Intellectuals and Totalitarianism, Urbana/Chicago 1999.
Jordan, Zbigniew A., Philosophy and Ideology. The Development of Philosophy and Marxism-Leninism in Poland since the Second World War, Dordrecht 1963.
Judt, Tony, Past Imperfect. French Intellectuals, 1944–1956, Berkeley/Los Angeles/Oxford 1992.
Ders., The Burden of Responsibility. Blum, Camus, Aron, and the French Twentieth Century, Chicago/London 1998.
Jumonville, Neil, Critical Crossings. The New York Intellectuals in Postwar America, Berkeley/Los Angeles 1991.
Junker, Detlef (Hg.), Die USA und Deutschland im Zeitalter des Kalten Krieges 1945–1990. Ein Handbuch, 2 Bde., Stuttgart 2001.
Kahn, Herman, On Thermonuclear War, Princeton 1960.
Kaiser, David, American Tragedy. Kennedy, Johnson, and the Origins of the Vietnam War, Cambridge 2000.
Kateb, George, »The Political Thought of Herbert Marcuse«, in: *Commentary 49/1* (Januar 1970), S. 48–63.
Katsiaficas, George, The Imagination of the New Left. A Global Analysis of 1968, Boston 1987.
Katz, Barry M., Herbert Marcuse and the Art of Liberation. An Intellectual Biography, London 1982.
Ders., Foreign Intelligence. Research and Analysis in the Office of Strategic Services 1942–1945, Cambridge/London 1989.
Ders., »The Holocaust and American Intelligence«, in: *Moses Rischin/Raphael Asher* (Hg.), The Jewish Legacy and the German Conscience. Essays in Memory of Rabbi Joseph Asher, Berkeley 1991, S. 297–307.
Ders., »The OSS and the Development of the Research and Analysis Branch«, in: *George C. Chalou* (Hg.), The Secrets War. The Office of Strategic Services in World War II, Washington 1992, S. 43–47.
Katz, Milton, Ban the Bomb. A History of SANE, the Committee for a Sane Nuclear Policy, 1957–1985, New York 1986.
Katznelson, Ira, Desolation and Enlightenment. Political Knowledge After Total War, Totalitarianism, and the Holocaust, New York 2003.
Keeley, Joseph, The China Lobby Man. The Story of Alfred Kohlberg, New Rochelle 1969.
Keller, William W., The Liberals and J. Edgar Hoover. Rise and Fall of a Domestic Intelligence State, Princeton 1989.
Kellner, Douglas, Herbert Marcuse and the Crisis of Marxism, Berkeley 1984.
Ders., Critical Theory, Marxism, and Modernity, Baltimore 1989.
Ders., »The Unknown Marcuse. New Archival Discoveries«, in: *Herbert Marcuse*, Collected Papers of Herbert Marcuse, Bd. 1: Technology, War, and Fascism, hrsg. von Douglas Kellner, London/New York 1998, S. xiii–xvi.
Ders., »Technology, War, and Fascism. Marcuse in the 1940s«, in: *Herbert Marcuse*, Collected Papers of Herbert Marcuse, Bd. 1: Technology, War, and Fascism, hrsg. von Douglas Kellner, London/New York 1998, S. 1–38.

Kelsey, David H., »Paul Tillich«, in: *David F. Ford* (Hg.), Theologen der Gegenwart. Eine Einführung in die christliche Theologie des zwanzigsten Jahhunderts, Paderborn 1993, S. 127–142.

[*Kennan, George F.*] X, »The Sources of Soviet Conduct«, in: *Foreign Affairs 25* (Juli 1947), S. 566–582.

Kennedy, David M., Freedom from Fear. The American People in Depression and War, 1929–1945, Oxford/New York 1999.

Kennedy, Thomas C., Charles A. Beard and American Foreign Policy, Gainesville 1975.

Kershaw, Ian, Der NS-Staat. Geschichtsinterpretationen und Kontroversen im Überblick, Reinbek 1993.

Kettler, David, »The Political Theory Question in Political Science, 1956–1967«, in: *American Political Science Review 100* (2006), S. 532–538.

Ders., »Political Science and Political Theory. The Heart of the Matter«, in: *Sanford F. Schram/Brian Caterino* (Hg.), Making Political Science Matter. Debating Knowledge, Research, and Method, New York/London 2006, S. 234–251.

Ders., »Negotiating Exile. Franz L. Neumann as Political Scientist«, in: *Caroline Arni u. a.* (Hg.), Der Eigensinn des Materials. Erkundungen der sozialen Wirklichkeit. Festschrift für Claudia Honegger zum 60. Geburtstag, Frankfurt/Basel 2007, S. 205–224.

Khilnani, Sunil, Arguing Revolution. The Intellectual Left in Postwar France, New Haven/London 1993.

Kimball, Warren F., Swords or Ploughshares? The Morgenthau Plan for Defeated Nazi Germany, 1943–1946, Philadelphia/New York 1976.

Kimmage, Michael, The Conservative Turn. Lionel Trilling, Whittaker Chambers, and the Lessons of Anti-Communism, Cambridge 2009.

King, Richard H., Civil Rights and the Idea of Freedom, New York 1997.

Kirchheimer, Otto, »Criminal Law in National Socialist Germany«, in: *Studies in Philosophy and Social Science 8* (1940), S. 444–463.

Ders., »The Legal Order of National Socialism«, in: *Studies in Philosophy and Social Science 9* (1942), S. 456–476.

Ders., »Parteistruktur und Massendemokratie in Europa«, in: *Archiv des öffentlichen Rechts 79* (1954), S. 301–325.

Ders., »Notes on the Political Scene in Western Germany«, in: *World Politics 6* (1954), S. 306–321.

Ders., »Politics and Justice«, in: *Social Research 22* (1955), S. 377–398.

Ders., Political Justice. The Use of Legal Procedure for Political Ends, Princeton 1961.

Ders., Politik und Verfassung, Frankfurt 1964.

Ders., »The Conditions of Revolutionary Power«, in: *Leonard Krieger/Fritz Stern* (Hg.), The Responsibility of Power. Historical Essays in Honor of Hajo Holborn, Garden City 1967, S. 416–438.

Ders., Politische Herrschaft. Fünf Beiträge zur Lehre vom Staat, Frankfurt 1967.

Kirk, Andrew, »›Machines of Loving Grace‹. Alternative Technology, Environment, and the Counterculture«, in: *Peter Braunstein/Michael William Doyle* (Hg.), Imagine Nation. The American Counterculture of the 1960s and '70s, New York/London 2002, S. 353–378.

Kittsteiner, Heinz Dieter, »Unverzichtbare Episode. Berlin 1967«, in: *Zeitschrift für Ideengeschichte 2/4* (2008), S. 31–44.

Klautke, Egbert, »Auf den Spuren des Sonderwegs. Zur Westorientierung der deutschen Geschichtswissenschaft in der Bundesrepublik«, in: *Manfred Berg/ Philipp Gassert* (Hg.), Deutschland und die USA in der internationalen Geschichte des 20. Jahrhunderts. Festschrift für Detlef Junker, Stuttgart 2004, S. 98–112.

Klehr, Harvey/John Earl Haynes/Fridrikh Igorevich Firsov, The Secret World of American Communism, New Haven 1995.

Kleinman, Mark L., A World of Hope, a World of Fear. Henry A. Wallace, Reinhold Niebuhr, and American Liberalism, Columbus 2000.

Kloppenberg, James T., »In Retrospect. Louis Hartz's ›The Liberal Tradition in America‹«, in: *Reviews in American History 29* (2001), S. 460–476.

Kluckhohn, Clyde, »Russian Research at Harvard«, in: *World Politics 1* (1949), S. 266–271.

Knöbl, Wolfgang, Spielräume der Modernisierung. Das Ende der Eindeutigkeit, Weilerswist 2001.

Koch, Scott A., Selected Estimates on the Soviet Union, 1950–1959, in: *ders.* (Hg.), Selected Estimates on the Soviet Union, 1950–1959, Washington 1993, S. ix–xv.

Ders. (Hg.), Selected Estimates on the Soviet Union, 1950–1959, Washington 1993.

Koen, Ross Y., The China Lobby in American Politics, New York 1974.

Konvitz, Milton R., The Alien and the Asiatic in American Law, Ithaca 1946.

Koselleck, Reinhart, Vergangene Zukunft. Zur Semantik geschichtlicher Zeiten, Frankfurt 1979.

Ders., Zeitschichten. Studien zur Historik, Frankfurt 2000.

Ders., »Hinweise auf die temporalen Strukturen begriffsgeschichtlichen Wandels«, in: *Hans Erick Bödeker* (Hg.), Begriffsgeschichte, Diskursgeschichte, Metapherngeschichte, Göttingen 2002, S. 29–47.

Kotkin, Stephen, Armageddon Averted. The Soviet Collapse 1970–2000, New York/Oxford 2003.

Kramer, Mark, »Gorbachev and the Demise of East European Communism«, in: *Silvio Pons/Federico Romero* (Hg.), Reinterpreting the End of the Cold War. Issues, Interpretations, Periodizations, Abingdon/New York 2005, S. 179–200.

Kraushaar, Wolfgang, »Sich aufs Eis wagen. Plädoyer für eine Auseinandersetzung mit der Totalitarismustheorie«, in: *Eckhard Jesse* (Hg.), Totalitarismus im 20. Jahrhundert. Eine Bilanz der internationalen Forschung, Bonn 1999, S. 487–504.

Ders. (Hg.), Frankfurter Schule und Studentenbewegung. Von der Flaschenpost zum Molotowcocktail 1946–1995, 3 Bde., Frankfurt 1998.

Krieger, Leonard, »The Inter-Regnum in Germany: March–August 1945«, in: *Political Science Quarterly 64* (1949), S. 507–532.

Ders., »The Intellectuals and European Society«, in: *Political Science Quarterly 67* (1952), S. 225–247.

Ders., »Marx and Engels as Historians«, in: *Journal of the History of Ideas 14* (1953), S. 381–403.

Ders., The German Idea of Freedom. History of a Political Tradition, Boston 1957.

Ders., »The Horizons of History«, in: *American Historical Review 63* (1957), S. 62–74.

Ders., »The Uses of Marx for History«, in: *Political Science Quarterly 75* (1960), S. 355–378.

Ders., »European History in America«, in: *John Higham/Leonard Krieger/Felix Gilbert,* History. The Development of Historical Studies in the United States, Englewood Cliffs, NJ 1965, S. 233–315.

Ders., »Culture, Cataclysm, and Contingency«, in: *Journal of Modern History 40* (1968), S. 447–473.
Ders., »The Autonomy of Intellectual History«, in: *Journal of the History of Ideas 34* (1973), S. 499–516.
Ders., Ranke. The Meaning of History, Chicago 1977.
Ders., Time's Reasons. Philosophies of History Old and New, Chicago 1989.
Ders./Fritz Stern (Hg.), The Responsibility of Power. Historical Essays in Honor of Hajo Holborn, Garden City 1967.
Krieger, Wolfgang, »Die amerikanische Deutschlandplanung. Hypotheken und Chancen für den Neuanfang«, in: *Hans-Erich Volkmann* (Hg.), Ende des Dritten Reiches – Ende des Zweiten Weltkriegs. Eine perspektivische Rückschau, München/Zürich 1995, S. 25–50.
Ders., Geschichte der Geheimdienste. Von den Pharaonen bis zur CIA, München 2009.
Ders. (Hg.), Geheimdienste in der Weltgeschichte. Spionage und verdeckte Aktionen von der Antike bis zur Gegenwart, München 2003.
Krige, John, American Hegemony and the Postwar Reconstruction of Science in Europe, Cambridge/London 2006.
Kristol, Irving, »›Civil Liberties‹, 1952 – A Study in Confusion«, in: *Commentary 13* (März 1952), S. 228–236.
Kroll, Thomas, Kommunistische Intellektuelle in Westeuropa. Frankreich, Österreich, Italien und Großbritannien im Vergleich (1945–1956), Köln 2007.
Krugler, David F., The Voice of America and the Domestic Propaganda Battles, 1945–1953, Columbia, MO 2000.
Kubina, Michael, Von Utopie, Widerstand und Kaltem Krieg. Das unzeitgemäße Leben des Berliner Rätekommunisten Alfred Weiland (1906–1978), Münster 2001.
Kuklick, Bruce, Blind Oracles. Intellectuals and War from Kennan to Kissinger, Princeton 2006.
Kuhns, Woodrow, »The Beginning of Intelligence Analysis in CIA. The Office of Reports and Estimates: CIA's First Center for Analysis«, in: *Studies in Intelligence 51/2* (2007), S. 27–45.
LaCapra, Dominick, Rethinking Intellectual History. Texts, Contexts, Language, Ithaca/London 1983.
Ders., History & Criticism, Ithaca/London 1985.
Ders., Soundings in Critical Theory, Ithaca/London 1989.
Ders., Representing the Holocaust. History, Theory, Trauma, Ithaca/London 1994.
Ders., History and Memory after Auschwitz, Ithaca/London 1998.
Ders., History and Reading. Tocqueville, Foucault, French Studies, Toronto 2000.
Ders., History in Transit. Experience, Identity, Critical Theory, Ithaca 2004.
Ders./Steven L. Kaplan (Hg.), Modern European Intellectual History. Reappraisals and New Perspectives, Ithaca/London 1982.
Lademacher, Horst (Hg.), Die Zimmerwalder Bewegung. Protokolle und Korrespondenz, 2 Bde., Den Haag 1967.
Ladwig, Bernd, »Die politische Theorie der Frankfurter Schule. Franz L. Neumann«, in: *André Brodocz/Gary S. Schaal* (Hg.), Politische Theorien der Gegenwart. Eine Einführung, Bd. 1, Opladen 2002, S. 35–75.
LaFeber, Walter, The Deadly Bet. LBJ, Vietnam and the 1968 Election, Lanham 2006.

Lagemann, Ellen Condliffe, The Politics of Knowledge. The Carnegie Corporation, Philanthropy, and Public Policy, Middletown 1989.
Dies. (Hg.), Philanthropic Foundations, Bloomington 1999.
Landshut, Siegfried, »Vorwort«, in: *Karl Marx*, Die Frühschriften, hrsg. von Siegfried Landshut, Stuttgart 1953, S. vf.
Ders., »Einleitung«, in: *Karl Marx*, Die Frühschriften, hrsg. von Siegfried Landshut, Stuttgart 1953, S. ix-lx.
Ders., »Die Gegenwart im Lichte der Marxschen Lehre«, in: *Hamburger Jahrbuch für Wirtschafts- und Gesellschaftspolitik 1* (1956), S. 42–55.
Ders., Kritik der Soziologie und andere Schriften der Politik, Neuwied/Berlin 1969.
Ders./J. P. Meyer, »Einleitung«, in: *Karl Marx*, Der historische Materialismus. Die Frühschriften, 2 Bde., hrsg. von Siegfried Landshut/J. P. Meyer, Leipzig 1932, S. xi–xli.
Langer, Walter C., The Mind of Adolf Hitler. The Secret Wartime Report, New York 1972.
Langer, William L., Our Vichy Gamble, New York 1947.
Ders., »The Next Assignment«, in: *American Historical Review 63* (1958), S. 283–304.
Ders., In and Out the Ivory Tower. The Autobiography of William L. Langer, New York 1977.
Ders./S. Everett Gleason, The World Crisis and American Foreign Policy, Bd. 1: The Challenge to Isolation, 1937–1940, New York 1952.
Dies., The World Crisis and American Foreign Relations, Bd. 2: The Undeclared War, 1940–41, New York 1953.
Laqueur, Walter, The Terrible Secret. An Investigation into the Suppression of Information about Hitler's »Final Solution«, London 1980.
Ders., A World of Secrets. The Uses and Limits of Intelligence, New York 1985.
Ders./Richard Breitman, Der Mann, der das Schweigen brach. Wie die Welt vom Holocaust erfuhr, Frankfurt/Berlin 1986.
Larson, Deborah Welch, Anatomy of Mistrust. US-Soviet Relations during the Cold War, Ithaca/London 1997.
Latham, Michael, Modernization as Ideology. American Social Science and »Nation Building« in the Kennedy Era, Durham 2000.
Laurie, Clayton D., The Propaganda Warriors. America's Crusade Against Nazi Germany, Lawrence 1996.
Lawrence, Mark, Assuming the Burden. Europe and the American Commitment to War in Vietnam, Berkeley/Los Angeles 2005.
Leffler, Melvyn P., A Preponderance of Power. National Security, the Truman Administration, and the Cold War, Stanford 1993.
Ders., The Specter of Communism. The United States and the Origins of the Cold War, 1917–1953, New York 1994.
Ders., For the Soul of Mankind. The United States, the Soviet Union, and the Cold War, New York 2007.
Ders./Odd Arne Westad (Hg.), The Cambridge History of the Cold War, 3 Bde., Cambridge/New York 2010.
Ders./David S. Painter (Hg.), Origins of the Cold War. An International History, London/New York 1994.
Lehmann, Hartmut/Otto Gerhard Oexle (Hg.), Nationalsozialismus in den Kulturwissenschaften, 2 Bde., Göttingen 2004.

Leiss, William/John David Ober/Erica Sherover, »Marcuse as Teacher«, in: *Wolff, Kurt H./Barrington Moore* (Hg.), The Critical Spirit. Essays in Honor of Herbert Marcuse, Boston 1967, S. 421–425.
Lemberg, Hans, »Forschung und Lehre zur russischen und sowjetischen Geschichte in Westdeutschland nach dem Zweiten Weltkrieg«, in: *Dittmar Dahlmann* (Hg.), Hundert Jahre Osteuropäische Geschichte. Vergangenheit, Gegenwart und Zukunft, Stuttgart 2005, S. 44–69.
Lemke, Thomas, Eine Kritik der politischen Vernunft. Foucaults Analyse der modernen Gouvernementalität, Berlin/Hamburg 1997.
Lepsius, M. Rainer, »Kritik als Beruf. Zur Soziologie des Intellektuellen«, in: *Kölner Zeitschrift für Soziologie und Sozialpsychologie 16* (1964), S. 75–91.
Ders., Interessen, Ideen und Institutionen, Opladen 1988.
Leslie, Stuart W., The Cold War and American Science. The Military-Industrial-Academic Complex at MIT and Stanford, New York 1993.
Lethen, Helmut, Verhaltenslehren der Kälte. Lebensversuche zwischen den Kriegen, Frankfurt 1994.
Lichtheim, George, »The Great Transformation. Ideas That Shaped Contemporary History«, in: *Commentary 27* (1959), S. 67–77.
Ders., Collected Essays, New York 1973.
Lilly, Edward P., »The Psychological Strategy Board and Its Predecessors. Foreign Policy Coordination 1938–1953«, in: *Gaetano L. Vincitorio* (Hg.), Studies in Modern History, New York 1968, S. 337–382.
Lippman, Thomas W., Arabian Knight. Colonel Bill Eddy, USMC, and the Rise of American Power in the Middle East, Vista 2008.
Lipset, Seymour Martin/Leo Löwenthal (Hg.), The Culture and Social Character. The Work of David Riesman Reviewed, New York 1961.
Lipset, Seymour Martin/David Riesman, Education and Politics at Harvard, New York 1975.
Lobkowicz, Nikolaus, Marxismus-Leninismus in der ČSR. Die tschechoslowakische Philosophie seit 1945, Dordrecht 1961.
Ders. (Hg.), Das Widerspruchsprinzip in der neueren sowjetischen Philosophie, Dordrecht 1959.
Ders. (Hg.), Marx and the Western World, Notre Dame 1967.
Löwenthal, Richard, Chruschtschow und der Weltkommunismus, Stuttgart 1963.
Ders., World Communism. The Disintegration of a Secular Faith, New York/Oxford 1964.
Ders. (Hg.), Ist der Osten noch ein Block?, Stuttgart 1967.
Ders., »Development vs. Utopia in Communist Policy«, in: *Chalmers Johnson* (Hg.), Change in Communist Systems, Stanford 1970, S. 33–116.
Longerich, Peter, Politik der Vernichtung. Eine Gesamtdarstellung der nationalsozialistischen Judenverfolgung, München/Zürich 1998.
Loth, Wilfried, Die Teilung der Welt. Geschichte des Kalten Krieges 1941–1955, München 2000.
Lowen, Rebecca S., Creating the Cold War University. The Transformation of Stanford, Berkeley/Los Angeles 1997.
Lucas, Scott, Freedom's War. The American Crusade against the Soviet Union, New York 1999.
Ders., »Campaigns of Truth. The Psychological Strategy Board and American Ideology, 1951–1953«, in: *International History Review 18* (1996), S. 279–302.
Ludz, Peter Christian, »Offene Fragen der Totalitarismusforschung (1961)«, in:

Bruno Seidel/Siegfried Jenkner (Hg.), Wege der Totalitarismusforschung, Darmstadt 1968, S. 466–512.

Ders., »Totalitarismus oder Totalität? Zur Erforschung bolschewistischer Gesellschafts- und Herrschaftssysteme«, in: *Soziale Welt 12* (1961), S. 129–145.

Ders., »Entwurf einer Soziologie totalitär verfasster Gesellschaften (1964)«, in: *Bruno Seidel/Siegfried Jenkner* (Hg.), Wege der Totalitarismusforschung, Darmstadt 1968, S. 532–599.

Ders., Parteielite im Wandel. Funktionsaufbau, Sozialstruktur und Ideologie der SED-Führung. Eine empirisch-systematische Untersuchung, Köln-Opladen 1968.

Ders., Ideologiekritik und marxistische Theorie. Ansätze zu einer systemimmanenten Kritik, Opladen 1976.

Lukács, Georg, Werkauswahl, 2 Bde., hrsg. von Peter Christian Ludz, Neuwied 1961–1967.

Lundestad, Geir, The American Non-Policy towards Eastern Europe, 1943–1947. Universalism in an Area not of Essential Interest to the United States, Tromsö/New York 1975.

Ders., »Empire by Invitation? The United States and Western Europe, 1945–1952«, in: *Journal of Peace Research 23* (1986), S. 263–277.

Ders., »Empire« by Integration. The United States and European Integration, 1945–1997, Oxford 1998.

McAuliffe, Mary Sperling, Crisis on the Left. Cold War Politics and American Liberals, Amherst 1978.

McCarthy, Kathleen D., American Creed. Philanthropy and the Rise of Civil Society, 1700–1865, Chicago 2003.

McCaughey, Robert A., International Studies and Academic Enterprise. A Chapter in the Enclosure of American Learning, New York 1984.

Macdonald, Dwight, »Political Notes. Nazi Economy Again«, in: *Partisan Review 9* (1942), S. 479–482

McDonald, Lawrence H., »The OSS and its Records«, in: *George C. Chalou* (Hg.), The Secrets War. The Office of Strategic Services in World War II, Washington 1992, S. 78–102.

McNeill, William H., Arnold J. Toynbee. A Life, Oxford 1989.

Maier, Charles S., »›Es geht um die Zukunft Deutschlands und damit um die Zukunft Europas‹«, in: *Ders./Günter Bischof* (Hg.), Deutschland und der Marshall-Plan, Baden-Baden 1992, S. 13–52.

Ders., »Alliance and Autonomy. European Identity and U.S. Foreign Policy Objectives in the Truman Years«, in: *Michael J. Lacey* (Hg.), The Truman Presidency, Cambridge 1989, S. 273–298.

Ders./Günter Bischof (Hg.), Deutschland und der Marshallplan, Baden-Baden 1992.

Maier, Thomas, Dr. Spock. An American Life, New York 2003.

Manela, Erez, The Wilsonian Moment. Self-Determination and the International Origins of Anticolonial Nationalism, Oxford/New York 2007.

Mangold, Tom, Cold Warrior. James Jesus Angleton. The CIA's Master Spy Hunter, New York 1992.

Marcuse, Herbert, »Zur Wahrheitsproblematik der soziologischen Methode. Karl Mannheim, ›Ideologie und Utopie‹«, in: *Die Gesellschaft 6/2* (1929), S. 356–369.

Ders., »Zur Auseinandersetzung mit Hans Freyers ›Soziologie als Wirklichkeitswissenschaft‹«, in: *Philosophische Hefte 3* (1931), S. 83–91.

Ders., »Zur ›Kritik der Soziologie‹«, in: *Die Gesellschaft 8/2* (1931), S. 270–280.
Ders., »Neue Quellen zur Grundlegung des Historischen Materialismus. Interpretation der neuveröffentlichten Manuskripte von Marx«, in: *Die Gesellschaft 9/2* (1932), S. 136–174.
Ders., »Rez. von Adam von Trott zu Solz, ›Hegels Staatsphilosophie und das internationale Recht‹«, in: *Zeitschrift für Sozialforschung 2* (1933), S. 424.
Ders., »Der Kampf gegen den Liberalismus in der totalitären Staatsauffassung«, in: *Zeitschrift für Sozialforschung 3* (1934), S. 161–194.
Ders., »Über den affirmativen Charakter der Kultur«, in: *Zeitschrift für Sozialforschung 6* (1937), S. 54–94.
Ders., »Some Social Implications of Modern Technology«, in: *Studies in Philosophy and Social Science 9* (1941), S. 414–439.
Ders., Reason and Revolution. Hegel and the Rose of Social Theory, London/New York 1941.
Ders., »Anti-Democratic Popular Movements«, in: *Hans Morgenthau* (Hg.), Germany and the Future of Europe, Chicago 1951, S. 108–113.
Ders., »Recent Literature on Communism«, in: *World Politics 6* (1954), S. 515–525.
Ders., Eros and Civilization. A Philosophical Inquiry into Freud (1955), Boston 1966.
Ders., »Dialectic and Logic Since the War«, in: *Ernest J. Simmons* (Hg.), Continuity and Change in Russian and Soviet Thought, Cambridge 1955, S. 347–358.
Ders., »The Social Implications of Freudian ›Revisionism‹«, in: *Dissent 2/3* (1955), S. 221–240.
Ders., Soviet Marxism. A Critical Analysis, New York 1958.
Ders., Soviet Marxism. A Critical Analysis (1958), Harmondsworth 1971.
Ders., Soviet Marxism. A Critical Analysis, New York 1961.
Ders., »Notes on the Problem of Historical Laws«, in: *Partisan Review 26/1* (1959), S. 117–129.
Ders., »Language and Technological Society«, in: *Dissent 8/1* (1961), S. 66–74.
Ders., One-Dimensional Man. Studies in the Ideology of Advanced Industrial Society, Boston 1964.
Ders., Kultur und Gesellschaft I, Frankfurt 1965.
Ders., »Repressive Tolerance (1965)«, in: *Robert Paul Wolff/Barrington Moore/ Herbert Marcuse*, A Critique of Pure Tolerance, Boston 1969, S. 95–137.
Ders., Repressive Toleranz, in: *ders.*, Schriften, Bd. 8: Aufsätze und Vorlesungen 1948–1969. Versuch über die Befreiung, Frankfurt 1984, S. 136–166.
Ders., Zur Geschichte der Dialektik, in: Sowjetsystem und demokratische Gesellschaft. Eine vergleichende Enzyklopädie, hrsg. von Claus Dieter Kernig, Bd. 1, Freiburg 1966, S. 1192–1211.
Ders., »Love Mystified. A Critique of Norman O. Brown«, in: *Commentary 43/2* (Februar 1967), S. 71–75.
Ders., »The Obsolescence of Marxism«, in: *Nikolaus Lobkowicz* (Hg.), Marx and the Western World, Notre Dame 1967, S. 409–417.
Ders., Das Ende der Utopie, Berlin 1967.
Ders., An Essay on Liberation, Boston 1969.
Ders., »The Realm of Freedom and the Realm of Necessity. A Reconsideration«, in: *Praxis 5/1–2* (1969), S. 20–25.
Ders., »Protosozialismus und Spätkapitalismus. Versuch einer revolutionstheoretischen Synthese von Bahros Ansatz«, in: *Kritik 19* (1979), S. 5–27.

Ders., Schriften, Bd. 1: Der deutsche Künstlerroman. Frühe Aufsätze, Frankfurt 1978.
Ders., Schriften, Bd. 3: Aufsätze aus der Zeitschrift für Sozialforschung 1934–1941, Frankfurt 1979.
Ders., Schriften, Bd. 4: Vernunft und Revolution. Hegel und die Entstehung der Gesellschaftstheorie, Frankfurt 1989.
Ders., Schriften, Bd. 5: Triebstruktur und Gesellschaft, Frankfurt 1979.
Ders., Schriften, Bd. 6: Die Gesellschaftslehre des sowjetischen Marxismus, Frankfurt 1989.
Ders., Schriften, Bd. 7: Der eindimensionale Mensch. Studien zur Ideologie der fortgeschrittenen Industriegesellschaft, Frankfurt 1989.
Ders., Schriften, Bd. 8: Aufsätze und Vorlesungen 1948–1969. Versuch über die Befreiung, Frankfurt 1984.
Ders., Collected Papers of Herbert Marcuse, Bd. 1: Technology, War, and Fascism, hrsg. von Douglas Kellner, London/New York 1998.
Ders., Collected Papers of Herbert Marcuse, Bd. 2: Towards a Critical Theory of Society, hrsg. von Douglas Kellner, London/New York 2001.
Ders., Collected Papers of Herbert Marcuse, Bd. 3: The New Left and the 1960s, hrsg. von Douglas Kellner, London/New York 2005.
Ders., Nachgelassene Schriften, Bd. 1: Das Schicksal der bürgerlichen Demokratie, hrsg. von Peter-Erwin Jansen, Lüneburg 1999.
Ders., Nachgelassene Schriften, Bd. 3: Philosophie und Psychoanalyse, hrsg. von Peter-Erwin Jansen, Lüneburg 2002.
Ders., Nachgelassene Schriften, Bd. 4: Die Studentenbewegung und ihre Folgen, hrsg. von Peter-Erwin Jansen, Springe 2004.
Ders., Nachgelassene Schriften, Bd. 5: Feindanalysen, hrsg. von Peter-Erwin Jansen, Springe 2007.
Marcuse, Peter, »Herbert Marcuse's ›Identity‹«, in: *John Abromeit/W. Mark Cobb* (Hg.), Herbert Marcuse. A Critical Reader, New York/London 2004, S. 249–252.
Mark, Edward, Revolution by Degrees. Stalin's National Front Strategy for Europe, 1941–47 (Cold War International History Project Working Paper Nr. 31), Washington 2001.
Marquardt-Bigman, Petra, Amerikanische Geheimdienstanalysen über Deutschland 1942–1949, München 1995.
Dies., »Nachdenken über ein demokratisches Deutschland. Der Beitrag der Research and Analysis Branch zur Planung der amerikanischen Deutschlandpolitik«, in: *Jürgen Heideking/Christoph Mauch* (Hg.), Geheimdienstkrieg gegen Deutschland. Subversion, Propaganda und politische Planungen des amerikanischen Geheimdienstes im Zweiten Weltkrieg, Göttingen 1993, S. 122–141.
Marrus, Michael R., The Nuremberg War Crimes Trial of 1945–46. A Documentary History, Boston 1997.
Martin, David C., Wilderness of Mirrors, New York 1980.
Marx, Karl, Der historische Materialismus. Die Frühschriften, 2 Bde., hrsg. von Siegfried Landshut/J. P. Meyer, Leipzig 1932.
Ders., Die Frühschriften, hrsg. von Siegfried Landshut, Stuttgart 1953.
Ders., Werke, Schriften, Briefe, 6 Bde., hrsg. von Hans-Joachim Lieber, Stuttgart 1960–1971.
Ders., Manuskripte über die polnische Frage (1863–64), hrsg. von Werner Conze/Dieter Herz-Eichenrode, Den Haag 1961.
Massing, Hede, This Deception, New York 1951.

Massing, Paul W., »Is Every German Guilty? A German Anti-Nazi Fighter Discusses Individual Responsibility«, in: *Commentary 3* (1947), S. 442–446.
Ders., Rehearsal for Destruction. A Study of Political Anti-Semitism in Imperial Germany, New York 1949.
Mastny, Vojtech, The Cold War and Soviet Insecurity. The Stalin Years, New York 1996.
Ders./Gustav Schmidt, Konfrontationsmuster des Kalten Krieges 1946–1956, München 2003.
Mattson, Kevin, Intellectuals in Action. The Origins of the New Left and Radical Liberalism, 1945–1970, University Park, PA 2002.
Mauch, Christof, Schattenkrieg gegen Hitler. Das Dritte Reich im Visier der amerikanischen Geheimdienste 1941 bis 1945, Stuttgart 1999.
May, Ernest R., »The U.S. Government, a Legacy of the Cold War«, in: *Michael J. Hogan* (Hg.), The End of the Cold War. Its Meaning and Implications, New York 1992, S. 217–228.
Ders., »Cold War and Defense«, in: *Keith Neilson/Ronald G. Haycock* (Hg.), The Cold War and Defense, New York 1990, S. 7–73.
Ders. (Hg.), American Cold War Strategy. Interpreting NSC 68, Boston/New York 1993.
Meier, Heinrich, Carl Schmitt, Leo Strauss und der »Begriff des Politischen«. Zu einem Dialog unter Abwesenden, Stuttgart/Weimar 1998.
Ders., Das theologisch-politische Problem. Zum Thema von Leo Strauss, Stuttgart/Weimar 2003.
Meinecke, Friedrich, »Drei Generationen deutscher Gelehrtenpolitik«, in: *Historische Zeitschrift 125* (1922), S. 248–283.
Ders., Die deutsche Katastrophe, Wiesbaden 1946.
Ders., Akademischer Lehrer und emigrierte Schüler – Briefe und Aufzeichnungen, hrsg. von Gerhard A. Ritter, München 2006.
Mergel, Thomas, »›The Enemy in Our Midst‹. Antikommunismus und Amerikanismus in der Ära McCarthy«, in: *Zeitschrift für Geschichtswissenschaft 51* (2003), S. 237–257.
Merleau-Ponty, Maurice, Humanisme et terreur. Essais sur le problème communiste, Paris 1947.
Ders., Humanismus und Terror, 2 Bde., Frankfurt 1964.
Merry, Robert W., Taking on the World. Joseph and Stewart Alsop, Guardians of the American Century, New York 1996.
Merseburger, Peter, Willy Brandt 1913–1992. Visionär und Realist, München 2004.
Merton, Robert K., On Social Structure and Science, hrsg. von Piotr Sztompka, Chicago/London 1996.
Ders., The Sociology of Science. Theoretical and Empirical Investigations, hrsg. von Norman W. Storer, Chicago/London 1973.
Merz, Kai-Uwe, Kalter Krieg als antikommunistischer Widerstand. Die Kampfgruppe gegen Unmenschlichkeit 1948–1959, München 1987.
Metzler, Gabriele, Konzeptionen politischen Handelns von Adenauer bis Brandt. Politische Planung in der pluralistischen Gesellschaft, Paderborn 2005.
Meyerhoff, Hans, »The Juenger Case. A Communication«, in: *Partisan Review 15* (1948), S. 343–347.
Ders., »A Parable of Simple Humanity«, in: *Partisan Review 15* (1948), S. 966–971.
Ders., »Mr. Eliot's Evening Service«, in: *Partisan Review 15* (1948), S. 131–138.
Ders., »Thomas Mann's Faust«, in: *Partisan Review 16* (1949), S. 93–96.

Ders., »›The New Yorker‹ in Hollywood«, in: *Partisan Review 18* (1951), S. 569–574.
Ders., »Mann's Gothic Romance«, in: *Partisan Review 18* (1951), S. 715–718.
Ders., »Death of a Genius. The Last Days of Thomas Wolfe«, in: *Commentary 13* (1952), S. 44–51.
Ders., »The Writer as Intellectual«, in: *Partisan Review 21* (1954), S. 98–108.
Ders., Time in Literature, Berkeley/Los Angeles 1955.
Ders., »Through the Liberal Looking Glass – Darkly«, in: *Partisan Review 22/2* (1955), S. 238–248.
Ders., »Freud and the Ambiguity of Culture«, in: *Partisan Review 24* (1957), S. 117–130.
Ders., »Contra Simone Weil«, in: *Commentary 24/3* (September 1957), S. 240–249.
Ders., »Freud the Philosopher«, in: *Commentary 25/1* (Januar 1958), S. 62–67.
Ders., »An American Odyssey«, in: *Partisan Review 25* (1958), S. 443–453.
Ders. (Hg.), The Philosophy of History in Our Time. An Anthology, Garden City, NY 1959.
Ders., »By Love Redeemed. A Fantasy on ›God and Freud‹«, in: *Commentary 28/3* (September 1959), S. 202–206.
Ders., »On Existence and Enlightenment«, in: *Partisan Review 26* (1959), S. 290–299.
Ders., »Nothing New About Freud«, in: *Partisan Review 28* (1961), S. 695–702.
Ders., »On Psychoanalysis as History«, in: *Psychoanalysis and the Psychoanalytic Review 49* (1962), S. 3–20.
Mickelson, Sig, America's Other Voice. The Story of Radio Free Europe and Radio Liberty, New York 1983.
Middendorf, William, Glorious Defeat. Barry Goldwater's Presidential Campaign and the Origins of the Conservative Movement, New York 2006.
Miller, Donald L., Lewis Mumford. A Life, New York 2002.
Miller, James, »Democracy is in the Streets«. From Port Huron to the Siege of Chicago, Cambridge/London 1994.
Miller, James Edward, »Taking Off the Gloves. The United States and the Italian Elections of 1948«, in: *Diplomatic History 7* (1983), S. 33–55.
Ders., The United States and Italy, 1940–1950. The Politics and Diplomacy of Stabilization, Chapel Hill/London 1986.
Ders., »Der Weg zu einer ›special relationship‹. Italien und die Vereinigten Staaten 1943–1947«, in: *Hans Woller* (Hg.), Italien und die Großmächte 1943–1949, München 1988, S. 49–68.
Mills, C. Wright, »Locating the Enemy. The Nazi Behemoth Dissected«, in: *Partisan Review 9* (1942), S. 432–437
Ders., White Collar. The American Middle Classes, New York 1951.
Ders., The Power Elite, New York 1956.
Ders., The Causes of World War Three, New York 1958.
Ders., The Sociological Imagination, New York 1959.
Ders., Listen, Yankee. The Revolution in Cuba, New York 1960.
Ders., »Letter to the New Left (1960)«, in: *Chaim I. Waxman* (Hg.), The End of Ideology Debate, New York 1968, S. 126–140.
Milne, David, America's Rasputin. Walt Rostow and the Vietnam War, New York 2008.
Mirowski, Philip, »The Scientific Dimensions of Social Knowledge and Their Distant Echoes in 20th-Century American Philosophy of Science«, in: *Studies in the History and Philosophy of Science 25* (2004), S. 283–326.

Ders./Dieter Plehwe (Hg.), The Road from Mont Pèlerin. The Making of the Neoliberal Thought Collective, Cambridge/London 2009.
Mitrovich, Gregory, Undermining the Kremlin. America's Strategy to Subvert the Soviet Bloc, 1947–1956, Ithaca/London 2000.
Moore, Barrington, Jr., »The Communist Party of the Soviet Union, 1928–1944. A Study in Elite Formation and Function«, in: *American Sociological Review 9* (1944), S. 267–278.
Ders., »A Comparative Analysis of the Class Struggle, in: *American Sociological Review 10* (1945), S. 31–37.
Ders., »The Communist Party of the USA. An Analysis of a Social Movement«, in: *American Political Science Review 39* (1945), S. 31–41.
Ders., »Some Readjustments in Communist Theory«, in: *Journal of the History of Ideas 6* (1945), S. 468–482.
Ders., »The Present Purge in the USSR«, in: *Review of Politics 9* (1947), S. 65–76.
Ders., »Recent Development in the Social Sciences in the Soviet Union«, in: *American Sociological Review 12* (1947), S. 349–351.
Ders., »Foreign Government and Politics. The Influence of Ideas on Policies as Shown in the Collectivization of Agriculture in Russia«, in: *American Political Science Review 41* (1947), S. 733–743.
Ders., Soviet Politics – The Dilemma of Power. The Role of Ideas in Social Change, Cambridge 1950.
Ders., Terror and Progress – USSR. Some Sources of Change and Stability in the Soviet Dictatorship, Cambridge 1954.
Ders., Social Origins of Dictatorship and Democracy. Lord and Peasant in the Making of the Modern World, Boston 1966.
Morgenthau, Hans J., Politics Among Nations. The Struggle for Power and Peace, New York 1948.
Morris, Bernard S., International Communism and American Foreign Policy, New York 1966.
Ders., Imperialism and Revolution. An Essay for Radicals, Bloomington 1973.
Mosely, Philip E., »Aspects of Russian Expansion«, in: *American Slavic and East European Review 7* (1948), S. 197–213.
Ders., »The Growth of Russian Studies«, in: *Harold H. Fisher* (Hg.), American Research on Russia, Bloomington 1952, S. 1–22.
Ders., The Kremlin and World Politics. Studies in Soviet Policy and Action, New York 1959.
Ders. (Hg.), The Soviet Union, 1922–1962. A Foreign Affairs Reader, New York/London 1963.
Moses, A. Dirk, German Intellectuals and the Nazi Past, Cambridge 2007.
Müller, Tim B., »Bearing Witness to the Liquidation of Western Dasein. Herbert Marcuse and the Holocaust, 1941–1948«, in: *New German Critique 85* (2002), S. 133–164.
Ders., Herbert Marcuse, die Frankfurter Schule und der Holocaust. Ein Beitrag zur zeitgenössischen Wahrnehmung der nationalsozialistischen Vernichtungspolitik, Magisterarbeit, Ruprecht-Karls-Universität Heidelberg 2004.
Ders., »Der ›linguistic turn‹ ins Jenseits der Sprache. Geschichtswissenschaft zwischen Theorie und Trauma: Eine Annäherung an Dominick LaCapra«, in: *Jürgen Trabant* (Hg.), Sprache der Geschichte, München 2005, S. 107–132.
Ders., »Die geheime Geschichte des Herbert Marcuse«, in: *Ästhetik und Kommunikation 129/130* (Herbst 2005), S. 131–141.

Ders., »Die gelehrten Krieger und die Rockefeller-Revolution. Intellektuelle zwischen Geheimdienst, Neuer Linken und dem Entwurf einer neuen Ideengeschichte«, in: *Geschichte und Gesellschaft 33* (2007), S. 198–227.

Ders., »Der Intellektuelle, der aus der Kälte kam«, in: *Zeitschrift für Ideengeschichte 1/4* (2007), S. 5–18.

Ders., »›Ohne Angst leben‹. Vom Geheimdienst zur Gegenkultur – intellektuelle Gegenentwürfe zum Kalten Krieg«, in: *Bernd Greiner/Christian Th. Müller/Dierk Walter* (Hg.), Angst im Kalten Krieg, Hamburg 2009, S. 397–435.

Ders., »Wandel durch Einfühlung. Zur Dialektik der amerikanischen Gegnerforschung im Kalten Krieg«, in: *Matthias Berg/Jens Thiel/Peter Th. Walther* (Hg.), Mit Feder und Schwert. Militär und Wissenschaft – Wissenschaftler und Krieg, Stuttgart 2009, S. 287–312.

Müller-Doohm, Stefan, Adorno. Eine Biographie, Frankfurt 2003.

Müller-Markus, Siegfried, Einstein und die Sowjetphilosophie. Krisis einer Lehre, 2 Bde., Dordrecht 1960–1966.

Muller, Jerry Z., The Other God That Failed. Hans Freyer and the Deradicalization of German Conservatism, Princeton 1987.

Naftali, Timothy, X-2 and the Apprenticeship of American Counterespionage 1942–1944, Phil. Diss., Harvard University 1993.

Naimark, Norman M., Die Russen in Deutschland. Die sowjetische Besatzungszone 1945 bis 1949, Berlin 1997.

Ders./*Leonid Gibianskii* (Hg.), The Establishment of Communist Regimes in Eastern Europe, 1944–1949, Boulder 1997.

Needell, Allan A., »›Truth is Our Weapon‹. Project TROY, Political Warfare, and Government-Academic Relations in the National Security State«, in: *Diplomatic History 17* (1993), S. 399–420.

Ders., »Project Troy and the Cold War Annexation of the Social Sciences«, in: *Christopher Simpson* (Hg.), Universities and Empire. Money and Politics in the Social Sciences During the Cold War, New York 1998, S. 3–38.

Ders., Science, Cold War, and the American State. Lloyd V. Berkner and the Balance of Professional Ideals, Amsterdam 2000.

Nehring, Holger, »The National Internationalists. Transnational Relations and the British and West German Protests against Nuclear Weapons, 1957–1964«, in: *Contemporary European History 14* (2005), S. 559–582.

Ders., »Politics, Symbols and the Public Sphere. The Protests against Nuclear Weapons in Britain and West Germany, 1958–1963«, in: *Zeithistorische Forschungen 2* (2005), S. 180–202.

Neufeld, Michael J./Michael Berenbaum (Hg.), The Bombing of Auschwitz. Should the Allies Have Attempted It?, New York 2000.

Neumann, Franz, Behemoth. Struktur und Praxis des Nationalsozialismus 1933–1944, hrsg. von Gert Schäfer, Frankfurt 1984.

Ders., Rez. von Ernst Kohn-Bramstedt, »Dictatorships and Political Police. The Technology of Control by Fear«, in: *Political Science Quarterly 61* (1946), S. 451–453.

Ders., »Re-Educating the Germans. The Dilemma of Reconstruction«, in: *Commentary 3* (1947), S. 517–525.

Ders., Die Umerziehung der Deutschen und das Dilemma des Wiederaufbaus (1947), in: *ders.*, Wirtschaft, Staat, Demokratie. Aufsätze 1930–1954, hrsg. von Alfons Söllner, Frankfurt 1978, S. 290–308.

Ders., »Military Government and the Revival of Democracy in Germany«, in: *Columbia Journal of International Affairs 2/1* (1948), S. 3–20.
Ders., Militärregierung und die Wiederbelebung der Demokratie in Deutschland (1948), in: *ders.*, Wirtschaft, Staat, Demokratie. Aufsätze 1930–1954, hrsg. von Alfons Söllner, Frankfurt 1978, S. 309–326.
Ders., »Germany and Western Union«, in: *Proceedings of the American Academy of Political Science 23* (1949), S. 35–45.
Ders., »Soviet Policy in Germany«, in: *Annals of the American Academy of Political and Social Science* (1949), S. 165–179.
Ders., Montesquieu (1949), in: *ders.*, Demokratischer und autoritärer Staat. Studien zur politischen Theorie, hrsg. von Herbert Marcuse, Frankfurt 1997, S. 142–194.
Ders., »The War Crimes Trials«, in: *World Politics 2* (October 1949–July 1950), S. 135–147.
Ders., Ansätze zur Untersuchung politischer Macht (1950), in: *ders.*, Demokratischer und autoritärer Staat. Studien zur politischen Theorie, hrsg. von Herbert Marcuse, Frankfurt 1997, S. 82–99.
Ders., »Am Beispiel Oesterreichs«, in: *Political Science Quarterly 67* (1952), S. 138–141.
Ders., »On the Limits of Justifiable Disobedience«, in: *Robert M. MacIver* (Hg.), Conflict of Loyalties. A Series of Addresses and Discussions, New York 1952, S. 45–56.
Ders., »The Social Sciences (1952)«, in: *William Rex Crawford* (Hg.), The Cultural Migration. The European Scholar in America, New York 1961, S. 4–26.
Ders., Über die Grenzen des berechtigten Ungehorsams (1952), in: *ders.*, Demokratischer und autoritärer Staat. Studien zur politischen Theorie, hrsg. von Herbert Marcuse, Frankfurt 1997, S. 195–206.
Ders., Zum Begriff der politischen Freiheit (1953), in: *ders.*, Demokratischer und autoritärer Staat. Studien zur politischen Theorie, hrsg. von Herbert Marcuse, Frankfurt 1997, S. 100–141.
Ders., »Germany and World Politics«, in: *Behind the Headlines 14* (1954), S. 1–17.
Ders., Angst und Politik (1954), in: *ders.*, Demokratischer und autoritärer Staat. Studien zur politischen Theorie, hrsg. von Herbert Marcuse, Frankfurt 1997, S. 261–291.
Ders., Ökonomie und Politik im zwanzigsten Jahrhundert (1955), in: *ders.*, Demokratischer und autoritärer Staat. Studien zur politischen Theorie, hrsg. von Herbert Marcuse, Frankfurt 1997, S. 248–261.
Ders. Intellektuelle und politische Freiheit (1955), in: *ders.*, Demokratischer und autoritärer Staat. Studien zur politischen Theorie, hrsg. von Herbert Marcuse, Frankfurt 1997, S. 292–306.
Ders., Notizen zur Theorie der Diktatur, in: *ders.*, Demokratischer und autoritärer Staat. Studien zur politischen Theorie, hrsg. von Herbert Marcuse, Frankfurt 1997, S. 224–247.
Ders., The Democratic and the Authoritarian State. Essays in Political and Legal Theory, hrsg. von Herbert Marcuse, Glencoe, IL 1957.
Ders., Demokratischer und autoritärer Staat. Studien zur politischen Theorie, hrsg. von Herbert Marcuse, Frankfurt 1997.
Ders., Wirtschaft, Staat, Demokratie. Aufsätze 1930–1954, hrsg. von Alfons Söllner, Frankfurt 1978.
Newman, Robert P., Owen Lattimore and the »Loss« of China, Berkeley/Los Angeles 1992.

Nicholas, H. G. (Hg.), Washington Despatches 1941–1945. Weekly Political Reports from the British Embassy, Chicago 1981.
Nicolaysen, Rainer, Siegfried Landshut. Die Wiederentdeckung der Politik. Eine Biographie, Frankfurt 1997.
Nielsen, Waldemar A., The Big Foundations, New York 1973.
Ders., Inside American Philanthropy. The Dramas of Donorship, Norman 1996.
Ninkovich, Frank, Modernity and Power. A History of the Domino Theory in the Twentieth Century, Chicago 1994.
Noiriel, Gérard, Le fils maudits de la République. L'avenir des intellectuels en France, Paris 2005.
Nolte, Paul, Die Ordnung der deutschen Gesellschaft. Selbstentwurf und Selbstbeschreibung im 20. Jahrhundert, München 2000.
Nore, Ellen, Charles A. Beard. An Intellectual Biography, Carbondale/Edwardsville 1983.
Norton, Robert Edward, »The Myth of the Counter-Enlightenment«, in: *Journal of the History of Ideas* 68 (2007), S. 635–658.
Novick, Peter, That Noble Dream. The »Objectivity Question« and the American Historical Profession, Cambridge 1988.
Nützenadel, Alexander, Stunde der Ökonomen. Wissenschaft, Politik und Expertenkultur in der Bundesrepublik 1949–1974, Göttingen 2004.
Nuti, Leopoldo (Hg.), The Crisis of Détente in Europe. From Helsinki to Gorbachev 1975–1985, London 2008.
Okrent, Daniel, Great Fortune. The Epic of the Rockefeller Center, New York 2003.
O'Connell, Charles Thomas, Social Structure and Science. Soviet Studies at Harvard, Phil. Diss., University of California, Los Angeles 1990.
O'Reilly, Kenneth, Hoover and the Un-Americans. The FBI, HUAC, and the Red Menace, Philadelphia 1983.
Osgood, Kenneth, Total Cold War. Eisenhower's Secret Propaganda Battle at Home and Abroad, Lawrence 2006.
Ders., »Hearts and Minds. The Unconventional Cold War«, in: *Journal of Cold War Studies* 4 (2002), S. 85–107.
Oshinsky, David M., A Conspiracy So Immense. The World of Joe McCarthy, New York 2005.
Osterhammel, Jürgen, Geschichtswissenschaft jenseits des Nationalstaats. Studien zu Beziehungsgeschichte und Zivilisationsvergleich, Göttingen 2001.
Otto, Karl A., Vom Ostermarsch zur APO. Geschichte der außerparlamentarischen Opposition in der Bundesrepublik 1960–1970, Frankfurt 1982.
Packenham, Robert, Liberal America and the Third World. Political Development Ideas in Foreign Aid and Social Science, Princeton 1973.
Page, Benjamin B./David A. Valone (Hg.), Philanthropic Foundations and the Globalization of Scientific Medicine and Public Health, Lanham 2007.
Palmier, Jean-Michel, Herbert Marcuse et la nouvelle gauche, Paris 1973.
Parker, Richard, John Kenneth Galbraith. His Life, His Politics, His Economics, Chicago 2005.
Parks, J. D., Culture, Conflict, and Coexistence. American-Soviet Cultural Relations, 1917–1958, Jefferson, NC/London 1983.
Paterson, Thomas G., Meeting the Communist Threat. Truman to Reagan, New York 1988.

Pearce, Kimber Charles, Rostow, Kennedy, and the Rhetoric of Foreign Aid, East Lansing 2001.
Pells, Richard, The Liberal Mind in a Conservative Age. American Intellectuals in the 1940s and 1950s, New York 1985.
Penkower, Monty Noam, The Jews were Expandable. Free World Diplomacy and the Holocaust, Urbana/Chicago 1983.
Perels, Joachim, »Franz L. Neumanns Beitrag zur Konzipierung der Nürnberger Prozesse«, in: *Mattias Iser/David Strecker* (Hg.), Kritische Theorie der Politik. Franz L. Neumann – eine Bilanz, Baden-Baden 2002, S. 83–94.
Perlstein, Rick, Before the Storm. Barry Goldwater and the Unmaking of the American Consensus, New York 2001.
Ders., Nixonland. The Rise of a President and the Fracturing of America, New York 2008.
Persico, Joseph E., Roosevelt's Secret War. FDR and World War II Espionage, New York 2002.
Pias, Claus, »›One-Man Think Tank‹. Herman Kahn, oder wie man das Undenkbare denkt«, in: *Zeitschrift für Ideengeschichte 3/3* (2009), S. 5–16.
Ders. (Hg.). Cybernetics. Kybernetik. The Macy Conferences 1946–1953, 2 Bde., Zürich/Berlin 2003–2004.
Pipes, Richard, Vixi. Memoirs of a Non-Belonger, New Haven/London 2003.
Pisani, Sallie, The CIA and the Marshall Plan, Lawrence 1991.
Powers, Richard Gid, Secrecy and Power. The Life of J. Edgar Hoover, New York 1987.
Ders., Not Without Honor. The History of American Anticommunism, New York 1995.
Prados, John, Keepers of the Keys. A History of the National Security Council from Truman to Bush, New York 1991.
Preston, Andrew, The War Council. McGeorge Bundy, the NSC, and Vietnam, Cambridge 2006.
Puddington, Arch, Broadcasting Freedom. The Cold War Triumph of Radio Free Europe and Radio Liberty, Lexington 2003.
Purifoy, Lewis McCarroll, Harry Truman's China Policy. McCarthyism and the Diplomacy of Hysteria, 1947–1951, New York 1976.
Pynchon, Thomas, Die Enden der Parabel. Roman, Reinbek 1981.
Rabe, Stephen G., Eisenhower and Latin America. The Foreign Policy of Anticommunism, Chapel Hill 1988.
Rabinbach, Anson, In the Shadow of Catastrophe. German Intellectuals between Apocalypse and Enlightenment, Berkeley/Los Angeles 1997.
Ders., »›The Abyss that opened up before us‹. Thinking about Auschwitz and Modernity«, in: *Moishe Postone/Eric Santner* (Hg.), Catastrophe and Meaning. The Holocaust and the Twentieth Century, Chicago/London 2003, S. 51–66.
Ders., »Moments of Totalitarianism«, in: *History and Theory 45* (2006), S. 72–100.
Radosh, Ronald, Commies. A Journey through the Old Left, the New Left, and the Leftover Left, San Francisco 2001.
Ders./Joyce Milton, The Rosenberg File. A Search for the Truth, New York 1983.
Ranelagh, John, The Agency. The Rise and Decline of the CIA, New York 1986.
Raphael, Lutz, »Die Verwissenschaftlichung des Sozialen als methodische und konzeptionelle Herausforderung für eine Sozialgeschichte des 20. Jahrhunderts«, in: *Geschichte und Gesellschaft 22* (1996), S. 165–193.

Ders., »Radikales Ordnungsdenken und die Organisation totalitärer Herrschaft. Weltanschauungseliten und Humanwissenschaftler im NS-Regime«, in: *Geschichte und Gesellschaft 27* (2001), S. 5–40.
Ders./Heinz E. Tenorth (Hg.), Ideen als gesellschaftliche Gestaltungskraft im Europa der Neuzeit. Beiträge für eine erneuerte Geistesgeschichte, München 2006.
Raskin, Jonah, For the Hell of It. The Life and Times of Abbie Hoffman, Berkeley 1996.
Raskin, Marcus, The Politics of National Security, New Brundwick 1979.
Ders./Richard J. Barnet, An American Manifesto. What's Wrong with America and What We Can Do about It, New York 1970.
Ders./Bernard B. Fall (Hg.), The Viet-Nam Reader. Articles and Documents on American Foreign Policy and the Viet-Nam Crisis, New York 1965.
Raulff, Ulrich, Ein Historiker im 20. Jahrhundert. Marc Bloch, Frankfurt 1995.
Rausch, Helke, »US-amerikanische ›Scientific Philanthropy‹ in Frankreich, Deutschland und Großbritannien zwischen den Weltkriegen«, in: *Geschichte und Gesellschaft 33* (2007), S. 73–98.
Reich, Charles, The Greening of America. How the Youth Revolution Is Trying to Make America Livable, New York 1970.
Riesman, David, The Lonely Crowd. A Study of the Changing American Character, New Haven 1951.
Ders./Michael Macoby, »The American Crisis«, in: *James Roosevelt* (Hg.), The Liberal Papers, New York 1962, S. 13–48.
Ritter, Gerhard A., »Friedrich Meinecke und seine emigrierten Schüler«, in: *Friedrich Meinecke*, Akademischer Lehrer und emigrierte Schüler – Briefe und Aufzeichnungen, hrsg. von Gerhard A. Ritter, München 2006, S. 13–111.
Robin, Corey, Fear. The History of a Political Idea, Oxford/New York 2004.
Robin, Ron, The Making of the Cold War Enemy. Culture and Politics in the Military-Intellectual Complex, Princeton 2001.
Ders., »Wie das Denken in die Fabrik kam. Think Tanks im Kalten Krieg«, in: *Zeitschrift für Ideengeschichte 3/3* (2009), S. 17–32.
Robinson, Geroid T., »The Ideological Combat«, in: *Foreign Affairs 27/4* (Juli 1949), S. 525–539.
Ders., »Stalin's Vision of Utopia«, in: *Proceedings of the American Philosophical Society 99/1* (1955), S. 11–21.
Robinson, Paul A., The Freudian Left. Wilhelm Reich, Geza Roheim, Herbert Marcuse, New York 1969.
Rojahn, Jürgen, »Marxismus – Marx – Geschichtswissenschaft. Der Fall der sog. ›Ökonomisch-philosophischen Manuskripte aus dem Jahre 1844‹«, in: *International Review of Social History 28* (1983), S. 2–49.
Roosevelt, James (Hg.), The Liberal Papers, New York 1962.
Rossinow, Doug, »The New Left in Counterculture. Hypotheses and Evidence«, in: *Radical History Review 67* (1997), S. 97–120.
Rostow, Walt W., The Stages of Economic Growth. A Non-Communist Manifesto, Cambridge 1960.
Ders., »Guerilla Warfare in the Underdeveloped Areas«, in: *Department of State Bulletin 45* (7. 8. 1961), S. 233–238.
Ders., »The London Operation. Recollections of an Economist«, in: *George C. Chalou* (Hg.), The Secrets War. The Office of Strategic Services in World War II, Washington 1992, S. 48–60.

Roszak, Theodore, The Making of a Counter Culture. Reflections on the Technocratic Society and Its Youthful Opposition, Garden City, NY 1969.
Rothkopf, David, Running the World. The Inside Story of the National Security Council and the Architects of American Power, New York 2005.
Rubenstein, Joshua, Soviet Dissidents. Their Struggle for Human Rights, Boston 1985.
Ruby, Sigrid, Have we an American Art? Präsentation und Rezeption amerikanischer Malerei im Westdeutschland und Westeuropa der Nachkriegszeit, Weimar 1999.
Rupieper, Hermann-Josef, Der besetzte Verbündete. Die amerikanische Deutschlandpolitik 1949–1955, Opladen 1991.
Sale, Kirkpatrick, SDS, New York 1973.
Salter, Michael, Nazi War Crimes, US Intelligence and Selective Prosecution at Nuremberg. Controversies Regarding the Role of the Office of Strategic Services, Abingdon/New York 2007.
Ders., »Neo-Fascist Legal Theory on Trial. An Interpretation of Carl Schmitt's Defence at Nuremberg from the Perspective of Franz Neumann's Critical Theory of Law«, in: Res Publica 5 (1999), S. 161–194.
Sandbrook, Dominic, Eugene McCarthy. The Rise and Fall of Postwar American Liberalism, New York 2004.
Sassoon, Donald, »Seeing Red. Why Communism Really Failed«, in: Foreign Affairs 86/4 (Juli/August 2007), S. 153–159.
Sauer, Thomas, Westorientierung im deutschen Protestantismus? Vorstellungen und Tätigkeit des Kronberger Kreises, München 1999.
Saunders, Frances Stonor, The Cultural Cold War. The CIA and the World of Arts and Lettters, New York 2000.
Savranskaya, Svetlana, »Unintended Consequences. Soviet Interests, Expectations and Reactions to the Helsinki Final Act«, in: *Oliver Bange/Gottfried Niedhart* (Hg.), Helsinki 1975 and the Transformation of Europe, New York 2008, S. 175–190.
Schain, Martin (Hg.), The Marshall Plan. Fifty Years After, New York 2001.
Schale, Frank, Zwischen Engagement und Skepsis. Eine Studie zu den Schriften von Otto Kirchheimer, Baden-Baden 2006.
Schäfer, Gert, »Franz Neumanns Behemoth und die heutige Faschismusdiskussion«, in: *Franz Neumann*, Behemoth. Struktur und Praxis des Nationalsozialismus 1933–1944, hrsg. von Gert Schäfer, Frankfurt 1984, S. 663–776.
Schaller, Michael, The United States and China. Into the Twenty-First Century, New York/Oxford 2002.
Scheuerman, William E., Between the Norm and the Exception. The Frankfurt School and the Rule of Law, Cambridge 1994.
Ders., Introduction, in: *ders.* (Hg.), The Rule of Law Under Siege. Selected Essays of Franz L. Neumann and Otto Kirchheimer, Berkeley 1996.
Schildt, Axel, Zwischen Abendland und Europa. Studien zur westdeutschen Ideenlandschaft der 50er Jahre, München 1999.
Schlak, Stephan, Wilhelm Hennis. Szenen einer Ideengeschichte der Bundesrepublik, München 2008.
Schlangen, Walter, Die Totalitarismus-Theorie. Entwicklung und Probleme, Stuttgart 1976.
Schlesinger, Jr., Arthur, The Vital Center. The Politics of Freedom, Boston 1949.

Ders., »The Statistical Soldier«, in: *Partisan Review* 16 (1949), S. 852–856.
Ders., A Thousand Days. John F. Kennedy in the White House, Boston 1965.
Ders., »The London Operation. Recollections of a Historian«, in: *George C. Chalou* (Hg.), The Secrets War. The Office of Strategic Services in World War II, Washington 1992, S. 61–68.
Ders., A Life in the Twentieth Century. Innocent Beginnings, 1917–1950, Boston/New York 2000.
Ders., Journals 1952–2000, New York 2007.
Schlögel, Karl, Terror und Traum. Moskau 1937, München 1998.
Schmeitzner, Mike (Hg.), Totalitarismuskritik von links. Deutsche Diskurse im 20. Jahrhundert, Göttingen 2007.
Schmidt, Oliver, »Meine Heimat ist – die deutsche Arbeiterbewegung«. Biographische Studien zu Richard Löwenthal im Übergang vom Exil zur frühen Bundesrepublik, Frankfurt 2007.
Schmidtke, Michael, Der Aufbruch der jungen Intelligenz. Die 68er Jahre in der Bundesrepublik und den USA, Frankfurt 2003.
Schmitt, Carl, Der Begriff des Politischen. Text von 1932 mit einem Vorwort und drei Corollarien, Berlin 2002.
Schneider, William B. (Hg.), Rockefeller Philanthropy and Modern Biomedicine. International Initiatives from World War I to the Cold War, Bloomington 2002.
Schorske, Carl E., »The Dilemma of Germany«, in: *Virginia Quarterly Review* 24 (1948), S. 29–42.
Ders., German Social Democracy, 1905–1917. The Development of the Great Schism, Cambridge 1955.
Ders., Fin-de-Siècle Vienna. Politics and Culture, New York 1981.
Ders., Thinking with History. Explorations in the Passage to Modernism, Princeton 1998.
Ders./*Hoyt Price*, The Problem of Germany. Two Reports for Consideration by a Preliminary Conference on the German Problem, New York 1947.
Schrecker, Ellen, No Ivory Tower. McCarthyism and the Universities, New York/Oxford 1986.
dies., Many Are the Crimes. McCarthyism in America, Princeton 1998.
dies., The Age of McCarthyism. A Brief History with Documents, Boston/New York 2002.
dies., »Archival Sources for the Study of McCarthyism«, in: *Journal of American History 75* (1988), S. 197–208.
Schreiber, Daniel, Susan Sontag. Geist und Glamour, Berlin 2007.
Schröder, Hans-Jürgen (Hg.), Marshallplan und westdeutscher Wiederaufstieg. Positionen – Kontroversen, Stuttgart 1990.
Schubert, Günter, Der Fleck auf Uncle Sams weißer Weste. Amerika und die jüdischen Flüchtlinge 1938–1945, Frankfurt/New York 2003.
Schulzinger, Robert D., The Wise Men of Foreign Affairs, New York 1984.
Schumacher, Frank, Kalter Krieg und Propaganda. Die USA, der Kampf um die Weltmeinung und die ideelle Westbindung der Bundesrepublik Deutschland 1945–1955, Trier 2000.
Schumpeter, Joseph A., Kapitalismus, Sozialismus und Demokratie, München 1980.
Schwartz, Thomas A., Die Atlantik-Brücke. John McCloy und das Nachkriegsdeutschland, Frankfurt 1992.

Selverstone, Marc J., Constructing the Monolith. The United States, Great Britain, and International Communism, 1945–1950, Cambridge/London 2009.
Seybold, Peter J., »The Ford Foundation and the Triumph of Behavioralism in American Political Science«, in: *Robert F. Arnove* (Hg.), Philanthropy and Cultural Imperialism. The Foundations at Home and Abroad, Bloomington 1980, S. 269–303.
Shils, Edward, »The End of Ideology?«, in: *Encounter 5* (November 1955), S. 52–58.
Shulman, Marshall D., Beyond the Cold War, New Haven 1966.
Ders./Philip E. Mosely, The Changing Soviet Challenge, Racine, WI 1964.
Shulsky, Abram/Gary Schmitt, Silent Warfare. Understanding the World of Intelligence, Washington 1991.
Sibley, Mulford Q./Philip E. Jacob, Conscription of Conscience. The American State and the Conscientious Objector, 1940–1947, Ithaca 1952.
Siedler, Wolf Jobst, Wir waren noch einmal davongekommen. Erinnerungen, München 2004.
Simpson, Bradley R., Economists with Guns. Authoritarian Development and U.S.-Indonesian Relations, 1960–1968, Stanford 2008.
Simpson, Christopher, Science of Coercion. Communication Research and Psychological Warfare 1945–1960, New York/Oxford 1994.
Ders., Blowback. America's Recruitment of Nazis and Its Effects on the Cold War, New York 1988.
Ders. (Hg.), Universities and Empire. Money and Politics in the Social Sciences During the Cold War, New York 1998.
Skinner, Quentin, Freiheit und Pflicht. Thomas Hobbes' politische Theorie, Frankfurt 2008.
Skocpol, Theda (Hg.), Democracy, Revolution, and History, Ithaca/London 1998.
Small, Melvin, Covering Dissent. The Media and the Anti-Vietnam War Movement, New Brunswick 1994.
Smith, Bradley F., The Shadow Warriors. OSS and the Origins of the CIA, New York 1983.
Ders., »The OSS and Record Group 226. Some Perspectives and Prospects«, in: *George C. Chalou* (Hg.), The Secrets War. The Office of Strategic Services in World War II, Washington 1992, S. 359–367.
Ders., Sharing Secrets with Stalin. How the Allies Traded Intelligence, 1941–1945, Lawrence 1996.
Smith, Dennis, Barrington Moore, Jr. A Critical Appraisal, Armonk, NY 1983.
Smith, Emory Timothy, The United States, Italy and NATO, 1947–52, New York 1991.
Smith, Richard Harris, OSS. The Secret History of America's First Central Intelligence Agency, New York 1973.
Smith, Rogers, »Beyond Tocqueville, Myrdal, and Hartz. The Multiple Traditions in America«, in: *American Political Science Review 87* (1993), S. 549–566.
Söllner, Alfons (Hg.), Zur Archäologie der Demokratie in Deutschland. Analysen politischer Emigranten im amerikanischen Geheimdienst, Bd. 1: 1943–1945, Frankfurt 1982.
Ders. (Hg.), Zur Archäologie der Demokratie in Deutschland, Bd. 2: Analysen von politischen Emigranten im amerikanischen Außenministerium 1946–1949, Frankfurt 1986.
Ders./Ralf Walkenhaus/Karin Wieland (Hg.), Totalitarismus. Eine Ideengeschichte des 20. Jahrhunderts, Berlin 1997.

Söllner, Alfons, Archäologie der deutschen Demokratie. Eine Forschungshypothese zur theoretischen Praxis der Kritischen Theorie im amerikanischen Geheimdienst, in: *ders.* (Hg.), Zur Archäologie der Demokratie in Deutschland. Analysen politischer Emigranten im amerikanischen Geheimdienst, Bd. 1: 1943–1945, Frankfurt 1982, S. 7–37.

Ders., Deutsche Politikwissenschaftler in der Emigration. Studien zu ihrer Akkulturation und Wirkungsgeschichte, Opladen 1996.

Ders., »Sigmund Neumanns ›Permanent Revolution‹. Ein vergessener Klassiker der vergleichenden Diktaturforschung«, in: *ders./Ralf Walkenhaus/Karin Wieland* (Hg.), Totalitarismus. Eine Ideengeschichte des 20. Jahrhunderts, Berlin 1997, S. 53–73.

Ders., »Normative Verwestlichung. Zum Einfluss der Remigranten auf die politische Kultur der frühen Bundesrepublik«, in: *Heinz Bude/Bernd Greiner* (Hg.), Westbindungen. Amerika in der Bundesrepublik, Hamburg 1999, S. 72–92

Ders., »Neumann als Archetypus – die Formierung des ›political scholar‹ im 20. Jahrhundert«, in: *Mattias Iser/David Strecker* (Hg.), Kritische Theorie der Politik. Franz L. Neumann – eine Bilanz, Baden-Baden 2002, S. 39–55.

Ders., Fluchtpunkte. Studien zur politischen Ideengeschichte des 20. Jahrhunderts, Baden-Baden 2006.

Southern, David W., Gunnar Myrdal and Black-White Relations. The Use and Abuse of »An American Dilemma«, 1944–1969, Baton Rouge 1987.

Sowjetsystem und demokratische Gesellschaft. Eine vergleichende Enzyklopädie, hrsg. von Claus Dieter Kernig, 7 Bde., Freiburg 1966–1972.

Stammer, Otto, Politische Soziologie und Demokratieforschung. Ausgewählte Reden und Aufsätze zur Soziologie und Politik, Berlin 1965.

Staub, Martial, »Im Exil der Geschichte«, in: *Zeitschrift für Ideengeschichte 2/1* (2008), S. 5–23.

Stephan, Alexander, Im Visier des FBI. Deutsche Exilschriftsteller in den Akten amerikanischer Geheimdienste, Stuttgart/Weimar 1996.

Stern, Fritz, Dreams and Delusions. The Drama of German History, New York 1987.

Ders., Five Germanys I Have Known, New York 2006.

Steury, Donald P. (Hg.), Intentions and Capabilities. Estimates on Soviet Strategic Forces, 1950–1983, Washington 1996.

Ders. (Hg.), Sherman Kent and the Board of National Estimates. Collected Essays, Washington 1994.

Stöver, Bernd, Die Befreiung vom Kommunismus. Amerikanische Liberation Policy im Kalten Krieg 1947–1991, Köln/Weimar/Wien 2002.

Ders., Der Kalte Krieg. Geschichte eines radikalen Zeitalters 1947–1991, München 2007.

Stoffregen, Matthias, »Franz L. Neumann als Politikberater«, in: *Mattias Iser/David Strecker* (Hg.), Kritische Theorie der Politik. Franz L. Neumann – eine Bilanz, Baden-Baden 2002, S. 56–74.

Strachwitz, Rupert Graf, »Stiftungen nach der Stunde Null. Die Entwicklung des Stiftungswesens in Westdeutschland nach 1945«, in: *Geschichte und Gesellschaft 33* (2007), S. 99–126.

Strauss, Leo, »Machiavelli's Intention. ›The Prince‹«, in: *American Political Science Review 51* (1957), S. 13–40.

Ders., Thoughts on Machiavelli, Glencoe 1958.

Sullivan, Andrew, Intimations Pursued. The Voice of Practice in the Conversation of Michael Oakeshott, Exeter/Charlottesville 2008.
Suri, Jeremy, Power and Protest. Global Revolution and the Rise of Détente, Cambridge/London 2003.
Szöllösi-Janze, Margit, »Politisierung der Wissenschaften – Verwissenschaftlichung der Politik. Wissenschaftliche Politikberatung zwischen Kaiserreich und Nationalsozialismus«, in: Stefan Fisch/Wilfried Rudloff (Hg.), Experten und Politik. Wissenschaftliche Politikberatung in geschichtlicher Perspektive, Berlin 2004, S. 79–100.
Tanenhaus, Sam, Whittaker Chambers. A Biography, New York 1998.
Tauber, Zvi, »Herbert Marcuse. Auschwitz und My Lai?«, in: Dan Diner (Hg.), Zivilisationsbruch. Denken nach Auschwitz, Frankfurt 1988, S. 88–98.
Taubes, Jacob, Ad Carl Schmitt. Gegenstrebige Fügung, Berlin 1987.
Taubman, William, Krushchev. The Man and His Era, New York/London 2003.
Tent, James F., Freie Universität Berlin 1948–1988. Eine Hochschule im Zeitgeschehen, Berlin 1988.
Teres, Harvey M., Renewing the Left. Politics, Imagination, and the New York Intellectuals, New York/Oxford 1996.
Theoharis, Athan (Hg.), From the Secret Files of J. Edgar Hoover, Chicago 1991.
Ders. (Hg.), Beyond the Hiss Case. The FBI, Congress, and the Cold War, Philadelphia 1982.
Ders./John Stuart Cox, The Boss. J. Edgar Hoover and the Great American Inquisition, Philadelphia 1988.
Thomas, Daniel C., The Helsinki Effect. International Norms, Human Rights, and the Demise of Communism, Princeton 2001.
Thomas, John N., The Institute of Pacific Relations. Asian Scholars and American Politics, Seattle 1974.
Traverso, Enzo, Im Bann der Gewalt. Der europäische Bürgerkrieg 1914–1945, München 2008.
Trilling, Diana, »The Oppenheimer Case. A Reading of Testimony«, in: Partisan Review 21 (November/Dezember 1954), S. 604–635.
dies., »A Rejoinder to Mr. Meyerhoff«, in: Partisan Review 22 (Frühjahr 1955), S. 248–251.
Trotzki, Leo, The Trotsky Papers 1917–1922, 3 Bde., hrsg. von Jan M. Meijer, Den Haag 1964–1971.
Troy, Thomas F., Donovan and the CIA. A History of the Establishment of the Central Intelligence Agency, Frederick, MD 1981.
Ders., Wild Bill and Intrepid. Donovan, Stephenson, and the Origin of CIA, New Haven/London 1996.
Tucker, Nancy Bernkopf, Patterns in the Dust. Chinese-American Relations and the Recognition Controversy, New York 1983.
Turner, Fred, From Counterculture to Cyberculture. Stewart Brand, the Whole Earth Network, and the Rise of Digital Utopianism, Chicago/London 2006.
Ulmen, G. L., The Science of Society. Toward an Understanding of the Life and Work of Karl August Wittfogel, Den Haag 1978.
Ullrich, Sebastian, Der Weimar-Komplex. Das Scheitern der ersten deutschen Demokratie und die politische Kultur der frühen Bundesrepublik, Göttingen 2009.
Unger, Corinna, Ostforschung in Westdeutschland. Die Erforschung des europäischen Ostens und die Deutsche Forschungsgemeinschaft, 1945–1975, Stuttgart 2007.

dies., »Cold War Science. Wissenschaft, Politik und Ideologie im Kalten Krieg«, in: *Neue Politische Literatur 51* (2006), S. 49–68.
Varon, Jeremy, Bringing the War Home. The Weather Underground, the Red Army Faction, and Revolutionary Violence in the Sixties and Seventies, Berkeley/Los Angeles 2004.
Wagenlehner, Günter, Das sowjetische Wirtschaftssystem und Karl Marx, Köln 1960.
Wala, Michael, Winning the Peace. Amerikanische Außenpolitik und der Council on Foreign Relations 1945–1950, Stuttgart 1990.
Wald, Alan M., The New York Intellectuals. The Rise and Decline of the Antistalinist Left from the 1930s to the 1980s, Chapel Hill/London 1987.
Walker, Samuel, Henry A. Wallace and American Foreign Policy, Westport 1976.
Ders., In Defense of American Liberties. A History of the ACLU, New York 1990.
Wall, Irwin M., The United States and the Making of Postwar France 1945–1954, Cambridge 1991.
Wallerstein, Immanuel, »The Unintended Consequences of Cold War Area Studies«, in: *Noam Chomsky u. a.* (Hg.), The Cold War and the University. Toward an Intellectual History of the Postwar Years, New York 1997, S. 195–210.
Walzer, Michael, The Company of Critics. Social Criticism and Political Commitment in the Twentieth Century, New York 2002.
Wang, Jessica, »Merton's Shadow. Perspectives on Science and Democracy since 1940«, in: *Historical Studies in the Physical and Biological Sciences 30/2* (1999), S. 279–306.
Waskow, Arthur, »The Theory and Practice of Deterrence«, in: *James Roosevelt* (Hg.), The Liberal Papers, New York 1962, S. 121–154.
Waxman, Chaim I. (Hg.), The End of Ideology Debate, New York 1968.
Weber, Claudia, »Geschichte und Macht. Die kommunistische Geschichtspolitik in Bulgarien 1944–1948«, in: *Angela Richter/Barbara Beyer* (Hg.), Geschichte (ge-)brauchen. Literatur und Geschichtskultur im Staatssozialismus. Jugoslawien und Bulgarien, Berlin 2006, S. 77–90.
Weiner, Tim, Legacy of Ashes. The History of the CIA, New York 2007.
Weinstein, Allen, Perjury. The Hiss-Chambers Case, New York 1978.
Ders./Alexander Vassiliev, The Haunted Wood. Soviet Espionage in America – The Stalin Era, New York 1999.
Wells, Tom, The War Within. America's Battle Over Vietnam, Berkeley/Los Angeles 1994.
West, Nigel, Venona. The Greatest Secret of the Cold War, London 1999.
Westad, Odd Arne, The Global Cold War, Cambridge 2007.
Ders. (Hg.), Reviewing the Cold War. Approaches, Interpretations, Theory, London 2000.
Ders./Sven Holsmark/Iver B. Neumann (Hg.), The Soviet Union in Eastern Europe, 1945–1989, New York 1994.
Westerbrook, Robert B., John Dewey and American Democracy, Ithaca/London 1991.
Ders., »Western Values and Total War«, in: *Commentary 32/4* (Oktober 1961), S. 277–304.
Wheatland, Thomas, The Frankfurt School in Exile, Minneapolis/London 2009.
White, Graham J./John Maze, Henry A. Wallace. In Search for A New World Order, Chapel Hill 1995.
Whitfield, Stephen J., The Culture of the Cold War, Baltimore 1996.

Wiggershaus, Rolf, Die Frankfurter Schule. Geschichte. Theoretische Entwicklung. Politische Bedeutung, München 1988.
Wildt, Michael, Generation des Unbedingten. Das Führungskorps des Reichssicherheitshauptamtes, Hamburg 2002.
Williams, Michael C. (Hg.), Realism Reconsidered. The Legacy of Hans J. Morgenthau in International Relations, Oxford/New York 2007.
Winks, Robin W., Cloak & Gown. Scholars in the Secret War, 1939–1961, New Haven/London 1996.
Ders., »Getting the Right Stuff. FDR, Donovan, and the Quest for Professional Intelligence«, in: *George C. Chalou* (Hg.), The Secrets War. The Office of Strategic Services in World War II, Washington 1992, S. 19–38.
Winock, Michel, Das Jahrhundert der Intellektuellen, Konstanz 2003.
Wippermann, Wolfang, Faschismustheorien. Die Entwicklung der Diskussion von den Anfängen bis heute, Darmstadt 1997.
Ders., Totalitarismustheorien. Die Entwicklung der Diskussion von den Anfängen bis heute, Darmstadt 1997.
Wittfogel, Karl A., »The Marxist View of Russian Society and Revolution«, in: *World Politics 12* (1960), S. 487–508.
Wittner, Lawrence S., The Struggle Against the Bomb, Bd. 1: One World or None. A History of the World Nuclear Disarmament Movement Through 1953, Stanford 1993.
Ders., The Struggle Against the Bomb, Bd. 2: Resisting the Bomb. A History of the World Nuclear Disarmament Movement, 1954–1970, Stanford 1997.
Woessner, Martin, Martin Heidegger's Place in the History of American Existentialism, Phil. Diss., Graduate Center, City University of New York, in Vorbereitung.
Wolfe, Alan, The Future of Liberalism, New York 2009.
Wolff, Kurt H./Barrington Moore (Hg.), The Critical Spirit. Essays in Honor of Herbert Marcuse, Boston 1967.
Wolff, Robert Paul/Barrington Moore/Herbert Marcuse, A Critique of Pure Tolerance, Boston 1965.
Wolin, Richard, Heidegger's Children. Hannah Arendt, Karl Löwith, Hans Jonas, and Herbert Marcuse, Princeton/Oxford 2001.
Woller, Hans, Die Abrechnung mit dem Faschismus in Italien 1943 bis 1948, München 1996.
Ders., Amerikanische Intervention oder kommunistischer Umsturz? Die Entscheidungswahlen vom April 1948, in: *ders.* (Hg.), Italien und die Großmächte 1943–1949, München 1988, S. 69–94.
Wood, Ellen Meiksins, Citizens to Lords. A Social History of Political Thought from Classical Antiquity to the Late Middle Ages, London 2008.
Wood, Robert E., From Marshall Plan to Debt Crisis. Foreign Aid and Development Choices in the World Economy, Berkeley/Los Angeles 1986.
Wyden, Peter, Bay of Pigs. The Untold Story, New York 1979.
Wyman, David S., Das unerwünschte Volk. Amerika und die Vernichtung der europäischen Juden, Ismaning bei München 1986.
Ders. (Hg.), The World Reacts to the Holocaust, Baltimore/London 1996.
Young, John W., France, The Cold War, and the Western Alliance, 1944–49. French Foreign Policy and Post-War Europe, New York 1990.
Ziege, Eva-Maria, Antisemitismus und Gesellschaftstheorie. Die Frankfurter Schule im amerikanischen Exil, Frankfurt 2009.

Zimmermann, Hartmut, »Probleme der Analyse bolschewistischer Gesellschaftssysteme«, in: *Gewerkschaftliche Monatshefte 12* (1961), S. 193–206.
Zubok, Vladislav, A Failed Empire. The Soviet Union in the Cold War from Stalin to Gorbachev, Chapel Hill 2009.
Ders., Zhivago's Children. The Last Russian Intelligentsia, Cambridge/London 2009.
Ders./Constantine Pleshakov, Inside the Kremlin's Cold War. From Stalin to Khrushchev, Cambridge 1996.

Abkürzungsverzeichnis

Verzeichnis häufig auftretender, nicht allgemein geläufiger Abkürzungen

b.	Box
CCF	Congresss for Cultural Freedom
CENIS	Center for International Studies (Massachusetts Institute of Technology)
CFR	Council on Foreign Relations
CL	Columbiana Library (Columbia University)
COI	Coordinator of Information
CUA	Columbia University Archives
CUL	Columbia University Library
CWC	Committee on World Communism (Department of State)
DCI	Director of Central Intelligence (CIA)
DDI	Deputy Director for Intelligence/Directorate of Intelligence (CIA)
DDP	Deputy Director for Plans/Directorate of Plans (CIA)
DFI	Division of Functional Intelligence (Department of State)
DRE	Division of Research for Europe (Department of State)
DRF	Division of Research for the Far East (Department of State)
DRS	Division of Research for the USSR and Eastern Europe (Department of State)
DRW	Division of Research for Western Europe (Department of State)
E.	Entry
EG	Estimates Group (Department of State)
f.	Folder
FRUS	Foreign Relations of the United States (siehe Bibliographie)
HMA	Herbert-Marcuse-Archiv, StUB Frankfurt am Main
HSHP	Henry Stuart Hughes Papers, Yale University Library
HUA	Harvard University Archives
INR	Bureau of Intelligence and Research (Department of State)
IRIS	Interim Research and Intelligence Service (Department of State)
JCS	Joint Chiefs of Staff
LLA	Leo-Löwenthal-Archiv, StUB Frankfurt am Main
MG	Manuscript Group
MHA	Max-Horkheimer-Archiv, StUB Frankfurt am Main
NA	National Archives
NIE	National Intelligence Estimate
NIS	National Intelligence Survey
NSC	National Security Council

OCI	Office of Current Intelligence (CIA)
OCL	Office of Intelligence Coordination and Liaison (Department of State)
OIR	Office of Intelligence Research (Department of State)
ONE	Office of National Estimates (CIA)
OPC	Office of Policy Coordination
ORI	Office of Research and Intelligence (Department of State)
OSO	Office of Special Operations (CIA)
OSS	Office of Strategic Services
OWI	Office of War Information
PSB	Psychological Strategy Board
R	Special Assistant to the Secretary of State for Intelligence and Research
R&A	Research and Analysis Branch (OSS)
RAC	Rockefeller Archive Center
RBML	Rare Books and Manuscripts Library (Columbia University)
RF	Rockefeller Foundation
RFA	Rockefeller Foundation Archives
RRC	Russian Research Center (Harvard University)
RG	Record Group
SDS	Students for a Democratic Society (in den USA)
SHAEF	Supreme Headquarters, Allied Expeditionary Forces
S/P	Policy Planning Staff (Department of State)
SSRC	Social Science Research Council
StUB	Stadt- und Universitätsbibliothek Frankfurt am Main

Dank

Wer je jahrelang mit einer solchen Arbeit gerungen, in Archiven und Bibliotheken in aller Welt gewühlt und sich beinahe darin verloren hat, kann ermessen, welche Freude es bedeutet, am Ende nun seine Dankespflicht all denen gegenüber abzustatten, ohne deren Hilfe und Verständnis dieses Buch niemals zum Abschluss gekommen wäre. Und wer so sehr nach Kontexten des Denkens schaut, dem ist es eine Freude zu bekennen, wie viel er selbst anderen verdankt, intellektuell und persönlich – und zugleich muss ich um Nachsicht bitten bei all denen, die ich dennoch vergessen habe.

Bei der vorliegenden Arbeit handelt es sich um eine geringfügig überarbeitete und gekürzte sowie um den Schluss erweiterte Fassung meiner im Wintersemester 2008/09 an der Philosophischen Fakultät I der Humboldt-Universität zu Berlin unter dem Titel »Radikale, Krieger und Gelehrte. Linksintellektuelle, amerikanische Geheimdienste und philanthropische Stiftungen im Kalten Krieg« eingereichten Dissertation. Die Promotion erfolgte mit der Disputation am 30. Juli 2009. Der erste und größte Dank gilt nicht nur darum dem Doktorvater, Wolfgang Hardtwig, der seinem Schüler eine einzigartige Balance von Freiheit und Nähe, von Erwartung und Vertrauen entgegengebracht hat. An den entscheidenden Wendepunkten dieser Arbeit stand das Gespräch mit dem Lehrer, der sie stets mit unerschöpflicher Gelehrsamkeit, überraschendem Witz und unerreichter Präzision des Fragens in die richtige Richtung gelenkt hat. Gangolf Hübinger hat sich als Zweitgutachter mit leidenschaftlichem Interesse und Rat dieser Arbeit gewidmet, was für ihr Gelingen so entscheidend war wie seine Offenheit, Freundlichkeit und permanente Zugänglichkeit. Ein besseres Team von Betreuern kann sich kein Ideen-, Intellektuellen- und Wissenschaftshistoriker wünschen. Gabriele Metzler hat mit großem Engagement das Drittgutachten übernommen, wofür ich ihr ebenso danken möchte wie für die Unterstützung, die sie mir seither hat zukommen lassen. Thomas Mergel schließlich hat dankenswerterweise schnell und unkompliziert den Vorsitz der Promotionskommission übernommen.

Von all denen, die mir Anregungen haben zuteil werden lassen, muss Carl Schorske an erster Stelle stehen. Ein mit ihm im Sommer 2005 geführtes Gespräch hat das bis dahin im Ungefähren vor sich hin dümpelnde Unternehmen überhaupt erst auf Kurs gebracht. Der große Ideen- und Kulturhistoriker hat mir nicht nur Kriegsgeschichten aus dem OSS erzählt, sondern mich auch auf die Verbindungslinien zur Nachkriegszeit aufmerksam gemacht – vor allem auf die fruchtbare und entscheidende Rockefeller-Connection. Auch Arno J. Mayer hat mich an seinen Erinnerungen und Einsichten teilhaben lassen. Volker R. Berghahn, Detlev Claussen und Christof Mauch hatten von Anfang an ein hörendes Ohr. Peter-Erwin Jansen hat sich überaus aufgeschlossen gegenüber meinen Deutungen gezeigt. Auf den Amerikareisen und darüber hinaus waren die zahlreichen Unterhaltungen und E-Mail-Wechsel mit David C. Engerman, Jeffrey Herf, Barry M. Katz, Martin Jay, Anson Rabinbach, Ellen Schrecker, Alfons Söllner und Corinna R. Unger eine unschätzbare Hilfe. Corinna, Barry und David sind geradezu Mitautoren dieses Buchs, für die Endphase der Überarbeitung kamen Nils Gilman, David Kettler und Thomas Wheatland als ständige Gesprächspartner hinzu. In Berlin waren Philipp Müller und die anderen Freunde und Kollegen, unter ihnen Moritz Föllmer, Rüdiger Graf, Per Leo, Birgit Lulay, Stephan Schlak, Alexander Thomas und Nina Verheyen, anregende und geduldige Gesprächspartner. Es dürfte kaum ein anderes historisches Institut geben, an dem so viele kluge Köpfe und feine Kerle (inklusiv natürlich!) versammelt sind, wie es an der Humboldt-Universität in den letzten Jahren der Fall war. Die unersetzliche Kerstin Brudnachowski hat den reibungslosen Ablauf der Berliner Jahre erst möglich gemacht. Wo alles anfing, in Heidelberg, haben mich Géza Alföldy, Martin Kaufhold, Francisca Loetz, Volker Sellin und ganz besonders Christoph Berger Waldenegg gelehrt, was es heißt, Historiker zu sein. In diese Jahre fiel auch der Beginn der nachhaltig wirksamen Freundschaft mit Ulrich Raulff. In Cornell hat Dominick LaCapra für immer mein Verhältnis zur Theorie geprägt. Federico Finchelstein ist mir seit unseren gemeinsamen Tagen in Ithaca ein treuer und guter Freund und Gesprächspartner geblieben. Norbert Frei, Gangolf Hübinger und Alfons Söllner, das Deutsche Historische Institut Washington und das DFG-Schwerpunktprogramm »Wissenschaft, Politik und Gesellschaft« haben mir die für das Heranreifen einer Arbeit so entscheidende Gelegenheit gegeben, unterschiedliche Stufen meiner Forschungen in Kolloquien und auf Konferenzen zur Diskussion zu stellen. Den Teilnehmern an Wolfgang Hardtwigs Kolloquium sei nicht nur für ihre konstruktive Kritik gedankt, sondern auch für ihre Geduld angesichts der mitunter nur graduellen Fortschritte.

    Nicht erst die Untersuchung der institutionellen und materiellen

Strukturen, die Wissenschaft möglich machen, hat mir gezeigt, dass ohne angemessene Finanzierung keine Forschung stattfinden kann. Drei Jahre lang hat die Deutsche Forschungsgemeinschaft meine Stelle an der Humboldt-Universität gefördert und großzügig zur Deckung von Sach- und Reisekosten beigetragen. Das Deutsche Historische Institut in Washington hat sich mit einem Stipendium nicht nur als eine Quelle der intellektuellen Inspiration erwiesen, sondern auch als gastfreundliches Einfallstor in die Neue Welt, ohne dessen Infrastruktur deutsche Arbeiten zur amerikanischen Geschichte kaum entstehen könnten. Bernd Schäfer und Dirk Schumann haben mich hilfsbereit in die Logistik des Forschens in Washington eingewiesen. Das Rockefeller Archive Center schließlich hat mich mit den notwendigen Mitteln ausgestattet, um den mehrfachen Besuch des Archivs zu ermöglichen.

Was wäre ein Historiker ohne Archive? Auch wer sich gegen die Aura der Dokumente sträubt und dem Quellenpositivismus entgegenstemmt, kann nicht leugnen, dass die Begegnung mit den Archivquellen zu den wichtigsten Momenten der historischen Forschung gehört. Unzählige Archivare, weit mehr, als ich hier nennen kann, haben mir diese Begegnung so angenehm wie möglich gemacht und mich zuvorkommend unterstützt. In den Horkheimer-, Löwenthal- und Marcuse-Archiven der Stadt- und Universitätsbibliothek Frankfurt am Main, die nun im Archivzentrum der Universitätsbibliothek zusammengezogen sind, haben mich Jochen Stollberg und Stephen Roeper aufs beste versorgt. Peter Marcuse, Harold Marcuse und Peter-Erwin Jansen haben sich für meine Arbeit interessiert und mir den Zugang zu Archivalien erleichtert. Ich danke Susanne Löwenthal und Peter-Erwin Jansen für die Abdruckgenehmigung bzw. Verwendung der Materialien aus dem Leo-Löwenthal-Archiv, Archivzentrum der Universitätsbibliothek Frankfurt am Main, sowie Peter Marcuse und Peter-Erwin Jansen für die Abdruckgenehmigung bzw. Verwendung der Materialien aus dem Herbert-Marcuse-Archiv, Archivzentrum der Universitätsbibliothek Frankfurt am Main. In den National Archives in College Park, einem wahren (allerdings von Budgetkürzungen angeschlagenen) Behemoth von einem Archiv, haben Larry McDonald und John Taylor mir geholfen, einen Pfad durch den Dokumentendschungel zu schlagen. Von großer Hilfe waren die Archivare und Archivarinnen der Robert D. Farber University Archives and Special Collections an der Brandeis University, des Special Collections Research Center an der University of Chicago, der Rare Books and Manuscripts Library und der Columbiana Library (Columbia University Archives) an der Columbia University, der Dwight D. Eisenhower Library, der Harvard University Archives und der Houghton Library an der Harvard University, der University of Illinois, Urbana-Champaign, der Hoover Institution Archives an der Stanford University, der Harry S. Truman Library sowie von Manuscripts and Archives an der Yale University. Stephen Plotkin von der John F. Kennedy Library gegenüber bedauere ich, nicht mehr der Materialien herangezogen zu haben, die er mir so kenntnisreich besorgt hat, nachdem ich erkennen musste, dass Arthur Schlesinger meinen Protagonisten eher fernstand; Henry Hardy danke ich für Genehmigung, aus den Briefen Isaiah Berlins an Schlesinger zitieren zu dürfen. Judith Vichniac hat mir Zugang zu dem noch nicht katalogisierten Nachlass von Barrington Moore in Harvard gewährt und zudem weitere Dokumente aus ihrem Privatbesitz zur Verfügung gestellt. Miriam Meyerhoff hat mir für die Zeit meines Aufenthalts in Edinburgh alles ausgehändigt, was ihr an wenigen Zeugnissen von ihrem Vater geblieben ist; für ihr grenzenloses Vertrauen danke ich ihr. Ich kann nur hoffen, dass ihre Billigung findet, was ich über den großartigen Hans Meyerhoff geschrieben habe. Zuletzt sei dem wundervollsten Archiv gedankt, das ich je besucht habe. Erwin Levold, der mit allen Fragen vertraute Chefarchivar, und seine überaus professionellen und umfassend über die Bestände informierten Mitarbeiter haben die Aufenthalte am Rockefeller Archive Center zu einem wahren Forschungsvergnügen gemacht.

An meiner neuen Hamburger Wirkungsstätte haben meine Kollegen mir die Ankunft so wunderbar leicht gemacht, immer wieder Zeit für meinen Gesprächsbedarf aufgebracht und mir großen Raum für letzte Überarbeitungen gelassen – Bernd Greiner, Jens Hacke, Regina Mühlhäuser, Reinhard Müller, Klaus Naumann, Claudia Weber, Dierk Walter und Gaby Zipfel sei von Herzen gedankt. Schon vor meinem Wechsel ans Hamburger Institut für Sozialforschung hat mich die Hamburger Edition mit offenen Armen aufgenommen; eine angenehmere Zusammenarbeit von Autor und Verlag lässt sich kaum vorstellen (aus Sicht des Autors wenigstens), wofür ich Paula Bradish, Jürgen Determann, Birgit Otte, Hannes Sieg und besonders meiner Lektorin Sabine Lammers danke. Der einzigartige Martin Bauer lässt sich überhaupt nicht angemessen preisen; das Buch und sein Autor hätten, wie so viele andere Bücher und ihre Autoren, ohne ihn einen anderen und viel weniger glücklichen Weg genommen.

Ohne Freunde und Familie wäre dieses Buch ebenso wenig zustande gekommen. Für ihre Zeit, für unzählige anregende (und nicht selten von kalifornischen oder Pfälzer Gewächsen belebte) Gespräche und für den Unterschlupf, den sie mir gewährt haben, danke ich den amerikanischen Freunden: Yannett Gaspare und Brian Digby, Michael Kimmage und Thomas Cohen in Washington; Carolyn Cohen und Ruby Namdar in New York; Daniel Finkbeiner und Andre Puca in Boston. Die alten Freunde Michael Leicht und Stephan Rahn mögen nun in der Ferne sein, aber sie waren immer dabei. Matthew Karasiewicz und Christian Obst haben all die Wendungen des Unternehmens geduldig ertragen und sich als wahre Freunde erwiesen. Alles wäre nichts ohne meine Eltern, die mich voller Liebe zu dem gemacht haben, was ich bin. Ihnen verdanke ich, dass ich weiß, was am wichtigsten ist. Ich werde es immer bewahren. Der Dank dafür lässt sich nicht in Worte fassen. Genauso wenig, wie viel Zeit und Geld und Verständnis und Nachsicht sie mir außerdem im Laufe der Jahre gegeben haben, damit auch dieses Unternehmen schließlich zu einem Ende finden konnte. Meinen Bruder habe ich sträflich vernachlässigt. Das holen wir nach, Sebastian! Gewidmet sei dieses Buch den zwei wundervollsten Wesen, die man um sich haben kann, die das Leben zur Freude machen, ohne die es kein Leben gibt, meiner geliebten Antonia und unserem kleinen Ruby.

Hamburg, am 14. Juli 2010

Personenregister

Acheson, Dean 59, 93, 101, 103, 125, 141, 172, 173, 257, 260, 261, 273, 311, 312, 516, 521, 584, 647
Achmatowa, Anna 167, 425, 472
Acton, H. B. 501
Adenauer, Konrad 112, 388, 399, 570
Adler, Alfred 334
Adorno, Theodor W. 29, 170, 211, 357, 363, 365, 373, 444, 488, 597, 644–648, 670
Alexandrow, Georgi Fjodorowitsch 167
Allen, Steve 608, 619
Alsop, Joseph 268
Alsop, Stewart 268
Anderson, Eugene N. 41
Angleton, James Jesus 141–144, 304
Arendt, Hannah 321, 341, 358, 359, 508, 585, 586, 589
Aristoteles 355
Armstrong, Hamilton Fish 170
Armstrong, W. Park 60, 119, 120, 312
Aron, Raymond 483, 484, 567, 568, 571
Auden, W. H. 563

Baez, Joan 544
Bahro, Rudolf 655, 656
Baran, Paul 146, 147, 497
Barnard, Chester I. 251, 266, 267, 269, 281
Barnes, Harry Elmer 205
Barrett, Edward 257
Barthes, Roland 473
Bauer, Raymond 437
Bavelas, Alex 108
Baxter, James P. 39
Beard, Charles 199–203, 205
Bebel, August 531
Beethoven 250
Belafonte, Harry 608
Bell, Daniel 242, 379, 380, 568, 570, 573–575, 581, 653, 659
Benjamin, Walter 359
Bentley, Elizabeth 68

Berghahn, Volker 17
Bergson, Abram 223
Bergson, Henri 416, 419
Bergstraesser, Arnold 365
Berkner, Lloyd V. 108
Berle, Adolph A. 345
Berlin, Isaiah 12, 36, 167, 263, 311, 338, 363, 385, 413, 423–432, 440, 442, 454, 461, 466, 472, 476, 483, 485, 486, 494, 496, 497, 502, 503, 510, 530, 572
Bernstein, Eduard 459, 506
Bernstein, Leonard 563, 608
Bissell, Richard 108, 127, 128, 130–135, 137–142, 144, 155, 156, 169, 436, 439, 449
Blair, Tony 660
Bloch, Ernst 370
Bloch, Marc 319
Bloom, Allan 341
Bochenski, Joseph Maria 407–414, 492–494, 501, 502, 504, 513, 522, 530, 539
Bohlen, Charles 92, 141, 170–173, 183, 184, 233, 234, 436, 512, 516
Bohr, Niels 210
Bonhoeffer, Dietrich 565
Bontecou, Eleanor 301
Borkenau, Franz 166
Bourdieu, Pierre 21, 588
Bowie, Robert R. 345, 346, 348
Bracher, Karl Dietrich 347
Brandeis, Louis 543, 588
Brandt, Willy 73, 656
Braudel, Fernand 496, 497, 504
Brinton, Crane 42
Browder, Earl 425
Brown, Norman O. 9, 59, 376, 377, 397, 559, 641–645
Bruner, Jerome S. 108
Brzezinski, Zbigniew 341, 521
Bucharin, Nikolai Iwanowitsch 458, 459, 460, 498
Buckley, William F. 206, 207, 609, 616, 617, 618, 658
Budenz, Louis 284
Bunche, Ralph 42, 395

Bundy, McGeorge 108, 110, 125, 436, 516, 518, 602, 606, 610, 653
Bundy, William 125, 516, 518, 653
Burckhardt, Jacob 352, 612, 661
Buxton, Edward 37
Byrnes, Robert F. 528, 536

Camus, Albert 372, 561, 567, 568
Carr, E. H. 457, 590
Carr, Robert K. 301, 302
Carter, Jimmy 521
Castro, Fidel 160, 609, 610
Chambers, Whittaker 70, 206–208
Chambre, Pierre 501
Che Guevara 547
Chiang Kai-shek 173, 295
Chruschtschow 233, 449–452, 462, 481, 498, 502, 509, 510, 532, 613, 618
Churchill, Winston 84, 263, 425
Clausewitz, Carl von 399
Clayton, William L. 92
Cleveland, Harold Van Buren 92, 93, 94, 102, 106
Clinton, Bill 660
Clive, John 353
Coffin, William Sloane 603, 624
Cohen, Stephen F. 511
Cohn-Bendit, Daniel 629, 630
Collins, Judy 544
Commager, Henry Steele 303, 619
Coolidge, Calvin 559
Coser, Lewis 589, 590, 597
Cox, Edward Eugene 294, 305, 306, 309
Craig, Gordon A. 9, 42, 347, 352, 363, 385, 399, 653
Croce, Benedetto 352
Cromwell, Oliver 593
Cropsey, Joseph 341
Cumings, Bruce 271
Cushman, Robert 298–300, 302, 306
Damon, Matt 141
Dante 490
D'Arms, Edward 418, 493, 502, 503
Davies, John Paton 108, 172, 264, 265, 269, 270
Davis, Angela 600
De Niro, Robert 141
Deane, Herbert A. 286–289, 291, 320, 321, 338–340, 342, 343, 418

Deutscher, Isaac 67, 457, 458, 491
DeVinney, Leland C. 289, 321
Dewey, John 221, 371, 372, 422
Dewey, Thomas 267
Diamond, Sigmund 272
Dilthey, Wilhelm 612
Dirks, Walter 370
Djilas, Milovan 150, 466
Dodds, Harold W. 201
Dohrn, Bernardine 629
Donovan, William J. 34–37, 39, 42, 44, 52, 53, 256, 257, 264, 266, 267, 269, 362
Dreyfus, Alfred 579
DuBois, Cora 161, 162, 252, 253, 258
Dukakis, Michael 653
Dulles, Allen W. 35, 39, 127, 128, 130, 133, 139, 141, 155, 203, 271, 292, 436, 439, 516, 517, 525
Dulles, John Foster 39, 197, 203, 273, 274, 275, 277, 278, 281, 282
Dunayevskaya, Raya 497
Duroselle, J. B. 347
Dutschke, Rudi 648, 649, 655
Dylan, Bob 544

Earle, Edward Mead 42, 395
Easton, David 342, 343
Eddy, William A. 60, 65, 254
Eisenhower, Dwight D. 197, 228, 231, 302, 309, 310, 312, 421, 517
Eisler, Gerhart 70
Engels, Friedrich 117, 494, 496, 498, 531
Engerman, David 19
Epstein, Fritz T. 495
Evans, Allan 61, 78, 79, 120, 133, 135, 136, 140–144, 155, 169, 176, 255, 263, 321

Fahs, Charles Burton 243, 251–260, 264, 283, 284, 296, 297, 321, 354, 407, 411
Fainsod, Merle 226, 241, 436, 524
Fairbank, John K. 42, 258, 270, 297, 298
Fermi, Enrico 210
Feuerbach, Ludwig 431
Fichte, Johann Gottlieb 368

729

Finley, Moses 399
Fischer, Ernst 399
Fischer, George 589
Flacks, Richard 371
Ford, Franklin 9, 42, 352, 353
Fosdick, Raymond B. 210–213, 219, 220, 248–251, 260, 266, 277, 279, 280, 290
Foucault, Michel 16
Fourier, Charles 431
Fraenkel, Ernst 73
Franco, Francisco 275, 570
Frankfurter, Felix 255, 263
Freud, Sigmund 331, 334, 336, 355, 376, 377, 381, 561, 566, 612, 641
Freyer, Hans 505
Friedeburg, Ludwig von 365
Friedman, Milton 330
Friedmann, Wolfgang Gaston 321, 323, 324
Fromm, Erich 253, 376, 566, 608
Fukuyama, Francis 659
Fuller, Lon 321, 340, 344

Galbraith, John Kenneth 344, 541, 653
Gandhi, Mohandas 250
Gasperi, Alcide de 112
Gaulle, Charles de 141
Gay, Peter 351, 399, 402
Gellhorn, Walter 299–306
Geyer, Dietrich 531, 532
Gilbert, Felix 9, 43, 46, 53, 59, 61, 64, 66–68, 258, 341, 347, 352, 353, 358, 363, 364, 368, 369, 372, 380, 382–389, 397, 398, 400, 636, 653, 669
Gilman, Nils 19
Gilpatric, Chadbourne 321, 411, 413, 416–418, 423
Gitlin, Todd 608, 621, 634
Glazer, Nathan 608
Gleason, S. Everett 195, 197, 203–205, 207, 208, 258
Goethe, Johann Wolfgang von 388
Goldmann, Lucien 399, 410, 413, 522
Goldwater, Barry 625, 632
Gomulka, Wladislaw 149
Goodman, Paul 371, 421, 422, 630
Gorbatschow, Michail 7, 460, 485, 657, 658

Gottlieb, Sanford 625
Gramsci, Antonio 381
Gray, Gordon 181
Grossman, Jerome 620
Gruening, Ernest 544
Guicciardini, Francesco 382
Gumperz, Hede oder Hedda 70
Gumperz, Julian 70
Gurland, Arkadij 43, 497

Habermas, Jürgen 13, 648
Hagan, Roger 608
Haldane, J. B. S. 279
Hall, Gus 629
Hall, Jerome 321
Harding, Warren 559
Harich, Wolfgang 370
Harring, Pendleton 321
Harris, Patricia 321
Hart, Basil Liddell 238
Hart, Herbert 321
Hartz, Louis 321, 338, 339, 342, 379, 380
Harvey, Mose 176, 179, 180, 260
Havel, Václav 658, 659
Hayden, Tom 620, 630
Hayek, Friedrich August von 330
Hazard, John N. 223, 228, 229
Hegel, Georg Wilhelm Friedrich 77, 368, 446, 447, 508, 634, 659
Heidegger, Martin 55, 373, 416, 419, 505, 506
Heller, Clemens 408, 501
Hennis, Wilhelm 505, 634
Herbert, Ulrich 475
Herring, Pendleton 343
Herz, John 389, 390, 395, 396
Higham, John 380
Hilberg, Raul 351
Hilger, Gustav 438
Hilsman, Roger 518
Hirschfeld, Hans 73, 74
Hiss, Alger 207, 293, 294, 301, 391
Hitchens, Christopher 75
Hitler, Adolf 34, 35, 377, 385, 388, 447, 580
Ho Chi Minh 112, 160–162
Hobbes, Thomas 15
Hoffman, Abbie 600, 621, 622, 644
Hofstadter, Richard 379, 569, 581

Hogan, Michael J. 92, 102
Holborn, Hajo 9, 43, 48, 351, 363, 367, 372, 385, 388, 389, 392, 398, 399, 518, 633
Holt, Claire 162
Honneth, Axel 13
Hook, Sidney 372, 412, 446, 447, 544, 553, 604, 605
Horkheimer, Max 13, 211, 365, 373, 399, 420, 444, 484, 488, 497, 597, 648, 654, 670
Horn, Eva 25
Horney, Karen 253
Howe, Irving 590, 634, 653, 659
Hübinger, Gangolf 22
Hughes, Charles Evans 559
Hughes, H. Stuart 9–11, 13, 20, 27, 29, 37, 40, 42, 53, 59, 61–65, 73, 74, 79, 81, 84–88, 92, 94–96, 101, 102, 106, 107, 144, 165, 185, 219, 258, 297, 303, 307, 347, 350–354, 357, 362, 374, 375, 377, 378, 380–382, 385, 389, 394, 395, 397, 401–403, 435, 540, 553, 559–577, 579–586, 597–599, 601, 603–605, 607–611, 614–625, 630–636, 638, 649, 653, 656–665, 670–672, 675, 676
Hull, Cordell 39, 192, 200
Hulliung, Mark 383
Humboldt, Wilhelm von 332
Humphrey, Hubert 626, 636, 649
Hurst, Willard 321, 340
Hutchins, Robert M. 299
Huxley, Aldous 612

Ickes, Harold 302
Inkeles, Alex 437, 491, 492

Jackson, Robert H. 52, 53, 362
Jacques, Elliott 419
Jaffa, Harry 341
Jaspers, Karl 612
Jay, Martin 75, 397, 628
Jefferson, Thomas 653
Johnson, Lyndon 49, 141, 206, 421, 547, 606, 625, 632, 633, 653, 669
Jones, A. H. M. 329
Jones, Joseph M. 93, 102, 103
Jordan, Zbigniew 407
Josselson, Michael 271

Joyce, James 561
Jung, C. G. 35, 334
Jünger, Ernst 341, 558

Kafka 561
Kahn, Herman 603, 608
Kant, Immanuel 332
Kastenmeier, Robert W. 601
Katz, Barry 9, 44
Katzenbach, Edward 597
Kaufman, Arnold 371, 422
Kellner, Douglas 448, 485
Kelsen, Hans 340, 395
Kennan, George F. 38, 92, 93, 99, 104, 105, 107, 108, 113, 114, 165, 170,–173, 205, 234, 263–266, 269–271, 348, 427, 438, 516, 584, 605, 607
Kennedy, Edward 615, 618–620
Kennedy, John F. 141, 206, 421, 449, 516, 580, 601, 602, 605–607, 610, 613–615, 618, 619, 632, 640, 653, 669, 676
Kent, Sherman 41, 60, 123–125, 130, 133, 141
Kettler, David 332, 350
Key, V. O. 340
Keynes, John Maynard 207
Kierkegaard, Søren 355
Kindleberger, Charles 48, 49, 92–94
Kinsey, Alfred 311
Kirchheimer, Otto 9, 41, 43, 53, 58, 59, 61, 62, 75, 178, 185, 341, 361, 372, 389–396, 398, 399, 518, 584, 653, 669
Kirk, Grayson 229
Kirkpatrick, Evron 255–257, 265, 270
Kirkpatrick, Jeane 256
Kirkpatrick, T. C. 300
Kissinger, Henry 341
Kittsteiner, Heinz Dieter 486
Klibansky, Raymond 410, 411, 522
Kline, George 241, 411, 413, 423, 433, 434, 522, 524
Kluckhohn, Clyde 108, 110, 113–116, 118, 119, 270, 375, 423, 434, 436, 437, 439, 440, 444, 448
Kluckhohn, Paul 444
Knight, Frank H. 321, 329, 330, 340
Koestler, Arthur 166, 207, 612
Kogon, Eugen 370

731

Kohlberg, Alfred 295, 296, 297
Kojève, Alexandre 659
Kolko, Gabriel 399
Koselleck, Reinhart 8, 16
Krautheimer, Richard 43
Krieger, Leonard 9, 27, 37, 42, 53, 59, 64, 350, 352–354, 362, 364, 366–369, 374, 375, 380, 397, 398–403, 444, 557, 578, 610, 633, 636, 671
Kubrick, Stanley 304, 597, 598, 604

LaCapra, Dominick 16, 382, 397, 403
Landshut, Siegfried 485, 501, 502, 504–512, 522, 531, 533, 534
Lane, Frederick 321
Langer, Walter C. 35
Langer, William L. 39–42, 45, 60, 124, 125, 170, 191–195, 197–200, 202–205, 207, 226, 230, 235, 236, 363, 369, 377, 448, 516
Laski, Harold 344
Lasswell, Harold 214, 253
Lattimore, Owen 296, 589
Lawrence, Ernest 210
Lazarsfeld, Paul 484
Lenin, Wladimir Iljitsch 117, 420, 429, 447, 464, 481, 492–494, 496, 498, 521, 527, 531, 598, 636
Leontief, Wassily 42
Lepsius, M. Rainer 21
Lethen, Helmut 372
Levi, Edward 321
Lieber, Hans-Joachim 501, 534
Link, Arthur S. 346
Lippmann, Walter 348
Lobkowicz, Nikolaus 407, 411, 414, 539, 546
Locke, John 380
Lodge, George Cabot 619
Lodge, Henry Cabot 312
Lovett, Robert A. 10
Lowen, Rebecca 19
Löwenthal, Leo 236, 399, 446, 588, 590, 630, 648
Löwenthal, Richard 532, 634
Luce, Henry 207
Ludz, Peter Christian 522, 531, 534, 535
Lukács, Georg 149, 373, 381, 522, 531

Luxemburg, Rosa 369, 370, 494
Lynd, Staughton 544

Mabbott, John 321
MacArthur, Douglas 436
Macdonald, Dwight 612
Machiavelli, Niccolò 345, 382–384
MacIver, Robert 319–323, 326, 330, 331, 335, 338, 340, 344, 345, 355
MacLeish, Archibald 39, 619
Madison, James 653
Mahler, Gustav 661
Mailer, Norman 640
Malenkow, Georgi Maximilianowitsch 589
Malik, Charles 416
Malinowski, Bronislaw 477
Mallory, Walter H. 191
Mann, Thomas 38, 66, 558, 561, 661
Mannheim, Karl 386, 505, 522
Mansfield, Harvey 341
Manuel, Frank 375
Mao Tse-tung 112, 295–297, 412, 627, 636
Marcuse, Herbert 8–14, 20, 22–26, 28, 29, 33, 40, 41, 43, 44, 50–56, 59, 61–68, 73–79, 81, 88, 95, 110, 113, 115, 118, 119, 122, 133, 137–141, 144–160, 162, 165, 168–170, 174–181, 183–185, 189, 204, 221, 230, 231, 236, 239, 240, 241, 247, 265, 272, 297, 307, 313, 320, 321, 331, 341, 344, 350–352, 358, 359, 367–373, 375–377, 381, 389, 390, 394, 395, 397–400, 402, 411–415, 417–424, 431–434, 437–439, 441, 444–466, 468–477, 479, 480, 482–494, 496, 497–501, 503–515, 518–526, 533, 534, 536–550, 553, 563, 575, 576, 579, 582, 584–593, 595–600, 608, 610, 611, 614, 615, 621, 622, 625, 627–631, 633–649, 653–658, 663–665, 669–677
Marcuse, Inge 73, 363
Maritain, Jacques 416
Marquardt-Bigman, Petra 9
Marshall, George C. 59, 89, 92, 254, 260, 261
Marshall, John 262, 263, 275, 276, 527

732

Marx, Karl 117, 168, 331, 332, 345, 377, 420, 431, 447, 458, 463, 492, 493, 494, 496, 498, 501, 505–509, 511, 521, 525–527, 531, 540, 541, 545, 627, 641, 659
Massing, Hede 70–72
Massing, Paul 70–72
Matthews, Freeman 192
Matthews, J. B. 300, 301
Matthiessen, F. O. 560
Mauch, Christof 9
Mayer, Arno J. 351, 399, 596
McCarran, Pat 284, 293, 295, 297
McCarthy, Joseph 207, 227, 228, 230, 284, 291, 293, 295, 296, 297, 300–302, 304, 310–312, 516, 517, 577, 580, 581, 586, 589, 612, 647
McCarthy, Eugene 620, 626, 649
McCloy, John J. 10, 277
McCormack, Alfred 60
McGovern, George 620, 649
McIlwain, Charles 321
McKay, Donald 270
Medwedew, Roy 460
Mehnert, Klaus 495
Meinecke, Friedrich 43, 385–389, 400
Merleau-Ponty, Maurice 66, 567, 568
Merriam, Charles 214, 215
Merton, Robert K. 108, 225
Metzler, Gabriele 20
Meyer, Alfred G. 241, 522, 524
Meyer, Jacob Peter 506
Meyerhoff, Hans 9, 59, 61, 64–68, 74, 84, 88, 144, 376, 377, 389, 397, 399, 540, 558, 559, 578–580, 587, 611–613, 615, 620, 631–633, 636
Mill, John Stuart 345, 346
Millikan, Max F. 108, 109, 170, 346, 347
Mills, C. Wright 371, 372, 419, 421, 422, 544, 545, 547, 598
Milton, Radosh 346
Mischke, Ricarda 531
Moe, Henry Allen 321
Mohler, Armin 341
Monroe, Marilyn 622
Montesquieu 355

Moore, Barrington 9, 41, 59, 110, 113, 119, 239, 399, 436, 437, 439, 440–445, 452, 457, 464, 466, 473, 485, 533, 534, 537, 610, 611, 615, 617, 631, 634–639, 672, 674
Moore, Ben T. 92, 93, 94, 102, 106
Morgenthau, Hans J. 47, 48, 311, 341, 344, 346–349, 358, 385, 395, 441–443, 604
Morgenthau, Henry 207
Morris, Bernard 137–140, 156, 181, 183, 526
Mosely, Philip E. 69, 110, 170, 203, 222–226, 229, 230, 232–236, 241, 242, 264–269, 276, 292, 324, 344, 346, 347, 365, 414, 423, 436, 446, 469, 485, 492, 494–499, 501, 503–505, 512–514, 516, 519, 521–527, 529, 530, 532, 534, 538, 636, 667
Moses, Bob 544
Mosse, George 381
Mueller, Otto 612
Mumford, Lewis 239, 615, 619
Münzenberg, Willi 553
Murray, J. C. 321
Muste, A. J. 608
Myrdal, Gunnar 308

Nehru, Jawaharlal 583
Nemzer, Louis 147
Neumann, Franz 9, 20, 27, 40, 41, 43, 44, 46, 52–56, 58, 59, 61–64, 68, 69, 71, 72, 95, 185, 219, 230, 247, 258, 286, 313, 317, 320–339, 341, 349–352, 354–364, 368, 369, 372–374, 377, 382, 385, 389, 392–395, 397, 400, 418, 420, 467, 470, 475, 484, 487, 493, 555–557, 576, 577, 581, 582, 584, 585, 647, 663, 664, 669, 670–672, 675
Neumann, Sigmund 385
Niebuhr, Reinhold 348, 349, 565
Nietzsche, Friedrich 334, 348, 401
Nipperdey, Thomas 634
Nitze, Paul 105, 108, 171, 173, 174, 184, 348, 349
Nixon, Richard 207, 301, 302, 620, 649
Nolte, Ernst 634
Novick, Peter 190, 225
Nützenadel, Alexander 20

733

Oakeshott, Michael 320
Obama, Barack 677
Ochs, Phil 544
Oppenheimer, J. Robert 210, 578, 579, 581, 612

Palmer, Robert R. 341
Panofsky, Erwin 589
Parsons, Talcott 214
Pasternak, Boris 167, 425, 472
Pauling, Linus 608
Paul VI., Papst 629
Peretz, Martin 543, 588, 597, 608, 621, 624
Petkov, Nikola 87, 88
Pflanze, Otto 399
Philipp, Werner 409, 485, 492–495, 497, 499, 501, 502, 504, 513, 519, 522, 527, 529, 530, 532, 533, 536
Pipes, Richard 513
Platon 327, 403
Pocock, John 383
Podhoretz, Norman 604
Popitz, Heinrich 497
Popper, Karl 612
Potter, Paul 544
Proust, Marcel 381, 561
Pynchon, Thomas 34

Rabi, Isidor Isaac 302
Ranke, Leopold von 39
Raskin, Marcus 580, 601–603, 608, 622, 624
Reagan, Ronald 207, 513, 607, 653
Reber, James 142
Reece, Carroll 309, 311, 312
Reich, Charles 644
Reinhardt, Max 65
Reston, James 348
Reuther, Walter 608
Rieff, Philip 444, 588
Riesman, David 418, 444, 580, 601, 602, 603, 608, 609, 615
Rjazanov, David 506
Roberts, Henry 144, 226, 242
Robespierre 594, 598
Robin, Ron 19
Robinson, Geroid T. 220–226, 228, 230–232, 236–242, 258, 440
Rockefeller, John D. 189, 198, 277

Roosevelt, Eleanor 416
Roosevelt, Franklin Delano 33, 36, 39, 301, 431, 559, 653
Roosevelt, James 199, 206, 207, 601
Root, Elihu 10
Rosenberg, Ethel 391, 393
Rosenberg, Julius 391, 393
Rostow, Walt W. 49, 92, 103, 109, 110, 141, 163, 436, 451, 518, 605–607, 613, 636, 659, 661
Rousseau 327, 334, 336
Rusk, Dean 206, 208, 251, 255, 257, 282, 288–292, 310–312, 317, 321, 324, 326, 335, 343–345, 347, 348, 669
Rüter, A. J. C. 501, 522, 530

Saad, Nadia 408
Saager, Peter 407
Sabine, George 321, 338, 340, 355
Sacco, Nicola 391
Salter, Michael 52
Sartre, Jean-Paul 416, 561
Sawyer, Charles 258
Scalapino, Robert A. 346
Schdanow, Andrei Alexandrowitsch 90, 167, 425, 461
Scheler, Max 419
Schlesinger, Arthur M. 9, 10, 42, 258, 303, 304, 376, 424, 425, 565, 566, 610, 611, 640, 653, 659
Schmitt, Carl 335, 359, 373, 386, 389, 447
Schmoller, Gustav 386
Schorske, Carl 13, 27, 37, 40, 42, 53, 59, 64, 258, 350–354, 362–364, 368–370, 375, 377, 397, 399, 401–403, 424, 557, 559, 609, 610, 631, 636, 660–662, 671
Schorske, Carl 9
Schröder, Gerhard 660
Schumpeter, Joseph 44, 344, 589
Schweitzer, Albert 608
Selverstone, Marc 25
Seversky, Alexander de 238
Shakespeare, William 250
Sherwood, Robert E. 36
Shils, Edward 242, 379, 380, 568
Shulman, Marshall 521
Siedler, Wolf Jobst 612

Simmons, Ernest J. 223, 228, 229, 241
Skinner, Quentin 15, 383
Slansky, Rudolf 391
Smith, Walter Bedell 125
Snow, C. P. 604
Soble, Jack 74
Soble, Myra 74
Soblen, Robert 74, 79
Söllner, Alfons 9, 357, 358
Solschenizyn, Alexander 657
Sontag, Susan 367, 588, 589
Speier, Hans 108
Spengler, Joseph 321
Spengler, Oswald 378, 401, 561
Spinoza 336
Spock, Benjamin 603, 615, 619, 622, 624, 676
Stalin, Joseph 34, 40, 80, 84, 90, 149, 156, 167, 182, 233, 285, 420, 424–430, 440–443, 457, 460, 462–464, 468, 469, 481, 491, 492, 498, 501, 509, 511, 521, 526, 589, 605, 636
Stammer, Otto 501, 533, 534
Stelle, Charles G. 142, 143, 172, 175, 253, 254
Stephenson, William S. 33, 35
Stern, Fritz 350, 351, 362, 377, 398, 399, 633, 653
Sternberger, Dolf 370, 508
Stevens, David H. 194
Stevens, Francis 265
Stevens, Leslie 436
Stevenson, Adlai 601
Stewart, John B. 340, 343, 344
Stewart, Walter 321, 338, 340
Stimson, Henry L. 10
Stone, I. F. 544
Stone, Shepard 17, 292
Strauss, Leo 341, 358, 359, 383, 395, 659
Sulzberger, Arthur Hays 277, 278
Sweezy, Paul 44, 146, 147, 497, 589

Taft, Robert A. 196, 309
Taubes, Jacob 359
Thomas, Norman 625
Thompson, Kenneth W. 344, 347, 348, 352
Thompson, Llewellyn 101, 260

Thukydides 193, 348
Tillich, Paul 419, 537
Tito, Josip Broz 83, 114, 144, 146, 147, 150, 151, 154, 162, 280, 466, 564, 583
Toews, John 397
Tolstoi, Leo 250
Toynbee, Arnold J. 192, 194, 249, 561
Trilling, Diana 578–580
Trilling, Lionel 206, 578, 579
Trott zu Solz, Adam von 447
Trotzki, Leo 40, 240, 428, 457
Truman, Harry S. 90, 104, 108, 119, 184, 227, 267, 295, 337, 441, 580, 647
Tschaikowsky, Peter 250

Unger, Corinna 19, 438
Urey, Harold 210

Vance, Cyrus 521
Vanzetti, Bartolomeo 391
Varga, Eugen 168, 461
Vasmer, Max 495
Vassiliev, Alexander 69, 70
Voegelin, Eric 341, 358

Wagenlehner, Günter 531
Wagner, Richard 388
Wallace, Henry 29, 65, 196, 296, 378, 435, 559, 560, 601, 675
Wallace, Schuyler 420
Walzer, Michael 487, 543, 588, 608
Warburg, Aby 410
Waskow, Arthur 601
Watkins, Frederick 321
Weaver, Warren 266, 278–281
Weber, Alfred 370
Weber, Max 381, 386, 505
Weeks, Edward 321
Weinstein, Allen 69, 70
Wetter, Gustav 410, 411, 497, 522
Wheatland, Thomas 18
White, Harry Dexter 207
Wild, John 416, 417, 420, 423, 424, 432, 434
Williams, William Appleman 200, 371, 422
Willits, Joseph H. 191, 201–203, 260, 261, 276, 285, 286, 289, 290, 296, 300, 302, 320, 321, 335, 355, 356
Wilson, Woodrow 200, 346

735

Wirth, Louis 365
Wisner, Frank 144, 270, 304
Wittfogel, Karl August 77, 78, 298, 458, 491
Wittgenstein, Ludwig 13
Wolfe, Bertram D. 241
Wolfe, Thomas 612
Wolff, Christian 355
Wolff, Robert L. 108, 258
Wood, Bryce 274

Woodhouse, Arthur 321
Woodward, Vann 653
Wyzanski, Charles 321

Yntema, Hessel 321

Zimmermann, Hartmut 531, 534
Zinn, Howard 399
Zinner, Paul 84
Zola, Émile 578, 580